प्रगतिशील सांस्कृतिक आंदोलन

प्रगतिशील सांस्कृतिक आंदोलन

संपादक

मुरली मनोहर प्रसाद सिंह

चंचल चौहान

संपादन सहयोग

कांतिमोहन

रेखा अवस्थी

संजीव कुमार

राजकमल प्रकाशन

ISBN : 978-81-267-2827-5

मूल्य : ₹ 950

पहला संस्करण : 2016

प्रकाशक : राजकमल प्रकाशन प्रा. लि.
1-बी, नेताजी सुभाष मार्ग, दरियागंज
नई दिल्ली-110 002

शाखाएँ : अशोक राजपथ, साइंस कॉलेज के सामने, पटना-800 006
पहली मंजिल, दरबारी बिल्डिंग, महात्मा गांधी मार्ग, इलाहाबाद-211 001
36 ए, शेक्सपियर सरणी, कोलकाता-700 017

वेबसाइट : www.rajkamalprakashan.com
ई-मेल : info@rajkamalprakashan.com

मुद्रक : बी.के. ऑफसेट
नवीन शाहदरा, दिल्ली-110 032

PRAGATISHEEL SANSKRITIK AANDOLAN
Edited by Murli Manohar Prasad Singh, Chanchal Chauhan

संपादकों की ओर से

1

चूँकि हिंदी में प्रगतिशील सांस्कृतिक आंदोलन से संबंधित इप्टा के रंगकर्म, संगीत तथा चित्रकला, मूर्तिकला और फ़िल्मों पर वस्तुपरक विवेचन की दृष्टि से तैयार की गई पुस्तकों का नितांत अभाव है, अतः यह पुस्तक एक बड़े अभाव की परिपूर्ति करेगी, ऐसा हमारा विश्वास है।

हिंदी समालोचना में प्रगतिशील सांस्कृतिक आंदोलन के विविध पहलुओं, रचनाकर्म तथा सांगठनिक विस्तार को समग्रता के दृश्यफलक पर प्रस्तुत करने और विवेचना करने वाली अंतर्दृष्टि का साक्ष्य प्रायः नहीं मिलता है। अतः यह पुस्तक उस दिशा में आलोचना-दृष्टि को विकसित कर सके, यही हमारा प्रयास है।

प्रगतिशील आंदोलन के अभ्युदय के आंतरिक और बाह्य कारणों अथवा प्रेरक प्रसंगों को लेकर प्रतिक्रियावादी शिविर के लेखक अक्सर यह आरोप लगाते रहे हैं कि यह आंदोलन विदेशी प्रेरणा से शुरू हुआ था, यह एक विदेशी पौधा था, इसकी जड़ें हिंदुस्तान के यथार्थ की ज़मीन में नहीं रही हैं। इस दुष्प्रचार अथवा विवाद की रोशनी में भी इस पुस्तक के अनेक आलेख नया विवेचन प्रस्तुत करते हैं, जिनसे यह स्पष्ट हो जाता है कि ऐसे आंदोलन की ऐतिहासिक अनिवार्यता के प्रधान कारण तत्कालीन भारत की वास्तविकता में अंतर्निहित थे। अगर अंदरूनी वस्तुगत कारण मौजूद नहीं होते तो विदेशी कारण या प्रेरणा का व्यापक प्रतिफलन नहीं होता, सृजनकर्म में जीवंतता और भारत के यथार्थ के अंतर्विरोधों के परिणामस्वरूप रचनाशीलता में स्फूर्तिदायक आभा परिलक्षित नहीं होती और सांस्कृतिक इतिहास-प्रक्रिया का प्रस्थान बिंदु 1930-36 के दौर में बनता ही नहीं।

1930 के बाद के हिंदुस्तान की संस्कृति के अनुशीलन के संदर्भ में मार्क्सवाद विरोधी कट्टरतावाद के प्रभाव के तहत एकांगी दृष्टि के कारण संपूर्ण प्रगतिशील सांस्कृतिक आंदोलन को भारतीय कम्युनिस्ट पार्टी के उत्पाद के रूप में देखने की प्रवृत्ति के कारण, 'हिंदी साहित्य सम्मेलन', 'परिमल' मंडली, 'कांग्रेस फ़ॉर कल्चरल फ्रीडम' के प्रवक्ता और हिंदू-मुस्लिम संप्रदायवादी तत्त्व लगातार तथ्यों को तोड़-मरोड़कर इतिहास झुठलाने की कोशिश करते रहे। इन विवेचनात्मक विकृतियों का मूल उत्स भारत में अंग्रेज़ी राज के गृहविभाग के ख़ुफ़िया तंत्र द्वारा जारी किया गया 1936 का हेलेट (Hallet) सर्कुलर है जिसमें प्रगतिशील आंदोलन को संदेह की दृष्टि से देखने तथा उसके विरुद्ध अभियान को संचार माध्यमों तथा शिक्षाविदों तक पहुँचाने का सुझाव दिया गया था। उल्लेखनीय है कि इस फ़रमान के जारी होते ही

तत्कालीन भारत के प्रमुख अंग्रेज़ी अख़बार *स्टेट्समैन* ने प्रगतिशील आंदोलन को बदनाम करने, कलंकित करने और सोवियत संघ के पुछल्ले के तौर पर पेश करने वाले समाचार छापने का सिलसिला लंबे समय तक जारी रखा। यह याद रखना चाहिए कि 1936 के उक्त फ़रमान और *स्टेट्समैन* के घिनौने प्रचार के बावजूद रवींद्रनाथ ठाकुर, जवाहरलाल नेहरू, नंद लाल बोस, रामकिंकर बैज, प्रेमचंद, ताराशंकर बंद्योपाध्याय, सरोजिनी नायडू, आचार्य नरेंद्रदेव, निराला, पंत, जोश मलीहाबादी, फ़िराक़ गोरखपुरी, बल्लतोल, मामा वरेरकर, उदयशंकर, रविशंकर, पृथ्वीराज कपूर आदि प्रगतिशील आंदोलन द्वारा चलाए जा रहे फ़ासीवाद-विरोधी अभियान एवं भारतीय स्वाधीनता के भविष्य की समाजवादी परिकल्पना के प्रयत्नों में लगातार शामिल रहे। इसीलिए वस्तुपरक विवेचन यह माँग करता है कि हम प्रगतिशील आंदोलन को केवल कम्युनिस्ट पार्टी की सांस्कृतिक शाखा के रूप में न देखें बल्कि उसे संस्कृतिकर्म के व्यापक अभियान के रूप में देखें और यह भी ध्यान रखें कि प्रगतिशील सांस्कृतिक आंदोलन की व्यापक परिधि के भीतर प्र.ले.स तथा इप्टा के मार्गदर्शन में कम्युनिस्ट पार्टी की बहुत ही सार्थक भूमिका थी। इस तथ्य की प्रामाणिकता को प्रस्तुत करने के लिहाज़ से इप्टा के स्थापना सम्मेलन का दस्तावेज़ इस पुस्तक में दिया जा रहा है।

यह एक ऐसा आंदोलन था जिसे देश के विभिन्न हिस्सों के जनगण तक पहुँचाने में कम्युनिस्ट पार्टी की ओर से निर्णायक संगठनात्मक सहायता उपलब्ध होती रही थी। तभी यह आंदोलन भक्तिकाल के बाद का इतना विराट देशव्यापी सांस्कृतिक अभियान बन पाया और 1936 से 1947 तक भारत के स्वाधीनता संग्राम की अविच्छिन्न धारा और निर्बाध धड़कन बना रहा। यहाँ हम लोग इस पुस्तक की एक कमज़ोरी या कमी का भी ज़िक्र कर देना ज़रूरी समझते हैं। वह यह है कि इसके चार खंडों में शख़्सियतों वाला जो खंड है, वह लगभग अधूरा है। इस खंड में जोश मलीहाबादी, फ़िराक़ गोरखपुरी, अहमद नदीम कासमी, हेमांग बिश्वास, शंभु मित्र, फ्रांसिस न्यूटन सूज़ा, रामकुमार, सुनील जाना, जैनुल आबेदिन, त्रिलोचन, पहाड़ी, नरोत्तम नागर, मुक्तिबोध, अमृत राय, शिवदान सिंह चौहान, अमृत लाल नागर तथा अन्य बीसियों प्रमुख रचनाकर्मियों पर हम कोई भी आलेख दे नहीं पा रहे हैं।

संगठन की दृष्टि से प्रगतिशील लेखक संघ और इप्टा में बिखराव के कारणों पर अक्सर यह कहा जाता है कि कम्युनिस्ट पार्टी की कार्यनीति में परिवर्तन तथा 1948 की पार्टी कांग्रेस के बाद नेतृत्व में बदलाव ही इसके लिए ज़िम्मेदार है। आज़ादी हासिल करने के क्रम में 1947 के बाद पहले वाली साम्राज्यवाद विरोधी व्यापक वर्गीय क़तारबंदी बदल गई थी। अब स्वाधीन भारत के नए सत्ताधारी वर्गों ने विभिन्न पदों पर संस्कृतिकर्मियों को 'कोआप्ट' करना शुरू कर दिया था। इसके साथ ही फ़िल्म उद्योग में नए-नए अवसर उपलब्ध हो रहे थे। स्वाधीन भारत के सत्ताधारी वर्गों की जनविरोधी नीतियों के प्रतिरोध में देशव्यापी वर्गीय संघर्षों के प्रति संस्कृतिकर्मियों का वही रुझान नहीं रह गया था जो 1936 के बाद देखा गया था। बेशक, कम्युनिस्ट पार्टी तथा वामपंथी ख़ेमे में राजनीतिक तौर पर कार्यनीति को लेकर भयंकर टकराव था। इस तरह अनेक तत्कालीन कारण थे, जिन पर चर्चा-परिचर्चा इस पुस्तक में उपलब्ध कराने का प्रयत्न हम लोगों ने नहीं किया है। चूँकि उल्लिखित सांगठनिक बिखराव के बावजूद यथार्थवादी सृजनशीलता की धारा अटूट रूप से अभी भी जारी है, यद्यपि वैचारिक

संदर्भ और लक्ष्य बदल गए हैं। इसीलिए हम लोगों ने समकालीन रचनाकारों से अनुरोध कर ऐसे आलेख उपलब्ध कराए हैं जिनसे आंदोलन की निरंतरता का प्रमाण मिलता है। सृजनकर्म में यथार्थ के अंतर्विरोधों को अभिव्यक्ति की नई उद्‌भावनाओं के साथ अंकित करने में आज की चुनौती सभी जनवादी-प्रगतिशील एवं क्रांतिकारी रचनाकारों के सामने समान रूप में दरपेश है, हालाँकि वामपंथी-जनवादी लेखकों के मुख्यतया तीन संगठन काम कर रहे हैं। इसी सामाजिक प्रक्रिया के बीच इन संगठनों में आपसी एकता और वैचारिक संघर्ष का रिश्ता भी विकसित हो रहा है।

2

प्रगतिशील सांस्कृतिक आंदोलन के आंतरिक द्वंद्व की चर्चा लगातार होती रही है। चूँकि यह संपूर्ण आंदोलन 1936 से ही संयुक्त मोर्चा की कार्यनीति के तहत चलाया जा रहा था, अतः साहित्य लेखन, रंगकर्म, संगीत, चित्रकला, मूर्तिकला, फ़ोटोग्राफ़ी, फ़िल्म, इतिहास-लेखन, पत्रकारिता—सभी क्षेत्रों में सिर्फ़ कम्युनिस्ट पार्टी के सदस्य ही सक्रिय नहीं थे। आचार्य नरेंद्रदेव और जयप्रकाश के नेतृत्ववाली सोशलिस्ट पार्टी के सदस्य भी प्रारंभ से ही इस आंदोलन में सक्रिय भागीदारी कर रहे थे। इनके अलावा स्वाधीनता, लोकतंत्र, सामाजिक-आर्थिक समानता, जातपांत, लैंगिक और धार्मिक भेदभाव से मुक्त सामाजिक संरचना का स्वप्न देखनेवाले तमाम तरह के मध्यवर्गीय तथा निम्न-मध्यवर्गीय पेशेवर तथा ग़ैर-पेशेवर लोग तथा किसान-मज़दूरों के बीच से भी अनेक कलाधर्मी इस देशव्यापी सांस्कृतिक आंदोलन में शरीक होकर अपनी सृजनात्मक और बौद्धिक क्षमता का उपयोग कर नई राष्ट्रीय और जनवादी चेतना के प्रसार में योगदान कर रहे थे।

वर्गीय दृष्टि तथा विचारधारा के लिहाज़ से इस सांस्कृतिक आंदोलन की अनेक अंतर्धाराएँ थीं। राजनीतिक चेतना की दृष्टि से भिन्न समझ रखनेवाले लोगों के बीच इस विराट आंदोलन में अनेक प्रश्नों पर अनसुलझे मतभेद रहे हों, यह स्वाभाविक था। किसी एक पार्टी की राजनीतिक विचारधारा का वर्चस्व क़ायम करने की कोशिश करने पर वैचारिक टकराहट विस्फोटक रूप धारण न करे, प्रारंभिक दौर की इस कार्यनीति के सकारात्मक परिणाम हो रहे थे। जब संयुक्त मोर्चा की कार्यनीति को 1940 के आसपास झटका लगा और कांग्रेस सोशलिस्ट पार्टी से मार्क्सवादी विचारधारा में विश्वास रखनेवाले लोगों को निकाल बाहर किया जाने लगा, तब सांस्कृतिक आंदोलन को भी झटका लगा। द्वितीय महायुद्ध के छिड़ने के बाद 1939 के दिसंबर महीने में फ़ासीवाद-विरोधी साहित्यकार-कलाकार-पत्रकार मंच बनाने के प्रयत्नों पर मार्क्सवाद-विरोधी लोगों ने सहयोग करना तो दूर, पूरे प्रगतिशील सांस्कृतिक आंदोलन को स्वाधीनता आंदोलन के शत्रु के रूप में अथवा स्वाधीनता आंदोलन में तोड़फोड़ करने वाले तत्त्वों के रूप में कलंकित करना शुरू कर दिया। अंग्रेज़ सरकार के ख़ुफ़िया विभाग द्वारा जारी किए गए हैलेट सर्कुलर और *स्टेट्समैन* अख़बार के कम्युनिज़्म विरोधी प्रचार ने प्रगतिशील सांस्कृतिक आंदोलन को भारत के मुक्तिसंग्राम की लोकतांत्रिक ताक़तों से अलग-थलग करने की कोशिशें तेज़ कर दीं। बांग्ला साहित्य के सजनीकांत दास ने इस लांछन अभियान को संपूर्ण बांग्ला संचार माध्यमों में ज़ोरदार ढंग से चलाया। युवा बांग्ला साहित्यकार सोमेन चंदा की ढाका में हत्या कर दी गई। ब्रिटिश सरकार ने इप्टा से जुड़े तकनीकी रंगकर्मी

सत्तू सेन को नॉर्थ-ईस्ट फ्रंटियर में तैनात ब्रिटिश फ़ौज के अफ़सरों के मनोरंजन करने वाले कलाकार के पद पर नियुक्त कर दिया, अभिनेता हरेन को भी ऐसे ही किसी बड़े ओहदे पर नियुक्त कर कोलकाता से बाहर भेज दिया।

सोवियत संघ पर नाज़ियों के हमले के बाद मित्रराष्ट्रों के फ़ासिज़्म-विरोधी युद्ध प्रयत्नों के प्रति कम्युनिस्ट पार्टी और प्रगतिशील सांस्कृतिक आंदोलन ने यह नीतिगत फ़ैसला किया कि इस वक़्त फ़ासिज़्म की पराजय सुनिश्चित करने के लिए जनता को गोलबंद किया जाए। इस नीति के अंतर्गत ब्रिटिश साम्राज्यवाद विरोधी मुक्तिसंघर्ष के प्रति ढीले-ढाले रुख़ के कारण 1942 के 'अंग्रेज़ो, भारत छोड़ो' आंदोलन के दौरान कम्युनिस्ट पार्टी अलग-थलग पड़ गई जिसका असर प्रगतिशील सांस्कृतिक आंदोलन पर भी पड़ा। चौतरफ़ा, कम्युनिस्ट पार्टी के कार्यालयों पर, प्रगतिशील लेखक संघ के कार्यक्रमों पर भी हमले शुरू हो गए। प्रगतिशील सांस्कृतिक आंदोलन से जुड़े हुए सभी संगठन और मंच लगभग डेढ़ साल तक ठप्प पड़े रहे। सांस्कृतिक कार्यक्रम भी बंद हो गए।

1943 के बंगाल के अकाल को लेकर तथा 1942 के आंदोलन में गिरफ़्तार स्वाधीनता-प्रेमी नेताओं की रिहाई के प्रश्नों पर कम्युनिस्ट पार्टी तथा प्रगतिशील संस्कृतिकर्मियों ने देशव्यापी आंदोलन चलाया। इस दौर में ही इप्टा की नई-नई गतिविधियाँ पूरे देश में ज़ोरशोर से चलाई गईं जिनके परिणामस्वरूप कम्युनिस्ट पार्टी, प्र.ले.सं और इप्टा के साथ किसान-सभा, ट्रेड यूनियन और स्टूडेंट फ़ेडरेशन का जनता से बेग़ानापन और अलगाव ख़त्म हुआ। 1946 में कांग्रेसी और सोशलिस्ट नेता जेलों से बाहर आए। ब्रिटिश सरकार से सत्ता के हस्तांतरण को लेकर बातचीत की स्थिति सामने आने के क्रम में कांग्रेसी नेताओं और मुस्लिम लीग के नेताओं ने नाविक विद्रोह के प्रति नकारात्मक रुख़ अख़्तियार कर लिया। किसान सभा के नेतृत्व में अनेक राज्यों में सामंतशाही के विरुद्ध उत्पीड़ित देहाती आबादी के विद्रोह का दमन शुरू हो गया, कम्युनिस्टों और प्रगतिशीलों को 'ग़द्दार' कहकर लांछित करने का अभियान कांग्रेसी नेतृत्व के द्वारा चलाया जाने लगा। नेहरू ऐसे मौक़े पर चुप रहे। कोलकाता के रंगमंचों और सभागारों में प्र.ले.सं या इप्टा के कार्यक्रम के लिए इजाज़त मिलनी मुश्किल हो गई। लगभग यही स्थिति अन्य प्रदेशों में भी थी। यही नहीं, मेरठ साज़िश केस के वरिष्ठ नेता राधारमण मिश्र तथा प्रगतिशील लेखक संघ के प्रो. नीरेन रॉय को हिंसक ढंग से पीटा गया। पार्टी कम्यूनों और कार्यालयों पर हमलों का सिलसिला बड़े पैमाने पर लंबे समय तक जारी रहा। किताबों के कवर डिज़ाइनर कॉमरेड ख़ालिद चौधरी और महिला कॉमरेडों के साथ भी मारपीट की गई। 25 डिक्सन लेन, कोलकाता में कॉमरेड चारु प्रकाश के घर पर दक्षिण-पूर्व एशियाई देशों तथा सोवियत संघ के युवा डेलीगेटों पर युवा आंदोलन की एक मीटिंग के दौरान मशीनगन से गोलाबारी करके इप्टा के संस्कृतिकर्मी सुशील मुखर्जी और कॉमरेड चारु प्रकाश के रिश्तेदार भाबा माधव घोष की हत्या कर दी गई।

इस कठिन परिस्थिति में ही *लोकयुद्ध* के आह्वान के तहत बंगाल में तिभागा आंदोलन, आंध्र में तेलंगाना आंदोलन, केरल में पुन्नप्रा-वायलार आंदोलन, महाराष्ट्र में वर्ली आंदोलन, तंजौर में किसान आंदोलन जुझारू रूप ले रहा था। इन आंदोलनों में प्र.ले.सं और इप्टा के संस्कृतिकर्मी व्यापक रूप से भाग ले रहे थे। पर ब्रिटिश सरकार, हिंदुस्तान की सामंतशाही और कांग्रेसी नेतृत्व ने मिल-जुलकर ऐसे हर आंदोलन का हिंसक ढंग से दमन किया। सैकड़ों

लोग मारे गए और हज़ारों लोग जेलों में डाल दिये गए। अंग्रेज़ों द्वारा जब 1947 में सत्ता हस्तांतरित कर दी गई, तब केंद्र की कांग्रेसी सरकार तथा विभिन्न प्रदेशों की राज्य सरकारों की ओर से ट्रेड यूनियन तथा किसान आंदोलन के भयंकर पाशविक दमन के क्रम में पुलिस और सेना के नृशंस तंत्र का तानाशाह तरीक़े से इस्तेमाल किया गया। विदेशों से मँगाए गए मार्क्सवादी, प्रगतिशील साहित्य तथा सोवियत फ़िल्मों के आयात पर पाबंदी लगा दी गई। 1948-49 के आसपास कोलकाता के प्रगतिशील सांस्कृतिक सम्मेलन पर पुलिस का पहरा बैठा देने के साथ-साथ उर्दू के शायर मख़्दूम को गिरफ़्तार करने की कोशिश की गई तथा समाचारपत्रों में संपूर्ण वामपंथी आंदोलन के ख़िलाफ़ कांग्रेसी सरकार का कुत्सित प्रचार जारी रहा। केंद्रीय राजसत्ता के इस ग़ैरलोकतांत्रिक व्यवहार तथा उसकी जनविरोधी नीतियों के प्रति आँखें मूँदकर कांग्रेस के साथ एकता और संघर्ष की पुरानी नीति पर चलना चाहिए या नहीं, इस सवाल पर कम्युनिस्ट पार्टी, प्र.ले.सं., इप्टा तथा स्वतंत्र वामपंथियों के बीच उग्र विवाद छिड़ गया। अनेक प्रगतिशील संस्कृतिकर्मी संगठन छोड़कर फ़िल्म, रेडियो, ग्रामोफ़ोन कंपनियों, विभिन्न अकादमियों में चले गए। सुमित्रानंदन पंत अरविंद आश्रम की शरण में पहुँच गए।

इन्हीं दिनों आक्रामक व्यक्तिवाद और मूल्यांकन की कसौटियों में मनमानापन अपने चरम पर पहुँच गया। संगठन के अंदर एक ओर जहाँ संकीर्णतावाद था तो दूसरी ओर संगठन को भंग करने के प्रस्ताव के रूप में विसर्जनवाद हावी हो रहा था। उसी दौर के विवादों के क्रम में 'कुत्सित समाजशास्त्र' और 'विसर्जनवाद' जैसे पारिभाषिक पदों का प्रचलन ज़ोर-शोर से हुआ। 1946 से 1953 के बीच आंदोलन के दौरान यदि एक ओर सृजनात्मक लेखन में जुझारू संघर्ष का तेवर दिखाई दे रहा था, वहीं दूसरी ओर कला के निकष की दुहाई देकर पूरे आंदोलन के अंदर विभ्रम भी फैलाया जा रहा था। इस स्थिति का लाभ उठाते हुए 'परिमल' मंडली के लेखकों ने प्रगतिशील आंदोलन को ध्वस्त करने का पूरा प्रयत्न किया। आत्मानुभूति, कुंठा, संत्रास, कला की स्वायत्तता जैसे पारिभाषिक पद उस समय के विवाद के क्रम में सारी साहित्यिक बहसों में छाए रहे।

उपर्युक्त पृष्ठभूमि में ही आंदोलन की सकारात्मक उपलब्धियों और कमज़ोरियों पर वस्तुपरक विवेचन के लिहाज़ से विचार करना चाहिए ताकि अंतर्राष्ट्रीय वित्तीय पूँजी, अमरीकी साम्राज्यवाद तथा भारत के शासकवर्ग द्वारा प्रस्तुत समकालीन सांस्कृतिक चुनौतियों का हम सही उत्तर दे सकें तथा जनवादी-क्रांतिकारी संस्कृति के क्षेत्र में नया रूपांतरण ला सकें। इस खंड के आलेख उपर्युक्त पृष्ठभूमि में पढ़े जाएँ और नए ढंग का विवाद-संवाद हो, यही हम लोगों का लक्ष्य है।

3

इप्टा

1934-35 के तुरंत बाद तत्कालीन संयुक्त कम्युनिस्ट पार्टी के नेतृत्व में स्वाधीनता आंदोलन तथा उत्पीड़ित जनगण की मुक्ति के व्यापक लक्ष्य को ध्यान में रखकर संयुक्त मोर्चा की कार्यनीति को लागू किया गया था। उसी कार्यनीति के तहत किसान सभा, मज़दूरों के ट्रेड यूनियन, स्टूडेंट फ़ेडरेशन और प्रगतिशील लेखक संघ की स्थापना 1936 में हो चुकी थी।

अब समस्या यह थी कि 90 प्रतिशत अशिक्षित जनता अथवा संपूर्ण देश के उत्पीड़ित जनगण के बीच वर्ग-चेतना फैलाने और स्वाधीनता आंदोलन को लड़ाकू धार प्रदान करने के लिए सांस्कृतिक क्रियाकलाप के औज़ारों का इस्तेमाल किस प्रकार किया जाए। अतः नाटक और रंगकर्म के क्षेत्र में नई पहलक़दमी किस तरह शुरू की जाए, इस प्रश्न को लेकर शिवदान सिंह चौहान से एक विस्तृत रिपोर्ट पेश करने का अनुरोध किया गया था। 1939 में प्रस्तुत उस रिपोर्ट को *साहित्य की समस्याएँ* नामक पुस्तक में 'भारत की जन-नाट्यशाला' शीर्षक से शिवदान सिंह चौहान ने प्रकाशित करवाया। इप्टा के इतिहास को समझने के लिए इस रिपोर्ट की मूलभूत सिफ़ारिशों को जानना आवश्यक है। सिफ़ारिशें इस प्रकार हैं :

> मेरी समझ में भारत की जन-नाट्यशाला का नाम राष्ट्रीय जन-नाट्यशाला (People's National Theatre) होना चाहिए। भारत की सबसे बड़ी हक़ीक़त उसकी राष्ट्रीय आज़ादी की लड़ाई है, इसलिए यहाँ की नाट्यशाला राष्ट्रीय होकर भी प्रगतिशील, क्रांतिकारी हो सकती है।

उक्त रिपोर्ट में जन-नाट्यशाला के दो भाग करने का सुझाव दिया गया है–(1) नगरों की निम्न-मध्यवर्गीय जनता के लिए तथा (2) किसान-मज़दूरों के लिए। नगरों की जन-नाट्यशाला का रूप इंग्लैंड के यूनिटी थिएटर के ढाँचे के आधार पर ढाला जाए और किसान-मज़दूरों के लिए नौटंकी का इस प्रकार विकास किया जाए कि राष्ट्रीय जन-नाट्यशाला का रूप लेने के क्रम में गाँव के खुले मैदानों में नाट्य-प्रदर्शन हो सकें। किसान-मज़दूरों की मुसीबत, उनके दुख-दर्द, उन पर होनेवाले शोषण-अत्याचार, उनके संगठन-आंदोलन-संघर्ष की नाट्य-प्रस्तुति के क्रम में महाजन, जमींदार, कारकुन, पटवारी, अदालत, थानेदार, पूँजीपति तथा औपनिवेशिक शासनतंत्र की हास्यास्पद व्यंग्यपूर्ण तस्वीर खींचने के लिए गाँवों में प्रचलित स्वाँग, विदूषक, भाँड आदि का उपयोग करना चाहिए। गाँवों में प्रचलित लोकगीतों के छंदों में प्रगतिशील दृष्टिकोण से गीत लिखकर उनकी संगीतात्मक प्रस्तुति रंगमंच पर करनी चाहिए। इस लक्ष्य को ध्यान में रखकर मृदंग, पखावज, ढोल, चिकाड़ा, झाँझ, तंबूरा, मँजीरा, तुरही, खँजड़ी आदि का इस्तेमाल करने से नाट्य-प्रस्तुति आकर्षक और प्रभावशाली हो जाएगी।

जन-संगीत के विकास के लिए शिवदान सिंह चौहान ने सुझाव दिया था कि जन-वाद्य-यंत्रों को एकत्र कर जन-ऑर्केस्ट्रा की सृष्टि की जा सकती है। इसके साथ ही अभिनय और गायन के लिए ग्रामीण क्षेत्रों में स्थानीय खेतिहर आबादी के बीच से अभिनेता और गायकों को प्रशिक्षित किया जा सकता है। उक्त रिपोर्ट की इन सिफारिशों के अनुसार या थोड़े-बहुत परिवर्तनों के साथ नाटक, रंगकर्म और संगीतात्मक प्रस्तुति की दृष्टि से दिसंबर, 1939 में कोलकाता में युवा सांस्कृतिक संस्थान (यूथ कल्चरल इंस्टीट्यूट) की स्वतःस्फूर्त ढंग से स्थापना छात्रों की पहलक़दमी पर हुई। युवा छात्रदल के सांस्कृतिक अभियान की रिपोर्ट सुधी प्रधान ने अपनी पुस्तक *मार्क्सिस्ट कल्चरल मूवमेंट इन इंडिया* के पहले खंड में दी है। इस पृष्ठभूमि में ही इप्टा तथा उसके द्वारा विकसित जन-संगीत के इतिहास को समझा जा सकता है। अतः इस खंड में इप्टा के स्थापना सम्मेलन से लेकर इप्टा के कलाकारों द्वारा किए गए तमाम तरह के सांस्कृतिक क्रियाकलापों से संबंधित दस्तावेज़, आलेख, फ़ोटोग्राफ़ और संस्मरण प्रस्तुत किए गए हैं। फ़िल्म निर्माण और फ़िल्म के अन्य क्षेत्रों में इप्टा के योगदान पर भी इस खंड में दुर्लभ सामग्री शामिल करने का प्रयत्न किया गया है।

कला

1930 के आसपास सिर्फ़ भारत की विभिन्न भाषाओं के साहित्यिक रचनाकर्म में यथार्थवादी रुझान नहीं आया, मूर्तिकला, चित्रकला में भी यथार्थ के कलात्मक अंकन के रुझान बंगाल की कला की पुनरुत्थानवादी प्रवृत्ति से टक्कर लेते हुए प्रकट हुए। 1937 में निर्मित 'हरिपुरा पैनल्स' नाम से विख्यात नंदलाल बोस की कलाकृतियाँ भी इसी तथ्य की ओर संकेत करती हैं। नंदलाल बोस द्वारा बनाए गए इन चित्रों अथवा मूर्तियों में हिंदुस्तान की खेतिहर ज़िंदगी के श्रम के परिदृश्य अंकित किए गए थे जिनमें किसान और आदिवासी समुदाय की झलक मिलती है। इससे स्पष्ट होता है कि कला के क्षेत्र में भारतीय चित्रकार और मूर्तिकार यूरोप के नवीनतम कला आंदोलनों से अप्रभावित होकर अपनी राष्ट्रवादी कला तक सीमित नहीं रह सकते थे और न विचारधारा की दृष्टि से विश्व स्तर पर मार्क्सवाद के बढ़ते हुए प्रभाव के प्रति उदासीन बने रहना चाहते थे। इसलिए मूर्तिकला और चित्रकला में प्रगतिशील अथवा यथार्थवादी अंकन की प्रवृत्ति के इतिहास का प्रस्थान बिंदु 1947 के प्रोग्रेसिव आर्ट ग्रुप को मानना सही नहीं है। *भारत की समकालीन कला : एक परिप्रेक्ष्य* नामक पुस्तक में प्रसिद्ध चित्रकार और कलासमीक्षक प्राणनाथ मागो ने यह स्पष्ट कहा है कि प्रभाववाद, अभिव्यंजनावाद, घनवाद, अमूर्तनवाद और अतियथार्थवाद का भारतीय कलाकारों के काम पर प्रभाव 1920 के दशक से ही दिखाई देने लगता है। स्वाधीनता आंदोलन के 1930 के आसपास के दौर में कलाकर्मी अपने देश के जनजीवन की दुर्दशा और अमानवीय उत्पीड़न के मूक दर्शक बनकर कैसे रह सकते थे? यथार्थ की द्वंद्वात्मकता के इस संदर्भ में *100 ईयर्स ऑफ मॉडर्न इंडियन आर्ट : एन एस्से* में तत्कालीन स्थिति का विवरण इस प्रकार प्रस्तुत किया गया है : 'सामाजिक, सांस्कृतिक तथा राजनीतिक घटनाओं से कलाकर्म को सही उद्दीपन मिला। बंगाल के सर्वनाशी अकाल, द्वितीय विश्वयुद्ध के दहला देनेवाले क़िस्से, स्वतंत्रता के लोकप्रिय संघर्ष को दबाने के लिए ब्रिटिश शासकों द्वारा प्रयुक्त अमानवीय बल-प्रयोग, सांप्रदायिक दंगे, देश का विभाजन और शरणार्थियों की समस्याएँ—इन सभी ने कलाकारों की कोमल भावनाओं को झकझोर दिया और उन्हें मानवीय तथा सामाजिक यथार्थ के चित्रांकन के लिए विवश किया। भूख, दुख, करुणा, दुर्भाग्य, बुनियादी अधिकारों तथा स्वतंत्रता की मनाही और इस सबसे बढ़कर समानुभूति, जो दूसरों की समस्याओं को समझने तथा महसूस करने की शक्ति देती है, ने अधिकांश कलाकारों को इस आदर्श की ओर प्रेरित किया कि वे अपने थके-माँदे समाज का उत्पीड़न करने वाली व्यवस्था के आलोचक बन जाएँ।' प्रसिद्ध कला इतिहासकार ऊर्मि केसर ने 1940 के आसपास कलात्मक चित्रण की नई प्रवृत्तियों का आकलन करते हुए एक पुस्तक लिखी है—*ट्रेंड्स इन द फ़ोर्टीज़*। इस पुस्तक में यह बताया गया है कि तत्कालीन त्रासदी का चित्रण मुख्य रूप से बंगाल और पंजाब की कलाकृतियों में मिलता है, चूँकि बंगाल में दोहरी त्रासदी थी अर्थात् बंगाल में अकाल और विभाजन की स्थिति थी, जिससे कलाकार प्रभावित हुआ और पंजाब में विभाजन की त्रासदी ने करोड़ों लोगों को जनसंहार की चपेट में ले लिया। ऊर्मि केसर इस परिप्रेक्ष्य में ज़ैनुल आबेदिन, चित्तप्रसाद, राम किंकर बैज, परितोष सेन, सोमनाथ होर, बी.सी. सान्याल, एस.एल. पाराशर, शोभा सिंह, प्राणनाथ मागो, हर किशन लाल, सतीश गुजराल, मूर्तिकार धनराज भगत व अमर नाथ सहगल आदि कलाकारों के महत्त्वपूर्ण

योगदान की विशद रूप में चर्चा करती हैं। 'बांबे प्रोग्रेसिव आर्टिस्ट ग्रुप' (1947) की स्थापना के चार-पाँच साल पहले ही अर्थात् 1942-43 में कलकत्ता के आठ कलाकारों ने मिलकर एक टोली की स्थापना की थी जिसमें नीरोद मजूमदार, शुभो टैगोर, गोपाल घोष, परितोष सेन, रथिन मोएत्रा, प्राण कृष्णा पाल जैसे चित्रकार तथा प्रदोष दास गुप्ता व कमला दास गुप्त जैसे मूर्तिकार शामिल हो गए थे। प्रगतिशील लेखक संघ के तत्कालीन महत्त्वपूर्ण कला समीक्षक और कवि विष्णु डे भी इस टोली के साथ सक्रिय थे। इन कलाकारों ने अपनी टोली को 'कलकत्ता ग्रुप' की संज्ञा दी थी। इस ग्रुप की औपचारिक बैठक स्थापत्यकार प्रदोष दास गुप्ता के स्टूडियो में हुई थी। 1944-45 में कलकत्ता ग्रुप के इन कलाकारों की एक कला प्रदर्शनी बंबई में हुई थी जिसे फ्रांसिस न्यूटन सूज़ा और मक़बूल फिदा हुसैन ने देखा था। इस नुमाइश में प्रस्तुत मूर्तियों और चित्रों की नवीन उद्भावनाओं को देखकर इन लोगों को कलात्मक अंकन की नई दिशा की प्रेरणा मिली थी। प्रगतिशील कलाकारों का यह कलकत्ता ग्रुप 1953 के बाद बिखर गया और इन्हीं दिनों 'बंबई प्रोग्रेसिव आर्टिस्ट ग्रुप' में भी ज़बर्दस्त टूट-फूट हुई, चूँकि अधिकतर कलाकार यूरोप चले गए। कला सृजन के क्षेत्र में 1930 से 1956 के बीच विचारधाराओं और अंकन शैलियों की टकराहटें भी मौजूद थीं, पर इसके बावजूद धीरे-धीरे पुनरुत्थानवादी तथा रोमांटिक विषयों का स्थान वास्तविक जीवन ने ले लिया। इसका कारण बताते हुए ऊर्मि केसर कहती हैं कि 'इन चित्रकारों को मार्क्सवादी विचारधारा में ही परेशान कर देनेवाले संशयों का उत्तर मिलता नज़र आता था।' इसीलिए 1947 में जब 'प्रोग्रेसिव आर्टिस्ट ग्रुप' बना तो फ्रांसिस न्यूटन सूज़ा ने उसके घोषणपत्र तथा अन्य वक्तव्यों और अपने चित्रों के माध्यम से मार्क्सवाद तथा प्रगतिशील सांस्कृतिक आंदोलन से पूरे ग्रुप को जोड़ने की कोशिश की थी। मक़बूल फ़िदा हुसैन की प्रारंभिक चित्रकृतियाँ भी इसी तथ्य की पुष्टि करती हैं। सांप्रदायिक शक्तियों के हमलों के आगे अडिग रहते हुए मक़बूल धर्मनिरपेक्षता के प्रति अपनी अटूट आस्था पर क़ायम रहे। बंबई के प्रगतिशील कलाकारों की टोली से बाद में जुड़नेवाले रामकुमार एक ओर जहाँ अपनी कलाकृतियों में मुल्क के विभाजन की ट्रेजेडी और बेरोज़गार-बेघरबार लोगों की दुर्दशा का अंकन कर रहे थे, वहीं अपने कलाकर्म में कामगारों और बेरोज़गारों की तबाही से भरपूर चित्र भी बना रहे थे। 'बढ़ेरा आर्ट गैलरी' से 1996 में प्रकाशित पुस्तक *रामकुमार : ए जर्नी विदिन* में 1965 तक के रामकुमार के आकृतिमूलक चित्र–'लोअर बाज़ार', 'शिमला, गॉसिप', 'ऑपरेशन', 'पुअर', 'ऑर्फन्स', 'वैगाबोंड', 'हिडन ट्रबुल्स' आदि मार्क्सवाद और प्रगतिशील आंदोलन से उनके गहरे आत्मीय और वैचारिक संबंधों की पुष्टि करते हैं। उक्त पुस्तक में ही गगन गिल को दिये गए अपने साक्षात्कार में वे खुले तौर पर यह स्वीकार करते हैं कि फ्रांसीसी प्रवास के दौरान वे कम्युनिस्ट पार्टी से जुड़े हुए थे। उक्त साक्षात्कार में वे यह भी बताते हैं कि 1948 से 1955 के फ्रांस में कोई भी कलाकार, साहित्यकार और बुद्धिजीवी कम्युनिस्ट बने बिना रह ही नहीं सकता था। यह उल्लेखनीय है कि उस दौर में बंबई से प्रगतिशील लेखक संघ के मुखपत्र, *नया साहित्य* में रामकुमार के लेख छपा करते थे, जिनमें लुई अरागों नामक क्रांतिकारी फ्रांसीसी कवि के साथ लिया गया उनका इंटरव्यू भी शामिल है। यद्यपि 1947 में बना 'प्रगतिशील आर्टिस्ट ग्रुप' भी बाद में बिखर गया, पर उस टोली के कलाकारों के बारे में या मक़बूल फ़िदा हुसैन के बारे में यह कहना कि वे कॉरपोरेट हाउसेज़ के लिए ही

अपनी कलाकृतियों का सृजन कर रहे थे, ऐतिहासिक लेखाजोखा के हिसाब से एकांगी मूल्यांकन माना जाएगा।

4

भक्ति आंदोलन के बाद भारत में सबसे बड़ा सांस्कृतिक आंदोलन प्रगतिशील आंदोलन ही था। दोनों के बीच लगभग 500 वर्षों का अंतर है और दोनों की तुलना करने पर यह अंतर साफ़ नज़र आता है। बीसवीं सदी में अनेक विधाएँ ऐसी थीं जिनका अस्तित्व 500 वर्ष पहले था ही नहीं। उदाहरण के लिए फ़िल्म, विज्ञापन, मुशायरा या कवि सम्मेलन, रेडियो प्रसारण आदि को लिया जा सकता है। प्रसार की दृष्टि से देखें तो न भक्ति आंदोलन की कोई सीमा थी और न ही प्रगतिशील आंदोलन की। दोनों ही देशव्यापी आंदोलन थे, यह अलग बात है कि पहले दौर में भारत एक सुनिर्धारित और सुपरिभाषित देश नहीं था जबकि दूसरे दौर में ऐसा हो चुका था। पहले दौर में आधुनिक भारतीय भाषाएँ अस्तित्व में आ रही थीं जबकि दूसरे दौर में वे न सिर्फ़ वजूद में थीं बल्कि उनमें से ज़्यादातर विकसित भी हो चुकी थीं। भक्ति आंदोलन अपनी तमाम व्यापकता और प्रगतिशीलता के बावजूद एक अर्थ में सीमित था क्योंकि भक्ति सगुण हो या निर्गुण, भक्त और भगवान के बीच का रिश्ता थी। प्रगति के लिए यह नहीं कहा जा सकता। प्रगति के क्षेत्र में एक व्यक्ति की प्रगति का कोई अर्थ या महत्त्व नहीं होता, प्रगति पूरे समाज की होती है और वर्ग-संघर्ष उसे रूपायित और निर्धारित करता है। भक्ति जिस तरह भक्त और भगवान के संबंधों की व्याख्या करती है, उसी तरह प्रगति मनुष्य और मनुष्य, और इसके साथ ही प्रकृति और मनुष्य के बीच के संबंधों की व्याख्या करती है।

कोई ऐसी साहित्यिक भाषा न थी जिसे प्रगतिशील आंदोलन ने प्रभावित न किया हो, यहाँ तक कि अधिकांश उपभाषाओं और बोलियों पर भी इसका प्रचुर प्रभाव था। संस्कृति और साहित्य की कोई विधा ऐसी न थी जिसने इससे प्रभाव ग्रहण न किया हो। ऐसी कई दृश्य और श्रव्य विधाएँ थीं जिनका इसके संपर्क में आने पर रूपांतर ही हो गया था। प्रगतिशील लेखन के पीछे विश्व के अधुनातन और वैज्ञानिक दर्शन मार्क्सवाद का सुदृढ़ आधार था जिसकी प्रेरणा से हज़ारों संस्कृतिकर्मी पूरे देश में सक्रिय हो गए थे और न सिर्फ़ अपने सृजन से बल्कि अपने जीवन से भी कला-रूपों में आ रहे परिवर्तन को संभव बना रहे थे। इनमें संगठनकर्ता भी थे, चित्रकार भी, दार्शनिक भी थे, वैज्ञानिक भी, मूर्तिकार भी थे, शिल्पकार भी, गायक भी थे, वादक भी, अभिनेता भी थे, लेखक भी थे, आलोचक भी, नाटककार भी थे, फ़िल्मकर्मी भी, अध्यापक भी थे, पत्रकार भी, सिद्धांतकार भी थे और प्रचारक भी। और वे हज़ारों की संख्या में थे। और उनमें से हर एक का योगदान था, किसी का कम, किसी का ज़्यादा; किसी का साधारण, किसी का असाधारण और सबका यह यथायोग्य अंशदान मिलकर ही उस महान आंदोलन को सामने ला रहा था जिसे हम प्रगतिशील आंदोलन के नाम से पुकारते हैं।

हमारे सामने समस्या यह थी कि जिन व्यक्तियों ने अपना सर्वस्व दाँव पर लगाकर इस आंदोलन की सेवा की थी, उनका नोटिस कैसे लिया जाए? वे संख्या में इतने अधिक हैं

और उनके बारे में हमारी जानकारी इतनी कम है। वे साधारण व्यक्ति न थे जो आत्मप्रचार या फ़ैशन के कारण आंदोलन में चले आए हों, वे एक वैज्ञानिक विचारधारा से प्रतिश्रुत और एक महान आंदोलन से प्रेरित प्रतिबद्ध संस्कृतिकर्मी थे जो आत्मश्लाघा से भी दूर थे और परस्पर-प्रशंसा से भी परहेज़ करते थे। तिनका-तिनका करके उन पर जानकारी जुटाना आसान न था और न उस जानकारी को पुष्ट करने का समय था। सबसे बड़ी समस्या यह थी कि किसे लिया जाए और किसे छोड़ा जाए? और वह भी एक सीमित समय और स्थान में। एक ही खंड में इस महती कार्य का निष्पादन लगभग असंभव था और फिर भी इसे यों ही छोड़ा नहीं जा सकता था। इसलिए, यही संभव लगा कि जिन दस-बीस शख़्सियतों के बारे में सामग्री जुटाई जा सके, उन्हें अभी दे दिया जाए। उनमें से जिनकी जन्मशतियाँ पिछले बरसों में मनाई गईं, उन पर या तो हम अलग से लिख चुके हैं या काफ़ी सामग्री हिंदी की पत्रिकाओं में आ चुकी है, इसलिए दुहराव की वजह से उन्हें यहाँ शामिल नहीं किया गया। कुछ बहुचर्चित रचनाकार जैसे मुक्तिबोध भी शामिल न हो सके क्योंकि उन पर काफ़ी सामग्री पाठकों को उपलब्ध है। भारत की तमाम भाषाओं में से अनेक महत्त्वपूर्ण लेखकों पर भी हम सामग्री नहीं दे पाए, मसलन—वल्लतोल, कुमारन आसन जैसे मलयाली लेखक, मामा वरेरकर जैसे मराठी लेखक अथवा सुभाष मुखोपाध्याय, सुकांत भट्टाचार्य जैसे बांग्ला रचनाकारों के अतिरिक्त उड़िया, कन्नड़, तमिल, गुजराती आदि के अनेक प्रतिष्ठित लेखक इसी आंदोलन के स्तंभ थे जिन पर सामग्री जुटाना संभव न हो सका। इसी तरह चित्रकला, मूर्तिकला, फ़ोटोग्राफ़ी और विभिन्न भारतीय भाषाओं के अनेक प्रतिष्ठित रंगकर्मियों पर भी कुछ नहीं दे पा रहे हैं। उन सबके योगदान को सामने लाने के लिए तो एक पूरे विश्वकोश के कई खंडों की दरकार होगी। सीमित साधनों से उतने बड़े काम को अंजाम देना क़तई संभव नहीं था, इसे हमारा पाठक समुदाय जानता है। हमें उम्मीद है कि अन्य संगठन, संस्थान इस दिशा में ज़रूर नई सामग्री पाठकों को उपलब्ध कराएँगे। प्रगतिशील सांस्कृतिक आंदोलन की धरोहर पर बांग्ला पत्रिका *अनुष्टुप* और 'सहमत' की पत्रिका *मुक्तनाद* ने उल्लेखनीय कार्य किया भी है। आंध्र प्रदेश की 'प्रजा नाट्य-मंडली' और 'जन-नाट्य मंच', दिल्ली ने भी समय-समय पर कुछ सामग्री प्रकाशित की है। अचरज की बात तो यह है कि अंग्रेज़ी में भी प्रगतिशील आंदोलन के विविध पहलुओं पर अभी तक शायद कोई महत्त्वपूर्ण किताब उपलब्ध नहीं है। इसलिए हमारी इस विनम्र कोशिश को इसी नज़रिए से देखा जाए, ऐसा हमारा निवेदन है।

5

पिछली सदी के चौथे दशक में प्रगतिशील आंदोलन ने जिन मूल्यों और सरोकारों को लेकर साहित्य-कला-जगत में हस्तक्षेप किया, उनकी अद्यावधि निरंतरता को देखने के लिए किसी दिव्यदृष्टि की ज़रूरत नहीं। साम्राज्यवाद, सांप्रदायिकता, वर्गीय शोषण तथा हर तरह की ग़ैरबराबरी के ख़िलाफ़ एक सुसंगत जनपक्षधर विवेक और नए सौंदर्यबोध के साथ लिखी जानेवाली कविताओं, कहानियों, उपन्यासों, नाटकों और समालोचना की एक अटूट परंपरा सन् '36 के बाद देखने को मिलती है। साहित्य के साथ-साथ चित्रकला, शिल्प, रंगकर्म, संगीत और सिनेमा में भी प्रगतिशील कलाबोध की संगठित अभिव्यक्ति चौथे-पाँचवें दशक में सामने

आने लगी थी। तब से कई उतार-चढ़ावों के बीच इस दृष्टि ने मुख़्तलिफ़ कलारूपों में, कहीं कम कहीं ज़्यादा, अपनी मानीख़ेज़ उपस्थिति बनाए रखी है।

निस्संदेह, आठ दशकों की इस प्रगतिशील-जनवादी परंपरा में निरंतरता ही नहीं, परिवर्तन के तत्त्वों की भी पहचान करना ज़रूरी है। जिन वस्तुगत हालात के बीच, और जिन्हें संबोधित करते हुए, प्रगतिशील आंदोलन का आग़ाज़ हुआ था, वे आज नहीं हैं। आज़ादी के बाद के भारत में सत्ता पर जिन वर्गों का क़ब्ज़ा हुआ, उनमें से बहुत-से हिस्से प्रगतिशील आंदोलन में शामिल थे, इसलिए यह आंदोलन एक संयुक्त मोर्चा था। इसीलिए इसका फैलाव भी देशव्यापी था और देश से बाहर भी फ़ासीवाद विरोधी मुहिम का हिस्सा होने की वजह से इस आंदोलन का प्रभाव था। आज़ादी हासिल होने पर यह संयुक्त मोर्चा बना नहीं रह सकता था क्योंकि वर्गों की नई क़तारबंदी हो गई थी, मगर इस बिखराव की प्रक्रिया के बावजूद ऐसे संस्कृतिकर्मी और रचनाकार व कलाकार उस आंदोलन की मशाल बराबर थामे रहे जिन्होंने अपनी वर्गीय पक्षधरता को देश के शोषित-उत्पीड़ित अवाम के साथ बनाए रखना अपना मानवीय व सामाजिक दायित्व समझा। उन्हीं के रचनाकर्म से और बाद में अनुकूल वस्तुगत हालात होने पर नए सिरे से सांगठनिक स्तर की सक्रियता द्वारा आंदोलन की निरंतरता बनी रही। आज हम औपनिवेशिक ग़ुलामी या संरक्षित पूँजीवादी विकास से नहीं, नवउदारवादी भूमंडलीकरण, निजीकरण और वित्तीय पूँजी के हमले से रूबरू हैं। बदले हुए वस्तुगत हालात बदली हुई साहित्यिक एवं कलात्मक अनुक्रियाओं-प्रतिक्रियाओं की माँग करते हैं। लिहाजा, इन आठ दशकों के दौरान अगर रचनात्मक अभिव्यक्ति की शक्ल और अंतर्वस्तु में बदलाव न आते तो स्वयं निरंतरता ही अवमूल्यित होती; रचना प्रगतिशीलता के पुराने मुहावरों में—मुक्तिबोध के शब्दों में, 'कंडीशंड साहित्यिक रिफ़्लेक्सेज़' में—फँसकर, और दीगर कलाएँ अपनी चिराचरित युक्तियों में क़दमताल करती हुईं, स्वयं अपने ही मान्य प्रगतिशील मूल्यों का विलोम बन जातीं। इसलिए परिवर्तन, नए वस्तुगत हालात के बीच जनपक्षधर विवेक का नई तीक्ष्णता और त्वरा के साथ इस्तेमाल, यथार्थ की पहचान पर बल देनेवाले प्रगतिशील आंदोलन की निरंतरता का ही एक साक्ष्य बनकर सामने आता है।

1936 में प्र.ले.स की स्थापना ने जिन मूलभूत सरोकारों को साहित्यिकों की प्राथमिकता-सूची में सबसे ऊपर पहुँचाने की मुहिम शुरू की, वे इस दौरान अपने सार-रूप में एक तरह की सर्वानुमति अर्जित कर चुके हैं। इसी का नतीजा है कि आज बहुत बड़ी संख्या ऐसे लेखकों की भी है, जो आंदोलन से सांगठनिक स्तर पर न जुड़े होकर भी अपने लेखन को उन सरोकारों से परे रखने की बात नहीं सोच सकते। दलितों, आदिवासियों और स्त्रियों के साहित्य में उन सरोकारों को एक नया प्रसार-क्षेत्र मिला है। कला को अहम मानते हुए भी कला के 'वाद' में ग़र्क़ हो जाने को आज का लेखक-कलाकार तैयार नहीं है। उनके लिए लेखन और कला का मतलब है—अपने समय की स्थिति और गति को अपने-अपने कलारूपों या विधाओं में ढालना और शासक-वर्गीय हमलों एवं सत्ता-संबंधों की क्रूरता के ख़िलाफ़ उत्पीड़ितों के हुक़ूक़ को अभिव्यक्ति प्रदान करना। साहित्य को लेकर यह व्यापक समझ, जिसके अंदर की तफ़सील में कई तरह के भेदोपभेद और मतभेद भी शामिल हैं, प्रगतिशील आंदोलन की सफलता और उसकी निरंतर उपस्थिति का सबूत है। इसी तरह चित्रकला, शिल्प, सिनेमा, संगीत इत्यादि में, पूँजी के प्रभुत्व और उससे नियत होनेवाले आस्वाद

के व्यापक असर के बावजूद, प्रगतिशील आंदोलन के सारभूत मूल्यों और सरोकारों के लिए जगह बनी-बची हुई है। इसीलिए आए दिन कोई किताब, पेंटिंग-प्रदर्शनी, कोई कला महाविद्यालय, कोई फ़िल्म देश में सक्रिय सांप्रदायिक-फ़ासीवादी ताक़तों का निशाना बनती रहती है।

प्रस्तुत पुस्तक प्रगतिशील आंदोलन की इसी निरंतरता पर भी केंद्रित है। सांगठनिक धरातल पर आंदोलन के विकास की रूपरेखा बताने तथा संभावनाएँ तलाशनेवाले लेखों के साथ-साथ कुछ महत्त्वपूर्ण समकालीन रचनाकारों व रंगकर्मियों के द्वारा अपने-अपने सांस्कृतिक कर्म में प्रगतिशील आंदोलन का प्रभाव बतानेवाले आत्मकथ्य भी हैं। इन सबकी सूची जितनी भी लंबी होती, नाकाफ़ी ही रहती। इसलिए इस बात को कहने का शायद कोई मतलब नहीं कि आंदोलन के विस्तार के अनुभवों को जुटाने का हमारा यह प्रयास बेहद-बेहद नाकाफ़ी है। इसे एक बानगी के तौर पर ही लिया जाए।

—मुरली मनोहर प्रसाद सिंह

—चंचल चौहान

अनुक्रम

आंदोलन की निरंतरता

आंदोलन, विमर्श और विरासत

संगठन की अंतर्राष्ट्रीय पृष्ठभूमि

सज्जाद ज़हीर

सन् 1935 अजीब साल था। मैं उस ज़माने में लंदन में अपने विद्यार्थी जीवन के आख़िरी दिन गुज़ार रहा था। विद्यार्थी जीवन क्या था, वह ज़िंदगी, जिसमें कुछ ही महीनों बाद पड़ जानेवाला था, एक तरह से शुरू हो गई थी। क़ानून जिसे पढ़ने के लिए मैं लंदन में ठहरा था, मेरे लिए एक छोटी-सी चीज़ होकर रह गया, बिलकुल मामूली, ग़ैर-ज़रूरी और अहमियत से ख़ाली। असली बात तो यह थी कि मेरी आँखों के सामने यूरोप में ख़ासतौर पर और आमतौर पर सारी दुनिया में जो दिन-ब-दिन परिवर्तन हो रहे थे, यह तो मालूम होता था कि एक ज़माना मिट रहा है, और एक दूसरी ज़िंदगी के पैदा होने के लक्षण हैं, इसका नक़्शा हर घड़ी रहता था। यह इसलिए नहीं कि मैं कोई असाधारण समझ का नवयुवक था। इसलिए भी नहीं कि मेरा दिल दुनिया के दुख को देखकर बेचैन हो गया था। मेरे साथ के बहुत-से लिखे-पढ़े नौजवान लड़के और लड़कियाँ, हिंदुस्तानी और अंग्रेज़ कुछ इसी क़िस्म के विचार रखते थे। वह वक़्त, वह ज़माना ही कुछ और था। सन् 1935 से पहले के दो साल का ज़रा ख़याल कीजिए। सारी दुनिया पर मुसीबत की तरह टूट पड़नेवाले आर्थिक संकट का राजनीतिक प्रभाव जर्मनी में हिटलर और उसकी नाज़ी पार्टी की डिक्टेटरशिप के रूप में प्रकट हुआ। हमको लंदन में और पेरिस में जर्मनी से भागे या निकाले हुए संकटग्रस्त लोग मिलते थे। फ़ासिज़्म के ज़ुल्म की दर्दभरी कहानियाँ हर तरफ़ सुनाई देती थीं। जर्मनी में स्वाधीनता-प्रेमियों और कम्युनिस्टों को पूँजीपतियों के गुंडे तरह-तरह के शारीरिक कष्ट पहुँचा रहे थे। वे हौलनाक तस्वीरें जिनमें जनता-जनार्दन के प्यारे नेताओं की पीठ और कूल्हे कोड़े के निशानों से काले पड़े हुए दिखाई देते थे। वे खौफ़नाक घटनाएँ जो समय-समय पर जल्लाद के हथौड़े से किसी बड़े कम्युनिस्ट लीडर के सरक़लम होने के बारे में अख़बारों में छपतीं, वह विषादपूर्ण अँधेरा जो ज्ञान और विज्ञान की उस चमकदार दुनिया से, जिसका नाम जर्मनी था, फैलता हुआ सारे यूरोप पर अपनी डरावनी परछाइयाँ डाल रहा था। इन सबने हमारे दिल और दिमाग़ की भीतरी निष्ठा और चैन को मिटा दिया था। सिर्फ़ एक शक्ति इस बर्बरता के तूफ़ान का मुक़ाबला कर सकती थी। और वह थी कारखानों के मज़दूरों की एकत्र शक्ति, उस संस्था की शक्ति जो इकट्ठा होकर काम करने से, भागीदारी से, पूँजीपतियों के अत्याचारों का हर दिन डटकर मुक़ाबला करने से, लगातार वर्ग-संघर्ष का अनुभव प्राप्त करके एक ऐसे इंक़लाबी संगठन की चेतना पैदा करती जा रही थी जो उस समाज को नीचे घसीटनेवाले पूँजीवाद को पराजित करने और भविष्य की नागरिकता का निर्माण करने के योग्य बनाती थी। क्या यह

सिर्फ़ हमारी उम्मीद थी? सिर्फ़ एक ख़्वाहिश? एक अँधेरे में खोए हुए मुसाफ़िर की तमन्ना कि कहीं से भी रोशनी की एक धुँधली किरण अँधेरे की चादर को चीर दे?

जर्मनी में ही पहली बिजली चमकी। कम्युनिस्टों को बदनाम करने के लिए हिटलर और उसके साथियों गोरिंग और गोयेबल्स आदि ने साज़िशें करके जर्मन संसद की भव्य इमारत में ख़ुद आग लगवा दी (मार्च, 1933) और कुछ कम्युनिस्ट लीडरों को यह कह के गिरफ़्तार करवा लिया कि यह उन्हीं की हरकत है। इन अपराधियों में दिमित्रोव भी था। यह व्यक्ति बल्गेरिया की कम्युनिस्ट पार्टी का एक लीडर था जो उन दिनों बर्लिन में देशनिकाले का जीवन व्यतीत कर रहा था। कई महीने हिरासत में पड़े रहने के बाद जब मुक़दमा शुरू हुआ तो एकाएक सारी दुनिया की नज़रें शहर लक्ज़मबर्ग के जर्मन हाईकोर्ट के एक कमरे की तरफ़ चली गईं। दिमित्रोव ने ऐसे बयान दिये जिसकी वजह से न सिर्फ़ उसने अपनी और अपने साथियों की बेगुनाही साबित की, बल्कि जर्मन फ़ासिज़्म को उलटकर मुजरिम ठहराया और साथ ही अपने इस अमर विश्वास को भी प्रकट किया कि जर्मनी में फ़ासिज़्म हमेशा नहीं रहेगा और एक-न-एक दिन जर्मन मज़दूर अपने कंधों से पूँजीवाद के बोझ को अवश्य उतार फेंकेगा।

मुझे अच्छी तरह याद है, जब दिमित्रोव और उसके दूसरे साथियों की रिहाई के लिए अमरीका, इंगलिस्तान, फ्रांस आदि में मज़दूरों के बड़े-बड़े प्रदर्शनों के समाचार आए थे, पूँजीपतियों के अख़बार भी दिमित्रोव की बेगुनाही का प्रचार करते थे और उसकी इस दिलेरी की प्रशंसा करते थे कि हर प्रकार के शारीरिक कष्ट और सज़ाओं की धमकियों के बावजूद वह कचहरी में सचाई को साफ़-साफ़ कहने से बाज़ नहीं आता था।

अब विद्वानों में भी कुछ हलचल होने लगी। जर्मनी के बड़े-बड़े लेखक (टॉमस मान, एर्न्स्ट टोलर आदि), विश्वविख्यात वैज्ञानिक (आइंस्टीन, हाबर आदि), कलाकार, संगीतज्ञ, डॉक्टर आदि निष्कासित होकर बेसरो-सामानी की स्थिति में थे और अब दिमित्रोव के मुक़दमे के सिलसिले में, और जर्मनी के निष्कासितों की हिमायत के लिए पश्चिमी यूरोप और अमरीका के शिक्षित लोग, साहित्यकार, ग़रज़ कि इस तबक़े के बहुत-से लोग, जिनका पेशा लिखना-पढ़ना है, फ़ासिज़्म के विरुद्ध आंदोलनों में किसी-न-किसी तरह से खिंचते चले आ रहे थे।

सब यह महसूस करने लगे थे कि फ़ासिज़्म की बीमारी को अगर कुचला न गया तो वह जर्मनी तक सीमित न रहेगी, बल्कि यूरोप के दूसरे देशों में भी फैल सकती है। वे परिस्थितियाँ, फ़ासिज़्म जिनका परिणाम है, इन देशों में भी तेज़ी से उत्पन्न हो रही थीं जहाँ कि तथाकथित गणतंत्र था। यहाँ भी पूँजीपति वर्ग लोकतंत्र का नाम लेकर श्रमिकों का शोषण करता आया था। वह अपने इस भेस को उतार फेंककर, नागरिक स्वतंत्रताओं को कुचलकर, मज़दूरों के हर प्रकार के संगठन को तोड़कर और तमाम बुनियादी इदारों को ख़ाक में मिलाकर पाशविक नग्नता को अपना सकता था।

चुनाँचे फ्रांस में दिन-ब-दिन ख़तरा बढ़ने लगा। जर्मनी की तरह वहाँ भी फ़ासिस्टों के झुंड मज़दूरों के जलसों और जुलूसों पर आक्रमण करने लगे। सरकार जानती थी कि इन ग़ैरक़ानूनी कार्रवाइयों के पीछे लोहे और कोयले की ख़ानों के मालिकों, फ़ौलाद और बिजली के कारख़ानेवालों, बैंकों के कर्ताधर्ताओं के रुपयों की थैलियाँ हैं। लेकिन वह पूँजीपतियों की बढ़ती हुई शक्ति और इन क़ानून-विरुद्ध प्रदर्शनों को देखती और कुछ न करती।

यकायक एक दिन ख़बर आई कि प्रतिक्रियावादियों ने फ्रांसीसी संसद पर हमला कर दिया। पेरिस में एक भीड़ ने चैंबर ऑफ़ डिप्टीज़ (संसद भवन) को घेर लिया, मंत्रिमंडल ने भयभीत होकर त्यागपत्र दे दिया और पहले से ज़्यादा प्रतिक्रियावादी मंत्रिमंडल बन गया। इस घटना ने सबकी आँखें खोल दीं, लोग पूछने लगे कि क्या हिटलर की तरह इस समानता की जन्मभूमि में भी पूँजीवादी शासन का बोलबाला होगा?

श्रमिक संस्था ने इस सवाल का फ़ौरन जवाब दिया। फ्रांस में ज़बर्दस्त आम हड़ताल हुई। कम्युनिस्ट लोगों ने 'संयुक्त मोर्चा' का नारा बुलंद किया और सोशलिस्ट सुधारवादी नेताओं के बावजूद मज़दूर सभाओं में एकता और दृढ़ता दिखाई देने लगी। हर मज़दूर यह समझने लगा कि अगर उनमें एकता हो तो उनकी शक्ति मशीन पर आश्रित नई सभ्यता में निर्णायक सिद्ध हो सकती है। फ्रांस के मज़दूरों की आम हड़ताल ने समस्त स्वतंत्रता-प्रेमियों के दिलों को मज़बूत किया और फ्रांस में इस घटना के बाद जैसे नए जीवन के लक्षण दिखाई देने लगे। अब प्रतिक्रियावादी संस्थाएँ क्षीण होने लगीं और श्रमिक संस्था की एकता, अनुशासन और क्रियात्मक शक्ति ने मध्यम वर्गों को भी अपनी तरफ़ आकर्षित करना शुरू किया।

इधर यह हो रहा था, उधर आस्ट्रिया में ऐसी घटनाएँ घटीं जो शांतिपूर्ण होते हुए क्रांतिकारी चमक रखती थीं। वारसा की संधि ने आस्ट्रिया को काट-छाँटकर एक छोटी-सी रियासत बना दिया था। एक ऐसी रियासत जो अपनी आर्थिक कठिनाइयों की वजह से यूरोप के किसी बड़े राज्य के प्रभाव में आए बिना टिकी नहीं रह सकती थी। हिटलर और मुसोलिनी के उत्थान के बाद फ्रांसीसी साम्राज्य का प्रभाव मध्य यूरोप और बल्कान में घटता जा रहा था। आस्ट्रिया को इटली और जर्मनी दोनों ललचाई दृष्टि से देखने लगे। साधारण आर्थिक स्थिति वहाँ भी अपना प्रभाव पैदा कर रही थी। वह जनतंत्र शासन जो वारसा की संधि के बाद आस्ट्रिया में लागू किया गया था (यानी वह शासन जो पूँजी प्रेम पर लोकतंत्र की नक़ाब डालता है) लड़खड़ा रहा था। अंततः एक दिन अख़बारों में यह ख़बर छपी कि आस्ट्रिया का संविधान रद्द हो गया। पार्लियामेंट हमेशा के लिए बर्ख़ास्त कर दी गई। म्युनिसिपैलिटियों के हाथ से सारी शक्ति छीन ली गई और एक छोटे क़द इनसान डोल्फ़ुस ने अपने अकेले हाथों में शासन की बागडोर ले ली, यानी यूरोप के एक देश पर फ़ासिज़्म ने अधिकार कर लिया। इसके साथ ही या कुछ दिन बाद ही दूसरी ख़बर—वियना, ग्रात्ज आदि आस्ट्रिया के बड़े औद्योगिक नगरों के मज़दूरों ने अत्याचारी शासक के नृशंस आदेश मानने से इनकार कर दिया। डोल्फ़ुस ने मज़दूरों की संस्थाओं से सब हथियार छीन लेने का हुक्म दिया। इस पर मज़दूरों और सरकारी फ़ौजों में लड़ाई शुरू हो गई। मज़दूर बड़ी बहादुरी से लड़ रहे हैं, शहर के बहुत-से हिस्सों पर उनका अधिकार हो गया है। फिर दूसरी ख़बरें! शासन के पास बेहतर हथियार होने के कारण मज़दूर हार रहे हैं। यह जानते हुए भी कि अब उनके जीतने की कोई उम्मीद बाक़ी नहीं, वह बड़ी बहादुरी से लड़ते जा रहे हैं। आख़िर में पराजय, लेकिन विजयी की रक्तिम सफलता और उसके अत्याचारों की तीव्रता से मज़दूरों की शक्ति का पता चलता था।

हमें महसूस होने लगा कि फ़ासिज़्म की गोकि आज जीत हुई है, लेकिन दूसरी तरफ़ श्रमिकों का क्रांति-विवेक बढ़ रहा है! इन्हीं असफलताओं का अनुभव सफल क्रांति को संभव बनाएगा।

दिमित्रोव का मुक़दमा, फ्रांस के मज़दूरों की बेदारी, आस्ट्रिया की असफल श्रमिक क्रांति–आज इन घटनाओं का महत्त्व अधिकांश लोगों के लिए कुछ नहीं, लेकिन हमारे लिए बहुत था। यह तो बिलकुल स्पष्ट मालूम होता था कि इनसानियत के लिए बहुत दिनों तक शांति, सुख और चैन की समाप्ति हो गई है। अत्यधिक तीव्र संघर्ष, कशमकश और अंतर्राष्ट्रीय युद्ध, क्रांति के युग का प्रारंभ हम अपने चारों ओर देख रहे हैं। क्या मनुष्यता कभी भी इस फ़ौलादी आग के सैलाब से मुक्त हो सकेगी? और क्या यह मुमकिन था कि हम नवयुवक, जिनकी रगों में जीवन का रक्त प्रवाहित हो रहा था, अपने को इस तूफ़ान से बचा सकेंगे? हमारी मुहब्बत की दुनिया, सुडौल सुंदर शरीर का आकर्षण, आँखें जिन्हें हम देखते रह जाते थे, बातें जो हम चाहते थे कि सुना ही करें, दो लिपटे हुए सीनों की परस्पर धड़कन, इस सबका क्या होगा? और हमारे ख़यालों की दुनिया, वह रंगीन दुनिया, रूढ़िवादिता को ठोकर लगानेवाली, हर बुरी चीज़ से बाग़ी, सौंदर्य-प्रेमी, आकाश से उसकी नीलिमा, फूलों से ख़ुशबू, पानी से रवानी, ग़रज़ हर माद्‌दा से उसका जौहर खींच लेने के लिए बेचैन, वह इस आग लगे संसार में कितने दिन बचेगी? क्या यह संभव था कि हम अपनी निजी ज़िंदगी को समाज के व्याकुल जीवन से अलग कर लें?

हम धीरे-धीरे समाजवाद की ओर झुकते जा रहे थे। हमारा दिमाग़ एक ऐसे दर्शन की खोज में था जो हमें समाज की दिन-ब-दिन बढ़ती हुई जटिलताओं को समझने और उनके सुलझाने में मदद दे सके। हम इस बात से आश्वस्त नहीं होते थे कि मनुष्यता पर हमेशा से मुसीबतें और आफ़तें रही हैं और हमेशा रहेंगी। मार्क्स और अन्य साम्यवादी लेखकों की किताबें हमने बड़े शौक़ से पढ़नी शुरू कीं। जैसे-जैसे हम अपने अध्ययन को बढ़ाते, आपस में विवाद करके ऐतिहासिक, सामाजिक और दार्शनिक समस्याओं का समाधान करते, इसी अनुपात से हमारे दिमाग़ रौशन होते और हमारे हृदय को शांति मिलती जाती थी। यूनिवर्सिटी की पढ़ाई ख़त्म करने के बाद यह एक असीम नई शिक्षा को प्राप्त करने का प्रारंभ था। हमारे छोटे-से गिरोह में अक्सर लेखक बनना चाहते थे। और करते भी क्या? मज़दूरी करने की हममें योग्यता न थी। किसी क़िस्म का हुनर हमने सीखा न था, साम्राज्यवादी सरकार की नौकरी करने के ख़याल से घिन आती थी। तो फिर बाक़ी क्या रहा? *काफ़िर नातवानी शुद नाचार मुसलमान शुद।*

मुल्कराज आनंद का उपन्यास *अछूत* छप चुका था और *कुली* छपने वाला ही था। रीजैंट स्क्वायर की चौथी मंज़िल के एक छोटे-से कमरे में वह व्यक्ति बैठा लिखा ही करता, या फिर उसी के कमरे में हम सब जमा होकर बातें करते और चाय पीते या फिर वह अपनी किसी प्रेमिका से लड़-झगड़कर अपनी करुण कहानी सुनाता। कभी उसकी आवाज़ धीमी पड़ जाती, और कभी-कभी वह ज़ोर-ज़ोर से हँसता-बोलता...एक शोला, रौशन गरम लरजता हुआ।

ऑक्सफ़ोर्ड से कभी-कभी डॉक्टर ज्योति घोष आ जाते थे। उनके ज्ञान और बुद्धि का हरेक पर बड़ा रौब था। उन्होंने अंग्रेज़ी साहित्य में ऑक्सफ़ोर्ड विश्वविद्यालय की जितनी डिग्रियाँ संभव थीं, प्राप्त कर ली थीं। एक पुराने ज़माने के अंग्रेज़ी कवि पर दो पुस्तकें हाल में ही छपी थीं और उन्होंने इंगलिस्तान में अंग्रेज़ी भाषा के विशेषज्ञों में अपना स्थान बना लिया था। एक हिंदुस्तानी के लिए काफ़ी बड़ी बात थी। बावजूद इन बातों के उनमें

दक़ियानूसियत नहीं थी। वे ऑक्सफ़ोर्ड में बंगाली के लेक्चरार थे और उनकी बंगाली साहित्य में बहुत रुचि थी। आमतौर पर वे साहित्य में कथात्मक दुर्बलता को बरदाश्त नहीं कर सकते थे। वे भारतीय साहित्य को पुराने तसव्वुफ़ाना (वेदांतिक) बंधनों से मुक्त देखना चाहते थे। पुरानी भारतीय कविता (हिंदी और बँगला) की महफ़ूज़ विचारधारा यानी धार्मिक श्रद्धा के वे कट्टर विरोधी थे।

इक़बाल सिंह से मुझे आनंद ने मिलाया। वे उस ज़माने में लारेंस और ज्वायस की तर्ज़ों को मिलाकर एक उपन्यास अंग्रेज़ी में लिख रहे थे। बड़े ऐश्वर्य में ज़िंदगी बसर कर रहे थे। ख़ुदा जाने किस तरह ज़िंदा रहते थे। अंग्रेज़ी ख़ूब अच्छी तरह जानते थे, सोशलिस्ट तो शायद थे, लेकिन मार्क्सवाद से बहुत-से मतभेद रखते थे। हम तो उन्हें आदर्शवादी समझते थे। लेकिन वे ख़ुद कहते थे कि वे अपने को किसी सिस्टम से बाँधना नहीं चाहते। बहरहाल इनसे भी ख़ूब बहसें रहीं। हम सब उम्मीद लगाए थे कि उनकी किताबें जल्दी छपें, ताकि वे भी बाक़ायदा लेखकों के वर्ग में स्थान पाएँ। कुछ दिन बाद उनका उपन्यास छपा और उसके बाद उन्होंने गौतम बुद्ध पर एक मोटी किताब अंग्रेज़ी में प्रकाशित करवाई।

अंग्रेज़ों में यों तो हम बहुतों से मिलते-जुलते रहते, लेकिन इनमें से एक व्यक्ति क़ाबिले-ज़िक्र है, रॉल्स फ़ॉक्स। गो हमसे वय में आठ-दस साल बड़ा रहा होगा, लेकिन वह हममें इस तरह घुल-मिल जाता कि नस्ल, उम्र, भाषा का अंतर मिट जाता और यह भी नहीं मालूम होता था कि वह एक प्रसिद्ध और विवेकवान अंग्रेज़ लेखक है और हम सिर्फ़ लेखक बनने के इच्छुक। एक दिन मैंने उसे शाम के खाने पर अपने कमरे में निमंत्रित किया था, विशेष रूप से प्रगतिशील लेखकों के संगठन के बारे में बातें करने के लिए। मेरे एक बंगाली दोस्त ने खिचड़ी और पुलाव के क़िस्म की एक दरमियानी चीज़ पकाई थी। फ़ॉक्स ने बड़े शौक़ से खाई। फिर देर तक उसने अपने हिंदुस्तान आने के मंसूबों का ज़िक्र किया। साहित्यिक बातचीत के सिलसिले में उसने बार-बार यही कहा कि हमें प्रगतिशीलता के जोश में संकीर्ण दृष्टिकोण और वैमनस्य से बचना ज़रूरी है। हमारे एक बंगाली साथी ने रवींद्रनाथ टैगोर पर टिप्पणी करते हुए टैगोर को हिंदुस्तान के पूँजीपतियों का प्रतिनिधि कहकर प्रतिक्रियावादी घोषित किया था। फ़ॉक्स इस पर बहुत नाराज़ हुआ। उसने कहा कि इस क़िस्म की बातें करना असल में साम्यवाद का मज़ाक़ उड़ाना है।

किसी शायर या लेखक को इतनी आसानी के साथ एक ख़ास ख़ाने में बंद नहीं किया जा सकता। यह वह ज़माना था जब फ़ॉक्स अपनी किताब *चंगेज़ ख़ाँ* लिख रहा था। फ़ॉक्स के भूरे बाल, नीली आँखें, ख़ासतौर पर उसकी शगुफ़्ता बेतकल्लुफ़ हँसी की याद, दूसरी तरफ़ स्पेन में दो बरस बाद उसकी मौत, आज़ादी के एक सिपाही की हैसियत से युद्ध के मैदान में, पूँजीवादी प्रतिक्रियावादियों से लड़ते हुए, यह मुझे कभी नहीं भूलेगी, कभी नहीं।

एक दिन कई आदमियों की सलाह से मेरे कमरे में बाक़ायदा मीटिंग हुई जिसमें छह-सात आदमियों से ज़्यादा न थे। और हमने इंडियन प्रोग्रेसिव राइटर्स एसोसिएशन को संगठित करने के लिए एक कमेटी बनाई थी। पहले तो काम बहुत ढीला रहा लेकिन शीघ्र ही सबकी दिलचस्पी बढ़ने लगी और यह तय हुआ कि अपने उद्देश्यों का संक्षिप्त परिचय एक मैनिफ़ेस्टो के माध्यम से देना चाहिए। चार या पाँच आदमियों के सुपुर्द यह काम किया गया। आनंद ने पहला मसविदा तैयार किया, वह लंबा बहुत था। फिर यह काम डॉक्टर घोष के सुपुर्द हुआ।

उन्होंने अपना मसविदा कमेटी के सामने पेश किया। फिर मेरे ज़िम्मे यह काम दिया गया कि आनंद और घोष के मसविदा में तरमीम करके (जिनके बारे में कई-कई बार घंटों बहसें की गई थीं) आख़िरी मसविदा कमेटी के सामने पेश करूँ। बड़े झगड़े-बखेड़े और एक-एक जुमले और नुक़्ते पर लंबी बहसों के बाद आख़िर सभी ने मसविदा मंज़ूर किया। हमने बड़े प्रबंध के साथ अपनी पहली बाक़ायदा मीटिंग आयोजित की। इस दौरान लंदन, ऑक्सफ़ोर्ड और कैंब्रिज के साहित्यिक रुचि रखनेवाले भारतीयों में हमने काफ़ी प्रचार कर लिया था। लंदन का एक चीनी रेस्टोरेंटवाला हम पर विशेष कृपालु था। वह हमें अपने ग़रीब-परवर रेस्तराँ का एक पीछे का कमरा अपनी मीटिंगों के लिए मुफ़्त दे दिया करता था। इस छोटे-से बिना हवा के तहख़ाने के कमरे में चालीस-पचास आदमी ठुँस सकते थे। वहीं हमारी पहली नियमानुसार बैठक हुई। मुल्कराज आनंद अध्यक्ष चुने गए और फिर हमने कमेटी की तरफ़ से मैनिफ़ेस्टो का मसविदा पेश किया जो चंद और तरमीमों के बाद एसोसिएशन ने स्वीकार किया। हम तीन-चार जो एसोसिएशन की कार्यकारिणी में चुने गए, इस मीटिंग से बहुत संतुष्ट थे। लंदन में तीस-पैंतीस हिंदुस्तानियों को इकट्ठा कर लेना ही बहुत बड़ी बात थी। दूसरे यह कि मैनिफ़ेस्टो का तैयार हो जाना हमारे अपने ख़यालात को, जो अभी तक बिखरे-से थे, मज़बूत करता था। प्रगतिशीलता क्या है? प्रगतिशील लेखकों का उद्देश्य क्या है? इन्हें किस तरह काम करना चाहिए? इन सवालों का जवाब आरंभिक रूप में हमारी घोषणा में मौजूद था और यह बड़ी बात थी। जब मैं यह देखता हूँ कि अभी तक (1940) ये बहसें हमारी पत्रिकाओं में जारी हैं, जैसा कि होना भी चाहिए, तो इस घोषणा की व्यापकता का मूल्य और ज़्यादा हो जाता है।

अब पी.डब्ल्यू. ए. (जिस नाम से हमारे संगठन को लंदन में पुकारा जाता था) के जलसे महीने में एक या दो बार लंदन में होने लगे। एक मर्तबा कलकत्ता यूनिवर्सिटी के प्रोफ़ेसर डॉ. सुनीतिकुमार चटर्जी ने रोमन लिपि की हिमायत में हमारे संगठन में भाषण दिया। हम लोग ख़ुद भी रोमन लिपि को अपनाने के क़ायल थे। उनके वैज्ञानिक भाषण के बाद तो बिलकुल ही इस मत के पक्ष में हो गए। तमाम हिंदुस्तान में एक लिपि का विचार बहुत दिलकश था और लंदन में ईर्ष्या और द्वेष की वह आग जो हिंदुस्तान में इस समस्या के छिड़ने के हक़ में उठी थी, बिलकुल न थी। हिंदी-उर्दू वाले, मद्रासी, बंगाली और गुजराती, ग़रज़ कि हिंदुस्तान के हर हिस्से के नौजवान वहाँ मौजूद थे और सबने एक मत होकर यह तय कर लिया था प्रगतिशील लेखकों को रोमन लिपि का प्रचार करना चाहिए।

एक जलसे में एक बंगाली सदस्य ने क़ाज़ी नज़रुल इस्लाम की शायरी पर एक लेख पढ़ा और उसका इंक़लाबी महत्त्व बताया। यह लेख अंग्रेज़ी में था। हमारा दस्तूर यह था कि हर जलसे में मज़मून या अफ़साना पढ़े जाने के बाद उस पर बहस और आलोचना करते थे। बाद के जलसों में एक बार आनंद ने अपनी एक कहानी 'दी ट्रइस्ट' सुनाई जो बाद में अमरीकी पत्रिका *एशिया* में प्रकाशित हुई। फिर मैंने अपना उर्दू का एकांकी *बीमार* पढ़ा। *अंगारे* की कहानियों के बाद यह मेरी पहली रचना थी। हमारे संगठन में उर्दू के ज्ञाता कम थे, इसलिए डॉक्टर तासीर (जो उस ज़माने में कैंब्रिज में पढ़ते थे) ने इस पर नुक़्ताचीनी की। इक़बाल सिंह और आनंद की आलोचना ने मुझे काफ़ी ख़ुश किया। लेकिन मेरे दिल में चोर था। भला चंद कहानियाँ और एक नाटक लिखना एक बात और लेखक बनना दूसरी

बात थी। *अंगारे* की प्रसिद्धि लंदन के हिंदुस्तानियों तक पहुँच चुकी थी। मुझे इसकी तो ख़ुशी थी कि साहित्य के क्षेत्र में मेरे प्रारंभिक प्रयत्नों ने पूर्ववर्तियों की दाढ़ियाँ झुलसा दी थीं। इससे भी बड़ा इत्मीनान था कि अब्दुल हक़ ने उर्दू में इन अफ़सानों को अच्छा कहा था, लेकिन अपनी साहित्यिक योग्यता के बारे में मुझे किसी प्रकार का भ्रम नहीं था। इस साहित्यिक हलचल में अपनी आत्मा की निष्ठा को बचाने के लिए मैंने 'लंदन की एक रात' लिखना शुरू कर दिया।

यह तो हम शुरू से ही समझते थे कि लंदन में रहकर भारतीय साहित्य पर न असर डाला जा सकता है और न कोई उत्कृष्ट कोटि का सृजनात्मक कार्य ही हो सकता है। लंदन के संगठन की स्थापना से जहाँ बहुत फ़ायदे हुए, वहाँ यह अहसास भी पक्का हो गया। दस-पाँच निष्कासित हिंदुस्तानी सिवा इसके कि आपस में मिल-जुलकर तरह-तरह के मंसूबे बाँधें और पूरी कल्चर से प्रभाव ग्रहण करके यतीम क़िस्म का एक साहित्य रचें, ज़्यादा कुछ नहीं कर सकते। सबसे बड़ी बात जो हमने इस ज़माने में यूरोप में सीखी वह यही थी कि प्रगतिशील लेखकों का आंदोलन उसी वक़्त सफल हो सकता है जब हिंदुस्तान की विभिन्न भाषाओं में इसका अनुवाद हो और जब हिंदुस्तान के साहित्यकार इस आंदोलन की आवश्यकता को समझकर इसके उद्देश्यों को क्रियान्वित करें। लंदन के संगठन का बेहतरीन काम यह हो सकता है कि वह पश्चिम के प्रगतिशील आंदोलनों से हमारा संबंध स्थापित करे, भारतीय साहित्य का पश्चिम में प्रतिनिधित्व करे और पश्चिमी साहित्यकारों की विचारधारा और उनकी आधुनिक नागरिक समस्याओं की हिंदुस्तान में तर्जुमानी करे जो पश्चिम में साहित्य पर गहरा प्रभाव डाल रही हैं।

ठीक इसी वक़्त फ्रांस में कुछ ऐसी घटनाएँ घटीं जिनकी वजह से हमें अपने इरादों में बड़ी मदद मिली। मैंने शुरू में ज़िक्र किया कि फ्रांस में 'फ़ासिज़्म' के ख़िलाफ़ संयुक्त मोर्चे का आंदोलन 1933 से शुरू हो चुका था और मध्यम वर्ग भी श्रमिकों के संयुक्त मोर्चे के इर्द-गिर्द खिंचा चला आ रहा था। प्रसिद्ध फ्रांसीसी साहित्यकार हेनरी बारबूस के लगातार प्रयत्नों का यह परिणाम हुआ कि पेरिस में जुलाई, 1935 में एक 'वर्ल्ड कॉन्फ्रेंस ऑफ़ राइटर्स फ़ॉर दी डिफेंस ऑफ़ कल्चर' या 'अंतर्राष्ट्रीय लेखकों की संस्कृति रक्षक कांग्रेस' होनी निश्चित हुई। इस कॉन्फ्रेंस का आयोजन करने वालों में मैक्सिम गोर्की, रोम्याँ रोलाँ, आंद्रे मालरो, टामस मान, वाल्डो फ्रैंक जैसी विश्वविख्यात हस्तियाँ थीं। यह आयोजन जो पेरिस के एक प्रसिद्ध हॉल 'बाल यूलिए' में हुआ, साहित्य-संसार में बहुत अधिक ऐतिहासिक महत्त्व रखता है। यह पहला मौक़ा था जब क़रीब-क़रीब दुनिया के हर धर्म और जाति के लेखक परस्पर विचार-विनिमय के लिए एकत्र हुए थे। उन्होंने पहली बार यह महसूस किया कि सभ्यता व संस्कृति को प्रतिक्रियावादिता और अवनति की उठती हुई लहर से बचाने के लिए इनको व्यक्तिवादिता को विदाई देकर ख़ुद अपनी संस्था को संगठित करना ज़रूरी है। सिर्फ़ एक यही तरीक़ा है जिसके द्वारा वे प्रगतिशील शक्तियों की मदद कर सकते हैं, अपनी रचनात्मक योग्यता को बढ़ाने का पूरा-पूरा मौक़ा दे सकते हैं और इस प्रकार सामूहिक रूप से अपनी हस्ती को एक क्रांतिकारी युग में नष्ट होने से बचा सकते हैं।

ज़ाहिर है कि इतनी बड़ी कॉन्फ्रेंस में विभिन्न विचारधाराओं और मान्यताओं के साहित्यकार जमा थे, लेकिन एक चीज़ के बारे में वे सब एकमत थे, वह यह कि साहित्यकारों को अपनी

पूरी शक्ति के साथ विचार स्वातंत्र्य के अधिकार की रक्षा का प्रयत्न करना चाहिए। फ़ासिज़्म या साम्राज्यवादी शक्तियाँ जहाँ भी साहित्यकारों पर अनुचित पाबंदियाँ लगाएँ या उनके विचारों के आधार पर उन पर अत्याचार करें, उनके विरुद्ध सशक्त विद्रोह करना चाहिए। दूसरी चीज़ जो इस कॉन्फ्रेंस में सब महसूस करते थे कि साहित्यकार अपने अधिकारों का श्रेष्ठ उपयोग उसी हालत में कर सकते हैं कि जब वे जनसाधारण की आज़ादी के संयुक्त मोर्चे का अंग बनकर श्रमिक वर्गों की सहायता प्राप्त करें। फ्रांस और चीन के लेखकों का अनुभव इस विचार के ठीक होने का सबूत था। चीन के अच्छा लिखनेवाले कवि, उपन्यासकार, नाटककार, शिक्षा विशेषज्ञ तथा दार्शनिक आदि ऐसे समय, जबकि चीन जापानी साम्राज्य के विरुद्ध सख़्त लड़ाई लड़ रहा था, अपनी सारी योग्यता को अपने देश की स्वतंत्रता की लड़ाई को सफल बनाने में ख़र्च कर रहे थे। 'चीनी लेखक संघ' साम्राज्य-विरोधी संयुक्त मोर्चे का एक महत्त्वपूर्ण अंग है जो चीनी जनता की समस्त साहित्यिक आवश्यकताओं को पूरा करते हुए चीनी ज़िंदगी के सबसे बड़े यथार्थ, जापान के विरुद्ध युद्ध, के असली रूप-रंग को जनता के सामने रखकर उसे मनोवैज्ञानिक ढंग से स्वाधीनता की लड़ाई के लिए तैयार करता है। फ्रांस के बड़े-बड़े वैज्ञानिकों, दार्शनिकों, कवियों, उपन्यासकारों और दूसरे साहित्यकारों ने भी हेनरी बारबूस के नेतृत्व में अपनी एक संस्था फ़ासिज़्म के विरुद्ध संघर्ष के लिए स्थापित कर ली थी और इसमें कोई शक़ नहीं कि इन बुद्धिजीवियों के अथक प्रयत्नों और उनके प्रभाव का ही बड़ी हद तक परिणाम था कि फ्रांस में मध्यम वर्ग भी श्रमिकों के संयुक्त मोर्चा आंदोलन में शामिल होता जा रहा था और वह 'पॉपुलर फ्रंट' या 'जनमोर्चा' स्थापित होता जा रहा था जिसका 1936 के मध्य में मंत्रिमंडल बन गया। इसके अतिरिक्त सोशलिस्ट और कम्युनिस्ट साहित्यकारों की एक अलग संस्था थी जिसकी अपनी एक मासिक पत्रिका भी थी।

इस अंतर्राष्ट्रीय कॉन्फ्रेंस के जलसे और इसकी कमेटियाँ पेरिस में कई दिन तक आयोजित होती रहीं। खुले जलसे में हज़ारों आदमी इकट्ठे होते थे और हाल में, जिसमें टिकट से दाख़िला था, तिल रखने की जगह न होती। सबसे बड़ी ख़ास बात यह थी कि मज़दूर वर्ग के लोग यहाँ बड़ी संख्या में थे। वे गोया अपनी उपस्थिति से साहित्यकारों और सामान्यजन के इस नए सिरे से क़ायम हुए रिश्ते का सबूत दे रहे थे जिसके लिए ख़ासतौर पर यह कॉन्फ्रेंस आयोजित की गई थी। साहित्यकारों का एक वर्ग वर्तमान पूँजीवादी युग में जनसाधारण से अलग हो गया है और वह इनसे कुछ डरता भी है। और इसके दिल में इनके लिए कुछ हिक़ारत भी छिपी है; बहरहाल वह इनसे अपरिचित है। आधुनिक साहित्य के एक बड़े हिस्से के आत्मिक रूप से अर्धांगी होने का कारण साहित्यकारों के जीवन-स्रोत यानी श्रमिक वर्ग के जीवन से दूरी है। सोवियत रूस के लेखकों के दल का इस कॉन्फ्रेंस में बड़ा शानदार स्वागत हुआ, जिसका कारण यह था कि इस आधुनिक साम्यवादी नागरिकता में लेखक और उसकी जनता के मध्य का फ़ासला अब बाक़ी नहीं रह गया। साम्यवादी लेखक जनता का है और जनता उसकी है। इन लेखकों में सोवियत साम्यवादी संघ की विभिन्न जातियों के प्रतिनिधि थे जिनमें तातार, उज़्बेक और ताज़िक लेखक थे। (ताज़िकिस्तान का सोशलिस्ट राज्य कश्मीर के उत्तर में है और वहाँ के लोग फ़ारसी बोलते हैं।)

अफ़सोस है कि जहाँ अधिकांश पूरब की जनता के प्रतिनिधि वहाँ मौजूद थे—चीनी, जापानी, ईरानी तुर्क, अरब, तातार आदि—वहाँ इस ऐतिहासिक अवसर पर हिंदुस्तान के लेखकों

के प्रतिनिधित्व के लिए सिर्फ़ सोफ़िया वादिया महोदया बंबई की एक पारसी महिला थीं। गोया यों कहना चाहिए कि हिंदुस्तान वहाँ मौजूद न था क्योंकि इस महिला का न होना इनके होने से बेहतर होता। और रह गए हम लोग, तो हम मुट्ठी-भर नौजवान हरगिज़ इस मुग़ालते में नहीं थे कि हिंदुस्तान के महान साहित्य का हम इस सभा में प्रतिनिधित्व कर सकते थे। इसके अतिरिक्त हमको हिंदुस्तान की किसी साहित्यिक संस्था की ओर से इस प्रकार का प्रतिनिधित्व करने का अधिकार भी नहीं दिया गया था।

इस कॉन्फ्रेंस के हो जाने के बाद सारी दुनिया के प्रगतिशील साहित्यिक आंदोलन का एक अंतर्राष्ट्रीय केंद्र पेरिस में स्थापित हो गया जिसके कार्यकर्ता इस कॉन्फ्रेंस के प्रतिनिधियों ने ही चुने। दुनिया की विभिन्न जातियों में प्रगतिशील साहित्यकारों का आंदोलन अब केवल विचारधारा के रूप में नहीं, बल्कि संगठन के रूप में भी एक रिश्ते में बदलने लगा। अंतर्राष्ट्रीय संस्कृति के निर्माण में यह एक बड़ा क़दम उठाया गया था। हमारी लंदन की प्रगतिशील संस्था ने यह फ़ैसला किया कि वह बाक़ायदा इस अंतर्राष्ट्रीय साहित्यिक केंद्र से संबद्ध हो जाए और बाद को जब हिंदुस्तान में प्रगतिशील लेखकों का संघ स्थापित हो जाए तो फिर इस केंद्रीय हिंदुस्तानी संस्था की बाहरी शाखा के रूप में वह इस संबंध को क़ायम रखे और केंद्रीय संघ के आदेशों के अनुसार भारत से बाहर भारतीय साहित्य का प्रतिनिधित्व करे।

इस बीच मैं क़ानून की शिक्षा का सिलसिला ख़त्म करके लंदन और इंगलिस्तान को अंतिम विदा कहकर कुछ दिनों के लिए पेरिस में रह रहा था। यहाँ मैं अपने दोस्त शौकत अल्लाह अंसारी के साथ ठहरा था। मेरा ज़्यादातर वक़्त 'लंदन की एक रात' लिखने में लग जाता। मैं चाहता था कि इस उपन्यास को ख़त्म कर लूँ फिर वतन वापस आऊँ, क्योंकि यह समझता था कि हिंदुस्तान पहुँचकर शायद यह फ़ुरसत न मिले।

शरद् ऋतु के आख़िरी दिन थे जब मैं पेरिस आया। खुली सड़कों पर पटरियों पर लगे हुए चौमुँहे और छहमुँहे पेड़ों की पत्तियाँ हरी-भरी थीं। सेन नदी अपनी पूरी बहार पर थी। इसके किनारे पुरानी किताबों के बेचनेवालों और दूसरी सेकंड हैंड चीज़ों की दुकानों पर लोग खड़े किताबों को उलटते-फिरते, आहिस्ता-आहिस्ता इधर-उधर चहलक़दमी करते हुए नज़र आते। नदी के दाहिने किनारे पर 'नौत्रदाँ' के प्रसिद्ध गिरजाघर की दो बड़ी-बड़ी चौकोर मीनारें ऊपर उठी दिखाई देतीं। और इस ऊँचाई से इस पर चित्रित की हुई अजीब-अजीब भयानक शक्ल–शैतान के बुत, नीचे चलती-फिरती हुई इनसानों की दुनिया का मज़ाक़ उड़ाते हुए मालूम होते थे। वहाँ से कोई दो मील के फ़ासले पर, इसी किनारे 'लूव्र' महल का दृश्य है और फिर इसी से मिला हुआ त्विलरी का बाग़। पेरिस के इस हिस्से का चप्पा-चप्पा ऐतिहासिक है और दुनिया की श्रेष्ठतम कला की निधियों को अपने दामन में लिये हुए है। गर्मियों की लंबी शाम को लूव्र की स्याह दीवारें, उनके इर्द-गिर्द के हरे-भरे पेड़ और महल की दोनों भुजाओं के बीच फ़सली फूलों के बड़े-बड़े खुशनुमा तख़्ते, जगह-जगह फ्रांस के पथप्रदर्शकों की मूर्तियाँ या फिर यूनानी देवताओं और देवियों के आदमक़द बुत, बिचली सड़क पर मोटरों की बहती हुई-सी एक नदी, त्विलरी बाग़ के बड़े-बड़े ख़ूबसूरत पेड़, बेंचों पर नौजवान प्रेमी और उनसे लगी बैठी उनकी प्रेमिका, एक विस्तृत हौज़ और उसके बीच में आनंद से उछलता हुआ फ़व्वारा, इसके किनारे बच्चे खिलौने की नाव चलाते हुए। शाम का अँधेरा बढ़ता जाता है, हम बाग़

की एक ऊँची सतह से पश्चिम की तरफ़ देखते हैं। एक बड़ा चौकोर मैदान जिसके इर्द-गिर्द काली कोलतार लगी चमकती हुई सड़कें बीचोबीच में एक पत्थर की ठोस गाडूम लाट। मिस्री, जिस पर प्राचीन मिस्री हरूफ़ ख़ुदे हैं, वह बिलकुल इस स्थल पर स्थापित की गई है जहाँ क्रांति के समय वह सूली थी जिस पर लुई चौदहवें, उसकी रानी मारी अंतोआंत और दूसरे सैकड़ों इंक़लाब-दुश्मन धनिकों के सर क़लम हुए थे। इसके चारों तरफ़ हौज़ और फ़व्वारे और तेज़ रोशनियों का हुजूम, बीच से निकली हुई दुनिया की वह मशहूर सड़क शाँ एलेज़े, जिसका अर्थ है (ख़त्ता-ए-बहिश्त) स्वर्ग का हिस्सा, बहुत चौड़ी, अपने दोनों तरफ़ पेड़ों की क़तारों का एक जंगल लिये हुए। और फिर उसके आख़िर में कैवेलरी से साफ़ नज़र आता हुआ, कोई दो मील के फ़ासले पर सड़क की दूसरी सीमा पर आर्क द त्र्योंफ़ का महान विजय-तोरण, विशालकाय तथा काफ़ी रौबदार, लेकिन ख़ूबसूरत भी, नेपोलियन का बनाया हुआ। ठीक उसी जगह दृष्टि सीमा पर डूबते हुए सूरज की लालिमा से वातावरण रंगीन है। इतनी बहुत-सी तेज़-तेज़ चलती हुई मोटरों के बावजूद यहाँ इस वक़्त कुछ आराम-सा मिल जाता है। इनसानियत और प्रकृति की एकस्वरता, एक ख़ामोश, दर्दभरी ख़ुशी। यहाँ हम ज़्यादा देर रुक नहीं सकते क्योंकि शाम का अँधेरा बढ़ने पर कैवेलरी बाग़ बंद हो जाता है और इसके एक किनारे से बाग़ का रखवाला पों-पों भोंपू बजाता हुआ चला आ रहा है और बाग़ में बैठे हुए प्रेमियों के जोड़े हाथ-में-हाथ डाले अनमने भाव से बाहर निकल रहे हैं।

यह वह शहर था जिसे पेरिस वाले मल्का-ए-जहाँ (संसार की रानी) कहते थे, जिसे शायद मैं आख़िरी बार देख रहा था, महसूस कर रहा था। यही वे दिन थे जब हमारी नई-नई उम्मीदों के चिराग़ को फ्रांसीसी मज़दूरों और जनसाधारण के संयुक्त मोर्चे के आंदोलन ने रौशन कर दिया था। हम समझने लगे थे कि यह शोला अब दिन-ब-दिन तेज़ होता जाएगा। यूरोप के दूसरे मुल्कों में भी इसकी उष्णता पहुँचेगी। धीरे-धीरे इंक़लाब की आग भड़क उठेगी और आख़िर में हमारी नई दुनिया, नए आसमान, नई ज़मीन, बल्कि नए मनुष्य की रचना होगी। हम अपने रास्ते को यह तो अवश्य समझते थे कि बहुत मुश्किल होगा, इतना जटिल होगा, जैसा कि अब दूसरा महायुद्ध छिड़ जाने के बाद मालूम होता था। बाद को उस वातावरण में ये तब्दीलियाँ आएँगी, न हमें इसका वहम था, न गुमान।

आधुनिक साहित्यिक आंदोलन के केंद्र में ठहरने को मैंने दिमाग़ी सभ्यता के लिए मुनासिब समझा। अफ़सोस कि अंतर्राष्ट्रीय कॉन्फ्रेंस के चंद ही दिनों बाद मारसल की मृत्यु हो गई, इसलिए इस महान व्यक्तित्व से भेंट का अवसर न मिल सका। कई साल पहले मैं उसका भाषण सुन चुका था, लेकिन बातचीत नहीं हुई थी। मारसल के जनाज़े के साथ कई लाख लोगों की भीड़ थी और पेरिस के आसपास रहनेवाले तमाम मज़दूर इस साहित्यिक पथप्रदर्शक के अंतिम दर्शन के लिए शहर में उमड़ आए थे। शायद ही इस वक़्त तक दुनिया में किसी साहित्यिक का जनाज़ा इतनी शान से निकला हो, इतनी श्रद्धा, प्रेम, निश्छलता, शोक प्रदर्शन जनसाधारण ने शायद ही किसी दूसरे लेखक के साथ किया हो। उनके लिए यह दुबला-पतला, लंबा-सा व्यक्ति जिसके कंधे कुछ झुके हुए थे, जिसने पहले विश्वयुद्ध के दौरान लड़ाई की ठंडी और नम खंदकों से तपेदिक का तोहफ़ा पाया था, और जिसने इस पूँजीवादी व्यवस्था के विरुद्ध अपनी पुरजोश आवाज़ अपने उपन्यास *आग* में बुलंद की थी। सिर्फ़ एक ज़ोरदार लेखक न था, वह प्रतीक था मनुष्यता के संघर्ष का, भविष्य की प्रकाशमान आशाओं का।

इस ज़माने में पेरिस के साहित्य-संसार में आंद्रे जीद के कायाकल्प ने एक कुहराम मचा दिया था। आंद्रे जीद का स्थान आधुनिक फ्रांसीसी साहित्य में बहुत बड़ा है, हालाँकि बाहर के देशों में आधुनिक फ्रांसीसी उपन्यासकारों में रोम्याँ रोलाँ, अनातोले फ्रांस, मार्सेल प्रूस्त चोटी के लोग गिने जाते हैं, लेकिन फ्रांसीसी साहित्यिक आलोचकों के निकट जीद का स्थान उनसे नीचा नहीं, बल्कि ऊपर लिखे तीनों साहित्यिकों (जिनमें से सिर्फ़ रोलाँ अब ज़िंदा हैं) के बराबर था। हालाँकि आंद्रे जीद का महत्त्व 1935 में दिन-ब-दिन बढ़ रहा था। जीद के अंतर्राष्ट्रीय साहित्यकारों की कॉन्फ्रेंस में सम्मिलित होने से ही फ्रांस के रूढ़िवादी आलोचकों के कान खड़े हुए थे। उनके लिए यह बड़ी कष्टदायक बात थी कि वह व्यक्ति जिसके जीवनदर्शन की असंगतियों और शरारतों से लोग आनंदित होते थे और लेखन-शैली के सौंदर्य से व्याकुल काव्यात्मा को तुष्टि मिलती थी, यकायक मैले-कुचैले मज़दूरों की सभा में जाकर भाषण दे और अपनी साहित्यिक सेवाओं को जनसाधारण के लिए अर्पित कर देने का वादा करे। उन्होंने कहना शुरू किया कि जिस तरह आंद्रे जीद का अपराध-दर्शन कोई गंभीर जीवन-दर्शन नहीं, इसी तरह अब जीद का जन-आंदोलन के साथ संबद्ध होना भी ग़ैरसंजीदा काम है। लेकिन जब जीद की किताब *ले नूबेल नूरीतूर* कॉन्फ्रेंस के कुछ ही दिनों बाद छपी तो फिर तो जीद के पुराने दोस्तों का कोई ठिकाना न रहा। इस किताब में जीद ने, जो कि हमेशा से साम्यवाद के विरुद्ध व्यक्तिवादी बग़ावत का सबक़ देता आया था और जो अपराध करने को इनसान के आत्मिक निर्माण और मुक्ति के लिए ज़रूरी बताता था, साम्यवाद के स्थापित नियमों को स्वीकार करके कहा कि व्यक्तित्व का उच्चतम स्थान साम्यवाद है।

जीद की किताब प्रकाशित होने के कुछ दिनों बाद मुझे एक बार इसका मौक़ा मिला कि मैं जीद के आधुनिक साहित्यिक सम्मान पर एक प्रसिद्ध साहित्यिक प्रोफ़ेसर आल्बेयर सारो का भाषण सुनूँ। जलसा फ्रांसीसी प्रगतिशील साहित्यिकों के संघ के दफ़्तर के छोटे-से हॉल में हुआ था। इसी जगह अंतर्राष्ट्रीय साहित्यिक केंद्र का भी दफ़्तर था। हॉल में मुश्किल से दो सौ आदमी समा सकते होंगे लेकिन उस दिन ढाई-तीन सौ आदमी घुस-पिलकर इसी जगह जमा हो गए। कुर्सियाँ सब भर गई थीं और बहुत-से लोग इधर-उधर खड़े हुए थे। प्रोफ़ेसर सारो ने यह साबित करने की कोशिश की कि जीद का साम्यवाद की ओर झुकना एक प्राकृतिक प्रभाव था। इसलिए कि जिस व्यक्ति की सारी साहित्यिक कोशिश मनुष्य को ख़ुदपरस्ती और अपराध के सहारे से मुक्ति की राह दिखाने पर निर्भर हो, वह अगर ईमानदार है तो वर्तमान पूँजीवादी समाज में भी व्यक्ति के कुचले जाने के विरुद्ध रोष की आवाज़ ऊँची करेगा। और इस तरह से निश्चित ही साम्यवादी दर्शन को सही मानेगा। एक प्रसिद्ध रूढ़िवादी आलोचक भी इस जलसे में उपस्थित थे। सारो के भाषण के बाद जब विवाद शुरू हुआ तो उन्होंने सारो के विचारों से असहमति प्रकट की। उनके निकट जीद का आधुनिक सम्मान उनकी कला के पतन की निशानी था, क्योंकि जीद अब एक कलाकार की स्थिति से हटकर अपनी कला में राजनीतिक पक्षपात घुसा रहे थे और उनके कथनानुसार ऐसा करना कला का गला घोंटना है। उच्चकोटि का फ्रांसीसी कवि तथा उपन्यासकार आरागों भी इस जलसे में उपस्थित था, उसने भी इस बहस में भाग लिया। उसने जीद के नए रुझान को फ्रांसीसी साहित्य और फ्रांसीसी पॉपुलर फ्रंट (जनसाधारण का संयुक्त मोर्चा) दोनों के लिए शुभ शकुन समझा। लेकिन साथ ही उसने कहा कि हमें यह नहीं भूलना चाहिए कि जीद

अगर आज साम्यवाद के समर्थक हैं तो उसका कारण ज़्यादातर भावनात्मक है। वह मार्क्सवादी साम्यवाद से दूर है जो इल्मी है और जिसकी बुनियाद ठोस है। उसने कहा कि एक कलाकार के लिए सोशलिज़्म की तरफ़ इस तरीक़े से आना एक प्राकृतिक प्रभाव है। लेकिन अगर वह शीघ्र ही साम्यवाद की बौद्धिक और क्रियात्मक बुनियादें मज़बूत न कर ले तो किसी भी जटिल और नाज़ुक ऐतिहासिक अवसर पर वह प्रतिक्रियावाद के दलदल में दुबारा फँस सकता है। अफ़सोस कि आरागों की यह बात सही साबित हुई और आंद्रे जीद एक साल बाद प्रगतिशीलों के वर्ग से अलग होकर व्यक्तिवादिता की कालकोठरी में फिर बंद हो गए।

इसी सिलसिले में आरागों का भी ज़िक्र कर दूँ। पिछले महायुद्ध के दौरान जीवन का संतुलन क्षत-विक्षत हो गया था, इसका प्रभाव साहित्य और कला पर भी पड़ा। यूरोप में साहित्यिकों और कलाकारों का एक ऐसा वर्ग पैदा हुआ जिसने पुरानी परंपराओं, भावनाओं तथा चिंतन—ग़रज़ कि हर चीज़ को ठोकर मारकर अपनी कला और साहित्य को अनर्गलता की सीमा तक पहुँचा दिया। इनकी कविता न किसी की समझ में आती थी और न उनकी बनाई हुई तस्वीरों से ही कोई अर्थ निकलते थे। यह आंदोलन दादा के नाम से प्रसिद्ध था और पेरिस इसका केंद्र था। आरागों दादा ग्रुप का एक नवयुवक कवि था। लेकिन शीघ्र ही इस नाममात्र के विद्रोह से उसने अपना दामन छुड़ा लिया और फ्रांस की आधुनिक कविता की पहली पंक्ति में अपने लिए जगह बना ली। सोवियत भूमि की भी उसने यात्रा की और वहाँ अपनी आँखों से साम्यवादी समाज को बनते हुए देखा। नए-नए बने हुए पानी के बाँध जिनसे बिजली पैदा की जाती है, नए-नए कारख़ाने, मशीन से खेती, शासकों, मज़दूर और किसान, शिक्षा और कला की दिन-प्रतिदिन प्रगति—इन चीज़ों के प्रदर्शन से महसूस किया कि यही वे साधन हैं जो मानवात्मा को मुर्दा माद्दे की ग़ुलामी से मुक्त करके स्वाधीनता के वातावरण में साँस लेने का पूरा अवसर देंगे। सोवियत रूस के बारे में उसकी कविताएँ फ्रांस भर में प्रसिद्ध हुईं, यहाँ तक कि उन लोगों ने भी इन कविताओं की प्रशंसा की जो साम्यवादी न थे। उनकी निश्छलता, भावना की तीव्रता की प्रशंसा न करना बहुत मुश्किल था। मैंने अपने पेरिस में उपस्थिति के अवसर पर आरागों को फ्रांसीसी लेखकों और बुद्धिजीवियों के प्रगतिशील आंदोलन में फटी-फटी आँखों से देखा। यह मँझोले क़द और छरहरे बदन का ख़ूबसूरत कवि और उपन्यासकार बहुत अच्छा वक्ता भी था। और इससे ज़्यादा आश्चर्यजनक बात यह थी कि इसमें प्रबंध-कुशलता भी बहुत थी। फ्रांसीसी साहित्यिकों के संघ का वह सचिव था और अंतर्राष्ट्रीय साहित्यिकों के संघ के नए स्थापित कार्यालय में भी वह काम करता था। फ्रांसीसी श्रमिक वर्ग में वह बहुत लोकप्रिय था और पेरिस के सबसे ज़्यादा नफ़ासत-पसंद, नाज़ुक-मिज़ाज और विशिष्ट साहित्यिक क्षेत्रों में भी उसके लिए स्थान सुरक्षित था। एक फ्रांसीसी दोस्त ने मेरा परिचय आरागों से कराया। थोड़ी ही देर में हम बेतकल्लुफ़ी से बातें करने लगे। आरागों मुझसे देर तक भारतीय साहित्य के बारे में पूछता रहा। मैंने उससे प्रगतिशील लेखकों के संघ का ज़िक्र किया और कहा कि हमारा इरादा है कि हिंदुस्तान में भी इस आंदोलन को शुरू किया जाए। फिर मैंने आरागों से पूछा कि फ्रांसीसी और अंतर्राष्ट्रीय लेखकों के संघ के बारे में उसके अनुभव क्या हैं? मुझे अच्छी तरह याद है कि उसने ख़ास फ्रांसीसी तर्ज़ में अपने दोनों हाथ उठाए और हँसकर जवाब दिया, 'यह न पूछिए। साहित्यिकों के संगठन से बढ़कर मुश्किल दुनिया में किसी और संस्था का संगठन नहीं। हर साहित्यिक

अपना रास्ता अलग निकालने की कोशिश करता है। फिर भी हमें कोशिश करते रहना चाहिए। परिस्थितियाँ ख़ुद साहित्यिकों को अपनी कला की रक्षा और उन्नति के लिए संगठन बनाने को विवश कर रही हैं।' जब मैं आरागों से मिलकर अपने ठहरने के स्थान पर जाने के लिए बाहर निकला तो शाम का अँधेरा छा गया था। सड़कों पर रोशनियाँ तेज़ी से चमक रही थीं। मेरा मकान काफ़ी दूर था। मैं बस में बैठ गया। बस का रास्ता पेरिस के सबसे शानदार बाज़ार की खुली सड़कों से होकर था जो 'गराँ बूलार' के नाम से प्रसिद्ध हैं। रौनक़ शब्द का तात्पर्य समझने के लिए इससे बेहतर शायद ही दुनिया में कोई और जगह हो। फ्रांसीसियों ने अपनी दुकानों, क़हवाख़ानों, रेस्तराओं, सिनेमा और थिएटर के दरवाज़ों पर रोशनी की चकाचौंध से हर रात बरात की रात बना दी थी और फिर यहाँ पर चहल-पहल भी ख़ूब थी। सड़क की पटरियों से मिले हुए क़हवाख़ानों में लोग भरे थे। ख़ूबसूरत पोशाक पहने सुंदर महिलाएँ इधर-उधर दिखाई पड़ जाती थीं। ज़िंदगी ख़ुशगवार मालूम होती थी। साथ ही मुझे आरागों के आख़िरी उपन्यास *ले क्लोश द बाज़िल* (शहर बाज़ल का घड़ियाल) की नायिका का ख़याल आया। मैंने हाल ही में उस उपन्यास को पढ़कर ख़त्म किया था। वह लड़की भी फ्रांस की थी, जिसकी ज़िंदगी मुहब्बत की बरकत प्राप्त करने का एक असफल प्रयत्न थी। इसकी भावनाओं की तीव्रता और पूँजीवादी समाज की नृशंसता ने एक सुंदर मनुष्य-आत्मा को कुचल डाला। और शायद इस चमक-दमक और ठाठ-बाट के मुक़ाबले में फ्रांस की बंदी, लेकिन ज़िंदादिल मांसल इनसानियत का अधिक प्रतिनिधित्व इसी व्यक्तित्व से होता था।

जब मैं पेरिस से वतन लौटने के लिए रवाना हुआ तो पतझड़ शुरू हो गया था। पेड़ों की हरियाली ग़ायब हो चुकी थी। पीली पत्तियाँ सुर्ख़ी लिये हुए थीं। ठंडी हवाएँ चलने लगी थीं। धूप जब निकलती तो मालूम होता था कि उसमें से किसी ने गर्मी खींच ली है और ख़ाली रोशनी छोड़ दी है। यूरोप छोड़ने के लिए ऐसा ही मौसम मुनासिब है। मुझे एक इटालियन जहाज़ से आना था इसलिए जेनेवा जाना पड़ा। यहाँ के आकाश में युद्ध के बादल घिरे हुए थे। इटली और हबश की लड़ाई छिड़ चुकी थी, चारों तरफ़ फ़ौजें-ही-फ़ौजें दिखाई देती थीं। जहाज़ हालाँकि हिंदुस्तान जा रहा था, लेकिन इस पर अंग्रेज़ और हिंदुस्तानी क़रीब-क़रीब नदारद थे। लोग समझते थे कि शायद इंगलिस्तान और इटली में भी लड़ाई छिड़ जाएगी और इस स्थिति में हम ब्रिटेन की प्रजा होने के नाते इटली के क़ैदी हो जाएँगे। ब्रिटेन का ग़ुलाम और इटली के क़ैदी में कुछ ज़्यादा फ़र्क़ न समझकर मैंने इस ख़तरे की ज़्यादा परवाह न की और चूँकि मैं पहले से ही इटालियन जहाज़ का टिकट ख़रीद चुका था, इसी पर सफ़र करना मुनासिब समझा।

जहाज़ सुनसान था। बहुत-से इटालियन मज़दूर अबीसीनिया जाने के लिए मसावा तक जा रहे थे, लेकिन वे हमसे अलग थे। मैं अकेला इधर-उधर ख़ाली डैकों पर टहलता और ज़्यादातार वक़्त अपना उपन्यास लिखने में ख़र्च करता। रोम सागर नीला और शांत ही नहीं था, बल्कि कुछ-कुछ स्याही लिये हुए सफ़ेद हो रहा था और काफ़ी क्रुद्ध भी था। एक दिन ख़बर मिली कि इटालियन मज़दूरों में से एक ने समंदर में कूदकर ख़ुदकुशी कर ली। जहाज़ कुछ देर के लिए समंदर के बीच में रुका, लेकिन उस बदनसीब की लाश तक का पता न चला। आख़िर उस बेचारे ने अबीसीनिया जाकर इटालियन साम्राज्य के लिए सड़क बनाने के मुक़ाबले में मौत को प्राथमिकता क्यों दी, यह सवाल बार-बार मेरे दिमाग़ में उठता था,

लेकिन वहाँ इसका जवाब कौन देता? मेरे केबिन के साथी फ्रांस में अफ़ग़ानी राजदूतावास के एक उच्चाधिकारी आग़ा साहब थे। जहाज़ में सिर्फ़ वे मुझसे ही बातचीत कर सकते थे क्योंकि वह सिर्फ़ फ़ारसी और फ्रांसीसी बोल सकते थे और जहाज़ पर इटालियन या अंग्रेज़ी ही समझी जाती थी। उन्हें पेरिस छोड़ने के ग़म ने दीवाना बना रखा था। जनाब की एक स्पेनिश प्रेमिका इस सौंदर्य और उन्माद के केंद्र में छूट गई थी। और क़ाबुल में उनकी श्रीमतीजी और माशाअल्लाह दो-दो बच्चे उनका इंतज़ार कर रहे थे। इस संघर्ष में किसका दिमाग़ सालिम रह सकता था? वह अपना दुखड़ा बार-बार मुझे सुनाकर अपने सीने का बोझ हलका करते। मैं अपना ग़म किसे सुनाता?

ज़िंदगी का एक युग समाप्त हो चुका था और समाप्ति हमेशा अपने साथ उदासी लाती है। दूसरा और ज़्यादा महत्त्वपूर्ण युग अभी शुरू नहीं हुआ था। उम्मीदें और आरज़ुएँ, इरादे और मंसूबे दिलोदिमाग़ में घूम रहे थे।

अरब सागर में मौसम सुहावना था और समुद्र पर शांति। रात को चारों तरफ़ घिरे हुए अँधेरे के बीच समुद्र में चाँद की परछाईं से दूर तक एक झिलमिलाती हुई नहर-सी बन जाती। उस वक़्त सिर्फ़ जहाज़ के पानी काटने की सरसराहट सुनाई देती; या फिर कभी-कभी मेरे अफ़ग़ान दोस्त के ग्रामोफ़ोन से एक दर्द-भरा फ़ारसी नग़्मा बुलंद होता :

आशिक़ न शुदी कि आशिक़ी बदबख़्त अस्त।
गाहे बीनी गहे न *बीनी सख़्त अस्त।*

आशिक़ मत हो क्योंकि आशिक़ होना दुर्भाग्य है। इसमें बड़ी मुश्किल यह है कि कभी वह देखने को मिलता है, कभी नहीं मिलता।

[*रौशनाई* से साभार
अनुवाद : **जानकी प्रसाद शर्मा**]

संगठन की राष्ट्रीय अनिवार्यता

रेखा अवस्थी

प्रगतिशील साहित्यिक आंदोलन का इतिहास 'प्रगतिशील लेखक संघ' के संगठन संबंधी पहलुओं की उपेक्षा करके नहीं लिखा जा सकता। प्रगतिशील आंदोलन पर प्रकाशित चाहे स्वतंत्र समीक्षा कृतियाँ हों अथवा अनुसंधानपरक ग्रंथ हों, सभी इस दुर्बलता के कारण वैज्ञानिक विवेचन की वस्तुगत दृष्टि से रहित हैं। इस लेख में यह कोशिश है कि प्रगतिशील आंदोलन को सही ऐतिहासिक संदर्भ में और प्रगतिशील लेखक संघ के संगठन की संचालक भूमिका को सुसंबद्ध पार्श्वपट में रखकर देखा जाए।

विदेशी दासता और सामंती जुए के नीचे छटपटाती भारत की उत्पीड़ित जनता सन् 30 के बाद संघर्ष के जिस दौर से गुज़र रही थी, उसमें प्रगतिशील बुद्धिजीवियों का संगठित होना स्वाभाविक था। लेखकों को संगठित करने का प्रयास 'हिंदी साहित्य सम्मेलन' की ओर से भी हो रहा था। 'हिंदी साहित्य सम्मेलन' के अतिरिक्त आगे चलकर 'परिमल' नामक एक साहित्यिक संगोष्ठी के मंच पर भी लेखकों को संगठित किया गया। छायावादोत्तर युग में इन तीनों लेखकीय संगठनों के परस्पर संघर्ष की पृष्ठभूमि में तत्कालीन सृजनात्मक साहित्य के भीतर मौजूद प्रगतिशील और प्रतिगामी विचारधारात्मक रुझानों को समझने में मदद मिलती है।

स्वाधीनता और सामाजिक क्रांति की जिन माँगों के दबाव में सन् 1936 से पहले ही अनेक प्रकार के संगठनों की स्थापना का सिलसिला चल रहा था, सांस्कृतिक और बौद्धिक स्तर पर लगभग उन्हीं माँगों के ऐतिहासिक कार्यभार की पूर्ति के लिए 'प्रगतिशील लेखक संघ' की स्थापना की गई थी। 'प्रगतिशील लेखक संघ' की स्थापना के पहले सृजनात्मक साहित्य को यदि ध्यान से देखें तो पता चलता है कि सन् 1930 के आसपास किसान समस्या और स्वाधीनता का प्रश्न रचनाशीलता के केंद्र में उपस्थित हो गया था, जिसे उस दौर के सभी महत्त्वपूर्ण सृजनकर्मी यथार्थ के संपूर्ण द्वंद्व के संदर्भ में प्रस्तुत करने का प्रयास कर रहे थे। हिंदी के मध्यवर्गीय लेखक सहसा किसानों के प्रति इतना गहरा लगाव क्यों अनुभव करने लगे? किसानों के प्रति 'बौद्धिक सहानुभूति' अथवा 'क्रांतिकारी एकात्मकता' का यह भाव अचानक सुसंगत रूप में क्यों व्यक्त होने लगा? जिस तरह इन प्रवृत्तियों के मूल कारण तत्कालीन परिस्थितियों में निहित हैं, उसी तरह 'प्रगतिशील लेखक संघ' के गठन की भावना भी उन्हीं परिस्थितियों के गर्भ से पैदा हुई थी।

कुछ लोग यह कहते हैं कि 'प्रगतिशील लेखक संघ' और प्रगतिवाद का आंदोलन—यह सब विदेश से उधार लिया गया साहित्यिक शिगूफ़ा था, रूस की प्रेरणा से गठित कम्युनिस्ट

पार्टी से संचालित था और तत्कालीन भारत के यथार्थ के द्वंद्वों, राष्ट्रीय जीवन की अनिवार्यताओं तथा हिंदी-उर्दू क्षेत्र की जातीय आवश्यकताओं की तार्किक परिणति न था। इस तरह के आक्षेप करने वाले समीक्षक, स्वाभाविक है कि अपने ढंग के निष्कर्ष भी निकालते हैं। वह यह कि चूँकि प्रगतिशील आंदोलन बाहर से लाई गई चीज़ थी, अतः हिंदी में उसका विकास जातीय भावभूमि से प्रतिकूल दिशा में हुआ। इसी कारण वह अल्प अवधि में ही बिखर गया।

अभी इन प्रत्यारोपों, आक्षेपों और समाधानों के इतिवृत्त में न जाकर यह देखना अधिक प्रासंगिक है कि क्या संगठन बनाने की कोशिशें सन् 1936 से पहले नहीं हो रही थीं? क्या 'हिंदी साहित्य सम्मेलन' के मंचों और संगठन केंद्रों से राष्ट्रीय मुक्ति आंदोलन की प्रगतिशील अंतर्वस्तु को सही दिशा में विकसित करने की कोशिशें हो रही थीं? क्या 'हिंदी साहित्य सम्मेलन' सांप्रदायिकता और पुनरुत्थानवादी प्रवृत्तियों के प्रचार-प्रसार का केंद्र नहीं था? क्या समसामयिक साहित्य की नवीन उद्‌भावनाओं और रचनात्मक नवोन्मेष का सशक्त विरोध 'हिंदी साहित्य सम्मेलन' की ओर से नहीं हो रहा था? क्या प्रांतीय भाषाओं और जनपदीय बोलियों तथा उनके साहित्य से जनवादी एकता का रवैया न रखकर हिंदी को सर्वोपरि रखने की नीति वर्चस्ववादी नीति नहीं थी?

'हिंदी साहित्य सम्मेलन' के पदाधिकारियों तथा पुरानी पीढ़ी के दिग्गज साहित्यकारों द्वारा छायावाद का विरोध किया जा रहा था। *पल्लव* को पुरस्कार की दृष्टि से हेय रचना मानना और *वीर सतसई* को पुरस्कार देना—इसी विरोध की चरम अभिव्यक्ति था। नई पीढ़ी के साहित्यकार और साहित्यसिक साहित्य सम्मेलन के इस पुरातनपंथी रवैए से क्षुब्ध थे। उस समय के साहित्यिक परिवेश में निहित अंतर्विरोध रेखांकित करते हुए दिनकर ने ठीक ही कहा है कि पुराने और नए स्कूल के प्रतिनिधियों के बीच का संघर्ष 1928 में मुखर रूप ले चुका था।[1]

पर 1929 में एकाएक साहित्य सम्मेलन के पदाधिकारियों के चुनाव में नई पीढ़ी के प्रतिनिधियों की विजय होती है। गणेश शंकर विद्यार्थी अध्यक्ष और रामवृक्ष बेनीपुरी प्रचार मंत्री चुने जाते हैं। इसी वर्ष कांग्रेस के अध्यक्ष पद पर जवाहरलाल नेहरू का चुनाव होता है। साहित्य और राजनीति—दोनों क्षेत्रों से पुरातनपंथी लोग हटाए जाते हैं। निराला इस परिवर्तन का पूरे उत्साह से स्वागत करते हैं : 'युवकों की ऐसी विजय प्राचीनता-भक्त भारत में इधर शताब्दियों से देखने को नहीं मिली।'[2]

पर साहित्य सम्मेलन के अध्यक्ष पद पर गणेश शंकर विद्यार्थी ज़्यादा दिन नहीं रह पाए। कानपुर के एक सांप्रदायिक दंगे में उनकी हत्या कर दी गई।

अतः परिस्थिति ने पलटा खाया और साहित्य सम्मेलन के विभिन्न पदों पर पुनः 'प्राचीनता-भक्त' ही स्थापित कर दिये गए। इन्हीं प्राचीनता-भक्तों ने समस्यापूर्ति की साहित्यिक प्रणाली की रक्षा की अनथक कोशिश की, मुक्तछंद का विरोध किया, उग्र के 'चाकलेट' के यथार्थवाद का विरोध करने के लिए 'घासलेटी साहित्य' का आंदोलन चलाया और प्रेमचंद को विदेशी कथाकारों की रचनाओं का अपहरणकर्ता कहकर कलंकित करने की कोशिश की। दिनकर ने 1930 के आसपास के इस कोलाहल का मनोविज्ञान समझने की कोशिश की है, 'हमारी उपेक्षा और अनादर के प्रधान कारण ये सिंहासनस्थ वृद्ध साहित्यिक हैं।' अतएव

अपनी रचनाओं में नए रचनाकार अपने हृदय का सारा विष इन वयोवृद्ध साहित्यिकों पर ही उड़ेलते थे। कलकत्ते के *नारायण* में गुलाब रत्न वाजपेयी 'गुलाब' ने लिखा था :

> *सो जाओ हे वृद्ध विकल।*
> *इस प्रचंड अंधड़ के सम्मुख,*
> *गीष्मकाल की वायु विफल।*[3]

नई पीढ़ी की जीवंत रचनात्मकता 'प्रचंड अंधड़' है और उसे वृद्ध लोग रोकने की व्यर्थ चेष्टा कर रहे हैं। और ये वृद्ध लोग हैं कौन? 'सिंहासनस्थ वृद्ध साहित्यिक'।

विचारधारा और दृष्टिकोण के स्तर पर न केवल साहित्य सम्मेलन के द्वारा बल्कि पुरानी पीढ़ी के संपादकों के द्वारा भी पुरातनप्रियता, पुनरुत्थानवाद, हिंदू रूढ़िवाद आदि को प्रश्रय और संरक्षण दिया जा रहा था। जवाहरलाल नेहरू ने 1933 के साहित्यिक परिवेश का *मेरी कहानी* में उल्लेख किया है। उससे भी इसी तथ्य की पुष्टि होती है।

बनारस के 'रत्नाकर रसिक मंडल' की ओर से पं. नेहरू को अभिनंदन पत्र दिया गया। इस घटना की रिपोर्ट 20 नवंबर, 1933 के *जागरण* में प्रेमचंद ने प्रकाशित की। इस अवसर पर दिये गए अपने भाषण का उल्लेख करते हुए पं. नेहरू ने लिखा :

> आजकल हिंदी में जो क्लिष्ट और आलंकारिक भाषा इस्तेमाल की जाती है, उसकी मैंने कड़ी आलोचना की। उसमें कठिन, बनावटी और पुरानी शैली के संस्कृत शब्दों की भरमार रहती है। मैंने यह कहने का भी साहस किया कि यह थोड़े-से लोगों के काम में आनेवाली दरबारी शैली अब छोड़ देनी चाहिए और हिंदी लेखकों को यह कोशिश करनी चाहिए कि वे हिंदुस्तान की आम जनता के लिए लिखें और ऐसी भाषा में लिखें जिसे लोग समझ सकें। आम जनता के संसर्ग से भाषा में नया जीवन और असली सच्चापन आ जाएगा।[4]

'रत्नाकर रसिक मंडल' की उस छोटी-सी सभा में पं. नेहरू ने यह भी कहा कि अन्य प्रादेशिक भाषाओं के समसामयिक साहित्य की तुलना में हिंदी में दरबारी शैली की प्रबलता है।[5] *दैनिक आज* तथा *भारत* में इस भाषण की ख़बरें छपीं। पुरातनपंथी हिंदी साहित्यकारों ने पं. नेहरू के उक्त भाषण के विरोध में एक ज़बर्दस्त विवाद खड़ा कर दिया। 'निराला' को भी क्षोभ हुआ था, पर उनके क्षोभ का कारण भिन्न था। उनका कहना था कि हिंदी में जो नया साहित्य अपनी नई विचारधारा, देशभक्ति, जनभावना आदि के साथ लिखा जा रहा है, उसे न पढ़ना और प्राचीनता-भक्तों को तूल देना ठीक नहीं है। इस पूरे विवाद पर पं. नेहरू की नज़र थी। उन्होंने विवाद के ख़त्म होने के बाद लिखा : 'यहाँ का सारा दृष्टिकोण बहुत संकुचित और दरबारी-सा है और वे लोग एक बहुत ही छोटे-से दायरे के लिए लिखते हैं। उन्हें आम जनता और उसके हितों से मानो कोई सरोकार ही नहीं है।'[6]

हिंदी के जिस साहित्यिक परिवेश में 'संकुचित दृष्टिकोण' और 'दरबारीपन' का बोलबाला हो, जिसे संचालित करने के पीछे हिंदू रूढ़िवाद और सामंती सांस्कृतिक दुराग्रह सक्रिय हो—उसका विरोध होना चाहिए और जवाहरलाल नेहरू ने *मेरी कहानी* में उसका सही विरोध किया था। उस समय पं. नेहरू ने 'भारतमाता' की कवि कल्पना के संबंध में जो प्रश्न उठाए थे, वे बड़े ही प्रासंगिक थे, चूँकि अब 'नीलांबर परिधान' वाली भारतमाता से उत्पीड़ित जनसमूह को प्रेरित अथवा उद्वेलित नहीं किया जा सकता था :

> यह एक अजीब बात है कि देश को मानव रूप में मानने की प्रवृत्ति को कोई रोक नहीं सकता। हमारी आदत ही ऐसी पड़ गई है और पहले के संस्कार भी ऐसे ही हैं। भारत 'भारतमाता' बन जाती है–एक सुंदर स्त्री, बहुत ही वृद्ध होते हुए भी देखने में युवती, जिसकी आँखों में दुख और शून्यता भरी हुई, विदेशी और बाहरी लोगों के द्वारा अपमानित और प्रताड़ित, और अपने पुत्र-पुत्रियों को अपनी रक्षा के लिए आर्त स्वर से पुकारती हुई। इस तरह का कोई चित्र हज़ारों लोगों की भावनाओं को उभार देता है और उनको कुछ करने और क़ुर्बान हो जाने के लिए प्रेरित करता है। लेकिन हिंदुस्तान तो मुख्यतः उन किसानों और मज़दूरों का देश है, जिनका चेहरा ख़ूबसूरत नहीं है, क्योंकि ग़रीबी ख़ूबसूरत नहीं होती। क्या वह सुंदर स्त्री, जिसका हमने काल्पनिक चित्र खड़ा किया है, नंगे बदन और झुकी कमरवाले, खेतों और कारख़ानों में काम करने वाले किसानों और मज़दूरों का प्रतिनिधित्व करती है? यह वह उन थोड़े-से लोगों के समूह का प्रतिनिधित्व करती है, जिन्होंने युगों से जनता को कुचला और चूसा है, उस पर कठोर-से-कठोर रिवाज़ लाद दिये हैं और उसमें से बहुतों को अछूत तक क़रार दे दिया है? हम अपनी काल्पनिक सृष्टि से सत्य को ढँकने की कोशिश करते हैं और असलियत से अपने को बचाकर सपनों की दुनिया में विचरने का यत्न करते हैं।[7]

राष्ट्रीयता की इस कल्पना को अगर हम तत्कालीन साहित्य की राष्ट्रीय कल्पना से मिलाकर देखें तो पता चलता है कि संकुचित दृष्टिकोण साहित्य पर हावी था, राष्ट्रीयता की कल्पना में जनवादी चेतना हावी नहीं थी बल्कि हिंदू आभिजात्य का संकीर्ण वर्ग-स्वार्थ हावी था। पं. नेहरू की कल्पना से मेल खानेवाली भारतमाता की मूर्तियाँ बाद में 1939-1940 के आसपास पंत और निराला ने तैयार कीं–'भारतमाता ग्रामवासिनी' तथा 'देवी सरस्वती' में।

पं. नेहरू के माध्यम से तत्कालीन प्रबुद्ध नेताओं और बुद्धिजीवियों का यह आह्वान आकस्मिक नहीं था। सन् 1930 के आसापास तरुण साहित्यकारों पर यह ज़िम्मेवारी आ गई थी कि वे राष्ट्रीयता के वर्ग-स्वरूप की पहचान करें, 'जनवादी राष्ट्रीयता' और 'हिंदू पुनरुत्थान-वादी राष्ट्रीयता' में फ़र्क़ समझें और समझाएँ। इस ज़िम्मेवारी के रास्ते में सबसे बड़ी बाधा 'हिंदी साहित्य सम्मेलन' उपस्थित करता था और उस 'सम्मेलन के प्राण' राजर्षि पुरुषोत्तम दास टंडन थे। न केवल साहित्य और शिक्षा के विभिन्न संगठनों पर वे छाए हुए थे बल्कि कांग्रेस के भीतर भी उन्हें नेतृत्व मिल गया था।

प्रकाशन मंचों और साहित्यिक संगठनों पर छाए हुए 'प्राचीनता-भक्त' रूढ़िवादी, दरबारी, हिंदू पुनरुत्थानवादी आदि तत्त्वों की वजह से नए साहित्यिक अपना अलग संगठन बनाने की बात सोचें, अपनी विचारधारा और नई साहित्यिक अभिरुचि के प्रकाशन के लिए नई पत्रिकाओं के प्रकाशन का प्रयत्न करें–सन् 1930 के ज़माने में यह एक स्वाभाविक बात थी।

ब्रिटिश हुकूमत चुन-चुनकर उन पत्र-पत्रिकाओं का ही दमन कर रही थी जो समाजवाद, जनवाद, साम्यवाद, जनजागरण, किसानों की मुक्ति, स्वाधीनता आदि की बात करती थीं। *जागरण, हंस* आदि से 1932 में ज़मानत माँगी गई। *आज* अख़बार बंद करा दिया गया। परिस्थिति कितनी भयावह हो गई थी, इसका अनुमान केवल इस बात से लगाया जा सकता है कि राजद्रोह कानून के अंतर्गत 3-4 वर्षों (1930-34 तक) के अंदर क़रीब 348 समाचारपत्रों के प्रकाशन बंद करा दिये गए।[8] इतना ही नहीं, गोर्की, मौरिस थोरो, मार्क्स, एंगेल्स और लेनिन की पुस्तकों का वितरण ग़ैरकानूनी कर दिया गया और बाज़ार में उपलब्ध पुस्तकें

ज़ब्त कर ली गईं। रवींद्रनाथ ठाकुर द्वारा लिखित 'रूस से चिट्ठी' पर पाबंदी लगा दी गई।[9] प्रेमचंद ने *जागरण* के माध्यम से प्रेस की इस दमन नीति का पूरा भंडाफोड़ किया : 'लेकिन यहाँ इतना कह देना हम अपना कर्तव्य समझते हैं कि ऐसे वातावरण में जबकि हर एक संपादक के सर पर तलवार लटक रही हो, राष्ट्र का सच्चा राजनीतिक विकास नहीं हो सकता।[10]

बोलने और लिखने की आज़ादी की हिमायत के लिए लेखक आपस में एकजुट हों, यह भावना आकस्मिक और अकारण नहीं थी। उस दमघोंटू माहौल में प्रेमचंद लेखकों के जनवादी स्वत्व की रक्षा के लिए लेखक संघ का गठन दो उद्देश्यों से करना चाहते थे : 1. अभिव्यक्ति की स्वतंत्रता की रक्षा के लिए और 2. सहकारी प्रकाशन संस्था खोलने के लिए।

1934 में प्रेमचंद और रामचंद्र टंडन के बीच लेखक संघ बनाने के सवाल पर विवाद उठ खड़ा हुआ था। रामचंद्र टंडन लेखकों के स्वत्व तथा प्रकाशकों के शोषण से लेखक की रक्षा के लिए लेखकों का संगठन बनाने की बात कर रहे थे। प्रेमचंद प्रकाशकों के विरुद्ध ट्रेड यूनियन आधार पर लेखक संगठन खड़ा करने की बात से मतभेद रखते थे। उनका कहना था कि बुनियादी सवाल स्वत्व की रक्षा और 'विशाल सहकारी प्रकाशन संस्था' खोलने का है। इस बात को लेकर इतना बतंगड़ बना कि अंत में लेखक संघ की योजना धरी रह गई।

इस लेखक संघ के लिए रामनरेश त्रिपाठी, किशोरीदास वाजपेयी और प्रेमचंद—तीन संयोजक मनोनीत किए गए थे। इन तीनों संयोजकों को अकेले रामचंद्र टंडन ने अपने विरोधी विचारों से निष्क्रिय कर दिया। इन सारी बातों के मूल प्रश्न का विश्लेषण करते हुए मुंशी प्रेमचंद ने दिसंबर, 1934 के *हंस* में संपादकीय लिखकर प्रकाशकों की दुर्व्यवस्था पर प्रकाश डाला और लेखक संघ के गठन की बुनियादी ज़रूरतों पर ज़ोर दिया। रामचंद्र टंडन इस संपादकीय से भड़क उठे और उन्होंने 31 दिसंबर, 1934 के अपने पत्र में प्रेमचंद को मगरमच्छ प्रकाशकों का वकील बनने से मना किया।[11]

ब्रिटिश साम्राज्यवाद के विरुद्ध स्वाधीनता संघर्ष, लेखकों के जनवादी अधिकारों के दमन का प्रतिरोध और अभिव्यक्ति की आज़ादी की समस्या, हिंदू पुनरुत्थानवाद के बजाय जनवादी राष्ट्रीयता, हिंदी साम्राज्यवाद की आकांक्षा के विरुद्ध सभी भारतीय भाषाओं और बोलियों की आज़ादी, हिंदी लेखकों के संगठन के बजाय अखिल भारतीय सर्वभाषा स्तर पर सभी भारतीय भाषाओं की पारस्परिकता का संबंध और अखिल भारतीय सर्वभाषा लेखक संगठन—ये सब ऐसे प्रश्न थे जिनसे न केवल प्रेमचंद बल्कि उस अवधि के तमाम प्रबुद्ध नेता, बुद्धिजीवी, पत्रकार और लेखक जूझ रहे थे। अतः रामचंद्र टंडन ने लेखक संघ के सवाल को जिस संकुचित दायरे में खींचकर सारे प्रयास को निष्फल कर दिया था, उससे मुक्त होने के बाद प्रेमचंद असली सवालों से जूझते हुए 'भारतीय साहित्य परिषद' की स्थापना की तरफ़ ध्यान देने लगे। अमृतराय ने संकेत दिया है कि 1935 में प्रेमचंद का दिमाग़ किस दिशा में काम कर रहा था। उसी हवाले से यह पता चलता है कि हिंदुस्तान की सभी भाषाओं के साहित्य की एकता के सवाल को केंद्रीय सवाल बनाकर 1935 के अप्रैल महीने में साहित्य सम्मेलन का अधिवेशन इंदौर में होने जा रहा था। मुंशी प्रेमचंद वहाँ चाहकर भी नहीं पहुँच पाए। कन्हैयालाल माणिकलाल मुंशी ने उस अधिवेशन के फ़ैसले की सूचना देते हुए प्रेमचंद को यह लिखा कि

जैनेंद्र कुमार के प्रयास से तथा गांधीजी के सहयोग से अंतरप्रांतीय परिषद बुलाने का निर्णय हुआ है। *हंस* को लोग उसका मुखपत्र बनाना चाहते थे। इस ख़त का प्रेमचंद ने स्वागत किया। एकता के इस नए यज्ञ में *हंस* को नए दायित्व के लिए प्रेमचंद ने सौंप दिया। अक्टूबर, 1935 में *हंस* 'भारतीय साहित्य परिषद' के मुखपत्र के रूप में निकलने लगा।[12]

इधर प्रेमचंद के नेतृत्व में हिंदुस्तान के लेखकों को संगठित करने, भारतीय भाषाओं की एकता और पारस्परिकता की दिशा में बढ़ने के प्रयत्न हो रहे थे, उधर सोवियत संघ में मैक्सिम गोर्की के नेतृत्व में 1934 में सोवियत लेखक संघ का गठन हुआ। सोवियत लेखक संघ के अधिवेशन के अवसर पर रोम्याँ रोलाँ, आंद्रे जीद, हेनरी बारबूस, जॉर्ज बर्नार्ड शॉ आदि ने बंधुत्वपूर्ण बधाइयाँ और समर्थन के संदेश भेजे। लेखकों को संगठित करने का ऐसा ही एक व्यापक प्रयत्न जुलाई, 1935 में हेनरी बारबूस के नेतृत्व में पेरिस में हुआ। 'संस्कृति की रक्षा के लिए विश्व लेखक अधिवेशन' (वर्ल्ड कांग्रेस ऑफ़ राइटर्स फ़ॉर दि डिफ़ेंस ऑफ़ कल्चर) जुलाई महीने में पेरिस में बुलाया गया। इस अधिवेशन के संयोजकों में मैक्सिम गोर्की, रोम्याँ रोलाँ, आंद्रे मालरो, टामस मान, वाल्डो फ्रैंक जैसे विश्वविख्यात साहित्यकार थे। सज्जाद ज़हीर के हवाले से मालूम होता है कि इस अधिवेशन ने फ़ासिज़्म के ख़िलाफ़, उत्पीड़ित राष्ट्र के शोषित जनगण के समर्थन में एवं विचार स्वातंत्र्य की रक्षा के लिए लेखकों की आवाज़ बुलंद की।[13] इस अधिवेशन में सारी दुनिया के प्रगतिशील लेखकों की एक स्थायी समिति चुन ली गई जिसके अध्यक्ष अंग्रेज़ी के कथाकार ई.एम. फ़ोर्स्टर बनाए गए और इसका केंद्रीय कार्यालय पेरिस में स्थापित कर दिया गया।

साम्राज्यवाद और फ़ासिज़्म के विरुद्ध लेखकों के स्वत्व की रक्षा के लिए सारी दुनिया के पैमाने पर संगठित कोशिशें आरंभ हुईं। 1935 में समाजवादी विचारधारा के कुछ भारतीय लेखकों ने 'भारतीय प्रगतिशील लेखक संघ' (इंडियन प्रोग्रेसिव राइटर्स एसोसिएशन) की स्थापना करने तथा उसे 'संस्कृति की रक्षा के लिए विश्व लेखक अधिवेशन' से अंगीभूत कराने का निश्चय किया। इसके लिए बैठक बुलाने तथा बैठक में लिये गए निर्णयों को कार्यान्वित कराने का दायित्व सज्जाद ज़हीर और मुल्कराज आनंद को सौंपा गया था। मुल्कराज आनंद अध्यक्ष चुने गए और सज्जाद ज़हीर सेक्रेटरी। उसी बैठक में एक घोषणा-पत्र तैयार किया गया। मुंशी प्रेमचंद इन गतिविधियों को बहुत नज़दीक से देख रहे थे, अपनी पूरी हमदर्दी दे रहे थे और *हंस* के माध्यम से इस लेखक संघ के उद्देश्य को प्रचारित कर रहे थे। उन्होंने जनवरी, 1936 के *हंस* में लंदन में बने 'प्रगतिशील लेखक संघ' के घोषणा-पत्र का सारांश प्रकाशित किया।

कुछ लोग समझते हैं कि लंदन में प्र.ले.सं. स्थापित करने का निर्णय हुआ और हिंदुस्तान में लागू हो गया। ऐसे लोग सरल बनते हैं और हर आंदोलन के भीतर काम कर रहे अनेक प्रकार के तत्त्वों और सूत्रों के जटिल संबंधों को न समझकर तुरंत सरलीकरण पर उतारू हो जाते हैं। हिंदुस्तान के अंदर संगठन बनाने की जो भी कोशिशें हो रही थीं, उनके सूत्रधार प्रेमचंद थे और पेरिस, मास्को और लंदन में जो कुछ भी सरगर्मियाँ और हलचलें थीं, उनसे सज्जाद ज़हीर और मुल्कराज आनंद संपृक्त थे।

प्रेमचंद इतने से ही संतुष्ट नहीं थे। वे 'साहित्य में नवयुग' लानेवाले हर प्रयत्न को एक-दूसरे से जोड़ना चाहते थे। *हंस* संगठनकर्ता का काम कर रहा था। *हंस* ने अपनी टिप्पणी लिखी :

हमें यह जानकर सच्चा आनंद हुआ कि हमारे सुशिक्षित और विचारशील युवकों में भी साहित्य में एक नई स्फूर्ति और जागृति लाने की धुन पैदा हो गई है। लंदन में दि इंडियन प्रोग्रेसिव राइटर्स एसोसिएशन की एक उद्देश्य से बुनियाद डाली गई है और उसने जो अपना मैनिफ़ेस्टो भेजा है, उसे देखकर यह आशा होती है कि अगर यह सभा अपने इस नए मार्ग पर जमी रही तो साहित्य में नवयुग का उदय होगा।[14]

भाषा के प्रश्न पर प्रेमचंद हिंदी-उर्दू एकता के समर्थक थे और 'हिंदुस्तानी एकेडमी' द्वारा किए जा रहे इस तरह सभी प्रयासों का अनुमोदन करते थे। 1936 के जनवरी महीने में 'हिंदुस्तानी एकेडमी', प्रयाग का सालाना जलसा हो रहा था। यह हिंदी-उर्दू का संयुक्त मंच था। प्रेमचंद इस जलसे में शरीक हुए। यहीं उनकी मुलाक़ात रघुपति सहाय फ़िराक़, अहमद अली, मुंशी दयानारायण निगम और सज्जाद ज़हीर से हुई। प्रगतिशील लेखक संघ को सारे हिंदुस्तान में व्यापक पैमाने पर संगठित करने के बारे में बातें हुईं। दो दिनों बाद सज्जाद ज़हीर के मकान पर सबके इकट्ठे मिलने का प्रोग्राम तय हुआ। मौलवी अब्दुल हक़ और जोश मलीहाबादी भी मौजूद थे। मुंशी दयानारायण निगम यद्यपि बहुत उत्साहित न थे, पर प्रेमचंद का मन उमंग से भरा हुआ था और संघ के ड्राफ़्ट मैनिफ़ेस्टो पर दस्तख़त करते हुए प्रेमचंद ने हँसकर कहा : 'मैं तो ठहरा बुड्ढा आदमी और तुम लोग हो कि सरपट भाग रहे हो। मैं कहाँ दौड़ सकता हूँ तुम्हारे साथ, मेरा तो घुटना-वुटना फूट जाएगा।'[15]

शिवदान सिंह चौहान के हवाले से पता चलता है कि सज्जाद ज़हीर के भारत वापस आ जाने पर दिसंबर, 1935 के अंतिम दिनों में ही इलाहाबाद में 'भारतीय प्रगतिशील लेखक संघ' का गठन कर लिया गया था और इसके ड्राफ़्ट मैनिफ़ेस्टो पर निराला और पंत ने भी हस्ताक्षर किए थे[16] और प्र.ले.सं. को प्रारंभ में ही रवींद्रनाथ टैगोर, जवाहरलाल नेहरू, जयप्रकाश नारायण, आचार्य नरेंद्रदेव आदि के सहयोग का आश्वासन प्राप्त हो गया था।

यह आकस्मिक नहीं है कि 22-23 फ़रवरी, 1936 को पूर्णिया में हिंदी साहित्य सम्मेलन के अधिवेशन में भाषण देकर जब प्रेमचंद घर लौटे तो उन्होंने इक़बाल की जनवादी चेतना से भरी एक कविता अपनी डायरी में नोट की और साहित्य के सामाजिक दायित्व पर एकदम नए सिरे से विचार किया : 'कविता में अगर जागृति पैदा करने की शक्ति नहीं है तो वह बेजान है। आप हाला बाँधें या तंत्री के तार या बुलबुल और क़फ़स, उसमें जीवन को तड़पानेवाली शक्ति होनी चाहिए। प्रेमिकाओं के सामने बैठकर आँसू बहाने का यह ज़माना नहीं है। उस व्यापार में हमने कई सदियाँ खो दीं। विरह का रोना रोते-रोते हम कहीं के न रहे। अब हमें ऐसे कवि चाहिए जो हज़रते इक़बाल की तरह हमारी मरी हुई हड्डियों में जान डाल दें। देखिए, इस कवि ने लेनिन को ख़ुदा के सामने ले जाकर क्या फ़रियाद कराई है और उसका ख़ुदा पर कितना असर होता है। वह अपने फ़रिश्तों को हुक्म देता है :

उट्ठो मेरी दुनिया के ग़रीबों को जगा दो,
काख़े उमरा के दरो-दीवार हिला दो।
गरमाओ ग़ुलामों का लहू सोज़े यक़ीं से,
कुंजिश्क फ़रोमाया को शाही से लड़ा दो।
सुलतानिए जमहूर का आता है ज़माना,
जो नक़्शे कोहन तुमको नज़र आए, मिटा दो।[17]

जनवादी राजसत्ता का ज़माना आ रहा है, सब कुछ पुरातन को मिटा दो—इस आह्वान को रेखांकित करना उस समय बड़ी बात थी।

प्रेमचंद भारत के उन बुद्धिजीवियों और साहित्यकारों की एकता के अंतःसूत्र बन रहे थे जो फ़ासिज़्म विरोधी और साम्राज्यवाद विरोधी भूमिका निभा रहे थे। पेरिस में अंतर्राष्ट्रीय लेखक सम्मेलन हो चुका था। अब ब्रसेल्स में 1936 ई. में विश्वशांति सम्मेलन हो रहा था। पं. नेहरू भारत के राष्ट्रीय मुक्ति आंदोलन के प्रतिनिधि के नाते ब्रसेल्स में हिंदुस्तान की आवाज़ पहुँचा रहे थे। इस काम में भारत के शिल्पी और विचारक कैसे पीछे रहते, ख़ासतौर पर जबकि उस शांति महायज्ञ में रोम्याँ रोलाँ और हेनरी बारबूस अग्निहोत्र का काम कर रहे हों। प्रेमचंद, रवींद्रनाथ ठाकुर, रामानंद चट्टोपाध्याय, नंदलाल बसु, प्रफुल्लचंद राय, जवाहरलाल नेहरू आदि के दस्तख़तों से एक घोषणा-पत्र ब्रसेल्स भेजा गया। उस घोषणा-पत्र के प्रारंभ में तो ब्रिटिश हुकूमत द्वारा लेखकों और पत्रकारों का जो दमन हो रहा था, उसकी भर्त्सना की गई, सेंसर और कस्टम वालों की निंदा की गई और उसके बाद कहा गया था :

> महायुद्ध की प्रेतच्छाया सारी पृथ्वी पर मँडरा रही है। फ़ासिस्ट तानाशाही खाने के बदले अस्त्र-संग्रह करके और संस्कृति के सुयोग के बदले साम्राज्य गठन के प्रलोभन को पकड़कर अपना सैनिकवादी रूप दिखला रही है। अबीसिनिया को पदावनत करने के लिए इटली ने जिन सब पद्धतियों का सहारा लिया है, उनसे बुद्धि और सभ्यता के प्रति विश्वासी सब लोगों को गहरा धक्का लगा है। बड़ी-बड़ी साम्राज्यवादी शक्तियों की प्रतिबद्धता और परस्पर विरोध, संकीर्ण राष्ट्रीयतावादी मनोवृत्ति को मनचाहा बढ़ावा, लड़ाई के सामानों की तेज़ वृद्धि—ये सब संकटमय परिस्थिति की पूर्व सूचना हैं। इस समय हम अपनी ओर से और देशवासियों की ओर से दूसरे देशों के जनसाधारण के स्वर में स्वर मिलाकर कहना चाहते हैं कि हम युद्ध से घृणा करते हैं और चाहते हैं कि युद्ध का रास्ता छोड़ा जाए, युद्ध में हमारा कोई भी हित नहीं है। किसी भी साम्राज्यवादी युद्ध में भारतवर्ष के योगदान के हम घोर विरोधी हैं क्योंकि हम जानते हैं कि आगामी युद्ध में सभ्यता का विध्वंस हो जाएगा।[18]

दूसरी तरफ़ नागपुर में 'भारतीय साहित्य परिषद' का अधिवेशन 1936 में हुआ। उस अधिवेशन में प्रेमचंद, आचार्य नरेंद्रदेव, मौ. अब्दुल हक़, पं. नेहरू और अख़्तर हुसैन रायपुरी के हस्ताक्षरों से एक पर्चा बाँटा गया। इस पर्चे में साहित्यिक गतिविधियों को प्रगतिशील दिशा की ओर मोड़ने की अपील की गई थी।

इस अपील का भारतीय साहित्य परिषद, नागपुर की बैठक पर पूरा प्रभाव पड़ा। प्रायः सभी भाषाओं के प्रमुख साहित्यकारों ने इसी अपील को ध्यान में रखकर वहाँ बहस में योग दिया। उस अधिवेशन में जो प्रस्ताव पास हुए, वे भी प्रगतिशील साहित्य की हिमायत करते हैं। कांग्रेस समाजवादी पार्टी और कम्युनिस्ट पार्टी का बहुत गहरा प्रभाव इस सम्मेलन के प्रस्तावों में देखा जा सकता है।

इस सम्मेलन को लेकर अज्ञेय ने एक विवाद खड़ा कर दिया। उन्होंने *विशाल भारत* में सम्मेलन के प्रस्तावों के संबंध में यह रिपोर्टिंग की कि क्रांतिप्रेरक साहित्य का प्रस्ताव गिर गया और यह कि कम्युनिस्ट तथा सोशलिस्ट विचारधारा के लोगों को सम्मेलन में कोई ख़ास उपलब्धि नहीं हुई।[19] सम्मेलन की कार्यवाही की इस भ्रामक रिपोर्ट पर अख़्तर हुसैन रायपुरी ने प्रहार किया। जुलाई, 1936 के *विशाल भारत* में उन्होंने लिखा कि वास्तविकता कुछ दूसरी

ही है। परिषद ने रातोंरात दो प्रस्ताव पेश किए : 1. जो साहित्य जीवन के उच्च आदर्श का विरोधी हो, सुरुचि भंग करता हो अथवा सांप्रदायिक सद्भावना में बाधा डालता हो, ऐसे साहित्य को यह परिषद हरगिज़ प्रोत्साहन न देगी। लोकजीवन के जीवित और प्रत्यक्ष सवालों का हल करने वाले साहित्य के निर्माण को यह परिषद प्रोत्साहन देगी। 2. इस सभा का काम हिंदी अथवा हिंदुस्तानी में होगा।

इसमें पहले प्रस्ताव का विरोध होना स्वाभाविक था। अख़्तर हुसैन रायपुरी ने विरोध के पीछे अपनी दलील रखी : 'इसका निर्णय पाठक ही करें कि इस प्रस्ताव में डिक्टेटरी की बू आती है या नहीं। कोई भी लेखक अपनी कृति को आदर्शहीन, कुरुचिपूर्ण और मुर्दा सवालों का जवाब कहने को तैयार नहीं है। फिर भी आपके दिमाग़ में 'सु' और 'कु' की दीवारें खड़ी हुई हैं। जब भी आप अपने स्टैंडर्ड से एक चीज़ को अच्छी और दूसरी को बुरी कहते हैं तो आप डिक्टेटरी का बीज बो देते हैं। इस तरह की नैतिकता असहिष्णुता से आरंभ होती है।'[20]

उस सम्मेलन में क्रांतिकारी साहित्य लिखने के प्रस्ताव का विरोध अज्ञेय और बनारसीदास चतुर्वेदी की ओर से हुआ था। उनका कहना था कि क्रांतिप्रेरक साहित्य 'थोथा और निस्सार' है। उनकी इस आलोचना का जवाब देते हुए अख़्तर हुसैन रायपुरी ने लिखा :

> क्रांतिप्रेरक साहित्य का विरोध इस सबब से करना कि वह ऐसा साहित्य पैदा करने में सहायक हो रहा है जो 'थोथा और निस्सार' है, मेरी समझ में ठीक नहीं है। हमारे देश में क्रांतिप्रेरक साहित्य पैदा ही कब हो रहा है। 'कला कला' के नाम पर जो कविताएँ और कहानियाँ छपती हैं, उनमें कुछ आत्मपूजकों की तुच्छ और रौंदी हुई आकांक्षाएँ छिपी रहती हैं, जिनसे न जीवन के उच्च आदर्शों का कुछ संबंध है, न लोकजीवन के प्रत्यक्ष और जीवित सवालों से कोई वास्ता। छिछला और निस्सार साहित्य इसलिए पैदा हो रहा है कि उसके निर्माता अपनी आत्मा से और जगत् की आत्मा से अपरिचित हैं। वे घोंघों की तरह 'स्व' की मोटी खाल में लिपटे हुए हैं और उनके आसपास एक विराट संसार सिसक-सिसककर अपने आदर्श की ओर बढ़ रहा है। क्रांतिप्रेरक साहित्य क्रांतिकारी आंदोलन के साथ पनपेगा और बढ़ेगा। अभी यह नवशिशु है क्योंकि क्रांति की यह बिजली सुदूर अंतरिक्ष पर झिलमिला रही है।[21]

इस पृष्ठभूमि में 'प्रगतिशील लेखक संघ' की स्थापना और औपचारिक तौर पर प्रगतिशील साहित्यिक आंदोलन के प्रारंभ की घोषणा के इतिवृत्त को ऐतिहासिक परिप्रेक्ष्य में समझना आवश्यक है।

सन् 1934 के जून महीने से हिंदुस्तानी कम्युनिस्ट पार्टी ग़ैरकानूनी घोषित कर दी गई थी। दमनचक्र ज़ोर पर था। सारी पार्टी को भूमिगत होना पड़ा। कम्युनिस्ट पार्टी के अधिकांश कार्यकर्ता और कुछ सोशलिस्ट नेताओं तथा कांग्रेस के भीतर के कुछ गरमदली नेताओं ने मिलकर सन् 1934 में ही कांग्रेस के अंदर समाजवादी पार्टी की स्थापना की और मार्क्सवादी विचारधारा के प्रचार के लिए लखनऊ से *संघर्ष* नामक हिंदी साप्ताहिक पत्र निकालने का आयोजन किया। इस पत्र का प्रकाशन भी सन् 1936 में ही आरंभ हो सका। नरेंद्रदेव, जयप्रकाश, लोहिया, बेनीपुरी आदि ने इसी कांग्रेस सोशलिस्ट पार्टी के पदाधिकारियों से संबंध स्थापित किया। लखनऊ में कांग्रेस अधिवेशन होनेवाला था। कम्युनिस्ट पार्टी तो भूमिगत थी, पर उसके हमदर्दों को पूरी छूट दे दी गई थी जिससे वे खुला राजनीतिक कार्य कांग्रेस

के मंच से कर सकें। संभवतः इसीलिए कांग्रेस समाजवादी पार्टी के अंदर मार्क्सवादियों और ग़ैरमार्क्सवादियों के बीच ज़बर्दस्त रस्साकशी शुरू हो गई।[22]

इन्हीं दिनों कम्युनिस्ट पार्टी ने विभिन्न जनसंगठनों से जनसंपर्क क़ायम करने, मार्क्सवाद-लेनिनवाद का प्रचार करने, सुधारवादी नेतृत्व के विरुद्ध स्वाधीनता संघर्ष के अंदर विचारधारात्मक लड़ाई तेज़ करने और लेखकों, बुद्धिजीवियों, छात्रों तथा किसानों के मोर्चे पर अपना असर बढ़ाने के लिए अलग-अलग क़िस्म के खुले संगठन बनाने की योजना तैयार की। इन संगठनों में ही लेखकों का भी एक संगठन था—जिसे संचालित करने की ज़िम्मेवारी सज्जाद ज़हीर को सौंपी गई। वे ऐसे नौजवान थे जो अभी-अभी यूरोप प्रवास की आधुनिकता और स्पेन के गृहयुद्ध के दृश्य देखकर हिंदुस्तान आए थे। सज्जाद ज़हीर ने ख़ुद उर्दू में कहानियाँ लिखी थीं। यूरोप प्रवास से लौटे उन युवा साहित्यकारों की अच्छाई यह थी कि वे लोग प्रेमचंद के नेतृत्व का महत्त्व समझते थे और हिंदुस्तान में यथार्थवादी साहित्य के लिए लेखकीय संगठन की आवश्यकता महसूस करते थे। लंदन से लौटे हुए जिन हिंदुस्तानियों के माध्यम से सज्जाद ज़हीर प्रगतिशील लेखक संघ की नींव डालना चाहते थे, उनके बारे में उनका ख़ुद का कहना है : 'इन दोस्तों में अक्सर वे नौजवान थे जो हमसे पहले हिंदुस्तान आ चुके थे और जिन्हें हम अदीब नहीं तो तरक़्क़ीपसंद की हैसियत से अपना हमख़याल और हमदर्द समझते थे।'[23]

यानी प्रगतिशील बुद्धिजीवियों के द्वारा प्रगतिशील साहित्यिक आंदोलन और संगठन चलाने का काम आरंभ हुआ। ऐसे लोग स्वयं साहित्यकार नहीं थे। हंसराज रहबर ने उन लोगों के नामों और कार्यों का उल्लेख किया है : (1) डॉक्टर अशरफ़, जो अलीगढ़ मुस्लिम यूनिवर्सिटी में इतिहास के प्रोफ़ेसर थे; (2) डॉ. महमूद ज़फ़र, अमृतसर के एक कॉलेज में वाइस प्रिंसिपल थे और उनकी पत्नी डॉ. रशीदजहाँ; (3) प्रोफ़ेसर हीरेन मुखर्जी, जो ऑक्सफ़ोर्ड से बैरिस्टरी की डिग्री लेकर आए थे और कलकत्ता में बैरिस्टरी कर रहे थे; (4) डॉ. यूसुफ़ हुसैन खाँ, जिन्होंने भक्ति और सूफ़ी धर्मांदोलन पर पेरिस से डॉक्टरेट की उपाधि प्राप्त की थी; और (5) हठी सिंह, जिनका बाद में पं. नेहरू की बहन कृष्णा से विवाह हुआ और जो ऑक्सफ़ोर्ड से शिक्षा प्राप्त कर भारत लौटे थे।[24]

इन ऊँचे तबक़े के पढ़े-लिखे बुद्धिजीवियों के संपर्क से स्वाभाविक था कि सज्जाद ज़हीर को यूनिवर्सिटी के प्रोफ़ेसरों और विद्यार्थियों का सहयोग प्राप्त होता। इलाहाबाद में प्रगतिशील लेखक संघ चलाने के लिए जो सहयोगी मिले, उनमें अहमद अली, फ़िराक़ गोरखपुरी, डॉक्टर सैयद एजाज़ हुसैन, प्रोफ़ेसर एहतेशाम हुसैन, वक़ार अज़ीम, सुमित्रानंदन पंत, शिवदान सिंह चौहान और नरेंद्र शर्मा उल्लेखनीय हैं। अपनी *रौशनाई* नामक पुस्तक में सज्जाद ज़हीर प्र.ले.सं. बनाने के उद्देश्यों पर रोशनी डालते हैं :

> जब हमने प्रगतिशील साहित्य आंदोलन की ओर पग उठाया तो कुछ बातें विशेष रूप से हमारे सम्मुख थीं। पहली तो यह कि प्रगतिशील साहित्यिक आंदोलन का रुख़ देश की जनता और मज़दूरों, किसानों और मध्य वर्ग की ओर होना चाहिए। उनको लूटनेवालों और उन पर अत्याचार करने वालों का घोर विरोध करना, अपनी साहित्यिक रचनाओं से जनता में चेतना, गति, क्रियाशीलता और एकता उत्पन्न करना और उन तमाम अवशेषों और प्रवृत्तियों का विरोध करना जो जड़ता, प्रतिक्रिया, निरुत्साह उत्पन्न करती हैं—हमारा

मुख्य कर्तव्य ठहरा। इसी से फिर दूसरी बात निकलती है और वह यह कि यह सब कुछ तभी संभव था जब हम चेतन रूप से देश के स्वाधीनता संघर्ष और देश की जनता की अपनी स्थिति को सुधारने के आंदोलन में भाग लें। सिर्फ़ दूर के तमाशाई न हों बल्कि सामर्थ्य भर अपनी योग्यता के अनुसार स्वतंत्रता सेना के सिपाही बनें। इसका यह अर्थ नहीं कि लेखक अवश्य ही राजनीतिक कार्यकर्ता भी बने। लेकिन इसका यह अर्थ अवश्य था कि वे राजनीति से अलग और उदासीन भी नहीं हो सकते। प्रगतिशील लेखक के मन में मानव जाति से स्नेह और गहरी सहानुभूति ज़रूरी है। बिना मानवता प्रेम, स्वतंत्रता की इच्छा और जनतंत्रवाद के, प्रगतिशील लेखक होना संभव नहीं। इस कारण हम खुल्लमखुल्ला और जान-बूझकर आंदोलन का संबंध देश के स्वाधीनता और जनतंत्रवादी आंदोलन के साथ जोड़ना चाहते थे। हम चाहते थे कि प्रगतिशील बुद्धिजीवी मज़दूरों, किसानों, दरिद्र और पीड़ित जनता से मिलें, उनके राजनीतिक और सामाजिक जीवन का अंग बनें। उनके जलसे और जुलूसों में और उन्हें अपने जुलूसों और कॉन्फ्रेंसों में बुलाएँ। इसलिए हम अपने संगठन में इस बात पर अधिक ज़ोर देना चाहते थे कि बुद्धिजीवियों के लिए साहित्य रचना के साथ-साथ जनजीवन के साथ अधिक से अधिक संपर्क स्थापित करना आवश्यक है बल्कि बिना इसके नए साहित्य की रचना हो ही नहीं सकती। इसलिए हम चाहते थे कि हमारे संघ की शाखाएँ एकांतप्रिय विद्वानों की टोलियाँ न हों, बल्कि उनमें हरकत भी हो। साहित्यिक गोष्ठियों में दूसरे लोग भी आएँ। लेखकों की रचनाओं पर खुली बहसें हों। लेखक और कवि साधारण लोगों से मिलते-जुलते रहें। उनमें घुले रहें, उनसे सीखें और उन्हें सिखाएँ। हमारा संघ लेखकों का संगठन होते हुए और साहित्य रचना पर अधिक से अधिक ध्यान देते हुए भी 'अंजुमने-तरक़्क़ी-ए-उर्दू' अथवा 'हिंदी साहित्य सम्मेलन' न बन जाए, गतिमान और सजीव संस्था बने, जिसका जनता से सीधा और स्थायी संपर्क हो।[25]

1936 के अप्रैल में कांग्रेस अधिवेशन लखनऊ में हुआ और उसी के समानांतर 'प्रगतिशील लेखक संघ' की स्थापना के लिए पहला प्रगतिशील लेखक सम्मेलन आयोजित हुआ। कांग्रेस अधिवेशन के सभापति पं. नेहरू चुने गए और प्रगतिशील लेखक सम्मेलन के अध्यक्ष प्रेमचंद बनाए गए। उसी समय लखनऊ में ही 'अखिल भारतीय किसान सभा' की स्थापना हुई और उसके अध्यक्ष प्रो. एन.जी. रंगा बनाए गए तथा स्वामी सहजानंद सरस्वती महासचिव नियुक्त किए गए।

लखनऊ अधिवेशन में कांग्रेस के सभापति पद पर पं. नेहरू को क्यों लाया गया? कांग्रेस के अंदर वे कौन-सी ताक़तें थीं जो पं. नेहरू को बल पहुँचा रही थीं? पट्टाभि सीतारमैया ने 1936 के राजनीतिक माहौल का विश्लेषण करते हुए लिखा है : 'हर जगह नौजवानों में समाजवादी विचाराधारा हावी हो रही थी। छात्र फ़ेडरेशन और युवक संघों की लहर ज़ोर पकड़ रही थी।[26] भगतसिंह की फाँसी, जनांदोलनों का दमन और नमक आंदोलन और सविनय अवज्ञा आंदोलन की असफलताओं के कारण ब्रिटिश साम्राज्यवाद का क्रूर दमनकारी हिंसक चरित्र सामने आ गया था और सत्य-अहिंसा पर से लोगों का विश्वास उठता जा रहा था।

ऐसी स्थिति में 1936 में लखनऊ अधिवेशन का सभापतित्व गांधीजी के हाथ में जाना कांग्रेस के हित में नहीं था। नौजवानों में कांग्रेस की रही-सही लोकप्रियता भी घट जाती।

अतः पं. जवाहरलाल नेहरू से ही यह आशा की जा रही थी कि वे नए और पुराने, गांधीवाद और कम्युनिज़्म के बीच सेतु का काम करें और इस तरह वे आश्चर्यजनक रूप में लखनऊ कांग्रेस अधिवेशन के अध्यक्ष पद के लिए सुयोग्य थे।[27]

पूरा देश नई ताक़त से और नए नेतृत्व में आज़ादी की लड़ाई को व्यापक बनाने को अधीर था। ऐसे मौक़े पर किसानों का संगठन बन रहा था, छात्रों का संगठन बन रहा था। और उसके साथ लेखकों का भी संगठन बन रहा था। गांधीवाद से मोहभंग और समाजवादी विचारधारा के प्रसार और उसके प्रति उत्साह के वातावरण में हिंदी और उर्दू के साहित्यकारों, बोलियों और प्रादेशिक भाषाओं के रचनाकारों, पत्रकारों और बुद्धिजीवियों ने बहुत बड़ी संख्या में लखनऊ के इस पहले प्रगतिशील लेखक सम्मेलन का स्वागत किया।

इलाहाबाद में चूँकि पहले से जान-पहचान थी, इसलिए प्रगतिशील लेखक संघ का काम वहाँ आरंभ हो गया था। पर लखनऊ में बहुत बुरा हाल था। स्थानीय साहित्यकारों में कोई भी शुरू में सहयोग करने नहीं आया। अमृतसर से आए डॉ. महमूद जफ़र और डॉ. रशीद जहाँ, डॉ. मुहम्मद दीन तासीर ने ही पर्चे बाँटे, चंदा जुटाया और सम्मेलन की स्वागत समिति बनाई।

इस समय कांग्रेस अधिवेशन में शामिल होने के लिए हज़ारों कार्यकर्ता लखनऊ पहुँचने लगे। नरेंद्रदेव, जयप्रकाश, कमला देवी चट्टोपाध्याय, मियाँ इख़्तारुद्दीन और सरोजिनी नायडू ने प्रोग्रेसिव लेखकों की कॉन्फ्रेंस में शामिल होने का वचन दिया।[28]

प्रगतिशील लेखक संघ के इस पहले सम्मेलन (9 और 10 अप्रैल, 1936) में प्रेमचंद का अध्यक्षीय भाषण ऐतिहासिक था, इस दृष्टि से कि आदर्शवाद की सीमाओं के अंदर यथार्थवाद का जो रूप विकसित हो रहा था, वह अब सुसंगत स्वरूप ग्रहण कर सामाजिक यथार्थवाद की विचार प्रणाली के रूप में नई पीढ़ी को आकृष्ट करने लगा।

प्रेमचंद ने कहा कि साहित्य की सर्वोत्तम परिभाषा 'जीवन की आलोचना' है, पहले के साहित्यकार कल्पना की एक सृष्टि करके मनमाना तिलिस्म बाँधा करते थे। कवियों पर व्यक्तिवाद का रंग चढ़ा हुआ था। कवि मंडली श्रृंगारिक भावों की अभिव्यक्ति में लिप्त थी। पर यह उन लोगों ने नहीं देखा कि श्रृंगारिक मनोभाव मानव जीवन का अंग मात्र है। जाति के जीवन को जड़ता और ह्रास के पंजे से मुक्त करने के लिए आज साहित्यिक रुचि बड़ी तेज़ी से बदल रही है। दलित, पीड़ित और वंचित की हिमायत करने के लिए जो लिखता है, वह समाज की न्यायवृत्ति को जाग्रत करता है और इसमें ही वह अपने प्रयत्न को सफल समझता है।

'कला सौंदर्यवृत्ति को पुष्ट करती है पर सौंदर्यवृत्ति के मूल में भी उपयोगिता का पहलू होता है। और इस सौंदर्य की सत्ता निरपेक्ष नहीं है, बल्कि सापेक्ष है। एक रईस के लिए जो वस्तु सुख का साधन है, वही दूसरे के लिए दुख का कारण हो सकती है।'

इसके साथ ही प्रेमचंद ने सौंदर्य की कसौटी बदलने की बात की : 'हमें सुंदरता की कसौटी बदलनी होगी। अभी वह कसौटी अमीरी और विलासिता के ढंग की थी।'

इतना ही नहीं, उन्होंने शासक वर्गों की सौंदर्यदृष्टि पर प्रहार भी किया : 'उसके लिए सौंदर्य सुंदर स्त्री में है, उस बच्चों वाली ग़रीब रूपरहित स्त्री में नहीं जो बच्चों को खेत की मेड़ पर सुलाए पसीना बहा रही है। उसने निश्चय कर लिया है कि रँगे होंठों, कपालों और भौंहों में निस्संदेह सुंदरता का वास है, उसके उलझे हुए बालों, पपड़ियाँ पड़े हुए होंठों और

कुम्हलाए गालों में सौंदर्य का प्रवेश कहाँ? पर यह संकीर्ण दृष्टि का दोष है।' और अंत में प्रगतिशील लेखकों को संबोधित करते हुए उन्होंने कहा कि 'हम तो समाज का झंडा लेकर चलनेवाले सिपाही हैं।'

साहित्यिक रूढ़िवाद, व्यक्तिवाद, कुंठित सौंदर्यदृष्टि आदि पर प्रहार और साहित्यकारों से क्रांतिकारी रोमांटिसिज़्म और सामाजिक यथार्थवाद की तरफ़ बढ़नेवाली साहित्यिक रुचि की माँग–प्रेमचंद के अध्यक्षीय भाषण का यही सार था। प्रगतिशील लेखक सम्मेलन द्वारा पास किए गए घोषणा-पत्र पर प्रेमचंद के इस भाषण का प्रभाव देखा जा सकता है। घोषणा-पत्र में प्र.ले.सं. के उद्देश्य भी साफ़तौर पर परिभाषित किए गए थे :

1. भारत के तमाम प्रगतिशील लेखकों की संस्थाएँ संगठित करना और साहित्य छापकर अपने उद्देश्यों का प्रचार करना।
2. प्रगतिशील लेखकों और अनुवादकों को प्रोत्साहित करना और प्रतिक्रियावादी प्रवृत्तियों के विरुद्ध संघर्ष करके देशवासियों के स्वाधीनता संग्राम को आगे बढ़ाना।
3. प्रगतिशील लेखकों की सहायता करना।
4. स्वतंत्रता और स्वतंत्र विचार की रक्षा करना।

प्रतिक्रिया और प्रगति की ताक़तों के संघर्ष में साहित्यकार तटस्थ न रहें–यह एक ऐतिहासिक आवश्यकता थी। प्र.ले.सं. ने अपनी इस ज़िम्मेवारी को महसूस किया।

मई, 1936 के *हंस* में प्रगतिशील साहित्यिक आंदोलन के लिए अपनी इस पत्रिका को सौंपने की बात प्रेमचंद ने लिखी। प्रेमचंद का दृष्टिकोण क्या था–इसका पता अहमद अली के निबंध से भी चलता है। प्रेमचंद यहाँ तक मानते थे कि नई पीढ़ी के लोगों पर प्रगतिशील लेखक संघ के द्वारा 'दृढ़ साहित्यिक आंदोलन चलाने का भार आ पड़ा था।' और इस 'आंदोलन के लिए हमारा देश तैयार हो गया है और हम लोग एक बहुत ही उपयुक्त और शुभ अवसर पर इस एसोसिएशन का आरंभ कर रहे हैं।'[29]

इस प्रकार हम देखते हैं कि एक ओर जहाँ प्र.ले.सं. को अनेक महत्त्वपूर्ण राजनीतिज्ञों, बुद्धिजीवियों, लेखकों और विशेषकर नए लेखकों का पूर्ण सहयोग मिला, वहीं दूसरी ओर प्रारंभ में ही ब्रिटिश हुकूमत और हिंदू पुनरुत्थानवादी लेखकों ने प्र.ले.सं. का ज़बर्दस्त विरोध किया। 'ब्रिटिश नियंत्रित एवं बुर्जुआ प्रेस ने इसे मास्को प्रेरित चित्रित किया तथा हिंदू कट्टरपंथ के अगुआ व पुनरुत्थान की भावना से अनुप्राणित रूढ़िवादी लेखकों ने इसे भारतीय संस्कृति विरोधी आंदोलन कहा।'[30] प्र.ले.सं. के प्रथम लखनऊ अधिवेशन के बाद तो प्रेमचंद पर 'घृणा के प्रचारक' होने का अरोप लगाया गया और 'उनकी निंदा करते हुए अनेक लेख हिंदी पत्रिकाओं में छपे जिनमें उनकी कहानियों एवं उपन्यासों से दृष्टांत देकर यह सिद्ध किया गया था कि कैसे प्रेमचंद ब्राह्मणों के पावन आधिपत्य को चुनौती देनेवाले नीची जातियों के पात्रों को जान-बूझकर चुनते हैं और ब्राह्मण पात्रों को भ्रष्टाचारी, निर्दयी व अंधविश्वासी रूप में चित्रित करते हैं।'[31]

इस इतिवृत्त की रोशनी में प्रगतिशील साहित्यिक आंदोलन का प्रारंभ संगठन के स्तर पर किस तरह अवश्यंभावी हुआ–इसकी झलक हम देख सकते हैं।

2011 में प्र.ले.सं. के गठन के 75 वर्ष पूरे हो गए हैं। साहित्य-संस्कृति के विभिन्न क्षेत्रों में अंतर्राष्ट्रीय, राष्ट्रीय और सामाजिक सरोकार के स्तर पर, जनपक्षधरता और विश्वशांति

के मुद्दों पर रचनात्मक अभिव्यक्तियों ने इतिहास रचा है, फ़ासीवाद, तानाशाही तथा साम्राज्यवादी मंसूबों एवं जनउत्पीड़न और युद्ध के विरोध में दुनियाभर के प्रगतिशील जनवादी कलाकर्म ने प्रतिरोध को मुखर अभिव्यक्ति दी है। कलाकारों-रचनाकारों ने मानवता विरोधी ताक़तों और चेहरों को बेनक़ाब किया है।

यह देखकर अचरज होता है कि प्रगतिशील आंदोलन की व्याप्ति कितनी तेज़ी से अन्य भारतीय भाषाओं में हुई। इतिहास गवाह है कि हर भारतीय भाषा में प्र.ले.सं. के माध्यम से अदब ने अवाम के साथ सीधा रिश्ता बनाकर ब्रिटिश साम्राज्यवाद के साथ सामंती ताक़तों और मूल्यों को ख़त्म करने में बहुत बड़ी भूमिका निभाई। साहित्य के साथ कला के विभिन्न माध्यमों—चित्रकला, मूर्तिकला, स्थापत्य, संगीत, अभिनय, सिनेमा, रंगमंच—में नए-नए प्रयोगों के माध्यम से कला को जनोन्मुखी बनाया गया। सन् 1930 से 1955 के दौर में उत्कृष्टता, गुणवत्ता और लोकप्रियता का अद्भुत समन्वय प्रगतिशील सांस्कृतिक आंदोलन की विरासत है। देश की आज़ादी के आंदोलन और तानाशाही के विरोध में 'इप्टा' की भूमिका से कौन इनकार कर सकता है? प्रगतिशील साहित्य आंदोलन देश की सांस्कृतिक विविधता और राष्ट्रीय मुक्ति आंदोलन की एक महत्त्वपूर्ण प्रभावशाली धारा के रूप में निरंतर सक्रिय रहा, जबकि आज़ादी का श्रेय लेनेवाली कांग्रेस पार्टी के नेतृत्व ने इस दिशा में कभी कोई स्वतंत्र प्रयास नहीं किया। यह ऐतिहासिक आवश्यकता और ज़िम्मेदारी जनवादी कलाकारों-रचनाकारों की है कि वे प्रगतिशील सांस्कृतिक आंदोलन की विरासत को आगे ले जाने की ऐतिहासिक भूमिका का निर्वाह करने के लिए आगे आएँ।

आज हिंदुस्तान के साहित्यिक-सांस्कृतिक क्षेत्र के कलावादी भी धर्मनिरपेक्षता, सामाजिक समानता, लोकतांत्रिक अधिकारों के विस्तार तथा उत्पीड़ित जनगण की मुक्ति के प्रश्नों को अपने ख़ास ढंग से उठाने को मजबूर हो गए हैं। अंतर्राष्ट्रीय वित्तीय पूँजीवाद, अमरीकी वर्चस्ववाद और देश के शासक वर्गों की विभिन्न जनविरोधी और राष्ट्रविरोधी कार्रवाइयों पर आज कलावादी साहित्यकार-कलाकार भी चुप्पी नहीं साध सकते। 1992 में बाबरी मस्जिद के विध्वंस, 2002 में नरेंद्र मोदी की सरकार के नेतृत्व में हिंदू फ़ासीवादी विचारधारा के तहत हुए जनसंहार के विरुद्ध व्यापक प्रतिरोध और आंदोलन हुए, जो इस बदलती मानसिकता के गवाह हैं। केंद्र एवं राज्यों की विभिन्न सरकारों के भ्रष्टाचारी कारनामों के साथ जनता के दुख-दर्द के प्रति असंवेदनशील शासनतंत्र / नौकरशाही के रवैए को लेकर साहित्य और कला की जनवादी-प्रगतिशील भूमिका की समकालीन अर्थवत्ता के प्रति वे लोग भी उदासीन नहीं हैं या नहीं हो सकते हैं जो प्रगतिशील लेखक संघ, समाजवाद, मार्क्सवाद या जनवाद जैसे शब्दों से बिदकते थे। इसलिए यथार्थवादी कलाकर्म और साहित्य-सृजन में जीवन की वास्तविकताओं के चित्रण की संभावनाएँ बढ़ गई हैं। यही कारण है कि प्रगतिशील आंदोलन की विरासत की गूँज आज भी कला और साहित्य में प्रत्यक्ष-अप्रत्यक्ष रूप से सुनाई पड़ती है।

संदर्भ

1. *मिट्टी की ओर,* उदयाचल प्रकाशन : पटना, 1946, पृ. 147
2. *सुधा,* दिसंबर, 1929

3. *मिट्टी की ओर,* पृ. 7
4. *मेरी कहानी,* ग्यारहवाँ संस्करण, सस्ता साहित्य मंडल, नई दिल्ली, 1965, पृ. 635-36
5. वही, पृ. 636
6. वही, पृ. 637
7. जवाहरलाल नेहरू, *मेरी कहानी,* वही पृ. 601-02
8. पट्टाभि सीतारमैया, *भारतीय राष्ट्रीय कांग्रेस का इतिहास,* खंड-2, प्रथम संस्करण, सस्ता साहित्य मंडल, नई दिल्ली, 1948, पृ. 197
9. वही, पृ. 197
10. *विविध प्रसंग,* हंस प्रकाशन, इलाहाबाद, प्रथम संस्करण, 1962, पृ. 541
11. अमृत राय, *कलम का सिपाही,* प्रथम संस्करण, हंस प्रकाशन, इलाहाबाद, 1962, पृ. 544-45
12. वही, पृ. 597
13. *हंस,* जनवरी, 1948, 'वे दिन जो बीत चुके हैं'
14. *हंस,* जनवरी, 1936
15. *कलम का सिपाही,* पृ. 610
16. *आलोचना,* अप्रैल-जून, 1970, 'हिंदी साहित्य पर समाजवादी विचारधारा का प्रभाव : दो महायुद्धों (1919-39) के बीच'
17. *कलम का सिपाही,* पृ. 613
18. वही, पृ. 645
19. *विशाल भारत,* जून, 1936
20. वही, जुलाई, 1936
21. वही
22. रजनी पामदत्त, *भारत : वर्तमान और भावी,* प्रथम संस्करण, पीपुल्स पब्लिशिंग हाउस, नई दिल्ली, 1956, पृ. 221
23. राममनोहर लोहिया, *समाजवादी आंदोलन का इतिहास,* प्रथम संस्करण, 1969, पृ. 19-20
24. हंसराज रहबर, *प्रगतिवाद : पुनर्मूल्यांकन,* प्रथम संस्करण, 1966, पृ. 25 (सज्जाद ज़हीर की उर्दू पुस्तक, *रौशनाई* से उद्धृत)
25. वही, पृ. 26-27
26. *दि हिस्टरी ऑफ़ दि इंडियन नेशनल कांग्रेस,* खंड-2, प्रथम संस्करण, 1947
27. वही, पृ. 4
28. सज्जाद ज़हीर, 'सभापति मुंशी जी', *संकेत,* पृ. 211
29. *हंस* : प्रेमचंद स्मृति अंक
30. शिवदान सिंह चौहान, *आलोचना,* अप्रैल-जून, 1970
31. वही

तरक़्क़ीपसंदी का मतलब

अख़्तर हुसैन रायपुरी

जब हम किसी चीज़ के लिए 'प्रगति' शब्द का इस्तेमाल करते हैं तो हमारे मन में कई बातें होती हैं। एक तो यह कि उस चीज़ में बढ़ने और बहने की सलाहियत है, दूसरे यह कि वह अपनी शुरुआती शक्ल पर क़ायम नहीं है और न रह सकती है। आगे यह कि प्रगति एक सापेक्ष चीज़ है जो अपना विलोम भी रखती है। यह विलोम है—प्रतिक्रिया। जो चीज़ आगे नहीं बढ़ती, वह पीछे रह जाती है।

साहित्य की कुछ बुनियादी समस्याओं को लेकर हम एकमत हैं। जैसे हम सब मानते हैं कि साहित्य एक समाजी ज़िम्मेदारी है और यह कि साहित्यकार अपने माहौल से कुछ लेता है और उस फ़र्ज़ को अपनी शख़्सियत के सूद के साथ वापस करता है यानी साहित्य की रचना में दो ताक़तें काम करती हैं--माहौल और शख़्सियत। माहौल की पड़ताल करना फिर भी आसान है। उसके तत्त्व बाहरी हैं और समाजी इनसान पर उसकी प्रतिक्रिया को जाँचा जा सकता है। लेकिन शख़्सियत उलझी हुई गुत्थी है। अभी हमारे इल्म में इतनी गहराई नहीं आई है कि हम उसकी अहमियत का अंदाज़ा लगा सकें। इसके ये मानी नहीं कि शख़्सियत माहौल के असर से पूरी तरह आज़ाद है।

साहित्य को किसी क़ायदे में लाने के मानी ये हैं कि माहौल को लेकर साफ़ और स्पष्ट रूपरेखा आपके दिमाग़ में हो और फिर यह कि आपको अपनी शख़्सियत पर क़ाबू हो। जब तक यह न होगा, आप ऐसा साहित्य पैदा नहीं कर सकते जिसका कोई मक़सद हो।

मैं यहाँ इस बहस में नहीं पड़ना चाहता कि साहित्य का कोई मक़सद होना चाहिए या नहीं। मैंने अपना बयान इस बात को ध्यान में रखकर शुरू किया है कि हम साहित्य को समाजी ज़िम्मेदारी मानते हैं और ज़ाहिर है कि हर ज़िम्मेदारी किसी नीयत से शुरू होती है और किसी मंज़िल की तरफ़ ले जाती है।

तो हम इस नतीजे पर पहुँचे कि हमारी ज़िंदगी का दर्शन प्रगतिशील हो और क्योंकि इसको हासिल करने का ज़रिया हमारे पास साहित्य है, इसलिए हम अपने साहित्य को प्रगतिशील बनाएँ।

समाज एक बड़ा दरख़्त है जिसकी टहनियों में से साहित्य एक है। हम सब यह मानते और जानते हैं। लेकिन इस टहनी के फलने-फूलने का राज़ समझने के लिए आपको उस दरख़्त की जड़ और तने का जायज़ा लेना है। सूरज के ताप और बादलों के पानी को देखना

है। जब तक पूरे दरख़्त की उठान पर आपकी नज़र न हो, आप उसकी टहनी को क्योंकर समझ सकते हैं!

समाज की बनावट में दो चीज़ें काम करती हैं—भौतिक आवश्यकता और आध्यात्मिक चाहत। आदमी की यह तमन्ना कि वह ज़िंदा रहे और यह ख़्वाहिश कि वह ख़ुश रहे—हर सभ्यता और व्यवस्था की अपनी आवश्यकता और अपनी बुनियाद होती है। जब हम किसी संस्कृति को बेहतर और बदतर बतलाते हैं तो हमारा मतलब यह होता है कि उसमें आदमी की मानसिक और शारीरिक सुख-सुविधा का अवसर ज़्यादा था और ज़िंदगी जीने के मौक़े भी ज़्यादा थे।

दुनिया में परिवर्तन के सिवा कोई चीज़ स्थायी नहीं है। हर संस्था एक दिन समाप्त हो जाती है और अपना एक स्थान छोड़ जाती है। और क्योंकि इनसान लगातार इस कोशिश में लगा रहा है कि उसकी ज़िंदगी ज़्यादा महफ़ूज़ और बेहतर हो इसलिए प्रगति के लिए जो क़दम उठता है, वह आगे की तरफ़ उठता है।

आज हमारा दौर इतिहास के दोराहे पर खड़ा हुआ है। आज तक हमारी दुनिया में सुख-सुविधा की चीज़ें इतनी आसानी से उपलब्ध नहीं थीं। इनसान ने प्रकृति पर इस हद तक अधिकार जमा लिया है कि वह अब अपनी हैवानी ज़रूरतों को बड़ी आसानी से पूरा कर सकता है और ज़िंदगी का बड़ा हिस्सा अपनी व्यक्तिगत इच्छाओं को पूरा करने में गुज़ार सकता है।

लेकिन हम क्या देखते हैं कि समाज में निर्माण और विनाश करने वाली ताक़तों में जंग छिड़ी हुई है। एक वर्ग यह चाहता है कि इनसान हमेशा के लिए भौतिक और मानसिक ग़ुलामी से आज़ाद हो जाए। लेकिन दूसरा वर्ग ऐसा नहीं होने देता। दरअसल, यह ग़ुलामों और उन ग़ुलामों को बेचनेवालों की जंग है।

हम सब ऐसी ही दुनिया में रहते हैं। इस स्थिति में प्रगति की राह किधर है—ग़ुलामों की आज़ादी की तरफ़ या ग़ुलामों को बेचनेवालों की लालच की तरफ़? हम जिस वर्ग के लोग हैं, वह ख़ुद पूँजीवाद की निर्मिति है। इसलिए साहित्य न तो शोषण की पीड़ा को समझ सकता है और न शोषितों को अपना पैग़ाम सुना सकता है। और सच तो यह है कि हम भी पूँजीपतियों के शतरंज के मोहरे हैं। अपनी रोटियों के लिए हम उनके मोहताज हैं और वही राग गाते हैं जो वे सुनना चाहते हैं।

यहीं हमारे व्यक्तित्व का इम्तिहान होता है। हमारा समाजी फ़र्ज़ तो यह है कि उस माहौल को बदलें और इस व्यवस्था की डोर ऐसे वर्ग के हाथ में दें जो समाज को प्रगति की तरफ़ ले जाएगा, जो हमेशा-हमेशा के लिए मानवता के गृहयुद्ध को बंद कर देगा और इनसान का नहीं बल्कि इनसानियत का ग़ुलाम बना देगा। मगर यहाँ हमारा व्यक्तित्व राह में रुकावट बन जाता है। वह उस परिवेश में पला है जहाँ साहित्य रुपयों के लिए अपने को बाज़ार में बेच देता है। हमारे व्यक्तित्व ने त्याग का सबक़ नहीं सीखा, वह अपने मन को बस में रखना नहीं जानता। वह 'स्व' की केंचुली में दबा हुआ है। उसके शरीर पर सुविधाओं ने चर्बी की तहें चढ़ा दी हैं।

आज सच्चे साहित्य की रचना सिर्फ़ उस समय संभव है, जब साहित्यकार अपने माहौल के दबाव को हटाते हुए सचाई को अपने साहित्य में जगह दे। माहौल को बदलने के पहले

हमें अपने को बदलना होगा। लेकिन हम ऐसा नहीं कर रहे हैं। यही वजह है कि हम जो कुछ लिखते हैं, उसमें सचाई नहीं होती। वह झूठ के सिवा कुछ नहीं होता। और अगर हमारी अभिरुचि सचाई की तरफ़ जाती है तो आसपास की स्थितियों को देखकर निराश हो जाती है।

मेरी समझ में साहित्यिक प्रगतिशीलता का वास्तविक अर्थ यह है कि हमारा व्यक्तित्व फ़ोटोग्राफ़र भी हो और चित्रकार भी हो। फ़ोटो उस वक़्त उतरता है जब इनसान हिलना-डुलना बंद करके शांत हो जाए। लेकिन उसकी ज़िंदगी में मौत से पहले कोई चीज़ शांत नहीं होती। इसलिए कला फ़ोटोग्राफ़ी नहीं बल्कि चित्रकारी है जिसमें लकीरों से सुंदर तस्वीर बनाई जाती है। प्रगतिशील साहित्यकार सिर्फ़ सचाई को पसंद करने वाला न होगा बल्कि उसके सामने सचाई की एक स्पष्ट दृष्टि होगी और वह हर तस्वीर इसी दृष्टिकोण से बनाएगा। यह उस वक़्त तक नहीं हो सकता जब तक हम अपनी समाजी ज़िम्मेदारी को न समझें। और यह फ़र्ज़ वह है जो मैं ऊपर बतला चुका हूँ यानी वर्तमान समय की समाजी जंग में उस वर्ग का समर्थन करना जो ज़ालिमों और शोषकों के हाथ से हुकूमत की बागडोर छीनकर आम आदमी का समर्थन करने वालों के हाथ में दे सकता है।

साहित्य अपना समाजी फ़र्ज़ उस वक़्त तक अदा नहीं कर सकता जब तक उस वर्ग का समर्थक न बन जाए।

सन् 1957 का विद्रोह हिंदुस्तान का सबसे अहम वाक़या है। यह हथकरघे और मशीन, हल और ट्रैक्टर, दीये और बिजली के लैंप की टक्कर थी। संक्षेप में यह सामंती व्यवस्था और औद्योगिक व्यवस्था यानी पूरब और पश्चिम की टक्कर थी। पूँजीवाद, जो उस समय प्रगतिशील ताक़त थी, ने हमारे दक़ियानूसी संस्थानों को ख़त्म कर दिया। ये संस्थान मनु भगवान के ज़माने से एक लीक पर एक रफ़्तार से चल रहे थे। उस विद्रोह के बाद हर चीज़ बदली और हमारे साहित्य में भी नए-नए रुझान पैदा होने लगे।

हमारा साहित्यिक आंदोलन उदारवाद के साथ शुरू हुआ। उन्नीसवीं सदी के यूरोप के बौद्धिक वातावरण पर उदारवाद छाया हुआ था। जब हमने अंग्रेज़ी पढ़नी शुरू की तो हम भी उदारवाद से प्रभावित हुए बग़ैर न रह सके। हमारे साहित्य में तटस्थता, आत्मालोचन और लोकतंत्र के रुझान पैदा होने लगे। उर्दू साहित्य में हाली और बांग्ला में मधुसूदन दत्त इस रुझान के पहले अग्रदूत थे। भाषा को अनौपचारिक और आमफ़हम बनाने के आंदोलन ने भी ज़ोर पकड़ा। इसलिए मौजूदा हिंदी की, जिसे भाषा के मुक़ाबले में खड़ी बोली कहते हैं, इसी ज़माने में तरक़्क़ी हुई। उर्दू में तिलस्म होशरुबा की शैली को नापसंद किया जाने लगा। उर्दू में बौद्धिकता और तटस्थता का जो आंदोलन सर सैयद और हाली ने शुरू किया, उसका विरोध शिबली ने किया। और सच तो यह है कि मुसलमानों के मानसिक अवरोध और पिछड़ेपन की बड़ी ज़िम्मेदारी मौलवी शिबली के ऊपर आती है।

मगर यह उदारवाद ज़्यादा दिन तक नहीं चल सका। वजह यह थी कि हमारे मुल्क में इसे मानसिक स्तर पर स्वीकार करने के भौतिक कारण मौजूद नहीं थे। यूरोप में यह विचार अपने स्वाभाविक रूप में सामने आया लेकिन हमने उसे उसके अंतिम दौर में अपनाया था। थोड़े ही दिनों बाद साहित्य ने एक नया रूप लिया। यह राष्ट्रवाद का रूप था। इसकी शुरुआत इस डर से हुई कि अगर हम ज़्यादा आगे बढ़ें तो पाश्चात्य विचारों से आक्रांत हो जाएँगे

और अपनी परंपराओं को भूल जाएँगे। इसलिए हमें अपने अतीत की तरफ़ लौटना चाहिए और अपने अग्रजों के मार्ग का अनुसरण करना चाहिए।

ज़िंदगी बहते हुए पानी की लहर की तरह आगे बढ़ती जाती है। वह पीछे की मौजों से ताक़त हासिल करती है लेकिन बढ़ती आगे ही है। साहित्य में राष्ट्रवाद का रुझान अबुल्हौल[1] की तरह अलग-अलग शक्लों में सामने आता है। वह पुराने की चाह के कारण हर नई चीज़ को हिकारत से देखता है और देश में चल रहे नस्ल और धर्म के भेदों के बीच परवान चढ़ता है। अकबर इलाहाबादी की शायरी इसी हिकारत का बयान है। देशभक्तों के राजनीतिक आंदोलन की वजह से साहित्य के इस स्कूल की एक बड़ी शाखा उपनिवेश के ख़िलाफ़ हो जाती है। इसके संस्थापकों में हम स्वर्गीय प्रेमचंद को पेश कर सकते हैं। जहाँ तक मुल्क की आज़ादी का सवाल है, हम इस स्कूल का समर्थन करते हैं। लेकिन इन पर हमारा यह एतराज़ है कि समाज की व्यवस्था का इनके पास ढाँचा नहीं है। राष्ट्रवाद व्यक्तिवाद का विस्तार है और बस, इनसानियत के आगे युद्ध, ग़रीबी, बेकारी और शोषण की जो बुनियादी समस्या है, राष्ट्रवाद के पास उसका कोई इलाज नहीं है। यही वजह है कि राष्ट्रवादियों का राजनीतिक आंदोलन नाकाम रहा। वह नकारात्मकता के साथ शुरू हुआ और ज़िंदगी के विभाजन को मिटाए बिना सामूहिकता पर ज़ोर देता है। यह सामूहिकता इसके पैरों की ज़ंजीर है और इसे आत्महत्या की तरफ़ ले जा रही है।

अब मैं आपका ध्यान एक नए पैग़ाम की तरफ़ दिलाना चाहता हूँ जो सरे इसराफ़ील[2] बनकर इनसानियत को पूँजीवाद की क़ब्र से निकलने की दावत दे रहा है।

यह अमन और दोस्ती का पैग़ाम है, यह बराबरी और भाईचारा का संदेश है। दोनों पक्ष इतिहास के मैदान में जमा हो गए हैं। एक तरफ़ वे ताक़तें हैं जो सभ्यता और संस्कृति की अच्छी बातों से इनकार करती हैं तथा हैवानियत और बर्बरता को इनसान के ऊपर थोपना चाहती हैं। वे यह तो मान लेंगे कि मरने के बाद सब इनसान बराबर हो जाएँगे पर इस दुनिया में वे शोषक और शोषित का फ़र्क़ बनाए रखना चाहते हैं। उनका दावा है कि तरक़्क़ी उस वक़्त तक मुश्किल है जब तक इनसानों का बड़ा वर्ग थोड़े-से लोगों की ग़ुलामी न करे। दूसरी तरफ़ वे ताक़तें हैं जो दुनिया से हर क़िस्म की नाइनसाफ़ी को मिटाना चाहती हैं। ये ताक़तें ऐसे विचार की बुनियाद डाल रही हैं जो ज़िंदगी के भेद को मिटाकर एकता का प्रचार करना चाहती हैं।

अगर हम प्रगतिशील हैं और हमारा साहित्य अपने फ़र्ज़ का पाबंद है तो हमें इस जंग में सक्रिय ढंग से भाग लेना है। हमारी दुआएँ या बददुआएँ कुछ बना-बिगाड़ नहीं सकतीं। इस संघ का काम यहीं पर ख़त्म नहीं हो जाता कि हम कभी-कभार मिल बैठें और विचार-विमर्श के बाद अपने-अपने घर की राह लें और कान में तेल डालकर सो जाएँ। इस तरह व्यक्तित्व में सुधार तो आ सकता है लेकिन अपने माहौल को हम ज़्यादा प्रभावित नहीं कर सकते। इस विषय में कुछ व्यावहारिक सुझाव पेश करता हूँ। ये आपके विचार-विमर्श के हक़दार ज़रूर हैं :

1. संघ के सदस्य टोली बनाकर साल में एक-दो बार किसानों या मज़दूरों के साथ जाकर रहें ताकि जनता की ज़िंदगी से उनका सीधा संबंध स्थापित हो सके।

2. इस साहित्य संघ का दायरा ज़्यादा विस्तृत किया जाए ताकि इसमें दूसरे आर्थिक मसलों पर भी बहस हो सके।
3. साहित्य के उन सदस्यों की एक उपसमिति बनाई जाए जो पत्रकार हैं ताकि प्रगतिशीलों के ख़िलाफ़ प्रतिक्रियावादियों के प्रोपेगेंडा का बाक़ायदा जवाब दे सकें।
4. भारतीय भाषाओं में जो 'प्रतिरोध का साहित्य' है उसके नमूने किताब की शक्ल में प्रकाशित करने की व्यवस्था की जाए।
5. हिंदी और उर्दू के बीच आपसी खींचतान की रोकथाम के लिए हम एक उपसमिति बनाएँ जो कठिन अरबी या संस्कृत शब्दों के समानार्थक शब्दों का एक शब्दकोश तैयार करें जो आम आदमी की समझ में आए। इस शब्दकोश में आम आदमी के शब्दों को ख़ास जगह दी जाए ताकि हमारी भाषा सही मायने में आम आदमी की भाषा बन सके।
6. प्रगतिशील साहित्य के प्रकाशन और वितरण के लिए रोमन लिपि में एक बुलेटिन प्रकाशित करने की व्यवस्था की जाए।
7. प्रगतिशील लेखक प्रेस की आज़ादी के लिए विशेष तौर पर संघर्ष करें और 'सिविल लिबर्टीज़ यूनियन' की हर संभव सहायता करें।
8. छात्रों के साहित्यिक संघों को हमारे संघ से जोड़ने की ख़ासतौर पर कोशिश की जाए।

[*प्रगतिशील लेखक संघ, दिल्ली में पढ़ा गया लेख, जनवरी, सन् 1937 ई.*]

विचार का जनतंत्र

वैभव सिंह

साहित्य में प्रगतिशील आंदोलन ने अपने 75 साल पूरे कर लिये हैं और यह लंबी अवधि आंदोलन की ठीक से आलोचनात्मक जाँच-परख की दृष्टि से काफ़ी विशाल व चुनौतीपूर्ण सामग्री हमारे सामने परोसती है। देश के हज़ारों युवा लेखकों के लिए, भीष्म साहनी के शब्दों में कहें तो, यह किसी 'बड़े विशाल आँगन' में क़दम रखने जैसा अनुभव प्रदान करने वाला आंदोलन रहा है। प्रेमचंद जब 'मरी हुई हड्डियों को जीवित करने वाले' साहित्य लेखन का आह्वान कर रहे थे, तब भी वे प्रगतिशील साहित्य की आवश्यकता को ही रेखांकित कर रहे थे यानी एक अथक निरंतरता, वैचारिक तेजस्विता और उदात्त संकल्पोंवाला प्रगतिशील आंदोलन वर्तमान में जीवित है पर इतिहास की भी वह सार्थक धरोहर है। कष्टप्रद यह है कि हमारे बौद्धिक जगत् में आंदोलनों के इतिहास का वस्तुगत मूल्यांकन व विश्लेषण करने की वैचारिक तैयारियाँ प्रायः कम ही देखी जाती हैं और मूल्यांकन के दौरान अपने पूर्वग्रहों पर विजय पाने के स्थान पर उन्हें व्यक्त करने के नाम पर किसी दबी हुई निजी अंतर्ग्रंथि को सहलाने का मौक़ा ढूँढ़ लिया जाता है। इसका शिकार प्र.ले.स का आंदोलन भी रहा है, जिसकी ऐतिहासिकता व राजनीतिक परिस्थितियों से संबंध की हम उपेक्षा करते हैं और चंद नामों, सफलताओं-असफलताओं या ग़लत-सही वक्तव्यों के बारे में अपना ग़ुस्सा या प्रशंसा जताने में हम अपना वक़्त ख़राब करते हैं। कई बार तो हम अपनी राजनीति के प्रति अतिशय वफ़ादारी के नाम पर भी प्रगतिशीलता व उसकी प्रासंगिकता की उपेक्षा करने का स्वाँग रचते हैं, जबकि भीतर ही उसकी शक्ति के प्रति चौकन्ने बने रहते हैं।

पृष्ठभूमि और विकास

कोई भी आंदोलन किसी स्वप्न या आकांक्षा से उत्पन्न होता है और प्रगतिशील आंदोलन के इतिहास का पुनरावलोकन वस्तुतः उसी स्वप्न व आकांक्षा की संवेदनशील समझदारी से अलहदा नहीं है। पीछे मुड़कर देखने और विरासत के मूल्यवान तत्त्वों को सहेजने का काम विवेकवाद व मानवीयता के विकास की चिंता करने वाली हर संस्कृति को करना चाहिए, क्योंकि उसके बल पर वर्तमान चुनौतियों का सामना करना केवल आसान ही नहीं, बल्कि ज़रूरी भी प्रतीत होने लगता है। पर इस प्रक्रिया में हमें 'विरासत' शब्द के भावुक प्रयोगों से बचकर उसका सावधानी से प्रयोग करना चाहिए। वह इस कारण भी कि 'विरासत' शब्द में कैसा भी अर्थ ध्वनित होता हो, सच यही है कि पुरानी चली आती परंपरा नई स्थितियों

में अपने हूबहू दोहराव के रूप में सामने नहीं आती, बल्कि कई नई प्रवृत्तियाँ उसका नया शृंगार कर देती हैं। पर भूलने योग्य बात यह भी नहीं है कि प्रगतिशीलता का अपना एक ऐतिहासिक परिप्रेक्ष्य है और वह परिप्रेक्ष्य वर्तमान पीढ़ी के लिए प्रगतिशीलता पर अपने ढंग से बहस करने और अपने निष्कर्षों पर पहुँचने में सहायक हो सकता है।

प्रगतिशील आंदोलन के बारे में पक्के तौर पर बन चुकी यह धारणा ग़लत नहीं है कि वह व्यापक दृष्टि व नई सौंदर्यबोधीय रचनाशीलता वाला लोकप्रिय आंदोलन रहा है जिसने साहित्य में विश्वदृष्टि तथा सामाजिकता के उन प्रश्नों को तीखे ढंग से उठाया जो कला, साहित्य, फ़िल्म, नाटक आदि सभी को प्रभावित करने की ऐतिहासिक शक्ति धारण करते थे। यह दृष्टि जितना साहित्यिक अभिव्यक्तियों के लिए महत्त्वपूर्ण थी, उतना ही सामाजिक नवनिर्माण के लिए भी। इसीलिए समाज को नए ढंग से निर्मित करने और साहित्य को नए ढंग से रचने और उसके प्रतिमान बदलने की दृष्टियों में यह एकरूपता इतिहास में पहली बार सामने आ रही थी। सौंदर्य के नए प्रतिमान सामाजिक जीवन के नए प्रतिमानों के साथ जुड़े हुए थे, वरना साहित्य की दुनिया हिंसक राजनीतिक गतिविधियों से अलग समझी जाती थी। इसीलिए हज़ारों नौजवानों और लेखकों को सपनों के पंख लगाने का अवसर मिलता था और साथ ही सपनों को यथार्थ में बदलने का विश्वास उत्पन्न होता था। हज़ारों लोगों ने इसी आंदोलन के अनुभव व प्रभाव के बल पर अपने लेखकीय व्यक्तित्व का निर्माण किया है और जो लोग राजनीति के नाम से भी भागते थे, उन्होंने भी राजनीतिक चेतना का विकास कर अपने लेखन का विकास किया यानी जिस व्यक्तित्व की स्थापना व गरिमा पर एक समय व्यक्तिवादी ख़ास बल देते थे, वही व्यक्तित्व जनांदोलनों के माध्यम से रचनाकार के भीतर बनता और सँवरता नज़र आता है। अज्ञेय ने भले ही *तारसप्तक* की भूमिका में 'राहों के अन्वेषी' होने का प्रयोगवादी मुहावरा उछाला हो, पर सही मायने में नई राहों को खोजने व उन पर चलने की व्यापक कोशिशें उस पूरे दौर की बड़ी विशेषता है और प्रगतिशील आंदोलन के विकास तथा विस्तार के रूप में भी बह सामने आ रही थी। अपने क़रीब आठ दशक के सफ़र में उसने साहित्य को बहसों से जीवंत रखने, गहमागहमी बरक़रार रखने और विवादों के बीच संवादों को बचाने में महत्त्वपूर्ण भूमिका निभाई है। कुछ अशोभन प्रसंगों या गैरज़रूरी ध्रुवीकरण की घटनाओं को जाने दें तो यह मानने से इनकार करना मुश्किल है कि साहित्य के पिछले 75 साल में जो तीखी बहसें और दिलचस्प रस्साकशियाँ हुईं, कई 'मारधाड़' और रोमांच से भरपूर सीन सामने आए, उनके केंद्र में प्रगतिशील आंदोलन की सक्रियता ही रही है। साहित्य में अन्य जितनी धाराएँ रही हैं, व्यक्तिवाद, अस्तित्ववाद, प्रयोगवाद और रूपवाद आदि, उनसे प्रगतिशील आलोचना का टकराव साहित्य के बारे में समझ को निरंतर नए तेवर और पैनापन प्रदान करने में सक्षम रहा है। हालाँकि संकीर्ण राजनीतिक मतवाद की बुराइयाँ भी सामने आईं, पर उस संकीर्णता का भीतर से विरोध करने के भी प्रयास हुए। बहुत सारी स्वस्थ बहसें भी इन्हीं वैचारिक संघर्षों के माध्यम से संभव हो सकीं।

उल्लेखनीय यह भी है कि प्रगतिशीलता एक सतत परंपरा और निर्णायक राजनीतिक घटनाओं के परस्पर संबंध के सहारे विकसित हुई है। 1936 में लखनऊ में प्र.ले.स की स्थापना के पहले भी उसके बहुत सारे मूल्य, जैसे मनुष्य को केंद्र में रखकर साहित्य-रचना करने, यथार्थवाद, प्रतिरोध इत्यादि आधुनिक साहित्य में नज़र आने लगे थे। हर प्रांत में ऐसे लेखकों

की उपस्थिति देखी जा सकती है जो राष्ट्रीयता व मानवतावादी विचारों के कारण साहित्य को मनुष्यता के हितों व संघर्षों के लिए इस्तेमाल करने के इच्छुक दिखने लगे थे। इसके ढेरों उदाहरणों में अगर कुछ लेखकों को लिया जाए, जैसे मलयालम के कुमारन आसन (1873-1924) को, तो बात साफ़ हो जाती है कि सुधारवाद की जो लहर साहित्य में पहले से ही काफ़ी मज़बूत हो चुकी थी, उसने प्रगतिशील साहित्य आंदोलन के लिए पुख़्ता उपजाऊ ज़मीन तैयार कर दी थी। बहुत सारे सुधारवादी आंदोलन थे जो स्वयं शिक्षा तथा राजनीतिक चेतना के प्रसार की उपज थे और उन्हीं के प्रभाव ने प्रगतिशीलता के विकास की सुदृढ़ पृष्ठभूमि का कार्य किया। आसन की कई कविताएँ हैं जो युग के बंधनों तथा रूढ़ियों से साहित्यकारों के टकराव को व्यंजित करती हैं। उनकी प्रसिद्ध कविता है : 'चिंताविष्टयाय सीता' (चिंतामग्न सीता)। इस कविता में सीता एक सामंतवाद विरोधी आधुनिक नायिका की तरह सीधे-सीधे अपने वनगमन के आदेश के ख़िलाफ़ क्रोध जता रही है और राम से सवाल पूछ रही है कि अगर धोबी के लांछन पर मुझे महल से निकाला गया तो इससे वह लांछन ही सत्य सिद्ध हो गया। इसी प्रकार वह कहती है :

क्या राजा के पास शासन करने के लिए कोई बहादुर भाई नहीं है?
क्या अपनी विवाहित पत्नी के साथ रहने के लिए वन में स्थान नहीं है?

इसी प्रकार आसन की 'दुरवस्था', 'चंडालभिक्षुकी' आदि कविताएँ भी हैं जिनमें उन्होंने जाति-भेद के बारे में बड़े तीखे सवाल पूछे हैं। इसी प्रकार प्रसिद्ध तमिल कवि सुब्रह्मण्य भारती ने भी अपने वेदांतिक रहस्यवाद के बावजूद राष्ट्र की नई कल्पनाएँ कीं जिनमें उन्होंने पुराने ढंग के समाजों से अलग राष्ट्र के रूप में संगठित और लोकतांत्रिक मूल्यों पर आधारित समाज की कल्पना को अपने शब्दों से सजाया। कहने का तात्पर्य यह है कि 1936 में प्र.ले.स की स्थापना की एक सशक्त देशी राजनीतिक तथा अंतर्राष्ट्रीय भूमिका व परिस्थितियाँ थीं, पर भारत की विभिन्न भाषाओं के साहित्य में जिस प्रकार से आधुनिकीकरण हो रहा था, सामंतवाद-साम्राज्यवाद से लेखकों की लड़ाई तेज़ हो रही थी, उसने भी प्रगतिशील साहित्य व मूल्यों के प्रति एक रागात्मक लगाव उत्पन्न किया। निराला द्वारा साहित्य को 'बहुजीवन की छवि' के रूप में देखना भी इसी भावदशा का प्रसार था। रामविलास शर्मा ने इस बारे में अपने निबंध 'प्रगतिशील साहित्य की समस्याएँ' में हिंदी में *सेवासदन* के प्रकाशन, साहित्य में लोकमंगल की भावना का कसौटी बनना तथा रीतिकालीन परंपराओं के विरोध का हवाला देते हुए ठीक ही लिखा है : 'ये सब घटनाएँ 1936 से पहले की हैं। तब तक प्रगतिशील लेखक संघ का जन्म नहीं हुआ था। यथार्थवाद का यह विकास अपने-आप हो रहा था। यह विकास रीतिकालीन परंपराओं का विरोध करके और पूँजीवादी यथार्थ की सीमाएँ लाँघकर हो रहा था। इससे ज़ाहिर होता है कि नए साहित्य का संगठित विकास करने के लिए ज़मीन तैयार थी।' कोई चाहे तो प्रगतिशीलता को प्र.ले.स की स्थापना के साथ ही जोड़कर देख सकता है, उस बारे में सूक्ष्म बहसों का अंबार खड़ा कर सकता है, पर सच यह है कि भारतीय परिवेश में निरंतर विकासमान साहित्यिक मूल्यों ने प्रगतिशील आंदोलन को अपने अनिवार्य मित्र के रूप में देखा और संपूर्ण सृजनात्मक प्रयास उसके रंग में रँगते चले गए। 1936 में सज्जाद ज़हीर, जो प्र.ले.स के पहले महासचिव भी बने, उन्होंने भी साहित्यिक मूल्यों की इसी विकासशीलता के बारे में लिखा है : 'हम बाहर से कोई अजनबी दाना लाकर अपने खेत में नहीं बो रहे

थे। नए साहित्य के बीज हमारे देश के ही विवेकशील और देशभक्त बुद्धिजीवियों के मन में मौजूद थे। ख़ुद हमारे देश की सामाजिक आबोहवा ऐसी हो गई थी, जिसमें नई फ़सल उग सकती थी। प्रगतिशील साहित्यांदोलन का उद्देश्य इस नई फ़सल को पानी देना, इसकी निगरानी करना और इसे परवान चढ़ाना था।' (*रौशनाई*, पृ. 41) यानी रूस की क्रांति, अंतर्राष्ट्रीय स्तर पर साम्यवादी विचारों का प्रसार, देश में जगह-जगह मज़दूर-किसान असंतोष, ग़दर आंदोलन व स्वाधीनता आंदोलन का बढ़ता प्रभाव राजनीतिक-सांस्कृतिक परिवर्तन के लिए एक नई ज़मीन तैयार कर रहा था, पर वह ज़मीन कम-से-कम साहित्य में 19वीं सदी के उत्तरार्द्ध व बीसवीं सदी के पूर्वार्द्ध में विकसित हो रही यथार्थवादी प्रवृत्तियों से सामंजस्य के ज़रिये ही आकार ग्रहण कर रही थी।

ध्यान रखने की बात यह भी है कि नवजागरण के अंदर विकासमान सुधारवाद की प्रवृत्ति में संस्कृति के भीतर विवेकवाद के गुणों की पहचान सबसे ज़रूरी थी और यह प्रक्रिया एक परंपरा के तहत ही प्रगतिशील आंदोलन तक पहुँची। इसमें संस्कृति का इस्तेमाल राजनीतिक चेतना जगाने के लिए भी किया जा रहा था और राजनीतिक चेतना का इस्तेमाल संस्कृति के नए रूपों के सृजन के लिए हो सकता था। यानी 1936 का साल प्र.ले.स स्थापना का वर्ष भले हो, पर उससे पहले भी साहित्य का स्वरूप तेज़ी से बदलता चला आ रहा था और ज़िंदगी के रंगमंच पर साहित्य की भूमिका भी मध्यकालीन न रहकर आधुनिक हो चुकी थी। इस विरासत को प्रगतिशीलता के भीतर रखकर परखने का काम ख़ास गंभीरता से किया गया और प्रगतिशील लेखकों व आलोचकों ने सुधारवादी नवजागरण के दौर के साहित्य का सबसे गंभीर पाठ तैयार किया, न कि उन्होंने जो प्रगतिशीलता के घोषित विरोधी समझे जाते थे यानी प्रगतिशील आलोचकों ने ही इस बात की सबसे ज़्यादा सुध ली कि वे नवजागरण या सुधारवादी साहित्य की परंपरा के मूल्यवान तत्त्वों को आत्मसात् करें और उनकी शक्ति से पाठकों को परिचित कराएँ। भूले से भी नहीं याद आता है कि ऐसे प्रयत्न उन्होंने कब किए जो साहित्य को जनमानस की उपज के स्थान पर निजी प्रतिभा की चीज़ समझते थे और युग को केन्द्र में रखकर साहित्य का मूल्यांकन करने के बजाय स्वयं को युग का केंद्र समझ लेने की आदत से ग्रस्त थे।

आंतरिक बहुलता और विचार का लोकतंत्र

भारतीय प्रगतिशील साहित्यांदोलन कोई इकहरी, सपाट चीज़ नहीं था और न वह किसी प्रायोजित आम सहमति से संचालित था। उसके भीतर वैचारिक विवादों का लंबा इतिहास रहा है और अपने पक्ष को ज़्यादा सही समझने का आत्मविश्वास भी प्रचुर मात्रा में रहा है। लोग तो मज़ाक़ में कहते थे कि जहाँ चार मार्क्सवादी एकत्र होंगे वहाँ चार गुट बन जाएँगे। पर यह हक़ीक़त के नज़दीक भी था। रामविलास शर्मा ने जिस तरह से यशपाल, रांगेय राघव या राहुल सांकृत्यायन के साहित्य की धज्जियाँ उड़ाई हैं और बदले में इन लेखकों ने अपने पक्ष जिस आक्रामक ढंग से रखे हैं, उससे लगता है कि प्रगतिशील आंदोलन के भीतर एक स्पंदित बहुलता रही है। विचार को लेकर आम सहमति के बजाय आम असहमति अधिक रही है। उस बहुलता को महत्त्व न देकर शिकायतें की जाती रहीं कि जनवादी लोग साहित्य पर ख़ास एकरूपता आरोपित करने का षड्यंत्र करने में मशगूल हैं यानी जब इस आंदोलन के बाहर खड़े लोग

बहुलता का सबसे अधिक शोर मचा रहे थे और उसके अभाव की शिकायतें कर रहे थे, तब स्वयं इस आंदोलन के अंदर वैचारिक बहुलता का विराट दृश्य रचा जा रहा था। इतनी लोकतांत्रिकता 'परिमल', 'पूर्वग्रह' या रूपवादी-व्यक्तिवादी संप्रदायों से जुड़े रचना परिदृश्य में भी नज़र नहीं आती थी। प्रगतिशील लेखक ढंग से अपना पक्ष रखने के लिए स्वतंत्र थे, पर दावा करने वालों के दावे थे कि प्रगतिशील आंदोलन स्टालिनवाद को फैला रहा है और लेखकों की आज़ादी को बाधित कर रहा है। कई बार ऐसा भी हुआ है कि प्रगतिशील लेखन आंदोलन से भारतीय विमर्श व लोकतंत्र को जो सार्थकता मिल रही थी, उसे ठीक से समझा नहीं गया। मार्क्सवाद या प्रगतिशीलता का नाम लेते ही स्टालिनवाद या तानाशाही के डर का बुख़ार उन्हें भी चढ़ने लगता था जिनकी मुख्य समस्या सामंती परिवेश रही है या भारतीय सामाजिक पिछड़ापन यानी जो प्रगतिशीलता, समानता, सांप्रदायिकता विरोध तथा प्रतिरोध के मूल्यों का विकास कर लोकतंत्र का विकास कर रही थी, उसी को लोकतंत्र विरोधी बताकर बदनाम करने के संगठित तथा स्वतःस्फूर्त प्रयास किए गए।

यही वह समय था जब प्रगतिशील आंदोलन से बाहर भी लेखकों का बड़ा समुदाय मौजूद था जिनमें धर्मवीर भारती, रघुवीर सहाय, अज्ञेय, कुँवर नारायण, मोहन राकेश, निर्मल वर्मा आदि बड़े रचनाकार भी शामिल थे। इन लेखकों की मौजूदगी से यह बात निकलती थी कि लेखक का काम किसी ज़्यादा गहरे साहित्य की हिमायत करना है और उस साहित्य को केवल अपने समय की राजनीतिक हलचलों से निरपेक्ष होकर ही रचा जा सकता है। भूख, बराबरी या अन्याय के ख़िलाफ़ संघर्ष की तुलना में प्रेम, मृत्यु, वासना, एकांत आदि के भावपूर्ण चित्रण किसी साहित्य को ज़्यादा महानता प्रदान करते हैं, उसे सही मायने में क्लासिकल बनाते हैं। लेकिन हिंदी साहित्य में ही देखें तो एकांत, मृत्यु या प्रेम की दुनिया को साहित्य का पर्याय माननेवाले लेखक उतना महान लेखन स्वयं भी न कर सके क्योंकि ये विषय संघर्षशील भारतीय समाज के लिए उस ढंग से सार्थक थे भी नहीं जितने सार्थक वे पश्चिमी आधुनिक समाजों के लिए हो सकते थे। दूसरी ओर, हिंदी उपन्यासों व कहानियों में अगर हम गिनती करने बैठें तो तराज़ू का पलड़ा दूसरी ओर झुका ही नज़र आता है। *गोदान, झूठा-सच, तमस, आधा गाँव, मैला आँचल, राग दरबारी* जैसी श्रेष्ठ रचनाएँ उन लेखकों ने प्रदान की हैं जो साहित्य से राजनीति के निर्वासन के विरुद्ध रहे हैं यानी बीसवीं सदी की लोकप्रिय कृतियाँ आश्चर्यजनक तौर पर वे हैं जिन्होंने अपने वक़्त के सियासी-सामाजिक वातावरण से ऊर्जा हासिल की है, न कि अरण्य एकांतों से। उपन्यास-कहानी के अलावा कविता की भाषा के निर्माण में प्रगतिशील आंदोलन की भूमिका की अभी गहराई से पड़ताल नहीं की गई है। आख़िर क्या कारण था कि छायावाद की काव्यभाषा स्वयं छायावादी कवियों के माध्यम से अपने प्रतीक, वाक्य-विन्यास व छंदहीन लय के स्तर पर पहले तो जनजीवन के निकट आई, उसके बाद प्रगतिवादी आंदोलन में उस भाषा का गहरा संबंध जनजीवन से क़ायम हुआ। बाद में प्रयोगवाद तथा नई कविता तक वही काव्यभाषा नए शिल्प प्रयोगों के साथ स्वीकृत हुई जो प्रगतिवाद के दौर में सर्वाधिक विकसित हुई थी।

एक अहम बात यह भी रही है कि पचास के दशक के आसपास साहित्य में लोकसंवेदना व लोकजीवन के मुहावरों के प्रति व्यापक स्वीकृति का भाव पैदा हुआ था और केवल प्रगतिशील लेखक समुदाय की बिरादरी में ही नहीं, बल्कि उसके बाहर के जनकवि भी अपने सामाजिक

व मानवीय दायित्वों के निर्वहन के लिए ख़ुद को ख़ासतौर पर आंदोलित महसूस करने लगे थे। निचले स्तर पर मौजूद जनकवियों की इसी धारा ने पचास के दशक में नागार्जुन, केदारनाथ अग्रवाल तथा शिवमंगल सिंह 'सुमन' आदि जनवादी कवियों के लिए नए रचनात्मक प्रेरणास्रोतों का काम भी किया, उन्हें ज़मीनी स्तर की भाषा उपलब्ध कराई। नामवर सिंह ने अपने निबंध 'पाँचवें दशक की कविता' में ठीक ही लिखा : 'इस दशक की कविता के भाव और रूप निर्माण में जन-बोलियों के साहित्य ने बहुत बड़ा काम किया। बलभद्र प्रसाद दीक्षित पढ़ीस, चंद्रभूषण त्रिवेदी, विसराम, रामकेर, वंशीधर शुक्ल आदि बोली के कवियों ने इस युग के शिष्ट कवियों को लोकतत्त्व की उत्तम सामग्री दी।'

यानी प्रगतिशील आंदोलन पचास के दशक में केवल अंतर्राष्ट्रीय वामपंथ का ही सफल अनुयायी बनने का प्रयास नहीं कर रहा था, बल्कि भारतीय समाज में जनकविता व जन-संस्कृति की जो अंतर्धारा थी, उसके विकास में भी उसकी उदात्त भूमिका थी। स्वयं जनकवियों के मुहावरों, भाषा-विन्यास व विषयवस्तु में सामंत विरोध, स्वतंत्रता संघर्ष व साम्यवादी मूल्यों के प्रति झुकाव भी प्रगतिशीलता के प्रभाव से पैदा हो रहा था। जैसे कबीर कहते थे : *हमसे रहा न जाय मुरलिया के धुन सुनके। यानी बाँसुरी बजी नहीं कि दिल बेक़ाबू होने लगा।* उसी तरह नई वैचारिक ऊर्जा व दृष्टि से लैस प्रगतिशील आंदोलन ने सैकड़ों के दिल को क़ाबू में कर दिया, उन्हें गहराई तक आंदोलित कर दिया। पहले के समाजों में साहित्य के शिष्ट व लोक रूप, दो अलग रूप समझे जाते थे। दोनों की दुनिया अलग थी, क्योंकि शिष्ट साहित्य अधिक शास्त्रवादी होकर लोक से अपनी दूरी बनाने का प्रयास करता था। पर पहले तो सुधारवाद, नवजागरण तथा बाद में प्रगतिशील साहित्य ने लोक साहित्य व शिष्ट साहित्य के भेद की दीवारों को गिराना शुरू किया। जहाँ वे दीवारें नहीं भी गिर पाईं, किन्हीं भाषायी या सांस्कृतिक सीमाओं के कारण वहाँ भी साहित्य के केंद्र में लोकमन व आम जीवन की चिंताएँ ही प्रधान रहीं। मीर के शब्दों में कहें तो : 'यों मिरे शेर हैं ख़ास पसंद, पर मुझे गुफ़्तगू अवाम से है।' यानी समाज के अमीर-ग़रीब या ग्रामीण-शहरी के स्तर पर विभाजन का वहाँ अंत होता देखा गया।

इतिहास, स्थानीयता व सामूहिकता की तत्त्वमीमांसा

आगे जिस रूप में प्रगतिशील आंदोलन विकसित हुआ, इसकी एक ख़ास ज्ञान-मीमांसा रही जिसने कला, इतिहास, राजनीति तथा संस्कृति से साहित्य के रिश्तों की ऐसी व्याख्या की जिससे साहित्य समाज के ज़्यादा नज़दीक और जीवन को अर्थ प्रदान करने वाली शक्ति के रूप में लोगों को दिखने लगा। कला की सामाजिक ताक़त व हैसियत के रूप में सबसे गंभीर बहसें भी इसी युग की उपज हैं। इसी में एक सवाल था कि इतिहास और साहित्य का रिश्ता कैसा रहेगा। प्रगतिशील आंदोलन से जुड़े लेखन ने, चाहे वह यशपाल, राहुल या अमतृराय आदि किसी का भी लेखन हो, इतिहास की शक्ति का कुशल प्रयोग अपने लेखन में किया। इतिहास के दीप्त प्रश्नों को उन्होंने समकालीन मुहावरों में समझाने का सधा हुआ कार्य किया। दूसरी ओर अस्तित्ववाद हो या संरचनावाद या उत्तरआधुनिकता—ये सभी विचारधाराएँ एक ख़ास ऐतिहासिक संकट से पैदा हुईं और उन्हीं संकटों को सुलझाने के नाम पर सभी ने इतिहास की उपेक्षा में अपनी ताक़त ज़ाया की है। इन्होंने मार्क्सवाद को अपना दुश्मन नंबर एक बनाकर

उसकी मान्यताओं को ख़ारिज करने की चेष्टा की, जबकि इतिहास से मनुष्य का विभिन्न रूपों में लगाव केवल मार्क्सवाद के कारण नहीं, बल्कि परंपरा व स्मृति के कारण भी होता है। आम जन के दिमाग़ को मिथकों व परंपराओं से मुक्त करना ठीक वैसा ही काम है, जैसा पृथ्वी के भीतर के जल को सुखाने की कोशिश यानी उसकी पूरी उर्वरता और जीवन को तबाह करने की कोशिश। बाज़ार ने मनुष्य को इतिहास निरपेक्ष बनाने की कोशिश की है, ताकि इतिहास ने मनुष्य को त्याग, संयम, प्रतिरोध के जो भी मूल्य सिखाए हैं, उन्हें नष्ट किया जा सके। इतिहास अगर पीछे खड़ा हो तो मनुष्य आगे की ग़ुलामी को भी पहचान लेता है। इसलिए कोशिश यह रहती है कि बाज़ार का दायरा न केवल इतिहास निरपेक्ष, बल्कि मूल्य तथा आदर्श निरपेक्ष बनाया जा सके। पर इतिहास से यांत्रिक रिश्ता बनाना भी कम घातक नहीं होता है, क्योंकि इतिहास प्रगति की ही नहीं बल्कि जड़ता की शिक्षा भी दे सकता है। अगर ग़लत क़िस्म का अवैज्ञानिक इतिहास-बोध हावी रहेगा तो मनुष्य प्रतिक्रियावादी, सामंतवादी और सांप्रदायिक सभी कुछ हो सकता है। इसलिए महत्त्वपूर्ण यह भी है कि इतिहास को निरंतर 'डीमिस्टीफ़ाई' किया जाए और उसे केवल जटिल ज्ञान या रहस्यमय सिद्ध करने के स्थान पर उसकी तरल विकासमानता को पहचाना जाए। इस कार्य में प्रगतिशील रचनाओं का बड़ा हाथ रहा है और जब जयशंकर प्रसाद, चतुरसेन या वृंदावनलाल वर्मा इतिहास को केवल राष्ट्रवाद का प्रेरक हथियार बना रहे थे, तब यशपाल ने *दिव्या* या राहुल सांकृत्यायन ने *वोल्गा से गंगा* आदि कृतियों के माध्यम से इतिहास के भीतरी तनावों को पहचानने की दृष्टि दी और एक प्रकार से साहित्य तथा वैज्ञानिक इतिहास-बोध के रिश्ते को मज़बूत बनाया। मिसाल के लिए, यह सवाल कि कला सामूहिक साधना है या निजी साधना। इससे जुड़े दावे ये थे कि साहित्यकार और उसके चरित्र को कला अपने जादुई व्यक्तित्व व जादुई प्रतिभा से ही पैदा कर सकती है। कलाकार के भीतर कोई विशेष रसायन होता है जिसमें डूबी चेतना महान कविताओं व कहानियों की सृष्टि करती है। इन धारणाओं को पुख़्ता करने में कुछ योगदान प्राचीन काव्यशास्त्र का भी था जिसने उदात्त प्रतिभा का विशेष यशोगान कर रखा था। पर प्रगतिशील आंदोलन ने कला को ठीक उसी सामूहिक साधना का अंग बनाया जैसे लोकजीवन में गीत-संगीत एक सामूहिक सृष्टि होता है। इसकी सबसे अच्छी मिसाल नाट्यांदोलनों में दिखी जिसमें पटकथा, अभिनय, रंगमंच सज्जा आदि के रूप में इप्टा के नाटक एक सामूहिक कला साधना के रूप में सामने आए। कला में निजी प्रतिभा की शक्ति की उपेक्षा नहीं की जा सकती। उपन्यास तथा कहानी लिखना निजी प्रतिभा से जुड़ा हुआ है। पर निजी प्रतिभा अगर केवल निजी रह गई है और उसने यथार्थवाद के रूप में समाज से अपने को नहीं जोड़ा, तो वह भी जल्द ही दीवार पर सिर पटकनेवाली हालत में आ जाती है। तुलसी की पुस्तक *रामचरितमानस* हो या प्रेमचंद की रचनाएँ, उनके भीतर ही एक बड़े समाज के बिंब नज़र आते हैं। उस बिंब में मौजूद यथार्थवाद भी सामूहिक जीवन से पैदा होनेवाली वस्तु है यानी उपन्यास-कहानी भी सामूहिकता को समझने व उससे जुड़ने का परिणाम होते हैं, न कि केवल निजता या अहं का विस्फोट। ख़ासकर आधुनिक काल में जब मुद्रित माध्यमों ने कला व कारोबार के व्यावसायिक मूल्य तय कर दिये हैं, कला को निजी प्रतिभा का परिणाम बताना और भी आवश्यक हो गया है। पर कला को केवल निजी साधन का प्रतिफल बता देने से उसका निजी मूल्य तय करने की छूट कलाकार को स्वतः ही मिल जाती

है और इसका सबसे अतिवादी रूप वर्तमान में सामने आया है जब कला जनता से दूर हो रही है और बाज़ार माफ़ियाओं के हाथ में ज़्यादा खेल रहा है। बड़ी आर्ट गैलरियों, अंतर्राष्ट्रीय प्रदर्शनों या पश्चिमी पुरस्कारों को ध्यान में रखकर पेंटिंग्स बनती हैं और अंग्रेज़ी उपन्यास लिखे जाते हैं। नतीजा यह होता है कि जिस कला का उद्‌देश्य समाज व मानव चेतना का उदात्तीकरण करना है, वह अब लाखों के 'प्राइस टैग' के साथ मिलने लगी है। इसी का परिणाम यह हुआ है कि आम लोगों की निगाह में कलाकार व लेखक का सम्मान घटा है क्योंकि यह दिखने लगा है कि यह वर्ग भी समाज के अन्य वर्गों की तरह अपनी संवेदना व दिमाग़ी प्रतिभा का इस्तेमाल सौदेबाज़ी में करता है।

प्रगतिशील आंदोलन से पहले कला व साहित्य आधुनिकता से तालमेल क़ायम कर चुका था, पर संगठित रूप में वह स्थानीय जनजीवन के पास नहीं पहुँच सका था। स्थानीय जीवन, लोक व देहातों तक साहित्य के संस्कार पहुँचाने का काम इप्टा जैसे संगठनों के ज़रिये ही हुआ और हज़ारों लोग स्थानीय स्तर पर किसी नाटक को देखकर साहित्य के संस्कारों से परिचित हुए। देश के लगभग हर छोटे-बड़े ज़िले में इप्टा की शाखाएँ खुल चुकी थीं और बंगाल के अकाल, आज़ादी, मज़दूर समस्या व राजनीतिक-सामाजिक समस्याओं पर नाटक खेले जाते थे। यह 1942 से 1950 का बेहद नाजुक व उथल-पुथल का दौर था जब जनांदोलन, राजनीति तथा साहित्य एक-दूसरे के बेहद निकट थे और परस्पर प्रेरणा का सघन रिश्ता उनके बीच स्थापित हो चुका था। बंगाल के अकाल की विभीषिका को सबसे अधिक इप्टा आंदोलन ने ही जनता के मध्य पहुँचाने का काम किया था। कहने का अर्थ यह है कि कला व सृजन के मूल्यों से जनता को सीधे जोड़ने में प्रगतिशील नाट्यांदोलन ने जो ऐतिहासिक कार्य किया और इस प्रक्रिया में स्थानीय स्तर पर युवाओं व आम जनों में साहित्य की चेतना जगाने का काम किया, वह किसी भी अन्य विचारधारा के पोषक व अनुयायी ने नहीं किया। अनगिनत लोगों के भीतर साहित्य का संस्कार स्थानीय स्तर पर नाटक प्रदर्शनों के माध्यम से ही पैदा हुआ। गली-नुक्कड़ों पर खड़े होकर इप्टा की मंडलियों को नाटक करते देख लोगों में कला की नई क्रांतिकारी भूमिका के बारे में नई चेतना उत्पन्न हुई। आज भले ही वैश्विकता और वैश्विक मूल्यों की बात करना हमें षड्‌यंत्र लगे और स्थानीयता व जातीयता की बातें हमें ज़्यादा पसंद आएँ, लेकिन इस ख़ुशफ़हमी में नहीं रहना चाहिए कि स्थानीयता को हम बग़ैर वैश्विक दृष्टि या वैश्विक आंदोलन के बचा ले जाएँगे। स्थानीय संस्कृतियों व जीवन के मूल्यवान तत्त्वों की हिफ़ाज़त के लिए भी एक बड़ा वैश्विक दृष्टिकोण चाहिए, बड़ी विचारधारा चाहिए, बड़ा विज़न चाहिए। प्रगतिशील आंदोलन ने देश के लेखकों को ऐसा ही बड़ा विज़न प्रदान किया जिससे वे पश्चिम के पूँजीवाद और भीतरी सामंतवाद, दोनों का डटकर सामना कर सकें। एक सकारात्मक कार्य यह भी हुआ कि जो पश्चिमी आधुनिकता तेज़ी से लेखकों-कलाकर्मियों को अपनी संस्कृति से काट रही थी, उसका जवाब प्रगतिशील आंदोलन के भीतर से तैयार हुआ और लोगों ने लोकसंस्कृति तथा ग्रामीण संस्कृति की ओर रुख़ किया। भारत की भिन्न-भिन्न भाषाओं में लोकजीवन से जुड़ी कविताओं का लेखन भी इसी प्रक्रिया का परिणाम रहा है।

इस महान ऐतिहासिक कार्यभार के बावजूद प्रगतिशील आंदोलन पर यह आरोप लगा कि वह अपने मतवाद के कारण लोगों को साहित्य विमुख कर रहा है और साहित्य की स्वायत्तता

को आघात पहुँचा रहा है। यहाँ प्रगतिशीलता की वैचारिकी को ही एक ख़ास मतवाद बनाकर पेश करने की चालाकी बरती गई ताकि कहीं भी अगर साफ़ सामाजिक चेतना किसी कृति या आलोचना में दिखे तो उसे संगठित प्रगतिशील आंदोलन की साज़िश या आयोजन बताकर उसे उपेक्षित किया जा सके। कला से राजनीति का रिश्ता भी प्रगतिशीलता के भीतर बहस का मुख्य विचारोत्तेजक विषय रहा है। यह सही है कि कला से ही नहीं, बल्कि जीवन के सभी पक्षों से राजनीति के रिश्तों के बारे में पूरी बीसवीं सदी में बहस हुई है। इस बहस का सबसे ज़्यादा फ़ायदा यह हुआ है कि राजनीति के विकृत और स्वच्छ रूपों से जनता का परिचय हुआ है और राजनीति के नाम से बिदकनेवालों को अगर जाने दें तो कुल मिलाकर राजनीति के सहारे जो बौद्धिक उत्तेजना पैदा हुई, उसने कला-साहित्य की दुनिया को पहले से ज़्यादा बड़ा और उदात्त बना दिया।

यह कहना ग़लत होगा कि राजनीति मनुष्य के समग्र अस्तित्व को परिभाषित कर सकती है, जैसा कि वैचारिक कट्टरता की झोंक में कई यांत्रिक मार्क्सवादी सिद्ध करने की हिमाकत कर बैठते हैं। उन्हें लगता है कि साहित्य में मज़दूर-किसान की बातें कर लेने भर से वह सुंदर कलात्मक साहित्य बन जाता है। वे मनुष्य की आंतरिकता के चित्रण के भी ख़िलाफ़ हो जाते हैं। इसी का परिणाम होता है कि प्रतिबद्धता को ही साहित्य व जीवन के मूल संकट का हल बताकर भी कई टेढ़ी समस्याओं का सरल हल निकालने की कोशिश की जाती है। पर सच तो यह है कि मनुष्य न जाने कितनी संवेदनाओं और जटिल चेतना का पुतला होता है और उसके भीतर उल्लास, दुख, वेदना, सुख और त्याग के बहुत सारे तत्त्व व प्रवृत्तियाँ होती हैं जो सामाजिक जीवन में नया रूप धारण करती रहती हैं। इसलिए राजनीति मनुष्य के समग्र अस्तित्व का एक हिस्सा है, उसके अस्तित्व का आवश्यक हिस्सा और राजनीतिक चेतना उसे अपने अस्तित्व के बारे में सजगता के विकासक्रम में ही हासिल होती है। प्रगतिशीलता का एक नतीजा यह भी रहा है कि उसने राजनीति को मनुष्य के संपूर्ण अस्तित्व के एक अहम अंग के रूप में देखा है जिसके सहारे व्यक्ति अपने दौर की सबसे महत्त्वपूर्ण उथल-पुथल से जुड़ता है, उसमें अपनी भूमिका निभाता है और उसे नई व्यवस्था की स्थापना के शस्त्र के रूप में प्रयोग करता है। उसी ने कला को कोरे मनोरंजन, सनसनी और विलास की सीमाओं से बाहर निकालकर सच्चे यथार्थ से जोड़ा जिससे कला समाज में वर्ग, जाति, लिंग आदि को लेकर फैले भाँति-भाँति के भ्रमों के निवारण के सशक्त औज़ार के रूप में विकसित होती रही। विज्ञान, राजनीति, संस्कृति सभी कुछ मनुष्य के भीतर छिपे भ्रमों और आत्महीनता के ख़िलाफ़ लड़ाई में प्रयुक्त होते रहे हैं। साहित्य ने भी मनुष्य को भ्रमों से जूझने व खोए हुए 'आत्म' को फिर से हासिल करने के लिए पथ दिखाया है और उस पथ पर चलते हुए ही मनुष्य ने जाना है कि उसके भीतर की दुनिया केवल उतनी ही नहीं है, जितना वह जानता है, बल्कि उससे भी कहीं गहरी है।

प्रगतिशील आंदोलन का एक पक्ष काफ़ी महत्त्वपूर्ण रहा है और वह यह कि उसने देशभर के विभिन्न भाषा-भाषी लेखकों को आपस में जोड़ा है और साथ ही, जो हिंदी-उर्दू प्रदेश अपनी सांप्रदायिकता के कारण बदनाम रहा है वहाँ पर भी हिंदी तथा उर्दू लेखकों के मध्य बड़े गहरे रिश्ते उसने निर्मित किए हैं। इससे एक-दूसरे के साहित्य को जानने-समझने, अपने साहित्य का सही मूल्यांकन करने और साहित्य का आधार विस्तृत करने के अवसर भी पैदा हुए हैं।

जो लेखक अपने-अपने इलाक़ों में अपने को अलग-थलग व अकेला पाते थे, वे भी अदबी जलसों में आकर काफ़ी आत्मविश्वास से भर जाते थे और घर लौटकर साहित्य रचना करते थे। वे घर-परिवार की छोटी दुनिया से बाहर विशाल जनमानस से अपना जुड़ाव महसूस करने लगते थे और इस अनुभव से निरंतर रोमांचित भी रहते थे। सज्जाद ज़हीर ने अपनी किताब *रौशनाई* में प्र.ले.स के सांगठनिक कामकाज का, लेखकों पर पड़नेवाले इसी सकारात्मक असर को नोट करते हुए सही लिखा है : 'एक लेखक के लिए, जबकि वह विरोधी प्रतिक्रियावादी ताक़तों के घेरे में घिरा हुआ हो, दृष्टिकोण में व्यापकता पैदा होना और उसका यह अहसास कि उसके साथी, मददगार और समान विचारवाले लोग सिर्फ़ उसकी अपनी भाषा के सीमित दायरे में नहीं, बल्कि देश के कोने-कोने में फैले हुए हैं, बहुत ही मुफ़ीद और हिम्मत बढ़ाने वाली चीज़ है।' प्र.ले.स व प्रगतिशील आंदोलन की गतिविधियाँ वास्तव में एक युगीन विक्षोभ की उपज थीं और नए सामाजिक मूल्य जो भी पैदा हो रहे थे, वे साहित्य को एकरूपता में नहीं, बल्कि बहुत अलग-अलग ढंग से प्रभावित भी कर रहे थे। यह दृष्टिकोण हमें किसी सुविधाजनक और पूर्वनियोजित नतीजे पर तो पहुँचा सकता है कि प्रगतिशीलता केवल प्र.ले.स की गतिविधियों से उत्पन्न हो रही थी और प्र.ले.स के बाहर जो भी साहित्य लेखन औपचारिक व अनौपचारिक रूप में हो रहा था वह कम प्रगतिशील है। सत्य इतने तराशे हुए साफ़ व समतल निष्कर्षों की ज़मीन पर नहीं रहता है। सत्य यह भी है कि प्रगतिशील मूल्यों के ढेरों आयाम नई कविता-कहानी, अकविता और साठोत्तरी कविताओं तक में हैं और प्र.ले.स जैसे संगठनों ने इन आयामों को प्रभावित किया है तो स्वयं उनसे शक्ति भी प्राप्त की है। इसलिए साहित्य में प्र.ले.स व प्रगतिशील आंदोलन वस्तुतः 20वीं सदी की विराट परिधि के भीतर घटित सचाई का अंग है और उसने इसी एक अंग के रूप में पूरे साहित्य व चिंतन के उपकरणों का स्वरूप तय करने में ऐतिहासिक भूमिका निभाई है।

सर्वहारा संस्कृति पर बहस

अभय मौर्य

रूस की अक्टूबर क्रांति मात्र ऐसे 'दस दिन' की क्रांति नहीं थी जिसने दुनिया को हिलाकर रख दिया था। असल में क्रांति ने रूसी जीवन के हर पहलू को झकझोर दिया था। रूसी साहित्य जो सदा रूसी जनता से जुड़ा रहा है, इस तूफ़ान की उद्वेलित लहरों से कैसे बचा रह सकता था! क्रांति की गूँज ने रूसी साहित्य तो क्या, पश्चिमी साहित्यिक दिग्गजों तक को अपनी लपेट में ले लिया। रोम्याँ रोलाँ ने तो यहाँ तक कह दिया कि 'समाजवादी विचार उनके अंदर घर कर रहे हैं यद्यपि वे उनके निहित हितों के विरुद्ध हैं, उनकी इन विचारों के प्रति कोई सहानुभूति नहीं, वे उनके निजी स्वार्थों के लिए घातक हैं। मैं इनके बारे में सोचना भी नहीं चाहता, पर वे मेरे दिल में घुसते ही जा रहे हैं।'

ज़ाहिर है, रूस में, विशेषकर रूसी साहित्यिक गलियारों में क्रांति के कारण कम अफ़रा-तफ़री नहीं मची। बुर्जुआ साहित्यिक सलूनों से आर्तनाद छूट रहे थे : 'रूस मर रहा है! महान रूसी संस्कृति दम तोड़ रही है!' उनकी साहित्यिक पत्रिका *स्किफई* में 'रूसी धरती की मृत्यु के बारे में दो शब्द' नामक पैंफ़लेट भी छप गया।

इसके ऐन विपरीत क्रांतिकारी जनता चौराहों और कूचों-गलियों में गा रही थी : 'हम अपना नया संसार बनाएँगे—जो कल तक न था कुछ, वह बन जाएगा सब कुछ।' उनके साथ सुर में सुर मिलाकर गा रहे थे—मायकोवस्की, आलेक्सांद्र ब्लोक, वालेरी ब्यूसोव, दिमियान बेदनई और न जाने कितने कवि और कहानीकार।

ऐसा नहीं कि रूसी समाज का क्रांति के बाद का चित्र मात्र काले और सफ़ेद रंगों से सना था। असल में बहुत ही जटिल थी साहित्यिक जगत् की परिस्थिति उस समय। बहुत सारे ऐसे ईमानदार साहित्यकार भी थे जो क्रांति की महत्ता को पूरी तरह समझ न पाए थे। मैक्सिम गोर्की तक चकरा गए थे। फिर करोलेन्को, अलेक्सेई तोलस्तोय जैसे ईमानदार पर भटक जानेवाले साहित्यकारों की तो बात ही क्या करें!

इधर शत्रु ख़ेमे के दिग्गज लोग चुप नहीं बैठे थे। वे अचानक चकरा जानेवाले कवियों और कथाकारों को उकसा रहे थे। दमित्रि मिरिशकोवस्की और जिनाइदा गिपिउस ने क्रांति को 'शैतानों का विद्रोह' क़रार दिया। वे व्यक्तिवाद की अतिशयता को हवा देते हुए कवियों और कथाकारों को रहस्यवाद के दलदल में धकेल रहे थे। उनमें से बहुतेरों ने जैसे कि इवान बूनिन, मारिया त्स्वताएवा, रिमिजोव आदि ने विदेश पलायन की राह पकड़ी।

क्रांतिकारी ख़ेमे में भी ख़ूब धमाचौकड़ी चल रही थी। हर कोई अपने को एक-दूसरे

से ज़्यादा क्रांतिकारी जताने की कोशिश कर रहा था। क्रांतिकारिता में एक-दूसरे को मात देने की कोशिश कर रहा था। रूसी साहित्य के इतिहास में यह दौर सृजनात्मक स्वच्छंदता की दृष्टि से मानो पराकाष्ठा पर पहुँच गया। इस पृष्ठभूमि में साहित्य के क्षेत्र में नाना प्रकार के प्रयोग होने लगे। शायद इसी कारण अनेक साहित्यिक घटकों ने जन्म लिया। प्रत्येक समूह एक-दूसरे से नवीनतर या ज़्यादा क्रांतिकारी होने की होड़ करने लगा। अकेले मास्को में 1920 के आरंभ में पैंतीस के आसपास छोटे-बड़े साहित्यिक घटक या संगठन सक्रिय थे। हरेक ग्रुप का अपना साहित्यिक मेनिफ़ेस्टो था, सौंदर्यबोध की अपनी-अपनी अवधारणा और उद्घोषणा थी। पर सबसे रोचक था 'निछोविकी' यानी 'नकारवादी' ग्रुप। रूसी शब्द 'निछिवो' का अर्थ होता है–'कुछ नहीं'। ज़ाहिर है, इस ग्रुप का घोषणा-पत्र चीख़-चिल्लाकर कह रहा था : 'हमारा लक्ष्य है–'कुछ नहीं' के नाम पर काव्यात्मक सृजन।'

कहने की ज़रूरत नहीं कि इनमें से अधिकतर ग्रुप मात्र 'चार दिन की चाँदनी' सिद्ध हुए। वे पहली बरसात की ख़ूबियों की तरह फूट पड़ते और शाम तक एक दिन की नरगिस की तरह मुरझा जाते।

क्रांति के प्रारंभिक काल में क्रांति से पहले की आधुनिकतावादी धारा के बहुत सारे साहित्यकार अभी भी सक्रिय थे। वे *स्किफ़ई, स्वप्नद्रष्टाओं के नोट, पुस्तक कोना, नव रूस* नामक पत्रिकाओं और संकलनों के इर्द-गिर्द एकत्रित होते थे। ये लोग साहित्य को दलगत राजनीति और विचारधाराशून्य सृजनात्मक माध्यम के रूप में देखते थे। आंद्रेइ बेलई, फ़्योदर सालागूब जैसे कवियों ने इस धारा को ख़ूब हवा दी।

अंततोगत्वा 1920 के आरंभ तक प्रोलित्कुल्त (प्रोलितारियाई कल्चर यानी सर्वहारा संस्कृति), इमाझिनीस्तइ (बिंबवादी) और फुतुरीस्तइ (भविष्यवादी) नामक तीन मुख्य ग्रुप अत्यधिक सक्रिय हो गए। 1919 में बना इमाझिनीस्तियों यानी बिंबवादियों का ग्रुप। इसके प्रमुख सदस्यों में शामिल थे सिर्गेई इसेनिन, ईव्निव, मारियनहॉफ, शिरशेनेविच आदि। कहने को तो बिंबवादी अपने-आपको काफ़ी ज़ोर-शोर से क्रांति के पक्षधर घोषित करने में किसी से पीछे न थे : 'वह समय आ गया है जब या तो कहीं दूर आसमानों में ग़ायब हो जाएँ, या फिर नए मानव और युग का सृजन करें।' पर प्रश्न उठा कि वे 'नए मानव और युग का सृजन' कैसे करना चाहते थे। वे रचना-प्रक्रिया में 'शब्द को इसके अर्थ की क़ैद' से छुड़ाकर या 'रूप को सार की धूल' से मुक्ति दिलाकर बिंब को शिखर पर बैठाना चाहते थे। उनका मानना था कि शब्दों या रूप आदि का कोई महत्त्व नहीं होता। बिंब ही सब कुछ होता है। अतः सृजनशील साहित्यकारों को सीधे बिंबों की कल्पना करनी चाहिए, बिंबों के रूप में सोचना चाहिए, बिंबों को 'खाना' चाहिए, बिंबों को 'पीना' चाहिए और बिंबों को ही 'सोना' चाहिए। मारियनहॉफ़ ने 1920 में प्रकाशित अपनी पुस्तक *तूफ़ानी द्वीप* में इस बात पर बल दिया कि सवाल यह है कि 'पाठक के ज़ेहन में बिंब के काँटे को दूर गहराई तक कैसे बैठाया जाए?' शिरशेनेविच ने अपनी पुस्तक '2 × 2 = 5' में इसी विचार को और विस्तृत किया : 'शब्द को उलटा लटका देना चाहिए। यही उसकी स्वाभाविक स्थिति है और इसी में से पैदा होगा बिंब!' इसीलिए बिंबवादी ताबड़तोड़ व्याकरण से मुक्त होने लगे, क्रियाओं को खदेड़ने लगे, पूर्वसर्गों को अलविदा कहने लगे। उनका कहना था कि शब्दों और उनके मूल के मेल में ताज़गी और नयापन होना चाहिए जिसकी बदौलत 'अत्यधिक अप्रत्याशितता व जीवंतता' पैदा होगी।

ऐसा नहीं था कि ऐसी साहित्यिक उछल-कूद अपने-आपमें पूर्णतया अहानिकर थी। शिरशेनेविच और मारियनहॉफ़ ने साहित्य को जीवन से अलग करने की पुरज़ोर वकालत की। उन्होंने साहित्य को विचारों, धारणाओं और विचारधाराओं से वंचित करके उसे मदारी के खेल में बदलना चाहा। इस संदर्भ में शिरशेनेविच का नीचे उद्धृत कथन अपने-आप बिंबवादियों के पत्ते खोल देता है : 'कवि कभी उस बात का सृजन नहीं करता, जिसकी उससे ज़िंदगी माँग करती है।' आगे शिरशेनेविच बड़े मज़ेदार ढंग से स्पष्ट करता है : 'कवि एक ऐसा दीवाना व्यक्ति होता है जो ऐसी गगनचुम्बी इमारत में बैठा होता है जिसमें आग लगी है। वह आग का चित्रण करने के लिए निश्चिंत बैठकर अपनी रंगीन पेंसिलें तराश रहा है। यदि वह आग बुझाने में शामिल हो जाएगा, तो वह साधारण नागरिक बन जाएगा, पर कवि नहीं रहेगा।' दूसरे शब्दों में शिरशेनेविच की राय में कवि कभी नागरिक नहीं हो सकता। हाँ, नागरिक अपनी नागरिकता त्यागकर कवि अवश्य बन सकता है। लगभग ऐसे ही शब्दों में रूसी रूपवाद के कर्णधार विक्टर श्कलोवस्की ने कहा था कि उसे फ़र्क़ नहीं पड़ता कि जिस दुर्ग में बैठकर वह लिख रहा है, उस पर किस रंग की पताका लहरा रही है।

फुतुरीस्तइ यानी भविष्यवादी भी बिंबवादियों से कुछ कम न थे; बल्कि यों कहना चाहिए कि वे बिंबवादियों के नहले पर दहला थे, उनसे दो क़दम बढ़कर थे। 1912 में ही उन्होंने अपने 'समाज के स्वाद के मुँह पर तमाचा' नामक मेनिफ़ेस्टोनुमा संकलन में चीख़-चीख़कर घोषणा की कि भूत और वर्तमान का साहित्य में कोई स्थान नहीं होना चाहिए। मात्र भावी क्रांतिकारी काल को ही अपनी लालिमा की बदौलत सब ओर छा जाना चाहिए। इसीलिए उन्होंने अपने उपर्युक्त पर्चे में लिखा : 'आधुनिकता के ज़हाज से पुश्किन, दस्तोयेव्स्की, तॉल्स्तोय आदि को उतारकर समुद्र में फेंक देना चाहिए', ताकि उनके स्थान एक ख़ालिस क्रांतिकारी साहित्य दूर-दूर तक फैल जाए। क्रांति के बाद अपने 'राईदार शब्द', 'कविता की अटारी', 'त्सेंत्रीफूगा' जैसे घोषणा-पत्रों में जोशो-ख़रोश के साथ घोषित किया कि शब्दों के अर्थों का कोई महत्त्व नहीं, बिंब-शिंब सब बेकार हैं, व्याकरण शब्दों को अपनी ज़ंजीरों में जकड़कर उन्हें निर्जीव कर देता है। अतः साहित्य को पूर्णविराम, अपूर्णविराम, लिंग, वचन, आदि व्याकरण के सभी आयामों को तिलांजलि दे देनी चाहिए। उनके अनुसार कविता या अन्य साहित्यिक विधाओं में सबसे महत्त्वपूर्ण तत्त्व है–शब्द। शब्द ही सब कुछ है, बाक़ी सब बेकार है। इसीलिए शब्द के साथ इस प्रकार खेलना चाहिए या इस तरह उसके साथ खिलवाड़ करना चाहिए जैसे जादूगर अपनी छड़ी या डुगडुगी से खेलता है। शब्द का इस तरह प्रयोग करना चाहिए कि उसके अर्थ का कोई अर्थ न रह जाए। उसका प्रयोग यों होना चाहिए कि सुनने या पढ़नेवाले की अनुभूति डगमगा जाए, स्वाद चरपरा जाए, धारणाएँ उलट-पुलट जाएँ, इंद्रियबोध लड़खड़ा जाए, कल्पना डाँवाँडोल हो जाए। इस सबका अर्थ हुआ कि भविष्यवादी चाहते थे कि अपने अनूठे प्रयोग की बदौलत शब्द कड़कड़ाती या कौंधती बिजली बन जाएँ, उमड़ता तूफ़ान हो जाएँ, उफनता ज़लज़ला बन जाएँ। जो कुछ स्थापित है वह बिखर जाए। मान्यताएँ चरमरा जाएँ, मूल्य ढह जाएँ, सौंदर्यबोध उलटा लटक जाए, अर्थ अनर्थ या बेअर्थ हो जाएँ...रह जाएँ बस शब्द और उनकी क्रांतिकारी, धुआँधार, लपटें उगलती नगरी।

फुतुरिस्तों ने विराम-चिह्नों को बाहर कर दिया, स्वरों को 'समय और स्थान' की संज्ञा

दे दी, व्यंजनों को 'रंग, ध्वनि और गंध' घोषित कर दिया। कई भविष्यवादियों ने तो मात्र स्वरों से बनी कविताएँ लिखीं। बानगी देखिए :

a e a	(आ य आ)
И e e И	(ई य य ई)
a e e	(आ य य)

भविष्यवाद के दिग्गजों में से एक, मायकोव्स्की के मित्र ख़्लेब्निकोव ने भविष्यवादी कवियों के लिए निम्न प्रकार का मॉडल तैयार किया :

ΔbIP, õy,IIIbI Λ,	(दइर, बुल, शइल)
yõeIIIyp	(उबेश्यूर)
CKYM	(स्कूम)
BbI co õy	(वइ सो बू)
p ∈ Λ 3	(र ल ऐज)

ख़्लेब्निकोव ने इस कविता के ऊपर संगीत भी रच दिया। कविता के अंत में कोष्ठक में लिखा गया : 'संयोगवश कहना चाहिए कि इन पाँच पक्तियों में पुश्किन के सारे काव्य से कहीं ज़्यादा रूसीयता (रूसी चरित्र) अंतर्निहित है।'

इसी तरह की शाब्दिक कलाबाज़ी और प्रयोगवाद में लगभग सभी आधिनुकतावादी कवि सिर से पाँवों तक उलझे पड़े थे। मायकोव्स्की के एक और फुतुरिस्त मित्र कवि ने रूसी वर्णमाला के अंतिम अक्षर (= या = मैं) पर ही निम्न कविता लिख डाली :

Я

И 3 Λ y И CTa Я,	(इज्लुछीस्ताया)
Λ y И C T a Я	(लुछीस्ताया)
Y И C T a Я	(छीस्ताया)
И C T a Я	(ईस्ताया)
C T a Я	(स्ताया)
T a Я	(ताया)
A Я	(आया)
Я	(या)

एक शब्द (इज्लुछीस्ताया) से प्रत्येक नई पंक्ति में पहले अक्षर को लुप्त करके नया शब्द बनाते हुए अंतिम पंक्ति तक रूसी वर्णमाला के अंतिम अक्षर 'या' तक पहुँचा दिया।

फुतुरिस्तों के कर्णधारों में महान कवि मायकोव्स्की भी शामिल थे। पर यहाँ उनकी कथनी और करनी में फ़र्क़ हो गया। उन्होंने अपने फुतुरिस्त मित्रों के सिद्धांतों से मुक्त होकर 'बहुत अच्छा!', 'लेनिन' जैसी महान क्रांतिकारी रचनाएँ लिखीं जिनकी दुनिया-भर में ख़ूब धूम मची।

अब हम आते हैं क्रांतिकारी दौर के सबसे बड़े और सबसे विवादास्पद साहित्यिक संगठन प्रोलित्कुल्त पर। प्रोलित्कुल्त दो रूसी शब्दों प्रोलितारस्काया कुल्तूरा (सर्वहारा संस्कृति) का संक्षेप है और यह संगठन अक्टूबर, 1917 की पूर्व संध्या पर क्रांतिकारी सरकार के प्रथम शिक्षा मंत्री (कॉमिसार) अनातोली लुनाचार्स्की की पहल पर बना था। इस संगठन के अधिकतर

अगुआ क्रांति से पहले क्रांतिकारी साहित्य की रचना में सक्रिय रहे थे। अक्टूबर क्रांति के बाद प्रोलित्कुल्त सबसे बड़ा संगठन बनकर उभरा और वह क्रांतिकारी सरकार के सरोकारों और समझ के बहुत क़रीब था। 1918 में प्रोलित्कुल्त की पहली अखिल रूस कॉन्फ्रेंस का स्वयं लेनिन ने पत्र भेजकर अभिनंदन किया और नाजेइदा क्रुप्स्काया (लेनिन की पत्नी) तथा अनातोली लुनाचार्स्की ने स्वयं भाग लिया। पार्टी को इस संगठन में जो सबसे महत्त्वपूर्ण बात दिखाई देती थी, वह थी उसका आकार और जनता के बीच क्रांतिकारी भावना जगाने के उसके प्रयास। 1920 में प्रोलित्कुल्त का अंतर्राष्ट्रीय ब्यूरो बना जिसने अपनी रिपोर्ट में बताया कि प्रोलित्कुल्त आंदोलन में चार लाख आम सदस्यों और अस्सी हज़ार सक्रिय सदस्यों ने भाग लिया। इससे भी महत्त्वपूर्ण बात यह थी कि उसने एक करोड़ पुस्तकें तथा लघु पुस्तिकाएँ छापीं।

पर शीघ्र ही इस आंदोलन के विरोधाभास नज़र आने लगे। इसके नेता बोग्दानोव के साथ लेनिन के क्रांति से पहले भी मतभेद रहे थे। बोग्दानोव एक तरफ़ तो घोर बुद्धिजीवी विरोधी थे, वहीं दूसरी तरफ़ वे ईश्वरवाद से भी त्रस्त थे। शायद इसी कारण प्रोलित्कुल्त एक प्रकार के जातिवाद का शिकार होता गया क्योंकि उसके कार्यक्रमों और घोषणाओं में बार-बार दोहराया गया कि सर्वहारा संस्कृति को मात्र वही लोग बना सकते हैं जो यंत्र या औज़ार बनाने के लिए हथौड़ा चलानेवाली पृष्ठभूमि से आए हों। सर्वहारा संस्कृति के निर्माण में बुद्धिजीवियों या किसान पृष्ठभूमि के लोगों का कोई स्थान नहीं हो सकता। इसके अतिरिक्त उन्होंने फुतुरिस्तों की तरह क्रांति से पहले के साहित्य को पूर्णतया नकार दिया। मध्यवर्गीय साहित्यकारों को निम्न घोषित करके बहिष्कृत कर दिया : 'प्रोलित्कुल्त को वहाँ बिलकुल भी 'हाँ' नहीं कहनी चाहिए जहाँ बुर्जुआ लोग 'हाँ'–कहते हैं। 'मज़दूर-लेखक को दूसरों से सीखने के बजाय सृजन करना चाहिए।' 'बुर्जुआ भाषा, बुर्जुआ साहित्य को पूरी तरह तहस-नहस कर देना चाहिए।' बोग्दानोव ने अनेक बार लिखा कि मज़दूर वर्ग को बुद्धिजीवी दाइयों (शिशु पालन करने वाली औरतों) की कतई आवश्यकता नहीं।' आगे चलकर उन्होंने सर्वहारा संस्कृति को मज़दूर वर्ग की प्रयोगशालाओं और स्टूडियो में उगाने की अवधारणा को ख़ूब हवा दी। इसी तरह की अतिवादी गतिविधियों ने प्रोलित्कुल्त को एक बंद संगठन में बदल दिया जिसमें न किसान पृष्ठभूमि से आए साहित्यकारों के लिए कोई स्थान था, न बुर्जुआ पृष्ठभूमि से निकले क्रांतिकारी लेखकों के लिए।

थोड़े दिन बाद अपनी बढ़ती संख्या को देखते हुए प्रोलित्कुल्त के सिपहसालारों ने घोषणा कर दी कि उनके सर्वहारा संगठन का अपना एक स्वावलंबी वजूद होगा जो संस्कृति या शिक्षा मंत्रालय से भी पूर्णतया स्वतंत्र होगा। उनके अनुसार सर्वहारा लेखक अपनी मनमर्ज़ी से जैसा चाहेंगे, वैसा लेखन करेंगे और उसमें लेखक की अंतर्वाणी और अंतरात्मा की पुकार की गूँज बुलंद होगी। ज़ाहिर है, गृहयुद्ध के काल में साहित्य एवं संस्कृति के क्षेत्र में पार्टी को इस तरह की अराजकता क़तई मान्य नहीं हो सकती थी। पर वास्तविकता में प्रोलित्कुल्त का स्वावलंबन इस रूप में फलीभूत हुआ कि साहित्य को लगभग समाजशास्त्रीय लेखन में तब्दील कर दिया। प्रोलित्कुल्त के लेखकों ने साहित्य में 'क्या दिखाया जाना चाहिए' के आयाम को ही तरजीह दी। उन्होंने 'कैसे दिखाना चाहिए' के पहलू को नकार दिया। इसी कारण 1920 के दशक में पैदा हुआ अश्लील समाजशास्त्रीय साहित्यिक लेखन।

इस तरह के अतिवाद से पैदा हुई विकृतियों के कारण लेनिन व उनकी पार्टी के प्रमुख सिद्धांतकार काफ़ी चिंतित थे। अक्टूबर, 1920 में प्रोलित्कुल्त की पहली अखिल रूस कांग्रेस हुई। बड़ी धुआँधार बहसों के बाद लेनिन व लुनाचार्स्की जैसे पार्टी नेताओं की आलोचना की बदौलत अंतिम प्रस्ताव में कहा गया : 'प्रोलित्कुल्त की अखिल रूस कांग्रेस प्रोलित्कुल्त द्वारा अपनी विशेष संस्कृति गढ़ने या सबसे कटकर अलग-थलग घटक बनाने के सभी प्रयासों को सैद्धांतिक रूप में अमान्य व अमल के धरातल पर उसके हानिकारक दुस्साहसपूर्ण प्रयासों को पूरी तरह नकारती है।'

1 दिसंबर, 1920 को पार्टी के मुखपत्र *प्राव्दा* में रूसी बोल्शेविक पार्टी का 'प्रोलित्कुल्तों के बारे में' पत्र प्रकाशित हुआ। इस पत्र में साहित्य के क्षेत्र में पार्टी की नीति का बहुआयामी खुलासा किया गया। पत्र में साफ़-साफ़ लिखा गया : '...प्रोलित्कुल्त की अतिवादी स्वावलंबन नीति के कारण तथा अन्य बहुत सारी नकारात्मक बातों के फलस्वरूप प्रोलित्कुल्त में अनेक ऐसे प्रतिक्रांतिकारी तत्त्व भर गए हैं जिन्होंने अनेक जगहों पर प्रोलित्कुल्त का नेतृत्व हथिया लिया। भविष्यवादी, पतनशील लोग और अनेक मार्क्सवाद विरोधी तत्त्व या फिर हर अन्य स्थान पर असफल रहे बुर्जुआ लोग प्रोलित्कुल्तों के सरगना बन गए हैं।' पत्र में क्रांति से पहले के रूसी साहित्य को नकारने के प्रयासों को आड़े हाथों लिया गया और कहा गया कि 'क्रांतिपूर्व रूसी साहित्य क्रांति का एक स्रोत रहा है। अतः उसे नकारनेवाले तत्त्व क्रांति का हिस्सा नहीं हो सकते।'

इसके बाद आनेवाले थोड़े ही दिनों में प्रोलित्कुल्त का वजूद ख़त्म होता गया, पर तब तक लेनिन नहीं रहे। उनके बाद जो क्रांति के साथ हुआ, वही साहित्य के साथ भी।

इस संदर्भ में एक-दो बातों ने महत्त्वपूर्ण रूप धारण कर लिया है। पहली बात तो यह कि माना कि प्रोलित्कुल्तों ने जघन्य अपराध किए, पर क्या पार्टी का साहित्य के क्षेत्र में इस तरह का सीधा हस्तक्षेप होना चाहिए? लेनिन काल में तो यह दख़ल मात्र पार्टी के मुखपत्र में छपे पत्र तक ही सीमित रहा, पर लेनिन के बाद साहित्य का क्या हश्र हुआ, वह क्रांतिकारियों के लिए कोई गौरवपूर्ण बात नहीं थी। क्या यह अच्छा नहीं रहता कि प्रोलित्कुल्तों जैसे साहित्यकारों का मुक़ाबला साहित्यकार ही करते? वैसे भी जो काम जनता को करना चाहिए, उसे पुलिस से नहीं करवाना चाहिए।

तिस पर भी हमें एक बात याद रखनी चाहिए कि गृहयुद्ध के कठिन दिनों में भी लेनिन, लुनाचार्स्की व अन्य क्रांतिकारी नेता साहित्यिक पुस्तकें पढ़ते थे, साहित्य के प्रश्नों पर चिंतन-मनन और विचार विमर्श करते थे। आजकल के 'क्रांतिकारी' नेता तो साहित्यिक किताबों को छूते तक नहीं।

हम सब जानते हैं कि लेनिन ने मैक्सिम गोर्की को कैसे क़दम-क़दम पर सँभाला। स्वयं उनके पास चलकर इटली तक कई बार गए। गोर्की ने कई बार भयंकर भूलें कीं। क्रांति के बाद तो वे क्रांति के दुश्मन ही बन बैठे थे। लेकिन लेनिन ने गोर्की को दुत्कारा नहीं, उन्हें यातना शिविरों में नहीं फेंका, उन्हें मारा नहीं, बल्कि उन्हें समझाया-बुझाया और मनाया गया। अंततः गोर्की फिर से क्रांति के पक्षधर बन गए। हमें रूसी साहित्य से बहुत कुछ सीखना है—उसके प्रवर्तक और रक्षक गोर्की और लेनिन से भी और उसके भक्षक लेनिनोत्तर काल के सरगनाओं से भी।

ब्रेख़्त-लुकाच संवाद

शाश्वती मजूमदार

जर्मन लेखक बर्तोल्त ब्रेख़्त और हंगरी के दार्शनिक जॉर्ज लुकाच के बीच बहस कभी औपचारिक बहस के रूप में संपन्न नहीं हुई बल्कि वह दोनों पक्षों में इस मुद्दे पर जारी व्यापक चिंतन की विभिन्न कड़ियों के रूप में सामने आई कि समाजवाद की स्थापना के लिए प्रतिबद्ध क्रांतिकारी कला व साहित्य के मूल सृजनकारी तत्त्व कौन-से होने चाहिए। इसे प्रायः अभिव्यंजनावादी (Expresionism) बहस या यथार्थवाद बनाम आधुनिकतावाद की बहस के रूप में भी देखा जाता है जिसमें लुकाच को कलात्मक सृजन के यथार्थवादी रूपों के पक्ष में खड़ा दिखाया जाता है। दूसरी ओर ब्रेख़्त को अभिव्यंजनावादी व दूसरे आधुनिक कलाकारों द्वारा विकसित कला के प्रयोगशील रूपों का समर्थक बताया गया जो क्रांतिकारी कला की वर्तमान आवश्यकताओं की पूर्ति कर सकते हैं। वास्तव में, यह बहस मुख्यतः यथार्थवाद के बारे में बहस के रूप में देखी जानी चाहिए। ब्रेख़्त व लुकाच, दोनों ने ही बड़े बलपूर्वक कहा कि पूरी बहस के केंद्र में यथार्थवाद ही प्रधान मुद्दा है।

यह पूरी बहस 1930 के दशक में यूरोप में फ़ासीवाद व जर्मनी में बर्बर नाज़ीवादी विचारधारा के उदय की पृष्ठभूमि में संपन्न हुई। नाज़ीवाद-फ़ासीवाद के श्रमिक वर्ग पर हमले तेज़ हो रहे थे और सोवियत संघ को नष्ट करने के लिए सैन्य अभियान जारी थे। यह बहस मार्क्सवादी ख़ेमे में जारी बहसों का ही हिस्सा थी जिसमें अर्नेस्ट ब्लाख़, वाल्टर बेंजामिन, हैन्स आइज़लर, थियोडोर अडोर्नो व मैक होर्खाइमर समेत कई लोग शामिल थे और विभिन्न तरह के संकटों के दौर में कला के सामाजिक कार्य की अवधारणा निर्मित करने संबंधी विविध प्रकार के प्रयासों को व्यक्त करते थे। ऐसे में इस बहस का पुनरावलोकन बीसवीं सदी के कला व दर्शन के दो महान व्यक्तियों के विचारों के पुनर्पाठ जैसा ही है।

यह बहस इस वजह से भी शुरू हुई कि ब्रेख़्त मूलतः कलाकार थे जो कला व सृजन के व्यावहारिक पक्षों से जुड़े हुए थे, जबकि लुकाच मुख्य रूप से दार्शनिक थे जो पूँजीवादी समाज में सामाजिक अस्तित्व की प्रकृति के प्रश्नों से जूझ रहे थे। बहस का एक कारण यह भी था कि दोनों ही ऐसे समय में राजनीतिक संघर्ष व संघर्ष में कला की भूमिका के बारे में अलग दृष्टियाँ रखते थे जबकि विचारधारा के सवाल सीधे-सीधे जीवन तथा मौत से जुड़े हुए थे। बहस के दौरान आक्रामक विरोध व कभी-कभी पैदा हुई तीखी कटुताएँ दोनों के द्वारा निर्वासन में रहने तथा फ़ासीवाद के ख़िलाफ़ निरंतर राजनीतिक, वैचारिक व सैन्य संघर्ष चलाने की सतत माँग के संदर्भ में समझी जा सकती हैं। संघर्ष में सौंदर्य के प्रश्न को

दोनों पक्षों द्वारा काफ़ी महत्त्वपूर्ण माना गया। उल्लेखनीय है कि बाद के शांतिकाल में, दूसरे महायुद्ध की समाप्ति व जी.डी.आर. की स्थापना के उपरांत, कलाकार व दर्शनशास्त्री के बीच संबंध काफ़ी सामान्य हो गए और दोनों ने एक-दूसरे के अवदानों को स्वीकार भी किया, तो भी दोनों के बीच के बुनियादी मतभेद इस बहस को रेखांकित करते हैं। तब से लेकर आज तक कई परिवर्तन आ चुके हैं। पर वह बहस अभी भी केवल ऐतिहासिक महत्त्व तक सीमित नहीं है। दोनों पक्षों ने कई अहम सवाल खड़े किए जो पूँजीवाद की समाप्ति व समाजवादी भविष्य की स्थापना के लिए चलाए जा रहे राजनीतिक संघर्ष के अनुकूल प्रगतिशील कला व सांस्कृतिक कर्म से सरोकार रखनेवालों से लिए काफ़ी चुनौतीपूर्ण बने हुए हैं।

ब्रेख़्त और लुकाच के बीच वैचारिक टकराव, जो कि लेखन के अभिव्यंजनावाद व आधुनिकतावादी रूपों पर केंद्रित था, *दास वोर्ट* (*द वर्ड*, मास्को से 1936-39 के दौरान प्रकाशित पत्र) में सामने आया। इस बहस में लुकाच समेत 15 लेखकों, कलाकारों व साहित्यिक सिद्धांतकारों ने गर्मजोशी से हिस्सा लिया। उस समय ब्रेख़्त हालाँकि पत्र की तीन सदस्यीय संपादकीय टीम का हिस्सा थे और उन्होंने पूरी बहस पर गंभीरता से निगाह रखी, पर उन्होंने सार्वजनिक रूप से बड़े स्तर पर हस्तक्षेप नहीं किया क्योंकि उनके मस्तिष्क में फ़ासीवाद के विरुद्ध साझे संघर्ष के व्यापक हितों की चिंता मौजूद थी। पर बहस के बारे में अपने विचार को वे निरंतर विस्तार से लिखते रहे जो 13 साल बाद साहित्य व कला के बारे में दो खंडों में प्रकाशित उनके ग्रंथों में संकलित हुए। बहस की राजनीतिक पृष्ठभूमि कोमिन्टर्न द्वारा 1935 में स्वीकृत लोकप्रिय मोर्चे (पॉपुलर फ्रंट) की नीतियों तथा बुर्जुआ राजनीति के फ़ासीवाद विरोधी धड़े को शामिल करने वाले फ़ासीवाद विरोधी विशाल मोर्चे के निर्माण से संबंधित थी। लुकाच ने बहस में एक निबंध लिखकर हस्तक्षेप किया जिसका शीर्षक था–Es geht um den Realismus (जिसका अंग्रेज़ी में अनुवाद 'रियलिज़्म इन द बैलेंस', या 'दाँव पर यथार्थवाद' के नाम से किया गया)। इस निबंध में उन्होंने समकालीन लेखन की तीन धाराओं को परिभाषित किया। पहली, पूँजीवादी समाज की पक्षधर यथार्थवाद-विरोधी लेखन की धारा जिसके रचनाकारों में उन्होंने गोर्की, थामस और हेनरिख़ मान और रोम्याँ रोलाँ का नाम लिया। लुकाच के मतानुसार दूसरी धारा के लेखक अपने समस्त साहित्यिक प्रयोगों के बावजूद यथार्थ के ऊपरी रूप व अनुभवों के स्वतःस्फूर्तन तक ही सीमित रह गए। वे यथार्थ के भीतरी सार को न छू सके और अपने अनुभवों व उन्हें उत्पन्न करने वाली वास्तविक सामाजिक शक्तियों को पहचान न सके। उन्होंने अनुभव किया कि ऐसे लेखक आत्मनिष्ठ व अमूर्तन में जीनेवाले होते हैं, वे जिस प्रकार यथार्थ के विखंडन व विरोधी तत्त्वों के समन्वय से कला रूप तैयार करते हैं, वह काफ़ी एकायामी होता है और इसीलिए उन्होंने संसार के यथार्थ व चीज़ों की संबद्धता, यानी पूँजीवादी समाज की समग्रता का बोध पैदा करने में आधुनिकतावादी लेखकों की तुलना फूहड़ अर्थशास्त्रियों से की जो पूँजी के संचरण को स्वतंत्र तथा अमूर्त प्रक्रिया के रूप में देखते थे और महाजनी पूँजीवाद से इसके कार्य-कारण संबंधों का विश्लेषण नहीं करते थे। इसलिए यथार्थ के संबंध में व्यक्तिनिष्ठ, सतही व अमूर्त धारणा के विपरीत, जो कि लुकाच के अनुसार काफ़ी एकरस भी थी, तीसरी धारा के यथार्थवादी लेखकों ने सामाजिक संबंधों को उसकी पूरी जीवंत समृद्धि व समग्रता में ज़्यादा वस्तुगत रूप से प्रस्तुत किया। उनकी विविधता को भी चित्रित किया। इसके अतिरिक्त उन्होंने भविष्य में सामने आनेवाली

मानवीय व सामाजिक प्रवृत्तियों को दर्शानेवाले प्रातिनिधिक चरित्रों के सृजन के माध्यम से भी यथार्थ का ज़्यादा विश्वसनीय रूप व्यक्त किया। लुकाच के अनुसार, ये यथार्थवादी लेखक 19वीं सदी के बाल्ज़ाक व टॉल्सतोय जैसे यथार्थवादियों की ही परंपरा के लेखक हैं और केवल उन्हें ही साहित्यिक अवाँगार्द के रूप में देखा जाना चाहिए। उनके अनुसार आधुनिकतावादी लेखकों द्वारा अपनाई गई प्रयोगात्मकता यथार्थवाद के पतन तथा बुर्जुआ कला के क्षरण को व्यक्त करती है।

लुकाच ने इस पर भी बल दिया कि आधुनिकतावादी लेखकों के प्रयोगशील कलारूपों और गोर्की या थामस मान द्वारा अपनाए गए परंपरागत रूपों का मूल्यांकन कैसे किया जाए, यह केवल साहित्यिक सवाल नहीं है, बल्कि फ़ासीवाद के ख़िलाफ़ एक व्यापक जनमोर्चा कैसे बनाया जाए, इससे भी गहराई से जुड़ा हुआ है। उन्होंने महसूस किया कि आधुनिकतावादियों द्वारा साहित्य-परंपरा तथा सांस्कृतिक विरासत का अस्वीकार लोकप्रिय समर्थन नहीं हासिल कर सकेगा, बल्कि सांस्कृतिक विरासत के सभी मूल्यवान पक्षों को आलोचनात्मक रूप में ही सही पर अपनाने व आत्मसात् करने की ज़रूरत है जिससे आम जनों के साथ संबंध और अधिक सुदृढ़ हो सके। निष्कर्ष रूप में कह सकते हैं कि अपने निबंध के केंद्रीय तर्क के रूप में उन्होंने जीवन व समाज को पूरी समग्रता से चित्रित करने के महत्त्व को स्थापित किया।

फ़ासीवाद विरोधी संघर्ष में एक आम मोर्चा बनाने की राजनीतिक आवश्यकता को लेकर ब्रेख़्त तथा लुकाच के बीच कोई मतभेद न था और न यथार्थवाद पर बल देने को लेकर। लेकिन ब्रेख़्त यथार्थवाद की परिभाषा तथा 19वीं सदी के यथार्थवादी लेखकों द्वारा प्रयुक्त रूपों की प्रासंगिकता को लेकर लुकाच से असहमत थे। ब्रेख़्त के अनुसार, वे लेखक निस्संदेह महान थे पर उनकी दूसरी ही समस्याएँ थीं। वे ऐसे समय में लिख रहे थे जब बुर्जुआ वर्ग तथा बुर्जुआ वैयक्तिकता का विकास हो रहा था, जबकि समकालीन लेखक इस दौर में बुर्जुआ व सर्वहारा के मध्य जारी अंतिम संघर्ष के बीच स्वयं को पाते हैं। बुर्जुआ व्यक्ति का विघटन हो रहा है, आम जनता आगे बढ़ रही है और प्रश्न यह है कि किस प्रकार इस नए यथार्थ को व्यक्त किया जाए। ब्रेख़्त के मुताबिक़ वर्तमान नए यथार्थ की अभिव्यक्ति कैसे की जाए, इस समस्या से जूझ रहे समकालीन लेखकों के बारे में लुकाच ने ज़्यादा चिंता नहीं की। ब्रेख़्त ने कहा कि इस यथार्थ को केवल 'नेरेटिव' के ख़ास रूप के अनुकरण से नहीं व्यक्त किया जा सकता क्योंकि पहले काफ़ी अधिक प्रयोग किए जा चुके हैं। ऐसा कोई भी रवैया अपनी प्रकृति में रूपवादी होगा क्योंकि यह नए परिवर्तनशील यथार्थ पर पुराने साहित्यिक रूपों को थोपने जैसा होगा। बल्कि लेखकों को हर माध्यम, चाहे वह नया हो या पुराना, प्रयोग हुआ हो या नहीं, कला से निकला हो या किसी अन्य स्रोत से, अगर यथार्थ के संवहन में सहायता करता है तो उसका सहारा लेना चाहिए। यथार्थवाद का संबंध केवल रूप से नहीं है और जो चीज़ें पहले लोकप्रिय थीं, वे कोई आवश्यक नहीं कि वर्तमान में भी लोकप्रिय हों, क्योंकि लोगों का व्यक्तित्व व चरित्र भी बदलता रहता है। कई आधुनिकतावादी लेखकों के लेखन के व्यक्तिनिष्ठ व अमूर्तनवादी पक्ष के बारे में लुकाच के मत से ब्रेख़्त सहमत थे पर उनका कहना था कि उनके द्वारा विकसित तकनीक, जैसे कि चित्र-कल्पना समन्वय, अंतरालाप और अपरिचयीकरण तथा तटस्थता की तकनीक, ने समकालीन यथार्थ की ठोस तथा वस्तुगत अभिव्यक्ति में ज़्यादा उपयोगी संसाधन उपलब्ध कराए, बनिस्बत 19वीं सदी के यथार्थवादी

लेखकों की वर्णन शैली के। बुर्जुआ लेखक इन आधुनिक तकनीकों का प्रयोग अपनी निराशा की भावना की अभिव्यक्ति के लिए कर सकते हैं, समाजवादी लेखक इनका प्रयोग दूसरी तरह कर सकते हैं। ब्रेख़्त ने खुद भी साहित्यिक परंपरा और सांस्कृतिक विरासत को ख़ारिज नहीं किया बल्कि उन्होंने आरंभिक प्रबोधनकालीन लेखकों, जैसे–शेक्सपियर, स्विफ़्ट, रिबेलयस, वॉल्तेयर और दिदेरो को काफ़ी उत्सुकता से पढ़ा। इसके अलावा उन्होंने चीन व भारत समेत दुनिया के दूसरे हिस्सों के साथ-साथ लोकप्रिय व लोकवादी कलारूपों से भी विचार ग्रहण किए।

लुकाच की तरह ही ब्रेख़्त भी पूँजीवादी समाज में सामाजिक संबंधों के वस्तुकरण (Reification) और कलाकार द्वारा ऊपरी सतह के नीचे छिपी सचाइयों को उजागर करने के सरोकार से जुड़े हुए थे। वे भी मानते थे कि सच्चे यथार्थवाद को वास्तविकता के भीतर तक धँसना होता है और जीवन को आकार देनेवाले नियमों, सामाजिक शक्तियों के बीच के कार्य-कारण संबंधों को सामने लाना होगा। जैसे कि किसी फैक्टरी की तस्वीर फैक्टरी के सत्य को नहीं बता सकती। लेकिन वे यह भी नहीं मानते थे कि इस बारे में सत्य को केवल उस सत्य का साक्षात्कार करने वाले व्यक्ति से आँख या उसके दिल को उधार लेकर व्यक्त किया जा सकता है। इसके लिए कलाकार को विशेष तरीक़ों से यथार्थ में हस्तक्षेप करना होगा ताकि यथार्थ के बारे में भ्रम ख़त्म हो और देखनेवालों को यथार्थ का वह पक्ष भी दिख सके जो उस यथार्थ से सीधे जुड़े व्यक्ति को भी नहीं दिखता है। सामाजिक परिवर्तन के लिए प्रतिबद्ध कलाकार का काम केवल सौंदर्यबोधीय हस्तक्षेप के माध्यम से यथार्थ का ठंडा, तटस्थ अनुभव प्रदान करना नहीं है बल्कि अपने पाठक व दर्शक को सक्रिय हस्तक्षेप के ज़रिये यथार्थ को बदलने के लिए प्रोत्साहित करना है।

ब्रेख़्त और लुकाच, दोनों ही कला के बोधपरक कार्य और जीवन के प्रत्यक्ष रूपों के भीतर तक धँसी सचाइयों को पहचाननेवाले सौंदर्यशास्त्र की आवश्यकता के बारे में सहमत थे। दोनों ने ही ऊपरी सतह के भीतर के सत्य को जानने तथा पूँजीवादी समाज के वर्गचरित्र व उससे जुड़े विखंडन तथा वस्तुकरण को व्यक्त करने के लिए अमूर्तन व कला-माध्यम के महत्त्व पर बल दिया। दोनों ही कला को लोकप्रिय बनाना चाहते थे, ताकि उसका जन-जन से संबंध बना रहे। दोनों यह भी मानते थे कि हिटलर के ख़िलाफ़ पॉपुलर फ्रंट में बुर्जुआ लेखकों और कलाकारों को शामिल करना होगा और उन्होंने इस नीति के पक्ष में काफ़ी सक्रियता भी दिखाई। दोनों पूँजीवादी समाज द्वारा किए जा रहे अमानवीकरण के ख़िलाफ़ साहित्य एवं कला की सामाजिक संघर्ष संबंधी भूमिका से प्रेरित थे, परंतु अलग-अगल दिशाओं में चल रहे थे।

एक दार्शनिक के रूप में लुकाच का मुख्य सरोकार पूँजीवाद के अंतर्गत होनेवाले अलगाव, विखंडन तथा मानवीय संबंधों का वस्तुकरण (reification) था। उनके दर्शन में सौंदर्यशास्त्र का केंद्रीय वस्तु के रूप में मुख्य काम इन्हीं अनुभवों के नकारात्मक पहलुओं से उबारना था। बिखराव तथा विखंडन के मध्य 'संपूर्णता' (Whole) को खोजना था और इसमें प्रगतिशील अंतर्वस्तुओं को शामिल करना था। इस संपूर्णता या सामाजिक संबंधों की समग्रता को न केवल बोधगम्य बनाना होता है बल्कि उसकी कलात्मक अभिव्यक्ति भी ऐसी होनी चाहिए कि पाठक उसकी पूरी सच्ची जीवंतता का अनुभव कर सके। लुकाच ने इसे ऐसे असाधारण रूप से कठिन कार्य के रूप में देखा जिसमें लेखक का दोहरा श्रम लगता था। पहला, उसे इन संबंधों को बौद्धिक रूप से खोजना था और उसे कला में ढालना था। दूसरा, हालाँकि

दोनों प्रक्रियाएँ परस्पर जुड़ी होती हैं, उसे अमूर्तन के माध्यम से उस खोजे गए संबंध को आवृत करना भी होता है। यह दोहरा श्रम एक नया कलारूप पैदा करता है। पहला, जिसमें सौंदर्य का गहरा प्रभाव होता है। इसमें हालाँकि जीवन का बाह्य रूप काफ़ी पारदर्शी होता है जिसके अंदर से जीवनसार झलकता रहता है (जो कि वास्तविक जीवन में नहीं होता है), तो भी यह काफ़ी निकट का तात्कालिक अनुभव व्यक्त करता है, जीवन को वैसा ही दिखाता है जैसा वह होता है। इसके अतिक्ति ऐसे लेखकों के लेखन में जीवन के पूरे बाह्य रूपों को हम उसके बुनियादी तत्त्वों के साथ ही पाते हैं, न कि अमूर्तन व अतिआवेगमय ढंग से निजी तौर पर अनुभव किए गए क्षण मात्र को जो कि समग्रता से अलग होता है। लुकाच के अनुसार, हम रोज़ाना जीवन के टुकड़ों में जीते हैं जिसमें कला के स्थान पर नीरस सम्मोहकता (fetischized) रहती है। पर कला का सबसे महत्त्वपूर्ण काम होता है कि वह पूरी समग्रता के साथ यथार्थ का इंद्रियपरक तथा भावनात्मक अभिव्यक्तिवाला अनुभव प्रदान करती है। लुकाच के अनुसार, कलाकार का काम यह है कि वह बाह्य जीवन के बहुस्तरीय मानव संबंधों को बौद्धिक रूप से खोजता है और फिर उन्हें पूरी समग्रता से व्यक्त करने के लिए उन पर कला का आवरण डालता है, ताकि वह भावजगत् व इंद्रियों को उत्तेजित कर सके। लुकाच के विचारों से यह बात भी निकलती है कि सौंदर्यबोधीय अनुभव अपने में परिवर्तनकारी और मानवीयकरण करने वाली प्रक्रिया है जो कि विरेचन के माध्यम से कार्य करती है। यह प्रक्रिया किसी पाठक विशेष से जुड़ी होती है और 'धीरे-धीरे, लंबे तथा जटिल रूप में' घटित होती है।

ब्रेख़्त, जो कि ख़ुद भी कला सृजन के व्यावहारिक प्रश्नों से जुड़े हुए थे, उनके लिए भी यह मुख्य सवाल था कि बाह्य जीवन-रूपों के भीतर छिपे सत्य को कैसे व्यक्त किया जाए। इस मसले पर उन्होंने पाँच समस्याओं का ज़िक्र किया, उन्होंने लिखा : 'इन दिनों जो भी झूठ और अज्ञान से लड़ना चाहता है और सच लिखना चाहता है, उसे कम-से-कम पाँच मुश्किलों पर अवश्य विजय हासिल करनी चाहिए। उसमें ऐसे समय में सच लिखने का 'साहस' (Courage) होना चाहिए जब सच का हर तरफ़ विरोध हो रहा हो। उसमें सत्य को पहचानने की 'उत्सुकता' (keennes) होनी चाहिए, भले ही हर तरफ़ उसे ढँकने-छिपाने का प्रयास किया जा रहा हो। उसमें सत्य का हथियार की तरह प्रयोग करने का 'कौशल' (Skill) होना चाहिए। उसमें यह निर्णय (judgement) करने की क्षमता होनी चाहिए कि किसके हाथ में सत्य अधिक प्रभावशाली होगा। उसमें ऐसे योग्य लोगों के बीच सत्य का प्रचार करने की चतुराई (cunning) भी होनी चाहिए। फ़ासीवाद के अधीन रह रहे लेखकों के लिए ये भारी मुश्किलें होती हैं, लेकिन ये उनके सामने भी होती हैं जो पलायन कर गए हैं या निर्वासन में हैं। ये मुश्किलें वहाँ भी हैं जहाँ लेखक ऐसे देश में रह रहे हैं जहाँ नागरिक स्वतंत्रता मिली हुई है। ब्रेख़्त मानते थे कि अगर कला का उद्देश्य युयुत्सु तथा प्रतिरोधी यथार्थवाद है तो वह केवल बुर्जुआ तथा सर्वहारा के मध्य के निर्णायक संघर्ष के दौरान ही अपनी सार्थक भूमिका का निर्वाह कर सकती है। यह ऐसे संघर्ष में हथियार की तरह है जो बुर्जुआ समाज के अंतिम भ्रामक रूपों को भी समाप्त कर देगा। इसके लिए केवल सत्य लिखना काफ़ी नहीं है बल्कि एक विशेष पाठक वर्ग को ध्यान में रखकर सत्य को व्यक्त करना होगा। उन लोगों के लिए व्यक्त करना है जिन्हें इसकी सर्वाधिक आवश्यकता है और जो पूँजीवाद की समाप्ति के संघर्ष में इसका सबसे अधिक प्रभावशाली इस्तेमाल कर सकते हैं। इसलिए

ब्रेख़्त के अनुसार, लोकप्रिय कला का अर्थ है—उत्पादक वर्ग की कला, जो शताब्दियों से राजनीति का शिकार (object) रही है और अब उत्पादक वर्ग के जनगण राजनीति का स्वयं प्रयोग करने की स्थिति (subject) में हैं। समाजवादी कलाकारों का काम ऐसे लोगों की सहायता करना है ताकि वे ऐतिहासिक विकास-प्रक्रिया में सक्रियता से हस्तक्षेप कर सकें : 'उसे उलट सकें, उसकी गति बढ़ा सकें, उसकी दिशा निर्धारित कर सकें।' अपने प्रतिरोधी यथार्थवाद की अवधारणा की भाँति ही उन्होंने लोकप्रियता की प्रतिरोधी अवधारणा पर बल दिया। उनके समस्त कला-सृजन के पीछे का मुख्य विचार बदलते यथार्थ को दिखाना था या यह दिखाना था कि यथार्थ को बदला जा सकता है। समाजवादी कला का उद्देश्य 'परिवर्तशील यथार्थ में निहित आनंद को समझने की इच्छा प्रेरित' करना रहा है। कला सृजन के व्यावहारिक प्रश्नों से ब्रेख़्त का सरोकार दरअसल कला के व्यावहारिक प्रयोग से जुड़ा हुआ था।

ब्रेख़्त और लुकाच, दोनों ही कलात्मक सृजन के सिद्धांतों के बारे में लिख रहे थे, पर इस मामले में कलाकार और दार्शनिक के बीच का अंतर उनके द्वारा साहित्यिक विधाओं के चयन से प्रकट होता था। जैसा कि लुकाच की पहली पसंद उपन्यास थे जहाँ वैयक्तिकता अधिक स्पष्टता से उभरती थी और सौंदर्यबोधीय अनुभव परोक्ष रूप में ग्रहण किया जाता। ब्रेख़्त ने हालाँकि उपन्यास और कविताएँ भी काफ़ी लिखी हैं, पर मुख्य रूप से उनका जुड़ाव रंगमंच से था जहाँ किसी पाठक विशेष के स्थान पर व्यापक जनसमूह से संपर्क क़ायम होता है। इसका यह मतलब नहीं कि उनके तर्क विधाओं की प्राथमिकता से तय हो रहे थे। पर इससे यह तो ज़ाहिर होता है कि सौंदर्यशास्त्र के बारे में प्रस्तावित भिन्न धारणाएँ कला की भिन्न-भिन्न ज़रूरतों को रेखांकित कर रही थीं और इसमें व्यक्तिगत स्तर पर एक-दूसरे को नकारने की कोई भावना नहीं थी।

[अंग्रेज़ी से अनुवाद : **वैभव सिंह**]

बुद्धिजीवी और बौद्धिकतावाद

अंशुमान सिंह

तीसरी दुनिया में वामपंथ को लगे आघातों और उसमें विश्वास का जो संकट पैदा हुआ है, उसके संदर्भ में बुद्धिजीवियों और बौद्धिक कार्यों पर एंटोनियो ग्राम्शी के विचारों की प्रासंगिकता को समझने की कोशिश इस निबंध में की गई है। औपनिवेशिक शासन के दौरान और उसके बाद मज़दूरों के अधिकारों के लिए संघर्ष का वामपंथी इतिहास रहा है, लेकिन पिछले कुछ सालों में विश्व के अधिकतर भागों में अपनी लोकप्रियता और समर्थन में आई ज़बर्दस्त गिरावट का वह असहाय साक्षी रहा है। वामपंथ का यह क्रमिक (और बाज़ दफ़ा अचानक) होनेवाला पतन उन सबके लिए गंभीर चिंता का विषय है जो अब भी एक न्यायपूर्ण और समतावादी समाज का सपना देखते हैं। सोवियत संघ के विघटन और चीन में पूँजीवादी आधिपत्य ने एक वैकल्पिक राजनीतिक और आर्थिक संरचना की उम्मीद को और भी कम कर दिया। वामपंथ के नेतृत्व में साम्राज्यवाद-विरोधी संघर्ष के दौरान मज़दूरों और किसानों ने जो भी मामूली लाभ अर्जित किए थे, विषाद और नैराश्य के इस माहौल का लाभ उठाते हुए पूँजीवादी विश्व के प्रतिनिधि उन पर हमला करने की कोशिश कर रहे हैं।

मज़दूरों, किसानों और आदिवासियों की आजीविका और अधिकारों पर सामान्य हमले के अलावा तीसरी दुनिया के देशों की सरकारें लगातार ऐसे नीतिगत निर्णय ले रही हैं जो सार्वजनिक अनुदान से चलनेवाले संस्थानों की हत्या के बराबर हैं। इन संस्थानों की स्थापना इस उम्मीद के साथ की गई थी कि इनके द्वारा अंततः एक अधिक लोकतांत्रिक और समतावादी समाज के निर्माण की आशा पूरी हो सकेगी। भारत में 1991 में शुरू हुए ऐसे नीतिगत निर्णय अब रोज़मर्रा की बात हो गए हैं। तथाकथित सुधारों के आगामी दशक में हमले का मुख्य लक्ष्य उच्च शिक्षा को बनाया गया था जिसने विभिन्न क्षेत्रों में उच्च दक्षता प्राप्त लोगों का निर्माण किया था, हालाँकि प्रचार इससे उलटा किया जाता रहा। शासक वर्ग के अनुरूप बौद्धिक कार्य ग्राम्शी के इस सिद्धांत को पुष्ट करता है कि शिक्षा ही वह आधारभूत तत्त्व है जिस पर आधुनिक सामाजिक ('पूँजीवादी' पढ़ें) संबंध टिके होते हैं। ग्राम्शी ने अपने निबंध 'बुद्धिजीवियों का गठन' में रेखांकित किया था कि आधुनिक विश्व में शिक्षा वह क्षेत्र है जहाँ बुर्जुआ सामाजिक संबंध के प्रति सहमति निर्मित होती है, परिष्कृत होती है और संघटित होती है। जिस तरह चर्च ने अपने कार्यकर्ताओं (यानी सामंती दुनिया के बुद्धिजीवी) के साथ मिलकर ऐसे विचारों का निर्माण और विकास किया जिन्होंने सामंती संबंधों को बनाए रखा और उन्हें पुनर्निर्मित किया, ठीक उसी तरह लौकिक शिक्षा की आधुनिक प्रणाली ऐसे

बुद्धिजीवियों का निर्माण करती है जो विभिन्न अनुशासनों के माध्यम से बुर्जुआ सभ्यता, संस्कृति और राजनीति को प्रोत्साहित करते हैं, उन्हें वैधता प्रदान करते हैं।

ग्राम्शी के अनुसार, बुद्धिजीवियों और उनके अपने-अपने क्षेत्रों को उन विचारों की 'तात्त्विक' प्रकृति से नहीं समझना चाहिए जिन्हें वे निर्मित करते हैं, बल्कि सामाजिक संबंधों की समष्टि में उन्होंने जो स्थान अधिकृत कर रखा है यानी कि एक विशिष्ट सामाजिक-आर्थिक संरचना के संरक्षण, पुनर्निर्माण और उच्छेदन में जो भूमिका वे निभाते हैं, उससे समझना चाहिए। इसका निहितार्थ यह है कि बुद्धिजीवी सामाजिक प्राणी है जो एक सामाजिक-आर्थिक व्यवस्था के पक्ष में या विरोध में विचारों को सृजित करता है। ग्राम्शी ऐसे बुद्धिजीवियों को 'जैविक' बुद्धिजीवी कहते हैं क्योंकि उनके कार्य विशिष्ट समूहों के राजनीतिक और सामाजिक हितों से जैविक रूप में जुड़े होते हैं। विशिष्ट सामाजिक गठन से बौद्धिक विचारों को जोड़ते हुए ग्राम्शी बुद्धिजीवियों के ऐसे संसार के अस्तित्व पर सवाल खड़ा करते हैं जिसके निवासी अपना समय विचारों और मतों के नुक़सानरहित संघर्ष / संवाद में गुज़ारते हों। ग्राम्शी तर्क देते हुए कहते हैं कि ऐसी दुनिया की धारणा विचारों और भौतिक वास्तविकता के बीच खाई का आधार बनती है। दूसरे शब्दों में, एक सुविधाजनक (और अधिकतर मामलों में प्रतिगामी) मान्यता इस रूप में आकार ग्रहण करने लगती है कि बुद्धिजीवी सामान्य वास्तविकता की दुनिया से दूर रहता है और वह दूसरे बुद्धिजीवियों के साथ बहस-मुबाहिसे में ही व्यस्त रहता है। एक बार जब यह विचार हमारी चेतना में पैठ जाता है, तो फिर हम उन विचारों के भौतिक संदर्भों की तलाश नहीं कर सकते, बल्कि हम विचारों के बीच ही आगे-पीछे होते रहते हैं, मानो सभी विचार एक-दूसरे से ही पैदा हुआ करते हैं। ग्राम्शी के अनुसार, ऐसी किसी भी बौद्धिक गतिविधि की, जो बुद्धिजीवी के राजनीतिक और सामाजिक माहौल से पूरी तरह कटी हुई प्रतीत होती है, नियति यही है कि वह यथास्थिति का उत्सव बनकर रह जाए। ऐसे बुद्धिजीवी पारंपरिक बुद्धिजीवी कहे जा सकते हैं।

बौद्धिक गतिविधि को स्वसंलग्न और स्वनिर्देशात्मक रूप में देखने के मुख्य नतीजों में से एक है, वह भिन्नता जो बुद्धिजीवियों और 'ग़ैर-बुद्धिजीवियों' के बीच आ जाती है। ग्राम्शी के अनुसार, ग़ैर-बुद्धिजीवी जैसी कोई श्रेणी नहीं होती। यहाँ तक कि सबसे अधिक कष्टकारक शारीरिक श्रम को करने के लिए भी बुद्धि की ज़रूरत होती है। यही कारण है कि ग्राम्शी के शब्दों में, सभी मनुष्य बुद्धिजीवी होते हैं। बुद्धिजीवियों की श्रेणी पर सम्मान का विशेष तमगा दिये जाने को ख़ारिज करते हुए ग्राम्शी मानव उद्यम को 'दिमाग़ी / तीक्ष्ण बुद्धि' और 'शारीरिक / मोटी बुद्धि' के आधार पर भेद करने के पीछे निहित श्रेणीबद्धता पर भी सवाल खड़ा करते हैं।

21वीं सदी के भारत में ग्राम्शी के इस आग्रह की विशेष प्रासंगिकता है कि बुद्धिजीवियों को सामाजिक-राजनीतिक क्षेत्र में उनकी भूमिका से समझा जाना चाहिए। भारत में स्वतंत्रता आंदोलन के समय से बौद्धिक गतिविधि का एक स्पष्ट राजनीतिक एजेंडा रहा है। यह स्थिति विकसित संसार के अनेक हिस्सों से बिलकुल भिन्न है जहाँ बौद्धिक गतिविधि इतनी अधिक विशिष्ट होती है कि उसकी राजनीतिक और सामाजिक साथर्कता को पहचानना ही अत्यधिक कठिन हो जाता है। स्वतंत्रता आंदोलन के उस दौर में जब भारत में साम्राज्यवादविरोधी संघर्ष किया जा रहा था, एक राजनीतिशून्य और संदर्भहीन बौद्धिक गतिविधि की कल्पना

मात्र ही असंभव थी। अगर ग्राम्शी के बुद्धिजीवी समकालीन राजनीति की तुलना में अपनी प्राचीन बौद्धिक विरासत (अफ़लातून और अरस्तू) से अपने संबंध के प्रति ज़्यादा सचेत थे, तो भारतीय बुद्धिजीवियों द्वारा प्राचीन भारतीय संस्कृति और सभ्यता में एक 'गौरवशाली' दौर का आविष्कार, एक सचेत और सजग राजनीतिक प्रयास था। वह उस आत्मसम्मान को पुनःस्थापित करने का प्रयास था जिसे सभ्यता और संस्कृति की साम्राज्यवादी धारणाओं ने नष्ट कर दिया था।

भारतीय इतिहास के साम्राज्यवाद-विरोधी दौर में जोशीली राजनीतिक बौद्धिक गतिविधि स्पष्ट दिखाई देती थी जो सामाजिक और राजनीतिक परिवर्तन की ओर प्रवृत्त थी। यह बौद्धिक गतिविधि किन विभिन्न अवस्थाओं से गुज़रते हुए धीरे-धीरे कमज़ोर पड़ी और किस तरह एक नए प्रकार का बुद्धिजीवी अस्तित्व में आया जो ग्राम्शी के पारंपरिक बुद्धिजीवी के साँचे में फिट बैठता है, इसे समझने और इसका विवरण देने के लिए एक भिन्न अध्ययन की आवश्यकता होगी। यहाँ यह कहना काफ़ी होगा कि भारतीय बुद्धिजीवी का अराजनीतिकरण अपने-आपमें विश्व-पूँजीवाद की बौद्धिक आक्रामकता की उपज है।

ग्राम्शी के अनुसार, कोई भी सामाजिक-राजनीतिक परिवर्तन तभी संभव होता है जब वह वर्ग जो राजनीतिक और सामाजिक सत्ता पाना चाहता है, दो शर्तें पूरी करता है : पहली यह कि वह पहले से मौजूद बुद्धिजीवी वर्ग की कल्पनाशक्ति पर अधिकार स्थापित करता है और उसे अपनी तरफ़ लाने की कोशिश करता है। ग्राम्शी की दृष्टि में इस वर्ग द्वारा प्रभुत्व स्थापित कर लेना ही काफ़ी नहीं होता। इस वर्ग को अपने 'जैविक' बुद्धिजीवियों का पोषण और विस्तार करके राजनीति, क़ानून, विचारधारा, संस्कृति आदि अधिसंरचनात्मक क्षेत्रों में अपना प्रतिनिधित्व भी स्थापित करना होता है।

यदि हम स्वाधीनता संघर्ष के दौरान भारत की राजनीतिक स्थिति का अध्ययन करें तो पाएँगे कि भले ही अधिकतर मसलों पर इस दौर के बुद्धिजीवी वर्ग के अलग-अलग तबक़ों के अलग-अलग नज़रिए थे, लेकिन फिर भी वे सभी तबक़े अपनी साम्राज्यवाद विरोधी मुहिम में एकजुट थे। आज़ादी के बाद के दौर में जैसे-जैसे भारतीय बुद्धिजीवी वर्ग के अलग-अलग तबक़ों को एकजुट रखनेवाली साम्राज्यवाद विरोधी सर्वसम्मति धूमिल पड़ने लगी और यह माना जाने लगा कि यह सर्वसम्मति नवीन भारतीय राष्ट्र की राजनीतिक और आर्थिक व्यवस्था के विश्लेषण के लिए ग़ैर-ज़रूरी है, वैसे-वैसे वे तबक़े एक-दूसरे से दूर होते चले गए। ऐसे में राजनीतिक वामपंथ के बुद्धिजीवियों की यह ज़िम्मेदारी बनती थी कि वे जनसाधारण के सम्मुख भारत में पूँजीवाद के विकास और अमरीका के नेतृत्व में पश्चिम के साम्राज्यवाद के नए चेहरे का संबंध उजागर करते और उन पर अपना वर्चस्व और भी मज़बूत करते। दुर्भाग्यवश ऐसा नहीं हो सका। पहले से मौजूद बुद्धिजीवी वर्ग को समाजवादी प्रोजेक्ट की आवश्यकता और व्यावहारिकता के बारे में क़ायल कर पाना तो दूर की बात है, वामपंथी बुद्धिजीवियों ने अपने राजनीतिक विरोधियों के लिए रास्ता बिलकुल खुला छोड़ दिया है क्योंकि वे भारतीय समाज से जुड़े कुछ विशेष मसलों, जैसे कि जाति और सांप्रदायिकता, पर पुनर्विचार करने में असमर्थ रहे हैं। यह कहना वास्तव में कठिन होगा कि मज़दूर वर्ग की उनके 'जैविक' बुद्धिजीवियों ने नुमाइंदगी की या कि मज़दूर वर्ग केवल बुद्धिजीवी संभ्रांत वर्ग द्वारा प्रतिपादित राजनीतिक विचारों का निष्क्रिय मापक है। ग्राम्शी ने हमेशा बौद्धिक आभिजात्य को फ़ासीवादी

राजनीति का ही एक रूप माना जहाँ मज़दूर वर्ग बुद्धिजीवी नेताओं की नीतियों का औज़ार भर बनकर रह जाता है।

दूसरी ओर, पूँजीपति वर्ग के दलाल बुद्धिजीवी वर्ग ने, जो विश्व पूँजीवाद के स्वार्थों का प्रतिनिधित्व करता है, तथाकथित सामाजिक क्षेत्र के व्यवसायीकरण और निजीकरण के बारे में सर्वसम्मति स्थापित करके अधिक कुशलता से काम किया है। संसार-भर में वामपंथी हुकूमतों के पतन से उन्हें साहस मिला और इतिहास में पहली बार वे खुले बाज़ार की नीतियों और अबाधित निजीकरण की वांछनीयता के बारे में अभूतपूर्व सर्वसम्मति क़ायम कर सके हैं। यह संभव है कि आज की उच्च शिक्षा पर हो रहा प्रहार इस सर्वसम्मति का परिणाम हो। यह प्रहार तब और महत्त्वपूर्ण हो जाता है जब इसे ग्राम्शी के इस आग्रह के परिप्रेक्ष्य में देखा जाए कि स्कूल और शिक्षा के अन्य केंद्र वे स्थान हैं जहाँ नए विचार गढ़े जाते हैं, उनको समेकित किया जाता है और फिर उन्हें चुनौती दी जाती है। यह स्पष्ट है कि आज भारत की शिक्षा व्यवस्था के इस मनमाने पुनर्गठन को दी जा रही चुनौती बेहद कमज़ोर है क्योंकि इसमें वामपंथ असफल रहा है। सार्वत्रिक प्राइमरी शिक्षा, देशज आवश्यकताओं को पूरा करने वाली शिक्षा व्यवस्था (जो कि विश्व बाज़ार की आवश्यकताओं को पूरा करने के लिए न बनाई गई हो) जैसे विचारों के इर्द-गिर्द एक वर्चस्ववादी सर्वसम्मति बनाने में वामपंथ निरंतर असफल रहा है। इस तरह नूतनता के नाम पर हम उस व्यवस्था को नष्ट करने के निर्लज्ज और खुले प्रयास देखते हैं जिसमें अपनी तमाम अपूर्णताओं के बावजूद भारतीय जनता के ग़रीब और हाशिए पर स्थित तबक़ों के लिए कुछ स्थान था। अमरीका की वर्तमान उच्च शिक्षा व्यवस्था के मॉडलों की नक़ल को बिना किसी बहस या विचार-विमर्श के भारतीय विद्यार्थी समुदाय पर थोपना, शासक वर्ग के प्रबल विचारधारात्मक आत्मविश्वास का परिचायक है। आज शासक वर्ग ख़ुद को ऐसी स्पृहणीय स्थिति में पा रहा है जहाँ वह बिना किसी प्रतिरोध का ख़तरा उठाए मौजूदा शिक्षा-व्यवस्था का विखंडन कर सकता है।

इस तरह, ग्राम्शी का सामाजिक परिवर्तन की शुरुआत के लिए वामपंथ की बौद्धिक पहलक़दमी की महत्ता पर ज़ोर देना भारतीय वाम के लिए एक महत्त्वपूर्ण सबक़ है। वामपंथ के वर्चस्व की असफलता के कारण शासक वर्ग में एक उद्धत अहंकार और कठोरता आई है। ये नए रवैए इस बात में दिखाई देते हैं कि राजसत्ता सार्वजनिक परिसंपत्ति का निजीकरण करने की ओर कितनी तेज़ी से अग्रसर है। भारतीय समाज के शोषित, उत्पीड़ित और हाशिए पर खड़े वर्गों का सही मायने में प्रतिनिधित्व करने वाले बुद्धिजीवी का प्रमुख कार्य यह है कि वह उन तमाम अकादमिक और शैक्षिक क्षेत्रों में, जिनमें हुए अराजनीतिकरण ने बौद्धिक गतिविधि के असली सामाजिक महत्त्व को छीन लिया है, राजनीतिक आयाम को दोबारा शामिल करे और बौद्धिक गतिविधियों का फिर से राजनीतिकरण करे। तभी एक सार्थक बौद्धिक वाद-विवाद शुरू हो पाएगा और शासक वर्ग की ये निरंकुश और फ़ासीवादी पहलक़दमियाँ रुकेंगी।

[अनुवाद : **जवरीमल्ल पारख और विजयश्री**]

प्रगतिशील आंदोलन और दलित विमर्श

तुलसी राम

दलित साहित्य क्या है? क्या दलित साहित्य सिर्फ़ दलितों द्वारा लिखा गया साहित्य है? क्या ग़ैर-दलित दलित साहित्य नहीं लिख सकता? क्या दलित साहित्य समाजवाद का दुश्मन है? क्या दलित साहित्य में सौंदर्यशास्त्रीय गुण नहीं हैं? आदि-आदि। ये कुछ ऐसे प्रश्न हैं, जो इस समय प्रमुखता से उठाए जा रहे हैं। एक बात साफ़ हो चुकी है कि दलितों की मौलिक समस्या जाति व्यवस्था से जुड़ी हुई है और जाति व्यवस्था हिंदू धर्म से उत्पन्न हुई है। इसीलिए डॉ. अंबेडकर ने कहा था कि जाति व्यवस्था हिंदू धर्म की साँस है, इसलिए हिंदू जाति व्यवस्था को कभी नहीं छोड़ेंगे। सन् 2002 में डरबन में किसी भी तरह के सामाजिक भेदभाव के विरुद्ध संपन्न अंतर्राष्ट्रीय सम्मेलन के अवसर पर विश्व हिंदू परिषद के उपाध्यक्ष गिरिराज किशोर ने एक बयान में कहा था कि जाति व्यवस्था के विरोध में किसी भी तरह की बहस हमारे धार्मिक अधिकारों का उल्लंघन है। संघ परिवार की ऐसी मान्यताओं से भी पता चलता है कि हिंदू धर्म से जाति व्यवस्था को अलग नहीं किया जा सकता। इस संदर्भ में दलित साहित्य जाति व्यवस्था विरोधी साहित्य सिद्ध होता है। इससे यह भी ज़ाहिर होता है कि जाति व्यवस्था के विरुद्ध जो भी आवाज़ उठाता है, वह दलित मुक्ति के सवाल को अच्छी तरह समझता है। प्राचीन काल में जाति व्यवस्था के ख़िलाफ़ सबसे सशक्त आवाज़ गौतम बुद्ध की थी, जिसे बौद्ध भिक्षुओं तथा बौद्ध सम्राटों ने सामाजिक परिवर्तन के लिए अभियान के रूप में अपनाया। वे लगभग सभी ग़ैर-दलित थे। इस तरह दलित साहित्य का उद्गम बौद्ध साहित्य में मिलता है। दलितों में कुछ ऐसे लोग हैं, जो जाति व्यवस्था के शिकार होते हुए भी जातिवादी भावना रखते हैं, जिसके चलते वे दावा करते हैं कि दलित साहित्य सिर्फ़ दलित ही लिख सकता है। ऐसी मान्यता रखनेवाले लोग गौतम बुद्ध तथा अन्य ग़ैर-दलित मनीषियों द्वारा जाति व्यवस्था के विरुद्ध किए गए योगदान को ख़ारिज कर देते हैं। ऐसे लोग दलितों में उत्पन्न रविदास, कबीर, चोखा मेला आदि जैसी महान विभूतियों के बहाने जाति व्यवस्था विरोधी ग़ैर-दलित परंपरा पर अर्थहीन आक्रमण करते हैं। इस तरह वे जाति विरोधी अभियान को संकुचित जातीय खाँचे में बंद रखने का प्रयास कर रहे हैं। इस मान्यता के चलते वे दलित साहित्य को अलगाववाद का शिकार बनाने पर तुले हुए हैं। वास्तविकता यह है कि दलित साहित्य भारतीय साहित्य का एक अभिन्न घटक है। जाति व्यवस्था भारतीय धर्म, संस्कृति एवं परंपरा की देन है, इसलिए जब तक पूरा समाज इसके विरुद्ध खड़ा नहीं होगा, यह अमानवीय व्यवस्था समाप्त नहीं होगी।

वर्तमान समय में डॉ. बाबा साहेब अंबेडकर के बहाने कम्युनिस्टों तथा अन्य वामपंथियों को भला-बुरा कहा जा रहा है। ऐसे लोग यह सिद्ध करने की कोशिश करते हैं कि बाबा साहेब अंबेडकर कम्युनिस्ट विरोधी थे, इसलिए उनका विरोध आज भी जारी है। डॉ. अंबेडकर बौद्ध होने के नाते हिंसा के विरोधी अवश्य थे, किंतु वे समाजवाद के कट्टर समर्थक थे। डॉ. अंबेडकर ने सन् 1951 में शेड्यूल्ड कास्ट फ़ेडरेशन का घोषणा पत्र लिखा, जिसके शुरू में ही उन्होंने जनतांत्रिक प्रणाली का गहन विश्लेषण किया। उनका जनतंत्र में अटूट विश्वास था, इसलिए कम्युनिस्टों से समझौता न करने की बात उन्होंने कही। देश में उस समय भिन्न परिस्थिति थी। हाल ही में तेलंगाना का सशक्त संघर्ष समाप्त हुआ था। इसलिए डॉ. अंबेडकर का कम्युनिस्ट विरोध तात्कालिक परिस्थिति की देन था। ठीक उसी समय प्रसिद्ध साहित्यकार मुल्कराज आनन्द से एक मुलाक़ात में डॉ. अंबेडकर ने परिभाषित किया था, 'पूँजीवाद प्राइवेट उद्योगपतियों की तानाशाही है।' अतः वे पूँजीवाद के कट्टर विरोधी थे और वे पूँजीवाद को तानाशाही व्यवस्था मानते थे। डॉ. अंबेडकर ने उस घोषणा-पत्र में यह भी साफ़ लिखा था कि दलितों को हिंदू महासभा तथा आर.एस.एस. जैसे प्रतिक्रियावादी संगठनों से कभी समझौता नहीं करना चाहिए, क्योंकि वे जाति व्यवस्था की वकालत करते हैं। किंतु कुछ दलितों में एक उलटी धारा बह रही है। वे महाराष्ट्र में शिवसेना, बीजेपी के साथ हो गए तथा उत्तर प्रदेश में संघ परिवार के साथ तीन बार मायावती ने सरकार बनाई। न सिर्फ़ इतना, उन्होंने नरेंद्र मोदी जैसे हिंसक हिंदुत्ववादी का चुनाव प्रचार भी किया। इस राजनीतिक विकास क्रम का दलित साहित्य पर गहरा नकारात्मक प्रभाव पड़ा है। इससे जाति व्यवस्था विरोधी मुहिम को बहुत धक्का पहुँचा है। इस तरह के राजनीतिक प्रभाव में कई दलित साहित्यकार तमाम प्रगतिशील वामपंथी साहित्यिक परंपरा पर आक्रमण करते पाए जाते हैं। ऐसे लोग जाति व्यवस्था विरोधी अभियान को नकारने का अर्थहीन प्रयास कर रहे हैं। वर्तमान युग में सन् 1917 की रूसी क्रांति ने तमाम क़िस्म की धर्मजनित शोषणकारी सभ्यता, संस्कृति एवं परंपरा के विरुद्ध आवाज़ दी, जिसके प्रभाव में विश्व स्तर पर प्रगतिशील साहित्य का उद्भव हुआ। इस संदर्भ में भारत में प्रगतिशील साहित्य ने वर्तमान दलित साहित्य की पृष्ठभूमि तैयार की है। इसलिए दोनों में बहुत समानता है। आपस में एक-दूसरे को दुश्मन की संज्ञा देना बहुत बड़ी भूल होगी। जाति व्यवस्था विरोधी समाज और समाजवादी समाज में कोई अंतर नहीं है। इसलिए प्रगतिशील ताक़तों एवं दलितों के बीच न सिर्फ़ साहित्यिक एकता स्थापित होनी चाहिए, बल्कि राजनीतिक स्तर पर भी उन्हें एक साथ आना चाहिए। मार्क्स एवं डॉ. अंबेडकर एक-दूसरे के पूरक हैं तथा बुद्ध उनके संरक्षक हैं।

जहाँ तक दलित साहित्य में सौंदर्यशास्त्र का सवाल है, यह मसला इस समय बड़े ज़ोर-शोर से उठाया जा रहा है। परंपरागत सौंदर्यशास्त्र राजा-रानियों के प्रेम-संबंधों तक सीमित हुआ करता था। भारत में वामपंथी साहित्यकारों ने इसे खींचकर मज़दूर वर्ग से जोड़ा। यह नया सौंदर्यशास्त्र सामाजिक मुक्ति का आधार बना। सौंदर्यशास्त्रीय पात्र बदलने लगे। इस सौंदर्यशास्त्र ने शोषणकारी व्यवस्था के विरुद्ध अपने को स्थापित किया। दलित साहित्य उसी का एक हिस्सा है। दलित साहित्य में यथार्थवादी सौंदर्यशास्त्र मुक्ति की कामना लेकर उभर रहा है। सन् 2010 में साहित्य का नोबेल पुरस्कार घोषित करते हुए पुरस्कार समिति के एक सदस्य ने कहा था कि 'यदि झूठ न हो तो फ़िक्शन यानी गद्य या कथा साहित्य नहीं लिखा जा सकता।'

भारतीय परिस्थिति में परंपरागत संदर्भ में यही झूठ सौंदर्यशास्त्र का प्रतीक बन गया। दलित साहित्य इस झूठ को एकदम नकारता है। दलित आत्मकथाओं ने भारतीय साहित्य को एक नया आयाम दिया है। अब सौंदर्यशास्त्र बदलने लगा है। दलित आत्मकथा एक ऐसी विधा है जो अन्य से बिलकुल भिन्न है। दलित आत्मकथाओं ने विशाल रूप से पाठक वर्ग तैयार किया है। आत्मकथाओं में इतनी रुचि कभी नहीं ली गई थी। इस संदर्भ में दलित आत्मकथाओं ने भारतीय साहित्य को सशक्त बनाया है। साहित्य में यह एक नया सौंदर्यशास्त्र है, जो सामाजिक भेदभाव को समकालीन सोच की सतह पर लाकर इसके विरुद्ध लड़ने की प्रेरणा देता है। इस समय जाति व्यवस्था नए सिरे से बड़ी मज़बूती के साथ उभरकर सामने प्रस्तुत हो रही है, जिसका मुख्य कारण धार्मिक कर्मकांडों एवं अंधविश्वासों का तेज़ी से फैलना है। बाबरी मस्जिद को गिराने के बाद संघ परिवार राजनीति में खुलेआम धर्म का इस्तेमाल तालिबानी शैली में कर रहा है, जिसके कारण अंधविश्वासी कर्मकांडी तथाकथित साधु-संतों की भरमार हो गई है। मीडिया का इस्तेमाल करके घर-घर में अंधविश्वासी धार्मिक मान्यताओं को फैलाया जा रहा है। फलतः विभिन्न मंदिरों में अरबों-खरबों रुपये हर साल जमा होते जा रहे हैं। मंदिरों में रुपये गिनने की मशीनों का इस्तेमाल किया जा रहा है। ये रुपये अंधविश्वास के तहत धार्मिक जालसाज़ी की देन हैं। इन धार्मिक अंधविश्वासों ने एक नई अर्थव्यवस्था को जन्म दिया है, जिसे मैं रिचुअल इकोनॉमी अर्थात् कर्मकांडी अर्थव्यवस्था कहता हूँ। यह रिचुअल इकोनॉमी एक तरफ़ भारतीय अर्थव्यवस्था को कमज़ोर कर रही है, वहीं दूसरी तरफ़ यह जाति व्यवस्था एवं सामाजिक भेदभाव को मज़बूत कर रही है। रिचुअल इकोनॉमी काले धन से ज़्यादा ख़तरनाक भूमिका निभा रही है। बढ़ता धार्मिक अंधविश्वास मानव मस्तिष्क को विवेकहीन बना रहा है। इस समय ज़रूरत है दलित साहित्यकारों एवं वामपंथी लेखकों को एक मंच पर आकर जाति व्यवस्था को मज़बूत करने वाले इन धार्मिक अंधविश्वासी कर्मकांडों के विरुद्ध साहित्यिक अभियान चलाने की। अन्यथा दलित साहित्य अपनी वास्तविक भूमिका से दूर भटक जाएगा।

प्रगतिशील-जनवादी पुनर्जागरण की आवश्यकता

विजेंद्र

प्र.ले.स बना 1936 में। आज़ादी मिली 1947 में। पर निराला 1923 में शोषित-उत्पीड़ित जनता के 'दुख के बंधन' तोड़ने को स्वतंत्रता का पाठ कर रहे थे : 'स्वतंत्रता का पाठ हम करते दुख के बंधन तोड़ें।' इसी समय उनकी दृष्टि भूख से त्रस्त लोगों को देख उनके कवि-मन को पीड़ा दे रही थी :

> भूख से सूख ओठ जब जाते
> ......
> घूँट आँसुओं का पीकर रह जाते
> चाट रहे जूठी पत्तल
> वे सभी सड़क पर खड़े हुए
> और झपट लेने को उनसे कुत्ते भी हैं अड़े हुए...।

यानी निराला बहुत पहले से 'ग़रीबों की पुकार' सुन रहे थे। उन्हें ज्ञान था कि भारतीय मनुष्य की पीड़ा का अंत बिना स्वाधीनता पाए संभव नहीं है। उसके लिए व्यवस्था में परिवर्तन पहली शर्त है, क्योंकि स्वाधीन होकर ही समग्र जाति निर्भय बन सकती है। जब जाति निर्भय होगी तभी वह अपनी स्वाधीनता के लिए संघर्ष कर सकेगी। कवि के लिए स्वाधीन होना ही 'निर्भय' का पर्याय है : 'स्वाधीन का ही / एक अर्थ निर्भय है'। इससे लगता है निराला भारतीय मुक्ति संग्राम की चेतना से प्रेरित होकर उन बातों को कह रहे थे जो आगे चलकर प्र.ले.स का भी संकल्प बनी। सब जानते हैं कि भारतीय प्रगतिशील, जनवादी, लोकधर्मी रचनाशीलता को प्रेरित करने में भारतीय मुक्ति संग्राम की प्रमुख भूमिका रही है। वह एक तरह से 'भारतीय पुनर्जागरण' भी है। 1857 की राज्यक्रांति साम्राज्यवाद तथा सामंतवाद विरोधी थी। रामविलास शर्मा के अनुसार : '20वीं सदी की जनवादी क्रांतियों की लंबी अपूर्ण शृंखला में प्रथम महत्त्वपूर्ण क्रांति'। मुक्तिसंग्राम का लक्ष्य था जातीय एकता, साम्राज्यवाद-सामंतवाद से मुक्ति तथा नई समतामूलक लोकतांत्रिक व्यवस्था की स्थापना। यहाँ ज़ोर 'लोक' पर है, वह लोक जो मुक्ति संग्राम के दौर में अंग्रेज़ों के विरुद्ध लड़कर हर तरह की कुर्बानियाँ दे रहा था। श्रमिक, किसान, अन्य सामान्यजन तथा आदिवासी आदि संगठित होकर लड़ रहे थे। यह वही 'लोक' है जिसे आचार्य भरत तीन तरह के लोगों में देखते हैं : 'श्रमार्त' यानी कठोर श्रम से दुखी जन। 'दुखार्त' यानी जीवन में अनेक अभावों से प्रताड़ित जन। 'शोकार्त' यानी प्राकृतिक व्याधियों के आघातों से शोकग्रस्त

जन। आज भी लोक में ऐसे ही जनों का बाहुल्य है। सामान्य तथा अति सामान्य पर ज़ोर होने की वजह से ही हमने लोकतांत्रिक जीवन पद्धति को चुना है। कहना न होगा आज 'लोक' सर्वहारा का पर्याय बन गया है। कई बार मुझे अचरज हुआ यह जानकर कि कुछ जनवादी और प्रगतिशील 'लोक' को पलायनवादियों का 'आरामगाह' कहकर उसे पिछड़ी संवेदना का प्रतीक मानते हैं। कुछ पढ़े-लिखे निरक्षर पूछते हैं कि आख़िर आज के वैज्ञानिक युग में यह 'लोक' है क्या? ऐसा भ्रम इसलिए है क्योंकि बुर्जुआ अपने मनोरंजन के लिए लोक के गान, चित्रकला उत्सव, अंधविश्वास, वेशभूषा आदि को ही लोक मानता आया है। बड़े पैमाने पर देश-विदेश में यही प्रचारित भी किया गया है। पर उसके संघर्षधर्मी रूप को सामने नहीं लाया गया। लोकतंत्र में ज़रूरी है, हम लोक की पुनर्व्याख्या कर इतिहास में प्रतिबिंबित उसके अटूट द्वंद्व तथा संघर्ष को भी बताएँ। 'कुछ लोग लोक को गाँव और शहर में विभाजित कर नया भ्रम फैलांते हैं। लोक सर्वहारा के अर्थ में गाँव-शहर की सीमा को लाँघकर वैश्विक प्रतिरोधी तथा अपराजेय शक्ति है। हर जाति के सांस्कृतिक रूप के समानांतर उसका एक संघर्षधर्मी रूप भी होता है। पर बुर्जुआ अपने हित के लिए उसके मनोरंजक रूप को सामने लाता है, संघर्षधर्मी रूप को नहीं। प्रगतिशीलता या जनवाद बिना 'लोक' के क्रियाहीन और निष्प्राण होगा। किसानों, श्रमिकों तथा आदिवासियों के संघर्ष को बिना समझे क्या हम मुक्ति संग्राम के सही रूप को समझ सकते हैं? लोक ही प्रगतिशीलता या जनवाद की केंद्रीय शक्ति है, वही उसकी अंतर्वस्तु।

बीसवीं सदी के तीसरे-चौथे दशक में मुक्ति संग्राम की प्रक्रिया के दौरान एक वामपंथी या कहें, लोकधर्मी रुझान उभरा था। इसकी दिशा थी एक लोकधर्मी समाजवादी व्यवस्था क़ायम करना। निराला 1924 के आसपास भारतीय शोषित किसान को जगाकर बादल को 'विप्लव का वीर' कह रहे थे। यही नहीं, वे लोक को मुकुट पहनाने के लिए भी इच्छुक हैं : 'विप्लव से छोटे ही शोभा पाते'।

धनी वज्र गर्जन से बादल
.....
जीर्ण बाहु, है शीर्ण शरीर
तुझे बुलाता कृषक अधीर
ऐ विप्लव के वीर
चूस लिया है उसका सार
हाड़-मांस ही है आधार...

इससे यह भी लगता है कि निराला रूस की बोल्शेविक क्रांति से भी प्रेरित थे। पर उनका ध्यान, भारतीय परिस्थिति के अनुसार, श्रमिकों के साथ किसानों की तरफ़ भी था। इसे आज के कवि को भी ध्यान में रखने की ज़रूरत है। बिना किसान और श्रमिकों के एकजुट हुए यहाँ कोई बुनियादी परिवर्तन संभव नहीं होगा। सत्ता को प्रभावित करने में किसानों की ताक़त आज भी ज़्यादा असरदार है। किसान संगठित होकर आंदोलित होते हैं तो भारतीय जनशक्ति का रूप मुखर होता है। सत्ता उसके सामने झुकती है।

इस वामपंथी रुझान का असर उस समय की रचनाशीलता में भी प्रतिबिंबित है। यह विश्व इतिहास का वह दौर था जब सोवियत संघ समाजवादी देश होने के नाते विश्व इतिहास

में अपनी पकड़ मज़बूत कर रहा था। तीसरी दुनिया के देश उसे अपने लिए एक मॉडल की तरह देख रहे थे। एक तरह से पूँजीवाद का एक सही प्रेरक विकल्प हमारे सामने था। इसका प्रभाव विश्व के लेखकों पर पड़ना सहज स्वाभाविक ही था। विश्व के सभी देशभक्त, शांतिप्रिय तथा समता चाहनेवाले देश सोवियत संघ को अपना आदर्श मानते थे। आज की तरह उस समय भी पूँजीवादी व्यवस्था घोर संकट का सामना कर रही थी। इसी के परिणामस्वरूप यूरोप में फ़ासिज़्म का उदय हुआ। विश्व के सभी शांतिप्रिय, लोकतांत्रिक तथा जनवादी लोगों के लिए फ़ासिज़्म एक ख़तरनाक चुनौती था। भारत में इस जनविरोधी प्रवृत्ति के प्रतिरोध के लिए प्रगतिशील विचारधारा तथा समाजवादी संकल्प को मूर्त करने हेतु और दृढ़ता प्राप्त हुई। समाज तथा राजनीतिक क्षेत्र की इन गतिविधियों का असर लेखकों पर बराबर पड़ रहा था। साहित्य में इस पूरे परिदृश्य की मार्मिक छवियाँ तथा बिंब उभर रहे थे। पंत जी तक मध्य वर्ग, श्रमजीवी, किसान, मार्क्स, गांधी तथा साम्राज्य जैसे विषयों को कविता में ला रहे थे। नरेंद्र शर्मा 'देवली कैंप' में नज़रबंद किए गए। उन्होंने अंग्रेज़ी सत्ता को चुनौती देते हुए कहा : 'गति को कब तक बाँध सकोगे, पूछो पहरेदारों से'। पंत के साथ केदारनाथ अग्रवाल तथा नरेंद्र शर्मा नए प्रगतिशील पथ पर अग्रसर थे। 1940-41 के आसपास नेमिचंद्र जैन, भारत भूषण अग्रवाल तथा मुक्तिबोध आदि कवि मार्क्सवाद की ओर आकर्षित हुए। यद्यपि बाद में पहले दो ने अपना पक्ष बदलकर मार्क्स को त्याग दिया। रामविलास शर्मा गांधीवादी विचारधारा की कड़ी आलोचना *हंस* पत्रिका में लिख रहे थे। *तारसप्तक* के छपने तथा प्रगतिशील साहित्यिक आंदोलन में उनकी भूमिका को बहुत ही 'ध्वंसकारी' बताया जा रहा था। ध्यान रहे *तारसप्तक* के पहले और बाद में भी प्रगतिशील कविता में अति सरलीकरण तथा यांत्रिकता की दुर्बलताएँ घर कर चुकी थीं। रूस की 'लाल सेना' तथा 'लाल सलाम' की बातें ज़्यादा थीं, कविता कम। केदारनाथ अग्रवाल ने *युग की गंगा* की भूमिका में अपने समय को 'समाजवाद, यथार्थवाद, प्रगतिवाद तथा मार्क्सवाद का युग' बताया है। त्रिलोचन भी इसी पथ के पथिक थे। एक तरह से देखा जाए तो *तारसप्तक* से आज़ादी मिलने तक गिरिजाकुमार माथुर का *नाश और निर्माण*, केदारनाथ अग्रवाल का *युग की गंगा* तथा निराला का *नए पत्ते* प्रगतिशील काव्य परंपरा की महत्त्वपूर्ण कृतियाँ हैं। नागार्जुन का लोकधर्मी स्वर अति मुखर था। शिवमंगल सिंह 'सुमन' के प्रगतिशील स्वर भी गूँज रहे थे।

मुक्ति संग्राम की प्रारंभिक स्थिति की तरह साहित्य में भी परिवर्तनकामी विचार निजी प्रयत्नों तक ही सीमित नहीं रहे। विश्व के महान जनवादी लेखक गोर्की ने विश्व के लेखकों से अपना पक्ष स्पष्ट करने का आग्रह किया। प्र.ले.स की स्थापना इसी प्रेरणा का सुफल है। इस संगठन को उन सभी राजनीतिक दलों ने समर्थन दिया जो अंग्रेज़ी साम्राज्यवाद, भारतीय सामंतवाद, उपनिवेशवाद तथा फ़ासिज़्म का विरोध कर रहे थे। संकेत था कि लेखकों को भी जन-विरोधी ताक़तों के विरुद्ध संगठित होकर संघर्ष के लिए आगे आना ज़रूरी है। संग्राम यानी साहित्य को जनसंघर्ष के लिए एक अस्त्र की तरह काम में लाने की सूझबूझ महसूस की गई। हमारे यहाँ आचार्य मम्मट ने काव्य के उद्‌देश्यों में से एक उद्‌देश्य 'शिवेतर क्षतये' भी बताया है; अर्थात् जो कुछ भी जनविरोधी है समाज में, साहित्य के माध्यम से उसके क्षरण के लिए संघर्ष करना। समर्थन तो प्र.ले.स का रवि बाबू भी कर रहे थे। उनकी प्रसिद्ध

कविता 'निर्झरेर स्वप्न भंग' में मुक्ति संग्राम की ध्वनि भी है : 'भाँग भाँग भाँग कारा / आघाते आघात कर'। लेकिन प्रेमचंद का समग्र साहित्य ही मुक्ति संग्राम की मूल चेतना को बहुत बड़े फलक पर प्रतिबिंबित करता है। *रंगभूमि* में सूरदास जैसे जीवंत चरित्र के बहाने वे विदेशी कंपनियों की शक्ल में साम्राज्यवाद के बढ़ते आतंक का विरोध करते हैं। उनके यहाँ संगठित किसान सामंतों तथा अफ़सरशाही के विरुद्ध खड़े होते हैं। इस जन उभार को दबाने के लिए सामंतों तथा सत्ता की साँठ-गाँठ से पुलिस गोलियाँ दागती है; किसान मरते हैं, आज का कोई भी कलाकार साम्राज्यवाद, सामंतवाद, अफ़सरशाही के विरुद्ध इतना तीखा तथा चुनौतीपूर्ण प्रतिरोध क्यों नहीं दिखा पा रहा है। मैंने *हंस* में आज तक ऐसी कोई कहानी नहीं पढ़ी जो प्रेमचंद के इस तीखे प्रतिरोध को और तीखा तथा आक्रामक बनाकर विकसित कर सके। जबकि स्थितियाँ पहले से कम जन-विरोधी नहीं हैं! इसलिए मुझे लगता है कि आज अखिल भारतीय स्तर पर 'प्रगतिशील पुनर्जागरण' की बेहद जरूरत है। यही एक तरीक़ा है जिससे आज हम प्रगतिशील, जनवादी, लोकधर्मी विचारधारा की प्रासंगिकता को पुनः स्थापित कर पाएँगे। काश! *नया पथ* के इस महत्त्वपूर्ण उपक्रम को हम उक्त महान कार्य का प्रस्थान बिंदु मान पाते!

कहना न होगा, प्र.ले.स से जुड़े लेखकों ने मुक्ति संग्राम में संघर्षरत अपने तत्काल पूर्व के लेखकों द्वारा बनाई गई संघर्षधर्मी परंपरा को विकसित किया। उसे धारदार बनाया। सही दिशा दी। अग्रगामी साहित्य की प्रक्रिया को सुनिश्चित कर और आगे बढ़ाया। एक प्रकार से उसे पुनः जीवित किया। प्र.ले.स के गठन से हमें कुछ नए वैचारिक–दार्शनिक-आयाम मिले। एक तो हमने यह जाना कि अब तक आविर्भूत समूचे समाज का इतिहास वर्गसंघर्ष का इतिहास रहा है; अर्थात् शोषक तथा शोषित वर्गशत्रु के रूप में एक-दूसरे के साथ सह-अस्तित्व रखते हुए भी परस्पर विरुद्ध तथा संघर्षरत रहे हैं। विपरीत तत्त्वों की एकरूपता का यह मार्क्सीय सिद्धांत इस तरह आज तक अटल है। इस संघर्ष में या तो समाज का क्रांतिकारी पुनर्गठन होता है, जनांदोलनों की गति तीव्र होती है या फिर संघर्षरत वर्गों का ध्वंस। दूसरे, हमें एक ऐसी बिलकुल नई विश्वदृष्टि प्राप्त हुई जो सर्वहारा की वैश्विक क्रांतिकारी शक्ति को हर स्थिति में अपराजेय मानती है। सामंतवाद, पूँजीवाद तथा साम्राज्यवाद की अमानवीय क्रूरताओं पर हम सर्वहारा की शक्ति से विजय पा सकते हैं। तीसरे, हमें एक ऐसा द्वंद्वपरक भौतिकवादी दर्शन प्राप्त हुआ जो हमें दुनिया को समझने के साथ-साथ उसे मूलतः बदलने की वैज्ञानिक प्रविधि बताता है। प्र.ले.स से जुड़े लेखकों की यही वैचारिक शक्ति थी, आज भी है—जो उन्हें लोक तथा संघर्षशील जनता के साथ एकात्म करती है। लेखकों की संगठित शक्ति का समाज को भी एहसास हुआ। कदाचित् यह पहली बार माना गया कि लेखक बिना जनता के संघर्ष में शिरकत किए न तो बड़ा बन सकता है, न अपना सामाजिक दायित्व निभा सकता है। पूर्ववर्ती लेखक मुक्ति संग्राम की प्रेरणा से संघर्ष तो कर रहे थे, पर उनकी सही सांस्कृतिक दिशा क्या हो, इसके बारे में वे बहुत साफ़ न थे। हमारी रचना का केंद्रीय कथ्य क्या हो? जनता के संघर्ष को कलात्मक पूर्णता के साथ कैसे असरदार बनाएँ। प्र.ले.स से जुड़े लेखकों का यह एक नैतिक दायित्व माना गया कि उनके सृजन में भारतीय संघर्षशील जनता की धड़कनें सुनाई पड़ें। उनका लेखन सिर्फ़ मुठ्ठी भर लोगों या राजदरबार तक सीमित न होकर जनता तक पहुँचे। लेखकों का 'सृजनविज़न' अब स्वाधीन

भारत में एक समाजवादी समाज की स्थापना का था। साहित्य में यह अभिलक्षणा एकदम नई तथा मौलिक थी। पर जड़, रूढ़िवादी तथा प्रतिगामी राजनीति से जुड़े लेखक इस नई प्रगतिशील सृजन विश्वदृष्टि को राजनीतिक प्रचार कहकर इसका विरोध कर रहे थे। तीखे प्रहार भी। उनके अनुसार साहित्य राजनीति-निरपेक्ष सृजन है। कला का लक्ष्य सिर्फ़ 'कला' ही है। और कुछ नहीं। ये दोनों परस्पर-विरोधी प्रवृत्तियाँ साहित्य में आज भी मुखर हैं। उनसे जनवादियों का संघर्ष जारी है। जब प्रगतिशीलों तथा कलावादियों में संघर्ष तीखा तथा तेज़ हुआ तो प्रगतिशील जनवादी साहित्य के लिए व्यापक समर्थन मिलने लगा। इप्टा तथा अन्य भारतीय भाषाओं के अग्रगामी साहित्यिक संगठनों ने प्रगतिशील साहित्य का व्यापक समर्थन किया।

प्र.ले.स संगठन बनने के एक दशक बाद 1947 में हमें राजनीतिक आज़ादी मिली। सत्ता हस्तांतरण की इस महान घटना से देश में नई जागृति पैदा हुई। पर दुर्भाग्य से मुक्ति संग्राम प्रक्रिया के दौर में एकत्र हुए लेखक बिखर गए। मतभेद गहरे हुए। सत्ता का वर्गचरित्र तथा आगे की दिशा को लेकर उठे विवादों ने लेखकों को विभाजित कर दिया। मार्क्सवादियों ने अपनी विश्वदृष्टि तथा लक्ष्य साफ़ किए। ग़ैर-मार्क्सवादियों से अपने मतभेदों के पुख़्ता कारक भी बताए। पर बात न बनने से प्र.ले.स विभाजित हुआ। मार्क्सवादियों तथा ग़ैर-मार्क्सवादियों में संघर्ष गहरा तथा तीखा होने लगा। यह संघर्ष लगातार आज तक जारी है। हालाँकि उसमें न तो उतना तीखापन है, न उतनी आक्रामकता। बाद में साम्यवादी दल में विभाजन हुआ, प्र.ले.स के समानांतर ज.ले.स वजूद में आया। अब यह संघर्ष त्रि-आयामी बना। प्र.ले.स तथा जलेस सत्ता के वर्गचरित्र को लेकर संघर्षरत रहे। प्र.ले.स वर्गसंघर्ष तथा सर्वहारा के वर्चस्व का विचार त्यागकर वर्ग सहयोग तथा बुर्जुआ सत्ता से साँठगाँठ की राजनीति में रस लेने लगा। वह आज भी है। इससे प्र.ले.स से जुड़े लेखकों में 'उदारता' के नाम पर घोर अवसरवाद पनपना शुरू हो गया। अब इन्हें मार्क्सवाद से पहले 'मानवतावाद', 'अस्मिता' तथा लेखक की समाज से 'निस्संगता' की बातें याद आने लगीं। मार्क्सवाद तथा अस्तित्ववाद का घालमेल कर नए भ्रम पैदा किए गए यानी मार्क्सवाद मानवतावाद से जैसे कोई अलग चीज़ हो। इस तर्क ने प्र.ले.स के लेखकों को वर्गचेतना, सर्वहारा की अजेय शक्ति, समाज में चल रहे वर्गसंघर्ष तथा इतिहास की अटल द्वंद्वमयता के प्रति अन्यमनस्क बनाया। अब मार्क्सवादियों को एक तरफ उदारपंथियों से लड़ना पड़ा। दूसरी तरफ व्यक्तिनिष्ठ—कलावादी तथा रूपवादियों से संघर्ष तीखा हुआ। अज्ञेय 1947 में *प्रतीक* के माध्यम से प्रगतिशील विरोधी रुख़ अपना रहे थे। उन्हें वर्गचेतना, सर्वहारा, वर्गसंघर्ष, समाजवाद तथा सामाजिक यथार्थ की बातें बेतुकी तथा अप्रासंगिक लग रही थीं। उसी समय प्रयोगवादियों ने प्रगतिशीलों पर गहरे प्रहार किए; बल्कि कहें, 'प्रयोगवाद' का आरंभ ही प्रगतिशीलता के तीखे विरोध से हुआ था। 1952 के आसपास डॉ. नामवर सिंह भी प्रयोगवादियों के साहित्य को 'समाज-निरपेक्ष—मध्यवर्गीय मानसिक बीमारियों का सहानुभूतिपूर्ण और मोहक अलंकरण' मानते थे। पर 1968 में उनकी यह धारणा बदल गई। 1958 के आसपास श्रीकांत वर्मा प्रगतिशील समीक्षकों को 'मनुष्य की आत्मा को कुचलनेवाली सैनिक प्रकृति' से ग्रस्त बताने लगे थे। पूरा 'परिमल समूह'—धर्मवीर भारती तथा विजयदेवनारायण साही आदि मार्क्सवादी लेखकों पर चारों तरफ़ से प्रहार कर रहे थे। इस तीखे वैचारिक संघर्ष के बावजूद प्रगतिशील-जनवादी काव्यधारा तथा मार्क्सवादी

समीक्षा बराबर विकसित होती रहीं। प्रो. चंद्रबली सिंह, डॉ. रामविलास शर्मा, शिवदान सिंह चौहान तथा प्रकाशचंद्र गुप्त आदि गैर-मार्क्सवादियों के तर्कों का विधिवत् उत्तर दे रहे थे। निराला प्रगतिशील-जनवादी चेतना की उर्वर भूमि 'तोड़ती पत्थर', 'कुकुरमुत्ता' तथा 'नए पत्ते' में तैयार कर चुके थे। नागार्जुन, केदारनाथ अग्रवाल, मुक्तिबोध, त्रिलोचन तथा शील आदि ने उसे और धारदार तथा लक्ष्यसूचित बनाया। इनमें सबसे प्रतिरोधी तथा आक्रामक स्वर नागार्जुन तथा केदार बाबू का था। 1952 में प्रकाशचंद्र गुप्त की समीक्षा पुस्तक *हिंदी साहित्य : एक दृष्टि* छपी थी। इस पुस्तक की दृष्टि पूरी तरह मार्क्सवादी थी, जैसे 'आलोचना का मार्क्सवादी आधार', 'प्रगतिशील आलोचना के मान', 'हिंदी आलोचना में प्रगतिवाद', 'मार्क्सवाद और भाषा की समस्या' तथा 'प्रेमचंद की परंपरा' आदि ऐसे आलेख हैं जिनमें उस समय के वैचारिक संघर्ष का प्रतिबिंबन साफ़ झलकता है। यह पुस्तक छपी भले ही 1952 में पर 1946 में इन आलेखों को लिखना प्रारंभ कर दिया था। इस पुस्तक के परिशिष्ट में तीन महत्त्वपूर्ण आलेख और हैं : एक, 'साहित्य में संयुक्त मोर्चा'; दो, 'साहित्य और राजनीति'; तीन, 'साहित्य और जनता'। इन आलेखों को पढ़कर लगता है कि उन दिनों साहित्यिक संघर्ष कितना तीखा तथा लक्ष्यसूचक था। क्या यह संघर्ष आज भी उतना ही तीखा और लक्ष्यसूचक है, यदि नहीं तो क्यों? हम उसे और तीखा क्यों नहीं बना पा रहे हैं जबकि स्थितियाँ पहले से भी ज़्यादा जनविरोधी तथा आक्रामक हैं? पूँजी का शिकंजा क्रूर हुआ है? साम्राज्यवाद ज़्यादा ख़तरनाक और एकध्रुवीय हो गया है?

प्रगतिशील जनवादी संघर्षशील साहित्य की सुदीर्घ परंपरा को 1968 में गहरा आघात पहुँचा। आघात पहुँचाया *कविता के नए प्रतिमान* पुस्तक ने। क्रूर विडंबना यह कि लेखक स्वयं ख्यातिलब्ध प्रगतिशील आलोचक हैं। सबसे पहले डॉ. रामविलास शर्मा ने इस पुस्तक को बड़ी गंभीरता से जाँचा-परखा। उसे 'प्रगतिशील कविता के विरोध में खड़ी' पुस्तक बताया। उनके आरोप न सिर्फ़ सही थे बल्कि बड़े गंभीर भी थे। डॉ. शर्मा के अनुसार, नामवर सिंह ने इलियट और सार्त्र को ही नहीं, विस्मार्ट, क्लीन्थ ब्रुक्स, डेनाल्ड डेवी, फ्रैंक कर्मोड, विलियम एम्पसन, गिलबर्ट राइल, रिचर्ड ब्लैकमर आदि से 'औपनिवेशिक आधुनिकता' तथा 'रूपवाद' निचोड़कर इस पुस्तक को अमरीकी नई समीक्षा का हिंदी संस्करण बना दिया है। यह वह प्रस्थान बिंदु है जहाँ एक ख्यातिलब्ध मार्क्सवादी कहे जानेवाले लेखक द्वारा जनवादी-प्रगतिशील कविता को 'अमरीकी नई समीक्षा' के भरोसे छोड़ दिया गया। बड़ी चतुराई से प्रगतिशील-जनवादी आंदोलन को रूपवादी-कलावादी मोड़ देने के प्रस्ताव किए गए। मार्क्सीय शब्दावली जैसे वर्गचेतना, वर्गसंघर्ष, सर्वहारा, ऐतिहासिक द्वंद्वात्मकता आदि शब्दों को वर्जित समझा गया। मार्क्सीय मुहावरा 'सापेक्ष स्वायत्तता' की जगह अस्तित्ववादी शब्द 'अस्मिता' पर ज़ोर दिया गया। कविता को सामाजिक संदर्भों से अलगाकर देखने का तर्क सामने आया। मुक्तिबोध को परिशिष्ट में रख 'अँधेरे में' कविता को 'परम अभिव्यक्ति की खोज' कहा गया। नागार्जुन, केदारनाथ अग्रवाल, त्रिलोचन को मुख्य धारा से ढकेल हाशिए से भी बाहर कर दिया गया। इस पुस्तक को कलावादी-रूपवादी तक, प्रमाणस्वरूप, अपने पक्ष में व्याख्यायित करने लगे। 'भारत भवन समूह' लगातार प्रगतिशील-जनवादी कविता को राजनीतिक प्रचार बताने में आगे आया। सहारा लिया गया *कविता के नए प्रतिमान* का। विजयदेवनारायण साही, रघुवीर सहाय, श्रीकांत वर्मा, कुँवरनारायण आदि हाशिए के कवि *कविता के नए प्रतिमान* में मुख्यधारा के

कवि लगने लगे। प्रगतिशील-जनवादी कविता के विरोध में खड़ी इस पुस्तक का पर्याप्त विरोध क्यों नहीं हुआ? साहित्येतर कारणों से विश्वविद्यालयी पेशेवर समीक्षक समकालीन कविता को परखने के लिए इसे मॉडल के रूप में प्रस्तुत करते रहे। नतीजा यह हुआ कि कविता के पाठकों में 'औपनिवेशिक आधुनिकतावादी' आस्वाद निर्मित होता गया है। उसका असर प्रगतिशीलों-जनवादियों दोनों पर पड़ा है। कविता से 'लोक' से दूरी बनाई गई। श्रमिकों तथा किसानों के क्रियाशील बिंब कविता से ग़ायब होने लगे। सिर्फ़ मध्यवर्गीय जीवन के सीमित चित्रों की कविता में भरमार हुई। किसानों-श्रमिकों के कठिन जीवन के चित्र विरल हुए। संघर्षधर्मी लोक, खेत-खलिहानों, जनपदों तथा प्रकृति के प्रतिबिंबन को पिछड़ी मानसिकता कहा जाने लगा। तब से आज तक यह स्थिति बनी हुई है। उक्त समीक्षा पुस्तक से प्रगतिशील कविता तथा समीक्षा की जो क्षति हुई है, उसकी पूर्ति होना बहुत कठिन है। इसमें संदेह नहीं कि हमारे बड़े प्रगतिशील-जनवादी कवि नागार्जुन आदि की घोर उपेक्षा के बावजूद उनकी लोकधर्मी कविता निरंतर विकसित होती रही। कुमारेंद्र, मानबहादुर सिंह, कुमार विकल, शलभ श्रीराम सिंह, वेणुगोपाल आदि ने उसे अपने-अपने ढंग से विकसित किया। आज के अनेक कवि ज्ञानेंद्रपति, राजेश जोशी, अरुण कमल आदि ने उसे आगे बढ़ाने के यत्न तो किए हैं पर उसकी धार कुंद है, गति मंद। न तो पूँजीवाद साम्राज्यवाद के विरुद्ध तीखा प्रतिरोध है, न उनकी कविताओं में संघर्षशील जनता की उभरती जनशक्ति का एहसास। दूरदराज के जनपदों में युवा कवि जनवादी कविता लिख रहे हैं। पर उसे अपेक्षित ऊँचाइयों तक ले जाने के लिए उनके सामने बड़ा संघर्ष तथा चुनौतियाँ शेष हैं। यह चिंता का विषय है कि ज़्यादातर लोगों का रुझान 'रूपवाद' की ओर ही है। कविता में राजनीति से परहेज़ क्रमशः बढ़ रहा है। कई बार लगता है, क्या हम फिर 'नई कविता' की ओर ही तो नहीं लौट रहे हैं? प्रगतिवादी-जनवादी समीक्षा की स्थिति बहुत प्रेरक नहीं है। प्रो. चंद्रबली सिंह, डॉ. रामविलास शर्मा, शिवकुमार मिश्र, चंद्रभूषण तिवारी, कुँवरपाल सिंह, डॉ. ओमप्रकाश ग्रेवाल, डॉ. आनंद प्रकाश, मुरली मनोहर प्रसाद सिंह आदि ने मार्क्सवादी समीक्षा को आगे बढ़ाया है। इधर मार्क्सवादी दृष्टि से लोकधर्मी समीक्षा को डॉ. जीवन सिंह, प्रो. रेवतीरमण तथा डॉ. रमाकांत शर्मा नया रूप देने में संघर्षरत हैं।

यह सब होते हुए भी हमें अपने सृजनकर्म तथा वैचारिक संघर्ष से संतुष्ट होने की ज़रूरत नहीं है। स्थिति बहुत प्रेरक भी नहीं है। सुपरिचित मार्क्सवादी समीक्षक डॉ. आनंद प्रकाश ने अपनी सद्यःप्रकाशित महत्त्वपूर्ण समीक्षा कृति *समकालीन कविता : प्रश्न और जिज्ञासाएँ* में कुछ बहुत ही गंभीर सवाल उठाए हैं। उन बातों पर ग़ौर करें तो 'पिछले दो-तीन दशकों में अधिकांश कविता में' 'मानवीय सामाजिक जिम्मेदारी तथा जनता के शोषण के स्वरूप को स्पष्ट दृष्टिकोण' से नहीं समझा जा रहा बल्कि 'हिंदी की अस्सी फीसदी कविता में बुर्जुआ कविता के रूप' दिखाई देते हैं। अतः 'समाजवादी या शोषण विरोधी विज़न' के बिना 'सार्थक कविता' संभव नहीं है। मुझे डॉ. आनंद प्रकाश की चिंताए बहुत ही प्रासंगिक तथा ज़रूरी लग रही हैं। उन पर ग़ौर किया जाना चाहिए।

क्या वजह है, हमारा वैचारिक संघर्ष अब उतना तीखा नहीं रहा? वह उतना लक्ष्यसूचक भी नहीं है। हमने प्रगतिशील-जनवादी कविता की गौरवशाली परंपरा को विस्मृत किया है। हमारे मन में मुक्ति संग्राम के जनसंघर्ष की अनुगूँजें नहीं कौंधतीं। हममें से अनेक 'स्वपक्ष'

त्याग चुके हैं। अनेक शिखरस्थ लेखक पथभ्रष्ट हुए हैं। उन्हें 'लेखकीय प्रतिबद्धता' 'गाय का खूँटा' लगती है। कुछ ने अपना आचरण खोया है। वे तुच्छताओं के पीछे भाग रहे हैं। हमसे सवाल किया जाता है कि 'जनवादी क्या ऐसे ही होते' हैं? ऐसे सवालों का जवाब हमें अपने उत्कृष्ट जनवादी लेखन, मार्क्सीय वैचारिक प्रतिबद्धता तथा जनवादी आचरण से ही देना होगा। क्या आज यह ज़रूरी नहीं कि हम बड़ी निर्ममता से आत्मलोचन करें? आख़िर क्या वजह है कि लेखक-पाठक हमारी तरफ आकर्षित नहीं होते? जनपक्षधर पत्रिकाएँ बाज़ार के प्रभाव में व्यावसायिक हो रही हैं। मार्क्सवादी विचारधारा, उसका सौंदर्यशास्त्र तथा उसकी तत्त्वमीमांसा के विषय में न कोई चर्चा है, न बहस, न संवाद। ऐसा लगता है, जैसे एक बार मार्क्सवाद पढ़कर हमने अपना दायित्व पूरा कर लिया; या फिर मार्क्सवाद अब अपनी प्रासंगिकता खो चुका है। मार्क्सवाद की प्रासंगिकता के संदर्भ में यहाँ मुझे तीन पुस्तकों की चर्चा करना उचित लग रहा है। एक है : *द इथिकल डाइमेंशंस ऑफ़ मार्क्सिस्ट थॉट*। यह छपी है 2008 में। इसके लेखक हैं कार्नेल वैस्ट। पुस्तक का मुख्य तर्क है कि 'स्वतंत्रता सेनानियों के लिए मार्क्सवादी विचार-परंपरा अपरिहार्य है'। हमारे समय की प्रमुख विडंबना है कि सोवियत संघ के पतन के बाद मार्क्सवाद और अधिक प्रासंगिक हुआ है। दूसरी पुस्तक है : *हाउ टू चेंज द वर्ल्ड : टेल्स ऑफ़ मार्क्स एंड मार्क्सिज़्म*। पुस्तक छपी है 2011 में। लेखक हैं ख्यातिलब्ध मार्क्सवादी इतिहासकार इरिक हौब्सवाम। पुस्तक की केंद्रीय स्थापना है कि एक बार फिर मार्क्स को गंभीरता से समझने का समय आ गया है। यह भी कि 21वीं सदी 'मार्क्स की सदी' होगी। तीसरी पुस्तक है : *मार्क्सिस ऐकोलोजी*। लेखक हैं जान बैलामी फोस्टर। प्रकाशन हुआ है सन् 2000 में। पुस्तक में प्रकृति के अंध दोहन के बारे में मार्क्स की गहरी चिंता व्यक्त की गई है। मार्क्स का मानना है कि पूँजीवादी व्यवस्था में प्रकृति तथा मनुष्य के बीच एक 'मेटाबोलिक रिफ्ट' पैदा होता है। अतः हम प्रकृति के प्रति क्रूर होते जाते हैं। ये तीनों पुस्तकें इक्कीसवीं सदी में मार्क्स की प्रासंगिकता की ओर संकेत करती हैं। मेरा विचार है, मार्क्सवाद लगातार पढ़ने, समझने, दुहराने की माँग करता है। हर जनवादी लेखक के लिए उसका अध्ययन एक सतत प्रक्रिया बने। क्रूर होते पूँजीवाद तथा साम्राज्यवाद के इस दौर में मार्क्स की प्रासंगिकता बहुत ज़्यादा है। दुनिया-भर में पूँजीवाद तथा साम्राज्यवाद की नीतियों का विरोध हो रहा है। लैटिन अमरीका में जनपक्षधर सत्ताएँ वजूद में आ रही हैं। मेरे बिलकुल पड़ोस नेपाल में जनपक्षधर सरकार वजूद में आई। बुर्जुआ भी आज मार्क्स की *पूँजी* में निहित रहस्यों को समझना चाहता है। नए प्रगतिशील तथा जनवादी लेखकों से बातचीत करके पता चलता है कि वे मार्क्स के बारे में अनजान हैं। कुछ नए लेखक जोश में आकर मार्क्स को बिना पढ़े ही 'मार्क्स से आगे' की बात कह रहे हैं। कैसी विडंबना है, जिन स्थितियों से संघर्ष करने के लिए मार्क्सवाद पैदा हुआ, अभी उनसे निजात कहाँ मिली है! तो मार्क्स से आगे की बात करना क्या हास्यास्पद नहीं है? जनपक्षधर पत्रिकाओं का क्या यह दायित्व नहीं कि वे पाठकों को मार्क्सवादी तत्त्वमीमांसा तथा उसके सौंदर्यशास्त्र के बारे में भी प्रशिक्षित करें? मार्क्सीय चिंतन पर कोई गंभीर लेख, बहस या विमर्श पत्रिकाओं से ग़ायब है। हमारे लेखक संगठन भी मार्क्सवाद को लोकप्रिय बनाने के लिए व्यावहारिक कार्ययोजनाएँ बना सकते हैं। हम प्रतिकूलतम स्थितियों में जी रहे हैं। इतिहास द्वारा प्रदत्त इन स्थितियों में संघर्ष करके उन्हें अपने अनुकूल बनाने के सिवा अन्य कोई विकल्प नहीं है। संघर्ष से ही पथ आलोकित

होता है। अतः प्रगतिशील-जनवादी महान गौरवशाली संघर्षशील परंपरा को पुनः व्यापक तथा असरदार बनाने के लिए 'प्रगतिशील पुनर्जागरण' की बेहद ज़रूरत है। जनता को विजयी नहीं तो अपराजेय तो दिखा सकें। जिधर अन्याय है, आज शक्ति भी उधर है। हमें अपनी संघर्षशील जनता की अपराजेय शक्ति पर भरोसा करने के लिए उससे एकात्म होना ज़रूरी है। आज जो विजेता बने हैं, वे रक्तपायी हैं :

खुला राज विजयी कहाए हुए हैं
लहू दूसरों का पिए जा रहे हैं।

नए प्रगतिशील आंदोलन की संभावनाएँ

राजेंद्र शर्मा

साल-भर तक देश में जगह-जगह प्रगतिशील लेखक संघ (प्रोग्रेसिव राइटर्स एसोसिएशन) के गठन की पचहत्तरवीं सालगिरह मनाई गई। 1936 के अप्रैल में लखनऊ में दो दिवसीय सम्मेलन में इस संगठन की स्थापना हुई थी। बहरहाल, अब जबकि समारोहों का शोर-शराबा ख़त्म हो चुका है, तीन परस्पर संबद्ध सवालों को, या कहें कि एक ही सवाल के तीन पहलुओं को सच्चे अर्थों में टटोला जा सकता है। प्रगतिशील आंदोलन ने सचमुच क्या किया था? उसके लिए वह सब करना कैसे संभव हुआ था? क्या आज वैसा कुछ संभव है और अगर संभव है तो कैसे? संक्षेप में यह कि आज प्रगतिशील आंदोलन के पुनर्जीवन के ज़रिये हम अपने सांस्कृतिक जीवन का पुनर्संस्कार कैसे कर सकते हैं? प्रगतिशील आंदोलन ने भारत के साहित्यिक-सांस्कृतिक जीवन में सचमुच क्या किया था, यह भी सूत्र रूप में हिंदी-उर्दू के कथा-सम्राट प्रेमचंद ने प्रगतिशील लेखक संघ के स्थापना-सम्मेलन के अपने बहुउद्धृत संबोधन में ही बता दिया था। वे इस शुरुआत में 'साहित्य के एक नए युग का आविर्भाव' देख रहे थे। बेशक, प्रगतिशील आंदोलन ने साहित्यिक-सांस्कृतिक जीवन में एक नए युग के द्वार खोलने का ही काम किया था। यह नया युग मनुष्य के संसार के केंद्र में, एक स्वतंत्र और बुनियादी अर्थों में समान मनुष्य के स्थापित किए जाने का युग था। सांस्कृतिक व्यवहारों में सबसे ज़्यादा वैचारिक होने के नाते, लेखन-कर्म कम-से-कम संस्कृति के आगे-आगे चलनेवाली मशाल जरूर साबित हुआ। प्रगतिशील साहित्यिक आंदोलन के पीछे-पीछे इप्टा के माध्यम से जननाट्य आंदोलन सामने आया। इसी के आसपास चित्रकला, संगीत आदि से लेकर विज्ञान व शिक्षा चिंतन तक में नई शक्तिशाली लहरें आईं, जिन सबकी रचनात्मकता के केंद्र में एक स्वतंत्र और सहज रूप से समान यानी आधुनिक मनुष्य, दूसरे शब्दों में कहें तो मध्ययुगीनता की संस्कृति में डूबे हमारे समाज के लिए एक नया मनुष्य था।

इस नए मनुष्य के साथ आए सर्जनात्मकता के विस्फोट ने ही आधुनिक भारतीय भाषाओं को उनका वर्तमान रूप दिया, उनका नया साहित्य दिया। सर्जनात्मकता के इसी विस्फोट ने इस उपमहाद्वीप की विविधता के बीच से, समानता पर आधारित एकता के सूत्रों को रचा और इसके हिस्से के तौर पर, विभिन्न भारतीय भाषाओं के बीच बराबरी के मूल्य को स्थापित किया। सर्जनात्मकता के इसी विस्फोट ने विभिन्न पहलुओं से और ख़ासतौर पर धार्मिक पहलू से गंगा-जमुनी संस्कृति को, आधुनिक भारतीय संस्कृति की मूल पहचान के रूप में स्थापित

किया। सर्जनात्मकता के इसी विस्फोट ने सामाजिक-सांस्कृतिक समानता का, एक ओर आर्थिक समानता की कल्पना तक और दूसरी ओर मनुष्य मात्र की स्वतंत्रता की कल्पना तक, विस्तार करने का आधार तैयार किया। अचरज नहीं कि उन्नीस सौ तीस-चालीस के दशकों की समूची भारतीय सर्जनात्मकता में, उन चिंताओं व मूल्यों की स्पष्ट गूँज सुनाई देती है, जिन्हें प्रगतिशील आंदोलन सूत्रबद्ध तथा मुखरित कर रहा था।

प्रगतिशील आंदोलन के लिए एक नए युग का द्वार खोलना कैसे संभव हुआ? इस प्रश्न के उत्तर के लिए हमें प्रगतिशील आंदोलन के उदय के परिस्थिति-संयोग या जंक्चर की पड़ताल करनी पड़ेगी। कांग्रेस के अधिवेशन के मौक़े पर ही लखनऊ में प्रगतिशील लेखक संघ के स्थापना सम्मेलन का आयोजन कोई संयोग ही नहीं था। प्रगतिशील लेखक संघ और उससे बढ़कर प्रगतिशील सांस्कृतिक धारा, सांस्कृतिक जीवन में उसी प्रक्रिया की अभिव्यक्ति थी, जिसकी अभिव्यक्ति राजनीतिक जीवन में सबसे बढ़कर स्वतंत्रता संघर्ष में हो रही थी। समग्रता में यह प्रक्रिया एक परंपराबद्ध समाज के जागरण या नवजागरण की थी। यह जागरण या नवजागरण, रचनात्मक ऊर्जा के जैसे विस्फोट के साथ सामने आया था, उसकी तुलना अगर हमारे इतिहास में रचनात्मकता के किसी दूसरे विस्फोट से की जा सकती है, तो एक हद तक संत-भक्त-सूफी धारा के रूप में सामने आए रचनात्मकता के विस्फोट से ही की जा सकती है, जो कि पहली सही अर्थों में एक अखिल भारतीय धारा भी थी और उसके केंद्र में भी एक हद तक स्वतंत्र व समान मनुष्य ही था। फिर भी, भारतीय इतिहास के यूरोपीय काल विभाजन में भ्रामक तरीक़े से मध्ययुग के ख़ाने में धकेल दी गई जागरण की वह पहली धारा, धर्म की भाषा से बँधे होने के चलते, न मनुष्य को पूरी तरह से उसके संसार के केंद्र में स्थापित कर सकती थी और न उसकी समानता का धर्म के क्षेत्र से आगे, सामाजिक-सांस्कृतिक जीवन तक बहुत ज़्यादा विस्तार कर सकती थी। स्वतंत्रता आंदोलन के साथ कंधे से कंधा मिलाकर आया नवजागरण, काफ़ी हद तक इन सीमाओं से मुक्त था और इसीलिए यह सचमुच स्वतंत्रता का एक ज्वार था।

प्रगतिशील आंदोलन इस ज्वार का हिस्सा ही नहीं था, इस ज्वार की काटनेवाली धार यानी इसका सबसे आगे रहनेवाला और सबसे पैना हिस्सा भी था। चाहे साम्राज्यवाद का विरोध हो या पुरानी-नई असमानताओं पर प्रहार व नई राष्ट्रीय-अंतर्राष्ट्रीय एकजुटताओं का निर्माण या फिर स्वतंत्रता व समानता के एक नए समाज व संस्कृति की कल्पना और इनकी ओर बढ़ने में तत्परता—सभी में प्रगतिशील आंदोलन एक वृहत्तर समग्रता की हदों को आगे खिसकानेवाला, उसका अगुआ हिस्सा था। ऐसा नहीं है कि इस अगुआ की अपनी कोई सीमाएँ ही नहीं थीं। स्वतंत्रता के इस ज्वार में सामाजिक-लैंगिक-जातीय और यहाँ तक कि सांस्कृतिक-धार्मिक समानता के भी जो प्रश्न अनखुले या अधखुले रह गए थे, उन्हें इस अगुआ ने अपने तईं पूरी तरह से खोल लिया हो, ऐसा दावा नहीं किया जा सकता है। लेकिन, यह भी नहीं कहा जा सकता है कि इन बंद गाँठों को खोलने के प्रयास के मामले में भी वह अगुआ की भूमिका में नहीं था। संभवतः इसी अर्थ में प्रेमचंद ने साहित्य को राजनीति का और देशभक्ति का भी अनुसरणकर्ता मानने से दो-टूक इनकार करते हुए उसे 'उनके आगे मशाल दिखाते चलनेवाली सचाई' बताया था।

प्रगतिशील लेखक संघ के गठन के समय ही प्रगतिशील साहित्यिक धारा जो वैचारिक-सौंदर्यात्मक मूल्य अर्जित-विकसित भी कर चुकी थी, जैसे उन मूल्यों की ही याद दिलाते हुए प्रेमचंद अपने संबोधन में न सिर्फ़ साहित्यकार (संस्कृति सर्जक) के लिए *लेखन की प्रवृत्ति* होने को नाकाफ़ी मानते हुए राजनीति, समाजशास्त्र, मनोविज्ञान आदि से परिचय पर ज़ोर देते हैं, यह आग्रह भी करते हैं कि 'हमें अपनी रुचि और प्रवृत्ति के अनुकूल विषय चुन लेने चाहिए और विषय पर पूर्ण अधिकार प्राप्त करना चाहिए।' इसके साथ ही साथ प्रेमचंद एक नई इतिहास दृष्टि पर भी ज़ोर देते हैं जो 'व्यक्ति को समाज से अलग नहीं देखती है, किंतु उसे समाज के एक अंग के रूप में देखती है...इसलिए कि समाज के अस्तित्व के साथ उसका अस्तित्व क़ायम है और समाज से अलग होकर उसका अस्तित्व शून्य के बराबर हो जाता है।'

अचरज नहीं कि प्रेमचंद ने अपने संबोधन में यह भावपूर्ण आह्वान ही नहीं किया कि 'हमें सुंदरता की कसौटी बदलनी होगी' बल्कि इसके लिए 'जीवन संग्राम में सौंदर्य का परमोत्कर्ष देखने' की दिशा भी दिखाई। इतना ही नहीं, अपने अध्यक्षीय संबोधन का समापन करते हुए प्रेमचंद ने प्रगतिशील आंदोलन के लिए पथ-प्रदर्शक के रूप में एक नई साहित्यिक-वैचारिक कसौटी भी पेश की थी : 'हमारी कसौटी पर वही साहित्य खरा उतरेगा जिसमें उच्च चिंतन हो, स्वाधीनता का भाव हो, सौंदर्य का सार हो, सृजन की आत्मा हो, जीवन की सचाइयों का प्रकाश हो—जो हममें गति, संघर्ष और बेचैनी पैदा करे, सुलाए नहीं क्योंकि अब और ज़्यादा सोना मृत्यु का लक्षण है।' गति, संघर्ष और बेचैनी से निःसृत होती जीवंतता ही इस सर्जनात्मक विस्फोट का प्राण थी।

ज़ाहिर है कि यह सर्जनात्मक विस्फोट अपने दायरे में एक बहुरंगी इंद्रधनुष समेटे हुए था। लेकिन इसीलिए, इस इंद्रधनुषी विस्फोट की 'कटिंग ऐज' के रूप में प्रगतिशील आंदोलन, जो किन्हीं ख़ास परिस्थितियों में इस धारा की सीमाओं को प्रगति व समानता की दिशा में आगे बढ़ा सकता था, बदली हुई परिस्थितियों में ख़ुद को इस समग्रता से काट भी सकता था। बेशक, इसको किस तरह चलाया जाता है यानी इसे चलाने का तरीक़ा उसे इंद्रधनुष की तलवार बनाए रखने में मददगार है या इस 'कटिंग ऐज' को इस इंद्रधनुष के दूसरे रंगों के ख़िलाफ़ ही मोड़ता है, इस तरह के प्रश्नों की प्रासंगिकता से भी इनकार नहीं किया जा सकता है। फिर भी ये सिर्फ़ कार्यनीति की उपयुक्तता-अनुपयुक्तता के प्रश्न हैं, जिन्हें ठोस व्यवहार में किस तरह हल किया गया, वह इस 'कटिंग ऐज' से शेष इंद्रधनुष के रिश्तों में बदलाव की प्रक्रिया को धीमा या तेज़ तो कर सकता था, लेकिन बुनियादी रूप से इन रिश्तों को निर्धारित नहीं कर सकता था। इन रिश्तों को निर्धारित तो ठोस परिस्थिति-संयोग ही कर सकता था, उसने ही निर्धारित किया। देश के स्वतंत्र होने के साथ यह परिस्थिति-संयोग बदला और इसके साथ ही प्रगतिशील आंदोलन तथा राष्ट्रीय सर्जनात्मक ज्वार का रिश्ता ही नहीं बदला, समग्रता में यह ज्वार भी एक भाटा बन गया। इसी प्रक्रिया को राजनीतिक भाषा में, संक्षेप में, आज़ादी की लड़ाई के दौरान बने संयुक्त मोर्चे के बिखरने के रूप में जाना जाता है।

बेशक, संयुक्त मोर्चे के इस बिखराव के बीच भी प्रगतिशील आंदोलन की धारा कोई यकायक विलुप्त होकर ग़ायब नहीं हो गई। प्रगतिशील लेखक संघ, इप्टा आदि संगठनों के

निष्क्रिय होने के बाद भी, प्रगतिशील आंदोलन की धारा अपेक्षाकृत क्षीण होकर भी प्रवाहित तो होती ही रही। लेकिन, अब वह पहले वाली उद्दाम लहर नहीं, एक क्षीण धारा थी, जो जितनी नदी तल के ऊपर बहती थी, उससे ज़्यादा तल के नीचे अदृश्य भूमिगत प्रवाह के रूप में अपना काम करती थी। अचरज नहीं कि स्वतंत्रता के बाद, पचास तथा साठ के दशकों के अधिकांश हिस्से में साहित्य-संस्कृति की मुख्यधारा, प्रकटतः इस प्रगतिशील धारा से अलग और यहाँ तक कि किसी हद तक वैचारिक रूप से उसकी मूल प्रतिज्ञाओं के विरुद्ध थी। यह नए-नए स्वतंत्र हुए *व्यक्ति* की सर्जनात्मकता थी, जो नए-नए बनते हुए आधुनिक मध्य वर्ग के अनुभव व संवेदनाओं के दायरों की पड़ताल कर रही थी। और भी व्यापक स्तर पर इस सर्जनात्मकता के स्रोत, व्यक्ति की मुक्ति समाज के साथ नहीं बल्कि एक प्रकार से उसके विरुद्ध देखने की भावदृष्टि से अवरुद्ध थे। इस सर्जनात्मकता को ऊर्जा देनेवाला व्यक्ति की स्वतंत्रता का अनुभव भी, एक प्रभावशाली किंतु अपेक्षाकृत छोटे-से आधुनिक मध्य वर्ग का ही अनुभव था।

साठ के दशक के उत्तरार्द्ध तक आते-आते इस अवरुद्ध सर्जनात्मकता की सीमाएँ उसी तरह साफ़ नज़र आने लगी थीं, जैसे राजनीतिक स्तर पर सिर्फ़ उपनिवेशवाद के शिकंजे से स्वतंत्रता मिलने से उन्मुक्त हुई सामाजिक-आर्थिक-राजनीतिक सर्जनात्मकता की सीमाएँ। इसी मुक़ाम पर नए संदर्भ में प्रगतिशील लेखकों के संगठन तथा प्रगतिशील आंदोलन की धारा के पुनर्जीवन की कोशिशें शुरू हुईं, जिन्होंने सत्तर के दशक में ख़ासतौर पर इमर्जेंसी के संदर्भ में काफ़ी वेग भी प्राप्त किया और विस्तार भी। इमर्जेंसी के धक्के ने इस धारा की स्वीकृत कसौटियों व चिंताओं को, एक नए संयुक्त मोर्चे की संभावनाओं के अनुरूप ढालने तथा व्यापक बनाने में काफ़ी काम किया। अब अपने सभी पहलुओं के साथ और अपनी परिभाषा में बराबरी के प्रश्न को भी समेटते हुए, जनतंत्र के तकाज़े *नई प्रगतिशीलता* को परिभाषित करने लगे। अब अपनी सीमाओं के बावजूद संसद *सूअरबाड़ा* नहीं थी बल्कि एक ऐसी जनतांत्रिक संस्था थी जिसकी रक्षा तथा मज़बूती के लिए लड़ना, समानता और न्याय के लिए लड़ाई को आगे बढ़ाने के लिए अनिवार्य था।

इमर्जेंसी के बाद के दौर में, ख़ासतौर पर अस्सी के दशक के दौरान, एक ओर बहुसंख्यक सांप्रदायिकता के उभार और दूसरी ओर पिछड़े वर्ग की राजनीति के उछाल के अनुभवों ने, जिनके सांस्कृतिक अनुरोध और भी मुखर थे, नई प्रगतिशीलता की चिंताओं तथा कसौटियों को, अपने समाज की वास्तविक परिस्थितियों की रचनात्मक संभावनाओं व तकाज़ों के और अधिक अनुकूल ढालने की ज़रूरतें भी पैदा कीं और संभावनाएँ भी। फिर भी, 1936 में प्रगतिशील लेखक संघ का जब गठन हुआ था, उस समय जैसे प्रखर परिस्थिति-संयोग के अभाव में, नई प्रगतिशीलता की धारा अपनी शक्ति व सांस्कृतिक वज़न में बढ़ोतरी होने और अपने सारे प्रयासों के बावजूद, पहले जैसा वेग नहीं पकड़ सकती थी, नहीं पकड़ पाई।

बहरहाल, नब्बे के दशक के आरंभ से हमारे देश में क़ायम की जा रही नवउदारवादी-बाज़ारवादी व्यवस्था ने, नवउपनिवेशवाद के ख़तरों के रूप में, नए संदर्भों में एक ऐसे नए परिस्थिति-संयोग के तत्त्व एकत्रित कर दिये हैं, जो अनेक अर्थों में अपनी प्रखरता में स्वतंत्रता संघर्ष के समकक्ष नज़र आता है। बेशक, साम्राज्यवाद की चुनौती इन दोनों परिस्थिति-संयोगों

को आपस में जोड़नेवाली महत्त्वपूर्ण विशेषता है। लेकिन, दोनों परिस्थिति-संयोगों को आपस में जोड़नेवाला इतना ही महत्त्वपूर्ण साझा सूत्र, समूची व्यवस्था का जनता के प्रचंड बहुमत के ज़्यादा से ज़्यादा ख़िलाफ़ होते जाना है। एक ओर भूमि तथा अन्य प्राकृतिक संसाधनों की बढ़ती बेरोक-टोक लूट और जनता के प्रचंड बहुमत का उत्पादक श्रम के दायरे से ज़्यादा से ज़्यादा बाहर धकेला जाना, इसी की एक अभिव्यक्ति है। ऐसी ज़्यादा से ज़्यादा प्रकटतः जनविरोधी होती जा रही व्यवस्था दमन का बढ़ते पैमाने पर सहारा लेने के बावजूद, सिर्फ़ उसी के बल पर नहीं टिकी रह सकती है। इसके लिए नवउदारवादी व्यवस्था ने उपभोक्तावाद पर केंद्रित तथा 'सभ्यता संघर्ष' से लेकर 'इतिहास के अंत' व उत्तरआधुनिकता जैसे अनेक तत्त्वों से बने अपने वैचारिक-सांस्कृतिक-सामाजिक संजाल के ज़रिए, जो न्याय व समता की सभी कल्पनाओं को तथा मनुष्य की एकजुटता की सभी ज़रूरतों को नकारने तक ही नहीं जाता है बल्कि हर तरह की असमानताओं को शाश्वत बनाने तथा वंचितों की वंचनाओं को बढ़ाने के भी पक्ष में खड़ा होता है, सारी की सारी सर्जनात्मकता को ही अवरुद्ध करना शुरू कर देता है।

इस तरह एक बार फिर वैसे ही सर्जनात्मक विस्फोट के लिए परिस्थितियाँ बन रही हैं, जैसे विस्फोट के लिए छिहत्तर साल पहले प्रगतिशील लेखक संघ के गठन ने ट्रिगर मुहैया कराया था। दोहराने की ज़रूरत नहीं होनी चाहिए कि सर्जनात्मकता के विशाल हिस्सों को एकजुट करने तथा रास्ता मुहैया कराने की वैसी ही संभावनाओं के बावजूद, यह प्रगतिशील आंदोलन की शुरुआत के परिस्थिति-संयोग से बहुत ही भिन्न परिस्थिति-संयोग है। इसके नारे, तकाज़े, अनुरोध, कार्यनीतियाँ, रणनीतियाँ सब अलग होंगे। हो सकता है कि इसके लिए अपने सभी आयामों के साथ जनवाद या जनतंत्र ही कहीं उपयुक्त केंद्रीय एजेंडा हो और शायद परंपरागत अर्थ में मेहनत-मज़दूरी करने वालों के अलावा दलित-आदिवासी, अन्य सामाजिक रूप से वंचित, धार्मिक व अन्य अल्पसंख्यक, महिलाएँ आदि मिलकर आबादी का बहुमत बनानेवाले किंतु अब तक हाशिए पर पड़े रहे तबक़े, जो जनतंत्र की परिभाषा में अपने शामिल किए जाने की ज़्यादा से ज़्यादा मुखर होती लड़ाई लड़ रहे हैं, इस नई रचनात्मकता के सबसे सक्रिय स्रोत निकलें। यह भी तय है कि नए परिस्थिति-संयोग की इन भिन्नताओं को पहचाने-गुने बिना, उनसे दो-चार हुए बिना, नए परिस्थिति-संयोग की संभावनाओं को वास्तविकता में बदलना शायद मुमकिन नहीं होगा। फिर भी यह सचाई है कि नए रूप में प्रगतिशील सांस्कृतिक आंदोलन के एक सच्चे नए उभार की वस्तुगत परिस्थितियाँ बन रही हैं।

प्रगतिशील धारा के वारिस किस हद तक इन परिस्थितियों के तकाज़ों को पूरा कर पाते हैं और इस तरह ख़ुद को प्रगतिशील लेखक संघ व सांस्कृतिक आंदोलन का सच्चा वारिस साबित कर पाते हैं, यह तो आनेवाला वक़्त ही बताएगा। बहरहाल, प्रगतिशील लेखक संघ की विरासत से जुड़े संगठनों से इस मौक़े पर कम-से-कम इसके गंभीर आत्मपरीक्षण की उम्मीद तो की ही जानी चाहिए कि क्या उनके परिप्रेक्ष्य और रणनीतियाँ व कार्यनीतियाँ, प्रगतिशील धारा के सच्चे पुनर्जीवन की इन उन्मुक्त होती संभावनाओं के अनुरूप हैं? अगर नहीं तो उनमें क्या बदलाव करने की ज़रूरत है? मिसाल के तौर पर आज की परिस्थितियों में क्या सिर्फ़ इतना काफ़ी होगा कि किसी जुगत से तीनों संगठन एक साथ

हो जाएँ या वामपंथी सांस्कृतिक आंदोलन को एक नए ही परिप्रेक्ष्य के आधार पर खड़ा करने की ज़रूरत होगी? अगर इससे संबंधित जरूरी प्रश्नों पर ईमानदारी से तथा खुली बहस छिड़ सके, शायद तभी प्रगतिशील लेखक संघ के गठन के हीरक जयंती वर्ष के समारोहों की कोई सार्थकता होगी।

आंदोलन का विस्तार

रंगकर्म

संगीत

सिनेमा

कला

सामाजिक विज्ञान

इप्टा की यादें

बलराज साहनी

एक दिन अख़बार में पढ़ा, कहीं पीपल्ज़ थिएटर का नाटक होनेवाला है। चीन के पीपल्ज़ थिएटर के बारे में तो जानता था, हिंदुस्तान में पीपल्ज़ थिएटर कहाँ से आ गया? चेतन से पूछा। उन्हें भी कुछ पता नहीं था। शाम को जब सीढ़ियाँ चढ़ने-उतरने की कवायद करते हुए हम बी.पी. सामंत एंड कंपनी के दफ़्तर पहुँचे, तो मैं मशहूर फ़िल्म पत्रकार बी.पी. साठे से पूछ बैठा, 'मिस्टर साठे, बंबई में कोई पीपल्ज़ थिएटर भी है?'

'क्यों नहीं, मैं स्वयं उसका मेंबर हूँ,' उन्होंने हँसकर जवाब दिया। 'उसी की एक मीटिंग में जा रहा हूँ। चलना हो, तो आप भी चलें। ख़्वाजा अहमद अब्बास अपना नया नाटक पढ़ेंगे।'

मेरे आग्रह करने पर चेतन भी साथ चल पड़े।

आपेरा हाउस के नज़दीक एक गली में प्रोफ़ेसर देवधर की संगीतशाला थी। छोटा-सा हॉल भी था उसका, जिसमें सौ के लगभग व्यक्ति बैठ सकते थे। एक तरफ़ छोटी-सी स्टेज थी। वह हॉल हर शाम इप्टा की सरगर्मियों का केंद्र बन जाता था।

हॉल में कोई बीस-एक लड़के-लड़कियाँ पंखे के नीचे बैठे हुए थे। अब्बास अपना नाटक पढ़ना शुरू करने वाले थे। मैं और अब्बास सरसरी तौर पर एक-दूसरे को जानते थे। लंदन में मैंने उनकी कुछ उर्दू कहानियाँ भी पढ़ी थीं, पर हम मिले कभी नहीं थे। अब्बास ने बैठे-बैठे ही हमारे साथ हाथ मिलाए, और फिर पढ़ना शुरू किया। नाटक किस स्तर का है, इसका अनुमान केवल एक बार सुनकर नहीं हो सकता था। उसमें जज़्बाती गहराई या नाटकीय उठान मुझे ज़्यादा नहीं लगी। अभी मैं ये बातें सोच ही रहा था कि अब्बास ने एक विचित्र घोषणा कर दी :

'साथियो, बड़ी ख़ुशी की बात है कि आज हमारे बीच बलराज साहनी मौजूद हैं। अब मैं यह ड्रामा उनके हवाले करता हूँ और दरख़्वास्त करता हूँ कि वही इसे डायरेक्ट करें।'

मैं बुत-सा बनकर देखता रह गया, पर इनकार करने की मूर्खता मैंने नहीं की। ख़ाली बैठ-बैठकर तंग आ गया था, कुछ करने को तो मिलेगा।

इस तरह अचानक ही ज़िंदगी का एक ऐसा दौर शुरू हुआ, जिसकी छाप मेरे जीवन पर अमिट है। आज भी मैं अपने-आपको 'इप्टा' का कलाकार कहने में गौरव महसूस करता हूँ।

उसी रात मैं इप्टा के साथियों के साथ वह नाटक देखने भी गया, जिसका इश्तिहार सुबह अख़बार में पढ़ा था। नाटक का नाम था–'माँ'। निर्माता थे, मामा वरेरकर। मूल मराठी से हिंदी अनुवाद किया गया था।

नाटक बुरा नहीं था, पर उसके प्रस्तुतीकरण ने मुझे हद से ज़्यादा निराश किया। नाटक के कलाकार ज़्यादातर ऐसे थे, जिन्हें हिंदी ठीक बोलनी नहीं आती थी। उनका गुजराती, मराठी, मद्रासी उच्चारण कानों को खटकता था। मैंने रेडियो के काम के लिए अपने उच्चारण से पंजाबियत निकालने की अथक मेहनत की थी। मेरा दृढ़ विश्वास था कि कलाकार को उस ज़बान का माहिर होना चाहिए, जिसमें उसे काम करना है। उस समय स्टेज पर मैं जिन्हें काम करते हुए देख रहा था, उनमें कोई थोड़ा-बहुत ही मेरी कसौटी पर पूरा उतरता था। क्या इनसे ही मुझे 'ज़ुबैदा' के पार्ट करवाने पड़ेंगे? सोच-सोचकर मेरा दिल बैठने लगा।

सारी रात मैंने सोचते हुए गुज़ारी। अगर इन कलाकारों से काम करवाया, तो बेड़ा ग़र्क़ होने में ज़रा भी संदेह नहीं है। अगर इनकार किया, तो फिर सीढ़ियाँ चढ़ने-उतरने के सिवा कोई काम नहीं रहेगा। आख़िर करूँ तो क्या करूँ!

आख़िर इस नतीजे पर पहुँचा कि दिल की बात साफ़-साफ़ कह देनी चाहिए। शाम को मैंने शर्त पेश की कि पात्रों के चुनाव अथवा अन्य सब बातों के बारे में मेरे फ़ैसलों में किसी का दख़ल नहीं होगा। अब्बास के जज़्बाती स्वभाव को यह रूखी बात बुरी लगी पर एक लंबे बालोंवाला दुबला-पतला नौजवान आगे बढ़कर बोला, 'हमें सब शर्तें मंज़ूर हैं।'

उस नौजवान का नाम था, जसवंत ठक्कर, जिनकी पिछले बीस बरसों की सेवा गुजराती नाटक के इतिहास में स्वर्ण अक्षरों में लिखी जाएगी। उनकी मेहनत की बदौलत आज सौराष्ट्र के सब विश्वविद्यालयों में नाटक-विभाग खुल चुके हैं, जिनमें छात्रों को बी.ए. की डिग्री दी जाती है। उस समय जसवंत शायद इप्टा के सेक्रेटरी थे।

अगले दिन से मैंने 'ज़ुबैदा' के पात्रों की तलाश जारी कर दी। हीरो के लिए चेतन को राज़ी करने में मुझे दिक़्क़त नहीं हुई। हीरो के छोटे भाई का रोल देव आनंद ने ख़ुशी से सँभाल लिया। 'ज़ुबैदा' के पात्र के लिए अज़रा ने हाँ कर दी। पर पात्रों की सूची बहुत लंबी थी, जो तीस-पैंतीस तक जा पहुँचती थी। इसलिए छोटे पात्रों के लिए मैंने ज़िद छोड़ दी, पर बड़े पात्रों के बारे में अपने फ़ैसले पर अटल रहा।

पता नहीं, किस भरोसे पर अब्बास ने निर्देशन का काम मेरे हवाले कर दिया था। स्टेज का मेरा अनुभव केवल एक-दो कॉलेज में और एक-दो शांतिनिकेतन में खेले गए नाटकों तक सीमित था। पात्रों का निर्देशन थोड़ा-बहुत कर सकता था, पर निर्देशन के तकनीकी पहलुओं से मैं बिलकुल अनजान था, और अब तक हूँ। यह मेरे कलात्मक जीवन का अंधकारमय पहलू है।

मैं अपनी इस कमज़ोरी से ख़ूब वाक़िफ़ था। इससे उत्पन्न आत्मविश्वास की कमी और चिंता के कारण कई बार रिहर्सलों के दौरान मेरे चेहरे और आँखों में पथराव-सा आ जाता था। अज़रा कहतीं, 'आँखें झपकाओ बलराज, आँखें झपकाओ, मुझे डर लगता है।'

आत्मविश्वास, चुस्ती, दिलेरी आदि गुण ईश्वरीय देन नहीं होते।

उदाहरण के तौर पर, कोई गाँव का होशियार और फुर्तीला नौजवान जब किसी बड़े शहर में आए, तो सुस्त-सा पड़ जाता है। इसका कारण यह नहीं कि बदली हुई जलवायु का उस पर एकाएक असर हो गया है। दरअसल, उसे शहरी जीवन के उलझाव और बारीक़ियों का ज्ञान नहीं होता, और न उसकी इतनी शिक्षा होती है कि उन्हें जल्दी से समझ सके। इसलिए वह सहम-सा जाता है। उसकी आँखों में पथराव और अंगों में सुस्ती आ जाती है।

ज्ञान की संपूर्णता आत्मविश्वास पैदा करती है। अज्ञान का ज़रा-सा अंश भी किसी-न-किसी समय मनुष्य के आत्मविश्वास, उसकी फ़ैसला करने की शक्ति और उसकी बहादुरी को दग़ा दे सकता है।

अपने तकनीकी अज्ञान को छिपाने के लिए मैंने अपना सारा ज़ोर पात्रों के चुनाव पर लगा दिया। मैं चाहता था कि हर पात्र के लिए मुझे बाहर-भीतर के ऐसे कुशल कलाकार मिल जाएँ जो स्टेज पर पहुँचते ही ठाठ बाँध दें। फिर, बाक़ी सब क़सूर माफ़ हो जाएँगे।

मीर साहब, मिर्ज़ा मुंशी बेदिल, सेठ साहब–इस नाटक के विशेष और दिलचस्प पात्र थे। मीर के लिए मैंने अब्बास की बाँह पकड़ ली। वे बहुत छटपटाए, क्योंकि स्टेज पर काम करने का उन्होंने कभी सपना भी नहीं देखा था। पर मेरी ज़िद के आगे उन्हें झुकना ही पड़ा। पर सबसे दिलचस्प तलाश मुंशी बेदिल के पात्र की रही। एक दिन मैंने चेतन को कॉफ़ी-हाउस में एक ठिंगने, कमज़ोर-से आदमी के साथ बातें करते देखा। मुंशी बेदिल की जीती-जागती तस्वीर थी वह। उस व्यक्ति का नाम रशीद ख़ान था (जिनको पाठक *अनुराधा, गरम कोट* और अन्य कई फ़िल्मों में देख चुके होंगे)। वे ऑल इंडिया रेडियो में स्टाफ़-आर्टिस्ट थे। मैं हाथ धोकर उनके पीछे पड़ गया।

रशीद ख़ान ने जैसे मेरी आँखों में पढ़ लिया कि मैं जल्दी हार माननेवाला आदमी नहीं हूँ। वे भयभीत-से हो गए, कुर्सी खींचकर मेरे नज़दीक बैठते हुए उन्होंने संजीदगी से मुझे समझाना शुरू किया :

'देखिए साहब, नाटकों और फ़िल्मों में मैं अपने-आपको किस क़दर तबाह कर चुका हूँ, यह एक लंबी दास्तान है। इस वक़्त मैं इतना कह देना काफ़ी समझता हूँ कि मुझे उनके नाम से भी नफ़रत हो चुकी है। रेडियो की नौकरी से मुझे मुश्किल से दो वक़्त की रोटी का सहारा मिला है। इसे मैं किसी सूरत में ख़तरे में नहीं डाल सकता।'

'लेकिन नाटक में काम करने से आपकी नौकरी कैसे ख़तरे में पड़ सकती है? दूसरे लोग भी तो काम कर रहे हैं,' मैंने कहा।

'यह मैं बेहतर समझता हूँ।'

'लेकिन आपको देखने के बाद अब मुझे इस रोल के लिए दूसरा आदमी जँच ही नहीं सकता। बताइए, मैं भी क्या करूँ?'

'आप भाड़ में जाएँ!' वे उठकर बाहर चले गए।

पूरे दो महीने नाटक की रिहर्सलें चलती रहीं, पूरे दो महीने मैं रशीद ख़ान का इंतज़ार करता रहा। कितनी-कितनी देर मैं रेडियो स्टेशन के बरामदों में खड़ा रहता। जब भी वे आते-जाते, मैं हाथ बाँधकर खड़ा हो जाता। वे पुलिस बुलाने की धमकियाँ देते। कई बार उन्होंने चपरासी से कहकर मुझे अपने कमरे से बाहर निकलवाया। पर मैंने भी सब्र का साथ नहीं छोड़ा। रेडियो स्टेशन में मेरा बहुत रसूख़ था, बी.बी.सी. का अनाउंसर जो रहकर आया था। अगर चाहता तो किसी ऊँचे अफ़सर की मदद से मैं रशीद को हासिल कर सकता था, पर ऐसा करना मुझे मुनासिब नहीं लगा।

इधर अब्बास और दूसरे साथी अधकचरी रिहर्सलों से तंग आ रहे थे। अनाड़ी निर्देशक पर लोगों को वैसे भी भरोसा नहीं होता। किश्ती को भँवर में फँसा देखकर किसी-न-किसी बहाने साथ छोड़ जाते हैं। जसवंत ठक्कर मुझसे सेटों, लाइटिंग और तकनीकी बातों के बारे

में पूछते। मैं गोल-मोल-सा जवाब देता। साठे और अब्बास किसी-न-किसी बहाने रिहर्सलें देखने के लिए पृथ्वीराज कपूर, जयराज या के.एन. सिंह को बुला लाते और अप्रकट रूप से मुझे उनकी सहायता लेने के लिए कहते। पर मैं जानता था कि ज़रा भी आत्मविश्वास की कमी प्रदर्शित की, तो भट्ठा ही बैठ जाएगा। एक दिन मैंने सख़्ती के साथ हस्तक्षेप न करने की शर्त फिर दुहरा दी। साथियों के चेहरों पर मायूसी के आसार साफ़ दिखाई दे रहे थे।

सिर्फ़ एक जसवंत ठक्कर थे, जिन्होंने मुझे कभी छोटा महसूस नहीं कराया, हालाँकि मेरी ख़ामियों को सबसे ज़्यादा वही पढ़ सकते थे। रिहर्सलों में वे हमेशा मुझसे पहले पहुँचते थे और छोटी-छोटी ज़रूरतों का ख़याल रखते। मेरी एक-एक हरकत को वे क़द्रदानी से देखते। उनकी मौजूदगी में मैं खुला-खुला महसूस करता, जैसे कोई बहुत ही प्यारा दोस्त मिल गया हो! धीरे-धीरे मुझे यक़ीन हो गया कि स्टेज की तकनीकी ज़रूरतों के बारे में मुझे उनके होते हुए चिंता करने की ज़रूरत नहीं है और वे कोई बहुत पेचीदा भी नहीं हैं।

एक दिन एक ईरानी होटल में इकट्ठे चाय पीते हुए मैंने अपनी कल्पना को बेलगाम छोड़ते हुए कहा, 'मेरा दिल चाहता है कि शादी वाले सीन में दूल्हे को घोड़े पर चढ़ाकर बाजे-गाजे के साथ दर्शकों के बीच से स्टेज पर लाऊँ। बरात थिएटर के एक दरवाज़े में से दाख़िल हो, और दूसरे में से बाहर निकल जाए। ठीक उसी वक़्त परदा उठे और कहार डोली लाते हुए नज़र आएँ। साथ में शहनाई बज रही हो।'

मेरा ख़याल था कि इस बार जसवंत ज़रूर मेरा मज़ाक़ उड़ाएँगे, पर वे इस तरह कुर्सी से उछल पड़े, जैसे मैं आसमान के तारे तोड़ लाया होऊँ! मेरे मना करते-करते उन्होंने मेरी इस सनक को वास्तविक जामा पहनाने के प्रयत्न शुरू कर दिये। कावसजी जहाँगीर हॉल म्युनिसिपैलिटी के अधीन था, जिसने हॉल में से जानवर लाने की इजाज़त देने से बिलकुल इनकार कर दिया। पर जसवंत कहाँ हार माननेवाले थे! उन्होंने एक वकील की मदद से अधिकारियों के आगे सबूत पेश किया कि सन् 1922 में इसी हॉल की स्टेज पर बंदर लाया गया था। अगर बंदर आ सकता है, तो घोड़ा क्यों नहीं? इजाज़त मिल गई!

जसवंत अपनी धुन के मस्तमौला आदमी थे। 'इप्टा' के साथी उन्हें 'मैड कैप' के नाम से पुकारते थे। एक मैड कैप की और वृद्धि होने से भला जसवंत को क्या एतराज़ हो सकता था!

ख़ूब गुज़रेगी जो मिल बैठेंगे दीवाने दो।

हम आपस में ख़ूब घी-खिचड़ी होने लगे। उनके साथ मैंने बंबई के गली-कूचों की ख़ूब सैर की। अच्छे-अच्छे नाटक देखे, अच्छे-अच्छे लोगों से मिला। अब्बास और बाक़ी साथियों ने कहना शुरू कर दिया, 'चलो, अब यह भी कम्युनिस्ट बना कि बना।'

मैं इन बातों पर कान न देता। जसवंत कम्युनिस्ट थे या नहीं, न तो मैंने कभी उनसे पूछा और न ही उन्होंने मेरे साथ कभी राजनीति की बात की। मुझे एक अच्छा दोस्त मिल गया था। मुझे और कुछ नहीं चाहिए था। मैंने इस बात की परवाह न की कि वह दोस्त कम्युनिस्ट है या नहीं। इप्टा के बारे में कभी-कभी मैं सुनता था कि अंदर-ही-अंदर अलग-अलग गुटों की खींचतान रहती है और कम्युनिस्ट मेंबर संस्था पर हावी हैं। पर क्यों और कैसे, यह जानने की न मुझे फ़ुर्सत थी, और न ही दिलचस्पी। मेरा ध्यान नाटक में लगा हुआ था।

पात्र-निर्देशन के विषय में अंग्रेज़ी साहित्य से कॉलेज के ज़माने में अहमदशाह बुख़ारी जैसे उच्चकोटि के नाटक विशेषज्ञों, और लंदन में देखे नाटकों में हासिल की क़दरें-क़ीमतें

मेरे बहुत काम आईं। *जुबैदा* नाटक चाहे अच्छा था या बुरा, मैं अब उसे एक पवित्र धार्मिक पुस्तक की तरह देखता था। मेरा विश्वास है कि नाटक की अच्छाई-बुराई के बारे में निर्देशक को नाटक हाथ में लेने से पहले सोचना चाहिए, और एक बार हाथ में ले लेने के बाद फिर उसे कभी तकनीकी नज़र से नहीं देखना चाहिए। निर्देशक का काम अपनी कला का प्रदर्शन करना नहीं, बल्कि लेखक के आशय की पूर्ति करना है, उसी रंग-रूप का वेश पहनाकर दर्शकों के सम्मुख निखारना है। जो निर्देशक रिहर्सलों के दौरान मूल नाटक में मनमाने परिवर्तन करते जाते हैं, वे अच्छा काम नहीं करते। लेखक की सलाह के बिना परिवर्तन करना ऐयारी है।

अब्बास के नाटक में बहुत कमज़ोरियाँ थीं। मेरे साथी कई बार उनकी तरफ़ मेरा ध्यान खींचते। पर अब्बास से ज़िक्र करने से पहले मैं नाटक को फिर ग़ौर से पढ़ता, और हर सवाल का जवाब नाटक के अंदर ही मुझे मिल जाता। मैं अब्बास की योग्यता पर अश-अश किए बिना न रहता। चाहे कुछ भी कहिए, अब्बास के नाटकों में एक मनका होता है, एक अनोखापन, एक मनोरंजक लोच, जो मैंने हिंदी-उर्दू के किसी और नाटककार में कम ही देखी है। काश, अब्बास ने अपनी इस उपलब्धि की ओर विशेष ध्यान दिया होता! ख़ैर, निर्देशक की कल्पना को प्रेरणा देने के लिए अब्बास के नाटकों में भरपूर मसाले होते हैं।

रिहर्सलों पर आने से पहले मैं पात्रों की पूरी गतिविधियों का नक़्शा मन में बिठा लेता, जिसके कारण कई बार वह बहुत मज़ेदार हो जाता था।

पर अनुभव न होने के कारण कई बार मुझसे सख़्त ग़लतियाँ हो जाती थीं। देव आनंद को मैं शायद ग़ुस्से में आकर कभी कह बैठा था, 'यार, तू कभी एक्टर नहीं बन सकता।' मुझे नहीं याद। पर यह पक्की तरह याद है कि जब उन्हें प्रभात फ़िल्म कंपनी से इंटरव्यू के लिए बुलावा आया था, तो मैंने चेतन से चोरी-छिपे उन्हें पूना भगा दिया था और ताकीद की थी कि अगर वे उन्हें कांट्रैक्ट पेश करें तो वे किसी सूरत में इनकार न करें, चाहे शर्तें कितनी भी कठिन क्यों न हों। इस तरह देव को फ़िल्मों में धकेलने के लिए एक तरह से मैं ही ज़िम्मेदार हूँ। फिर भी, नासमझी में कही हुई बात देव को काफ़ी चुभी थी, और फ़िल्मी पत्रकारों ने उसे दिल खोलकर उछाला था।

इससे साफ़ ज़ाहिर है कि निर्देशक को कभी भी संयम नहीं खोना चाहिए, कभी भी ऐसी बात मुँह से नहीं निकालनी चाहिए, जिससे कलाकार का दिल दुखे या उसका हौसला पस्त हो। मैं एक बार नहीं, कई बार ऐसी ग़लतियाँ कर चुका हूँ, जिनका मुझे बहुत गहरा दुख है। वे मेरे अज्ञान का नतीजा थीं।

शो में केवल चार दिन बाक़ी रह गए थे। मुंशी बेदिल वाला मामला अभी भी हवा में लटका हुआ था। न रशीद ख़ान अपनी ज़िद छोड़ने को तैयार थे, न मैं। पर कलाकार आख़िर कलाकार होता है। मेरी दयनीय हालत देखकर आख़िर उन्हें ही हार माननी पड़ी। पर अब संवाद याद करने का समय नहीं रहा था। मुंशी बेदिल स्टेज पर एक अख़बार पढ़ते हुए दाख़िल होते थे। सो, रशीद ख़ान ने अपने संवाद अख़बार में छिपाकर रखे होते थे। हर दृश्य में अपने संवाद पढ़कर ही बोलते रहे। दर्शकों को इस बात का आभास तक नहीं हुआ; बल्कि *जुबैदा* नाटक की कामयाबी ज़्यादातर मुंशी बेदिल के पात्र से ही जुड़ गई। उसकी इतनी चर्चा हुई कि बेचारे रशीद ख़ान को फिर रेडियो छोड़कर फ़िल्मों और नाटकों में आना पड़ा।

शो वाले दिन तक नाटक की किश्ती डाँवाँडोल रही थी। ठीक परदा उठने से पहले चेतन को दमे का दौरा शुरू हो गया। सो, जल्दी-जल्दी मेकअप करके हीरो का रोल मुझे ख़ुद करना पड़ा। मैंने उसकी रिहर्सलें तो नहीं की थीं, पर नाटक शुरू से आख़िर तक मुझे याद हो चुका था, इसलिए बचाव हो गया। क़िस्मत से मैंने इस मुश्किल वक़्त में सहायक होने के लिए अपने छोटे भाई भीष्म साहनी को रावलपिंडी से बुला लिया था। पहले शो में उन्होंने एक नहीं, बल्कि तीन छोटे-छोटे पात्रों का रोल, मेकअप बदल-बदलकर, बहुत अच्छी तरह निभाया। एक दृश्य में वे म्युनिसिपैलिटी के कर्मचारी के रूप में गली की लालटेन जलाने आए, जिसके नीचे मोढ़ों पर बैठकर मीर साहब, मिर्ज़ा सेठ साहब और मुंशी बेदिल की गप-गोष्ठी होती थी। संवाद न उनको याद थे, न मुंशी बेदिल को। पता नहीं किस बात पर दोनों एक-दूसरे से उलझ पड़े। वह झपट इतनी स्वाभाविक, दिलचस्प और मज़ेदार सिद्ध हुई कि हमेशा के लिए नाटक का भाग बन गई।

तमाम मुश्किलों के बावजूद नाटक को आशा से अधिक सफलता मिली। दर्शकों के ठीक बीच से जब बैंड और घोड़े समेत दूल्हे की बरात निकली, तो थिएटर की दीवारें तालियों की आवाज़ से काँप उठीं।

अचानक एक दिन शूटिंग का बुलावा आ गया—जीवन में मेरी पहली शूटिंग। शाम के सात बजे कारदार स्टूडियो में पहुँचना था। इप्टा की एक मीटिंग बीच ही में छोड़कर मैंने ठीक समय पर चर्नी रोड स्टेशन से गाड़ी पकड़ी। शूटिंग शब्द सुनकर दोस्तों-साथियों पर ऐसी प्रतिकिया हुई, जैसे बिजली के तार को हाथ लग जाए। मैं एक क्षण में उनके लिए प्यार के बजाय ईर्ष्या का पात्र बन गया था।

और उस दिन से लेकर आज तक मैंने अपने इर्द-गिर्द—घर में भी, और घर के बाहर भी—हमेशा यही प्रतिक्रिया देखी है। हर किसी की नज़र में शूटिंग एक बड़ी अलौकिक चीज़ है। वह आदमी को दूसरे लोगों से अलग और ऊँचा बना देती है। शूटिंग कर रहे कलाकार का सिंहासन अटल लगता है, और जो न कर रहा हो, उसका डगमगाता हुआ। अगर कोई यूँ ही पूछ बैठे, 'आज आपकी शूटिंग नहीं है?' तो बड़े से बड़ा अभिनेता भी घबरा जाता है, जैसे उससे कोई क़सूर हो गया हो! इसका कारण यह है कि इस सवाल से कहीं दूर, एक ख़तरे की घंटी बँधी हुई है. जिसकी आवाज़ फ़िल्म-स्टार के कानों को अच्छी नहीं लगती।

मुझे सात बजे का समय दिया गया था, पर स्टूडियो जाकर पता लगा कि शिफ़्ट नौ बजे शुरू होगी। इतना पहले क्यों बुला लिया मुझे? आठ बजे तक तो फणी-दा के सहायक ने भी दर्शन नहीं दिये। पर मैंने इस बात की ज़्यादा परवाह नहीं की। पहली शूटिंग का चाव जो था। वास्तव में ऐसे अपमान छोटे कलाकारों का दिमाग़ ठीक जगह रखने के लिए किए जाते हैं। बड़े कलाकार, अर्थात् स्टार, अपनी मर्ज़ी के मालिक होते हैं, और शिफ़्ट शुरू होने के बाद दो-दो, चार-चार घंटे देर से आते हैं। पर उनकी हर बात का मुस्कराहट से स्वागत करना निर्माता, निर्देशक और यूनिट के प्रत्येक कर्मचारी का कर्तव्य होता है। ऐसा करने से स्वाभिमान में पड़ी हुई दरारों को थूक से जोड़ने की ख़ातिर छोटे कलाकारों को अकारण ही डाँटा-फटकारा और ज़लील किया जाता है। उनकी लाचारी उन्हें मुँह बंद रखने पर मजबूर करती है, क्योंकि किसी समय भी उन्हें काम से हटाया जा सकता है। हाँ, अगर किसी छोटे कलाकार की क़िस्मत चमक उठे, और उसे ऊपर ले जाए, तो वह गिन-गिनकर बदले लेता

है, और तब छोटे कलाकारों की मदद करने का, जिनमें से वह ऊपर उठा होता है, उसे भी कोई ख़याल नहीं रहता।

सेट स्टूडियो के अहाते में लगाया गया था। किसी अमीर आदमी के आँगन और बाग़ीचे का सैट था वह। लगभग साढ़े नौ बजे फणी-दा तशरीफ़ लाए, और कैमरामैन, घोष ने धीरे-धीरे लाइटिंग शुरू की। लगभग ग्यारह बजे फ़िल्म की कुछ एक मशहूर हस्तियों की मोटरें स्टूडियो के फाटक में दाख़िल हुईं—चार्ली (अपने अलसेशियन कुत्ते के साथ), आगा, डेविड, कुसुम देशपांडे, सुनालिनी देवी—ये लोग ताजमहल होटल में हुई किसी डिनर-पार्टी से आ रहे थे। मर्दों ने पकड़ी हुई तितली-कालर कमीज़ें और काले डिनर-सूट पहने हुए थे, जिनकी लड़ाई के ज़माने में मैंने इंग्लैंड में मनाही-सी देखी थी। उनके आते ही मेज़ पर सफ़ेद कपड़ा बिछाया गया, चमकते हुए चीनी के सेट में सैंडविच और कॉफ़ी आदि सामान लाया गया। मैंने कभी बी.बी.सी. में भी इतने नवाबी ठाठ से काम होता नहीं देखा था। मुझे अजीब-सा लगा। क्या यह वही देश था, जहाँ साल-भर पहले, लाखों लोग भूख से मर गए थे, और जहाँ सन् 1942 के आंदोलन में पकड़े गए हज़ारों देशभक्त अभी तक जेलों में सड़ रहे थे? हिंदुस्तान विरोधाभासों का देश है। अभी मैं उनका आदी नहीं हुआ था। मैं विदेश से नया-नया यहाँ आया था।

कॉफ़ी आदि पीकर स्टार चले गए। उनका काम करने का मूड नहीं बन रहा था। सेट का पहला दिन था; शायद सजावट और लाइटिंग में अभी काफ़ी समय लग जाए। फणी-दा ने बिना किसी शिकायत के काम अगले दिन पर डालकर उन्हें विदा किया। अब बाक़ी रह गया था मैं, और फ़िल्म के हीरो, नवीन याज्ञिक, जो स्टारपन की दहलीज़ तक पहुँच गए थे, पर अभी उन्होंने उसे पार नहीं किया था। जब हम कॉफ़ी पी रहे थे, तो वे अंदर मेकअप कर रहे थे, और अब चुपचाप एक कुर्सी पर आकर बैठ गए थे। उन्होंने नीले रंग का कुर्ता-पाजामा पहना हुआ था, जो चेहरे के लाल मेकअप के साथ मिलकर हनुमानी क़िस्म का प्रभाव पैदा कर रहा था। जब बातचीत शुरू हुई, तो नवीन ने बताया, 'परदे पर इन कपड़ों का रंग सफ़ेद दिखाई देगा। एकदम सफ़ेद कपड़े, रंगीन फ़िल्म में तो पहने जा सकते हैं, पर काली-सफ़ेद फ़िल्म में नहीं पहने जा सकते। उनकी चमक कैमरामैन के काम में उलझन पैदा करती है।'

'पर ऐसे कपड़े पहनकर और चेहरे पर इतना गाढ़ा मेकअप करके क्या कलाकार के मन की स्वाभाविकता नष्ट नहीं हो जाती?' मैंने पूछा।

'आदत हो जाती है,' नवीन संक्षिप्त-सा उत्तर देकर चुप हो गए। मुझे बड़ी हैरानी हुई। अभिनय-कला के बारे में जो कुछ मैंने पढ़ा-सुना था, उसके आधार पर स्वाभाविकता सबसे ज़रूरी चीज़ थी। मेरे महत्त्वपूर्ण सवाल का हीरो ने शायद मतलब नहीं समझा था, मैंने सोचा।

नवीन का चौड़ा सपाट-सा चेहरा पहली नज़र में मुझे सुंदर नहीं लगा था। सो, मुझे घटिया क़िस्म की तसल्ली हुई थी कि परदे पर मैं उनसे ज़्यादा सुंदर दिखाई दूँगा। पर मैंने देखा, कि हँसते समय उनके कपोलों में क्लार्क गेबल के-से गड्ढे पड़ते थे, जो उनके चेहरे को बहुत आकर्षक बना देते थे। उनके गंभीर स्वभाव ने भी मुझ पर बहुत गहरा असर डाला।

नवीन की क़िस्मत में लंबी ज़िंदगी नहीं लिखी थी। उस फ़िल्म के पूरे होने के लगभग एक साल बाद ही वे मियादी बुख़ार का शिकार होकर स्वर्गवासी हो गए। फ़िल्मी ज़िंदगी के थोड़े-से समय में उन्होंने बहुत अच्छे काम किए थे। उन्होंने एक्स्ट्राओं और स्टूडियो-मज़दूरों

की यूनियनें बनाई थीं और उनके हक़ों के लिए संघर्ष किया था। उनके एक साथी कृष्णकुमार को अपनी इन सेवाओं के बदले में गुंडों के हाथों क़त्ल होना पड़ा था। मैं उन दोनों नेक और निडर व्यक्तियों को प्रणाम करता हूँ।

नवीन के पास से उठकर मैं भी मेकअप करने के लिए चला गया। मेकअप-मैन का नाम स्वामी था। आज भी स्टूडियो में कभी-कभी उसके दर्शन हो जाते हैं। पिछले बीस वर्षों से उसकी आर्थिक दशा बिलकुल नहीं बदली है। यह भी नहीं कहा जा सकता कि वह अपने स्तर पर क़ायम रही होगी। इस आदमख़ोर फ़िल्मी धंधे में सौ में से निन्यानबे व्यक्तियों की यही कहानी है।

मैंने अपना मेकअप किया। इस बार चेहरा इतना पसंद नहीं आया, जितना कि पूना में पसंद आया था। लंबोतरा-सा और कुछ खुरचा-खुरचा-सा लग रहा था। क्या मेकअप ठीक नहीं हुआ था, या आईने पर बत्तियाँ बहुत ऊँची लगी होने के कारण ऐसा लग रहा था? या मेरी सेहत गिर गई थी?

कुछ दिन पहले लैमिंगटन रोड पर मिस्टर भवनानी मिले थे। एक बार वे मुझे और चेतन को अपने घर डिनर पर बुला चुके थे। तब आशा हुई थी कि पुरानी जान-पहचान के कारण वे ज़रूर मेरी कुछ मदद करेंगे। उन्होंने बहुत बढ़िया खाना खिलाया था। पर मेरे दिल की बात का उन्होंने ज़िक्र तक नहीं होने दिया, और लैमिंगटन रोड वाली मुलाक़ात में तो वे और भी निराश कर गए। उन्होंने कहा, 'मेरी बात का बुरा न मानना, मिस्टर साहनी। अब आपके चेहरे पर वह भरपूर ख़ूबसूरती नहीं रही, जो मैंने कश्मीर में देखी थी। आप कुछ-कुछ गैरी कूपर की तरह दिखाई देने लगे हैं।'

गैरी कूपर! संसार का सबसे लोकप्रिय फ़िल्मी हीरो। और उससे मेरी समानता भवनानी को गुण नहीं, दोष प्रतीत हो रही थी!

मुझे बहुत दुख हुआ। कभी मैंने भवनानी को अपने घर में ठहराया था। भाग-दौड़कर उनके काम किए थे। उस समय बजाय इसके कि वे मेरी मदद करते, उलटा मेरी हिम्मत तोड़ रहे थे। किसी ने सच ही कहा है कि तारीकी में साया भी जुदा इनसान होता है।

उन दिनों मेरा सिफ़ारिशी ख़तों का तजरुबा भी बहुत कड़वा रहा था। श्री जे.एन. साहनी, मेरे मौसेरे भाई, *हिंदुस्तान टाइम्ज़* और *नेशनल कॉल* जैसे प्रसिद्ध दैनिक पत्रों के संपादक रह चुके थे। जब उन्हें पता लगा कि मैं फ़िल्मों में प्रवेश कर रहा हूँ तो उन्होंने मेरे बारे में अपने मित्र रायबहादुर दूनीचंद को पत्र लिखा, जो फ़िल्मिस्तान स्टूडियो के मालिक थे। और एक ख़त बॉम्बे टाकीज़ स्टूडियो के पब्लिसिटी ऑफ़िसर श्री इंद्रराज आनंद को लिखा, जो आज पटकथा-लेखक की हैसियत से प्रसिद्धि के शिखर पर पहुँचे हुए हैं। उन दिनों दोनों स्टूडियो फ़िल्म इंडस्ट्री के केंद्र माने जाते थे। पर दोनों जगह ही मेरे साथ अच्छा सलूक नहीं हुआ।

इसी तरह अब्बास और साठे ने ज़िद करके मुझे वी. शांताराम के पास भेजा। मैं उन्हें बता चुका था कि प्रभात स्टूडियो, पूना में वे मेरे साथ कितनी अच्छी तरह पेश आए थे। उन दिनों अब्बास और साठे *डॉक्टर कोटनीस की अमर कहानी* की पटकथा और संवाद लिख रहे थे। शांताराम के साथ उनका रोज़ का उठना-बैठना था।

पर इस दूसरी मुलाक़ात और पहली मुलाक़ात में ज़मीन-आसमान का फ़र्क़ था। एक तो शांताराम ख़ुद बहुत बदल चुके थे। न उनके कमरे में वह सादगी थी, न उनका लिबास

हिंदुस्तानी था, साहबों वाला ठाठ-बाट था उनका। उनका शरीर भी पहले से स्वस्थ और सुडौल हो गया था। सफ़ेद कमीज़-पतलून में वे इतने हृष्ट-पुष्ट और ऊँचे क़द-काठी के लग रहे थे कि उन्हें पहचानना मुश्किल हो रहा था। हाथ की एक अंगुली में हीरे की अँगूठी पड़ी हुई थी, जिसे बातचीत के दौरान वे दूसरे हाथ से मलते रहते थे।

मैं भी तो कितना बदल चुका था! शांति-निकेतन या सेवाग्राम से आया हुआ आश्रमवासी निस्संदेह सम्मानपूर्ण व्यवहार का हक़दार था। पर लंदन से अंग्रेज़ों का प्रोपेगैंडा करके लौटे हुए अनाउंसर को वही सम्मान कैसे मिल सकता था? पाँच-दस मिनट की मुलाक़ात हम दोनों को एक-दूसरे से दूर करने के लिए काफ़ी थी। उसके बाद आज तक हम कभी एक-दूसरे से नहीं मिले हैं, बस, दूर से ही सलाम-दुआ हुई है।

जब मैं नए अभिनेताओं को फ़िल्मों में काम पाने के लिए सिफ़ारिशी ख़त लेकर निर्माताओं, निर्देशकों और फ़िल्म-स्टारों के यहाँ चक्कर लगाते हुए देखता हूँ, तो दिल चाहता है कि किसी तरह उन्हें समझा सकूँ कि इन सिफ़ारिशी ख़तों की क़ीमत उस काग़ज़ जितनी भी नहीं है, जिस पर वे लिखे हुए हैं। नौकरी पाना और चीज़ है, कलाकार बनना और चीज़। नौकरी पाने के लिए सिफ़ारिशी ख़त भले ही काम आ सकें, पर शायद ही कोई प्रोड्यूसर ऐसा होगा जो दूसरों के कहने पर किसी नए अभिनेता को कैमरे के सामने लाने का ख़तरा मोल ले। (फ़िल्मी) चक्कर और तरह चलता है और उसे समझना बहुत ज़रूरी है। अधिकतर सफलता आदमी के अपने संघर्ष और भाग्य पर निर्भर होती है।

आमतौर पर सिफ़ारिशी ख़त देनेवाले, लेनेवालों की अपेक्षा कहीं ज़्यादा नासमझी का सबूत देते हैं। उन्हें दूर बैठे हुए अपनी जान-पहचानवाला कोई फ़िल्मी व्यक्ति ईश्वर जैसा सर्वव्यापक और सर्वशक्तिमान प्रतीत होने लगता है। पर असलियत कई बार उसके अनुमान के विपरीत होती है। जिससे सहायता की आशा की जाती है, वह सहायता देने की हालत में ही नहीं होता।

उदाहरणार्थ, आज मैं कह सकता हूँ कि भवनानी पर नाराज़ होना सरासर मेरी मूर्खता थी। मौन फ़िल्मों के ज़माने में वे बहुत सफल निर्माता रहे थे, पर फिर जब बोलनेवाली फ़िल्मों का दौर शुरू हुआ, तो वे हर क़दम पर असफल होते गए। जब मैं उनसे मिला था, तो वे परेशानियों में से गुज़र रहे थे। और मुझे अपनी सेहत का ख़याल रखने की बात कहकर उन्होंने अपनी सज्जनता का सबूत दिया था। गैरी कूपर को हॉलीवुड में भले ही सुंदर माना जाए, पर हिंदी फ़िल्मों में तो गोल-मटोल चेहरों को ही पसंद किया जाता है।

पर बेचारे नए कलाकार की एक बदक़िस्मती यह भी होती है कि उसे फ़िल्मों के अंदरूनी वातावरण का कुछ पता नहीं होता। ठोकरें खा-खाकर उसे हर किसी पर शक होने लग जाता है। वह सोचता है कि हर कोई उसकी राह रोक रहा है, उससे दुश्मनी कर रहा है।

एक बार दादर मेन रोड पर जगदीश सेठी ने भी मुझे सेहत के बारे में सचेत होने के लिए कहा था। उन दिनों चरित्र-नायक (कैरेक्टर-एक्टर) के तौर पर उनकी मशहूरी आसमान को छू रही थी। उनके कहे शब्द मुझे अभी तक याद हैं : 'स्क्रीन पर पतला आदमी और भी पतला दिखाई देने लगता है। सो तुम्हें अपना वज़न बढ़ाना चाहिए।'

बहुत महत्त्वपूर्ण बात कही थी उन्होंने। पर उस समय वह मुझे कड़वी लगी थी। अफ़सोस की बात यह है कि जिसे कोई चीज़ मिलती है, उसकी नज़र में उसकी क़ीमत नहीं होती। और जिसकी नज़र में क़ीमत होती है, उसे वह चीज़ मिलती नहीं है।

इसमें कोई शक नहीं कि मेरी सेहत काफ़ी गिर चुकी थी। बंबई की जलवायु मुझे रास नहीं आ रही थी। एक दिन टैक्सी में बैठे हुए, पसीने से तरबतर मैंने अब्बास से पूछा, 'यार, बंबई में रहते हुए तुम्हें कितने साल हो गए हैं?'

'सात,' उन्होंने कहा।

'सात साल!' मैंने हैरानी से कहा। 'मैं तो सोच भी नहीं सकता कि इस मरदूद शहर में कैसे कोई सात साल काट सकता है!'

'तुम्हें सात साल बाद पूछूँगा,' अब्बास ने अख़बार पर से नज़र उठाए बिना ही कहा।

उनकी भविष्यवाणी कितनी सच निकली! बंबई में रहते हुए आज मुझे सात के बजाय तेईस साल हो गए हैं।

सेहत गिरने का असली कारण आर्थिक परेशानी और अनियमित क़िस्म की ज़िंदगी ही थी। पैसे का मुँह देखने के लिए उन दिनों मैंने क्या-क्या नहीं किया! ट्रेडर्स बैंक की एक शाखा का मैनेजर मेरा कॉलेज का सहपाठी निकल आया। वह कभी-कभी बैंक की ओर से मुझे थोड़ा-बहुत क़र्ज़ देता रहा। मेरे एकाउंट में दो हज़ार रुपये का ओवर ड्राफ़्ट हो गया। एक दिन अचानक उसे तब्दीली का नोटिस आ गया। उसे एक महीने का समय मिला, और मेरा नैतिक कर्तव्य था कि उसके जाने से पहले क़र्ज़ की रक़म चुका दूँ।

इस कर्तव्य को पूरा करने के लिए मैंने जो कोशिशें कीं, वह नाख़ूनों से कुआँ खोदनेवाली बात थी। रेडियो के प्रोग्राम देने और पुस्तकों के अनुवाद करने तक ही मेरी दौड़ सीमित थी। भला इन कामों से कितनी कमाई हो सकती थी! एक दिन किसी ने बताया कि फ़िल्म्ज़ डिवीज़न (सरकारी सूचना-फ़िल्म विभाग) में छोटी फ़िल्म की वार्ता लिखने के लिए, और बोलने के लिए भी, पूरा डेढ़ सौ रुपया मिल जाता है। मैं उसी समय डायरेक्टर से मिलने चला गया। अपने नाम का कार्ड अंदर भेजा। डायरेक्टर ने झट अंदर बुला लिया। उसे देखते ही मेरी जैसे साँस रुक गई। मेरे सामने वह नौजवान खड़ा था, जो ख़ुद दो साल पहले लंदन में मेरे सामने इंटरव्यू के लिए पेश हुआ था। ऑक्सफ़ोर्ड की उच्च शिक्षा समाप्त करके उसने बी.बी.सी. के हिंदुस्तानी विभाग में नौकरी के लिए अर्ज़ी दी थी। हमारे डायरेक्टर जुल्फ़कार अली बुख़ारी उन दिनों हिंदुस्तान आए हुए थे। सो उसे मेरे पास भेजा गया था। मुझे उसका उर्दू उच्चारण पसंद नहीं आया था, इसलिए उसे नौकरी नहीं मिल सकी थी। और अब मैं उसके सामने एक मामूली-से काम के लिए सवाली बनकर खड़ा था। मुझे अपनी सारी उम्मीदों पर पानी फिरता हुआ नज़र आया। पर वह बढ़िया क़िस्म का आदमी साबित हुआ। उसने उसी समय मेरी अर्ज़ी मंज़ूर कर ली और कोई ऐसी बात मुँह से नहीं निकाली जो मुझे चुभनेवाली हो। पर इस काम से भी मैं मुश्किल से पाँच-छह सौ रुपये ही कमा सका, क्योंकि रिकॉर्डिस्टों को मेरे बोलने का अंदाज़ पसंद नहीं था।

अपना मेकअपवाला चेहरा देखते हुए मुझे वे पुराने दिन याद आने लगे थे। पर मैंने निराश न होने का निश्चय किया। शूटिंग का पहला दिन था। एक तरह से मेरी क़िस्मत का इम्तहान था उस दिन। मैं हर हालत में फणी-दा पर अच्छा प्रभाव डालना चाहता था, पर फिर भी, मेरे न चाहने पर भी, वह मेकअप मेरे चेहरे पर बोझ-सा बनता जा रहा था। ऐसे लगता था, जैसे चेहरे पर लगाते समय बहुत सारा पाउडर मेरी आँखों में भी चला गया हो! रह-रहकर एक ख़याल मुझे तंग कर रहा था कि फ़िल्म अभिनेता को सफ़ेद की जगह नीले कपड़े पहनाकर

और उसके मुँह पर सिंदूरी रंग का प्लस्तर-सा लगाकर उनसे कैसे स्वाभाविक अभिनय की आशा की जा सकती है! मुझे इस बात का पता नहीं था कि स्वाभाविक अभिनय की मंज़िल पर पहुँचने के लिए कलाकार को कई क़िस्म के अस्वाभाविक बंधनों और कठिनाइयों को स्वीकार ही नहीं, बल्कि अपनाना पड़ता है। इसके लिए सुलझे हुए अध्ययन और अभ्यास की ज़रूरत है। मेरी नज़र में स्वाभाविकता का अर्थ था—बंधनों के प्रति लापरवाह बनकर वैसे ही करना, जैसे जीवन में होता है। नए कलाकारों से आमतौर पर यह ग़लती हो जाती है, और इसकी उन्हें बड़ी क़ीमत चुकानी पड़ती है।

मैं सेट पर गया। सौभाग्य से कैमरा लांग-शॉट पर रखा हुआ था। मैं उसे भुला सकता था, सेट पर स्वतंत्रता से इधर-उधर चल-फिर सकता था, बिना किसी रुकावट के हाथ-पैर हिला सकता था।

सीन इस प्रकार था : हीरो बरामदे में एक टेबल-लैंप के प्रकाश में पुस्तक पढ़ रहा है। मैं, उसका फ़ैशन-परस्त दोस्त, मस्तानी अदा में, दरवाज़े में दाख़िल होता हूँ। सिर से हैट उतारकर खूँटी पर टाँगता हूँ, और एक आरामकुर्सी पर बैठकर सिगरेट के कश खींचता हुआ हीरो के पुरातनपंथी विचारों और आदर्शों पर व्यंग्य करने लगता हूँ। संवाद का केवल एक वाक्य बोलने के बाद शॉट कट हो जाना था।

कहते हैं कि नए जुआरी का पहला दाँव हमेशा सीधा पड़ता है। इस शॉट में मैंने ऐसी स्वाभाविकता दिखाई कि हर तरफ़ से वाह-वाह होने लगी। आरामकुर्सी पर बैठते ही मैं मुँह में से धुएँ के गोल-गोल छल्ले निकालने लगा था, जो बड़े करतब वाली बात थी। इसके बाद एक-दो और शॉट हुए, जिनमें कैमरा थोड़ा नज़दीक आ गया। इस बार भी मैंने बहुत बढ़िया अभिनय किया, जैसे दिखा रहा होऊँ कि यह सब मेरे जैसे बी.बी.सी. से आए हुए कलाकार के बाएँ हाथ का खेल है! मैं ख़ुशी में झूमता हुआ प्रातःकाल के समय घर पहुँचा।

तीन दिन बाद फिर उसी सेट पर दिन की शिफ़्टें शुरू हुईं, तो मुझे फिर बुलाया गया। तब स्टूडियो में बड़ी चहल-पहल देखी। एक बड़े-से कमरे में मर्दों का बारी बारी से मेकअप किया जा रहा था। बरामदे के उस ओर एक उतने ही बड़े कमरे में स्त्रियों का मेकअप किया जा रहा था। वे इस प्रकार चहक रही थीं, जैसे किसी ब्याह में एक साथ बैठी हुई हों! मुझे भी मर्दों वाले कमरे में दाख़िल कर दिया गया। मैं नहीं जानता था कि वे कौन लोग थे। अगर कोई बता देता कि वे एक्स्ट्रा थे, तो भी कोई फ़र्क़ नहीं पड़ता, क्योंकि मैं नहीं जानता था कि 'एक्स्ट्रा' क्या होते हैं। उनका मेकअप होता देखकर मैंने यही सोचा कि वे भी मेरे या नवीन जैसे कलाकार होंगे। जैसे स्टेज की दुनिया में सब बराबर होते हैं, चाहे कोई बड़ा कलाकार हो, चाहे छोटा, उसी प्रकार फ़िल्मों में भी होगा। चाय-पार्टी के दृश्य के लिए मेरी तरह वे लोग भी अपने घरों से बढ़िया सूट, शेरवानियाँ आदि पहनकर आए थे, और बहुत अच्छे लग रहे थे। सभी अच्छे व्यवहार वाले लोग थे। उनके साथ गप्पें हाँकने के लिए खुला समय मिला था। कुछ ही देर में उनके साथ मेरी दोस्ती हो गई। इंग्लैंड से आया हुआ होने के कारण मैं भी उनकी आँखों में आदर का पात्र बना हुआ था। इतना प्यारा और सुखद वातावरण मैंने कभी 'पीपल्ज़ थिएटर' में भी नहीं देखा था। हर कोई मेरे साथ बड़ी नम्रता और अपनत्व से पेश आ रहा था, जैसे हर संभव तरीक़े से मेरे पराएपन के अहसास को दूर करना चाह रहा था। उनकी बातों से पता चला कि वे ख़ुद भी कोई मामूली आदमी नहीं

थे। एक ने बताया कि शहर में उसकी चार फ़र्नीचर की दुकानें हैं। शूटिंग के लिए वह सिर्फ़ शौक़ पूरा करने के लिए कभी-कभी आ जाता है। और अब ख़ुद एक फ़िल्म बनाने का इरादा कर रहा है। उसमें विलेन (खलनायक) का रोल वह ज़रूर मुझे देगा, क्योंकि मैं शक्ल से बिलकुल 'इंगलिश विलेन' जैसा लगता हूँ।

हैरानी की बात यह थी कि सिर्फ़ वही नहीं, हर आदमी फ़िल्म बनाने का प्रोग्राम लिये बैठा था। हर किसी के पास कहानी थी, जो उसने ख़ुद लिखी थी। वह बड़े-बड़े फ़िल्म-स्टारों के नाम लेता, जिनके साथ उसकी दोस्ती थी, और जो उसकी फ़िल्म में काम करने के लिए 'हाँ' कर चुके थे।

एक ऊँचा-लंबा पठान, जिसका नाम असलम था, बड़ी नम्रता से बोल रहा था। फिर उसने फणी-दा की बुराई करनी शुरू की। कहने लगा कि पहली फ़िल्म में उन्होंने उसे एक छोटा रोल दिया था, और वायदा किया था कि अगली फ़िल्म में मुख्य पात्र का, और फिर उससे अगली फ़िल्म में हीरो का रोल देंगे। इस हिसाब से उस फ़िल्म में, जिसकी कि शूटिंग हो रही थी, उसे हीरो होना चाहिए था। आख़िरी दम तक उसे लटकाए रखा गया, और अब 'भाई लोगों' में खड़ा कर दिया गया है। 'भाई लोग' शब्द मुझे अजीब-सा लगा और उस पर हँसी आई। पर मैंने देखा, असलम की आँखों से आँसू फूट पड़े थे और उसने जेब से रूमाल निकाल लिया था। मैं एकाएक गंभीर हो गया। मेरे साथ भी तो फणी-दा ने हू-ब-हू इसी क़िस्म का वादा किया था।

विश्वास करना कठिन था कि फणी-दा इस क़िस्म का अन्याय कर सकते हैं। मेरे मन में उनके लिए बहुत गहरी श्रद्धा थी। पर मज़े की बात यह कि आगे जाकर मेरे साथ भी वही कुछ हुआ, जो असलम के साथ हुआ था। मैं भी अपने साथ वैसा ही अन्याय देखकर बहुत दुखी हुआ था और हर जगह फणी-दा को कोसने लगा था। पर आज मैं फणी-दा को दोष नहीं देता। बीस साल इस 'तमाशे' की दुनिया में गुज़ारकर मैं इस नतीजे पर पहुँचा हूँ कि इस दुनिया की अपनी अलग नैतिकता और अपने अलग क़ायदे-क़ानून हैं, जो पाठकों को धीरे-धीरे समझ में आएँगे।

पहले दिन, उस पार्टी-सीन में मेरा कोई शॉट नहीं हुआ, और सारा दिन धूप में, कुर्सियों पर इधर-उधर बैठकर और बेकार की बातें करके मैं तंग आ गया। पर दूसरे दिन अचानक फणी-दा का कैमरामैन घोष और दो अन्य कर्मचारी, जो मेरे अस्तित्व को बिलकुल भूल चुके लगते थे, मेरे पास आए। कैमरा मेरी मेज़ पर मुझसे तीन फीट के फ़ासले पर टिका दिया गया। जितनी देर तक मुझ पर लाइटें और रिफ़्लेक्टर डालने का प्रबंध होता रहा, मेरी ओर किसी ने ध्यान नहीं दिया। न ही किसी ने बताया कि क्या शॉट है या किस सीन में आना है, या कहानी के साथ उनका क्या संबंध है। इतना नज़दीक होने पर कैमरे ने मेरे अंगों की सारी आज़ादी छीन ली थी। मैंने उसकी ओर से लापरवाह बनने की बहुत कोशिश की, पर हर क्षण वह मेरे अंगों को जकड़ता रहा, जैसे कोई अजगर मुझे अपनी लपेट में लेकर भींचता जा रहा हो! मुझे अपनी सभी हरकतें नक़ली महसूस होने लगीं। लोग अजीब नज़रों से मुझे देख रहे थे। कोई मेरी हरकतों से प्रभावित नहीं हो रहा था। ऐसे लग रहा था, जैसे हर किसी को मेरे दिल की घबराहट का पता लग गया था।

फिर मेरे सामने, मेज़ पर, भुना हुआ एक पूरा मुर्ग़ा लाकर रखा गया। फणी-दा ने समझाया

कि क्लैप बजने के बाद, कैमरे के पास खड़ा असिस्टेंट ऊँची आवाज़ में कहेगा, 'लेनिन!' और मैं उसकी ओर हँसकर देखता हुआ मुर्ग़े को दोनों हाथों में उठा लूँगा, और मुर्ग़े की ओर देखकर कहूँगा, 'जानवर!'

लेनिन जैसे महान व्यक्ति के नाम के साथ 'जानवर' शब्द जोड़ना मुझे बहुत भद्दा लगा। पर इस बारे में सवाल-जवाब कैसे कर सकता था, जबकि शॉट लिया जानेवाला था? शायद 'लेनिन' शब्द हीरो की ओर से बोला जा रहा था, जिसे कम्युनिस्ट विचारों का दिखाया गया होगा। वे लड़ाई को 'लोक-युद्ध' कहते थे, और रूस-अमरीका-इंग्लैंड पक्ष का समर्थन करते थे। इसके उलट सुभाषचंद्र बोस के अनुयायी जर्मनी-जापान के पक्ष का समर्थन करते थे और कम्युनिस्टों को ग़द्दार कहते थे। कांग्रेस दोनों ओर क़दम रखती थी। वह लड़ाई को 'लोक-युद्ध' कहती थी, पर कम्युनिस्टों को ग़द्दार घोषित करती थी। क्या पता, फणी-दा सुभाषवादी हों, और इप्टा के एक मेंबर से, जिसे कि आमतौर पर कम्युनिस्ट समझा जाता था, लेनिन के बारे में अपमान-भरा शब्द कहलवाकर ख़ुश होना चाहते हों! या फ़िल्म के शुरू में हीरो के कम्युनिस्ट विचारों का मज़ाक़ उड़ाकर अंत में उसे ठीक साबित करना चाहते हों, क्योंकि हीरो आख़िर हीरो होता है।

ज़्यादा सोचने का समय नहीं था। एक रास्ता था, शॉट देने से साफ़ इनकार कर देना। दूसरा रास्ता था, इन बातों की ओर से ध्यान हटाकर काम में लग जाना। दूसरा रास्ता आसान था। मैं उसी रास्ते पर चला। पर इस बात का मुझे आज तक अफ़सोस है कि मुझे किसी हालत में भी ऐसा शब्द बोलने के लिए मानना नहीं चाहिए था, जिससे कि एक महापुरुष का अपमान होने की संभावना हो। यह मेरी नैतिक कमज़ोरी थी।

इस घटना से किसी हद तक उस ज़माने के और आज के फ़िल्मी वातावरण पर प्रकाश पड़ता है। उस ज़माने की फ़िल्मों में राजनीतिक और सामाजिक विचारधाराओं का काफ़ी समावेश होता था। आज इस बात पर विश्वास करना कठिन है, क्योंकि फ़िल्मसाज़ सिर्फ़ भंग घोटते हैं।

फणी-दा अपनी उस मीठी, प्यार-भरी नज़र से मुझे देख रहे थे। पहली रिहर्सल हुई। पहले मुझे 'लेनिन' कहनेवाले की ओर देखकर हँसना था। पर उसी समय मेरे जबड़े सूखे हुए चमड़े की तरह अकड़ गए और उन्होंने खुलने से इनकार कर दिया। फिर, मैंने मुर्ग़े की ओर देखकर 'जानवर' कहा तो सही, पर साउंड-रिकॉर्डिस्ट को सुनाई नहीं दिया। उसने ऊँची आवाज़ में बोलने के लिए कहा। मैं उस अजीब-सी परिस्थिति पर हैरान हो रहा था। मैं हँस भी रहा था और ऊँची आवाज़ में बोल भी रहा था। पर न हँसी बाहर निकल रही थी, न आवाज़।

दूसरी रिहर्सल हुई। इस बार मैंने और ज़ोर लगाया। ऐसे लगा, जैसे इस बार मैंने ज़रूरत से ज़्यादा जबड़े खोल दिये थे। बोला भी ज़रूरत से ज़्यादा ऊँचा था। फिर भी, रिहर्सल के बाद फणी-दा ने 'ज़रा मुस्कराकर', और रिकॉर्डिस्ट ने 'ज़रा ऊँचा' बोलने के लिए कहा।

मैंने झुंझलाकर फणी-दा से कहा, 'अब टेक कीजिए, बिलकुल ठीक आएगा।'

'हाँ, हाँ, टेक,' फणी-दा ने फट सहमत होते हुए कहा। 'स्वामी, मेकअप ठीक करो साहब का!'

स्वामी ने फिर पाउडर का पैड मेरे चेहरे पर फिराना शुरू किया। क़ायदे के अनुसार उसने सब ठीक किया था—कठपुतली की तरह, पर उसमें मेरा अपना कुछ भी नहीं था। मेरी उस

दिन वाली मस्तानी अदा पता नहीं कहाँ ग़ायब हो गई थी! मेरा ख़याल था कि फणी-दा मेरी आलोचना करेंगे, मुझे डाँटेंगे, पर उन्होंने हमेशा की तरह बड़ी तसल्ली से नसवार की चुटकी नाक में चढ़ाते हुए कहा, 'वेरी गुड शॉट! ओके।' उनके ओके कहने पर स्टूडियो की ओर से दो बार सीटियाँ बजाई गईं। सब लोग मेरे साथ हाथ मिलाते हुए मुझे मुबारकबाद देने लगे, क्योंकि फ़िल्मों में यह मेरा सबसे पहला क्लोज़अप था। फणी-दा ने मेरे एकाउंट में रसगुल्ले मँगवाकर सबको बाँटे। सभी प्रशंसा कर रहे थे। मैं बहुत हैरान हो रहा था। मुझे पता था कि वे झूठी प्रशंसा कर रहे हैं। पर क्यों? आख़िर क्यों? मुझे बड़ी उलझन हो रही थी।

यह भी 'तमाशे की दुनिया' का एक राज़ है, जो पाठकों को धीरे-धीरे समझ आएगा।

हाँ, वे झूठी प्रशंसा कर रहे थे। स्टूडियो की दुनिया में कोई किसी के आगे सच नहीं बोलता। सब एक-दूसरे के मुँह पर उसकी प्रशंसा और पीठ पीछे निंदा करते हैं। बाहर के लोगों को यह बात बहुत बुरी लगती है। पर अंदर वालों को इसका बहुत सहारा है। फ़िल्म लाइन में किसी को मानसिक तौर पर सुरक्षा नसीब नहीं है। सभी छलावों के सहारे जीते हैं। सभी अपने-अपने सपनों के बुलबुलों में रहते हैं। वे एक-दूसरे का बुलबुला तोड़ना नहीं चाहते। यह एक तरह से पारस्परिक सहानुभूति का दिखावा है। मान लीजिए कि उस क्लोज़अप के बाद किसी एक आदमी ने भी सही बात मेरे मुँह पर कह दी होती, तो मेरा हौसला शायद हमेशा के लिए टूट जाता, और अगले दिन मुझसे काम ही न होता।

उस दिन मैं सिर में दर्द, कमर में पीड़ा, और टाँगों में टीसें लेकर घर लौटा। कैमरे ने मुझे बहुत सख़्ती से अपना अस्तित्व अनुभव करा दिया था। मैं जान गया था कि उससे बेख़बर नहीं हुआ जा सकता।

उस क्लोज़अप, और उसके बाद बाँटे गए रसगुल्लों ने 'भाई लोगों' (एक्स्ट्राओं) को अहसास करा दिया कि मैं उनमें से नहीं था। मेरा 'रनिंग रोल' (लंबा पार्ट) था। एकाएक मुझसे उनकी बातचीत बंद हो गई। वे मेरे लिए अनजबी हो गए। अपनी दुनिया से उन्होंने मुझे निकाल दिया।

वे दिन और आज का दिन, मुझे फिर कभी एक्स्ट्राओं की दुनिया में झाँकने की आज़ादी नहीं मिली। मैंने सोचा था कि फ़िल्मी दुनिया में ऊँच-नीच की दीवारें नहीं हैं। कितनी बड़ी भूल थी मेरी! फ़िल्म इंडस्ट्री में तो चप्पे-चप्पे पर दीवारें खड़ी हैं। समाज के अन्य क्षेत्रों में ये दीवारें शायद ईंट-पत्थर की बनी हुई होंगी, पर हिंदी फ़िल्मों की दुनिया में ये फ़ौलाद की बनी हुई हैं।

अगला शॉट हीरोइन स्वर्णलता के साथ था। उन्होंने मेरे साथ रिहर्सल करने से ही इनकार कर दिया। शॉट में वे बोलती मेरे साथ थीं, पर देखती कैमरे की ओर थीं। जितनी देर वे सेट पर रहीं, उन्होंने मुझे ऐसे महसूस कराया, जैसे मैं किसी गंदी और भयानक बीमारी का मरीज़ हूँ, जिसे कोई छूना न चाहता हो!

कितनी मीठी और सुखद थी वह एक्स्ट्राओं की दुनिया, जिसमें से मैं निकाला गया था! वह दुनिया, जिसमें हर कंगाल निर्माता बनने के सपने देखता था, कहानियाँ लिखता था, अपनी लंबी निराशाओं को रंग-बिरंगी गेंद बनाकर उछाल सकता था। और कितना अपनत्व था उस दुनिया में! उस अनुभव को मैं भूल नहीं सकता। उसे मैं हमेशा बड़े प्यार से याद करता हूँ।

देवघर हॉल, जहाँ इप्टा (इंडियन पीपल्ज़ थिएटर एसोसिएशन) की रिहर्सलें हुआ करती थीं, 'प्रगतिशील लेखक संघ' की गोष्ठियों का केंद्र भी था। प्रगतिशील लेखक संघ ने प्रगतिवादी विचारों को कहाँ तक फ़ायदा पहुँचाया है और कहाँ तक नुक़सान, इसका मैं आज तक हिसाब नहीं लगा सका हूँ। उनकी बैठकों में कुछ एक सयाने और अच्छे दिल के जिन व्यक्तियों से मेरा परिचय हुआ, उनमें एक थे अयूब ख़ाँ—फ़िल्मी अभिनेता दिलीप कुमार के बड़े भाई—जो अब इस संसार में नहीं हैं।

अयूब पश्चिमी ढंग के लिबास के बजाय दूधिया सफ़ेद सलवार-कमीज़ पहनने के शौक़ीन थे। देखने में बड़े सुशील और कमज़ोर-से लगते थे। बचपन से ही सेहत कमज़ोर रही थी। मोटे काँच की ऐनक लगाते थे, जिसमें से हर चीज़ को बड़े ध्यान और हैरानी से देखते थे, जैसे डर हो कि संसार को देखने के लिए उनके पास अधिक समय नहीं है। उनके मोटे-मोटे होंठों में से हँसी इस तरह फूटती थी, जैसे वे किसी एक बात पर नहीं, पूरे संसार पर हँस रहे हों! उनके स्याह-काले बाल सघन और घुँघराले थे जिन्हें वे बहुत सँवारकर रखते थे। साहित्यिक बैठकों के उस वातावरण में उनकी स्वच्छता और नियमपरायणता अनायास ही हर किसी का ध्यान अपनी ओर खींच लेती थी। शायद यही बात हमारी दोस्ती का बुनियादी कारण बनी।

अयूब का घर भी पाली हिल पर था—चेतन के घर के बिलकुल नज़दीक। उनके पिता कैफ़ोर्ड मार्केट में फलों का व्यापार करते थे। एक अरसे से पेशावर से आकर बंबई में बसे हुए थे। बहुत गौरववान, उदार और मिलनसार बुज़ुर्ग थे। उनका परिवार पूरी तरह पंजाबी रहन-सहन का पाबंद था। वे अयूब को बहुत प्यार करते थे। अयूब यद्यपि अपने भाइयों में दूसरे नंबर पर थे, फिर भी पिता उन्हें अपना सलाहकार और मददगार मानते थे। परदेस में, जहाँ का दाना-पानी मुझे पूरी तरह रास नहीं आया था, और परायापन-सा महसूस होता था, अयूब का घर मेरे लिए एक ऐसा स्थान था, जहाँ मुझे अपनत्व का अहसास होता था।

उन दिनों यूसुफ़ (दिलीप कुमार) ने फ़िल्मों में अभी क़दम रखा ही था। बांबे टाकीज़ की फ़िल्म *ज्वार-भाटा* में वे हीरो का रोल कर रहे थे। अयूब दिलीप से चार साल बड़े थे। दिलीप से छोटे थे नासिर ख़ाँ, जिनकी देव आनंद से बहुत अच्छी दोस्ती थी।

एक दिन, शायद अब्बास के कहने पर, फ़िल्मिस्तान वालों ने *ज़ुबैदा* नाटक के कलाकारों को लंच पर बुलाया। वहाँ नीतिन बोस *मज़दूर* नामक फ़िल्म शुरू करने वाले थे। जिन लोगों ने यह फ़िल्म देखी है, वे मेरे साथ सहमत होंगे कि आज तक हिंदुस्तान में जितनी भी यथार्थवादी फ़िल्में बनी हैं, *मज़दूर* उनमें पहले नंबर पर आती है। किसी और फ़िल्म में मैंने वर्ग-संघर्ष को इतनी तीक्ष्णता से पेश किया गया नहीं देखा। किस प्रकार पूँजीपति हर संभव तरीक़े से मज़दूरों में फूट डालते हैं, मध्य वर्ग के ढुलमुल यक़ीन को मिट्टी में से उठाकर शीशमहल में बैठा देते हैं, ताकि वह अपनी आत्मा बेचकर, मज़दूरों का ख़ून चूसने में, मालिकों की मदद करें; फिर किस प्रकार धर्म आदि के नाम पर मज़दूरों को ग़लत रास्ते पर डाला जाता है, और मज़दूरों के सच्चे नेताओं को मार डालने तक से संकोच नहीं किया जाता—ये सारी बातें इतनी स्पष्टता से इस फ़िल्म में दिखाई गई थीं कि उसके निर्माता ख़ुद उससे बेज़ार हो उठे थे। कई शहरों में यह फ़िल्म बहुत लोकप्रिय होने पर भी सिनेमाओं में से हटा ली गई थी।

मुझे एक दोस्त ने बताया कि कानपुर में अंग्रेज़ डिप्टी कमिश्नर ने अपने करोड़पति हिंदुस्तानी दरबारियों के ज़ोर देने पर इसे तीसरे-चौथे दिन सिनेमा से हटा दिया था, जिसकी बदौलत सिनेमा के मालिक को काफ़ी नुक़सान उठाना पड़ा था।

उस ज़माने में बंगाल में बिमल राय *हमराही* बना रहे थे, जिसमें पूँजीवादी व्यवस्था के ख़िलाफ़ कूट-कूट कर व्यंग्य भरा हुआ था। पर बिमल राय अंत तक यथार्थवाद को निभा सकने में सफल नहीं हो पाए थे। *हमराही* के हीरो-हीरोइन भी, जैसा कि न्यू थिएटर की फ़िल्मों में प्रायः हुआ करता था, अंतिम दृश्य में दूर क्षितिज की ओर जाते हुए दिखाई देते हैं, मानो संसार की समस्याओं का हल क़िस्मत पर छोड़ दिया गया हो! पर *मज़दूर* फ़िल्म में ऐसे छायावाद का सहारा नहीं लिया गया था। न ही पूँजीपति की बेटी के साथ हीरो की शादी कराकर शेर और बकरी को एक ही घाट पर पानी पिलाया गया था, और न ही पीड़ितों-शोषितों को ख़ुद अपनी उस हालत का ज़िम्मेदार ठहराया गया था। इसके उलट, बहुत साफ़ तौर पर कहा गया था कि मज़दूरों की भलाई का रास्ता केवल उनकी एकता में है, जिसकी मदद से वे पूँजीवादी व्यवस्था को तोड़कर लोगों को समाजवाद के रास्ते पर ला सकते हैं।

नीतिन बोस शायद चाहते थे कि इन प्रगतिशील विचारोंवाली फ़िल्म में काम करने वाले कलाकार भी प्रगतिशील विचारोंवाले व्यक्ति हों। और शायद इसीलिए उन्होंने *ज़ुबैदा* नाटक वालों को खाने पर बुलाया था।

जब गोरेगाँव जानेवाली गाड़ी पकड़ने के लिए हम बांद्रा स्टेशन पर पहुँचे, तो पता नहीं, कहाँ से घूमते-फिरते हुए नासिर ख़ाँ देव आनंद से आ मिले। हमारी टोली में सभी व्यक्ति देव से बड़े थे और चेतन के दोस्त थे। देव सभी से शरमा रहे थे। उन्होंने नासिर को ज़बर्दस्ती अपने साथ ले लिया।

उस खाने का नतीजा बहुत अजीब निकला। नीतिन बोस को हममें से तो कोई भी पसंद नहीं आया, पर नासिर ख़ाँ को, जो यों ही हमारे साथ चल पड़े थे, उन्होंने अगले दिन स्टूडियो में बुलाकर हीरो का रोल दे दिया। जिन्होंने वह फ़िल्म देखी है, वे जानते हैं कि नासिर ख़ाँ ने मिल-मैनेजर का रोल किस ख़ूबी से अदा किया है, हालाँकि अभिनय-कला का उन्हें कोई ज्ञान नहीं था। इससे न सिर्फ़ नीतिन बोस के बढ़िया निर्देशक होने का सबूत मिलता है, बल्कि यह भी प्रकट होता है कि सही कलाकार का चुनाव किसी भी फ़िल्म या नाटक के सफल बनने के लिए पहली शर्त है।

ख़ैर, उस समय तो हमारे अंदर ईर्ष्या और निराशा जागने से न रह सकी। ख़ासकर देव को तो हर समय उठते-बैठते, खाते-पीते हुए फ़िल्मों के सपने दिखाई देने लगे। वे अपने दोस्त से पीछे नहीं रहना चाहते थे।

नासिर ख़ाँ के इस प्रकार हीरो बन जाने को क़िस्मत जागनेवाली बात ही कहा जा सकता है, क्योंकि हमारे देश में लोगों को क़िस्मत में बहुत गहरा विश्वास है। पर इस सिलसिले में एक बात मैं ज़रूर कहूँगा। अपने बीस साल के फ़िल्मी जीवन में मैंने सिर्फ़ मध्य वर्ग के लोगों की ही क़िस्मत को जागते हुए देखा है, मज़दूर वर्ग की क़िस्मत को जागते हुए कभी नहीं देखा। मज़दूर तो जैसे मेहनत करने और भूखों मरने के लिए ही फ़िल्म लाइन में आए हैं। हाँ, मध्य वर्ग का व्यक्ति ज़रूर यह आशा करता है कि कभी न कभी कोई सरपरस्त उस पर मेहरबान होगा, और उसकी सोई हुई क़िस्मत जाग उठेगी।

कुछ अरसे के बाद हमारे लिए भी ऐसे ही शुभ अवसर आए। पृथ्वीराज कपूर ने अपना 'पृथ्वी थिएटर' खोला, जिसमें अज़रा मुमताज़ और दमयंती दोनों को काम मिला। दमयंती को अब पाँच सौ रुपये माहवार मिलने लगे थे, जो कि उस ज़माने में बहुत अच्छी आमदनी कही जा सकती थी। हमने झट जुहू की थियोसोफ़िकल कॉलोनी में एक छोटा-सा बँगला किराए पर ले लिया, यद्यपि उसका किराया हमारी हैसियत से कुछ ज़्यादा था।

आज के और उस ज़माने के जुहू में ज़मीन-आसमान का फ़र्क़ है। उन दिनों वहाँ ज़्यादा आबादी नहीं थी। कुछ एक अमीर लोगों के बँगलों के अतिरिक्त अधिकांश घर नारियल के पत्तों के बने हुए थे, जिन्हें 'शैक' कहा जाता था। बी.ई.एस.टी. की बसें अभी वहाँ चलनी शुरू नहीं हुई थीं। उनकी जगह नीले रंग की छोटी-छोटी बसें चला करती थीं। वे कोयले की गैस से चलती थीं। बहुत फटीचर क़िस्म की सर्विस थी उनकी। वर्षा के दिनों में उनका रास्ते में ही रुक जाना आम-सी बात थी।

हमारी इप्टा की सरगर्मियाँ दिन-प्रतिदिन बढ़ती जा रही थीं। रोज़ शाम को देवधर हॉल में रिहर्सलें होतीं। हम भाग-दौड़ करते हुए कभी चर्नी रोड और कभी ग्रांट रोड स्टेशन से नौ बजे की लोकल-गाड़ी पकड़ते, जो दस बजे सांताक्रूज़ पहुँचती थी। अगर वह एक मिनट भी लेट हो जाती तो आख़िरी बस निकल जाती। बस वाले ऐन मौक़े पर मुसाफ़िरों को अँगूठा दिखाकर बस ले जाते। ऐसा करने में उन्हें जैसे मज़ा आता था। हफ़्ते में कम-से-कम दो बार तो ज़रूर हमें सांताक्रूज़ से पैदल चलकर जुहू जाना पड़ता था। लगभग दो मील का फ़ासला था वह। रास्ते में हमें भूख सता रही होती। उस भूख को किसी हद तक शांत करने के लिए हम भुने हुए चनों या मूँगफली की आने-दो आनेवाली पुड़िया ख़रीद लेते। स्टेशनों पर ये चीजें आम बिकती थीं। ये चीज़ें एक तो सस्ती होतीं, दूसरे, इन्हें चबाते हुए उकताहट दूर होती। एक बार कृश्न चंदर को चने चबाने की ऐसी बुरी आदत पड़ी कि उनके मुँह में छाले पड़े रहते थे।

चेतन, उमा और दूसरे कई दोस्त कहते कि हमारा इतनी दूर रहना मूर्खता है। इसमें कोई शक नहीं कि जहाँ बांद्रा से चर्चगेट पहुँचने में आधा घंटा लगता था, वहाँ जुहू से चर्चगेट पहुँचने में लगभग एक घंटा लग जाता था। अगर मैं हिसाब लगाऊँ कि घर से शहर जाने-आने में मैंने अपनी ज़िंदगी का कितना समय बंबई में बरबाद किया है तो दिल दहल उठे। पर जुहू में समुद्र का अपना आनंद था। पहले दिन से ही हमारा समुद्र के साथ ऐसा मोह हो गया था कि जुहू छोड़कर बंबई में किसी और जगह रहना हमें मंज़ूर नहीं था। सुबह हमारे दोनों बच्चे अपने हाथों में छोटी-छोटी बाल्टियाँ पकड़कर माहीगीरों से अपना टैक्स वसूल करने के लिए भाग उठते थे। केकड़ों को बिलों में से निकालकर अपनी अँगुलियों में उठाए फिरना उनका ख़ास शौक़ था, शबनम तो जीवित मछलियों को खा जाती थी। हमें भी समुद्र की लहरों में तैरने का मज़ा आता था। मैं समझता हूँ कि जितने साल हमने शहर से दूर होने के कारण, आने-जाने में बरबाद किए हैं, उतने साल ऐसी सेहतमंद जगह पर रहकर अपनी ज़िंदगियों में जोड़ भी लिये हैं। मनुष्य की आत्मा, सीमित होने के कारण, असीम की याचक है और समुद्र में से असीम की यह भावना प्राप्त हो सकती है। हमारा घर बिलकुल समुद्र के तट पर था। सुबह होते ही लहरों की आवाज़ हमें बुलाने लगती और हम नंगे पाँव समुद्र की ओर दौड़ पड़ते।

गांधीजी को भी समुद्र से बहुत प्यार था। जेल से रिहा होने पर वे कुछ समय जुहू पर आकर रहे थे। सुबह-शाम, मंद-मंद बहती हुई लहरों में उनके लिए कुर्सी रख दी जाती, और वे उस पर बैठकर लहरों में पाँव डुबो देते, और देर तक अपने विचारों में खोए रहते। वहाँ रेत पर टहलते हुए हम प्यारेलाल, डॉक्टर सुशीला नायर, मीरा बेन और अन्य कई मुख्य व्यक्तियों को देखते। हम दूर से ही उन्हें हसरत-भरी नज़रों से निहारते। तब हमें वे दिन याद आते, जब हमें भी आश्रमवासी होने का सौभाग्य प्राप्त था। हम उनके पास जाकर उन्हें मिलना चाहते थे, पर स्वाभिमान इजाज़त न देता। क्या पता, अब वे हमारे साथ कैसा सलूक करें! पर एक दिन मुझसे रहा न गया और मैंने बापू से मिलने की आकांक्षा प्रकट करते हुए उन्हें एक पत्र लिख डाला। मुझे पता था कि वह पत्र उन तक पहुँचने के पहले कई और व्यक्तियों की नज़रों के नीचे से भी गुज़रेगा। मुझे उत्तर की बहुत कम आशा थी। एक दिन मीरा बेन हमारी कॉलोनी के बिलकुल नज़दीक आकर खड़ी हुईं। हमारी नज़रें मिलीं। उन्होंने हमें पहचान लिया। पहले तो वे बहुत स्निग्धता से बोलीं, फिर एकाएक उनका रवैया बदल गया—इतना ज़्यादा कि मुझे अपने पत्र का ज़िक्र करने का भी साहस न हुआ।

मुझे विश्वास था कि गांधी जी मेरा और दम्मो (दमयंती) का सेवाआश्रम छोड़कर बी.बी.सी. में काम करने के लिए इंग्लैंड जाना माफ़ कर सकते थे। यह भी तो सच था कि हम उनकी सलाह से ही लंदन के लिए रवाना हुए थे, यद्यपि वह सलाह उन्होंने पूरे दिल से नहीं दी थी, पर उनके अन्य साथियों का हमें माफ़ करना असंभव था, क्योंकि हमारे जाने के बाद उन्हें कई मुसीबतों का सामना करना पड़ा था। हम ज़रा-सी भी शिकायत करने के लायक़ नहीं थे।

हम इतनी ज़्यादा आत्मग्लानि के शिकार भी नहीं थे। गांधी जी के प्रति हमारी श्रद्धा इतनी गहरी थी कि उसका उल्लेख नहीं किया जा सकता। ख़ासकर दम्मो को तो बापू, कस्तूरबा, आशा-दी और आर्यमंदा से बेहिसाब प्यार मिला था। पर गांधीवाद पर से हमारा विश्वास काफ़ी हद तक उठ गया था। यह ठीक है कि हम अपने देश की आज़ादी के लिए लड़े नहीं थे, जेलों में नहीं गए थे; पर अनगिनत रातें हमने बमों की बारिश के नीचे गुज़ारी थीं। हमने मौत के भयानक वातावरण में दिन बिताए थे, हमने चार साल उस यूरोप में गुज़ारे थे जहाँ लाखों-करोड़ों लोग युद्ध के शिकार हुए थे, और जहाँ नाज़ियों ने निर्दोष यहूदियों की चमड़ियों से लैंपों के शेड बनाकर पैशाचिकता का नया रिकॉर्ड क़ायम किया था। हमें विश्वास हो गया था कि वर्तमान युग की क्रांतिकारी विचारधारा गांधीवाद के बजाय मार्क्सवाद है। सिर्फ़ मार्क्सवाद। और यह विश्वास आज तक मज़बूत ही होता आया है।

कला और साहित्य में यथार्थवाद की शिक्षा मुझे कॉलेज में अंग्रेज़ी साहित्य के अध्ययन से मिली थी। मैंने उसके इतिहास का अध्ययन करते हुए यह बात जानी थी कि यूरोप में यथार्थवाद से पहले के युग की कला में लंबाई-चौड़ाई तो होती थी, पर गहराई नहीं होती थी, जो कला का तीसरा आयाम है। 'रेनेसान्स' कला में तीसरा आयाम लाया था।

यथार्थवाद की विशेषता है कि वह कला में तीसरा आयाम लाता है।

मैंने अपने स्टेज और फ़िल्म के अभिनय में यही तीसरा आयाम लाने का प्रयास किया है। कलाकार के लिए यह सबसे मुश्किल रास्ता है और इसी में सृजन का असली आनंद अनुभव किया जा सकता है। कलाकार किसी पात्र का रोल करते हुए उसे कुछ इस तरह

सजीव ढंग से दर्शकों के सामने पेश करना चाहता है कि वह पात्र सपाट लगने के बजाय हर क़दम पर गहरा और नया बनता हुआ प्रतीत हो।

ऐसा यथार्थवाद पैदा करने के लिए यूरोप में पंद्रहवीं सदी से विकसित होती आ रही तकनीक को ही सीखने और समझने की ज़रूरत नहीं है, यद्यपि यह भी एक ज़रूरी चीज़ है। इसके साथ यह जानने और समझने की भी ज़रूरत है कि पिछली सदियों में मानव-समाज किस ओर जा रहा था, और अब किस ओर जा रहा है। मनुष्य के सामने सबसे महत्त्वपूर्ण सवाल क्या है, और उसका हल कहाँ और कैसे खोजा जा सकता है? समाज में कौन-सी प्रवृत्तियाँ उभर रही हैं और कौन-सी मर रही हैं? व्यक्ति को समझने के लिए समूह को समझना ज़रूरी है।

मैं ज्यों-ज्यों मार्क्सवाद का अध्ययन करता गया, मेरी दिमागी धुन्ध मिटती गई, और मेरे अंदर रोशनी होती गई।

एक दिन मार्क्स की महान पुस्तक *पूँजी* के पहले अध्याय में ही पढ़ा कि जिन्स हमसे बाहर की चीज़ होती है। वह अपने गुणों से किसी-न-किसी प्रकार की इनसानी ज़रूरतों को पूरा करती है। इस बात का कोई फ़र्क़ नहीं पड़ता कि वे ज़रूरतें शारीरिक हैं या मानसिक।

इस बात का मुझ पर बहुत गहरा असर पड़ा। मुझे जैसे किसी महत्त्वूपर्ण समस्या का हल मिल गया था। अभिनय-कला भी अन्य दुनियावी कामों की तरह ही एक काम है। बढ़ई मेज़-कुर्सी बनाकर या इंजीनियर मशीन बनाकर आदमी की कोई न कोई शारीरिक आवश्यकता पूरी करता है। इसी प्रकार लेखक नाटक की रचना करके या अभिनेता पात्र का रोल करके आदमी की मानसिक आवश्यकता पूरी करता है। दोनों तरह के काम एक-से ही पवित्र और प्रशंसा के हक़दार हैं।

हमारे देश में आमतौर पर यह धारणा बनी हुई है कि कला एक ईश्वरीय देन है। कलाकार बनता नहीं, बल्कि वह जन्मजात होता है। उसे ईश्वर की ओर से प्रेरणा मिलती है। वह अलौकिक व्यक्ति होता है। जैसा कि एक प्राचीन यूनानी दार्शनिक ने कहा है, 'लिखते समय कवि किसी दैवी अवस्था में पहुँच जाता है।'

अब इस धारणा में मेरा विश्वास बिलकुल ख़त्म हो गया था। मैं समझता हूँ कि यह ठीक ही हुआ था। कला में अध्यात्मवाद को लाने से नुक़सान ही नुक़सान है, फ़ायदा बिलकुल नहीं है।

हम हर साल कितनी ही अमरीकी फ़िल्में देखते हैं। उनमें केवल मुख्य पात्र ही नहीं, बल्कि हर छोटे-से छोटे पात्र को भी इतनी सुंदरता से पेश किया गया होता है कि कहीं कोई त्रुटि दिखाई नहीं देती। पर हमारी हिंदुस्तानी फ़िल्मों में दो-चार मुख्य पात्रों को छोड़कर बाक़ी किसी पात्र के काम में अच्छे अभिनय का आभास नहीं मिलता। कई बार तो नामी कलाकार भी पैसे के लालच में एक साथ बीस-बीस फ़िल्मों में काम करते हुए अपनी कला का स्तर बहुत नीचे ले आते हैं।

अगर अभिनय ईश्वरीय देन है तो क्या यह हैरानी की बात नहीं कि पश्चिमी देशों में, जहाँ धर्म का कोई विशेष महत्त्व नहीं है, यह देन हर किसी को इतनी आसानी से मिल जाती है, पर हमारे देश में किसी-किसी को ही नसीब होती है, जहाँ कि दिन-रात धर्म के नाम पर घड़ियाल बजते रहते हैं?

अभिनय सिर्फ़ कला ही नहीं, विज्ञान भी है। वैज्ञानिक ढंग से अध्ययन और अभ्यास करने पर कोई भी व्यक्ति अच्छा अभिनेता बन सकता है।

वैसे यह कहना भी ग़लत है कि किसी व्यक्ति को जन्म से कुछ मिलता ही नहीं है। हर किसी के संस्कार एक-से नहीं होते। कोई व्यक्ति अच्छा वैज्ञानिक बनने की प्रतिभा लेकर जन्म लेता है, कोई गणितज्ञ, कोई खिलाड़ी, कोई चित्रकार, संगीतकार, या अभिनेता बनने की प्रतिभा लेकर जन्म लेता है। उसी व्यक्ति का पूरी तरह विकास हो सकता है, जिसकी प्रतिभा को छोटी उम्र से ही फलने-फूलने का वातावरण मिले। पर ऐसी सहूलतें हमारे देश में कितने लोगों को मिली हैं? ग़रीबी, अज्ञान और कई क़िस्म के अभावों के कारण बहुत-से व्यक्तियों की आकांक्षाएँ बचपन में ही कुचली जाती हैं।

अभिनेता बनने के लिए तीक्ष्ण और ऊँची उड़ानवाली कल्पना का होना ज़रूरी है। कई बच्चों की कल्पना बहुत तीव्र होती है, जिसे सूक्ष्म दृष्टिवाले माता-पिता और शिक्षक झट पहचान जाते हैं। ऐसे बच्चों में बड़े होने पर कला का शिखर छूने की योग्यता होती है। अच्छा कलाकार तो हर कोई बन सकता है, पर महान कलाकार कोई-कोई ही बन सकता है।

पर यह बात शुरू में कौन कह सकता है कि अमुक कलाकार महान कलाकार बनेगा या साधारण कलाकार रह जाएगा! बेहतर यही है कि आदमी ख़ुद को असाधारण समझने के बजाय साधारण समझे, और ईश्वरीय प्रेरणा और प्रतिभा पर भरोसा करने के बजाय अपनी लगन और मेहनत पर भरोसा करे।

मैं जब अपने बचपन के दिनों पर नज़र दौड़ाता हूँ तो याद आता है कि मेरी कल्पना बहुत तीव्र थी। आमतौर पर बच्चों के खेल बड़े व्यक्तियों के कामों की नक़ल होते हैं। पर मैं इस नक़ल को इतना असली बना देता था कि बड़ी उम्र के व्यक्ति भी मेरे खेलों में शौक़ से शामिल हो जाया करते थे।

शिक्षा के दौरान मेरा ज़्यादा झुकाव भाषाओं की ओर था। संस्कृत मुझे अच्छी लगती थी। आठ-दस साल की उम्र में ही मैं *वाल्मीकि रामायण* पढ़ गया था। एक बार उसी शैली में मैंने श्लोक भी लिखे थे और आर्यसमाज के एक वार्षिकोत्सव में सुनाए थे। स्कूल में सबसे ज़्यादा मज़ा मुझे उस समय आता था, जब शिक्षक छोटे-छोटे सांकेतिक वाक्य लिखकर उनके आधार पर हमें कहानी लिखने के लिए कहते थे। साहित्य की पाठ्य-पुस्तकें मुझे अनायास ही ज़बानी याद हो जाया करती थीं।

मेरा साहित्यिक रुचि को माता-पिता और शिक्षकों की ओर से भी अच्छी प्रेरणा मिलती रही थी। मैंने अंग्रेज़ी साहित्य से एम.ए. किया था और कॉलेज से निकलते ही कहानियाँ और कविताएँ लिखनी शुरू कर दी थीं। मुझे हमेशा ही साहित्यकार बनने का शौक़ रहा है। जैसा कि मैं पहले कह आया हूँ, फ़िल्मी अभिनेता तो मैं संयोगवश ही बन गया हूँ।

आज अगर कोई व्यक्ति मेरी प्रारंभिक फ़िल्मों को देखे, तो उनमें मेरा काम उसे इतना घटिया लगेगा कि उसके आधार पर उसे यह विश्वास करने में कठिनाई होगी कि मैं कभी अच्छा अभिनेता बन सकूँगा। मेरे कई मित्र, जो मेरे साथ ही फ़िल्मों में दाख़िल हुए थे, बहुत अच्छा अभिनय करते थे। किसी को इस बात में संदेह नहीं था कि वे बहुत जल्द मशहूरी के सातवें आसमान को छू लेंगे। पर दुर्भाग्यवश वे ख़ुद को असाधारण व्यक्ति समझने के भ्रम का शिकार हो गए। अभिनय-कला का वैज्ञानिक ढंग से अध्ययन करने के बजाय वे

ईश्वरीय प्रेरणा की प्रतीक्षा करने लगे। वे समझते थे कि जिस पात्र का रोल उन्हें करना है, वह किसी अलौकिक ढंग से ख़ुद उनके अंदर प्रवेश कर जाएगा। कभी वे शॉट से पहले समाधि लगाकर उसके आगमन की प्रतीक्षा करते, और कभी शराब या किसी नशीली चीज़ का सहारा लेते। सो, वे उन्नति नहीं कर सके। पर मैं अपनी साधारण प्रतिभा के बावजूद उनसे अधिक सफल रहा।

जिन लोगों को मार्क्सवाद का ज्ञान नहीं है, वे उसे केवल एक राजनीतिक सिद्धांत समझे हुए हैं। यह उनकी बहुत बड़ी भूल है। मार्क्सवाद वास्तव में एक दर्शन है, जो प्राकृतिक और सांसारिक जीवन के हर पक्ष को वैज्ञानिक दृष्टिकोण से देखता है। हर कलाकार को यह जानने की आकांक्षा होती है कि उसकी कला का समाज में क्या महत्त्व है। उस महत्त्व के अनुसार क्या उसे वह स्थान प्राप्त है जो उसे मिलना चाहिए? इस सिलसिले में मार्क्सवाद कई क़िस्म की ग़लतियों पर से परदा उठाकर सही रास्ता बताता है। वर्तमान युग में मार्क्सवाद का अध्ययन, मेरे ख़याल में, एक कलाकार के लिए भी उतना ही उपयोगी है, जितना कि किसी समाजशास्त्री के लिए।

मार्क्सवाद ने भाषा की समस्या को भी वैज्ञानिक ढंग से देखने का मुझे रास्ता दिखाया। टैगोर और गांधी जैसे महापुरुषों के विचारों से प्रभावित होकर मैं पहले से ही इस दृष्टिकोण की ओर आ रहा था कि हर कलाकार और साहित्यकार के लिए उसकी अपनी मातृभाषा और संस्कृति अभिव्यक्ति के लिए सबसे उत्तम साधन होती है। मार्क्सवाद के अध्ययन ने मेरा यह विश्वास और भी दृढ़ बना दिया।

जुबैदा की सफलता के बाद इप्टा के साथी मेरी हर बात मानने के लिए तैयार थे। मैंने इस बात पर ज़ोर दिया कि विभिन्न भाषाओं की विभिन्न मंडलियाँ बनाई जाएँ। इप्टा सैद्धांतिक तौर पर इस बात को पहले से स्वीकार कर चुका था, पर अब उस पर अमल भी किया जाने लगा। देखते-देखते गुजराती, मराठी, अंग्रेज़ी आदि भाषाओं की भी उत्तम श्रेणी की मंडलियाँ तैयार हो गईं। यहाँ तक कि तेलगू-भाषी कलाकारों की भी एक नाटक-मंडली बन गई। इन नाटक मंडलियों के अतिरिक्त इप्टा की एक अखिल भारतीय नृत्य मंडली भी थी, जिसकी अपनी अनोखी शान थी। उदयशंकर की मंडली टूटने के बाद उसके लगभग सभी प्रमुख कलाकार इस सेंट्रल स्क्वॉड में शामिल हो चुके थे, जिसकी श्रेष्ठता का सबूत इस बात से मिल सकता है कि उसे रविशंकर, शचीन शंकर, शांति वर्धन, अवनिदास गुप्ता, प्रेम धवन, दीना गांधी, गुल बर्धन, बिनय राय, अली अकबर ख़ाँ आदि महान कलाकारों का सहयोग प्राप्त था।

इसी प्रकार, विभिन्न नाटकीय विभागों को भी मामा वरेरकर, चंद्रवदन मेहता, गुणवंतराय आचार्य, पृथ्वीराज कपूर, दुर्गा खोटे आदि चोटी के कलाकारों और साहित्यकारों का सहयोग प्राप्त था। ये लोग केवल दूर बैठकर सरपरस्ती नहीं करते थे, बल्कि बाक़ायदा तौर पर इप्टा में आया करते थे। वे इप्टा के लिए नाटक लिखते थे और उनमें रोल अदा करते थे। दुर्गा खोटे ने सबसे पहले इप्टा के नाटकों द्वारा ही रंगमंच पर काम करना शुरू किया था।

इप्टा का आंदोलन बंबई में ही नहीं, पूरे हिंदुस्तान में तेज़ी से फैल रहा था, और हर प्रांत के प्रसिद्ध लेखक और कलाकर उसके घेरे में आ रहे थे। विभिन्न प्रांतों के कलाकार अनोखे प्रेम-सूत्र में एक-दूसरे से जुड़ते जा रहे थे। आज नई पीढ़ी के कलाकारों के लिए यह विश्वास करना बहुत कठिन है कि कभी ऐसा भी होता था।

प्रश्न उठता है कि इप्टा की इतनी शीघ्र और ज़बर्दस्त लोकप्रियता का कारण क्या था। इतना बड़ा आंदोलन अपने-आप ही खड़ा नहीं हो सकता।

इसका कारण, मैं समझता हूँ, उस समय की कम्युनिस्ट पार्टी की सही नीतियाँ थीं। उन नीतियों का लोगों के दिलों पर फ़ौरन असर पड़ता था। मुझे याद है कि हम जहाँ भी प्रेम धवन का कोई गीत गाते थे, लोग खड़े होकर सुनने लग जाते थे और उनके चेहरों पर किसी गंभीर विचार का भाव झलकने लगता था। पार्टी की इन नीतियों में सच्ची राष्ट्रीयता थी, और सही अंतर्राष्ट्रीयता भी। पार्टी समस्याओं को बड़ी स्पष्टता से लोगों के सामने रखती थी, और उन्हें ब्रिटिश साम्राज्य के ख़िलाफ़ संगठित होकर लड़ने के लिए प्रेरित करती थी। वह राष्ट्रीय आंदोलन के साथ जुड़ी हुई भी थी और उसकी आलोचना भी करती थी। उसके मेंबर इप्टा में ऐसी क़ुरबानी से काम करते थे कि हर कोई उन्हें आदर की दृष्टि से देखता था। वे बढ़-चढ़कर मेहनत करते थे पर जब श्रेय लेने का मौक़ा आता तो दूसरों को आगे कर देते थे। और कम्युनिस्ट कर्मचारियों के अनुशासन की तारीफ़ तो उनके दुश्मनों के मुँह से भी सुनी जा सकती थी।

इसके अलावा, उस समय देश में मार्क्सवादी विचारों का एक सैलाब-सा आया हुआ था। धनवानों की संस्थाओं में भी मार्क्सवाद का ज़िक्र करना एक तरह का फ़ैशन बन गया था। शायद इसलिए भी कि कम्युनिस्ट लोग ब्रिटिश साम्राज्य के विरोधी होते हुए भी द्वितीय विश्वयुद्ध को 'लोक-युद्ध' कहते थे। और उस समय धनवानों के लिए वह नारा फ़ायदेमंद था।

जसवंत ठक्कर से मेरी गहरी दोस्ती थी। मैं धीरे-धीरे पार्टी और अन्य कर्मचारियों से भी परिचित हो गया। सैंडहर्स्ट रोड पर 'राज भवन' नाम की इमारत में पार्टी का केंद्रीय दफ़्तर था। बहुत ही प्यारा और पवित्र वातावरण था वहाँ का। पार्टी की भोजनशाला में खाना खाने का वही आनंद आता था जो सिखों को 'गुरु के लंगर' में खाने का आनंद आता है। राज भवन में ही मेरा परिचय पी.सी. जोशी से हुआ और उनके साथ गहरा प्यार हो गया, जो आज तक चला आ रहा है। एक सच्चे क्रांतिकारी की तरह पी.सी. जीवन को हर पक्ष से प्यार करते थे। वे हर क्षण को जीते थे और हर क्षण अपने ज्ञान और कर्म का दायरा विस्तृत करने में विश्वास रखते थे। उनकी नज़र में कला केवल राजनीतिक नेताओं की शान को चार चाँद लगानेवाली चीज़ नहीं है। वे ख़ुद उसके शैदाई और जिज्ञासु थे। अनेक बार उनकी सलाह और तजवीज़ें इप्टा के काम में हमारे लिए सहायक सिद्ध हुई थीं। हर कोई सलाह लेने के लिए पी.सी. की ओर दौड़ता था। छोटे-से छोटे कारकुन के साथ भी पी.सी. प्यार-भरा सलूक करते और उसके दिल में कोई उमंग भर देते। एक अजीब-सा चुंबकीय आकर्षण था उनके व्यक्तित्व में। जो भी उनसे एक बार मिला, उन्हें सारी उम्र भूल नहीं पाया। और हैरानी की बात यह थी कि पी.सी. के दोस्त एक-दो प्रांतों में नहीं, बल्कि सारे हिंदुस्तान में फैले हुए थे। तमिलभाषी और मालाबारी भी उन्हें उतना ही अपना समझते थे, जितना उनके अपने यू.पी. के लोग।

पी.सी. की पत्नी का नाम कल्पना था, जिन्होंने सोलह वर्ष की उम्र में बंगाल के अंग्रेज़ गवर्नर पर गोली चलाई थी और उमक़ैद की सज़ा पाई थी। पी.सी. और कल्पना के साथ हमारे परिवार की मित्रता उन्हीं दिनों से अटूट चली आ रही है। पी.सी. के व्यक्तित्व से प्रभावित होकर ही दम्मो और मैं कम्युनिस्ट पार्टी के मेंबर बन गए थे।

पर यह सोचना ग़लत होगा कि केवल यथार्थवादी और मार्क्सवादी दृष्टिकोण अपना लेने से ही कलाकार अपनी मंज़िल पर पहुँच जाता है। सबसे पहले किसी कलाकार के लिए अपने दृष्टिकोण के अनुसार संघर्ष करना ज़रूरी है। पुराने संस्कारों को अंदर से निकालना और नए संस्कारों को अपनाना पड़ता है। यह आसान काम नहीं है। औद्योगिक देशों के लोगों के लिए, चाहे वे पूँजीवादी देश ही क्यों न हों, यथार्थवादी दृष्टिकोण को अपनाना आसान है, क्योंकि विज्ञान और मशीनों का उनके जीवन के हर अंग में प्रवेश हो चुका होता है। पर मेरी पीढ़ी के भारतीय कलाकारों के संस्कार सनातनी और जागीरदारी युग के हैं। उन पर मार्क्सवादी विचारधारा का मुलम्मा उसी प्रकार बेढंगा-सा लगता है, जिस प्रकार कोई कुरूप स्त्री सुंदर बनने के लिए अपने चेहरे पर ज़रूरत से ज़्यादा पाउडर-सुर्ख़ी लगा ले। इस प्रकार उसकी कुरूपता और भी बढ़ जाती है।

औद्योगिक तौर पर उन्नतिशील देशों में, चाहे वे पूँजीवादी हों, चाहे समाजवादी, आपस में मिलकर और किसी क्रम से काम करने की प्रवृत्ति पाई जाती है। फिर वहाँ के लोग कट्टरपंथी नहीं होते। दूसरे की बात को गंभीरता से सुनने और उसे अपने जीवन-अनुभव की कसौटी पर परखने का उनमें सामर्थ्य होता है। वे 'वाद' में व्यक्तित्व को नहीं मिलाते। उनका ध्यान बोलनेवाले व्यक्ति की बात की ओर होता है, उसके व्यक्तिगत जीवन की ओर नहीं।

पर हमारे संस्कार कुछ और क़िस्म के हैं। हम मार्क्सवाद को अपनाकर उसके बारे में भी उतने ही कट्टर हो जाते हैं, जितने कि उससे पहले अध्यात्मवादी विचारधारा या धर्म के बारे में थे। हमारे अंदर असहनशीलता पहले ही की तरह बनी रहती है। किसी से ज़रा-सा भी मतभेद हुआ नहीं कि वह 'बूर्ज्वा', 'प्रतिक्रियावादी', 'चिकनहार्टेड' आदि बहुत-कुछ बन जाता है। नेताओं को हम वैसे ही पूजने लग जाते हैं जैसे पहले पैगंबरों को पूजते थे। सचाई के बजाय हमें अपना पक्ष ज़्यादा प्यारा हो जाता है। जो अपने पक्ष का है, वह दोस्त बन जाता है, जो नहीं है, वह दुश्मन बन जाता है। मार्क्सवाद हमें अहंकार से छुटकारा पाने की प्रेरणा देता है, पर अमली तौर पर हम दिन-प्रतिदिन अहंकारी बनते जाते हैं।

यही हाल मेरा था। पार्टी मेंबर बनते ही मेरे गुणों-अवगुणों में परिवर्तन आना शुरू हो गया। कला को मैंने बिलकुल राजनीतिक दृष्टिकोण से परखना शुरू कर दिया। इप्टा को मैं ऐसे देखने लगा जैसे पार्टी की ख़ातिर काम करना ही उसका एकमात्र उद्‌देश्य हो। मैं एक छोटा-सा डिक्टेटर बनने लगा। पार्टी के साथियों की मदद से मैं अपनी हर बात मनवा सकता था। ग़ैर-पार्टी मेंबर मुझे सलाह देते, पर उसे मानना या न मानना मेरी मर्ज़ी पर निर्भर था। इप्टा के देशभक्ति से पूर्ण समाजवादी आदर्शों से हर कोई सहमत था, पर उसके मेंबर यह नहीं चाहते थे कि नाटक-कला केवल मात्र प्रचार का साधन बनकर रह जाए। वे नाटक के कलात्मक और रोचक पक्ष को भी सँवारना चाहते थे। पर मैं था कि जो भी व्यक्ति तकनीक की बात उठाता, हाथ धोकर उसके पीछे पड़ जाता था।

फिर भी, वे दिन बहुत सुंदर और प्रेरणादायक थे। हमें हर समय मज़दूरों की बस्तियों, चालों, गली-मोहल्लों में नाटक खेलने का चाव चढ़ा रहता था। इस प्रकार हमें बंबई के लोगों के जीवन को बहुत नज़दीक से देखने के बढ़िया मौक़े मिले, जिनका मुझे आगे चलकर फ़िल्मों के काम में बहुत लाभ पहुँचा।

एक दिन फणी-दा ने *जस्टिस* फ़िल्म का एक प्राइवेट शो किया। मैंने अपना वह मुर्ग़े वाला क्लोज़अप देखा, तो ऐसा लगा, जैसे छत में से कोई बहुत बड़ा पत्थर मेरे सिर पर आ गिरा हो! मुझे अपना चेहरा एक मुर्दे का चेहरा प्रतीत हुआ। मेकअप के कारण वह और भी भद्दा लगा। मुझे ख़ुद पर झुँझलाहट हुई कि क्या मेरी शक्ल इतनी ही भयानक है।

पर मैंने ज़्यादा चिंता नहीं की। फणी-दा ने अपने वादे के अनुसार अपनी फ़िल्म, *दूर चलो* में मुझे एक मुख्य पात्र का रोल दिया। इतना ही नहीं, उसमें दम्मो को भी ले लिया। फ़िल्म में भी वह मेरी पत्नी का रोल कर रही थी। कमल कपूर उस फ़िल्म के हीरो थे और नसीम (जूनियर) हीरोइन थी। साथी कलाकार थे—आग़ा, साहू, किशोर साहू के छोटे भाई, घोष, (अजीब-से स्वभाव का नौजवान, जिसकी मौत भी अजीब ढंग से हुई), के.सी. डे आदि। के.सी. डे को निकट से देखने पर मुझे बेहद ख़ुशी हुई। वे दम्मो को बेटी की तरह प्यार करने लगे थे।

इस फ़िल्म की शूटिंग ज़्यादातर आउटडोर थी। घोड़बंदर रोड पर हम कई दिन साइकिल चलाते रहे। शॉट से पहले, मैंने देखा, आग़ा हमारे साथ साधारण ढंग से बात कर रहे होते; पर कैमरा चालू होते ही उन्हें जैसे कुछ हो जाता। मानो उन पर कोई भूत सवार हो जाता! वे बहुत तेज़-तेज़ और अजीब-अजीब हरकतें करने लग जाते। मुझे लगता, जैसे वे ज़बर्दस्ती मुझे अपने साथ खींचे लिये जा रहे हैं, जैसे उन्होंने मुझ पर कोई जादू कर दिया हो! जब भी उनके साथ मेरा शॉट होता, मुझे अपना अंग-अंग शिथिल हो गया प्रतीत होता। पर उनकी हरकतों को मैं मूर्खताभरा दिखावा कहकर टाल देता। मैं सोचता कि वे ओवर एक्टिंग करते हैं, जो हिंदुस्तानी फ़िल्मों की बहुत बड़ी ख़राबी है। पर जब शॉट के बाद सभी उनकी हरकतों पर लोट-पोट होने लगते, तो मुझे झुँझलाहट होती। मैं सोचता कि तारीफ़ तो दरअसल मेरी होनी चाहिए, क्योंकि मैं इतना स्वाभाविक और संयत क़िस्म का अभिनय कर रहा हूँ। अनाड़ी अभिनेता के यही तो लक्षण होते हैं। वह सब कुछ ग़लत करता हुआ भी सोचता है कि ठीक कर रहा है। शॉट के समय आग़ा जैसे अपने पात्र में प्रवेश कर जाते थे। और शॉट ख़त्म होते ही वे उसमें से निकलकर फिर आग़ा बन जाते थे। इन बातों के बारे में मैं जानता ज़रूर था, पर अभी उनका अभ्यस्त नहीं हुआ था। मैं जो कुछ कैमरे के आगे करता था, उसे अभिनय का नाम देना अभिनय शब्द से अन्याय करना है।

मैंने देखा है कि मर्दों की अपेक्षा स्त्रियों में अभिनय की प्रतिभा कहीं अधिक होती है। बाहुबल की कमी स्त्री को चालाकी से काम लेने पर मजबूर करती है। इसीलिए स्त्रियों में बचपन से ही चंचलता और चपलता दिखाई देने लगती है। मर्द में संकोच अधिक होता है। मैं दम्मो को कैमरे के सामने लापरवाही से हँसते, गाते, नाचते हुए देखकर बहुत हैरान होता था। और इसमें कोई शक़ नहीं कि उसका स्वभाव अभिनय के बहुत अनुकूल था। और फिर एक दिन 'पृथ्वी थिएटर' के नाटक *दीवार* का परदा उठा। पहले शो में दम्मो पृथ्वीराज से ज़रा झिझकती हुई काम कर रही थी। मेकअप भी बहुत अच्छा नहीं हुआ था। सुर्ख़ी ज़्यादा मल दी गई। शो ख़त्म होने पर मैंने मेकअप रूम में जाकर दम्मो को हौसला दिया और निडर होकर काम करने की प्रेरणा दी। आधे घंटे के बाद दूसरे शो के लिए परदा उठा, तो दम्मो बदलकर कुछ और ही बन गई थी। यह कहने में अतिशयोक्ति नहीं है कि बंबई में उसके

नाम का तहलका मच गया था। *दीवार* और दमंयती के अभिनय की चर्चा होने लगी। उसके पहले किसी नाटक को इतनी सफलता नहीं मिली थी। टिकटों के लिए इतनी लंबी लाइनें सिनेमाओं के आगे भी नहीं देखी गई थीं।

दम्मो स्टार बन चुकी थी। अगले दिन से ही फ़िल्म-निर्माताओं ने हमारे घर के चक्कर लगाने शुरू कर दिये, जो कि हमारे लिए एक अनोखी और अप्रत्याशित स्थिति थी।

लड़ाई के ज़माने में प्रसिद्ध कलाकारों और संस्थाओं को भी अंग्रेज़ सरकार फ़िल्म बनाने के लिए लाइसेंस दे दिया करती थी। लड़ाई की हिमायत करने वालों को तो वह आर्थिक सहायता भी देती थी। पर निर्माता प्रोपेगेंडा-फ़िल्में बनाने से डरते थे, क्योंकि जनता उन्हें पसंद नहीं करती थी। सिर्फ़ न्यू थिएटर्स की इस क़िस्म की एक फ़िल्म *माई सिस्टर* सफल हुई थी। वह भी सहगल के अभिनय के कारण।

उदयशंकर और साधना बोस आदि ने भी लाइसेंस लेकर फ़िल्में बनाई थीं। एक लाइसेंस रफ़ीक अनवर को भी मिला था, जिन्होंने बुद्ध भगवान के जीवन पर एक साधारण-सा नृत्य-नाट्य लंदन में पेश किया था। उन दिनों वे मेरे साथ बी.बी.सी. में काम किया करते थे। रफ़ीक के लाइसेंस पर आख़िर चेतन आनंद को *नीचा नगर* फ़िल्म बनाने का मौक़ा मिला, पर इस शर्त पर कि हीरो ख़ुद रफ़ीक होंगे। उस हालत में चेतन को मुझे हीरो बनाने का शौक़ छोड़ना पड़ा, और दम्मो मेरे बिना फ़िल्म में काम करने के लिए तैयार नहीं हुई। सो, चेतन हीरोइन के रोल के लिए लाहौर से एक नई लड़की लाए, जिसका नाम कामिनी कौशल था। उन्होंने ऐसा कमाल का अभिनय किया कि फ़िल्म रिलीज़ होने से पहले ही उनकी धूम मच गई।

उस दौर में कृश्न चंदर ने भी एक फ़िल्म बनाई—अपने नाटक, *सराय के बाहर* के आधार पर। ख़ुद ही उसका निर्देशन भी किया। प्रसिद्ध प्रगतिशील कवि हरेंद्रनाथ चट्टोपाध्याय के एक उपासक ने *आज़ादी* नामक एक आदर्शवादी फ़िल्म बनाने के लिए अपनी सारी पूँजी उनके क़दमों में लाकर रख दी।

उपर्युक्त उदाहरण से अच्छा सबूत और क्या हो सकता है कि फ़िल्मी इतिहास के उस मोड़ पर हमारे बुद्धिजीवी वर्ग को उच्च स्तर की फ़िल्में बनाने के लिए सहूलतों की कमी नहीं थी, बल्कि सहूलतें ख़ुद उनके क़दमों में आ रही थीं। अगर उनका फ़ायदा उठाने की योग्यता उनमें होती, तो आज हिंदी फ़िल्मों का स्तर कुछ और ही होता। पर उस वर्ग ने न फ़िल्म के माध्यम की विशेष आवश्यकताओं को समझने की कोशिश की और न ही अपने व्यक्तिगत जीवन को किसी सीमा में रखा। उनकी बनाई हर फ़िल्म ने जनता की आशाओं पर पानी फेर दिया। सिर्फ़ यही नहीं, वे लोग अपनी ग़लत हरकतों के कारण उतने ही बदनाम हुए, जितना कि वे अपनी कहानियों में फ़िल्मी सेठों को करते थे। आज जब भी मैं अपने बुद्धिजीवी मित्रों को जनता के घटिया स्तर और निर्माताओं की ज़ाहिलाना क़िस्म की माँगों को दोष देते हुए पाता हूँ, तो मेरा मन रोष से भर जाता है, क्योंकि मैंने अच्छे से अच्छे अवसरों को बरबाद होते अपनी आँखों से देखा है।

अब्बास और साठे की हिम्मत से इप्टा को भी एक फ़िल्म बनाने का लाइसेंस मिला, जिसके फलस्वरूप *धरती के लाल* बनी, जो मेरे फ़िल्मी जीवन का पहला महत्त्वपूर्ण अनुभव था।

धरती के लाल की सारी योजना ख़्वाजा अहमद अब्बास ने ख़ुद बनाई थी। वे ही उसके लेखक और निर्देशक थे। इप्टा रंगमंच के तीन विभिन्न प्रांतों के निर्देशकों को सहयोगी निर्देशक नियुक्त किया गया! बंगाल से शंभु मित्रा, महाराष्ट्र से वसंत गुप्ते और बंबई से मैं।

बंगाल के अकाल संबंधी तीन पुस्तकें उन दिनों शाहकार मानी जाती थीं—बिजन भट्टाचार्य के दो नाटक *ज़बानबंदी* और *नवान्न* और कृश्न चंदर का काव्यमय उपन्यास *अन्नदाता*। इन तीनों पुस्तकों को फ़िल्म का आधार बनाया गया।

पर जब अब्बास ने पटकथा की पहली रूपरेखा तैयार की, तो उसे देखकर बहुत-से साथियों को, ख़ासकर मुझे और शंभु मित्रा को, बहुत निराशा हुई। अब्बास के नाटकों का मैं जितना प्रशंसक रहा हूँ, उनकी फ़िल्मों का उतना ही कड़ा आलोचक भी हूँ। फ़िल्म निर्माण की जो परिभाषा अब्बास ने अपने दिमाग़ में बैठाई है, वह शांताराम की तकनीक की तरह बिलकुल ग़ैर-फ़िल्मी, फ़रसूदा और ग़लत है। अब्बास कथावस्तु के हर अंग को सहज-स्वाभाविक ढंग से उभारने के बजाय चटपटे संवादों, प्रतीकात्मक अलंकारों और चौंकाने के मोह में पड़कर उसे बनावटी बना देते हैं। उनका आशय बहुत अच्छा और प्रगतिशील होता है, पर नतीजा बोरियत पैदा करने के सिवा और कुछ नहीं। दर्शक उनकी फ़िल्मों में अपने-आपको खो नहीं पाता। वह ऐसे महसूस करता है जैसे अब्बास उसकी गर्दन पकड़कर उसका मनोरंजन करवा रहे हैं। किसी-न-किसी हद तक हिंदी फ़िल्मों के सभी निर्माता इस रोग के शिकार हैं। वे उस अनाड़ी क़िस्म की माँ की तरह हैं जो रो रहे बच्चे को खिलौने देकर ही चुप कराना जानती है। मिर्च-मसाला मिलाए बिना, केवल कहानी द्वारा जनता को पकड़कर रखने की ख़ूबी इन्होंने सीखी नहीं है। हॉलीवुड के फ़िल्मकारों की ख़ूबी यह है कि वे झूठ को भी सच बनाकर पेश करते हैं। पर हमारे फ़िल्मकारों के हाथों में सच भी झूठ लगने लगता है। तकनीक का दिल भरकर दिखावा किए बिना उन्हें संतोष नहीं होता।

अब्बास ने जो पटकथा लिखी थी, उसमें पर्ल बक की *गुड अर्थ*, स्टाइनबेक की *ग्रेप्स ऑफ़ राथ* आदि फ़िल्मों और पता नहीं कहाँ-कहाँ का मसाला लेकर घुसेड़ दिया था, जैसे उन्हें बिजन भट्टाचार्य और कृश्न चंदर की रचनाओं पर पूरा भरोसा न हो! अजीब-सी खिचड़ी पकाई गई थी उस पटकथा में।

शंभु मित्रा और मैं यथार्थवादी तकनीक का अधिक ज्ञान रखते थे। बने-बनाए रास्तों पर चलने से हमें चिढ़ थी। पर एक बात हम भी भूले हुए थे। वह यह कि बंगाल का अकाल कोई मनोरंजक घटना नहीं थी। और फ़िल्म में मनोरंजन जनता की पहली माँग होती है। अब्बास यथार्थ के रास्ते पर क़दम उठाने से डर रहे थे। पर हम थे कि एक की जगह दस क़दम एक साथ उठाना चाहते थे। उस समय ज़रूरत थी एक-दूसरे के दृष्टिकोण को धीरज से समझने की, एक साझा दृष्टिकोण उभारने की, जो सबको पसंद हो। पर ऐसा धीरज उम्र के तज़ुर्बे से आता है। हम पढ़े-लिखे बेशक थे, पर तजुर्बे की हममें कमी थी। बहस करते हुए हम आपस में लड़ने लगते, दूसरे का दिल जीतने के बजाय अपनी जीत चाहते।

अब्बास का दावा था कि वे फ़िल्म-कला को हमसे ज़्यादा अच्छी तरह समझते थे। हमें इस बात का अभिमान था कि हम जनता के कलाकार थे, इंक़लाबी थे, और अपने उसूलों से बेइंसाफ़ी होती हुई नहीं देख सकते थे। कम्युनिस्ट पार्टी हमारे पीछे थी, जिसके सहयोग

के बिना फ़िल्म का बनना संभव नहीं था। फिर हम क्यों न उछल-उछलकर अब्बास की नाक में नकेल डालते!

धरती के लाल फ़िल्म का निर्माण इप्टा की योजना थी, और इप्टा में बंगाली कलाकारों का पक्ष सबसे भारी और मज़बूत था। अकाल-पीड़ितों के बारे में उनसे ज़्यादा अच्छी और कौन जानकारी दे सकता था? पर मुश्किल यह थी कि उनमें से किसी को भी हिंदी अच्छी तरह नहीं आती थी। वे अपनी बात न समझा पाते। बहसें और रिहर्सलें भी इतनी लंबी हो जातीं कि कई बार शूटिंग के दौरान कैमरामैन और अन्य कर्मचारी प्रतीक्षा में हाथ पर हाथ धरे बैठे रहते। कभी अब्बास झल्लाई हुई हालत में स्टूडियो से बाहर निकल जाते और हम उन्हें मनाने के लिए उनके पीछे जाते। कभी हम नाराज़ हो जाते और अब्बास को मिन्नतें करके हमें मनाना पड़ता। शूटिंग के दौरान ऐसे तमाशे आर्थिक दृष्टिकोण से बहुत महँगे पड़ते हैं। पर इस बात की मेरे जैसे सहयोगी निर्देशकों को न जानकारी थी, न परवाह। पर इसके बावजूद अगर किश्ती मँझधार ही में नहीं डूब गई तो इसका एकमात्र कारण था, इप्टा और कम्युनिस्ट पार्टी का अदृश्य अनुशासन, जो हर मेंबर को सीमा में रखता था। आज जहाँ एक तरफ़ मैं अब्बास की फ़िल्मी गुमराहियों की और भी सख़्त आलोचना करना चाहता हूँ, वहाँ उनकी अद्वितीय सहनशीलता और दोस्ती निभाने की योग्यता की भी दाद दिये बिना नहीं रह सकता। बंबई में, कलाकारों की पंक्ति में खड़े होने की जगह मुझे अब्बास ने ही दिलाई थी। और बदले में मैं उनकी दाढ़ी उखाड़ने लग गया था। पर अब्बास के मुँह से कभी हाय नहीं निकली थी।

हमारी शूटिंग श्री साउंड स्टूडियो में होती थी। उसके संचालक रजनीकांत पांडे बहुत बढ़िया कैमरामैन थे और उनके छोटे भाई चंद्रकांत पांडे साउंड रिकॉर्डिंग में अद्वितीय माने जाते थे। जिस फ़िल्म के गानों की रिकॉर्डिंग चंद्रकांत पांडे के हाथों, और शूटिंग साउंड स्टूडियो में न हुई हो, वह फ़िल्म डिस्ट्रीब्यूटरों की नज़रों में परवान नहीं चढ़ती थी। कहानीकारों, संगीतकारों, फ़िल्म-स्टारों, निर्माताओं और निर्देशकों का दिन-रात वहाँ जमघट लगा रहता था। इतने बड़े स्टूडियो का इप्टा जैसी एक ग़रीब संस्था को अपने यहाँ शूटिंग करने देना अब्बास के ही रसूख का करिश्मा था। हमें हमेशा यह डर लगा रहता था कि हमारी नित्य-प्रति की बहसों, झगड़ों और अनाड़ीपन से तंग आकर स्टूडियो वाले कहीं वहाँ से हमारा बिस्तर ही गोल न कर दें!

पर धीरे-धीरे पता चला कि हम उनकी नज़रों में नीचे नहीं, बल्कि ऊँचे उठ रहे थे, क्योंकि हमारे झगड़े व्यक्तिगत नहीं होते थे। उन बहसों और झगड़ों द्वारा हम सभी फ़िल्म को ज़्यादा से ज़्यादा अच्छा बनाने की कोशिश कर रहे थे। चाहे कितने भी झगड़े हों, अंत में हम फिर एक होकर काम में लग जाते थे। बंगाल से आए हुए व्यक्ति अब्बास के दो कमरों के फ़्लैट में रह रहे थे। कई बार हम भी वहाँ जाकर शरण लेते। ख़ासकर जब दिन के समय *दूर चले* और रात के समय *धरती के लाल* की शूटिंग होती। उन दिनों रात की शूटिंग का बोलबाला था। किसी कलाकार का दिन-रात शूटिंग करना उसकी बड़ाई की निशानी थी। एक बार हम भी लगातार चार दिन और चार रातें सो नहीं सके थे। अब्बास का परिवार मेहमानों की भीड़-भाड़ में किस परेशानी में समय काट रहा था, उसका अनुमान लगाना मुश्किल नहीं है।

फ़िल्म जब आधी से ज़्यादा बन गई तो स्टूडियो के छोटे-से प्रोजेक्शन थिएटर में उसके रश-प्रिंट दिखाए गए। प्रसिद्ध फ़िल्म-निर्देशक महेश कौल भी वहाँ चुपचाप आकर बैठ गए थे। जब बाहर निकले, तो उनके चेहरे पर एक अनोखा प्रभाव था। कहने लगे, 'फ़िल्मों में से मेरा विश्वास उठता जा रहा था। पर आप नौजवानों ने उसे फिर से क़ायम कर दिया है।' राजकपूर भी उस समय उनके पास खड़े थे। तब वे अभी फ़िल्म कलाकार के रूप में उभरे नहीं थे। केदार शर्मा के साथ सहायक के रूप में काम कर रहे थे। उन्होंने भी फ़िल्म की भरपूर प्रशंसा की।

शायद *धरती के लाल* से प्रभावित होकर ही महेश कौल ने ख़ुद एक यथार्थवादी फ़िल्म बनानी शुरू की। उसका नाम था *काशीनाथ*। *धरती के लाल* की हीरोइन तृप्ति भादुड़ी (अब तृप्ति मित्रा) को उन्होंने उस फ़िल्म में हीरोइन बनाया और राजकपूर को हीरो। *काशीनाथ* भी अविस्मरणीय फ़िल्म बनी थी।

हमसें से कोई भी इस हैसियत का मालिक नहीं था कि कार में बैठकर स्टूडियो जाता। फिर भी रजनीकांत पांडे से लेकर स्टूडियो के छोटे-से-छोटे कर्मचारी तक हमारा बहुत आदर करते थे। अपना काम छोड़कर भी हमारी फ़रमाइशें पूरी करते थे। उनकी नज़र में हम देश-सेवा का काम कर रहे थे, और इसलिए महान थे। व्यक्तिवाद के कीटाणुओं से भरे हुए फ़िल्मी वातावरण में हमारे समूहवाद ने स्वस्थ-सी सुंदरता पैदा कर दी थी। बहुत-सी छोटी-छोटी घटनाओं से इसका सबूत मिलता है जो मुझे कभी नहीं भूलेंगी।

उदाहरण के लिए, एक रात हम कहानी के मुख्य पात्र, प्रधान मंडल के कलकत्ते की सड़कों पर भूख से सिसक-सिसककर प्राण देने की शूटिंग कर रहे थे। दृश्य इस प्रकार था : बूढ़े किसान का शरीर बुख़ार से तप रहा है। उसकी बूढ़ी पत्नी (ऊषा सेनगुप्ता), बड़ा लड़का (मैं), छोटा लड़का (अनवर), बड़ी पुत्र-वधू (दमयंती साहनी), छोटी पुत्र-वधू (तृप्ति भादुड़ी) और गाँव के कुछ और बनदसीब लोग उसके इर्द-गिर्द बैठे हुए हैं। बेहोशी की हालत में बूढ़े किसान को अपनी फ़सलें याद आती हैं–धान की झूमती हुई फ़सलें। और वह अपने बेटों को दराँतियाँ लेकर जाने के लिए कहता है। 'काटो, ज़ोर से काटो!' वह हँसता हुआ कह रहा है, जैसे मेंड़ पर खड़ा कटाई का नज़ारा देख रहा है। 'कितना धान, कितना ढेर-सा धान!' और वह मर जाता है।

फुटपाथ और सड़क का सेट स्टूडियो के अंदर ही लगा हुआ था। पहले कैमरा दूर रखकर, 'लांग-शॉट' में पूरे दृश्य की शूटिंग की गई। इसके लिए 'लाइटिंग' ठीक करने में तीन-चार घंटे लगे। पर शूटिंग करते समय सहायक निर्देशकों या कैमरा-विभाग की लापरवाही के कारण फुटपाथ पर लगे हुए बिजली के खंभों की रोशनियाँ जलाई न गईं। इस ग़लती का अहसास तब हुआ, जब 'क्लोज़अप' के लिए कैमरा बूढ़े किसान के निकट लाया गया। अब क्या किया जाए? तब तक स्टूडियो की सभी बत्तियाँ बुझाई जा चुकी थीं। अँधेरी रात में बूढ़े किसान के चेहरे पर रोशनी डालने का बहाना एकमात्र वह बिजली के खंभे की रोशनी ही थी, जो कि लांग-शॉट में जलाई नहीं गई थी।

सब एक-दूसरे का मुँह देखने और एक-दूसरे को दोष देने लगे। पहला शॉट अगर दोबारा लिया जाता, तो लाइटिंग ठीक करने में फिर तीन-चार घंटे लग जाते और पूरी शिफ़्ट बरबाद हो जाती।

तभी लाइटिंग-विभाग के एक मज़दूर ने सुझाव पेश किया कि शुरू में किसान के क्लोज़अप को अँधेरा रखा जाए, फिर जब कि वह बोल रहा हो, उसके चेहरे पर, दूर से आ रही किसी मोटर की बत्ती की रोशनी डाली जाए, और ज्यों-ज्यों वह बेहोशी के आवेश में आता जाए, रोशनी बढ़ती जाए। आख़िर उसके मरते ही, शॉट कट करके किसी और कोण से दिखाया जाए कि इधर किसान का परिवार रोता-कुरलाता हुआ उसकी लाश पर गिर पड़ता है और उधर एक चमकती हुई मोटर, जैसे उनकी मुसीबत पर हँसती हुई, बिलकुल पास से गुज़र जाती है।

यह सुझाव सुनकर हम आश्चर्यचकित रह गए। अब्बास, शंभु, गुप्ते, मैं, कैमरामैन कपाड़िया—सब अश-अश कर उठे। बुद्धिजीवियों की ग़लती से पैदा हुई अड़चन को एक अनपढ़ मज़दूर ने कला में बदल दिया था।

धरती के लाल का संगीत रविशंकर ने दिया था। उपर्युक्त दृश्य के पीछे उन्होंने केवल एक बाँसुरी की आवाज़ भरी, जैसे मरने के बाद किसान की आत्मा सचमुच अपने खेत की ओर उड़कर चली गई हो। इस प्रकार फ़िल्म का यह एक अत्यन्त मार्मिक दृश्य बन गया था। और यह दृश्य एक साधारण मज़दूर की देन थी—उस वर्ग के व्यक्ति की, जो शूटिंग के समय किसी सफ़ेदपोश से बात करने का साहस भी नहीं कर सकता, सलाह-मशवरा देना तो दूर की बात है।

हम भी मुँह में ज़बान रखते हैं,
काश, पूछो कि मुद्दआ क्या है!

हमारे यूनिट में झूठी शान और पैसे के अंहकार का अभाव देखकर ही उस मज़दूर को मुँह खोलने का साहस हुआ था। सच तो यह है कि प्रोलीतारी समझ-बूझ रखनेवाले मज़दूर हमारी फ़िल्म को अपना ही समझने लगे थे। कम्युनिस्ट पार्टी, ट्रेड यूनियनों और किसान-सभाओं के कहने पर सैकड़ों किसान-मज़दूर स्त्रियाँ, मर्द और बच्चे—छोटे-छोटे रोल करने के लिए, बिना पैसे लिये ही, 'इनडोर' और 'आउटडोर' शूटिंग में शामिल हुआ करते थे। भूखे, पीड़ित लोगों के गाँव छोड़कर शहर जानेवाले दृश्य में हज़ारों किसानों ने भाग लिया था। सुबह चार बजे से इप्टा की बंगाली लड़कियों ने गाँव की मराठी बहनों को बंगाली ढंग से साड़ी पहनाना सिखाना शुरू कर दिया था। चार दिन तक 'कापड़ने' गाँव के किसानों ने हमें न केवल खेतों में ऊधम मचाने की आज़ादी दे रखी थी, बल्कि मेहमानों की तरह हमें खिलाया-पिलाया भी।

पर अफ़सोस, इप्टा के आम मेंबरों ने जो आशाएँ इस फ़िल्म पर लगाई हुई थीं, वे इप्टा के नेताओं के आपसी झगड़ों और नातजरुबेकारी के कारण मिट्टी में मिल गईं। हमारे आपसी भेदभाव अंदर-ही-अंदर बढ़ रहे थे। अवसरवादियों ने अपने स्वार्थों की ख़ातिर हमारे इर्द-गिर्द टोलियाँ बाँधनी शुरू कर दी थीं। छोटे-छोटे फ़िल्मी कामों में भी रोज़ का हज़ारों रुपये का लेन-देन होता है। यह बात भी कमज़ोर चरित्र वाले कॉमरेडों की गिरावट का कारण बनी। जो काम इतने चाव से शुरू किया गया था, वह अंत में सबके लिए सिर-दर्द बनकर रह गया। अब्बास जल्दी-जल्दी एडिटिंग ख़त्म करके लाहौर चले गए जहाँ उन्हें एक और फ़िल्म का कांट्रैक्ट मिल गया था। उनके जाने के बाद *धरती के लाल* फ़िल्म लावारिस बनी डिब्बों में पड़ी रही। कोई नहीं जानता था कि आगे क्या करना है।

आख़िर जिस दिन फ़िल्म रिलीज़ हुई, उसी दिन शहर में सांप्रदायिक फ़साद शुरू हो गए। कर्फ़्यू लग गया। फ़िल्म बनाना भी, फ़सल पैदा करने की तरह, क़िस्मत के साथ जुआ खेलनेवाली

बात होती है। किसी भी पड़ाव पर, और किसी भी कारण से तीन काने हो जाते हैं। फ़साद तो ज़्यादा देर तक न रहे , पर लोगों के दिलों में डर बना रहा, और सिनेमा-हॉल ख़ाली रहे। उन दिनों जो फ़िल्में रिलीज़ हुई थीं, सब फ़ेल हो गईं।

पर व्यापारिक असफलता के बावजूद *धरती के लाल* कलात्मक दृष्टि से बढ़िया फ़िल्म थी। जिसने भी उसे देखा, प्रशंसा किए बिना न रह सका। अपने देश से कहीं ज़्यादा उसकी प्रशंसा विदेशों में हुई। इंग्लैंड की प्रसिद्ध ग्रंथमाला *पेंग्विन* ने अपने एक अंक में उसे फ़िल्म-इतिहास में एक महत्त्वपूर्ण फ़िल्म कहा। पूरे सोवियत यूनियन में यह फ़िल्म दिखाई गई और कई देशों ने अपनी फ़िल्म-लाइब्रेरियों में उसे स्थान दिया। बेशक, *धरती के लाल* में ख़ामियों की भरमार थी, पर कई ख़ूबियाँ भी ऐसी थीं जो अन्य फ़िल्मों में बहुत कम देखने में आई थीं। जिस बड़े पैमाने पर किसान-मज़दूरों ने उसमें मुफ़्त भाग लिया था, वह किसी अमीर से अमीर निर्माता की भी शक्ति से बाहर की बात थी। फ़िल्म के एक-एक दृश्य में सचाई, दयानतदारी और मानवीय भावनाएँ झलकती थीं। एक निर्माता ने फ़िल्म देखकर मुझसे कहा था, 'आप लोगों ने तो यथार्थवाद में रूसियों को भी मात कर दिया है।'

बिमल राय ने *दो बीघा ज़मीन* और सत्यजित राय ने *पाथेर पाँचाली* में वही रास्ता अपनाया, जिसके काँटे *धरती के लाल* ने साफ़ किए थे। पर अफ़सोस, ख़ुद अब्बास ने वह रास्ता छोड़ दिया। उसके बाद अब्बास ने कितनी फ़िल्में बनाईं, पर उनमें शायद ही कोई *धरती के लाल* का मुक़ाबला कर सकती है। और उतनी इज़्ज़त भी अब्बास को किसी और फ़िल्म द्वारा नहीं मिली, जितनी इस पहली फ़िल्म द्वारा मिली थी।

जिस हद तक हम मिलकर चले, *धरती के लाल* एक सफल प्रयोग रहा। अगर हमारे अंदर धीरज होता, नम्रता होती, एक-दूसरे के प्रति सम्मान होता, सच्चे सहयोग का ज्ञान होता, तो *धरती के लाल* न केवल एक शाहकार फ़िल्म बनती बल्कि हम एक ऐसी संस्था भी क़ायम कर सकते जो भविष्य में देश-कल्याण की फ़िल्में बनाती रहती। पर यह बात हमारी क़िस्मत में नहीं लिखी हुई थी।

इप्टा नहीं होती तो सलिल चौधरी नहीं होता

सलिल चौधरी

> बंबई के हिमगिरि अपार्टमेंट्स में 26 अक्टूबर, 1978 की शाम को **कल्पना विश्वास** ने सलिल चौधरी का एक साक्षात्कार लिया था जो www.salilda.com पर उपलब्ध है। यह उसी साक्षात्कार पर आधारित लेख है। अनुवाद और रूपांतरण किया है **संजीव कुमार** ने। कोष्ठक में छपे हुए अंश सलिल चौधरी के वाक्यों को पूरा करने, या जिस प्रश्न के उत्तर के रूप में वे आए हैं, उसकी ओर संकेत करने के लिए हैं। **—सं.**

इप्टा में आने से पहले मैं पहले किसान आंदोलन में शामिल था। गाँव में रहता था, दक्षिणी 24 परगना के सोनपुर इलाक़े में। कृषक समिति बनने के एकदम शुरुआती दौर से ही मैं उसमें सक्रिय था। तेभागा आंदोलन पर जो गाने मैंने लिखे, वे उन्हीं वर्षों में लिखे गए थे। एक गाना था, 'हेइ सांभालो धान हो, कास्ते ता दाओ शान हो'। फिर जेल में बंद स्वाधीनता सेनानियों की मुक्ति के लिए चले आंदोलन के दौरान, जब चटगाँव में शस्त्रागार लूटने के बारे में क़ैदियों की सुनवाई चल रही थी, मैंने एक गीत लिखा, 'ओ न्यायाधीश, लोग जग गए हैं और वे तुम्हारे फ़ैसले पर भी अपना फ़ैसला सुनाएँगे'। उस समय शायद ही कोई राजनीतिक मौक़ा ऐसा होता था जो गीत लिख डालने के लिए हमें न प्रेरित करे! मैंने तो किसी राजनीतिक मौक़े को हाथ से जाने न दिया। उस पर गीत बनाए। 'लहरें उठ रही हैं, क़ैदख़ाने टूट रहे हैं' और 'आज हड़ताल है, चक्का जाम है'—इस तरह के गीत 29 जुलाई, 1946 की अखिल भारतीय मज़दूर हड़ताल के दौरान लिखे गए थे। सांप्रदायिक दंगों के दौरान मैंने 'ओ मेरे देश के नागरिको' और 'मेरे हृदय के भाइयो, आओ' जैसे गीत लिखे। लेकिन गाने तैयार करने वाले और लोग भी थे। हेमंग विश्वास, बिनय रॉय, हरिपद कुसहारी आदि ने कुछ गीत तैयार किए। ज्योतिरींद्र मैत्र (बटुक दा) पहले ही 'नबजीबनेर गान' लिख चुके थे। तो इस तरह एक ज़बर्दस्त हलचल थी।

किसान आंदोलन से ही मैं इप्टा में शामिल हुआ, शायद 1945 में, बंगाल के अकाल के बाद। मैं अभी विद्यार्थी ही था। अकाल-पीड़ितों के लिए धन उगाहने के लिए आसाम जानेवाले एक समूह में मैं शामिल हुआ। उस समय मैंने गीतों की स्वर-रचना करनी शुरू नहीं की थी। बाँसुरी बजाता था। तो समूह के साथ मैं एक बाँसुरीवादक के रूप में गया। फिर मैं 24 परगना के किसान आंदोलन के सामने मौजूद मुश्किलात को लेकर गीत लिखने लगा। उस समय तक कलकत्ता में इप्टा बाक़ायदा बन चुकी थी। बटुक दा 'नबजीबनेर गान'

और बिजन दा 'नवान्न' बाक़ायदा लिख चुके थे। लेकिन मैंने अभी तक इप्टा ज्वाइन नहीं किया था। मैं अभी भी किसान आंदोलन में बहुत व्यस्त था। फिर एक दिन हमने इप्टा के सामने अपना एक नाटक खेला। इप्टा के कुछ ख़ास सदस्य, जैसे बिनय दा, निरंजन सेन आदि ने यह कार्यक्रम देखा। उन्होंने मुझसे कहा कि इप्टा ही मेरे लिए सही जगह है, किसान आंदोलन नहीं, क्योंकि मैं मूलतः एक कलाकार हूँ। इसके बाद मैं इप्टा में शामिल हुआ। (इसका मतलब यह कि इप्टा में कला की क़द्र थी, लेकिन) उस कला की नहीं, जो कला के लिए हो, बल्कि उसकी, जो बहुत ज़बर्दस्त तरीक़े से संप्रेषित होती हो, और जो यथार्थ से प्रतिबद्ध हो। अंतर्वस्तु पर, समकालीन मुद्दों पर ज़ोर था। ऐसा नहीं है कि हम कला के द्वारा समाज में बेहतर दिशा में बदलाव ला सकते हैं, बल्कि कला समाज को बदलने की कोशिशों के द्वारा ही रची जाती है। क्या कला का इससे अलग कोई मानी है? (यह बात कि अंतर्वस्तु पर इस तरह के ज़ोर ने दर्शकों को हमसे दूर किया या यह कि इप्टा इसीलिए टूटी कि कलाकारों ने इस तरह के बलाघात को महसूस करने के बाद अपनी कला-युक्तियों पर ध्यान देना बंद कर दिया) इस तरह की 'लाइन ऑफ़ रीज़निंग' से मैं बिलकुल सहमत नहीं हूँ। मैं अभी भी जब कलकत्ता जाता हूँ तो युवकों से उन दिनों के गाने गाने की फ़रमाइश सुनता हूँ। अगर इस पीढ़ी के लोग भी उस दौर के गाने सुनना चाहते हैं तो कैसे कहा जा सकता है कि वे गाने कला के रूप में कामयाब नहीं रहे? मेरे लिए कला कोई अमूर्तन नहीं है। मैं सिर्फ़ उसी फ़ॉर्म को स्वीकार करता हूँ जो मुझे अपनी बात को सबसे प्रभावशाली तरीक़े से कहने की इजाज़त देता है। अगर मैं उसमें कामयाब रहता हूँ तो मैं एक कलाकार हूँ।

लेकिन यह भी सही है कि कला के नाम पर काफ़ी नारेबाज़ी भी होती रही है। पार्टी एक नारा देती है, और कोई उस पर आधारित नाटक लिख देता है। नाटक बहुत मुस्तैदी से कुछ ख़ास मुद्दों पर पार्टी के नज़रिए को व्यक्त करता है। इस तरह के उदाहरण भी, निश्चित तौर पर, थे। लेकिन आज कोई भी उन नाटकों को याद नहीं करता। वे अपनी स्वाभाविक मौत मर गए। लेकिन यह कब नहीं होता? आज लिखे जा रहे नाटकों में से कितने हैं जिनके बारे में हम बात कर सकते हैं? कितने अच्छे गाने आज लिखे जा रहे हैं, साहित्य की आज क्या गुणवत्ता है? टैगोर तो कोई एक ही होता है। उनके समय में कितने लोग लिख रहे थे, लेकिन कोई भी टैगोर या चटर्जी की तरह नहीं था। तो यह हर दौर का सच है। लेकिन क्या यह किसी को अच्छे उपन्यास लिखने से रोकता है?

(चालीस के दशक की शुरुआत तक जो नाटक लिखे जा रहे थे, वे मुख्यतः ब्रिटिश विरोधी, राष्ट्रवादी थे।) 1943 के बंगाल के अकाल ने, जिसमें 50 लाख लोग मरे, यहाँ के बौद्धिकों, लेखकों और कलाकारों समेत तमाम लोगों को हिलाकर रख दिया। और इस घटना ने एक ऐसे आंदोलन की शुरुआत की जिसका चरित्र ठीक-ठीक राष्ट्रवादी नहीं था। समाज के हर तबक़े के लोग इस आंदोलन में शरीक हुए। किसान, मज़दूर, और मध्य वर्ग के लोग, विद्यार्थी और बुद्धिजीवी—सभी इसमें समान रूप से आए। उसी समय बिजन दा (बिजन भट्टाचार्य, बंगाली नाटककार और अभिनेता, इप्टा आंदोलन के एक अगुआ) ने *नवान्न* लिखा। इस नाटक का 'टोन' कहीं से राष्ट्रवादी नहीं था। इसमें उन्होंने बंगाल के कालाबाज़ारियों, जमाख़ोरों और भूस्वामियों के भ्रष्टाचार और शोषण को उजागर किया। किसानों ने इस नाटक में मुख्य किरदार निभाए, वही इसके नायक और अभिनेता थे। तो नई तरह के इस नाटक *नवान्न* ने

ताज़गी भरे एक नए सांस्कृतिक आंदोलन की नींव रखी। और तब से हमने इप्टा के लिए कई गीत तैयार किए। हमने अपने नाटकों को गाँवों तक पहुँचाया और रेलवे स्टेशनों पर भी उनका प्रदर्शन किया। किसानों और ग्रामीणों ने हमारे नाटकों में किरदार निभाए, ख़ुद अपने नाटक भी लिखे, उनमें काम किया और गाने बनाए। इसलिए उस समय जिस नए आंदोलन का आग़ाज़ हुआ, उसे राष्ट्रवादी मान लेना ग़लत होगा। इस आंदोलन ने आम जनता की चेतना में एक क्रांतिकारी बदलाव लाने की कोशिश की, और इसने 'पीपुल्स थिएटर' जैसी गतिविधियों के ज़रिये आम जनता को भागीदार बनाने का प्रयास किया। हमारे मुल्क के सभी हिस्सों में यह जंगल की आग की तरह फैला। इस पैमाने का कोई सांस्कृतिक आंदोलन पूरे भारतीय इतिहास में दूसरा नहीं है। इसकी तुलना में देखें तो 19वीं सदी के बंगाल के पुनर्जागरण में तो सिर्फ़ मध्य वर्ग के बुद्धिजीवी ही शामिल हो पाए थे।

(बंगाल के जो किसान और खेत-मज़दूर इप्टा में कलाकार के तौर पर आए,) उनमें से बहुतों के नाम तो अब याद नहीं हैं। हाँ, प्रसिद्ध गायक गुरदास मुझे याद हैं। गुरदास एक किसान के बेटे थे। बाद में वे औद्योगिक मज़दूर बन गए। फिर दशरथ लाल थे। वे कलकत्ता की ट्राम कंपनी में काम करने वाले एक मज़दूर थे। दशरथ ने उस दौर में कुछ अच्छे गीत लिखे। उनके जैसे और भी थे। जैसे, आसाम के एक किसान के बेटे मोघाई ओझा। वे हमारे समूह में ढोल बजाते थे। महाराष्ट्र के किसान-पुत्र अन्ना भाऊ साठे थे। उन्होंने उस दौर में कई 'तमाशे' और 'लावणियाँ' लिखीं। अमर शेख़ और गावणकर उनके साथ थे। ये सभी किसान-मज़दूर वर्ग से आते थे। अमर शेख़ और गावणकर की स्थिति थोड़ी बेहतर थी, लेकिन अन्ना भाऊ मज़दूर के बेटे थे और ख़ुद स्लम में रहनेवाले एक मज़दूर थे। उन्होंने कुछ-बहुत उम्दा कविताएँ, लावणियाँ और तमाशे लिखे। आप ग़ौर करेंगे कि हिंदुस्तान के विभिन्न हिस्सों के किसान समुदाय से इस तरह के अनेक कलाकार उभरे और इप्टा के आंदोलन में शामिल हुए। यह रुझान आज़ादी मिलने के काफ़ी बाद तक भी जारी रहा। लेकिन धीरे-धीरे हमने पाया कि आंदोलन अपनी गति खो चला है। समूह टूटने लगे। कुछ लोग इस तथ्य को ढँकने-ढाँपने की कोशिश करते हैं कि इप्टा को कोई लंबा जीवन नहीं मिला। निजी तौर पर मैं सोचता हूँ कि यह आंदोलन मरा नहीं, बल्कि इसने अनेक समानधर्मा नाट्य-समूहों और संगीत-समूहों को जन्म दिया, जिन्होंने 'कला जनता के द्वारा और जनता के लिए' पर आधारित इप्टा के उसूलों का पालन किया। ये नए सांस्कृतिक संगठन पूरे हिंदुस्तान में पनपे। इसके बाद दरअसल इप्टा नाम के एक और संगठन की ज़रूरत नहीं थी। यह एक कारण था। दूसरा कारण यह था कि भारत में और बाहर वामपंथी राजनीतिक आंदोलनों के भीतर क्रमशः बढ़ती हुई दरारों ने हमारे बुद्धिजीवियों के भीतर भयंकर हताशा को जन्म दिया। हमने देखा कि चीन और रूस के बीच कलह चल रहा है, यूगोस्लाविया ने ख़ुद को पूर्वी यूरोप की राजनीति से अलग कर लिया, और वियतनाम में राजनीति ने अलग ही रंग-ढंग अपना लिया। हमने यह भी देखा कि फ्रांस और इटली की कम्युनिस्ट पार्टियाँ अपनी ख़ास राह पर चल रही हैं और बिलकुल अलग तरह की चीज़ें प्रस्तावित कर रही हैं। इन घटनाओं ने हमारे बुद्धिजीवियों के बीच बहुत भ्रम और हताशा फैलाई और अलग-अलग रंग-ढंग की अनेक कम्युनिस्ट पार्टियों को जन्म दिया, जैसे—सी.पी.आई., सी.पी.आई.(एम), नक्सलाइट (लेनिनवादी-माओवादी) इत्यादि, और इसका हमारे प्रगतिशील सांस्कृतिक आंदोलनों पर बहुत असर पड़ा। वामपंथी

बुद्धिजीवियों और कलाकारों में आए इस भ्रम और हताशा ने कला में दुबारा अमूर्तन को उभरने में और 'कला कला के लिए' को मज़बूत होने में मदद की। सार्वजनिक मंच पर अश्लीलता धीरे-धीरे बहुत आम हो गई, मिसाल के लिए, सार्वजनिक थिएटर में, यहाँ तक कि जात्राओं (लोक-नाट्यों) में भी, कैबरे डांस की शुरुआत हो गई। प्रगतिशील सांस्कृतिक आंदोलन पर इस तरह का हमला होने का कारण यह था कि एकताबद्ध वाम सांस्कृतिक आंदोलन विभाजित हो गया था। अभी, इन दिनों, हम एक नया स्फुलिंग फिर से देख रहे हैं। आज के कई कलाकार एक एकीकृत वामपंथी सांस्कृतिक आंदोलन शुरू करने के तरीक़ों के बारे में बहुत सजग रूप से सोच रहे हैं। मैंने उनमें से कइयों के साथ इस संभावना पर विचार किया है। लेकिन मैं महसूस करता हूँ कि हम दुबारा इप्टा को सामने नहीं ला सकते। हम उस दौर की तरह के पैमाने पर गीत गाने या नाटक मंचित करने के बारे में नहीं सोच सकते। हमने आज से तीस और पैंतीस साल पहले जो किया, उसे आज न कर पाने का सबसे बड़ा कारण यह है कि जनसंचार माध्यमों की आबोहवा इन सालों में आमूलचूल बदल गई है। उस समय एक साल में दस-बारह से ज़्यादा फ़िल्में नहीं बनती थीं, इसलिए हम फ़िल्मों की प्रतिद्वंद्विता में अपने नाटकों को खड़ा कर सकते थे। उस दौर में फ़िल्में साफ़-सुथरे तरीक़े से कहानी कहने का माध्यम थीं। शरत चंद्र चटर्जी, बंकिम चंद्र चटर्जी इत्यादि की कहानियों और दूसरे भारतीय क्लासिक्स पर फ़िल्में बनती थीं। कुछ को छोड़कर, ज़्यादातर कहानियाँ हमारे सांस्कृतिक क्रांतिकारी आंदोलन के लिए कोई ख़तरा पेश नहीं करती थीं। इसलिए हमारे रेडिकल नाटक उन दिनों की फ़िल्मों के साथ आसानी से प्रतियोगिता कर सकते थे। लेकिन आज बननेवाली फ़िल्मों की संख्या दस से बढ़कर छह सौ प्रतिवर्ष हो चुकी है!

(चालीस के दशक में तो) इप्टा का असर ज़बर्दस्त था। इसकी वजह यह थी कि जैसे ही अंतर्वस्तु बदली, फ़ॉर्म भी बदला। गीतों का भी फ़ॉर्म बदला और थिएटर के फ़ॉर्म्स में भी तब्दीली आई। पोस्टर नाटकों के मंचन होने लगे जो लोगों तक सीधे अपनी बात पहुँचाते थे। इप्टा ने ढेरों लेखकों और कलाकारों को संगठन की ओर आकर्षित किया। भारत के महानतम सांस्कृतिक व्यक्तित्वों में से 80 प्रतिशत तो इप्टा की पैदावार हैं। मिसाल के लिए, इप्टा न होती तो सलिल चौधरी भी नहीं होता। मैं उसी आंदोलन की पैदावार हूँ। इप्टा ने बलराज साहनी, शंभु मित्र, उत्पल दत्त जैसे कलाकार पैदा किए; ऋत्विक घटक और मृणाल सेन जैसे फ़िल्मकार और अमर शेख़ जैसे गायक दिये। इन सबको इसी आंदोलन ने गढ़ा था। आंध्र और केरल में उन प्रदेशों के चोटी के लेखक और फ़िल्मकार इस आंदोलन में शामिल हुए। तो हम कह सकते हैं कि इसका असर बहुत ज़बर्दस्त था। (हाँ, बुद्धिजीवियों और अभिजात वर्ग से आगे निम्नवर्ग एवं वंचित तबक़ों में इसकी कितनी पैठ बन पाई,) यह अंदाज़ा लगाना थोड़ा मुश्किल है। लेकिन अगर आप देखें कि हमारे कलाकारों का उनके बीच किस तरह से स्वागत होता था, तो थोड़ा अंदाज़ा लगा सकते हैं। मैं एक उदाहरण दूँ। जब हमारा समूह सुंदरवन के काकद्वीप में एक नाटक खेलने पहुँचा, तो हमारी मुलाक़ात एक ऐसे किसान से हुई जो मुकुंद दास के लोक-नाट्यों में काम करते थे। अपनी अभिनय प्रतिभा के लिए उन्हें अपने जीवनकाल में सौ से अधिक मेडल मिल चुके थे। उन्होंने हमारे नाटक से अभिभूत होकर हमें उनमें से एक मेडल दिया। मैंने अपने जीवन में इससे बड़ा सम्मान कभी नहीं पाया है। किसानों के बीच उसकी नीलामी करने पर हमें चार हज़ार रुपये मिले। बाद में मुझे उसे

बेचने का बहुत मलाल हुआ। मुझे उस इलाक़े के किसानों के लाभ के लिए यह काम करना पड़ा था।

यह तो बस एक उदाहरण था कि आम जन पर हमारा कैसा प्रभाव था। वे महसूस करते थे कि हमारे गाने और नाटक सचमुच उन्हीं के लिए थे। इस तरह के तजुर्बे हमें कई बार हुए। पर उसके बाद क्या हुआ? हमारे राजनीतिक जीवन और साथ ही साथ वाम मोर्चे की राजनीति में बढ़ती हताशा के चलते हमारे समूह बिखरने लगे। कांग्रेस के और भूस्वामियों के शासन में पुलिस ने वाम राजनीति में शामिल लोगों को चुन-चुन कर यातना देना शुरू किया। पार्टी उस संकट के दौर में नेतृत्व देने में नाकाम रही। (याद रखें) इप्टा का नेतृत्व कम्युनिस्ट पार्टी के हाथ में था। उसकी सभी इकाइयों का। उस समय यह अविभाजित कम्युनिस्ट पार्टी थी। पी.सी. जोशी जो पार्टी के महासचिव थे, इस आंदोलन को नेतृत्व दे रहे थे। पर इप्टा का नेतृत्व कम्युनिस्टों के हाथों में भले हो, इसका लक्ष्य सभी तरक़्क़ीपसंद वाम रुझान वाले लेखकों और कलाकारों को एक मंच पर साथ लाना था। इसलिए इसमें सिर्फ़ कम्युनिस्ट नहीं थे, भले ही नेतृत्व कम्युनिस्ट पार्टी दे रही हो। कई ऐसे कलाकार और गायक भी इप्टा में थे जिन्हें राजनीति से कोई मतलब नहीं था। कभी-कभी कोई बड़ा कलाकार हमारे समूह में शामिल हो जाता, जैसे मनोरंजन भट्टाचार्य जैसे अभिनेता, जिन्हें हम महर्षि कहते थे। वे सीधे-सीधे राजनीति में यक़ीन नहीं करते थे, इसके बावजूद वे इप्टा आंदोलन में शामिल हुए। ऐसे सैकड़ों नाम मैं याद कर सकता हूँ जिनका कम्युनिस्ट पार्टी के साथ कोई राजनीतिक संबंध नहीं था, बावजूद इसके कि वे जानते थे कि इसका नेतृत्व वामपंथियों के हाथों में है।

इप्टा ने समाजवादी क्रांति पर बल दिया। लोगों को जागरूक बनाना इप्टा का लक्ष्य था। जागरूक बनाने के साथ-साथ प्रेरित करना भी। जब मैं किसी से कहता हूँ कि ये तुम्हारे अधिकार हैं और तुम अपने अधिकारों से वंचित किए जा रहे हो, तो निस्संदेह मैं उसे अधिकारों के लिए उठ खड़े होने को प्रेरित भी कर रहा होता हूँ। अपने इस लक्ष्य की दिशा में काम करते हुए इप्टा ने समाज पर गहरा प्रभाव छोड़ा। आज कई चीज़ें जो हासिल हैं, वे इप्टा के योगदान की वजह से ही संभव हो पाईं। इप्टा का सांस्कृतिक आंदोलन और किसान आंदोलन उन अधिकारों के लिए ज़िम्मेदार हैं जो आज किसानों और मज़दूरों को मिले हुए हैं।

हमारे आंदोलन का ख़र्चा जनता से आता था। वे दान नहीं देते थे। हम उन्हें सस्ती टिकटें बेचते थे। किसानों के बीच जब हम नाटक खेलते तो वे हमारे खान-पान का इंतज़ाम करते थे और हमारे लिए धन उगाही भी करते थे। पार्टी में कुछ कुलवक़्ती लोग थे, मेरी तरह। मैं पार्टी से 30 रुपये महीने पाता था। यही मेरी कमाई थी। जो पार्टी सदस्य नहीं थे, उनमें भी कई लोग बेहद समर्पित थे। वे मुफ़्त में काम करते थे। किसान लोग हमेशा यह सुनिश्चित करते कि हमें कुछ खाने को मिले। जो कुछ उनके पास होता, उसी में से हमें भी खिलाते। यह परंपरा आज भी है। हम 4 आने से 8 आने तक की टिकटें भी बेचते थे और यह संगठन की कमाई होती थी। फिर भी आर्थिक असुरक्षा का तो सामना हमें करना ही पड़ता था। निस्संदेह, इसका भी प्रतिकूल असर पड़ा। आंदोलन के लिए काम करते हमारे कई लड़कों को कई-कई दिनों का फ़ाक़ा करना पड़ता। उनमें से कई चल भी बसे। मौतें सिर्फ़ फ़ाक़े के चलते नहीं, यातना और क़ैद और बुरी तरह मार खाने के चलते भी हुईं। लेकिन मैं कहूँगा कि आर्थिक असुरक्षा ने लड़कों के जोश को उतना नहीं तोड़ा, क्योंकि मैंने

उन्हें दो-दो, तीन-तीन दिनों तक बिना कुछ खाए गाँवों में घूमते और नाटक खेलते देखा है। जब लोग एक आदर्श से प्रेरित होते हैं तो वे छोटी-मोटी कठिनाइयों को नज़रअंदाज़ कर जाते हैं। ज़्यादातर वक़्त मेरी जेब में 2 आना भी नहीं होता था। मेरे नाम पर वारंट जारी रहते थे। मुझे बहुत पैदल भी चलना पड़ता था। लेकिन मैंने इसे कभी कष्टप्रद नहीं माना। असल में, हमारे पास अपनी निजी सुविधाओं के लिए सोचने का समय ही नहीं था। अब हम निजी सुविधाओं की अनदेखी करने के बारे में सोच भी नहीं सकते। मैं ख़ुद भी नहीं सोच सकता।

(यह समझ कि आज़ादी का आंदोलन ही इप्टा को बनाए रखने का कारण था और आज़ादी मिलते ही उसके चलते रहने की वजह ख़त्म हो गई) अंशतः ही सही है। इप्टा में ज़्यादा बड़ी तादाद राजनीतिक रूप से सजग लोगों की थी। वे आज़ादी के साथ थम जानेवाले लोग नहीं थे, बल्कि इसे आगे सामाजिक क्रांति की दिशा में ले जाने की इच्छा रखनेवाले लोग थे। अलबत्ता, जिनका लक्ष्य अंग्रेज़ों को भारत से भगाना था, वे मक़सद और प्रेरणा से अवश्य वंचित हो गए। अगर आप देखें तो आज़ादी से पहले और आज़ादी के बाद भी इप्टा के प्रति भारत सरकार का रवैया एक-सा था। कारण यह कि हमारा मुख्य ज़ोर तो पूँजीपति वर्ग और शोषकों, भूस्वामियों के ख़िलाफ़ था। चूँकि सरकार मुख्यतः इन्हीं का पक्ष लेती रही, इसलिए हमारी गतिविधियों को उसने पसंद नहीं किया। (जिन्होंने आज़ादी के बाद सरकार बनाई) उन्होंने आज़ादी से पहले भी कभी हमारी मदद नहीं की। न पैसे से, न किसी और तरीक़े से। आज़ादी के बाद तो वे हमारे कट्टर दुश्मन हो गए। हमें सरकार के अधिकारियों की ओर से ख़ासा विरोध झेलना पड़ा। लंबे समय तक रेडियो स्टेशन के भवन में हमारा प्रवेश प्रतिबंधित रहा, क्योंकि हम कम्युनिस्ट थे। यहाँ तक कि हमारे जो गाने किसानों और मज़दूरों की वेदना की बात करते थे, उन्हें रेडियो के ज़रिये प्रस्तुत करने का मौक़ा नहीं दिया गया। यह आज़ादी के बाद भी चलता रहा। मैं तभी रेडियो स्टेशन में प्रवेश कर पाया जब मुझे लोकप्रियता मिल गई। आज भी मैं अपनी रचनाओं के द्वारा अगर व्यवस्था की आलोचना करना चाहूँ तो सेंसर मुझे बाधित करेगा। सेंसरशिप के चलते मैं अपनी रचनाओं में क्रांति की बात नहीं कर सकता।

आज़ादी के बाद के दौर में भी मुझे पुलिस दमन सहना पड़ा। ऐसी कई घटनाएँ हुईं। हम हमेशा भूमिगत ही रहते थे। 1946 से 1950 तक मैं भूमिगत रहा। एक बार हम (कलकत्ता में) स्मारक के पास इकट्ठा हुए और गाने लगे। हमने पुलिस द्वारा हर जगह चिपकाई गई प्रतिबंधित गानों की सूची देखी। इसमें लगभग 20 गीतों का उल्लेख था। एक से डेढ़ लाख लोग वे गाने सुनने आए थे। पुलिस भी थी। हमारे लड़कों ने मंच को घेर रखा था और हमें आश्वस्त किया था कि 'सलिल दा, गाना जारी रखिए, हम इन दोगलों को रोकने नहीं देंगे।' और हम पुलिस की अवहेलना करते वही गाने गाते रहे। इसके बाद हम घर चले गए। पुलिस कुछ कर नहीं पाई, क्योंकि सुननेवालों की तादाद इतनी थी कि पुलिस उनके सामने मुट्ठी-भर थी। तो उसने सूची चिपकाने का अपना काम करने के बाद उन्हीं गानों को खड़े होकर सुना।

मैं ख़ुशक़िस्मत था कि उस दौर में कभी गिरफ़्तार नहीं हुआ। तीन-चार बार बाल-बाल बचा। मोहम्मद अली पार्क में हुई एक घटना याद है। हम विद्यार्थियों के एक जमावड़े में गा रहे थे। अचानक पुलिस आई, हमें उसने घेर लिया और मारने लगी। पार्क उस समय

सड़क की सतह से ऊपर था। तो लोग कूद-कूदकर सड़क पर भागने लगे। पुलिस हमारा हारमोनियम छीन ले गई। कई लोगों ने कूदकर अपने घुटने घायल कर लिये। और पुलिस ने उन सब लोगों को गिरफ़्तार कर लिया जो घायल घुटनों के चलते लँगड़ाकर चल रहे थे। मैं भी कूदकर भागा और सीधा मेडिकल कॉलेज के पास के एक छात्रावास में गया। जैसे ही विद्यार्थियों ने मुझे देखा, मुझे अंदर ले गए, 'सलिल दा, अंदर आइए।' इस तरह उस दिन मैं बाल-बाल बचा। अगले दिन वे सभी लोग जो घायल घुटनों के चलते लँगड़ा रहे थे, गिरफ़्तार कर लिये गए। पकड़े जाने के बाद उन्हें बुरी तरह पीटा गया। पुलिस उन सबको लालबाज़ार पुलिस थाने ले गई, उन्हें बर्फ़ की सिल्लियों पर लिटाया गया और बुरी तरह पीटा गया।

मेरे एक कॉमरेड डेविड कोह्न और मैं सर्कुलर रोड के पास एक जगह साथ रहते थे। यह ऐसा इलाक़ा था जहाँ ज़्यादातर ऐंग्लो-इंडियन सेक्स वर्कर्स रहतीं और अपनी आजीविका चलाती थीं। डेविड ने किसी तरह उन महिलाओं के घरों में एक कमरे का जुगाड़ कर लिया था, यह सोचकर कि किसी को संदेह नहीं होगा कि ऐसी जगह पर भी कम्युनिस्ट रह सकते हैं। एक बार मैं सोनारपुर गया। मुझे इप्टा द्वारा आयोजित शाम के एक कार्यक्रम में भाग लेना था। हम लगभग पूरी रात वहाँ गाते रहे। सुबह मैं कलकत्ता में अपने छुपने की जगह पर लौट रहा था कि गायक कृष्णा वंद्योपाध्याय ने, जो मेरे प्रति बहुत स्नेह रखती थीं, मुझे रोका। वे जानती थीं कि मैं लौट रहा हूँ और वे ट्राम की लाइन के पास मेरा इंतज़ार कर रही थीं। उन्होंने मुझे ट्राम से उतर जाने को कहा। बोलीं, 'तुम्हारे घर पर कल रात दबिश पड़ी है। अभी मत जाओ।' एक ही दिन पहले मैंने दो कॉमरेड्स को अपने कमरे पर रखा था जो जलपाईगुड़ी जेल से भागे थे। डेविड कोह्न भी वहाँ था। एक अख़बार का प्रतिनिधि भी था जो मेरा इंतज़ार कर रहा था, क्योंकि मैंने उसे कुछ लिखकर देने का वायदा किया था। पुलिस ने इन सबको, लगभग ग्यारह-बारह लोगों को, गिरफ़्तार कर लिया और अब मेरे लौटने का इंतज़ार कर रही थी। इस बार भी पहले से सूचना मिलने के चलते मैं बाल-बाल बचा। इस तरह की घटनाएँ कई बार हुईं।

हमारे नाटकों को प्रतिबंधित करना मुश्किल था, क्योंकि हम उन्हें छपवाते नहीं थे। वे पांडुलिपि की शक्ल में ही होते थे। प्रतिबंधित होने से बचाने के लिए हम उनके शीर्षक भी लगातार बदलते रहते थे। मिसाल के लिए, हमने एक नाटक का शीर्षक 'एई माटी ते' से बदलकर 'माटीर मानुस' कर दिया। ऐसा करके हम उन्हें बार-बार खेल पाते थे, क्योंकि पुलिस की निगाह हमेशा हमारे नाटकों पर रहती थी।

(जहाँ तक लिखनेवालों का सवाल है) हम सब नाटक लिखा करते थे। कुछ मैंने लिखे, कुछ अनिल घोष ने। बिजन दा तो बहुत ही उम्दा नाटककार थे। उन्होंने सपेरों के जीवन पर एक सांगीतिक नाटक लिखा था—'जियन-कोन्या'। कई और लोग लिखनेवाले थे। लेकिन मैं नाटक वाले ग्रुप से ज़्यादा संगीत वाले ग्रुप से जुड़ा था। नाटक के ग्रुप की कई बातें मैं नहीं जानता। मैंने ख़ुद जो लिखा, उन्हें ही जानता हूँ। जैसे मैंने एक नाटक लिखा—*संकेत*। करुणा दी (अभिनेत्री करुणा बनर्जी, जो सत्यजित राय की अपू त्रयी में अपू की माता बनीं) ने इसमें अभिनय किया था। उत्पल दत्त और काली बनर्जी ने भी इसमें काम किया। मैंने उस नाटक की पांडुलिपि खो दी है। यह नाटक प्रतिबंधित नहीं हुआ था, क्योंकि यह मध्यवर्गीय जीवन पर आधारित था। यह कम-से-कम मुखर तौर पर राजनीतिक नहीं था।

मेरे अलावा उत्पल दत्त काफ़ी पोस्टर नाटकों का लेखन कर रहे थे। ऋत्विक घटक ने भी कई नाटक लिखे और निर्देशन भी किया। दिजिन दा ने भी कई नाटक लिखे।

(गीतों की बात करें, तो) प्रतिरोध-गीतों की जो परंपरा पीछे से चली आ रही थी, वह अपने स्वभाव में राष्ट्रवादी थी। नज़रुल इस्लाम ने अपने गीतों में तीखे प्रतिरोध के स्वर को उभारा–'कारा-र ओई लौहो कपाट, भेंगे फेल टुकरो दुपाट'। टैगोर ने भी कई प्रतिरोध-गीत गाए, हालाँकि उनके यहाँ क्रांति का ऐसा खुला आह्वान नहीं है। अतुल प्रसाद सेन और द्विजेंद्रलाल रे इत्यादि ने भी राष्ट्रवादी भावना से प्रेरित इस तरह के कुछ गीत लिखे। पर हमने इन राष्ट्रवादी भावनाओं से एक क़दम आगे जाने का प्रयास किया, और उसे समाजवादी क्रांति की दिशा में बढ़ाया। हमारा लक्ष्य था, एक ऐसे समाज का निर्माण जो किसानों, मज़दूरों और मध्यवर्गीय बुद्धिजीवियों–इन सबकी भागीदारी और एकता पर आधारित हो। हम शोषण के हर रूप के ख़िलाफ़ लड़ना चाहते थे। ये विषय 1944 के बाद के दौर में लिखे गए गीतों में ही उभरकर आए। उनमें मार्क्सवादी बोध था। इसलिए ये गीत अपने पूर्ववर्ती गीतों से भिन्न थे।

आलोचकों को मेरे गीतों में जो नई बात नज़र आई, वह यह कि मेरे गीत ज़्यादा-से-ज़्यादा लोगों तक पहुँचने का प्रयास करते थे। मेरे गीत 'गांयेर बोधु' को याद करें। यह एक आख्यानपरक गीत है, क़िस्सा सुनाने जैसा। यह क़िस्सागोई वाला फ़ॉर्म बहुत ज़्यादा गीतों में नहीं मिलता। या फिर 'धेउ उठत्छे, कारा टुटत्छे' के रिद्म पर विचार करें, जहाँ स्थायी, अंतरा और संचारी की पारंपरिक गति नहीं मिलती, उस फ़ॉर्म को पूरी तरह यहाँ बदल डाला गया था। या फिर सुकांत भट्टाचार्य की लंबी कविता 'रनर' की स्वर-योजना पर विचार करें। इस कविता में न तो कोई मुखड़ा था, न अंतरा। जैसे-जैसे गाना सामने आता है, ऐसा लगता है, जैसे फ़िल्म की तरह एक के बाद एक दृश्य सामने आते जा रहे हैं। इस कविता की अंतर्वस्तु, स्वर-योजना के तरीक़े में भी ऐसे आमूलचूल बदलाव की माँग कर रही थी और इसकी ट्यून में नए नोट्स की भी माँग कर रही थी।

मैंने लोकधुनों का इस्तेमाल करके बहुत गीत तैयार नहीं किए। कुछ गीत ज़रूर उन पर आधारित हैं, जैसे–'हेइ सांभालो धान हो' या 'ओ मादेर देशोबाशी रे'। मैं आधुनिक संगीत के प्रति ज़्यादा आकर्षित था और उसे लेकर मैंने ज़्यादा काम किया। जिन लोगों ने लोकधुनों के साथ काम किया, जैसे हेमंग दा, उनके काम का वही प्राथमिक क्षेत्र था। इसलिए दोनों तरह के गाने उस समय समानांतर धाराओं के रूप में आते रहे।

ऐसा नहीं है कि फ़ॉर्म सिर्फ़ अंतर्वस्तु के बदलाव के चलते ही परिवर्तित हुआ। मैंने पश्चिमी संगीत की एक ख़ास टेक्नीक, हार्मनी की टेक्नीक को उस तरह से अपनी आधुनिक स्वर-रचना में इस्तेमाल किया जिस तरह से वह बंगाली स्वर-रचना में पहले इस्तेमाल नहीं की गई थी। अब जो लोग हार्मनी को नहीं समझते, वे सोचते हैं कि यह दो या तीन अलग-अलग धुनों को एक साथ गा देना भर है। लेकिन यह सच नहीं है। आप हार्मनी को संगीत की पकड़ के रूप में समझ सकते हैं। आक्सफ़ोर्ड म्यूज़िक डिक्शनरी कहती है कि हार्मनी सुर की पोशाक है। जब आप एक कॉर्ड का इस्तेमाल करते हुए गिटार या पियानो या हार्मोनियम बजा रहे हैं और उसी कॉर्ड पर चलती धुन के साथ गा भी रहे हैं, तो वही हार्मनी को पैदा करता है। चूँकि यही हार्मनी का आधार है, इसलिए एक आदमी भी गाना गा रहा हो तो वह हार्मनी को अर्जित कर सकता है। मैंने ही सबसे पहले हार्मनी पर आधारित स्वर-रचना आरंभ की।

मिसाल के लिए, 'ओ आलोर पथजात्री', 'धेउ उठत्छे, कारा टुटत्छे' इत्यादि। हार्मनी के आधार पर जिन गानों की रचना की गई, वे उस दौर की पैदावार थे, जिसे मैंने अपनी आधुनिक स्वर-रचना में और भी विकसित किया।

इप्टा द्वारा उस दौर में आयोजित होनेवाले लोक-सांस्कृतिक जमावड़ों में लोक-कलाकार विभिन्न लोक-रूपों को लेकर आते थे। उस समय हम लोग बंगाली लोक-संगीत में मौजूद विभिन्न लोक-रूपों को जान पाए। तभी मैंने पहली बार मालदा ज़िले का 'गंभीरा' सुना। फिर हमने गंभीरा का एक समूह बनाया और इसी तरह आगे हमने 'भाओइया', 'भटियाली' और असम के 'बीहू' गानेवालों के समूह बनाए। फिर बिहार से आनेवाले दशरथ ने बिहार का 'बिरहा' गानेवालों का समूह बनाया। हम अपनी सांगीतिक प्रस्तुतियों में इन सब फ़ॉर्म्स को लाते थे। ये सभी पहले से हमारे मुल्क में थे, लेकिन इप्टा ने उनका जिस तरह इस्तेमाल किया, वैसा पहले नहीं हुआ था। हमने उनका इस्तेमाल किया (उनमें क्रांतिकारी अंतर्वस्तु डालकर)। हेमंग दा ने इनमें से एक लोक-रूप का इस्तेमाल कर अपना नया गाना तैयार किया, 'ओ माउंटबेटन साहब, हू गॉट कस्टडी ऑफ़ योर बेटन।'

गानों के ज़रिये (विरोध व्यक्त करने का) काम आसान है। आप एक नाटक को एक व्यक्ति के माध्यम से नहीं प्रस्तुत कर सकते। कम-से-कम 10-30 लोग मंचन के लिए चाहिए होते हैं। रिहर्सल की भी ज़रूरत होती है। लंबी और कठिन तैयारी के बाद ही आप उनका प्रदर्शन कर सकते हैं। दूसरी ओर, एक अच्छे गाने में क्षमता होती है कि वह श्रोता को तुरंत तल्लीन कर दे और गानेवाले के साथ उस प्रक्रिया में शामिल हो ले। इस तरह गाने प्रचार और जनसंचार का एक अद्‌भुत माध्यम हैं।

हमने बंगाल में इप्टा को एक स्थानीय संगठन के रूप में शुरू किया, लेकिन बंबई में उसका एक केंद्रीय दस्ता तैयार किया गया, जहाँ देश-भर से प्रतिभाओं को लाया गया। दस्ते के कैम्पों में ये कलाकार रहते थे और वहाँ की रसोई में उनके लिए खाना बनता था। यह एक केंद्रीय ट्रुप के रूप में काम करता था, जो पूरे भारत से अपने संसाधन जुटाता था। बिनय दा वहाँ थे, प्रीति वंद्योपाध्याय भी थीं। रविशंकर भी संगठन से जुड़े थे। शांति वर्द्धन ने नृत्य समूह का प्रभार लिया था। वे सब मिलकर संगठन को चलाते थे। मैं तो बंगाल इप्टा में ही रहा। 1953 में बंगाल छोड़ने के बाद से मैं इप्टा से जुड़ा नहीं रह पाया। इसलिए उसके बाद की गतिविधियों के बारे में कोई टिप्पणी करना मेरे लिए संभव नहीं है।

जन-नाट्य का वह दौर

अर्जुन घोष

बीसवीं सदी का चौथा और पाँचवाँ दशक एक ऐसे दौर को चिह्नित करता है, जब भारत के स्वाधीनता आंदोलन में कांग्रेस की परिसीमाओं से बाहर अत्यन्त आमूल परिवर्तन हुआ। इस काल में प्रगतिशील लेखक संघ (1936) और इप्टा (1943) का गठन हुआ। यह वह समय था जब यूरोप पर फ़ासीवाद की काली छाया मँडरा रही थी। कम्युनिस्ट इंटरनेशनल की ओर से लोकप्रिय जनमोर्चा बनाने की कार्यनीति ने संस्कृति पर फ़ासीवादी हमले के विरुद्ध लेखकों और कलाकारों की व्यापक एकता क़ायम करने के आह्वान का संकेत दिया। अंतर्राष्ट्रीय स्तर के प्रगतिशील सांस्कृतिक आंदोलन की राजनीतिक लाइन को उसके भारतीय अंग ने भी अपनाया, लेकिन यूरोप में फ़ासीवाद के लगातार सफल होते हमले के संदर्भ में छिड़े वैश्विक संघर्ष का हम पर उससे कहीं ज़्यादा ठोस प्रभाव पड़ा। प्रगतिशील लेखक संघ ने पहचाना कि भारत की संस्कृति व सभ्यता को ख़तरा, उस पर औपनिवेशिक शासन के द्वारा थोपी गई दुर्दशा से भी संचालित है। प्रगतिशील लेखक संघ और उसके बाद इप्टा ने भी अपने लिए तिगुना ख़तरा देखा—बढ़ती हुई जापानी फ़ौजों के हमले, भारत पर तात्कालिक फ़ासीवादी ख़तरा और मैकॉले का सिद्धांत, जो भारतीय कला और संस्कृति को बदनाम करते थे। ये सब भारतीय संस्कृति पर प्रतिक्रियावादी परिभाषा थोपने की दक्षिणपंथी कोशिश जारी रखे हुए थे।

हुगली (बंगाल) की स्टूडेंट फ़ेडरेशन ने 1938 में एक वयस्क शिक्षा ब्रिगेड बनाया। शांतिमय गुहा ने ब्रिगेड के लिए एक लघु नाटक *मुक्तिर अभियान* (*स्वाधीनता की यात्रा*) लिखा और ये लोग ज़िले के सभी गाँवों में गए। इसके शीघ्र बाद ही, दूसरे ज़िलों की स्टूडेंट फ़ेडरेशन की इकाइयों ने भी इसका अनुसरण किया। शांतिमय गुहा याद करते हैं कि कभी-कभी तो उन्हें अपने दौरे के दौरान, लोगों की माँग के अनुसार, कामचलाऊ प्रबंध करके नाटक करना पड़ता था :

> दौरा करते हुए हमें पता चलता था कि कोई किसान अकाल या ज़मींदार के द्वारा किए गए अत्याचार के कारण मर गया है। हम दोपहर के खाने के बाद उस कहानी का प्लॉट बना लेते थे, उसे विभिन्न दृश्यों में विभाजित करते थे और उनके आरंभ व अंत में उचित प्रतीक चरित्रों का प्रयोग करते थे। प्लॉट के समाधान का हम ख़ुद निर्णय करते थे। रात को हम स्टेज पर जाते थे और एक छोटे-से परिचायक भाषण के बाद नाटक शुरू हो जाता था। जो लोग पोशाकों के अभाव के कारण निराश होते थे, वे भी नाटक में खो जाते थे और उसे देखते रहते थे। नाटक के ख़त्म होने पर क्या ख़ूब तालियाँ बजती थीं।

जापानी हमले के विरोध के आधार पर 1940 में भारत की कम्युनिस्ट पार्टी पर अंग्रेज़ सरकार द्वारा प्रतिबंध हटा लिया गया। प्रगतिशील लेखक संघ अब ज़्यादा खुले तौर पर काम कर सकता था। सी.पी.आई. के मुखपत्र *जनयुद्ध* (*पीपुल्स वॉर* का बंगाली संस्करण) ने एकांकी नाटक प्रतियोगिता की घोषणा की। नाटक की रूपरेखा के अनुसार, नाटक ऐसा हो जो आम जनता के लिए उपयुक्त हो। नाटक में निम्नलिखित विशेषताएँ होनी चाहिए :

इसका खुले स्थानों में मंचन संभव होना चाहिए, सेट या पोशाकों के रूप में इसकी ज़रूरत बहुत ज़्यादा नहीं होनी चाहिए। यह कुछ-कुछ 'जात्रा' जैसा होना चाहिए।

इसकी भाषा सरल होनी चाहिए ताकि अनपढ़ आम लोग भी उसे आसानी से समझ सकें।

नाटक की विषयवस्तु ऐसी हो जो जापान-विरोधी भावनाएँ उभार सके और जनता में जापान का प्रतिरोध करने का दृढ़ निश्चय उत्पन्न कर सके।

नाटक छोटा होना चाहिए और उसके मंचन में डेढ़ घंटे से ज़्यादा समय नहीं लगना चाहिए।

बहरहाल, यह प्रतियोगिता असफल रही और कोई भी अच्छा नाटक नहीं आ पाया। स्टूडेंट फ़ेडरेशन की सांस्कृतिक ब्रिगेडों ने छह ज़िलों का दौरा किया जिसमें *जापान के रुकते होबे* (*जापान को रोकना होगा*) नाटक का मंचन किया। शांतिमय गुहा बताते हैं कि दौरे का कार्यक्रम बहुत ही दुष्कर था और गुरिल्ला गतिविधियों से मिलता-जुलता था।

> जिस समय इन दौरों का आयोजन किया गया, आधुनिक परिवहन-साधन उपलब्ध नहीं थे।
>
> 19 जून–फेनी स्टेशन से धूलिया गाँव पहुँचने के लिए हमें 10 मील पैदल चलना पड़ा।
>
> 20 जून–धूलिया से 11 मील दूर बासुरहाट हम पैदल व नाव से पहुँचे।
>
> 23 जून–शाम को हम त्रिपुरा ज़िले में लालमाई स्टेशन पहुँचे।
>
> हम धान के खेतों के बीच में सर्पीले रास्तों से बाजुरा गाँव की तरफ़ 7 मील चले और क्रान्तिकारी गीत गाते हुए गए।

इप्टा के गठन के समय प्रगतिशील ताक़तों के सामने एक और मुद्दा उपस्थित था–बंगाल का भयानक अकाल। विभिन्न राज्यों में इप्टा की शाखाओं द्वारा सांस्कृतिक कार्यक्रमों के माध्यम से इस मानव-निर्मित अकाल के विरुद्ध अभियान चलाया गया और इसके लिए अंग्रेज़ी प्रशासन को दोषी ठहराया गया। उस समय जबकि सी.पी.आई. ने फ़ासीवाद-विरोधी युद्ध में मित्र राष्ट्रों का साथ देने का आह्वान किया था, अकाल विरोधी अभियान निश्चय ही अंग्रेज़ी राज के ख़िलाफ़ पड़ता था। यह विडंबना ही है कि इसी अभियान ने उस समय के इप्टा के सबसे प्रसिद्ध नाटक *नवान्न* (फ़सल का उत्सव) को जन्म दिया। अकाल से राहत के लिए धन इकट्ठा करने की प्रक्रिया में इप्टा ने देश-भर में ज़ोर-शोर से अभियान चलाया। इसकी बंबई इकाई ने किसान-सभा सम्मेलनों और किसानों की मीटिंगों में नियमित रूप से नाटक दिखाए, और अकाल के विषय पर मुख्य तौर पर तमाशा और पवाड़ा का मंचन किया, जिनमें दिखाया जाता था कि किस तरह गाँव के जमाख़ोर को भूख से पीड़ित गाँववासियों ने अपने एकताबद्ध संघर्ष से हराया।

बंबई इप्टा ने नियमित रूप से ग्रुप थिएटर और पृथ्वी थिएटर जैसे नाटक-ग्रुपों के साथ सहयोग बरता था। आंध्र में सांस्कृतिक काम मुख्य रूप से किसान सभा नेटवर्क द्वारा प्रजा

नाट्य मंडली (तेलगू में इप्टा) के साथ मिलकर किया जाता था। सांस्कृतिक कार्यकर्ताओं के ग्रुप अपने गीतों, नृत्यों, नाटकों, भाटों के साथ पूरे आंध्र का दौरा करते थे। आंध्र प्रजा नाट्य मंडली प्रगतिशील उद्देश्यों हेतु लोककलाओं का प्रयोग करने के लिए विख्यात रही है। 1946 की लोकप्रिय हरिकथाओं में से एक *आहुति* (बलिदान) थी जो बंगाल के अकाल पर आधारित थी और उसके सभी 5 प्रदर्शनों में लगभग 10,000 श्रोतागण उसका आनंद लेते थे। इसी तरह के कार्यक्रम संयुक्त प्रांत, मंगलौर, मलाबार तथा पंजाब में भी हुआ करते थे।

इप्टा ने यह कोशिश भी की कि वह नव-प्रवर्तन करे और जितने विभिन्न माध्यमों तक वह पहुँच सकता है, उनका प्रयोग करे। 1946 में इसने प्रदर्शन करने के लिए छायानाटक (शैडो प्ले) की तकनीक का इस्तेमाल किया। 1943 में एच.एम.वी. इप्टा के लिए गाने रिकॉर्ड करने के लिए तैयार हो गया। 1946 में इप्टा ने *धरती के लाल* फ़िल्म बनाने का निर्णय लिया जो उन फ़िल्मों से बिलकुल हटकर थी जो उस समय तक भारत में बनाई जा रही थीं। यह देश में बनाई गई 'पहली वास्तविक फ़ीचर डॉक्यूमेंटरी' थी जिसमें अकाल-पीड़ित लोगों की दशा का चित्रण था। *धरती के लाल* को पेरिस में होनेवाले फ़िल्म फ़ेस्टिवल में प्रदर्शन के लिए चुना गया।

लेकिन स्वतंत्रता-पूर्व अवधि के इप्टा को सबसे ज़्यादा *नवान्न* के लिए याद किया जाता है। बिजन भट्टाचार्य द्वारा लिखित इस नाटक की बिजन भट्टचार्य और शम्भु मित्रा ने सह-प्रस्तुति की और इसका प्रथम मंचन अक्टूबर, 1944 में हुआ। वयस्क शिक्षा ब्रिगेड या *जापान के रुकते होबे* की तरह इसका मंचन दौरों के दौरान ग्रामीण श्रोताओं के लिए नहीं किया गया, बल्कि कलकत्ता के श्रोताओं के लिए रंगपीठ थिएटरों में इसका मंचन किया गया। जब भी कलकत्ता से बाहर इसका मंचन किया गया, वह या तो कम्युनिस्ट पार्टी की मीटिंगों व कार्यक्रमों या फिर जन-संगठनों के लिए होता था, यह ध्यान में रखकर कि मंच की कुछ बुनियादी ज़रूरतें पूरी होती हों। इस प्रकार इसकी पहुँच उन लोगों तक सीमित थी जिनका परिचय पहले से ही वाम राजनीति से हो चुका था। बहरहाल, *नवान्न* की उपलब्धि कुछ और भी थी। इसने बंगाली थिएटर को पतनशील व्यापरिक मंच के पंजे से बचाया और मूलभूत ढंग से इसकी परिसीमाओं को पुनः परिभाषित किया, जिसका प्रभाव कई दशकों तक महसूस किया गया। इसने समाजवादी दृष्टि के प्रसार के उद्देश्य की पूर्ति करने के लिए बांग्ला थिएटर की सर्वोत्तम प्रतिभाओं को इकट्ठा किया और इससे इप्टा ने अत्यधिक प्रतिष्ठा अर्जित की।

नवान्न ने कलकत्ता के व्यापारिक रंगमंच पर प्रतिष्ठित सितारा-संस्कृति का भी सामूहिक मुखपात्र / नायक (*अमीनपुर के गाँववासी*) के रूप में विकल्प प्रदान किया। इस तरह का प्रयोग करने का साहस इप्टा इसीलिए कर पाया क्योंकि वह बाज़ारी व्यापारिक स्टेज के मुनाफ़ा के उद्देश्य से मुक्त था और उसे विचारधारात्मक तौर पर गठित एक संगठन का समर्थन प्राप्त था। कम्युनिस्ट पार्टी के साथ संबद्ध सांस्कृतिक संगठनों ने पार्टी की वैधता प्रतिष्ठित करने में महत्त्वपूर्ण भूमिका निभाई। यह *नवान्न* के मंचन का ही नतीजा था कि अगले तीन दशकों में बांग्ला भाषा की महानतम हस्तियाँ इप्टा के झंडे तले इकट्ठी हो गईं। अनेक आलोचकों और थिएटर-इतिहासकारों ने कलकत्ता थिएटर और ग्रुप थिएटर आन्दोलन पर *नवान्न* के दीर्घकालीन प्रभाव को रेखांकित किया है।

नवान्न में अकाल का विश्लेषण प्रस्तुत किया गया है। यह नाटक उस समादार परिवार की दशा का ख़ाका खींचता है जिसने अपने अमीनपुर में ज़िंदा रहने की सभी आशाएँ छोड़ दी थीं।

नवान्न का पहला मंचन अक्टूबर, 1944 में हुआ जब बंगाल अकाल के सबसे ख़राब चरण में से गुज़र चुका था। लेकिन कलकत्ता के लोगों के मन में अकाल के ज़ख़्म अभी ताज़ा थे–गलियों में मौत के दैनिक दृश्य और चौतरफ़ा दुर्गंध, नाटक को एक डॉक्यूमेंटरी के रूप में पेश किया गया, जिसका उद्‌देश्य उस वर्गीय ढाँचे का विश्लेषण था जो अकाल के लिए ज़िम्मेदार था। इसके घटना-आधारित चरित्र ने अकाल की विभिन्न वास्तविकताओं का चित्रण किया–कालाबाज़ारियों की भूमिका, भूमि हड़पनेवाले की अवसरवादिता, अमीर लोगों की बेरुख़ी, समाचारपत्रों के फ़ोटोग्राफ़रों की बेशर्मी, राहत प्रक्रिया की अकुशलता। नाटक के बारे में कुछ आरंभिक प्रतिक्रियाओं ने इसके घटना-आधारित होने की आलोचना की : 'यह बंगाल के पिछले दो साल के इतिहास का विश्लेषण है'; 'घटनाओं की एक लंबी सूची', 'बिना किसी क्रियात्मक एकता के', 'अभिनय का ज़बर्दस्त परिसर है, मनोदशा के एकीकरण के बजाय यह विविध भावनाओं का मिश्रण है'। लेकिन इस आलोचना में ठीक यही तथ्य नदारद था कि *नवान्न* एक 'घरेलू त्रासदी' दिखाने का प्रयास नहीं था, जो उस समय कलकत्ता के व्यापारिक मंच पर प्रचलित थी। दूसरे दृश्य में शीघ्र संक्रमण से पहले, प्रत्येक घटना अपनी पराकाष्ठा पर पहुँचती थी। मसलन, एक्ट 1 के दृश्य 5 में जोतदार हारू दत्ता और समादारों में पारिवारिक भूमि की बिक्री को लेकर ख़ूब सौदेबाज़ी हुई। जोतदार ज़मीन ख़रीदने में अपनी दरियादिली दिखा रहा था : 'इस ज़मीन को ख़रीदने में मुझे...नुक़सान ही हो रहा है, तुम कहोगे यह कृषि योग्य भूमि है लेकिन अभी तो यह बंजर पड़ी है...एक तरह से मैं दान ही दे रहा हूँ इस ज़मीन को ख़रीदकर। आज ज़मीन का कुछ भी मूल्य नहीं है।' जब समादार अपनी ज़मीन छोड़ने से इनकार कर देते हैं, तो जोतदार कुंजू समादार को पीटने के लिए अपने लठैत बुलाता है। इस दृश्य के तुरंत बाद, एक्ट 2 का दृश्य 1 चावल के व्यापारी कालीधन की दुकान में है। वह अपने गोदाम में चावल की बोरियों पे बोरियाँ–सवा लाख मन (लगभग 4700 टन) भरे जा रहा है। वह बार-बार अपनी बोरियाँ और पैसे गिनता है और अपनी दुकान में गोपनीयता का वातावरण बनाकर रखता है। जब एक बेहद ज़रूरतमंद आदमी चावल ख़रीदने आता है तो कालीधन उसे चावल बेचने से मना कर देता है और उसे भगाने के लिए कालाबाज़ारी क़ीमत से भी ऊँची क़ीमत बताता है। दृश्यों का यह द्रुतगामी संक्रमण, कम-से-कम रंगसज्जा और घूमनेवाली स्टेज के कारण ही संभव हो पाता हे। श्रोताओं को एक दृश्य से दूसरे दृश्य में इस तरह ले जाया जाता है, जैसे न्यूज़रीलों की भिन्न-भिन्न ख़बरों की कतरनें हों! इस नाटक के मंचन में स्पॉटलाइट जैसी स्टेज-टेक्नोलॉजी का भी प्रयोग किया गया था।

एक्ट 2 के दृश्य 3 में धनी वर्ग की एक दावत के माध्यम से अमीरी और भुखमरी के शिकार, अनाज ढूँढ़ते गाँववासियों के बीच विषमता दिखाई गई। आगे वाले गेट से, अच्छे कपड़े पहने हुए पुरुष व स्त्रियाँ आ-जा रहे हैं। घर के द्वार के अंदर, बिजली के बल्ब लकड़ी की क़लईदार कुर्सियों की क़तार पर जैसे झूल रहे हैं। अंदर से शहनाई की धुन सुनाई पड़ रही है।...स्टेज के बाईं ओर, एक कोने में कूड़ेदान पड़ा हुआ है–अस्पष्ट...प्रधान (समादार)

स्पष्ट दिखाई दे रहा है। वह मुट्ठी-भर चावल के लिए गिड़गिड़ा रहा है और उसने अपनी बाँहें घर की ओर फैला रखी हैं...अचानक एक कुत्ता कूड़ेदान के पास भौंकने लगता है। कुंजू अपने बुरी तरह ज़ख़्मी हाथ को पकड़े हुए रोशनी की ओर जाता दिखाई देता है। कुत्ते द्वारा काटे हुए हाथ में से ख़ून फ़र्श पर टपक रहा है। (ऐसे विभाजित दृश्यों के मंचन के लिए, स्पॉटलाइट का प्रयोग अनिवार्य है।)

नाटक के पात्र सामाजिक प्रारूप के हैं—जोतदार, कालाबाज़ारीवाले, दलाल, अमीर बाबू, भद्रलोक, संचार-माध्यम वाला डॉक्टर तथा गाँववासी, जिनमें धोखे की शिकार बिनोदिनी, मरता हुआ बच्चा और विद्रोही कुंजू शामिल हैं। दो ही पात्रों को कुछ हद तक विशिष्टता प्रदान की गई है—प्रधान समादार जो शिकार होने पर बार-बार विद्रोह करता है, और दयाल जो अंतिम दृश्य में फ़सल काटने के सामूहिक प्रयास को नेतृत्व प्रदान करता है। अतः नाटक के पात्र उत्पीड़न के उस ढाँचे के विश्लेषण में मदद करते हैं जो अकाल के लिए ज़िम्मेदार थे। विभिन्न पात्रों के बीच दिखाए गए संबंधों का प्रयोग भी वर्तमान और संभावित वर्गीय गठबंधनों को दिखाने के लिए किया गया है। जोतदार हारू दत्ता धोखे से गाँववासियों को उनकी ज़मीन, यहाँ तक कि अभाव के कारण उनकी बेटियों से भी उन्हें अलग कर देता है। फिर वह उन्हें कालाबाज़ारी कालीधन के हाथों सौंप देता है, जो एक धर्मार्थ संगठन की आड़ में वेश्यावृत्ति का अड्डा भी चलाता है। निरंजन समादार भुखमरी के डर से अमीनपुर से भाग जाता है और कालीधन के बिज़नेस में एक मज़दूर के रूप में नौकरी करने लग जाता है। बाद में उसकी पत्नी बिनोदिनी, जो कलकत्ता में खो जाती है, दलाल के हाथों पड़कर कालीधन के वेश्यालय में पहुँच जाती है। इस प्रकार अकाल के शिकार लोग, अकाल के मानवीय एजेंटों (जिनकी एक-दूसरे के साथ साँठगाँठ है) के साथ उत्पीड़न के जाल में फँसे हुए हैं। बहरहाल, गाँववासी अपने गठबंधन बनाकर उत्पीड़न के संबंधों से मुक्त होने की उम्मीद कर सकते हैं, जैसा कि अंतिम दृश्य में सामूहिक कटाई के माध्यम से दिखाया गया है। दिलचस्प बात यह है कि सामूहिक कटाई का उत्सव उस सांप्रदायिक सद्भावना का भी चित्रण करता है जिसमें हिंदू और मुसलमान एक-दूसरे की ज़मीनों पर काम करते हैं और मिलकर अपने श्रम का उत्साह मनाते हैं।

हालाँकि *नवान्न* का मंचन मुख्यतः कलकत्ता के दर्शकों के समक्ष किया गया था, फिर भी यह महानगर के भद्रलोक के उन तबक़ों की उग्र भर्त्सना है जिनमें से कुछ औपनिवेशिक नौकरशाही के अंग थे, पर जिन्होंने व्यवस्था को बदलने की अपनी क्षमता का प्रयोग नहीं किया।

प्रश्न यह है कि राजनीतिक रूप से सजग होने के बावजूद इप्टा संस्था ने नाटक में उपयुक्त परिवर्तन करके उसे जनता के ज़्यादा बड़े हिस्से में ले जाने की संभावना पर विचार क्यों नहीं किया? सुधी प्रधान ने कारण बताया कि यह सह-उत्पादक शंभु मित्रा ही थे जो 'स्थिर टाइप के बोर्डों पर नाटक का मंचन करने को तैयार नहीं थे। उनका आग्रह था कि मंच घूमने वाला ही होना चाहिए, नहीं तो उन्हें डर था कि नाटक की गति को क़ायम रखना संभव नहीं होगा। इसका परिणाम यह हुआ कि हमें सब गतिविधियाँ रोकनी पड़ीं।'

इप्टा ने जो प्रतिष्ठा अर्जित की, उसके कारण बंगाल इप्टा के एक बहुत बड़े भाग में कम लागतवाले मंचनों और ग़ैर-नगरीय श्रोताओं के प्रति एक उदासीनता उत्पन्न हो गई।

नवान्न की अतिशय सफलता से डरकर कलकत्ता के व्यापरिक थिएटर-मालिकों ने इप्टा को अपने थिएटर किराए पर देने से इनकार कर दिया। अतः संगठन को दो विकल्पों में से एक चुनने की मजबूरी का सामना करना पड़ा, या तो मंच की ज़रूरतों में कटौती की जाए, या फिर नाटक और मंचन छोड़ दिया जाए। इप्टा के कुछ समीक्षक बताते हैं कि 'नतीजे के तौर पर, हमें अपनी सारी गतिविधियाँ रोकनी पड़ीं। महीनों तक हम बेकार रहे।' इप्टा के इस संकट और प्रतिभाशाली व्यक्तियों पर इसकी निर्भरता से पता चलता है कि संस्कृति, राजनीति और संगठनात्मक व्यवहार के बीच संबंध की इसकी राजनीतिक समझ दोषपूर्ण थी–इसी दोष के कारण, स्वतंत्रता प्राप्ति के बाद इप्टा अंततः बिखर गया।

स्वतंत्रता के बाद के समय की चुनौतियों के सामने इप्टा का उत्साहपूर्ण प्रतिरोध टिक नहीं पाया। 1948-49 के शुरुआती वर्षों में ही इप्टा का अखिल भारतीय ढाँचा टूट गया था। इसकी आंशिक ज़िम्मेदारी भारत के कम्युनिस्ट आंदोलन में उत्पन्न विभ्रम पर थी, जो आंदोलन वामपंथी दुस्साहस और दक्षिणपंथी संशोधनवाद के बीच झूल रहा था। और इस विभ्रम की तार्किक परिणति देर-सवेर भारत के कम्युनिस्ट आंदोलन के कई टुकड़ों के विभाजन के रूप में हुई। बाक़ी की ज़िम्मेदारी कला और राजनीति के बीच रिश्तों के बारे में उन प्रश्नों के अनिर्णय पर है जिन्हें इप्टा ने समाधान के बिना ही छोड़ दिया।

पार्टी और सांस्कृतिक मोर्चों के बीच संबंध पर जो विवाद था, उसका सफलता से समाधान नहीं किया गया। नेतृत्व की ओर से परस्पर-विरोधी बयान आ रहे थे। पहले अखिल भारतीय प्रगतिशील लेखक सम्मेलन में अपने अध्यक्षीय भाषण में प्रेमचंद ने कहा : 'साहित्य का काम सिर्फ़ हमें ख़ुश करना या हमारा मनोरंजन करना नहीं है। यह समाज के सभी प्रगतिशील आंदोलनों के पीछे नहीं बल्कि मशाल लेकर उनके आगे चलता है।' 1943 में हीरेन मुखर्जी ने लिखा : 'हमें मान लेना चाहिए कि लेखक के प्रति हमारा दृष्टिकोण प्रायः ग़लत रहा है। इसके बजाय कि हम लेखक को कहें कि वह क्रांति का ढोल बजाएँ, हमारे लोगों को चाहिए कि वे जितनी जल्दी हो सके, क्रांति के काम को आगे बढ़ाएँ। इससे पहले कि हम लेखक से यह कहें कि वह इस अभियान को दृढ़ करे, हमें नई वास्तविकता का निर्माण कर लेना चाहिए।' स्वतंत्रता के बाद जब सांस्कृतिक कार्यकर्ता को यह कहा गया कि यह सशस्त्र संग्राम का दौर है तो यह उदारचरित कलाकारों के लिए अंतिम धक्का था। कम्युनिस्ट पार्टी के सदस्य, बांग्ला उपन्यासकार माणिक बंद्योपाध्याय ने इस अपील का विश्लेषण करते हुए कहा कि यह 'पेटी-बुर्जुआ दुस्साहसवाद' का उदाहरण है। जब तक आज़ादी के बाद के भारतीय राज्य के चरित्र और समाजवादी क्रांति की स्थिति से संबंधित विचारधारात्मक विवादों की, पार्टी के विभिन्न टुकड़ों में बँट जाने की तार्किक परिणति नहीं हुई, वामपक्षीय दुस्साहसवाद पार्टी के काम के सभी पहलुओं में व्याप्त था। पार्टी द्वारा अपने सांस्कृतिक मोर्चे को चलाने में वामपक्षीय भटकावों की सबसे उग्र आलोचना 'सांस्कृतिक मोर्चे पर' नामक एक दस्तावेज़ में हुई जिसे पार्टी के तथा सांस्कृतिक मोर्चे के सदस्य ऋत्विक घटक, जो बाद में विख्यात फ़िल्म-निर्माता बने, ने पार्टी को पेश किया। ऋत्विक घटक को पार्टी से निकाल दिया गया।

यह सही है कि इप्टा ने भारत के सांस्कृतिक उत्पादन के प्रति दृष्टिकोण को बदलने में बहुत बड़ा क़दम उठाया, जिसने आनेवाले कई दशकों तक भारत के सांस्कृतिक दृश्य पर

अपना दीर्घकालीन प्रभाव छोड़ा। इसके हस्तक्षेप कार्यक्रम और सौंदर्यबोध–दोनों स्तरों पर थे। बहरहाल, यह मुख्यतः मध्यवर्गीय बुद्धिजीवी वर्ग के और एक ऐसे कार्यक्रम, जो मज़दूर-वर्ग और किसानों को प्राथमिकता देता है, के बीच अंतर्विरोधों को न तो पहचान पाया, न ही उन्हें संबोधित कर पाया। इसी कारण इस संगठन का अवसान हो गया जिसको प्रगतिशील आंदोलन के लिए बहुत बड़े नुक़सान के रूप में देखना चाहिए।

[अंग्रेज़ी से हिंदी रूपांतर : **चंद्रप्रभा**]

इप्टा की महिलाएँ

लता सिंह

महिलाओं की भागीदारी इप्टा का एक महत्त्वपूर्ण पहलू है। यहाँ अधिकांश महिलाएँ राजनीतिक मार्ग से आई हैं। इप्टा में शामिल होने के बाद ये राजनीतिक महिला कार्यकर्ता सांस्कृतिक कार्यकर्ता व अभिनेत्री भी बन गईं। ध्यान देने की बात है कि 'सम्माननीय' वर्गों से आई ये महिलाएँ शुरू में अभिनय से बचती थीं, लेकिन इप्टा में आने के बाद अभिनेत्री बन गईं। लिंग परिप्रेक्ष्य में इप्टा में महिलाओं के प्रवेश को किस रूप में लिया जाए? क्या यह पुरुषसत्तात्मक सीमा का अतिक्रमण है, इस लेख में मुख्य रूप से इसी मुद्दे पर विचार किया गया है। पुरुषसत्तात्मक अतिक्रमण की बात को महिलाओं के लिए तय मानदंडों के संदर्भ में ही समझा जा सकता है। कुमकुम संगारी और दूसरे लोगों के अध्ययनों से स्पष्ट होता है कि औपनिवेशिक काल में स्त्री की फिर से परिभाषा किस तरह से उदीयमान मध्य वर्ग के आधिपत्य की मुख्य विशेषता बन गई थी। आधिपत्य की तलाश में 'सम्माननीयता' के सवाल ने महिलाओं से संबंधित मुद्दों के मामले में तीक्ष्ण रुख़ अख़्तियार कर लिया था। लेकिन सम्माननीयता और महिलाओं के लिए निर्धारित निजी / सार्वजनिक स्थान के पूरे प्रतिमान के भीतर अभिनय की बात और भी गर्हित होती चली जाती है और उसे संदेह की दृष्टि से देखा जाता है। सार्वजनिक क्षेत्र में क़दम बढ़ानेवाली सबआल्टर्न महिलाएँ भी महिला अभिनेत्रियों को संदेह की दृष्टि से देखती हैं और उन्हें 'चरित्रहीन' मानती हैं। अभिनेत्रियों के मामले में मुख्य बात यह है कि उसका तन सार्वजनिक रूप से देखे जाने के लिए उपलब्ध हो जाता है, अर्थात् वह पुरुषों द्वारा घूरे जाने के लिए उपलब्ध हो जाता है। अभिनेत्रियाँ सबसे अधिक पंचायती महिलाएँ हैं। इसके अलावा अभिनय के कुछ और उद्विग्न करने वाले तत्त्व हैं। थिएटर समुदाय और उसका दायरा जाति, वर्ग और लिंग की सामाजिक सीमाओं का अतिक्रमण करता है। अभिनयकर्ताओं को समाज में हिक़ारत की नज़र से देखा जाता था, इसीलिए 'सीमांत', 'गुमनाम' और 'निंदित' हलक़ों से महिलाएँ थिएटर में आती थीं। इस पृष्ठभूमि में 'सम्माननीय' महिलाओं का इप्टा में आना बहुत महत्त्वपूर्ण बन जाता है। लेकिन पहले की अभिनेत्रियों के विपरीत इप्टा में महिलाएँ मनोरंजन की दुनिया या व्यावसायिक समुदाय से नहीं आईं। वास्तव में इन महिलाओं की राजनीतिक यात्रा उन्हें इप्टा में ले आई। उनके लिए अभिनय भी राजनीति था। राजनीतिक मक़सद को आगे बढ़ाने के लिए इप्टा महत्त्वपूर्ण सांस्कृतिक मंच था। इसलिए सांस्कृतिक गतिविधियाँ उनकी राजनीतिक गतिविधियों का विस्तार मात्र थीं।

इस लेख में मैं इस बात का खुलासा करूँगी कि इप्टा के लिए महिलाओं की यात्राएँ किस तरह से पुरुषसत्तात्मक संरचना की अवज्ञा की गाथाएँ हैं। लेख में इस अवज्ञा के कुछ महत्त्वपूर्ण क्षणों को पकड़ने का प्रयास किया जाएगा।

अधिकांश महिलाएँ 'उदार' और कम 'प्रतिबंधी' लगनेवाले परिवारों से आईं। वे ऐसे परिवारों से थीं जो लड़कियों को शिक्षा दिलाते हैं और उन्हें उच्च शिक्षा के लिए भी भेजते हैं। शीला भाटिया का कहना है कि उनके माता-पिता के घर में लड़कों और लड़कियों के लालन-पालन में कोई अंतर नहीं था। उनके अनुसार, लड़कों और लड़कियों को दिया जानेवाला भोजन, वस्त्र और शिक्षा एक समान थी। दीना गांधी का कहना है कि उनके दादा जी भावनगर राज्य में हेडमास्टर थे और विद्रोही क़िस्म के व्यक्ति थे और अपने घर की महिलाओं को शिक्षित बनाना चाहते थे। रेबा रायचौधरी के पिता, जिन्होंने अपने पुत्र के वाम राजनीति में चले जाने के कारण उस पर विश्वास खो दिया था, अपनी पुत्री को पढ़ाई के लिए विदेश भेजना चाहते थे। इनमें से बहुत-सी महिलाओं को अपने बचपन में सांस्कृतिक अनुभव भी प्राप्त हुए। इनमें से कुछ ने स्कूल की सांस्कृतिक गतिविधियों में भी हिस्सा लिया। दीना गांधी के पिता संगीत के बहुत शौक़ीन थे और पुणे में बाल गंधर्व के कार्यक्रम में गए। वे थिएटर अभिनय के लिए भी जाते थे और घर पर थिएटर अभिनय कराते थे। दीना गांधी को भी अभिनय देखने का अवसर मिला। इसके अलावा चित्रकार और गायक उनके घर पर आते थे और वे उनके साथ बातचीत करती थीं। इन सबने उनकी सांस्कृतिक चेतना के लिए खाद का काम किया होगा।

इन परिवारों में लड़कियों को शिक्षा ज़रूर दी जाती थी, लेकिन इसका यह मतलब नहीं निकाला जाना चाहिए कि उन्हें वास्तविक 'स्वतंत्रता' थी। उन पर एक निश्चित प्रकार का प्रतिबंध और नियंत्रण था। वे अपने लिए निर्धारित दायरे के भीतर ही काम कर सकती थीं। शीला भाटिया का परिवार और उनके रिश्तेदार उनकी शिक्षा से ख़ुश थे क्योंकि वे पढ़ाई में अच्छी थीं, लेकिन उन्हें बाहर जाने की इजाज़त नहीं थी। उनके अनुसार, कोई विशेष प्रतिबंध नहीं था लेकिन 'ज़िंदगी का दौर ही ऐसा था।' विवाह के बाद शीला भाटिया के ससुरालवालों ने उन्हें लाहौर में पढ़ने दिया। उन्हें छात्रवृत्ति मिली जिससे उनकी शिक्षा का मार्ग खुला, लेकिन उन्हीं के शब्दों में : 'उस दौर में मुझे बहुत जद्दोजहद करनी पड़ी।' उन्हें चाहे जो आज़ादी मिली हो लेकिन एक तरह के प्रतिबंध तो थे ही। बलराज साहनी, खुशवंत सिंह और बलवंत गार्गी जैसे प्रबुद्ध और सुसंस्कृत लोग लाहौर आए लेकिन वे उनके साथ बातचीत नहीं कर सकीं। वे बंदिश के दायरे में ही हिस्सा ले सकती थीं। उन्हें कहीं जाने की आज़ादी नहीं थी। उन्हें केवल होस्टल से कॉलेज और कॉलेज के बाद होस्टल जाने की आज़ादी थी। वे आगे कहती हैं : 'उस समय हमारे घरों में लड़कियों की क्या ज़िंदगी थी। पिता का घर। काम-धंधे। विवाह का इंतज़ार। कौन जानता है कि ज़िंदगी क्या मोड़ लेगी! मैं स्वयं को भाग्यशाली मानती हूँ। बाधाएँ ही बाधाएँ। लेकिन मैंने विश्वास का दामन नहीं छोड़ा। यह किसका कमाल था, मैं कह नहीं सकती।' रेबा रायचौधरी जी अपने संस्मरणों में लिखती हैं कि उनके घर की लड़कियों को स्कूल और कॉलेज की शिक्षा के अलावा और कहीं नहीं जाने दिया जाता था। उनके पिता नृत्य-संगीत में उनकी रुचि को पसंद नहीं करते थे। गीत-नृत्य,

बाहर जाने, सिनेमा देखने पर पाबंदी थी। दीना गांधी का कहना है कि हालाँकि उनके परिवार को बहुत उन्नत और प्रगतिशील माना जाता था, लेकिन 'हम सुरक्षित युवा महिलाएँ थीं। मेरी माँ हमेशा अमीर परिवारों में हमारा विवाह करना चाहती थीं, हमसे हमेशा अपने सिर पर पल्लू डालने के लिए कहा जाता था। सिर ढँककर रखना पड़ता था।' उनकी बहन शांता गांधी (वह भी इप्टा में शामिल हुईं) की पढ़ाई एक अमीर कोयला व्यापारी के पुत्र के साथ 14 वर्ष की आयु में सगाई के कारण रुक गई। शांता गांधी अपने पति की पढ़ाई से अधिक नहीं पढ़ सकती थीं। लेकिन शांता गांधी ने विवाह के ख़िलाफ़ विद्रोह किया।

इन महिलाओं के लिए तय मानदंडों के बावजूद उनकी दुनिया बदलनी शुरू हो गई थी। शीला भाटिया का लाहौर प्रवास उनकी ज़िंदगी में मोड़ लाया। शीला भाटिया के अनुसार, प्रतिबंधों के बावजूद 'मेरे दिमाग़ की यहाँ परवरिश हो रही थी।' लाहौर में शीला भाटिया को बहुत-से सुसंस्कृत और प्रबुद्ध लोगों से मिलने का अवसर मिला जिन्होंने न केवल उन पर प्रभाव छोड़ा बल्कि उनके दिमाग़ को खोला और स्वयं से आगे सोचने के लिए प्रेरित किया। उन्हें छात्र आंदोलन, कम्युनिस्ट पार्टी और कांग्रेस की गतिविधियों का अनुभव प्राप्त हुआ। उनका कहना है : 'मैं सोचती हूँ कि यदि मैं सर गंगाराम के बजाय किसी दूसरे स्थान पर चली जाती तो मालूम नहीं, मेरी ज़िंदगी का क्या होता...मैं अभी भी वहाँ बिताए गए जीवन के लिए धन्यवाद करती हूँ क्योंकि उस जीवन ने बहुत-से बीज बोए और आज जो फलीभूत हुआ है, वह उसी जीवन का परिणाम है...गंगाराम स्कूल ने मुझे पहचान दी और मेरे जीवन पर अपनी छाप छोड़ी। मैं अभी भी उसका हिस्सा हूँ। आगे बढ़ने के लिए बाधाओं को पार करो। कभी हिम्मत मत छोड़ो। आज मैं जो कुछ हूँ, यह उसी युग का योगदान है।'

दीना गांधी हाई स्कूल में छात्र नेता बन गईं और उन्होंने दूसरे छात्रों के साथ मिलकर विद्यार्थी संघ बनाया। छात्र संघ ने कोई बड़ी हड़ताल तो नहीं की, लेकिन उसने अध्ययन समूह, चर्चाएँ और प्रदर्शन आयोजित किए। इस सबके ज़रिये दीना गांधी बिलकुल भिन्न वातावरण और गतिविधि में शामिल हुईं। मैट्रिकुलेशन के बाद उनके पिता ने उन्हें बंबई के कॉलेज में भेजा। उन्हें इस शर्त पर अपनी बहन शांता गांधी के साथ रहने दिया गया कि वह उनकी जैसी किसी सांस्कृतिक गतिविधि, कॉलेज में नाच-गाने में हिस्सा नहीं लेगी, वह गंभीरता के साथ पढ़ाई करेगी और कॉलेज के वार्षिक समारोह में हिस्सा नहीं लेगी। उन्होंने अपने पिता की शर्त स्वीकार कर ली। उन्होंने कॉलेज में कुछ नहीं किया और कॉलेज के बाहर गतिविधियों में हिस्सा लिया। उनके अनुसार, इस तरह से वे इप्टा में आईं और उसकी गतिविधियों में शामिल हो गईं। उनकी बहन शांता कम्युनिस्ट थीं। और इसकी वजह से दीना गांधी कई कम्युनिस्टों से मिल सकीं। वे नियमित छात्र कार्यकर्ता, प्रगतिशील और वामपंथी कार्यकर्ता बन गईं। राजनीतिक गतिविधियों के कारण दीना गांधी को कॉलेजों से निकाला गया और उन्हें कॉलेज बदलने पड़े। वे ज़ेवियर में एक साल, एल फ़िनस्टोन में दो साल और इसके बाद विल्सन कॉलेज में रहीं। उनके लिए यह सब नाटकीय था—उनके लिए कॉलेज के कोई मायने नहीं थे। उनके पिता को ख़तरा था कि उनकी राजनीतिक गतिविधियाँ उनकी नौकरी को ख़तरे में डाल देंगी। उन्होंने उनसे कहा कि वे स्वयं अपनी ज़िम्मेदारी लें। इसीलिए वे अपनी बहन के साथ रहने के लिए लाहौर चली गईं।

रेबा रायचौधरी ने भी बंद घर से कॉलेज में छात्र आंदोलन तक की यात्रा की। छात्र राजनीति में उनकी भागीदारी के कारण प्रिंसिपल ने उनके पिता को चेतावनी दी कि उन्हें कॉलेज छोड़ना पड़ेगा। रेबा रायचौधरी को अपने भाई से समर्थन मिला और भाई की राजनीति का उन पर बहुत प्रभाव पड़ा। वे महिला आत्मरक्षा समिति की सदस्य बन गईं। राहत समिति में उन्होंने गीत गाए, भाषण दिये और धन एकत्रित किया। उन्होंने पहली बार कलकत्ता मंच पर पानु पाल द्वारा 'महामारी' पर आयोजित नाटक में अभिनय किया।

अपने जीवन के शिक्षा चरण के दौरान राजनीति का अनुभव प्राप्त करने वाली अधिकांश महिलाओं की यही कहानी है। उन पर वाम राजनीति का प्रभाव पड़ा और वे छात्र आंदोलन में सक्रिय हो गईं। रेबा रायचौधरी और दीना गांधी जैसी कुछ महिलाओं के मामले में प्रेरणा बड़े भाई और बड़ी बहन से मिली। दीना गांधी अपनी बहन शांता गांधी की निर्भीकता से प्रभावित हुईं जो युवावस्था में ही गांधीवादी और विद्रोही बन गई थीं। शांता गांधी ने केश कटवा कर विवाह के ख़िलाफ़ विद्रोह किया जिसने उनके घर में हंगामा कर दिया। उनकी माँ भौंचक्की रह गईं और समझ नहीं पाईं कि क्या किया जाए। दीना गांधी के विचार से, 'केवल यही भावना महिलाओं को दबाने के बजाय ऊपर उठा सकती है। मेरे भीतर यह भावना बहुत पहले आ गई थी।' रेबा रायचौधरी पर पहली राजनीतिक छाप और प्रभाव उनके भाइयों का था। उनके भाई बिनय रॉय पढ़ाई छोड़कर श्रमिक आंदोलन में शामिल हो गए थे। उन्होंने रेबा को स्वयं द्वारा लिखे गए गीत समझाए और उस विषय से संबंधित कहानियाँ समझाईं। बिनय रॉय बीच-बीच में नाटक लिखते और उनका मंचन करते थे जिनमें रेबा रायचौधरी अभिनय करती थीं। वे उन्हें नृत्य भी सिखाते थे। रेखा जैन को उनके पति नेमि जैन राजनीति में लाए।

लेकिन राजनीति में उनका प्रवेश उनके परिवारों में कड़े प्रतिरोध और उनके द्वारा अपने परिवारों की अवज्ञा की गाथाएँ हैं। रेबा रायचौधरी के पिता उनके प्रति 'उदासीन' हो गए, क्योंकि पुत्र द्वारा शिक्षा छोड़कर राजनीति में शामिल हो जाने के बाद उनकी आशाएँ रेबा में केंद्रित हो गई थीं। वे उन्हें अध्ययन के लिए विदेश भेजना चाहते थे। उन्होंने रेबा की राजनीति का विरोध किया। उनका मानना था कि वे जो कुछ भी करें, घर पर रहकर करें। उन्होंने अपने पिता को यह समझाने का प्रयास किया कि वे कोई ग़लत काम नहीं कर रही हैं। एक दिन जब वे घर के पिछवाड़े से राजनीति में शामिल होने के लिए चुपचाप निकल गईं तो उनके पिता ने पुलिस की सहायता से पकड़ लिया और घर में बंद कर दिया। इसके बाद उनके भाई उन्हें कम्यून ले गए। बहुत-सी महिलाओं की तरह वे भी एक जोड़ी कपड़ों में घर से निकल गईं। एक तरह से उनके परिवार ने उन्हें त्याग दिया था। उनका कहना है कि उन्हें अपनी 'काकी माँ, बुआ और ठाकुर माँ' से प्यार नहीं मिला, क्योंकि वे राजनीति के लिए कभी भी अपने घर से निकल पड़ती थीं।

रेखा जैन को भी अपने परिवार से कड़े विरोध का सामना करना पड़ा। वे आगरा के बहुत रूढ़िवादी परिवार से हैं। आठ वर्ष की आयु में उन्हें भोजन पकाना सिखाया गया। नौ वर्ष से भी कम आयु में उनके ताऊ जी ने उनका स्कूल जाना बंद करा दिया। उस समय वे तीसरी कक्षा में थीं। साढ़े बारह वर्ष की आयु में उनका नेमि जैन के साथ विवाह हो गया। उन्हें परदे और घूँघट में रहना पड़ा। बहुत कम उम्र से ही उन्हें 'लोक-मर्यादा, संस्कार और

भारी-भारी नसीहतों के साथ' रहना पड़ा। उनके पति नेमि जैन वाम राजनीति में शामिल हो गए और रेखा जैन को दक़ियानूस माहौल से निकालने में उन्होंने बड़ी भूमिका अदा की। नेमि जैन ने समझ लिया कि घर में रहकर रूढ़िवाद को तोड़ना बहुत मुश्किल है, क्योंकि परिवार इसका कड़ा विरोध करता था। इसीलिए उन्होंने रेखा जैन के साथ घर छोड़ दिया। रेखा जैन को कड़े विरोध का सामना करना पड़ा और उन पर आरोप भी लगाए गए। उनके ससुरालवालों की मुख्य आपत्ति यह थी कि जैन परिवार की बहू 'बेपरदा' दूसरे शहर में कैसे रह सकती है। यह बहू की मुख्य छवि से बिलकुल भिन्न बात थी। यह अच्छा लक्षण नहीं था। रेखा जैन को मानसिक संताप से गुज़रना पड़ा। एक तरफ़ पति और दूसरी ओर अन्य ससुरालवाले। यदि उन्होंने घर छोड़ा तो ससुरालवालों से उनके संबंध टूट जाएँगे। दूसरी ओर, उन्हें डर था कि यदि वे अपने पति के साथ शुजालपुर नहीं गईं तो वे अपने पति को खो देंगी। बड़े विरोध और भावनात्मक लगाव के बावजूद रेखा जैन ने अपने पति के साथ रहने का फ़ैसला लिया। उन्होंने अपनी बड़ी बेटी को अपनी ससुराल में छोड़ दिया और छोटी बेटी रश्मि के साथ नेमि जैन के पास चली गईं। रोष और विरोध के माहौल में रेखा जैन घर से कुछ भी शुजालपुर नहीं ले जा सकीं। यह उनके लिए एक तरह का विस्थापन था। उन्हें बहुत-से आरोपों का सामना करना पड़ा। शुजालपुर के बाद रेखा जैन और नेमि जैन कलकत्ता चले गए। उनका कलकत्ता जाना भी बहुत नाटकीय था। इस सबके साथ रेखा जैन के लिए नई यात्रा शुरू हुई। उन्होंने परदा छोड़ दिया और राजनीतिक रूप से सक्रिय हो गईं। उन्हें घर पर आनेवाले कॉमरेडों से मार्क्सवाद और पार्टी कार्यों का अनुभव प्राप्त हुआ। घर में साहित्य, दर्शन और राजनीति पर बहुत चर्चा होती थी जिसने उन पर बहुत प्रभाव छोड़ा। वे अध्ययन टोली में हिस्सा लेतीं, विभिन्न सांस्कृतिक टोलियों के साथ प्रभातफेरी के लिए जातीं और शाम को पार्टी कार्य के लिए मुस्लिम बस्तियों में जातीं। उन्होंने अपनी पढ़ाई भी फिर से शुरू की और मारवाड़ी विद्यालय में दाख़िल हो गईं। दो लड़कियों की 19-20 वर्षीय माँ का स्कूल जाना मज़ाक़ का विषय बन गया। लेकिन रेखा जैन अपने काम में दृढ़ बनी रहीं। उन्होंने बांग्ला सीखी और बिनय रॉय से गीत भी सीखे। उन्होंने कॉमरेडों से मित्रता की। बिनय दा से गीत सीखना, बस्तियों में लोगों से मिलना और ब्लैक आउट के समय घर पर सुरक्षित पहुँचना रेखा जैन के लिए इन दोस्तों के कारण ही संभव हो सका। राजनीतिक लोकाचार और गर्मजोशी के माहौल ने दकियानूस परंपराओं से छुटकारा पाने और 'स्वावलंबन' प्राप्त करने में उनकी मदद की। वे जहाज़ में बैठना चाहती थीं। उन्होंने साइकिल चलाना, बैडमिंटन खेलना और तैरना सीखा।

इस प्रकार इप्टा महिलाओं की अधिकांश गाथाएँ अपने परिवारों की अवज्ञा की गाथाएँ हैं। इस अवज्ञा के लिए ताक़त कहाँ से आई? अधिकांश साक्षात्कारों में महिलाओं ने कहा है, ताक़त राजनीतिक विश्वास, आदर्शवाद और राजनीतिक कम्यून की सहायता से आई। राजनीतिक कार्यकर्ताओं के रूप में उनकी यात्रा महिलाओं की भूमिका को सीमित करने वाली पुरुषसत्तात्मक संरचना की अवज्ञा की यात्रा है।

महिलाओं के लिए एक अन्य अवज्ञाकारी क्षण अभिनेत्री के रूप में इप्टा में शामिल होना है। अपनी अभिनय भूमिका को उन्होंने अपने राजनीतिक काम के विस्तार के रूप में देखा।

लेकिन जैसा कि पहले कहा जा चुका है, 'सम्माननीय परिवार' से आनेवाली महिलाओं की ओर से यह बहुत महत्त्वपूर्ण अवज्ञा थी। अब इन महिला अभिनयकर्ताओं ने गलियों, स्टीकरों और अन्य बहुत-से सार्वजनिक स्थलों पर अभिनय किया। महिलाएँ अकाल के संदर्भ में सांस्कृतिक आंदोलन में शामिल हुईं। उस समय विभिन्न सांस्कृतिक दल सार्वजनिक मंचों पर अभिनय करते थे, लेकिन मंच पर अभिनय करने के लिए तैयार महिलाओं को ढूँढ़ना बहुत कठिन था। बंगाल के अकाल के समय बहुत-से सांस्कृतिक दल बन गए। शुरू में ये केवल गायक दल थे। महिलाएँ पूरे जोश के साथ उनमें शामिल होने लगीं। सार्वजनिक अभिनयों में महिलाओं की भागीदारी को तत्परता के साथ स्वीकार किया जाने लगा। अकाल राहत समितियों और सांस्कृतिक दलों के संदर्भ में लिंग, शालीनता, नैतिकता आदि के सवाल गौण हो गए।

लेकिन महिलाओं का अभिनय में शामिल होना इन महिलाओं के लिए निर्धारित सम्माननीय प्रतिमान का उल्लंघन था। इस संदर्भ में रेखा जैन द्वारा झेले गए मानसिक विक्षोभ का ज़िक्र ज़रूरी है। उनका इप्टा के सांस्कृतिक कम्यून में शामिल होना उनके और उनके पति के परिवारों के लिए बड़े विस्फोट जैसी बात थी। यह उनके परिवारों के लिए भूचाल जैसा था। बचपन में जिस लड़की को नृत्य से दूर रखा गया और यहाँ तक कि पढ़ने भी नहीं दिया गया, अब नृत्य टोली में शामिल होगी और सबके सामने अभिनय करेगी। परिवारों के साथ तनाव और भी अधिक बढ़ गया। आगरा के सामाजिक संदर्भ में उनके मायके और ससुराल में उनकी बहुत आलोचना की गई और उन पर आरोप लगाए गए। उन्हें अपनी सास से बहुत गंदा पत्र मिला। इसमें लिखा गया था कि नृत्य सीखना, और वह भी पुरुषों के साथ, परिवार के लिए बहुत बड़ा कलंक है। पत्र आरोपों और कटु उक्तियों से भरा पड़ा था। पत्र के आख़िर में ये कठोर शब्द लिखे गए कि 'यदि तुम पत्थर होती तो मैं तुम्हें नदी में बहा देती जिससे मुझे यह चेहरा फिर देखने के लिए नहीं मिलता।' छुट्टियों में जब रेखा जैन नेमि जैन के साथ ससुराल गईं तो उन्होंने अपनी सास के पैर छूने चाहे। सास ने यह कहकर पैर पीछे कर लिये, 'किस मुँह से पैर छू रही है? पता नहीं कितने घाटों का पानी पिया है!'

वास्तव में कम्यून के दायरे और जीवन को समाज में संदेह की दृष्टि से देखा जाता था। 1940 के दशक में अविवाहित पुरुषों और महिलाओं के कम्यून में साथ रहने और पुरुष स्त्री, दोनों के सांस्कृतिक समूह के साथ यात्रा करने को बहुत हैरत से देखा जाता था। इससे सार्वजनिक और निजी स्थलों पर खलबली मच जाती थी। आशंका महिला लैंगिकता से भी जुड़ी थी। बहुत-से लोग जीवन शैली की निंदा करते थे। यहाँ तक कि गांधी के अख़बार *हरिजन* ने इन्हें अनैतिक गतिविधियाँ बताकर इनकी आलोचना की। दल अपनी प्रस्तुति के लिए जब मेरठ गया तो वह एक ज़मींदार के घर ठहरा और उसने उनकी देखभाल की, लेकिन घर की महिलाओं को दल की महिलाओं के साथ बातचीत नहीं करने दी गई। नैतिक भ्रष्टता के लिए उनके ख़िलाफ़ नारे लगाए गए। 'राधे-राधे' बोलकर महिलाओं को हूट किया, जिसका मतलब था कि वे अनैतिक संबंधों में बँधी हैं। अपने संस्मरणों में रेबा रायचौधरी ने लिखा है कि केवल सामाजिक और राजनीतिक विरोध ही नहीं था बल्कि महिलाओं के नाम पर निंदाजनक पोस्टर निकाले गए। लेकिन रेबा रायचौधरी कहती हैं कि आदर्श के लिए उनकी

प्रतिबद्धता ऐसी थी कि उन्होंने परवाह नहीं की। इन महिलाओं के प्रबल राजनीतिक विश्वास ने इस तरह की नैतिक निंदा का सामना करने में उनकी मदद की।

अधिकांश महिलाओं के लिए उनकी राजनीतिक यात्रा बहुत उल्लासपूर्ण रही है। इप्टा की बहुत-सी महिलाओं के लिए सांस्कृतिक दल के कम्यून का अनुभव उनके जीवन में उच्च स्थान रखता है। सांस्कृतिक दल के अधिकांश सदस्यों के लिए कम्यून का अनुभव उनके पहले के जीवन से भिन्न था। कम्यून में बिताए गए उन 2-3 वर्षों ने महिलाओं का जीवन ही बदल दिया। रेखा जैन ने कम्यून, नृत्य सीखने के अनुभव और सांस्कृतिक दल में अनुशासन की बहुत प्रशंसा की है। वास्तव में इस अनुभव ने उन्हें मानसिक रूप से झकझोर दिया। सांस्कृतिक दल में शामिल होने के बाद शांतिवर्धन ने उनके रूढ़िवादी 'संस्कारों' को हिला दिया। उन्होंने महसूस किया कि उनके 'मन की झिझक' ने उनमें नृत्य के लिए आवश्यक शारीरिक लचीलापन पैदा नहीं होने दिया। पारिवारिक संस्कारों के कारण उनके भीतर चल रहे द्वंद्व ने कई बार नृत्य सीखने के उनके प्रयास में बाधा पहुँचाई। उन्हें आंतरिक संघर्ष से गुज़रना पड़ा। उन्होंने शंभु मित्रा द्वारा निर्देशित एक नाटक में एक पात्र की भूमिका निभाने में उलझन की बात की है। यह एक जुझारू महिला पात्र है जो बग़ैर किसी शर्म के अपनी सास के साथ लड़ती है। इस पात्र की भूमिका करते समय रेखा जैन को अपने रूढ़िवादी संस्कारों के कारण सास के बाल खींचने और चिल्लाने में कठिनाई हो रही थी। इसीलिए विभिन्न 'संस्कारों' की 'जकड़न' के साथ आगरा के एक दकियानूस परिवार से आनेवाली रेखा जैन के मामले में कम्यून के पूरे वातावरण ने उनकी 'झिझक' और 'बंधन' तोड़ दिये और उनके विश्वास को बढ़ाया। रेखा जैन का बचपन और उनकी शरारतें, जिन्हें जल्दी हुए विवाह ने दबा दिया था, इस माहौल में मुखरित हो उठीं।

दीना गांधी ने भी अपने साक्षात्कार में कहा है कि सांस्कृतिक दल का हिस्सा बनना ज़बर्दस्त अनुभव था। उनके अनुसार : 'हमने पूरे देश का दौरा किया...हज़ारों लोगों ने हमारे प्रदर्शन को देखा। हमने छह महीने तक रिहर्सल की और छह महीने दौरा किया। हम प्रत्येक प्रांत और छोटे-छोटे शहरों में गए। मैंने अपने देश को सही ढंग से देखा। हम एकजुट जीवन जी रहे थे। तीन डिब्बे बुक किए हुए थे और हम उनमें सोते थे। कोई होटल नहीं था। शो के बाद डिब्बे में लौट आते थे। वहाँ से दूसरे स्थान पर जाकर रंगमंचीय प्रदर्शन करते थे। यह ज़बर्दस्त अनुभव था।' दीना गांधी ने प्रतिभा अग्रवाल को दिये गए अपने साक्षात्कार में कहा है : 'मैं उसको खाद का काम कहती हूँ।' रेबा रायचौधरी ने अपने संस्मरणों में कहा है कि उन्हें 'साथी' के कारण संघर्ष के लिए ताक़त मिली। उनके अनुसार, 'हँसी, गप्प, नृत्य, नाटक, लेखन, पठन, आलोचना' का माहौल संघर्ष के लिए जीवनी शक्ति देता था।

अपने अध्ययन में मालिनी भट्टाचार्य ने दिखाया है कि व्यावसायिक थिएटर के मुक़ाबले कम्यून किस तरह से महिला अभिनयकर्ताओं के लिए शोषण रहित स्थान था। व्यावसायिक थिएटर से गुज़रनेवाली अभिनेत्रियाँ वहाँ तक़लीफ़ और धोखेबाज़ी की बात करती हैं।

एक अन्य उल्लेखनीय पहलू यह भी है कि अपने व्यक्तिगत जीवन में इप्टा की महिलाएँ अपने घरेलू और वैवाहिक जीवन को कैसे सँभालती थीं जो कि मुख्यधारा के विवाहित गृहजीवन से भिन्न था। प्रीति बनर्जी के मामले में उनके विवाह के वर्ष में पार्टी पर प्रतिबंध लग गया।

वे कहती हैं कि 'विवाह के बाद पाँच वर्ष तक हमारा (उनका और उनके पति का) कोई संपर्क नहीं रहा। हम भूमिगत हो गए थे। विवाह के तीन महीने बाद हम दार्जिलिंग गए जहाँ उन्हें पकड़ लिया गया...मैं छह महीने से जेल में थी। पाँच वर्ष बीत जाने पर प्रतिबंध हट जाने के बाद मैं उनसे मिल सकी।' केंद्रीय समूह में शामिल होने के बाद दीना गांधी पूर्णकालिक सांस्कृतिक कार्यकर्ता बन गईं। तब तक उनकी शादी हो चुकी थी। उनका कहना है कि केंद्रीय जत्थे में शामिल होने के बाद 'मैं अपने घर के जीवन और प्रत्येक चीज़ को भूल गई। मैं अपनी गतिविधियों में पूरी तरह से तल्लीन हो गई और मेरे पति अपनी गतिविधियों में लग गए और हम दूर होते गए। उन दिनों इन चीज़ों का कोई प्रभाव नहीं रहता था—आज यदि ऐसा हो जाए तो शायद मुझ पर असर पड़ेगा। आप जानते हैं कि उस समय प्राथमिकताएँ भिन्न थीं। उस समय मैं प्रवाह के साथ बहती गई।' रेबा रायचौधरी अपने पति सजल से जन-नाट्य संगठन में मिलीं। परस्पर विश्वास और आदर्शवाद के बल पर वे मुश्किल समय में आगे बढ़ती रहीं। विवाह के बाद भी वे राजनीति में सक्रिय बनी रहीं और जेल गईं।

इस प्रकार अपनी राजनीति, कार्य और जीवन के माध्यम से इप्टा महिलाओं ने पुरुषसत्तात्मक सीमाओं को चुनौती दी। मालिनी भट्टाचार्य ने अपने आलेख में बताया है कि मुश्किल और ख़तरनाक परिस्थितियों में पुरुष और महिला कार्यकर्ताओं द्वारा मिलकर काम किए जाने के लिए किस तरह लिंग और वर्ग की बाधाओं को तोड़ना ज़रूरी हो गया। उन्हीं के शब्दों में : 'इस पूरे दशक के दौरान अपने राजनीतिक कार्यों को पूरा करते हुए महिलाएँ ऐसे क्षेत्रों में कदम बढ़ा रही हैं जो उनके वर्ग की महिलाओं के लिए पूरी तरह से अपरिचित रहे हैं। उन्हें लगातार पुरुष कॉमरेडों के बहुत नज़दीक रहकर समय बिताना पड़ता है और ग़ैर परंपरागत तरीक़े से मज़दूर और किसान घरों में रहना पड़ता है। इससे इप्टा कार्यकर्ताओं के सामने नई लिंग संस्कृति आई और इसने महिला कार्यकर्ताओं के इतिहास को लगातार बनाए रखा।"

स्वातंत्र्योत्तर भारत में इनमें से अधिकांश महिलाओं ने अपनी पहचान बनाई और अपने काम में विश्वास और निर्भीकता का परिचय दिया। कुछ ने राजनीति का मार्ग चुना और कुछ ने सांस्कृतिक गतिविधियों में अपना स्थान बनाया। रेखा जैन के मामले में यह 'घूँघट' से दिल्ली में बाल थिएटर में पहचान बनानेवाली यात्रा थी। वह राजनीतिक और थिएटर गतिविधियों में तल्लीन थीं। उन्होंने इप्टा नाटकों में अभिनय और निर्देशन किया। उन्होंने इलाहाबाद में लड़कियों को इप्टा में शामिल होने के लिए प्रेरित किया। वे उनको ले जाती थीं और वापस छोड़कर लौट आती थीं। उनके द्वारा प्रदर्शित विश्वास मोहन उप्रेती के शब्दों में उभरकर सामने आ जाता है। एक दिन वे नृत्य सिखा रही थीं। कुछ लड़के नहीं नाच रहे थे। उन्होंने एक लड़के का हाथ पकड़ा जिससे वह सावधान हो गया। मोहन उप्रेती, जो स्वयं छात्र थे, के अनुसार : 'जब मैंने अकेली लड़की रेखा जी को लड़कों को पढ़ाते हुए देखा तो मैं दंग रह गया। लेकिन मुझे उनसे बहुत प्रेरणा मिली। इस अर्थ में वे मेरी पहली गुरु हैं।'

शीला भाटिया कश्मीर राष्ट्रीय सांस्कृतिक मोर्चे पर सक्रिय हो गईं जहाँ उन्होंने नाटकों में अभिनय किया और उनका निर्देशन किया। 1951 में वे दिल्ली लौट आईं और दिल्ली आर्ट थिएटर की स्थापना की। स्नेह सान्याल, उषा भगत, स्वतंत्र प्रकाश भी उसमें थे।

शीला भाटिया ने नाटकों का लेखन और निर्देशन किया। उन्होंने नेशनल स्कूल ऑफ़ ड्रामा में अभिनय सिखाया। वे चाहती थीं कि एन.एस.डी. थिएटर आंदोलन में निर्णायक भूमिका अदा करे। उनका घर रंगकर्म की कार्यशाला बन गया था। वास्तव में स्वातंत्र्योत्तर भारत में यह बहुत- सी इप्टा महिलाओं की यात्रा है।

लिंग परिप्रेक्ष्य में एक अन्य महत्त्वपूर्ण पहलू, इप्टा के संगठन के भीतर महिलाओं की स्थिति, पर नज़र डालना होगा। संगठन के भीतर महिलाएँ प्रमुख रूप से अभिनेत्री रहीं। उनमें से कुछेक ही लेखक और निर्देशक बन सकीं। अपने अध्ययन में मालिनी भट्टाचार्य ने स्पष्ट किया है कि 'आंदोलन के भीतर नाटक लिखने और निर्मित करने में सक्षम महिलाएँ थीं, लेकिन यह क्षमता कभी फलीभूत नहीं हुई जो कि इस बात का संकेत है कि महिला कार्यकर्ता को एक सीमा के भीतर काम करने दिया जाता था। महिला आत्मरक्षा समिति का अपना सांस्कृतिक कार्यक्रम था, लेकिन वे निर्देशक नहीं बल्कि अभिनेत्रियाँ थीं। इसके अलावा इप्टा संगठन में न के बराबर महिलाएँ नेतृत्व और निर्णय में शामिल थीं। 1942 से बंगाल में महिला आरक्षण समिति बनानेवाली महिलाएँ अक्सर इप्टा में भी सक्रिय थीं, लेकिन ये कार्यकर्ता भी कभी नेतृत्व में नहीं रहीं। ये महिलाएँ सचेत राजनीतिक कार्यकर्ता थीं, वे सांस्कृतिक दल में हो रहे परिवर्तनों से वाक़िफ़ थीं, इनके बारे में उनके अपने राजनीतिक विचार थे और वे सांस्कृतिक जत्थे के विघटन को भी समझती थीं। महत्त्वपूर्ण यह नहीं है कि इन मामलों पर उनका भिन्न मत था, बल्कि यह है कि राजनीतिक रूप से सचेत होने के बावजूद महिलाओं का कोई राजनीतिक रुख़ नहीं था। अपने साक्षात्कार में दीना गांधी कहती हैं : 'मैं नीति निर्माण और संगठन की संरचना में शामिल नहीं थी। मैं अभिनेत्री थी। लेकिन हम सब इप्टा के केंद्रीय दल की अभिनेत्रियाँ सचेत कार्यकर्ता भी थीं। इसीलिए हम निस्तेज अभिनेत्रियाँ मात्र नहीं थीं। हम सजीव थीं और जो कुछ हो रहा था, उस पर प्रतिक्रिया करती थीं। हम सब विभिन्न प्रांतों से आई थीं–लेकिन हम सब प्रगतिशील वाम आंदोलन से जुड़ी थीं। हमें इस बात के लिए अधिकाधिक सचेत बनाया गया था कि हम इसे तोड़ें नहीं, इसे झकझोरें नहीं और ग़लत जगह पर इसे डिस्टर्ब नहीं करें। यह एक तरह की प्रयोगशाला था। 'स्पिरिट ऑफ़ इंडिया' और 'इंडिया इम्मोरटल' दो भिन्न तरह के टूर थे। दर्शक बदल गए थे। हम दर्शकों के प्रति सहज थे जिन्हें हमने पहले देखा था। हम उन मुद्दों के प्रति भी सहज थे जिनसे हममें परिवर्तन आया। लेकिन कलकत्ता, बंबई और दिल्ली के दर्शकों के मामले में ऐसी बात नहीं थी। वहाँ हम रोबु दा और शांतिदा से डरते थे। ऐसा लगता था, जैसे कि वे मालिक हों और हम उपकरण हों–कम-से-कम मैंने ऐसा महसूस किया। लेकिन हमने किसी के बारे में सवाल नहीं उठाया। यह सबसे बुरी बात है। यदि हमने इस पर सवाल उठाया होता, यदि खड़े होने और सवाल पूछने के लिए सांस्कृतिक रूप से पर्याप्त सुदृढ़ होते तो वे ज़रूर समझ लेते कि वे क्या कर रहे हैं। उन्होंने कोई बात नहीं समझी। क्यों? हमसे कौन सवाल करेगा? हम सर्जक हैं।' गुल बर्धन ने अपने साक्षात्कार में कहा है : 'अपने टूर के दौरान हम जहाँ कहीं भी गए वहाँ हमारी ख़ूब प्रशंसा हुई। हमारे काम की वजह से भारी संख्या में बुद्धिजीवी और कलाकार पार्टी के नज़दीक आए और बहुत-से पार्टी के समर्थक बन गए। लेकिन पार्टी ने इस बात को नहीं समझा। जब हम बंबई लौटे तो हमें बताया गया कि केंद्रीय दल को भंग करने का

निश्चय किया गया है...कोई बहस या चर्चा नहीं हुई...केंद्रीय दल के सभी सदस्यों को बहुत दुख और खेद हुआ। हमने महसूस किया कि यह एकदम ग़लत है, लेकिन हम इतने छोटे थे कि नेताओं के सामने मुँह नहीं खोल सकते थे।'

इस प्रकार इस लेख में इप्टा महिलाओं की उस यात्रा का विवरण देने का प्रयास किया गया है जो उनके जीवन के विभिन्न क्षणों में पुरुषसत्तात्मक सीमाओं का अतिक्रमण है। यह अतिक्रमण नारीवादी राजनीति ने शुरू नहीं किया, लेकिन अधिकांश महिलाएँ इस बात से वाक़िफ़ थीं कि उनकी राजनीति का विरोध पुरुषसत्तात्मक मोर्चे ने किया है। यह अतिक्रमण संगठन के भीतर लिंग पर आधारित श्रेणीबद्धता को चुनौती नहीं दे सका। इस समस्या की ओर ध्यान खींचे जाने की आवश्यकता है।

[हिंदी रूपांतर : **राम किशन गुप्ता**]

जन-नाट्य परंपरा
(संदर्भ : इप्टा)

चंद्रेश

भारतीय रंग-आंदोलन के इतिहास में भारतीय जन-नाट्य संघ (इप्टा) का आविर्भाव एक 'फ़ेनोमिनन' की तरह है। सरसरी तौर पर देखने पर सहसा किसी को विश्वास ही नहीं होगा कि महानगरीय पृष्ठभूमि से ताल्लुक़ात रखनेवाले मध्यवर्गीय बुद्धिजीवियों, संस्कृतिकर्मियों, राजनीतिकर्मियों की एक छोटी-सी जमात इकट्ठा होती है और सांस्कृतिक जनजागरण का घोषणा-पत्र जारी किया जाता है। और देखते-देखते इसकी लहर देश-भर में फैल जाती है—लोगबाग सांस्कृतिक कारवाँ का हिस्सा बनते चले गए। लेकिन, 'इप्टा' के गठन की ऐतिहासिक पृष्ठभूमि को समझे बग़ैर उस विराट सांस्कृतिक आंदोलन का सही आकलन करना मुश्किल होगा। इसलिए थोड़ा पीछे लौटना होगा।

1917 की रूसी समाजवादी क्रांति की धमक किसी-न-किसी रूप में पूरे विश्व में सुनाई पड़ रही थी। भारतीय उपमहादेश भला इससे अछूता कैसे रह सकता था, ख़ासकर ऐसे माहौल में, जब भारतीय जनता अंग्रेज़ी साम्राज्यवाद से मुक्ति के लिए छटपटा रही थी और स्वाधीनता आंदोलन की चिंगारी पूरे देश में फैलती जा रही थी! 1936 में लखनऊ में प्रगतिशील लेखक संघ की स्थापना हो चुकी थी, जिसकी अध्यक्षता मशहूर लेखक प्रेमचंद ने की थी। अपने अध्यक्षीय वक्तव्य में उन्होंने स्पष्ट घोषणा की थी : 'हमारी कसौटी पर वही साहित्य खरा उतरेगा जिसमें उच्च चिंतन हो, स्वाधीनता का भाव हो, सौंदर्य का सार हो, सृजन की आत्मा हो, जीवन की सचाइयों का प्रकाश हो—जो हममें गति, संघर्ष और बेचैनी पैदा करे, हमें सुलाए नहीं, क्योंकि अब और ज़्यादा सोना मृत्यु का लक्षण है...।' लगभग इसी समय कविता के क्षेत्र में छंदों की मुक्ति के उद्‌घोष के साथ महाकवि निराला ने कविता की मुक्ति को मनुष्य की मुक्ति से जोड़ने का आह्वान किया था।

इसी उथल-पुथल-भरी पृष्ठभूमि में 'इप्टा' का गठन हुआ। इसके पहले सम्मेलन को संबोधित करते हुए प्रो. हीरेन मुखर्जी ने कहा था : 'मैं चाहता हूँ जो कुछ भी हमारे भीतर सबसे अच्छा है, आप सब उसे अपनी जनता के लिए अर्पित कर दें, जो चीज़ इतने लंबे समय से दबाकर रखी गई थी, पर जो अपने असली रूप में शानदार ढंग से वापस आ रही है। लेखक और कलाकार, आओ, आओ अभिनेता और नाटककार, आओ तुम सारे लोग, जो हाथ या दिमाग़ से काम करते हो, आओ और अपने-आपको स्वतंत्रता और सामाजिक न्याय का एक नया समाज बनाने के लिए समर्पित कर दो...यदि सचमुच हम लोग किसी

उद्देश्य की ख़्वाहिश रखते हैं तो हमें यह याद रखना होगा कि कामगार धरती के नमक की तरह हैं और उनकी नियति के साथ स्वयं को जोड़ना ही सबसे बड़ी उपलब्धि होगी...' (बंबई, 'इप्टा' के पहले सम्मेलन में उद्घाटन वक्तव्य का अंश, 25 मई, 1943)।

दरअसल बंबई में 'इप्टा' के सम्मेलन का अपना ऐतिहासिक महत्त्व है, क्योंकि इसकी पहचान सिर्फ़ एक महानगर के रूप में नहीं, बल्कि औद्योगिक व सांस्कृतिक केंद्र के रूप में थी और ट्रेड यूनियन आंदोलन अपनी जड़ें जमा चुका था और इस सम्मेलन ने भावी सांस्कृतिक आंदोलन की रूपरेखा तय करने में निर्णायक भूमिका निभाई। वहाँ से शुरू हुआ अभियान देखते-देखते जनसांस्कृतिक अभियान के रूप में बंगाल, बिहार, असम, उड़ीसा, उत्तर प्रदेश, पंजाब, आंध्रप्रदेश, केरल, महाराष्ट्र समेत देश के ज़्यादातर हिस्सों में फैल गया। यह एक तरह से सांस्कृतिक पुनर्जागरण था, जिसने भारतीय साहित्य, कला, नाटक, गीत, नृत्य, सिनेमा, विज्ञान, समाज विज्ञान यानी जीवन के प्रायः हर क्षेत्र में बुनियादी बदलाव ला दिया। समाज का शायद ही कोई तबक़ा होगा जो इसकी पहुँच से बाहर रहा हो। लेखक, कवि, पत्रकार, शिल्पकार, चित्रकार, रंगकर्मी, संगीतकार, वैज्ञानिक, समाजविज्ञानी, कामगार, किसान, छात्र, युवा—सबों को एक साथ लेकर बना ऐसा मोर्चा अभूतपूर्व था। यह तथ्य भी अपने-आप में बहुत अर्थपूर्ण है कि 'इप्टा' का नाम देश के विख्यात वैज्ञानिक होमी जहाँगीर भाभा ने सुझाया था। चौथे-पाँचवें दशक में जीवन के किसी क्षेत्र से कोई भी बड़ा नाम लें, वे इस सांस्कृतिक अभियान का हिस्सा बन चुके थे।

जहाँ तक नाटक और रंगमंच का सवाल है, 'इप्टा' के पहले रंगमंच पारसी थिएटर की गिरफ़्त में था, जिसने नाटक में अतिरंजना, भारी-भरकम मंच-सज्जा, भावुकता, फूहड़ता को ही साध्य बना दिया था। नाटक ज़बर्दस्त यांत्रिकता का शिकार हो गया था और वह जीवन के यथार्थ से दूर एक मायावी लोक की सृष्टि तक सीमित होकर रह गया था। लेकिन 'इप्टा' के आगमन के बाद नाटक और रंगमंच में एक क्रांतिकारी बदलाव देखने को मिला। पहली बार नाटक को जीवन से जोड़ने की कोशिश की गई और उसने मंच और दर्शक के बीच की दूरी को लगभग पाट दिया। इस अभिनव प्रयोग की ओर संकेत करते हुए 'इप्टा' के शुरुआती दौर से जुड़े जाने-माने नाट्य समीक्षक नेमिचंद्र जैन ने लिखा है : 'दूसरे महायुद्ध के दिनों में 'इप्टा' ने नाटक की विषयवस्तु और अभिनेताओं की क्षमता पर बल देकर, बिलकुल सादे काले परदे के सामने नाटक करके यांत्रिक और दिखावटी सज्जा के मोह पर पहला तीव्र आघात किया। 'इप्टा' के नाटक उस सहज साधनहीनता के बावजूद, और उसके फलस्वरूप हर प्रकार के अलंकरण और तड़क-भड़क के अभाव में भी, बल्कि शायद उसके कारण ही, अपने कथ्य को तात्कालिकता, सार्थकता तथा गंभीरता के बल पर प्रभावी हुए। इस प्रकार भारतीय रंगमंच में नाटक को, विशेषकर उसकी विषयवस्तु को तथा अभिनेता को, फिर से प्रतिष्ठा मिली...' (*रंगदर्शन*, पृ. 65)।

जाहिर है, एक सोची-समझी रणनीति और सांस्कृतिक समझ के तहत 'इप्टा' का गठन हुआ था और शुरुआती दौर में ही उसने अपने नाटकों के मंचन व सांस्कृतिक गतिविधियों के माध्यम से अपने बृहत्तर उद्देश्यों की झलक दे दी थी, क्योंकि नाटक के लिए नाटक करना और नाटक को सामाजिक बदलाव के साथ जोड़ने की सार्थक पहल—दोनों दो बातें हैं। 'इप्टा' ने अपने नाट्य प्रदर्शनों में नाटक की अंतर्वस्तु में टटकापन और इसे लोगों की

आशा-आकांक्षा से जोड़ने की ललक के साथ-साथ दक्षता और उत्कृष्टता पर भी पूरा ज़ोर दिया। यही कारण है कि बंबई के पहले राष्ट्रीय सम्मेलन के मौक़े पर ख़्वाजा अहमद अब्बास द्वारा फ़ासीवाद-विरोधी पृष्ठभूमि में फैंटेसी के रूप में लिखे गए नाटक *यह अमृत है* के मंचन के बाद इसकी आलोचना करते हुए कहा गया : 'हिटलर व जॉन का चरित्र हमें रोमांचित करता है। लेकिन संस्कृति और इसके मूल आधार यानी स्वतंत्रता के दुश्मनों के प्रति हिक़ारत का भाव पैदा करने तथा उनसे दृढ़तापूर्वक संघर्ष करने के संकल्प की नाटक में कमी है। हमें उनसे तब तक लड़ना होगा, जब तक वे पूरी तरह ख़त्म नहीं हो जाते...' हालाँकि नाट्य मंचन की दृष्टि से यह उस दौर के सफल नाटकों में से एक रहा है और इसके कई मंचन हुए। लेकिन यहाँ यह ग़ौर करने वाली बात है कि 'इप्टा' ने कला के साथ वैचारिक संघर्ष और नाटक के ट्रीटमेंट को भी उतना ही महत्त्व दिया क्योंकि साम्राज्यवाद और फ़ासीवाद के उस दौर में नाटक का इस्तेमाल भी एक हथियार के रूप में ही संभव था, क्योंकि कला का भी प्रचारात्मक महत्त्व होता है।

भारतीय रंग-आंदोलन के इतिहास में 'इप्टा' के महत्त्वपूर्ण योगदान को सिर्फ़ इस बात के लिए याद नहीं किया जाएगा कि देश के अलग-अलग हिस्सों में उस पूरे दौर में न केवल श्रेष्ठ नाटक रचे गए, सैकड़ों-हज़ारों की संख्या में उनका मंचन किया गया, बल्कि उन नाटकों ने एक हलचल पैदा कर दी। नाटक व रंगमंच को उसके बँधे-बँधाए मुहावरे से बाहर निकालकर जनता के व्यापक हिस्से से जोड़ने की इस ऐतिहासिक पहल ने न केवल समकालीन भारतीय रंगकर्म को गहरे अर्थ में प्रभावित किया, बल्कि रंगमंच की दिशा तय करने में भी अहम योगदान दिया; शोषित, पीड़ित जनता की आशा-आकांक्षाओं और तमाम सामाजिक, राजनीतिक आंदोलनों से तादात्म्य स्थापित कर रंगकर्म की नई परिभाषा गढ़ दी। न सिर्फ़ प्रयोग के स्तर पर, बल्कि अंतर्वस्तु, रंगशिल्प, भाषा यानी हर स्तर पर नाटक ने एक नए सौंदर्य-बोध को जन्म दिया। 'इप्टा' की यह स्पष्ट मान्यता थी कि बहुसंख्यक दबी-कुचली, शोषित और वंचित आबादी को नज़रअंदाज़ कर किसी बेहतर व खुशहाल समाज की स्थापना नहीं की जा सकती। समाज की मुख्यधारा से लगभग कटे हुए लोगों के बीच रंग-चेतना का प्रचार-प्रसार तथा नाटक के ज़रिये उनमें मानवीय संवेदना का बोध 'इप्टा' के समक्ष सबसे बड़ी चुनौती थी। यहाँ इस बात को भी रेखांकित करने की ज़रूरत है कि इस आंदोलन के दौरान निकली अनेक नाट्य-मंडलियों को शौक़िया कहना इसलिए उचित नहीं होगा कि एक ख़ास मिशन के तहत रंगकर्मियों की यह जमात संगठित हुई थी। ज़ाहिर है कि वे सभी रंगकर्मी उन दबावों से मुक्त थे, जो कहीं न कहीं, किसी-न-किसी स्तर पर नाटककारों, रंगकर्मियों को समझौता करने को विवश करते हैं।

'इप्टा' के इस ऐतिहासिक रंग-आंदोलन की कोख से विभिन्न भाषाओं में अनेक श्रेष्ठ नाट्य कृतियाँ निकलकर आईं, जिन पर अलग-अलग कोणों से विस्तार से काफ़ी कुछ लिखा गया है, लिखा जा रहा है। इनमें कुछ नाटकों की चर्चा करना यहाँ प्रासंगिक होगा, जिनमें *नवान्न* यानी *नई फ़सल,* अन्यतम है। 1943-44 के बंगाल के भयानक अकाल की पृष्ठभूमि में 'इप्टा' के शुरुआती दौर में जुड़े बिजन भट्टाचार्य ने 1944 में यह नाटक लिखा था। अक्टूबर, 1944 में पहली बार इस नाटक का 'इप्टा' के बैनर के तहत मंचन किया गया। प्रख्यात रंगकर्मी-निर्देशक शंभु मित्र और स्वयं लेखक ने सामूहिक रूप से *नवान्न* का निर्देशन

किया था। इस नाटक के मंचन ने बांग्ला नाटक व रंगमंच की धारा ही बदल दी। बिजन भट्टाचार्य ने इस नाटक में एकदम नई नाट्य-युक्तियों का इस्तेमाल किया। यह एक नाट्य-प्रयोग भी था और पारंपरिक रंग-शैलियों का सृजनात्मक इस्तेमाल भी। नाटककार ने पाश्चात्य नाटकों की यथार्थवादी शैली को नकारते हुए भारतीय परिवेश में एक नया मॉडल विकसित किया। अकाल के बहाने इस नाटक में न सिर्फ़ अकाल की भयावहता का चित्रण किया गया, बल्कि साम्राज्यवादी ताक़तों की नृशंसता, अमानवीयता का भी कलात्मक ढंग से परदाफ़ाश किया और उसकी मुख़ालफ़त की। *नवान्न* के चरित्र तत्कालीन ब्रिटिश सरकार की उदासीनता के साथ-साथ इस तथ्य को सफलतापूर्वक दर्शकों के समक्ष रखने में सफल रहे कि यह अकाल प्राकृतिक आपदा नहीं है। यदि देश के शासक वर्गों में पीड़ित जनता के प्रति थोड़ी भी मानवीय संवेदना होती तो इस महाविनाश को टाला जा सकता था। नाटक के चरित्रों को इस तरह उकेरा गया था कि वे अभाव में भी जीवित रहते हैं और इस संकल्प के साथ गाँव लौटते हैं कि मनुष्य होने के नाते ज़िंदा रहना उनका हक़ है। *नवान्न* यानी नई फ़सल, नई उम्मीद का प्रतीक बन जाता है और वह भविष्य की ओर इशारा करता है, जिसका मूल आधार है—साहस और उम्मीद।

भारतीय नाटकों के जाने-माने अध्येता रुस्तम भरूचा ने *नवान्न* की अभूतपूर्व सफलता की चर्चा करते हुए लिखा है : '*नवान्न* अपने रूप और अंतर्वस्तु में तो मौलिक था ही, उसमें दुख-तकलीफ़ों को, दिल दहला देनेवाली ईमानदारी से, उकेरा गया था। भाषा और रंग-सज्जा में भी नयापन था। *नीलदर्पण* के बाद *नवान्न* बांग्ला थिएटर में दूसरी युगांतकारी घटना की तरह है। कई मायनों में इसके उद्देश्य और साहस का पार पाना नामुमकिन-सा है। नाटक की विषयवस्तु बंगाल के अकाल में मारे गए लाखों लोगों की विभीषिका से कम दारुण नहीं थी...' (*रिहर्सल्स ऑव रिवोल्यूशन*, सीगल बुक्स, 1983, पृ. 44)।

इस नाटक के संदर्भ में यह भी उल्लेखनीय है कि *नवान्न* के अलावा *गर्भवती जननी*, *देवी गर्जन* समेत कई विख्यात नाटकों के रचयिता बिजन भट्टाचार्य ने कई बार अलग-अलग लोगों से बातचीत में स्पष्ट रूप से स्वीकार किया कि उनके गुरु न तो अरस्तू रहे हैं और न ही माइकेल मधुसूदन दत्त, बल्कि असली गुरु वे ग्रामीण, किसान, बाउल गायक, नाविक और शिकारी हैं जो उनके संपर्क में आए। 'इप्टा' की स्थापना भी इन्हीं उसूलों की बुनियाद पर हुई थी कि असली नायक जनता ही है और जनता के व्यापकतम तबक़े से तादात्म्य स्थापित किए बग़ैर कोई बड़ा सांस्कृतिक बदलाव संभव नहीं है। इसी बात को रुस्तम भरूचा ने इन शब्दों में व्यक्त किया है : 'इप्टा ने रंगकर्म की प्रचलित अवधारणा और उसके ताने-बाने में बुनियादी बदलाव ला दिया। गिने-चुने संभ्रांत दर्शकों की जगह आम जनता के लिए नाट्य-प्रदर्शन के ज़रिये उसने समाज के वंचित तबक़े को नाटक से जोड़ा, जो इससे अलग-थलग थे या जिन्हें नाटक देखने से वंचित रखा गया था।' (*रिहर्सल्स ऑव रिवोल्यूशन*, पृ. 42)।

नवान्न का मंचन सिर्फ़ बंगाल में ही नहीं, बंगाल के बाहर भी बार-बार किया गया। बंगाल के अकाल ने नाटककार, लेखक, कवि, चित्रकार समेत लगभग हर-एक विधा से ताल्लुक़ रखनेवाले लोगों का ध्यान अपनी ओर खींचा। लेकिन 'इप्टा' के प्रयास से इस महाविनाश को भी लोगों ने एक चुनौती के रूप में स्वीकारा क्योंकि 'इप्टा' ने इसे एक राष्ट्रीय विपदा के रूप में लोगों के सामने रखा। भारत के सांस्कृतिक इतिहास में यह एक महत्त्वपूर्ण घटना

की तरह है कि संस्कृति से ताल्लुक़ रखनेवाले लोगों ने अकाल-पीड़ितों के सहायतार्थ देश-भर में नाट्य-प्रदर्शनों के माध्यम से काफ़ी धन इकट्ठा किया। बंगाल के सांस्कृतिक दस्ते ने इस मुहिम में अग्रणी भूमिका निभाई। इस सांस्कृतिक दौरे का पूरे देश में ज़बर्दस्त असर हुआ और इसने पूरे देश की जनता को एक-दूसरे के क़रीब ला दिया। बंगाल के अलावा पंजाब, महाराष्ट्र व गुजरात के अलग-अलग इलाक़ों से नाट्य-प्रदर्शन के ज़रिये 2 लाख रुपये इकट्ठा करना कोई मामूली बात नहीं थी। यही जज़्बा 'इप्टा' की सबसे बड़ी ताक़त थी। इस दौरान *ज़ुबैदा* (ख़्वाजा अहमद अब्बास), *यह ख़ून किसका है* (अली सरदार जाफ़री) आदि अनेक महत्त्वपूर्ण नाटक लिखे और खेले गए, जिन्हें हज़ारों-हज़ार दर्शकों ने देखा और सराहा।

'इप्टा' का फैलाव बड़ी तेज़ी से हुआ और देखते-देखते देश के कई इलाक़ों में इसकी सैकड़ों इकाइयाँ बन गईं। लेकिन, इसके अलावा 'इप्टा' ने बड़ी संख्या में उन नाट्य-मंडलियों को भी प्रभावित किया, जो मुख्य रूप से पेशेवर थीं। इस क्रम में पृथ्वीराज कपूर के 'पृथ्वी थिएटर्स' का उदाहरण हमारे सामने है। 1944 में इस मंडली का बंबई में गठन हुआ। यह मंडली पेशेवर ढंग से पूरे भारत में घूम-घूमकर नाट्य-प्रदर्शन करती थी, लेकिन 'इप्टा' का प्रभाव इस मंडली पर स्पष्ट रूप से देखा जा सकता है। पृथ्वीराज कपूर 'इप्टा' के क़रीब भी रहे और उसके महत्त्व को उन्होंने स्वीकार भी किया। *दीवार, पैसा, किसान, आहुति, कलाकार* आदि नाटकों पर किसी-न-किसी रूप में 'इप्टा' का प्रभाव देखा जा सकता है। इसी बात को लक्ष्य करते हुए 'इप्टा' से जुड़े महान कलाकारों में से एक बलराज साहनी ने कहा था : 'उस ज़माने के जन-आंदोलनों ने नाटक के दूसरे कई सोए शेरों को जगा दिया था। जन-नाट्य संघ (इप्टा) का आंदोलन देखते-देखते देश-भर में फैल गया था। इस बंबई शहर में नेशनल थिएटर, ग्रुप थिएटर और बीसियों दूसरी नाट्य-मंडलियाँ बहार की कोंपलों की तरह फूट पड़ी थीं...' (*पृथ्वीराज कपूर अभिनंदन ग्रंथ* से उद्धृत)।

'इप्टा' के प्रभाव में केरल में 'केरल पीपुल आर्ट क्लब' (केपीएसी) का 1950 में गठन हुआ। इस नाट्य-मंडली ने *मेरा बेटा सच्चा* से अपनी नाट्य-यात्रा की शुरुआत की और यह नाटक सफल रहा। इसकी स्थापना वामपंथी विचारधारा से जुड़े नौजवानों ने की थी। धीरे-धीरे इस संगठन का विस्तार होता चला गया और देखते-देखते केरल में इसकी पहचान बन गई। ख़ासकर इस नाट्य-मंडली ने जब तोप्पिल भासी रचित नाटक *तुमने मुझे कम्युनिस्ट बना दिया* का मंचन किया तो इसने केरल में नाटक की दिशा ही बदल दी। पूरे केरल में इस नाटक ने भूचाल ला दिया और तोप्पिल भासी को एक नाटककार के रूप में नई पहचान दिलाई। यह वह दौर था जब केरल में कम्युनिस्ट आंदोलन अपने चरम पर था। तोप्पिल भासी भूमिगत रहकर नाट्य-लेखन कर रहे थे। *तुमने मुझे कम्युनिस्ट बना दिया* को केरल की जनता का व्यापक समर्थन मिला और यह नाटक केरल के जन-सांस्कृतिक आंदोलन के एक प्रस्थान बिंदु के रूप में सामने आया। यों, तोप्पिल भासी ने कई नाटक लिखे और उन्हें सराहा भी गया, लेकिन *तुमने मुझे कम्युनिस्ट बना दिया* जैसी प्रसिद्धि दूसरे नाटक को नहीं मिली। इस नाटक ने कम्युनिस्ट विचारधारा को पूरे केरल में फैलाने में अहम भूमिका निभाई। नाटक में सामाजिक अंतर्विरोध के साथ-साथ, पूरे सामाजिक परिवेश का चित्रण बेहद कलात्मक ढंग से किया गया था। कई चरित्रों, ख़ासकर पुरानी पीढ़ी और नई पीढ़ी के वैचारिक संघर्ष को इस नाटक में बख़ूबी उकेरा गया है। नई पीढ़ी किस तरह परिवर्तन के दौर से गुज़र रही

है और पुरानी पीढ़ी अपनी पुरानी लीक पर क़ायम रहना चाहती है—इसी द्वंद्व को नाटक में दिखाया गया था और अंत में पुरानी पीढ़ी का प्रतिनिधित्व करने वाला चरित्र उस बदलाव को महसूस करते हुए स्वीकारता और अनायास कह उठता है : 'तुमने मुझे कम्युनिस्ट बना दिया।'

'केरल पीपुल आर्ट क्लब' ने केरल के एक बड़े इलाक़े में कामगार, किसानों, बुद्धिजीवियों व मध्यवर्गीय लोगों के बीच अपनी गहरी पैठ बनाई और नाटक के क्षेत्र में तरह-तरह के कलात्मक प्रयोग किए और नाटक को रोज़मर्रे की ज़िंदगी का हिस्सा बनाने में अहम भूमिका निभाई है। देश के दूसरे कई क्षेत्रों में अपनी बेहतरीन नाट्य-प्रस्तुतियों के ज़रिये इस नाट्य-मंडली ने अपनी पहचान क़ायम की।

इसी तरह आंध्रप्रदेश का उदाहरण भी हमारे सामने है। 'आंध्रप्रदेश प्रजा नाट्य-मंडली' के क्रियाकलापों पर भी 'इप्टा' का प्रभाव देखा जा सकता है। आंध्रप्रदेश के काफ़ी बड़े इलाक़े में इस नाट्य-मंडली की पहुँच है और इसने एक व्यापक सांस्कृतिक आधार क़ायम किया है। प्रजा नाट्य-मंडली की एक बड़ी उपलब्धि यह रही है कि संगठन का मुख्य आधार ग्रामीण इलाक़ों में है और किसान, कामगार व दलित लोगों के बीच इसकी गहरी पैठ है। पूरे आंध्र-प्रदेश में इस नाट्य-मंडली की 1000 से ज़्यादा शाख़ाएँ हैं और 22 हज़ार से ज़्यादा इसके सदस्य हैं। कहने का तात्पर्य यह है कि 'इप्टा' के ज़माने में जन-आंदोलन की कोख से उपजी 'प्रजा नाट्य-मंडली' ने तब से लेकर अनेक उतार-चढ़ावों के बावजूद अपना अभियान जारी रखा हुआ है, बल्कि उसे विस्तार ही दिया है। यह इस पूरे जन-नाट्य आंदोलन की एक बड़ी उपलब्धि है। इसी तरह बिहार, पंजाब, उ.प्र., म.प्र., असम, उड़ीसा, मणिपुर, त्रिपुरा, गुजरात समेत कई राज्यों में 'इप्टा' ने अपनी जड़ें फैलाईं और अपने काम को विस्तार दिया।

'इप्टा' के शुरुआती दौर में उसका सांगठनिक ढाँचा काफ़ी व्यापक था, क्योंकि उनकी स्थापना बृहत्तर उद्देश्यों की प्राप्ति के लिए की गई थी। इसी ओर इशारा करते हुए बलराज साहनी ने कहा था : ''इप्टा' न तो किसी राजनीतिक पार्टी से संबद्ध है और न किसी गुट से। यह एक ऐसा संघ है, जहाँ सभी राजनीतिक दलों और ग़ैर-राजनीतिक लोगों का स्वागत है। इस संघ के सदस्य होने की एकमात्र शर्त है—देशभक्ति, अपनी जनसंस्कृति पर गर्व...' (6 जनवरी, 1945 को दिये गए वक्तव्य का अंश)।

1957 में 'इप्टा' का आठवाँ राष्ट्रीय सम्मेलन हुआ जो शायद 'इप्टा' के पुराने नायकों का अंतिम सम्मेलन था, क्योंकि 9वाँ राष्ट्रीय सम्मेलन 28 वर्षों बाद 1985 में आगरा में हुआ था और यह भी संयोग था कि 1957 में ही केरल में दुनिया की पहली निर्वाचित कम्युनिस्ट सरकार बनी। ज़ाहिर है, आज़ादी मिलने के दस वर्षों के दौरान देश का सामाजिक, राजनीतिक, सांस्कृतिक परिदृश्य बहुत-कुछ बदल गया था। 'इप्टा' का जन्म साम्राज्यवादी-फ़ासीवादी ताक़तों के विरोध में चलाए जा रहे स्वाधीनता आंदोलन की धार को तेज़ करने और समाज में जनवादी मूल्यों के प्रसार की ऐतिहासिक ज़रूरत के तौर पर हुआ था। ज़ाहिर है, आज़ादी के बाद एक स्वाधीन मुल्क में सक्रिय 'इप्टा' के सामने कुछ दूसरी और नई चुनौतियाँ सामने थीं। इस दौर में शासक वर्ग के वर्गीय चरित्र का मूल्यांकन और इस क्रम में वैचारिक संघर्ष लाज़िमी था और वह हुआ भी। लेकिन छठा दशक आते-आते स्थितियाँ बदल गईं और आज़ादी के बाद की नई परिस्थितियों का सही ढंग से आकलन करने में 'इप्टा' की पॉलिसी तय करने

वालों से कहीं न कहीं चूक हुई। नतीजतन जिन कारणों से पूरे देश के उत्कृष्ट कलाकार, रचनाकार एक मंच पर इकट्ठा हुए थे, वे कारण धीरे-धीरे गौण होते चले गए और उनकी जगह राजनीतिक संकीर्णता ने ले ली। जीवन व जड़ों से जुड़ने की जगह पार्टी लाइन पर नाटक लिखे जाने का आग्रह किया जाने लगा और वर्ग सहयोग की नीतियाँ हावी होने लगीं। पार्टी के छुटभैए नेताओं की तुलना में कलाकारों, रचनाकारों का क़द छोटा किया जाने लगा। देखते-देखते एक बड़ा जन-सांस्कृतिक अभियान आश्चर्यजनक रूप से दिग्भ्रमित होकर ठहराव के दौर में पहुँच गया और बिखराव की प्रक्रिया तेज़ होती चली गई। एक ऐसी विकट स्थिति उत्पन्न हुई कि व्यापक जनसमुदाय को जोड़ने और उससे जुड़ने के बजाय किसी तरह संगठन को बनाए-बचाए रखने पर सारा ज़ोर केंद्रित हो गया। 'इप्टा' के उद्घाटन समारोहों में धीरे-धीरे सत्तारूढ़ दल के राजनेताओं, मंत्रियों की उपस्थिति, निजी हितों में संगठन का इस्तेमाल आदि आम बातें बन गईं। आंदोलन की जड़ें धीरे-धीरे लोक-विमुख होकर सत्ता के गलियारे की ओर मुड़ गईं। सामूहिकता का भाव तिरोहित होता चला गया और व्यक्तिगत हितों ने उसकी जगह ले ली। ऊपर से नीचे तक 'इप्टा' गिरोहबंदी का शिकार हो गया। नतीजतन धीरे-धीरे जीवन के अलग-अलग क्षेत्रों से जुड़ी बेहतरीन प्रतिभाएँ, जो बड़े उद्देश्यों को मूर्त रूप देने के लिए 'इप्टा' की जन मुहिम से जुड़ी थीं, एक-एक कर इससे अलग होती चली गईं। इस तथ्य को हीरेन गोहाँई ने इन शब्दों में व्यक्त किया है : 'इप्टा का पूरा ताना-बाना अस्त-व्यस्त हो गया। कई नामी-गिरामी कलाकार व्यावसायिक तथा राज्यों द्वारा प्रायोजित उपक्रमों में अपना कैरियर तलाशने में जुट गए और इन संस्थानों द्वारा ऐसे लोगों को सब्ज़बाग़ दिखाया गया या फिर वे अपनी महत्त्वाकांक्षा की पूर्त्ति के लिए इससे अलग हो गए और जिन्होंने ऐसा नहीं किया, वे मुफ़लिसी की ज़िंदगी जीने के लिए मजबूर हो गए...' (*द टेलिग्राफ़*, 19 जुलाई, 1983)। आज़ादी के बाद की बदली हुई परिस्थितियों ने कई नई चुनौतियों को भी जन्म दिया और इन चुनौतियों का सांस्कृतिक मोर्चे पर मुक़ाबला करना एक नई चुनौती बनकर सामने आया। 'इप्टा' का राष्ट्रीय ढाँचा चरमरा गया था, बिखराव की प्रक्रिया तेज़ हो गई।

इस नए संकट के कारण ही पूरे देश में, विशेषकर बंगाल में ग्रुप थिएटर आंदोलन प्रतिरोधी ताक़त के रूप में सामने आया और इसी दौर में बंगाल में उत्पल दत्त के नेतृत्व में 'लिटिल थिएटर ग्रुप' ने राष्ट्रीय और अंतर्राष्ट्रीय ज्वलंत समस्याओं पर केंद्रित विभिन्न नाटकों के मंचन के ज़रिये धूम मचा दी। यहाँ यह स्पष्ट करने की ज़रूरत है कि अपने शुरुआती दौर में उत्पल दत्त 'इप्टा' से जुड़े थे, लेकिन थोड़े समय में ही वे इस संगठन से अलग हो गए और अपनी स्वतंत्र नाट्य-मंडली बनाई। पहली बार नाटक प्रखर राजनीतिक तेवर में सामने था। इस दौरान उत्पल दत्त ने सड़क, नुक्कड़ से लेकर मंच पर लगातार कई नाटक किए। रोज़मर्रे की समस्याओं पर केंद्रित 'पथ-नाटिका' (स्ट्रीट थिएटर) के ज़रिये उत्पल दत्त ने कई नए प्रयोग किए और नाटक को रोज़मर्रे की ज़िंदगी का हिस्सा बनाने की कोशिश की। इसी दौर में उत्पल दत्त ने *अंगार, कल्लोल, टीनेर तलवार, अजेय वियतनाम, बेरिकेड, दुःस्वप्नेरनगरी* सरीखे कई महत्त्वपूर्ण नाटक लिखे और उनका मंचन किया। कोयला खदान मज़दूरों की ज़िंदगी पर आधारित *अंगार* किसी भारतीय भाषा में इस उपेक्षित विषय पर लिखा पहला नाटक है। इस नाटक में कोयला खदानों में काम करने वाले मज़दूरों की नारकीय ज़िंदगी और खदान

मालिकों, स्थानीय प्रशासन के गठजोड़ को प्रखर ढंग से दर्शकों के सामने रखा गया और दर्शकों ने इसे ख़ूब सराहा। बंगाल के गाँवों समेत विभिन्न इलाक़ों में इस नाटक के 1150 प्रदर्शन किए गए, जिन्हें कई जगहों पर हज़ारों-हज़ार की संख्या में लोगों ने देखा। इसी तरह इतिहास की धुंध में खोए नौसैनिक विद्रोह की महान गाथा को रंगमंच पर पहली बार *कल्लोल* नाटक के रूप में उत्पल दत्त ने जीवंत किया। इस नाटक के भी 850 से ज़्यादा प्रदर्शन हुए। उत्पल दत्त के नाटकों ने सफलता के नए कीर्तिमान क़ायम किए यानी इप्टा के बाद एक बार फिर ग़ैर-पेशेवर प्रतिबद्ध रंगकर्म एकदम नए रूप में सामने था, इस दिशा में 'थिएटर यूनिटी', 'थिएटर थिएटर्स', 'शताब्दी', 'लिविंग थिएटर' समेत अनेक रंग-मंडलियों की सक्रियता ने इप्टा द्वारा शुरू किए गए जन-नाट्य आंदोलन को किसी-न-किसी रूप में विस्तार ही दिया।

सांस्कृतिक पुनर्जागरण के जिस अभियान को लेकर 'इप्टा' ने जन-नाट्य आंदोलन की शुरुआत की थी, उसका फैलाव व प्रभाव इतना विस्तृत है कि किसी एक आलेख में उसे समेटना नामुमकिन है। लेकिन, जहाँ तक नाटक की बात है इस क्षेत्र में दो बड़ी शख़्सियतों के अवदान का उल्लेख किए बिना कोई भी चर्चा अधूरी होगी, जिनमें एक हैं—महान अभिनेता व निर्देशक शंभु मित्र और दूसरे हैं—नाटककार, निर्देशक व अभिनेता हबीब तनवीर। इन दोनों ने क्रमशः न केवल समकालीन बांग्ला व हिंदी रंगमंच को समृद्ध किया है, बल्कि भारतीय रंगमंच पर भी अपनी उपस्थिति दर्ज कराई और भारतीय रंग में रची-बसी अभिनय-शैली में समकालीन रंगमंच के लिए नया मॉडल भी पेश किया।

'इप्टा' के साथ शंभु मित्र का जुड़ाव *नवान्न* नाटक की प्रस्तुति के साथ हुआ, जिसमें बिजन भट्टाचार्य के साथ शंभु मित्र भी भारतीय रंगमंच के इतिहास में मील का पत्थर माने जानेवाले इस नाटक के निर्देशक थे। *नवान्न* को मिली असाधारण सफलता के पीछे शंभु मित्र का बहुत बड़ा योगदान था। 'इप्टा' के शुरुआती स्तंभों में से एक *नवान्न* के नाटककार बिजन भट्टाचार्य की प्रतिबद्धता के शंभु मित्र क़ायल थे और इसे उन्होंने निःसंकोच स्वीकार किया है जैसा कि सुपरिचित नाट्य-मर्मज्ञ भारतरत्न भार्गव ने लिखा है : 'एक निजी और अंतरंग बातचीत के दौरान शंभु दा ने मुझे बताया कि वे बिजन भट्टाचार्य की अभिनय क्षमता और चरित्र के कलात्मक संप्रेषण से जितने अधिक प्रभावित थे, उतने ही इस तथ्य से कि रंगकर्म की सार्थकता का निकष उसकी सामाजिक प्रतिबद्धता ही है...' (*रंगहबीब*, पृ. 190)।

जाहिर है, शंभु मित्र ने सामाजिक प्रतिबद्धता को अपने नाटकों में जीवन-मूल्य की तरह स्वीकार किया था और शायद यह प्रेरणा किसी-न-किसी रूप में उन्हें 'इप्टा' से ज़रूर मिली होगी, साथ ही इस दौरान उन्हें नाटक व रंगमंच से जुड़ी बुनियादी समस्याओं और उसके भविष्य को जानने-समझने तथा अपनी नाट्य-दृष्टि विकसित करने में अवश्य ही मदद मिली होगी।

हालाँकि थोड़े समय बाद ही शंभु मित्र 'इप्टा' से अलग हो गए और अपनी नाट्य-मंडली 'बहुरूपी' का गठन किया। गो, शंभु मित्र के 'इप्टा' से अलग होने के कई निजी व राजनीतिक कारण हो सकते हैं, यह अलग बहस का मुद्दा है। लेकिन 'बहुरूपी' समेत ग्रुप थिएटर आंदोलन का उत्स कहीं न कहीं 'इप्टा' द्वारा शुरू किए गए जन-नाट्य आंदोलन में तलाशा जा सकता है। जैसा कि बांग्ला नाटक व रंगमंच को क़रीब से देखने-समझनेवाले किरणमय राहा ने इस तथ्य को इन शब्दों में व्यक्त किया है : '...अधिक महत्त्वपूर्ण तो यह है कि उन्होंने (शंभु मित्र)

प्रत्यक्षतः यह जाना कि बांग्ला रंगमंच में क्या दोष था। 'इप्टा' में व्यतीत किए गए वर्षों में उन्हें नाट्य आंदोलन की संभावनाओं और सीमाओं को समझने का ऐसा ही अवसर मिला... (*बांग्ला रंगमंच*, पृ. 132)।

ज़ाहिर है, 'इप्टा' के साथ जुड़कर शंभु मित्र ने जो अनुभव हासिल किया, 'बहुरूपी' के माध्यम से उस अनुभव का सृजनात्मक इस्तेमाल कर बांग्ला रंगमंच के क्षेत्र में एक नया इतिहास ही रच दिया। 'इप्टा' की स्थापना एक मिशन के तहत हुई थी, स्वाभाविक है, इस बैनर के तहत की जानेवाली नाट्य-प्रस्तुतियों की शैली, नाट्य-युक्तियों के साथ-साथ अंतर्वस्तु का ख़ास महत्त्व था। यथासंभव समसामयिक विषयों को नाट्य-मंचन के लिए ज़्यादा प्राथमिकता दी जाती थी। शंभु मित्र ने एक सजग निर्देशक व रंगकर्मी के रूप में स्वयं को शुरू में पाश्चात्य क्लासिक नाटकों व बाद में रवींद्रनाथ ठाकुर पर केंद्रित किया। समकालीन बांग्ला रंगमंच में यह एक नया व चुनौतीपूर्ण प्रयोग था। इस संदर्भ में यह याद रखना होगा कि समसामयिक राजनीतिक नाटक नहीं होने के बावजूद शंभु मित्र की पहचान जिन विशिष्ट नाटकों के कारण बनी–चाहे वे, *चार अध्याय* (रवींद्रनाथ ठाकुर के उपन्यास का नाट्य रूपांतर), *रक्तकरबी, अपराजिता, राजा* (रवींद्रनाथ ठाकुर), *पुतुल खेला, दशचक्र* (हेनरिक इब्सन कृत *ए डॉल्स हाउस* और *एन एनिमी ऑव द पीपुल*), *राजा ईडिपस* हो या कोई अन्य नाटक। क्लासिक का दर्जा प्राप्त इन नाटकों की मूल संवेदना को शंभु मित्र ने रंगमंच पर इस तरह प्रस्तुत किया कि वे समकालीन होने का अहसास कराते हैं। ख़ासकर विदेशी नाटकों के चयन के मामले में भी शंभु मित्र बेहद सजग थे और जीवन-मूल्यों से जुड़े उन्हीं नाटकों का उन्होंने मंचन किया जो भारतीय दर्शकों के जीवन-मूल्य से मेल रखते थे। इसलिए 'इप्टा' से अलग होकर भी शंभु मित्र एक सच्चे अन्वेषी की तरह आजीवन उन्हीं सांस्कृतिक मूल्यों की तलाश करते रहे जिसकी शुरुआत 'इप्टा' ने अपनी जड़ों से जुड़ने की पहल के तहत की थी। हाँ, 'इप्टा' व शंभु मित्र के सोच में एक बुनियादी फ़र्क़ स्पष्ट रूप से देखा जा सकता है। 'इप्टा' नाटक के ज़रिये ज़्यादा से ज़्यादा लोगों से जुड़ना चाहता था और सामाजिक उथल-पुथल में दर्शकों की सक्रिय भूमिका का हिमायती था, इसके उलट शंभु मित्र गंभीर दर्शकों की तलाश के पक्षधर थे। स्वाभाविक है, ऐसे में विशाल दर्शक वर्ग की जगह गंभीर नाटकों और उनमें छिपी रंगमंचीय संभावनाओं की तलाश को शंभु मित्र ने ज़्यादा वरीयता दी।

बांग्ला ही नहीं, संपूर्ण भारतीय रंगमंच के इतिहास में एक महान निर्देशक व रंगकर्मी के रूप में शंभु मित्र का सबसे मौलिक अवदान यह है कि विश्वकवि के रूप में विख्यात रवींद्रनाथ ठाकुर की नाट्य-क्षमता और उनकी अद्भुत मौलिक नाट्य-दृष्टि का पहली बार उन्होंने उद्घाटन किया और रंगमंच पर उसे साकार कर दिखाया। शंभु मित्र के काफ़ी पूर्व रवींद्रनाथ ठाकुर के कई नाटकों के मंचन किए जा चुके थे, लेकिन बांग्ला रंगमंच पर उसका कोई ख़ास असर देखने को नहीं मिलता है। लेकिन, 1954 में पहली बार जब *रक्तकरबी* (लालकनेर) का 'बहुरूपी' की ओर से शंभु मित्र ने मंचन किया तो अपनी असाधारण निर्देशकीय परिकल्पना व बेहतरीन रंगकर्मी के रूप में न केवल बंगाल के नाट्य परिदृश्य, बंगाल के बाहर भी 'ट्रेंड सेटर' के रूप में अपनी पहचान क़ायम की। शंभु मित्र की नाट्य-दृष्टि पर विचार करते हुए बांग्ला साहित्य के गहरे जानकार डॉ. रामशंकर द्विवेदी की टिप्पणी काफ़ी प्रासंगिक है : '*चार अध्याय, रक्तकरबी, विसर्जन, राजा*–रवींद्रनाथ के

इन सब नाटकों के माध्यम से उन्होंने रवींद्र नाट्य चर्चा का प्रारंभ किया। उत्तेजना की अपेक्षा उद्बोधन की तरफ़ उनकी नज़र अधिक थी...शंभु मित्र ने अपने थिएटर में ध्रुपदी मिज़ाज के साथ काव्य-रचना करनी चाही है। व्यक्ति और समाज–इन दो की खींचतान के बीच व्यक्ति मनुष्य में ही सामाजिक मनुष्य को उन्होंने उठाकर रख दिया।' (*काल के दर्पण में बांग्ला मंच और नाटक*, पृ. 69)

यों, शंभु मित्र ने अनेक पाश्चात्य व भारतीय नाटकों को नई चुनौती के साथ रंगमंच पर साकार किया और अभिनय पद्धति के क्षेत्र में नए प्रतिमान स्थापित किए, लेकिन बाक़ी नाटकों की चर्चा यदि छोड़ भी दी जाए तो अकेले *रक्तकरबी* की नाट्य-प्रस्तुति के लिए उन्हें कभी नहीं भुलाया जा सकता। रवींद्रनाथ ठाकुर कृत *रक्तकरबी* दरअसल सांकेतिक रूप में उस अमानवीय सभ्यता का प्रतिकार करता है जो मशीनी सभ्यता के नाम पर मनुष्य की करुणा और संवेदना को कुचल रही है और एक नई अमानवीय सभ्यता की ज़मीन तैयार करने की कोशिश में है। रवींद्रनाथ ठाकुर ने समाज के सत्ताधारी वर्ग की इस क्रूर व अमानवीय मंशा को बहुत पहले भाँप लिया था। लेकिन, कई दशक बाद *रक्तकरबी* की मूल संवेदना को पहली बार शंभु मित्र ने पकड़ने की कोशिश की और इस नाट्य-प्रस्तुति के बहाने रवींद्रनाथ ठाकुर की विशिष्ट नाट्य-शैली यानी काव्यात्मकता को भारतीय रंगमंच के मॉडल के रूप में पेश करने की कोशिश की। शंभु मित्र ने अपनी रंगयात्रा के दौरान नाट्य-मंचन के क्रम में रंगकर्म की गहराई व अभिनय की बारीक़ी के साथ कभी समझौता नहीं किया। ज़ाहिर है, इस क्रम में उन्होंने दर्शक वर्ग के रूप में आमजन की हिस्सेदारी की तुलना में सुधी जन को ज़्यादा महत्त्व दिया–यह उनकी अपनी समझ थी, जो बहसतलब मुद्दा हो सकता है। लेकिन 'इप्टा' ने अपने स्थापना-काल में ही जनता द्वारा सिरजे गए श्रेष्ठ कला-रूपों को ही जनता के बीच ले जाने की ज़रूरत पर बल दिया था। इसलिए, जहाँ तक शंभु मित्र के नाट्यकर्म की बात है, कहीं न कहीं 'इप्टा' के काम का ही समकालीन विकास मानना उचित होगा। कारण कि 'इप्टा' ने जहाँ से और जिन परिस्थितियों में जन-नाट्य आंदोलन की शुरुआत की थी, बाद के दिनों में वैचारिक व अन्य दूसरी वजहों से जो लोग संगठन से अलग हो गए–उनके उद्देश्यपूर्ण रंगमंचीय अभियान को भी 'इप्टा' के विकास व फैलाव के परिप्रेक्ष्य में ही देखा जाना चाहिए, तभी हम इतिहास के साथ न्याय कर पाएँगे।

हबीब तनवीर की रंगयात्रा के संदर्भ में यह एक दिलचस्प और ऐतिहासिक तथ्य है कि अपने बंबई प्रवास के दौरान 'इप्टा' से जुड़ने के बाद उनकी नाट्य-यात्रा की शुरुआत एक नुक्कड़ नाटक *शांतिदूत कामगार* से हुई जिसका लेखन-निर्देशन उन्होंने ही किया था। इस नुक्कड़ नाटक में विख्यात अभिनेत्री ज़ोहरा सहगल ने भी महत्त्वपूर्ण भूमिका निभाई थी। ज़ाहिर है, अपने शुरुआती दौर से ही हबीब तनवीर के लिए नाटक, कला या बौद्धिक विलास की वस्तु न होकर, सामाजिक उद्वेलन के दौरान एक ज़रूरी और हस्तक्षेपकारी कला माध्यम के रूप में था। इसके पश्चात् 1948 में प्रेमचंद की प्रसिद्ध कहानी 'शतरंज के खिलाड़ी' का *शतरंज के मोहरे* नाम से हबीब तनवीर ने नाट्य-रूपांतरण किया था। 'इप्टा' की इस नाट्य-प्रस्तुति से अपने समय की महान अभिनेत्री दीना पाठक भी जुड़ी हुई थीं। कह सकते हैं कि यहीं से बतौर निर्देशक हबीब तनवीर ने बाक़ायदा अपने मंचीय नाट्य-जीवन की शुरुआत की। 'इप्टा' से जुड़ने और उसके क्रियाकलापों में सक्रिय हिस्सेदारी का हबीब तनवीर की

रंगयात्रा और सोच पर गहरा असर पड़ा, बल्कि यहीं से नाटक की ताक़त और जनपक्षीय रंगमंच की बुनियादी समझ उनमें विकसित हुई जो आगे चलकर उनकी कभी न ख़त्म होनेवाली नाट्य-यात्रा में किसी-न-किसी रूप में संबल भी बनी।

'इप्टा' के साथ बिताए क्षण व अनुभव को हबीब तनवीर ने ईमानदारी से इन शब्दों में स्वीकार किया है : 'बंबई के 'इप्टा' की उन दिनों की कुछ बातें, जिनसे मेरा ज़ाती ताल्लुक़ था, जिन चीज़ों का मुझ पर ग़ालिबन असर पड़ा, उनके बारे में बताऊँ पहले। ऑपेरा हाउस के सामने एक हॉल है—शायद दामोदर हॉल, वहाँ अलग-अलग खोलियों में हम बैठते थे। अलग-अलग खोलियों में अलग-अलग विंग—मराठी विंग, हिंदी विंग, तेलगू विंग। एक गुजराती विंग भी था। मराठी विंग में अमर शेख़ थे। सीधे गाँव से आकर इस आंदोलन से जुड़े अन्ना भाऊ साठे मज़दूर तबक़े के आदमी थे। बड़ी उम्दा कहानियाँ लिखते थे। गावणकर भी थे, वह भी गाँव से जुड़े हुए। फ़िल्मों के जाने-माने गीतकार शैलेंद्र उन दिनों हिंदी विंग में थे। गाते भी थे...अब आप सोचिए, कैसे-कैसे लोग थे साथ। पढ़े-लिखे नहीं थे पर गाँव से जुड़े थे। उम्दा कहानियाँ लिख सकते थे। कल्पना किसी की बपौती नहीं होती। साठे के पास टूटी-फूटी भाषा होती थी। बंबई में जो बोली जाती थी, उसी ज़ुबान में लिखता था। पर बड़ी उम्दा चीज़ लिखता था। एक नयापन, एक तीखापन होता था उसमें। उस सबका यक़ीनन मुझ पर असर पड़ता था। जनरल बॉडी की मीटिंग में हम सब लोग एक साथ बैठते थे, एक साथ मिलकर सोचते थे (*रंगहबीब*, पृ. 35)।' इस स्वीकारोक्ति से इस बात का कुछ हद तक खुलासा हो जाता है कि हबीब तनवीर का रंग-व्यक्तित्व गढ़ने में 'इप्टा' का महत्त्वपूर्ण योगदान रहा है और शायद बंबई प्रवास के दौरान ही उनकी यह समझ बनी (जो आगे चलकर विकसित हुई) कि साधारण को भी असाधारण बनाकर पेश किया जा सकता है। और अपने नाट्य कैरियर में उन्होंने बार-बार इसे साबित कर दिखाया।

कुछ वर्षों तक बंबई में नाटक, सिनेमा, पत्रकारिता और कविता करने के बाद, हर कला में उस्ताद बनने के बजाय हबीब तनवीर ने नाटक को कैरियर के रूप में अपनाया और दिल्ली को अपना कार्यक्षेत्र बनाया। हबीब तनवीर का दिल्ली प्रवास एक तरह से उनके नाट्य-जीवन का टर्निंग प्वाइंट साबित हुआ।

1954 में दिल्ली में जब पहली बार हबीब तनवीर के निर्देशन में *आगरा बाज़ार* का मंचन हुआ तो इसने भारतीय रंगमंच के इतिहास में जैसे एक नए युग का सूत्रपात ही कर दिया। अपने समय के प्रगतिशील व प्रतिभाशाली, लेकिन उपेक्षित शायर नज़ीर अकबराबादी की जीवनी व कृति को लेकर तैयार किया गया *आगरा बाज़ार* की नाट्य-प्रस्तुति आज़ादी के बाद पहली बार नाटक के क्षेत्र में एक बेमिसाल प्रस्तुति बन गई। परंपरा से एकदम अलग हटकर स्थानीय लोगों, ग्रामीणों और जामिया मिल्लिया इस्लामिया के छात्रों को लेकर यह नाटक तैयार किया गया। इस नाटक का मंचन बंद प्रेक्षागृह के बजाय खुली जगह में किया गया। नाटक बेहद सफल रहा। लेकिन *आगरा बाज़ार* में हबीब तनवीर ने जिस तरह पूरे नाटक का ताना-बाना बुना, वह एकदम नया और अद्भुत था। बग़ैर किसी कथानक के एक ककड़ी बेचनेवाले के इर्द-गिर्द पूरे नाटक का ढाँचा तैयार किया गया था। नाट्य-प्रदर्शन में ऐसी उन्मुक्तता थी कि पूरा नाट्य-परिवेश दर्शकों को एकदम परिचित जैसा महसूस हुआ, कहीं से कुछ आरोपित या ज़बर्दस्ती ठूँसा हुआ नहीं। नाटक में शुरू से अंत तक

नज़ीर अकबराबादी की नज़्मों का ख़ूबसूरत ढंग से इस्तेमाल किया गया था। नाटक के बहाने पहली बार दर्शक एक महत्त्वपूर्ण, लेकिन उपेक्षित शायर की लेखनी के मर्म और उसकी तासीर से रूबरू हुए। दरअसल इस नाटक के माध्यम से हबीब तनवीर सच्चे धर्मनिरपेक्ष मूल्यों को जीनेवाले शायर के बहाने नाटक में धर्मनिरपेक्ष मूल्यों की तलाश भी करना चाहते थे। सुगठित कथानक के बग़ैर भी नाटक खेला जा सकता है और नया प्रतिमान क़ायम किया जा सकता है, इस असंभव को हबीब तनवीर ने पहली बार संभव कर दिखाया। *आगरा बाज़ार* की अभूतपूर्व सफलता ने हिंदी ही नहीं, पूरे भारतीय रंगमंच के परिदृश्य में नए सिरे से बहस की शुरुआत करवा दी। इस नाट्य-प्रस्तुति के महत्त्व को नाट्य-मर्मज्ञ भारतरत्न भार्गव ने इन शब्दों में व्यक्त किया है : '...अभिनय की सहजता और अकृत्रिमता, गीतों और नृत्यों की भंगिमाओं के द्वारा *आगरा बाज़ार* जिस अनुभव को संप्रेषित करता था, उसे व्याख्यायित करना बहुत कठिन है...' (*रंगहबीब*, पृ. 96)। कहने का तात्पर्य यह है कि इस नाट्य-प्रस्तुति के ज़रिये प्रचलित नाट्य-युक्तियों, मुहावरों, रंगभाषा–सब कुछ को नकारते हुए हबीब तनवीर ने प्रचलित यथार्थवादी रंगमंच के ढाँचे को चुनौती देते हुए अपने रंगमंच के लिए ऐसा लचीला ढाँचा तैयार किया जो उनकी पहचान बना और आगे चलकर नया थिएटर के सही अर्थों में नया होने की सार्थकता सिद्ध की।

हबीब तनवीर एक बेचैन आत्मा थे। कुछ नया और सार्थक करने की ज़िद की वजह से नाटक व रंगमंच के क्षेत्र में उन्होंने बहुत-कुछ नया रचा और उसे भारतीयता की नई पहचान दिलाई। इस संदर्भ में, *मिट्टी की गाड़ी* की चर्चा प्रासंगिक है। हबीब तनवीर ने हिंदुस्तानी थिएटर के बैनर के तहत पहली बार जब शूद्रक कृत *मृच्छकटिकम्* का रूपांतर *मिट्टी की गाड़ी* का लोक-नाट्य शैली में मंचन किया तो वह नाट्य-प्रस्तुति दर्शकों पर कोई छाप छोड़ने में असफल रही। लेकिन, बाद के वर्षों में उसी नाटक को जब उन्होंने नया थिएटर के बैनर में छत्तीसगढ़ी बोली में स्थानीय लोक-नाट्य कलाकारों के साथ किया तो वह प्रस्तुति एक अविस्मरणीय नाट्य-प्रस्तुति बन गई। कहने का तात्पर्य यह कि हबीब तनवीर अपने को कभी दोहराते नहीं थे। हर प्रस्तुति में ज़रूरत के मुताबिक़ वे कुछ-न-कुछ फेरबदल करते थे–कुछ चीज़ों को त्यागते थे, कुछ नई युक्तियों को अपनाते थे–उनका यह अन्वेषण आजीवन जारी रहा।

हबीब तनवीर भारतीय नाट्य-परंपरा, विशेषकर लोक-नाट्य-परंपरा से गहरे अर्थ में जुड़े हुए थे। वे परंपरा से जीवन-रस ग्रहण करते हैं, लेकिन अपने रंगचिंतन में पारंपरिक नहीं, एकदम आधुनिक हैं। परंपरा उनके लिए बंधन नहीं, रंगकर्म को नया आयाम देने का माध्यम है। कभी भी परंपरा को उन्होंने जड़रूप में ग्रहण नहीं किया, बल्कि उसके प्रवहमान रूप को ही पकड़ने की कोशिश की। भारतीय रंगमंच के क्षेत्र में शायद वे अकेले ऐसे व्यक्ति थे जो एक साथ नाटककार, निर्देशक, संगीतकार व अभिनेता के रूप में समान रूप से सक्रिय रहे। छत्तीसगढ़ के 'नाचा' व 'पंडवानी' की लोक-नाट्य-परंपरा से ऊर्जा ग्रहण कर लगभग पाँच दशक तक वे रंगकर्म के क्षेत्र में सक्रिय रहे। इतने लंबे समय तक रंगमंच पर सक्रिय रहने और स्वयं को बार-बार दोहराने से बचाए रखना, यह एक असाधारण गुण है। कह सकते हैं कि हबीब तनवीर ने रंगमंच को साध लिया था, परंपरा के सृजनात्मक व प्रगतिशील मूल्यों को आत्मसात् कर लिया था, इसलिए उनकी हर नाट्य-प्रस्तुति लीक से हटकर, नई लीक बनाती

नज़र आती है। हबीब तनवीर का पूरा जीवन रंगमंच के लिए समर्पित था और एक सच्चे अन्वेषी की तरह वे भारतीय परिवेश में रंगमंच के उस मॉडल की तलाश करते रहे जो ज़्यादा से ज़्यादा दर्शकों को ग्राह्य हो सके और वे नाटक के साथ तादात्म्य स्थापित कर सकें। यही कारण है कि हिंदी ही नहीं, समूचे भारतीय रंगमंच को उनका किसी-न-किसी रूप में ऋणी होना चाहिए कि विश्व रंगमंच पर भारतीय रंगमंच की पहचान क़ायम करने में उनका सर्वाधिक योगदान रहा है।

इस संदर्भ में हबीब तनवीर के सर्वाधिक चर्चित नाटक *चरणदास चोर* की चर्चा प्रासंगिक है। राजस्थानी लोककथा पर आधारित नाटक किस तरह समकालीन जनजीवन का दस्तावेज़ बन जाता है–*चरणदास चोर* इसकी बेहतरीन मिसाल है। पूरे नाटक का क्रिया-व्यापार एक शातिर चोर के इर्द-गिर्द घूमता है और मंच पर लगातार कई घटनाएँ घटित होती हैं। लेकिन पूरे नाटक में शुरू से अंत तक एक सजग निर्देशक की तरह हबीब तनवीर दर्शकों को यह संप्रेषित करने में सफल होते हैं कि मूल्यहीन होती हमारी सामाजिक-राजनीतिक व्यवस्था के बीच एक चोर किस तरह अपने गुरु को दिये गए वचन के प्रति सत्यनिष्ठ है और उसकी रक्षा के लिए वह अपने प्राणों की बाज़ी लगा देता है। यह हमारे देश के उन कर्णधारों पर एक गंभीर टिप्पणी है जो संसद, विधानसभाओं में सत्यनिष्ठा की बार-बार क़समें खाते हैं, लेकिन सामाजिक जीवन में विपरीत आचरण करते हैं। ऐसे कठिन दौर में *चरणदास चोर* नाटक के ज़रिये हबीब तनवीर उन जीवन-मूल्यों की स्थापना की बात करते हैं जो मूल्य शाश्वत हैं और जिनके बग़ैर किसी भी लोकतांत्रिक समाज और राजनीतिक व्यवस्था का टिकाऊ होना असंभव है। नाटक के अंत में कोरस की यह पंक्ति दर्शकों को झकझोर देती है–'एक चोर ने रंग जमाया जी, सच बोलके...'। पिछले लगभग चार दशक से देश-भर में इस नाटक के अनेक मंचन हुए हैं, लेकिन हर बार दर्शकों को इसकी नाट्य-प्रस्तुति में नया आस्वाद मिला और यह नाटक भी नई ज़मीन तलाशता नज़र आया। इस नाटक की अभूतपूर्व सफलता इस तथ्य को भी उद्घाटित करती है कि हबीब तनवीर परंपरा को बघार या छौंक की तरह इस्तेमाल नहीं करते हैं, बल्कि उसके प्रति एक गहरी समझ उत्पन्न करते हैं और उसे आत्मसात् करने की कोशिश करते हैं। यही कारण है कि लोक-नाट्य तत्त्वों को ग्रहण करने के बावजूद हबीब तनवीर अपनी ज़्यादातर नाट्य-प्रस्तुतियों में परंपरा के नाम पर दर्शकों को चौंकाते नहीं हैं और न ही अपनी एक अलग पहचान क़ायम करने की जल्दबाज़ी में भ्रम की स्थिति पैदा करते हैं। वे इस तथ्य के प्रति हमेशा चौकस रहे कि पारंपरिक नाट्य-रूपों या शैलियों का प्रयोग दोधारी तलवार पर चलने की तरह होता है। इसलिए, यह अतिरिक्त सतर्कता उनकी सभी नाट्य-प्रस्तुतियों में देखी जा सकती है।

हबीब तनवीर का नाट्य-कर्म *आगरा बाज़ार, मिट्टी की गाड़ी, चरणदास चोर, बहादुर कलारिन, लाला शोहरत राय, कामदेव का अपना बसंत ऋतु का सपना, पोंगा पंडित, सड़क, राजरक्त* समेत अन्य कई ख्यात-अख्यात नाटकों के मंचन तक फैला हुआ है। यह फ़ेहरिस्त बहुत लंबी है। अनेक प्रसिद्ध नाटकों का उन्होंने निर्देशन भी किया। शूद्रक से लेकर शेक्सपियर, ब्रेख़्त, लोर्का और लोककथा व लोक-नाट्य शैलियों तक हबीब तनवीर का नाट्य-संसार काफ़ी फैला हुआ है। उनकी अनवरत व अनथक रंगयात्रा का विस्तृत दायरा उनके रंगकर्म को नया आयाम प्रदान करता है।

इसे नाटक के प्रति हबीब तनवीर का जुनून ही कहा जाएगा कि अपनी मृत्यु के कुछ वर्ष पूर्व रवींद्रनाथ ठाकुर की दो कालजयी रचनाएँ *विसर्जन* और *राजर्षि* को मिलाकर उन्होंने *राजरक्त* नाम से एक नया नाटक तैयार किया और 2006 में कोलकाता में पहली बार यह नाटक मंचित हुआ और दर्शकों ने इसे काफ़ी सराहा। पुनः 2008 में भारतेंदु नाट्य अकादमी द्वारा आयोजित राष्ट्रीय नाट्य समारोह के दौरान लखनऊ में *राजरक्त* का सफल मंचन किया गया। इस नाटक में हबीब तनवीर ने धार्मिकता और धार्मिक सत्ता के अंतर्विरोध व टकराव को बड़ी सूझ-बूझ के साथ उकेरने की कोशिश की है। देखते-देखते पूरा नाटक धार्मिक उन्माद, अंधविश्वास और धार्मिक सत्ता की अहम्मन्यता की मुख़ालफ़त का जीवंत दस्तावेज़ बन जाता है। लगभग 115 वर्ष पहले लिखी गई कृति को अपनी निर्देशकीय सूझ-बूझ और कल्पनाशीलता से हबीब तनवीर इस नाट्य-प्रस्तुति को एकदम प्रासंगिक बना देते हैं और यही इस नाटक की सफलता का निकष भी है। साथ ही *राजरक्त* के बहाने रवींद्रनाथ ठाकुर को नए सिरे से समझने और उनकी दो प्रसिद्ध रचनाओं की पुनर्व्याख्या करने की हबीब तनवीर ने अपने ढंग से कोशिश भी की है।

नुक्कड़ नाटक से लेकर यथार्थधर्मी, लोक-नाट्यधर्मी नाटकों तक की हबीब तनवीर की रंगयात्रा कभी भी एकरेखीय नहीं रही है। इस पूरे सांस्कृतिक अभियान में अपनी लगभग हर नाट्य-प्रस्तुति में नाटक के ढाँचे को तोड़कर अपने हिसाब से वे नाटक का नया ढाँचा तैयार करते हैं और बने-बनाए मुहावरे की जगह नया रंग-मुहावरा गढ़ते हैं। यही उनके नाटकों की सबसे बड़ी ताक़त है। लेकिन, हबीब तनवीर के लिए यह महज़ प्रयोग के लिए प्रयोग तक सीमित न होकर, प्रयोग का एक बृहत्तर सामाजिक प्रयोजन होता है और इसमें सर्वोपरि है—संप्रेषणीयता। नाटक को संप्रेषणीय बनाने के लिए नाटकों के संगीत पक्ष पर उनका बहुत ज़ोर होता था। भारतीय दर्शकों की नब्ज़ की उन्हें गहरी पकड़ थी, जो वर्णनात्मकता और गीत-संगीत से गहरे रूप से जुड़े रहे हैं और इसी क्रम में नाटक के माध्यम से वे अपनी बात भी दर्शकों तक चुपचाप पहुँचा देते हैं। इसलिए एक ओर जहाँ बड़े-बड़े नाटककार, निर्देशक बार-बार दर्शकों के टोटे का रोना रोते रहे हैं, हबीब तनवीर के लिए कभी भी दर्शकों की कमी कोई समस्या नहीं रही और नाटक व रंगमंच को ही उन्होंने अपनी जीविका का साधन भी बनाया।

उत्सवधर्मिता भारतीय परंपरा का एक महत्त्वपूर्ण पक्ष रहा है। हबीब तनवीर ने 'उत्सवधर्मिता' को जीवन-मूल्य के रूप में अपने ज़्यादातर नाटकों में बड़ी ख़ूबसूरती से पिरोया है और नाटक को उत्सव के रूप में पेश करने की कोशिश की है—*आगरा बाज़ार, चरणदास चोर* से लेकर *शाजापुर की शांतिबाई* (ब्रेख़्त कृत *गुड वूमन ऑव सेजुआन* का छत्तीसगढ़ी रूपांतर) समेत अनेक नाटकों में यह पक्ष उभरकर सामने आता है। हालाँकि कई बार इस प्रयोग के कारण उन्हें गंभीर आलोचनाओं का शिकार भी होना पड़ा। लेकिन, हबीब तनवीर ने आलोचनाओं से बराबर ताक़त ग्रहण की और अपनी नाट्य-समझ और ज़रूरत के हिसाब से बाद की कई नाट्य-प्रस्तुतियों में अनेक बार कई महत्त्वपूर्ण बदलाव किए और इस क्रम में उनकी कई पूर्व नाट्य-प्रस्तुतियाँ, एक नई प्रस्तुति बन जाती हैं। हबीब तनवीर का पूरा रंगकर्म दरअसल जीवन-मूल्यों से ओतप्रोत एक धर्मनिरपेक्ष रंगमंच की अनवरत खोज है, जहाँ मंचित नाटक यथार्थ का भ्रम न होकर, सामाजिक सचाई के उद्‌घाटन का माध्यम बन

जाता है और हर बार वह एक नए यथार्थ की सृष्टि करता है। सही अर्थों में भारतीयता के रंग में सराबोर उनके नाटकों का प्राणतत्त्व है—भारत की सामासिक संस्कृति।

किस तरह थिएटर किसी शख़्सियत की ज़िंदगी का हिस्सा बन जाता है, उसकी साँसों में रच-बस जाता है, जिसे वह बिछाता है, ओढ़ता है—हबीब तनवीर इसके अप्रतिम उदाहरण हैं। और इसे एक संयोग ही कहा जाएगा कि उनकी जीवनी व कृतित्व पर आधारित डॉक्यूमेंटरी का नाम है—'गाँव का नाम थिएटर, मोर नाम हबीब'। लगभग पाँच दशक तक की लंबी रंगयात्रा में उन्होंने कई उतार-चढ़ाव देखे, एक से बढ़कर एक सम्मान मिला, अपमान भी झेले, कई मौक़ों पर परिस्थितियों से समझौता भी किया, लेकिन रंगकर्म के प्रति उनका जो समर्पण था, रंगकर्म से जो काम उन्होंने लिया, रंगकर्म को फूहड़ घेरेबंदी से निकालकर उन्मुक्त बनाया, रंगकर्म की जो नई भाषा गढ़ी, उसे नया मुहावरा दिया, रंगकर्म को जिस नई ऊँचाई पर पहुँचाया—उनके इस अवदान को कभी नहीं भुलाया जा सकेगा। कहा जा सकता है कि पाँचवें दशक के शुरू में 'इप्टा' ने 'स्पिरिट ऑव इंडिया' और 'इम्मोर्टल इंडिया' के माध्यम से जिस भारतीयता की खोज और अपनी जड़ों से जुड़ने का सांस्कृतिक अभियान शुरू किया था—हबीब तनवीर का रंगकर्म उसी की अगली कड़ी या उस अभियान का ही किसी-न-किसी रूप में विस्तार है।

दुनिया के ज़्यादातर सांस्कृतिक आंदोलनों का इतिहास यही बताता है कि उन्हें उतार-चढ़ाव के दौर से गुज़रना पड़ा है, देश की बदलती परिस्थितियों का वहाँ के सांस्कृतिक आंदोलन पर भी सीधा असर पड़ता है। 'इप्टा' का जन-नाट्य आंदोलन भी इसका अपवाद नहीं है। 'इप्टा' को भी ठहराव के उस दौर से गुज़रना पड़ा (इसके छोटे-बड़े कई कारण हैं और वह अलग विस्तृत चर्चा का विषय है)। भले ही आज 'इप्टा' का जन-नाट्य आंदोलन इतिहास की चीज़ बन गया हो, लेकिन भारत के सांस्कृतिक आंदोलन में उसका योगदान अतुलनीय है और उस महान परंपरा का विकास कई रूपों में हमारे सामने है और देश की अनेक जन-नाट्य मंडलियों के लिए आज भी वह प्रेरणास्रोत की तरह है। जीवंत व प्रगतिशील परंपरा हमेशा वर्तमान में जीवित होती है। देश की अनेक नाट्य-मंडलियाँ 'इप्टा' की उसी विरासत को आगे बढ़ा रही हैं।

छठे दशक के बाद सांस्कृतिक मोर्चे पर थोड़ी सन्नाटे की स्थिति रही, लेकिन आगे चलकर ग्रुप थिएटर आंदोलन ने इस शून्यता को काफ़ी हद तक भरने की कोशिश की। 'इप्टा' के आंदोलन की आँच मद्धिम पड़ने के बावजूद पूरे देश के स्तर पर नाटक के क्षेत्र में काम कभी बंद नहीं हुआ। बिखराव के बावजूद पूरे राष्ट्रीय सांस्कृतिक परिदृश्य में ठहराव की स्थिति कभी नहीं रही। हाँ, राजनीतिक उथल-पुथल का प्रभाव सांस्कृतिक मोर्चे पर अवश्य पड़ा, क्योंकि 'इप्टा' के सांस्कृतिक आंदोलन को आगे बढ़ाने में विचारधारात्मक संघर्ष की महत्त्वपूर्ण भूमिका रही है।

इस संदर्भ में आठवें दशक का उल्लेख करना मौज़ूँ होगा। इस दौर में जन-नाट्य के क्षेत्र में ख़ूब काम हुआ है। यहाँ विस्तार से उसकी चर्चा संभव नहीं है, लेकिन इस दौर में जो महत्त्वपूर्ण काम हुए हैं और जिन-नाट्य-मंडलियों ने ट्रेंड सेटर की भूमिका निभाई है, उनकी चर्चा ज़रूरी है।

इस दौर में जन-नाट्य आंदोलन को गति देने में पंजाब में गुरुशरण सिंह की भूमिका को कभी नहीं भुलाया जा सकता। उन्होंने अपनी नाट्य-मंडली के साथ पूरे पंजाब में घूम-घूमकर दर्जनों नाटकों के सैकड़ों मंचन किए और अभिजात रंगमंच की फूहड़ घेरेबंदी को तोड़कर

जनता से जुड़ी विभिन्न ज्वलंत समस्याओं को अपने नाटकों का विषय बनाया और एकदम नए रूप में उसे दर्शकों के समक्ष रखा। गुरुशरण सिंह ने अपने नाटकों में ब्रेख़्त की नाट्य-युक्तियों का सृजनात्मक प्रयोग किया। सड़क, नुक्कड़, खुली जगहों पर, बिना किसी तामझाम वाले मंच पर यानी सुविधानुसार नाट्य-प्रदर्शन किए। अभिनेता, निर्देशक के साथ-साथ गुरुशरण सिंह नाटककार के रूप में भी सफल रहे और काफ़ी लोकप्रियता हासिल की। *जंगीराम की हवेली, तमाशा, इंक़लाब ज़िंदाबाद, कर्फ़्यू, बाबा बोलता है, इक्कीसवीं सदी* समेत अनेक नाटक इस दौर के जन-नाट्य आंदोलन की उपलब्धि कहे जा सकते हैं। इन नाटकों का हिंदी समेत कई दूसरी भाषाओं में अनुवाद किया गया और पंजाब के अलावा देश के कई हिस्सों में बार-बार इन नाटकों का मंचन किया गया। पंजाब में जन-नाट्य आंदोलन के क्षेत्र में इन नाटकों के मंचन ने एक नया उदाहरण पेश किया। बिना किसी सरकारी मदद के जनता के सहयोग से पूरे पंजाब में पाँच-छह मुक्ताकाश मंच का निर्माण—इस पूरे आंदोलन की एक बड़ी उपलब्धि मानी जा सकती है।

इसी दशक में दिल्ली के 'जन-नाट्य मंच' का उदाहरण भी हमारे सामने है। पूरे हिंदी प्रदेश की जन-नाट्य की परंपरा में नुक्कड़ नाटक को लोकप्रिय बनाने में और उसके प्रचार-प्रसार में 'जनम' की भूमिका असंदिग्ध है, ख़ासकर उस दौर में जब नुक्कड़ पर खेलनेवाले नाट्यालेखों की बेहद कमी थी, 'जनम' ने इस कमी को काफ़ी हद तक पूरा किया। अनेक समसामयिक विषयों पर 'जनम' ने एक दर्जन से ज़्यादा बेहतरीन नुक्कड़ नाटक लिखे। विशेषकर भारतीय परिवेश में स्त्री की त्रासदी और उसके शोषण को केंद्र में रखकर लिखा गया नाटक *औरत* इस दौर के नाट्य-लेखन की बड़ी उपलब्धि मानी जा सकती है। अंतर्वस्तु और रूप—दोनों ही स्तर पर इस नाटक में नयापन है। औरत की व्यथा-कथा देखते-देखते एक महागाथा का रूप ले लेती है। औरत की ज़िंदगी से जुड़े कई प्रसंगों को कोलाज के रूप में बड़ी ख़ूबसूरती के साथ इस नाटक में पेश किया गया है। इसी तरह वर्तमान शिक्षा-प्रणाली को केंद्र में रखकर *राजा का बाजा* का तानाबाना बुना गया है। इस नाटक में व्यंग्य का सृजनात्मक इस्तेमाल किया गया है। नाटक का व्यंग्य इतना महीन, लेकिन मारक है कि वह एकदम सही निशाने पर चोट करता है। इस नाटक के पूरे संवाद बेहद चुस्त और असरदार हैं। नाटक दर्शकों पर गहरा असर छोड़ता है। नाटक उन्हें हँसाता भी है और कुछ सोचने के लिए बाध्य भी करता है। इन दोनों नाटकों के पूरे देश में कितने मंचन हुए होंगे, यह गिनाना मुश्किल है। इसी तरह *गाँव से शहर तक, मशीन, हत्यारे, समरथ को नहिं दोष गुसाईं, अपहरण भाईचारे का* आदि नाटकों ने इस दौर में महत्त्वपूर्ण भूमिका निभाई है और अपसंस्कृति के दौर में प्रभावी सांस्कृतिक हस्तक्षेप किया है। नाट्य-मंचन के साथ-साथ मौलिक नाट्य-लेखन 'जनम' की एक बड़ी उपलब्धि है। इसी दौर में 'जन-नाट्य मंच' के नायक सफ़दर हाशमी पर नाट्य-प्रस्तुति के दौरान गुंडों द्वारा जानलेवा हमला और बाद में उनकी मौत—इस दौर की एक दर्दनाक व शर्मनाक घटना है। लेकिन सफ़दर हाशमी की शहादत के बाद पूरे देश में जिस तरह से इस जघन्य घटना का प्रतिकार हुआ, उसे जन-नाट्य आंदोलन के इतिहास में कभी भुलाया नहीं जा सकेगा।

कमोबेश इसी दौर में कई राज्यों में 'इप्टा' की स्थानीय इकाइयों के पुनर्गठन की प्रक्रिया भी तेज़ हुई। इस कोशिश में सबसे उल्लेखनीय भूमिका बिहार 'इप्टा' की रही। इस नए

अभियान में बड़ी संख्या में नए रंगकर्मियों को संगठन से जोड़ा गया और देखते-देखते बिहार के कई इलाक़ों में इसकी कई इकाइयाँ बनीं। इन वर्षों के दौरान विशेषकर पटना 'इप्टा' ने सांप्रदायिकता, धर्मांधता तथा अन्य ज्वलंत मुद्दों पर केंद्रित कई महत्त्वपूर्ण मंचन किए और नाटक की समानांतर व प्रगतिशील धारा के रूप में अपनी पहचान बनाई। इस अवधि में पटना 'इप्टा' द्वारा मंचित दो नाटक *दूर देश की कथा* (जावेद अख़्तर ख़ाँ) और *मुक्तिपर्व* (अविनाश चंद्र मिश्र) विशेष उल्लेखनीय हैं। उत्कृष्ट मंचन के साथ ही मौलिक नाट्य-लेखन की दिशा में यह इस दौर की एक महत्त्वपूर्ण उपलब्धि मानी जाएगी।

लगभग इसी समय केरल में 'केरल शास्त्र साहित्य परिषद' की स्थापना भी इस दौर की एक बड़ी उपलब्धि है। एक छोटी-सी नाट्य मंडली से शुरुआत कर पूरे केरल में इसकी सैकड़ों शाखाएँ बन गईं। पर्यावरण की रक्षा को लेकर एक छोटा-सा अभियान देखते-देखते किस तरह एक बड़े जनसांस्कृतिक अभियान में तब्दील हो जाता है, 'केरल शास्त्र साहित्य परिषद' इसका उदाहरण है। विभिन्न समसामयिक विषयों पर परिषद ने अनेक नाटक लिखे हैं और उनका मंचन किया। इस नाट्य-मंडली ने लोक-नाट्य शैलियों की शारीरिक भाव-भंगिमा का अपने कई नाटकों में सृजनात्मक प्रयोग किया। यहाँ तक कि महाभारत के कई प्रसंगों का कई नाटकों में इस तरह इस्तेमाल किया गया कि वे पूरी तरह समकालीन लगते हैं। स्वाभाविक है कि नई नाट्य-युक्तियों की मदद से ही ऐसा संभव हो पाया है। विकास की विनाशकारी नीति, शिक्षा, बेरोज़गारी, अंधविश्वास, सामाजिक कुरीति आदि अनेक ज्वलंत समस्याओं को केंद्र में रखकर साहित्य परिषद ने कई नाटक लिखे और देश की दूसरी भाषाओं में उनका अनुवाद हुआ। परिषद की एक बड़ी उपलब्धि यह भी है कि कला जत्था के रूप में भारत के कई बीहड़ इलाकों में घूम-घूमकर उन्होंने अपने नाटकों का मंचन किया और लोगों ने इसे पसंद भी किया। भाषायी दूरी के बावजूद नाटक की संप्रेषणनीयता की सहजता के कारण लोगों द्वारा इन नाटकों के मंचन को ख़ूब सराहा भी गया।

इसी तरह पूरे देश के स्तर पर 'समुदाय', 'विरसम', 'निशांत नाट्य मंच', 'विवेचना', 'प्रेरणा', 'युवानीति', 'हिरावल', 'दिशा', 'जन संस्कृति मंच' समेत अनेक नाट्य-मंडलियों ने अपने काम के माध्यम से समाज के व्यापकतम हिस्से का ध्यान अपनी ओर खींचा है और जन-नाट्य को व्यापकता प्रदान करने की दिशा में सक्रिय हैं।

इस बात को लगातार याद रखने की ज़रूरत है कि पूरे देश में जन-संस्कृति के बरक्स विसंस्कृतीकरण की प्रक्रिया एकाएक तेज़ हो गई है और इस लंपट संस्कृति को बाज़ार खाद-पानी मुहैया करा रहा है। श्रम और सौंदर्य का जो रिश्ता बड़ी मुश्किल से क़ायम हुआ था, उस परंपरा को जीवित रखना सबसे बड़ी चुनौती जन-नाट्य मंडलियों के सामने है। 'इप्टा' ने शुद्ध नाटक की खोज व नाटक को बुद्धि-विलास बनाने की अभिजात समझ के ख़िलाफ़ नाटक को आमजन से जोड़ने और नाटक का प्राण-तत्त्व जनजीवन के बीच से खोजने का गंभीर सामूहिक प्रयास किया था। नतीजतन देशभर के विभिन्न हिस्सों में फैली 'थिरूकित्तु', 'बुर्राकथा', 'तमाशा', 'जात्रा' आदि अनेक लोक-नाट्य शैलियाँ, जो मृतप्राय हो चली थीं या फिर जिनका फूहड़ता की हद तक व्यावसायिक इस्तेमाल किया जा रहा था, 'इप्टा' ने उनमें नई जान फूँकने की कोशिश की थी और उन्हें नाटक की मुख्यधारा से जोड़ने का ऐतिहासिक काम किया था। इस अभियान के कारण बड़ी संख्या में लोकनाटकों से जुड़े कलाकार व्यापक

जन-नाट्य आंदोलन का हिस्सा बन गए और उन्होंने अपनी प्रतिभा का सृजनात्मक इस्तेमाल कर नाटक को नई ऊँचाई प्रदान की। लेकिन आज स्थिति बदल चुकी है। लोकसंस्कृति को बाज़ारू संस्कृति में तब्दील किया जा रहा है। सारा ज़ोर मुनाफ़े पर है और बाज़ार इसे नियंत्रित कर रहा है। विशेष मौक़ों पर गाँव-जवार में किए जानेवाले लोक-उत्सव अब देशी-विदेशी पर्यटकों को रिझाने की वस्तु बन गए हैं, सारा ज़ोर कमाई पर है। कलाकार अब 'एंटरटेनर' की नई भूमिका में है और मीडिया उसे निर्लज्जता के साथ दर्शकों / श्रोताओं को परोस रहा है।

इसलिए ऐसे कठिन समय में बार-बार इतिहास से सीख लेने और 'इप्टा' की परंपरा को याद रखने की ज़रूरत है। भूख, भय, अत्याचार, आतंक के माहौल में संघर्षशील जनता और पीड़ित मानवता के पक्ष में आवाज़ उठाकर और शासक वर्ग को चुनौती देने में 'इप्टा' ने अगुआ दस्ता की भूमिका निभाई थी और क़ुर्बानियाँ भी दी थीं। देश-भर में अनेक नाट्य-मंडलियाँ आज भी 'इप्टा' की उस मशाल को थामे हुए हैं और जन-नाट्य गतिविधियों को गति देने में यथासंभव अपना योगदान कर रही हैं। उनके काम का ईमानदार मूल्यांकन कभी न कभी ज़रूर होगा, फ़िलहाल जो काम हो रहा है, उसे परंपरा के विकास के रूप में देखा जाना चाहिए।

इप्टा का स्थापना सम्मेलन

अध्यक्षीय भाषण : हीरेन मुखर्जी

यह बड़े खेद की बात है कि बंगाल के अभिनेता और लेखक श्री मनोरंजन भट्टाचार्य, जिन्हें आपने इस सम्मेलन की अध्यक्षता के लिए चुना था, नहीं आ सके हैं। मुझसे उनका स्थान लेने के लिए कहा गया है। मैं थिएटर और नाटक लेखन तथा रंगशिल्प की समस्याओं के बारे में उनकी तरह विस्तृत ज्ञान का दावा नहीं कर सकता। इस अवसर पर मैं केवल यह कह सकता हूँ कि आज कलाओं के इस काल में और हमारे लोगों के साथ सृजनात्मक संपर्क के द्वारा उन्हें फिर से जीवित करने की तत्काल आवश्यकता के बारे में हमारे एक समान विचार हैं। श्री भट्टाचार्य संपूर्ण रूप से देशभक्त हैं, हमारे राष्ट्रीय आंदोलन के पहले चरण में उन्होंने बहुत कष्ट उठाए हैं, लेकिन अपनी पीढ़ी के दूसरे लोगों के विपरीत उन्होंने विचार और कर्म की समकालीन प्रवृत्तियों के प्रति आँखें मूँदने से इनकार कर दिया है और उन्होंने बेबाक रूप से उन लोगों का पक्ष लिया है जो सामाजिक क्रांति में तेज़ी लाने के लिए काम कर रहे हैं, क्योंकि केवल इसी तरह की क्रांति से ही कलाओं को शून्यता से उबारा जा सकता है।

यहाँ हमारा प्राथमिक सरोकार नाटक से है और हमें यह स्वीकार करना चाहिए कि पिछली लगभग आधी सदी से अधिक समय से यह पतन के गर्त में चला गया है। शायद मैं अतिशयोक्तिपूर्ण बात कर रहा हूँ। शायद इसकी वजह यह है कि मैं थिएटर से बहुत उम्मीद करता हूँ, लेकिन उम्मीद पूरी नहीं हो पा रही है। थिएटर को वास्तविक जन-कला के विकास में सहायता करनी चाहिए। नाटक सामूहिक प्रस्तुतियाँ होते हैं; लेखक, अभिनेता, निर्माता, दर्शक—सब मिलकर नाटक का निर्माण करते हैं। यह तथ्य ही अपने-आपमें बहुत संभावनाएँ प्रकट करता है, लेकिन हमारा आधुनिक थिएटर जबर्दस्त मोहभंग की दशा में है। आप और मैं सब जानते हैं कि इसके रास्ते में बहुत-सी राजनीतिक, धार्मिक और आर्थिक बाधाएँ हैं। दूसरी कलाओं की तरह थिएटर को संकटग्रस्त पूँजीवाद की तकलीफ़ों को झेलना पड़ रहा है। पैसा बनाना ही रंगशिल्प का उद्देश्य बन गया है जबकि उसे दर्शकों की कलात्मक ज़रूरत को तृप्त करना चाहिए। नाटक लिखने से लेकर मंचन तक, उत्पादन की पूरी प्रक्रिया इस अहम उद्देश्य से प्रेरित है। इस सबके बावजूद जो भी प्रगति हुई है, वह आश्चर्य की ही बात है। लेकिन जब हम 'प्रगति' की बात करते हैं तो हमें यह ध्यान में रखना चाहिए कि यह संभावना से कितनी कम है। जब कभी भी मैं जन-कला, जन-सृजनशीलता के बारे में सोचता हूँ तो मुझे क्रांति, विश्व के सुनहरे भाविष्य का ध्यान हो जाता है। आज जो भी व्यक्ति

क्रांति में तेज़ी लाने, लोगों की भावनाएँ उद्घाटित करने के लिए काम करता है, वह कलाओं का मित्र है।

बांग्ला लेखन ने, जिसके विषय में मैं भारतीय भाषाओं में से सबसे अधिक जानता हूँ, बहुत सृजनशील ओजस्विता दिखाई है, विशेष रूप से हमारे देश पर अंग्रेजों के प्रभाव के बाद बंगाल में अपने आधुनिक रूप में थिएटर भारत पर ब्रिटिश शासन के दौर की उपज है। बांग्ला में पहला वास्तविक नाटक उसी सदी के आरंभ में लिखा गया था। लेकिन बहुत अच्छे नाटककार होने के बावजूद नाटक साहित्य बांग्ला लेखन की संभवतः सबसे कमज़ोर कड़ी है। नाटक में हमारी ज़बर्दस्त दिलचस्पी है। उदाहरण के लिए, कलकत्ता में पूरे वर्ष प्रस्तुतियाँ करने वाले पाँच थिएटर हैं और बहुत-सी शौक़िया नाटक मंडलियाँ हैं। लेकिन नाटक असंतोषजनक हैं। ब्रिटिश प्रभाव से आया छद्म परिष्कार सहायता के बजाय अड़चन पैदा करता है। दीन बंधु मित्रा और बीच-बीच में गिरीश चंद्र घोष महत्त्वपूर्ण नाटक दे सकते हैं, लेकिन कोई प्रगति नहीं हुई है। यदि लेखन लोगों द्वारा, या कम-से-कम ऐसे व्यक्तियों द्वारा नहीं किया जाता जिन्होंने लोगों से जुड़कर भावात्मक अनुभव प्राप्त किया है और जिन्होंने लोगों की सृजनात्मक संभावनाओं को देखा है तो वह ऐसे ही क्षीण होता रहेगा। मध्यवर्गीय लेखक केवल स्वयं द्वारा देखे गए जीवन से ही तत्त्व ग्रहण कर सकते हैं, एक ऐसा जीवन जो भावात्मक रूप से शून्य है, व्यर्थ की परंपरा की असंख्य बेड़ियों से जकड़ा है। मनोवेगों की कोई मिट्टी नहीं है। बीच-बीच में वे ख़राब इतिहास और अर्थहीन पौराणिकता में चले जाते हैं। इसीलिए कोई आश्चर्य की बात नहीं कि हमारी भाषा में सर्वोत्तम नाटक टैगोर के हैं जिनमें सौंदर्यपूर्ण भाषा, शैली और प्रतीकात्मक विषयवस्तु है।

मैं निराशावादी नहीं बनना चाहता लेकिन मैंने जो तस्वीर खींची है, वह मुख्य रूप से सही है और हमारी सभी भाषाओं पर कमोबेश लागू होती है। मैं जानता हूँ कि हाल का कुछ काम और कुछ पुराना काम प्रशंसनीय है। लेकिन मेरी पूरी आशा का स्रोत लोगों की अक्षय सृजनशील प्रेरणा है। अनुकरण पर मेरा बहुत भरोसा नहीं है—यूरोपियन थिएटर विनाश का कारण है, हालाँकि पूरी तरह से ऐसी बात नहीं है। नाटक के क्षेत्र में मैं पुराने कला-रूपों को बाहर करने के पक्ष में नहीं हूँ, जैसे कि जात्रा, कथाकला, कवि प्रतिस्पर्धाएँ, पांचाली, जरिगन आदि। उदाहरण के लिए, क्या हमने रामलीला के दौरान लोगों द्वारा भव्य अभिनय नहीं देखा है जिन्हें अपनी प्रतिभा के विषय में कभी नहीं बताया गया? क्या हमने कुछ दिन पहले इसी हॉल में विभिन्न प्रांतों से सांस्कृतिक समारोह में आए किसान और मज़दूर दलों के अत्यधिक उल्लेखनीय अभिनय को नहीं देखा है? उनमें कोई अधकचरी बनावट, झूठी सौंदर्य भंगिमाएँ, घटिया व्यावसायिक प्रदर्शन नहीं था। उन्होंने हमें दिखा दिया कि जनसमूह में से पुरुष और महिलाओं को यदि मौक़ा दिया जाए तो वे क्या कर सकते हैं। उनके गीत और नृत्य और हास्य-विनोद ने आँखों और कानों को धन्य कर दिया और हम जैसे लोगों के लिए आशा की किरण जगा दी जो अपने लोगों द्वारा नाटक में प्राण और ओजस्विता फूँके जाने की प्रतीक्षा कर रहे हैं।

मैं आपके धैर्य की परीक्षा नहीं लेना चाहता, विशेष रूप से तब जब पीपुल्स थिएटर एसोसिएशन द्वारा आज चार प्रस्तुतियाँ की जानेवाली हैं। मुझे आशा है कि उनसे हमें पता चलेगा कि पिछले कुछ महीनों में हमारी क्या उपलब्धि रही है और अपने काम की दिशा

में हम निकट भविष्य में क्या प्राप्त करने की उम्मीद कर सकते हैं। मैं थोड़ी निराशा के लिए भी तैयार हूँ। क्योंकि अभी हम काम की शुरुआत ही कर रहे हैं। और हमें आपके पूरे सहयोग और प्रोत्साहन की आवश्यकता है।

मैं एक निजी संस्मरण के साथ अपना वक्तव्य समाप्त करना चाहता हूँ। कुछ समय पहले मैंने एक रिपोर्ट पढ़ी थी, जिसके अनुसार यहाँ के एक नज़दीकी शहर पूना में एक महान देशभक्त ने दूसरे से कहा : 'यहाँ मेरे साथ खड़े हो जाओ जहाँ तारे और पर्वत साक्षी हैं। यहाँ अपना जीवन, अपनी प्रतिभा, अपने गीत और अपना संशोधन, अपने विचार और अपने स्वप्न मातृभूमि को समर्पित कर दो। पर्वत शिखरों से सपनों को पकड़ो और घाटियों में मेहनतकशों को आशा का संदेश दो।' आपको मेरे साथ खड़े होने की आवश्यकता नहीं है, यहाँ तारे और पर्वत साक्षी नहीं हैं। लेकिन मैं भारत की लाल राजधानी के श्रमिक वर्ग क्षेत्र के हॉल में आपको संबोधित कर रहा हूँ और चाहता हूँ कि हमारे पास जो भी सर्वोत्तम है, उसे अपने जनसमूह को समर्पित कर दें जिन्हें अभी तक इतना दबाया गया है, लेकिन जो अब शानदार तरीक़े से आगे आ रहे हैं। लेखक और कलाकार, 'आओ। अभिनेता और नाटक लेखक, आओ। हाथ से और दिमाग़ से काम करने वाले, आओ और स्वयं को आज़ादी और सामाजिक न्याय की नई दुनिया के निर्माण के लिए समर्पित कर दो। यदि हम चाहें तो यह आदर्श वाक्य स्वीकार कर लें कि 'मज़दूर इस पृथ्वी के नमक हैं और उनकी नियति या उनके भविष्य का हिस्सा बनना हमारे युग का सबसे बड़ा साहसपूर्ण कार्य है'।

स्थापना सम्मेलन की रपट

अखिल भारतीय जन-नाट्य संघ के पहले सम्मेलन की बैठक 25 मार्च को प्रातः 8:30 बजे मारवाड़ी विद्यालय हॉल, बंबई और दोबारा सायं 8:30 बजे दामोदर हॉल, परेल में हुई जहाँ पर अनेक नाटकों की प्रस्तुति की गई।

प्रातःकालीन सभा में बहुत लोगों ने हिस्सा लिया। जन थिएटर में दिलचस्पी रखनेवाले सभी प्रतिनिधियों ने दो दिन पहले चर्चा की थी। इस अनौपचारिक बैठक में बहुत-से विषयों पर चर्चा की गई थी, जैसे कि संगठन की समस्याएँ, जन थिएटर के नाटक किस कोण से लिखे जाएँ, अधिकाधिक किसानों और मज़दूरों को इसमें लाना कैसे संभव होगा।

इससे औपचारिक सम्मेलन का मार्ग साफ़ हुआ जिसका मुख्य कार्यक्रम संकल्प पारित करना, अखिल भारतीय समिति गठित करना और प्रांतीय संगठन समिति गठित करना था।

प्रोफ़ेसर हीरेन मुखर्जी को अध्यक्ष चुना गया। इसके बाद प्रांतीय रिपोर्टों को पढ़ा गया।

बंबई की अनिल डिसिल्वा द्वारा, बंगाल की स्नेहांशु आचार्य द्वारा, पंजाब की एरिक सिप्रियन द्वारा, आंध्र की डॉ. गोपालन द्वारा, यू.पी. की बेगम रशीदजहाँ द्वारा, मलाबार की के.पी. नम्बूदिरि द्वारा।

इसके बाद अनिल डिसिल्वा ने मुख्य संकल्प का प्रस्ताव किया और वह इस प्रकार था :

संकल्प का मसौदा

इंडियन पीपुल्स थिएटर एसोसिएशन के तत्त्वावधान में आयोजित यह सम्मेलन रंगमंच और परंपरागत कलाओं को पुनर्जीवित करने और साथ ही उन्हें स्वतंत्रता, सांस्कृतिक प्रगति और

आर्थिक न्याय के लिए लोगों के संघर्ष की अभिव्यक्ति और संगठन का माध्यम बनाने और पूरे भारत में जन थिएटर आंदोलन शुरू करने की तत्काल आवश्यकता को स्वीकार करता है।

इस समय लोगों के सामने तात्कालिक समस्याएँ हैं–फ़ासीवादी झुंडों द्वारा सीमाप्रांतों पर हमला जो स्वतंत्रता और संस्कृति के सबसे अधिक घातक शत्रु हैं। विदेशी सरकार द्वारा आंतरिक दमन जो हमारे लोगों को ग़ुलाम बनाए रखना चाहती है और अपनी मातृभूमि की प्रभावी प्रतिरक्षा के लिए संगठित होने से रोकती है। हमारे लोगों के पूरे आर्थिक जीवन का तेज़ी से विघटन, विशेषकर भोजन तथा अन्य अनिवार्य वस्तुओं की कमी के कारण हमारे लोगों के मनोबल और स्वास्थ्य पर बहुत बुरा असर, और अंत में जन ताक़तों में पर्याप्त एकता न होना जो साम्राज्यवादियों को देश के आर्थिक विघटन को रोकने और फ़ासीवादी हमलावरों को हराने के लिए बाध्य कर सकती है।

इसलिए आज इंडियन पीपुल्स थिएटर आंदोलन का यह दायित्व है कि वह हमारे लोगों के अधिकारों संबंधी इन जीवन सत्यों के मानवीय विवरण को रंगमंच और अन्य परंपरागत कलाओं के माध्यम से सजीव और स्मरणीय तरीक़े से प्रस्तुत करे और उन्हें अपने अधिकारों और उनकी समस्याओं के समाधान के बारे में जानकारी दे। आंदोलन का काम है कि वह लोगों को अपनी एकता क़ायम करने और दुनिया की प्रगतिशील ताक़तों के साथ कंधे से कंधा मिलाकर विरोधी ताक़तों के ख़िलाफ़ उत्साह और निश्चय के साथ लड़ने के लिए प्रेरित करे। हमारा काम है कि संकट की इस घड़ी में यह आंदोलन हमारे लोगों में आत्मिक बल पैदा करे और उनमें इस विश्वास का संचार करे कि एकजुट ताक़त के रूप में वे अजेय हैं।

इन लक्ष्यों की प्राप्ति के लिए न केवल यह आवश्यक है कि हमारे गीतों, गाथाओं, नाटकों आदि के विषय इस उद्देश्य के अनुरूप हों बल्कि यह भी ज़रूरी है कि हमारी रचनाएँ सरल और प्रत्यक्ष हों जिससे कि जनसमूह उन्हें आसानी से समझ सके और उनके सृजन तथा उनकी गतिविधि में हिस्सा ले सके। लोककलाओं, जनगीतों और खुले रंगमंचों का पुनरुद्धार इस उद्देश्य के लिए विशेष रूप से वांछनीय है।

इस संदर्भ में यह अत्यधिक उत्साह की बात है कि वर्तमान स्थिति के दबाव में जनसमूह, विशेष रूप से जुझारू किसानों, मज़दूरों और छात्रों के बीच से गीतों, पाठों और नृत्यों का आंदोलन अपने-आप उभर रहा है। लोगों को उद्बोधित किया जा रहा है कि वे फ़ासीवादी हमलावरों, खाद्यान्न के जमाख़ोरों के ख़िलाफ़ एकजुट कार्रवाई करें और राष्ट्रीय नेताओं की रिहाई और राष्ट्रीय सरकार के लिए क़दम बढ़ाएँ। यह ज़रूरी है कि इस अपने-आप उभर रहे आंदोलन को अखिल भारतीय जन थिएटर आंदोलन के रूप में संगठित और समन्वित किया जाए।

संकाय की अनुशंसा स्नेहांग्शु आचार्य ने की जिन्होंने इस संकल्प के बारे में संबोधन भी किए। संकल्प को सदन में प्रस्तुत किया गया और सर्वसम्मति से पास कर दिया गया। उसके बाद अखिल भारतीय समिति और विभिन्न प्रांतों की संगठन समितियों के लिए चुनाव हुआ।

संकल्प

यह सम्मेलन संकल्प करता है कि आंदोलन को पूरे देश में फैलाने के उद्देश्य से प्रतिनिधियों की अखिल भारतीय समिति नियुक्त की जाए और प्रांतीय संगठन समितियाँ नियुक्त की जाएँ। टी. गोदीवाला द्वारा प्रस्तावित अली सरदार ज़ाफ़री द्वारा समर्थित।

अखिल भारतीय समिति

अध्यक्ष

एन.एम. जोशी

(महासचिव, ऑल इंडिया ट्रेड यूनियन कांग्रेस)

महासचिव	:	अनिल डिसिल्वा
संयुक्त सचिव	:	बिनय रॉय (बंगाल)
		के.टी. चंडी (बंबई)
कोषाध्यक्ष	:	ख़्वाजा अहमद अब्बास
प्रतिनिधि समिति		
बंबई	:	स्नेहांग्शु आचार्य
		मनोरंजन भट्टाचार्य
पंजाब	:	एरिक सिप्रियन
दिल्ली	:	सरला गुप्ता
यू.पी	:	डॉ. रशीदजहाँ
मलाबार	:	के.पी.जी. नम्बूदिरि
मैसूर	:	केसरी केशवन
मंगलौर	:	कुलकुंड शिव राव
हैदराबाद	:	मख़्दूम मोहिउद्दीन
आंध्र	:	डॉ. राजा राव
सी.पी. और बरार	:	एस.सी. जोग
तमिलनाडु	:	के. समानापन

समिति के अन्य सदस्य

बंकिम मुखर्जी		
अध्यक्ष	:	अखिल भारतीय किसान सभा
एस.ए. डांगे		
अध्यक्ष	:	ऑल इंडिया ट्रेड यूनियन कांग्रेस
सज्जाद ज़हीर		
महासचिव	:	अखिल भारतीय प्रगतिशील लेखक संघ
अरुण बोस	:	ऑल इंडिया स्टूडेंट्स फेडरेशन

संगठन की प्रांतीय समितियाँ

बंगाल	:	सुनील चटर्जी
		दिलीप रॉय
		शंभु मित्रा
		बिजन भट्टाचार्य
		सुजाता मुखर्जी
		मनोरंजन महाचार्य
		स्नेहांग्शु आचार्य

		विष्णु डे
		बिनय रॉय
पंजाब	:	एरिक सिप्रियन
		एन. वजुद्दीन
		शीला भाटिया
दिल्ली	:	सरला गुप्ता
यू.पी	:	डॉ. रशीदजहाँ
		राजेंद्र सिंहा
मलाबार	:	के.पी.जी. नम्बूदिरि
		अच्युत कुरुप
कर्नाटक	:	श्रीमती केसरी केशवन (मैसूर)
		वी.आर. कियोनुरकर
		के. शिवराव (कर्नाटक)
		एस.सी. जोग
आंध्र	:	कृष्ण मूर्ति
	,	डॉ. राजा राव
		बी.सी. पिच्चैया
तमिलनाडु	:	के. रामनाथन

इसके बाद सम्मेलन में मराठी नाटक के वरिष्ठ रचनाकार मामा वरेरकर को कुछ शब्द कहने के लिए आमंत्रित किया गया। उन्होंने वर्तमान मराठी रंगमंच का संक्षिप्त विवरण दिया और बताया कि किस तरह से उन्होंने थिएटर के लिए प्रयास किया, हालाँकि बंबई नगर निगम ने थिएटर की आवश्यकता के बारे में संकल्प पास कर दिया था, लेकिन इस दिशा में कुछ नहीं किया गया है।

इसके बाद सम्मेलन को दामोदर हॉल, परेल में रात्रि सत्र तक के लिए स्थगित कर दिया गया।

रंग प्रस्तुतियों की समीक्षा

कार्यक्रम के अंतर्गत 25 तारीख़ को रात्रि 9 बजे दामोदर हॉल में नाट्य प्रदर्शन किया गया था। कार्यक्रम निम्नानुसार था :

1. प्रो. हीरेन मुखर्जी का अध्यक्षीय संबोधन
2. *रक्त और आँसू* मराठी एकता नाटिका, लेखक : अनंत कनेकर, निर्देशन : लिटिल थिएटर के विख्यात निदेशक अल्टेकर
3. इप्टा के बंगाल दल द्वारा गीत
4. नाटक *अजीब बैठक*, लेखक : रिंग लिंग (चीनी जन थिएटर संगठनकर्ता और नाटककार)। इप्टा के बंबई समूह द्वारा अंग्रेज़ी में एकांकी। बंगाल समूह द्वारा देशभक्ति गीत।

अंतराल

5. बंगाल समूह द्वारा अभिनय के साथ टैगोर के तीन गीत।
6. बिनय घोष का नाटक *प्रयोगशाला* बंगाल समूह द्वारा प्रस्तुत।
7. *यह अमृत है* नामक फैंटेसी : लेखक ख़्वाजा अहमद अब्बास, प्रस्तुति : बंबई की टोली द्वारा।
8. सभी अभिनेताओं द्वारा गीत 'मज़दूर हैं हम'।

इस शो से कुछ सीखने के उद्‌देश्य से अपनी ही रचनाओं की समीक्षा और विश्लेषण करते हुए पहले हम अपनी प्रस्तुतियों के बारे में सामान्य प्रतिक्रिया के बारे में कुछ बताना चाहते हैं।

इससे पहले कभी भी हमारी इतनी उत्साहपूर्ण प्रशंसा नहीं हुई : पत्रों, टेलिफोनों और स्वतःस्फूर्त अभिमतों से हम आश्वस्त हुए कि यह प्रस्तुति पहले के प्रदर्शनों से निश्चित रूप से बेहतर थी, विशेष रूप से नई प्रकाश व्यवस्था की बहुत-से लोगों ने प्रशंसा की। सीधी और एकदम सरल मंच-सज्जा पर अनुकूल टिप्पणियाँ की गईं।

इसमें कोई शक़ नहीं कि बंगाल दल ने अपने गीतों से दर्शकों को विभोर कर दिया। ये गीत और अब हज़ारों लोगों द्वारा गाए जानेवाले अन्य गीत अत्यधिक महत्त्वपूर्ण हैं। उनका ओज, जोश और जीवंतता भविष्य के लिए आशा बँधाती है। क्या यह एक संयोग मात्र है? 'वंदेमातरम्' का नया और हिलोर पैदा करने वाला रूप अब अपनी किस्मत पर रोनेवाले राष्ट्र की तरह नहीं गाया जाता, बल्कि स्वयं को लड़ाई के लिए सन्नद्ध कर रहे राष्ट्र की तरह गाया जाता है।

यह कोई संयोग नहीं है बल्कि इसका राजनीतिक महत्त्व है। निराशा से घिरे और वर्तमान मकड़जाल से कोई रास्ता न ढूँढ़ पानेवाले लोग इन गीतों को सुनें। दबाव के काल के गीत, राष्ट्र के संकट से उत्पन्न गीत गहरा महत्त्व रखते हैं। ये प्रतिरोध और स्वतंत्रता के गीत हैं और संकट से घिरे बंगाल, मलाबार और आंध्र के लोगों के हृदय से निकले हैं। वे अपने घरों की प्रतिरक्षा की आवश्यकता को महसूस करते हैं और हमारे देश की सफलतापूर्वक प्रतिरक्षा में आड़े आनेवाली साम्राज्यवादी बाधा को तोड़ने में सक्षम अपनी संयुक्त ताक़त में विश्वास करते हैं। वे इसी विश्वास के साथ गाते हैं।

1930 के नागरिक अवज्ञा आंदोलन में भी हमने ऐसी ही लहर देखी थी क्योंकि वह आंदोलन स्वतंत्रता के लिए लोगों की आकांक्षा को प्रकट करता था। अब लोगों के बहुत ओजस्वी और जुझारू वर्ग से 1943 के गीत आए हैं। हमारे देश के प्रत्येक हिस्से में किसानों और बुद्धिजीवियों, मज़दूरों और छात्रों ने इस आंदोलन में योगदान किया है। हमारे इप्टा के नाट्य प्रदर्शन में केवल बंगाल समूह था; हमें आशा है कि हमारे अगले सम्मेलन में आंध्र, मलाबार, पंजाब और गुजरात से गीत होंगे।

बंगाल समूह के नेता और अब इप्टा के अखिल भारतीय संयुक्त सचिव बिनय रॉय ने सैकड़ों किसानों और मज़दूरों को ये गीत सिखाए और हज़ारों लोगों के सामने उन्हें गाया। हमें आशा है कि बहुत जल्दी पूरा भारत इन गीतों को गाएगा और आगे आनेवाले संघर्ष के लिए साहस, आशा और प्रेरणा प्राप्त करेगा।

हमारे गीतों का गहरा राजनीतिक महत्त्व था, लेकिन हमारे नाटक उस स्तर तक नहीं पहुँच सके। यह सही है कि वे सब प्रगतिशील और फ़ासीवाद विरोधी थे। जैसा कि एक समर्थक ने लिखा, उन्होंने कभी भी इस तरह के नाटकों को भारतीय रंगमंच पर नहीं देखा।

लेकिन हमें इसकी गहराई में जाना चाहिए और यह देखना चाहिए कि हम कहाँ विफल रहे और भविष्य में हम क्या सुधार ला सकते हैं।

सबसे पहले तो चीनी नाटक को छोड़कर सभी नाटक कलात्मक रूप से बेहतर बनाए जा सकते थे। रिंग लिंग के नाटक *अजीब बैठक* में वे सब तत्त्व हैं जिनसे अच्छा नाटक बनता है। पच्चीस मिनट के भीतर इसमें एक्शन, सस्पेंस है और इसका चरमोत्कर्ष ज़बर्दस्त है। इसमें वार्तालाप के रूप में कोई राजनीतिक भाषण नहीं है। इसका राजनीतिक संदेश हमें एक हताश दशा में फँसे कॉमरेडों के समूह के मानवीय नाटक के रूप में मिलता है। इस नाटक के ज़रिये हमें यह सिखाया गया है कि व्यक्ति को अपने देश की सेवा करनी चाहिए और घृणित फ़ासीवादियों को परास्त करना चाहिए, चाहे इसके लिए कितने भी जीवन क्यों न गँवाने पड़ें।

संघर्ष के एक पक्ष को लेने और एक नाटक में उसी एक पहलू पर ध्यान केंद्रित करने के बजाय हमारे नाटकों में एक साथ बहुत-से सबक सिखाने का प्रयास किया गया है। हम एक नाटक में पूर्ण राजनीतिक सिद्धांत भर देना चाहते हैं। पूर्व निश्चित निष्कर्ष निकाल लिया जाता है। नाटक का मूल्य इस बात में है कि वह हमारे राजनीतिक संघर्ष को मानवीय भावनाओं के ज़रिये प्रस्तुत करे और इन भावनाओं के ज़रिये स्पष्ट करे कि हम कौन-सा मार्ग अपनाएँ और उस विशेष घटना के मानवीय पहलू के ज़रिये उन्हें प्रेरणा दें।

अनंत कनेकर की मराठी नाटिका *रक्त और आँसू* को लें। इसका विचार है कि सभी मानव एक जैसे हैं; हिंदू रक्त और मुस्लिम रक्त—सब मानव रक्त है। यह नकारात्मक तरीक़े से प्रस्तुत प्रगतिशील विचार है। मौजूदा हिंदू-मुस्लिम समस्या इस नाटिका के संदेश से बहुत आगे की बात है। इसका भिन्न तरीक़े से खुलासा किए जाने की आवश्यकता है।

आज क्या स्थिति है? हमें एकता की उतनी ही आवश्यकता है जितनी कि भोजन की। हमें भोजन चाहिए, लेकिन केवल भोजन ही नहीं, स्वतंत्रता भी ताकि हम अपने देश की रक्षा कर सकें। नाटिका में यह नहीं दिखाया गया है कि हमें एकता की क्यों आवश्यकता है, इससे किसको लाभ होगा, एकता न होने के कारण किसने क्या खोया। यदि नाटक का उद्‌देश्य लोगों को कार्रवाई के लिए प्रेरित करना है तो *रक्त और आँसू* इस उद्‌देश्य में विफल हुआ है। लेकिन अन्य किसी लेखक ने एकता नाटिका हमें नहीं दी है। बंगाल के नाटक *प्रयोगशाला* में, विशेष रूप से उसके अंतिम दृश्य में, कुछ गतिशील विशेषताएँ हैं जो अच्छी हैं। यह 'प्रोफ़ेसर मैमलौक' के विषय पर आधारित है। वैज्ञानिक सोचता है कि राजनीति प्रयोगशाला में नहीं आनी चाहिए, लेकिन आख़िर में महसूस करता है कि मौजूदा संकट में स्वयं को ज्वलंत वास्तविकता से दूर रखना संभव नहीं है। यहाँ भी बहुत-से भाषण हैं; मंच के पीछे से उठते हुए नारों की तकनीक ने नाटक को गति दी है; और जहाँ भी उपयुक्त हो, सभी समूह इसका मंचन करें। इससे भीड़ का आभास होता है और नारों के ज़रिये समय की पुकार उभरकर सामने आती है। बांग्ला नाटक में अभिनय पूरे शो में सर्वोत्कृष्ट था। बिनय घोष का विशेष रूप से उल्लेख होना चाहिए जिन्होंने वैज्ञानिक की भूमिका को बहुत प्रतिष्ठा दी। सुजाता मुखर्जी ने युवा पुत्री की भूमिका बड़े स्वाभाविक रूप में अदा की है।

अंत में हम ख़्वाजा अहमद अब्बास के *यह अमृत है* पर आते हैं। यह शायद सबसे अधिक लोकप्रिय नाटक था। यह एक वैज्ञानिक की कहानी है जो 'अमृत' की खोज करता

है। जो भी उसके सपने में आता है, अमर होने की माँग करता है। सौंदर्य, जॉन बुल, धर्म और हिटलर इस इनाम के लिए एक-दूसरे से होड़ लगाते हैं। यह नाटक बड़ा चतुराईपूर्ण और मनोरंजक है और सबको पसंद आया। लेकिन इसमें बहुत-सी कमियाँ थीं। सबसे पहले तो वैज्ञानिक के पास आनेवाले सभी लोगों के बीच कोई केंद्रीय समन्वय नहीं था। दूसरे, यह श्रमिक वर्ग का आदर्शीकरण करता है। तीसरे, मज़दूर और वैज्ञानिक के बीच भेद की दीवार अंत में भी नहीं टूटती। वैज्ञानिक के पास जो भी आता है, उसको वह एक के बाद एक भाषण देता है। वैज्ञानिक मज़दूर से जो सवाल पूछता है, उससे लगता है कि वह श्रमिक कर्म से कितनी दूर है। वह इस दूरी को नहीं तोड़ता और यथावत् बना रहता है। इसके अलावा यह फ़ासीवाद और साम्राज्यवाद का अत्यधिक भावात्मक चित्रण है। फ़ासीवाद और साम्राज्यवाद की भयानक वास्तविकताओं से यह बड़े हलके और विनोदपूर्ण तरीक़े से गुज़र जाता है। हिटलर और जॉन बुल से हमारे मन में विनोदशीलता आती है। हमें उन पर क्रोध नहीं आता और उनसे लड़ने का निश्चय पैदा नहीं होता।

अच्छे मूल्यों के शत्रुओं पर हँसना काफ़ी नहीं है। उनका पूरी तरह से ध्वंस हो जाने तक हमें उनसे लड़ना है। हमारे नाटकों को फ़ासीवाद की भयंकर वास्तविकताओं के बारे में लोगों को जानकारी देनी चाहिए और उनके मन में स्पष्ट रूप से इस बात की चेतना पैदा करनी चाहिए कि फ़ासीवाद लोगों का सबसे बड़ा शत्रु है। जनधर्मी रंगकर्म के लिए नाटक लिखना कोई आसान बात नहीं है। हमारे नाटकों में कुछ निश्चित विशेषताओं की आवश्यकता है जो कि इनके लेखक अनुभव से सीखेंगे। हमें पंजाब समूह से सीखना चाहिए और नाटक लिखने से पहले उनके ऊपर चर्चा करनी चाहिए।

हमारा काम केवल एक साल से शुरू हुआ है और यह ऐसा काम है जिसके लिए भविष्य में बहुत बेहतरी की उम्मीद की जा सकती है।

[अंग्रज़ी से हिंदी रूपांतर : **रामकिशन गुप्ता**]

इप्टा के क्रांतिकारी गीतों की विरासत

राकेश

1943 में 'इप्टा' की स्थापना से लेकर लगभग डेढ़ दशक तक जिन गीतों, नज़्मों और तरानों ने पूरे देश में जनचेतना को जाग्रत किया और प्रतिरोध का एक नया सांस्कृतिक वातावरण तैयार किया, उनका उचित डॉक्यूमेंटेशन तो नहीं हो सका, सही विवेचना और मूल्यांकन भी संभव नहीं हुआ। देश की तमाम भाषाओं में बिखरे ये गीत ज़्यादातर याददाश्त के सहारे ही अभी तक न सिर्फ़ जीवित और जीवंत हैं, बल्कि अभी भी पहले से कहीं अधिक आक्रामक और ख़ूंखार साम्राज्यवाद के ख़िलाफ़ संघर्ष की जुझारू प्रेरणा प्रदान करते हैं। सुप्रसिद्ध नाटककार बर्तोल्त ब्रेख़्त ने ठीक ही कहा था :

> क्या जुल्मतों के बाद भी गीत गाएँ जाएँगे।
> हाँ जुल्मतों के दौर के ही गीत गाए जाएँगे।

विभिन्न भाषाओं में गीतों की अनुपलब्धता और अनुवाद की दिक़्क़तों के चलते इस संक्षिप्त आलेख में मैं उस दौर के हिंदी-उर्दू गीतों, नज़्मों व तरानों के माध्यम से ही उस सांस्कृतिक विरासत की चर्चा करूँगा, लेकिन इसके पहले इसकी पृष्ठभूमि पर एक निगाह डालना ज़रूरी है।

1936 में लखनऊ में प्रगतिशील लेखक संघ के स्थापना सम्मेलन में अपने अध्यक्षीय उद्‍बोधन में प्रेमचंद ने सौंदर्य की कसौटी बदलने की उद्‍घोषणा से समूचे प्रगतिशील सांस्कृतिक आंदोलन की आधारशिला रख दी थी। प्रगतिशील सांस्कृतिक आंदोलन के सूत्रधार सज्जाद ज़हीर ने अपनी किताब *रौशनाई* में उस दौर का बेहद सटीक मूल्यांकन किया है : 'पहले विश्वयुद्ध के बाद (1918) से लेकर उस समय तक (1935) हमारे देश में बड़ी-बड़ी राजनीतिक आँधियाँ आई थीं। असहयोग और ख़िलाफ़त आंदोलन, कांग्रेस के दो सविनय अवज्ञा आंदोलन, दहशतपसंद नौजवानों के क्रांतिकारी आंदोलन, संप्रदायवादी हिंदू और मुसलमानों की विषाक्त गतिविधियाँ और इन सबका क्या नतीजा निकला था? आम लोगों की नज़रों में यह सब नाकामियाँ थीं। इसलिए कि अंग्रेज़ी साम्राज्य पूरी नृशंसता के साथ हमारे सिरों पर सवार था।' सज्जाद ज़हीर ने आगे धार्मिक और सांस्कृतिक पुनरुत्थानवाद की कल्पनाओं के विचार तथा पाश्चात्य विशेष रूप से अंग्रेज़ी पूँजीवादी जनतंत्र के दृष्टिकोणों की विस्तृत विवेचना करते हुए समाजवाद के तीसरे विकल्प को रेखांकित किया : 'सोशलिज़्म के नज़रिए की सबसे बड़ी और स्पष्ट विशेषता यह थी कि उसने बुनियादी राजनीतिक, सामाजिक और सांस्कृतिक परिवर्तनों का प्रवर्तक और निर्माता मेहनतकश अवाम को क़रार दिया। उस दौर की सचाई

से रूबरू होते हुए इसी वर्ग के आम मज़दूर किसान प्रेमचन्द की रचनाओं के प्रतिनिधि पात्र बने थे। साम्राज्यवाद द्वारा इस वर्ग का शोषण, दमन, अत्याचार, युद्ध की विभीषिका और स्वतंत्रता की आकांक्षा उस दौर के तमाम कवियों, शायरों की रचनाओं में प्रतिध्वनित हो रही थी। 1857 के पहले स्वतंत्रता संग्राम ने लोक-चेतना को जगाने में अभूतपूर्व काम किया था। पूरे देश में लोकगीतों और नाटकों में इसकी अनुगूँज सुनाई पड़ी थी। इस लोक-चेतना और साम्राज्यवाद के विरुद्ध नई चेतना के समन्वय के सबसे बड़े पक्षधर और प्रवर्तक प्रख्यात कम्युनिस्ट नेता पी.सी. जोशी ने आज़ादी की लड़ाई के दौरान पाँचवें दशक में लेखकों, संगीतकारों, गायकों और तमाम कलाकारों को एक मंच पर लाने में अप्रत्यक्ष लेकिन अत्यन्त महत्त्वपूर्ण भूमिका निभाई थी।

इसी पृष्ठभूमि में 25 मई, 1943 को बंबई में 'इंडियन पीपुल्स थिएटर एसोसिएशन' (इप्टा) की स्थापना हुई। इस आंदोलन की सार्थकता इस बात में तो थी ही कि उसने देश की अथाह लोक-सांस्कृतिक संपदा को खंगालकर उसका सार्थक उपयोग किया, इस बात में और अधिक थी कि उसने विभिन्न स्थानों के लोकसंगीत और लोक-कलाओं की आवाजाही से एक नई सांस्कृतिक एकता का मार्ग प्रशस्त किया, साथ ही, गायन और संगीत को लोक की तर्ज़ पर सामूहिकता में बदल दिया। इप्टा के गीतों का यह सिलसिला 1942 से 1958 तक फैला हुआ है। पहले हिस्से में 1947 तक के वे गीत हैं, जिनमें एक तरफ़ अंग्रेज़ी साम्राज्यवाद के ख़िलाफ़ प्रतिरोधी चेतना है तो दूसरी तरफ़ किसानों-मज़दूरों से एकता और एक शोषणविहीन समाज बनाने का आह्वान है, दूसरे हिस्से में विभाजन की विभीषिका के ख़िलाफ़ सांप्रदायिक एकता का संदेश और आज़ादी के बाद आम जनता के मोहभंग के साथ-साथ तेभागा, तेलंगाना और देश-भर में किसानों के जुझारू संघर्ष की प्रतिध्वनि है। इप्टा के बंबई स्थित केंद्रीय सांस्कृतिक दल में बंगाल, महाराष्ट्र, गुजरात और उत्तर भारत के अनेक कलाकार शामिल थे। इनमें एक थे मशहूर सितारवादक और शास्त्रीय संगीतकार रविशंकर, शास्त्रीय और लोकसंगीत के समन्वय के अमर शिल्पी गीतकार और संगीतकार सलिल चौधरी, साहित्य संगीत, थिएटर और फ़िल्म के यथार्थवादी चितेरे लेखक एवं निर्देशक बिनय राय, अवाम को अपने गायन से झकझोरनेवाले महान लोकगायक अमर शेख़, गीतकार शंकर शैलेंद्र, प्रेम धवन, नरेंद्र शर्मा, ज्योतिर्मय, नेमिचंद्र जैन, रेखा जैन, दीना गांधी, शांता गांधी, बलराज साहनी और अनगिनत कलाकार। यहीं इक़बाल के क़ौमी तराने 'सारे जहाँ से अच्छा हिंदोस्ताँ हमारा' की धुन रविशंकर ने तैयार की। 1943 में बंगाल के अकाल पर 'भूखा है बंगाल रे साथी, भूखा है बंगाल' की धुन बिनय राय ने तैयार की। सज्जाद ज़हीर ने इसका विवरण देते हुए लिखा : 'युद्ध के हालात से पैदा होनेवाले बंगाल के अकाल की तबाहकारी का देश के प्रगतिशीलों ने ख़ामोशी और बेबसी से तमाशा नहीं देखा। अकालग्रस्त लोगों की मदद के लिए एक बड़ा जन-अभियान शुरू हुआ, जिसमें प्रगतिशील लेखकों ने हिस्सा लिया। मख़्दूम और सरदार जाफ़री वग़ैरह ने बंगाल पर पुरज़ोर नज़्में लिखीं। जिगर मुरादाबादी ने भी एक नज़्म लिखी। जौनपुर के एक नौजवान शायर वामिक़ ने एक दर्दनाक और पुरअसर गीत लिखा (भूखा है बंगाल)। बंबई के केंद्रीय पीपुल्स थिएटर के बांग्ला संगीतकारों ने इस गाने की तर्ज़ निकाली और चंद महीनों के अंदर यह तराना मुल्क के कोने-कोने में फैल गया। वामिक़ के इस तराने से लाखों लेखकों-शायरों में देशप्रेम और एकता की भावना जागी और इसमें शक़ नहीं कि पीपुल्स थिएटर

के प्रोग्राम में उस ज़माने में यह एक ऐसा साधन था, जिसके ज़रिए लाखों रुपया और गल्ला बंगाल के लिए जमा किया गया जिससे हमारे लाखों हमवतनों की जानें बच सकीं। तरक़्क़ीपसन्द अदब की तारीख़ में वामिक़ का यह तराना सही मायने में सोने के हरफ़ में लिखे जाने लायक़ है। यह वक़्त की आवाज़ थी जिसने हमारी इनसानदोस्ती की भावना को सीधे-सीधे उभारा था। उसकी ज़बान और छवि आम जनजीवन से संबंधित थी। देहात और शहर में हर तबक़े के लोग इसको समझ सकते थे। इसकी वेदना और सांगीतिकता लोकधुन के साथ मिलकर हृदय में पवित्रता और कर्म की भावना जगाती थी। आज भी यह गीत पढ़ने पर यह लगता है कि धुन उसमें ख़ुद-ब-ख़ुद पैवस्त है। हर अच्छा और सच्चा कथ्य शिल्प साथ लेकर आता है। इस कथन की सचाई इप्टा के इस दौर के बहुत-से अमर गीत आज भी बयान करते हैं :

लो सुर्ख़ सबेरा आता है
आज़ादी का आज़ादी का,
देखो परचम लहराता है
आज़ादी का आज़ादी का,
गुलनार तराना गाता है,
आज़ादी का आज़ादी का।

मख़्दूम का यह तराना उसी दौर में हज़ारों जगहों पर गाया गया। इस संबंध में भी सज्जाद ज़हीर की टिप्पणी ग़ौरतलब है : 'इस तराने में जो एक जादू-भरी गति है, वह उसके सादा और ख़ूबसूरत शब्दों के कारण है, जो तरंग और उछाह है, वह उसके काव्य विषय और गायन शैली—दोनों के मेल से पैदा हुई है। मख़्दूम एक शायर होने के साथ-साथ एक स्वर-साधक संगीतकार भी हैं।' मख़्दूम के और भी तराने उस दौर में अवाम में बहुत मक़बूल हुए : 'यह जंग है जंगे आज़ादी / आज़ादी के परचम के तले', 'जानेवाले सिपाही से पूछो, वह किधर जा रहा है, वह कहाँ जा रहा है'।

इसी दौरान फ़ैज़ की नज़्म 'बोल कि लब आज़ाद हैं तेरे बोल ज़बाँ अब तक तेरी है' ने लोकप्रियता हासिल की। सज्जाद ज़हीर का गीत : 'मज़दूरों ने मुल्कों-मुल्कों अब झंडा लाल उठाया है, जो भूखा था जो नंगा था, अब ग़ुस्सा उसको आया है' मज़दूर आंदोलनों का अभियान गीत ही बन गया था। लेनिन के बारे में उनका एक और गीत बहुत मशहूर हुआ : 'मुल्क रूस में मनई रहा एक, लेनिन वाका नाम, भैया लेनिन वाका नाम।' कुछ ऐसे भी गीत हैं जो सामूहिकता में लिखे और गाए गए। इस प्रक्रिया में महत्त्वपूर्ण बात यह भी है कि उस दौर में कलाकार एक उद्देश्य से बँधकर काम कर रहे थे। नाम की महत्त्वाकांक्षा कहीं बहुत पीछे थी। इन गीतों को इप्टा गीत ही कहा जा सकता है। उनमें कुछ हैं : 'जागा रे जागा रे जागा सारा संसार / फूटी किरन लाल है खुलता है पूरब का द्वार / जागा रे जागा रे जागा सारा संसार', 'आ रे नौजवान, आ रे नौजवान / आ रे नौजवान तेरी बेड़ियाँ रही हैं टूट / क्रांति का नया क़दम बढ़ा', 'हो सावधान आया तूफ़ान / पर दूर नहीं है किनारा / हम हीं मुसाफिर, हम ही खेवैया / हम सब हिम्मतवाले / निकल पड़े मौजों से खेलने / देशभक्त मतवाले'।

इस दौर में साहिर लुधियानवी का गीत : 'इन काली सदियों के सर से जब रात का आँचल ढलकेगा, जब दुख के बादल पिघलेंगे जब सुख का सागर छलकेगा, जब अंबर झूम के नाचेगा, जब धरती नग़्मे गाएगी, वह सुबह कभी तो आएगी', लोगों की ज़बान पर चढ़

गया था। 1946 के नौसेना विद्रोह के समय उनके गीत : 'ऐ रहबरे मुल्को क़ौम बता, आँखें तो उठा नजरें तो मिला, कुछ हम भी सुनें, हमको भी बता, यह किसका लहू है कौन मरा' ने विद्रोही नौसैनिकों को भी प्रेरणा दी। उनमें से एक आबिद रिज़वी इप्टा के तरानों से प्रभावित होकर न सिर्फ़ इप्टा से जुड़े बल्कि कई दशकों तक उन्होंने इप्टा बंबई और महाराष्ट्र के साथ-साथ अखिल भारतीय स्तर पर नेतृत्वकारी भूमिका निभाई। मजाज़ की नज़्म, 'बोल अरी ओ धरती बोल' देशव्यापी अभियान का हिस्सा बनी। उर्दू के इन शायरों के अलावा जिन रचनाकारों के गीत इप्टा के राष्ट्रव्यापी सांस्कृतिक अभियान का हिस्सा बने, उनमें प्रमुख थे : शंकर शैलेंद्र, प्रेम धवन, सलिल चौधरी, हेमांग बिस्वास, शील, राजेंद्र रघुवंशी, गोविंद मुनीस, गजानन वर्मा, उद्धव कुमार आदि। इनके निम्न गीत देश-भर में गाए गए।

तू ज़िंदा है तो ज़िंदगी की जीत में यक़ीन कर /
अगर कहीं है स्वर्ग तो उतार ला ज़मीन पर —**शंकर शैलेंद्र**
क्रांति के लिए उठे क़दम, क्रांति के लिए जली मशाल —**शंकर शैलेंद्र**
शहीदों ले लो मेरा सलाम, शहीदों ले लो मेरा सलाम —**शंकर शैलेंद्र**
मिल के चलो मिल के चलो मिल के चलो /
यह वक़्त की आवाज़ है मिल के चलो —**प्रेम धवन**
ऐ वतन, ऐ वतन, हमको तेरी क़सम, / तेरी राहों में जाँ तक लुटा जाएँगे —**प्रेम धवन**
उट्ठा है तूफ़ान ज़माना बदल रहा / जागा है इनसान ज़माना बदल रहा —**प्रेम धवन**
उठ मज़दूर अब होश में आ / लानत है सरमायादारी /
जिसने दुनिया भूखों मारी —**प्रेम धवन**
देश हमारा, धरती अपनी, हम धरती के लाल /
नया संसार बसाएँगे, नया इनसान बनाएँगे —**शील**
नई ज़िंदगी है, नई हैं सदाएँ / नए गीत गाते चले जा रहे हैं /
नई रोशनी है, नई हैं हवाएँ / नए गुल खिलाते चले जा रहे हैं —**शील**
नया आदमी माँग रहा है / जीने का अधिकार /
देखो जबड़े चीर मौत के, गढ़ता है संसार —**शील**
सूखी धरती के आँचल से / उठती आज पुकार —**राजेंद्र रघुवंशी**
अब मचल उठा है दरिया, अब सिर पर घिरी बदरिया / उनचास पवन डोले /
झंझा की बजे बँसुरिया / नइया पार लगा, नइया पार लगा —**गोविंद मुनीष**

उस दौर के दूसरे अत्यन्त महत्त्वपूर्ण पक्ष पर भी चर्चा करना मैं ज़रूरी समझता हूँ। वह है लोक-भाषाओं में नए लोकगीतों और संगीत के माध्यम से जनचेतना के नए जनसंगीत का सृजन। भाषा की दीवारों को तोड़ता हुआ कीर्तनिया शैली में हेमांग विश्वास का गीत, 'रघुपति राघव माउंट बेटेन' बहुत लोकप्रिय हुआ। सलिल चौधरी के कई गीत बांग्ला के अलावा देश की कई भाषाओं में गाए गए। उत्तर प्रदेश के आगरा में राजेंद्र रघुवंशी के नेतृत्व में 1942 में ही प्रगतिशील सांस्कृतिक दल का गठन हो चुका था। यह दल आशु नाटक और आशु गीतों के लिए प्रसिद्ध था और भरपूर यात्राएँ करता था। ट्रेन की एक यात्रा के दौरान किसी छोटी जगह पर इंजन ख़राब हो गया। रात्रि के समय सहयात्रियों ने इस दल से कार्यक्रम पेश करने का इसरार किया। इंजन की लाइट में रेल पटरियों पर सांस्कृतिक दल ने नृत्य और गीत का कार्यक्रम पेश किया जो बहुत सराहा गया। वह था : 'फिरंगी तोह नाकन चना

चबवाय देंगे, तोहे ब्वायलर में झुकवाय देंगे'। राजेंद्र रघुवंशी की यह एक आशु रचना थी। इसी दौर में अलीगढ़ में जन कवि खेम सिंह नागर, एटा में साहिब सिंह मेहरा, हाथरस में गायक छेदालाल मूढ़, जनकवि कामता प्रसाद आदि सक्रिय थे। आज़ादी के पहले की बहुत-सी रचनाएँ तो उपलब्ध नहीं हैं, पर कामता प्रसाद के एक गीत ने बहुत धूम मचाई : 'कर ले अब मनमानी, काहू दिन बखत हमारो भी आवैगो / जालिम तू अपने जुल्मन को बदलो एक दिन पावैगो / फिरंगी यहाँ न ठहरन पावैगो'। साहिब सिंह मेहरा की गीत नाटिका *चौपाल* भी बहुत लोकप्रिय हुई। एक अंश देखें :

चौकीदार : तुम्हारी चौं मति गई है मारी
छिन में करवाय दूँगौ ख्वारी,
मानो नाँय हुक्म सरकारी,
समूह : कहा तू बातैं रहौ बनाय,
सीख अब तेरी नाँय सुहाय,
हरे अब तक छातिन के घाय

आज़ादी के बाद भी किसान आंदोलन में साहिब सिंह मेहरा के निम्न गीत बहुत सराहे गए : 'ओ धरती के लाल बता दे / कब तक होगा मेल तेरा / बिना मेल बरबाद हो गया / बिगड़ गया सब खेल तेरा', 'समझ रहा सरकार जिसे तू / यह तेरी सरकार नहीं / ग़रीब के दुख-दर्दों से / इसको रत्ती भर प्यार नहीं / बादर महँगाई ने फारे / बाबा कैसे सफरी / स्वराज के मंदिर में बैठे / सट्टेबाज पुजारी / बाबा कैसे सफरी'।

इसी दौर में फ़ैज़ाबाद के राजबली यादव का नाटक *धरती हमारी है* और उनके गीत किसानों के बीच इतने लोकप्रिय हुए कि जनता ने उन्हें चुनकर विधानसभा पहुँचा दिया। 1958 में इप्टा आंदोलन के ठहराव और बिखराव के बाद यद्यपि क्रांतिकारी और जन-प्रतिरोध के गीतों का सिलसिला रुका तो नहीं, किंतु जनांदोलनों में उनके प्रसार में कमी ज़रूर आई। छठे दशक में वामपंथी उभार के साथ, आठवें दशक में सफ़दर हाशमी के नेतृत्व में जन-नाट्य मंच की सक्रियता और 1985 में इप्टा के पुनर्गठन और सुदूर गाँवों तक जनजागरण सांस्कृतिक यात्राओं से जन-संगीत की विरासत को पुनः रचने का सिलसिला शुरू हुआ। दिल्ली में सुमंगला दामोदरन ने इप्टा के पुराने गीतों को उन्हीं धुनों में गाकर उस क्रांतिकारी दौर को याद किया है। बंबई में कुलदीप सिंह, पटना में सीताराम सिंह, आगरा में बसंत वर्मा, लखनऊ में रवि नागर ने इस परंपरा का विस्तार किया है। फिर भी इप्टा के शुरुआती दौर की क्रांतिकारी विरासत को एक बार फिर से पुनर्सृजित करने, लोक की विशाल संपदा को खंगालने और गीत-संगीत को जनसंघर्षों से जोड़कर उसे समृद्ध करने की ज़रूरत पहले से कहीं अधिक बढ़ गई है।

संगीत और प्रतिरोध

सुमंगला दामोदरन

प्रतिरोध को संगीत के ज़रिये व्यक्त करने की लंबी परंपरा रही है। उसी कड़ी में नई-पुरानी संस्कृतियों तथा सभ्यताओं की सांस्कृतिक विरासत का भी संगीत के विकास में प्रयोग होता रहा है। हमने देखा है कि दुनिया के विभिन्न हिस्सों में संगीत के रूप व संरचना—दोनों में ही प्रतिरोध का विचार मौजूद रहता है और प्रतिरोध के संदेश को व्यक्त किया जाता है। संगीतात्मक प्रतिरोध परंपराओं ने संगीत के चले आते देसी रूपों के साथ कई प्रयोग किए, विभिन्न संस्कृतियों से संगीत के तत्त्व लेकर उनको अपने हिसाब से ढाला और कई बार तो उनकी व्याकरणिक संरचना में भी बड़ा परिवर्तन किया। यानी संगीत के रूपों के साथ प्रयोगशीलता, जैसे कि उसकी ध्वनियों को बदलना, आवाज़ व मौन का प्रयोग, उसके वाद्यों का इस्तेमाल आदि भी प्रतिरोध की अभिव्यक्ति के महत्त्वपूर्ण हिस्से रहे हैं।

1943 में भारतीय जन-नाट्य संघ (इप्टा) की स्थापना के साथ इस विचार को औपचारिक रूप से स्वीकृति मिली कि संगीत व नाटक का प्रयोग प्रतिरोध की सजग अभिव्यक्ति के लिए किया जा सकता है। भारत में संगीत, नाटक, नृत्य व कला का उत्पीड़न के ख़िलाफ़, ख़ासतौर पर वर्ग-दमन के ख़िलाफ़ प्रयोग का यह सबसे आरंभिक रूप रहा है। पूरे देश में सबसे प्रतिभाशाली कलाकार बड़ी संख्या में इप्टा से जुड़े और उन्होंने एक वैकल्पिक सौंदर्यबोध व कला को रचने का प्रयास किया। इप्टा की स्थानीय व क्षेत्रीय इकाइयों की स्थापना की गई और उन्होंने नए क़िस्म के सौंदर्यबोध व सौंदर्यशास्त्र को पैदा किया। कुछ राज्यों में जैसे आंध्रप्रदेश तथा केरल में दूसरे सांस्कृतिक संगठन जैसे केरला पीपुल्स आर्ट क्लब (केपीएसी) और प्रजा नाट्य मंडली (पीएनएम) की स्थापना की गई जिन्होंने ख़ुद को इप्टा के साथ जोड़ लिया।

इप्टा की स्थापना के अपने ऐतिहासिक-राजनीतिक कारण भी थे। इसके पीछे बड़ा कारण यह था कि आम जनों का प्रतिनिधित्व करने वाले नए सौंदर्यगत रूपों की आवश्यकता अनुभव की जा रही थी। इसके लिए एक ओर मुख्यधारा के राष्ट्रवादी आंदोलन की सांस्कृतिक परंपराओं से अपने को अलग करना था और दूसरी ओर व्यावसायिक थिएटर से भी ख़ुद को अलग करना था। इसलिए इस जनवादी कला तथा तथा नाट्य संस्कृति ने उपनिवेशवाद के शिकार देश की चुनौतियों को उभारा और साथ ही उपनिवेशवाद के दौरान व उसके बाद भी कई स्तरों पर जारी आम लोगों के शोषण को व्यक्त किया। 1930 के दशक के उत्तरार्द्ध व 1950 के दशक में बहुत सारी ऐसी ऐतिहासिक हलचलें पूरे देश को मथ रही थीं जिन्होंने नई संस्कृति

के जन्म को संभव बनाया। संगीत, थिएटर व नृत्य आदि के बारे में नए सौंदर्यबोध को पैदा किया। ये हलचलें 1943 के बंगाल के दुर्भिक्ष, आंध्रप्रदेश और बंगाल में क्रमशः किसानों के तेलंगाना व तेभागा आंदोलन के रूप में, दूसरे विश्वयुद्ध, केरल में कय्यूर जैसे क्रांतिकारियों की फाँसी, सांप्रदायिक हिंसा, विभाजन और बड़े पैमाने पर आबादियों के विस्थापन आदि के रूप में सामने आ रही थीं। यह भावना भी प्रबल हो रही थी कि नेहरूवादी गणतंत्र ने आम जनों के क्रांतिकारी सपनों का गला घोंट दिया है और अब परिवर्तनकारी आंदोलनों व क्रांतिकारियों को सेना-पुलिस के द्वारा निशाना बनाया जा रहा है। हालाँकि इप्टा की नाट्य-परंपरा पर कुछ शोध हुआ है पर संगीत के क्षेत्र में इसके योगदान का अभी व्यवस्थित ढंग से मूल्यांकन बाक़ी है। हालाँकि इप्टा द्वारा रचे व लोकप्रिय बना दिये गए ढेरों गीत अभी भी देश के कई हिस्सों में गाए जाते हैं पर कई गीत भुला भी दिये गए हैं और वे केवल 60 के दशक में इप्टा से जुड़े नाट्यकर्मियों की स्मृतियों में सुरक्षित हैं। यह आलेख हिंदी, मलयालम व बांग्ला में इप्टा की संगीत-परंपरा के आरंभिक शोध व दस्तावेज़ों पर आधारित है और इसका उद्देश्य इस परंपरा को प्रस्तुत करना है। जब हम इप्टा द्वारा रचित व गाए गए संगीत पर विचार करते हैं तो कई प्रश्न पैदा होते हैं। पहला, वे विभिन्न परंपराएँ कौन-सी थीं जिनका प्रयोग किया गया? यानी क्या उन्हें शास्त्रीय संगीत, लोक-संगीत व पश्चिमी संगीत की श्रेणियों में बाँटा जा सकता है? किस सीमा तक इप्टा का संगीत, रूप व अंतर्वस्तु दोनों स्तरों पर, परंपरागत, उधार ली गई या सचेत रूप से विकसित संगीत-परंपरा को व्यक्त करता है? दूसरा सवाल यह भी है कि क्या संगीत के व्याकरण के साथ प्रयोग (स्वर, आरोह-अवरोह, वाद्य, आर्केस्ट्रेशन आदि) का भी संबंध प्रतिरोध की अभिव्यक्ति के साथ था? दूसरे शब्दों में, किस सीमा तक रचे गए संगीत ने संगीत के बाहरी रूप के ज़रिये अभिव्यक्ति की ज़रूरत को पूरा किया? तीसरा, वे कौन-से राष्ट्रीय, अंतर्राष्ट्रीय या स्थानीय संदर्भ थे जिन्होंने विभिन्न प्रकार के संगीत को प्रभावित किया और किस सीमा तक उन संदर्भों ने नई प्रकृति के संगीत को पैदा किया? यह आलेख 1940 से लेकर 1960 के दशक तक तीनों भाषाओं में रचे संगीत, जिसे इप्टा की परंपरा में ही रखा जा जाता है, हालाँकि वे हमेशा इप्टा के बैनर के अंतर्गत नहीं रचे गए, की छानबीन करते हुए इन्हीं सवालों का सीमित ढंग से उत्तर तलाशने का प्रयास करता है। इसमें एक व्यापक समीक्षा की गई है और परंपरा की किसी संकीर्ण हदबंदी का प्रयास नहीं किया है। बहुत सारे गीत, जिन्हें एक विधा में रखा गया, वे कई श्रेणियों से भी जुड़े हुए हैं। निम्नलिखित व्यापक संगीत विधाओं को इप्टा की परंपरा के तहत रखा जा सकता है—1. लोकविधा, 2. शास्त्रीय संगीत की विधा, 3. अंतर्राष्ट्रीय वाम तथा फ़ासीवाद विरोधी आंदोलनों के गीतों का अनुवाद तथा उन्हें परिवर्तित कर अपनाना और 4. पश्चिमी हारमोनिक परंपरा।

सबसे पहले हम बात करते हैं लोकगान पर। इप्टा के गीतों में बड़े पैमाने पर लोकधुनों पर आधारित गीत हैं, जैसे—भटियाली का सीधा प्रयोग है। ख़ासतौर पर हेमांग बिस्वास व निर्मलेंदु चौधरी के द्वारा लिखे व गाए गए गीतों में यह लक्षित होता है। निर्बल पंडित व गुरुदास पाल बंगाल की अन्य संगीत-परंपराओं व रूपों की ओर झुकाव रखते थे। लोकसंगीत के भीतर ही ऐसे गीत भी रहे हैं जिन्हें 'नेटिव' कहा गया जहाँ सीधे प्रतिरोधक विषयों को आम संगीत धुनों के भीतर समाहित कर दिया गया। इसका एक उदाहरण हेमांग बिस्वास

द्वारा कीर्तन शैली में रचित 'रघुपति राघव माउंटबेटन' जैसा गीत है। इसी प्रकार गाजन द्वारा बंगाल के अकाल के बारे में व उत्तर प्रदेश के आल्हा तथा सपरी या मलयालम में खेवैयों के गीत। समाज के मूल जीवन से जुड़े ये गीत काफ़ी नाट्यपूर्ण व सादगी से भरे होते थे और इनमें हर तरह की धुनें व बोल शामिल हो सकते थे। इस प्रकार के संगीत का राजनीतिक संदेश वाले गीत-गान आदि में काफ़ी इस्तेमाल होता रहा। इसी प्रकार उन सरोकारों को भी समझना आवश्यक होगा जिन्होंने लोक-परंपरा के अंतर्गत गीतों की रचना व उनके संग्रहण को संभव बनाया। उल्लेखनीय है कि पी.सी. जोशी बंबई में इप्टा केंद्रीय घटक के संस्थापकों में से थे। उन्होंने पीपुल्स पब्लिशिंग हाउस द्वारा प्रकाशित लोकगीत के संकलन के उद्‌देश्य के बारे में लिखते हुए बताया कि विचारधारात्मक संघर्ष में लोकतांत्रिक संवेदना को सशक्त बनाने के लिए लोकसंस्कृति का पुनरुद्धार तथा उसे लोकप्रिय बनाना भी ज़रूरी होता है। इस पुनरुद्धार का यह मक़सद भी था, जैसे कि दस्तावेज़ में बताया गया, कि देश में विभिन्न इलाक़ों में लोक-संगीत की विशेषता से जुड़ी बहसों के बारे में बताना था और साथ ही किस सीमा तक लोक-संगीत आम जनों का संगीत है, इससे अवगत कराना था। जोशी के अनुसार, लोक-परंपरा को पुनरुज्जीवित करने का एक मुख्य उद्‌देश्य किसी एक भाषा समुदाय से जुड़े लोगों को दूसरे भाषानुयायियों की लोक-परंपरा से परिचित कराना है।...यह हर संस्कृति में मौजूद प्रतिक्रियावादी व उन्मादी तत्त्वों को कमज़ोर करेगा।...इसके अलावा लोकगीत विदेशियों को भी, चाहे वे पश्चिमी दुनिया के प्रगतिशील लोग हों या समाजवादी देशों के नागरिक, उन्हें भी अर्थपूर्ण प्रतीत होता है। इसी उद्‌देश्य के अनुसार प्रासंगिक समझे जानेवाले बड़ी संख्या में गीत थे, पारंपरिक व देसी जड़ों से जुड़े व आधुनिक। यह स्पष्ट है कि लोक-परंपरा को व्यापक अर्थों में परिभाषित किया गया और कोशिश की गई कि केवल राजनीतिक नारेबाज़ी को संगीतबद्ध करने तक ही सीमित न रहा जाए। लोगों की संवेदनाओं को व्यक्त करने के अतिरिक्त लोक-परंपरा के ज़रिये व्यापक राष्ट्रीय अस्मिता निर्मित करने व अंतर्राष्ट्रीय भाईचारा स्थापित करने की ज़रूरत भी अनुभव की गई। इन सभी उद्‌देश्यों में बहुलता भी दिखती थी पर वास्तव में लोकजीवन व लोकसंस्कृति के प्रयोग के बारे में ये भिन्न-भिन्न धारणाएँ रही हैं। कुछ ने इसमें प्रगतिशील सांस्कृतिक आंदोलन द्वारा लोगों के सच्चे संगीत के उद्‌घाटन के उद्‌देश्य को देखा ताकि आम जनों की अभिव्यक्ति को संभव बनाया जा सके और इसे संस्कृति के सच्चे देशी रूपों की तरह संरक्षित किया जा सके। उनके अनुसार केवल सच्चे पारंपरिक लोकगीतों से ही लोगों की भावनाएँ व्यक्त होती हैं और राजनीतिक सरोकारों को व्यक्त करने के लिए लोक-संगीत के रूपों का प्रयोग न केवल स्थानीय-देसी संस्कृति को विकृत करता है बल्कि लोगों को भी ख़ास अपील नहीं करता है। इसी प्रकार बड़ी संख्या में कार्यकर्ताओं ने लोकजीवन के मुहावरों को अपने दायरों से बाहर निकलने की दृष्टि से उपयोगी पाया। इसके अलावा व्यापक जनसमाज ख़ासतौर पर शहरी वर्गों में लोकसंगीत का प्रयोग विशेष तौर पर कारगर था। ऐसे लोग भी थे जिन्होंने लोकसंगीत व सादगी व स्पष्टता का प्रयोग एकदम आधुनिक विषयवस्तु की अभिव्यक्ति के लिए किया, या उन विषयों के लिए जिनका उस संगीत से ख़ास रिश्ता नहीं था। जैसे कि केरल में केपीएसी ने लोक-धुनों व रूपों को एकदम नए लोक-संगीत में ढाला और वे शीघ्र ही जनता की आवाज़ बन गए। संगीत के इन एक मुहावरों के माध्यम से लोक-संगीत की संरचना में नए आसानी

से गेय मनोरंजक तत्त्वों को सम्मिलित किया गया क्योंकि यह अनुभव किया गया था कि मलयालम की लोक-परंपरा थोड़ी एकरस व दोहरावमूलक है और सामाजिक परिवर्तन की लड़ाई के लिए उसमें एक नए सौंदर्य का प्रवेश ज़रूरी है। इसलिए केरल की प्रतिरोध से जुड़ी गान परंपरा ने चले आते हुए संगीत के परंपरागत रूपों का कम ही प्रयोग किया। मैं इस विषय पर बाद में लौटूँगी क्योंकि इस प्रवृत्ति ने संगीत व नाटक के ज़रिये मलयालम अस्मिता को भी परिभाषित किया। बंगाल व मुंबई में इप्टा ने हिंदुस्तानी शास्त्रीय संगीत पर आधारित गीतों के माध्यम से सांस्कृतिक आंदोलन को समृद्ध किया। शास्त्रीय संगीत में पारंगत संगीतकारों जैसे रविशंकर व ज्योतींद्र मोइत्रा इप्टा की केंद्रीय इकाई के प्रमुख सदस्य थे और उनके कई गीतों की जटिल शास्त्रीय धुनें होती थीं। इनमें अधिकांश समूह गान थे जिनके छोटे-छोटे हिस्से एक-एक गायक द्वारा गाए जाते थे। इनकी धुनें व प्रस्तुतियाँ जटिल थीं। ज्योतींद्र का 'नबजीबनेर गान' और रविशंकर का 'जागा देश हमारा' इसकी मिसालें हैं। इस तरह के गीत यह मानकर लिखे जाते थे कि सामाजिक संदेश देनेवाले वैकल्पिक संगीत को किसी भी हालत में मुख्यधारा के संगीत से कमतर नहीं होना चाहिए और नई धारा के लिए काम कर रहे कलाकार की प्रतिभा मुख्यधारा के या व्यावसायिक गायक की प्रतिभा से कम नहीं दिखनी चाहिए। पर 1950 के दशक के मध्य से प्रतिरोध के गीतों का लेखन कम हो गया। शायद इस कारण से भी कि शास्त्रीय संगीत में पारंगत लोगों को उन्हें गाने में ख़ासी मुश्किल आती थी। एक कारण यह भी था कि प्रतिरोधवादी संगीत-परंपरा ने सामूहिक गान से अपना संबंध अधिक जोड़ा और वे प्रायः 'बढ़े चलो' जैसे गानों के अधिक निकट थे।

अब हम राष्ट्रवादी गीतों की बात करते हैं। इस तरह के गीत भारत की सभी भाषाओं में प्रचुर मात्रा में लिखे तथा गाए गए। मलयामल में बालिकुंदीरंगले, बांग्ला में 'इशो मुक्त करो', रविशंकर का हिंदी में लिखा 'जागा देश हमारा' व मलयालम में 'जन गण मन' की धुन पर लाल झंडे की प्रशंसा में लिखा गया। इनमें से कई गीतों की जड़ें भारतीय शास्त्रीय परंपरा में थीं और सितार, वीणा, वायलिन, तबला व बिगुल की संगति में ऊँचे स्वरों में गाए जाते थे। इनमें से प्रायः सभी आंदोलित करने वाले थे। लोगों को उपनिवेशवाद व शोषण के ख़िलाफ़ खड़े होने के लिए प्रेरित करते थे। इसी प्रकार ढेरों ऐसे गीत भी थे, ज़्यादातर बांग्ला में व कुछ हिंदी में, जिन्होंने पश्चिमी संगीत-परंपरा को अपनाया। इनमें दो स्पष्ट प्रवृत्तियाँ थीं–सामूहिक गान थे जो अंतर्राष्ट्रीय प्रतिरोधवादी संगीत-परंपराओं के अनुवाद व अनुकूलन पर आधारित थे। इनमें से कुछ केवल प्रभाव ग्रहण करते थे। दूसरे प्रकार के गीत ऐसे थे जिनमें एकता-भाईचारे की भावना प्रधान थी। जैसा कि पहले भी कहा गया है कि इन गीतों में स्थानीय व राष्ट्रीय प्रवृत्तियों के साथ-साथ गहन अंतर्राष्ट्रीयतावाद भी मौजूद था। 1930 के दशक के बाद से ही भारत व विदेश के नाट्यकर्मियों तथा संगीतकारों में मेल-जोल बढ़ता जा रहा था।

परिणामस्वरूप अंतर्राष्ट्रीय प्रतिरोध आंदोलन से जुड़े प्रसिद्ध गीतों का अनुवाद होने लगा जैसा कि इंटरनेशनल व ला मर्सेलियाज का विभिन्न भाषाओं में अनुवाद। हेमांग बिस्वास ने पाल राब्सन व चीनी क्रांति के बारे में पश्चिमी धुनों पर आधारित गीत रचे। भूपेन हजारिका ने पाल राब्सन के मिसीसिपी को अपनी तर्ज़ पर ढालकर गंगा को व्यक्त किया। 1940 के

दशक के उत्तरार्द्ध में सलिल चौधरी ने 'हारमोनिक ट्रेडिशन' में गीत लिखे जिन्होंने भारत में संगीतबद्धता व गाने की मुख्य प्रवृत्तियों को पूरी तरह बदलकर रख दिया। आगे चलकर बंगाल में यह परंपरा व्यापक रूप से विकसित हुई और कुछ हद तक देश के अन्य हिस्सों में भी। इप्टा के संकलन का एक अहम हिस्सा देश के एक हिस्से के लोकगीतों को दूसरे हिस्से की लोकधुनों से जोड़ने के रूप में भी सामने आया। जैसे कि, केंद्रीय कमेटी के गीत-संकलन में ऐसे हिंदी गीत भी हैं जिन्हें तेलंगाना की लंबाडा धुनों तथा महाराष्ट्र की पोवाड़ा धुनों में ढाला गया। सलिल चौधरी के अत्यन्त लोकप्रिय गीत 'मानबो न बंधन ऐई' में आंध्रप्रदेश के किसानों के संगीत का प्रयोग किया गया। इनकी लोकप्रियता ने लोकजीवन के मुहावरों को व्यापक तौर पर लोकप्रिय बनाने और राष्ट्रीय अस्मिता निर्माण का आधार उपलब्ध कराया। इप्टा के नियमित सम्मेलनों ने देश के विभिन्न हिस्सों के बीच बहस व वैचारिक आदान-प्रदान में बड़ी भूमिका अदा की। इसी प्रकार साम्राज्यवाद तथा फ़ासीवाद विरोधी संघर्षों से पैदा अंतर्राष्ट्रीयतावाद के परिणामस्वरूप ग़ैर-भारतीय परंपराओं से भी संगीत व गीत लिये गए। पाल राब्सन की पश्चिमी धुनों का सीधा प्रयोग, ब्रेख़्त के युद्ध गीतों की तरह मलयालम व बांग्ला में फ़ासीवाद विरोधी युद्ध गीत लिखना, यूथ इंटरनेशनल इंटरनेशनल के 'ला मर्सेलेज' का अनुवाद व अनुकूलन आदि ने इन्हीं प्रवृत्तियों को व्यक्त किया।

अब मैं दो उदाहरणों के माध्यम से नई विधाओं की उत्पत्ति की ओर अपना ध्यान केंद्रित करूँगी। वे थीं केपीएसी (केरला पीपुल्स आर्ट क्लब) तथा उनके पूर्ववर्त्तियों द्वारा पैदा की गई नई लोक-परंपरा और दूसरा, सलिल चौधरी द्वारा प्रस्तुत कराई गई 'हारमोनिक ट्रेडिशन'। केपीएसी का संगीत जनवादी संगीत से जुड़े लोगों के मध्य विचारोत्तेजक बहस का परिणाम था। यह बहस इस पर थी कि किस प्रकार मलयाली लोगों की स्थितियों, आकांक्षाओं व इच्छाओं को संगीत के माध्यम से सबसे अच्छे तरीक़े से व्यक्त किया जा सकता है यानी कि इस प्रकार उसमें मलयाली अस्मिता को सही ढंग से उभारा जा सकता है। इससे पहले 'संगीतनाटकम्' के संगीत व नाटक की प्रभुत्वशाली लोकप्रिय व्यावसायिक परंपरा मूलतः तमिल संस्कृति से प्रेरित थी। मलयाली भाषायी अस्मिता के निर्माण के लिए मलयालीपन को व्यक्त करना ज़रूरी था और इसमें वामपंथ की भूमिका का ख़ास महत्त्व था। इस अस्मिता को परिभाषित करने में जिन नए जन-मुहावरों का प्रयोग किया गया, यह ज़रूरी था कि वे आम जनों द्वारा समझे जा सकें। वे इतने समृद्ध भी होने चाहिए थे कि लोगों की भावनाओं का वहन कर सकें। ऐसे संगीत के रूपतत्त्व के लिए एक ओर केरल के लोक-संगीत को अपनाने का विकल्प था तो दूसरी ओर कनार्टक संगीत-परंपरा का। पर आमतौर पर माना जाता था कि देसी संगीत-परंपरा लोगों को नए विचारों की ओर आकृष्ट नहीं कर सकती है क्योंकि देश के अन्य भागों की तरह केरल का लोक-संगीत भी अपने विन्यास, गूँज व आरोहण में काफ़ी सीमित प्रभाव वाला है। इसी प्रकार कर्नाटक संगीत के बारे में धारणा थी कि यह लोगों की साधारण भावनाओं को अभिव्यक्त करने की दृष्टि से बेहद सजावटी व व्यापक है और इसकी संरचना व संगीत नियम भी जटिल हैं। यह भी महसूस किया गया कि हिंदुस्तानी संगीत यानी उत्तर भारतीय संगीत अभिव्यक्ति के लिहाज़ से ज़्यादा स्वतंत्रता देता है क्योंकि इसमें एक ही राग को विभिन्न मनोदशाओं के अनुरूप ढालने की संभावना मौजूद है। उत्तर भारतीय संगीत के साथ लोगों का काफ़ी गहरा परिचय भी था क्योंकि मलाबार

में समृद्ध ग़ज़ल परंपरा थी और केरल में हिंदी फ़िल्म संगीत भी तेज़ी से लोकप्रिय हो रहा था। केपीएसी के गीत एक ओर उत्तर भारतीय संगीत के ज़रिये सपाट लोकधुनों के द्वारा सौंदर्यीकरण का काम कर रहे थे और वे ज़्यादा तामझाम के बग़ैर अधिक सचाई से चीज़ों को व्यक्त भी कर पा रहे थे। संगीत के शिल्प के साथ इस प्रयोगशीलता में नए गीतों को भी सम्मिलित किया गया जो नए उद्देश्यों को व्यक्त करते थे। संस्कृत या तमिल आधारित गीतों के स्थान पर गीत-संगीत के देसी, स्थानीय रूपों के प्रयोग पर अधिक बल था और उन चीज़ों को सजगता से उपेक्षित किया गया जो कोरी नारेबाज़ी पैदा कर सकती थीं। इन गीतों में किसानों व उनके परिवारों के जीवन के बारे में बातें थीं और सीधे वर्ग उत्पीड़न या शोषण की बात करने के स्थान पर प्रतीकात्मकता का सहारा लिया जाता था, जैसे–विपन्न किसान की लड़की को हँसिया के आकार के चंद्रमा की ओर आकृष्ट होते दिखाया जाता था। केपीएसी के गीतों में आम जनों के शुद्ध प्रेम को भी उभारा जाता रहा है। संगीत में इस नई जन-भाषा का लोगों ने बड़ा स्वागत किया और केपीएसी के नाटक तथा गीतों का पूरे राज्य में मंचन तथा प्रदर्शन किया गया। सलिल चौधरी के संगीत की 'हारमोनिक ट्रेडिशन' को भी इप्टा की प्रयोगशीलता में मील का पत्थर माना जा सकता है। इसने मौजूदा संगीत-परंपरा को विकसित किया, यहाँ तक कि उसे भी जो भारत में पश्चिमी शैली में मौजूद थी। 1940 के दशक तक भारतीय संगीत धुनों में पश्चिमी स्वर व वाद्य काफ़ी मात्रा में प्रयोग होते थे, ख़ासतौर पर बंगाल में। जैसे कि रबींद्र संगीत व ब्रह्म परंपरा के दूसरे संगीत में। इसी प्रकार पंकज मलिक व अन्य लोगों के संगीत में। पर इन प्रयोगों ने बुनियादी धुनों में राग के प्रयोगों, चाहे वे राग पश्चिमी स्वरों पर हों या नहीं, जैसी प्रवृत्तियों को भारतीय परंपराओं में सुरक्षित रखा। जब पश्चिमी वृंदवादन मुख्य धुनों के साथ प्रयोग किया जाता था तब वाद्यों में तारतम्य के कारण मूल धुन जैसा आनंद मिलता था, भले ही वाद्य ऐसे स्वर बजा रहे हों जो असल में धुन के भीतर न उपस्थित हों। इप्टा के लिए सलिल चौधरी का 1946 के नौसेना विद्रोह पर आधारित 'धेनु उठल्छे' का गीत कई नवीन धुनों से बना था जिसमें नए स्वर व वाद्यों का प्रयोग था और इस तरह से कि हर गाना दूसरे से भिन्न प्रतीत होता था। उन्होंने स्वरों में मौन, विभिन्न उप-धुनों की गति में अंतर, गान में समस्वरता व सुरीलापन, एक पर दूसरे का आरोप जैसे प्रयोग किए जो कि भारतीय गायक मंडली की विशेषता बन गई, पहले कलकत्ते में और उसके बाद मुंबई तथा मद्रास में। उनके लिए केपीएसी की तरह ही नए सौंदर्यशास्त्र के उद्भव का संबंध न केवल अंतर्वस्तु में बदलाव से बल्कि उसके रूप पक्ष में प्रयोग से भी था। पहले दो दशकों में इप्टा की संगीत-परंपरा के वे कौन-से पक्ष थे जो आगे भी नज़र आए? 1960 के मध्य से लेकर उसके उत्तरार्द्ध तक प्रतिरोधवादी संगीत-परंपरा ने रूप पक्ष के मामले में अपने को केवल सामूहिक गान की परंपरा तक सीमित रखा और एकल गायन धीरे-धीरे विलुप्त होते चले गए। मेरे विचार से यह काफ़ी दुर्भाग्यपूर्ण था। इप्टा के एकल गान, जिन्हें कभी-कभी समूह गान में गाया जाता था, काफ़ी प्रभावशाली थे और आसानी से राजनीतिक संदेश का वहन कर सकते थे। इनमें से ज़्यादातर अपनी प्रकृति में सीधे आंदोलनकारी न थे, पर श्रोताओं व दर्शकों की भावनाओं को झकझोर देते थे। अब इनमें से अधिकांश गीत भारत के वाम सांस्कृतिक आंदोलन में भुला-से दिये गए हैं। यहाँ तक कि सामूहिक संगीत-परंपरा में जो सबसे अधिक इस्तेमाल होता है वह है व्यंग्यात्मक लोक-सुर

जो हर स्थिति के बोल को व्यक्त कर सकते थे और उसका प्रयोग नुक्कड़ नाटकों में ख़ूब हुआ। एक और संगीत रूप काफ़ी लोकप्रिय हुआ और वह था समस्वरता की परंपरा जहाँ ढेर सारे वाद्य गीतों पर बजाए जाते थे और गीत के कई अलग-अलग टुकड़े होते थे। इप्टा ने नाटक को राजनीतिक अस्त्र के तौर पर प्रयुक्त किया और सच्ची वैकल्पिक सांस्कृतिक प्रस्तुतियों के लिए उन्हें विकसित किया। इसका उद्‌देश्य भारतीयों की सांस्कृतिक चेतना का नवनिर्माण करना था जो उन्हें बहुस्तरीय शोषण की अभिव्यक्ति के लिए सक्षम बनाए, उन्हें दमनकारी उपनिवेशवाद और उसके ढाँचे को उखाड़ फेंकने के लिए आंदोलित कर सके। इसके लिए एक नई राष्ट्रीय अस्मिता का निर्माण ज़रूरी था जो एक ओर परंपरा से जुड़ी हो तो दूसरी ओर प्रतिरोध तथा श्रमिक वर्ग के अंतर्राष्ट्रीय आंदोलनों से उसका जुड़ाव हो। संगीत और नाटक के माध्यम से इसे कैसे संभव बनाया जाए, इस पर इप्टा की क्षेत्रीय तथा राष्ट्रीय बैठकों में गंभीरता से विचार हुआ और इसी के बाद विभिन्न तरह की प्रयोगशील संगीत-परंपराएँ विकसित हुईं। देश के एक हिस्से के कला-संगीत की प्रवृत्तियों व प्रभावों का दूसरे हिस्सों में इस्तेमाल किया गया और यह संगीत की परिधियों को लाँघने की क्षमता व संगीतात्मकता की वैश्विकता को व्यक्त करता था। इससे वैकल्पिक सौंदर्यबोध व चेतना के विकास के पीछे निहित उद्‌देश्यों की स्पष्टता व उदात्त व असाधारण रचनाशीलता भी व्यक्त होती थी। इसीलिए वामपंथी सांस्कृतिक आंदोलन के उद्‌देश्यों को सबसे सटीक ढंग से इप्टा आंदोलन ही व्यक्त कर सकता है।

[अंग्रेज़ी से हिंदी अनुवाद : **वैभव सिंह**]

इप्टा और असम का संगीत

प्राची देउरी

वर्ष 1945 में सूरमा घाटी 'सांस्कृतिक दल' के साथ हेमांग बिस्वास समूचे असम की यात्रा पर निकले। इस यात्रा के दौरान यह दल तेज़पुर भी गया, जहाँ बिस्वास ज्योतिप्रसाद अगरवाला से मिले। उस समय अगरवाला संस्कृति के प्रतीक समझे जाते थे। इसी मुलाक़ात के बाद 1948 में इप्टा की असम राज्य समिति का गठन हुआ। अगरवाला समिति के अध्यक्ष बने और बिष्णुप्रसाद रावा उपाध्यक्ष। इस कालखंड में ज्योतिप्रसाद अगरवाला (1903-51) और बिष्णुप्रसाद रावा (1909-69) ने एक साथ कला संवर्द्धन का प्रयास किया। तीस के दशक के मध्य में उन्होंने संगीत के क्षेत्र में कई प्रयोग किए। मैं यह बताना चाहती हूँ कि उन दोनों की साझेदारी कैसे शुरू हुई और उस क्षेत्र में उनका क्या प्रभाव रहा।

रावा एक बहुआयामी व्यक्तित्व थे। आमतौर पर वे एक कम्युनिस्ट नेता के तौर पर जाने जाते थे जिसने मौज़ादारों के विरुद्ध सशस्त्र संघर्ष छेड़ने के लिए असम के किसानों को एकजुट किया। वे एक नर्तक, कलाकार, अभिनेता, नाटककार, फ़िल्म निर्माता और साहित्यकार के तौर पर जाने जाते थे। वर्ष 1945 और इसके पश्चात् वे रिवोल्यूशनरी कम्युनिस्ट पार्टी के सक्रिय सदस्य रहे तथा उसके बाद वह इसे छोड़कर भारतीय कम्युनिस्ट पार्टी में शामिल हो गए। 1920 के दशक में नौजवान रावा सविनय अवज्ञा आंदोलन में सक्रिय रूप से शामिल रहे थे। वर्ष 1926 में वे उच्च शिक्षा हेतु कलकत्ता चले गए थे; परंतु अंग्रेज़ पुलिस के उत्पीड़न के चलते उनकी शिक्षा बाधित हो गई। उनका कलकत्ता प्रवास महत्त्वपूर्ण था, क्योंकि यहीं वे शिशिर कुमार भादुड़ी और टैगोर परिवार सदृश संस्कृतिकर्मियों के संपर्क में आए। जब अन्ना पाव्लोवा कार्यक्रम प्रस्तुत करने कलकत्ता आईं तो रावा उनसे भी मिले। रावा उनसे प्रशिक्षित होना चाहते थे लेकिन कहा जाता है कि पाव्लोवा ने उनसे कहा, 'भारत में नृत्य सीखना बहुत आसान है। नृत्य से संबंधित हर चीज़ यहाँ मिलती है। यदि आप सारे भारत में बिखरे मंदिरों के पाषाण शिल्प की भंगिमाओं में केवल गति डाल दें तो आप अभिव्यक्ति से भरपूर नृत्य की रचना कर सकते हैं।' वर्ष 1930 में जब अंततः उन्हें असम जाना पड़ा तो उन्होंने संयुक्त असम की यात्रा शुरू की जिसमें वर्तमान असम, पूर्वी बंगाल (बांग्लादेश) का बृहत्तर सिलहट जनपद, मेघालय (गारो पर्वतीय जनपद तथा खासी व जयंतिया पर्वतीय जनपद), नागालैंड (नागा पर्वतीय जनपद व तुएनसांग क्षेत्र) तथा अरुणाचल प्रदेश (सादिया सीमांत एजेंसी और बालीपूर सीमांत एजेंसी) शामिल थे। पाव्लोवा से यह सूत्र लेकर रावा ने सभी वैष्णव धार्मिक केंद्रों का दौरा

करने का निश्चय किया। रावा ने ही शास्त्रीय नृत्य और संगीत को शास्त्र की परिधि से बाहर निकाला। वे स्वयं एक नर्तक थे, साथ में उन्होंने असम के विभिन्न स्थानों तथा इससे बाहर भी शास्त्रीय नृत्य के कार्यक्रम प्रस्तुत किए। वर्ष 1939 में उन्होंने काशी हिंदू विश्वविद्यालय में तांडव नृत्य प्रस्तुत किया। उन्होंने जतींद्रनाथ गोस्वामी जैसे नर्तकों की भी खोज की जो कालान्तर में इसके गहन अभ्यासी बने और नृत्य प्रदर्शनों के रूप तथा वस्तु के साथ प्रयोग किया। रावा ने इस क्षेत्र के विभिन्न भाषायी समूहों की संस्कृतियों की खोज की तथा इसे अपनी अन्य रचनाओं में सम्मिलित किया।

लगभग इसी समय ज्योतिप्रसाद अगरवाला एडेनबरा विश्वविद्यालय चले गए थे। वे 1933 में अपनी पढ़ाई अधूरी छोड़कर वापस आ गए। परंतु वे पश्चिमी शास्त्रीय संगीत व फ़िल्म निर्माण के ज्ञान से लैस होकर आए। वह तेजपुर के सबसे समृद्ध परिवारों में से एक के सदस्य थे जो पूर्व की दो पीढ़ियों से सांस्कृतिक कार्यों में संलग्न रहा था। अगरवाला के पितामह ने पंद्रहवीं तथा सोलहवीं शताब्दी के नव वैष्णव संतों शंकरदेव तथा माधवदेव के साहित्यिक कार्यों के प्रकाशन में महत्त्वपूर्ण भूमिका निभाई थी। अगरवाला के पिता परमानंद अगरवाला एक गायक और वादक होने के साथ बान थिएटर से तेजपुर संबद्ध कन्सर्ट के सदस्य भी थे।

रावा और अगरवाला की साझीदारी 1934 के लगभग आरंभ हुई, जब रावा ने अगरवाला की पहली असमिया फ़िल्म 'जॉयमती' (1935) के निर्माण में सहयोग किया। प्रारंभ में रावा ने ख़ुद जॉयमती पर फ़िल्म बनाने की योजना अपने कलकत्ता के अल्पजीवी फ़िल्म स्टूडियो में बनाई थी जिसे आर्गी पिक्चर्स कॉर्पोरेशन के नाम से जाना जाता था। दुर्भाग्य से उन्हें यह विचार धन के अभाव के चलते त्यागना पड़ा। अंततः उन्हें इसी कारण से अपना स्टूडियो भी बंद करना पड़ा। इसीलिए जब जॉयमती पर फ़िल्म बनाने की बात उठी, रावा ने अगरवाला से यह निर्माण कार्य शुरू करने का अनुरोध किया। अंततः अगरवाला ने 1934 में यह फ़िल्म प्रारंभ की और रावा एक महत्त्वपूर्ण सदस्य के रूप में इस टीम में शामिल हुए। मुख्यतः वे संगीत व नृत्य में सहयोग करते थे। इसी बीच उन्होंने अगरवाला के नाटक 'करेन्गार लिगिरी' (महल में दासी–जिसका प्रथम मंचन 1934 में हुआ) का संगीत निर्देशन किया जहाँ पहली बार श्रोताओं ने देशी और पश्चिमी वाद्य यंत्रों के संयोजन के साथ ठेठ असमिया धुनें सुनीं। यह मंचन इसलिए भी अहम था कि वाद्यवृंद में केवल महिलाएँ ही थीं। वर्ष 1935 से आगे उन्होंने उनके गीतों की रिकॉर्डिंग शुरू की जो इस क्षेत्र में बहुत लोकप्रिय हुए। ध्यान देने योग्य है कि इस समय रिकॉर्डिंग करना एक दुरूह कार्य था क्योंकि निकटतम रिकॉर्डिंग सुविधा कलकत्ता में उपलब्ध थी और इस तरह रिकॉर्डिंग कराने के लिए गायकों व वादकों के साथ रेलगाड़ी और फेरी की कलकत्ता तक की थका देनेवाली यात्रा करनी पड़ती थी। गायक सुदक्षिणा शर्मा ने इसमें से एक यात्रा के बारे में मुझे बताया था जो 1943 में की गई और जब वे मात्र नौ वर्ष की थी। उन्हें वैष्णव संत शंकरदेव पर आधारित एक नाटक की रिकॉर्डिंग में शामिल होना था। इसी बीच वह टाइफ़ाइड से पीड़ित हो गईं। वर्ष 1937 में ऐसी ही एक यात्रा के बाद टाइफ़ाइड से रावा की पत्नी का भी देहांत हो गया।

इस अवधि में उनके द्वारा रचित गीतों में राष्ट्रीय भाव निहित होते थे तथा वे गीत स्थानीय संस्कृति को भी प्रतिबिंबित करते थे। इस काल में रावा के गीतों में असम के किसानों का

ज़िक्र बहुत हुआ है। उन्होंने किसानों, मज़दूरों, महिलाओं और विभिन्न क़बीलों के लोगों पर लिखना शुरू किया। ऐसी ही एक रिकॉर्डिंग 'कशोटे कोलोसी लोई' (कमर पर मटके के साथ) गीत था जिसकी रचना रावा ने की थी। यह गीत दस वर्ष आयु के मास्टर भूपेन हजारिका ने (जैसा कि रिकॉर्डिंग लेबल पर लिखा है) 1936 में गाया था। यह गीत ग्रामीण जीवन को चित्रित करता है लेकिन सब लोगों के बीच रावा ने 'रोसोकी बाई' (चंचल बहन) के चरित्र को चुना जिसका ज़िक्र रावा के बाद के संगीत में भी है। असमिया में रोसोकी का अर्थ है– भाँति-भाँति के चरित्र जो अदाओं से भरपूर, चटकीली दिलफेंक औरतें। यद्यपि इसका उपयोग नकारात्मक है लेकिन रावा को इस चटकीली दिलफेंक औरत में बहुत संभावनाएँ दिखती हैं :

कशोटे कोलोसी लोई
जई ओ रोसोकी बाई
सपोनार सोफुरा सोजुकुरी लोई
सारागार अमिया भराई ओ रोसोकी बाई
जई ओ रोसोकी बाई
(कमर पर मटका रखकर
कहाँ चली हमारी रोसोकी बाई
अँखियों में सपनों की डलिया लिये
प्रेम के मधु से भरी हुई
कहाँ चली हमारी रोसोकी बाई)

रावा ने जब प्रगतिशील गीत लिखना शुरू किया तो यही रोसोकी बाई फिर से आ जाती है। उन्होंने असम की महिलाओं को प्रेरित करने के लिए यही रूपक पुनः लिया :

ओ रोसोकी बाई
जागो
दरवाजा खोलो
वक़्त कम है
सूरज राजा
मधु वर्षा करता है
पूर्व के सिंहासन पर बैठा

तीस के दशक के अंत में असम का राजनीतिक माहौल बदलने लगा, जब असम में कम्युनिस्ट पार्टी की शाखाएँ स्थापित होने लगीं। वर्ष 1938 में कम्युनिस्ट लीग (पश्चात् की रिवोल्यूशनरी कम्युनिस्ट पार्टी) के सौमेंद्रनाथ टैगोर आए और गुवाहाटी में रेडिकल इंस्टीट्यूट की स्थापना हुई। यह संस्थान मार्क्सवादी राजनीति में युवाओं को प्रशिक्षित करने का केंद्र बना। वर्ष 1939 में कम्युनिस्ट लीग की असम शाखा सदोऊ असम प्रगतिशील युवक संस्था के साथ स्थापित हुई। 1943 में गुवाहाटी में भारतीय कम्युनिस्ट पार्टी की असम शाखा गठित हुई। रावा रेडिकल इंस्टीट्यूट में सक्रिय रूप से संलग्न रहे और उन्होंने मार्क्सवादी साहित्य का गहन अध्ययन प्रारंभ किया। स्वतंत्रता आंदोलन के दौरान ज्योतिप्रकाश अगरवाला कांग्रेसी थे, परंतु कांग्रेस से उनका मोहभंग हो गया। इसी दौरान वह मार्क्सवादी विचारों से प्रभावित

हो गए। इसी अवधि में रावा व अगरवाला दोनों ने कलाकार या शिल्पी की भूमिका तथा समाज में संस्कृति की भूमिका के विषय में विचार करना तथा सिद्धांत प्रतिपादित करना प्रारंभ किया।

वर्ष 1945 में रावा रिवोल्यूशनरी कम्युनिस्ट पार्टी में शामिल हुए। इसी वर्ष में कानिहा में आयोजित बीहू सम्मेलन में दिये गए वक्तव्य में उन्होंने अपने कलासौंदर्य बोध का सार प्रस्तुत किया। इस वक्तव्य में उन्होंने असमिया संस्कृति की अपनी समझ का सार बताया और इस संस्कृति के उद्भव पर भी प्रकाश डाला।

उनका कहना है कि इस संस्कृति का आधार बीहू पर्व है जो कि इस क्षेत्र के हर समुदाय का ऋतु लोकपर्व भी है। उन्होंने शंकरदेव के विराट योगदान को भी स्वीकार किया। उन्होंने बताया कि शंकरदेव द्वारा सर्जित सत्रिय संस्कृति असम के आम लोगों की संस्कृति है। इसी के कारण यह कला और संस्कृति को धर्मनिरपेक्ष बनाने को प्रेरित हुए। असमिया साहित्य व संस्कृति हेतु भविष्य की कल्पनाओं को वे रचते रहे। उन्हें प्रतीत हुआ कि असम की संस्कृति में स्थिरता आती जा रही थी और यह पूर्व की बीसवीं शताब्दी के समाज को प्रतिबिंबित नहीं करती थी। वह दलित वर्ग के जीवन को साहित्य व कला में सम्मिलित करने के महत्त्व पर भी बोलते हैं परंतु वे यह भी इंगित करते हैं कि यह प्रतिनिधित्व उसी वर्ग के परिप्रेक्ष्य से होना चाहिए। वह सांस्कृतिक अभिव्यक्तियों के पूर्ववर्ती रूपों, जैसे–ओझा पाली, भाओना और सत्रिय संस्कृति को पुनःप्रतिष्ठित व आधुनिक बनाने की ज़रूरत पर भी बल देते हैं।

'अपने शिल्पीरपृथिवी' (1948) में अगरवाला बताते हैं कि प्रत्येक मानव एक कलाकार होता है जो एक स्वप्न या विचार को यथार्थ में परिवर्तित कर सकता है। लेकिन मानव के अंतर में निहित कलाकार को जगाने की ज़रूरत होती है और कलाकार की दुनिया को शीर्ष बिंदु तक ले जाने के लिए कलाकार को मानवता की समझ होनी चाहिए। इस काल तक अगरवाला की रचनाएँ पौराणिक आख्यानों, विशेषतः कृष्ण तथा उषा व अनिरुद्ध, में डूब गई थीं। यही मिथक उनके असम व तेजपुर की समझ से गहन संबंध रखते थे क्योंकि दोनों, वे और रावा, तेज़पुर व सोनितपुर को राजा बाणासुर का प्राचीन राज्य समझते थे और उषा अनिरुद्ध की कथा की जन्मभूमि भी। मार्क्सवादी साहित्य रचना शुरू करने के बावजूद अगरवाला ने इन पौराणिक कथाओं को ख़ारिज नहीं किया बल्कि उन्होंने इन कथाओं की पुनर्व्याख्या करना शुरू किया। उनका कहना है कि इतनी विभिन्न सभ्यताओं के बावजूद मानव अन्य समुदायों के प्राचीन बर्बर भय को नियंत्रित करने में सफल नहीं रहा। इसीलिए सभी समुदाय एक-दूसरे को नष्ट करने के लिए लड़ते चले जा रहे हैं। इसी के कारण समुदाय अपने स्वयं के द्वंद्वों के लिए भी अन्य संस्कृतियों को दोषी ठहराते हैं और इसी के चलते उनमें अपनी संस्कृति हेतु सम्मान नहीं रहा या संस्कृति को आत्मसात् करने में असफल रहे। यही इस दुनिया की अनसुलझी दुर्दशा है। उनका कहना है कि कृष्ण, ईसा, बुद्ध, मुहम्मद– सभी ने इस समस्या का हल खोजने का प्रयास किया और इसी तरह कुछ और लोगों ने, जैसे–मार्क्स, लेनिन, अरविंद, गांधी और असम के अपने शंकरदेव ने भी। प्रत्येक काल में हिंसा व शोषण का भिन्न रूप देखा गया है जिसे अगरवाला 'दुष्कृति' कहते हैं। वर्तमान काल-अवधि में पूँजीवाद तथा साम्राज्यवाद भी दुष्कृति है। इसी दुष्कृति के स्थान पर संस्कृति को लाना है। एक कलाकर्मी की समझ का यही प्रमुख दायित्व है।

अगरवाला के संगीत में भी यह नवचेतना व्यक्त हुई है। अगरवाला का एक अत्यधिक लोकप्रिय गीत है :

तोरे मोरे अलोकोरे जाना
अभ्यर्थ अभ्यर्थ
आमी पालू जीवनार अर्थ अभिनव
स्वागत स्वागत सतीर्थ
स्वागत स्वागत सतीर्थ
(प्रकाश की यह यात्रा
तेरी और मेरी
बेकार नहीं जाएगी
बेकार नहीं जाएगी
हमने पाए हैं जीवन के नए अर्थ
स्वागत, साथी, स्वागत
स्वागत, साथी, स्वागत)

यह गीत प्रकाश की यात्रा करती क्रांतिकारी चेतना के जन्म का उत्सव मनाता है। यह गीत 1948 में लिखा गया था जब असम में इप्टा की स्थापना हुई थी। शायद यह गीत इप्टा की यात्रा पर चलने के साथ उनकी ज़िंदादिली को भी व्यक्त करता है। गीत दिलचस्प है क्योंकि पहले तो यह रचना जटिल है तथा स्वर शास्त्रीय रागों पर आधारित है। दूसरे, भाषा अत्यन्त संस्कृतनिष्ठ है। अगरवाला प्रायः उत्साहपूर्ण मनःस्थिति में तथा जागरूकता (जागृति), क्रांति (विप्लव) जैसे अमूर्त विचारों पर लिखते समय भी संस्कृतनिष्ठ भाषा का प्रयोग करते हैं। शायद असमिया भाषा में अधिकांश अमूर्त और सिद्धांत प्रधान शब्दों के संस्कृतनिष्ठ होने का कारण भी ऐसे शब्दों का प्रयोग है।

यह गीत आज भी असम में लोकप्रिय है। असम में इप्टा गीतों के भविष्य का यह दिलचस्प पहलू है कि वे लुप्त नहीं होते, केवल उनका पूर्ववर्ती राजनीतिक संदर्भ लुप्त होता है। इस दृष्टि से यह गीत एक उदाहरण है। यह गीत अब अनेक सामाजिक समारोहों में स्वागत गीत जैसा गाया जाता है, वह नवागंतुकों हेतु पार्टी हो या सरकार द्वारा प्रायोजित सांस्कृतिक कार्यक्रम। शब्दावली में 'सतीर्थ' और 'कॉमरेड' का पूर्ववर्ती अर्थ लुप्त हो चुका है, अब इसका सरल अर्थ मात्र 'मित्र' है। क्रांतिकारी चेतना का आह्वान अब स्वागत के उत्साह में खो गया है।

अगरवाला के अनेक गीत कलाकार की भूमिका या पहचान पर केंद्रित हैं। एक अन्य गीत में वे कलाकार का ज़िक्र एक क्रांतिकारी कवि के रूप में करते हैं जिसकी यात्रा युग से युग तक है तथा जो अपने आँसू पोंछकर विश्व को प्रकाशित करता है।

रावा और अगरवाला पर बोलते हुए भूपेन हजारिका कहते हैं कि रावा की चेतना मिट्टी के क़रीब चलती है जबकि अगरवाला की चेतना मिट्टी से ऊपर चलकर भी उसके स्पर्श में रहती है। कला पर दोनों के बीच वार्तालाप हुआ हो, ऐसा ज्ञात नहीं है, ये दोनों थोड़े असमान परिप्रेक्ष्य के बावजूद एक-दूसरे के पूरक प्रतीत होते हैं। चालीस के दशक के उत्तरार्द्ध के दौरान रावा किसान के जीवन का लघु चित्र बनाते रहे, उनके चरित्रों के

प्रदर्शन की सूची में हाशिए पर रहकर जीवन व्यतीत करने वाला भाषायी समुदाय भी शामिल हुआ। उन्होंने 'बोल-बोल' जैसे गीत लिखे जो किसानों, मज़दूरों को लोभी भूस्वामियों और पूँजीपतियों के विरुद्ध संघर्ष छेड़ने के लिए प्रेरित करता है। इस गीत का प्रसंग शेली की कविता 'टू द मेन इन इंग्लैंड' में भी मिलता है। रावा का प्रक्षेपपथ अधिक दिलचस्प है, क्योंकि अगरवाला से भिन्न, वह आर.पी.सी.आई. से सक्रिय रूप से जुड़े रहे और जब 1948 में कम्युनिस्ट पार्टी पर प्रतिबंध लगा, उसी वर्ष असम में इप्टा का गठन हुआ, उन्हें भूमिगत होना पड़ा। वर्ष 1952 तक वह भूमिगत रहे और इसके पश्चात् उन्हें गिरफ़्तार कर लिया गया। उनके अधिकतर गीत इसी दौरान लिखे गए थे जब वे पुलिस से बचने के लिए गाँव-गाँव घूमते रहे और उसी समय साथ-साथ जहाँ भी वे गए, भू-स्वामियों के विरुद्ध सशस्त्र संघर्ष संगठित करते रहे। ऐसा संदेह है कि इस दौरान रचित उनके अनेक गीत ग़ायब भी हो गए हैं और आज जो गीत उपलब्ध हैं, इसलिए बच गए कि वे उन लोगों की स्मृतियों में थे जिन्होंने इन्हें सुना था तथा वे लोग जिन्हें रावा ने उस अल्पकाल में अपना गीत गाना सिखाया था।

शायद इसीलिए रावा के गीत अनेक विधाओं से संबंध रखते हैं, यात्रा के दौरान वे रागों को टुकड़ों में उठा लेते थे। उन्होंने जिन विधाओं का पता लगाया उनमें बोडो बैसागू गीत, असमिया बीहू गीत तथा टोकरी गीत या देहबीचरोर गीत हैं, जिन पर अब मैं बात करने जा रही हूँ। देहबीचरोर ऐसे गीत हैं जो प्रायः सारे असम में घुमंतू भिखारी या वैरागी गाते हैं। ऊपरी असम में इन्हीं गीतों को बोरागी कहते हैं। इन्हें टोकरी भी कहा जाता है क्योंकि यह चार तार के वाद्य यंत्र दोतारा के साथ गाया जाता है जिसे ऊपरी असम में टोकरी कहते हैं। समूचे क्षेत्र में संप्रदायों की गुप्त तांत्रिक क्रियाओं के साथ भी ये गीत जुड़े हैं जिनमें पूर्णसेवा, बरसेवा, बरखेलिया, गोपीधारा, रतिखोवा, करनीपटिया और रतिया संप्रदाय शामिल हैं। ये संप्रदाय मानव शरीर को मोक्ष प्राप्ति का माध्यम मानते हैं तथा इनके अधिकतर कर्मकांड शक्ति व शिव का मिलन कराने के लिए किए जाते हैं। उनके अनुसार, शरीर विश्व का प्रतीक है। 'शरीर विश्व महासागर में एक नाव के समान है, मस्तिष्क पतवार है, गुरु एक-समान दिशा दिखानेवाला है।' प्रयोगात्मक रूप से यदि हम समानांतर संस्कृतियों में देखें तो यह 'बंगाल के देहतत्त्व' जैसा है। इन धार्मिक संप्रदायों और वैष्णव संस्कृति के बीच घनिष्ठ संबंध है। इनमें से एक संप्रदाय रतिखोवा वैष्णववाद का एक ग़ैर-रूढ़िवादी संप्रदाय था जो तांत्रिक कर्मकांड का अभ्यास करता था। उनके गीतों में प्रायः शंकरदेव का प्रसंग गुरु के तौर पर आता है जो देह विचार के अभ्यासी भक्तों के दिग्दर्शक थे। मुख्यधारा के वैष्णव संतों ने प्रायः इस संप्रदाय की आलोचना की है।

रावा का एक गीत 'गुरु मोर शंकर' इसी संगीत से प्रभावित है। गीत का विषय शंकर देव के जीवन की एक घटना है। इसमें शंकरदेव और उनके शिष्यों की ऊपरी असम से, जो उस समय 1540 में अहोम राजा सुहंगमंत्र के शासनाधीन था, ब्रह्मपुत्र की धारा के साथ-साथ कूच बिहार, जिसका शासक नरनारायण था, तक की यात्रा का वर्णन है। उन्हें अहोम राज्य छोड़कर जाने के लिए बाध्य कर दिया गया क्योंकि वे ब्राह्मण पुजारियों के संरक्षक राजा द्वारा सताए जा रहे थे। उन्होंने नरनारायण के राज्य की ओर कूच करने का निर्णय लिया क्योंकि वह धर्म संप्रदाय के नाम की परवाह किए बिना सभी प्रबुद्ध व्यक्तियों का स्वागत

करने के लिए जाना जाता था। इस गीत में नदी की धारा के साथ-साथ जोखिम भरी यात्रा का वर्णन है।

शायद गीत में वर्णित यह यात्रा समूचे जीवन की कठिनाइयों का प्रतीक है और एक गुरु के रूप में राह दिखाने के लिए शंकरदेव का आह्वान किया जाता है, ठीक वैसा ही करने के लिए जैसा अपनी नदी की धारा के साथ की यात्रा में उन्होंने किया था। गीत की संरचना परंपरागत है, प्रारंभ और अंत एक टेक के साथ है जबकि गति के मुख्य भाग में मंगलाचरण के साथ चतुष्पद अंतर्निहित हैं। प्रत्येक चौपाई (चटुष्पद) की पहली पंक्ति एक कष्ट का बयान करती है और तत्पश्चात् दो पंक्तियाँ सांत्वना की राह दिखाती हैं। इस प्रकार गीत की लय आशा और निराशा के बीच हिचकोले लेती रहती है। यह गीत क़रीब-क़रीब मानवीय कष्टों का रूपक बन जाता है :

ओ गुरु मोर शंकर
तोरी बोरे कीनो उपाय
.....ओ गुरु ओ
एई नाव खोनिते शीले भरा दिला
नाव बुड़ बुड़ करे
नाव बुड़ो उरेवी सीरी शंकर गुरु
आपुनि काँध पाती ढोरे, ओ गुरु
ओ मेरे शंकर गुरु
(मैं ख़ुद को कैसे मुक्त करूँ
ओ गुरु तूने नाव को पत्थरों से भर दिया
नाव डूब रही है
नाव डूबते देख, ओ शंकर गुरु
तुम इसे अपने कंधे पर ढोते हो।)

महत्त्वपूर्ण यह है कि गीत वैष्णववाद के हाशिए पर रहे एक संप्रदाय द्वारा प्रभावित है। यह वैष्णववाद की संस्कृति को जन-जन के क़रीब लाता है, इस तरह, उनके इस विचार को उनकी रचनाओं में समाविष्ट करता है कि वैष्णव संस्कृति वास्तव में असम के जनसाधारण की संस्कृति है और इसे सत्र की सीमाओं में पवित्र या संरक्षित करने की आवश्यकता नहीं है।

रावा और अगरवाला की रचनाओं तथा उनकी संस्कृति की समझ में मुझे रहस्यमय यह लगता है कि वे भूत, भविष्य व वर्तमान के बीच चलते हैं। उनके सिद्धांत में यह मार्क्सवाद को पहले से ही अस्तित्व में रही धार्मिक धारणा के साथ बुनने का एक प्रयास है और इस प्रक्रिया में, यह दोनों को तत्कालीन स्थानीय परिस्थितियों के अनुरूप संशोधित करने का भी प्रयास है। यह उनकी रचनाओं और प्रस्तुतियों के प्रक्षेपपथ में भी प्रतिबिंबित होता है। उदाहरण के लिए, अपने मार्क्सवादी चरण में बिष्णुप्रसाद रावा उन बहुत-से गीतों को त्याज्य नहीं मानते जो उन्होंने तीस के दशक में बनाए थे, जब वे इप्टा में शामिल नहीं थे। वे अपने पूर्ववर्ती गीतों का उपयोग नए संदर्भ में करते हैं। उनमें से अधिकतर को वे इप्टा आंदोलन का हिस्सा भी बना लेते हैं। उनका संगीतनाटक *मुक्ति देओल* (1950) एक ऐसा ही उदाहरण है जहाँ

वे अपने सभी पुराने गीतों का उपयोग करते हैं और वर्गीय चेतना को जागरूक करने की कथाओं में उसे बुनते हैं। नाटकों में ये गीत लगभग ऐतिहासिक क्रम में प्रस्तुत होते हैं और इनका अंत उनके अधिक क्रांतिकारी गीत जैसे 'बोल-बोल बोल-बोल' से होता है। जैसा कि पहले प्रारंभ हुआ, उनके बाद के गीत भी उनके पहले के गीतों से अंतःनिर्देश बनाते हैं जहाँ उन्हें एक नया संदर्भ और नया अर्थ दिया जाता है, जैसे–'कशोटे कोलोसी लोई' जिसका ज़िक्र मैंने पहले भी किया है। इससे मेरा प्रश्न भी उठता है कि क्या है जो इस गीत को क्रांतिकारी बनाता है? क्या यह गीत की अपनी प्रकृति है या वह संदर्भ जिसमें यह गाया गया है?

यह तब अधिक अहम हो जाता है जब मैं रावा और अगरवाला के गीतों के भविष्य जीवन को देखती हूँ और असम के संगीत पर उनके प्रभाव को देखती हूँ। रूप और वस्तु दोनों स्तरों पर यह प्रभाव देखा गया है। ये भूपेन हजारिका, दिलीप शर्मा, सुदक्षिणा शर्मा, रुद्रा बरुआ, केशव महंता, खगेन महंता, लोकनाथ गोस्वामी तथा कई अन्य संगीतकारों व गीतकारों को प्रभावित करते हैं, जो अपना संगीत प्रस्तुत करते रहे, स्थानीय विधाओं का पता लगाते रहे तथा अपने अंचल के जनसामान्य के लिए गाते रहे। अपनी लोक-संस्कृति में दिलचस्पी के चलते ही रावा ने लोक-कलाकारों की खोज की जैसे गोलपरिया लोकगीतों के गायक, प्रतिमा बरुआ पांडेय और लोक नगाड़ा वादक मोघई ओझा। सी.पी.आई. में विभाजन के बाद इप्टा भी बँट गया और धीरे-धीरे यह आंदोलन समाप्त हो गया क्योंकि कलाकारों के पास मिलने के लिए कोई साझा आधार नहीं रह गया था। फिर भी रावा और अगरवाला के गीत लुप्त नहीं हुए। वस्तुतः रावा के अनेक गीत, कुछ जो वास्तव में प्रतिबंधित थे, उनकी मृत्यु के बाद वैध हो गए जब 1979 में असम आंदोलन की शुरुआत हुई। इस अवधि में ऑल असम स्टूडेंट्स यूनियन ने रावा के गीतों की लोकप्रियता का लाभ उठाया और इनका उपयोग लोगों को संगठित करने के लिए किया। अब, रावा और अगरवाला दोनों के गीत मध्य वर्ग द्वारा स्वीकार कर लिये गए हैं और उन्हें 'रावा संगीत' तथा 'ज्योति संगीत' का नाम दे दिया गया है। ज्योति संगीत व रावा संगीत के अंतर्गत वे गीत हैं जिनके साथ असम में बच्चों की संगीत-शिक्षा शुरू होती है। समूचे असम में अगरवाला और रावा की पुण्यतिथियाँ मनाई जाती हैं। सरकारी संस्थानों में इसे शिल्प दिवस और रावा दिवस के रूप में मनाया जाता है। रावा को कला गुरु की मान्यता मिल गई है। दूसरी और वाम रुझान वाले बुद्धिजीवी रावा और अगरवाला की रचनाओं के क्रांतिकारी पक्ष को पुनः प्राप्त करने का प्रयास कर रहे हैं। दिलचस्प यह है कि उनमें वे संदर्भ अंतर्विरोधी भी हैं जिनमें ये गीत गाए जाते हैं। उदाहरण के तौर पर, गत वर्ष, जब अखिल गोगाई के नेतृत्व में कृषक मुक्ति संग्राम समिति ने दिसपुर से गुवाहाटी की राजधानी की ओर कूच किया तो वे वही बिष्णु रावा गीत गाते रहे। इसके मुक़ाबले असम सरकार ने अपनी स्थिति को न्यायोचित ठहराने के लिए ऐसे पोस्टर व विज्ञापन जारी किए जिनमें यही गीत थे। इस प्रकार असम में इप्टा के गीत भुलाए नहीं गए हैं, बल्कि इनके साथ जो हो रहा है, वह अधिक चिंताजनक है। ये गीत अपना मूल संदर्भ खो चुके हैं। लेकिन फिर भी, इस दुर्दशा को समझने का दूसरा नज़रिया यह है कि शायद विभिन्न विरोधी समूह इन गीतों की विशद लोकप्रियता का लाभ उठाने के लिए संघर्ष कर रहे हैं। गीतों की अपनी प्रकृति भी शायद एक वजह है। गीत अभिव्यक्ति के अत्यन्त

तरल रूप हैं जो हरेक प्रस्तुति के साथ बदल जाते हैं। यही इसकी शक्ति और कमज़ोरी दोनों हैं। समकालीन समाज के अनुकूल बनाने के लिए संगीत में सतत प्रयोग व नए सिरे से काम करने की ज़रूरत होती है। इसीलिए यह जानने के लिए अधिक विस्तृत अध्ययन की भी ज़रूरत है कि गीत किस तरह श्रोता को प्रभावित करते हैं तथा सामाजिक आंदोलनों में किस प्रकार की भूमिका अदा करते हैं।

[अंग्रेज़ी से हिंदी अनुवाद : **डॉ. सर्वेश दत्त त्रिपाठी**]

आंदोलन के गान से गान के आंदोलन तक

देवेश राय

> बंग-भंग आंदोलन के समय का स्वदेशी गान, खुदीराम की फाँसी का गान, संत्रासवादी युग का गान, मुकुंददास का जात्रा गान आदि ने हमारे देश के हज़ारों-हज़ार लोगों को एक दिन देशप्रेम के लिए जाग्रत किया था। आज देश का सब तरह से संकटमय समय है। जब धन, मान, इज़्ज़त, जीवन, शिल्प, साहित्य—सभी आसन्न ध्वंस के मुँह में जा रहे हैं, तब जन-युद्ध के गानों का वह काम और भी सौ गुना बढ़कर देश के प्रत्येक व्यक्ति को (धन को) स्वदेशीयता, देश-रक्षा और स्वाधीनता के लिए जाग्रत करेगा।
>
> किंतु यह सिर्फ़ 'स्वदेशी' शासनकाल की स्वदेशीयता का पुनरुज्जीवन नहीं है। बलिष्ठ देशप्रेम के साथ इस गान के बीच फ़ासिज़्म (फ़ासीवाद) के प्रति दुर्जय संकल्प, व्यापक अंतर्राष्ट्रीय दृष्टि और मज़दूर-किसानों के जीवन और संघर्षों की कथाएँ आकर मिलती हैं। फलस्वरूप उन दिनों की स्वदेशीयता और समृद्ध एवं सुसंगत हो उठती है। इस कारण इन गानों की सहज कथा के बीच भावी संस्कृति के संकेत प्रत्यक्ष रूप से आते दिखते हैं।[1]

परवर्ती समय में जन-नाट्य संघ के नाम के साथ स्वर, वाणी और गायन का जो समन्वित समग्र संगीत बांग्ला संस्कृति के निजी उपादान के रूप में परिणत हुआ, उसके आरंभिक युग के परिप्रेक्ष्य में बिनय राय की उक्त टिप्पणी बिलकुल निर्दिष्ट और स्पष्ट है। उस संगीत का जन्म-योग स्वदेशी आंदोलन के संगीत के साथ, उस संगीत का कर्मयोग राजनीति के समकालीन आंदोलन के साथ, उस संगीत का मर्मयोग मज़दूर वर्ग की अंतर्राष्ट्रीयता के साथ था। रवींद्रनाथ ने जिस तरह बाउल, जारिगान, बांग्ला मुसलमान के लोक-गान और कीर्तन के अवयवों का व्यवहार करके स्वदेश के संग स्वदेशी युग की परस्पर मेलजोल की आकांक्षा को शिल्प का रूप दिया था, जन-संगीतकारों ने उसी तरह बांग्ला के विभिन्न संप्रदायों में निहित बहुवर्णी कविता और विविध सांगीतिक ढाँचे में सक्रिय किसानों द्वारा रचित गंभीर गहरी देशीयता को श्रेणीबद्ध करने की आकांक्षा को शिल्प का रूप दिया और इसके साथ थी—बांग्ला के गीतकारों की आधुनिक परंपरा या संस्कृति।

जन-नाट्य के गान के रूप में परिचित, संगृहीत और रचित गानों की विश्लेषणात्मक आलोचना करें तो स्पष्ट होगा कि वह बांग्ला-संगीत को किस रूप में पुष्ट करता है। इस

1. 'जनयुद्धेर गान', फ़ासिस्ट विरोधी लेखक शिल्पी संघ की ओर से सुभाष मुखोपाध्याय कृत मई, 1943 में प्रकाशित तृतीय संस्करण की बिनय राय द्वारा लिखी गई भूमिका।

संगीत की प्रमुख विशिष्टता थी—इसका संघबद्ध, संगठित और उद्देश्यमूलक गान। इसी कारण इन सब गानों के ख़ूब अभ्यस्त श्रोता और ख़ूब निश्चित भाव के बारे में संभवतः कह नहीं सकते, वे गाने कथाकार के लिखे या सुरकार के दिये हुए थे।

संगीत की इस संघबद्धता और सांगठनिकता के साथ अलग से एक-एक गान का मनोरंजन और बांग्ला गान की धारा के साथ इस मनोरंजन का द्वंद्वात्मक ऐतिहासिक रिश्ता सांगीतिक गवेषणा का विषय उचित ही है।

किंतु इस संघबद्धता और संगठन का एक बाहरी चेहरा है। चालीस के दशक में बंगाल की कम्युनिस्ट पार्टी की राष्ट्रीय राजनीति की पटभूमि पर अन्यान्य फ्रंटों की तरह शिल्पी-साहित्यिकों के फ्रंट की भी तैयारी हुई थी। किंतु उसके भीतर संगीत-नाटक के संगठन ने उसके स्वरूप को जन-आंदोलन की भित्ति पर सांगठनिक शृंखला के भीतर ऐसी शिल्प-सफलता दिलाई, जिससे वस्तुतः वह राष्ट्रीय संगठन में परिणत हो गया।

कम्युनिस्ट पार्टी के नेतृत्व में रचित, संगृहीत, संगठित इस नए नाटक और गान ने भारत, विशेष तौर पर बंगाल की संस्कृति में संपूर्ण रूप से नवीन योगदान किया। इस नवीनता ने सिर्फ़ आंगिक और विषय संबंधी शिल्पगत योगदान नहीं किया—मंच निर्माण, मंच का दृश्य भाग, मंच-सज्जा, प्रकाश और संगीत व्यवहार, अभिनय पद्धति, गायन, कोरस गान का प्रक्षेपण, डिस्कर्ड और हार्मनाइजेशन का व्यवहार, दर्शक और श्रोता की हिस्सेदारी—इन सबमें बांग्ला नाटक एवं संगीत-रचना के प्रयोजन के प्रत्येक स्तर पर क्रांति हो गई।

यह धारा जो सिर्फ़ तात्कालिक आवेग या सामयिक राजनीति की आनुषंगिक नहीं थी, और समकालीन इतिहास की गहराई से निकली थी और यह धारा जो रचनाशीलता की चिर-कालिक प्रेरणा से युक्त थी, उसके अन्यतम प्रमाण हैं—इस धारा के अन्यतम पुरोधा शंभु मित्र जो वर्तमान भारतीय नाट्य क्षेत्र के निर्विवाद रूप से श्रेष्ठ स्रष्टा हैं। *नवान्न* के लेखक और सह-निर्देशक बिजन भट्टाचार्य चालीस (1940) की उस धारा के वृहत्तर और आधुनिक तात्पर्य को वर्तमान के निरीक्षणमूलक तथापि ज़मीन से जुड़े अनेक नाट्य प्रयासों, विशेष रूप से 'गर्भवती जननी' में प्रसारित करते हैं।

पुनः संगीत के क्षेत्र में उस शुरू के युग के श्रेष्ठ उपादान परवर्ती समय में किसी एक संगीतकार या गायक के क्षेत्र में समाविष्ट नहीं हुए और सम्मेलक गान और सिनेमा-संगीत के ऊपर उस धारा का प्रभाव प्रायः निर्द्वंद्व रहा, जो अब भी है। रवींद्रोत्तर बांग्ला के सर्वश्रेष्ठ संगीतकार ज्योतिरींद्र मैत्र संगीत की उस धारा के श्रेष्ठ प्रतिनिधि हैं।

फ़ासीवाद विरोधी लेखक और शिल्पी संघ और उसके ऊपर भारतीय जन-नाट्य संघ में कलकत्ता का छात्र व युवा समाज संगठित हुआ, जिससे इस जन-संगीत और नाट्य आंदोलन की कुछ संगठित प्रस्तुति शुरू हुई थी। कलकत्ता के यूथ कल्चरल इंस्टीट्यूट में या वाई.सी.आई. जन्मवर्ष 1943, मुख्यतः छात्र-छात्राओं के प्रतिष्ठान, तत्काल छात्र जीवन से निकले कई युवक और युवतियाँ इंस्टीट्यूट से घनिष्ठ रूप से जुड़े थे। नए लेखक, कवि, नाट्य-प्रयोजक, अभिनेता, और गायकों के सम्मेलन से एक साथ अंग्रेज़ी नाटक और बांग्ला सम्मेलक गान का एक मोटामोटी संगठित और सामाजिक बोध से संपन्न नया प्रयोजन-प्रयास देखा गया था। इस संगठन के साथ जुड़े थे संगीत-शिल्पी देवव्रत बिस्वास, जो बाद के दौर में जन-नाट्य संघ के संगीत आंदोलन के अन्यतम प्रधान नेता बने और सुजाता मुखोपाध्याय जो जन-नाट्य संघ

की उल्लेखनीय शिल्पी थीं। इस संगठन से जुड़े चिन्मोहन सेहानवीस परवर्ती समय में जनसंस्कृति आंदोलन के अन्यतम प्रधान संगठक बने।

इस कार्य में वि.पि.एस.एफ़. के सांस्कृतिक समूह की सब तरह से संगठित भूमिका थी। उस समय बंगीय प्रादेशिक छात्र फ़ेडेरेशन की सांस्कृतिक उपसमिति के संपादक थे सुभाष मुखोपाध्याय। यह समूह अपनी और पार्टी के आंदोलन और कार्यों को गानों और नाटक के फ़ॉर्म में ढालने की कोशिश करता था। कम्युनिस्ट पार्टी के अवैध होने के बाद छात्र फ़ेडरेशन के प्लेटफ़ॉर्म ने उस समय पार्टी के कार्यों का प्रचार करने में पर्याप्त प्रभावी भूमिका निभाई थी।

वर्ष 1941 के 22 जून को नाज़ी जर्मनी ने समाजतांत्रिक पितृभूमि पर हमला किया। भारत की कम्युनिस्ट पार्टी ने जनयुद्ध की नीति अपनाई।

अखिल भारतीय छात्र फ़ेडरेशन के पटना सम्मेलन में इस जनयुद्ध की कार्यसूची को ग्रहण किया गया। बांग्लादेश के छात्र-प्रतिनिधियों ने पटना से जनयुद्ध का गान 'वज्रकंठे तोलो आवाज़' (वज्रकंठ से उठी आवाज़) गले में धारण किया और उसे लेकर वे कलकत्ता से लेकर पूरे बंगाल की तमाम दूसरी जगहों पर गाते फिरे। यह गान भारत का आदि-जनयुद्ध गीत है। छात्रों का जत्था गाँव-गाँव के लिए चल पड़ा, यहाँ तक कि वे बम से ध्वस्त हो चुके सीमांत शहर चटगाँव तक गए।[1]

इसी दौर में सोवियत (संघ) से प्रभावित होकर लगभग साथ-साथ कलकत्ता में सोवियत समिति की स्थापना हुई।

छात्रों के उस दिन के सम्मेलक गान में किस तरह सदा से प्रचलित और तात्कालिक (सांप्रतिक) के बीच बंधन क़ायम हुआ, उसकी झाँकी हमे बंगीय प्रादेशिक छात्र फ़ेडेरेशन के तत्कालीन संपादक शंकर रायचौधुरी द्वारा खुलना गांधी पार्क में 4-5 अप्रैल को आयोजित 'बंगीय प्रादेशिक छात्र सम्मेलन' के दस्तावेज़ के इस प्रासंगिक अंश में मिलती है : 'सम्मेलन के प्रारंभ में रवींद्रनाथ, इक़बाल एवं छात्र-कवि सुभाष मुखोपाध्याय रचित संगीत-गीत की प्रस्तुति होने के बाद सभापति द्वारा लाया गया शोक प्रस्ताव ग्रहण किया गया।'[2]

एक ओर बंगीय प्रादेशिक छात्र फ़ेडरेशन और दूसरी ओर सोवियत सुहृद संघ ने संपूर्ण बंगाल के शिल्पियों-साहित्यिकों और बुद्धिजीवियों के भीतर फ़ासीवाद विरोधी प्रचार शुरू किया।

इसी समय 1942 के 8 मार्च को ढाका के तरुण साहित्यिक सोमेन चंद फ़ासिस्ट गुंडों के हाथों मारे गए। इस घटना से स्तब्ध बंगाल के शिल्पी-साहित्यिकों की एक सभा आयोजित

---

1. '...1 दिसंबर, 1942 को पूर्वप्रांत पर जापान के हवाई आक्रमण ने आसन्न फ़ासिस्ट संकट के प्रति बुद्धिजीवियों को और सजग कर दिया। छात्रों की एक 'संस्कृति वाहिनी' नाटक, गान और दीवार-पत्र के माध्यम से पूर्व बंग के ज़िलों में जापान विरोधी मनोभाव पैदा करने लगी। तरुण कवि सुभाष मुखोपाध्याय का गीत 'वज्रकंठे तोलो आवाज़' इस समय बेहद लोकप्रिय हुआ।'
'संस्कृति आंदोलनेर नूतन धारा', चिन्मोहन सेहानवीस। *जनयुद्ध*, द्वितीय वर्ष, प्रथम संख्या, 28 अप्रैल, 1943। दीपेंद्रनाथ बंद्योपाध्याय द्वारा संपादित, *प्रतिरोध प्रतिदिन* से उद्धृत।
2. साप्ताहिक *जनयुद्ध*, प्रथम वर्ष, प्रथम संख्या, 1 मई, 1942। *प्रतिरोध प्रतिदिन* से उद्धृत।

हुई। वस्तुतः इस सभा के प्रधान कर्ता-धर्ता छात्र ही थे।[1] अतुलचंद गुप्त इस कमेटी के सभापति थे, सह-संपादक थे विष्णु दे और छात्र कवि मुखोपाध्याय। बाद में इसी साल 19 और 20 दिसंबर को एक सम्मेलन में फासिस्ट विरोधी लेखक-शिल्पी संघ की स्थायी कमेटी का गठन हुआ। रामानंद चट्टोपाध्याय इसके सभापति बनाए गए, जबकि दोनों संपादक अपरिवर्तित रहे, किंतु इस प्रथम सम्मेलन के बाद बंगीय प्रादेशिक छात्र फ़ेडरेशन की सांस्कृतिक उपसमिति और फ़ासिस्ट विरोधी लेखक-शिल्पी संघ के कर्ता-धर्ता सांस्कृतिक क्षेत्र में, विशेषकर गान और साहित्यिक आंदोलन की ओर अग्रसर हुए थे। इन दो संस्थाओं के अन्यतम संपादक थे सुभाष मुखोपाध्याय। वर्ष 1942 के 4 और 5 अप्रैल को बंगीय प्रादेशिक छात्र फ़ेडरेशन के खुलना सम्मेलन के उपलक्ष्य में *प्राचीर* नामक एक फ़ासिस्ट विरोधी काव्य-संकलन प्रकाशित हुआ। इस संकलन के अन्यतम संपादक के रूप में अजय दासगुप्त का नाम छपा था। उनके साक्ष्य से पता चलता है कि उस संकलन का असल में संपादन किया था सुभाष मुखोपाध्याय ने। जुलाई, 1942 में फ़ासिस्ट विरोधी लेखक-शिल्पी संघ की ओर से सुभाष मुखोपाध्याय द्वारा तैयार किया गया (संपादित) *'जनयुद्धेर गान'* प्रकाशित हुआ और सुभाष मुखोपाध्याय के संयुक्त संपादन में *एकसूत्र* शीर्षक से एक काव्य-संकलन प्रकाशित हुआ। (अत्यधिक माँग के कारण गानों के इस संकलन को महज़ दो महीने के अंदर दूसरी बार छापना पड़ा। इस संस्करण की दो हज़ार प्रतियाँ ख़त्म होने के बाद मई, 1943 में *'जनयुद्धेर गान'* का तीसरा संस्करण प्रकाशित हुआ।) 1942 के ही दिसंबर महीने में फ़ासिस्ट विरोधी लेखक-शिल्पी संघ के पहले सम्मेलन के उपलक्ष्य में ग़ुलाम कुद्दूस और सुभाष मुखोपाध्याय के संयुक्त संपादन में *एकसूत्र* शीर्षक से काव्य संकलन प्रकाशित हुआ।

(ये सारे तथ्य 'प्रतिरोध प्रतिदिन' की विभिन्न रचनाओं और संपादकीय टिप्पणियों से संगृहीत किए गए हैं।)

ये संकलन और 'जनयुद्धेर गान' प्रमाण हैं कि वास्तव में वर्ष 1942 के बीचोबीच फ़ासिस्ट विरोधी लेखक-शिल्पी संघ ने बुद्धिजीवियों-साहित्यिकों और शिल्पियों को एकत्र करने का काम शुरू किया था, जिससे धीरे-धीरे एक फ़ासिस्ट विरोधी संगठन तैयार होकर उठ खड़ा हुआ और बंगाल की, विशेषकर कलकत्ता की, सांस्कृतिक जगत् की नाना धाराएँ आकर इस फ़ासिस्ट विरोधी संगठन में शामिल हो गई थीं।

गान के क्षेत्र में उसको नेतृत्व बिनय राय ने दिया। वह प्रचलित अर्थ में गायक नहीं थे। लेकिन उनमें गान गाने की एक स्वाभाविक क्षमता थी और उनकी कंठ-संपदा असाधारण थी। चालीस के दशक के शुरू से वे ट्रेड यूनियन से जुड़े थे। मज़दूर-सभाओं में गाने भी गाते थे। नवीन संस्कृति के आंदोलन में बिनय राय की पुकार हुई। उनको लेकर तत्कालीन

1. 'बंगीय प्रादेशिक छात्र फ़ेडेरशन के प्रयत्न से 28 मार्च को यूनिवर्सिटी इंस्टीट्यूट लाइब्रेरी के हॉल में फ़ासिस्ट विरोधी लेखकों का एक सम्मेलन हुआ था। आयोजन के आरंभ में एक छात्रकर्मी बांग्ला के प्रगतिशील साहित्यिकों के पास एक आवेदन ले गया था। किस विषय से जुड़ा आवेदन था? शत्रु दौड़ा चला आ रहा है। इस देश की स्वाधीनताकामी जनशक्ति और युवाशक्ति उसको रोकना चाहती है। इस आसन्न जनयुद्ध को साहित्यिकों की वाणी ईंधन ऊर्जा दे, उनकी भाषा प्रेरणा दे। बांग्ला के छात्र समाज की ओर से बांग्ला के लेखक समाज के पास यही आवेदन था।' *कथा प्रसंगे,* श्री अनामी (स्वर्णकमल भट्टाचार्य)। *अरनि,* 3 अप्रैल, 1944। *बांग्ला फ़ासिस्ट विरोधी ऐतिह्य* से उद्धृत।

ट्रेड यूनियन और लेखक-शिल्पी संघ में काफ़ी दिनों तक तनातनी बनी रही। आख़िरकार उन्होंने पूरी तरह संघ को सहयोग दिया।

इस विषय में कोई संदेह नहीं है कि मुख्य रूप से बिनय राय के नेतृत्व-गुण के कारण संघ का गान-दल स्वतंत्रता पाकर बड़ा हो गया, संघ के भीतर गान-दल और नाट्य-दल का स्वाधीन विकास हुआ। इस प्रसंग में चिन्मोहन सेहानवीस ने लिखा है :

> उस समय के बंगाल के गान-आंदोलन की बात उल्लेखनीय है। उसका सूत्रपात कल्चरल इंस्टीट्यूट के काल में हुआ था। वह आंदोलन एकाकी भाव से कलकत्ता के शिक्षित समाज के बीच सीमित था—मज़दूर, किसान के संग्राम के साथ उस आंदोलन का प्रत्यक्ष संबंध नहीं था। उस समय के कुछ गान लेकर कॉमरेड बिनय राय ने अपना आंदोलन शुरू किया। मगर शुरू से ही उनका लक्ष्य जन-साधारण के बीच प्रवेश करने का था। बिहटा किसान सम्मेलन से वह कुछ हिंदी गाने ले आए। भारत भूषण अग्रवाल का 'बढ़े चलो' गीत उसी समय मिला था। उसकी मदद से, 'सोवियत सुहृद संघ' के प्रयत्न से आयोजित सोवियत-जर्मन युद्धारंभ के सालाना आयोजन में उन्होंने समस्त जनसभा को झूम उठने का अवसर दिया था। इसके बाद डोमा के किसान सम्मेलन में उनके उत्तर बंगाल की भाषा में लिखे गोरिल्ला गान 'हई हई हई' ने किसानों के बीच विपुल उन्माद पैदा कर दिया था। गाँव से भी कुछ-कुछ गाने आने लगे थे। बंबई से सीखे हुए और हरींद्रनाथ चट्टोपाध्याय के कई हिंदी गाने भी काफ़ी लोकप्रिय हो उठे थे। गान-आंदोलन के मध्य वर्ग के आवरण से क्रमशः जन-साधारण की ओर अग्रसर होने का एक और प्रमाण वे भाषायी गाने हैं, जो विभिन्न ज़िलों में प्रचलित थे। मैमनसिंह की हाजंग नामक आदिम जाति के बीच जनयुद्ध के गान व्यापक रूप से प्रचलित हुए। उसके स्त्री-पुरुष-शिशु—सभी एकजुट होकर ये गान गाते थे और संग-संग नाचते थे। मिशनरी के प्रभाव वाले गारो आदिवासियों के बीच इस सुर का संक्रमण हो गया था। फ़िलहाल कॉमरेड बिनय राय उत्तर और पूर्वी बंगाल के दस ज़िलों में घूम-घूमकर 13 केंद्रों पर 90 लोगों को गाना सिखाते हैं, जगह-जगह पर गान केंद्रों की स्थापना कर आए हैं।'[1]

बिनय राय के आकर्षण और फ़ासिस्ट विरोधी आंदोलन के ज्वार में बादल खाँ—भीष्म देव का घराना एवं इंदिरा देवी चौधुरानी से लेकर ज्योतिरींद्र मैत्र तक संघ में आ पहुँचे, जो विश्वविद्यालय के अच्छे छात्र एवं कवि थे। संघ में आने के बाद वह प्रधान गीतकार, प्रधान सुरकार और प्रधान गायक बन गए। इस तरह 'नबजीबनेर गान' (नवजीवन के गान) की प्रस्तुति आरंभ हुई।

फिर शिल्पी देवव्रत बिस्वास आए। इन शिल्पियों ने सिर्फ़ नए-नए जन-संगीत ही नहीं, बल्कि रवींद्र-संगीत में भी नए गायन-आविष्कार किए। बहुसंख्यक गायकों के उदात्त कोरसों से जहाँ शांतिनिकेतन और ब्रह्मसमाज के अचलायतन से रवींद्रनाथ ऊब गए, हड़तालों-बैठकों-बाज़ारों-मैदानों में लड़ाई के, विद्रोह के, तोड़फोड़ के रवींद्रनाथ ने जन्म लिया और रवींद्रनाथ के गानों ने नए गीतकारों के गानों के साथ और बंगाल के विभिन्न अंचलों के किसानों के गानों के साथ मिलकर एक नया विस्तार पाया। सिलहट से गान और सुर की पिहारी लेकर हेमांग बिस्वास आए। बांग्ला जन-संगीत के आंदोलन के इतिहास में उनका अवदान अविस्मरणीय है।

---

1. 'संस्कृति आंदोलनेर नूतन धारा', चिन्मोहन सेहानवीस। *जनयुद्ध* द्वितीय वर्ष, प्रथम संख्या, 28 अप्रैल, 1943। 'प्रतिरोध प्रतिदिन' से उद्धृत।

सचिन देववर्मन, ज्ञान प्रकाश घोष, पंकज कुमार मल्लिक जैसे प्रतिष्ठित लोग संघ के 46 नंबर धर्मतला स्थित केंद्र आए और शतरंजी पर बिनय राय, ज्योतिरींद्र मैत्र, हेमांग बिस्वास, देवव्रत बिस्वास, हेमंत मुखोपाध्याय, सुजाता और सुप्रिया मुखोपाध्याय, प्रीति सरकार, साधना रायचौधुरी, भूपति और सुरपतिनंदी, दिलीप राय आदि प्रमुख जनों के पास बैठे और श्रद्धानंद पार्क और मोहम्मद अली पार्क विभिन्न आंचलिक दस्ते, टगर अधिकारी रमेश शील, शेख़ गोमानि आदि आ पहुँचे।

बांग्ला गान की परंपरा, नए रचे गए गान और ग्रामांचलों में प्रचलित लोकसंगीत—बंगाल के आंदोलन के गान के ये तीन प्रधान उपादान हैं।

इस गान को गाने और सुनने के क्रम में एक गुण-गत परिवर्तन घटित हुआ। गान किसी स्वतंत्र अवसर का विषय न रहकर दिन-प्रतिदिन के जीवन का अंग बन गया। गान किसी अवसर विशेष पर भोगने लायक उपभोग्य विषय नहीं, बल्कि मेहनत-मज़दूरी, गढ़ने-बनाने वालों के श्रम की स्फूर्ति, उनकी लड़ाई का आवेग और हथियार बन गया।

बांग्ला गान के ही नहीं, बांग्ला संस्कृति के इतिहास में इस तरह की यह पहली घटना थी जहाँ प्रांतीय बांग्ला के कवि-सुरकार-गायक और शहर कलकत्ता के आधुनिक शिक्षित कवि-सुरकार-गायक एक मंच पर एक श्रोता के सामने उपस्थित हो सके। कलकत्ता के लोगों को उस दिन चटगाँव के कवियों की भाषा या टगर अधिकारी के दोतारा ब्रंगपुर या राजवंशी का सुर दुर्बोध नहीं लगा था। कारण यह कि सुर और क़था की प्रस्तुति जातीय आत्मप्रकाश की वह भाषा, परंपरा और आवेग का अंतःतत्त्व लेकर आई थी, मानो सबकी मातृभाषा हो। गाँव और शहर को, किसान और मध्यवर्गीय जन को, अलग-अलग रखने के दो सौ वर्ष पुराने साम्राज्यवादी कूट-कौशल को परास्त कर बंगाली किसान और बंगाली मध्यवर्गीय जन की अपनी बांग्ला संस्कृति की स्मृति और जीवन को ठीक उस समय संजीवनी प्रदान हुई, जिस समय विश्व-फ़ासीवाद के विरुद्ध सोवियत की विजय क़रीब-क़रीब तय हो चुकी थी और नई समाजतांत्रिक (समाजवादी) व्यवस्था जन्म ले रही थी।

स्वदेशी आंदोलन के चरम दौर से ही, स्वदेशीयता के हमारे श्रेष्ठ प्रतिनिधि रवींद्रनाथ अपनी मृत्यु तक गाँव और शहर के आत्मीय मिलन की खोज करते रहे। उनकी मृत्यु के बाद वह मिलन घटित होने से कम्युनिस्ट पार्टी फैली थी—प्रेरणा से, समर्थन से, प्रयत्न से।

ठीक उसी समय इस आत्म-आविष्कार के आकर्षण से माणिक बंद्योपाध्याय अपने शिल्प को मोहकता की ओर मोड़ पाए, ताराशंकर की भाषा समझ पाए।

> वह एक बार। फिर एक बार।
>
> और, इतिहास का कौतुक, ठीक उसी समय कट्टर राष्ट्रवादी कम्युनिस्टों को देशद्रोही की संज्ञा देकर घर-बाहर, हर जगह उन पर प्रहार कर रहे थे।
>
> और, इतिहास का विधान, एकमात्र कम्युनिस्ट ही थे जो राष्ट्र की श्रेष्ठ परंपरा को मिला और बढ़ा रहे थे।
>
> बांग्लादेश के सांस्कृतिक आंदोलन में वह परीक्षा हो गई थी।
>
> दोबारा हुई थी।[1]

[बांग्ला से हिंदी अनुवाद : **धर्मेंद्र सुशांत**]

---

1. कम्युनिस्ट पार्टी के पचास साल होने के अवसर पर प्रस्तुत स्मारक पत्र, 1975 से गृहीत।

फ़िल्मों में वैचारिक हस्तक्षेप

विनोद दास

सिनेमा के बारे में दो तरह की धारणाएँ मौजूद हैं। सिनेमा को जो केवल मनोरंजन का साधन समझते हैं, उनकी दृष्टि में फ़िल्म देखने का मुख्य प्रयोजन परदे पर दिखाए गए दृश्यों का आनंद उठाते हुए कुछ समय के लिए जीवन की आपाधापी और तकलीफ़ों-तनावों से मुक्त भर होना है। इसके बरक्स एक ऐसी भी धारणा है जो सिनेमा को मनोरंजन के साथ सामाजिक सरोकारों से जोड़ने की भी पक्षधर है। वैसे यह सही है कि भारत में शुरू में सिनेमा को केवल मनोरंजन के साधन के रूप में ही लिया जाता था, लेकिन 1917 की रूसी क्रांति की सफलता के बाद पूरे विश्व का दृश्यपटल बदल रहा था। औपनिवेशिक शक्तियों के विरुद्ध एक वातावरण बन रहा था और शिक्षित वर्ग में साम्यवाद की ओर रुझान बढ़ रहा था। 1935 में सज्जाद ज़हीर, मुल्कराज आनंद, प्रमोद सेन गुप्ता, ज्योति घोष और मोहम्मद दीन तासीर द्वारा प्रोग्रेसिव राइटर्स एसोसिएशन की स्थापना इसी दिशा में एक महत्त्वपूर्ण क़दम था। इसी तरह 9-10 अप्रैल, 1936 को प्रेमचंद की अध्यक्षता में आयोजित प्रगतिशील लेखक संघ के अधिवेशन ने बौद्धिकों की दुनिया को एक नई दिशा दे दी। प्रेमचंद ने कहा कि हमें सुंदरता की कसौटी बदलनी होगी। अमीरी और विलासिता के बरक्स ग़रीबी और बदहाली में छिपे सौंदर्य को देखना होगा। ज़िंदगी को देखने का यह एक नया नज़रिया था। इसी क्रम में आम आदमी के सुख-दुख, उनकी इच्छाओं और संघर्षों को रंगकर्म में अभिव्यक्त करने की दृष्टि से 1943 में भारतीय जन-नाट्य संघ अर्थात् इप्टा की स्थापना हुई। इन दोनों आंदोलनों का देश के सांस्कृतिक, राजनीतिक और साहित्यिक परिदृश्य पर दूरगामी प्रभाव पड़ा। कहना न होगा कि इससे भारतीय सिनेमा भी अछूता न रहा।

यह एक तथ्य है कि 1927 तक भारत के लगभग 85 प्रतिशत सिनेमा हॉल हॉलीवुड की फ़िल्में दिखा रहे थे। भारत में बननेवाली फ़िल्में पारसी रंगमंच से प्रभावित थीं। इनके कथानक गढ़े हुए और मंचीय होते थे, घटनाओं में संयोग की भूमिका अधिक होती थी, जोशीले अंदाज़ में संवाद अदायगी की जाती थी, पौराणिक और ऐतिहासिक विषयों पर केंद्रित फ़िल्में होती थीं, हालाँकि बाबूराव पेंटर ने *सावकारी पाश* जैसी फ़िल्म भी बनाई थी जिसमें साहूकारी की बुराइयों को दर्शाया गया था। यही नहीं, 1934 में प्रेमचंद की पटकथा पर आधारित फ़िल्म *मज़दूर* बनी थी जिसके लाहौर में प्रदर्शित होने पर दंगों की हालत हो गई थी और फ़िल्म पर प्रतिबंध लगा दिया गया था। लेकिन फ़िल्म निर्माण में स्टूडियो प्रणाली का वर्चस्व था। हर स्टूडियो के पास अपने ब्रांड की कहानी और फ़िल्म होती थी, लेकिन कुछ ही वर्षों में

इन सबकी शैली घिसी-पिटी और रूढ़िबद्ध होने लगी थी जिसके कारण फ़िल्में फीकी हो गई थीं, यही नहीं, कहानी का अनुमान पहले लग जाता था। यह स्थिति 1936-37 तक बनी रही। 1936-50 के बीच प्रगतिशील लेखक संघ और इप्टा से जुड़े अनेक रचनाकर्मी फ़िल्म निर्माण से जुड़े। इनमें ख़्वाजा अहमद अब्बास, वी.पी. साठे सरीखे पटकथा लेखक; राजेंद्र सिंह बेदी, इस्मत चुग़ताई सरीखे लेखक; बिमल राय, शंभु मित्रा, मोहन सहगल सरीखे फ़िल्म निर्देशक; अनिल बिस्वास, सलिल चौधरी, हेमंत कुमार और रविशंकर जैसे संगीत निर्देशक; बलराज साहनी, ए.के हंगल, उत्पल दत्त सरीखे अभिनेता; साहिर लुधियानवी, मजरूह सुल्तानपुरी, प्रेम धवन, शैलेंद्र, कैफ़ी आज़मी जैसे गीतकार और उदय शंकर जैसे कोरियोग्राफ़र थे। 1953 में आयोजित इप्टा के सातवें सम्मेलन में जनता के लिए स्वस्थ और यथार्थपरक फ़िल्म की आवश्यकता को ध्यान में रखते हुए फ़िल्म संसार की कई महत्त्वपूर्ण हस्तियों को इससे जोड़ने की कोशिश की गई थी। प्रख्यात फ़िल्मकार बिमल राय स्वागत समिति के अध्यक्ष थे और महान नर्तक उदय शंकर ने इसका उद्घाटन किया था। यह बात दीगर है कि सलिल चौधरी और ऋत्विक घटक इप्टा की जकड़बदियों के चलते कुछ समय बाद अलग हो गए, लेकिन उन्होंने साम्यवादी विचारों और मूल्यों का साथ कभी नहीं छोड़ा।

इन प्रतिभाशाली सृजनधर्मियों ने प्रगतिशील लेखक संघ और इप्टा के आदर्शों, सरोकारों और संस्कारों को अपनी रचनाधर्मिता में जगह दी, दबे-कुचले आम आदमी की तकलीफ़ों और संघर्षों को इन्होंने सशक्त आवाज़ दी। इनकी उपस्थिति से उस दौर के फ़िल्म परिदृश्य में कई स्तरों पर परिवर्तन दिखाई देने लगे। इनकी उपस्थिति से पहला परिवर्तन फ़िल्म की अंतर्वस्तु में आया। यहाँ बांबे टाकीज़ द्वारा 1936 में निर्मित फ़िल्म *अछूत कन्या* का उल्लेख इस दृष्टि से किया जा सकता है कि दलित समस्या पर आधुनिक नज़रिए से इसमें विचार किया गया था। यह दृष्टि भी प्रगतिशील लेखक संघ की स्थापना और गांधी-अंबेडकर के विचारों से कहीं न कहीं जुड़ती है। इसी प्रकार ख़्वाजा अहमद अब्बास की पहली फ़िल्म *धरती के लाल* की याद सहज ही आती है। यह फ़िल्म 1943 के बंगाल के अकाल पर केंद्रित थी। दरअसल बिजन भट्टाचार्य द्वारा लिखित और इप्टा द्वारा मंचित नाटक *नवान्न, ज़बानबंदी* और *अभिलाषा* तथा कृश्न चंदर की कहानी 'अन्नदाता' से प्रेरित होकर अब्बास ने यह फ़िल्म बनाई थी। इस फ़िल्म की विषयवस्तु यथार्थपरक थी। इसमें किसानों की ज़िंदगी की तकलीफ़ों, निरक्षरता के कारण ज़मींदारों और साहूकारों द्वारा किए जा रहे शोषणों, जमाख़ोरी और मुनाफ़ाख़ोरी के लिए बनाया गया अकाल का माहौल, साथ ही भूख के कारण देह-व्यापार, सामूहिक खेती और उसके लाभ जैसे मुद्दों को बहुत ही संवेदनशील आँखों से चित्रित किया गया था। इस फ़िल्म में रविशंकर ने अपने सितार के सुरों से शोक और दुख के भावों की अभिव्यक्ति अत्यन्त प्रभावी रूप में की थी। इसमें अधिकांशतः इप्टा के कलाकारों ने अभिनय किया था जिनमें बलराज साहनी, उनकी पत्नी दमयंती साहनी, तृप्ति मित्रा आदि थे।

नीचा नगर फ़िल्म भी इसी दौर में बनी जिसमें एक भू-माफ़िया बिल्डर एक ग़रीब बस्ती की जगह नई बस्ती बनाना चाहता है। इस फ़िल्म की कथा महान रूसी लेखक गोर्की की कहानी से प्रेरित थी। इप्टा की इन फ़िल्मों के अलावा ख़्वाजा अहमद अब्बास की भूमिका साम्यवादी मूल्यों और विचारों को अपनी पटकथाओं में पिरोने में थी। इनकी कहानी पर वी. शांताराम की *डॉ. कोटनीस की अमर कहानी* जैसी महत्त्वपूर्ण फ़िल्म बनी। यही नहीं,

राजकपूर की *आवारा* और *श्री 420* जैसी फ़िल्मों की पटकथा में आम आदमी की तकलीफ़ों और संघर्षों को प्रखरता से उन्होंने रेखांकित किया, वहीं दूसरी ओर *नया संसार* नामक अपना प्रोडक्शन हाउस बनाकर *अनहोनी, मुन्ना* और *राही* जैसी सामाजिक सरोकारों से जुड़ी फ़िल्में बनाकर उन्होंने सामाजिक चेतना विकसित करने का काम किया। *मुन्ना* सात वर्षीय लड़के की कहानी है। इसमें एक भी गाना और नृत्य नहीं था।

यह ख़्वाजा अहमद अब्बास की संगति का ही प्रभाव था कि राजकपूर ने व्यावसायिक फ़िल्म निर्माण के दायरे में रहते हुए *आवारा* और *श्री 420* जैसे मामूली चरित्रों को नायक के तौर पर अपनी फ़िल्मों के लिए स्वीकार किया और लोकप्रिय बनाया। इसी प्रकार इप्टा के ही शंभु मित्रा की फ़िल्म *जागते रहो* की चर्चा यहाँ प्रासंगिक है। इस फ़िल्म में गाँव का एक किसान शहर की एक आवास कॉलोनी में अपनी प्यास बुझाने के लिए घुसता है। वहाँ के बाशिंदे उसे चोर समझ लेते हैं और उसे पकड़ना चाहते हैं। पुलिस भी आ जाती है। चोर को पकड़ने के दौरान वहाँ अवैध रूप से शराब बनाने, जाली नोटों को छापने जैसे अनेक असामाजिक कार्यकलापों के बारे में पता चलता है। एक तरफ़ एक प्यासे भले इनसान को चोर समझकर पकड़ने की कोशिश की जा रही है, दूसरी ओर जो वास्तव में समाज के चोर और अन्यायी हैं, उनके बारे में कॉलोनी के बाशिंदों को जानकारी ही नहीं है।

फ़िल्मकार बिमल राय की *दो बीघा ज़मीन, सुजाता, बंदिनी* और *परख* जैसी फ़िल्मों ने भी अंतर्वस्तु के स्तर पर दर्शकों को नए भावबोध से परिचित कराया जो बॉलीवुड की प्रचलित विषयवस्तु से अलग था। बिमल राय की *मधुमती* फ़िल्म की पटकथा ऋत्विक घटक ने लिखी थी जो एक समय इप्टा से अंतरंगता के साथ जुड़े हुए थे। फ़िल्म की कथावस्तु कुछ ऐसी है : उग्रनारायण लकड़ी का कारोबार सामंती तौर-तरीक़े से चलाता है जहाँ नीचे काम करने वालों को कोई अधिकार नहीं होता। वहाँ के कामगार मालिक अफ़सरों की कृपा पर जीते हैं। उग्रनारायण के लिए जंगल मुनाफ़ा कमाने का साधन है, जबकि फ़िल्म की नायिका मधुमती के जनजाति समुदाय के लिए जंगल घर है। समाज की मुख्यधारा और जनजाति के बीच के तनावों और संघर्षों को फ़िल्म में दिखाया गया है। फ़िल्मकार चेतन आनंद की फ़िल्म *अफ़सर,* निकोलाई गोगोल की *इंस्पेक्टर जनरल* और फ़िल्मकार रमेश सहगल की फ़िल्म *फिर सुबह होगी* दस्तोयवस्की की मशहूर कृति *क्राइम एंड पनिशमेंट* पर आधारित थी। बिमल राय की *दो बीघा ज़मीन* ने हिंदी फ़िल्म के मुहावरे को ही बदल दिया। इस फ़िल्म में शंभू नामक किसान की व्यथा-कथा को अत्यन्त मार्मिकता से व्यंजित किया गया है। उसे अपनी दो बीघा ज़मीन बचाने के लिए कलकत्ता में रिक्शा चलाना पड़ता है और बूट पॉलिश करनी पड़ती है, लेकिन अंत में उसकी ज़मीन की नीलामी होती है और उसकी ज़मीन पर शहर के अमीर कारख़ाना खड़ा करते हुए दिखाई देते हैं, जबकि शंभू के हाथ में केवल अपनी ज़मीन की धूल ही आती है। *सुजाता* और *बंदिनी* जैसी फ़िल्मों ने स्त्री-विमर्श के लिए नई ज़मीन तैयार की।

पैग़ाम फ़िल्म को भी इसी क्रम में लिया जा सकता है जिसमें मज़दूर आंदोलन को विषय बनाया गया है। इसमें बड़े और छोटे भाई की दो भिन्न दृष्टियों के माध्यम से श्रम की गरिमा और हड़ताल को मज़दूरों के सशक्त अस्त्र के रूप में दिखाया गया है। महबूब ख़ान की फ़िल्म *रोटी* की सहज ही याद आती है। इसमें सोना और रोटी, दोनों की ज़रूरत के अंतर को प्रखरता से रेखांकित किया गया है। महबूब की *मदर इंडिया* फ़िल्म में किसानों के महाजनों द्वारा किए

गए शोषण को अत्यन्त प्रभावशाली रूप में दर्शाया गया, जिसमें नायिका नरगिस भारत माँ के एक रूपक के रूप में सामने आई। इन कुछ उदाहरणों से स्पष्ट है कि प्रगतिशील लेखक संघ और इप्टा के वैचारिक हस्तक्षेप का प्रभाव तत्कालीन हिंदी फ़िल्म परिदृश्य में व्याप्त अंतर्वस्तु पर कुछ सीमा तक पड़ा। इन रचनाकारों ने हिंदी फ़िल्म की मुख्य धारा में रहते हुए उससे भिन्न रास्ता पकड़ा और उस समय फ़िल्मों में चल रहे पलायनवादी, रूढ़िवादी मेलोड्रामेटिक नेरेटिव से यथासंभव मुक्त रहने की कोशिश की। हिंदी फ़िल्म के स्टॉक चरित्रों की तुलना में इनकी फ़िल्मों के नायक या हीरो आमतौर से आम आदमी होते थे, यही नहीं, वे फ़िल्मों में संवाद के स्थान पर चरित्र की सामाजिक, राजनीतिक परिस्थितियों के परिप्रेक्ष्य में उनके मनोवैज्ञानिक चित्रण के माध्यम से समाज की अच्छाई तथा बुराई को रेखांकित करते थे। लटके-झटकों के स्थान पर कहानी को यथार्थपरक ढंग से परदे पर उतारा जाता था। दर्शकों को फ़िल्म में साथ लेते हुए उनको इतना स्पेस दिया जाता था कि वे आत्म-विश्लेषण कर सकें और तदनुसार अपना नज़रिया बदल सकें।

हम जानते हैं कि सिनेमा में गति और ध्वनि, दोनों की महत्त्वपूर्ण भूमिका होती है। यह गतिशीलता फ़िल्म की अंतर्वस्तु और तकनीक, दोनों में होती है। अंतर्वस्तु की चर्चा हम कर चुके हैं, लेकिन जहाँ तक तकनीक का सवाल है, फ़िल्म में कैमरा का कोण निर्देशक की विचारधारा को दर्शाता है। कैमरा किसको चित्रित करता है और किसको छोड़ देता है, किसे शॉट में अधिक महत्त्व देता है और क्लोज़अप में दिखाता है और किसे पृष्ठभूमि में पीछे डालता है, इससे उसकी दृष्टि का पता चलता है। फ़िल्म की अंतर्वस्तु में गतिशीलता लाने में कैमरे का योगदान भी होता है। उन दिनों प्रगतिशील विचारों के संपर्क के कारण कुछ निर्देशक कैमरे में रशियन एंगल का प्रयोग करते थे। इस कार्यप्रणाली में दृश्यों को क्षैतिज रूप में नहीं, ऊर्ध्वाकार रूप में चित्रित किया जाता था। इसमें कैमरों को थोड़ा झुका दिया जाता था ताकि दर्शकों को तस्वीर उनकी ओर झुकी हुई लगे। महान रूसी फ़िल्मकार सर्गेइ आइजन्स्टाइन कैमरे का प्रयोग इसी तरह करते थे। इस प्रकार फ़िल्माई गई तस्वीरों से दर्शकों की आत्मीयता बढ़ जाती है। हिंदी फ़िल्मकार महबूब ख़ान कैमरे का प्रयोग अक्सर ऐसे ही करते थे। कहना न होगा कि कैमरे के इस तरह के प्रयोग के पीछे भी साम्यवादी विचारधारा का योगदान रहा है। यही नहीं, दृश्यांकन में सेट की सजावट, वेशभूषा, पात्रों का मेकअप आदि के माध्यम से यथार्थवादी दृष्टि पर अधिक बल था।

राजकपूर की फ़िल्मों के प्रख्यात सिनेमेटोग्राफ़र राधू करमाकर ने अपनी आत्मकथा में लिखा है कि अधिकांश कैमरामैन आँख के स्तर के कोण अर्थात् आई लेवल पर काम करते हैं और कुछ ऊँचे टॉप एंगल चीज़ों पर अधिकार जमानेवाले दृष्टिकोण से सीन को दिखाते हैं जो कि प्रभुता और वर्चस्व का दृष्टिकोण है, लेकिन सिनेमा का दर्शक हमारे जैसा आम आदमी होता है और परदे पर आँख के स्तर के नीचे से देखता है। अतः मैं कैमरे को हमेशा घुटने तक रखता था ताकि हर एक शॉट में आम आदमी के नज़रिए को पा सकूँ। राजकपूर की फ़िल्मों के पटकथा लेखक ख़्वाजा अहमद अब्बास तो इप्टा से जुड़े थे, अतः राधू करमाकर का उनके विचारों से प्रभावित होने को अस्वाभाविक नहीं कहा जा सकता।

हिंदी फ़िल्मों में गीतों का प्रयोग सवाक् फ़िल्मों के दौर से शुरू हुआ। दरअसल फ़िल्म में गाने के फ़िल्मांकन के दो प्रमुख पक्ष होते हैं। एक 'श्रव्य' पक्ष होता है जिसमें गीत के

बोल और संगीत होता है। दूसरा 'दृश्य' पक्ष होता है जिसमें गाने को कैमरे के माध्यम से फ़िल्माया जाता है। एक अच्छी फ़िल्म बनाने में इन दोनों पक्षों का सुंदर सामंजस्य होना चाहिए। लेकिन हिंदी फ़िल्म निर्माण की दुनिया में अक्सर यह पाया गया है कि फ़िल्म निर्माता फ़िल्मी गीत के श्रव्य पक्ष पर अधिक बल देता था जबकि एक अच्छा निर्देशक दृश्य और श्रव्य–दोनों के सफल संयोग का पक्षधर होता था। श्रव्य पक्ष में अधिक रुचि लेने का कारण शुद्ध रूप से आर्थिक होता था। गानों के लोकप्रिय होने पर ग्रामोफ़ोन कंपनियों से रिकॉर्ड के बहाने अच्छी आय हो जाती थी। असफल गानों पर आय कम होती थी। ऐसे में बौद्धिक रूप से मँझोले स्तर के फ़िल्मकार और फ़िल्म निर्माता संगीत निर्देशक को बुलाते और कहते कि हमें फ़िल्म के लिए रोमांटिक गाने, दर्दीले गीत या हास्यगीत अथवा भजन या क़व्वाली चाहिए। आप इसके लिए धुनें तैयार करिए, इसी तरह गीतकार से कहते कि आप गाने लिख दीजिए। फ़िल्म के कथ्य से इनका कोई रिश्ता नहीं होता था। यही कारण था कि शुरुआती दौर की फ़िल्मों में गीत और नृत्य अपनी स्वतंत्र इयत्ता रखते थे। फ़िल्मों को लोकप्रिय बनाने के लिए अक्सर मसाला के तौर पर उन्हें उनमें ज़बर्दस्ती ठूँसा जाता था। फ़िल्म देखते समय कुछ दर्शक गानों से उकता जाते थे और सिनेमा हॉल से बाहर आकर सिगरेट फूँकते हुए नज़र आते थे। लाभ कमाने के लिए *इंदर सभा* फ़िल्म में 70 तथा *शीरी फ़रहाद* में 42 गाने ठूँसे गए थे। फ़िल्मों की कथावस्तु को आगे बढ़ाने में उनकी कोई महत्त्वपूर्ण भूमिका नहीं होती थी। प्रगतिशील लेखक संघ और इप्टा से जुड़े अनेक गीतकारों ने नज़्मों और गीतों को फ़िल्म की अंतर्वस्तु से जोड़ने की कोशिश की। ख़्वाजा अहमद अब्बास और बिमल राय जैसे निर्देशकों ने फ़िल्म के नेरेटिव के साथ गानों को संयोजित किया। गानों को किस तरह फ़िल्माया जाना चाहिए कि वह लोकप्रिय हो और फ़िल्म के नेरेटिव को भी गतिशील बनाए, इस संदर्भ में बिमल राय की फ़िल्म *मधुमती* के गाने 'सुहाना सफर' का अध्ययन रोचक हो सकता है। इस गाने में दृश्यों का संयोजन और ध्वन्यांकन साथ-साथ चलता है और परदे पर एक जादू पैदा होता है। चिड़ियों का चहचहाना सुनाई देता है, नदियों की कलकल सुनाई देती है, बाँसुरी की तान उठती है, फिर घाटी में गूँजनेवाली प्रतिध्वनि 'ओहोहो' सुनाई देती है। इसके तुरंत बाद 'आसमां झुक रहा है ज़मीं पर' बोल सुनाई देते हैं। सीधी-सादी ध्वनि तकनीक से घाटी के प्राकृतिक सौंदर्य को इस तरह फ़िल्माया गया है कि वह स्वर्ग की अनुभूति कराने लगता है। दिलीप कुमार भी *सुहाना सफ़र* गीत के संगीत के साथ पूरी लय में दिखाई देते हैं और यह इतने स्वाभाविक रूप से परदे पर घटता है कि लगता ही नहीं है कि इसे सृजित किया गया है।

इसी प्रकार गीतकारों और संगीतकारों ने अपनी रचनाओं से फ़िल्म की अंतर्वस्तु को प्रगतिशील और जनोन्मुखी तेवर दिये। फ़िल्मों में उन दिनों शास्त्रीय रागों पर आधारित गानों का चलन था। इसका आस्वाद केवल अभिजन और शास्त्रीय संगीत के जानकार उठा पाते थे। लोकप्रिय तत्त्वों के नाम पर कोठेवालियों की तर्ज़ पर ग़ज़लें और ठुमरियाँ होती थीं। दर्शकों की धार्मिक भावनाओं का लाभ उठाने के लिए फ़िल्मों में भजन और कीर्तन होते थे। 'झंडा ऊँचा रहे हमारा, विजयी विश्व तिरंगा प्यारा' सरीखे देशभक्ति पर आधारित गाने होते थे, लेकिन देश में व्याप्त छुआछूत, जातिवाद, ज़मींदारों द्वारा किसानों और ग़रीबों का शोषण, धार्मिक असहिष्णुता, समाज में प्रचलित असमानता आदि से संबंधित गाने बहुत कम

होते थे। साहिर लुधियानवी, मजरूह सुल्तानपुरी, प्रेम धवन, शैलेंद्र, कैफ़ी आज़मी जैसे गीतकारों ने ग़रीबी, बेरोज़गारी, जातिवादी उत्पीड़न, ऊँच-नीच, ग़ैर-बराबरी जैसे मुद्दों को प्रमुखता से स्वर दिये। जनता में आशा का संचार करने की कोशिश की। 'दुख भरे दिन बीते रे भैया अब आयो सुख रे' जैसे गीत लिखे गए। *धूल का फूल* फ़िल्म में साहिर लुधियानवी का 'तू हिंदू बनेगा न मुसलमान बनेगा इनसान की औलाद है इनसान बनेगा' जैसे गीतों ने जन-जन तक मानवीय और धर्मनिरपेक्ष दृष्टिकोण पहुँचाने में महत्त्वपूर्ण भूमिका अदा की।

शैलेंद्र ने *आवारा, दो बीघा ज़मीन, श्री 420, मधुमती, जागते रहो, बूट पॉलिश, सीमा, गाइड, जिस देश में गंगा बहती है, बंदिनी, अनाड़ी* जैसी फ़िल्मों में सामाजिक चेतना को मुखरित करने के लिए बेमिसाल गीत लिखे। 'किसी की मुस्कराहटों पे हो निसार, किसी का दर्द मिल सके तो लो उधार, किसी के वास्ते हो तो दिल में प्यार' या 'कुछ लोग जो ज़्यादा जानते हैं, इनसान को कम पहचानते हैं' अथवा 'होंगे राजे राजकुँवर, हम बिगड़े दिल शहज़ादे, हम सिंहासन पर जा बैठे जब-जब करें इरादे' जैसी पंक्तियाँ शैलेंद्र की प्रगतिशील और जनोन्मुखी भावनाओं और विचारों को दर्शाती हैं। इसी तरह *नया दौर* फ़िल्म में साहिर लुधियानवी का लिखा गीत 'साथी हाथ बढ़ाना' श्रमिकों को एकजुट होने के लिए प्रेरित करता है। *प्यासा* फ़िल्म में साहिर लुधियानवी का यह गीत 'जिन्हें नाज़ है हिंद पे वो कहाँ हैं' अथवा 'ये दुनिया अगर मिल भी जाए तो क्या है' या *साधना* फ़िल्म का यह गीत 'औरत ने जनम दिया मर्दों को, मर्दों ने उसे बाज़ार दिया' या *हम दोनों* फ़िल्म का गाना 'अल्ला तेरो नाम, ईश्वर तेरो नाम' जैसे गीतों ने समाज में परिवर्तन के लिए एक अनुकूल वातावरण सृजित किया। कैफ़ी आज़मी प्रगतिशील लेखक संघ और इप्टा से आजीवन संबद्ध रहे। गुरुदत्त की फ़िल्म *अपना हाथ जगन्नाथ* में उनका नग़मा 'अपने हाथों को पहचान मूरख इनमें है भगवान, मुझ पर, तुझ पर सब ही पर इन दोनों हाथों का एहसान' में समाज की निष्ठुरता और श्रम की महत्ता को व्यंजित किया गया है। कैफ़ी आज़मी *घर का चिराग़* फ़िल्म में बुर्जुवा पर कटाक्ष करते हुए अपने गीत में लिखते हैं : 'ऐ महलों में रहनेवाले महलों से कभी निकलते हो, देखे हैं कभी उनके आँसू ठुकरा के जिन्हें तुम चलते हो'। इस तरह हम देखते हैं कि इस दौर के हिंदी गीतों ने सामाजिक सरोकारों की अभिव्यक्ति द्वारा जनजागरण की दिशा में उल्लेखनीय कार्य किया।

वैचारिक रूप से प्रतिबद्ध रचनाकारों ने बॉलीवुड की दुनिया में पटकथा और पात्र की सामाजिक, सांस्कृतिक और वर्गीय पृष्ठभूमि, उसकी मानसिक अवस्था, उसकी बोलचाल की भाषा का रजिस्टर, मैनरिज़्म आदि का अध्ययन करके उसके अनुकूल गीत लिखने या संगीत रचने की परिपाटी डाली। यही नहीं, वे यह भी जानने की कोशिश करते थे कि फ़िल्म किस क्षेत्र विशेष का प्रतिनिधित्व कर रही है। ऐसा करने के कारण इनका संगीत लोकप्रिय होने के साथ वास्तविक और प्रामाणिक भी लगता था।

फ़िल्म संगीत के संबंध में विचार करें तो फ़िल्मों में सामूहिकता और एकजुटता को दिखाने के लिए नए दृष्टिकोण से कोरस को अपनाने में भी इप्टा का योगदान रहा है। इप्टा के सलिल चौधरी ने अपने संगीत से इसे संभव किया। उन्होंने देश-विदेश के लोक-संगीत को सामान्य मनुष्य की संवेदनाओं से जोड़ा और उसे लोकप्रिय बनाया। 1960 में बनी *उसने कहा था* फ़िल्म का गाना 'जानेवाले सिपाही से पूछो' में सलिल चौधरी ने मार्चिंग बीट को थोड़ा कोमल और धीमा करके ऐसा रचा था कि वह श्मशान भूमि की ओर जानेवाले गीत

का बोध देता था। इप्टा के माध्यम से सलिल चौधरी और हेमंत कुमार मित्र फ़िल्म संगीत के क्षेत्र में आए। इनके संगीत में धुनों की सहजता और गेयता थी जिसे आम आदमी आसानी से गुनगुना सकता था।

हिंदी फ़िल्मों के शुरुआती दौर में अभिनय शैली पर पारसी रंगमंच का ज़बर्दस्त असर था। उन दिनों अभिनेता और अभिनेत्रियाँ अभिनय करते समय अतिनाटकीयता का शिकार हो जाते थे। संवाद अदायगी का लहज़ा भी काफ़ी जोशीला और ऊँची आवाज़ में होता था। यह सही है कि इप्टा से आए हुए अधिकांश अभिनेता नाटकों के ही कलाकार थे, लेकिन उन्होंने अभिनय में पारसी शैली के बजाय यथार्थवादी शैली को अपनाया। वे फ़िल्म के पात्रों के अनुरूप अपने को उसमें ढालते थे और उसी हावभाव को अपनाकर उनके अंदाज़ में बोलने का जतन करते थे। *दो बीघा ज़मीन* में बलराज साहनी का अभिनय इसका बेहतरीन उदाहरण है। फ़िल्म में उनका किरदार देखकर कोई नहीं कह सकता कि वे असली ज़िंदगी में गाँव के किसान नहीं, एक शहरी पढ़े-लिखे व्यक्ति हैं। इनके अभिनय में भावुकता प्रदर्शित करने वाले तत्त्व नहीं थे। वे फ़िल्म के किरदार को परदे पर सजीव कर देते थे। उस दौर में फ़िल्मों में हर अभिनेता अपनी ख़ास शैली में अभिनय करता था, चाहे वे देवानंद हों, राजकपूर हों अथवा दिलीप कुमार हों। बलराज साहनी और ए.के. हंगल जैसे अभिनेताओं ने उनकी मैनरिज़्म वाली शैली से भिन्न यथार्थवादी शैली को अपनाया। इसका प्रतिफलन भारत में समानांतर सिनेमा आंदोलन के दौर में आगे नसीरुद्दीन शाह, ओमपुरी जैसे अभिनेताओं के अभिनय में देखने में आया।

यह सही है कि फ़िल्म एक महँगा माध्यम है। फ़िल्मों के निर्माण का प्रमुख उद्देश्य लाभ कमाना है। ऐसे में प्रगतिशील लेखक संघ और इप्टा के रचनाकारों और कलाकारों का सीधा हस्तक्षेप फ़िल्म निर्माण में न था। लेकिन इनकी वैचारिक प्रतिबद्धता, समाज को बेहतर बनाने का स्वप्न, आम आदमी के सुख-दुख से लगाव और अपने कार्य क्षेत्र में विशेषज्ञता के चलते तत्कालीन फ़िल्म परिदृश्य में इनकी उपस्थिति का गहरा प्रभाव पड़ा। हिंदी फ़िल्मों में मनोरंजन के साथ सामाजिक सरोकारों को प्रदर्शित करने में प्रगतिशील लेखक संघ और इप्टा के रचनाकारों को हमेशा याद रखा जाएगा।

फ़िल्मी गीतों का स्वर्णयुग और इप्टा

कांतिमोहन सोज़

बीसवीं सदी के पाँचवें और छठे दशकों को फ़िल्मी गीतों का स्वर्णयुग माना जाता है। इस कालावधि में फ़िल्म में गीत का महत्त्व प्रतिष्ठापित हुआ और गीतकार को वही स्थान प्राप्त हुआ जो संगीत निर्देशक या गायक का था। इस दौर में ऐसे गीतकार सामने आए जो अपने गीतों के बल पर पूरी फ़िल्म को बॉक्स ऑफ़िस पर सफल बनाने का माद्दा रखते थे। साहिर लुधियानवी, मजरूह सुलतानपुरी और शंकर शैलेंद्र ऐसे ही गीतकार थे और तीनों इप्टा से आए थे। इनके अलावा एक और महत्त्वपूर्ण गीतकार प्रेम धवन भी इप्टा से आए थे। और भी कई ऐसे गीतकार थे जो अपने गीतों के बल पर किसी फ़िल्म को कामयाबी दिलाने की ताक़त रखते थे। मिसाल के तौर पर शकील बदायूँनी, राजेंद्र किशन और राजा मेहंदी अली ख़ान का नाम लिया जा सकता है। इस लेख का मक़सद गीतों के स्वर्णयुग की पृष्ठभूमि और उसमें इप्टा के योगदान को याद करना है।

बोलती फ़िल्मों की शुरुआत 1931 में निर्मित और 14 मार्च को पहली बार दिखाई गई हिंदी-उर्दू फ़िल्म *रौशनारा* से हुई। फ़िल्म को ज़बर्दस्त सफलता मिली। इससे पहले इतनी बड़ी मात्रा में दर्शकों की भीड़ कुछ बेहद लोकप्रिय पारसी नाटकों या नौटंकी के प्रदर्शनों के लिए ही उमड़ली थी। उस वक़्त भारतीय फ़िल्म निर्माताओं के सामने या तो पाश्चात्य फ़िल्म थी या फिर पारसी नाटक जिसके मॉडल से कुछ सीखा और लिया जा सकता था। लिहाज़ा आशंकित एकरसता को तोड़ने के लिए कुछ गीत डालने ज़रूरी समझे गए और फ़िल्म को लोकप्रिय बनाने में इन गीतों ने भी अपनी भूमिका निभाई।

लेकिन, फ़िल्म के अन्य पक्षों के मुक़ाबले शायद गीत को कम महत्त्व दिया गया क्योंकि निर्देशक, अभिनेताओं और संगीत निर्देशक के साथ गीतकार का नाम विज्ञापित नहीं किया गया, जिसका नतीजा यह हुआ कि *आलमआरा* के जो गीत आते ही जनता की ज़बान पर चढ़ गए, उनके रचयिता का नाम गुम होकर रह गया। फ़िल्म का मुख-गान 'दे दे ख़ुदा के नाम पे प्यारे' अभिनेता वज़ीर मोहम्मद ख़ान ने गाया था और बहुत मक़बूल हुआ। अभी प्लेबैक गानों का दौर आने में काफ़ी देर थी, लिहाज़ा अभिनेताओं को अपने गीत ख़ुद ही गाने पड़ते थे। फ़िल्म में मुख-गान के अलावा छह गाने और हैं जिनके मुखड़े इस प्रकार हैं :

1. बदला दिलवाएगा या रब
2. रूठा है आसमां गुम हो गया आफ़ताब

3. तेरी क़ातिल निगाहों ने मारा
4. दे दिल को दे आराम ऐ साक़ी गुलफ़ाम
5. भर-भर के जाम पिलाए जा साग़र के चलानेवाले
6. दरस बिना मेरे हैं तरसे नैना प्यारे।

ये गीत किसी अज्ञातकुलशील या नौसिखिए गीतकार के नहीं हो सकते। पहले गीत के शुरू का यह हिस्सा साफ़ कर देता है कि ये गीत पारसी नाटक के किसी सिद्ध नाटककार ने लिखे हैं जो आग़ा हश्र कश्मीरी से लेकर कोई भी हो सकता था :

बदला दिलवाएगा या रब तू सितमगारों से
तू मदद पर है तो क्या ख़ौफ़ जफ़ाकारों से
काठ की तेग़ जो तू चाहे तो वो काम करे
जो कि मुमकिन ही नहीं लोहे की तलवारों से।

लेकिन गीतकार का नाम देना ज़रूरी नहीं समझा गया। लगता है, इस भूल को जल्दी ही सुधार लिया गया। अगले ही बरस, यानी 1932 में बनी फ़िल्म *राधा रानी* के गाने उस ज़माने के सम्मानित मशहूर-मारूफ़ नाटककार पं. नारायण प्रसाद 'बेताब' ने लिखे और उनके नाम को बाक़ायदा विज्ञापित किया गया। पंडित जी पारसी नाट्य-जगत् में एक बड़ी हैसियत के हक़दार थे और उस ज़माने के बुजुर्गों में उनकी गिनती होती थी। उनका जन्म प्रेमचंद से भी आठ साल पहले 1872 में हुआ और निधन 1945 में। बेताब का नाम इतना बड़ा था कि उसे देने से फ़िल्म की इज़्ज़त में चार चाँद ही लग सकते थे और कमोबेश यही बात उस ज़माने के अन्य प्रमुख गीतकारों—आग़ा हश्र कश्मीरी, पंडित सुदर्शन, नरोत्तम व्यास और केदार शर्मा—के बारे में लागू होती है। किसी विधा को अपने शैशव में ही ऐसे प्रतिभाशाली और नामी-गिरामी गीतकार मिल जाएँ तो उसके सौभाग्य से ईर्ष्या ही की जा सकती है।

राधा रानी में बेताब के गीत के इस मुखड़े को देखिए जिसे अपने दौर के सबसे बड़े संगीतकारों में शुमार किए जानेवाले झंडे ख़ाँ के संगीत निर्देशन में गौहर सुलताना ने गाया है :

ऐ दर्दे-दिल किसी दिन होना जुदा न हमसे
आबाद ये मकां है तेरे ही दम-क़दम से।

1932 में ही मशहूर फ़िल्म *इंदर सभा* बनी और नवाब वाजिद अली शाह 'अख़्तर' के हवाले से बेताब को उसमें अपनी ग़ज़ल-प्रतिभा दिखाने का मौक़ा मिल गया। दो शेर मुलाहिज़ा हों :

चमन को यूँ मेरे साक़ी ने मयख़ाना बना डाला
कली को शीशाए-गुल दिल को बुतख़ाना बना डाला।
ख़ुदा के घर पे क़ब्ज़ा कर लिया अंधेर तो देखो
बुतों ने दिल में रहकर दिल को बुतख़ाना बना डाला।

कसर थी तो एक मक़ते की जिसे 1934 में आई फ़िल्म *अमृत मंथन* के लगभग अज्ञात गीतकार वीर मोहम्मदपुरी ने पूरा कर दिया :

कमसिनी में दिल पे ग़म का बार क्यूँ
वाए क़िस्मत पास गुल के ख़ार क्यूँ

वीर इस दीवानगी में है मज़ा
लोग कहते हैं इसे आज़ार क्यूँ।

ऐतिहासिक दृष्टि से मुमकिन है कि यह पहला मौक़ा हो जबकि एक शायर किसी फ़िल्मी ग़ज़ल के मक़्ते में अपना तख़ल्लुस डाल रहा था। आवाज़ अपने ज़माने की सबसे बड़ी गायिका शांता आप्टे की थी और संगीत केशवराव भोले ने दिया था।

लेकिन, 1933 में फ़िल्म *ज़हरी साँप* के लिए बेताब ने एक ऐसा गीत लिखा जो कज्जनबाई के अभिनय और स्वर के कारण जीवंत हो उठा और बहुत मक़बूल हुआ : 'राजा तोरा पनिया हमसे न भरा जाय रे!' हो सकता है कि यह धुन पश्चिमी उत्तर प्रदेश के किसी अंचल की लोकधुन पर आधारित हो और पंडित जी को अपने माहौल से हासिल हुई हो। स्मरणीय है कि बेताब पश्चिमी उत्तर प्रदेश के ज़िला बुलंदशहर के क़स्बे औरंगाबाद के एक ग़रीब हलवाई परिवार से ताल्लुक़ रखते थे और यह इलाक़ा उस ज़माने में लोक-साहित्य की दृष्टि से बहुत संपन्न था।

बेताब से भी पहले पारसी रंगमंच के सम्राट आग़ा हश्र कश्मीरी गीत-लेखन की शुरुआत कर चुके थे और शोहरत हासिल कर चुके थे। 1931 में ही बनी फ़िल्म *शीरीं-फ़रहाद* में उनका यह गीत ख़ासा मक़बूल हो चुका था :

वे मुक़द्दर न रहा और वे ज़माना न रहा
तुम जो बेगाना हुए कोई यगाना न रहा।
रहम कर रहम कर ये इश्क़ सितम है मुझ पर
तीर फिर किस पे चलेंगे जो निशाना न रहा।

इसे फ़िल्म के अभिनेता मास्टर निसार ने गाया था और बृजलाल वर्मा ने संगीतबद्ध किया था। आग़ा हश्र कश्मीरी अपने ज़माने के सबसे जाने-माने नाटककार थे और पारसी नाटकों में अपनी फ़ारसी-आमेज़ शेरो-शायरी के लिए मशहूर थे। उम्र के एतबार से भी वे फ़िल्म उद्योग के सबसे बुज़ुर्ग लोगों में शुमार किए जाते थे। उनका असली नाम आग़ा महमूद था, लेकिन वे आग़ा हश्र कश्मीरी के नाम से ही जाने जाते थे। उनका जन्म 1879 में हुआ और निधन 1945 में। 1931 में जब उन्हें *शीरीं-फ़रहाद* के लिए गीत लिखने का काम सौंपा गया तो उन्होंने फ़ारसी-प्रधान उर्दू का ही इस्तेमाल किया। 1933 में बनी फ़िल्म *औरत का प्यार* के गीत भी उन्होंने लिखे जिनमें से मुख़्तार बेगम का गाया गीत 'अरे मैं तो लुट गई आके तेरे बाग़ में माली, नरगिस ने आँख की मस्ती फूलों ने चुरा ली लाली' अपने ज़माने में ख़ासा मशहूर हुआ। आज के ज़्यादातर लोगों के लिए मुख़्तार बेगम का नाम अपरिचित हो सकता है। उन्हें यह याद दिलाना मुनासिब होगा कि मुख़्तार बेगम इस उपमहाद्वीप की बेहतरीन गायिकाओं में से एक फ़रीदा ख़ानम की बहन थीं और अपने ज़माने में उतनी ही मशहूर और मक़बूल भी। लेकिन, जब आग़ा हश्र के गीतों की लोकप्रियता से प्रभावित होकर 1934 में उन्हें *चंडीदास* के गीत लिखने की ज़िम्मेदारी सौंपी गई तो बदले हुए विषय के अनुकूल उन्होंने अपने गीतों की भाषा भी बदल ली :

प्रेम की हो जय जय
जीवन है अब सुखमय
भाग जगाओ अब खोया धन पाया

आशा के फूल खिले
हिरदे से हिरदे मिले
एक प्रान है दो काया।

चंडीदास के संगीत निर्देशक आर.सी. बोराल थे और इस गीत-विशेष को उमा शशि, के.एल. सहगल और पहाड़ी सान्याल ने स्वर दिया था। इसी फ़िल्म में के.एल. सहगल के स्वर में उनका यह गीत भी बेहद मक़बूल हुआ :

तड़पत बीते दिन-रैना
निस-दिन बिरह सतावे तोरा
कैसे आय मोहे चैना।

लेकिन उमा शशि और सहगल के स्वरों में *चंडीदास* के इस गीत ने तो लोकप्रियता का नया कीर्तिमान ही स्थापित कर दिया :

प्रेमनगर में बसाऊँगी घर मैं तज के सब संसार
प्रेम का आँगन प्रेम की छत और प्रेम का होगा द्वार।

पं. नारायण प्रसाद 'बेताब' ने ख़ालिस उर्दू में गीत लिखे और आग़ा हश्र कश्मीरी ने ख़ालिस हिंदी में। फ़िल्मी गीतों की ज़बान के नज़रिए से यह अच्छी शुरुआत कही जाएगी। यह दीगर बात है कि बाद में आर्यसमाज के प्रभाव में आकर बेताब उर्दू विरोधी हो गए और उस वक़्त के हिंदी आंदोलन में उन्होंने 'अच्छी-ख़ासी' भूमिका निभाई। आग़ा हश्र को हिंदी लिखने में कोई परेशानी नहीं थी। वे इतने भर कश्मीरी थे कि अपने उपनाम को आम कश्मीरी की तरह हश्र के बजाय हशर कहें, वरना वे वाराणसी में पैदा हुए और वहीं पढ़-लिखकर वहाँ से बंबई चले गए।

हिंदी के कम पाठक जानते हैं कि प्रेमचंद युग में उनके बाद सबसे अधिक चर्चित और क्लासिक कहानी 'हार की जीत' के कथाकार सुदर्शन की गिनती हिंदी फ़िल्मों के आरंभिक दौर के प्रमुख गीतकारों में की जाती है। सुदर्शन का असली नाम पं. बदरी नाथ भट्ट था और उनका जन्म पंजाब के सियालकोट में 1895 में हुआ और निधन 1967 में। 1935 में निर्मित *धूप-छाँव* उर्फ़ *भाग्यचक्र* के गीत सुदर्शन ने ही लिखे थे जो अपनी गुणात्मकता के अलावा आर.सी. बोराल के मधुर संगीत और मुख्यतः सहगल और के.सी. डे की आवाज़ों के कारण बेहद लोकप्रिय हुए थे। के.सी. डे का गाया हुआ गीत 'अंधे की लाठी तू ही है तू ही जीवन उजियारा' तो आज भी सुना जा सकता है। इसी फ़िल्म का एक और लोकप्रिय गीत 'प्रेम की नैया चली जल में मोरी' था जो उस ज़माने के एक और बेहद मशहूर गीतकार केदार शर्मा पर फ़िल्माया गया था। शायद ऐसा पहली और आख़िरी बार हुआ हो कि एक प्रमुख हिंदी गीतकार के गीत को एक और प्रमुख गीतकार के अभिनय से सँजोया गया हो। इसी फ़िल्म में सुदर्शन का एक और गीत बेहद मक़बूल हुआ 'तेरी गठरी में लागा चोर मुसाफ़िर जाग ज़रा'। आवाज़ उस ज़माने के लोकप्रिय गायक और आज के लोकप्रिय गायक मन्ना डे के चचा के.सी. डे की थी। आर्यसमाज ने अपनी प्रभात फेरियों में गा-गाकर इस गीत को अमरत्व प्रदान कर दिया है।

1938 में *धरती माता* बनी और उसके गीत लिखने का काम भी सुदर्शन को सौंपा गया। संगीत पंकज मल्लिक का था और ख़ुद उन्हीं की आवाज़ में गाया गया गीत

'दुनिया रंग रंगीली बाबा' बहुत मशहूर हुआ। उनके अलावा इसमें सहगल और उमा शशि की आवाज़ों ने भी योग दिया था। इसी फ़िल्म में सहगल ने अपने अमर गीतों में से एक गाया था, 'अब मैं काह करूँ कित जाऊँ'। सहगल ने इसी फ़िल्म में पंडित जी का यह गीत गाया था जो बहुत लोकप्रिय हुआ, 'मैं मन की बात बताऊँ।' इसी फ़िल्म में सहगल की ही आवाज़ में यह गीत भी लोकप्रियता की चोटी पर पहुँच गया था, 'किसने यह सब खेल रचाया'। संभवतः यह पहली फ़िल्म रही हो जिसमें एक ही गीतकार के इतने सारे गीत इतने अधिक लोकप्रिय हुए हों। लेकिन, पं. सुदर्शन की उपलब्धि पर यहीं विराम नहीं लग जाता। 1941 में *पड़ोसी* आई जिसके गीतों को स्वरबद्ध करने का काम मास्टर कृष्ण राव को सौंपा गया और खुद उन्हीं के स्वर में क्लासिकल पद्धति से गाया यह गीत भी सुदर्शन की उपलब्धि माना जाता है :

अवधपुरी सब प्रेम ही छावा
स्वर्ग समान सुरंग जमावा।

1941 में ही मशहूर फ़िल्म *सिकंदर* बनी जो पृथ्वीराज कपूर और सोहराब मोदी की बेहतरीन अदाकारी के लिए आज तक याद की जाती है। इसके गीत लिखने का काम भी सुदर्शन को ही सौंपा गया। संगीत निर्देशन का ज़िम्मा उस वक़्त के मशहूर म्यूज़िक डायरेक्टर और ज़िया सरहदी के ससुर रफ़ीक़ ग़ज़नवी और मीर साहब को दिया गया। गाने के लिए एक नई आवाज़, शीला को लाया गया जिसके गाए कई गाने ख़ासे मक़बूल हुए। लेकिन, फ़िल्म का सबसे अधिक लोकप्रिय गीत यह रहा :

ज़िंदगी है प्यार से प्यार में बिताए जा
ज़िंदगी है एक रात प्यार उसमें है चराग़
ये चराग़ जितनी देर जी सके जलाए जा।

गायन में कोरस का इस्तेमाल किया गया था और मुख्य स्वर ख़ान मस्ताना का था, जिनके गाए हुए दीगर फ़िल्मों के कई गीत भी बहुत मक़बूल हुए। कुछ लोगों को इस गीत की छाया आज़ाद हिंद फ़ौज के प्रयाण गीत 'क़दम-क़दम बढ़ाए जा' पर दिखाई देती है। इसी फ़िल्म में शीला के स्वर में 'आई आई सजनवा अजब रतिया, आज आई सजनवा अजब रतिया', 'फुलवारीँ लागे चोर मालनिया सोय रही' और 'खिलो-खिलो मतवाली कलियो' ने भी ख़ासी मक़बूलियत हासिल की।

1943 में प्रदर्शित सोहराब मोदी की प्रख्यात फ़िल्म *पृथ्वी वल्लभ* में भी सुदर्शन के ही गीत थे। संगीत निर्देशन सरस्वती देवी और रफ़ीक़ ग़ज़नवी का था। अमीर बाई करनाटकी का गाया गीत 'हवा ने बाँधा है क्या रंग' और मेनका तथा संगीत निर्देशक रफ़ीक़ ग़ज़नवी की आवाज़ में रिकॉर्ड किया गया गीत 'पंछी उड़ चल' ख़ासा मशहूर हुआ। मीरा बाई के ही एक पद को इधर-उधर करके सुदर्शन ने इस लोकप्रिय गीत की रचना की थी : 'राम नाम धन पाया'। इसे मेनका ने स्वर दिया था।

आग़ा हश्र और पंडित सुदर्शन की ही तरह पंडित नरोत्तम व्यास भी इस दौर के बड़े प्रतिष्ठित और सम्मानित बुज़ुर्ग थे। 1935 से 1961 तक के कालखंड में पंडितजी हिंदी फ़िल्माकाश पर छाए रहे और इसे दुर्भाग्यपूर्ण ही कहा जाएगा कि हिंदी फ़िल्मों के प्रशंसक इस महत्त्वपूर्ण और विविध प्रतिभासंपन्न व्यक्ति के बारे में इतना कम जानते हैं। वे मुरादाबाद

के रहनेवाले थे, लेकिन उनके जीवन के बारे में हमें कोई ख़ास जानकारी हासिल नहीं हो सकी। कहना होगा कि आग़ा हश्र और सुदर्शन की तुलना में व्यासजी अधिक बहुमुखी प्रतिभा के धनी थे। अभिनय, कहानी, संवाद, पटकथा, निर्माण और निर्देशन–गोया फ़िल्म-उद्योग के सभी क्षेत्रों में उन्होंने हाथ आज़माया लेकिन उन्हें सबसे अधिक सफलता गीतकार के रूप में ही मिली। उन्होंने जिन अनेक फ़िल्मों के गीत लिखे उनमें *राजपूत रमणी, श्री रामानुज, जीवन नाटक, धर्मात्मा, कंगन, शादी की रात, मामाजी, अमर ज्योति, सुलह, दुर्गा, जंग बहादुर, महात्मा विदुर, अपना घर* को प्रमुख कहा जा सकता है।

1935 में निर्मित *धर्मात्मा* में मास्टर कृष्ण राव के स्वर में उनका यह गीत बहुत मक़बूल हुआ था 'आज भाग जाग गए लोगो हमारे'। 1936 में निर्मित *अमर ज्योति* में शांता आप्टे और बी. नांदेरकर के स्वर में गाया उनका यह गीत आज भी मधुर लगता है, 'आज हमें बन बेहद भाता'। कुछ लोगों की राय है कि यह शायद हिंदी का पहला प्रेम गीत है। इसका संगीत मास्टर कृष्ण राव ने दिया है। इसी फ़िल्म में शांता आप्टे की आवाज़ में व्यासजी का वह अमर गीत 'सुनो-सुनो हे बन के प्रानी बनी हूँ आज तुम्हारी रानी' है। 1936 में ही *राजपूत रमणी* आई और उसमें उस ज़माने की सबसे बड़ी गायिका और नायिका शांता आप्टे का गाया यह गीत ख़ासा लोकप्रिय हुआ, 'अब प्यारे-प्यारे आवेंगे आनंद दिन'। संगीत एम.डी. भोले का था।

1939 में निर्मित संगीतप्रधान फ़िल्म *कंगन* के गीत प्रदीप और नरोत्तम व्यास ने लिखे थे। व्यासजी ने चार गीत लिखे थे जिनमें से दो ख़ास तौर पर मशहूर और मक़बूल हुए : 'बंदे नाव का लंगर छोड़' और 'जोगन भटक रही है बन-बन।'

1946 में *देवदासी* आई और उसमें के.सी. डे के स्वर में और ख़ुद उन्हीं के संगीत निर्देशन में व्यासजी के गीतों ने पूरे देश में धूम मचा दी। डे की गाई हुई स्तुति 'हरे मुरारे मधु कैटभारे' इस फ़िल्म के आने से पहले उत्तर भारत के घरों में इतनी प्रचलित न थी जितना इसके बाद हो गई। 'हरि के नाम बिना रे' भी ख़ासा लोकप्रिय हुआ, लेकिन के.सी. डे के स्वर में व्यासजी के इस गीत ने तो लोकप्रियता की हद ही पार कर दी :

रोएँ हम चरणों पे भगवन
तुम सुन-सुन मुस्क्याओ।

हमारी जानकारी में यह हिंदी फ़िल्मों में किसी गीतकार द्वारा लिखे गए मौलिक गीतों में पहला उपालंभ गीत है और अपने मुखड़े से ही देवदासी की अमानवीय और हृदयहीन प्रथा को तार-तार कर देता है। के.सी. डे के स्वर में छिपा दर्द किसी भी सहृदय श्रोता की आँखें नम करने में समर्थ है।

केदार शर्मा के साथ हिंदी फ़िल्मों के आरंभकर्ताओं का बृहद्‌चतुष्टय पूरा हो जाता है। शर्माजी का जन्म पंजाब के ज़िला सियालकोट की तहसील नैरोवाल में एक ग़रीब परिवार में हुआ। विज्ञ पाठकों को याद आ गया होगा कि यह वही तहसील है जिसमें फ़ैज़ अहमद फ़ैज़ का गाँव क़ादर काला आता है और सियालकोट ही वह ज़िला है जो अल्लामा इक़बाल और फ़ैज़ अहमद फ़ैज़ के नाम से मंसूब है। हिंदी के प्रमुख कथाकार और हिंदी फ़िल्मों के आरंभिक गीतकार पंडित सुदर्शन का ताल्लुक़ भी सियालकोट से ही रहा है। केदार शर्मा फ़ैज़ से सिर्फ़ एक साल बड़े थे। दोनों का संबंध ग़रीब परिवारों से था और दोनों ने ही पंजाब विश्वविद्यालय

से अंग्रेज़ी साहित्य में एम.ए. किया था। दोनों का संबंध कविता से था, गीत और फ़िल्म से भी।

अगर यह कहा जाए कि केदार शर्मा अपने तीनों अग्रजों से अधिक प्रतिभासंपन्न थे तो यह शायद किसी के प्रति अन्याय न होगा। फ़िल्मी दुनिया में घुसने के लिए उन्हें अथक संघर्ष करना पड़ा, लेकिन जब सफलता मिली तो उसने उन्हें चोटी पर पहुँचाकर ही दम लिया। कड़े संघर्ष के बीच उनके सामने सफलता के द्वार अकस्मात् ही खुल गए जब देबकी बोस ने उन्हें अपनी कालजयी फ़िल्म *देवदास* के संवाद और गीत लिखने की दावत दी। वे फ़िल्मों में काम ज़रूर कर रहे थे, लेकिन न तो तब तक उन्होंने किसी फ़िल्म में कोई संवाद लिखा था और न ही कोई गीत। *देवदास* 1935 में बनी थी। इससे पहले 1933 में बनी *पूरन भगत* में केदार शर्मा ने देबकी बोस के साथ काम ज़रूर किया था, हो सकता है, उसके गीत भी लिखे हों। उस फ़िल्म के गीत सहगल और के.सी. डे जैसे नामी-गिरामी गायकों ने गाए हैं और आर.सी. बोराल जैसे सर्वमान्य संगीत निर्देशक ने उनकी धुनें बनाई हैं, लेकिन पता नहीं क्यों, गीतकार का नाम विज्ञापित नहीं किया गया है। एक से अधिक गीतों पर किसी बड़े गीतकार की छाप नज़र आती है। मुमकिन है, कुछ गीत केदार शर्मा ने लिखे हों मगर उनका नाम न दिया गया हो! अनुमान लगाया जा सकता है कि तब तक देबकी बोस ने औपचारिक रूप से उन्हें गीत लिखने का नहीं बल्कि अचल या स्टिल फ़ोटोग्राफ़ी का ही काम दे रखा था। वैसे भी 1933 में केदार शर्मा नारायण प्रसाद बेताब के क़द के बराबर तो न थे कि देबकी बोस जैसा बड़ा निर्माता उनका नाम देकर गौरवान्वित अनुभव करता। बहरहाल, जब *देवदास* थिएटरों तक पहुँची तो पूरे हिंदी-उर्दू प्रदेश में उसके गीतों की धूम मच गई। सहगल के बारे में जानी-मानी बात है कि आमतौर पर वे उसी फ़िल्म में गाते थे जिसमें उनकी प्रमुख भूमिका होती थी। *देवदास* में देवदास की भूमिका बरुआ निभा रहे थे, लेकिन सहगल प्ले बैक के लिए राज़ी हो गए। इसका एक कारण देबकी बोस का महान व्यक्तित्व हो सकता है जिन्हें सहगल या कोई और गायक या अभिनेता मना नहीं कर सकता था। तिमिर बरन की धुनों में सहगल के स्वर ने केदार शर्मा के कम-से-कम दो गीतों को तो अमर ही कर दिया : 'बालम आय बसो मोरे मन में' और 'दुख के दिन अब बीतत नाहीं'। इसी के साथ अगर सहगल द्वारा ही गाई गई उनकी इस ग़ज़ल को भी शामिल कर लें तो शर्माजी का पूरा काव्यवैभव और हिंदी फ़िल्म की समग्र भाषा पर उनका निर्बाध अधिकार सामने आ जाता है। ग़ज़ल का मतला इस तरह है :

छुटे असीर तो बदला हुआ ज़माना था
न फूल थे न चमन था न आशियाना था।

वैसे तो इस ग़ज़ल का हर शेर पहले से बढ़कर है, लेकिन एक और शेर पर बात करना ज़रूरी है क्योंकि बड़े शायरों के शेरों की तरह अब वह भी 'ज़बान का शेर' बन चुका है :

वो बाग़ ही न रहा जिसपे नाज़ था मुझको
वो शाख़ ही न रही जिसपे आशियाना था।

इसी फ़िल्म में शर्माजी ने एक और गीत लिखा था जो उनके गीतकार के एक और आयाम को सामने लाता है : 'न आया मन का मीत उमरिया बीत गई सारी'। के.सी. डे के दर्दीले स्वर में यह गीत आज भी सुननेवाले को झकझोरने की ताक़त रखता है। 1936 में ही *मिलिनेयर*

या 'करोड़पति' आई थी जिसमें केदार शर्मा का गीत 'जगत् में प्रेम ही प्रेम भरा है' बहुत लोकप्रिय हुआ। हमेशा की तरह इस लोकप्रियता में सहगल के स्वर और राय चंद या आर.सी. बोराल की मधुर धुन का भी योगदान था।

1937 में उन्होंने *विद्यापति* के गीत लिखे जिनकी धुनें इस बार भी आर.सी. बोराल ने बनाई थीं और स्वर के.सी. डे का था : 'गोकुल से गए गिरधारी / हुई सूनी नगरी सारी' और 'पनघट पे कन्हैया आता है / आकर धूम मचाता है'। उस ज़माने में इन गीतों ने वाक़ई धूम मचा दी थी। केदार शर्मा का एक और बेहद मशहूर गीत इसी फ़िल्म से वाबस्ता है : 'पिया मिलन को जाऊँ।' पहाड़ी सान्याल, कानन और के.सी. डे के स्वर और आर.सी. बोराल के संगीत में आबद्ध किया गया यह गीत अब भी कभी-कभी सुनने को मिल जाता है। यही बात इस फ़िल्म के गीत 'अंबुआ की डाली-डाली / झूम रही है मतवाली' के बारे में कही जा सकती है। इसमें स्वर कानन देवी और धूमी ख़ान के हैं। 1937 में ही *अनाथ आश्रम* आई जिसका गीत 'मन प्रेम की जोत जला सजनी' बहुत लोकप्रिय हुआ। इसे पहाड़ी सान्याल और उमा शशि ने गाया है। 1940 में बनी *ज़िंदगी* में सहगल ने फिर उनके दो गाने गाए जो आज तक बड़े शौक़ से सुने जाते हैं : 'मैं क्या जानूँ क्या जादू है / इन दो मतवाले नैनों में' और 'सो जा राजकुमारी सो जा / सो जा मैं बलिहारी सो जा'। इस बार संगीत निर्देशन पंकज मल्लिक का था।

केदार शर्मा बहुमुखी प्रतिभा के धनी थे। उन्होंने अनेक शानदार फ़िल्मों का निर्माण और निर्देशन किया और लंबे अर्से तक अपना प्रिय काम यानी फ़िल्मों के लिए गीत लिखना, करते रहे। अपने बाद के जीवन में उनका यह गीत बेहद लोकप्रिय हुआ : 'कभी तनहाइयों में जब हमारी याद आएगी'। हिंदी फ़िल्मों के इतिहास में शायद यह पहला गीत हो जिसमें एक वंचिता नारी अपने प्रेमी को खुलकर बद्दुआ दे रही है : 'न फिर तू जी सकेगा और न तुझको मौत आएगी'।

आमतौर पर फ़िल्म उद्योग को उनका सबसे बड़ा योगदान यह माना जाता है कि उन्होंने एक नहीं बल्कि तीन-तीन सितारों को फ़िल्माकाश में चमकने-दमकने का मौक़ा दिया : राजकपूर, मधुबाला और गीता बाली। लेकिन उनका मन गीत-लेखन में ही रमता था और एक गीतकार की हैसियत से उनका नाम इतिहास में सुनहरे अक्षरों में लिखा जाएगा।

अगर 1930 से 1940 तक के ज़माने की बात करें तो इन चार प्रमुख गीतकारों के अलावा अन्य अनेक गीतकारों ने इस क्षेत्र में हाथ आज़माए। उनमें से कुछ का ज़िक्र ज़रूरी है और उतना ही ज़रूरी यह समझना है कि सबका ज़िक्र तो क्या, नामोल्लेख तक करने के लिए एक भरी-पूरी पुस्तक दरकार है। देखने की बात यह है कि 1931 में *आलम आरा* क्या बनी, 'गोया दबिस्ताँ खुल गया'। पता नहीं किसी ने यह अध्ययन किया है या नहीं कि अगर शुद्ध संख्या की बात की जाए तो फ़िल्मनिर्माण के क्षेत्र में भारत आज ही शीर्ष पर नहीं है, शायद पहले भी था। इस विषय में यह आँकड़ा दिलचस्प है कि 1931 से 1940 तक के अर्से में हिंदी में 931 फ़ीचर फ़िल्में बनीं। हर फ़िल्म में औसतन 10 गाने होते थे। इस तथ्य से फ़िल्म के शैशव में ही साहित्य और संगीत के वर्चस्व का अनुमान लगाया जा सकता है।

ज़िया सरहदी की चर्चा ज़रूरी है। 1914 में उनका जन्म पेशावर में हुआ। 1936 में यानी केवल 22 साल की उम्र में उनके दोस्त प्रसिद्ध फ़िल्म निर्माता महबूब ख़ाँ ने उन्हें अपनी

निर्माणाधीन फ़िल्म *दकन क्वीन* की पटकथा, कहानी, गीत और संवाद लिखने की दावत दी। ज़िया सरहदी ने यह सब करने के अलावा फ़िल्म में एक भूमिका भी निभाई और इस तरह अपनी बहुमुखी प्रतिभा का परिचय दिया। इस फ़िल्म में उनका एक गीत बहुत मशहूर हुआ : 'याद न कर दिले-हज़ीं भूली हुई कहानियाँ / यार की बज़्मे-नाज़ में गुज़री हुई जवानियाँ'। सुरेंद्रनाथ की आवाज़ में गाए गए इस गीत की धुन प्राणसुख नायक ने तैयार की थी।

फ़िल्म की सफलता से उत्साहित होकर महबूब ने 1936 में ही पेश की जानेवाली एक और फ़िल्म *मनमोहन* के गीत लिखने का ज़िम्मा उन्हें दे दिया। यह फ़िल्म ख़ूब चली और इसके कई गाने बहुत मक़बूल हुए। बिब्बो और सुरेंद्रनाथ के स्वरों में गाए गए इस गीत की धुन अशोक घोष ने बनाई थी : 'तुम्हीं ने मुझको प्रेम सिखाया / सोए हुए हिरदे को जगाया'। इन्हीं दोनों गायकों के स्वर में यह गीत भी उस ज़माने के मशहूर गीतों में शुमार किया गया : 'ख़िज़ाँ ने आके चमन को उजाड़ देना है'। 1938 में आई फ़िल्म *ग्रामोफ़ोन सिंगर* में भी उन्हीं के गीत थे। सुरेंद्रनाथ के स्वर में यह गीत ख़ासा मक़बूल हुआ : 'एक छोटा-सा मंदिर बनाएँगे / अपनी देवी को उसमें बिठाएँगे'। सुरेंद्र की ही आवाज़ में एक और गीत भी काफ़ी मशहूर हुआ : 'काहे अकेला डोले बादल मोहे भी संग ले जा'। इस फ़िल्म में संगीत अनिल बिस्वास ने दिया था। 1938 में ही ज़िया ने *पोस्टमैन उर्फ़ अभिलाषा* नामक फ़िल्म के गीत लिखे, जिनमें से यह गीत काफ़ी सराहा गया : 'हौसला आशिक़ को चहिए दिल लगाने के लिए / क्योंकि ये माशूक़ होते हैं सताने के लिए'। यह गीत जी.एम. दुर्रानी ने गाया था और इसकी धुन अनिल बिस्वास ने बनाई थी। 1943 में आई फ़िल्म *नादान* में नूरजहाँ का गाया यह गीत बहुत मशहूर हुआ : 'अब तो नहीं दुनिया में कहीं अपना ठिकाना / दुश्मन है ज़माना'। इसी फ़िल्म में नूरजहाँ की आवाज़ में यह गीत बहुत मनमोहक बन पड़ा है : 'एक अनोखा ग़म अनोखी सी मुसीबत हो गई / जिनको देखा तक नहीं उनसे मोहब्बत हो गई'। नूरजहाँ के स्वर में उनका यह गीत भी बहुत मक़बूल हुआ था : 'रोशनी अपनी उमंगों की बुझाकर चल दिये / अपनी क़िस्मत के दिये हम ख़ुद बुझाकर चल दिये'। संगीत के. दत्ता का था।

1945 में आई फ़िल्म *बड़ी माँ* में ज़िया सरहदी के कई गीत मक़बूल हुए : 'आ इंतज़ार है तेरा / दिल बेक़रार है मेरा'। यह गीत नूरजहाँ की दिलकश आवाज़ में है। लेकिन सबसे अधिक मक़बूलियत एक बार फिर नूरजहाँ की आवाज़ में इस गीत को मिली : 'दीया जलाकर आप बुझाया तेरे काम निराले / दिल तोड़ के जानेवाले'। संगीत इस बार भी के. दत्ता ने दिया था।

1947 में *ऐलान* आई जिसके दो तीन गीतों को क़ाफ़ी मक़बूलियत हासिल हुई : 'तेरा जहाँ आबाद है / मेरा जहाँ बर्बाद है'; 'आईने में इक चाँद-सी सूरत नज़र आई'। पहला गीत सुरेंद्र ने गाया था जबकि दूसरे गीत में अमीर बाई करनाटकी ने उनका साथ दिया था। संगीत इस बार नौशाद का था। इस फ़िल्म का यह गीत भी मक़बूल हुआ : 'इक बार फिर से आ जा / दिल में मेरे समा जा'। इसे भी सुरेंद्र ने गाया था। लेकिन सबसे अधिक लोकप्रियता अमीर बाई करनाटकी की आवाज़ में रिकॉर्ड किए गए इस गीत को मिली : 'ऐ अजल ऐ ज़िंदगी ग़म का ज़माना टल गया / क्या करेंगी बिजलियाँ जब आशियाँ ही जल गया'।

1948 में *अनोखा प्यार* आई जिसमें शम्स अज़ीमाबादी और गोपाल सिंह नेपाली के साथ ज़िया सरहदी ने भी कई गीत लिखे। धुनें अनिल बिस्वास ने बनाई थीं। लता मंगेशकर

की आवाज़ में सरहदी का यह गीत काफ़ी लोकप्रिय हुआ : 'जीवन सपना टूट गया / एक मुसाफ़िर आया आके दिल की दुनिया लूट गया'। लता की ही आवाज़ में उनका यह गीत भी बहुत मक़बूल हुआ : 'एक दिल का लगाना बाक़ी था सो दिल भी लगाकर देख लिया / तक़दीर का रोना कम न हुआ आँसू भी बहाकर देख लिया'। लेकिन इन गीतों से भी अधिक लोकप्रिय यह दोगाना हुआ जिसे लता मंगेशकर और मुकेश ने गाया था : 'याद रखना चाँद तारो इस सुहानी रात को / दो दिलों में चुपके-चुपके जो हुई उस बात को'। इस गीत की रचना ऐसी है, जैसे यह केवल 15-20 साल पुराना हो!

1948 में ही *मेरी कहानी* में ज़िया सरहदी के कई गीत लोकप्रिय हुए; ख़ासकर गीता राय और सुरेंद्र का यह दोगाना : 'बुलबुल को मिला फूल तो नद्दी को किनारा / हर दिल को है दुनिया में किसी दिल का सहारा।' 1952 में रिलीज़ की गई फ़िल्म *शीशम* में कई गीतकारों के गीत हैं। ज़िया सरहदी का इसमें एक ही गीत था लेकिन यह बहुत मक़बूल हुआ : 'एक झूटी सी तसल्ली वे मुझे देके चले / मेरा दिल लेके चले'। आवाज़ मुकेश की थी। संगीत इस बार रौशन का था। 1956 में *आवाज़* आई और उसमें हमें ज़िया सरहदी का एक ऐसा गीत सुनने को मिला जिसकी उम्मीद किसी को नहीं थी : 'अर्रा रम तर्रा रम / दुनिया के कैसे ग़म / कहीं ज़्यादा कहीं कम'। सलिल चौधरी के संगीत और किशोर कुमार की आवाज़ ने इसे बेहद मक़बूल बना दिया।

ज़िया सरहदी ने अधिक फ़िल्में नहीं बनाईं, लेकिन वे फ़िल्म निर्देशक के रूप में अधिक प्रसिद्ध हैं। 1951 में उन्होंने *हम लोग* का निर्माण किया। कई फ़िल्म समीक्षकों ने इसे सामाजिक यथार्थ की पहली परिपक्व भारतीय फ़िल्म बताया है। इसके गीत मक़बूल हुए, लेकिन अपनी फ़िल्म में ज़िया ने गीत ख़ुद नहीं लिखे। वे दूसरों को मौक़ा देना चाहते थे। इसलिए उन्होंने गीत लिखने की ज़िम्मेदारी विश्वामित्र आदिल और उद्धव कुमार को सौंपी। इस फ़िल्म के कई गीत ख़ासे मशहूर हुए। लता मंगेशकर की आवाज़ में 'चली जा चली जा चली जा छोड़ के दुनिया / ग़म की दुनिया आह की दुनिया' पर नूतन के भावपूर्ण अभिनय की ख़ासी चर्चा रही। गीत की धुन रौशन ने बनाई थी। मुकेश का गाया यह गीत भी बहुत लोकप्रिय हुआ : 'उनकी नज़र से अपनी नज़र तक एक ज़माना एक फ़साना'। 1953 में उनकी एक और अतिप्रशंसित फ़िल्म *फ़ुटपाथ* आई जिसमें गीत मजरूह और अली सरदार जाफ़री ने लिखे। संगीत ख़ैयाम ने दिया। इस फ़िल्म में तलत महमूद का यह गीत बेहद मशहूर हुआ और इतने साल बाद भी सुनने को मिल जाता है : 'शामे-ग़म की क़सम / आज ग़मगीं हैं हम / आ भी जा आ भी जा आज मेरे सनम'। दिलीप कुमार के भावपूर्ण अभिनय ने इस मधुर गीत को और भी सुंदर और स्मरणीय बना दिया था।

ज़िया सरहदी की उपर्युक्त दोनों फ़िल्मों का ऐतिहासिक महत्त्व है। *नीचा नगर* और *धरती के लाल* ने सामाजिक यथार्थ की जो नई ज़मीन तोड़ी थी, उस पर इन फ़िल्मों ने बुनियाद का पत्थर रख दिया और आगे चलकर उस पर *दो बीघा ज़मीन, हीरा मोती* जैसी न जाने कितनी और बेहद महत्त्वपूर्ण फ़िल्में अस्तित्व में आईं।

पता नहीं, क्या सोचकर ज़िया पाकिस्तान चले गए! वहाँ उन पर बहुत बुरी बीती। ज़िया उल हक़ की फ़ौजी तानाशाही ने बग़ावत यानी सिडीशन और मार्क्सवाद की तरफ़ झुकाव होने के 'अपराध' में उन्हें क़ैद करके क़ैदे-तनहाई में डाल दिया। जेल से छुटते ही उन्होंने

पाकिस्तान के अनेक शायरों और बुद्धिजीवियों की तरह अपने को देश से निर्वासित कर लिया और बाक़ी की ज़िंदगी स्वतःनिर्वासित के रूप में लंदन में गुज़ारकर 1996 में 82 वर्ष की उम्र में उन्होंने स्पेन की राजधानी मेड्रिड में दम तोड़ दिया। वे अपने को ऐसा स्वतंत्र मार्क्सवादी कहते थे जो किसी पार्टी से प्रतिबद्ध नहीं था।

डी.एन. मधोक की चर्चा करनी पड़ेगी। वे 1902 में गुजराँवाला में पैदा हुए, लेकिन उनकी परवरिश करनाल में हुई। उनके कैरियर की शुरुआत एक अभिनेता की हैसियत से कलकत्ता के न्यू थिएटर्स से हुई। वहाँ से स्क्रिप्ट राइटर बनकर वे बंबई गए और हिंदी की कई आरंभिक फ़िल्मों की कहानी, पटकथा और संवाद उन्होंने लिखे और अनेक फ़िल्मों का निर्देशन भी किया, कुछ का निर्माण भी। आख़िरकार 1932 में बनी *राधेश्याम* में गीत लिखे और एक गीतकार की हैसियत से मशहूर हुए। लेकिन गीतकार की हैसियत से यह कामयाबी उन्हें फ़ौरन ही नहीं मिल गई। 1932 के बाद या तो उन्हें गीत लिखने की दावत नहीं मिली या जो गीत उन्होंने लिखे, वे मशहूर और मक़बूल नहीं हुए। अलबत्ता, 1938 में आई फ़िल्म *ज़माना* में अमीरबाई करनाटकी के स्वर में उनका यह गीत ज़रूर मक़बूल हुआ : 'ऐ दर्द ज़रा दम ले करवट तो बदलने दे; अरमान भरे दिल को पहलू में सँभलने दे।' इस गीत की धुन सुंदर दास ने बनाई थी। 1949 में *सूरदास* आई जिसमें उनके कई गीत बहुत लोकप्रिय हुए। ख़ुर्शीद का गाया हुआ गीत, 'पंछी बावरा चाँद से प्रीत लगाए' तो ख़ासतौर पर बहुत मक़बूल हुआ और आज भी कभी-कभी सुनने को मिल जाता है। इसकी धुन ज्ञानदत्त ने बनाई थी। इस फ़िल्म का एक और गीत 'रैन गई अब हुआ सवेरा' भी मशहूर हुआ। आवाज़ के.एल. सहगल की थी। 1942 में ही *ख़ानदान* आई और उसमें मधोक का लिखा गाना 'मेरी अम्मी का राज भला' काफ़ी सराहा गया। आवाज़ नूरजहाँ की थी और संगीत ग़ुलाम हैदर ने दिया था। इस फ़िल्म में नूरजहाँ की ही आवाज़ में एक और गीत 'तू कौन-सी बदली में मेरे चाँद है आजा / तारे हैं मेरे ज़ख़्मे-जिगर उनमें समा जा' बहुत लोकप्रिय हुआ। 1943 में *तानसेन* आई जिसके मुख्य गीतकार पंडित इंद्र थे। मधोक को दो गाने लिखने को दिये गए थे जो लोकप्रिय तो हुए लेकिन उनकी तुलना में पंडित इंद्र के लिखे गीत कहीं अधिक लोकप्रिय हुए। मधोक का यह गीत ख़ुर्शीद की आवाज़ में है और इसकी धुन खेमचंद प्रकाश ने बनाई है : 'अब राजा भए मोरे बालम वे दिन भूल गए'। दूसरा गीत सहगल ने गाया है : 'बिना पंख पंछी हूँ मैं कैसे उड़ आऊँ मैं / मन की लगी अब कासे सुनाऊँ मैं'। 1944 में *रतन* आई और नौशाद के संगीत और मधोक के गीतों ने ऐसी क़यामत ढायी कि जिस थिएटर पर यह फ़िल्म लगी, उससे उतरने का नाम ही नहीं लिया। *रतन* से पहले ऐसी ज़बर्दस्त कामयाबी 1943 में आई फ़िल्म *क़िस्मत* को ही मिली थी जो कलकत्ता के रॉक्सी टाकीज़ में साढ़े तीन साल तक लगातार चली थी। ध्यान देने की बात है कि *क़िस्मत* की सफलता में भी उसके गीतों का बड़ा हाथ था। उसमें प्रदीप के गीतों की धुनें हिंदी फ़िल्मों के सबसे तेजस्वी संगीत निर्देशक अनिल बिस्वास ने बनाई थीं, लेकिन मधोक के गीत उसमें भी थे। *रतन* पहली ऐसी फ़िल्म थी जिसका हर गीत मशहूर और मक़बूल हुआ। गाने भी दो-चार नहीं, पूरे नौ या दस थे। उनकी मक़बूलियत का आलम यह था कि लगभग अस्सी साल बाद आज भी उत्तर भारत का हर बुज़ुर्ग *रतन* के गीतों की एकाध लाइन ज़रूर गुनगुना सकता है।

दीनानाथ मधोक ने इतना नाम और धन कमाया कि फ़िल्म उद्योग में साहिर लुधियानवी से पहले किसी और गीतकार ने ऐसा आला दर्जा हासिल नहीं किया था। अपने गीतों के लिए वे मुँहमाँगी क़ीमत वसूल करते थे और गीत लिखवाने के लिए निर्माता-निर्देशकों की भीड़ उन्हें घेरे रहती थी। कहा जाता है कि वे एक गीत के लिए पच्चीस हज़ार रुपये तक वसूल किया करते थे और वह भी बड़े ठस्से से। उनकी हैसियत का अंदाज़ा इस एक बात से लगाया जा सकता है कि अपने पसंदीदा संगीत निर्देशक नौशाद को काम दिलवाने के लिए उन्होंने उनका परिचय उद्योग के कई नामवर निर्माताओं और वित्तपोषकों से कराया और जब इसमें मिली कामयाबी से उन्हें संतोष न हुआ तो 1940 में ख़ुद एक फ़िल्म *प्रेमनगर* का निर्माण किया और उसमें नौशाद से संगीत निर्देशन कराया। नौशाद के बारे में उनका यह आकलन बिलकुल सही साबित हुआ कि वे अद्‌भुत प्रतिभा के धनी हैं। अंततः 1944 में *रतन* की बेमिसाल कामयाबी ने नौशाद को संगीत निर्देशन और मधोक को गीत-लेखन की चोटी पर पहुँचा दिया। दोनों ही अपने-अपने क्षेत्रों पर लंबे अर्से तक राज करते रहे। पं. दीनानाथ मधोक ने 80 वर्ष की लंबी उम्र पाई और 2000 से अधिक गीत लिखे। उनके गीतोंवाली अनेक फ़िल्मों ने अनेक नगरों में अनेक क़िस्म की जयंतियाँ मनाईं।

रतन के बारे में यह कहना कठिन है कि उसका कौन-सा गीत सबसे अधिक लोकप्रिय हुआ। ज़ोहराबाई अंबालेवाली के स्वर में उनका यह गीत 1951 के ज़माने में इतना लोकप्रिय था कि उत्तर प्रदेश के छोटे-से-छोटे क़स्बे के लोग इसे गाते हुए देखे जाते थे :

आई दिवाली आई दिवाली
दीपक के साथ नाचे पतंगा
मैं किसके संग नाचूँ बता जा!

ज़ोहराबाई अंबालेवाली ने ही *रतन* का यह गीत गाया था जिसने लोकप्रियता के पिछले तमाम कीर्तिमान ध्वस्त कर दिये थे : 'अँखियाँ मिला के जिया भरमा के चले नहीं जाना'। अमीरबाई करनाटकी के स्वर में मधोक का यह गीत भी बेहद लोकप्रिय हुआ था : 'जब तुम ही चले परदेस लगाकर ठेस ओ प्रीतम प्यारा / दुनिया में कौन हमारा'। अमीरबाई करनाटकी और शामकुमार ने मिलकर इस दोगाने को लोकप्रियता के शिखर पर पहुँचा दिया था : 'ओ जानेवाले बालमवा, लौट के आ, लौट के आ'! ज़ोहराबाई और करन दीवान के स्वर में इस दोगाने की लोकप्रियता की तो बात ही क्या थी : 'सावन के बादलो उनसे ये जा कहो / तक़दीर में यही था साजन मेरे न रो'! ज़ोहराबाई अंबालेवाली का गाया यह गीत भी उस ज़माने में लोकप्रियता की हद पार कर रहा था : 'परदेसी बालमा बादल आया'।

चौथे दशक में केदार शर्मा, सुदर्शन, आग़ा हश्र और ज़िया सरहदी जैसे साहित्यिक अभि-रुचि के गीतकारों ने फ़िल्मी गीतों को साहित्यिक गरिमा से ओतप्रोत कर दिया था। इसमें नरेंद्र शर्मा, गोपाल सिंह नेपाली, डॉ. सफ़दर आह, क़मर जलालाबादी, कमाल अमरोहवी, सरस्वती कुमार 'दीपक', शकील बदायूँनी, नक़्शब, तनवीर नक़वी, शम्स लखनवी, पं. इंद्र, पं. भूषण, पं. प्रदीप, पं. मधुर, आरज़ू लखनवी, जे.एस. कश्यप नटवा, वली साहिब, बहज़ाद लखनवी, ख़ुमार बाराबंकवी, नज़ीर हैदराबादी, नाज़िम पानीपती, वाहिद क़ुरैशी, असग़र सरहदी, ज़ाहिर कश्मीरी, राजा मेहँदी अली ख़ाँ, जी. ए. अदीब, नीलकंठ तिवारी, भरत व्यास और अन्य अनगिनत गीतकारों का भी भारी योगदान है। इनमें से नरेंद्र शर्मा, क़मर जलालाबादी,

शकील बदायूँनी, नक़्शब, तनवीर नक़वी, प्रदीप, बहज़ाद लखनवी का तो इतना भारी योगदान है कि गीतों के किसी भी इतिहास में वे एक स्वतंत्र अध्याय के हक़दार हैं। इन नामों में एकाध नाम ऐसे भी हो सकते हैं जिन्होंने अपना फ़िल्मी जीवन चौथे दशक के बाद शुरू किया हो। इन गीतकारों की भाषा हिंदी और उर्दू का ऐसा जीवंत सम्मिश्रण थी जिसमें अरबी-फ़ारसी और संस्कृत के शब्द घुले-मिले हैं। आवश्यकता के अनुसार उन्होंने मीर, ग़ालिब और दाग़ से भी लिया और कबीर, तुलसी, सूर और मीरा से भी। ये सब लोग अपने-अपने भाषांचलों से जीवंत संपर्क रखते थे और शास्त्रीय संगीत के साथ-साथ लोक-संगीत में भी भरपूर दिलचस्पी रखते थे। अपने संगीत-निर्देशकों से इनके मधुर संबंध थे और धुनों के बारे में उनसे आत्मीय वार्तालाप की राह में कोई बाधा न थी। संगीत के साथ-साथ साहित्य में भी वे पूरी दिलचस्पी रखते थे जिसने इनके गीतों को साहित्यिक रस और आस्वाद दे दिया था।

मधोक ने अपने लोकप्रिय गीतों से यह सब बदल दिया। उन्होंने गीत के केंद्र में से साहित्यिक उदात्तता को हटाकर उसकी जगह भाव की मार्मिकता को प्रतिष्ठित कर दिया। शायद वे अकेले ऐसे गीतकार थे जो अपने हर गीत के साथ उसकी धुन भी संगीत-निर्देशक को मुहैया कराते थे। वे अक्सर अपनी माचिस की डिबिया या 555 सिगरेट के डब्बे पर अपने गीतों की धुन बनाते हुए देखे जा सकते थे। और, हालाँकि वे ज़िद नहीं करते थे कि गीत की धुन वही हो जो उन्होंने बनाई है, लेकिन आमतौर पर उनकी धुन इतनी सटीक होती थी कि संगीत-निर्देशक किसी-न-किसी हद तक और किसी-न-किसी रूप में उसका उपयोग ज़रूर करता था। वे एक सच्चे पंजाबी थे और पंजाब का लोक-संगीत उनकी धमनियों में दौड़ता था। उनके लिए यह कल्पना करना कठिन न था कि किसी स्थिति में आम जन किस तरह महसूस करता है और अपने को उसकी मनःस्थिति में रखकर वैसा ही उद्‌गार अपने गीत में सहज-सरल भाषा में प्रकट कर देना ही उनका वह जादू था जो उन्हें अन्य गीतकारों से जुदा करता था। किसी सुपठित और साहित्यिक अभिरुचि से संपन्न व्यक्ति को मधोक के गीत नितांत साधारण, सामान्य और सपाट लग सकते हैं, लेकिन वे आम आदमी के दिल की किसी-न-किसी रग को छू जाएँगे और वह चाहे-अनचाहे उन्हें गुनगुनाने लगेगा। मधोक के प्रति प्रतिष्ठित साहित्यकारों की अवमानना जानी-मानी है। उर्दू के प्रख्यात समीक्षक और कहानीकार और साहिर लुधियानवी के अज़ीज़ दोस्त प्रकाश पंडित अक्सर कहा करते थे कि अगर लोकप्रियता ही गीत की कसौटी है तो दीनानाथ मधोक को महाकवि की उपाधि दे देनी चाहिए।

लेकिन मधोक के महत्त्व को इसी विवेचन तक सीमित नहीं किया जा सकता। उनका महत्त्व इस बात में है कि अब फ़िल्म निर्माण में चिरकाल के लिए गीत और संगीत का महत्त्व स्थापित हो गया। उन्होंने साबित कर दिया कि संगीत भारतीय जनता के अंतर्मन में बसता है और यह बिलकुल मुमकिन है कि एक साधारण-सी फ़िल्म भी अपनी गीत-संगीत संपदा के बल पर उसके दिल में घर बना ले और बदले में निर्माता को मालामाल कर दे। इससे फ़ॉर्मूला या मसाला फ़िल्म के चलन को बढ़ावा मिला। नौशाद-मधोक की जोड़ी से गीतकार और संगीत-निर्देशक की जोड़ियाँ बनने का सिलसिला भी शुरू हुआ जो बाद में नौशाद-शकील, बसंत देसाई-भरत व्यास, ओ.पी. नायर-मजरूह सुलतानपुरी, सी. रामचंद्र-राजेंद्र किशन, एस.डी.

बर्मन-साहिर, एन. दत्ता-साहिर और शंकर-जयकिशन-शैलेंद्र-हसरत, मदन मोहन-राजा मेहँदी अली ख़ाँ आदि विख्यात जोड़ियों के रूप में सामने आया। संगीत-निर्देशक और गीतकार का बाज़ार गर्म हो गया और गीत-संगीत के साथ नृत्य का भी महत्त्व बढ़ गया। फ़िल्म उद्योग के धनी-धोरियों के बीच आम धारणा बन गई कि किसी फ़िल्म के मक़बूल होने के लिए ज़रूरी है, और शायद काफ़ी भी कि उसमें अच्छी धुनों से सजे-सजाए आठ-दस गीत हों, चार-पाँच नृत्य हों और बाक़ी चीज़ें तो होंगी ही। फ़िल्म उद्योग में गीत और गीतकार के महत्त्व को स्थापित करने का श्रेय आमतौर पर साहिर लुधियानवी को दिया जाता है और उचित ही दिया जाता है, लेकिन इस सिलसिले में यह भी ध्यान रखना चाहिए कि मधोक जैसे गीतकारों की भूमिका के चलते साहिर का काम कुछ आसान ज़रूर हो गया। इसमें शक़ नहीं कि मधोक और उनके दौर के अन्य गीतकारों–*रोटी* के डॉ. सफ़दर आह, *अनमोल घड़ी* के तनवीर नक़वी, *ज़मींदार* के बहज़ाद लखनवी, *दुश्मन* और *नर्तकी* के आरज़ू लखनवी और *क़िस्मत, कंगन* तथा *बंधन* के प्रदीप, *ज़मींदार* और *ज़ीनत* के क़मर जलालाबादी और नक़्शब, *दोस्त* और *लाल हवेली* के शम्स लखनवी, *मेरी बहन* के पंडित भूषण और ज़िया सरहदी, *हिम्मत* के अज़ीज़ कश्मीरी, *अछूत कन्या* के जे.एस. कश्यप नटवा आदि गीतकारों ने जनमानस पर गीत-संगीत का दबदबा क़ायम करके साहिर जैसे जुझारू गीतकारों की कामयाबी का रास्ता खोल दिया और आनेवाले कई दशकों के लिए गीतकार का स्थान सुरक्षित बना दिया।

हिंदी फ़िल्म के पहले दो दशकों का यह विवरण शायद ज़रूरत से ज़्यादा लंबा हो गया हो, लेकिन उम्मीद है कि इससे वह पृष्ठभूमि ज़रूर स्पष्ट हो गई होगी जिसमें इप्टा के गीतकारों ने प्रवेश किया और पूरे उद्योग में गीत-संगीत की काया और किरदार को उलटकर रख दिया।

1936 में प्रगतिशील लेखक संघ की स्थापना हुई और उसके छह-सात साल बाद 25 मई, 1943 को बंबई के मारवाड़ी स्कूल में इंडियन पीपुल्स थिएटर एसोसिएशन या भारतीय गण नाट्य संघ की स्थापना हुई जिसे आमतौर पर इप्टा के नाम से पुकारा जाता है। सभा की अध्यक्षता प्रख्यात वामपंथी नेता और सांसद हीरेन मुखर्जी ने की और हिंदी-बांग्ला-अंग्रेज़ी रंगमंच के सबसे प्रतिष्ठित रंगकर्मी उत्पल दत्त उसके संस्थापक सदस्य थे। जाने-माने प्रगतिशील लेखकों, संगीतज्ञों, अभिनेताओं और सांस्कृतिक क्षेत्र के सरगर्म कार्यकर्ताओं ने इप्टा की कार्रवाइयों में भाग लिया, जिनमें ख़्वाजा अहमद अब्बास, डॉ. होमी भाभा, अनिल डी. सिल्वा, अली सरदार जाफ़री, बलराज साहनी, दादा शरमलकर, शंभु मित्र, तृप्ति मित्र, मुल्कराज आनंद, कैफ़ी आज़मी, दीना पाठक, पं. रविशंकर, अन्ना भाऊ साठे, ख़ैयाम, देवानंद, चेतन आनंद, प्रेम धवन, शंकर शैलेंद्र, शील, संजीव कुमार, जावेद सिद्दीक़ी, सलिल चौधरी, हेमंत कुमार, बिजन भट्टाचार्य आदि ने प्रमुख भूमिका निभाई। उस ज़माने के सबसे बड़े रंगकर्मी पृथ्वीराज कपूर उसके संरक्षक थे और रवींद्रनाथ टैगोर और जवाहरलाल नेहरू सहित देश के तमाम वामपंथी और जनवादी रुझान रखनेवाले व्यक्तियों की शुभकामनाएँ उसके साथ थीं। इप्टा की स्थापना ऐसे मुक़ाम पर हुई थी जबकि विश्व जनमत फ़ासीवाद के ख़तरे से दुनिया को बचाने के लिए जीवन-मरण की लड़ाई लड़ रहा था। उसने देशव्यापी पैमाने पर युद्धविरोधी माहौल बनाने और विश्वस्तर पर शांति बनाए रखने की दिशा में अपना योग दिया। इसके साथ ही उसने विश्व की शांति और प्रगति में मज़दूर वर्ग की महत्त्वपूर्ण भूमिका को भी रेखांकित किया।

उसका आदर्श वाक्य था कि मज़दूर धरती का नमक है और उसकी नियति का हिस्सा बनना इस दौर का सबसे बड़ा साहसी कारनामा। संगठन का लक्ष्य था : सामाजिक दायित्व की चेतना जगाना और राष्ट्रीय एकता के लिए काम करना। यह सांस्कृतिक आंदोलन देखते-देखते पूरे देश में फैल गया। लेकिन इसके फैलने की शुरुआत बंगाल की एक अत्यन्त दुखद और झकझोर देनेवाली घटना से हुई। 1943 में भ्रष्ट अधिकारियों और बेईमान जमाख़ोरों की मिलीभगत से अनाज की कृत्रिम कमी पैदा की गई और पूरे प्रदेश में अकाल का माहौल बना दिया गया। भूखे लोग हज़ारों की संख्या में देहात के खेतों और शहरों की सड़कों पर दम तोड़ने लगे। कहीं से कोई मदद पहुँचने का सवाल ही न था, क्योंकि अनाज की यह कमी स्वाभाविक तो थी नहीं, वह तो निहित स्वार्थों ने पैदा की थी। देखते-देखते 50 लाख बंगाली भूख की विकराल दानवी के मुँह में समा गए, 'भूखा बंगाली' एक मुहावरा बन गया और सुदूर उत्तराखंड के गृहस्थों तक जा पहुँचा। नवगठित सांस्कृतिक संगठन इप्टा ने बंगाल की वेदना को पूरे भारत तक पहुँचाने, शासक-शोषक तत्त्वों को बेनक़ाब करने और भूखे लोगों के लिए पूरे देश से यथाशक्ति साधन जुटाने का काम अपने हाथ में लिया और इसमें उसे भरपूर सहयोग मिला। नाटककारों ने दिल हिला देनेवाले नाटक लिखकर इप्टा के कारकुनों को पहुँचाए, कवियों ने गीत लिखे, नाट्यकर्मियों ने नाटकों और गीतों को देश के कोनों-अँतरों तक पहुँचाया, चित्रकारों ने चित्र बनाए, वाद्यवृंद में दिलचस्पी रखनेवाले कलाकार अपने-अपने साज़ लेकर सड़कों पर उतर आए और भारत की अशेष जनता तक बंगाल का दर्द पहुँचाने, अकाल से लाभ कमानेवालों के विरुद्ध आक्रोश पैदा करने, पीड़ितों से एकजुटता प्रकट करने और उनके लिए भौतिक साधन जुटाने के लिए दिन-रात एक करने लगे। जगह-जगह मुशायरों और कवि सम्मेलनों का आयोजन किया जाने लगा और उनके माध्यम से पीड़ित भारतवासियों के प्रति समग्र भारतीय जन की संवेदना जगाई जाने लगी। चंदा इकट्ठा करके अकाल पीड़ितों को भेजा जाने लगा। भारत के इतिहास में यह पहला मौक़ा था जबकि किसी सांस्कृतिक संगठन की एक प्रतिभासंपन्न, अनुशासित और प्रतिबद्ध संस्कृतिकर्मियों की विशाल सेना जनता के एक हिस्से को भुखमरी के नरक से बचाने और पीड़ितों को उनकी मानवीय गरिमा फिर से प्रदान करने के लिए मैदान में उतर आई। इन सांस्कृतिक प्रदर्शनों ने बंगाल से बाहर बंगाल के दुख-दर्द का इज़हार ही नहीं किया बल्कि लोगों में सांस्कृतिक रूपों के प्रति दिलचस्पी भी पैदा की और न जाने कितने जन-कलाकारों को मंच प्रदान किया जिन्होंने आगे चलकर देश के सांस्कृतिक क्षेत्र और जनवादी आंदोलन में अपनी भूमिका निभाई। हिंदी, उर्दू और अन्य भारतीय भाषाओं के कवियों, चित्रकारों आदि ने बंगाल का दौरा किया, बंगालियों के दर्द को अपनी रचनाओं में पिरोया और अपने मानवीय कर्तव्य का पालन किया। महादेवी वर्मा, जिगर मुरादाबादी, असरारुल हक़ मजाज़ और वामिक़ जौनपुरी जैसे न जाने कितने कवियों ने अपनी काव्यशक्ति को निहित स्वार्थों की इस घिनौनी हरकत के विरोध और बंगाल की जनता के समर्थन में खड़ा किया।

इप्टा के कलाकारों ने पाँचवें दशक के मध्यवर्ती भाग से फ़िल्म उद्योग में आना शुरू कर दिया था। सबसे पहले आनेवालों में प्रेम धवन का नाम लिया जा सकता है। उनका जन्म 13 जून, 1923 को हुआ और मृत्यु 7 मई, 2001 को। वे एक स्वतंत्रता सेनानी थे और देशप्रेम के जज़्बे से लबरेज़। वे एक बेहद प्रतिभाशाली युवक थे। हालाँकि वे मुख्य रूप

से एक गीतकार के रूप में ही जाने जाते हैं, लेकिन उन्होंने दर्जनों फ़िल्मों का संगीत-निर्देशन किया, नृत्य-निर्देशन किया, नृत्य किया, अभिनय किया और कई फ़िल्मों में कोरियोग्राफ़ी या नृत्य संयोजन भी किया। प्रख्यात फ़िल्म *नया दौर* में जिस 'उड़ें जब-जब ज़ुल्फ़ें तेरी कँवारियों के दिल मचलें' गीत पर दिलीप कुमार भी थिरक उठे थे, उसकी कोरियोग्राफ़ी प्रेम धवन ने ही की थी। अपने कैरियर की शुरुआत उन्होंने सहायक संगीत-निर्देशक के रूप में की थी। 1946 में बनी फ़िल्म *पगडंडी* में प्रख्यात संगीत-निर्देशक ख़ुर्शीद अनवर के सहायक के रूप में उनका नाम सामने आया। लेकिन कुछ ही समय बाद, 1948 में बांबे टॉकीज़ ने *ज़िद्दी* का निर्माण किया, जिसमें संगीत खेमचंद प्रकाश का था और गीत लिखने का काम प्रेम धवन को सौंपा गया था। *ज़िद्दी* के गीत बहुत मशहूर हुए, ख़ासकर लता मंगेशकर के स्वर में 'चंदा रे जा रे जा रे पिया से संदेसा मोरा कहियो जाय।' उन्होंने कुल मिलाकर 168 गीत लिखे जिनमें से अनेक बेहद लोकप्रिय हुए, जैसे : 'जहाँ डाल-डाल पर सोने की चिड़िया करती है बसेरा / वह भारत देस है मेरा', 'मेरा रंग दे बसंती चोला', 'ऐ मेरे प्यारे वतन / ऐ मेरे बिछुड़े चमन / तुझपे दिल क़ुर्बां', 'रसिया रे मनबसिया रे तेरे बिना जिया मोरा लागे ना', 'ज़माने का दस्तूर है ये पुराना / मिटाकर बनाना बनाकर मिटाना', 'सीने में सुलगते हैं अरमाँ / आँखों में उदासी छाई है' आदि।

प्रेम धवन इप्टा में पूरी तरह सक्रिय थे, पंजाब इप्टा के संस्थापक सदस्य थे, कम्युनिस्ट के रूप में प्रख्यात थे और चेतन आनंद, अली सरदार जाफ़री, कैफ़ी और शौकत आज़मी, बलराज साहनी, सलिल चौधुरी, दीना पाठक और पं. रविशंकर के बहुत अच्छे दोस्त। पं. रविशंकर से उन्होंने शास्त्रीय गायन सीखा था और उदय शंकर की नृत्य मंडली के सदस्यों से नृत्य। 1949 में बनी फ़िल्म *सिंगार* में उस ज़माने की प्रख्यात नर्तकी कुक्कू के साथ उन्होंने नृत्य किया था जो उन दिनों बड़ी बात समझी जाती थी। कुक्कू के अंग-संचालन की गति हेलेन से भी तेज़ मानी जाती थी।

प्रेम धवन एक शानदार शख़्स थे, यारों के यार और यार की मदद को हर दम तैयार। वक़्त पड़ने पर ओ.पी. नैयर और साहिर लुधियानवी जैसे मित्रों की उन्होंने सहायता की और कभी किसी से इसका ज़िक्र तक नहीं किया।

साहिर, मजरूह, शैलेंद्र, शकील जैसे गीतकारों के रहते हुए उन्हें गीतकार के रूप में वह महत्त्व नहीं मिल सका जिसके वे हक़दार थे, लेकिन कुल मिलाकर फ़िल्म उद्योग में उनके योगदान को देखते हुए 1970 में उन्हें पद्मश्री की उपाधि प्रदान की गई।

मजरूह का असली नाम असरार हुसैन ख़ान था। सुलतानपुर से आठ किलोमीटर दूर गँजेहड़ी गाँव के एक मध्यवित्त परिवार में उनका जन्म 1 अक्टूबर, 1919 को हुआ और 24 मई, 2000 के दिन उन्होंने इस दुनिया को अलविदा कहा। मजरूह ने लखनऊ जाकर यूनानी तिब या हिकमत पढ़ी थी और वे बाक़ायदा हकीम थे। उनकी प्रैक्टिस भी चल निकली थी। लेकिन उनका मन मुशायरे पढ़ने में ही ज़्यादा लगता था और उस मैदान में भी उन्हें ख़ासी शोहरत हासिल हो चुकी थी। उस दौर के सबसे बड़े शायरों में से एक, जिगर मुरादाबादी, उन पर मेहरबान थे और उनकी सोहबत में उनका कलाम और तरन्नुम दोनों ही कुंदन बनकर निखरे थे। ऐसे ही एक मुशायरे ने उनकी ज़िंदगी बदल दी। 1945 में बंबई के साबू सिद्दीक़ इंस्टीट्यूट के मैदान में एक बड़ा जलसा था जिसमें दीगर शुअरा के साथ मजरूह सुलतानपुरी भी मदू

किए गए थे। हमेशा की तरह उनकी ग़ज़लें बहुत पसंद की गईं। श्रोताओं में विख्यात फ़िल्म निर्माता ए.आर. कारदार भी बैठे थे। उनकी पारखी आँखों ने इस हीरे को पहचानने में एक लम्हा भी नहीं लगाया। मजरूह को कारदार साहब से मिलने के लिए बुलाया गया और तब निर्माणाधीन फ़िल्म *शाहजहाँ* में गीत लिखने की दावत दे दी गई जिसे उन्होंने फ़ौरन ही ठुक़रा दिया। आख़िर वे प्रगतिशील लेखक संघ के सरगर्म कारकुन थे और शायरी को पैसा कमाने का नहीं, बल्कि दुनिया को बदलने का ज़रिया समझते थे। लेकिन जिगर मुरादाबादी ने उन्हें पैसे और फ़िल्म दोनों का महत्त्व समझाया और दुनिया को बदलने का काम मुशायरे के बजाय फ़िल्म से लेने पर राज़ी कर लिया जिसकी पहुँच लाखों लोगों तक थी। आख़िर 1946 में *शाहजहाँ* आई और मजरूह के गीतों की धूम मच गई। 'चाह बर्बाद करेगी हमें मालूम न था', 'ग़म दिये मुस्तक़िल कितना नाज़ुक है दिल ये न जाना हाय-हाय ये ज़ालिम ज़माना' और 'हम जी के क्या करेंगे जब दिल ही टूट गया' जैसे गीत के.एल. सहगल की आवाज़ और नौशाद की सुरीली धुनों के चलते गलियों-घरों-राजमार्गों पर गूँज उठे।

लेकिन फ़िल्मों में लोकप्रिय होने के बाद भी मजरूह ने अपनी कम्युनिस्ट गतिविधि जारी रखी और जल्द ही वे मोरारजी देसाई की कम्युनिस्ट-विरोधी और घोर दक्षिणपंथी सरकार की आँख की किरकिरी बन गए। रूपोश हो गए, लेकिन जब सज्जाद ज़हीर (बन्ने भाई) को रावलपिंडी कांसपिरेसी केस में फँसा लिया गया तो उनसे न रहा गया और एक प्रतिरोध सभा में ग़ज़ल पढ़ने पहुँच गए। गिरफ़्तार कर लिये गए और भायखला जेल में एक साल बिताने पर मजबूर किए गए। कम्युनिस्ट वे आख़िर तक रहे। मुझे अच्छी तरह याद है कि 1990 में सफ़दर हाशमी की हत्या का प्रतिरोध करने के लिए जो मुशायरा-कवि सम्मेलन आयोजित किया गया था, उसमें अपनी शिरकत की इत्तला देते हुए उन्होंने एक पोस्ट कार्ड लिखा था कि हाशमी मज़दूर जमात का सूरमा था और ऐसे सूरमाओं के लिए इस निज़ाम के पास गोली के अलावा और है ही क्या? मैं ज़रूर हाज़िर होऊँगा। उसके बाद वे जनवादी लेखक संघ में शामिल हो गए और महाराष्ट्र इकाई के सद्र रहे।

साहिर, शकील और शैलेंद्र के बर-अक्स मजरूह ने लंबी उम्र पाई और उम्र के आख़िरी पड़ाव तक वे सरगर्म रहे, इसलिए उनकी गिनती दीनानाथ मधोक और आनंद बख़्शी जैसे गीतकारों में की जाती है जिन्होंने फ़िल्मों के लिए सबसे अधिक गीत लिखे हैं। लेकिन 3000 से अधिक गीत लिखने के बावजूद उन्होंने गीत और गीतकार के वक़ार को गिरने नहीं दिया। उनके अभूतपूर्व योगदान को देखते हुए ही उन्हें दादा साहेब फालके पुरस्कार दिया गया जो उनसे पहले या उनके बाद अभी तक किसी और गीतकार को नहीं प्राप्त हुआ।

शैलेंद्र की कहानी मजरूह से मिलती-जुलती है। उनका ताल्लुक़ बिहार से था, लेकिन वे पैदा हुए पंजाब के शहर रावलपिंडी में। उनका जन्म 30 अगस्त, 1923 और निधन 14 दिसंबर, 1966 को हुआ। उनका पूरा नाम शंकरदास केसरीलाल शैलेंद्र था, लेकिन इप्टा में वे शंकर शैलेंद्र या सिर्फ़ शैलेंद्र के नाम से जाने जाते थे। उनका लड़कपन मथुरा में बीता और फिर घर चलाने में बाप की मदद करने के इरादे से वे रेलवे में वेल्डर होकर बंबई चले गए। वहाँ वे कम्युनिस्ट पार्टी और उसके सांस्कृतिक संगठन इप्टा में शामिल हुए और अपनी कविता के बल पर मज़दूर वर्ग में अलख जगाने लगे। इप्टा के लिए उन्होंने जो गीत लिखे, वे इतने मशहूर हुए कि मज़दूर वर्ग की हर सामूहिक कार्रवाई में उनका गायन लाज़मी-सा

हो गया। 'हर ज़ोर-ज़ुलम की टक्कर में हड़ताल हमारा नारा है', 'तू ज़िंदा है तो ज़िंदगी की जीत में यक़ीन कर / अगर कहीं है स्वर्ग तो उतार ला ज़मीन पर' आदि गीत मज़दूरों के होंठों पर रहते थे। शंकर शैलेंद्र और उनके साथी शील जनकवि थे और दस-पंद्रह हज़ार मज़दूर-किसानों का हुजूम उनके गीतों को बड़े प्यार और अपनेपन से सुनता था। बंबई में उनका दफ़्तर परेल में था और वहीं बड़ी-बड़ी सूती मिलें थीं। मज़दूरों की आम सभा में शैलेंद्र, शील और मजनू इंदौरी आदि जनकवियों का कविता सुनाना वहाँ की ज़िंदगी का हिस्सा था। ऐसी ही एक सभा में पृथ्वीराज कपूर श्रोताओं के बीच बैठे थे कि शैलेंद्र मंच पर आए और उन्होंने अपना गीत 'जलता है पंजाब' गाया। पापाजी को वह गीत और गायक युवक इतना भाया कि उन्होंने जाकर अपने बेटे राजकपूर से कहा कि वे उसे गीत लिखने की दावत दें। दावत दी गई और फ़ौरन ही ठुकरा दी गई। कवि के लिए कविता का काम पैसा कमाना नहीं बल्कि मेहनतकश तबक़ों में आशा, शक्ति और उत्साह का संचार करना था। लेकिन ज़रूरत इनसान से क्या नहीं कराती? कुछ ही दिन बाद कवि को फ़िल्म निर्माता के पास जाकर काम माँगना पड़ा और राजकपूर ने शैलेंद्र को हाथोंहाथ लिया। उन्होंने अपनी आनेवाली फ़िल्म *बरसात* का टाइटल गीत लिखने का गौरवपूर्ण और महत्त्वपूर्ण काम उस युवक को सौंप दिया। 1949 में फ़िल्म बनी और *बरसात* का शीर्ष गीत 'बरसात में हमसे मिले तुम सजन / तुमसे मिले हम बरसात में' गलियों-कूचों में गूँजने लगा।

शैलेंद्र ने फिर मुड़कर नहीं देखा। वे साहिर की टक्कर के गीतकार माने जाते हैं और कुछ लोग तो एक गीतकार की हैसियत से उन्हें साहिर से भी आगे मानते हैं। राजकपूर से उनका नाता ज़िंदगी-भर बना रहा और निर्माता के रूप में अपनी एकमात्र फ़िल्म *तीसरी क़सम* में उन्होंने राजकपूर को ही नायक बनाया। एक अर्से तक मुकेश राजकपूर की आवाज़ रहे तो शैलेंद्र मुकेश की आवाज़ और इस मणि-कांचन संयोग ने ऐसे दमकते हुए मोती दिये हैं जो आज भी बहुमूल्य माने जाते हैं। उनके लिखे बीसों गीत फ़िल्मी गीतों के सर्वश्रेष्ठ गीतों में शुमार किए जाते हैं।

साहिर लुधियानवी का असली नाम अब्दुल हई था। उनका जन्म लुधियाना में 8 मार्च, 1921 को हुआ और बंबई में 25 अक्टूबर, 1980 के दिन उनका देहांत हुआ। इप्टा के गीतकारों में वे सबसे बाद में बंबई आए और देखते-देखते फ़िल्माकाश पर छा गए। वे 1948 में बंबई आए, 1951 में आई फ़िल्म *नौजवान* में उनका गीत 'ठंडी हवाएँ लहरा के आएँ' इतना लोकप्रिय हुआ कि संगीत-निर्देशक एस.डी. बर्मन के साथ उनकी जोड़ी मशहूर हो गई और उन पर फ़िल्मों की बरसात होने लगी। उनके लिए फ़िल्म में आना अपने कविकर्म से निवृत्त होना नहीं था बल्कि उनके कविकर्म और फ़िल्मी लेखन को निरंतरता में ही देखना चाहिए। वे जिस जोशोख़रोश और फ़राग़दिली से शायरी करते थे, उसी उत्साह से फ़िल्मों में गीत लिखते रहे। उनके ज़्यादातर गीत ग़ज़ल और नज़्म की साहित्यिक गरिमा लिये हुए हैं। वे शायद अकेले गीतकार हैं जिन्होंने अपने प्रकाशित और बहुप्रशंसित कलाम के हिस्सों को भी फ़िल्मों में पेश किया और आश्चर्य की बात यह है कि वे चीज़ें बेहद मक़बूल भी हुईं। मिसाल के तौर पर *प्यासा* का यह मशहूर गीत 'जिन्हें नाज़ है हिंद पर वे कहाँ हैं' दरअसल एक नज़्म है जो 1945 में प्रकाशित काव्य संग्रह *तल्ख़ियाँ* में 'चकले' शीर्षक से शामिल है। यह ठीक है कि ज़रूरी होने पर वे अपने कलाम के फ़िल्मी रूप में कुछ तरमीम कर देते थे और कई

बार उन्हें इतना नया रूप दे देते थे कि उनके गंभीर अध्येता ही जान पाते थे कि उनका स्रोत क्या और कहाँ से है। मिसाल के तौर पर, *कभी कभी* फ़िल्म के शीर्षक गीत 'कभी-कभी मेरे दिल में ख़याल आता है' को लिया जा सकता है। यह उनके मजमूए *तल्ख़ियाँ* की बेहद मशहूर नज़्म की प्रारंभिक पंक्ति है जिसे साहिर ने गीत का मुखड़ा बना दिया है। लेकिन इस गीत में आगे चलकर उन्होंने अपनी प्रकाशित नज़्म में से एक लाइन भी नहीं ली है और पूरा गीत नए सिरे से लिख डाला है। एक शायर की हैसियत से एक अजीब सी तल्ख़ी, बेचैनी, खुली पक्षधरता, मायूसी लेकिन उसकी घनी परतों के बीच रोशनी की लकीर की तरह एक अदम्य आशावाद और वेधक व्यंग्य साहिर के कलाम की विशेषता थी। फ़िल्मों में आने के बाद उन्होंने अपनी यह पहचान बनाए रखी और शोषक-शासक वर्गों की मक्कारियों, समाज के ठेकेदारों के पाखंड और मेहनतकश तबक़ों की अनावश्यक और अवांछित सहिष्णुता को उधेड़कर रख दिया। नारी का साहिर से बड़ा पक्षधर न तो आसानी से उर्दू शायरी में मिल सकता है और न ही हिंदी फ़िल्मों में। वे इस मामले में भी यकताँ होंगे कि अपना फ़िल्मी कलाम छपवाने और अपने पाठकों के बीच उसे मुद्रित रूप में पहुँचाने को लेकर वे बहुत गंभीर थे। उनके जीवनकाल में उनके फ़िल्मी गीतों के दो संग्रह आए और बाद में जब उनके कलाम के साथ फ़िल्मों के 100 से अधिक गीत *जाग उठे ख़्वाब कई* शीर्षक से प्रकाशित किए गए तो किताब हाथोंहाथ बिक गई। ऐसा न होता तो साहिर गीत और गीतकार की अहमियत को लेकर इतने संजीदा और संवेदनशील न हो सकते थे और न ही फ़िल्म के ऊपर साहित्य का वर्चस्व क़ायम करने की दिशा में इतने प्रयासरत हो सकते थे। होते भी तो उनकी मेहनत अकारथ जाती। उनके अथक प्रयत्नों का ही नतीजा था कि गीतकार का नाम विज्ञापित होने लगा, उसे मिलनेवाला पारिश्रमिक बढ़ा दिया गया और फ़िल्म-निर्माण में उसके योगदान को आदर की दृष्टि से देखा जाने लगा। संगीत-निर्देशक और गायक से उनके टकराव को धुन और स्वर के ऊपर शब्द के वर्चस्व के संघर्ष के रूप में ही देखना चाहिए। यह किसी भी पक्ष द्वारा अहंकार प्रदर्शन न था। इस निर्मम और निरंतर संघर्ष में आख़िरकार उनकी जीत हुई। ज़ाहिर है कि इसका सारा श्रेय अकेले साहिर को ही नहीं दिया जा सकता। तीसरे और चौथे दशक के गीतकार भी इस श्रेय के हक़दार हैं जिन्होंने अपनी प्रतिभा और परिश्रम से फ़िल्म उद्योग में गीतकार की हैसियत बनाई और चमकाई थी। उनमें और साहिर में बुनियादी फ़र्क़ यह है कि साहिर ने यह काम खुलकर और सजग रूप से किया, एक मिशन की तरह किया और जब उसकी क़ीमत अदा करने का सवाल आया तो भी वे पीछे नहीं हटे।

पहले के गीतकारों से इप्टा के गीतकारों का फ़र्क़ यह था कि इप्टा के गीतकारों के लिए गीत-लेखन मात्र पैसा कमाने और जनता का मनोरंजन करना न था। वे कुछ मूल्यों से प्रतिबद्ध थे और जनता के बीच उन मूल्यों को प्रेषित और प्रतिष्ठित करना चाहते थे, मनोरंजन के साथ-साथ दर्शकों को कुछ संस्कार भी देना चाहते थे। इन मूल्यों और संस्कारों को मानवतावाद, धर्मनिरपेक्षता, समाजवाद और वर्गीय पक्षधरता के दायरे में रखकर देखा और समझा जा सकता है। ज़ाहिर है कि ये गीतकार अपने मूल्यों का प्रचार-प्रसार करने के लिए स्वतंत्र नहीं थे। उद्योग का अपना तंत्र था जिसमें पैसा ही सब कुछ था, बाक़ी हर चीज़ उसके अधीन थी और उसके बाद ही आती थी। लेकिन साहिर, मजरूह और शैलेंद्र ने फ़िल्म उद्योग पर अपना ऐसा दबदबा बना लिया था कि इस जड़ और दमघोंटू तंत्र में भी अपने

काम के लिए गुंजाइश निकाल ही ली। अगर पैसा कमाने के लिए साहिर, शैलेंद्र या मजरूह से गीत लिखवाना निर्माता या निर्देशक की मजबूरी हो तो गीतकार को कुछ-न-कुछ छूट तो देनी होगी। आख़िर मजरूह, शैलेंद्र या साहिर ने अपनी वैचारिक प्रतिबद्धता या वर्गीय पक्षधरता कभी न तो छुपाई और न वे इसके लिए कभी नादिम हुए। इसके बावजूद उनके पास काम देनेवालों का ताँता लगा रहता था, क्योंकि उनसे गीत लिखवाने का मतलब था कि और कुछ नहीं तो फ़िल्म के गीत तो हिट हो ही गए, यानी लड़ाई के एक मोर्चे पर तो फ़तेह मिली। यह बात भी याद रखने लायक़ है कि इप्टा से गीतकार ही नहीं आए थे, संगीत-निर्देशक भी आए थे। प्रेम धवन, सलिल चौधरी और हेमंत कुमार मुखर्जी मामूली संगीत-निर्देशक न थे, उनकी गिनती फ़िल्म उद्योग के सर्वश्रेष्ठ कलाकारों में की जाती है। संगीत सम्राट अनिल बिस्वास भी इप्टा के लिए अपने दिल में ख़ास मुक़ाम रखते थे, यह भी जानी-मानी बात है। जब ये लोग मिल बैठते थे तो इनकी आँखों के सामने इप्टा का समाज जीवंत हो उठता था और ऐसी धुनें अस्तित्व में आती थीं जो फ़िल्म रिलीज़ होते ही हर दिल अज़ीज़ हो जाती थीं। ऐसा भी नहीं है कि उद्योग के सारे निर्माता-निर्देशक इप्टा के मूल्यों के विरुद्ध ही रहे हों। राजकपूर, रमेश सहगल, बिमल राय, वी शांताराम और अमिय चक्रवर्ती जैसे चोटी के निर्माताओं को इनसे परहेज़ नहीं था तो चेतन आनंद, ज़िया सरहदी और ख़्वाजा अहमद अब्बास जैसे भी अनेक निर्माता थे जो इनके साथ थे और आगे चलकर जिन्होंने समांतर सिनेमा का मार्ग प्रशस्त किया।

इप्टा से आए गीतकारों के बारे में इस बात पर भी ध्यान देना चाहिए कि फ़िल्म-जगत् में आने से पहले ये लोग कवि के रूप में प्रतिष्ठित हो चुके थे। साहिर और मजरूह के कविता संग्रह छप चुके थे और मुशायरों और कवि सम्मेलन की मदद से भी ये तीनों गीतकार अपने लाखों प्रशंसक बना चुके थे। अन्य गीतकारों के साथ ऐसा न था। इसके अलावा, इन तीनों का संबंध जनसंगठनों, जनांदोलनों और मौखिक कविता मंचों से भी था और अपना श्रोतासमूह हमेशा इनके सामने रहता था। इसलिए, अपनी भावसंपदा को अपने श्रोताओं तक संप्रेषित करना इनके लिए कोई समस्या न थी। तीस के दशक से ही भारत का मज़दूर वर्ग एक वर्ग की हैसियत से सरगर्म हो गया था और उसने इन तीनों और इनके न जाने कितने संगी-साथियों को अपने संघर्ष का साथी मान लिया था। दूसरे शब्दों में, इप्टा से आए हुए गीतकारों के पास अपना एक जनाधार मौजूद था जिसकी शक्ति इन गीतकारों की दृढ़ता और आत्मविश्वास में प्रतिबिंबित होती थी। दीगर गीतकारों के साथ ऐसी स्थिति न थी और वे व्यावसायिकतावाद के विरुद्ध पैर रोपकर खड़े नहीं हो सकते थे, शायद उन्हें इसकी ज़रूरत भी न रही हो।

चाक्षुष कला : वाम नज़रिए से

सुनीत चोपड़ा

भारत में प्रगतिशील कला का विकास बुर्जुआज़ी के नेतृत्व में चले राष्ट्रीय आंदोलन के साथ-साथ हुआ। और इसने न केवल पौराणिक आख्यानों की साम्राज्यवादी नाटकीय प्रस्तुतियों को परे रखा, बल्कि उतनी ही आडंबरपूर्ण बंगाल शैली की भी अनदेखी की। अगर रवि वर्मा की विक्टोरियाई शैली के बिंबविधान ने समकालीन नायिकाओं को नाटकीय आख्यानात्मक दृश्यों में प्रस्तुत किया, तो अवनींद्रनाथ ठाकुर ने वैकल्पिक आद्य मुगल शैली ही प्रस्तुत की। दोनों ही समकालीन भारतीय वास्तविकता से दूर थे। दोनों ही साम्राज्यशाही के प्रति आसक्त थे। अगर वर्मा औपनिवेशिक प्रतिष्ठान के परिधान को पकड़कर लटके हुए थे, तो ठाकुर ई.बी.हैवल और प्राच्यविदों के प्रति उतने ही सम्मोहित थे, हालाँकि वे मैकाले के 1835 वाले नज़रिए से बचने की सचेत कोशिश भी कर रहे थे जिसके तहत भारतीयों की एक ऐसी नस्ल विकसित करने का प्रयास किया रहा था जो देसी होते हुए भी मिज़ाज और तहज़ीब में अंग्रेज़ हो। वे प्रेरणा के लिए चीन और जापान की ओर भी देखते रहे थे।

इसके बावजूद, इस वर्ग में भी साम्राज्यवाद-विरोधी कला विकसित हो रही थी, जबकि जलियाँवाला बाग़ नरसंहार और उसके विरोध के साथ 1920 में असहयोग आंदोलन ज़ोर पकड़ रहा था। इन घटनाओं ने देश को अभूतपूर्व रूप से प्रभावित किया था। रवींद्रनाथ टैगोर ने नाइटहुड की उपाधि ब्रिटिश सरकार को लौटा दी थी, तो गगनेंद्रनाथ ठाकुर ने 'नब हुलाड़' और 'अद्‌भुत लोक' नामक दो खंडों में चित्रों की शृंखला बनाई थी जिनमें पश्चिमीकरण को आधुनिकीकरण बतानेवाले ज़मींदारों और अंग्रेज़ों का मख़ौल उड़ाया गया था। जलियाँवाला कांड के बाद उन्होंने भी एक चित्र बनाया–'पंजाब में फिर अमन बहाल'–जिसने लॉर्ड रोनाल्डशे को उस जगह जाने से रोक दिया जहाँ चित्र प्रदर्शित किया गया था। इसे ज़रूरत से ज़्यादा तीखी प्रतिक्रिया के तौर पर नहीं लिया जाना चाहिए क्योंकि जहाँ अधिकतर लोग निरक्षर हों वहाँ दृश्य मीडिया का प्रभाव कहीं ज़्यादा पड़ता है। इसलिए हम रवि वर्मा की कृतियों को राजकुमारों और पेशेवरों के बीच ज़्यादा लोकप्रिय पाते हैं। इन वर्षों में कलकत्ता की प्राच्य शैली ने रवि वर्मा की औपनिवेशिक शैली की जगह ले ली। यह साम्राज्यवाद विरोधी ज़मीनी आंदोलन के तौर पर अपनी जड़ों की खोज और पुनरुद्धारवाद को प्रतिबिंबित करता है।

लेकिन जैसे-जैसे शेष दुनिया के साथ-साथ भारत में भी अधिक व्यापक तथा क्रांतिकारी आंदोलन उभरते गए, विश्व स्तर पर संसाधनों पर क़ब्ज़े के साम्राज्यवादी युद्धों के ख़िलाफ़

असंतोष बढ़ता गया और रूस में कामगार-किसान के नेतृत्व वाली सरकार के गठन के साथ दुनिया में पहली बार किसानों में नई उम्मीद का संचार हुआ। हम न केवल प्रेरणा के लिए लोक तथा जनजातीय कलारूपों का सहारा लेते कलाकारों को देखते हैं, बल्कि पश्चिमी यूरोप, ख़ासकर रूस, जर्मनी और फ्रांस में प्रगतिशील कलारूपों का उभार देखते हैं। वास्तव में, रवींद्रनाथ भी नए रूस के प्रति सम्मोहित दिखते हैं, जिसकी भावना को उन्होंने अपने उस चित्र में अभिव्यक्त किया है जिसमें एक किसान अपनी लाठी पर बोझ उठाए है। बेशक, वह एक चढ़ाई पर चढ़ रहा है, लेकिन उसकी तेज़ी क़ाबिले-ग़ौर है।

सोवियत संघ के रूप में समान लोगों का जो बहुराष्ट्रीय राज्य बना, उसने नई संभावनाओं के जो द्वार खोले, वैसा इतिहास में पहले कभी नहीं हुआ था। 'राष्ट्रीयताओं के क़ैदख़ाने'—ज़ार साम्राज्य में स्थापित यह राज्य उस जनता को प्रेरित ही कर सकता था जिसने प्रथम विश्वयुद्ध की विभीषिका देखी थी या साम्राज्यों को घुटने टेकवाने की ख़्वाहिश में रूस को उम्मीद की किरण के रूप में देखा था। 1920 के दशक का जर्मनी दूसरा देश था जहाँ एक पराजित साम्राज्य नंगा हो चुका था और जन-प्रतिरोध मज़बूत हो रहा था। इस प्रतिरोध को बाउहाउ के कलाकारों जैसे कलाकार आगे बढ़ा रहे थे, जिनकी पेंटिंग्स को 1922 में कलकत्ता में प्रदर्शित किया गया था जबकि ब्रूनो पॉल जैसे क्रांतिकारी गगनेंद्रनाथ जैसे कलाकारों के लिए आदर्श बन गए थे और वे उनकी नक़ल कर रहे थे। यह एकतरफ़ा मामला नहीं था। बाउहाउ के कलाकार भी ख़ुद मैडम ब्लावत्स्की सरीखी थियोसॉफिस्ट हस्तियों के संपर्क में आकर भारतीय रहस्यवाद और उपनिवेश की जनता की कला से प्रभावित थे।

लेकिन गगनेंद्रनाथ की कलाकृतियों से स्पष्ट है कि 1920 वाले दशक तक भारतीय कलाकार यूरोप के क्यूबिस्टों और अतियथार्थवादियों सरीखे क्रांतिकारियों के व्यापक समूह की ओर आकर्षित हो चुके थे। इन शैलियों के पिकासो और ब्रेटन सरीखे प्रणेता वामपंथ की राह पर चलकर हिटलर के फ़ासीवाद का प्रतिकार कर रहे थे। इन कलाकारों के नज़रिए से इसे समझा जा सकता है, क्योंकि हिटलर ने बाउहाउ को 'विकृत कला' का केंद्र बताकर उसे 1934 में बंद कर दिया था। इसलिए, एक-दूसरे से होड़ ले रहे विनाशकारी विश्व साम्राज्यों से व्यापक मोहभंग के कारण कलाकार बिरादरी उपनिवेशवाद, फ़ासीवाद के भुक्तभोगियों के प्रति झुक रही थी और किसानों के संघर्ष से प्रेरणा ले रही थी जो कि दुनिया-भर में चल रहे राष्ट्रीय स्वतंत्रता आंदोलनों का आधार थे। ये संघर्ष पिछली सदी में साठ वर्षों तक चले, जब तक कि तमाम यूरोपीय साम्राज्य एक के बाद एक बिखर नहीं गए।

ऐसी युगांतरकारी घटनाओं से भारत, जो ब्रिटिश साम्राज्य के मुकुट का 'रत्न' था, शायद ही अछूता रह सकता था। भारतीय किसानों ने साम्राज्यवाद विरोधी संघर्ष छेड़ दिये जिनकी परिणति 1946 के नौसैनिक विद्रोह में हुई और अंग्रेज़ों को विश्वास हो गया कि अब इस देश को रूस की तरह कामगार-किसान शासन के बजाय उन हाथों में सौंप देना बेहतर होगा जो ब्रिटिश हितों और निवेशों के लिए कम ख़तरनाक हों। कलाकार और बुद्धिजीवी इन घटनाओं से गहरे प्रभावित हुए। राजनीतिक रुझान से परहेज़ करने के बावजूद नंदलाल बोस फ़ैज़पुर और हरिपुरा में कांग्रेस अधिवेशन स्थलों की साज-सज्जा करने के लिए आगे आए। यामिनी राय सरीखे कुछ कलाकारों ने तो अपनी शहरी लोककला शैली विकसित करने के लिए पश्चिम से उधार ली गई शैली का त्याग तक कर डाला। इस तरह, लड़ाकों, राजकुमारों, राजकुमारियों

और गणिकाओं की जगह ली किसानों, उनकी औरतों ने, और रति के दृश्यों की जगह ली फ़सल कटाई, हल जोतने, मवेशियों का दुध दूहने और अन्य कार्यकलापों के दृश्यों ने।

राष्ट्रीय आंदोलन का नेतृत्व चाहे जिस भी वर्ग के हाथों में था, यह एक जनांदोलन था। जब जनता इस संघर्ष में कूद पड़ी तो उनके कलाकार भी आगे आए। इनमें ग्रामीण नाई और मालिश करनेवाले के बेटे रामकिंकर बैज भी थे। उनकी खोज समानंद चटर्जी ने एक किसान आंदोलन के क्रम में उनके बनाए पोस्टरों के कारण की और उन्हें अध्ययन के लिए शांतिनिकेतन ले आए। बैज ने भद्रलोक संस्कृति से दूरी बनाए रखी, एक संथाल लड़की से शादी की और जीवन-भर झोंपड़ी में रहे। उन्होंने एक संथाल परिवार की जो प्रतिमा बनाई, उसे आज एक उत्कृष्ट कलाकृति माना जाता है। सोमनाथ होर, देवीप्रसाद रायचौधरी, चिंतामणि कर और प्रदोष दासगुप्ता के साथ उन्हें सार्वजनिक कला के स्तंभों में गिना जाता है। बैज की बनाई कृति यक्ष-यक्षिणी संसद के करीब भारतीय रिवर्ज बैंक के कार्यालय के दरवाज़े की शोभा बढ़ा रही है। प्रोग्रेसिव आर्टिस्ट्स ग्रुप के प्रभाव का आकलन इससे बेहतर क्या हो सकता है कि जनता के बीच का एक व्यक्ति जन-कला का सच्चा प्रतिनिधि माना जाता है!

अखिल भारतीय किसान सभा और भारतीय छात्र संघ के साथ-साथ वामपंथ ने 1936 में प्रगतिशील लेखक संघ का भी गठन किया था। उस दौर के कुछ कलाकार और फ़ोटोग्राफ़र पार्टी के लिए काम करने लगे थे। वे बंगाल के अकाल की भयावहता के चित्र बना रहे थे, फ़ोटो खींच रहे थे, यहाँ तक कि पार्टी की पत्रिकाओं के लिए भी चित्रांकन कर रहे थे तथा पोस्टर बना रहे थे। 1943 में अंग्रेज़ी शासन ने कम्युनिस्ट पार्टी पर से प्रतिबंध ख़त्म किया, तभी जाकर द्वितीय विश्वयुद्ध को 'जनता का युद्ध' घोषित किए जाने के बाद देश के तमाम वर्ग फ़ासीवाद विरोधी झंडे तले एकजुट हुए और कलाकारों में अभूतपूर्व एकजुटता पैदा हुई। कला जगत् के स्वरूप और उसके मुरीदों, राज्यंतत्र तथा धनतंत्र पर उसकी निर्भरता के मद्‌देनज़र यह कोई आश्चर्य की बात नहीं है कि ऐसे तमाम समूह ज़्यादा दिनों तक टिक नहीं पाए और व्यक्तियों के इर्द-गिर्द सिमट गए। लेकिन इसके साथ ही इन कई व्यक्तियों ने देश के विभिन्न भागों में अपना आधार बनाया और प्रगतिशील एजेंडा को वे आगे बढ़ाते रहे। इनमें चित्तप्रसाद ने बंबई में, परितोष सेन तथा रथिन मित्र ने कलकत्ता में, भवेश सान्याल ने दिल्ली में आधार जमाया और विभिन्न जगहों पर व्यापक वाम एजेंडा को आगे बढ़ाना जारी रखा।

औपनिवेशिक शासन की निंदा के तौर पर चित्रों की जो एक शृंखला सामने आई, वह 1946 के मानव जनित बंगाल दुर्भिक्ष की थी जिसमें चित्त प्रसाद, रामकिंकर बैज, जैनुल आबेदिन, सोमनाथ होर, सुधीर खास्तगीर, प्रदोष दासगुप्ता, देवीप्रसाद रायचौधुरी और सुलतान अली सरीखे तमाम कलाकारों ने अपना योगदान दिया। इस विषय पर जितने प्रतिभाशाली कलाकारों ने काम किए, उतना काम मेरे ख़याल से और किसी विषय पर कम ही किए गए। इससे प्रोग्रेसिव आर्टिस्ट्स ग्रुपों के व्यापक प्रभाव का परिचय मिलता है। इस दौरान जो दूसरी विषयवस्तु कलाकारों के दिल-दिमाग़ पर छाई थी, वह थी देश के बँटवारे की। सतीश गुजराल से लेकर सुनीलदास तक तमाम तरह के कलाकार बँटवारे की विभीषिका को अपनी कृतियों में प्रस्तुत कर रहे थे। अकाल, सांप्रदायिक उन्माद और उनका इस्तेमाल करके भारत को बाँटने की साम्राज्यवादी चालों ने ऐसा माहौल बनाया जो शांति, सांप्रदायिक सद्‌भाव और मानवता की

बहाली की मुहिम के लिए मुफ़ीद था और वामपंथ इसका फ़ायदा उठाकर जनता को एकजुट करने में सबसे सक्षम था।

पारमाणविक महाविनाश के मसले को के.के. हेब्बार ने निरंतर उठाया। ज़ाहिर है, प्रगतिशील एजेंडा को केवल वामपंथ के दायरे से इतर ज़्यादा उर्वर ज़मीन मिल रही थी। यह प्रवृत्ति आज भी क़ायम है और कलाकार जनता के बुनियादी मुद्दे उठा रहे हैं। मनु पारेख ने भागलपुर आँखफोड़वा कांड को, विवान सुंदरम ने इंदिरा गांधी हत्याकांड और उसके बाद कांग्रेस के उकसावे पर हुए सिक्ख विरोधी दंगे को, अपर्णा कौर ने वृंदावन की विधवाओं के मसलों को उठाया। यही नहीं, हिरोशिमा महाविनाश पर उनके चित्र उस शहर के संग्रहालय में प्रदर्शित हैं जबकि सिक्ख विरोधी दंगों पर उनके चित्र दुनिया-भर में लोगों के निजी संग्रह में पाए जाते हैं। हालाँकि संगठित प्रोग्रेसिव आर्टिस्ट्स ग्रुप अब सक्रिय नहीं है, लेकिन उन्होंने जिन संदर्भों और विषयवस्तुओं को उभारा, उन पर आज भारत ही नहीं, पूरी दुनिया में ज़ोर दिया जा रहा है।

ऐसे प्रयास केवल बंगाल में नहीं किए गए। मेयो स्कूल में भवेशचंद्र सान्याल से शिक्षा पाए पंजाब के कलाकार भी इसमें लगे रहे हैं। सान्याल लाला लाजपत राय की प्रतिमा बनाने के लिए कलकत्ता से लाहौर आए थे और अंततः दिल्ली में बस गए, जहाँ उन्होंने पी.एन.मागो और के.एस. कुलकर्णी सरीखे कलाकारों के साथ मिलकर शिल्पी चक्र की स्थापना की। चेन्नई में के.सी.एस. पणिक्कर हैं। एस.एच. रज़ा, जी.आर. संतोष और अन्य कलाकरों ने श्रीनगर ग्रुप बनाया। लेकिन इन ग्रुपों में सबसे क़ामयाब था बंबई का ग्रुप, जिसकी स्थापना एफ़.एन. सूज़ा ने रज़ा, एच.ए. गाडे, के.एच. आरा, एस.के. बाकरे और एम.एफ़. हुसैन के साथ मिलकर की थी। इस ग्रुप के मुखिया और सिद्धांतकार थे विस्फोटक सूज़ा। इसकी अंदरूनी मंडली में रज़ा और हुसैन शामिल थे। बाद में गायतोंडे, पदमसी और तैयब मेहता भी इस ग्रुप में शामिल हो गए। कृष्ण खन्ना और रामकुमार इसके क़रीबी सहयोगी बने। यह अकेला ग्रुप था, जो ठोस विचारधारा पर केंद्रित कलकत्ता ग्रुप से कम मज़बूत नहीं था।

इन लोगों ने बंबई के कला परिदृश्य में तहलका मचा दिया, जिसे बंगाल स्कूल दबा नहीं पाया था और जो पश्चिमी अकादमिक कला के साथ मज़बूती से जमा हुआ था—कम्युनिस्ट पाब्लो पिकासो के, और उनके मशहूर कबूतर को लोगो बनाकर सोवियत संघ द्वारा शुरू किए गए पीस मूवमेंट के, व्यापक आधार का इस्तेमाल करते हुए। बॉम्बे ग्रुप ने पश्चिमी अकादमिक शैलियों का मुक़ाबला करने के लिए अवाँगार्द पश्चिमी मौलिकता का जिस तरह इस्तेमाल किया, उसने शिमला, चंडीगढ़, श्रीनगर तक में ऐसे क्रांतिकारी ग्रुपों के गठन को संभव बनाया। बॉम्बे ग्रुप की बड़ी सफलता इस बात में थी कि वह कठिन पेंच को सुलझाने और पिछली कटुताओं से प्रभावित बहसों को ख़त्म कराने तथा भारत तथा पूरी दुनिया में नई मौलिक कला को नयापन देने में सक्षम था। इस वजह से तमाम तरह के कलाकार उसकी ओर आकर्षित हुए।

प्रगतिशील कलाकारों के समूहों के गठन और उनके विकास की राह प्रगतिशील थिएटर ग्रुप जैसी नहीं रही। उनका विकास इन थिएटर ग्रुपों की तरह सफल और व्यापक नहीं रहा। यह सच है कि दृश्य कला में ज़्यादा व्यापक दर्शकों तक पहुँचने की संभावना होती है, लेकिन हमारे कलाकार आमतौर पर राज्यसत्ता या चंद व्यक्तियों पर निर्भर होते थे, जिनमें से कई

के नाम उल्लेखनीय हैं, जैसे रुडी वॉन लेडेन, हर्मन गोएज़, परमाणु वैज्ञानिक होमी भाभा, रंगमंच की हस्ती ए. अल्काज़ी, लोहियावादी बद्री विशाल पित्ती आदि यहाँ तक कि इंदिरा गांधी का नाम उल्लेखनीय है। इंदिरा गांधी ने अपने क्रांतिकारिता वाले दौर में कांग्रेस के दक्षिणपंथी तत्त्वों के अलावा पश्चिम बंगाल माकपा को अलग-थलग करने के लिए अपना वामपंथी झुकाव प्रदर्शित किया था, जबकि भाकपा पहले ही उनके साथ खड़ी थी।

ज़ाहिर है, चंद संग्राहकों के हाथों में सिमटा बाज़ार और संरक्षण हमारे स्टूडियो तथा कलादीर्घाओं को अपनी सीमाओं से आगे जाने की इजाज़त नहीं देता था। लेकिन ऐसे दौर भी आए हैं, जैसे 1975-76 का आंतरिक आपातकाल का दौर, जब कलाकारों का व्यापक समुदाय लोकतांत्रिक अधिकारों की ख़ातिर एकजुट हो गया था। फिर भी मतभेद बरक़रार थे। हुसैन ने इंदिरा गांधी को दुर्गा के रूप में चित्रित किया, लेकिन विवान सुंदरम ने उन्हें केंचुओं से भरे डिब्बे के तौर पर पेश किया और बाद में जैकबूट पहने गुंडों के तौर पर। बाद में बांग्लादेश मुक्तियुद्ध, बंगाल की खाड़ी में अमेरिकी सातवें बेड़े की पैठ, फ़ौजी बग़ावत में मुजीब के तख़्तापलट और आपातकाल की समाप्ति जैसी एक-दूसरे से जुड़ी घटनाओं ने मानो 'सैकड़ों फूलों के खिलने' का समाँ बना दिया। सत्तर के दशक के उत्तरार्द्ध में लोकतंत्र की बहाली ने अस्सी के दशक में कला जगत् में बहार ला दी। लेकिन तेज़ विकास और भूमंडलीकरण के दौर में हम उस गति को बनाए रखने में विफल रहे और ज़ोर पश्चिमी अभिरुचियों को मनमाने तौर पर अंतर्राष्ट्रीय घोषित करने पर रहा। लेकिन पश्चिम में मंदी और चीन, भारत, लातिन अमेरिका, दक्षिण अफ़्रीका में विकास के वातावरण ने अधिक लोकतांत्रिक कला परिदृश्य की उम्मीद जगाई है।

जनसंस्कृति इससे भी ज़्यादा कुछ दे सकती है। इसके दो पहलू हैं जो संपूर्ण समाज के लिए महत्त्व रखते हैं—पहला तो यह कि जनसंस्कृति सहभागिता की प्रक्रिया है जिसमें कलाकार ख़ुद को दर्शकों से तोड़ता नहीं बल्कि उनसे संवाद करता है। यह संवाद कलाकृति के साथ सीधे हो सकता है और दर्शक उसे सबसे पारंपरिक रूप में देख सकता है, या फिर पोस्टर जैसी कृति में वह ज़्यादा व्यापक फ्रेमवर्क में साझा प्रतिक्रिया से रूबरू हो सकता है, और किसी सामूहिक कृति, किसी परिघटना, किसी सामूहिक मंचन या नंदलाल बोस के हरिपुरा कांग्रेस की तरह बहुरूपीय प्रदर्शन का हिस्सा बन सकता है जिसका कोई राजनीतिक संदेश भी हो।

यहाँ कलाकार की कलाकृति एक व्यापक आख्यान के तत्त्वों को रेखांकित करती है, जैसा कि उन क्रांतिकारी आंदोलनों पर लगाई गई प्रदर्शनी से हुआ जिसे कोझीकोड जिला माकपा समिति ने पार्टी की 20वीं कांग्रेस (1-9 अप्रैल, 2012) के समय लगाया था। इसमें जनता को समाजवाद की ओर ले जानेवाली कामगारों की पार्टी तथा जनांदोलनों के विकास को दर्शाया गया था। ज़ाहिर है कि कलाकारों की कृतियाँ पोस्टरों, नारों, तख्तियों सरीखे व्यापक रूपों में सामने आती हैं और अंततः दर्शकों को उस दौर की धारा में उनकी अपनी भूमिका से रूबरू कराती हैं। इसलिए निजी कलाकृति आभूषण में जड़े पत्थर की तरह उस चीज़ की ख़ूबसूरती बढ़ा देती है जो अंततः आम इस्तेमाल की वस्तु बन जाती है। मौलिकता गँवाए बिना यह कर दिखाना ही सच्ची जनकला की माँग होती है। इसे हासिल करना है तो कला जनता से कटकर नहीं रह सकती क्योंकि यह उसके हालात, आंदोलनों और आकांक्षाओं

से प्रेरणा लेती है और उन्हें प्रतिबिंबित करती है। सो, वह उन सामाजिक, राजनीतिक, ऐतिहासिक हालात से अप्रभावित नहीं रह सकती जो इस कलात्मक अभिव्यक्ति को जन्म देते हैं। यह दृश्य कला को आपसी संवाद का व्यापक आधार भी प्रदान करता है, संरक्षण से अपेक्षाकृत मुक्ति देता है और दीवारों तथा दीर्घाओं में सीमित पारंपरिक कलारूपों से मुक्त होने की संभावनाएँ भी निर्मित करता है, सामूहिक प्रदर्शन की संभावनाएँ भी। हमारे आज के कलाकार इन प्रयासों में पीछे नहीं हैं, लेकिन इन क्षेत्रों में वाम सक्रियता अभी भी वामपंथी सरकारों की ओर से हासिल सरकारी प्रोत्साहन तक सीमित होती है।

फिर भी दिल्ली में माकपा के लिए चुनाव प्रचार करते नाट्यकार सफ़दर हाशमी की बर्बर हत्या कर दी जाती है। इसका ज़बर्दस्त विरोध करने के लिए तमाम तरह के बुद्धिजीवी त्रिवेंद्रम पार्टी कांग्रेस में मंच पर आए। इस क्रम में सफ़दर हाशमी ट्रस्ट जैसा व्यापक मंच उभरा जिसने कई कार्यक्रम किए हैं, जिसने तमाम कलाकारों को मानवीय तथा सेकुलर मूल्यों के आधार पर एकजुट किया है। प्रोग्रेसिव आर्टिस्ट्स ग्रुप की भूमिका उस समय भी उजागर हुई जब हुसैन ने हाशमी पर हमले को लेकर चित्र बनाया और याद दिलाया कि परंपरा जारी है। बाद में संगठन को हुसैन पर सांप्रदायिक हमले के मसले को उठाना पड़ा और उनका बचाव करने के लिए अपने ऊपर हिंसक हमले भी झेलने पड़े। लेकिन हुसैन सरकारी संरक्षण के अभाव में विदेश में देशनिकाले की स्थिति में दिवंगत हुए और उन्हें बचाया न जा सका। यह हमें बताता है कि हाशमी की हत्या और उनके नाम पर सड़क का नामकरण करने के बाद से क्या बदलाव आया है।

इससे स्पष्ट होता है कि प्रगतिशील सांस्कृतिक आंदोलन के विस्तार और उसे मज़बूत करने की तो भारी गुंजाइश है, लेकिन वामपंथ ने इसे अब तक जितना समर्थन दिया है, जितना पोषण दिया है, उससे ज़्यादा देने की ज़रूरत है। आज के हालात का ख़याल करते हुए एक ऐसी संपूर्ण नीति बनाने की ज़रूरत है जिसमें वामपंथी और उच्चवर्गीय तथा जन सांस्कृतिक आंदोलनों के बीच सहयोग की बात हो। अब तक इस दिशा में नाममात्र से ज़्यादा काम नहीं हुआ है। इसके साथ ही हमें यह ज़रूर याद रखना चाहिए कि दृश्य कला को सरकारी ही नहीं, गैलरी मालिकों तथा संग्रहकर्ताओं के संरक्षण और नियंत्रण से आज़ाद करने की ज़रूरत है ताकि वह समाज में अलग-अलग भाषाएँ बोलनेवाले मुख्यतः अशिक्षित लोगों के लिए प्रेरणास्रोत के रूप में अपनी उपयुक्त भूमिका निभा सके, जो अपनी ज़रूरतों और उम्मीदों को अभिव्यक्त करने के लिए सार्वभौमिक दृश्य माध्यम का उपयोग कर सकती है।

[अंग्रेज़ी से हिंदी अनुवाद : **अशोक कुमार**]

'जिन फ़रिश्तों की कोई परीकथा नहीं'

अशोक भौमिक

हमारे देश में बीसवीं सदी के तीसरे दशक तक आते-आते बुद्धिजीवियों का एक विशाल वर्ग प्रगतिशील और जनोन्मुख विचारों के प्रति आकर्षित होने लगा था। रूस की क्रांति और प्रथम विश्वयुद्ध के बाद यूरोप में हो रहे राजनीतिक-सामाजिक परिवर्तनों की पृष्ठभूमि में नई-नई वैचारिक बहसों का यह एक महत्त्वपूर्ण दौर था। इन सब विचारों ने भारत के बुद्धिजीवियों को नए रास्तों को तलाशने की हिम्मत दी। एक ओर जहाँ अंग्रेज़ों की ग़ुलामी से मुक्ति की लड़ाई धीरे-धीरे ज़ोर पकड़ रही थी, वहीं दूसरी ओर सदियों से चली आ रही सामंतवादी ज़ंजीरों से भी मुक्ति की लड़ाई की ज़रूरत को समझते हुए बुद्धिजीवियों और कलाकारों का एक बड़ा हिस्सा संगठित होने लगा था। यह सच है कि बीसवीं सदी के पहले से ही सामाजिक कुरीतियों के ख़िलाफ़ चली महत्त्वपूर्ण मुहिम के नतीजे दिखने लगे थे, पर संयोगवश इस नवजागरण की रोशनी शहरों तक ही सीमित रही। नवजागरण के धनी और एलीट पुरोहितों ने एक-दूसरे की पीठ थपथपाते हुए, इतिहास को अपने महान प्रयासों का दस्तावेज़ बना डाला, पर शोषणमुक्त समाज की कल्पना करना और इसके लिए प्रयास करना इनके लिए क़तई संभव नहीं था। भारत में सामाजिक आंदोलनों की सीमाओं को जाँचते-परखते हुए बड़ी संख्या में बुद्धिजीवियों और रचनाकारों ने अपने ऐतिहासिक दायित्व को निभाने के लिए मार्क्सवाद-लेनिनवाद के रास्ते पर कम्युनिस्ट पार्टी को संगठित किया। आंदोलन को व्यापक रूप देने के लिए एक के बाद एक संगठनों का गठन हुआ। अखिल भारतीय किसान सभा, अखिल भारतीय ट्रेड यूनियन कांग्रेस, ऑल इंडिया स्टूडेंट्स फ़ेडरेशन के अतिरिक्त तमाम संगठन अस्तित्व में आए। इन सबके समानांतर प्रगतिशील लेखक संघ, फ़ासीवाद विरोधी लेखक कलाकार संघ, इप्टा जैसे संगठनों ने साहित्यकारों, रंगकर्मियों, गीतकारों और चित्रकारों को एक नई ज़मीन प्रदान की। पर इसी दौरान भारत में वामपंथी सांस्कृतिक आंदोलन को बंगाल के अकाल ने कला, राजनीति और समाज से जुड़े तमाम सवालों के रूबरू खड़ा कर दिया। इस दौर में कम्युनिस्ट पार्टी ने महासचिव पी.सी. जोशी के नेतृत्व में बंगाल के अकाल को बंगाल की सीमा से बाहर निकालकर एक राष्ट्रीय मुद्दा बना दिया। पार्टी के अख़बारों के रिपोर्ताजों, नाटकों, कविताओं और चित्रों के माध्यम से उन्होंने इस अकाल को ग़ुलाम राष्ट्र के हर हिस्से तक पहुँचाने की कोशिश की। भारतीय कला के इतिहास में यह निश्चय ही एक महत्त्वपूर्ण मोड़ था, जिसने पहली बार रचनाकारों को समाज-परिवर्तन की लड़ाई में उनकी भूमिका के लिए प्रेरित किया।

प्रतिबद्ध रचनाकारों के इस विशाल समूह ने अपनी रचनाओं में भूख से मरते लाखों लोगों को अपनी रचनाओं में अमर कर दिया।

चित्तप्रसाद ऐसे ही दौर में बंगाल के विभिन्न हिस्सों में घूमकर अकाल की विभीषिका को अपने चित्रों में दर्ज कर रहे थे। ये चित्र मूलतः पार्टी के अख़बारों में रिपोर्ताज के साथ छपते रहे, पर इन चित्रों को हम महज़ इलस्ट्रेशन या फ़ोटो-यथार्थ के समकक्ष मानकर उन्हें कम करके नहीं आँक सकते हैं। इन चित्रों में विषय को केंद्र में रखकर परिवेश की अनावश्यक चीज़ों को चित्रित नहीं किया गया है, इस कारण से चित्रों के मूल उद्देश्य पर दर्शक का ध्यान बिना किसी भटकाव के बना रहता है। अस्पताल में मरणासन्न बीमार व्यक्ति हो या सड़क के किनारे दम तोड़ता हुआ अकाल पीड़ित हो, चित्तप्रसाद ने इन्हें बनाते समय भारतीय चित्रकला के इतिहास में एक ऐसा अध्याय रच डाला जिसने अनेक तत्कालीन रचनाकारों को अन्याय और अत्याचार के विरुद्ध रचने की एक सर्वथा नई भाषा से परिचित कराया। साथ ही यह जनवादी पत्रकारिता की एक विरल शुरुआत थी, जो अपने प्रकट स्वरूप में व्यंग्य चित्र के क़रीब होकर भी एक मर्मस्पर्शी दस्तावेज़ होने की ज़िम्मेदारी निभा पाने में समर्थ रही। चित्तप्रसाद के इस शृंखला के चित्र निश्चय ही नियत संदर्भों से अनिवार्य रूप से जुड़े हुए हैं, इसलिए कई आलोचक इन्हें चित्र मानने से हिचकते रहे हैं। और यह सच भी है कि समाचार को ज़्यादा प्रभावशाली बनाने के लिए इनका प्रयोग किया गया, यहाँ चित्तप्रसाद एक फ़ोटोग्राफ़र की कृति से कहीं ज़्यादा तीखे ढंग से अपने को अभिव्यक्त करते हैं।

चित्तप्रसाद एक राजनीतिक और जनपक्षधर चित्रकार थे, इतना कहना पर्याप्त नहीं लगता। वे सही मायने में एक 'भारतीय' कलाकार थे, यही उनकी असली पहचान है। सदियों से भारत की चित्रकला को हम विभिन्न राज्यों की स्वतंत्र कलाओं के रूप में ही जान पाते हैं—जैसे काँगड़ा, पहाड़ी, राजस्थानी, मुग़ल आदि। आधुनिक समय में भी इसमें कोई ख़ास बदलाव नहीं दिखता। यामिनी राय, नंदलाल बोस, असित हालदार आदि सभी मूलतः बंगाल के चित्रकार हैं, उसी प्रकार दक्षिण के राजा रविवर्मा हैं तो महाराष्ट्र से बी. प्रभा, बेन्द्रे, रज़ा आदि आते हैं और इसी तरह शोभा सिंह को हम पंजाब के चित्रकार के रूप में पाते हैं। इन सभी चित्रकारों के चित्रों पर अपने-अपने राज्यों की कलाशैली, संस्कृति और जीवन का प्रभाव स्वाभाविक रूप से स्पष्ट दिखता है।

चित्तप्रसाद इस मायने में बंगाल की सीमा तोड़कर भारत की जनता के दुख और प्रतिरोध को अपना विषय बनाते हैं और इसके ज़रिये वे चित्रकला के भारतीय स्वरूप को हमारे सामने प्रस्तुत करते हैं। भगतसिंह की शहादत, कश्मीर का जन-आंदोलन, तेलंगाना का किसान विद्रोह, विजयवाड़ा का किसान सम्मेलन, बंबई में नाविकों का विद्रोह, बंबई की बस्ती में मेहनत करते बच्चे, बंगाल के अकाल पीड़ित। ये सब चित्तप्रसाद के चित्रों में बार-बार आते रहे हैं। चित्तप्रसाद के चित्र देश की विशाल जनता को उनके संघर्षों की समानता और प्रतिरोध की अनिवार्यता के आधार पर एक-दूसरे से जोड़ते हैं। कोल्हापुर का किसान, तेलंगाना के किसान को भाई बनाता है तो फुटपाथ पर लेटा नींद में बंबई का बच्चा, कुत्तों के पिल्लों के साथ खेलते बच्चों के सपने देखता है। बच्चे को गोद में लिये मराठी औरत और सुदूर बंगाल की औरतें अपने वर्ग की समानता के कारण अपना ख़ास परिचय पाती हैं। चित्रकला में राज्य और क्षेत्र की

संकीर्ण सीमाओं को पार कर चित्तप्रसाद भारतीय मज़दूर, किसान और कामगारों को अपने वर्ग से परिचित कराते हैं। चित्रकला में ऐसी 'भारतीयता' पहली बार चित्तप्रसाद ही ला सके थे। आज़ादी के ठीक बाद, दुर्भाग्य से कला व्यापारियों की सुसंगठित साज़िशों के चलते आधुनिक भारतीय चित्रकला में जिन चित्रकारों को 'प्रगतिशील' कहकर एक छद्म संगठन (पी.ए.जी या प्रोग्रेसिव आर्टिस्ट्स ग्रुप) बनाकर विश्वबाज़ार में चित्रकला के नाम पर 'माल' का विपणन शुरू किया गया, उनके इस प्रयास में राष्ट्रीय कलासंस्थाएँ समर्थ सहयोगी की भूमिका में कार्यरत रहीं और इसके परिणामस्वरूप छह दशकों बाद भारतीय चित्रकला में प्रगतिशील कलाकारों के नाम पर कुछ यौन विकृत, कुछ धर्मपरायण, कुछ तंत्रसाधक और कुछ महज़ नक़्क़ाशीकरों का ही बोलबाला रहा है, और चित्तप्रसाद सरीखे तमाम चित्रकारों को न केवल उपेक्षित किया गया बल्कि समूची चित्रकला विधा को ही जनता से काट दिया गया। बावजूद इस सबके चित्तप्रसाद और उनकी जनोन्मुख कला को पूरी तरह से मिटा पाना ग़ैरसरकारी कला व्यापारियों और सरकारी कला संस्थानों के लिए संभव नहीं हो पाया है, क्योंकि प्रगतिशील कला केवल जनता के सहारे ही इतिहास में गतिमान रहती है, उसे किसी गैलरी, अकादमी या संग्रहालय की ज़रूरत नहीं होती।

चित्तप्रसाद के संपूर्ण कला भंडार में क्रांतिकारी चित्रों का एक विशाल खंड है जिनमें पोस्टर और तीखे राजनीतिक व्यंग्यचित्रों के अतिरिक्त विभिन्न जन आंदोलनों के ऐतिहासिक चित्र भी हैं। पर बच्चों को विषय बनाकर उन्होंने असंख्य चित्र बनाए हैं, जहाँ राजनीतिक विचारधारा के शोर के स्थान पर मानवतावाद है, ख़ामोशी है और यह ख़ामोशी एक ओर जहाँ आँसुओं के घूँट पीने की ख़ामोशी है तो वहीं दूसरी ओर हालात को बदल देने की चाहत लिये सही आंदोलन की प्रतीक्षा की ख़ामोशी है। सड़क किनारे फुटपाथ पर सोने का अनुभव चित्तप्रसाद को था या नहीं, यह महत्त्वपूर्ण नहीं, क्योंकि चित्तप्रसाद का इन बच्चों के प्रति गहरा प्रेम इन मर्मस्पर्शी चित्रों की रचना की बुनियाद है। जनवादी कला के बारे में रचनाशीलता, अनुभव और यथार्थ को लेकर जो भी बहस रही हो, चित्तप्रसाद का जीवन और बच्चों पर बनाए हुए उनके चित्र एक मुक़म्मल जवाब प्रस्तुत करते हैं। इस शृंखला के चित्रों में चित्तप्रसाद की कला को अन्य भारतीय तत्कालीन चित्रकारों के समानांतर रखकर देखा जाना चाहिए, क्योंकि कला गुणों के आधार पर भी ये चित्र भारतीय कला में अपना अद्वितीय स्थान रखते हैं और कला जगत् में चित्तप्रसाद के होने के महत्त्व को रेखांकित करते हैं। जैसा कि हम जानते हैं, विश्व कला में बच्चों का स्थान बहुत कम रहा है। यूरोप की कला में हालाँकि धार्मिक चित्रों में देवशिशुओं की उपस्थिति दिखाई देती है, भारतीय कला में यह ना के बराबर रही है। हमारे यहाँ चित्रों में कृष्ण के बालरूप का वर्णन तो मिलता है, पर काव्य में बहुवर्णित 'ठुमक चलत रामचंद्र' जैसे चित्र कला में हमें कम ही दिखाई देते हैं। आधुनिक चित्रकला में कला व्यापारियों और सरकार द्वारा मान्यताप्राप्त 'प्रगतिशील' चित्रकारों के यहाँ बच्चों की ग़ैरहाज़िरी शर्मनाक है। यहाँ चित्तप्रसाद के साथ-साथ महान जनवादी मूर्तिकार रामकिंकर याद आते हैं, जिन्होंने अपनी यादगार कृति 'कोलेर बांशी' में एक नाम-परिचयविहीन बच्चे को मचलते हुए दिखाया है, सोमनाथ होर की कांस कृतियों और जैनुल आबेदिन के अकाल चित्रों में बच्चे बार-बार आते दिखाई देते हैं। पर चित्तप्रसाद के चित्रों के बच्चों का अपना परिचय है। वे हमारे बेहद परिचित, मेहनतकश और अभागे बच्चे हैं, जिनकी अपनी कोई

परीकथा नहीं है। इन बाल श्रमिकों की मजबूरी को चित्तप्रसाद एक राजनीतिक नज़रिए से देखते हैं और इसीलिए ये चित्र कहीं न कहीं दर्शकों को कठघरे में लाकर खड़ा कर देते हैं।

चित्तप्रसाद के कई चित्रों में जहाँ विषाद है, वहीं उल्लास और मौज-मस्ती में झूमते बच्चे भी हैं, पर दोनों भावों के चित्रों में बच्चों का वर्ग परिचय सुस्पष्ट है। यहाँ हम उनकी यादगार चित्र शृंखला 'जिन फ़रिश्तों की कोई परीकथा नहीं' के कुछ चित्रों पर ग़ौर करने के साथ-साथ उन चित्रों पर भी बात करेंगे जो कि इस शृंखला के नहीं हैं, पर बच्चों को केंद्र में रखकर रचे गए हैं। 'जिन फ़रिश्तों की कोई परीकथा नहीं' चित्र शृंखला चित्तप्रसाद ने 1952 में पूरी की थी। ये सभी लीनोकट शैली के प्रिंट चित्र हैं।

अपनी तमाम कोशिशों के बावजूद चित्तप्रसाद के इन चित्रों का एल्बम पीपुल्स पब्लिशिंग हाउस से प्रिंट नहीं हो सका था, पर 12 दिसंबर, 1952 को वियना में आयोजित विश्वशांति सम्मेलन में भाग लेनेवाले अतिथियों को भारत की ओर से भेंट के रूप में इस शृंखला के प्रिंट्स दिये गए। सम्मलेन में आए अतिथियों के माध्यम से ये चित्र विभिन्न देशों तक पहुँचकर जल्द ही वहाँ की पत्र-पत्रिकाओं में प्रकाशित होने लगे। इस प्रकार चेकोस्लोवाकिया, डेनमार्क, हालैंड, आस्ट्रिया, जर्मनी जैसे देशों में चित्तप्रसाद के चित्रों को कम समय में ही व्यापक प्रसिद्धि मिली। इस शृंखला को एक एल्बम के रूप में प्रकाशित करवाने का चित्तप्रसाद का सपना भारत में पूरा न हो सका, पर 1969 में डेनमार्क में इसे यूनिसेफ़ ने ससम्मान प्रकाशित किया। चित्तप्रसाद ने सड़क पर भीख माँगते असहाय बच्चों का बेहद मार्मिक चित्रण किया है। इन दोनों चित्रों में चित्तप्रसाद ने बेहद नज़दीक से देखे 1943 के अकाल की स्मृति को आधार बनाया है। फुटपाथ पर भूख से दम तोड़ते बच्चे के हाथ से भीख का कटोरा चिपक-सा गया है, और मौत को इतने क़रीब से देखकर बच्ची एक अनजाने डर से मानो कहीं दूर भाग जाना चाह रही है। दूसरे चित्र में एक नंगा बच्चा कूड़ेदान से जूठन बटोर रहा है, पर उसकी इस कोशिश में एक कौवा आकर अपना हिस्सा माँग रहा है, बच्चे की भूख से लड़ाई के साथ-साथ अब कौवे से भी उसे लड़ना पड़ रहा है। इस चित्र में चित्तप्रसाद भूख से लड़ाई की एक भयानक तस्वीर पेश करते हैं। यहाँ जैनुल आबेदिन की अकाल शृंखला के कई चित्र अनायास ही याद आ जाते हैं। जैनुल आबेदिन ने इन कौओं को अकाल के कारकों यानी कालेबाज़ारी, मुनाफ़ाखोर व्यापारियों के प्रतीक के रूप में चित्रित किया था। यहाँ ग़ौरतलब है कि जैनुल के चित्र में जहाँ बच्चा बेबस-सा दिखता है वहीं चित्तप्रसाद के चित्र में बच्चा पत्थर उठाकर इस शोषण का प्रतिरोध करता है। चित्तप्रसाद और जैनुल आबेदिन की राजनीतिक चेतना के तुलनात्मक विश्लेषण का यहाँ कोई प्रयास नहीं है, क्योंकि दोनों ही जनपक्षधर चित्रकार के रूप में निर्विवाद रूप से महान हैं। पर चित्तप्रसाद का राजनीतिक संगठन से सघन जुड़ाव था और इसीलिए शायद वे इतने मुखर होकर अन्याय के ख़िलाफ़ सशस्त्र प्रतिरोध की ज़रूरत का संदेश अपने चित्रों में दे सके थे।

चित्तप्रसाद को महानगरों से लेकर छोटे-से छोटे क़स्बों और गाँवों के जनजीवन का गहरा अध्ययन था, इसलिए शहर और गाँव में शोषित और संघर्ष करते वर्ग की उन्हें न केवल पहचान थी बल्कि उन्होंने अपनी चित्रकला को इसी वर्ग के लिए समर्पित किया था। उनके लिए गाँव के ग़रीब किसान का शोषित चेहरा शहर के मिलों-कारख़ानों में पिसते मज़दूरों से भिन्न नहीं था। शिक्षा की सुविधा से दूर गाँव के बच्चे और शहर में मज़दूरी के लिए

मजबूर बच्चों को चित्तप्रसाद ने समान महत्त्व से देखा। बाल श्रमिकों के जीवन के कटु यथार्थ को चित्तप्रसाद ने बहुत क़रीब से जाँचा-परखा था, इसीलिए उनके चित्रों में ऐसे अनूठे डिटेल्स हैं जो भारतीय चित्रकला में विरल हैं। 'अख़बार वाले बच्चे' में, सुबह-सुबह ताज़ा अखबार शहर के घरों तक या फेरी के लिए चौराहों तक पहुँचाने की जल्दबाज़ी देखी जा सकती है, अख़बारों के गट्ठर से गिनकर अख़बार निकालते बच्चे के अंदाज़ को जिस ख़ूबसूरती से इतनी कम रेखाओं और केवल एक रंग में लीनोकट जैसे कठिन माध्यम में उकेरा है, वह अद्वितीय है। साथ ही, यहाँ यह भी ग़ौर करने लायक़ है कि चित्तप्रसाद अख़बार बाँटनेवाले बच्चों को, बीड़ी बाँधने का काम करने वाले बच्चों या फिर होटल में बर्तन साफ़ करने वाले बच्चों को चित्रकला की अभिजात दुनिया में ले आते हैं और वह भी चित्रकला के मानदंडों से तनिक भी समझौता किए बग़ैर। भारतीय कला समीक्षकों द्वारा जनवादी चित्रकला पर लंबे समय से प्रायः 'नारे' होने का आरोप लगता रहा है। हालाँकि, समीक्षकों द्वारा ऐसे मानदंडों के बनाने के पीछे बाज़ार का बड़ा हाथ है। बाज़ार में चित्रकला क्रय-विक्रय का सामान होने के कारण, कला के क्रेताओं के वर्ग की रुचि ही आज़ादी के बाद की भारतीय कला की गुणवत्ता निर्धारण का मानक बनी। अतः कला समीक्षकों के विशाल वर्ग ने कला व्यापारियों के निर्देश पर ऐसे सारतत्त्वहीन मानक बनाकर एक ऐसी स्थिति को जन्म दिया जिसके चलते चित्रकला, आम जनता से पूरी तरह से विच्छिन्न हो गई। यह स्थिति कला के लिए आज और घातक सिद्ध हो रही है। चित्रकला अब एक ऐसी कला विधा के रूप में स्थापित हो चुकी है, जहाँ 'कला प्रेमी' शब्द, कला-संग्राहकों के सामने अर्थहीन हो गया है। जो वर्ग आज चित्र ख़रीद रहा है या चित्रकला में निवेश कर रहा है, वही इसके मानक को भी तय कर रहा है, पर यहाँ सवाल कला का है, किसी मकान, गाड़ी या ऐसे कोई ख़रीदे-बेचे जानेवाले पण्य का नहीं है जिसका निर्माण शुद्ध रूप से ख़रीदारों की रुचि के मुताबिक़ होना ही सदियों से बाज़ार का नियम रहा है। आज भारतीय चित्रकला में जिन कलाकारों को महत्त्वपूर्ण माना जा रहा है, उन्हें केवल मात्र बाज़ार में उनकी माँग के आधार पर ही माना जा रहा है।

युवा चित्रकारों के लिए यह एक विषम परिस्थिति है, क्योंकि वे 'ऊँची क़ीमत पर बिकने वाली कला ही श्रेष्ठ कला है', ऐसी भ्रामक अवधारणा को सच मान लेने के दबाव में दिशाहीनता के शिकार हो रहे हैं। चित्तप्रसाद की कला का सबसे मौलिक पक्ष उनके चित्रों के विषय हैं, जिसे वे कला की गहरी समझ के साथ-साथ, कला के बाज़ारीकरण के ख़तरों के बारे में विचारधारा के स्तर पर सजग होने के कारण सहज ही हासिल कर सके थे। इसलिए यह अस्वाभाविक नहीं लगता कि 1947 में जब सूज़ा, हुसैन, रज़ा आदि कलाकार छद्म वामपंथ का सहारा लेकर बंबई में पी.ए.जी. या प्रोग्रेसिव आर्टिस्ट्स ग्रुप की स्थापना करते हैं, तब चित्तप्रसाद न केवल बंबई में सक्रिय चित्रकार के रूप में ख्यात थे बल्कि इन सभी चित्रकारों से भली भाँति परिचित थे। बावजूद इसके चित्तप्रसाद को पी.ए.जी में शामिल नहीं किया गया (या चित्तप्रसाद शामिल नहीं हुए) और प्रोग्रेसिव या प्रगतिशील चित्रकारों के रूप में इन चित्रकारों को इस संस्था के ज़रिये स्थापित करने की कोशिश की गई। और, यह एक दुर्भाग्यपूर्ण सत्य है कि आज विश्व भर के नीलामघरों, कला व्यापारियों की दुकानों से लेकर राष्ट्रीय कला संग्रहालय की दीवारों पर भी इन्हीं चित्रकारों को ही 'प्रगतिशील' के रूप में प्रस्तुत किया जाता है। भारतीय चित्रकला के इतिहास में इससे बड़ी कोई साज़िश की दूसरी मिसाल नहीं है।

चित्तप्रसाद के सहज सरल लगनेवाले काले सफ़ेद लीनोकट के प्रिंट चित्रों में महँगे विशाल कैनवासों पर रंगों की मोटी परतों की 'भव्यता' तो नहीं है, पर विषय की एक ऐसी चमक है जो शताब्दियों में बिरले चित्रकारों की कृतियों में दिखाई पड़ती है। चित्तप्रसाद ने मेहनतकश बच्चों को अपने कई अन्य चित्रों में बड़ी ख़ूबसूरती से चित्रित किया है, पर 'होटल वाला बच्चा', 'बीड़ी मज़दूर बच्चे', 'बूट पॉलिश वाला बच्चा', और कुछ फुटपाथ पर रहनेवाले बच्चों के चित्र दर्शक को गहरे प्रभावित कर जाते हैं। ये सभी चित्र न केवल बाल श्रमिकों की बदहाली का मार्मिक चित्रण प्रस्तुत करते हैं बल्कि इस अन्यायी व्यवस्था के कारणों के प्रति, इसे देखनेवालों को संवेदनशील भी बनाते हैं। पर इस दूरी तक चित्तप्रसाद एक राजनीतिक चित्रकार का दायित्व निर्वाह करने के बाद एक राजनीतिक कार्यकर्ता की भूमिका में अपने को समर्पित करते हैं, क्योंकि वे मानते हैं कि इस असमानता और शोषण का अंत किए बग़ैर इन बच्चों की ज़िंदगी में खुशहाली कभी नहीं आ सकती।

'होटल वाला बच्चा' चित्तप्रसाद का एक और नायाब चित्र है। इस चित्र में होटल के बंद हो जाने के बाद देर रात तक अकेले एक बच्चे को हम बर्तन धोते हुए पाते हैं। बच्चे की यह मजबूरी किसी भी संवेदनशील दर्शक को गहरे प्रभावित कर जाती है। इस चित्र को ग़ौर से देखने से चित्र में चित्तप्रसाद द्वारा चित्रित किए गए वर्णन आश्चर्यचकित कर देते हैं। बच्चे के पास जूठे बर्तनों का अंबार-सा लगा है, रोशनी के नाम पर पास कुर्सी पर एक ढिबरी जल रही है। देर रात के सन्नाटे में ढिबरी की तिरछी लौ और कुत्ते का भौंकना, माहौल को, उस बच्चे के अकेलेपन को और भी मार्मिक बना रहा है। पर इन सबसे हटकर जो बात इस चित्र में, बच्चे के अकेलेपन, एकाकी और असहायपन को समझने की चित्तप्रसाद की पैनी नज़र ही उनकी कला का सबसे महत्त्वपूर्ण पक्ष है।

'बीड़ी मज़दूर बच्चे', 'जिन फ़रिश्तों की कोई परीकथा नहीं', शृंखला का एक महत्त्वपूर्ण चित्र है। इस चित्र में हम तीन बच्चों को बीड़ी बनाते हुए पाते हैं। कमरे में रोशनी के लिए केवल एक छोटी-सी खिड़की है जो कमरे की चीज़ों को थोड़ा बहुत रौशन करने के साथ-साथ एक ऐसी घुटन भी पैदा कर रही है जिससे हम इस कमरे की सीलन तक को सहज ही महसूस कर पाते हैं। अपने काम में लगे तीनों बच्चों की लगन को उनकी मुद्राओं से आसानी से समझा जा सकता है, साथ ही उनकी कमज़ोर सेहत और पीठ पर की कूबड़ उनकी ग़रीबी और मजबूरी दोनों को ही रेखांकित भी करती है। कमरे के अंदर अन्य चीज़ों का वर्णन, चित्तप्रसाद चीज़ों को देखने की अपनी अति विशिष्ट शैली में करते हैं। तीनों बच्चों के आसपास तेंदू के पत्तों को एक आकार में काटने के लिए कई फ़र्मे और एक कैंची फ़र्श पर पड़ी है। एक अँगीठी भी है जिस पर धरी टीन की चौकोर चादर पर बीड़ी को सेंका जा रहा है और उसी के पास तैयार बीड़ियों का गट्ठर है। इन सब तत्त्वों के चलते यह चित्र निःसंदेह एक महान चित्र है। पर इस चित्र को ध्यान से देखने पर हमारी नज़र उस हृष्ट-पुष्ट चूहे पर जा पड़ती है जो मेज़ पर रखी बच्चों की रोटी पर दाँत गड़ा रहा है। प्रतीक के रूप में चूहा यहाँ कोई पहेली नहीं है, इसलिए बच्चों की मेहनत की लूट की करुण कहानी को दुहराता हुआ यह चित्र, कला की एक नई ऊँचाई छू लेता है, जहाँ पहुँच पाना शायद चित्तप्रसाद के लिए ही संभव था।

'बूट पॉलिश वाला बच्चा' इसी शृंखला का एक अत्यन्त मर्मस्पर्शी चित्र है जो अपनी संरचना के लिए भी समान रूप से महत्त्वपूर्ण है। चित्तप्रसाद के अन्य चित्रों की तुलना में

इसी चित्र में विवरण सीमित हैं। चित्र के केंद्र में एक बच्चा है जो अन्य चित्रों के बाल श्रमिकों से काफ़ी छोटा है। महज़ एक लोहे का खंभा, कुली का ठेला और माल ढोने की टोकरी से हम अनायास जान पाते हैं कि बच्चा थककर जहाँ गहरी नींद में सो रहा है, वह रेलवे का प्लेटफ़ार्म है। सोता हुआ बच्चा नींद में भी अपने बूट पॉलिश के बक्से और ब्रश को पकड़े है। बच्चे के सोने के अंदाज़ में जिस मासूमियत को चित्तप्रसाद दिखाते हैं, वह विषय के प्रति कलाकार के गहरे ममत्व के बग़ैर संभव ही नहीं है। इसी मासूमियत को हम उनके एक और चित्र 'फुटपाथ पर सोते बच्चे' के बच्चों के चेहरों पर भी देख सकते हैं। यहाँ पैबंद लगी चादर तले ठंड में सिकुड़कर फुटपाथ पर सोते हुए बच्चों के दर्द को समझनेवाला चित्रकार, न तो चादर के उन बच्चों से छोटे होने के यथार्थ को अपने चित्र में दर्ज करने से चूकता है और न ही सड़क पर रहने, जीने और मरनेवाले एक कुत्ते को चित्र में एक ख़ास अर्थवत्ता के साथ शामिल करने से परहेज़ करता है।

चित्तप्रसाद ने फुटपाथ पर रहनेवाले बच्चों के प्रति गहरे ममत्व के साथ उन्हें बार-बार अपने चित्रों में स्थान दिया है, जिनकी अंतर्वस्तु तो हालाँकि 'फुटपाथ पर सोते बच्चे' के समान ही है, पर अपनी संरचना और ट्रीटमेंट में वे चित्र काफ़ी अलग हैं। किसी मकान के ऊपर से नीचे फुटपाथ पर सो रहे बच्चों के साथ-साथ रात के वक़्त सड़क के उस पार वेल्डिंग करते कुछ लोग दिख रहे हैं, यह चित्र अन्य चित्रों की तुलना में ज़्यादा महानगरीय है। बच्चों के बुरे वक़्त और उनके असहाय मुहूर्तों पर चित्र रचते समय, चित्तप्रसाद उन अभागे बच्चों के साथ खड़े होने की चाहत लिए चित्र बनाते हैं। 'अनाथ बच्चे' ऐसी ही एक महान कृति है जहाँ हम इसे समझने के लिए तीन हिस्सों में बाँट सकते हैं। चित्र में एक अनाथ बच्ची नींद से जूझते हुए, गहरी नींद में सो रहे अपने दोनों छोटे-छोटे भाइयों को मानो समस्त विपदाओं से बचाने के संकल्प के साथ रात में जाग रही है। चित्र के दूसरे हिस्से में हम एक जलते हुए दीये को पाते हैं। यहाँ चित्तप्रसाद लीनोकट के कितने बड़े कलाकार थे, उसका भी प्रमाण हमें मिलता है। दरअसल, लीनोकट छपाई चित्र की एक ऐसी पद्धति है जहाँ लीनो (रबर जैसी सामग्री से बनी मोटी चादर, जिसे मूलतः फर्श पर बिछाने के लिए इस्तेमाल किया जाता है) पर धारदार औज़ार से चित्र को पहले उकेरा जाता है। चित्र-रचना का यह माध्यम इसलिए और भी कठिन है, क्योंकि मूल चित्र लीनो पर दर्पण में प्रतिबिंब की तरह उलटा बनाना पड़ता है ताकि छपने पर सीधा चित्र बन सके। इसके साथ-साथ इस माध्यम का दूसरा जटिल पक्ष यह भी है कि वे हिस्से जो काटकर (या तराशकर) निकाल दिये जाते हैं, वे ही चित्र में सफ़ेद अंश के रूप में उभरते हैं, और जिन अंशों को नहीं तराशा जाता, वे चित्रों के काले हिस्से बनते हैं। यहाँ इस माध्यम का उल्लेख इसलिए भी ज़रूरी है क्योंकि 'अनाथ बच्चे' चित्र में प्रकाश का एकमात्र साधन एक दीपक है जिसकी रोशनी तीनों बच्चों को इस ढंग से प्रकाशित कर रही है, जिससे उनके शरीरों के रौशन और अँधेरे हिस्से चित्र को न केवल एक गहराई प्रदान कर रहे हैं, बल्कि किसी मिडल टोन की अनुपस्थिति ने चित्र को और भी प्रभावशाली बनाया है। इस चित्र के इन सब पक्षों से शायद सबसे ज़्यादा महत्त्वपूर्ण है चित्र में एक खिलौने की उपस्थिति। मानो इस खिलौने के साथ इन बच्चों के खेलने के इंतज़ार में बच्ची के साथ रात जाग रही है! इस चित्र को जिस आत्मीयता से चित्तप्रसाद ने रचा है, उससे लगता है कि इस उजाड़ कमरे में रात के ऐसे वक़्त चौथे व्यक्ति के रूप में चित्तप्रसाद स्वयं उपस्थित हैं।

इन चित्रों के अलावा चित्तप्रसाद के तमाम चित्र ऐसे हैं जहाँ बच्चों की दैनंदिन गतिविधियों को उन्होंने अपने चित्रों में अपनी पैनी राजनीतिक दृष्टि से अनुभव करते हुए बनाया है। ये सभी चित्र हालाँकि विषय के समक्ष बैठकर उसे अपने चित्रों में उतारने जैसी प्रक्रिया के माध्यम से रचित नहीं हैं, इसलिए ये सभी चित्र चित्तप्रसाद के अकाल चित्रों की रचना-प्रक्रिया से बिलकुल भिन्न हैं। अकाल चित्रों (1943-44) में चित्तप्रसाद अपनी रचना के उद्देश्य पर पूरी तरह से केंद्रित दिखते हैं, जहाँ उनके चित्र-रचना का उद्देश्य एक घटना विशेष को सरल ढंग से समाचार की प्रामाणिकता के साथ प्रस्तुत करना है। यहाँ वे विषय के अतिरिक्त परिवेश की विशद चर्चा से परे दिखते हैं, पर 'जिन फ़रिश्तों की कोई परीकथा नहीं' शृंखला और बच्चों पर बनाए गए चित्रों (1950 के बाद) में चित्तप्रसाद अपने गहरे राजनीतिक दायित्वबोध के साथ-साथ अपनी सृजनशीलता को नई ऊँचाई तक ले जाते हैं, जहाँ उनकी कल्पना यथार्थ की ज़मीन कभी नहीं छोड़ती। जनवादी कला का यह रूप भारतीय कला का एक महत्त्वपूर्ण और मौलिक पक्ष है। दुर्भाग्य से समकालीन कला के आलोचकों को सूज़ा के चित्रों की उबकाई-भरी यौनता में, हुसैन के देवी-देवताओं और घोड़ों में, रज़ा, संतोष, कादरी के चित्रों के नक़्क़ाशीदार तंत्रजाल में तो 'प्रगतिशीलता' दिखी, पर चित्तप्रसाद जैसे कलाकारों के चित्रों की उन्होंने आपराधिक ढंग से उपेक्षा कर पूरे कला इतिहास के तथ्यों को ही संदिग्ध बना दिया। जैसा कि पहले भी कहा जा चुका है कि कला आलोचना की यह धारा किसी सार्थक जनवादी हस्तक्षेप के अभाव के कारण आज भी प्रवहमान है।

चित्तप्रसाद के 'जिन फ़रिश्तों की कोई परीकथा नहीं' शृंखला में हम बच्चों के साथ-साथ ऐसी तमाम चीज़ों को उपस्थित पाते हैं जो चित्र में एक ज़रूरी परिवेश बनाकर एक नई कथा सम्मुख प्रस्तुत करती हैं, और जिसके चलते बच्चों की बदहाली के प्रति हमें ये चित्र संवेदनशील बनाते हैं। इस शृंखला में 'नाव खेता बच्चा', 'पिता से पिटता हुआ बच्चा', 'किसानी सीखता बच्चा' जैसे चित्र भी हैं जहाँ चित्रकार ने अपने वक्तव्य को अनावश्यक रूप से जटिल नहीं बनाया है। पर ऐसे चित्रों में भी हम चित्तप्रसाद की शैली के उस विकसित रूप को देख पाते हैं जिसकी शुरुआत उनके बंगाल से आकर बंबई प्रवास के बाद से हुई थी। इस दौर के कई ऐसे चित्र हैं जहाँ मौज-मस्ती करते बच्चे भी हैं, जो पतंग के न होने से काग़ज़ के टुकड़े को डोर से बाँधकर उसे हवा में लहराकर ख़ुश होना जानते हैं ('काग़ज़ को पंतग बनाकर उड़ाता बच्चा')।

दूसरी प्रकार 'मछली मारते बच्चे' चित्र में, खेल का सामान या मैदान न होने पर भी बाढ़ के दौरान, जहाँ बस्तियों की झोंपड़ियों तक में पानी घुस आया है, वहीं कोई बच्चा मछली पकड़ रहा है, तो कोई काग़ज़ की नाव से खेल रहा है। बरसाती ओढ़े आदमी अपने को बारिश से बचाने के लिए तेज़ क़दमों से घर की ओर जा रहा है, तो दो सूअर बच्चों के साथ पानी में खड़ा दिख रहा है। यह पूरा परिवेश एक बस्ती का है जहाँ अचानक घुस आए बाढ़ के पानी से बस्ती के बच्चों के लिए एक उल्लास का माहौल बनाया है, पर इसी के साथ-साथ झोंपड़ी की छत को दुरुस्त करने में जुटा हुआ व्यक्ति भी है। इस प्रकार बेहद बारीक़ी से चित्तप्रसाद इस वर्ग की विपरीत परिस्थितियों में जीने की ताक़त को रेखांकित करते हैं। इस चित्र में झोंपड़ियों के पीछे बड़े-बड़े मकानों की उपस्थिति से चित्रकार ने इसे शहरी ग़रीबों की बस्ती होने का एक आभास भी दिया है।

इन सब चित्रों से बिलकुल भिन्न, चित्तप्रसाद के कुछ ऐसे चित्र भी हैं जो उनकी रचनाशीलता के एक सर्वथा नए आयाम से हमें परिचित कराते हैं। ऐसे चित्रों में हम चित्तप्रसाद को निश्चय ही एक काल्पनिक परिस्थिति को चित्रित करते पाते हैं, पर यहाँ उनका राजनीतिक वक्तव्य स्पष्ट है। चित्तप्रसाद ने बच्चों के एक ऐसे प्रदर्शन या जुलूस को दिखाया है जहाँ बच्चे अपनी बुनियादी ज़रूरतों की माँग करते हुए दिख रहे हैं। चित्तप्रसाद ने इन मासूम छोटे-छोटे बच्चों की माँगों के ज़रिये इन बच्चों के लिए एक ख़ूबसूरत समाज का सपना देखा है। ये बच्चे खाने को भोजन, रहने के लिए घर, पढ़ाई के लिए स्कूल के साथ-साथ शांति की माँग कर रहे हैं, पर जैसा कि हर जायज़ माँग का जवाब सत्ता की बर्बर व्यवस्था लाठियों और गोलियों से देती है, इस चित्र में बच्चों पर घोड़े चढ़ाते और लाठियाँ बरसाते पुलिस के सिपाहियों के ज़रिये सत्ता के ख़ौफ़नाक चेहरे को भी बेनक़ाब किया है। इस चित्र में जहाँ पिटे हुए आतंकित बच्चों को हम पाते हैं, वहीं एक अन्य चित्र में चित्तप्रसाद बच्चों के उस मिलिटेंट तेवर से हमारा परिचय कराते हैं जो शासन की हिंसा के ख़िलाफ़ जनता द्वारा सशस्त्र प्रतिहिंसा की ज़रूरत को रेखांकित करता है। इस चित्र में एक किशोर लड़का दीवार पर नारा लिख रहा है, पास खड़ी लड़की के हाथों में रंग का डिब्बा है। तेज़ी से आती हुई बख़्तरबंद गाड़ी पर से सेना गोली चला रही है और इस गोली से एक बच्चा शहीद भी हो चुका है। पर इन सबके बीच खड़ा एक किशोर है जो अपने हाथ में पत्थर लेकर खड़ा पलटवार के लिए सही मौक़े का इंतज़ार कर रहा है। सत्ता के आतंक के ख़िलाफ़ जनता के सशस्त्र प्रतिरोध को चित्तप्रसाद ने बार-बार अपने चित्रों का विषय बनाया है, और ऐसा करते हुए उनका पूरा ध्यान चित्र के शिल्प पर समान रूप से टिका दिखता है। उदाहरण के लिए, हम इस चित्र को ही अगर देखें तो हम पाते हैं कि यहाँ अभिनव पर्सपेक्टिव के साथ-साथ रौशन और अँधेरे हिस्सों को नाटकीय ढंग से इस्तेमाल करते हुए चित्र में एक प्रभावी आतंक के परिवेश की रचना भी की गई है।

हमारे देश में जनवादी कलाकारों की प्रतिबद्धता प्रायः उनकी रचनाओं तक ही सीमित रही है। पर चित्तप्रसाद महज़ चित्र रचने में ही अपने दायित्व को पूरा होना नहीं मानते थे, और इसीलिए वे आम जनता के साथ कंधे से कंधा मिलाकर उनके संघर्षों में शरीक होते रहे। चित्तप्रसाद समाज में जनवादी कलाकार को विशेष दर्जा नहीं देते हैं। उनके लिए जनवादी कलाकार रचना 'भी' करता है, केवल रचना 'ही' नहीं करता। वह अनिवार्य रूप से संघर्षरत जनता का एक सक्रिय हिस्सा है। चित्तप्रसाद ताज़िंदगी कला के प्रति समर्पित रहे, पर सूती मिल मज़दूरों का आंदोलन हो या विजयवाड़ा का किसान सम्मेलन, बंबई के नाविकों का विद्रोह हो या तेलंगाना का सशस्त्र किसान आंदोलन, चित्तप्रसाद को हम आंदोलन के ठीक केंद्र में उपस्थित पाते हैं। 1971 में पूर्वी पाकिस्तान की मुक्तिकामी जनता की लड़ाई में सशरीर शामिल न हो पाने पर भी चित्तप्रसाद अपने एक यादगार चित्र के ज़रिये उनके संग्राम को समर्थन देते हैं। चित्तप्रसाद की यह प्रतिबद्धता ही उन्हें न केवल अपने समकालीनों से बिलकुल भिन्न बनाती है, बल्कि इस उपमहादेश की प्रगतिशील चित्रकला के नए प्रतिमानों का निर्माण करती है।

चित्तप्रसाद समाज के उपेक्षित वर्ग के बच्चों के बारे में एक स्पष्ट राजनीतिक दृष्टि रखते थे। मनोरंजन के माध्यम से उन्हें शिक्षित कर एक शोषणमुक्त समाज की इकाई के रूप

में गढ़ना चाहते थे। बाद के वर्षों में चित्तप्रसाद ने बच्चों को विषय बनाकर ही नहीं, बल्कि बच्चों के लिए चित्र बनाकर उनसे अपना संवाद बनाने की कोशिश की। उन्होंने बच्चों के लिए महाकाव्यों और लोक-कथाओं पर कई चित्र-शृंखलाओं की रचना की। इसके साथ-साथ उन्होंने बेहद गंभीरता के साथ बच्चों के लिए अपने हाथों से नायाब कठपुतलियाँ बनाकर उन्हें नाटकों के रूप में प्रस्तुत किया। अपने बंबई प्रवास के अंतिम दिनों तक वे 'खेलाघर' नाम से बच्चों के लिए बनाए गए संगठन के ज़रिये अपने घर के आँगन में ही नियमित कार्यक्रम करते रहे। उनके आसपास की बस्तियों के भूखे-नंगे बच्चे ही हालाँकि इसके मूल दर्शक थे, पर इन प्रस्तुतियों को देखने देश-विदेश के नामी-गिरामी कलाकार भी आ जुटते थे। एम.एफ. हुसैन, रविशंकर, बलराज साहनी, कैफ़ी आज़मी, साहिर लुधियानवी, मज़रूह सुलतानपुरी समेत अनेक विशिष्ट जन इसके दर्शक रहे। इन्हीं दिनों चित्तप्रसाद ने 'राजपुत्तर' और 'फिंगे चिड़िया की कहानी' जैसे नाटक केवल कठपुतलियों की प्रस्तुतियों के लिए लिखे। जवाहरलाल नेहरू ने 1947 में चित्तप्रसाद को नेशनल बुक ट्रस्ट में शामिल होने के लिए आमंत्रित किया, पर अपने स्वाभिमान और प्रतिबद्धता के चलते उन्होंने इस प्रस्ताव को ठुकरा दिया।

1968 में, बच्चों के लिए विशेष रूप से लिखी और चित्रित की गई कहानियों का संग्रह *किंगडम ऑफ़ रसोगोल्ला* का इंडिया बुक हाउस द्वारा प्रकाशन और उसी वर्ष डेनमार्क में यूनिसेफ़ द्वारा *जिन फ़रिश्तों की कोई परीकथा नहीं (एंजिल्स विदाउट फ़ेयरीटेल्स)* का प्रकाशन, निःसंदेह चित्तप्रसाद की रचनाशीलता और बच्चों के अर्थपूर्ण मनोरंजन के प्रति समर्पण को रेखांकित करता है। चित्तप्रसाद ने अपने चित्रों में जहाँ समाज के हाशिए पर साधनहीनता के साथ जीते बच्चों को अपना विषय बनाया है, वहीं इसी वर्ग की महिलाओं, खेतों-कारख़ानों में काम करते मज़दूर किसानों को अपने चित्रों में अपनी राजनीतिक और शिल्पगत समझ से पूरी कलात्मकता के साथ चित्रित किया है। दुर्भाग्य से मृत्यु (1978) के बाद इतने लंबे समय तक चित्तप्रसाद लगभग गुमनामी के अंधकार में खोए रहे। भारत के वाम सांस्कृतिक संगठनों ने ही अपने सीमित प्रयासों से उनकी कला को जीवित रखा और पिछले दिनों देश के अनेक शहरों में चित्तप्रसाद पर कार्यक्रमों और प्रदर्शनियों के सहारे उनकी कला पर व्यापक चर्चाओं की शुरुआत भी हो सकी है। इन चर्चाओं से जहाँ चित्तप्रसाद की कला और राजनीति की प्रासंगिकता हम बेहतर ढंग से समझ पा रहे हैं, वहीं सत्ता-समर्थित आधुनिकता के नाम पर एलीट, महानगर केंद्रित और जनता से कटी कला के बरक्स एक व्यापक जनपक्षधर चित्रकला आंदोलन की ज़रूरत को भी समझ रहे हैं। इस आंदोलन का मार्गदर्शन निःसंदेह चित्तप्रसाद की कला से ही हमें प्राप्त हो सकेगा।

आधुनिक भारतीय चित्रकला

मनोज कुलकर्णी

बीसवीं सदी के पहले पचास वर्षों ने पहले विश्वयुद्ध, सोवियत संघ में समाजवादी क्रांति और पूँजीवाद के लिए संकट के रूप में आई वैश्विक आर्थिक महामंदी, नस्लवादी तानाशाहियों, फ़ासीवादी प्रवृत्तियों, दूसरे विश्वयुद्ध और साम्राज्यवाद के पतन की शुरुआत के साथ ही हिरोशिमा-नागासाकी की विभीषिकाओं जैसे अनेक राजनीतिक, सामाजिक और आर्थिक परिवर्तनों और प्रयोगों को इतिहास ने दर्ज किया था। संस्कृति भी व्यापक बदलाव के दौर में थी। साहित्य और कला के विविध रूपों और अनुशासनों में गहन मंथन चल रहा था। नए-नए आंदोलन उभर रहे थे। स्थापित मानकों और आस्थाओं से मोहभंग हो रहा था। समाजवाद की अवधारणा रचनाकारों को आकर्षित कर रही थी। समता, स्वतंत्रता और बंधुत्व के मूल्यों और मनुष्य की पक्षधर व्यवस्था को लेकर जो कुछ कल्पनाओं में था, सच होता महसूस होने लगा था। मानवमुक्ति की कामना के साथ रचनाकारों का एकजुट और लामबंद होने का सिलसिला शुरू हो चुका था। इस क़िस्म के विचार-विमर्शों के लिए कम्युनिस्ट इंटरनेशनल वैचारिक आधार दे रहा था। अंतर्राष्ट्रीय स्तर पर 'इंटरनेशनल राइटर्स एसोसिएशन' की स्थापना हो चुकी थी।

भारत में भी बाहरी और भीतरी संघर्ष निर्णायक बिंदु पर थे। अंग्रेज़ों की ग़ुलामी से मुक्ति पाने की जो धाराएँ और कोशिशें थीं, नए जोश और विचारों के साथ संगठित हो रही थीं। राजनीतिक तौर पर कांग्रेस के भीतर प्रगतिशील लोग कांग्रेस सोशलिस्ट पार्टी के रूप में संगठित हो रहे थे। भारत की कम्युनिस्ट पार्टी भी अस्तित्व में आ चुकी थी। पूर्ण स्वराज्य के लक्ष्य की घोषणा की जा चुकी थी। 'अंग्रेज़ो, भारत छोड़ो' का नारा बुलंद किया जा चुका था।

वर्ष 1936 में शहर लखनऊ में कांग्रेस का ऐतिहासिक अधिवेशन हुआ था, अखिल भारतीय किसान सभा की स्थापना भी हुई थी। उसी शहर में उसी बरस प्रगतिशील लेखक संघ की स्थापना एक महत्त्वपूर्ण सांस्कृतिक पहलकदमी थी। अनेक ऐसे लेखक भी, जो मान्य अर्थों में साम्यवादी नहीं थे, इस मुहिम में शामिल थे। प्रगतिशील लेखक संघ का घोषणा-पत्र, उसके उद्देश्यों और संभावनाओं का पता देता था। साहित्य के बाद जल्द ही रंगमंच में भी एक प्रगतिशील उभार आया। इंडियन पीपुल्स थिएटर एसोसिएशन (इप्टा) की स्थापना हुई। प्रगतिशील लेखक संघ और इप्टा व्यापक सोच-समझ के परिणामस्वरूप अस्तित्व में आए थे। दोनों की आरंभिक गतिविधियाँ विचारोत्तेजक और सुव्यवस्थित थीं।

उस दौर की ललित कला में भी व्यापक हलचलें थीं। अंग्रेज़ों के साथ उनकी शिक्षण पद्धति भी आई थी। कला में पश्चिमी प्रभाव नज़र आने लगा था। तैल रंगों और यथार्थवादी चित्रण शैली के प्रयोग से राजा रवि वर्मा चर्चित हो चुके थे। इससे पारंपरिक भारतीय कला-शैलियों और चित्रण विधियों पर पड़नेवाले संभावित दुष्प्रभावों से चिंतित, स्थानिकता का कट्टर आग्रही एक कला आंदोलन, प्रतिक्रिया में उठ खड़ा हुआ जिसका नेतृत्व कलागुरु अवनींद्रनाथ टैगोर और कला-आलोचक आनंद कुमारस्वामी कर रहे थे। विषयों के चयन से लेकर चित्रण सामग्री और अंकन पद्धति के मामलों तक में संकीर्ण आग्रहों और दृष्टि के कारण 'बंगाल स्कूल' के नाम से चर्चित यह खेमा पुनरुत्थानवादी हो गया।

कला संस्थानों में जो अंग्रेज़ी अध्यापक थे, उनकी चित्रण शैलियाँ भारतीय वातावरण में चाहे अपेक्षाकृत नई थीं, पर विषयगत स्तर पर वे लंदन की रॉयल अकादमी की शैक्षणिक बोझिलता और दृष्टि में विक्टोरियन नैतिकता से इस क़दर ग्रस्त और रूढ़ थीं कि तमाम ऐसे चित्रकारों को, जो अपने समय की चिंताओं से आंदोलित थे, अनाकर्षक प्रतीत होती थीं। यूरोप के कला-जगत् में ख़ासी उथल-पुथल थी। न सिर्फ़ शैलियों के स्तर पर, बल्कि पद्धतियों, तकनीकों और विषयों को लेकर नई सोच और प्रयोगों की वहाँ धूम थी, जिसमें पिकासो का नाम अव्वल था। पहले और दूसरे महायुद्धों से उपजे विकट मोहभंग से नए कला-आंदोलन बन-बढ़ रहे थे।

भारतीय चित्रकला में भी विद्रोही तेवरों वाले कुछ प्रयास सामने आए, जिनमें बंबई के 'प्रोग्रेसिव आर्टिस्ट्स ग्रुप' ने सबसे अधिक चर्चा और महत्त्व हासिल किया। आज़ादी के लगभग साथ-साथ इस समूह की गतिविधियाँ शुरू हुईं। इसके प्रवक्ता फ्रांसिस न्यूटन सूज़ा थे जो उस वक़्त तक साम्यवाद से अत्यन्त प्रभावित और प्रेरित थे। यों समय-समय पर उन्होंने अनेक विरोधाभासी वक्तव्य दिये हैं, फिर भी उन्हीं के कुछ हवालों से प्रतीत होता है कि उस समय में वे कम्युनिस्ट पार्टी के सदस्य थे। सूज़ा ने ही 'प्रोग्रेसिव आर्टिस्ट्स ग्रुप' का घोषणा-पत्र तैयार किया था। समूह में उनके अलावा एस.एच. रज़ा, के.एच. आरा, एम.एफ़. हुसैन, एस.के. बाकरे और एच.ए. गादे आदि कलाकार थे। भारत में प्रगतिशील लेखक संघ की स्थापना में महत्त्वपूर्ण रहे प्रख्यात वामपंथी लेखक मुल्कराज आनंद ने बंबई में समूह की पहली प्रदर्शनी का उद्घाटन किया था। बाद की नुमाइशों में वी.एस. गायतोंडे, कृष्ण खन्ना, अकबर पदमसी, राम कुमार, बाल छाबड़ा और तैयब मेहता जैसे चित्रकार भी शामिल हुए। कालांतर में इनमें से अधिकतर ने अपने विशिष्ट कला-मुहावरों और अंकन शैलियों से भारतीय चित्रकला को प्रभावित किया। कला-शैली और चित्रांकन तकनीकों के मामले में चाहे इनमें अधिक समानता नहीं थी, पर सभी का भावबोध आधुनिक था। वे बनी-बनाई लीक पर चलने को तैयार नहीं थे। शुरुआती दौर में सामाजिक जीवन, इनमें से अधिकतर का, चित्र-विषय रहा। बाद में रज़ा, गायतोंडे और राम कुमार अमूर्तन की तरफ़ चले गए। सूज़ा और रज़ा जल्द ही देश छोड़ यूरोप में जा बसे। पर वहाँ वे कभी भी उल्लेखनीय सफलता हासिल नहीं कर सके।

सूज़ा पर पिकासो का अत्यधिक प्रभाव था और उनकी चित्र-शैली आखिर तक उससे मुक्त नहीं हो सकी। पिकासो घोषित साम्यवादी थे। वे ता-उम्र फ्रांस की कम्युनिस्ट पार्टी के सदस्य भी रहे। पर जिस तेज़ी से सूज़ा का साम्यवाद से अलगाव हुआ, उससे यह जिज्ञासा

स्वाभाविक है कि वह वैचारिक आकर्षण महज पिकासो का अनुकरण भर तो नहीं था? यों सूज़ा के अलावा इस समूह का कोई और सदस्य राजनीतिक तौर पर कभी घोषित साम्यवादी नहीं रहा। 'प्रोग्रेसिव' शब्द को भी वे संभवतः 'अवाँगार्द' की तर्ज़ पर स्वीकारते थे। इस तरह 'प्रोग्रेसिव आर्टिस्ट्स ग्रुप' प्रगतिशील लेखक संघ और इप्टा की तरह विचारधारा आधारित व्यवस्थित सांस्कृतिक आंदोलन नहीं था।

यों 'प्रोग्रेसिव आर्टिस्ट्स ग्रुप' की स्थापना से बहुत पहले 1936 में जब 'इंटरनेशनल राइटर्स एसोसिएशन' की कांग्रेस आयोजित की गई थी, प्रगतिशील लेखक संघ द्वारा प्रेषित घोषणा पत्र पर रवींद्रनाथ टैगोर, शरतचंद्र चटर्जी, प्रेमचंद और जवाहरलाल नेहरू के साथ चित्रकार नंदलाल बोस के भी हस्ताक्षर थे हालाँकि वे कभी भी स्वीकृत अर्थों में प्रगतिशील नहीं रहे। वे गांधीजी से प्रेरित रहे और हरिपुरा कांग्रेस अधिवेशन में पंडाल सज्जा की महत्त्वपूर्ण ज़िम्मेदारी उन्हें दी गई थी।

अवनींद्रनाथ के अलावा गगनेंद्रनाथ टैगोर, बिनोद बिहारी मुखर्जी, मुकुल डे और असित हालदार जैसे चित्रकार भी 'बंगाल स्कूल' के सक्रिय नामों में शुमार रहे। पर शांतिनिकेतन के ही मूर्तिकार-चित्रकार रामकिंकर बैज ने अपने मौलिक ज़मीनी मुहावरे, सामाजिक सरोकार, खुली दृष्टि, अचरजकारी प्रयोगधर्मिता और रचनात्मक बेचैनी से इन सभी पुनरुत्थानवादी चित्रकारों से बिलकुल अलग ही धरातल पर एक रचना-संसार निर्मित किया। वे घनवाद या अभिव्यंजनावाद की पश्चिमी शैलियों में भी अपनी स्थानिकता को बचाए हुए थे। 1938 में वे 'संथाल परिवार' जैसा चर्चित शिल्प बना चुके थे।

'बंगाल स्कूल' के अलावा बंगाल में 1940 के दशक में एक ऐसा समूह भी उभरा जो सही मायने में प्रगतिशील था। इस समूह में मूर्तिकार प्रदोष दासगुप्ता के साथ परितोष सेन, गोपाल घोष, निरोद मजूमदार और ज़ैनुल आबेदिन आदि चित्रकार शामिल थे। ये सारे चित्रकार 1943 में अंग्रेज़ शासकों की अमानवीय नीतियों से हुए पीड़ादायी दुर्भिक्ष, जिसमें लाखों जानें गईं, से व्यथित थे। एक तरफ़ ब्रिटिश शासन के प्रति विद्रोह तो दूसरी तरफ़ 'बंगाल स्कूल' की रूमानी लयात्मकता से ग्रस्त पुनरुत्थानवादी कलाशैली से असंतुष्ट इन चित्रकारों में एक वैचारिक ऊर्जा थी। 1945 में इस समूह ने अपनी प्रदर्शनी आयोजित की। यह समूह 1953 तक रहा। फिर एक-एक कर सभी सदस्यों के देश से बाहर जाने से इसकी गतिविधियाँ समाप्त हो गईं।

चित्तप्रसाद, ज़ैनुल आबेदिन और सोमनाथ होर दरअसल प्रतिबद्ध वामपंथी चित्रकार थे। 1942-43 के दौर में चित्तप्रसाद ने अकालग्रस्त बंगाल के गाँवों में घूम-घूमकर रेखांकन किए थे, जो कम्युनिस्ट पार्टी के पत्रों *पीपुल्स वार* और *जनयुद्ध* में छप भी रहे थे। वे रेखांकन उस समय का एक जीवंत दस्तावेज़ हैं जिनमें मनुष्य के कष्ट और संघर्ष दर्ज हैं। 'हंग्री बंगाल' नाम की वह चित्रात्मक डायरी बाद में छपी भी, पर अब अनुपलब्ध है। चित्तप्रसाद बहुमुखी प्रतिभा के धनी थे। चित्र बनाने के अलावा वे स्थानीय लोगों के साथ मिलकर नाटक की रचना करते और खेलते भी थे। इससे उनको हिंसक विरोधियों से ख़तरा भी था, जिसे भाँपकर कम्युनिस्ट पार्टी के तत्कालीन महासचिव पी.सी. जोशी उन्हें पार्टी मुख्यालय, बंबई ले गए थे। बाद में पार्टी से तो उनका नाता टूट गया था पर साम्यवाद के प्रति उनकी प्रतिबद्धता अंत तक बनी रही।

1942-43 के दिनों में ही सोमनाथ होर, जो तब युवा थे, चित्तप्रसाद के रेखांकनों से प्रभावित हो साम्यवादी विचारों के क़रीब आए। 1946 में कम्युनिस्ट पार्टी की अगुवाई में तेभागा आंदोलन में शरीक हुए। उन्होंने उस दौरान पार्टी कार्यकर्ता के तौर पर बंगाल के आंतरिक हिस्सों का सघन दौरा भी किया। अनेक रेखांकन किए, जो 'तेभागा डायरी' के रूप में प्रकाशित भी हुए। प्रगतिशील कलाकार की सामाजिक ज़िम्मेदारी के निर्वाह का यह उत्कृष्ट उदाहरण है। ज़ैनुल आबेदिन बाद में ढाका चले गए, उनकी चर्चा भारतीय चित्रकला में कम मिलती है। दरअसल ये सारे चित्रकार उपेक्षा का शिकार हुए।

उसी दौर में राजधानी में 'दिल्ली शिल्पी चक्र' समूह सक्रिय हुआ था। 1947 में आज़ादी मिलने की ख़ुशी और देश-विभाजन की हिंसक त्रासदी को इस समूह के कलाकारों ने शहर दिल्ली में देखा, भोगा था। यह समूह उन्हीं अनुभूतियों का परिणाम था। वर्ष 1949 में स्थापित इस समूह की वैचारिक सोच प्रगतिशील थी पर किसी राजनीतिक समूह के साथ उसका प्रत्यक्ष जुड़ाव नहीं रहा। भाबेशचंद्र सान्याल, कँवल कृष्ण, धनराज भगत, के.एस. कुलकर्णी और प्राणनाथ मागो इसके स्थापना सदस्य थे।0 इनमें से तीन सदस्य लाहौर से आए थे और वहाँ की समृद्ध सांस्कृतिक विरासत के ज़िम्मेदार प्रतिनिधि थे। तत्कालीन साहित्यिक समाज की राजनीतिक समझ और चिंताओं में उनकी गंभीर साझेदारी थी। अपने समय और पर्यावरण के प्रति वे पूर्णतः सजग थे। वे सामाजिक जीवन को अभिव्यक्त करने वाले कलाकार थे। कालांतर में उन्हें दिल्ली के बीच अपना गतिविधि केंद्र बनाने का अवसर भी मिला।

अगले कुछ बरस भारतीय जीवन में ख़ासे रोमांचक और निर्माण के रहे। नेहरूजी का रूमानी जादू कला-संस्कृति पर छाया हुआ था। ललित कला, साहित्य, संगीत और नाटक की स्वायत्त केंद्रीय अकादमियाँ बन चुकी थीं। 1960 के दशक के शुरू होते-होते धीरे-धीरे वह जादू अपनी चमक खोने लगा था। फिर भी देश के नवनिर्माण की उम्मीदें और उमंगें उससे जुड़ी हुई थीं।

1962 में गुजरात के भावनगर में 'ग्रुप 1890' कला समूह बना। इस नाम के पीछे कोई सैद्धांतिक अथवा सांस्कृतिक प्रतिबद्धता नहीं थी। यह दिलचस्प नामकरण महज इस वजह से हुआ था कि 1890, ज्योति और जयंत पंड्या के मकान का नंबर था, जो भावनगर में इस समूह को साकार करने के लिए जमा हुए और जगदीश स्वामिनाथन, अंबादास, जयराम पटेल, ज्योति भट्ट, राघव कनेरिया, बालकृष्ण पटेल, ग़ुलाम मोहम्मद शेख़, एम. रेडप्पा नायडू, एस.जी. निकम, राजेश मेहरा, हिम्मत शाह और इरिक बॉवन आदि के मेज़बान थे।

भारतीय चित्रकला में पारंपरिक कला-शैलियों, धारणाओं के साथ ही आधुनिक कला-आंदोलनों और व्यवहार से अलग अपना आधार तलाशने का यह एक गंभीर प्रयास था। स्वामिनाथन प्रतिष्ठित बुद्धिजीवी थे और कम्युनिस्ट पार्टी के पूरावक़्ती कार्यकर्ता रह चुके थे। कला के प्रति इन कलाकारों की समझदारी के अनुसार समूह का घोषणा-पत्र उन्होंने ही तैयार किया था। समूह ने अपनी पहली प्रदर्शनी दिल्ली में लगाई जिसका उद्घाटन नेहरूजी ने किया था। चर्चित कवि और भारत में मैक्सिको के राजनयिक आक्टोवियो पॉज़ ने उस प्रदर्शनी का केटलॉग लिखा था : 'सराउंडेड बाय इनफ़िनिटी' (अनंत से घिरे हुए), जिसमें उन्होंने '1890' पर टिप्पणी की कि यह कोई सौंदर्यात्मक सूत्र अथवा राजनीतिक या नैतिक

कूटशब्द नहीं है, बल्कि एक आंदोलन है। उनके अनुसार '1890' नाम में विचारधारात्मक अर्थ की सायास अनुपस्थिति ही इसे महत्त्वपूर्ण बनाती है। उन्हें वे तमाम युवा कलाकार, एक असहनीय बेचैनी की वजह से घर से भागे उन किशोरों की याद दिलाते थे, जिन्हें पता नहीं होता कि वे कहाँ जा रहे हैं, पर वे जान रहे होते हैं कि कहीं कोई कुछ उनके इंतज़ार में है, मुठभेड़ की तलाश में।

यह समूह अधिक समय तक अस्तित्व में नहीं रहा। स्वामिनाथन का साम्यवाद से अलगाव हो गया। चित्रकला के क्षेत्र में उनकी उपस्थिति अलबत्ता उनकी मृत्युपर्यंत बनी रही। समूह को पुनर्जीवित करने की भी कुछ असफल कोशिशें की गईं। ग़ुलाम शेख़ बाद में भी प्रगतिशील विचारों के क़रीब बने रहे। '1890' समूह की उस चर्चित प्रदर्शनी के कोई दशक भर बाद विवान सुंदरम, सुधीर पटवर्धन और कुछ अन्य चित्रकारों के साथ वे 'प्लेस फ़ॉर पीपुल' नाम की एक और महत्त्वपूर्ण प्रदर्शनी का हिस्सा बने। इस समूह ने किसी तरह की राजनीतिक प्रतिबद्धता का दावा नहीं किया था, पर गीता कपूर द्वारा उस प्रदर्शनी के लिए लिखे गए केटलॉग से उसके मंतव्य स्पष्ट हो जाते हैं। सुधीर पटवर्धन के चित्रों में महानगरीय आम आदमी और उसके जीवन संघर्षों का सशक्त चित्रण बहुत महत्त्वपूर्ण है। आख्यानपरक शैली में अपने समय और उसके अंतर्विरोधों और संघर्षों को इनमें देखा जा सकता है।

लगभग उसी दौर में मद्रास (अब चेन्नई) में वहाँ के कला-संस्थान के प्रमुख के.सी.एस. पणिक्कर की अगुआई में 'चोलमंडल आर्टिस्ट विलेज' स्थापित हुआ था जिसमें वहाँ के ही तीस कलाकार थे। मान्य कला सूत्रों से मुक्ति की छटपटाहट के साथ ही आर्थिक स्वतंत्रता हासिल करने की मंशा भी इन लोगों में थी। अमूमन अन्य प्रयोगों की तरह बाद में यह भी एक रूढ़ि हो गया।

1970 के दशक में राजनीति में आए वाम-उभार ने भारतीय संस्कृति में एक हलचल अवश्य मचाई। 1980 के दशक में 'इंडियन रेडिकल पेंटर्स एंड स्कल्पटर्स एसोसिएशन' अस्तित्व में आया जिसने कला के लिए वैकल्पिक सामग्री, स्थान और दर्शक के प्रश्न उठाए थे। इसके मुख्य संयोजक के.पी. कृष्णकुमार थे। मूलतः केरल निवासी कृष्णकुमार प्रतिभाशाली मूर्तिकार और चित्रकार थे, जिन्होंने बड़ौदा विश्वविद्यालय कला संकाय के अपने समवयसी मित्रों के साथ वह समूह स्थापित किया था। अपनी ऊर्जा और रचनात्मकता से नई उम्मीदें जगानेवाले इस कलाकार ने आत्महत्या का चुनाव किया और अधिकतर अतिवादी समूहों की तरह यह समूह भी शीघ्र ही छिन्न-भिन्न हो गया।

पिछले बीस वर्षों में ललित कलाओं में व्यापक बदलाव आए हैं। सामग्री, तकनीक, शैलियों, पद्धतियों और व्याकरण से लेकर मान्यताओं और सौंदर्यानुभूति के स्तर तक। विधाओं की सीमारेखाएँ टूटी हैं। कला पर बाज़ार बेतरह हावी है। वैचारिक प्रतिबद्धता को दक़ियानूसी का पर्याय मान लिया गया है। दरअसल चित्रों और शिल्पों में बार-बार, अलग-अलग क़ीमतों पर बेचे जाने की संभावनाएँ लगातार बनी रहती हैं। इसलिए बाज़ार कला को संचालित करने का मोह सँवरण नहीं कर पाता। वर्ष 2005 से 2008 की आर्थिक मंदी तक के वर्षों में कला क़ीमतों में अकल्पनीय उछाल आया था, जो अब उतार पर है। इस क्षेत्र में सिर्फ़ धंधा करने आए कथित कलाकार, दीर्घा संचालक और ख़रीदार भी लुप्त हो चुके हैं, फिर भी समकालीन

चित्रकला का पूरा परिदृश्य महानगर और उच्च वर्ग के बीच ही केंद्रित है। देश का बहुसंख्य हिस्सा उसकी ज़द से बाहर छूटा हुआ है। कुछ मनुष्य-केंद्रित प्रयोग इस दौरान भी हुए, पर विडंबना यह रही कि इनमें से अधिकांश बाज़ार की माँग पर ही हुए। कुछ संगठित प्रयास भी देखे गए पर वे ठीक-ठीक प्रगतिशील हैं भी कि नहीं, बहस-तलब है। व्यक्तिगत स्तरों पर कुछ पक्षधरताएँ ज़रूर हैं पर विचारधारात्मक सामूहिक प्रयास लगभग नहीं है। फिलहाल तो कोई नई पहलक़दमी भी दिखाई नहीं देती।

सामाजिक विज्ञानों में मूलगामी परिप्रेक्ष्य

नलिनी तनेजा

जिन ऐतिहासिक शक्तियों ने सामाजिक विज्ञानों में मूलगामी परिप्रेक्ष्य के उभार को प्रेरित किया, वे वही शक्तियाँ थीं जिन्होंने बीसवीं शताब्दी के पूर्वार्द्ध में भारत में लोकप्रिय जनवादी आंदोलनों और प्रगतिवादी सांस्कृतिक प्रवृत्तियों को जन्म दिया।

इन ऐतिहासिक शक्तियों में सबसे ज़्यादा महत्त्वपूर्ण थी 1917 की बोल्शेविक क्रांति, जिसका पूरे विश्व पर चमत्कारिक प्रभाव पड़ा। उसने सभी महाद्वीपों और वर्गों के लोगों को यह दिखा दिया कि 'मज़दूर-किसान राज' एक संभावना है। एशिया व अफ्रीका के राष्ट्रीय मुक्ति आंदोलन, लातिनी अमरीका के मूलगामी आंदोलन की साम्राज्य विरोधी दिशा, कॉमिंटर्न के आदेश पर व्यापक फ़ासीवाद विरोधी मोर्चे का गठन, और इनके साथ-साथ समाजवादी विचारों का प्रसार और सोवियत संघ की प्रतिष्ठा, इन सबने मिलकर इतनी रचनात्मक शक्तियों को विमुक्त व एकत्रित किया कि सामाजिक व राजनीतिक आंदोलनों तथा सांस्कृतिक गतिविधियों व बौद्धिक सरोकारों के बीच सहजीवन अवश्यंभावी था। इससे साम्राज्यवाद और शासक वर्गों के प्रति विरोध भावना प्रबल हुई और जनता को लगा कि यह विरोध व्यवहार्य है और इसका सचेत रूप से चुनाव किया जा सकता है।

हाल ही में एजाज़ अहमद ने राजनीतिक संदर्भ और प्रगतिशील सांस्कृतिक आंदोलनों (भारत में तथा अन्यत्र) के बीच दिलचस्प संयोग को रेखांकित किया है और उस पर टिप्पणी की है, लेकिन भारतीय उपमहाद्वीप में सामाजिक विज्ञानों में उभरते नए परिप्रेक्ष्यों के संदर्भ में, इस विचार की ज़्यादा खोजबीन नहीं की गई।

इतिहास-लेखन या आमतौर पर सामाजिक विज्ञानों पर किए गए अध्ययन भी, कुछ सामान्यताओं को नोट करने तक सीमित रहे हैं, जैसे–उपनिवेशवाद और राष्ट्रीय आंदोलन का प्रभाव जिसने राष्ट्रवादी इतिहास-लेखन की उत्पत्ति और विकास में योगदान दिया, उपनिवेशवाद के प्रति पुनरुत्थानवादी प्रतिक्रिया के अंग के रूप में सांप्रदायिक दृष्टिकोण का विकास, और जन-आंदोलनों से प्रेरित या पश्चिम के मार्क्सवादी इतिहास-लेखन में हुई घटनाओं से प्रभावित मार्क्सवादी इतिहास-लेखन। लेकिन इन सामान्यताओं को छोड़कर, सामाजिक विज्ञानों के भीतर होनेवाले विकास का, उन्हीं विधाओं के ढाँचे के अंदर अध्ययन किया गया है; बल्कि उन्हें संस्कृति में हस्तक्षेपों या सांस्कृतिक हस्तक्षेपों के रूप में नहीं माना गया। उन्हें एक ऐसी स्थिति में सांस्कृतिक अभिव्यक्ति के तौर पर भी नहीं देखा गया, जिसमें प्रगतिशील सामाजिक विज्ञानों के आविर्भाव के कारण तेज़ी से परिवर्तन हो रहा था।

संक्षेप में कहें, तो इन विधाओं का हमारे पास कोई सामाजिक इतिहास नहीं है, न ही कोई ऐसा अर्थवेधी चित्र है जो सामाजिक विज्ञान के परिप्रेक्ष्यों की, उपमहाद्वीप की राजनीति और संस्कृति के संदर्भ में रूपरेखा प्रस्तुत करे।

सामाजिक विज्ञानों में मूलगामी परिप्रेक्ष्य राजनीतिक घटनाओं और सांस्कृतिक जागरण से उत्पन्न परिवेश में स्थित होते हैं। इस अर्थ में बीसवीं शताब्दी के तीसरे और चौथे दशकों का भारत आधुनिक व प्रगतिशील सामाजिक विज्ञानों के लिए आतुर था। प्रगतिशील विद्वान सामाजिक और राजनीतिक वास्तविकताओं के चित्रण में नई संवेदनशीलताओं को जन्म देने के बजाय उनका अनुकरण करते थे। सबसे पहले साहित्य, थिएटर और सिनेमा के रचनात्मक क्षेत्रों में गुणात्मक परिवर्तन आया, क्योंकि ये अपने समय की राजनीति और लोगों की रोज़मर्रा की ज़िंदगी से बहुत निकटता से जुड़े हुए थे। इसी वातावरण में सामाजिक विज्ञानों में आरंभिक प्रगतिशील परिप्रेक्ष्यों का निर्माण और विकास हुआ।

सिनेमा उभरते हुए राष्ट्र के दृश्यों व ध्वनियों, नगरीय निर्धनों और किसानों का सशक्त ढंग से चित्रण करता था, इसका आरंभ पहली टॉकी, *आलम आरा* से हुआ और यह सिलसिला *दो बीघा ज़मीन, नया दौर, मदर इंडिया, प्यासा* और बिमलरॉय व राजकपूर की कई फ़िल्मों तक गया। नोट करने की बात यह है कि यह तब के सिनेमा की मुख्यधारा पर लागू होता था, और वह नहीं जिसे बाद में हम समांतर सिनेमा के रूप में देखने लगे, और इससे भी ज़्यादा यह कि उस समय के सरोकारों को समाज के उभरते हुए अंतर्विरोधों के अंग के रूप में दिखाया गया था। संस्कृति के सभी पहलू ऐसे परिप्रेक्ष्य से ओतप्रोत थे जो उस समय की वामपंथी व जनवादी राजनीति के अनुरूप था। इस संदर्भ में ख़्वाजा अहमद अब्बास, महबूब ख़ान व पृथ्वीराज कपूर का ध्यान आता है।

यही बात साहित्य पर भी लागू होती है। यदि केवल उत्तर भारत की बात करें, तो प्रेमचंद, मजाज़, सज्जाद ज़हीर, फ़ैज़ और बाद में मुक्तिबोध, लेकिन इसका विस्तार दूसरे प्रदेशों व भाषाओं तक भी काफ़ी ज़्यादा था। प्रगतिशील लेखक संघ के साथ मुल्कराज आनंद, बशीर तथा तक़्काजी जैसे बड़े-बड़े नाम जुड़े हुए थे। उन्नीसवीं शताब्दी के समाज सुधार आंदोलन की गूँज, सामाजिक विज्ञानों से काफ़ी पहले साहित्य में सुनाई पड़ी थी। सती प्रथा, विधवा जीवन, महिलाओं की स्थिति, जाति, ग़रीब किसान आदि विषय साहित्य में ख़ूब प्रचलित थे, और सामाजिक विज्ञान इसके काफ़ी बाद पारंपरिक क़िस्म के राजनीतिक इतिहास में अपनी व्यस्तता से और उपनिवेशवाद-प्रेरित मानव जाति-वर्णन के शिकंजे से बाहर निकले।

एक ओर आलोचनात्मक यथार्थवाद और इसके साथ कैफ़ी आज़मी, साहिर, शैलेंद्र, सज्जाद हुसैन, ग़ुलाम हैदर, सलिल चौधरी, ए.के. एंथनी आदि कवियों व संगीतकारों के माध्यम से लोकप्रिय, क्लासिकल व कभी-कभी पाश्चात्य संगीत का इकट्ठा होना भी आधुनिकता का और राजनीति में इतिहास के विषयों के तौर पर लोगों के सामूहिक प्रवेश का प्रतिबिंब था। थिएटर में ब्रेख़्त के नाटकों और तमाशा, दोनों का योगदान था जिसका परिणाम था न केवल एक जीवंत राजनीतिक थिएटर, बल्कि इतिहास और समाज पर कुछ विशेष दृष्टिकोण और परंपरा व आधुनिकता पर वाद-विवाद। हाल ही में, कल्पना साहनी ने बलराज साहनी और भीष्म साहनी पर स्मृति-लेखन किया है : उनके सामाजिक सरोकार, कम्युनिस्ट पार्टी में उनकी सक्रियता और उनके थिएटर, सिनेमा और साहित्य-लेखन में उसका महत्त्व रेखांकित

किया है। यही बात संगीत के क्षेत्र पर भी लागू होती है, ख़ासतौर से फ़िल्मी संगीत और हिंदुस्तानी क्लासिकल संगीत की परंपरा पर। सोमनाथ होर और चित्तप्रसाद जैसे कलाकारों ने, जो बंगाल के किसान की दशा के बारे में जानते थे, उसकी हालत का बहुत हृदयस्पर्शी ढंग से चित्रण किया, ऋत्विक घटक और सत्यजित रे का लेखन भी समाज का उसी प्रकार विश्लेषण करता है, जैसे उनकी फ़िल्में।

इसके अलावा, संस्कृति के क्षेत्र में पहली बौद्धिक अंतर्दृष्टि ख़ुद संस्कृतिकर्मियों से आई। जब अकादमीशियन सामाजिक इतिहास के लिए स्रोत सामग्री के रूप में साहित्य, संगीत, गानों, परिधान, पाककला आदि का प्रयोग करने लगे और सांस्कृतिक इतिहास का प्रचलन हो गया, उससे बहुत पहले ये संस्कृतिकर्मी एक ऐतिहासिक ढाँचे के भीतर और सामाजिक प्रासंगिकता के रूप में अपनी कलाओं के बारे में लिख और बोल रहे थे। उनके लेखन और वाद-विवाद हिंदुस्तानी परंपरा के विकास, समन्वयात्मक और मिश्रित संस्कृति, भारतीय ऐतिहासिक अनुभव में परंपरा और आधुनिकता की भूमिका, अभिजात और लोक-संस्कृति की अवधारणाओं, राजनीति और संस्कृति के संबंध आदि के विश्लेषण का प्रारंभ बिंदु रहे हैं।

दक्षिणपंथी पुनरुत्थानवादी धारा की तरह, प्रगतिशील प्रवृत्ति की अभिव्यक्ति भी तरलता और उन लोगों की विनिमयता में हुई जो विभिन्न क्षेत्रों के बुद्धिजीवियों के सबसे मुखर और अभिव्यंजक भाग थे। विख्यात लेखक प्रायः पत्रकार, भाषायी संस्थाओं व सामाजिक संगठनों के सदस्य, प्रकाशक तथा राजनीतिक गतिविधियों में उत्तरोत्तर सक्रिय होते थे। ये सर्वसमावेशी बुद्धिजीवी एक साथ कई क्षेत्रों में पाँव फैलाते थे। टैगोर, प्रेमचंद, मुक्तिबोध, हसरत मोहानी के विचार साहित्य की सीमाओं से परे के मुद्दों को स्पर्श करते थे और साहित्यिक वाद-विवाद के परे भी उनका प्रभाव था। असल में साहित्यकार समाज, राजनीति और इतिहास पर सीधे-सीधे इस तरीक़े से बोलते और लिखते थे कि उसमें उनके विश्लेषण का एक नया दृष्टिकोण लक्षित होता था। अकादमिक सामाजिक विज्ञान न केवल इन दृष्टिकोणों को बढ़ावा देते थे बल्कि इनके द्वारा उतना ही प्रभावित होते थे जितना आसपास की राजनीतिक परिस्थितियों द्वारा।

2

सामाजिक विज्ञानों की दुनिया में ये विरोधात्मक भावनाएँ सीधे राजनीति के क्षेत्र से आईं, उथल-पुथल भरे राजनीतिक जीवन से उठनेवाले सवालों की गूँज अकादमिक सामाजिक विज्ञानों में सुनाई दे रही थी। रूसी क्रांति के परिणाम, असहयोग व नागरिक अवज्ञा आंदोलनों के रूप में पहले आधुनिक जन-आंदोलनों का अनुभव, जाति-विरोधी आंदोलन, आदिवासियों और किसानों के विद्रोह, इन सबने राजनीति के चरित्र को एक नया मोड़ दिया।

बीसवीं शताब्दी के दूसरे दशक से, साम्राज्यवाद-विरोधी और सामाजिक आंदोलनों में लगे लोगों को *कम्युनिस्ट मेनिफ़ेस्टो* (घोषणा-पत्र) उपलब्ध हो गया और इनमें से अनेक लोगों ने विभिन्न भाषाओं में इस दस्तावेज़ के अनुवाद व प्रकाशन में अपना योगदान दिया। यह दस्तावेज़ क्रांतिकारी राजनीतिक समूहों द्वारा निकाले जानेवाले कई समाचार-पत्रों और सूचना-पत्रों में प्रकाशित हुआ, जैसे बंगाल में मुज़फ़्फ़र अहमद द्वारा वर्कर्स एंड पेज़ेंट्स पार्टी के साप्ताहिक अखबार *गणवाणी* में छह बार और अबुल कलाम आज़ाद द्वारा शुरू किए गए व संपादित उर्दू साप्ताहिक *अल हिलाल* में। ई.वी. रामस्वामी की 'सेल्फ़-रिस्पेक्ट मूवमेंट'

के मुखपत्र *कुडी अरासू* में भी यह किस्तों में प्रकाशित हुआ। तीसरे दशक तक सभी मुख्य भारतीय भाषाओं (मराठी, पंजाबी, गुजराती, मलयालम, तेलगू, उड़िया और ऊपर-लिखित बंगाली व उर्दू) में इस घोषणा-पत्र के अनेक प्रकाशन हुए और चौथे दशक तक तो पूरे देश में वामपंथी आंदोलन के साथ जुड़े हुए प्रकाशन गृह नियमित रूप से मार्क्सवादी साहित्य का प्रकाशन कर रहे थे। तीसरे दशक के दौरान *न्यूयॉर्क हेरॉल्ड ट्रिब्यून* के माध्यम से भारत पर मार्क्स के लेख उपलब्ध हो गए और इनके साथ ही लेनिन, एम.एन. रॉय, आर.पी. दत्त व अन्य लोगों के लेख तथा बहसें भी। 'धन बिदेस चलि जात' के यानी उपनिवेशवाद व साम्राज्यवाद के पहलू, समाजवाद व राष्ट्रीय मुक्ति, फ़ासीवाद आदि न केवल स्टॅडी सर्किलों में बहस के विषय बने, बल्कि इन पर कई पुस्तिकाएँ भी छपीं, जिनमें भूतपूर्व व वर्तमान भारतीय हालात का विश्लेषण था। उन्होंने समाज से संबंधित मसलों में वैज्ञानिक दृष्टिकोण को बढ़ावा दिया।

इसी बात को और स्पष्ट करें : दूसरे व तीसरे दशक के अख़बारों में रूसी क्रांति के बारे में हज़ारों उल्लेख न्यूज़ आइटम तथा बहसें थीं, और नवनिर्मित समाजवादी राज्य की घटनाएँ थीं। जिस समय राष्ट्रीय आंदोलन एक जनांदोलन का रूप ले रहा था, उसी समय भगतसिंह व उनके साथी, नौजवान भारत सभा व हिंदुस्तान सोशलिस्ट रिपब्लिकन एसोसिएशन जैसे संगठन तथा अनेक मज़दूर संघ कार्यकर्ता भी साम्राज्यवाद-विरोध तथा वैज्ञानिक समाजवादी दृष्टिकोण के परिप्रेक्ष्य में, राष्ट्रीय आंदोलन की कमज़ोरियों की उग्र आलोचना कर रहे थे, जो वर्गीय दृष्टिकोण पर आधारित थी और जिसमें कांग्रेस पार्टी का वर्गीय आधार भी शामिल था। उनका तीखा हमला न केवल सांप्रदायिक राजनीति पर, बल्कि सांप्रदायिकता और *अविवेकवाद* (दक़ियानूसीपन) पर भी था, और उन्होंने धर्मनिरपेक्ष दृष्टिकोण के महत्त्व को रेखांकित किया। इन विश्लेषणों ने उन दृष्टिकोणों का मार्ग प्रशस्त किया जो भारत में प्रगतिशील सामाजिक विज्ञानों के प्रमाण चिह्न बने।

एक-दूसरे स्तर पर, तीसरे व चौथे दशक की साम्राज्यवाद-विरोधी मुहिमें, अनेक क्षेत्रों में जन-संगठनों के रूप में उनसे उत्पन्न होनेवाली प्रत्यक्ष राजनीतिक सक्रियता, और प्रचार व विरोध के वामपंथी तरीक़े जिन्हें उत्तरोत्तर बढ़ावा मिला, ये सब और सांस्कृतिक आंदोलन एक महत्त्वपूर्ण कारक थे जिन्होंने एक नई लोकप्रिय 'सहज बुद्धि' को जन्म दिया जिससे अकादमिक सामाजिक विज्ञानों के क्षेत्र में आरंभिक प्रयासों को बहुत लाभ हुआ।

देश में इतिहास-लेखन और समाज-विज्ञान संबंधी अध्ययनों में सब तरह की राजनीतिक सक्रियता का योगदान था, लेकन सबसे ज़्यादा वामपंथी राजनीतिक परंपरा का प्रभाव था। स्वतंत्र भारत के सर्वाधिक विख्यात सामाजिक वैज्ञानिकों की क्षमताएँ इन्हीं प्रेरक दिनों के दौरान तराशी गईं। इसका यह अर्थ नहीं कि कम्युनिस्ट पार्टी और उसके संगठन बहुत मज़बूत थे, असल में सदस्यता और सांगठनिक आधार को देखा जाए तो वे कांग्रेस के नेतृत्ववाले आंदोलनों से काफ़ी छोटे थे। लेकिन उनके विचारधारात्मक प्रभाव में बहुत अधिक वृद्धि हुई, ज़रूरी नहीं कि मार्क्सवाद के रूप में, पर उनके द्वारा समर्थित कई विचारों को लोगों ने स्वीकार किया, जैसे कि स्वतंत्रता व मज़दूरों-किसानों तथा देश के बाक़ी सभी शोषित वर्गों के अधिकारों के बीच संबंध, मज़दूर-किसान राज की संभावना इत्यादि। राष्ट्रीय राजनीति और संस्कृति में उनका योगदान गुणात्मक रूप में नया था।

ऐसा लग रहा था कि सभी राष्ट्र आज़ाद, प्रभुत्व-संपन्न व एक-दूसरे के बराबर हो सकते हैं और उनमें रहनेवाले लोग भी आज़ाद, प्रभुत्व-संपन्न व बराबर हो सकते हैं। राष्ट्रीय मुक्ति, विश्व-क्रांति, लोकहित और समाजवाद की बात एक ही साँस में की जा सकती थी, और यही तीसरे व चौथे दशक का सबसे अधिक प्रेरणादायक संदेश था। राष्ट्रीय आंदोलन के कैनवास और क्षेत्र का अत्यधिक विस्तार हुआ और वामपंथी जन-संगठनों ने जनता द्वारा हस्तक्षेपों और पहलक़दमियों की इस तरह गुंजाइश पैदा की जिसके लिए कांग्रेस तैयार नहीं थी।

वे लोगों के पास न केवल कांग्रेस की राजनीति, बल्कि कांग्रेस के संगठनों का भी विकल्प लेकर गए। भगतसिंह की शहादत व जिन संगठनों के साथ वे जुड़े थे, उनके विरसे के परिणाम-स्वरूप अनेक जनसभाओं में 'वंदे मातरम्' व 'भारतमाता' के नारों का स्थान 'हिंदुस्तान ज़िंदाबाद' व 'इन्क़लाब ज़िंदाबाद' ने ले लिया। लाल झंडे आमतौर पर दिखाई देने लगे और समाजवाद राष्ट्रीय आंदोलन की शब्दावली का हिस्सा बन गया। क्रांति के नारों और पुकार की गूँज सभी वर्गों के लोगों और देश के सभी हिस्सों में सुनाई देने लगी। नई तरह की परंपराओं ने जन्म लिया, जैसे कि पुस्तिका-लेखन, स्टडी-सर्किल्स, आंदोलनात्मक कार्यक्रम, रूसी क्रांति के स्वागत व स्मृति में सभाएँ, आयरलैंड का संघर्ष, काकोरी दिवस, मई दिवस, लेनिन दिवस और 1930 के बाद से भगतसिंह दिवस भी। अनेक अग्रगामी सामाजिक वैज्ञानिकों के लिए तेभागा, तेलंगाना तथा नौसेना का विद्रोह समसामयिक घटनाएँ थीं।

दादा भाई नौरोजी, जोतिबा फुले, अम्बेडकर, भगतसिंह, डांगे, मुज़फ़्फ़र अहमद, पी.सी. जोशी, सुंदरय्या तथा और भी अनेक नेताओं की पुस्तकें व समीक्षाएँ एक दृढ़ प्रगतिशील सामाजिक-विज्ञान की विषयवस्तु से ओतप्रोत थीं और इनसे अकादमिक सामाजिक विज्ञानों के क्षेत्र में आरंभिक प्रयासों को बहुत महत्त्वपूर्ण लाभ हुआ। इनमें मार्क्स का अपना लेखन ख़ासतौर से *कम्युनिस्ट मेनिफ़ेस्टो* व भारत से संबंधित लेख भी शामिल हैं। हालाँकि उनका लेखन लोकप्रिय लेखन की श्रेणी में था, पर इन लेखों और उन नेताओं के वक्तव्यों ने कई ऐसे महत्त्वपूर्ण ऐतिहासिक प्रश्न उठाए जिनसे आज भी इतिहासज्ञ जूझ रहे हैं और उनका समाधान खोज रहे हैं, ख़ासतौर से अर्थभेद और कई जटिलताएँ इन प्रश्नों ने पैदा कीं ताकि भारतीय समाज, राजनीति और इतिहास को ज़्यादा बेहतर तरीक़े से समझा जा सके। सामाजिक वैज्ञानिकों ने शोधमार्ग बनाने में, नेतृत्व प्रदान करने के बजाय, उनका अनुकरण किया है।

संवेदनशीलताओं को मूलगामी बनाने में राजनीति कितना महत्त्वपूर्ण कारक थी और अकादमिक सामाजिक विज्ञानों को मूलगामी बनाने का काम कलाओं से पहले के बजाय बाद में क्यों हुआ, इनके लिए भारत में उच्च शिक्षा के चरित्र को ज़िम्मेदार ठहराया जा सकता है, जिस उच्च शिक्षा ने लॉर्ड कर्ज़न द्वारा तय किए गए लक्ष्यों या उच्च जाति, वर्गों की पहलक़दमियों के उद्देश्यों को बहुत हद तक पूरा किया। इन दोनों में से किसी ने भी उपनिवेशवादी आधिपत्य के उल्लंघन को प्रोत्साहन नहीं दिया।

अतः ये वामपंथी राजनीति द्वारा प्रभावित असाधारण 'विद्यार्थी' ही थे जो अकादमिक क्षेत्र में सामाजिक विज्ञानों में प्रगतिशील दृष्टिकोणों के अग्रदूत और प्रकाश-स्तंभ बने। इनमें से बहुतों ने समाजवादी आदर्शों के साथ अपना तादात्म्य स्थापित किया और विश्वकम्युनिस्ट आंदोलन की विरासत पर अपना दावा किया।

3

चाहे यह जटिल भी हो, फिर भी यह बहुत सरलीकरण नहीं होगा, यदि हम बलपूर्वक कहें कि (1) इस देश का वामपंथ देश की घटनाओं, स्मृतियों व आख्यानों का हमेशा लोगों के परिप्रेक्ष्य से उद्धार करने का इच्छुक रहा है, (2) ऐसे पहले प्रयास अकादमिक दिशा से न आकर, ग़ैर-अकादमिक दिशा (जिसे कि 'कार्यक्षेत्र' कहा जाता है) से आए हैं, (3) यदि 'कार्यक्षेत्र' से न भी आए हों, तो प्रायः सामाजिक विज्ञानों की विधाओं के भीतर से न आकर, उनके बाहर के लोगों से आए हैं, (4) जब भी ये प्रयास सामाजिक विज्ञानों की तरफ़ से हुए हैं, तो प्रायः वामपंथी राजनीति के प्रभाव के परिणामस्वरूप ही हुए हैं, (5) इसके अलावा, देश के भीतर इन विधाओं के अपने विकास के प्रत्युत्तर में न होकर, ये प्रयास देश के बाहर शिक्षा व वामपंथी अकादमिक प्रभावों के फलस्वरूप हुए हैं और यह स्थिति तभी बदली जब सामाजिक विज्ञानों पर मार्क्सवादी प्रभाव बहुत अधिक हो गया, (6) कभी-कभी ये प्रयास भारतीय इतिहास और समाज की औपनिवेशिक तथा सांप्रदायिक दृष्टिकोण से व्याख्याओं के प्रत्युत्तर में हुए हैं।

राजनीति व अकादमिक क्षेत्र के संयोग से जो नए परिप्रेक्ष्य उभरकर आए, उनके कारण शैक्षिक जगत् में भारतीय समाज, राजनीति और इतिहास के चित्रण में एक गुणात्मक परिवर्तन आया, सामाजिक विज्ञान औपनिवेशिक परिप्रेक्ष्यों के अभी तक के प्रभुत्व से विमुक्त हो गए, और इसीलिए उनका आगे मुक्तिकारक प्रभाव पड़ा। प्रथम पहल इतिहास के क्षेत्र में हुई, जो सामाजिक विज्ञान आज भी हमारे देश में सर्वाधिक विकसित है और इसमें अंतर्राष्ट्रीय ख्याति के दर्जनों विद्वान हैं। इसके बाद समाजशास्त्र का नंबर आता है और तब कहीं जाकर अर्थशास्त्र का। औपनिवेशिक अर्थव्यवस्था की प्रथम समीक्षाएँ और उस अर्थव्यवस्था का भारतवासियों पर प्रभाव, सभी महाद्वीपों में औपनिवेशिक अनुभव की समानता और राष्ट्रीय मुक्ति के लिए लड़नेवाले लोगों की एकजुटता की ज़रूरत, इन सबकी अभिव्यक्ति और विश्लेषण इतिहास के क्षेत्र में हुआ। सबसे पहले बहुलतावादी दृष्टिकोण, जिसकी आज इतनी वकालत की जाती है, भी इतिहास के क्षेत्र में ही अपनाए गए और इनके फलस्वरूप भारत में स्वतंत्र समाज-विज्ञान (जिस पर अभी तक अमरीकी प्रतिमानों की छाप थी) की उत्पत्ति हुई और उच्च शिक्षा में अर्थशास्त्र के पाठ्यक्रमों के महत्त्वपूर्ण अंगों के रूप में आर्थिक इतिहास और आर्थिक विचारों के इतिहास को जोड़ा गया।

विभिन्न क्षेत्रों में प्रारंभिक प्रगतिशील कृतियाँ उन विद्वानों द्वारा लिखी गई थीं जिनका एक पैर वामपंथी राजनीति के क्षेत्र में था, डी.डी. कोसम्बी, सुशोभन सरकार, डी.पी. मुखर्जी, ए. आर. देसाई, राम विलास शर्मा, राहुल सांकृत्यायन, आर.एस. शर्मा, अशोक मित्रा आदि। कुछ कृतिया तो उन लोगों की थीं जिनके दोनों पैर राजनीति में थे : आर.पी. दत्त, मुज़फ़्फ़र अहमद, एम.एन. राय, पी. सुंदरय्या, डांगे और इन सबसे भी बहुत पहले दादा भाई नौरोजी। आर.सी. दत्त एक नौकरशाह थे।

मार्क्सवाद के प्रभाव का अर्थ था एकदम नए प्रश्न और उनमें बहुतों के नए उत्तर। इन पथ-प्रदर्शकों के लिए इतिहास का मतलब था लोगों का जीवन और ऐतिहासिक विकास में उनकी भूमिका। राजा-रानियों, उनके दरबारों, उनकी सैनिक विजयों और उनके आसपास की राजनीति के बजाय, अब अध्ययन के विषय थे : आम जनता, अर्थव्यवस्था और समाज

का विकास कैसे हुआ, विभिन्न वर्गों के लोगों की प्रकृति और एक-दूसरे के साथ क्या अंतःक्रिया थी, उनके संघर्ष तथा सांस्कृतिक अभिव्यक्तियों के रूप। 'जनता का इतिहास' जनता के संघर्षों की भट्ठी से उत्पन्न हुआ, और भारत में उसका जन्म इसी अवधि में हुआ। यह वास्तविक अर्थ में 'नीचे से इतिहास' अर्थात् उत्पीड़ित लोगों के दृष्टिकोण से इतिहास था। राज्य और 'उच्च स्तरीय राजनीति' की छानबीन भी इसी दृष्टिकोण से की गई और उन्हें 'अभिजात वर्गीय' इतिहास कहकर इतिहास-लेखन से बाहर नहीं रखा गया जैसे कि बाद के कुछ सबॉल्टर्न (निम्नवर्गीय) इतिहासकार मार्क्सवादी इतिहासकारों पर हमला, अपने आरंभिक दिनों में, करने की कोशिश कर रहे थे।

नए प्रश्नों के लिए नए साक्ष्य भी चाहिए थे। प्रयुक्त स्रोतों की विविधता में विस्तार हुआ, लोगों के जीवन पर ज़ोर देने का अर्थ था कि अब विषयों का पुरातत्त्वीय सामग्री के साथ सहसंबंध स्थापित किया जाता था। भौतिक अवशेष सिक्के, अभिलेख, मिट्टी के बर्तन, और काल का निर्णय करने के लिए स्तरों का पुनर्निर्माण। ये सब इन इतिहासकारों के लिए महत्त्वपूर्ण उपकरण बन गए। फ़ील्ड-वर्क और मानव-विज्ञान भी महत्त्वपूर्ण हो गए। भौतिक अवशेषों पर ज़ोर ने भारतीय इतिहास में काल-विभाजन की अवधारणा को भी बदल दिया। ब्रिटिश विद्वानों का अनुकरण करते हुए, भारतीय इतिहास-लेखन ने भी भारतीय इतिहास का, शासकों के धर्म के आधार पर हिंदू, मुस्लिम और ब्रिटिश काल में विभाजन कर दिया। राष्ट्रवादी इतिहास-लेखन ने भी यही तरीक़ा अपनाया। नए इतिहासकारों के अनुसार, यह भारतीय इतिहास की सांप्रदायिक व्याख्या थी।

सामाजिक और आर्थिक घटनाओं के अध्ययन से पता चला कि भारत के ऐतिहासिक विकास में मुख्य विच्छेद हिंदू शासित प्रदेशों पर मुस्लिम शासन के आधिपत्य के साथ नहीं होते थे, न ही भारत में इस्लाम के प्रवेश के कारण। गुप्तकाल के विशिष्ट लक्षण ऐसे थे जो स्पष्टतः मध्यकालीन समाजों में पाए जाते थे। ऐतिहासिक भौतिकवाद के आधार पर इस समाज के विश्लेषण ने इन निष्कर्षों और भारत में सामंती समाज के चरित्र पर जीवंत बहस में अपना योगदान दिया : क्या यह समाज यूरोप के सामंतवादी समाज जैसा था, या कि इसके अपने कुछ विशिष्ट सामंतवादी लक्षण थे, आदि-आदि।

इन बहसों के संदर्भ में, हमारे इतिहास से संबंधित अनेक मौजूदा धारणाएँ उलट गईं। गुप्त शासन-काल को भारतीय इतिहास का 'स्वर्णिम युग' समझने का मिथक, मध्यकाल को 'अंधकारमय युग' मानना, आर्यों को भारत का देशज मानना, पूर्व-आधुनिक भारत को अपरिवर्तनशील समाज समझना, भारतीय समाज की 'एशियाई तानाशाही' की धारणा को नकारना, यह मानना कि आरंभिक भारतवासियों को कोई ऐतिहासिक समझ नहीं थी, आदि-आदि।

संक्षेप में कहें, तो मार्क्सवाद द्वारा प्रेरित नए प्रगतिशील इतिहासकारों ने भारतीय समाज के विश्लेषण का पूरा ढाँचा ही बदल दिया और आश्चर्यचकित करने वाले नए निष्कर्षों तक पहुँचे। आज की परिस्थितियों में इस बात को रेखांकित करना ज़रूरी है कि उन्होंने मार्क्सवाद को यांत्रिक तरीक़े से नहीं अपनाया, बल्कि मार्क्सवादी विधि को लागू करके साक्ष्यों का कठोरता से विश्लेषण किया, अपने बीच इस साक्ष्य पर बहस की और लगातार अपनी समझ को तराशा। प्रभात पटनायक ने जो कोसम्बी के बारे में कहा है, वह उनमें से बहुतों पर लागू होता है : 'मार्क्सवादी परिप्रेक्ष्य से भारतीय इतिहास की (उनकी) व्याख्या दो अर्थों में अग्रगामी थी।

इसने न केवल भारतीय इतिहास का एक प्रक्रिया के रूप में विश्लेषण करने की कोशिश की, जो कि नामों और तिथियों की शृंखला-मात्र से भिन्न था, और इस तरह वैज्ञानिक खोजबीन के लिए एक पूरा 'महाद्वीप' खोलने का (एलथुस्सेर के शब्दों में) प्रयास किया, बल्कि ऐसा करने में ऐतिहासिक भौतिकवाद की सीमाओं के विस्तार में भी अपना योगदान किया।' उन्होंने समाज-वैज्ञानिकों और अर्थशास्त्रियों के लिए भी रास्ता खोल दिया। *(द मेनी कैरियर्ज़ ऑफ़ डी.डी. कोसम्बी)*

डी.डी. कोसम्बी को प्रायः 'नवजागरण' का व्यक्ति कहा जाता है क्योंकि उन्होंने ज्ञान की बहुत-सी शाखाओं में अपना योगदान किया है और अपने अध्ययन के क्षेत्र में बहुलतावादी दृष्टिकोण अपनाया है। उन्होंने आनुवंशिकी, सांख्यिकी, और मुद्राशास्त्र में सामाजिक रूप से महत्त्वपूर्ण व प्रासंगिक योगदान किए हैं तथा सामाजिक विज्ञानों की विभिन्न शाखाओं के अध्ययन में अपने ठोस गणितीय तरीक़ों का प्रयोग किया है। भारतीय इतिहास, विशेषकर प्राचीन इतिहास, के बारे में एक नई समझ बनाने में अपने योगदान के अलावा, वे उन अग्रगामी लोगों में थे जिन्होंने साहित्य के वर्गचरित्र और सामाजिक संदर्भ की बात की। अनेक महत्त्वपूर्ण कृतियों का विश्लेषण किया जिनमें भर्तृहरि के वे काव्य भी शामिल हैं जो उस समय का प्रतिनिधित्व करते हैं और उस काल के समाज व उसकी विचारधारा को समझने में स्रोत का काम करते हैं। उन्होंने वर्ग के संबंध में जाति के विश्लेषण और हिंदूधर्म के साथ उसकी अभिन्नता स्पष्ट करने में भी अग्रणी भूमिका निभाई। धर्म पर उनके लेखों और पुस्तकों ने भारत की धार्मिक घटनाओं को समाज और अर्थव्यवस्था के संदर्भ में स्थापित किया। वे धर्म का सामाजिक इतिहास होने के साथ-साथ, एक वैज्ञानिक व तार्किक दृष्टिकोण से धर्म की समीक्षा भी हैं।

वे कम्युनिस्ट पार्टी के साथ जुड़े हुए थे और शांति आंदोलन में भी सक्रिय थे। उन्होंने चौथे दशक के आरंभिक वर्षों से बाद तक सौ से अधिक विद्वत्तापूर्ण निबंध लिखे और उनमें प्रस्तुत सूक्ष्म जानकारियाँ पाँचवें व छठे दशकों में पुस्तकाकार प्रकाशित हुईं। ये पुस्तकें आज भी उपलब्ध हैं और जो लोग प्रगतिशील, सामाजिक विज्ञानों के प्रति प्रतिबद्ध हैं, वे उनकी क़द्र करते हैं। वे पुस्तकें हैं : *भारतीय इतिहास का परिचयात्मक अध्ययन* (1956), *मिथक और वास्तविकता* (1962), *प्राचीन भारत की संस्कृति व सभ्यता की ऐतिहासिक रूपरेखा* (1965)। डी.एन. झा के शब्दों में: 'उनकी कृतियाँ भारत के अतीत पर औपनिवेशिक टीका तथा उसके राष्ट्रवादी गुणगान की प्रतिकारक थीं, और उन्होंने समसामयिक भारतीय इतिहास-लेखन के शब्दाडंबर में हलचल मचा दी *(द मेनी कैरियर्ज़ ऑफ़ डी.डी. कोसम्बी)*

यही बात कई दूसरे सामाजिक वैज्ञानिकों के बारे में भी कही जा सकती है जिनका इस अवधि में विकास हुआ।

रोमिला थापर, जो ख़ुद इतिहासकारों में एक विशिष्ट स्थान रखती हैं, और जिनकी अनेक बिंदुओं पर उनसे असहमति है, कोसम्बी और आर.एस. शर्मा के प्रभाव के बारे में कहती हैं : 'मैं सबसे पहले आर.एस. शर्मा से पाँचवें दशक के मध्य में...एस.ओ.ए.एस. पर मिली...मैंने पीएच-डी. के लिए शोध शुरू ही किया था...बाशम ने हिंदुत्व पर भाषण शृंखला के लिए कोसम्बी को आमंत्रित किया...इसने भारतीय इतिहास के अध्ययन के एक बिलकुल नए आयाम

से हमारा परिचय कराया और यह पारंपरिक इतिहास के प्रति बौद्धिक चुनौती का प्रदर्शन था। इन दोनों विद्वानों की उपस्थिति, जो कि बहुत थोड़े समय के लिए थी, ने एक ऐसी संस्था में नए विचारों के लिए एक छोटा-सा दिलचस्प स्थान उत्पन्न किया, जो संस्था पचास वर्ष पहले एशिया के अपने अध्ययन में आमतौर पर रूढ़िवादी थी।' (*इकनॉमिक एंड पोलिटिकल वीकली*, वॉल्यूम XLVI नं. 38, सितंबर 17-23, 2011)

आगे रोमिला थापर ने कहा, 'बीसवीं शताब्दी के बीच के वर्षों में, पहले के अध्ययनों का राजनीतिक और राजवंशीय इतिहास पर केंद्रबिंदु बदलने लगा, और सामाजिक व आर्थिक इतिहास का पुनर्निर्माण ज़्यादा महत्त्वपूर्ण केंद्रबिदु बन गया। डी.डी. कोसम्बी और आर.एस. शर्मा का लेखन एक नया मोड़ लाया। उन्होंने स्रोतों की श्रेणी का विस्तार किया। पाठ्यपुस्तकों में उस समय की दशाओं के वर्णन का, जहाँ भी संभव था, पुरातत्त्वीय जानकारी से मिलान किया गया। कोशिश यह थी कि जहाँ तक संभव हो, समाज की वास्तविकता तक पहुँचा जाए। कोसम्बी का तर्क था कि यह समझने के लिए कि समाज किस तरह चलता था, इतिहासकारों के लिए फ़ील्डवर्क करना बहुत ज़रूरी था।' (वही)

आर.एस. शर्मा ऐसे कई विख्यात व्यक्तियों के साथ जुड़े हुए थे जिनकी राष्ट्रीय मुक्ति संघर्ष और किसान-आंदोलनों में महत्त्वपूर्ण भूमिका थी, और वे भारत की कम्युनिस्ट पार्टी के भी बहुत निकट थे। उन्होंने अपना शोध-जीवन उस भारतीय सामाजिक ढाँचे पर लेखन से आरंभ किया जिसके शोषणपूर्ण आयामों को उन्होंने बहुत निकटता से देखा था। (डी.एन. झा, वही) मार्क्सवाद का उनका आरंभिक अध्ययन न केवल सामाजिक और आर्थिक इतिहास पर उनके शोध में प्रतिबिंबित होता था, बल्कि समसामयिक किसान-आंदोलनों में उनकी दिलचस्पी और भारत पर उनके मार्क्सवादी लेखन में भी व्यक्त होता था। उन्होंने मसौदों और शिल्प-उपकरणों के समक्षीकरण का प्रयोग साक्ष्य का विस्तार करने के लिए किया। इसी तरह गंगा की घाटी में नगरीकरण और उसके पतन पर उनका प्रगतिशील लेखन हुआ, और इस संदर्भ में उन्होंने न केवल भारतीय समाज के अध्ययन में मार्क्सवादी विश्लेषण-विधि की क्षमता का प्रदर्शन किया, बल्कि इस क्षेत्र के विषय में दावों पर आधारित इतिहास की अनेक राष्ट्रवादी और सांप्रदायिक व्याख्याओं का भी खंडन किया। इनमें सबसे महत्त्वपूर्ण व्याख्या थी गुप्तकाल का 'स्वर्णिम युग' होना। वे पूर्व-आधुनिक भारतीय समाज के चरित्र के मुद्दों को एकदम केंद्रबिंदु में ले आए। 'भारतीय सामंतवाद' पर बहस में उनका योगदान प्रारंभिक था। उन्होंने प्राचीन भारत के समाज, राजनीति और धर्म के भौतिक आधारों, प्राचीन भारत में राजनीति और धर्म, उत्तर-गुप्तकाल के राजनीतिक अर्थशास्त्र पर और जाति पर (प्राचीन भारत में शूद्र) एक पूरी पुस्तक लिख डाली। वास्तव में, वे पहले पेशागत इतिहासकार थे जिन्होंने पाँचवें दशक में प्राचीन भारत में शूद्रों के जीवन का विस्तृत अध्ययन किया और बदलती हुई सामाजिक व राजनीतिक व्यवस्था से उनकी स्थिति का संबंध जोड़ा। (वही) उन्होंने ज़ोर देकर कहा कि प्राचीन भारत में गो मांस का खाना, ब्राह्मणों तक में निषिद्ध नहीं था। अपनी पुस्तक, *प्राचीन भारत के राजनीतिक विचारों और संस्थाओं के कुछ पहलू* में, उन्होंने अतीत की व्याख्या में उग्रराष्ट्रवादी और पुनरुत्थानवादी दृष्टिकोण पर प्रश्नचिह्न लगाया। (वही)

रोमिला थापर का अपना लेखन भी इन परिप्रेक्ष्यों को आत्मसात् करता है और उनका विस्तार करता है। उनके 'सांस्कृतिक अतीत' पर लिखे निबंधों के संग्रह में ये परिप्रेक्ष्य अपनी

पूरी विविधता में दिखाई देते हैं जो धर्म और अस्मिता के मुद्दों पर हिंदुत्व के दावों को उनका असली रूप दिखाते हैं, और इसके साथ ही प्रारंभिक भारत के सामाजिक इतिहास के उन कई मुद्दों को सामने लाते हैं जिनकी आज तक खोजबीन नहीं हुई थी।

मोहम्मद हबीब ने भी अपने समय के सांप्रदायिक इतिहास-लेखन पर प्रतिक्रिया की और दूसरे और पाँचवें दशकों के दौरान उनके प्रकाशित लेखन ने भारतीय इतिहास के मध्यकाल के साथ जुड़े हुए कई मिथकों को तोड़ने में और विश्वविद्यालय के पाठ्यक्रमों पर पुनर्विचार करने व शोध की दिशा बदलने में सहायता की। उन्होंने अपने लेखन पर मार्क्स व एंगेल्स के लेखन के प्रभाव का भी ज़िक्र किया। तुर्की विजयों के सामाजिक और आर्थिक पहलुओं पर उनके द्वारा ज़ोर देने के कुछ निहितार्थ थे, जैसे सांप्रदायिक इतिहासकारों ने जिस तरह गज़नवी और ग़ोरी के आक्रमणों को मुख्यतः धार्मिक उन्माद और मंदिरों के विनाश आदि से प्रेरित बताया, उस पर पुनर्विचार करने की ज़रूरत। उन्होंने जिस प्रकार सल्तनत काल में होनेवाले परिवर्तनों के व्यापक सामाजिक और आर्थिक पहलुओं को आगे रखा, वह मध्यकाल की व्याख्या के तरीक़े को एक चुनौती था। अब इसे 'अंधकारमय युग' नहीं कहा जा सकता था। इसने इरफ़ान हबीब जैसे बाद के मार्क्सवादी इतिहासकारों के लेखन की नींव डाली जिन्होंने मध्यकालीन भारत की कृषिव्यवस्था और अर्थव्यवस्था के विश्लेषण के लिए मार्क्सवादी ढाँचे का ख़ूब प्रयोग किया और इस व्यवस्था के विशिष्ट लक्षण के रूप में एशियाई उत्पादन-प्रणाली की अवधारणा को भी चुनौती दी। इतिहासकारों के 'अलीगढ़ स्कूल', जैसा कि अब इसे जाना जाता है, ने मध्यकालीन भारत के विश्लेषण के पूरे ढाँचे को ही बदल दिया।

सुशोभन सरकार एक अन्य मार्क्सवादी इतिहासकार थे जिन्होंने प्रोफ़ेसर के रूप में *कम्युनिस्ट मेनिफ़ेस्टो* के अनुवाद की पहल की जिसे 1944 में नेशनल बुक एजेंसी ने प्रकाशित किया। ये विलक्षण निबंधों की एक पुस्तक में, जो अभी भी प्रिंट में है, बंगाल नवजागरण का सामाजिक इतिहास लिखने में अग्रणी रहे। रजनी पाम दत्त, जो ब्रिटिश कम्युनिस्ट पार्टी के सदस्य थे और भारतीय कम्युनिस्ट पार्टी के साथ जिनका नज़दीकी संपर्क था, ने भी चौथे दशक में *इंडिया टुडे* नाम की अपनी विलक्षण पुस्तक छपवाई, जो भारत में ब्रिटिश शासन और भारतीय अर्थव्यवस्था पर औपनिवेशिकता के प्रभाव पर एक तीखा अभियोग-पत्र था, और वे कांग्रेस व गांधी के नेतृत्व में होनेवाले जन-आंदोलनों के भी आलोचक थे। उन्होंने स्वतंत्रता-आंदोलन में किसान व मज़दूर आंदोलनों, मज़दूर-संघों, किसान सभाओं तथा अन्य वामपंथी जनसंगठनों की भूमिका पर बल दिया, हालाँकि उनकी पुस्तक में साम्राज्यवाद विरोधी आंदोलन का समर्थन था, लेकिन अंधराष्ट्र भक्ति से पूरी तरह मुक्त थी। इनके साथ-साथ आर.सी. दत्त की *इकनॉमिक हिस्ट्री ऑफ़ इंडिया* (*भारत का आर्थिक इतिहास*) और दादा भाई नौरोजी की आरंभिक पुस्तिका *पॉवर्टी एंड अन-ब्रिटिश रूल इन इंडिया* अनेक साम्राज्यवाद विरोधी ऐतिहासिक पुस्तिकाओं और बहसों का आधार थी—राष्ट्रवादी और मार्क्सवादी दोनों दृष्टिकोणों से। बुर्जुआ इतिहासकार भी किसानों, मज़दूरों, आदिवासियों, दलितों और महिलाओं की भूमिका की ओर उपेक्षा नहीं कर सकते थे।

समाज-सुधार और राष्ट्रवाद, जन-आंदोलनों और राष्ट्रवादी संस्कृति, पहचान और उपनिवेशवाद व जन-आंदोलनों के बीच अंतःसंबंधों की खोजबीन शुरू हो गई। कुछ ऐसी युगांतरकारी पुस्तकें प्रकाशित हुईं जो आज भी पढ़ी जा रही हैं, जैसे—समाज-वैज्ञानिक ए.आर. देसाई की

भारत में राष्ट्रवाद, किसान संघर्षों की सामाजिक पृष्ठभूमि, गाडगिल की *भारतीय अर्थव्यवस्था का क्रम-विकास*, अमिय बागची की *भारत में निजी निवेश* और *भारतीय अर्थव्यवस्था में विकास और अल्पविकास*, बिपनचंद्रा की *उपनिवेशवाद पर निबंध* और *राष्ट्रवाद और उपनिवेशवाद* तथा सुमित सरकार की *बंगाल में स्वदेशी आंदोलन*। घुरिए, जो एक समाज वैज्ञानिक थे, ने कृषि संबंधी परिवर्तनों के संदर्भ में, आदिवासी आंदोलनों और आदिवासी समाज का विश्लेषण किया, और डी.पी. मुखर्जी मार्क्स के वर्ग-विश्लेषण और उत्पादन-प्रणालियों के उत्तरोत्तर क्रमविकास से बहुत प्रभावित थे। उनका मुख्य लेखन संस्कृति पर था।

ई.एम.एस. नंबूदिरिपाद, बी.टी. रणदिवे, अजय घोष, पी.सी. जोशी और सुंदरय्या जैसे कम्युनिस्टों ने सामाजिक विज्ञानों में महत्त्वपूर्ण योगदान किया। केरल के इतिहास और राष्ट्रीय आंदोलन पर ई.एम.एस. की पुस्तकें विद्वत्ता की दृष्टि से गंभीर हस्तक्षेप रही हैं और उन्होंने काफ़ी वाद-विवाद को जन्म दिया है। उनकी पुस्तक *गांधी और उनका वाद* आज भी इस विषय पर सर्वोत्तम पुस्तकों में से है। सुंदरय्या की पुस्तक *तेलंगाना का जन-संघर्ष और उसके सबक़* इस संघर्ष पर अब भी जन-दृष्टिकोण से लिखा एकमात्र दस्तावेज़ मानी जाती है। किसान-वर्ग पर उनके निबंधों ने भारत में कृषि के मुद्दे पर हुए विश्लेषणों में सर्वोत्तम विश्लेषण प्रस्तुत किया, और किसान-वर्ग में हुए विभेदीकरण के मुद्दे पर भी। रणदिवे की *जाति, वर्ग और संपत्ति* संबंध का भी जाति और वर्ग के बीच के संबंध को समझने में उतना ही महत्त्वपूर्ण योगदान है। सुधी प्रधान के प्रगतिशील आंदोलन पर लेखन और दस्तावेज़ों के संग्रह ने भी वामपंथ के सांस्कृतिक हस्तक्षेप पर काफ़ी रोशनी डाली। इसी शृंखला में सुकोमल सेन की पुस्तक *भारत में मज़दूर-वर्ग का आंदोलन* है, आदि-आदि।

ये कम्युनिस्ट ही थे जिन्होंने सबसे पहले अपने भाषणों और लेखन में 1857 की घटनाओं का गुणगान किया और विद्रोहियों के दृष्टिकोण से उनका विश्लेषण किया। 1857 पर इतिहास-लेखन में एक महत्त्वपूर्ण अकादमिक मील का पत्थर थी पी.सी. जोशी द्वारा संपादित पुस्तक *1857 : एक परिचर्चा*, जिसने 1857 के विभिन्न पहलुओं को समझने में और उसकी विरासत को सँभालने में मदद की। जैसा कि इसके शीर्षक से स्पष्ट है, यह एक ऐसी परिचर्चा का परिणाम थी जो इसकी शताब्दी का स्मरणोत्सव मनाने के लिए आयोजित की गई थी और यह आज भी 1857 पर एक आवश्यक पाठ्य-सामग्री है। इसमें कई विषयों पर ऐसे अध्याय हैं जो 1857 की 150वीं वर्षगाँठ द्वारा प्रेरित कुछ प्रयासों के पहले तक अतुलनीय थे।

आज जो कई विद्वान जनता के दृष्टिकोण से ओत-प्रोत अपनी विद्वत्ता के लिए प्रसिद्ध हैं, उनका प्रशिक्षण भारत में वामपंथी राजनीति और फ़ासीवाद-विरोधी अंतर्राष्ट्रीय संघर्ष के दौरान इंग्लैंड के विश्वविद्यालयों में अकादमिक प्रतिष्ठा और परिशुद्धता वाले वामपंथी विद्वानों के प्रभाव तले हुआ (ब्रिटिश कम्युनिस्ट पार्टी से जुड़े इतिहासकारों का समूह विलक्षण रहा है) : अशोक मित्रा, अमिय बागची, इरफ़ान हबीब, प्रभात पटनायक, उत्सा पटनायक, रोमिला थापर, के.एन. पनिक्कर, आर.एस. शर्मा, डी.एन. झा, के.एन. राज, सी.टी. कुरियन, सुखमय चक्रवर्ती भारत में वामपंथी आंदोलन के अंग रहे हैं। राम विलास शर्मा (अपने मार्क्सवादी चरण में), राहुल सांकृत्यायन और गुणाकर मुले का उत्तर भारत में सामाजिक विज्ञानों के अन्तर्गत मूलगामी दृष्टिकोण के जन्म और प्रसार पर विलक्षण प्रभाव रहा है। देश के सभी क्षेत्रों में ऐसे कई नाम हैं।

4

सामाजिक विज्ञानों के ये नए दृष्टिकोण देश के अकादमिक क्षेत्र और आधुनिक शैक्षिक उपक्रम में महत्त्वपूर्ण हस्तक्षेप थे। हालाँकि उनका प्रभाव क्षेत्र साहित्य और सिनेमा की तुलना में काफ़ी अधिक सीमित था। यही कारण है कि जिन मुद्‌दों से वे जूझते हैं, वे आज भी महत्त्वपूर्ण हैं और किसी भी सामाजिक विज्ञान के अंतर्गत सबसे ज़्यादा इतिहास ख़ासतौर से एक संघर्ष-क्षेत्र रहा है क्योंकि इसका संबंध अपने अतीत, वर्तमान व भविष्य के बारे में लोगों की धारणाओं, अपने राष्ट्र के जीवन और सांस्कृतिक अभिव्यक्ति से है। इतिहास के विश्लेषण को लेकर विचारधारात्मक संघर्ष हमेशा जनमानस पर हावी होने का युद्ध रहा है, और इसीलिए इसकी गूँज अकादमिक क्षेत्र के बाहर भी सुनाई देती है, जबकि आर्थिक बहसों की वह गूँज नहीं होती, हालाँकि उसका संबंध आर्थिक नीतियों से है जिनका लोगों की आजीविका और कल्याण पर सीधा असर पड़ता है। हालाँकि दोनों क्षेत्रों में विद्वानों के बीच बहस समान रूप से तीव्र रही है। इतिहास न केवल युद्ध का विषय रहा है, बल्कि वास्तव में युद्धभूमि का अंग रहा है। जिन्हें हम सामाजिक आंदोलन कहते हैं, उनके आने से, प्रगतिशील अर्थशास्त्रियों का लेखन भी वाम-पार्टियों के राजनीतिक प्रभाव क्षेत्रों की सीमाओं से आगे जाने लगा है।

अतः प्रगतिशील आंदोलन के युग की आरंभिक प्रेरणा से जिस विद्वत्ता का जन्म हुआ, उसने नई शताब्दी में भी अपने को क़ायम रखा है। इन आंदोलनों के साथ जुड़े समाज-वैज्ञानिकों ने उदाहरणीय नेताओं और विश्वविद्यालयों के अध्यापकों के रूप में इस विद्वत्ता के प्रभाव का विस्तार किया है, और दशकों तक अपने छात्रों के अध्यापन, उनके शोध के निर्देशन, पाठ्य-पुस्तकों के लेखन और ज़िम्मेदार नागरिक होने के माध्यम से उनका स्थायी प्रभाव रहा है। आज भी वे अपने क्षेत्र में चोटी पर हैं और अनेक बातों के लिए उनका आदर किया जाता है, जैसे—आपातकाल का विरोध, बाबरी मस्जिद के विध्वंस का विरोध और सांप्रदायिकता के विरुद्ध लड़ाई में उनका अग्रगामी होना। समाज-वैज्ञानिकों की यही वह पीढ़ी है जो एक धर्मनिरपेक्ष और समतापूर्ण समाज की लड़ाई में सबसे ज़्यादा मुखर रही है और आज भी है—चाहे वह विद्वत्तापूर्ण लेखन के रूप में हो या लोकप्रिय हस्तक्षेपों के रूप में। क्यों उनका काम विश्वविद्यालयों और कुछ चुनिंदा स्कूलों के बाहर नहीं पहुँचा, इसका कारण आज की राजनीति में है। शायद ज़्यादा व्यापक जनवादी राजनीति इस विद्वत्ता को धक्के से आगे ले जाए जैसा कि उसने पहले एक बार किया था। आज की स्थिति में, यह प्रगतिशील सामाजिक विज्ञान हमारे देश में विद्वत्ता की सीमाओं का प्रतिनिधित्व करता है। यह, शीतयुद्ध के दिनों में भी, अपने उन मूल्यों के लिए जिनका वह प्रतिनिधित्व करता था, जीवित रहा और आशा है कि आज नव-उदारवाद के ज़माने में भी अपने उन मूल्यों के लिए, जिनका वह प्रतिनिधित्व करता है, जीवित रहेगा।

शख़्सियतें

संगठनकर्ता

अदीब

कलाकर्मी

समाजविज्ञानी

रशीदजहाँ

शकील सिद्दीक़ी

20वीं शताब्दी के तीसरे-चौथे दशक में एक तूफ़ान की तरह उभरी अति चर्चित रंगकर्मी, कथाकार, सामाजिक एवं राजनीतिक कार्यकर्ता डॉ. रशीदजहाँ का जन्म 25 अगस्त, 1905 को दिल्ली में हुआ। वे अलीगढ़ के शेख़ अब्दुल्लाह और दिल्ली की वहीद जहाँ बेगम की सबसे बड़ी संतान थीं। वे पेशे से चिकित्सक थीं।

रशीदजहाँ के व्यक्तित्व के अनेक आयाम थे। कम्युनिस्ट आंदोलन की सक्रिय सहयोगी होते हुए शोषित अवाम, विशेष रूप से स्त्रियों की त्रासद हालत को बदलने के लिए उनके विस्मयकारी योगदान को भुला पाना बहुत मुश्किल है। राष्ट्रीय आंदोलन की विशिष्ट थाती रूढ़िवाद विरोधी ऐतिहासिक अभियान को उन्होंने नई उठान दी। मानवीय संवेदना से लबरेज़ दक्ष चिकित्सक के रूप में उन्होंने इस पेशे को सामाजिक सरोकार की अविस्मरणीय उच्चता प्रदान की। सड़कों पर पुलिस की लाठियाँ खाते किसानों को अविलंब चिकित्सा राहत पहुँचाने के रोमांचक कारनामे उन जैसी जुझारू महिला ही अंजाम दे सकती थी। सांस्कृतिक इतिहास के अतिचर्चित प्रगतिशील लेखन व जन-नाट्य आंदोलन (इप्टा) की संस्थापना व विस्तार में उनकी महत्त्वपूर्ण भूमिका को भुलाया जा सकना मुमकिन नहीं है। इस आंदोलन की वे अपनी तरह की अत्यन्त मूल्यवान एवं बिरल शख़्सियत थीं, जो प्रेमचंद को प्रगतिशील लेखकों के पहले सम्मेलन की अध्यक्षता करने के लिए तैयार कर सकती थीं।

तीसरे दशक के प्रारंभिक दिनों में रशीदजहाँ का उदय एक तरह से रूढ़िग्रस्त धार्मिक अंधविश्वासों से जर्जर भारतीय समाज की ऐतिहासिक ज़रूरत के तहत हुआ, शताब्दी की शुरुआत में जिस प्रकार प्रेमचंद का उदय नई चेतना के अग्रदूत के रूप में हुआ था। असहयोग आंदोलन की अकस्मात् वापसी के बाद हताशा और छटपटाहट के दिन थे। रशीदजहाँ अनेक बंधनों को तोड़कर अलीगढ़ से लखनऊ विज्ञान की शिक्षा प्राप्त करने आईं। स्त्री मुक्ति की चेतना से लबरेज़ अपनी पहली कहानी 'सलमा' भी उन्होंने यहीं लिखी। वे उस समय अपनी आधुनिकता के लिए चर्चित आई.टी. कॉलेज की छात्रा थीं। यह कहानी इसी कॉलेज की वार्षिक पत्रिका में छपी थी। आई.टी. कॉलेज में प्रवेश को लेकर रशीदजहाँ ने बहुत सारी मुसलमान लड़कियों के लिए आधुनिक शिक्षा के रास्ते खोले। उन कठिन दिनों में यदि इस्मत चुग़ताई, कुर्रतुल ऐन हैदर, बादशाह ख़ान वग़ैरह जैसी लड़कियाँ इस कॉलेज में शिक्षा प्राप्त करने का अवसर पा सकीं तो इसमें कुछ योगदान रशीदजहाँ का अवश्य है। यह तब और महत्त्वपूर्ण हो जाता है जब हम पाते हैं कि कश्मीरी ब्राह्मण परिवार से संबंध रखनेवाले

उनके पिता शेख़ अब्दुल्लाह तथा उनकी माँ उन थोड़े लोगों में से थे, जिन्होंने प्रखर विरोध के बावजूद स्त्री शिक्षा की अलख जगाए रखी। जब सर सैयद अहमद ख़ाँ भी स्त्री शिक्षा के क्षेत्र में पहल नहीं कर पा रहे थे, तब रशीदजहाँ के पिता ने अलीगढ़ में ही उत्तर भारत में लड़कियों का पहला स्कूल (1906) क़ायम किया, जो आज बहुत बड़ा कॉलेज है और यूनिवर्सिटी का हिस्सा है। न सिर्फ़ यह, बल्कि ख़ास औरतों के लिए पहली नुमाइश, लेडीज़ कॉन्फ्रेंस तथा पहला गर्ल्स हॉस्टल स्थापित करने का श्रेय भी उन्हें जाता है। स्त्री शिक्षा की आवश्यकता के प्रचार हेतु उन्होंने जुलाई, 1904 में अलीगढ़ से ही *ख़ातून* नाम से मासिक पत्रिका जारी की। यह उर्दू की पहली महिला पत्रिका थी। दूसरी ओर उनकी माँ वहीदाजहाँ बेगम थीं, जिन्होंने परदे की रूढ़ मान्यताओं से विद्रोह करते हुए लॉर्ड कर्ज़न की मलिका द्वारा दिल्ली में बुलाई गई एक सभा में शिरकत की। शेख़ अब्दुल्लाह उर्फ़ ठाकुरदास से विवाह के बाद उन्होंने अपना सारा जीवन ही स्त्री शिक्षा को समर्पित कर दिया। एक तरह से रशीदजहाँ का संघर्ष अपने माता-पिता के पवित्र मिशन का अगला पड़ाव था।

1924 में आई.टी. कॉलेज लखनऊ से इंटर पास करने के बाद रशीदजहाँ डॉक्टरी की शिक्षा प्राप्त करने लेडी हार्डिंग कॉलेज दिल्ली चली गईं। कहानी लेखन के प्रति अपनी दिलचस्पी बनाए रखते हुए वे यहाँ मुख्य रूप से रंगमंच की गतिविधियों से जुड़ीं और यहाँ अनेक कामयाब मंचन किए। अंग्रेज़ी नाटकों का अनुवाद, कहानियों का नाट्य रूपांतरण, नाट्य मंचन तथा लेखन, अभिनय तथा निर्देशन, अर्थात् समूची रंग प्रक्रिया में उनकी गहरी दिलचस्पी थी। उन्होंने कुल नौ एकांकी लिखे तथा 'कफ़न' का पहला नाट्य रूपांतरण भी किया, साथ ही, 1946 में लखनऊ के गंगा प्रसाद हॉल में मंचित हुए एक छाया नाट्य में विजय लक्ष्मी पंडित का रोल भी अभिनीत किया जिसका उल्लेख प्रमुखता से कुर्रतुल ऐन हैदर ने अपनी आत्मकथा, *कारेजहाँ दराज* में किया है। कहानियों के समान उनके नाटकों में भी शोषण, असमानता, दमन और धर्म व सामाजिक परंपराओं के नाम पर स्त्रियों को दबाए और कुचले जाने के ख़िलाफ़ तीखा ग़ुस्सा नज़र आता है। उनकी रचनाओं को पढ़ते हुए हम परिवर्तन की चेतना से सम्पन्न एक जागरूक स्त्री की प्रखर प्रतिक्रिया से होकर गुज़रते हैं। आज़ादी जिसके लिए एक राजनीतिक मुहावरा भर नहीं, बल्कि सामाजिक मुक्ति का साधन थी। आधुनिकता जहाँ फ़ैशन नहीं, जीवन पद्धति है, जैसा कि स्वयं उनका जीवन था।

लेडी हार्डिंग कॉलेज में डॉक्टरी की शिक्षा प्राप्त करते हुए वे विभिन्न राजनीतिक दर्शनों, विचारधाराओं के बीच चल रहे संघर्ष तथा गांधी जी की अगुवाई वाले स्वाधीनता संग्राम के समांतर अहिंसा में विश्वास न करने वाली गतिविधियों के प्रभाव में आईं। वे जिस द्वंद्व से गुज़र रही थीं, उसका प्रारंभिक प्रस्फुटन लखनऊ में प्रैक्टिस करने के दौरान हुआ जब उन्होंने गांधी जी के आह्वान पर खद्दर पहनना शुरू किया। लेकिन जल्दी ही वे कुछ क्रांतिकारियों के संपर्क में आने पर आज़ादी के लिए सशस्त्र संघर्ष की समर्थक बन गईं। स्वभाव से वे पहले ही उग्र थीं। विद्रोह के तत्त्व उनकी घुट्टी में पड़े हुए थे। इस कारणवश इस रास्ते पर ज़ाने के लिए उन्हें बहुत सोचने की आवश्यकता नहीं थी। यक़ीनन उस दौर में सशस्त्र क्रांति का स्वप्न पालनेवाली वे अकेली महिला नहीं थीं, लेकिन सच यह भी है कि ऐसी महिलाओं की संख्या बहुत कम थी, उसी तरह जैसे कम्युनिस्ट आंदोलन और संगठन में उनकी शिरकत कोई असाधारण घटना नहीं थी, परंतु महत्त्वपूर्ण या साहसिक अवश्य थी। तब उत्तर भारत

या दक्षिण भारत में कितनी लड़कियाँ जाती थीं कम्युनिस्ट पार्टी में! वे उनके चुनौतीपूर्ण दिन थे। एक साथ वे चिकित्सक, पार्टी वर्कर, लेखक-रंगकर्मी तथा सामाजिक कार्यकर्ता की भूमिका निभा रही थीं। चिकित्सक के रूप में वे 'लेडी विद द लैंप' की भूमिका में थीं। ग़रीबों से इलाज का पैसा न लेते हुए वे कुछ लोगों को मुफ़्त दवा के साथ भोजन के पैसे भी देती थीं। वहीं वे पतियों के ज़ुल्म की सताई औरतों की मदद भी करतीं, वे उन्हें अनावश्यक बंधनों को तोड़ने और परदा छोड़ने की सलाह देतीं। इस प्रक्रिया में उन्हें मध्यवर्गीय मुस्लिम परिवारों में स्त्रियों की हालत क़रीब से देखने का अवसर मिला। उनकी रचनाओं में इन अनुभवों के बिंब लगातार झलकते हैं। मज़हब के नाम पर स्त्रियों के अमानवीय दैहिक शोषण तथा उन्हें विकास के अवदानों से वंचित रखने की प्रवृत्ति के ख़िलाफ़ वे अपने लेखन और भाषणों से जो लड़ाई लड़ रही थीं, उसमें उनका चिकित्सक व्यक्तित्व सहायक साबित हो रहा था। भोपाल में सम्पन्न स्त्रियों की ऐसी ही एक सभा में अपनी जोशीली तक़रीर के कारण उन्हें विषम परिस्थितियों का सामना करना पड़ा। इस्मत चुग़ताई ने इस तक़रीर का इतना असर लिया कि अपनी समूची लेखकीय प्रतिभा को ही स्त्री अस्मिता और मुक्ति की कामना को समर्पित कर दिया जिसका उल्लेख उन्होंने अपनी आत्मकथा *(काग़ज़ी है पैरहन)* में किया है।

कम्युनिस्ट पार्टी के कार्यकर्ता के रूप में वे न सिर्फ़ बहुत सारे युवाओं के लिए प्रेरणा का स्रोत बनी रहीं बल्कि कई बार मददगार भी। नया समाज बनाने की लड़ाई के प्रति उनकी आस्था को इससे समझा जा सकता है कि उन्होंने न केवल अपने आभूषण, बल्कि निकाह के समय निर्धारित होनेवाली मेहर की रक़म भी पार्टी फंड में दे दी। उनके युवाकाल के साथी वरिष्ठ समालोचक आले अहमद सुरूर ने एक जगह लिखा है, 'उन्हें एक रंग महबूब था, वह था सुर्ख़ रंग। वह उन कम्युनिस्टों में नहीं थीं जो ड्राइंगरूम और कॉफ़ी हाउस में बैठकर दुनिया को बदलने का ख़्वाब देखते हैं। वे दुनिया को बदलने में मसरूफ़ थीं। उन्होंने अपने अक़ीदों के लिए तकलीफ़ उठाई, मुश्किलें झेली थीं, परेशानियों और दुश्वारियों के एक तवील सिलसिले से गुज़री थीं।' देहरादून में क़याम के दौरान उन्होंने एक ओर यदि सफ़ाई मज़दूरों, श्रमिकों, छात्रों को संगठित करने का बीड़ा उठाया, मेहतरों की यूनियन बनाई, तो दूसरी ओर आर्य समाज मंदिर जाकर ऊँची जाति की मानी जानेवाली स्त्रियों को भी शिक्षा हेतु प्रेरित किया। अपनी विचारधारा, कार्यक्रमों के प्रचार-प्रसार तथा जनता से सीधे संवाद के उद्देश्य से 1937 में *चिंगारी* नाम से एक राजनीतिक मासिक भी आरंभ किया जिसके संपादक मंडल में सज्जाद ज़हीर और सोहन सिंह जोश शामिल थे। दूसरे महायुद्ध के तुरंत बाद जब चुन-चुनकर कम्युनिस्ट नेता जेलों में ठूँसे जा रहे थे, जिनमें रशीदजहाँ के ओजस्वी कम्युनिस्ट पति महमूदुज़्ज़फ़र भी शामिल थे, तब *चिंगारी* के ज़रिये उन्होंने ब्रिटिश साम्राज्य की दमनपूर्ण कार्रवाइयों और भारतीय अवाम की मुक्ति के पक्ष में जो ज़बर्दस्त मोर्चा लिया, उसकी तपिश अब नाम को भी शेष नहीं रह गई है, लेकिन उसकी चर्चा अब भी किताबों में मौजूद है। युद्ध विरोध अभियान में मदद के उद्देश्य से भी उन्होंने अनेक रेडियो नाटक लिखे, जो सज्जाद ज़हीर के संपादन में प्रकाशित ऐसे नाटकों के संग्रह *नई तस्वीरें* में संकलित हैं। उस दौरान उनके द्वारा किए गए अथक परिश्रम ने उन्हें बुरी तरह तोड़ दिया जो अंततः उनकी मौत (जुलाई 1952) का कारण बना। हयातुल्लाह अंसारी

कहते रह गए, 'वे ऐसा शोला थीं, जिसके बारे में यह ख़याल ही नहीं किया जा सकता कि वह बुझ जाएगा।'

उल्लेखनीय है कि महमूदुज़्ज़फ़र ने अमृतसर में वाइस प्रिंसिपल पद से त्यागपत्र देकर तथा रशीदजहाँ ने प्रांतीय मेडिकल सर्विसेज़ की नौकरी छोड़कर कम्युनिस्ट पार्टी का कार्यकर्ता होना स्वीकार किया था।

स्वतंत्रता के बाद देसी सरकार ने कम्युनिस्ट पार्टी को प्रतिबंधित कर दिया, तब 1949 में रेलकर्मियों की ऐतिहासिक हड़ताल में सक्रियता के कारण अन्य नेताओं के साथ हाजरा बेगम व रशीदजहाँ भी गिरफ़्तार हुई थीं। उन्हें लखनऊ की सेंट्रल जेल में रखा गया, जहाँ इन महिलाओं ने रशीदजहाँ के नेतृत्व में न्याय के लिए भूख-हड़ताल की जो चौदह दिनों तक चली, जिसने उनकी ख़राब सेहत को अधिक ख़राब कर दिया, पर वे हिम्मत नहीं हारीं। हाजरा बेगम के अनुसार जेल से रिहा होने के बाद वे भूमिगत मशीनरी की संचालिका बन गईं तथा पार्टी कॉमरेडों की मदद के लिए रेडियो नाटक भी लिखती रहीं, लेकिन वे अपने को कैंसर के हमले से बचा नहीं सकीं। रफ़ी अहमद किदवई की कोशिशों से उन्हें इलाज के लिए मास्को भेजा गया, जहाँ से फिर कभी उनका लौटना संभव नहीं हो पाया। इस अवसान को उनके संघर्षशील बहुआयामी व्यक्तित्व का अंत कहा जा सकता है, परंतु ऐसा हुआ नहीं। युवाकाल में भविष्य के लिए उन्होंने जो लक्ष्य निर्धारित किए थे, उनका रिश्ता देश की दलित-दमित जनता, विशेष रूप से स्त्रियों की दारुण हालत से इतनी मज़बूती से जुड़ा हुआ था कि उन्हें खंडित स्वप्नों वाली स्वतंत्रता के बाद भी अधिक तीव्रता से जारी रखना पड़ा। लक्ष्यों के इस शेष रह जाने ने उन्हें ज़िंदा रखा। प्रगतिशील लेखक संघ और प्रगतिशील आंदोलन को उनका योगदान सिर्फ़ इतना नहीं था कि उन्होंने लंदन से जारी घोषणा-पत्र पर पहली लेखिका के रूप में हस्ताक्षर किए, बल्कि अन्य भारतीय लेखकों के दस्तख़त करवाए या प्रगतिशील लेखक संघ की पहली इकाई के इलाहाबाद में गठन (दिसंबर, 1935) को संभव बनाया और इसके लखनऊ में हुए प्रथम सम्मेलन के लिए (अप्रैल, 1936) कठिन परिश्रम किया, धन जुटाया, बल्कि मुंशी प्रेमचंद को इसकी अध्यक्षता करने के लिए तैयार भी किया। इस पर यक़ीन करना भले मुश्किल हो लेकिन यह तथ्य है कि यदि रशीदजहाँ प्रबल आग्रह न करतीं तो प्रेमचंद प्रगतिशील जनवादी रचनादृष्टि के शिखर पुरुष होते हुए भी इस सम्मेलन की अध्यक्षता करना स्वीकार न करते, न रुदौली के चौधरी मोहम्मद अली इसकी स्वागत समिति के अध्यक्ष बनते और न अंतर्राष्ट्रीय ख्याति अर्जित कर लेनेवाले फ़ैज़ अहमद फ़ैज़ इसमें शरीक हो पाते। हालाँकि कुछ दूसरे लोग इसका श्रेय लेने का प्रयास करते रहे हैं। फ़ैज़ को प्रगतिशील आंदोलन से जोड़ने में रशीदजहाँ की केंद्रीय भूमिका को भुलाया नहीं जा सकता। इसका तात्पर्य यह नहीं है कि रशीदजहाँ नहीं होती तो फ़ैज़ प्रगतिशील आंदोलन से नहीं जुड़ते, पर इतना अवश्य होता कि वह अप्रैल, 1936 के लखनऊ सम्मेलन में शरीक होने से वंचित रह जाते। फिर कब सुबह होती, कब उजाला फैलता। कोई नहीं जानता। यों भी सूफ़ीवादी अध्यात्म के प्रति उनका आकर्षण अधिक था।

प्रगतिशील कला दृष्टि के प्रसार तथा प्रगतिशील आंदोलन से संबद्ध गतिविधियों के प्रसार में अंग्रेज़ी पत्रिका *न्यू इंडियन लिट्रेचर* मज़बूत जनवादी मंच के रूप में प्रस्तुत हुई थी। लखनऊ से इसके पुनःप्रकाशन को संभव बनाने में रशीदजहाँ तथा उनके पति ने साहसिक

पहल की मिसाल प्रस्तुत की, जिसका कार्यालय रशीदजहाँ के लखनऊ आवास कैसर बाग़ में खोला गया। इस पत्रिका के कुछ अंक ब्रिटिश शासन ने ज़ब्त कर लिये थे। पत्रिका पर नज़र रखने के सरकारी आदेश थे। ठीक इसी प्रकार भारतीय जन-नाट्य संघ (इप्टा) के स्थापना अधिवेशन (बम्बई, मई, 1943) में उन्होंने राजेंद्र रघुवंशी आगरा के साथ उत्तर प्रदेश का प्रतिनिधित्व किया था तथा बंगाल के महादुर्भिक्ष से पीड़ित बंगजनों की सहायता हेतु इप्टा द्वारा चलाए गए महासांस्कृतिक अभियान से भी वे सक्रियता से जुड़ीं। इतना ही नहीं, राजेंद्र रघुवंशी (तब राजेद्र सिंह) तथा एक अन्य वरिष्ठ रंगकर्मी आनंद चतुर्वेदी के कथनों पर विश्वास करें तो 'इप्टा' से भी पहले रंगकर्म को जनाकांक्षाओं से जोड़ने के मक़सद से लखनऊ में ही रशीदजहाँ ने ग्रुप थिएटर की स्थापना का ऐतिहासिक कारनामा अंजाम दिया। नवंबर, 1932 में सज्जाद ज़हीर के संपादन में कहानी संग्रह *अंगारे* का प्रकाशन तथा उसमें उनके एक एकांकी 'परदे के पीछे' और एक कहानी को शामिल किया जाना न केवल उनके जीवन की बल्कि भारतीय साहित्य की महत्त्वपूर्ण घटना है। धार्मिक भावनाओं को आहत करने तथा अश्लीलता का मुद्दा उठाकर *अंगारे* और उसके कहानीकारों के ख़िलाफ़ ज़बर्दस्त मुहिम छेड़ी गई। अलीगढ़, बिजनौर, लखनऊ तथा कानपुर के कुछ अख़बारों ने इस मुहिम को उत्तेजना तथा विस्तार दिया। सज्जाद ज़हीर के साथ इस मुहिम का मुख्य निशाना बनीं रशीदजहाँ। उन्हें नाक काट लेने तथा चेहरा तेजाब से बिगाड़ देने की धमकियाँ दी गईं, जबकि *अंगारे* में संकलित उनकी रचनाओं पर न तो धार्मिक भावनाओं को आहत करने का आरोप लगाया जा सकता है और न अश्लीलता का। फिर भी वे मुख्य निशाना बनीं और 'अंगारेवाली' के नाम से बदनाम हुईं। पुरुषप्रधान समाज में एक स्त्री पुरुषों की प्रभुत्वकारी प्रवृत्तियों तथा इस प्रभुत्व को बनाए रखने के लिए धर्म का सहारा लेने के ख़िलाफ़ विद्रोह कर रही थी, वह स्त्रियों के लिए दमनमुक्त शोषणविहीन जीवन का हक़ माँग रही थी, वह मर्दों से पूछ रही थी, आख़िर औरत को सम्मान के साथ जीने का अधिकार क्यों नहीं? यह ही था उनका मुख्य अपराध जिसकी सज़ा दिलाने के लिए चंदे जमा किए गए और सरकार से संग्रह पर प्रतिबंध लगाने की अपील की गई, *अंगारे* नामक किताब ज़ब्त हो गई लेकिन रशीदजहाँ अमर रहीं। वे अमर हैं जनपक्षधर सांस्कृतिक अभियानों, राजनीतिक संघर्षों तथा अपने बाद आनेवाली लेखिकाओं की स्त्री अस्मिता से जुड़ी कहानियों में। डॉ. क़मर रईस के अनुसार, 'रशीदजहाँ का कारनामा यह है कि उन्होंने अपनी चंद कहानियों से अपने बाद लिखनेवाली बीसियों औरतों और लड़कियों को मुतास्सिर (प्रभावित) किया। इस्मत चुग़ताई, रज़िया सज्जाद ज़हीर, सिद्दक़ी बेगम और न जाने कितनी लेखिकाएँ थीं, जिन्होंने रशीदजहाँ की ज़िंदगी और उनके जादुई व्यक्तित्व को पथ का प्रकाश समझा और अपनी तहरीरों से उर्दू अदब को नई बुलंदियों पर पहुँचाया।'

इस्मत चुग़ताई का विचार है, 'ग़ौर से अपनी कहानियों के बारे में सोचती हूँ तो मालूम होता है, मैंने सिर्फ़ उनकी बेबाक़ी और साफ़गोई को गिरफ़्त में लिया है। उनकी भरपूर समाजी शख़्सियत क़ाबू में नहीं आई। मुझे रोती-बिसूरती, हराम के बच्चे जनती, मातम करती हुई निसवानियत (स्त्रीत्व) से हमेशा नफ़रत थी। ख़्वाहमख़्वाह ही वफ़ा और वो खूबियाँ जो पूरब की औरत का आभूषण समझी जाती हैं, मुझे लानत मालूम देती हैं। जज़्बातियत से मुझे हमेशा कोफ़्त होती है। इश्क़ में महबूब की जान को लागू हो जाना, ख़ुदकुशी करना, बवेला

करना, मेरे मज़हब में जायज़ नहीं–यह सब मैंने रशीद आपा से सीखा और मुझे यक़ीन है कि रशीद आपा आज जैसी सौ लड़कियों पर भारी पड़ सकती हैं।...भला ऐसा कौन है जो उनसे एक बार मिलते ही भन्ना न जाए?'

अब जबकि उनके अवसान को 53 वर्ष बीत चुके हैं, यशपाल जी के शब्द उतने ही अर्थपूर्ण अनुभव होते हैं : 'रशीदजहाँ सिर्फ़ बड़ी डॉक्टर या कहानीकार नहीं थीं, उनके किरदार की सबसे बड़ी ख़ूबी उनकी सचाई की लगन थी और अपने आदर्शों से प्यार...।' उनके व्यक्तित्व से यशपाल किस गहराई तक प्रभावित थे, इसका अनुमान उनके पहले उपन्यास, *दादा कॉमरेड* के चरित्र शैली से लगाया जा सकता है जो रशीदजहाँ का प्रतिबिंब नज़र आता है। अपने अंतिम उपन्यास *मेरी तेरी उसकी बात में* उनके शब्द हैं कि 'अकेली रशीदजहाँ दस कॉमरेडों के बराबर थी।'और यह स्त्री मुक्ति संघर्ष से जुड़ी तमाम भारतीय महिलाओं के लिए गर्व करने जैसी घटना है कि ऑक्सफ़ोर्ड यूनिवर्सिटी प्रकाशन द्वारा प्रकाशित भारतीय लेखिकाओं के विशिष्ट चयन के बीसवीं सदी के खंड में पहली कहानी रशीदजहाँ की है।

कहानियाँ, नाटक, पत्रकारिता के अलावा उन्होंने कुछ बहुत काम के निबंध भी लिखे हैं जो पढ़े भले कम गए हों, पर उनकी उपयोगिता अब भी बनी हुई है। उनका महत्त्व उनके शीर्षक से लगाया जा सकता है, जैसे कि 'अदब और अवाम', 'उर्दू अदब में इंकिलाब की ज़रूरत', 'औरत घर से बाहर', 'हमारी आज़ादी', 'प्रेमचंद और तरक़्क़ीपसंद अदीबों की पहली कॉन्फ्रेंस', 'चंद्रसिंह गढ़वाली'।

मुल्कराज आनंद

शरद दत्त

डॉक्टर मुल्कराज आनंद, जिन्हें लोग डॉ. साहेब, डॉ. आनंद, अंकल मुल्क और अंतरंग मित्र मुल्की कहकर संबोधित करते थे, भारत के एकमात्र ऐसे लेखक थे, जिन्होंने अपने जीवन की आधी शताब्दी पराधीन भारत में गुज़ारी और आधी शताब्दी स्वाधीन भारत में। वे इंडो-एंगलियन लेखकों के अग्रदूतों में थे। मुल्कराज आनंद का जन्म 12 दिसंबर, 1905 को पेशावर में (वर्तमान पाकिस्तान में) हुआ था। प्रारंभिक स्कूली शिक्षा प्राप्त करने के बाद उन्होंने अमृतसर से खालसा कॉलेज में दाख़िला लिया, उच्च शिक्षा के लिए वे ऑक्सफ़ोर्ड चले गए, जहाँ उन्होंने दर्शनशास्त्र में डॉक्टरेट किया।

मुल्क के व्यक्तित्व में एक जादूगरी थी, दोस्त बनाने में उन्हें महारत हासिल थी। कुशल व्यवहार और अतिसंवेदनशीलता के कारण वे सहज ही लोगों के प्रेरणास्रोत बन जाते थे।

अपने लंदन प्रवास में उनकी छवि रोमांटिक नायक की थी।

हैंडसम युवा, बड़ी-बड़ी आँखें और घुल-मिल जानेवाले स्वभाव के कारण मुल्कराज की तरफ़ लोग सहज ही आकर्षित हो जाते थे। उस काल में भारतीय युवा लंदन अधिकतर भारतीय सिविल सर्विस की तैयारी करने जाते थे। लेकिन मुल्क के मन में ऐसी कोई बात नहीं थी। मुल्क का अधिकांश समय किताबों और उस समय के नामचीन लेखकों की संगत में बीतता था। इंग्लैंड में मुल्क ने टी.एस. इलियट की पत्रिका *क्राइटेरियन* के लिए छोटे-छोटे निबंध और रिव्यू लिखने से कैरियर की शुरुआत की। उस समय के प्रसिद्ध लेखक ई.एम. फ़ार्स्टर, हरबर्ट रीड, हेनरी मिलर और जॉर्ज ऑरवेल के साथ मुल्कराज आनंद का उठना-बैठना था और इन लेखकों की संगत के कारण मुल्क की रचनात्मकता में असीम वृद्धि हुई।

मुल्कराज आनंद के बारे में आगे कुछ लिखूँ, इससे पहले पाठकों को यह बताना चाहता हूँ कि मैं उन चंद भाग्यशाली लोगों में से हूँ जिसे मुल्क के बहुत क़रीब रहने का सौभाग्य प्राप्त हुआ। दूरदर्शन का एक वरिष्ठ अधिकारी और निर्माता होने के कारण मुझे मुल्क के ऊपर दो बार एक-एक घंटे का वृत्तचित्र बनाने की ज़िम्मेदारी दी गई और इस प्रक्रिया में मुल्क के क़रीब और क़रीब आता गया।

मुल्कराज की शख़्सियत का आकलन करना कभी आसान नहीं रहा। उनका बहुआयामी व्यक्तित्व रहा है। कोई एक मुल्कराज इतना कुछ नहीं कर सकता जितना अपने जीवन-काल में मुल्कराज कर गए। मुल्कराज आनंद की मातृभाषा पंजाबी और हिंदुस्तानी थी लेकिन उन्होंने अंग्रेज़ी को अपने लेखन का माध्यम चुना। इसका सबसे बड़ा कारण यह था कि अंग्रेज़ी

भाषा के प्रकाशक किताब किस विषय पर लिखी गई है, उस आधार पर नहीं नकारते थे। मुल्कराज पहले ऐसे अंग्रेज़ी भाषा के लेखक बने, जिन्होंने अंग्रेज़ी में पंजाबी और हिंदुस्तानी मुहावरों और लोकोक्तियों का प्रयोग करना शुरू किया। हिंदुस्तान की मार्मिक और वास्तविक तस्वीर पेश करने वाले लेखक मुल्कराज का नाम उस समय के प्रसिद्ध अंग्रेज़ी के हिंदुस्तानी लेखक राजा राव और आर.के. नारायण के साथ शुमार किया जाने लगा।

आधी सदी तो मुल्कराज ने ग़ुलाम मुल्क में ही गुज़ारी। नाम भी क्या था–मुल्कराज आनंद! आनंद के साथ मुल्क पर राज करने वाला, लेकिन त्रासदी यह थी कि मुल्कराज ग़ुलाम देश में पैदा हुए थे। देश न सिर्फ़ ग़ुलाम था बल्कि कई अंधविश्वासों और कुरीतियों से जकड़ा हुआ था। बचपन में ही मुल्क के मानस-पटल पर उन अंधविश्वासों और कुरीतियों का गहरा असर पड़ा।

उनके पिता लालचंद ब्रिटिश आर्मी के सिपाही थे और ब्रिटिश साम्राज्य के प्रति उनकी निष्ठा मुल्कराज के लिए बेचैनी का सबब थी। उनकी एक चाची इसलिए आत्महत्या करने के लिए मजबूर हुईं क्योंकि उन्होंने एक मुस्लिम महिला के साथ भोजन किया था और उन्हें अपने समाज से तिरस्कृत होना पड़ा था। मुल्कराज की क़लम से निकला पहला निबंध इसी पारिवारिक त्रासदी के ऊपर था। उनके मानस-पटल पर कठोर जातिप्रथा, सामंतीप्रथा, दो क़ौमों की दूरी हथौड़े की तरह वार करती थी और इसी का परिणाम था इनकी क़लम से निकला इनका पहला उपन्यास *अनटचेबल*। *अनटचेबल* का नायक बाखा एक मेहतर जाति का था, जो लोगों के टॉयलेट साफ़ किया करता था और अचानक एक दिन वह ऊँची जाति का सदस्य बनने का अधिकारी हो जाता है। अंग्रेज़ी में लिखी यह किताब हिंदुस्तान की ज़मीनी हक़ीक़त को पूरी दुनिया के सामने लाने में सफल हुई थी।

मुल्कराज ने दुनिया को क़रीब से देखा। घुमक्कड़ रहना उन्हें पसंद था। काँगड़ा के मेले में गुम होनेवाले वाक़ये को वे कभी भी भुला न सके। उनका कुछ समय वियना में गुज़रा जहाँ वे स्कूल ऑफ़ इंटेलेक्चुअल में लीग ऑफ़ नेशंस के लिए व्याख्यान देते रहे। गुम हो जाने का डर उन्हें हमेशा सताता रहता था। इस ख़ौफ़ के इलाज के सिलसिले में उन्होंने विश्वविख्यात मनोवैज्ञानिक सिंगमंड फ़्रायड से सिटिंग्स भी ली थीं। ब्रिटिश कैंटोंमेंट पंजाब से लेकर वियना तक में मुल्कराज आनंद ने महसूस किया कि भारतीय सचाई से मुँह नहीं मोड़ा जा सकता है। भारत की ग़रीबी, अंधविश्वास, कठोर जाति प्रथा उनके दिलो-दिमाग़ में उथल-पुथल मचाती रही और उनको लगा कि उन्हें इसके ख़िलाफ़ संघर्ष में शामिल होना होगा।

1932 से 1945 तक का समय उनके लिए अनहोनी घटनाओं और उतार-चढ़ावों का दौर था। उसी काल में वे लंदन के वर्कर्स एजुकेशनल एसोसिएशन में लेक्चर देते रहे, अभिनेत्री कैथरीन से उनकी मुलाक़ात लंदन में हुई जो बाद में उनकी पत्नी बनीं और दोनों की एक पुत्री भी हुई।

1935 में उनकी किताब *अनटचेबल* आई जिसकी भूमिका ई.एम. फ़ॉर्स्टर ने लिखी और मुल्क अंतर्राष्ट्रीय स्तर पर स्थापित लेखक बन गए। 1936 में *कुली* प्रकाशित हुआ जिसमें एक बाल मज़दूर की त्रासदी की दास्तान है जो ट्यूबरक्लौसिस बीमारी से मर जाता है। उस किताब ने उनको एक अतिसंवेदनशील लेखकों की क़तार में ला दिया। उस काल के महान

भारतीय लेखक प्रेमचंद के साथ दलित साहित्य के सृजन की दिशा में भी उन्होंने काम करना शुरू किया।

मुल्कराज आनंद के साहित्यिक योगदान की मज़बूत नींव बना भारतीय प्रगतिशील लेखक संघ। 10 अप्रैल, 1936 को लखनऊ में प्रगतिशील लेखक संघ की नींव डाली गई और कलकत्ता में इसकी एक शाखा खोली गई। मुल्कराज आनंद के साथ इसके संस्थापक सदस्यों में सज्जाद ज़हीर, अहमद अली, रशीदजहाँ और महमूदुज़्ज़फ़र जैसे प्रतिष्ठित साहित्यकार थे। प्रगतिशील आंदोलन जल्दी ही विस्तृत होता चला गया। हिंदी और अंग्रेज़ी के साथ-साथ उर्दू, पंजाबी, बांग्ला, तेलगू और मलयालम भाषाओं के साथ यह आंदोलन साहित्य सृजन और समाज निर्माण का सशक्त संवाद बना। प्रेमचंद, नार्गाजुन से लेकर फ़क़ीर मोहन सेनापति, जोश मलीहाबादी, फैज़ अहमद फैज़ आदि बड़े नाम प्रगतिशील आंदोलन का हिस्सा बने।

1939 में *टू लीव्स एंड ए बड* आई जिसमें मुल्कराज आनंद ने दिखाया कि कैसे एक अंग्रेज़ चाय बाग़ान में काम करते मज़दूरों का दोहन करता है। एक मज़दूर की बेटी के साथ बलात्कार करता है और उसे जान से मार देता है। इस उपन्यास पर ख़्वाजा अहमद अब्बास ने *राही* नाम से फ़ीचर फ़िल्म भी बनाई जिसमें देव आनंद और नलिनी जयवंत ने मुख्य भूमिकाएँ निभाई थीं।

मुल्कराज आनंद की ट्रायोलॉजी थी–*द विलेज* (1939), *एक्रॉस द ब्लैक वाटर* (1940), और *द सोर्ड एंड दी सिकल* (1942)। तीन पुस्तकों की इस शृंखला में मुल्क ने सामाजिक विसंगति को जिस प्रभावी ढंग से चित्रित किया है, वह अन्यत्र देखना मुश्किल है।

गांधी जी के संघर्ष, संवेदना और आदर्श से प्रभावित होकर मुल्कराज भारत आकर गांधी जी से जुड़े और साबरमती आश्रम का हिस्सा बने। यहाँ उन्हें गांधी का सान्निध्य तो मिला लेकिन साबरमती आश्रम के कठोर अनुशासन से घुटन भी होती थी। गांधी जी ने यह महसूस किया और ज़िम्मेदारी दी कि वे क़लम से देश-सेवा करें और इस तरह उनको ससम्मान वहाँ से बाहर जाने का रास्ता मिल गया।

1940 के आसपास मुल्कराज जहाँ ब्रिटिश लेबर पार्टी से जुड़े, वहीं इंडियन नेशनल कांग्रेस के भी सदस्य बन गए। कृष्ण मेनन की अगुवाई में राष्ट्रीय स्वतंत्रता संग्राम के ध्वजवाहक बने और द्वितीय विश्वयुद्ध के दौरान बी.बी.सी. लंदन के लिए पटकथा लेखन का भी काम किया।

मुल्कराज का व्यक्तित्व कला समर्थक, कला सर्जक और कला संरक्षक का भी था। 1946 में उन्होंने *मार्ग* नाम की ललित कला से संबंधित पत्रिका की शुरुआत की और यह पत्रिका मील का पत्थर साबित हुई। डॉली सहीयार से उनकी दोस्ती *मार्ग* के दिनों में हुई थी जो डॉली के निधन तक रही। भारत की संपूर्ण कला और संस्कृति की धरोहर को *मार्ग* पत्रिका में सँजोने का काम मुल्कराज ने किया जो आनेवाली पीढ़ियों के लिए भी दस्तावेज़ है।

मुल्कराज आनंद ने *मार्ग* के 101 अंक संपादित किए। आज भी *मार्ग* के अंकों पर उनका नाम संस्थापक संपादक के रूप में आता है। सन् 1948 में पहली पत्नी से तलाक़ के बाद आनंद ने एक शास्त्रीय नृत्यांगना शीरीन बज़ीफ़दार से शादी की। 1948 से 1966 तक वे विभिन्न भारतीय विश्वविद्यालयों में पढ़ाते रहे।

मुल्कराज आनंद का ज़बर्दस्त योगदान आधुनिक नवी मुंबई और चंडीगढ़ शहर के निर्माण में है। मुल्कराज आनंद का अनुभव भारत की बेहतरी के प्रति समर्पित था। उनकी जिजीविषा

उन्हें हर वह काम करने को प्रेरित करती रही जिससे भारत का निर्माण होता हो। इतिहासकार और लेखक स्वर्गीय डॉ. रफ़ीक़ ज़कारिया के अनुसार, 'मुल्क की किताबें बहुआयामी हैं। कई विषयों को उन्होंने समेटा है। आज़ादी के संग्राम के समय की इनकी कुछ किताबें जैसे *कुली* और *अनटचेबल* ने न सिर्फ़ भारतीय अंग्रेज़ी पाठक बल्कि यूरोप, फ्रांस, सोवियत आदि देशों के पाठकों को भी भारतीय त्रासदी से परिचित कराया।' उनकी किताबों का कई भाषाओं में अनुवाद भी छपा।

कवि, उपन्यासकार, आलोचक शिव. के. कुमार के अनुसार, 'मुल्क एक सामाजिक चिंतक थे न कि समाज सुधारक। एक तरफ़ गांधी ने पिछड़े तबक़ों के उत्थान का बीड़ा उठाया, तो मुल्कराज ने समाज सुधार का व्याकरण दिया। मुल्कराज की कमतर पढ़ी गई किताब भी कमाल की है। मुल्कराज समस्याओं का शक्तिशाली चित्रण, नाटकीय चाक्षुष रूप में दिखाते रहे हैं।'

स्कॉलर डॉ. कपिला वात्स्यायन कहती हैं, 'जब बच्चे बड़े हो रहे होते थे तो उन्हें मुल्क की किताबें पढ़ने के लिए दी जाती थीं। मुल्कराज आनंद पहले उन चंद लेखकों में से थे, जिन्होंने अंग्रेज़ी में लिखा और भारत की सच्ची तस्वीर पूरी दुनिया को दिखाई।'

कवि-पत्रकार आदिल जस्सीवाल कहते हैं, 'आज की पीढ़ी मुल्क को रुश्दी या पोस्ट रुश्दी में पहचानने की कोशिश करती है, लेकिन मुल्क ने तब लिखना शुरू किया जब हिंदुस्तान में अंग्रेज़ी हुकूमत की जड़ें मज़बूत थीं। हम उनकी भाषा को देखें तो ऐसा लगता है कि मुल्क ने जानकर ऐसी अंग्रेज़ी का प्रयोग किया जो साम्राज्य की नहीं थी, लेकिन बाद में 1930 के दशक में आप राजा राव और मुल्क का लेखन देखें तो उसमें आपको साम्राज्यवादी शैली दिखेगी।' मुल्कराज आनंद 1930 के दशक से ही अंग्रेज़ों के अलोकतांत्रिक रवैये से क्षुब्ध थे, वहीं पश्चिमी लोकतंत्र के असफल होने से बेचैन थे। उन्होंने महसूस किया कि इनसानी ज़िंदगी की हालत हर जगह ख़राब है। मुल्क मार्क्सवाद से प्रभावित थे और रूसी समाजवाद से भी। *टाइम्स ऑफ़ इंडिया* के संपादक, पत्रकार शाम लाल ने भी कहा था, 'मुल्क रूस में मार्क्स की सामाजिक चेतना से प्रभावित थे। मुल्क ने कभी भी बेहतर कल की उम्मीद नहीं छोड़ी।'

मुल्क लंदन में थे और सज्जाद ज़हीर ऑक्सफ़ोर्ड में, दोनों वर्ल्ड पीस कॉन्फ्रेंस में भाग लेने पेरिस गए, वहाँ उनकी मुलाक़ात यूरोप, फ्रांस, सोवियत यूनियन एवं अन्य देशों के शीर्ष लेखकों एवं बुद्धिजीवियों से हुई। यह 1935 की बात है। लुई अरागों से लेकर गोर्की तक को मुल्क ने क़रीब से देखा, जाना और समझा और यहीं अखिल भारतीय प्रगतिशील लेखक संघ की अवधारणा का जन्म हुआ। यह बात ग़ौर करने की है कि उस समय समस्त विश्व में साम्राज्यवाद विरोधी आंदोलन का दौर था।

हिंदुस्तान में मुल्क ने अपनी असीम ऊर्जा को भारतीय कला और संस्कृति के संरक्षण और अध्ययन की तरफ़ मोड़ा। हाउस ऑफ़ टाटा के सहयोग से उनके द्वारा संपादित *मार्ग* नाम की कला पत्रिका की शुरुआत की गई और नई पीढ़ी को कला और संस्कृति के प्रति गंभीर बनाने की कोशिश की गई।

मुल्कराज आनंद के साथ अनवरत जुड़ी रहनेवाली डॉली सहीयार कहती हैं, 'मुल्क के साथ लगातार हमने *मार्ग* के लिए काम किया। मुल्क से डिक्टेशन लेना, ऐतिहासिक स्मारकों

के ऊपर शोध करना, हर काम में अपना सर्वोत्तम देना आदत-सी थी। *मार्ग* के 101 अंक तो मुल्क के संरक्षण में मैंने पूरे किए। मुल्क बैटरी रिचार्जर थे। कभी न थकनेवाले इनसान और वे सामनेवाले को भी थकने नहीं देते थे।'

डॉ. प्रताप आदित्य पाल ने बाद में *मार्ग* के प्रधान संपादक का पदभार सँभाला। उनकी यादों में मुल्क अभी तरोताज़ा हैं। वे कहते हैं, '40 और '50 के दशक में भारतीय कला और संस्कृति में रुचि थी, लेकिन कभी सोचा नहीं था कि मुल्कराज आनंद से मुलाक़ात होगी और उस कुर्सी पर बैठूँगा जहाँ से मुल्क *मार्ग* के 101 अंक निकाल चुके थे। मुल्क वर्तमान के प्रति गंभीर रहते थे और भविष्य के प्रति आशावान। मुंबई को नवी मुंबई बनाने की परिकल्पना करने वाले मुल्क अथाह ज्ञान के मालिक थे।'

बहुत कम लोगों को शायद यह पता हो कि चंडीगढ़ महानगर के निर्माण में मुल्कराज आनंद का अहम योगदान है। स्थापत्यकार ला. कारबूज़ियर और मैक्स्वेले फ्राई के साथ मुल्क दिन-रात लगे रहे और चंडीगढ़ सिटी को एक योजनाबद्ध महानगर का रूप दिया।

मुल्क के अंतिम दिन खंडाला में बीते। वे विस्मृति की बीमारी से पीड़ित थे। वे चित्र बनाते और ग़रीब बच्चों को दे देते। इससे पहले कि मुल्क जीवन के 100 वर्ष पूरे करते काल के क्रूर हाथों ने उन्हें अढ़ाई महीने पहले हमसे छीन लिया। उन्होंने पुणे के एक अस्पताल में अंतिम साँस ली।

मुल्क के पास अथाह ऊर्जा थी जो वे हर काम में पूरी तरह झोंक देते थे। मुल्क एक साथ कई काम करने में सक्षम थे और हर काम को परिपूर्णता के साथ करते थे। भारत की कला धरोहर को समृद्ध करने में मुल्क हमेशा अग्रणी रहे।

सज्जाद ज़हीर

अली सरदार जाफ़री

सज्जाद ज़हीर एक चिंगारी थे–'सारी इनसानियत का एक तड़पता हुआ शोला'। मैं सज्जाद ज़हीर से पहली मर्तबा 1936 के दौरान देहली में मिला था, जहाँ बाएँ बाज़ू की क़ूवतों ने 1935 के 'गवर्नमेंट ऑफ़ इंडिया एक्ट' के ख़िलाफ़ एहतिजाज (प्रदर्शन) करने के लिए एक जलसा-ए-आम मुनअक़्क़िद किया था। हम दोनों वहाँ तक़रीरें करने के लिए आए थे। मैं स्टूडेंट तहरीक की नुमाइंदगी कर रहा था और वे कांग्रेस पार्टी की या हो सकता है हिंदुस्तानी कम्युनिस्ट पार्टी की, जो उन दिनों ग़ैर-क़ानूनी थी। अंजुमन तरक़्क़ीपसंद मुसन्निफ़ीन (प्रगतिशील लेखक संघ) के केबानी की हैसियत से और उर्दू अफ़सानों के सनसनीख़ेज़ कलेक्शन *अंगारे* के एक मुसन्निफ़ (लेखक) की हैसियत से सज्जाद ज़हीर मशहूर हो चुके थे। बर्तानिया हुकूमत ने रजअतपरस्तों और पुरातनपंथियों के दबाव में आकर *अंगारे* को ज़ब्त कर लिया था। फिर भी कहानियों का यह मजमूआ हमारे अदब का एक मोड़ बन गया। सज्जाद ज़हीर ने एक होनहार शायर की हैसियत से मेरा नाम सुन रखा था, जिसे रेडिकल ख़यालात रखने के जुर्म में अलीगढ़ मुस्लिम यूनिवर्सिटी से निकाल दिया गया था। हममें फ़ौरन दोस्ती हो गई, जो 37 बरस, उनकी ज़िंदगी के आख़िरी दिन तक क़ायम रही।

मुझ पर उनका पहला तास्सुर बहुत ही खुशगवार था, वे पुरख़ुलूस, मोहब्बती और नर्मगुफ़्तार नौजवान नज़र आए। उनके हाथ बहुत ही ख़ूबसूरत और हस्सास (संवेदनशील) थे। क़लम या चम्मच, प्याली या किताब उठाने में उनके हाथों की धीमी हरकत से उनमें एक ख़ास कशिश पैदा हो जाती है, सालों बाद मशहूर गुजराती शायर उमाशंकर जोशी ने मुझसे उन हाथों की ख़ूबसूरती की तारीफ़ की। उन्होंने कहा कि जब वे सज्जाद ज़हीर से पहली बार मिले तो जी चाहा कि उनके हाथों को बस देखते ही रहें।

मुझे याद नहीं कि मैंने उन्हें बन्ने भाई कहना कब शुरू किया। वे मुझसे आठ साल बड़े थे। पहली मुलाक़ात के दो साल बाद हम फिर यकजा हुए। मैंने 1938 में लखनऊ यूनिवर्सिटी में दाख़िला लेने के लिए देहली यूनिवर्सिटी छोड़ दी। बन्ने भाई उस ज़माने में लखनऊ और इलाहाबाद में रहते थे और डॉक्टर कुँवर मोहम्मद अशरफ़ और डॉक्टर ज़ेड.ए. अहमद के साथ ऑल इंडिया कांग्रेस कमेटी के दफ़्तर में जवाहरलाल नेहरू की रहनुमाई में काम करते थे जो बन्ने भाई से ख़ास लगाव रखते थे। बन्ने भाई के सारे बड़े भाई ख़ूब पैसा कमा रहे थे लेकिन बन्ने भाई ने सियासी व तहज़ीबी काम को तरजीह दी और इन्हीं सरगर्मियों के लिए अपनी सारी ज़िंदगी वक़्फ़ कर दी। उन दिनों

कम्युनिस्टों को नए ज़माने का औलिया समझा जाता था, जिन्हें अपनी मुफ़लिसी पर नाज़ था।

उस ज़माने में हमने तीन छोटी-छोटी किताबें शाया कीं—सज्जाद ज़हीर का मुख़्तसर नॉवेल *लंदन की एक रात,* मजाज़ की नज़्मों का मजमूआ *आहंग,* हयातुल्लाह अंसारी की कहानियाँ *अनोखी मुसीबत* और अपनी कहानियों का मजमूआ *मंज़िल।* बाद में मैंने कहानियाँ लिखना छोड़ दिया और पूरी तरह शायरी का हो रहा। इन किताबों से लैस होकर हम तरक़्क़ीपसंद मुसन्निफ़ीन (प्रगतिशील लेखकों) की दूसरी कुल हिंद कांफ्रेंस में शिरकत करने के लिए दिसंबर 1938 में कलकत्ता पहुँचे, जहाँ कृश्न चंदर भी अपनी पहली किताब लेकर आए थे। हम शाइस्ता बंगाली अदीब सुधींद्रनाथ दत्त के बड़े-से घर में ठहरे थे, जिन्होंने हमारी मेहमाननवाज़ी में कोई कसर उठा न रखी। वहीं हमारी मुलाक़ात एक बहुत ही अच्छे आला मज़ाक़ शायर विष्णु डे और नौजवान बाग़ी बुद्धिदेव बोस से हुई। हमें असल मुसर्रत (ख़ुशी) इसकी थी कि इसी सफ़र में हम जेमिनी राय और उनकी तस्वीरों (पेंटिंग्स) से रूशिनास हुए जो हमारे लिए किसी बड़ी उपलब्धि से कम न था। उनके चित्रों की किसी हद तक अतिरंजनापूर्ण ख़ूबसूरत बंगाली आँखों ने, जिनमें लोककला की झलक मिलती थी, सचमुच हमारी रूह को बेदार कर दिया।

कांफ्रेंस का इफ़्तिताह गुरुदेव टैगोर करने वाले थे, जिन्होंने किसी ग़लतफ़हमी के तहत अपना इफ़्तिताही ख़ुत्बा (उद्‌घाटन भाषण) बांग्ला में लिखा था। इसलिए डॉक्टर मुल्कराज आनंद को और मुझे यह काम सुपुर्द किया गया कि हम टैगोर से मुलाक़ात करें और यह दरख़्वास्त करें कि वे अपना भाषण अंग्रेज़ी में लिखें। जब हम उनकी क़दमबोसी के लिए शांतिनिकेतन गए तो गुरुदेव ने कहा कि उन्हें न तो नया ख़ुत्बा लिखने की फ़ुर्सत है और न जो वे लिख चुके हैं, उसे अंग्रेज़ी में अनुवाद करने का वक़्त। अलबत्ता उन्होंने चंद बंगाली अदीबों के नाम बताए जो यह काम कर सकते थे, इनमें प्रोफ़ेसर हीरेन मुखर्जी का भी नाम था और फिर अचानक उन्होंने एक नौजवान बंगाली अदीब का नाम लिया और झुँझलाई आवाज़ में कहा, 'उससे मेरे भाषण का अनुवाद करने को मत कहना।' जानते हो तुम लोग, वह बत्तीस साल का है और चालीस किताबों का लेखक है। हमने उन्हें इन्कसारी के साथ बताया कि उर्दू के जो लेखक इस कांफ्रेंस में शिरकत करने आए हैं, वे सिर्फ़ एक-एक किताब के मुसन्निफ़ हैं तो वे मुस्कुरा दिये।

कलकत्ता कांफ्रेंस बड़ा ख़ुशगवार तजरबा थी। बन्ने भाई वहाँ रज़िया के साथ शादी के फ़ौरन बाद ही आए थे। रज़िया एक नौजवान दुबली-पतली लड़की थी जिन्हें देखकर हाफ़िज़ का शेर याद आता था। तरक़्क़ीपसंद तहरीक में यह रज़िया का पहला दाख़िला था। देखते ही देखते वह नौजवान दुल्हन से रज़िया आपा बन गई, उस बन्ने भाई की रफ़ीका (साथी) जिसने अपने गिर्द हिंदुस्तान के कोने-कोने से मुम्ताज़ अदीब और होनहार नौजवान जमा कर लिये थे। जिन लोगों ने इस तहरीक की सरपरस्ती की, उनमें गुरुदेव टैगोर, अल्लामा इक़बाल, जवाहरलाल नेहरू, सरोजिनी नायडू, वल्लतोल और मुंशी प्रेमचंद जैसी हस्तियाँ थीं। सितंबर, 1939 में दूसरी जंगे-अज़ीम छिड़ गई। पहले बन्ने भाई गिरफ़्तार किए गए। फिर दिसंबर, 1940 में मुझे भी गिरफ़्तार कर लिया गया। मुझे लखनऊ सेंट्रल जेल में रखा गया जहाँ मैं बन्ने भाई के बड़े भाई डॉ. हुसैन ज़हीर और कांग्रेसी लीडर चंद्र भानु गुप्ता के साथ

था। बन्ने भाई सेंट्रल जेल में बंद थे। दोनों जेलों के बीच बस एक दीवार हायल थी। जिस दिन मैं वहाँ पहुँचा, उसी दिन एक हमदर्द वार्डन ने एक छोटा-सा पुर्ज़ा लाकर दिया जो बन्ने भाई ने मुझे भेजा था और क़ैदख़ाने में मेरा ख़ैरमक़दम (स्वागत) किया था। अब तहरीरों की आमदोरफ़्त शुरू हो गई जो आमतौर पर अदब और शाइरी के बारे में हुआ करती थी। एक बार तहरीर जेलर ने पकड़ ली। उसने कीट्स का नाम भी न सुना था। वह यह समझा कि यह किसी बड़ी साज़िश के लिए शिनाख़्त का नाम है। जब मैंने किताब खोलकर उसे दिखाई और उसे कीट्स का एक सॉनेट पढ़कर सुनाया तब उस अहमक़ ने मेरी जान छोड़ी...

बन्ने भाई के लिए और हम सबके लिए ख़ुशी का एक अज़ीम लम्हा जेलख़ाने से छूटने के बाद 1941 के आख़िर में आया। ऑल इंडिया रेडियो के लखनऊ स्टेशन में तरक़्क़ीपसंद शोअरा का एक मुशायरा आयोजित किया गया। यह अपने क़िस्म का पहला मुशायरा था जिसे नए शाइरों का मुशायरा कहा गया, जिसमें मजाज़, फ़ैज़, मख़्दूम, जाँनिसार अख़्तर, जज़्बी को और मुझे शिरकत के लिए बुलाया गया। लखनऊ के असातिज़ा (उस्ताद) श्रोताओं में थे। प्रोग्राम बेहद कायकाब रहा। तरक़्क़ीपसंद अदब बालिग़ हो गया था।

अगले साल 1942 में पी.सी. जोशी ने जो उस वक़्त हिंदुस्तानी कम्युनिस्ट पार्टी के जनरल सेक्रेटरी थे, मुझे पार्टी के उर्दू हफ़्तावार *'क़ौमी जंग'* के एडिटोरियल स्टाफ़ में काम करने के लिए बंबई आने की दावत दी। मैं 21 जून, 1942 को बंबई पहुँचा। चंद दिनों में बन्ने भाई भी बंबई पहुँच गए और हम दोनों ने पार्टी के पहले उर्दू रिसाले का पहला शुमारा (अंक) निकाला। यह हमारे साथ रहने और काम करने की सबसे तवील मुद्दत का आग़ाज़ था। कुछ दिनों बाद डॉ. अशरफ़ भी आ गए। फिर सिब्ते हसन आए और फिर कैफ़ी आज़मी, अली अशरफ़, मोहम्मद मेहँदी, ज़ोय अंसारी, कलीमुल्लाह और बहुत-से दूसरे लोग। हम पार्टी कम्यून में रहते और खाते थे, जिसका नाम न जाने क्यों *राजभवन* था। हमारी माहाना उज्रत चालीस रुपये थी। बन्ने भाई एक अलग घर में बालकेश्वर रोड पर रहते थे। हम मज़ामीन लिखते, कॉपियाँ जुड़वाते, उन्हें प्रेस ले जाते और जब अख़बार छप जाता तो पूरी एडिटोरियल टीम हॉकर बन जाती और सड़कों पर चीख़-चीख़कर अख़बार बेचती। इससे अवाम में बड़ा गहरा असर पड़ा। पार्टी कम्यून की ख़बर सारे मुल्क में फैल गई। महात्मा गांधी ने भी इससे दिलचस्पी ज़ाहिर की। जिन अदीबों का पार्टी से सीधे तअल्लुक़ नहीं भी था, वे भी आते और हमारे साथ चंद दिन रहते और कम्युनिस्ट रफ़ाक़त का ख़ुशगवार तजरबा साथ लेकर वापस जाते। फ़ैज़ फ़ौज में भर्ती हो गए थे फिर भी वे एक दिन के लिए आए। मजाज़ हमारे साथ चंद महीने रहे और उन्होंने अख़बार में काम भी किया। उनकी उज्रत सिर्फ़ चाय और खाना थी। इससे ज़्यादा का उन्होंने कोई मुतालिबा नहीं किया। जोश मलीहाबादी और सुमित्रानंदन पंत भी कभी-कभी आ जाते। वे पी.सी. जोशी के दोस्त थे। जोश ने पार्टी के लिए बहुत-सी नज़्में लिखीं।

1942 से 1948 तक तरक़्क़ीपसंद अदीबों की तहरीक का सुनहरा दौर था जो सारी ज़बानों तक फैला हुआ था और उसने अदब का बहुत बड़ा और बहुत अच्छा ज़ख़ीरा पेश किया। हिंदुस्तान में इतनी ज़बर्दस्त कल्चरल तहरीक इससे पहले कभी नहीं उठी। हमारी तहरीके-आज़ादी से इसका गहरा रिश्ता था *तरक़्क़ीपसंद* (प्रगतिशील) का लफ़्ज़-बाअसे इफ़्तिख़ार बन गया। बन्ने भाई की शख़्सियत और बनज़रिया तरक़्क़ी की उनकी परिकल्पना

के गिर्द उर्दू के छोटे-बड़े तक़रीबन सारे अदीब जमा हो गए। वे लोग भी जो हमसे मुत्तफ़िक नहीं थे जैसे जिगर मुरादाबादी, हमारा बहुत एहतराम करते थे और बाबाए उर्दू डॉ. अब्दुल हक़ भी....कम्युनिस्ट दुश्मन नौजवान अदीबों की भी एक जमात थी जो हमें पसंद नहीं करती थी और प्रयोगवादियों का भी एक गिरोह था जो फ़न और अदब को किसी भी नज़रिए का असर लेने के ख़िलाफ़ थे।

सज्जाद ज़हीर का घर सीकरी भवन, हमारी अदबी सरगर्मियों का मरकज़ था। वहीं तरक़्क़ीपसंद अदीबों के हफ़्तावार जलसे होते; नई नज़्में, कहानियाँ और मज़ामीन पढ़े जाते, उन पर बहस व मुबाहिसा होता, तंक़ीद होती, जिसकी रिपोर्ट उर्दू रिसालों (पत्रिकाओं) में छपती। इससे उर्दू की तख़लीको-तहरीर (लेखन) पर बहुत गहरा असर पड़ा। कुछ अजीब इत्तफ़ाक़ था। उन दिनों उर्दू वे बहुत-से सफ़े अव्वल (प्रथम पंक्ति) के अदीब बंबई और पूना में आ गए थे, कृश्न चंदर, ख़्वाजा अहमद अब्बास, इस्मत चुग़ताई, मजाज़, महेंद्र नाथ, मजरूह सुलतानपुरी, साहिर लुधियानवी, कैफ़ी आज़मी, अख़्तरुल ईमान, सिब्ते हसन, जोश मलीहाबादी, साग़र निज़ामी और दूसरे लोग। ये सब लोग तो तरक़्क़ीपसंद थे, लेकिन जो लोग हमसे इख़्तलाफ़ रखते थे, हमारे जलसों में वे लोग भी शरीक होते। उस वक़्त हिंदुस्तानी स्टेज पर 'इप्टा' छाया हुआ था और अदबी दुनिया में अंजुमन तरक़्क़ीपसंद मुसन्निफ़ीन यानी पी.डब्ल्यू.ए. का बोलबाला था, बन्ने भाई इसके सेक्रेटरी थे और सुल्ताना उनकी सेक्रेटरी थीं।

हम दिन में पार्टी ऑफ़िस में काम करते थे, और शाम को फ़न व अदब पर चर्चा करते। हम मार्क्सवाद की रोशनी में क्लासिकी उस्तादों की शायरी की क़दरोक़ीमत तय करने की कोशिश करते और इस तरह के सवालात के जवाब ढूँढ़ने की कोशिश करते कि ग़ालिब और मीर, तुलसी और कबीर कैसे हमें, हमारे चिंतन को दिशा दे सकते हैं। अदब के स्थायी मूल्य क्या हैं? हम रेम्बो, मलार्मे और बोदलेयर की फ़नकाराना ख़ूबियों पर लंबी बहसें करते, ये शायर फ़्रांस की पतनशील प्रवृत्तियों के नुमाइंदों की हैसियत से मशहूर थे। बन्ने भाई ने असल फ़्रांसीसी में इन्हें पढ़ा हुआ था। मैंने अंग्रेज़ी तर्जुमा पढ़ा था। हमारी बहसों में काफ़्का का नाम अक्सर आ जाता था।

मुसव्विरी (चित्रकला) के बारे में बन्ने भाई मुझसे बेहतर इल्म और समझ रखते थे। उन्हें सीजान, गौगां और पिकासो की तख़्लीक़ात पसंद थी और रेम्बो, मलार्मे और बोदलेयर को वह नापसंद करते थे। फ़्रांसीसी ज़वालपसंदों (पतनवादियों) की मज़म्मत करते हुए उन्होंने एक मज़्मून लिखा : 'शेर महज़' लेकिन इसमें कोई अजीब बात नहीं है। अक्सर ऐसा होता है कि आदमी अपने लिए अपना एक भिन्न दूसरों से अलग और निजी सौंदर्यलोक रखता है। अपनी ज़िंदगी के आख़िरी दिनों में बन्ने भाई के रवैए में तब्दीली आ गई थी और उन्होंने मुझे कहा था कि 'शेर महज़' को वे अपने मज़ामीन के मजमूए में शामिल नहीं करना चाहते, मुझमें और बन्ने भाई में 'इक़बाल शनासी' पर हमेशा दोस्ताना झड़पें हुआ करती थीं। इक़बाल की शाइरी ने मुझ पर अपना बहुत गहरा असर डाला था। उन्होंने फ़ैज़ और मख़्दूम जैसे इंक़लाबियों को भी मुतास्सिर किया था बावजूद इसके मुस्लिम रूढ़िवाद की एक रौ भी थी। वे पहले उर्दू शायर थे, जिन्होंने 1919 में रूसी इंक़लाब का ख़ैरमक़दम किया था। इब्तिदा में बन्ने भाई उस तज़ाद (अंतर्विरोध) को मानने के लिए तैयार नहीं थे जो लेनिन ने तॉलस्तॉय में और गोर्की ने पुश्किन में देखा था। लेकिन यह ज़िक्र दिलचस्पी से ख़ाली न होगा कि

बाद में उन्होंने इक़बाल के बारे में अपनी राय बदल दी। बन्ने भाई से मेरी आख़िरी मुलाक़ात इस साल मार्च के आख़िर या अप्रैल के शुरू में हुई थी, जब उन्होंने देहली यूनिवर्सिटी में इक़बाल सेमिनार का इफ़्तातह किया और मैंने इक़बाल पर एक मक़ाला (आलेख) पढ़ा। यह सेमिनार इक़बाल के सद्साला जश्न की तैयारी के सिलसिले में हुआ था।

मुल्क की तक़्सीम के बाद बन्ने भाई 1948 में पाकिस्तान चले गए ताकि वहाँ कम्युनिस्ट पार्टी की तंज़ीम कर सकें। शुरू में वे भूमिगत तरीक़े से काम करते रहे। चंद साल बाद उन्हें फ़ौज के कुछ अफ़सरों के साथ रावलपिंडी साज़िश केस में गिरफ़्तार कर लिया गया। सज़ा के बाद उन्हें बलूचिस्तान की एक जेल में रखा गया। उन्होंने पाकिस्तान की जेलों में पाँच साल काटे। सरकारी वकील ने उनके लिए सज़ा-ए-मौत का मुतालिबा किया था। लेकिन इससे डरने के बजाय फ़ैज़ ने जेल में अपनी बेहतरीन नज़्में और ग़ज़लें कहीं और सज्जाद ज़हीर ने अपने अदबी तास्सुरात और यादों की किताब *रौशनाई* लिखी और ईरान के अज़ीम ग़ज़लगो शायर 'हाफ़िज़' पर एक किताब लिखी। उन कठिन दिनों में अपने घर से और अपने बीवी-बच्चों से दूर उन्हें सिर्फ़ उनके अक़ायद की पुख़्तगी (वैचारिक दृढ़ता) ने हिम्मत व हौसला दिया। रज़िया आपा लखनऊ में अपनी प्यारी बेटियों की ज़द्दोजहद अकेली करती रहीं। उन्होंने उन कठिन दिनों में बेमिसाल हिम्मत का सुबूत दिया, जब बन्ने भाई पहली मरतबा 1939 में जेल गए तो रज़िया आपा ने इलाहाबाद यूनिवर्सिटी में दाख़िला लेकर उर्दू अदब में एम.ए. किया और जब बन्ने भाई मौत के साए तले पाकिस्तान की जेलों में क़ैद रहे तो रज़िया आपा आला दर्जे की कहानीकार बन गईं।

सज्जाद ज़हीर और फ़ैज़ क़ैद ही थे जब मुझे दिसंबर, 1954 में मास्को में सोवियत अदीबों की दूसरी कांग्रेस में शिरकत का मौक़ा मिला। जब मैंने चालीस खंभों वाले बड़े हॉल में तक़रीर की और हिंदुस्तानी अदीबों की तरफ़ से तोहफ़े के तौर पर फ़ैज़ की नज़्मों का एक मुख़्तसर-सा मजमूआ (संकलन) सज्जाद ज़हीर के नाम किया तो कांग्रेस के तमाम शिरकत करने वालों ने खड़े होकर देर तक तालियाँ बजाईं। हिंदुस्तान व पाकिस्तान के लिखनेवालों को जिनके रहनुमा सज्जाद ज़हीर और फ़ैज़ थे, यह सोवियत अदीबों की तरफ़ से प्यार व भाईचारगी का पैग़ाम था। हिंदुस्तान की तहरीक और सारी दुनिया के अदीबों-दानिशवरों के दोहरे दबाव की वजह से बन्ने भाई को 1955 में रिहा किया गया। वे हिंदुस्तान वापस आ गए। पहले वे लखनऊ में रहे और फिर देहली में सुकूनत पज़ीर हो गए, जहाँ वे कम्युनिस्ट पार्टी के कल्चरल लीडर की हैसियत से काम करते रहे।

हिंदुस्तान आने के साल-भर के अंदर-अंदर उन्होंने डॉ. मुल्कराज आनंद के साथ मिलकर नई दिल्ली में एशियाई अदीबों की पहली कांफ़्रेंस आयोजित की, जो बिल आख़िर अफ़्रो-एशियाई अदीबों की ज़बर्दस्त तहरीक बन गई, जो तरक़्क़ी पज़ीर (विकासशील) मुल्कों के साम्राज्य दुश्मन तख़्लीकी अदब के लिए एक ताक़तवर फ़ोरम और इनसान के वक़ार (गरिमा) को बहाल करने की तहरीक है।

अपनी ज़िंदगी के आख़िरी दस बरसों में उन्होंने कुछ नज़्में लिखीं और उनका मजमूआ शाया किया। *पिघला नीलम* एक विवादात्मक किताब है। बाज़ लोग शाइरी की तारीफ़ (व्याख्या) के बारे में अपनी पुरानी जड़ सोच की वजह से, उसे अच्छी शायरी नहीं मानते लेकिन इसमें सज्जाद ज़हीर के नाज़ुक जज़्बात और संवेदनशीलता पूरी तरह नज़र आती है। उनमें से कुछ

नज़्मों के तर्जुमे रूसी ज़बान में भी छपे हैं। बन्ने भाई ने सिर्फ़ चार किताबें यादगार के तौर पर छोड़ी हैं। लेकिन उनका असली तख़्लीकी कारनामा है सभी ज़बानों में फैले हुए वे नौजवान अदीब जिन्होंने उपमहाद्वीप की बेहतरीन तख़्लीक़ी (सृजनात्मक) सलाहियतों को उजागर किया, और जिनके चिंतन और जीवन को देखने के उनके नज़रिए को बुलंदी अता की।

उनकी शख़्सियत बहुत ही दिलकश थी और उनमें बड़ी नफ़ासत थी। उन्होंने हिंदुस्तानी और मग़रबी तहज़ीबों के बेहतरीन हिस्सों को अपने-आपमें समो लिया था। उनके दोस्तों का हलक़ा बहुत वसी था। उन्हें वे लोग भी पसंद करते थे जो उनके सियासी ख़यालात से इख़्तिलाफ़ रखते थे। उन्होंने अपनी सारी ज़िंदगी रज़ाकाराना ग़रीबी में इनसानियत के मक़सद के लिए वक़्फ़ कर दी। लेनिन के अल्फ़ाज़ उन पर पूरी तरह सादिक़ आते हैं :

> इनसान की अज़ीमतरीन मिल्कियत है ज़िंदगी, और यह चूँकि उसे एक ही बार मिलती है इसलिए उसको इस तरह जीना चाहिए कि वह किसी बुज़दिलाना और हक़ीर माज़ी (अतीत) की शर्मिंदगी से झुलसे नहीं। बेमक़सद गुज़रे सालों की याद की तकलीफ़ उसे न हो, ज़िंदगी को इस तरह जीना चाहिए कि मरते वक़्त वह कह सके कि 'मेरी सारी ज़िंदगी और सारी तवानाई दुनिया के अहमतरीन उसूलों के लिए सर्फ़ हुई।'

[अनुवाद : **शकील सिद्दीकी**]

पी.सी. जोशी

प्रकाश कारात

पी.सी. जोशी भारतीय कम्युनिस्ट पार्टी के पहले महासचिव थे। 1934-35 में कम्युनिस्ट पार्टी का अखिल भारतीय केंद्र स्थापित किया गया और उन्हें पार्टी का महासचिव बनाया गया। इसके चलते एक अखिल भारतीय शक्ति के रूप में कम्युनिस्ट पार्टी के विकास के साथ वे घनिष्ठ रूप से जुड़े रहे थे। उनके नेतृत्व में पार्टी ने मज़दूरों तथा किसानों के बीच अपना जनाधार विकसित किया था। उनके ख़ुद ध्यान देने के चलते छात्रों, महिलाओं के संगठनों और प्रगतिशील सांस्कृतिक आंदोलन ने तेज़ी से क़दम बढ़ाए थे। 1936 में अखिल भारतीय किसान सभा तथा अखिल भारतीय स्टूडेंट्स फ़ेडरेशन की स्थापना हुई थी, प्रगतिशील लेखक संघ की भी।

पी.सी. जोशी उन 31 कम्युनिस्ट तथा मज़दूर नेताओं में से थे, जिन पर चर्चित मेरठ षड्यंत्र केस में मुक़दमा चलाया गया था। उस समय पी.सी. जोशी सिर्फ़ 22 वर्ष के थे और इस केस के आरोपियों में वही सबसे कम उम्र के थे। 28 वर्ष की कम उम्र में ही वे पार्टी के महासचिव बन चुके थे। उनके महासचिव पद पर रहने का 12 वर्ष का दौर, पार्टी के जीवन का बहुत ही घटनापूर्ण दौर था।

1935 से लेकर 1943 में पहली पार्टी कांग्रेस होने तक के दौर में, पी.सी. जोशी का योगदान बहुत ही महत्त्वपूर्ण रहा था। कोमिंटर्न की सातवीं कांग्रेस ने पहले से हावी संकीर्णतावादी समझ को दुरुस्त किया था। फ़ासीवाद के ख़तरे के चलते संयुक्त मोर्चे की थीसिस सामने आई। कॉमरेड जोशी के नेतृत्व में सी.पी.आई. ने, स्वतंत्रता के लिए संघर्ष में, साम्राज्यवाद के ख़िलाफ़ आम संयुक्त मोर्चे की कहीं बेहतर समझ हासिल की। इस दौर में कांग्रेस पार्टी के भीतर और उसके बाहर रहकर भी, कम्युनिस्ट पार्टी ने फलप्रद काम किया। इसी दौर में क्रांतिकारी ग्रुपों की अनेक धाराओं ने, कांग्रेस पार्टी ने और मज़दूर वर्ग के आंदोलन ने कम्युनिस्ट पार्टी की ओर रुख़ किया।

इस सबके बीच कॉमरेड जोशी की सांगठनिक क्षमताएँ प्रखरता के साथ दिखाई देती हैं। वे एक योग्य संगठनकर्ता थे और अनथक रूप से नए-नए सांगठनिक लोगों तथा तबक़ों को पार्टी के साथ जोड़ने के काम में लगे रहते थे। अखिल भारतीय स्तर पर और राज्यों में भी पार्टी का काम सँभालनेवाले प्रमुख कार्यकर्ताओं ने, बहुत-कुछ कॉमरेड जोशी के निजी मार्गदर्शन से सीखा था।

लेखकों, कलाकारों तथा सर्जनात्मक क्षेत्र से जुड़े लोगों को कम्युनिस्ट पार्टी के साथ जोड़ने का श्रेय भी सबसे बढ़कर पी.सी. जोशी को ही जाता था। उनके व्यक्तित्व तथा उनके

उदाहरण से प्रभावित होकर अनेक असाधारण संस्कृतिकर्मी पार्टी की क़तारों में शामिल हुए थे। कैफ़ी आज़मी, अली सरदार जाफ़री, सज्जाद ज़हीर, बलराज साहनी, भीष्म साहनी, चित्तप्रसाद, सुनील जाना और दूसरे कितने ही लोग थे जो उनके प्रभाव से ही पार्टी में आए थे।

पी.सी. जोशी उल्लेखनीय मानवीय विशेषताओं से संपन्न व्यक्ति थे। वे निजी राग-द्वेष से मुक्त थे और ऐसे कॉमरेडों के साथ भी हार्दिकता के संबंध बनाए रखते थे, जिन्होंने पार्टी में अंदरूनी संघर्ष के वर्षों में उनके विचारों का विरोध किया था। उनका विवाह कल्पना दत्त से हुआ था, जो ख़ुद भी एक उल्लेखनीय क्रांतिकारी थीं और कॉमरेड जोशी के साथ पार्टी में काम करती थीं। इस पथनिर्माता कम्युनिस्ट के व्यक्तित्व का एक और पक्ष, पार्टी के प्रकाशनों में उनके पत्रकारीय लेखन के रूप में देखने को मिलता है। कम्युनिस्ट आंदोलन से जुड़ी घटनाओं की कुछ बेहतरीन रिपोर्टें उन्हीं की क़लम से निकली थीं। कय्यूर के चार शहीदों को फाँसी लगाए जाने से पहले, उनके साथ अपनी मुलाक़ात का जैसा भावस्पर्शी चित्र पी.सी. जोशी की क़लम ने खींचा था, वह ख़ुद-ब-ख़ुद याद आ जाता है।

जब हम किसी कम्युनिस्ट नेता तथा आंदोलन में उसके योगदान का आकलन करते हैं, यह ज़रूरी हो जाता है कि उसके जीवन तथा कार्य को समग्रता में देखा जाए। 1935 के बाद उभरकर आए भारतीय कम्युनिस्ट पार्टी के सामूहिक नेतृत्व के हिस्से के तौर पर कॉमरेड जोशी को एक अखिल भारतीय कम्युनिस्ट पार्टी के निर्माण और उसके जनाधार के विकास का समुचित श्रेय देना होगा। 1945 से शुरू हुए युद्धोत्तर जन-उभार के समय भी वही पार्टी का नेतृत्व कर रहे थे। तेभागा आंदोलन, पुन्नप्रा वायलार संघर्ष, त्रिपुरा संघर्ष, नौसैनिक विद्रोह, आज़ाद हिंद फ़ौज के बंदियों की रिहाई के लिए आंदोलन और ऐतिहासिक तेलंगाना सशस्त्र संघर्ष–सभी उसी दौर में हुए थे। 1945 से 1948 के बीच कम्युनिस्ट पार्टी सामंत विरोधी और साम्राज्यवाद विरोधी संघर्षों का अगुआ बनकर सामने आई थी। यही वह दौर था जब सामंतवाद तथा ब्रिटिश शासकों के ख़िलाफ़ जुझारू संघर्षों में, हज़ारों लोगों ने अपने प्राणों की आहुतियाँ दी थीं। इन्हीं क्षेत्रों में आज भी कम्युनिस्ट आंदोलन का विशेष प्रभाव है।

इस दौर में एक ओर जहाँ पार्टी आगे बढ़ी, वहीं ग़लतियाँ भी हुईं। फ़ासीवाद के ख़िलाफ़ संघर्ष के अंतर्राष्ट्रीय काम को ब्रिटिश साम्राज्यवाद के ख़िलाफ़ संघर्ष के राष्ट्रीय काम के साथ जोड़ने में विफलता के चलते, 1942 में राष्ट्रीय आंदोलन से अलगाव की स्थिति बनी। इसी तरह एक मुस्लिम राष्ट्र के लिए आत्मनिर्णय के अधिकार की वकालत, जातीयता के सिद्धांत के सरासर ग़लत व्यवहार का मामला था, जिसे आगे चलकर 1946 में दुरुस्त किया गया। पहले के दौर की सभी ग़लतियों के लिए अकेले पी.सी. जोशी को ही दोषी ठहराना सही नहीं होगा। इन ग़लतियों के पीछे सक्रिय महत्त्वपूर्ण कारकों में एक कारक यह भी था कि उस ज़माने में सामूहिक रूप से पार्टी का नेतृत्व, सोवियत संघ की कम्युनिस्ट पार्टी के सम्मोहन में था। 'मास्को की लाइन' के प्रति अंतर्निहित रूप से समर्थन का और अनालोचनात्मक रुख़ था। 'अंतर्राष्ट्रीय' कार्यप्रणाली के इस रूप से बरी होने में दो दशक और लगे और सी.पी.आई. (एम) की स्थापना से ही यह संभव हो पाया।

कांग्रेस पार्टी तथा नए भारतीय राज्य के प्रति रुख़ की जिस गुत्थी ने बाद के वर्षों में पार्टी को उलझाए रखा था, उसकी पूर्वभूमिका पी.सी. जोशी द्वारा पेश की गई लाइन से ही

तय हो चुकी थी। कम्युनिस्ट पार्टी की केंद्रीय कमेटी के 1942 के प्रस्ताव 'फ़ारवर्ड टु फ़्रीडम' में, स्वतंत्रता की दिशा में बढ़ते हुए कांग्रेस की भूमिका का समुचित रूप से आकलन नहीं किया गया था। 1946 में जारी किए गए पार्टी दस्तावेज़ 'फ़ॉर द फ़ाइनल असाल्ट' में सुधारवादी रुख़ को दुरुस्त किया गया था। बहरहाल, 1948 में हुई पार्टी की दूसरी कांग्रेस में जो रणनीतिक सुधार करने की कोशिश की गई, उससे भी पार्टी को मदद नहीं मिली क्योंकि यह समझ तो ख़ुद ही संकीर्णतावाद से ग्रस्त थी।

पी.सी. जोशी स्वतंत्रता के बाद, कांग्रेस-कम्युनिस्ट संबंध के पक्के पैरोकार बने रहे थे। उनके ही नेतृत्व में 1954 में कम्युनिस्ट पार्टी की उत्तर प्रदेश राज्य कमेटी के एक हिस्से ने एक 'राष्ट्रीय-जनतांत्रिक गठबंधन सरकार' का नारा उछाला था। पी.सी. जोशी का तर्क यह था कि साम्राज्यपरस्त तथा सामंतवादपरस्त ताक़तों और राष्ट्रीय पूँजीवादी हलक़ों के बीच अंतर किया जाए। वे 1956 में पालघाट में हुई पार्टी की चौथी कांग्रेस में पेश किए गए उस वैकल्पिक मसौदे के प्रायोजकों में से थे, जिसमें कहा गया था कि 'एक वैकल्पिक, राष्ट्रीय एकता की सरकार बनाई जा सकती है।' यह कार्यक्रमगत तथा सैद्धांतिक प्रश्नों पर पार्टी में एक दशक तक चले उस अंदरूनी संघर्ष का हिस्सा था, जिसके नतीजे कम्युनिस्ट पार्टी के विभाजन और 1964 में सी.पी.आई. (एम) की स्थापना के रूप में सामने आए थे। राष्ट्रीय जनतांत्रिक मोर्चे की आड़ में शासक वर्ग के साथ गठबंधन की यह धारा बौद्धिक तथा सांस्कृतिक क्षेत्रों में भी अभिव्यक्त हुई थी, जहाँ पी.सी. जोशी द्वारा पार्टी में भर्ती किए गए बहुत-से लोग, राष्ट्रीय पूँजीपति वर्ग के सत्ता में आने पर, कम्युनिस्ट पार्टी का साथ छोड़कर चले गए।

हालाँकि सी.पी.आई. (एम), पी.सी. जोशी तथा सी.पी.आई. में उनके जैसे विचार वाले साथियों द्वारा पेश की जाती रही लाइन के दृढ़तापूर्वक विरुद्ध रही थी, फिर भी पी.सी. जोशी की भूमिका को और ख़ासतौर पर तीस तथा चालीस के दशकों में पार्टी का निर्माण करने तथा मार्क्सवादी दृष्टिकोण का विकास करने में उनकी भूमिका को नकारना, अनैतिहासिक तथा ग़ैर-मार्क्सवादी होगा। कॉमरेड जोशी की गिनती कम्युनिस्ट पार्टी का निर्माण करने वाले प्रमुख नेताओं में से एक नेता के रूप में होगी।

पी.सी. जोशी को याद करते हुए हम कम्युनिस्ट आंदोलन के इतिहास के उस गौरवपूर्ण दौर को याद कर रहे हैं, जब हज़ारों लोग पार्टी की क़तारों में आए थे और उन्होंने मज़दूरों तथा किसानों के हितों के लिए अपना सारा जीवन समर्पित कर दिया। उन्होंने भूस्वामियों और औपनिवेशिक शासन का दमनचक्र झेला था। उनमें से अनेक ने साम्राज्यवाद विरोधी भावनाओं से प्रेरित होकर और कम्युनिस्ट पार्टी से हासिल हुए क्रांतिकारी संकल्प की भावना से क़ुर्बानी देनेवाले साहस का प्रदर्शन करते हुए, बिना किसी हिचकिचाहट के अपने प्राणों की आहुति दी थी।

[*'लोकलहर' से साभार*]

राहुल सांकृत्यायन

मुरली मनोहर प्रसाद सिंह

कबीर ने ब्राह्मण समाज से पूछा था : अगर तुम ब्राह्मण-ब्राह्मणी की संतान हो तो 'आन बाट'—अर्थात् दूसरे रास्ते—से क्यों नहीं आए?

इस प्रसंग को हम थोड़ा व्यापक और भिन्न अर्थ में लें। उन्नीसवीं सदी के अंत और बीसवीं सदी में औपनिवेशिक शिक्षा प्रणाली की कोख से ही तत्कालीन हिंदुस्तान में ज्ञानी, विद्वान, इतिहासकार और बुद्धिजीवी पैदा हो रहे थे, पर केदार पांडे उस रास्ते से पंडित नहीं बने। ज्ञान की खोज में वे उस रास्ते पर चले ही नहीं। वे सचमुच 'आन बाट' से आए, 'आन बाट' से महापंडित बने। उनकी जीवन-यात्रा को ज़रा ध्यान से हम देखें। ज्ञान-साधना की जो परंपरा भारत में पहले से चली आ रही थी, उसका यद्यपि अंग्रेज़ों ने पूरा विध्वंस कर रखा था, पर ज्ञान-साधना के उन्हीं पुराने केंद्रों के पास राहुल जी गए। भारत में ज्ञान-साधना के वेदपाठी ब्राह्मण केंद्र भी थे, उर्दू-अरबी-फ़ारसी की तालीम के लिए मदरसे भी थे, पाली-प्राकृत-अपभ्रंश के भी केंद्र थे। जैनियों के शिक्षा केंद्र, सिद्धों-नाथों-कबीरपंथियों के आश्रम भी थे। मैं यह कहना चाहता हूँ कि यद्यपि राहुल जी ने आज़मगढ़ के अपने गाँव और ननिहाल के पास के मदरसे में उर्दू, अरबी, अंग्रेज़ी और संस्कृत की प्राथमिक शिक्षा प्राप्त कर ली थी, पर वे अपने नाना की अभिलाषा के अनुसार अंग्रेज़ी शिक्षा के मिशन स्कूल में पढ़ना नहीं चाहते थे। प्रारंभ में तो वेदांत के ज्ञान की उत्कंठा ज़बर्दस्त थी, जिसके कारण वे अयोध्या, काशी, आगरा और कलकत्ता के संस्कृत शिक्षा केंद्रों के पंडितों के संपर्क में आए और स्वामी दयानंद के व्यक्तित्व के प्रभाव से आर्यसमाजी भी हो गए। पर बाद में उन पर बौद्ध धर्म का इतना गहरा प्रभाव पड़ा कि वे श्रीलंका जाकर बौद्ध हो गए। बौद्ध बनने की इसी प्रक्रिया में वे नेपाल के रास्ते तिब्बत पहुँच गए। इसी बीच रूस की अक्टूबर क्रांति के बाद उन पर मार्क्सवाद-लेनिनवाद का प्रभाव इतना गहरा पड़ा कि बौद्ध दर्शन से क्रमशः मोहभंग भी हुआ। मोहभंग इसलिए हुआ कि राहुल यह समझ गए कि दुख के बीज-कारण समाज और व्यवस्था में थे और उनका निदान भी समाज और व्यवस्था में ही ढूँढ़ा जा सकता था। मार्क्सवाद-लेनिनवाद के अध्ययन के क्रम में यह स्पष्ट हो गया कि बुद्ध अपने दर्शन को समाज पर लागू करने की चेष्टा नहीं करते थे। इसका स्वाभाविक परिणाम यह हुआ कि बौद्धों ने समाज के अनेक शोषित हिस्सों को संघ में सम्मिलित करने से मना कर दिया। बुद्ध ने महाजनों, सामंतों, राजाओं और पुरुष गृहस्वामियों के आग्रह पर ऋणी, दास, सैनिक और स्त्री के लिए कहा—इन्हें प्रव्रज्या नहीं देनी चाहिए। चिंतन और

वैचारिक विश्लेषण के स्तर पर यह गतिमानता, अंतर्विरोध की समस्या और सापेक्षता के संदर्भ राहुल जी की विवेकशीलता के अनिवार्य तत्त्व बनते गए।

ज्ञान-साधना की इस मंज़िल पर पहुँचने के पहले राहुल जी ने ब्राह्मण संस्कृति का रास्ता नहीं पकड़ा, श्रमण संस्कृति के ज्ञानमार्ग से वे इस मंज़िल पर पहुँचे। इसीलिए हम देखते हैं कि जहाँ एक ओर वे औपनिवेशिक शिक्षा के कट्टर विरोधी थे, वहीं रटंत विद्या वाली ब्राह्मण संस्कृति के भी कट्टर विरोधी थे। इसीलिए उन्होंने श्रमण संस्कृति का ज्ञानमार्ग अपनाया। राहुल जी का पर्यटन प्रेम और देशाटन, घुमक्कड़ी अर्थात् 'घुमक्कड़ शास्त्र' के नाम से विख्यात है। ज्ञान-साधना में यह घुमक्कड़ी श्रमण संस्कृति के ज्ञान-मार्ग का ही अनिवार्य अंग है। 'जनता से सीखो; विश्व के भूगोल-इतिहास और लोगों के जीवन-यापन के विविध तौर-तरीक़ों को समझो। अपने संस्कार तथा विचार का परिष्कार करते चलो'—राहुल जी की ज्ञान-साधना के महत्त्वपूर्ण सूत्र हैं।

ज्ञान और विचार के मामले में वे संकीर्ण राष्ट्रवादी कभी नहीं बने। परस्पर आदान-प्रदान से मानव-सभ्यता का किस तरह विकास हुआ है—इसे वे जानना चाहते थे और श्रमसाध्य कठिन ज्ञान-साधना की परिणतियों के रूप में उनका लेखन इस बात का साक्ष्य प्रस्तुत करता है। ज्ञान को वे खंड रूप में, टुकड़ों में, विच्छिन्न अवस्था में ग्रहण नहीं करते थे। अखंड और सापेक्ष रूप में विविध ज्ञान-अनुशासनों पर साधिकार लेखन के रूप में उनकी अनेक महत्त्वपूर्ण पुस्तकें हैं—सृजनात्मक कृतियों के रूप में और अनुसंधानपूर्ण विवेचनात्मक कृतियों के रूप में। साहित्य, इतिहास, पुरातत्त्व, जीवनी, दर्शन, सभ्यता विमर्श—सभी क्षेत्रों में उनका योगदान अभूतपूर्व है। इसके पीछे सिर्फ़ ज्ञान-साधना ही नहीं है, सक्रिय राजनीतिक जीवन भी कम महत्त्वपूर्ण नहीं है। ख़ासतौर पर स्वाधीनता आंदोलन और किसान आंदोलन में उनकी सार्थक हिस्सेदारी और नेतृत्व। दुनिया की व्याख्या से कहीं अधिक दुनिया को बदलने के संकल्प को चरितार्थ करते हुए उनके राजनीतिक जीवनकर्म के अतुलनीय उदाहरण उनके प्रगतिशील क्रांतिकारी दृष्टिकोण के प्रमाण हैं।

इस बात को हमें रेखांकित करना चाहिए कि वे ऐसे राजनीतिकर्मी और बुद्धिजीवी नहीं थे जो अज्ञान और अशिक्षा को प्रश्रय देता हो। मार्क्स की तरह वे भी यह मानते थे कि अज्ञान क्रांति को कभी मदद नहीं देता।

एक बार दिल्ली विश्वविद्यालय में 1952-53 के आसपास विजयेंद्र स्नातक ने उन्हें व्याख्यान के लिए आमंत्रित किया था। राहुल जी से कहा गया कि वे सिद्ध साहित्य पर भाषण दें। अपने भाषण में विस्तार से चौरासी सिद्धों के चर्यागीतों पर उन्होंने व्याख्यान दिया। इसी क्रम में कण्हपा को उन्होंने महत्त्वपूर्ण सिद्ध, कवि और चिंतक के रूप में प्रस्तुत किया। विजयेंद्र स्नातक ने भाषण के बाद धन्यवाद ज्ञापन के क्रम में यह टिप्पणी की कि 'हम लोगों को कण्हपा के बारे में कुछ पता नहीं है और हम लोग नहीं मानते कि कण्हपा सचमुच सिद्धों के अग्रदूत थे।'

राहुल जी ने इसका जवाब दिया कि 'आपके अज्ञान का दायित्व मेरे ऊपर नहीं है और आपके अज्ञान से कण्हपा की ऐतिहासिक स्थिति में कोई फेर-बदल नहीं होता।' इस पर विजयेंद्र स्नातक ने जब कहा कि 'किसी इतिहास ग्रंथ से कण्हपा के बारे में आपकी मान्यता को अनुमोदन नहीं मिलता,'—इस टिप्पणी पर राहुल जी ने जो कहा, वह ध्यान देने योग्य है :

'मैं नहीं चाहता कि आप मेरी मान्यता ग्रहण करें किंतु मैं इतना अवश्य चाहता हूँ कि आप इतिहास के पृष्ठ उलटें। अंग्रेज़ों द्वारा लिखा गया इतिहास हमारे देश का दूषित, त्रुटिपूर्ण और पक्षपात रंजित इतिहास है। मैं इस इतिहास पर सिद्ध साहित्य को नहीं रखता। क्या आप बता सकते हैं कि सिद्धों की विशाल परंपरा से कौन-सा अंग्रेज़ इतिहास लेखक परिचित है? किसने पूर्व मध्ययुग पर प्रामाणिक दृष्टि से लिखा है? आप इन इतिहास ग्रंथों को पढ़कर कण्हपा या किसी सिद्ध या किसी नाथपंथी योगी का परिचय नहीं पा सकते क्योंकि इनकी दृष्टि सन्-संवतों में सिमटी रह जाती है। मैं देखता हूँ कि गौतम बुद्ध के बाद देश में तीन-चार बार क्रांतियाँ हुई हैं, किंतु किसी क्रांति को जनमानस की व्यापक क्रांति के रूप में हमारे इतिहास लेखकों ने अंकित नहीं किया। महेशों और नरेशों का इतिहास लिखनेवाले क्या जानें कि जनमानस को जाग्रत करने वाले विलासी नरेश नहीं होते, साधु, महात्मा और सिद्ध होते हैं, जो राज्यसत्ता से कहीं अधिक प्रभाव जनता पर डालते हैं। आप लोग पहले इतिहास-दृष्टि को स्वच्छ करें, इतिहास के पृष्ठों पर पड़ी धूल को साफ़ करें और तब इतिहास पढ़ने का उपक्रम करें।'

राहुल जी की इसी चिंता के फल के रूप में उनकी इतिहास रचना, मानव सभ्यता और दर्शन से संबंधित उनके लेखन को देखना चाहिए। *विश्व की रूपरेखा, मानव समाज, मध्य एशिया का इतिहास, ऋग्वैदिक आर्य, दर्शन-दिग्दर्शन, पुरातत्त्व निबंधावली* आदि पुस्तकों को देखना चाहिए।

तिब्बत से लाई गई पांडुलिपियों में–*सरहपा का दोहाकोश, प्रज्ञाकार का भाष्य वार्तिकालंकार*, वसुबंधु लिखित *अभिधर्म कोष* का भाष्य, धर्मकीर्त्ति का *प्रमाणवार्त्तिक*, नागार्जुन की *विग्रह व्यावर्तनी* और शांतिरक्षित की *वादन्याय टीका* आदि इसी इतिहास चिंता के प्रमाण हैं। यद्यपि इन पुस्तकों को लेकर भारत के समकालीन विद्वान लगभग उपेक्षा का भाव रखते हैं, पर इन्हीं पांडुलिपियों को खोजकर भारत लाने के संदर्भ में अंतर्राष्ट्रीय ख्याति के विद्वानों ने तार भेजकर उन्हें बधाइयाँ दी थीं। स्वयं बौद्ध दर्शन और तिब्बती संस्कृति के विशेषज्ञ श्वेरवात्स्की ने उन्हें लेनिनग्राद विश्वविद्यालय में प्रोफ़ेसर के पद पर काम करने और अनुसंधान को अग्रसर करने के लिए आमंत्रित किया था। पर 1942 में स्वयं श्वेरवात्स्की की मृत्यु हो गई, इसलिए सोवियत संघ में इस क्षेत्र में बहुत अधिक काम न हो सका।

अभी भी काशी प्रसाद जायसवाल शोध संस्थान (पटना) में तिब्बत से लाई गई सैकड़ों पांडुलिपियाँ और ताम्रपत्र की फ़ोटोकॉपियाँ मौजूद हैं, पर अनुसंधान, संपादन, भाष्य और प्रकाशन का कार्य ठप्प पड़ा हुआ है।

प्राचीन मानव सभ्यता और भारत की प्राचीन सभ्यता के देशी-विदेशी विद्वानों के बीच आर्यों के भारत में ही स्थित होने या बाहर से उनके आगमन के प्रश्न पर भयंकर बहस छिड़ी रही है, जिसे राष्ट्रीय स्वयंसेवक संघ ने और भी ज्यादा तूल देकर सांप्रदायिक दुराग्रहों का रूप दे रखा है। इस प्रसंग में राहुल जी की दोनों किताबें–*ऋग्वैदिक आर्य* और *मध्य एशिया का इतिहास* महत्त्वपूर्ण प्रकाश डालती हैं। राहुल जी ने स्वयं यह अनुभव किया कि :

> मध्य एशिया का इतिहास हमारे देश के इतिहास से बहुत घनिष्ठ संबंध रखता है। द्रविड़ (फ़िनो-द्रविड़) जाति, जिसने मोहनजोदड़ो और हड़प्पा के भव्य नगर और यशस्वी सिंधु सभ्यता प्रदान की, का संबंध मध्य एशिया से भी था। हाल के पुरातात्त्विक अनुसंधान

बतलाते हैं कि आर्यों का संपर्क द्रविड़ जाति से सबसे पहले सिंधु-उपत्यका में नहीं, बल्कि ख्वारेज्म में हुआ था। उन्हें पराजित करके उनका स्थान ले आर्य भारत की ओर बढ़े। उनका बढ़ाव पिछली विजित भूमि को बिना छोड़े आगे की तरफ़ होता रहा, इसलिए भारतीय आर्यों की परंपरा में अपने पुराने छोड़े हुए स्थान का उल्लेख नहीं पाया जाता। आर्यों की अनेक लहरों के बाद ग्रीक लोगों ने भी बाख्त्रिया से आकर भारत के कुछ भाग पर शासन किया। शक-कुषाण भी वहाँ से ही होकर आए। तथाकथित हूण—हेफताल— भी मध्य एशिया से भारत की ओर बढ़े। तुर्क और इस्लाम भी वहाँ से चलकर भारत आया। इन शासकों और उनकी जातियों के इतिहास का एक भाग मध्य एशिया में पड़ा रहा, जिसे जाने बिना हम अपने इतिहास को समझने में ग़लती कर बैठते हैं।

यह उल्लेखनीय है कि मध्य एशिया के इतिहास से संबंधित जितनी सामग्री रूसी भाषा में है, उतनी और कहीं नहीं है। 1945 से 1947 के बीच राहुल जी ने सोवियत संघ में किए गए अनुसंधान कार्यों की पूरी जाँच-पड़ताल की थी। वहाँ पुरातत्त्व के क्षेत्र में नए से नए ढंग के अभियान के विद्वान प्रो. तोल्स्तोफ़ और सप्तनद क्षेत्र के इतिहासकार डॉ. वेर्नस्ताम से राहुल जी का निरंतर संपर्क बना रहा। अपनी यात्रा पुस्तक *रूस में पच्चीस साल* में राहुल जी ने इन विद्वानों से अपने विचार-विमर्श का विस्तार से उल्लेख भी किया है। *ख्वारेज्म, कराकुम* और *किजिकुम* के बारे में इन विद्वानों के गंभीर अध्ययन से राहुल जी को पर्याप्त नई प्रेरणा मिली।

मध्य एशिया का इतिहास के दूसरे खंड के अंत में राहुल जी ने परिशिष्ट जोड़ा है। इस परिशिष्ट का शीर्षक है—'रूसी भाषा और भारत'। इस परिशिष्ट से भारत और मध्य एशिया के इतिहास से संबंधित ई.पू. 1500 वर्ष पहले के अनेक नए तथ्यों पर प्रकाश पड़ता है। इन तथ्यों और अन्वेषण की प्रतीक्षा करने वाले संदर्भों पर इधर अनेक इतिहासकारों ने अनुसंधान कार्य किया है। अभी पिछले अरसे में ही छह खंडों में मोतीलाल बनारसीदास के प्रकाशन संस्थान से *मध्य एशिया की सभ्यताओं के इतिहास,* कहरचार एडले और इरफ़ान हबीब द्वारा संपादित पुस्तक छपकर आ गई है। छह खंडों की इस ग्रंथ-शृंखला के पहले दो खंडों में 1500 ई.पू. के शकों, हूणों और फ़िन्नी-द्रविड़ क़बीलों का इतिहास प्रस्तुत किया गया है।

जहाँ तक भारत के ऋग्वैदिक आर्यों के इतिहास का प्रश्न है, राहुल सांकृत्यायन ने ई.पू. 1450 की ऐतिहासिक अवधि के संदर्भ में लिखा है :

> यह ताम्र युग है। सिंधु उपत्यका पर पाँच आर्यजनों का शासन स्थापित हो गया है। आर्य प्राचीन वैदिक भाषा बोलते हैं। हिमालय के पहाड़ों में किरात और नीचे प्राचीन द्रविड़ या आर्यभाषा चलती है। हिमालय के किरातों में जन-व्यवस्था और दूसरों में सामंती या जनव्यवस्था है। दासता का अखंड राज्य है। ताम्रफल वाले तीर और धनुष परमास्त्र हैं। वैदिक और प्राक्-द्रविड़ या किरात देवता अपनी-अपनी जातियों में पूजे जाते हैं। सभी मांसाहारी हैं। भयंकर वर्णभेद का प्रचार है—जहाँ तक आर्यों और अनार्यों का संबंध है द्रविड़ों में वर्ग भेद है। आर्यों की पोशाक द्रापि, अंतर्वासक और उष्णीश स्त्री-पुरुष दोनों की है जो ऊन और चमड़े की होती है। किरात शायद चमड़े और ऊन की लंबी चादरें पहनते हैं।

लेकिन आर्यों के आगमन के पूर्व 1550 ई.पू. का इतिहास बतलाते हुए राहुल जी लिखते हैं :

> ताम्र युग है। सिंधु उपत्यका में द्रविड़ सामंतों का शासन है, जिनकी राजधानियाँ मोहनजोदड़ो, हड़प्पा आदि हैं। भाषा मैदान में प्राक-द्रविड़ है और हिमालय की पहाड़ियों में प्राक्-किरात है। प्राक्-द्रविड़ों में दासतायुक्त सामंती व्यवस्था है, किरातों में जनव्यवस्था है। प्राक-द्रविड़ों में आर्थिक स्वार्थों ने वर्ग स्थापित किए हैं। प्राक्-किरातों में पितृसत्ता या जनव्यवस्था है। धनुष और ताँबे के फल लगे तीर परमास्त्र हैं। प्राक्-किरात और प्राक्-द्रविड़ देवता पूजे जाते हैं। सभी मांसाहारी हैं। प्राक्-द्रविड़ कपास के अंतर्वासक, उत्तरीय पहनते हैं और किरात चमड़े या ऊन की लंबी चादरें जाड़ों में पहनते हैं, नहीं तो नंगे रहते हैं।

उपर्युक्त ऐतिहासिक वर्णन-विश्लेषण पर समकालीन इतिहासकारों के अलग-अलग मत हैं। पर राहुल जी की मूल स्थापनाओं को अभी तक सप्रमाण किसी ने खंडित नहीं किया है।

इतिहास और पुरातत्त्व के क्षेत्र में किए गए उनके अनुसंधान का महत्त्व काफी हद तक अक्षुण्ण है। हिंदी साहित्य के इतिहास-लेखन के क्षेत्र में भी सिद्धों-नाथों और दकनी काव्यधारा पर उनकी पुस्तकों का महत्त्व सभी स्वीकार करते हैं। स्वयंभू पर अपने एक लेख में राहुल जी ने अपभ्रंश साहित्य के महत्त्व को रेखांकित किया है। छठी सदी से बारहवीं सदी के बीच में प्रचलित अपभ्रंश के 10 या 11 अलग-अलग क्षेत्रीय रूप बतलाए हैं और क्षेत्रीय अपभ्रंश की पुत्रियों के नाम भी बताए हैं।

राहुल जी की मान्यता है कि अपभ्रंश के सर्वश्रेष्ठ कवि स्वयंभू हैं। स्वयंभू के आश्रयदाता राजश्रेष्ठी धनंजय थे। यह आठवीं-नौवीं सदी का समय है। स्वयंभू के *पउमचरिउ* में 12 हज़ार श्लोक हैं। आत्मनिवेदन, समुद्र वर्णन, गोदावरी नदी वर्णन, वन वर्णन, संध्या वर्णन, वसंत वर्णन, मंदोदरी सौंदर्य वर्णन, अयोध्या की रानियों का वर्णन, नारी अधिकार वर्णन, सीता की अग्नि-परीक्षा वर्णन और काया नरक वर्णन के हिंदी छायांतर प्रस्तुत करते हुए यह स्पष्ट किया गया है कि *रामचरितमानस* की सृजन-प्रक्रिया पर स्वयंभू की वर्णन शैली का कितना गंभीर प्रभाव विद्यमान है।

हिंदी के साहित्यिक इतिहास-लेखन की आधारभूत सामग्री उपलब्ध कराने की दृष्टि से राहुल जी की अनेक संपादित और आलोचनात्मक कृतियाँ बहुत ही महत्त्वपूर्ण हैं। पर दुखद यह है कि अभी तक इस स्रोत सामग्री के संकेतों के सहारे न तो परवर्ती अनुसंधानकर्ताओं ने कोई सार्थक प्रयास किया है और न हिंदी-उर्दू के सम्मिलित साहित्यिक इतिहास-लेखन का ऐसा कोई रुझान दिखाई पड़ता है जिसमें अपभ्रंश और जनपदीय क्षेत्र की बोलियों के महत्त्व को समझाने की कोई कोशिश हो।

जहाँ तक राहुल जी द्वारा लिखित सृजनात्मक साहित्य का प्रश्न है, उससे अनेक पीढ़ियाँ निरंतर प्रभावित हुई हैं। *वोल्गा से गंगा, बाईसवीं सदी, सिंह सेनापति, जय यौधेय, मधुर स्वप्न, दिवोदास* जैसी कृतियों को पढ़कर हिंदी का नया पाठक-समुदाय तैयार हुआ है। भोजपुरी में लिखी उनकी कृतियों से हिंदी का पाठक समुदाय बहुत परिचित नहीं है पर उत्तर प्रदेश और बिहार के भोजपुरी अंचलों में आज भी *मेहरारुन की दुरदसा, जोंक, नइकी दुनिया* आदि की रंगमंचीय प्रस्तुतियाँ होती रही हैं। यह उल्लेखनीय है कि भोजपुरी की उनकी आठ कृतियों का–ख़ासकर नाट्यकृतियों का–विशेष महत्त्व इसलिए भी है कि राजनीतिक और

सामाजिक आंदोलन के औज़ार के रूप में ये कृतियाँ लोकप्रिय हो गई हैं। राहुल जी के समकालीनों में नागार्जुन और केदारनाथ अग्रवाल ने भी अपनी-अपनी जनपदीय भाषाओं में सृजनात्मक साहित्य लिखा है। इन सृजनात्मक कृतियों से कहीं अधिक *मेरी जीवन-यात्रा* नामक चार खंडों वाली राहुल जी द्वारा लिखित आत्मकथा का महाकाव्यात्मक परिदृश्य अपने-आपमें ऐतिहासिक महत्त्व रखता है। राहुल जी की घुमक्कड़ी, ज्ञानान्वेषण, वेदांत प्रेम से मार्क्सवाद-लेनिनवाद तक का वैचारिक संतरण, स्वाधीनता आंदोलन में भागीदारी और किसान आंदोलन का नेतृत्व इस आत्मकथा के भिन्न-भिन्न पड़ाव हैं, पर अकेले पचास सालों के पर्यटन में राहुल कहाँ-कहाँ गए, किन-किन लोगों से मिले और क्या-क्या कठिनाइयाँ हुईं, कैसे अपनी लगन और जीवट के साथ ज्ञान-साधना और राजनीतिक कर्म में लगे रहे—यह सब मनोरंजक और दिलचस्प इसलिए भी हो गया है कि इन वर्णनों के माध्यम से हम एक ग़रीब किसान परिवार के बेटे को अंतर्राष्ट्रीय ख्याति के विद्वान, महापंडित, त्रिपिटकाचार्य के रूप में क्रमशः कायांतरित होते हुए, रूपांतरित होते हुए और फौलाद की तरह तपते-ढलते देख पाते हैं।

1921 के असहयोग आंदोलन, बाढ़ पीड़ितों की सेवा, प्लेग की महामारी के दिनों में पीड़ित जनों के उपचार तथा किसानों की यातना के क्षणों में उनके सामंतवाद विरोधी संघर्ष का नेतृत्व—ये सारे प्रसंग राहुल जी को युगांतरकारी व्यक्तित्व के रूप में प्रस्तुत कर देते हैं। ग्राम्शी जिस तरह के आर्गेनिक इंटेलेक्चुअल की बात करते हैं, ऐसे क्रांतिकारी बुद्धिजीवी और राजनीतिकर्मी के संगम के रूप में राहुल की छवि हमें ख़ुद भी उद्वेलित करती है ताकि हम भी बदल सकें और अपनी भूमिका निभा सकें।

श्रमण संस्कृति की ज्ञान-साधना की कोख से उत्पन्न इस महामानव की किससे तुलना करें? काशी प्रसाद जायसवाल उन्हें ईसा या गौतम बुद्ध के रूप में देखते हैं।

अपने ज्ञान को व्यवहार में उतारने के प्रयास में राहुल जी कभी पीछे नहीं रहे। आज़ादी की लड़ाई की एक अनिवार्य धारा किसान आंदोलन भी रही है। बीसवीं सदी के दूसरे-तीसरे दशक में अवध के किसानों के बीच हम बाबा रामचंद्र को देखते हैं, मुंगेर के किसानों के बीच कार्यानंद शर्मा को देखते हैं, गया के किसानों के बीच यदुनंदन शर्मा को देखते हैं। ठीक इसी आंदोलन की एक महत्त्वपूर्ण कड़ी के रूप में छपरा के अमवारी, छितौली, जैजोरी, नदियाँव देवपुर-हरिनाथपुर, निखती आदि गाँवों में हम 1939 के जनवरी-फ़रवरी से लेकर मई 1943 तक राहुल जी को उत्पीड़ित-दलित किसानों की लड़ाई का नेतृत्व करते हुए देखते हैं। राहुल जी के साथ-साथ इस मोर्चे पर हर क्षण 28-29 वर्ष के युवा कवि नागार्जुन को भी इस आंदोलन में भागीदारी करते हुए देखते हैं। छपरा-सीवान के इस अंचल में उन चार सालों के अंदर राहुल जी को ज़मींदारों के गुंडों ने लाठी बरसाकर घायल कर दिया, ब्रिटिश पुलिस ने कई बार जेलों में डाला—पर इन आक्रमणों और गिरफ़्तारियों से निर्भय होकर वे गाँव-गाँव जाकर भाषण देते रहे, किसानों को एकजुट करते रहे और उनके कंधे से कंधे मिलाकर किसान आंदोलन को प्रगतिशील क्रांतिकारी दिशा में अग्रसर करते रहे।

राहुल जी की प्रगतिशीलता का तात्पर्य है ज्ञान और व्यवहार की एकता, ज्ञान से व्यवहार को तेज़ करना और व्यवहार से ज्ञान को समृद्ध करना।

आज के जनवादी, प्रगतिशील और क्रांतिकारी रुझान वाले कार्यकर्ताओं और बुद्धिजीवियों

के लिए राहुल जी का कृतित्व और जीवनकर्म आलोकस्तंभ या मशाल की तरह है। हमें उनके प्रगतिशील-क्रांतिकारी व्यक्तित्व से सीख लेनी चाहिए ताकि आज के यथार्थ को बदलने की लड़ाई में हम भी सार्थक हस्तक्षेप कर सकें।

हमारे आज के ज्ञानान्वेषी इस दूसरे रास्ते पर क्या चलना चाहते हैं? क्या वे इस 'आन बाट' से ज्ञान और कर्म की दुनिया में प्रवेश चाहते हैं? राहुल जी की स्मृति के साथ यह प्रश्न बार-बार उभरता है।

यशपाल

जो कहता था मेरी तेरी उसकी बात

अरुण आदित्य

वर्ष 1903 का पहला महीना। रायसीना हिल्स पर भव्य दिल्ली दरबार का आयोजन। एडवर्ड सप्तम के भारत का सम्राट बनने की ख़ुशी में वायसराय लॉर्ड कर्ज़न ने इस जगमग दरबार का आयोजन करवाया था, जिसमें देश के तमाम राजा-महाराजा अपने पारंपरिक वस्त्राभूषणों से सुसज्जित होकर शामिल हुए थे। पहले दिन का रंगारंग चल समारोह। सजे हुए हाथी पर सवार लॉर्ड कर्ज़न। उनके पीछे-पीछे भारतीय राजा-महाराजाओं की फ़ैंसी ड्रेस परेड। लगता था कि ब्रिटिश राजसत्ता के समक्ष भारतीय राजशाही ने ख़ुद को क़ालीन की तरह बिछा दिया है। हालाँकि एडवर्ड सप्तम ख़ुद इस समारोह में शामिल नहीं थे, लेकिन ब्रिटेन और ब्रिटिश उपनिवेशों के इस नए भाग्यविधाता के जयगान में भारत की सभ्यता-संस्कृति को भी तमाशे की तरह परोस दिया गया था। औपनिवेशिक इतिहास में इस दरबार का भव्य चित्रण किया गया है। भारतीय सिनेमा के इतिहास में भी यह दरबार दर्ज है, क्योंकि भारतीय सिनेमा के पुरोधाओं में से एक दादा सावे ने इस दरबार का फ़िल्मांकन किया था। पर औपनिवेशिक चश्मे को हटाकर देखें तो यह साल अपने पहले महीने के बरक्स अंतिम महीने के लिए भी याद किया जाना चाहिए, क्योंकि उसी साल 3 दिसंबर को एक ऐसे बालक का जन्म हुआ जो आगे चलकर इस ब्रिटिश साम्राज्य की नींद उड़ाने वाला था। फ़िरोज़पुर छावनी में एक मध्यवर्गीय परिवार में जन्मे इस बालक का नाम था यशपाल, जो आगे चलकर महान क्रांतिकारी और यशस्वी साहित्यकार बना, जिसने साम्राज्यवाद के ख़िलाफ़ जब बम-बंदूक़ की ज़रूरत पड़ी तो बम-बंदूक़ से लड़ाई की और जब क़लम की ज़रूरत पड़ी तो क़लम को हथियार बना लिया, जिसने *झूठा सच* जैसी सच्ची कृति दी, जिसे विभाजन की त्रासदी का जीवंत दस्तावेज़ माना जाता है, जिसने कई साल जेल में बिताए, पर जेल की सलाख़ें जिसके मनोबल को तोड़ नहीं सकीं, बल्कि *पिंजरे की उड़ान* जैसी कृति की प्रेरक बनीं। अंग्रेज़ों ने उन्हें जितने साल जेल में रखा, जेल से बाहर आकर उन्होंने उससे तीन गुना से भी अधिक कृतियों की रचना की।

धमन भट्‌ठी जिसमें ढला वह फौलाद

आख़िर वह कौन-सी भट्‌ठी थी, जिसमें यशपाल जैसा फौलाद ढाला गया। जिसने किसी आदमी को फौलाद में ढलते देखा होगा, या न देखा हो तो निकोलाई ऑस्त्रोव्स्की का उपन्यास, हिंदी

अनुवाद में *अग्निदीक्षा* पढ़ा हो, उसे पता होगा कि परिस्थितियाँ ही वह धमन भट्ठी होती हैं, जिनमें हाड़-मांस का एक मासूम पुतला फौलाद में ढल जाता है। संयोग देखिए कि निकोलाई ऑस्त्रोव्स्की के जन्म और यशपाल के जन्म में भी सिर्फ़ एक साल का अंतर है। यशपाल 1903 में तो निकोलाई 1904 में पैदा हुए। यशपाल का बचपन भी ऑस्त्रोव्स्की की तरह अभाव और संघर्ष के बीच बीता। यशपाल की माँ प्रेमा देवी आर्यसमाज से प्रभावित थीं। उन्होंने बचपन से ही आर्यसमाजी क्रांतिकारिता के बीज यशपाल के मन में बो दिये थे। बाक़ी काम परिस्थितियों को करना था।

मोहनदास को महात्मा गांधी बनाने में अगर माँ पुतलीबाई और बचपन की छोटी-छोटी घटनाओं की बड़ी भूमिका है तो यशपाल को भी क्रांतिकारी बनाने में माँ प्रेमा देवी के साथ-साथ बचपन की घटनाओं का अहम योगदान है। वे चार-पाँच वर्ष के रहे होंगे तो अपने एक रिश्तेदार के यहाँ गए थे। रिश्तेदार किसी कारख़ाने के मैनेजर थे। कारख़ाने के पास अंग्रेज़ों के बड़े-बड़े बँगले थे। आम लोगों के लिए वे बँगले रहस्य और आतंक का पर्याय थे। एक दिन बालसुलभ शरारत के चलते यशपाल उन्हीं बँगलों में से किसी एक में पली मुर्ग़ियों को छेड़ने लगे। बँगले की मैम ने यशपाल को अपशब्द कहा तो यशपाल ने भी उसी की भाषा में जवाब दे दिया। उसने मारने की धमकी दी तो यशपाल भी उसे धमकाकर भाग खड़े हुए। अंग्रेज़ मैम को यह बात नागवार गुज़री और यशपाल की माँ तक शिकायत पहुँचाई गई। यह भी बताया गया कि यशपाल की गुस्ताख़ी की सज़ा उनके रिश्तेदार और कारख़ाने के अन्य लोगों को भी भुगतनी पड़ सकती है। यशपाल को ढूँढ़कर लाया गया तो घर पर माँ की आँख में आँसू और हाथ में डंडा उनका इंतज़ार कर रहे थे। क्षुब्ध माँ ने मासूम बालक को इस पर पीटा। यशपाल को माँ पर नहीं, अंग्रेज़ों पर ग़ुस्सा आ रहा था, क्योंकि उनका बाल-मन देख रहा था कि माँ के हाथ से लकड़ी का डंडा नहीं, अंग्रेज़ का डर बरस रहा है। इस घटना से भारतीय मानस में अंग्रेज़ों के डर के ख़िलाफ़ उनके हृदय में विद्रोह का पहला बीज अंकुरित हुआ। इस बीज को खाद-पानी डालने का काम अनेक छोटी-छोटी घटनाओं ने किया और अंततः क्रांति का एक बिरवा तेज़ी से पनपने लगा। गुरुकुल काँगड़ी में प्रारंभिक पढ़ाई के दौरान उनका मन आर्यसमाज में रमता था। लेकिन 1921 में मैट्रिक पास करने के बाद उनका मन आज़ादी की लड़ाई में शामिल होने के लिए व्याकुल हो उठा। गांधी जी के असहयोग आंदोलन से प्रभावित होकर उन्होंने स्कूल छोड़ दिया। प्रथम श्रेणी में पास होनेवाले इस मेधावी छात्र के लिए कैरियर की सुनहरी राहें पुकार रही थीं, पर उसके कानों को तो सिर्फ़ भारत माता की पुकार सुनाई दे रही थी।

आर्यसमाज से गांधीवाद और फिर समाजवाद

मुंशी प्रेमचंद की तरह यशपाल का भी वैचारिक विकास आर्यसमाज से गांधीवाद तक होता हुआ समाजवाद पर आकर परिपूर्ण होता है। पर यहाँ गांधीवाद से समाजवाद के बीच सशस्त्र क्रांति का एक दौर भी है। इस दौर की शुरुआत नेशनल कॉलेज लाहौर से होती है। गांधी के आंदोलन से मोहभंग होने के बाद वे इस कॉलेज में आए थे। इसी कॉलेज में उनकी मुलाक़ात भगतसिंह से होती है। उस दौर की एक कहानी रावी की लहरों पर दर्ज है। उस दिन भगतसिंह और यशपाल रावी में नौकायन कर रहे थे। नाव में सिर्फ़ दो लोग थे। कलकल करती रावी

की लहरें नीरवता को भंग कर रही थीं। ऐसा मनोहारी दृश्य, जिसमें व्यक्ति अपने मनस्ताप को भूल प्रकृति की सुंदरता में खो जाना चाहे। ऐसे क्षणों में अचानक देश की दुर्दशा का ज़िक्र आ गया। यशपाल ने भगतसिंह से कहा, 'हमें अपना जीवन देश के नाम अर्पित कर देना चाहिए।' भगतसिंह का चेहरा जिस पर अब तक रावी की चंचल लहरें खेल रही थीं, अचानक कस गया, उन्होंने यशपाल की ओर हाथ बढ़ाकर कहा, 'मैं अर्पित करता हूँ।'

यशपाल के क्रांतिकारी जीवन की शुरुआत भगतसिंह की नौजवान भारत सभा से हुई। शीघ्र ही उन्हें भूमिगत होना पड़ा। 1926 में लाहौर बम फैक्टरी के पकड़े जाने के बाद पुलिस उन्हें खोज रही थी। इसी दौरान वे एक अन्य क्रांतिकारी समूह, हिंदुस्तान सोशलिस्ट रिपब्लिकन आर्मी, के संपर्क में आए जहाँ उनकी मुलाक़ात चंद्रशेखर आज़ाद से हुई। 1931 में आज़ाद की शहादत के बाद हिंदुस्तान सोशलिस्ट रिपब्लिकन आर्मी को चलाने की ज़िम्मेदारी यशपाल पर आ गई। 1932 में पुलिस से एक मुठभेड़ के दौरान उन्हें गिरफ़्तार कर लिया गया। उन्हें आजीवन कारावास की सज़ा सुनाई गई। यही सज़ा उनके लेखन के लिए वरदान साबित हुई। जेल में ही उन्होंने रूसी, फ्रेंच और इटैलियन भाषाएँ सीखीं। इन भाषाओं की प्रसिद्ध कृतियों का अध्ययन किया और बीच-बीच में कहानियाँ भी लिखते रहे। 1938 में जेल से छूटने के बाद ये ही कहानियाँ *पिंजड़े की उड़ान* नामक संग्रह में प्रकाशित हुईं। *पिंजड़े की उड़ान* के बाद उनके लेखन की उड़ान लगातार ऊँची और ऊँची होती गई। उन्होंने कहानी, उपन्यास, व्यंग्य, आत्मकथा आदि विविध विधाओं में बीस से अधिक कृतियों की रचना की।

प्रेमचंद की विरासत

अनेक आलोचकों ने माना है कि प्रेमचंद के बाद उन्होंने साहित्य की समाजोन्मुखी धारा को दिशा दी। कहानी की दूसरी धारा व्यक्तिवादी-कलावादी आग्रहों की थी, जिसके अगुआ अज्ञेय थे। नामवर सिंह ने अपनी पुस्तक *कहानी : नई कहानी* में लिखा है, 'अज्ञेय और यशपाल को छोड़कर सहसा पाठक हिंदी कहानियों में किसी भी ऐसे स्थान पर रुकने को बाध्य नहीं हुआ जहाँ थमकर एक पीढ़ी ऐसी मिली हो जिसने छोटी कहानियों की वस्तु और शैली समृद्ध की हो।' मोहन राकेश ने भी *साहित्य और संस्कृति* में लिखा है, 'प्रेमचंद के बाद हिंदी कथासाहित्य दो अलग-अलग धाराओं में बँट गया था, जिनका प्रतिनिधित्व क्रमशः यशपाल और अज्ञेय की रचनाएँ करती हैं। यशपाल की रचनाओं में सामाजिक यथार्थ का उद्‌घाटन मिलता है तो अज्ञेय की रचनाओं में एक गूढ़ सांकेतिकता है।' भले ही नामवर सिंह और मोहन राकेश यशपाल और अज्ञेय को एक साथ रखकर देखते हों, लेकिन लगता है कि व्यक्तिवादी अज्ञेय को अपने बरक्स यशपाल को रखा जाना गवारा नहीं था। पता नहीं, यह ईर्ष्या क्रांतिकारी दौर की थी या लेखकीय प्रतिद्वंद्विता से उपजी थी, या फिर वैचारिक आग्रह दुराग्रह में बदल गए थे, लेकिन यह सच है कि अज्ञेय गाहे-ब-गाहे यशपाल को नीचा दिखाने के काम करते रहे हैं। अज्ञेय को अपने लेखन के लिए यशपाल से शायद कुछ ज़्यादा ही प्रतिष्ठा मिली, लेकिन उनका अहं इतना प्रबल था कि प्रतिद्वंद्वी को मिली किंचित् प्रतिष्ठा भी बर्दाश्त नहीं कर पाते थे। न सिर्फ़ अपने संपादन में छपनेवाली पत्रिका *दिनमान* में धर्मेंद्र गौड़ का लेख छापकर उन पर कीचड़ उछालने का काम करते हैं, बल्कि रघुवीर सहाय को दिये एक इंटरव्यू में तो वे ख़ुद भी यशपाल की क्रांतिकारी छवि को संदिग्ध बनाने का प्रयास करते हैं, जबकि

हक़ीक़त यह है कि अज्ञेय स्वयं अंग्रेज़ ख़ुफ़िया अधिकारी जेनकिंस की अनुशंसा पर ऑल इंडिया रेडियो की नौकरी पाने और फ़ोर्ड फ़ाउंडेशन, कांग्रेस फ़ॉर कल्चरल फ्रीडम जैसे संगठनों से अपने रिश्ते को लेकर सदैव संदिग्ध बने रहे।

सवाल यह है कि जो अज्ञेय ख़ुद अपने आचरण की वजह से संदेह के घेरे में हैं, वे यशपाल को संदेह के चक्रव्यूह में फँसाने का काम क्यों करते हैं? इस संदर्भ में मुझे अब्दुल बिस्मिल्लाह की एक कहानी याद आती है, जिसका शीर्षक है, 'नाम-रूप'। इस कहानी में दो पुराने कॉमरेड विनोद श्रीवास्तव और दीनानाथ गुप्ता बरसों बाद अचानक मिलते हैं। इनमें से दीनानाथ अब पूँजीपति बन चुका है। वह विनोद श्रीवास्तव को पहचानने से इनकार कर देता है। विनोद श्रीवास्तव अनेक घटनाओं का ज़िक्र करके याद दिलाने की कोशिश करता है पर पूँजीपति बन चुका दीनानाथ उसे पहचानने को राज़ी नहीं है। यहाँ तक तो बात ठीक थी पर घर आकर दीनानाथ अपनी पत्नी के सामने उलटे विनोद पर ही आरोप मढ़ देता है कि उसने दीनानाथ को पहचानने से इनकार कर दिया। इस कहानी की छाया में अज्ञेय और यशपाल के संबंध को समझा जा सकता है। अज्ञेय और यशपाल दोनों क्रांतिकारी संगठन में रहे हैं। बाद में अज्ञेय पूँजीवाद समर्थक हो जाते हैं इसलिए उनका यशपाल के यश पर धूल उड़ाना समझ में आता है। वैसे भी अपने किसी पुराने साथी पर अँगुली उठाने का काम एक ऐसा व्यक्तिवादी ही कर सकता है, जिसमें अपने स्व के आगे सामाजिकता, मैत्री आदि का कोई मतलब ही न हो। अज्ञेय ने ख़ुद 7 जुलाई, 1942 को गजानन माधव मुक्तिबोध को लिखे पत्र में अपने बारे में स्वीकार किया है, 'मैं स्वयं एक उच्चतर तल पर सख्य की माँग करता हुआ भी उसे पाने में असमर्थ हूँ—क्योंकि मैं उसे देने में असमर्थ हूँ।' जो व्यक्ति अपने लिए सख्य की माँग करता हो लेकिन दूसरे को सख्य देने में असमर्थ हो, वह किसी क्रांतिकारी संगठन में किस तरह काम कर सकेगा?

'झूठा सच' का सच्चा लेखक

बहरहाल, विरोधियों के हमलों के बावजूद यशपाल समाज और साहित्य जगत् में अपनी मुकम्मल जगह बनाने में कामयाब रहे हैं। *झूठा सच* ने उन्हें अपने समय की अग्रिम पंक्ति में बिठा दिया। पाठकों, आलोचकों—सबने इस कृति को सर-माथे लिया। इसे आज़ादी की लड़ाई और बाद के भारत के इतिहास का जीवंत दस्तावेज़ माना जाता है, लेकिन स्वयं यशपाल इसे इतिहास नहीं बल्कि ऐतिहासिक यथार्थ पर आधारित उपन्यास बताते हुए लिखते हैं, 'झूठा सच' के दोनों भागों, 'वतन और देश' और 'देश का भविष्य' में देश के सामयिक और राजनीतिक वातावरण को यथासंभव ऐतिहासिक यथार्थ के रूप में चित्रित करने का यत्न किया गया है। उपन्यास के वातावरण को ऐतिहासिक यथार्थ का रूप देने और विश्वसनीय बना सकने के लिए कुछ ऐतिहासिक व्यक्तियों के नाम ज़रूर आ गए हैं परंतु उपन्यास में वे ऐतिहासिक व्यक्ति नहीं, उपन्यास के पात्र हैं। कथानक में कुछ ऐतिहासिक घटनाएँ अथवा प्रसंग अवश्य हैं परंतु संपूर्ण कथानक कल्पना के आधार पर उपन्यास है, इतिहास नहीं है। उपन्यास के पात्र तारा, जयदेव, कनक, गिल, डॉक्टर नाथ, नैयर, सूद जी, सोमराज, रावत, ईसाक़, असद और प्रधान मंत्री भी काल्पनिक पात्र हैं। लेकिन ये ऐसे काल्पनिक पात्र हैं, जिनके ज़रिये उन दिनों के यथार्थ की पुनर्रचना की जा सकती है, जिनके ज़रिये उस भयावह दौर को समझा

जा सकता है। डॉ. मैनेजर पांडेय ने भी अपने लेख 'उपन्यास और लोकतंत्र' में कहा है, 'आज भी जिसे विभाजन की त्रासदी की भयावहता को समझना हो, उसे यशपाल के *झूठा सच*, राही मासूम रज़ा के *आधा गाँव* और भीष्म साहनी के *तमस* को पढ़ना पड़ेगा।'

उनके आख़िरी उपन्यास *मेरी तेरी उसकी बात*, जिस पर उन्हें 1976 में साहित्य अकादमी पुरस्कार मिला, को भी साहित्य समाज ने भरपूर सराहा। 1942 के 'भारत छोड़ो आंदोलन' की पृष्ठभूमि में लिखी गई इस महागाथा में यशपाल क्रांति की सफलता की राह में खड़ी आर्थिक, सामाजिक, सांप्रदायिक चुनौतियों को भी संबोधित करते हैं। अपने समय के तमाम सवालों के जवाब तलाशनेवाले इस उपन्यास के प्रभाव का अंदाज़ा इस बात से भी लगाया जा सकता है कि यशपाल के निधन (25 दिसंबर, 1976) के क़रीब दस साल बाद 31 जुलाई, 1986 को राजेंद्र यादव ने जब प्रेमचंद के *हंस* को दोबारा शुरू किया तो अपने संपादकीय कॉलम का नाम 'मेरी तेरी उसकी बात' रखा। शमशेर की पंक्ति 'बात बोलेगी' की तरह ही 'मेरी तेरी उसकी बात' भी हिंदी साहित्य के कोटेबल कोट्स में शीर्ष पर है।

'मेरी तेरी उसकी बात' सिर्फ़ उनके एक उपन्यास का नाम नहीं है। इसे उनके संपूर्ण लेखन का सारसूत्र समझा जा सकता है। अपने उपन्यासों *दिव्या, देशद्रोही, झूठा सच, दादा कॉमरेड, अमिता, मनुष्य के रूप, क्यों फँसें, बारह घंटे, अप्सरा का शाप, मेरी तेरी उसकी बात* और कहानी संग्रहों *पिंजड़े की उड़ान, फूलो का कुर्ता, भस्मावृत चिंगारी, धर्मयुद्ध, सच बोलने की भूल* में वे अपने आसपास फैली विसंगतियों की जमकर ख़बर लेते हैं। 'मनु की लगाम', 'धर्मसंकट', 'फूलो का कुर्ता', 'परदा', 'धर्मरक्षा', 'प्रतिष्ठा का बोझ', 'ज्ञानदान' जैसी तमाम कहानियों को पढ़ते हुए यही लगता है कि इनमें किसी और की नहीं, मेरी तेरी उसकी ही बात है। ये कहानियाँ पाठक की चेतना को झकझोरती हैं, मनुष्य-मन पर लगी बेड़ियों, जड़ हो चुकी परंपराओं से मुक्ति की राह दिखाती हैं। सिर्फ़ आम आदमी ही नहीं, अपने को संवेदनशील माननेवाले कलाकारों के दोहरे चरित्र को भी वे बड़ी कलात्मकता से उजागर करते हैं। उनकी एक कहानी है 'चित्र का शीर्षक'। कहानी का नायक जो कि एक चित्रकार है और एक हिल स्टेशन पर रहता है, इस बात से खुश है कि उसके दोस्त की पत्नी कुछ दिन पहाड़ पर बिताने के लिए उसके पास आ रही हैं। कलाकार को लगता है कि उनके सान्निध्य से उसे सृजन की प्रेरणा मिलेगी। कथानायक ख़ुद से पूछता है कि मित्र की पत्नी नीता से वह क्या चाहेगा? तटस्थता से तर्क कर उसने उत्तर दिया, 'कुछ भी नहीं। जैसे सूर्य के प्रकाश में हम सूर्य की किरणों को पकड़ लेने की आवश्यकता नहीं समझते, उन किरणों से स्वयं ही हमारी आवश्यकता पूरी हो जाती है, वैसे ही वह अपने जीवन में अनुभव होनेवाले सुनसान अँधेरे में नारी की उपस्थिति का प्रकाश चाहता है।' कितने उच्च विचार हैं, लेकिन जब वह बीमार नीता का कांतिहीन चेहरा और फूला हुआ पेट देखता है तो उसके उच्च विचार अचानक तुच्छ विचार में बदल जाते हैं। जिसे वह सृजन की प्रेरणा समझ रहा था, वह सृजन में बाधा नज़र आने लगी। इसी तरह 'फूलो का कुर्ता' एक साधारण-सी कहानी है, लेकिन उसके मूल में एक असाधारण संदेश उन लोगों के लिए है जो हर हाल में पुराने परंपरागत संस्कारों से चिपके रहना चाहते हैं। फूलो नाम की एक बच्ची है। परंपरागत संस्कारों के तहत उसे यह ज्ञान मिला है कि पति के सामने परदा करना चाहिए। उसका बाल विवाह हो चुका है। लड़की कुछ बच्चों के साथ खेल रही है। अचानक उसका दूल्हा सामने आ जाता है। परदा करने

के लिए वह अपना कुर्ता उठाकर मुँह ढँक लेती है। मासूम को यह पता नहीं चलता कि मुँह ढकने के चक्कर में उसका पेट उघड़ गया है। लोग इस विसंगति पर हँसने लगते हैं। इस कहानी में एक मासूम बच्ची के बहाने यशपाल बड़ों को यह समझाना चाहते हैं कि बदली परिस्थिति में भी परंपरागत संस्कार से ही नैतिकता और लज्जा की रक्षा करने के प्रयत्न में क्या से क्या हो जाता है।

यह जो परदा है...

यशपाल के सामाजिक सरोकार क्या हैं, इस बात की गवाही उनकी हर रचना देती है, पर उनके विस्तृत कथासंसार में से जो कहानी मुझे बार-बार झकझोरती है, वह है 'परदा'। झूठी शान के मोह में फँसे चौधरी पीरबख़्श का परिवार भयंकर तंगी से गुज़र रहा है। घर की एक-एक चीज़ बिक चुकी है। खाने के लाले हैं। पठान के क़र्ज़ से घर चल रहा है। अंदर औरतों के कपड़े तार-तार हो चुके हैं, लेकिन दरवाज़े पर पुश्तैनी क़ालीन का परदा टँगा हुआ है। पठान क़र्ज़ वसूलने आता है और पैसा न मिलने पर परदा उघाड़ देता है। परदा हटते ही भीतर का दृश्य देखकर मोहल्लेवाले आँख बंद कर लेते हैं। कठोर हृदय पठान तक का दिल पसीज उठता है। दरअसल यह परदा एक प्रतीक है, जड़ हो चुके संस्कारों का एक आवरण है, जिसके पीछे छिपकर यथार्थ से मुँह चुराया जाता है। यशपाल इस परदे को हटाकर यथार्थ को सबके सामने ला देते हैं। उनकी स्पष्ट राय है कि यथार्थ से मुँह चुराएँगे तो उसकी चुनौतियों से पार कैसे पाएँगे! सिर्फ़ 'परदा' कहानी में ही नहीं, अपनी हर रचना में वे यथार्थ पर पड़े आवरण को हटाने का ही तो काम करते हैं। यशपाल जानते हैं कि चेतना को आच्छादित किए हुए ये छद्म आवरण हटेंगे तभी आदमी देख पाएगा कि वह किन बेड़ियों में जकड़ा हुआ है। इनको हटाए बिना मनुष्य को आर्थिक, सामाजिक और मानसिक आज़ादी नहीं मिल सकती है, भले ही शासक बदल जाएँ। इसलिए न सिर्फ़ एक लेखक के रूप में बल्कि *विप्लव* और *बाग़ी* के संपादक के रूप में भी वे यथार्थ पर पड़े हुए परदों को हटाने का काम करते हैं। परदा हटेगा तभी तो नज़र आएगा कि घर के अंदर कहाँ-कहाँ दरारें हैं और जब तक दरारें दिखेंगी नहीं, उन्हें ठीक करने की चिंता कैसे पैदा होगी?

रामविलास शर्मा

विजय मोहन शर्मा

उत्तर प्रदेश के अवध क्षेत्र में एक जनपद है जिसे बैसवाड़ा के नाम से जाना जाता है। बैसवाड़े के लोग अपनी कद-काठी, ईमानदारी और कर्मठता के लिए जाने जाते हैं। अंग्रेज़ अपनी फ़ौज में भर्ती करते समय यहाँ के लोगों को प्राथमिकता देते थे। आज भी यहाँ ऐसे अनेक परिवार मिल जाएँगे जिनके बाप-दादाओं ने अंग्रेज़ों की फ़ौज में नौकरी की थी। दूसरी चीज़ जिसके लिए यह क्षेत्र प्रसिद्ध है, वह है यहाँ के लोगों का अपनी संस्कृति और अपने साहित्य से लगाव। हिंदी साहित्य के कुछ बड़े नाम यहीं से निकले हैं। प्रताप नारायण मिश्र, सूर्यकांत त्रिपाठी 'निराला', महावीरप्रसाद द्विवेदी, शिवमंगल सिंह 'सुमन', नंददुलारे वाजपेयी और इसी कड़ी में रामविलास शर्मा।

इस जनपद में कई गाँव हैं जिनके नाम ऊँचगाँव हैं। इनको एक-दूसरे से अलग करने के लिए इनके नाम के साथ कोई विशेषण लगा देते हैं, जैसे—ऊँचगाँव पड़री या ऊँचगाँव सानी। ऊँचगाँव पड़री का मतलब हुआ—पड़री के पास वाला ऊँचगाँव। ऊँचगाँव सानी, उन्नाव से पुरवा जानेवाली सड़क पर मगड़ायर से लगभग आठ किलोमीटर की दूरी पर स्थित है। इसी ऊँचगाँव सानी में एक परिवार जवाहर जी का भी रहता है जो फ़ौज से अवकाश प्राप्त थे। उनके पुत्र लालता प्रसाद और पौत्र गयादीन भी फ़ौज में काम करते थे। लालता प्रसाद उस फ़ौज में हवलदार थे जो काबुल भेजी गई थी। एक अंग्रेज़ अफ़सर के साथ कुछ कहासुनी हो जाने के कारण उन्होंने फ़ौज की नौकरी छोड़ दी थी। कालांतर में उनके पुत्र गयादीन ने भी फ़ौज की नौकरी छोड़ दी थी।

एक पितृ विसर्जनी अमावस्या की रात, अंग्रेज़ी कैलेंडर के अनुसार 10 अक्टूबर, 1912 के दिन ऊँचगाँव सानी में गयादीन जी के घर एक बालक का जन्म हुआ, जिसका नाम रखा गया रामविलास। गयादीन जी की पहली दो पत्नियों का देहांत हो गया था। उन्होंने तीसरी बार विवाह किया था, जिससे उन्हें छह पुत्र और एक पुत्री प्राप्त हुई। इन सात संतानों में रामविलास जी का नंबर तीसरा था। पहले नंबर पर थे भगवानदीन जो रामविलास जी से छह वर्ष बड़े थे, दूसरे नंबर पर थीं उनकी बहिन राम प्यारी।

रामविलास जी को उनके बाबा अपने पास चारपाई पर सुलाते थे। सोने से पहले बाबा बालक रामविलास को कहानियाँ सुनाते थे। कहानियों के कुछ संवाद पद्य में भी होते थे, जो उन्हें कंठस्थ हो गए थे। इनके अलावा लालता प्रसाद जी को गिरधर कविराय की कुंडलियाँ, तमाम कवित्त, सवैए आदि याद थे जो उन्होंने बालक रामविलास को याद करा दिये थे।

बचपन में सुनी हुई कहानियाँ रामविलास जी को अंत समय तक याद रहीं। ये कहानियाँ उन्होंने अपने बच्चों को सुनाईं और फिर बच्चों के बच्चों को। एक ही कहानी को बार-बार सुनाते समय वे उसमें कुछ नया जोड़ देते थे जिससे सुननेवालों की दिलचस्पी बनी रहे।

परिवार और गाँव से जहाँ एक ओर रामविलास जी ने कठोर अनुशासन, ईमानदारी और अथक परिश्रम करने की शिक्षा पाई, वहीं साहित्य और संस्कृति के प्रति लगाव और कविता के बीज भी पाए।

गाँव में पढ़ाई की समुचित व्यवस्था न थी। हवलदार लालता प्रसाद पढ़ाई के महत्त्व को समझते थे। कहते थे, 'हम थोड़ा पढ़े तो यहाँ तक पहुँचे, हमारे नाती आगे तक पढ़ेंगे तो ऊपर तक पहुचेंगे।' पढ़ने के लिए बच्चों को बाहर भेजना पड़ता। एक ओर बच्चों का मोह, दूसरी ओर उनके भविष्य की चिंता। पुत्र गयादीन झाँसी में एक सेठ के यहाँ नौकरी करते थे। भारी मन से उन्होंने बच्चों को पढ़ने के लिए झाँसी भेज दिया।

पंडित गयादीन पूजापाठी आदमी थे, बहुत ईमानदारी से अपना काम करते थे और सेठ जी के विश्वासपात्र लोगों में से थे। ख़ज़ाने की चाभी उनके पास रहती थी, सेठ जी के घर में भी आना-जाना था। लेकिन स्वाभिमान कूट-कूटकर भरा था। तीन बार नौकरी छोड़ चुके थे। हर बार सेठ जी को उन्हें मनाकर वापस लाना पड़ा था। झाँसी में कुछ दिनों तक घर पर पढ़ाने के बाद गयादीन जी ने रामविलास जी को सरस्वती पाठशाला में भर्ती करा दिया।

कुछ वर्षों तक सरस्वती पाठशाला में पढ़ने के बाद रामविलास जी मैकडोनेल हाई स्कूल में गए, जहाँ से उन्होंने सन् 1928 में मैट्रिक पास किया। सन् 1930 में उन्होंने झाँसी के ही गवर्नमेंट कॉलेज से इंटरमीडिएट पास किया। नवीं कक्षा से उन्हें छात्रवृत्ति मिलने लगी थी जो बी.ए. (ऑनर्स) के अंतिम वर्ष तक मिलती रही।

झाँसी में रामविलास जी को उनके स्कूल के कुछ शिक्षकों ने बहुत प्रभावित किया। इनमें से एक थे मास्टर रुद्रनारायण जिन्होंने रामविलास जी को ड्राइंग बनाना, मिट्टी की मूर्तियाँ बनाना, पंजा लड़ाना तथा पहाड़ों पर दौड़कर चढ़ना सिखाया। रुद्रनारायण जी क्रांतिकारियों के संपर्क में थे और छात्रों में भी अन्याय के ख़िलाफ़ विद्रोह की भावना भरने की कोशिश करते थे। झाँसी के दूसरे शिक्षक प्रफुल्लकुमार चटर्जी थे, जिन्हें रामविलास जी मास्टर साहब कहते थे। मास्टर साहब और उनके परिवार से रामविलास जी का संबंध जीवनपर्यंत बना रहा। मास्टर साहब अंग्रेज़ी पढ़ाते थे, लेकिन लिखते बांग्ला में थे। उन्होंने रामविलास जी को आगे पढ़ने-लिखने के लिए बहुत प्रोत्साहित किया। उनके लिखे निबंध वे क्लास में पढ़कर सुनाते थे और कहते थे, देखो, कितना अच्छा लिखा है! ऐसे ही लिखना चाहिए। बालक रामविलास को प्रोत्साहित करने का इससे अच्छा तरीक़ा और क्या हो सकता था! अपनी भाषा में लिखने के लिए भी रामविलास जी को मास्टर साहब ने ही प्रोत्साहित किया।

झाँसी में पढ़ते समय ही रामविलास जी ने पहली बार गांधी जी को देखा। अंग्रेज़ी कपड़ों का बहिष्कार करने के लिए लगाई गई आग में रामविलास जी ने भी अपनी ऊनी टोपी डाल दी थी। संध्या समय वे जिस मैदान में हॉकी खेलने जाते थे, वहीं मशहूर खिलाड़ी ध्यानचंद भी आते थे। ध्यानचंद के भाई रूप सिंह भी हॉकी खेलते थे और उसी स्कूल में पढ़ते थे। गयादीन जी ने झाँसी के सदर बाज़ार में खेली जानेवाली रामलीला की स्क्रिप्ट लिखी थी।

यह रामलीला अभी तक उसी स्क्रिप्ट के अनुसार खेली जाती है। रामविलास जी भी उसके मंचन में सहयोग देते थे, कभी प्रोम्प्टिंग का काम करके और कभी अभिनेता बनकर। इसके अलावा वह दुर्गा पूजा के अवसर पर आयोजित नाटकों को भी देखने जाते थे। नाटक खेलने, लिखने और देखने का शौक़ उन्हें वहीं से पैदा हुआ।

आगे की पढ़ाई के लिए रामविलास जी लखनऊ आ गए। विश्वविद्यालय में बी.ए. (ऑनर्स) अंग्रेज़ी में दाख़िला ले लिया और सुंदर बाग़ इलाक़े में एक कमरा लेकर रहने लगे। उन दिनों शादियाँ अपेक्षाकृत कम उम्र में हो जाया करती थीं। रामविलास जी की शादी भी तेरह वर्ष की उम्र में हो गई। लखनऊ में वह अकेले रहते थे, परिवार गाँव में रहता था।

पढ़ाई के लिए आवश्यक आर्थिक सहायता के लिए वे स्कॉलरशिप के अलावा अपने बड़े भाई साहब पर निर्भर थे। बड़े भाई साहब ने अपने पिताजी और परिवार की मदद करने के लिए पढ़ाई छोड़कर तारघर में नौकरी कर ली थी। इसके अलावा रामविलास जी कभी-कभी ट्यूशन या अनुवाद का काम भी कर लेते थे। सन् 1933 में उन्होंने बी.ए. की पढ़ाई करते समय स्वामी विवेकानंद की एक पुस्तक का अनुवाद किया था, जो *भक्ति और वेदांत* के नाम से सरस्वती पुस्तक भंडार से छपी थी। बाद में इसे वाणी प्रकाशन ने पुनर्प्रकाशित किया।

लखनऊ विश्वविद्यालय में पढ़ते समय रामविलास जी हिंदी के अनेक लेखकों के संपर्क में आए। उन्हें कविताएँ पढ़ना अच्छा लगता था और वे कुछ कविताएँ लिखने भी लगे थे। इनमें से कुछ कविताएँ उस समय की प्रतिष्ठित पत्रिकाओं में छपी भी थीं। उन्हीं दिनों उनकी मुलाक़ात निराला जी से हुई जिन्होंने उनके साहित्यिक जीवन को सर्वाधिक प्रभावित किया। एक दिन *परिमल* ख़रीदने के इरादे से वे सरस्वती पुस्तक भंडार गए हुए थे कि वहाँ पर निराला जी आ गए। उन्होंने रामविलास जी के हाथ में *परिमल* देखकर पूछा, 'आप यह किताब क्यों ख़रीद रहे हैं?' रामविलास जी ने उत्तर दिया, 'इसलिए कि मैं इसे पढ़ चुका हूँ।' निराला जी ने आँखों में कुछ ताज्जुब भरकर पूछा, 'तब?' रामविलास जी ने उत्तर दिया, 'मैं बहुत कम किताबें ख़रीदता हूँ। इसकी कविताएँ मुझे अच्छी लगती हैं। उन्हें जब इच्छा हो तब पढ़ सकूँ, इसलिए ख़रीद रहा हूँ।'

रामविलास जी के हाथ से पुस्तक लेकर पीछे के पन्ने पलटते हुए उन्होंने कहा, 'शायद ये बाद की (मुक्त छंद की) रचनाएँ आपको पसंद न हों।' रामविलास जी ने कहा, 'वही तो मुझे सबसे ज़्यादा पसंद हैं। पता नहीं, आपने तुकांत रचनाएँ क्यों कीं?' इसके बाद निराला जी मिल्टन, शेली, ब्राउनिंग आदि अंग्रेज़ कवियों के बारे में खोद-खोदकर सवाल पूछते रहे। ज़्यादातर बातें रामविलास जी ने कीं। निराला जी अधिकतर सुनते रहे। मेटाफ़िज़िकल कवियों का प्रसंग आने पर रामविलास जी ने कहा, 'उनकी कविता में 'विट' होती है, कोरी भावुकता नहीं, आपकी रचनाओं में केवल भाव नहीं, बौद्धिक शक्ति है।' यह बात निराला जी को पसंद आई। उन्होंने कहा, 'विट—यही है असली चीज़। विट के बिना भला साहित्य क्या!'

ज़ाहिर है, इस मुलाक़ात और बातचीत ने दोनों को एक-दूसरे से प्रभावित किया होगा, एक ऐसा भाव जो जीवनपर्यंत बना रहा। लखनऊ विश्वविद्यालय से सन् 1934 में रामविलास जी ने अंग्रेज़ी साहित्य में एम.ए. किया। उसके बाद वहीं के प्रोफ़ेसर सिद्धांत के निर्देशन में 'कीट्स एंड दि प्री-रैफ़ेलाइट्स' विषय पर अपना शोधकार्य पूरा किया, जिस पर उन्हें 1940 में पीएच.डी. की उपाधि मिली। शोधकार्य पूरा होने से पहले ही रामविलास जी

को अस्थायी रूप से अंग्रेज़ी विभाग में पढ़ाने का काम मिल गया था। लखनऊ प्रवास के दौरान रामविलास जी की मुलाक़ात हिंदी के जिन लेखकों और कवियों से हुई, उनमें से कुछ के साथ उनका संपर्क जीवनपर्यंत बना रहा। इनमें से मुख्य थे–सूर्यकांत त्रिपाठी 'निराला', केदारनाथ अग्रवाल, अमृतलाल नागर, गिरिजाकुमार माथुर, शिवमंगल सिंह 'सुमन', बलभद्र दीक्षित 'पढ़ीस' और नरोत्तम नागर।

सन् 1943 में रामविलास जी लखनऊ विश्वविद्यालय छोड़कर बलवंत राजपूत कॉलेज में अंग्रेज़ी विभाग के अध्यक्ष होकर आगरा आ गए। इस कॉलेज में उन्होंने लगभग 28 वर्ष तक पढ़ाया। राजपूत कॉलेज के अध्यापन काल के अंतिम दिनों में उन्हें उप-प्रधानाचार्य बना दिया गया था। उसके बाद तीन वर्षों तक उन्होंने आगरा विश्वविद्यालय के उप-कुलपति के आग्रह पर कन्हैयालाल माणिककाल मुंशी संस्थान में प्राध्यापक और निदेशक के पद पर काम किया। सन् 1976 में उन्हें कुछ विश्वविद्यालयों के उप-कुलपति पद के लिए आमंत्रण आया था, लेकिन उन्होंने यह सोचकर कि इससे उनके लिखने-पढ़ने में बाधा आएगी, उन्हें स्वीकार नहीं किया। संयोग की बात है कि उन्हें अपने जीवनकाल में कभी किसी नौकरी या पद के लिए कोई औपचारिक प्रार्थना पत्र या साक्षात्कार नहीं देना पड़ा।

रामविलास जी का साहित्यिक जीवन कविता लिखने से शुरू हुआ। कविता लिखना उन्होंने बहुत कम उम्र में ही शुरू कर दिया था। गाँव में उन्होंने अपने बाबा को एक हनुमान स्तुति लिखकर दी थी, जो संभवतः उनकी पहली रचना रही होगी। बाबा ने बालक का उत्साह बढ़ाने के लिए उसे अपनी नित्य प्रति की पूजा में शामिल कर दिया था। झाँसी में इंटरमीडिएट में पढ़ते समय उन्होंने अंग्रेज़ों पर एक व्यंग्यात्मक कविता लिखी थी, 'हम गोरे हैं'। लखनऊ विश्वविद्यालय में पढ़ते समय अंग्रेजी और फ्रांसीसी साहित्य के प्रभाव में आकर उन्होंने कुछ सॉनेट और गीत लिखे थे। सन् 1938 में जब पंत जी ने *'रूपाभ'* निकालना शुरू किया तो रामविलास जी की कविताओं को नियमित रूप से उसमें सम्मिलित करते रहे। उसके बाद 'तार सप्तक' जैसे महत्त्वपूर्ण काव्य आयोजन में उनकी रचनाएँ शामिल की गईं। समय-समय पर रामविलास जी ने राजनीतिक व्यंग्यात्मक कविताएँ भी लिखीं। ये कविताएँ 'अगियाबेताल' और 'निरंजन' नाम से लिखी गईं। उनकी कविताएँ गाँव के जीवन, प्रकृति और किसान-मज़दूरों तथा आम जनता की समस्याओं से संपृक्त होती थीं।

उनका पहला कविता संग्रह *रूप तरंग* (1956) के नाम से प्रकाशित हुआ। उन्होंने बुल्गारिया के मशहूर कवि वाप्सारोव की कविताओं का अनुवाद किया जो *कविताएँ* नाम से 1960 में छपा। बाद में उन्होंने इन दोनों कविता संग्रहों को मिलाकर और एक लंबा लेख जोड़कर एक पुस्तक का रूप दे दिया और उसका नाम रखा *रूप तरंग और प्रगतिशील कविता की वैचारिक पृष्ठभूमि*। उनकी राजनीतिक कविताओं का संग्रह *सदियों के सोए जाग उठे* नाम से प्रकाशित हुआ। उनकी प्रारंभिक कविताएँ *बुद्ध वैराग्य तथा प्रारंभिक कविताएँ* नाम के संग्रह में संकलित हैं।

एक बार आगरा से वे बीमार निराला जी को देखने के लिए इलाहाबाद गए। निराला जी इतने अस्वस्थ थे और उनकी अवस्था इतनी दयनीय थी, जिसकी रामविलास जी कभी कल्पना भी नहीं कर सकते थे। वहाँ से लौटकर उन्होंने अपनी कविता लिखी जिसमें निराला जी की उपमा बूढ़े शेर से दी गई है और उनके चारों ओर मँडरानेवाले लोगों की शृगालों से :

वह सहज विलंबित मंथर गति जिसको निहार
गजराज लाज से राह छोड़ दे एक बार,
काले लहराते बाल, देव-सा तन विशाल
आर्यों का गर्वोन्नत, प्रशस्त अविनीत भाल,
झंकृत करती थी जिसकी वाणी में अमोल,
शारदा सरस वीणा के सार्थक सधे बोल,
कुछ काम न आया वह कवित्व आर्यत्व आज,
संध्या की बेला शिथिल हो गए सभी साज
पथ में अब वन्य जंतुओं का रोदन कराल,
एकाकीपन के साथी हैं केवल शृगाल।

रामविलास जी कहते थे, उन्हें निराला जी के बारे में जो कुछ कहना था, वह इस कविता में है। *निराला की साहित्य साधना* के तीन खंडों में इस कविता का भाष्य है।

सन् 1953 में उन्होंने दक्षिण भारत की यात्रा की थी, वहाँ के समुद्र और मंदिर देखकर भी उन्होंने कुछ कविताएँ लिखी थीं। इसके बाद से उनका कविता लिखना लगभग बंद-सा हो गया। अपने प्रारंभिक रचना काल में उन्होंने एक उपन्यास *चार दिन* लिखा था जो सन् 1936 में प्रकाशित हुआ। इसके अलावा उन्होंने कुछ नाटक भी लिखे जो समय-समय पर खेले गए। इनमें से मुख्य हैं *सूर्यास्त, पाप के पुजारी, तुलसीदास, जमींदार कुलबोरन सिंह* (नौटंकी) और *कानपुर के हत्यारे*। दुर्भाग्यवश इनमें से *पाप के पुजारी* के अतिरिक्त किसी अन्य नाटक की पांडुलिपि उपलब्ध नहीं है। उनका लिखा एक प्रहसन *महाराज कठपुतली सिंह* सन् 1964 में प्रकाशित हुआ था। इनमें से *पाप के पुजारी* लखनऊ में मंचित हुआ था, जिसके दर्शकों में निराला जी भी थे। अन्य नाटक भारतीय जन-नाट्य संघ (इप्टा) द्वारा खेले गए थे।

उन्हें गद्य लिखने में, विशेषकर आलोचना में, उतना आनंद नहीं आता था जितना कविता लिखने में, लेकिन वे इसे ज़्यादा ज़रूरी समझते थे। वे आलोचना लिखने के काम को साहित्य की अन्य विधाओं की तरह पूर्णतः रचनात्मक और महत्त्वपूर्ण मानते थे। इसीलिए वे 'आलोचना' को 'विवेचना' कहना अधिक उचित समझते थे। निराला जी के विरुद्ध लिखे जा रहे लेखों का उत्तर देने के लिए उन्होंने अपना पहला आलोचनात्मक लेख लिखा जो *चाँद* में छपा था। सन् 1938-39 में शरतचंद्र के उपन्यासों पर उन्होंने एक लेख लिखा था, जिसमें पहली बार वर्ग-दृष्टिकोण से किसी उपन्यासकार के साहित्य का विश्लेषण करने का प्रयत्न किया गया था।

इसके बाद उन्होंने प्रेमचंद पर लिखना शुरू किया। आलोचना पर यह उनकी पहली पुस्तक थी जो सन् 1941 में छपी। *प्रेमचंद* लिखते समय वे प्रगतिशील लेखक संघ के काफ़ी क़रीब आ गए थे और उससे संबंधित अखिल भारतीय कार्य-कलापों में अधिक भाग लेने लगे थे। जैसे-जैसे देश की सामाजिक और सांस्कृतिक समस्याएँ उनके सामने आती गईं, उन्होंने उन पर गहराई से विचार करना और लिखना अधिक आवश्यक समझा। इन समस्याओं को समझने और सुलझाने के लिए उन्होंने मार्क्सवाद का सहारा लिया। वे मार्क्सवाद को एक जीवंत दर्शन मानते थे जिसमें नए-नए तथ्यों के सामने आने पर निरंतर सुधार और विकास किया जा सकता है, और शायद इसीलिए यह इतना वैज्ञानिक और टिकाऊ है।

प्रेमचंद पर उन्होंने अपनी दूसरी पुस्तक सन् 1951-52 में लिखी जिसका नाम था *प्रेमचंद और उनका युग*। इसमें उन्होंने प्रेमचंद के उपन्यासों पर ध्यान केंद्रित करते हुए बताया कि

प्रेमचंद विश्व के प्रसिद्ध लेखकों से टक्कर ले सकते थे, किंतु यह मात्र कहानियों के बल पर संभव न था। इसके लिए उनके उपन्यासों को साथ लेना आवश्यक था, क्योंकि प्रेमचंद ने अपने उपन्यासों में साधारण किसानों को नायक के रूप में पेश किया था। प्रेमचंद के बाद रामविलास जी ने ध्यान केंद्रित किया भारतेंदु युग पर। उनके अनुसार प्रेमचंद और भारतेंदु से बहुत-कुछ सीखा जा सकता था, ख़ासतौर से प्रगतिशील लेखकों द्वारा। आगे चलकर उन्होंने भारतेंदु के हिंदी भाषा और साहित्य में योगदान को लेकर एक लंबा निबंध लिखा और उसे हिंदी जातीयता से जोड़ा। पुरानी पुस्तक के साथ इस निबंध को जोड़कर उन्होंने एक नई पुस्तक तैयार की *भारतेंदु युग और हिंदी भाषा की विकास परंपरा*। आगे चलकर उन्होंने हिंदी जाति और नवजागरण पर जो काम किया, उसके बीज इस पुस्तक में विद्यमान हैं।

इसके बाद उन्होंने अपना ध्यान निराला जी पर केंद्रित किया। सन् 1946 में उन्होंने जो पुस्तक निराला जी पर लिखी थी, उसका उद्देश्य निराला के लेखन और उसके महत्त्व को आम पाठक तक पहुँचाना था। 1961 में जब निराला जी का देहांत हुआ तो हिंदी में विशेषांकों की जैसे बाढ़-सी आ गई। अनेक ऐसे लेखक अपने-आपको निराला से जोड़ने लगे जो जीवन-भर उनका विरोध करते रहे थे। वहीं निराला के बारे में भ्रांतियाँ फैलाने और दुष्प्रचार का काम भी योजनाबद्ध तरीक़े से होने लगा। रामविलास जी को लगा कि निराला पर नए सिरे से काम करने की ज़रूरत है। तथ्यों का संग्रह करने और दूसरी आवश्यक सामग्री जुटाने के लिए उन्होंने महिषादल की यात्रा की। *निराला की साहित्य साधना* को उन्होंने तीन खंडों में विभाजित किया। पहले खंड में निराला जी का जीवन चरित, दूसरे में उनके साहित्य का विवेचन और तीसरे में पत्र, दस्तावेज़ आदि प्रस्तुत किए।

निराला की साहित्य साधना ने जीवन चरित लिखने के इतिहास में एक नया कीर्तिमान स्थापित किया। निराला जी उनके इष्ट कवि थे, एक तरह से रोल मॉडल। लेकिन निराला जी में कुछ ऐसी कमज़ोरियाँ भी थीं जिन्हें रामविलास जी पसंद नहीं करते थे। जीवन चरित लिखते समय सबसे बड़ा चैलेंज यह था कि उनकी कमज़ोरियों को छिपाया भी न जाए और महाकवि की प्रतिष्ठा में कमी न होने पाए। अनेक पत्र-पत्रिकाओं में प्रकाशित पुस्तक की समीक्षाओं से पता चलता है कि लोगों को पुस्तक पसंद आई। साहित्य अकादमी ने उनके योगदान को स्वीकार कर 1970 की सर्वश्रेष्ठ आलोचना कृति के रूप में इसे पुरस्कृत किया। निराला जी के दुख और अंत समय के आर्थिक कष्ट से रामविलास जी इतना दुखी थे कि सम्मान मिलने पर उनकी पहली प्रतिक्रिया थी—निराला भूखे मरे और उन पर किताब लिखनेवाले को पाँच हज़ार मिले (*दैनिक सैनिक*, आगरा, 28.1.1971)।

अनेक प्रगतिशील लेखक आमतौर पर, और 1950 के दशक में ख़ासतौर पर, शुक्ल जी को ब्राह्मणवादी और सामंती संस्कृति का प्रतिनिधि कह रहे थे। उसी समय तुलसीदास पर भी आक्षेप लग रहे थे कि तुलसीदास ब्राह्मणवादी और वर्णाश्रम समर्थक थे। चूँकि शुक्ल जी उनके समर्थक हैं, इसलिए वे भी ब्राह्मणवादी हुए। इन तमाम आक्षेपों का उत्तर देने के लिए उन्होंने *आचार्य रामचंद्र शुक्ल और हिंदी आलोचना* पुस्तक लिखी।

निराला जी पर काम करते समय रामविलास जी अनेक पुरानी पत्रिकाएँ देख रहे थे, ख़ासतौर *से सरस्वती* के अंक। निराला संबंधी सामग्री के अलावा वे संपादकीय भी पढ़ते थे और इन्हें पढ़ते-पढ़ते उन्हें लगने लगा कि द्विवेदी जी और उनके युग का पुनर्मूल्यांकन करने

की आवश्यकता है। यह कार्य उन्होंने *महावीरप्रसाद द्विवेदी और हिंदी नवजागरण* पुस्तक लिखकर संपन्न किया। तभी उनके कुछ मित्र आग्रह कर रहे थे कि उन्हें नई कविता पर भी कुछ लिखना चाहिए। इसके लिए वे सामग्री जुटाने के लिए भी तैयार थे। फलस्वरूप उन्होंने नई कविता पर कुछ लेख लिखे जो *धर्मयुग* और *साप्ताहिक हिंदुस्तान* में छपे। इनमें कुछ नई सामग्री जोड़कर उन्होंने एक नई पुस्तक का रूप दे दिया : *नई कविता और अस्तित्ववाद।*

एक प्रश्न जो रामविलास जी को लगातार परेशान करता था, वह भारत की भाषा संबंधी नीति से जुड़ा था। सन् 1958-59 में जब रामविलास जी *समालोचक* के प्रधान संपादक थे, वह उसके *संपादकीय* में इस पर जब तब टिप्पणी करते रहते थे। मई, सन् 1958 के *समालोचक* में उन्होंने लिखा था, 'यदि हिंदी-भाषी जनता संगठित हो, यदि वह अपने प्रदेश में हिंदी को पूर्ण रूप से राजकाज की भाषा बनाए, तो यह असंभव है कि यह विशाल और बहुसंख्यक जनता देश को अपने साथ खींचकर न ले चल सके।'

भारत की राजनीतिक पार्टियों में रामविलास जी का संबंध कम्युनिस्ट पार्टी से रहा था। उन्होंने यह आवश्यक समझा कि ख़ुद कम्युनिस्ट पार्टी के अंदर अंग्रेज़ी का व्यवहार ख़त्म करने के लिए आंदोलन किया जाए। इस आशय का एक लेख उन्होंने सन् 1964 की *न्यू एज* पत्रिका में लिखा, *जनशक्ति* में 'भाषा की समस्या—अति आवश्यक' और 'भाषा की समस्या और विघटन' लेख लिखे। कम्युनिस्ट पार्टी के नेता श्री योगीन्द्र शर्मा ने इन लेखों का खंडन करते हुए दो लेख लिखे। रामविलास जी ने उनका भी जवाब दिया। इसी तरह उन्होंने कुछ लेख सिर्फ़ पार्टी में आंतरिक बहस के लिए लिखे, लेकिन पार्टी को अपनी लाइन नहीं बदलनी थी, नहीं बदली। इसी तरह रामविलास जी ने हिंदी-उर्दू समस्या और हिंदी क्षेत्र में भाषा-बोलियों के पक्ष पर अनेक बार और विस्तार से लिखा। रामविलास जी इन पक्षों को बड़ी गंभीरता से लेते थे। उनका कहना था, भाषा-समस्या का घनिष्ठ संबंध राष्ट्रीय एकता से है, यह बात किसी से छिपी नहीं है। जिस राष्ट्र में जितनी ही आंतरिक दृढ़ता होगी, उतना ही वह हर तरह का तनाव और बोझ सह लेने की स्थिति में होगा। जिस देश की फ़ौज और जनता में दृढ़ भाईचारा होता है, जिस फ़ौज में नायकों और सैनिकों के बीच दृढ़ भाईचारा होता है, जिस देश की राज्यसत्ता के पीछे संगठित जनता की शक्ति होती है, वह देश अपराजेय होता है। भाषा-समस्या का सही समाधान राष्ट्रीय एकता को दृढ़ करके उसे अपराजेय बना सकता है। भाषा समस्या का ग़लत समाधान लोगों में असंतोष पैदा करके राष्ट्रीय एकता को कमज़ोर कर सकता है। इस तरह का असंतोष हर अवस्था में विघटनकारी होता है। दीर्घकालीन युद्ध की परिस्थिति में वह विशेष रूप से ख़तरनाक साबित हो सकता है। हमारी राष्ट्रीय एकता हर परिस्थिति में हर तरह का तनाव बर्दाश्त करके अटूट बनी रहे, हमें यही प्रयत्न करना चाहिए।

रामविलास जी ने इन लेखों का संकलन करके पुस्तक लिखी : *राष्ट्रभाषा की समस्या।* बाद में जब दूसरा संस्करण निकला तो उन्होंने इसमें ब्रजभाषा की भूमिका और हिंदी के बहुभाषी प्रदेश होने से संबंधित कुछ नई सामग्री डालकर इसे नया नाम दे दिया : *भारत की भाषा समस्या।*

आगरा में जब कन्हैयालाल माणिकलाल मुंशी संस्थान खुल गया और रामविलास जी को पता चला कि इसके पुस्तकालय में बहुमूल्य सामग्री है तो वे उसे वहाँ से लाकर पढ़ते

थे। रामविलास जी का मानना था कि भाषा के विकास को समाज के विकास के साथ-साथ देखना चाहिए। ऐतिहासिक भाषाविज्ञान की प्रचलित पद्धति के विपरीत रामविलास जी ने जिस मार्ग का अनुसरण किया, उसके अनुसार कोई भी भाषा परिवार अपनी मूल विशेषताएँ एकांत शून्य में विकसित नहीं करता। इसलिए किसी भी भाषा परिवार के उद्भव और विकास का अध्ययन अन्य भाषा-परिवारों के उद्भव और विकास से अलग न करना चाहिए। भाषा की उत्पत्ति और विकास को लेकर उठे प्रश्नों के समाधानस्वरूप उन्होंने पुस्तक लिखी : *भाषा और समाज* जिसमें उन्होंने मानव समाज एवं भाषा के विकास तथा इनके आपसी संबंधों पर गहराई से विचार किया। इस पुस्तक में चर्चित विषय और विवाद को आगे चलकर सामाजिक भाषाविज्ञान से जोड़ा जाने लगा।

ऐतिहासिक और सामाजिक भाषाविज्ञान में रामविलास जी की विशेष रुचि थी, किंतु उन्हें कुछ प्रचलित मान्यताएँ ग़लत मालूम होती थीं। इन मान्यताओं का सारतत्त्व यह था कि भारत का कोई भी भाषा-परिवार इस देश का नहीं है, सभी बाहर से आए हैं। पश्चिम के विचारकों ने भारत को उसकी भाषायी विरासत से वंचित कर रखा था। यह भी कि आर्य तो बाहर से आए ही थे, द्रविड़ जाति भी बाहर से आई। मुंडा और कोल भाषा-परिवारों को एस्ट्रोएशियाटिक कहकर बाहरी मान लिया जाता था। उन्होंने सिद्ध किया कि संस्कृतियों और भाषाओं के विकास में भारत की भूमिका ऐतिहासिक और अत्यन्त महत्त्वपूर्ण है। आगे चलकर उन्हें नृतत्त्व और पुरातत्त्व विज्ञान से बहुत-सी सामग्री मिली जिनसे इन धारणाओं की पुष्टि हुई।

मार्क्सवाद के अनुसार हर चीज़ परिवर्तनशील है। भाषा का भी कोई स्तर ऐसा नहीं है जो परिवर्तनशील न हो। मार्क्सवाद के अनुसार सभी चीज़ें समान गति से नहीं बदलतीं, इसी तरह भाषा में कुछ तत्त्व ऐसे हैं जो धीरे-धीरे बदलते हैं और कुछ अपेक्षाकृत तेज़ी से बदलते हैं। मार्क्सवाद मानता है कि संसार के प्रपंच एक-दूसरे से अलग-थलग नहीं बल्कि आपस में जुड़े हुए हैं। इसी तरह भारत के भाषा परिवार भी एक-दूसरे से अलग-थलग नहीं हैं।

अपने आर्थिक और सांस्कृतिक विकास के कारण भारत ने एशिया और यूरोप की अनेक भाषाओं को प्रभावित किया था। तीन खंडों में प्रकाशित अपनी पुस्तक *भारत के प्राचीन भाषा परिवार और हिंदी* में उन्होंने यह समझाने का प्रयत्न किया कि आर्य भाषाओं का विकास कैसे हुआ, द्रविड़ भाषाओं से उनका संबंध किस प्रकार का था और भारतीय भाषाओं ने एशिया और यूरोप में किस तरह की भूमिका निभाई। यह महत्त्वपूर्ण कृति 'व्यास सम्मान' से सम्मानित हुई थी।

रामविलास जी का काफ़ी लेखन ऐसा है जिसका सीधा संबंध मार्क्सवाद और इतिहास-दर्शन से है। मार्क्सवाद के सिद्धांतों को आसान भाषा में आम आदमी को समझाने के लिए उन्होंने पुस्तक लिखी : *मानव सभ्यता का विकास*। कम्युनिस्ट पार्टी और प्रगतिशील लेखक संघ की बैठकों में उठाए जानेवाले सवालों को लेकर उन्होंने पुस्तक लिखी : *प्रगतिशील साहित्य की समस्याएँ।*

भारत के स्वतंत्रता संग्राम, विशेष रूप से 1857 के ग़दर में रामविलास जी को गहरी दिलचस्पी थी। बहुत-से लोग ग़दर को स्वाधीनता संग्राम नहीं मानते थे। उन्होंने इन विषयों

पर और ख़ासतौर पर अंग्रेज़ी राज की भारत में भूमिका पर अनेक पुस्तकों और दस्तावेज़ों का संकलन और अध्ययन किया। सन् 1957 में जब ग़दर की शताब्दी मनाई जा रही थी, तब उन्होंने लखनऊ और कलकत्ता के पुस्तकालयों से विशेष सामग्री जुटाकर एक पुस्तक लिखी : *सन् सत्तावन की राज्यक्रांति*। आगे चलकर उन्होंने इसमें कुछ सामग्री और जोड़कर इसका नाम रख दिया : *सन् सत्तावन की राज्यक्रांति और मार्क्सवाद*।

कई आलोचक मार्क्स का हवाला देकर कहते थे कि भारत ग्राम समाजों का देश था और पुरानी वर्णव्यवस्था को तोड़ने का श्रेय अंग्रेज़ों को है। इस तरह वे भारत में अंग्रेज़ों की भूमिका को प्रगतिशील मानते थे। इन धारणाओं का खंडन करने के लिए उन्होंने दो खंडों में एक पुस्तक लिखी जिसका नाम है : *भारत में अंग्रेजी राज और मार्क्सवाद*। इसे सोवियत लैंड नेहरू पुरस्कार से नवाज़ा गया। उन्हें सोवियत रूस जाने के लिए आमंत्रित भी किया गया था, लेकिन किन्हीं कारणों से जाना संभव नहीं हो पाया। मार्क्सवाद की दार्शनिक पृष्ठभूमि के साथ भारत की अपनी दार्शनिक परंपरा को उजागर करने के लिए और साथ ही यह बताने के लिए कि हीगल की ग़लत अवधारणाओं को छोड़ देना क्यों आवश्यक है, उन्होंने तीन पुस्तकें लिखीं, जिनमें इतिहास के साथ-साथ भारतीय दर्शन का भी विवेचन किया गया। ये पुस्तकें हैं : *पश्चिमी एशिया और ऋग्वेद, भारतीय नवजागरण और यूरोप* तथा *इतिहास-दर्शन*। भारतवर्ष के संदर्भ में मार्क्सवाद को सही परिप्रेक्ष्य में समझाने के लिए उन्होंने कुछ पुस्तिकाएँ लिखीं जिन्हें बाद में एक पुस्तक का रूप दे दिया गया। इस पुस्तक का नाम है : *भारतीय इतिहास और ऐतिहासिक भौतिकवाद*। इन चार में से तीन पुस्तकें दिल्ली विश्वविद्यालय के हिंदी कार्यान्वयन निदेशालय ने प्रकाशित की हैं। छात्रों एवं अध्यापकों के लिए पुस्तक कम क़ीमत पर उपलब्ध हो सके, इसके लिए उन्होंने अपनी रॉयल्टी का एक हिस्सा छोड़ दिया।

उन्हें पत्राचार का बड़ा शौक़ था। उनके पास नित्य प्रति अनेक पत्र आते थे, जिनका वे नियमित रूप से उत्तर देते थे, चाहे कितने ही संक्षिप्त रूप में क्यों न हो। अपने मित्रों, साहित्यकारों और परिवारजनों के पत्र वे सुरक्षित रखते थे। कुछ साहित्यकारों के साथ उनका पत्र-व्यवहार लगभग 70 वर्षों तक चलता रहा था। हर पत्र पठनीय होता है, लेकिन लेखकों के पत्रों में जहाँ साहित्य चर्चा होती है, वहीं राजनीति व सामाजिक प्रश्नों पर उनकी तात्कालिक प्रतिक्रियाएँ भी होती हैं। ये सामयिक टिप्पणियाँ बहुत महत्त्वपूर्ण होती हैं। आगे चलकर इन टिप्पणियों को कैसे उपयोग में लाया जा सकता है, वे इसे समझते थे। उन्होंने स्वयं इनका उपयोग करके कई पुस्तकों की रचना की और पत्राचार की विधा को एक नई ऊँचाई और गरिमा प्रदान की। *मित्र संवाद* उनके और केदारनाथ अग्रवाल के पत्रों का संग्रह है। *तीन महारथियों के पत्र* में बनारसीदास चतुर्वेदी, किशोरीदास वाजपेयी और वृंदावन लाल वर्मा के पत्र हैं। *कवियों के पत्र* में तेरह कवियों के पत्र हैं। *अत्र कुशलं तत्रास्तु* में अमृतलाल नागर के साथ का पत्राचार है।

पारिवारिक पत्र 'सचेतक' को प्रोत्साहित करने और आगे बढ़ाने में उनका विशेष योगदान था। इसमें प्रकाशित सामग्री के आधार पर उन्होंने तीन पुस्तकें संपादित की थीं : *घर की बात, बड़े भाई,* और *जहाज़ और तूफ़ान (दो खंडों में)*। और अभी इसमें प्रकाशित उनसे संबंधित सामग्री के आधार पर एक नई पुस्तक प्रकाशित हुई हैं : *चेतक और डॉ. रामविलास शर्मा*।

जीवन के अंतिम कुछ वर्षों में उनका हाथ काँपने लगा था और उन्हें लिखने में कष्ट होता था। इसका इलाज उन्होंने यह निकाला कि वे अपना लेख टेपरिकॉर्डर पर रिकॉर्ड कर देते थे और उसके ट्रांसक्राइब होने के बाद उसमें आवश्यक सुधार कर देते थे और पांडुलिपि प्रकाशक के पास भेज देते थे। इसी तरह से तैयार की गई पुस्तकों में से एक है : *गांधी, अम्बेडकर, लोहिया और भारतीय इतिहास की समस्याएँ।* लगभग 800 पृष्ठों की इस पुस्तक में वे इन तीनों नेताओं की कार्यशैलियों को परखते हैं, ख़ासतौर पर भारत के वर्तमान राजनीतिक और सांस्कृतिक परिदृश्य को समझने के लिए। रामविलास जी के अनुसार, ये तीनों लोग भारतीय इतिहास के बारे में सोचते रहे, जाति प्रथा से टकराते रहे और साम्राज्यवाद के विरुद्ध विशेष दृष्टिकोण की वकालत करते हुए समाज को बदलने की कोशिश करते रहे।

भारतीय संस्कृति और उसके इतिहास में उनकी गहरी रुचि थी। अपने गहन अध्ययन को उन्होंने जिस पुस्तक की शक्ल दी, उसका नाम है : *भारतीय संस्कृति और हिंदी प्रदेश* (दो खंडों में)। इसके प्रथम खंड में ऋग्वेद से लेकर कालिदास तक और दूसरे खंड में विद्यापति से लेकर निराला तक भारत के सुविस्तृत एवं विशाल भूखंड के सांस्कृतिक इतिहास का वर्णन और विवेचन है। यही वह क्षेत्र है जहाँ वेदों, उपनिषदों, रामायण और महाभारत जैसे महाकाव्यों की रचना हुई, जहाँ पाटलिपुत्र, काशी, मथुरा, उज्जयिनी जैसे प्राचीन महानगर थे और जहाँ सूरदास, तुलसीदास, कबीरदास जैसे कवियों ने जनमानस को प्रभावित किया। यही वह क्षेत्र है जहाँ भारत में स्वतंत्रता संग्राम का श्रीगणेश हुआ। लेकिन उसका सांस्कृतिक इतिहास केवल इस क्षेत्र तक सीमित नहीं है, विवेचन की परिधि कहीं अधिक व्यापक है।

अपने जीवन के अंतिम दिनों में वे जिस पुस्तक पर काम कर रहे थे और जिसे पूरी गंभीरता और प्रामाणिकता से पूरा करना चाह रहे थे और जिसे पूरा करने के लिए जीवन के कुछ वर्ष और पाना चाह रहे थे, वह थी : *भारतीय सौंदर्यबोध और तुलसीदास।* तुलसीदास उनके प्रियतम कवियों में से थे और उनकी रचनाओं के लोकपक्ष ने उन्हें बहुत गहराई से प्रभावित किया था।

साहित्य और संस्कृति के बारे में रामविलास जी की दृष्टि बड़ी व्यापक थी। उनकी दृष्टि हिंदी साहित्य पर ही नहीं, सारे भारतीय साहित्य और संस्कृति पर रहती थी। वे भारत की अन्य भाषाओं के साहित्य, ख़ासतौर पर बांग्ला और मराठी साहित्य से अच्छी तरह से परिचित थे। उर्दू और हिंदी को वे एक ही भाषा मानते थे। वे कहते थे कि सिर्फ़ लिपियों के फ़र्क़ होने से भाषाएँ अलग नहीं हो जातीं। उर्दू साहित्य को लोकप्रिय बनाने के लिए वे उसे देवनागरी लिपि में प्रकाशित कराने की सलाह देते थे।

साहित्य के अलावा विश्व स्तर पर चल रहे राजनीतिक और आर्थिक मसलों पर उनकी नज़र रहती थी। बड़े देश छोटे देशों का कैसे शोषण करते हैं, या उसकी कोशिश करते हैं, इसे समझना और लोगों को समझाना वे अपना कर्तव्य समझते थे। छोटे-से छोटे देश की राजव्यवस्था, उसके संगीत, इतिहास और साहित्य के बारे में ज़्यादा से ज़्यादा जानकारी प्राप्त करने की कोशिश करते थे। साहित्य के साथ-साथ उन्हें मूर्तिकला, संगीत, चित्रकला और वास्तुकला में गहरी दिलचस्पी थी। वे इन सभी अनुशासनों को समन्वित करके देखते थे। उनके अनुसार किसी भी समय पर समस्त कलाएँ एक-दूसरे को प्रभावित करती हैं।

भारतीय संगीत, विशेषकर शास्त्रीय संगीत—हिंदुस्तानी और कर्नाटक—में उनकी विशेष रुचि थी। उन्हें ध्रुपद, धमार और लोकसंगीत अधिक प्रिय था। ख़याल गायकी उतनी पसंद नहीं थी। साहित्य और संगीत में वे उन कृतियों को पसंद करते थे जो उदात्त भावनाओं को जन्म देती हैं। जैसे साहित्य में श्रृंगारिक अथवा अति-अलंकरण वाली रीतिकालीन कविताएँ वे कम पसंद करते थे, वैसे ही संगीत में आवश्यकता से अधिक अलंकरण, मुर्कियाँ, तानें आदि उन्हें पसंद नहीं थीं। पाश्चात्य संगीत में उन्हें 'सिम्फ़नी' पसंद थी, जैसे मेंडलसन द्वारा समुद्र पर रचित संरचना। उन्होंने संगीत पर जो कुछ लिखा या कहा था, उसे मिलाकर एक पुस्तक तैयार कर दी गई, जिनका नाम है : *संगीत का इतिहास और भारतीय नवजागरण की समस्याएँ* (प्रस्तुति : विजय मोहन शर्मा)।

अपने निजी जीवन में वे अत्यन्त सरल और सहज थे। गर्मियों में घर पर वे लुंगी और बाँहदार बनियान पहनना पसंद करते थे, जाड़ों में खादी ग्रामोद्योग वाली गरम पैंट और बंद गले का कोट पहन लेते थे। विशेष अवसरों पर धोती-कुर्ता अथवा सूट और टाई भी पहन लेते थे। छात्रों से वे विशेष स्नेह करते थे और आमतौर पर उनका कोई अनुरोध टालते नहीं थे। सामान्यतः वे सुबह का समय पढ़ने-लिखने में लगाते थे और इसमें किसी तरह का व्यवधान पसंद नहीं करते थे। छात्रों को छूट थी कि वे जब चाहें, मिल सकते थे।

खेल-कूद में उनकी गहरी रुचि थी। अपनी युवावस्था में वे कसरत करते थे और कुश्ती भी लड़ते थे। बाद में वे घर पर ही नियमित रूप से व्यायाम करते थे। उनका क्रिकेट प्रेम लगभग दीवानगी तक था। भारतीय टीम के जीतने पर वे बच्चों की तरह प्रसन्न हो जाते थे और हारने पर उदास।

वे हद दर्जे के ईमानदार आदमी थे। जो कहते थे, वही करते थे। उन्हें जीवन में किसी तरह की बनावट और बेईमानी से नफ़रत थी। जिन लोगों से उनके वैचारिक मतभेद थे, उनसे भी वे स्नेह करते थे और व्यक्तिगत जीवन में उनका आदर करते थे। एक महान लेखक होने के साथ-साथ वे एक महान व्यक्ति भी थे।

धन, पद या पुरस्कारों ने उन्हें कभी मोहित नहीं किया। हिंदी साहित्य के सभी प्रतिष्ठित पुरस्कार उन्हें दिये गए, लेकिन उन्होंने स्वीकार किए अपनी शर्तों पर। पुरस्कारों के साथ जुड़ी धन-राशि उन्होंने साक्षरता प्रसार के लिए दान कर दी। सम्मान लेने के लिए वह कहीं गए नहीं, पुरस्कार देनेवाले उन तक आए—चाहे वे उद्योगपति के.के. बिड़ला हों और चाहे सम्माननीय मुख्यमंत्री शीला दीक्षित।

30 मई, 2000 को एक भरा-पूरा जीवन बिताने के बाद, जिसे कई मायनों में एक आदर्श जीवन कहा जा सकता है, उन्होंने इस संसार से विदा ली। अपने पीछे वे बहुत सारे ऐसे सूत्र छोड़ गए हैं जिन पर चल हम साम्राज्यवाद, संप्रदायवाद और उससे संबद्ध कुरीतियों को तो टक्कर दे ही सकते हैं, सही मायनों में एक जनवादी गणतंत्र की स्थापना कर सकते हैं।

रांगेय राघव

मैं पूछता हूँ सबसे, गर्दिश कहाँ थमेगी

अशोक कुमार पांडेय

हो कितनी अनजान राह यह भूल न जाना
ओ मेरे जीवन के यात्री चलते जाना
हर बंजर के लिए मेघ को चलो बुलाते
हर पीड़ित के लिए चलो तुम हृदय रुलाते
मन की धरती कभी न सूखे करो कामना
सारी भूमि हरी कर देगी यही साधना

(रांगेय राघव की कविता 'बिलड़ी की धरती' से)

1

रांगेय राघव से मेरा पहला परिचय उनकी बहुचर्चित कहानी 'गदल' के माध्यम से हुआ था। 1991-92 की गर्मियों की कोई दोपहर रही होगी जब माँ के बी.ए. के पाठ्यक्रम की कहानियों का संकलन मेरे हाथ लगा। उसमें कोई दस या बारह कहानियाँ रही होंगी। लेकिन जो मुझे याद रह गई हैं, वे हैं चंद्रधर शर्मा 'गुलेरी' की 'उसने कहा था', अमरकांत की 'डिप्टी कलक्टरी', अज्ञेय की 'गैंग्रीन' और रांगेय राघव की 'गदल'। एक बिलकुल भिन्न परिवेश की इस कहानी ने मेरे किशोर-मन को बेहद उद्वेलित किया था, लेकिन उस छोटी-सी जगह पर उनका लिखा कुछ और न मिल सका। गोरखपुर आने पर जो दूसरी चीज़ उनकी दिखी, वह मित्र स्वदेश कुमार की साहित्यिक पुस्तकों की दुकान 'अक्षरा' पर उनके द्वारा किए गए शेक्सपियर के अनुवाद थे। उस समय तक शेक्सपियर के कई नाटक मूल में पढ़ चुका था लेकिन फिर भी रांगेय राघव के नाम का प्रभाव ही था कि उनमें से कई को पढ़ने के लिए ले गया। लेकिन 'गदल' को पढ़कर जितना उद्वेलित हुआ था, इन अनुवादों को पढ़कर उतना ही निराश। बाद में जैसे-जैसे उन्हें पढ़ता गया, इन दो छोरों के बीच का सेतु जोड़ने की कोशिश करता रहा। बहुत बाद में उनके उपन्यास *कब तक पुकारूँ* में आए एक प्रसंग ने मेरी इस गुत्थी को सुलझाया जहाँ एक राजा ने नटी से वादा किया था कि वह अगर एक पहाड़ी से दूसरी पहाड़ी के बीच बँधी रस्सी पर चलकर जाए तो उसे आधा राजपाट दे देगा। नटी जब आधे रास्ते पर पहुँची तो राजा को लगा कि कहीं वह सचमुच उस पार तक न चली जाए, राजा के इशारे पर रस्सी काट दी गई और नटी गिरकर मर गई।

1988 में पीएच.डी. कर लेने के बाद लेखन पर पूरी तरह से केंद्रित होने के लिए विश्वविद्यालय की नौकरी और प्रगतिशील जीवन मूल्यों के स्वीकार के बाद वैर गाँव के मंदिर से जुड़े परिवार की पुरोहिताई का परंपरागत पेशा और उससे जुड़ी जागीर ठुकरानेवाले रांगेय राघव ने मसिजीवी बने रहने के अपने निर्णय का मोल चुकाया। अपनी तमाम रचनाओं का कॉपीराइट कौड़ियों के मोल बेच दिया, प्रकाशकों की माँग पर अंग्रेज़ी से तमाम कृतियों का 'रूपांतरण' किया, लेख लिखे, कोर्स की किताबों के लिए लिखा...और भी क्या-क्या। लेकिन इस तनी रस्सी पर संतुलन बनाकर इस छोर से उस छोर तक जा पाना भी उनके लिए संभव नहीं हुआ। साहित्य के घोर सामंती गठजोड़ों वाले समाज में वे आलोचकों और मठाधीशों के बीच अपने जीवनकाल में भी उपेक्षित ही रहे। हाँ, पाठकों के बीच उनकी लोकप्रियता असंदिग्ध तब भी थी, अब भी है।

2

उपन्यास, कहानी, रिपोर्ताज, कविता सहित तमाम विधाओं में समान अधिकार से लिखनेवाले रांगेय राघव न केवल अपने समय और समाज की बेहद गहरी जानकारी रखनेवाले और उसकी विडंबनाओं की तह में जाकर रेशा-रेशा अलग करने वाले रचनाकार हैं, बल्कि इससे आगे जाकर उनसे दो-दो हाथ कर साहित्य को एक बेहतर भविष्य के निर्माण के ज़रूरी औज़ार की तरह उपयोग करने वाले भी। मात्र 23 वर्ष की उम्र में उनका पहला उपन्यास *घरौंदा* प्रकाशित हुआ था। इसका ज़िक्र करते हुए उनकी पत्नी सुलोचना रांगेय राघव ने लिखा है, 'वैसे पढ़ने में अच्छे थे, परंतु बी.ए. में अर्थशास्त्र में कम्पार्टमेंट आया। उनके पिता को इस असफलता का कारण बाद में पता चला, जब *घरौंदा* तैयार हो गया। कॉलेज के प्रांगण में उगे पेड़ की छाया में बैठ, अर्थशास्त्र की क्लास में जाने के बजाय *घरौंदा* लिखने में तल्लीन रहते। यह उनका पहला मौलिक उपन्यास है, जिसे उन्होंने 18 साल की आयु में लिखा था।' इस उपन्यास की विषय-वस्तु भी कॉलेज के इर्द-गिर्द ही है जहाँ गाँव का एक मेधावी छात्र भगवती शहर के एक कॉलेज में दाख़िला लेता है और वहाँ की चकाचौंध से रूबरू होता है। उतार-चढ़ावों से भरे कोई ढाई सौ पन्नों के इस उपन्यास में रांगेय राघव की रचनात्मक प्रतिभा के साथ प्रगतिशील दृष्टि भी स्पष्ट तौर पर लक्षित की जा सकती है। सुगठित कथावस्तु, प्रवाहमयी भाषा, स्त्री पात्रों के प्रति उनकी सहानुभूति, सत्ताशाली वर्ग के प्रति तीक्ष्ण आलोचनात्मक दृष्टि और वंचित वर्ग के प्रति स्पष्ट पक्षधरता के कारण यह उपन्यास आज भी प्रासंगिक और पठनीय लगता है। उपन्यास के आरंभ में ही जब सेक्रेटरी हर वर्ष कॉलेज में दाख़िला लेनेवाली लड़कियों की संख्या में बढ़ोतरी की बात को अफ़सोस के साथ कहता है तो लेखक की टिप्पणी है, 'जैसे जब से लड़कियाँ आने लगीं, इनकी ज़बान पर एक-एक घाव होता गया और आज एक सौ बीस पूरे हो गए।' गाँव और शहर के बीच का जो द्वंद्व उनकी रचनाओं में अंत तक दिखाई देता है, उसके स्रोत भी इस उपन्यास में ही दिखाई देने लगते हैं। एक संदर्भ में वे लिखते हैं, 'शहर में रूप होता है—साम्राज्यों का वैभव उनकी उच्च अट्टालिकाओं में छिपा रहता है, लेकिन नीचे ही तीव्र अंधकार कोनों में गुर्राया करता है। दूर-दूर तक फैलती छाया—गाँवों में मनुष्य केवल जीवित रहता है। वृद्ध अपने जीवन से बेज़ार हो जाते हैं, युवक अपनी भूख और वासनाओं को मिटाने की ही इच्छा में झुक जाते हैं, औरतों

की छाती नाज़ करने से पहले की ढल जाती है और बच्चे गंदे, घिनौनी-सी राह पर कुत्तों के साथ खेला करते हैं। मध्य वर्ग इस गाँव की झूठी सादगी पर मरता है। रईस वहाँ प्रकृति का सौंदर्य देखने जाते हैं। पर्वत का मनोरम दृश्य कौन नहीं जानता? किंतु जो पशु प्रकृति की कठोर दया पर गुफाओं में पलता है, वह कभी सुखी नहीं होता।'और ध्यान रखिए कि ग्रामीण जीवन का यह क्रूर यथार्थ वे चालीस के दशक के उस दौर में ला रहे थे जब प्रेमचंद सहित हिंदी के तमाम रचनाकार शहर की तुलना में ग्रामीण जीवन को महान बताते हुए उसके द्वंद्वहीन चित्रण में लगे थे। 'अहा ग्राम्य जीवन भी क्या है' के मोहक गीतों से साहित्य की दुनिया गुंजायमान थी। वैसे ग्रामीण जीवन का यह आदर्शवादी और रूमानी चित्रण बाद में भी लगातार चलता ही रहा और बंबइया फ़िल्मों की तरह साहित्य में भी ग्रामीण जीवन की विडंबनाओं को अपने कल्पित आदर्श लोक की सुनहरी परत में दबाया जाता रहा। लेकिन रांगेय राघव, जिन्होंने ग्रामीण जीवन को ही नहीं, मुख्यधारा से बाहर कर दिये गए जन-समुदायों के जीवन को भी बेहद क़रीब से और संबद्ध होकर देखा था, उनके परवर्ती साहित्य में इस विडंबना का चित्रण और भी अधिक स्पष्टता से हुआ है। प्रेमचंद की बहुचर्चित कहानी 'पंच परमेश्वर' के ही शीर्षक से लिखी अपनी एक कहानी की भूमिका में वे लिखते हैं, 'जन-जीवन का कौन-सा रूप है जो आज हमें खींचता है। समस्या का हल या यथार्थ का चित्रण! मैं इन दोनों को युगपरक सत्य मानता हूँ, परंतु इन्हें साहित्य का सब कुछ नहीं मानता क्योंकि साहित्य का सृजन एक और भी व्यापक तत्त्व चाहता है। वह तत्त्व है भाव-चित्रण, प्राचीन शास्त्रियों के शब्दों में, और मेरी व्याख्या में मानवीयता का व्यापक रूप। इसी तत्त्व को मैंने निरंतर विकसित किया है। प्रेमचंद में इसका अभाव था।' *कब तक पुकारूँ* की भूमिका में उन्होंने इसे और स्पष्ट तरीक़े से लिखा है, 'प्रेमचंद के समय में राष्ट्रीय आंदोलन विदेशी के विरुद्ध था, अतः उस समय राष्ट्रीयता का ही महत्त्व उनके उपन्यासों में मिलता है। प्रेमचंद आदर्शवादी भी थे। गाँव की बहुत-सी असलियत भी वे इसी से स्पष्ट नहीं लिख सके थे क्योंकि उस समय समस्या राष्ट्रीय आंदोलन को बल देने की थी, किंतु अब युग प्रेमचंद से आगे का है और केवल शोषण का आर्थिक पहलू ही देखना काफ़ी नहीं है। शहरों में बैठनेवाले आधुनिकता के नज़रिए से सब कुछ देख डालते हैं। पर असली भारत गाँव में है, जो अब भी मध्यकालीन विश्वासों से ग्रस्त है। ये विश्वास मध्यकालीन आर्थिक व्यवस्था से नियंत्रित हैं।' ग्रामीण जीवन की विडंबनाओं का चित्रण और उत्पीड़क सामाजिक संरचनाओं को बेपर्द करने की उनकी यह मुहिम जीवनपर्यंत चलती रही।

3

यह महज संयोग नहीं है कि उनके सबसे चर्चित उपन्यास *कब तक पुकारूँ* और सबसे चर्चित कहानी *गदल* का कथानक वर्णव्यवस्था और लैंगिक मतभेद जैसी इन्हीं उत्पीड़क सामाजिक संरचनाओं के शिकार दो जनसमुदायों के जीवन के इर्द-गिर्द घूमता है। उनका एक और चर्चित उपन्यास *धरती मेरा घर* भी ऐसे ही एक समुदाय गाड़िया लोहारों पर है। अब तक लगभग क्लासिक का दर्जा पा चुके अपने उपन्यास *कब तक पुकारूँ* में उन्होंने राजस्थान और पश्चिमी उत्तर प्रदेश की करनट जाति के जनजीवन को केंद्र में रखा है। इस आदिम जनजाति की जीवनशैली, मूल्य-मान्यताओं, इनके सतत उत्पीड़न और बदलते सामाजिक-राजनीतिक परिवेश

के उन पर प्रभावों को रांगेय राघव ने इतनी गहराई और इतनी संबद्धता से चित्रित किया है कि यह उपन्यास, जिसके एक रोमांचक ऐतिहासिक आख्यान भर बनकर रह जाने, या फिर आंचलिक जैसा कुछ बन जाने की पूरी संभावना थी, आधुनिक तथा वैज्ञानिक जीवन मूल्यों का उद्घोषक बन जाता है। उनके स्त्री पात्र आधुनिक स्त्री की स्वतंत्रता के उद्घोष से स्वर मिलाते लगते हैं। चंदा और नरेश के प्रसंग में तो उन्होंने अंतर्जातीय प्रेम-विवाह जैसे सवाल पर बेहद खुलकर बात की है और वे स्पष्ट पक्षधरता के साथ सामने आए हैं। एक प्रसंग में लेखक कहता है, 'यह बुराई नहीं है। यह ज़ात-पाँत सब आदमी के बनाए बंधन हैं। दुनिया में एक मुल्क अमरीका है। वहाँ काले हब्शी रहते हैं, उन पर अत्याचार होता है, क्योंकि वहाँ के बाक़ी हुकूमत करने वाले लोग गोरे रंग के हैं....बुरा धन है, धन की ग़ुलामी बुरी है।' यहाँ यह ज़िक्र भी प्रासंगिक होगा कि अपने बिलकुल अंतिम दौर के उपन्यास *पतझर* में भी एक मनोवैज्ञानिक के माध्यम से उन्होंने अंतर्जातीय प्रेम-विवाह के सवाल को भी उठाया है और उसे यांत्रिक तरीक़े से हल करने की जगह विभिन्न समाजशास्त्रीय तथा मनोवैज्ञानिक अवधारणाओं की गहन विवेचना के साथ वे अंतर्जातीय विवाह के पक्ष में खड़े हुए हैं। इस उपन्यास में वे आधुनिकता के नाम पर पश्चिम के अंधानुकरण के साथ-साथ वामपंथी देशों के भीतर व्यक्तिगत स्वातंत्र्य पर ज़बरन लगाई जा रही बंदिशों पर भी सवाल खड़ा करते हैं, 'चीन वाले व्यक्तिगत संपत्ति हटाने के लिए परिवार तोड़ रहे हैं, ज़बर्दस्ती। मैं ज़बर्दस्ती पर विश्वास नहीं करता, और परिवार का अंत मैं इसलिए कह रहा था कि मनुष्य का चरम लक्ष्य अपना बौद्धिक विकास करना है, जो उसके मस्तिष्क पर निर्भर है। वह योग के विकास से हो सकता है और इन जातीय बंधनों से योग का विकास रुकता है। इसलिए परिवार नाम की चीज़ टूट जाएगी। मैं जानता हूँ, आप इस बात को सुनकर हँसेंगे। मैं एक तरफ़ परिवार तोड़ने की बात कर रहा हूँ और दूसरी तरफ़ स्वतंत्र प्रेम की बातें कर रहा हूँ।' इस उपन्यास में उन्होंने जिस तरह आदिम क़बीलाई युग से लेकर आधुनिक युग तक के समाज में विवाह संस्था में अंतर्निहित बर्बरता को चित्रित किया है, वह राहुल सांकृत्यायन के प्रसिद्ध उपन्यास *वोल्गा से गंगा* की याद दिलाता है।

कब तक पुकारूँ का विशद विवेचन तो अलग से एक लंबे आलेख की माँग करता है, लेकिन संक्षेप में यह कहा जा सकता है कि *कब तक पुकारूँ* में रांगेय राघव ने जितना बड़ा कैनवास रचा है, जिसमें वह पूरब-पश्चिम, औपनिवेशिक मानसिकता के अंतर्द्वंद्व, जाति-व्यवस्था के भीतर स्त्री यौनिकता के नियंत्रण, आदिवासी समुदाय के भीतर स्त्री की यौनिकता की स्वतंत्रता के बहाने स्त्री प्रश्नों पर गहन विमर्श और सामंती उत्पीड़न की विभिन्न तहों की पड़ताल जैसे महत्त्वपूर्ण कार्य कर पाते हैं, वह अन्यत्र दुर्लभ दिखाई देता है। यह एक विचारक और एक रचनाकार के रूप में उनके विराट व्यक्तित्व का पता देता है तो उनकी संवेदनाओं और पक्षधरता का भी। समकालीन अस्मिता विमर्शों से कोई पाँच दशक पहले इन विषयों पर इतना स्पष्ट और इतना खरा लिखनेवाला लेखक विमर्शों के समकालीन शोर में क्यों याद नहीं किया जाता, यह कोई मुश्किल सवाल नहीं है।

पारंपरिक तथा हिंदी में परिचित ग्रामीण जीवन से इतर हमारी सामाजिक व्यवस्था के हाशिए पर स्थित इन आदिम घुमंतू समुदायों पर जितना रांगेय राघव ने लिखा है, मेरी सीमित जानकारी में हिंदी के किसी अन्य लेखक ने नहीं लिखा है। यह इसलिए भी महत्त्वपूर्ण है

कि एक तरफ़ तो आमतौर पर मुख्यधारा से बाहर माने जानेवाले इन समाजों की तमाम मूल्य-मान्यताएँ पारंपरिक समाजों की सामंती मूल्य-मान्यताओं से अधिक खुली और मानवीय नज़र आती हैं, तो दूसरी तरफ़ साहित्य जगत् में सामान्यतः इन सभी समाजों के गहन मानवविज्ञानी तथा समाजशास्त्रीय अध्ययन की मुश्किल राह अपनाने की जगह इन्हें किसी रहस्यमय मोनोलिथ में तब्दील कर उपेक्षित रखा जाता है, और गाँव की एक 'मानक' संरचना के विभिन्न 'टोलों' के बीच की आवाजाही को ही संपूर्ण ग्रामीण समाज की आवाजाही मानकर काम चला लिया जाता है। इसके साथ-साथ पूर्वोद्धरित तथा अन्य उपन्यासों में भी रांगेय राघव ने आर्थिक शोषण के तिलिस्मों को भी बख़ूबी भेदा है। ग्रामीण जीवन पर केंद्रित एक उपन्यास *पथ का पाप* में वे लिखते हैं, 'किसान की कमाई बड़ी गाढ़ी मेहनत की। तावड़ा की धमक में गोरी काली पड़ जाए खाल। अब हल चलाओ, फिर बोओ, फिर नरावा करो, फिर काटो, फिर दाँय करो, फिर बरसाओ, तब कहीं नाज घर आए। तिसमें आँधी, पाला, बिजली, कड़क, टिड्डी, टिड्डा, पचास जोखें हैं।' इन पंक्तियों में ब्रजभाषा पर उनका असाधारण अधिकार और उसका सौष्ठव भी देखते ही बनता है।

4

एक रचनाकार के रूप में उनकी बहुआयामिता और विषय के विवेचन की अद्भुत क्षमता के पीछे उनका विराट अध्ययन भी था। न केवल वे हिंदी, संस्कृत, तमिल, अंग्रेज़ी और ब्रज जैसी भाषाओं के प्रकांड विद्वान थे, अपितु इतिहास, दर्शन, राजनीति, समाजशास्त्र, धर्मशास्त्र, अर्थशास्त्र आदि के भी गहन अध्येता थे। उन्होंने मायकोवस्की, चौसर, होमर, यूरिपीडीज़, राबर्ट लुई स्टीवेंसन और लाओत्सु जैसे कवियों पर किताबें तैयार की थीं (जो अप्रकाशित ही रह गईं) तो समाजशास्त्र, अपराधशास्त्र, संस्कृति और मानवशास्त्र जैसे विषयों पर अधिकारपूर्वक लिखने के साथ-साथ मध्यकालीन मुस्लिम इतिहास पर भी किताब लिखी थी (इसका एक खंड उन्होंने लिखा था, असमय मृत्यु के कारण इसे आगे नहीं लिख सके)। 1946 में उन्होंने *भारतीय पुनर्जागरण की भूमिका* लिखी तो आलोचना के भी दस से अधिक ग्रंथ लिखे। इन सबका असर उनके उपन्यासों में दिखता है। उनका बहुचर्चित उपन्यास *मुर्दों का टीला* मोहनजोदड़ो पर लिखा गया, मेरी जानकारी में, पहला उपन्यास है। इसके पहले मुल्कराज आनंद ने इसी विषय पर एक कहानी लिखी थी। यह उपन्यास मोहनजोदड़ो की ख़ुदाई से पहले लिखा गया था। ग़ौरतलब बात यह है कि इस उपन्यास में वहाँ के जनजीवन और उनके रहन-सहन के बारे में दी गई अनेक प्रस्थापनाएँ राखाल दास बनर्जी द्वारा इसकी ख़ुदाई के उपरांत दिये गए निष्कर्षों के बिलकुल अनुरूप हैं। वे एक उपन्यासकार के रूप में अपने समय से आगे निकल जाते हैं। इसके अलावा हिंदी में रिपोर्ताज शैली में लेखन करने वाले भी वे पहले ही लेखक हैं। बंगाल के अकाल के दौर में वहाँ का दौरा करने गई प्रगतिशील लेखक संघ की टीम के सदस्य रहे रांगेय राघव ने वहाँ से लौटकर *तूफ़ानों के बीच* नाम से जो रिपोर्ताज लिखा है, वह इस शैली की बुनियाद भी है और बुलंदी भी।

सुलोचना रांगेय राघव ने पूर्वोद्धरित पुस्तक में उनके जीवन और विश्वासों के बारे में तमाम रोचक जानकारियाँ दी हैं। मेरे लिए इनमें एक जो बेहद महत्त्वपूर्ण बात है, वह है उनका कवि रूप। मेरी पीढ़ी के तमाम लोग इस बात से अपरिचित हैं कि रांगेय राघव ने न केवल

एक रचनाकार के नाते अपनी शुरुआत कवि के रूप में की थी, अपितु बाद में एक उपन्यासकार और कहानीकार के रूप में पहचान पा लेने के बाद भी उन्होंने कविताओं का क्रम लगातार जारी रखा। सुलोचना जी ने अपनी किताब में छह प्रकाशित और सात अप्रकाशित कविता-संग्रहों की सूची देने के साथ-साथ उनकी कुछ कविताओं को भी जगह-जगह उद्धृत किया है। तमाम कोशिशों के बाद उनके संकलन न मिल पाने के कारण इस लेख में उन पर विस्तार से बात करना संभव नहीं हो पा रहा। इसी संस्मरण में वे एक जगह बताती हैं कि रांगेय राघव ने कभी कहा था कि 'वे चाहते हैं कि लोग उन्हें कवि के रूप में जानें।'

लेकिन जिस अर्थाभाव में वे लगातार संघर्ष करते रहे, उनमें शायद गद्य ही उनकी मुसीबतों का कुछ हद तक निदान कर पाता था। यही वजह थी कि कई बार उनके उपन्यास जल्दबाज़ी में लिखे हुए लगते हैं। कई बार ऐसा लगता है कि बस इनका पहला ड्राफ़्ट तैयार किया गया और प्रकाशक को दे दिया गया। एक मसिजीवी लेखक की हिंदी में यह दुर्दशा कोई अकेली नहीं है। लेकिन खलनेवाली बात है, हिंदी की संस्थागत आलोचना द्वारा उनकी उपेक्षा। जिस क़द और जिस रेंज के वे लेखक थे, हिंदी की आलोचना ने उस गंभीरता से उन पर काम नहीं किया। कुछ उबाऊ शोध-प्रबंधों के अलावा उनके रचनात्मक अवदान की गंभीर विवेचना करने वाली कोई किताब आज भी बाज़ार में दिखाई नहीं देती। 39 साल के अल्प जीवनकाल में साठ से अधिक महत्त्वपूर्ण मौलिक किताबें लिखनेवाले इस अद्वितीय प्रतिभाशाली लेखक के रचना-संसार की पड़ताल का काम न केवल उनके महत्त्व को समझने में मददगार होगा बल्कि स्वतंत्रता के तुरंत बाद की सामाजिक-आर्थिक-राजनीतिक परिस्थितियों और हाशिए के समाज के साथ उनके अंतर्संबंधों और द्वंद्वों को समझने के उस ज़रूरी काम का हिस्सा भी बनेगा, जो वर्तमान हालात में एक वैकल्पिक सामाजिक-आर्थिक-राजनीतिक व्यवस्था के निर्माण के काम में लगे लोगों को भविष्य का मॉडल तैयार करने के लिए ज़रूरी खाद-पानी का काम करेगा।

शील

अशोक तिवारी

मन्नूलाल शील उन रचनाकारों में से रहे हैं जिनके लिए कलाकर्म कभी भी जीवन से हटकर कोई अलग चीज़ नहीं रही है। जीवन के हर रंग में स्वयं को कला की कसौटी पर खरा उतारनेवाले शीलजी मूलतः कवि रहे हैं या नाटककार—यह कहना थोड़ा मुश्किल है। शायद दोनों ही। उन्होंने दोनों ही क्षेत्रों में अपनी मज़बूत पकड़ बनाई है। उनकी कविताओं में एक ओर जहाँ आम इनसान बरबस ज़िंदा हो उठता है, वहीं दूसरी ओर उनके नाटकों में मेहनतकश का किरदार अपनी पूरी तैयारी के साथ शोषकों से दो-दो हाथ करता नज़र आता है। वह लड़ता है और समाजवादी प्रतिस्थापना के प्रति अपनी प्रतिबद्धता दर्ज करता है। इस हेतु शीलजी के नाटकों में जिस तरह के स्वाभाविक तर्क उभरकर सामने आते हैं—वह देखते ही बनते हैं। वे मेहनतकश के सुख-दुख की जो तस्वीर अपने साहित्य में उकेरते हैं, वह इतनी सच्ची और यथार्थ के क़रीब होती है कि मुँह से बरबस फूट उठता है—वाह!

शीलजी के लेखन का महत्त्वपूर्ण दौर लगभग तभी शुरू हुआ जब प्रगतिशील लेखन का दौर आता है। तीसरे दशक के बाद वाले दौर में प्रगतिशील चेतना का स्वरूप तेज़ी के साथ विकसित हुआ। हिंदुस्तान के तमाम लेखक इस संगठन का हिस्सा बने। शीलजी प्रगतिशील लेखक संघ की स्थापना (1936) के बाद ही प्रगतिशील धारा में आए हों, ऐसा नहीं है। वे उससे पहले 'तक-तक तक-तक बैल', 'विषमता', 'मज़दूर की झोंपड़ी' सरीखी कविताएँ लिख रहे थे। शीलजी की कविताओं का सामाजिक चिंतन स्पष्टता के साथ सामने आ रहा था। *चर्खाशाला* के गांधीवादी कवि का कांग्रेस की समझौतापरस्त नीतियों से मोहभंग होना स्वाभाविक था। फलतः शीलजी कम्युनिस्ट विचारधारा के निकट आते चले गए। इसकी झलक उनके लेखन में निरंतर सामने आने लगी।

शीलजी अपने लेखन में जो भाषा इस्तेमाल करते थे, वह सदैव आम बोलचाल की भाषा ही रही। बोलचाल की भाषा में ही उन्होंने समस्त साहित्यकर्म किया। भाषा में किसी तरह का भदेसपन, बनावट या क्लिष्टता उन्हें पसंद नहीं थी। बात ऐसे की जाए और लिखी जाए कि जन-जन को समझ आए, ताकि पाठक उस रचना के साथ अपना संबंध स्थापित कर पाए। पाठक के साथ और उस रचना के साथ इस तरह एकमेक होना रचना की ताक़त को प्रकट करता है। 1953 में लिखी 'भाई का पत्र' कविता में शीलजी ने अपने भाई की संवेदना को समसामयिक परिस्थितियों में सहजता के साथ पिरोया है।

दुख दे रहा सुराज, किसान कराह रहे हैं / भैया, फिर अब तुम्हें यहाँ सब चाह रहे हैं।
तड़प रहे हैं लोग, घोर बेचैनी फैली / उठने को तूफान, अभी कुछ थाह रहे हैं।
थोड़ा लिखा, समझना ज़्यादा, भूल न करना / रुपया देना भेज मुसीबत देती धरना।

लावा और फूल, पृ. 64

इसी प्रकार *तीन दिन तीन घर* नाटक हो या *किसान* या *हवा का रुख़* या फिर *पोस्टर चिपकाओ* या फिर कोई अन्य—हर नाटक मेहनतकश और मध्य वर्ग की तमाम विडंबनाओं को उजागर करता चलता है। भाषा ऐसी कि संवाद अपने मुँह से फूटते नज़र आएँ। नाटक एवं कविता का मर्म उन शब्दों में इस क़दर जज़्ब हो कि लगे, यह मेरी अपनी ही बात है, अपनी ही पीड़ा है, अपना ही कथन है।

शीलजी का जीवन शुरुआत से ही संघर्षमय रहा। उन्होंने जुझारूपन के साथ घर-परिवार एवं समाज के साथ अपने विरोध साफ़तौर पर दर्ज किए। शुरू-शुरू में पिता उन्हें पंडिताई के चक्कर में फँसाना चाहते थे जबकि उनकी मंशा शुरू से ही किताबों से ज्ञान प्राप्त करने की थी। ग़रीबी एवं पारिवारिक तंगी के चलते शीलजी अपनी पढ़ाई जारी न रख सके। अपने बाबा के साथ हल की मूठ पकड़ना, पिता के साथ पंडिताई के ढोंग-ढपाड़ों तथा तमाम आडंबरों को झेलना व इन सबके बीच अपने-आपको आनेवाले वक़्त के लिए तैयार करना शीलजी के लिए एक चुनौतीपूर्ण काम था।

बचपन की ग़रीबी के उस आलम में शीलजी ने पिता के साथ 'सत्यनारायण की कथाएँ' भी कीं। ललित शुक्ल को लिखे एक पत्र में उन दिनों को याद करते हुए उन्होंने लिखा : 'सत्यनारायण की कथाएँ—कभी-कभी एक दिन में चार-पाँच हो जाती थीं। और पिताजी से यह तय था कि कथाओं में जो पैसा चढ़ेगा, वह उनका और पूजा में यानी गणेश, गौर्या, कलश आदि में जो मिलेगा, वह मेरा। हाँ, मुझे जो पैसा मिलता था, उससे मैं पुस्तक ख़रीदता था। दो-तीन पुस्तकों की मुझे विशेष स्मृति है : *चंद्रकांता संतति, शंकर विजय* और रमाशंकर अवस्थी की सोवियत क्रांति संबंधी पुस्तक। (*धार काफ़ी है,* पृ. 264)

भयंकर कर्मकांड और आडंबरयुक्त इन कृत्यों से शीलजी ने तौबा कर ली और निश्चय कर लिया कि जो हो, पुरोहिती कर्म करके कर्मकांडी पंडित बनना उन्हें क़तई अभीष्ट नहीं है। अपने गाँव पाली में वे कांग्रेस के पहले सदस्य बने। दिन में जल्दी ही खेती के काम को ख़त्म करके वे नित्यप्रति कांग्रेस के काम में निकल जाते। कांग्रेस का मेंबर बनना गाँव के ज़मींदार को रास नहीं आया। वह शीलजी की आज़ादी के आंदोलन में की जा रही शिरकत और आसपास के गाँवों में कांग्रेस के मेंबर बनाए जाने को बर्दाश्त नहीं कर पा रहा था। उसकी रियाया ये सब करे—उसे यह सब कैसे मंज़ूर होता? वह शीलजी को चोर-बदमाश, दफ़ा दस का जरायमपेशा बनाने पर उतारू हो गया। उसने शीलजी के पिता को धमकाया-घुड़काया कि वे अपने लड़के को सरकार-विरोधी ग़लत रास्तों पर जाने से रोकें, नहीं तो घर-परिवार के सभी लोगों को जेल में बंद करवा दिया जाएगा।

शीलजी ने घर में पिता के कड़े व्यवहार एवं रुख़ के बावजूद अपना काम नहीं छोड़ा। 16 साल की उम्र में शीलजी का विवाह हो गया। विडंबना यह कि विवाह के एक माह बाद ही शीलजी जेल पहुँच गए। जेल-यात्राओं के दरमियान ही पत्नी व बच्चे का देहांत हुआ। माँ को भी खोया। मगर पूरे संघर्षमय जीवन में शीलजी ने कभी धैर्य नहीं खोया। जेल में

साथी राजनीतिक क़ैदियों को जब शीलजी किसान एवं मज़दूर पक्षधरता की कविताएँ सुनाते तो वे उन्हें कॉमरेड कहकर संबोधित करते। और यही वे क्षण थे जब वे कम्युनिज़्म की ओर आकर्षित हुए तथा मार्क्सवाद पढ़ने की प्रेरणा प्राप्त की।

मार्क्स एवं लेनिन के विचारों को पढ़ने और समझने का अवसर शीलजी को तब मिला जब वे आगरा जेल में बंद थे। उन्हें समझ आने लगा था कि 'गांधी की समन्वयकारी राजनीति भेड़िया और बकरी को एक जगह पानी पिलाने की राजनीति थी।' शीलजी के साहित्य में वर्गीय दृष्टिकोण से चीज़ों को देखने की दृष्टि शुरू से ही मिलती है। उनकी रचनाओं में सामाजिक यथार्थ के साथ-साथ अंतर्विरोध, द्वंद्व व पूँजीवादी हथकंडों को साफ़ तौर पर देखा जा सकता है। उनका समग्र लेखन मूलतः साम्राज्यवाद का विरोध करते हुए किसानों, पीड़ितों, शोषितों एवं दलितों की पक्षधरता करता है। यही पक्षधरता उनके लेखन का केंद्रीय तत्त्व है।

यक़ीनन शीलजी के लेखन में किसानों व मज़दूरों के प्रति पक्षधरता उनकी ताक़त के रूप में उभरकर आती है। एक ओर जहाँ वे हरिवंशराय बच्चन की 'मधुशाला' के बरक्स 'चर्खाशाला' लिख रहे थे, वहीं वे राष्ट्रीय आंदोलन में शरीक होते हुए किसान एवं मेहनतकश के प्रति अपनी प्रतिबद्धता को लेखन में उजागर कर रहे थे :

मेरी इस चर्खाशाला में स्वतंत्रता के तार भरे
दीन-हीन मज़दूर किसानों के उर के उद्गार भरे
युवकों के उजड़े यौवन में भर नव जीवन का प्याला
नवयुग का संदेश सुनाती गांधी की चर्खाशाला

कात-कातकर सूत लगा दें भारत में अतुलित ढेरी
स्वतंत्रता का साज सजा दें और बजा दें रणभेरी
व्यवसायों के संघ खुलें, हो बेकारी का मुँह काला
साम्यवाद का शंख बजाए गांधी की चर्खाशाला

शीलजी का मानना था कि कविता जनधर्मी हो। कविता की क्या ताक़त है, इस पर शीलजी द्वारा सुनाया एक दिलचस्प प्रसंग है जिसे के.पी. सिंह ने अपनी किताब *सिरजे जिनने सपने* में उद्धृत किया है : 'बाँदा में एक राष्ट्रीय कवि सम्मेलन हो रहा था, शीलजी ने *चर्खाशाला* की कविताएँ सुनाईं। यह सन् 1940-41 का समय था। गर्मी के दिन थे। कवि सम्मेलन के बाद तीन-चार कवि इक्के में बैठकर, दूसरे स्थान के लिए जा रहे थे। कुछ रास्ता जंगल से होकर गुज़रता था, चार लुटेरों ने इक्का रोक लिया और कहा कि 'शील कौन है?' सब लोग सन्नाटे में थे कि क्या हुआ। कवि सम्मेलन में 11 रुपये मिले हैं, वे भी हाथ से गए। शीलजी ने आगे आकर कहा, 'कहिए।'–'चलिए, आपको राजा ने याद किया है।' डाकू मानसिंह को उनके समर्थक और सहयोगी राजा के नाम से पुकारते थे। आँखों पर पट्टी बाँधी गई। घने जंगल से होते हुए एक स्थान पर गए जहाँ कुछ झोंपड़ियाँ बनी थीं, चबूतरे पर मानसिंह बैठे थे। बिना औपचारिकता के उन्होंने क्षमा-याचना की और कहा कि मेरे कुछ बाग़ी साथी आपकी कविताएँ सुन रहे थे। मैं भी कविता सुनना चाहता हूँ। मेरी मजबूरी आप जानते हैं। उन्होंने

कविता सुनाने का आग्रह किया। शीलजी ने उन्हें ख़ूब जमकर कविताएँ सुनाईं। शीलजी ने बताया कि मानसिंह कविता सुनकर बहुत उदास हो गए और बोले—काश! स्वाधीनता आंदोलन में मैं भी कुछ योगदान दे सकता! मुझे एक सौ एक रुपये देकर विदा किया।' शीलजी थोड़ी देर मुस्कराए और बोले, 'यह है कविता की शक्ति।' (सिरजे जिनने सपने, पृ.119) उनकी कविताओं और नाटकों के पात्र सदैव ज़मीन से जुड़े हुए होते। लोगों की आम एवं रोज़मर्रा की समस्याओं को अपने लेखन में वे उठाते और बेहतर समाज-व्यवस्था के पक्ष में अपने तर्क प्रस्तुत करते।

शीलजी के कविता संग्रह *अँगड़ाई* का एक दिलचस्प क़िस्सा है। *अँगड़ाई* पुस्तक किताब महल, इलाहाबाद से प्रकाशित हो रही थी। इस संग्रह की तमाम कविताओं में समाज द्वारा अँगड़ाई लिये जाने व क्रांति की बात थी मगर प्रकाशक महोदय के दिमाग़ की उपज देखिए, उसने किताब के मुखपृष्ठ पर अँगड़ाई लेती हुई औरत का चित्र बना दिया। ज़ाहिर है, यह कुछ और ही अर्थ व्यक्त करने जा रहा था। शीलजी ने देखा तो अपना माथा पीट लिया और बिना मुखपृष्ठ बदले किताब को लेने से साफ़ इनकार कर दिया।

कविता, गीत, लघु कविताएँ, ग़ज़लें, दोहे, विचारिकाएँ, सवैए, घनाक्षरी सवैए आदि रूपों को इस्तेमाल करते हुए शीलजी ने हिंदी कविता को न केवल समृद्ध किया बल्कि नए-नए प्रयोग भी किए। *चर्खाशाला, अँगड़ाई, उदय पथ, लावा और फूल, कर्मवाची शब्द हैं ये, एक पग, लाल पंखों वाली चिड़िया* शीलजी के प्रकाशित कविता संग्रह हैं। बहुत-सी कविताएँ, सामाजिक एवं राजनीतिक टिप्पणियाँ व लेख उनकी डायरी में अभी भी प्रकाशन की प्रतीक्षा में हैं। शीलजी के *अर्थ पिशाच, चाँद से गाँव तक* नामक दो कहानी संग्रह भी प्रकाशित हुए। दुर्भाग्यवश साहित्य जगत् में जिनकी अपेक्षित चर्चा नहीं हो पाई। जनसाहित्य और जनसंस्कृति का मंच बनाने के संदर्भ में शीलजी ने *उपमा* नाम की एक पत्रिका निकाली जिसे मित्रों के अपेक्षित सहयोग न मिलने के कारण बंद करना पड़ा। शीलजी ने 'सांग एंड ड्रामा डिवीज़न' की ओर से रानी लक्ष्मीबाई पर भी नाटक लिखा।

नए समाज का सपना कदाचित् देश की आज़ादी के बाद हर किसी की आँखों में पल रहा था। एक ऐसा समाज जहाँ हर कोई अपनापन महसूस कर सके, अपने सुख-दुख साझा कर सके और मिल-जुलकर एक ऐसी नई दुनिया बना सके, जहाँ इनसान का शोषण न हो और जो अपनी मेहनत के बल पर इस धरती को हरा-भरा और देश को ख़ुशहाल बना सके। इसी नए संसार को आबाद करने का आह्वान शीलजी अपने गीतों में बार-बार करते हैं। विषम से विषम परिस्थितियों में आततायियों, शोषकों और पूँजीपतियों से वे सीधे-सीधे टक्कर लेने की बात करते हैं।

> देश हमारा धरती अपनी हम धरती के लाल,
> नया संसार बसाएँगे, नया इनसान बनाएँगे। (*लावा और फूल*, पृ. 69)

शीलजी उन लोगों में से रहे हैं जो अपनी प्रतिबद्धता और कर्तव्यनिष्ठा के लिए अपना सर्वस्व निछावर कर देने के लिए सदैव तैयार रहते थे। वे एक बेहद संवेदनशील एवं भावुक क़िस्म के इनसान थे जिन्हें अपनी पार्टी पर दृढ़ विश्वास था। शीलजी को मृत्यु के समय एक चिंता सता रही थी और वह चिंता थी उनकी अप्रकाशित कविताओं और दूसरी रचनाओं के प्रकाशन की। शायद वे अपनी मौत के बाद के हश्र को देख पा रहे थे। *धार काफ़ी है* पुस्तक के प्रकाशन

के समय मैंने उनके भतीजे श्री अशोक के पास जयपुर कई चक्कर काटे, मगर मुझे उनसे प्रकाशित कराने हेतु उनकी एक भी लाइन या एक भी फ़ोटो उपलब्ध नहीं हो पाया। मैं उनकी पूँजीवादी आकांक्षा को पूरी नहीं कर सकता था। बक्से में बंद उनकी अप्रकाशित रचनाएँ एवं डायरियाँ धूल और दीमक की भेंट चढ़ जाएँगी—अपनी रचनात्मकता का यह हश्र क्या उनको मालूम था? एक सच यह भी है कि उनका लिखा हुआ साहित्य आज भी पुस्तकालय की अलमारियों से निकलकर अपने मूल्यांकन की राह देख रहा है।

हमारे यहाँ लोकगीतों की परंपरा काफ़ी पुरानी है। लोकगीतों की व्यापकता और प्रसिद्धि के चलते कई बार लेखक का नाम पीछे छूट जाता है। 'सब ठाठ पड़ा रह जाएगा जब लाद चलेगा बंजारा', 'आदमीनामा' या 'होली' आदि गीत जो पूरे ब्रज क्षेत्र में गाए जाते हैं। मगर बहुत कम लोग जानते हैं कि लोकगीत का दर्जा पाए ये गीत नज़ीर अकबराबादी के हैं। शीलजी भी उन्हीं लेखकों में से एक रहे हैं जिनकी लिखी हुई पंक्तियाँ उत्तर एवं हिंदीभाषी क्षेत्र में लोग विवाह में अपने निमंत्रण पत्र पर छपवाते रहे हैं :

> भेज रहे हैं नेह निमंत्रण, प्रियवर तुम्हें बुलाने को।
> हे मानस के राजहंस, तुम भूल न जाना आने को।।

बहुत कम लोग जानते हैं कि ये पंक्तियाँ शीलजी ने शीतलप्रसाद मिश्र की बहन के विवाह के अवसर पर इटारसी स्टेशन पर लिखी थीं। शीतलप्रसाद मिश्र *अलाव* के 'शील विशेषांक' में छपे अपने एक लेख में इन पंक्तियों को लिखे जाने का एक खुलासा करते हुए कहते हैं : '1947 की आज़ादी से कुछ पूर्व कुछ घंटों के लिए वे इटारसी आए थे। वे उस समय बंबई जा रहे थे। मैं अपनी बहन की शादी की तैयारी में था। मैंने उन्हें रोकना चाहा, किंतु वे रुके नहीं। उन्होंने मेरी बहन की शादी की निमंत्रण-पत्रिका बनाई और उसमें जो पंक्तियाँ लिखीं, उन्हें देशभर के लोग आज तक निमंत्रण-पत्रिकाओं में छपवाते आ रहे हैं।' (*अलाव*, पृ. 45)

शीलजी का पाँचवें दशक में बंबई जाना हुआ। इप्टा के साथ काम करने के दरमियान उनकी मुलाक़ात पृथ्वीराज कपूर से हुई। फिर साथ मिलकर काम किया। इसी दौरान *किसान* और *तीन दिन : तीन घर* जैसे बेहतरीन नाटक लिखे, जिन्हें पृथ्वीराज कपूर ने देशभर में खेला। 26 अक्टूबर, 1956 को *किसान* नाटक की पहली प्रस्तुति पृथ्वी थिएटर में हुई। इस नाटक के देश-विदेश में 700 से भी अधिक प्रदर्शन हुए। *किसान* नाटक जहाँ देश की असली तस्वीर को दिखाते हुए संघर्ष की मशाल जलाने की बात करता है वहीं *तीन दिन : तीन घर* नाटक में मज़दूर मुनाफ़ाख़ोर फैक्टरी मालिकों के षड्यंत्रों का भंडाफोड़ करते हैं। इस नाटक का एक गीत 'आदमी का गीत' (देश हमारा धरती अपनी...) इप्टा का प्रमुख गीत बन गया था। *हवा का रुख़, नदी और आदमी, रिहर्सल, रोशनी के फूल व पोस्टर चिपकाओ* नाटक उनके मशहूर नाटकों में से रहे हैं, जिनमें मेहतनकशों, मज़दूरों, किसानों, दलितों और औरतों के दुख-दर्दों की अभिव्यक्ति के साथ-साथ संघर्ष का आह्वान है।

पृथ्वीराज कपूर के यह विश्वास दिलाने पर कि वे एक बेहतरीन लेखक ही नहीं, अभिनेता भी हैं, शीलजी ने नाटकों में अभिनय किया। शीलजी ने *जागृति, ज़लज़ला, अनहोनी* आदि फ़िल्मों में भी काम किया। निःसंदेह पृथ्वी थिएटर के साथ उनका संबंध बेहद प्रगाढ़ था। गीता बाली को आप बहुत पसंद करते थे। इसी प्रसंग को नमिता सिंह ने अपने एक लेख

'शील दा को याद करते हुए' में लिखा है : 'एक दिन अलीगढ़ में शाम के समय मैंने उनसे शम्मी कपूर और गीता बाली की शादी का प्रसंग छेड़ दिया। शीलजी पहले तो शरमाए, फिर टालने लगे। काफ़ी इसरार करने पर वे उन दिनों के क़िस्से सुनाने लगे। वे डूब गए उन यादों में। उन्हें आख़िरी साँस तक यह ग़लतफ़हमी बनी रही होगी कि अगर शम्मी कपूर ने खलनायक बनकर बीच में भाँजी न मारी होती तो स्वर्गीय गीता बाली ने शील दा से ही शादी की होती। उन्होंने अपने तहेदिल से कभी शम्मी कपूर को माफ़ नहीं किया। उनके इस भोले विश्वास और सपने को तोड़ने का साहस किसी में नहीं था।' (*धार काफ़ी है,* पृ. 55)

क़रीब चार साल पहले पृथ्वी थिएटर, बंबई में पृथ्वीराज कपूर पर एक बड़ा कार्यक्रम किया गया, जिसमें उनके नाटकों के बड़े-बड़े कटआउट व पोस्टर्स लगाए गए थे। ये कट आउट व पोस्टर्स उन नाटकों के थे जो पृथ्वीराज कपूर ने देश-भर में खेले थे, जिन पर नाटक का नाम, लेखक का नाम व निर्देशक का नाम लिखा था। एक बड़ा कट आउट पृथ्वी थिएटर के मेन गेट पर था जो *किसान* नाटक का था। उस पर से शीलजी का नाम ग़ायब था। *किसान* नाटक में धीरज का पात्र बने पृथ्वीराज कपूर का फ़ोटो था, उनका नाम था मगर लेखक नदारद। यहाँ उस घटना की याद आना स्वाभाविक है जब इलाहाबाद में उनसे पूछे बग़ैर उनका नाटक *किसान* खेला गया था और काफ़ी मशक़्क़त के बाद रॉयल्टी की राशि उन तक पहुँच पाई थी।

सामंती एवं धर्मभीरु मूल्यों के ख़िलाफ़ शीलजी जीवनपर्यंत अपने विचारों में बेहद परिपक्व रहे। वे उम्मीद करते थे कि समाज का बुद्धिजीवी इन सभी रूढ़ मान्यताओं के ख़िलाफ़ एवं धार्मिक कर्मकांडों का विरोध खुलकर और साफ़तौर पर करेगा। एक बार कानपुर में एक उत्साही कवि सुनील वाजपेयी ने अपने बेरोज़गारी के दौर में पैतृक घर में एक स्कूल खोला—भारती ज्ञानपीठ। एक दिन सुनील वाजपेयी ने, जो कि शीलजी का बेहद सम्मान करते थे, शीलजी से अनुरोध किया कि वे उनके स्कूल में सामान्य ज्ञान व नैतिक शिक्षा देने की ज़िम्मेदारी सँभालें। रोज़ एक-दो घंटे। शीलजी ने यह ज़िम्मेदारी सहर्ष कुबूल की। कोई दस-पंद्रह दिन बाद एक दिन शीलजी सुबह स्कूल खुलने के ठीक समय पर पहुँच गए। उस समय सभी बच्चे एक साथ खड़े होकर प्रार्थना गा रहे थे : 'वह शक्ति हमें दो दयानिधे, कर्तव्य मार्ग पर डट जाएँ।' शीलजी ने सुना, कुछ नहीं बोले। उनके चेहरे पर तनाव की रेखाएँ पढ़ी जा सकती थीं। उन्होंने सुनील वाजपेयी को एक ओर बुलाकर कहा : 'यह जो प्रार्थना सुबह-सुबह होती है तुम्हारे यहाँ, यह तो बच्चों को ईश्वर-भीरु बनाती है। इसे बंद करो, वरना इनकी नैतिक शिक्षा का कोई मतलब नहीं होगा।' शीलजी ने उन्हें रास्ते सुझाते हुए कहा कि ऐसी प्रार्थनाओं के बजाय इक़बाल का 'सारे जहाँ से अच्छा' या फिर 'क़दम-क़दम बढ़ाए जा' या फिर 'आदमी का गीत' आदि को गवाया जा सकता है। इससे बच्चों के अंदर स्वस्थ संस्कार पड़ सकेंगे। सुनील वाजपेयी के अनुसार उनका नया स्कूल था और वे बच्चों के अभिभावकों से एवं समाज से टक्कर लेने के मूड में न थे और न ही उस सपने के साझीदार से जिसमें शीलजी ने नया संसार बसाने के बाद एक नए इनसान को बनाने की बात की थी।

शीलजी की कविता महज़ कविता नहीं थी, नाटक महज़ नाटक नहीं थे। वे आंदोलित विचार थे जो सामाजिक परिवर्तन एवं क्रांति के लिए आग पैदा करते हैं। उन्होंने आंदोलन की एक स्वस्थ परंपरा का निर्वाह न केवल अपने शब्दों से किया बल्कि अपने कर्म से भी

किया। लेखन के अतिरिक्त कर्म में भी उनकी प्रतिबद्धता के तमाम पहलू नज़र आते हैं। 'पाली से कानपुर तक जोड़नेवाली सड़क का संघर्ष' हम सबको याद होगा। 1942-43 में कानपुर में मज़दूरों की हड़ताल में उनकी प्रमुख भूमिका भला कौन भूल सकता है। शिवमंगल सिंह 'सुमन' के शब्दों में कहें तो 'शील में एक आग थी, उनकी कविता में एक आग थी। कर्मशील कवि थे वे। उनके जीवन, कर्म और व्यक्तित्व का मूल्यांकन किसी कविता या किसी की राय से संभव नहीं। शील सच्चा जनकवि था। शील अपनी जगह पर दृढ़ता से खड़े रहे। शील का प्रभाव अछूता है। संघर्षशील शील! महान शील! अच्छा इनसान शील!' (धार काफ़ी है, पृ. 40-41) यक़ीनन उनके हर शब्द कर्मवाची थे, जो थकना नहीं जानते थे, रुकना नहीं जानते थे। राह के हार जाने के बावजूद शील संघर्ष पथ पर तरोताज़ा बढ़ते चले जाने को सदैव तत्पर रहे और कहते रहे :

> पर न अब तक थका मेरे लक्ष्य का ध्रुव ध्येय तारा
> राह हारी मैं न हारा।

सआदत हसन मंटो

रविकांत

> मंटो ने रचनात्मक अभिव्यक्ति के लिए कला की कोई भी दिशा चुनी हो, हंगामा किसी-न-किसी तरह अवश्य हुआ।
>
> [*बलराज मेनरा व शरद दत्त*]

कोई सत्तावन साल पहले महज़ बयालीस की उम्र में तक़सीम-ए-हिंद और शराबनोशी के मिले-जुले असर से अकाल कालकवलित मंटो आज सौ का होने पर भी उतना ही हर-दिल-अज़ीज़ है, जितना हैरतअंगेज़, उतना ही लुत्फ़अंदोज़ है, जितना तीरेनीमेकश। शायद आज भी उतना ही मानीख़ेज़; बल्कि यों मालूम होता है कि वक़्त के साथ उसके अनपढ़ आलोचकों की तादाद कम होती गई है और पिछले दो-तीन दशकों में मुख़्तलिफ़ विधाओं में पसरे उसके लघु-कथाओं व बड़े अफ़सानों, मज़ामीन, रेडियो नाटकों, मंज़रनामों, ख़तों, फ़िल्मी संस्मरणों और अनुवादों के बारीक़तरीन पाठों का सिलसिला थमने की जगह ज़ोर पकड़ने लगा है। और पाठ-पुनर्पाठ की यह धारा सिर्फ़ उर्दू या हिंदी में ही नहीं, बल्कि अंग्रेज़ी में भी मुसलसल बह निकली है जिसके बूते दक्षिण एशिया का यह अप्रतिम कहानीकार अब समस्त दुनिया की एक नायाब धरोहर बन गया है। यह वाजिब भी है क्योंकि मंटो के अदब व फ़लसफ़े में पश्चिम व पूर्व का अद्भुत संगम हुआ। मोपासां, चेख़व व गोर्की वग़ैरह से उसने अगर नपा-तुला, मुख़्तसर अंदाज़े-बयान सीखा तो एशियाई माहिरों से रस बरसानेवाली दास्तानगोई का चमत्कार, और तफ़्सीलात का इज़हार। अपनी शैली में आधुनिक होकर भी वह सांस्कृतिक तौर पर लोकस्थित और राजनीतिक तौर पर लोकोन्मुख लेखक था, वैसे ही जैसे लाहौर, पाकिस्तान जाकर भी अनबँटा बंबइया हिंदुस्तानी रहा। देशभक्ति, तरक़्क़ी, आज़ादी, हिंदुस्तान-पाकिस्तान, स्वराज, नवनिर्माण जैसे नारों और तहरीकों को उसने नारों और तहरीकों की ही तरह लिया, आप्त वाक्य या आख़िरी मंज़िल के रूप में नहीं। पंडित नेहरू और चचा सैम को उसने एक साथ आड़े हाथों लिया। विचारधाराओं और अस्मिताओं की इतनी बड़ी और बेशुमार आँधियों में उसके अब तक साबुत टिके रहने की यही वजह है कि क़लम चलाते हुए उसकी आत्मा सन्नद्ध रहते हुए भी तटस्थ रही, उसकी नैतिकता चालू नैतिकता नहीं बन पाई, ज़हर-बुझे उसके औज़ार बेशक मारक थे, और उसके वर्णन निहायत ईमानदार और परतदार। उससे भी अहम बात, उसके चरित्र पाखंडी और विषम समाज के लतियाए, दुरदुराए और उठल्लू किए हुए लोग हैं, जिन्हें आज हाशिए के

किरदार कहा जाता है। ख़ासतौर पर, तक़सीम-ए-हिंद के नए जनवादी या सबॉल्टर्न इतिहास का आलातरीन हमदर्द मसीहा तो मंटो है ही।

मंटो से मेरी पहली मुलाक़ात युवावस्था की दहलीज़ पर हुई, उस कमबख़्त उम्र में, जब आप किसी मांसल और लज़ीज़ किताब पर आँख फेरने की जुगत में होते हैं। होशियार प्रकाशकों को भी हमारे-जैसे ग्राहकों के अस्तित्व का इल्म रहा होगा, वरना 'मंटो की बदनाम कहानियाँ' का रेलवे स्टेशनों पर मिलना क्या इतना आसान होता! बहरहाल, उनका शुक्रिया कि मंटो से त'आरुफ़ करवाया, भले ही मंटो ने अपने पाकिस्तानी जीवन-काल में ही हिंदुस्तान में अपनी रचनाओं की चोरी की शिकायत प्रधानमंत्री नेहरू से लगा दी थी, जो ज़ाहिर है, बेअसर रही। अगर आप भी मेरी दशा में मंटो के पास गए होंगे तो शायद सहमत होंगे कि प्यास तो ख़ैर मंटो जगाता है, बुझाता नहीं। लिहाज़ा बतौर पाठक मुझे जिस्मानी ज़रूरियात के लिए साहित्य की दीगर तरह की 'पंक पयोधि' में डूबना पड़ा, जिससे बतौर लेखक महावीरप्रसाद द्विवेदी अपनी जवानी में बड़ी सफ़ाई से बच निकले थे। लेकिन मंटो को पढ़कर दो ख़ास फ़ायदे ज़रूर हुए : एक, जिंसी मसायल पर बुज़ुर्गाना वर्जनात्मक संस्कारों का जो अपराधबोधनुमा साया था, वह कट गया, ज़ाहिर हुआ कि यह बिलकुल नैसर्गिक चीज़ है, इससे कोताही की कोई ठोस वजह नहीं। दो, समझ में आया कि शरीर से मुताल्लिक़ कहानियाँ सिर्फ़ शरीर की नहीं होतीं; वे प्रकारांतर से समाज, परिवार, धर्म, जाति, नस्ल, राष्ट्र, स्त्री-पुरुष संबंधों, और सत्ता आदि की कहानियाँ होती हैं। चाहे वह शरीर टेटवाल के कुत्ते का ही क्यों न हो–यह अहसास तो कई साल बाद जाकर हुआ जब विभाजन के दरमियान लोगों पर क्या गुज़री, यह जानने के लिए हिंदी-उर्दू के बाक़ी कहानीकारों-उपन्यासकारों के साथ मंटो को दुबारा पढ़ने-गुनने लगा। शुक्रिया एक बार फिर उपेंद्र नाथ अश्क (*संस्मरण*), देवेंद्र इस्सर (*मंटो की राजनीतिक कहानियाँ*), नरेंद्र मोहन (कहानियाँ, संस्मरणों, व मुक़द्दमों की किताबें) व बलराज मेनरा व शरद दत्त (*दस्तावेज़*, 5 खंड) जैसे संपादकों का कि वे नागरी में मंटो को पुस्तकाकार लेकर आते रहे, क्योंकि उर्दू पढ़ना तो बाद में सीख पाया, और कुछ हद तक मंटो से मोहब्बत के असर में ही। अंग्रेज़ी में उपलब्ध मंटो-साहित्य तब तक मुख़्तसर, बुरी तरह अनूदित और नाकाफ़ी ही था, बल्कि आज भी है। फिर जब हमारी दोस्त फ़रीदा मेहता ने *काली शलवार* बनाने की ठानी तो मंटो का एक बार फिर पारायण किया गया, और सामूहिक कोशिश से उस पुरानी कहानी में नई अर्थ-छायाएँ हासिल की गईं। आजकल जब भी सिनेमा या रेडियो पर कुछ सोचने या लिखने बैठता हूँ, तो बरबस याद आ जाता है कि जहाँ मैं बैठा हूँ, यानी सिविल लाइंस में, वहाँ ऑल इंडिया रेडियो का दफ़्तर होता था, जहाँ से पाँचवें दशक में मंटो और कृश्न चंदर के लिखे नाटक प्रसारित होते थे, वे यहाँ आसपास रहते भी थे। और मंटो ने फ़िल्मिस्तान से जुड़कर सिनेमा के लिए भी ख़ूब लिखा–अफ़सोस कि उसकी लिखी ज़्यादातर फ़िल्में फ़िलहाल गुमशुदा हैं, लेकिन *कटारी* पढ़कर यह अहसास होता है कि क्या कसा हुआ मंज़रनामा है! और सिनेमाई संस्मरणों की किताब *मीनाबाज़ार* तो मंटो की पैनी नज़र और साफ़गोई के लिए मशहूर है ही।

ग़रज़ यह कि मंटो ने जिस विधा को चुना, उसमें शिल्प या कथानक के लिहाज़ से कुछ-न-कुछ नया जोड़ा, कुछ नए लेखकीय प्रतिमान गढ़े, नई ज़मीनें तोड़ीं। किंवदंती है कि फ़रमाइशी कहानियाँ तो वह अमूमन एक ही बैठक में, कभी-कभार तो कहवाघर में

बाज़ी लगाकर कॉफ़ी की चुस्की लेते हुए, लिख मारता था। एक ज़माने में पापी पेट के लिए लगभग रोज़ाना लिखता था। मेनरा व दत्त के अनुसार, दिल्ली में मंटो की रिहाइश और ऑल इंडिया रेडियो में मुलाज़िमत तक़रीबन उन्नीस महीने की है। इस छोटी अवधि में उसने कोई सौ रेडियो नाटक व फ़ीचर लिखे, जो एक रिकॉर्ड होगा। बक़ौल मंटो : ये ऐसे नाटक थे, जिन्हें पढ़कर लोगों को भले ही हँसी आती हो, उसे तो क़तई नहीं आती थी। इन पंक्तियों के लेखक को बहुत हँसी तो नहीं आती लेकिन मुस्कुराए बिना भी नहीं रह पाता। अपनी बात समझाने के लिए 'आओ...' शृंखला के रेडियो नाटक लिये जा सकते हैं। अव्वल तो, नाम बड़े दिलचस्प हैं : 'आओ, कहानी लिखें', 'आओ, ताश खेलें', 'आओ, चोरी करें', 'आओ, झूठ बोलें', 'आओ, अख़बार पढ़ें', 'आओ, बहस करें', वग़ैरह-वग़ैरह। इस शृंखला में अपवादों को छोड़ दें तो मूल किरदार तीन ही हैं–पति किशोर, जो किसी दफ़्तर में काम करता है, उसकी पत्नी लाजवंती जो घर सँभालती है, और उनका दोस्त नारायण जो मूलतः किशोर का ही दोस्त है, जो ठकुरसुहाती तो भाभी की करता है, लेकिन अंतिम विश्लेषण में पक्ष किशोर का ही लेता है। दोनों मिलकर कभी-कभी लाजवंती को उल्लू बनाकर अपना काम निकाल लेते हैं, लेकिन दीगर मौक़ों पर बातचीत में माहिर लाजवंती उनसे एक-दूसरे का भाँडा फुड़वाकर अपनी ज़हानत का लोहा मनवा लेती है।

अब 'आओ, रेडियो सुनें' की थोड़ी तफ़सील में जाएँ, इसलिए कि यह दौर हिंदुस्तान में रेडियो के लिए बुनियाद डालने का दौर था। उन दिनों बी.बी.सी. से आए लायनेल फ़ील्डेन की अगुआई में पितरस बुख़ारी और उनके छोटे भाई जुल्फ़िकार बुख़ारी ऑल इंडिया रेडियो का संजाल बिछाने में जी-जान से लगे हुए थे। एक ओर उदारवादी फ़ील्डेन कोशिश कर रहा था कि रेडियो का इस्तेमाल कांग्रेसी नेता भी अपनी जनता से मुखामुखम होने में करें, दूसरी ओर गांधी व नेहरू जैसे नेता और महाकवि निराला जैसे हिंदी कार्यकर्ता इस माध्यम को साम्राज्यवादी भोंपू, इसलिए कलंक और छूत की निशानी मानते हुए इससे एक सुरक्षित दूरी बनाए रखने के पक्ष में थे। लेकिन साथ ही प्रसारण की अंतर्वस्तु व उसकी ज़बान को लेकर रेडियो के अंदर और बाहर हिंदी व उर्दू वालों के बीच बाक़ायदा एक अखाड़ा खुला हुआ था। हिंदी वाले इसे 'बीबीसी' यानी 'बुखारी ब्रदर्स कॉरपोरेशन' के ख़िताब से नवाज़ते नहीं थकते थे, और रविशंकर शुक्ल जैसे नेता इसकी ज़बान यानी हिंदुस्तानी को अपदस्थ कर शुद्ध हिंदी की ताजपोशी के हामी थे। इस प्रसंग में रेडियो के लिए मंटो, कृश्न चंदर, इम्तियाज़ अली ताज जैसे लेखकों का ख़ूब लिखना निहायत फ़ायदेमंद साबित हुआ। अपने रेडियो-नाटकों में, और *कटारी* जैसे दूसरे नाटकों में भी, मंटो रेडियो जैसे अपेक्षाकृत नए माध्यम के प्रचार-प्रसार में कार्यकर्तानुमा मुस्तैदी दिखाता है, क्योंकि उसके लिखे कई अप्रत्याशित प्रसंगों में रेडियो की बात घूम-फिरकर आ ही जाती है। एक और ग़ौरतलब बात यह है कि मंटो के रेडियो-नाटकों की ज़बान उसके अफ़सानों से अलहदा, अर्थात् आमफ़हम सरल-सहज-सुबोध है, जो कि उसके फ़िल्मी मंज़रनामों के लिए भी बिला शक कही जा सकती है। हर माध्यम के लिए माकूल भाषा के प्रयोग का नुस्ख़ा मंटो ने पारसी नाटकों के सुपरस्टार लेखक आग़ा हश्र कश्मीरी जैसे अग्रजों की मिसाल से सीखा होगा, जिनके लिए उसके मन में अगाध श्रद्धा-मिश्रित-श्लाघा है। इसके अलावा, जैसा कि उसने ऑल इंडिया रेडियो में अपनी नौकरी की दरख़्वास्त को मज़बूती देने के उद्देश्य से लिखा था, उसके पास रंडियों और उनके ग्राहकों, भड़वों और

उनके तौर-तरीक़ों, देह-व्यापार और उसके वातावरण के बारे में पूरा ज्ञान मौजूद था। याद रखने की ज़रूरत है—और इस बात की ताईद उस समय कार्यरत रेडियोकर्मियों की कई आत्मकथाओं से होती है—कि उस दौर में पारसी नाटक, सिनेमा और रेडियो में काम करने को भले घरानों के लड़के-लड़कियों (लड़कियों पर ज़्यादा ही सख़्ती थी) के लिए उचित नहीं माना जाता था। तो मंटो की उस 'दरख़्वास्त' को ऐसे माहौल बनानेवाले दक़ियानूसी समाज पर छोड़ा गया व्यंग्य-बाण भी माना जा सकता है, जिससे पहले फ़ील्डेन और बाद में बुख़ारी-बंधु अपने-अपने तरीक़ों से जूझते रहे थे, और जिन्हें मंटो का यह तुर्श हास्य सहज भाया होगा, तभी तो उसे रेडियो की मुंशीगीरी मिली। दावे चाहे जो हों, देखने लायक़ बात यह है कि 'आओ...' शृंखला कितनी घरेलू है—ज़्यादातर बातचीत किशोर-लाजवंती के घर, उनके ड्राइंग रूम में होती है, बड़ी अंतरंग होती है, रोज़ाना की गृहस्थी के नून-तेल-लकड़ी के मसलों से दो-चार मियाँ-बीवी के झगड़ों-उलाहनों-प्यार-दुलार-मनुहार से लबरेज़। ऐसा लगता है, मानो मंटो बहुसंख्यक मध्यवर्गीय हिंदू आबादी को उसके अपने ही घर की तस्वीर दिखाकर उसके मन से रेडियो की गँदली छवि मिटाकर, उसकी जगह एक मोहक और स्वीकार्य छवि की प्राण-प्रतिष्ठा करना चाहता है। लेकिन इसके लिए वह कभी अपने कथ्य से समझौता नहीं करता। उसकी लाजवंती आधुनिका है, वाक्चातुरी और तर्कणा में शौहर से बराबरी की टक्कर लेनेवाली, और बाज़ दफ़े बीस पड़ जानेवाली, जबकि किशोर के पास सूचनाएँ और बहाने ज़्यादा हैं, क्योंकि वह बाहर की दुनिया से ज़्यादा वाक़फ़ियत रखता है। दोनों की संगीताभिरुचियों में भी फ़र्क़ साफ़ है। बीवी थके-माँदे पति के घर आते ही रेडियो सुनने का प्रस्ताव रखती है। अख़्तरी बाई की ग़ज़ल सुनवाना चाहती है, लेकिन पति मानता नहीं। फिर ताने-उलाहने का सिलसिला शुरू होता है, जो पूरी तरह मौसिक़ी के मुहावरे में ही कसा हुआ है। जब रेडियो सुनने पर सहमति होती है तो देहली सुना जाए या लाहौर, इस पर विवाद ठन जाता है। किशोर शास्त्रीय सुनना चाहता है, जिस पर लाजवंती कहती है :

> न बाबा, मुझमें हिम्मत नहीं है ऐसे भारी-भरकम गाने सुनने की। तौबा, क्या हाल करते हैं ये ख़ाँ साहब! यह भला क्या गाना हुआ कि सुननेवाले समझें कि कोई घायल दम तोड़ता है!
>
> *किशोर :* तुम्हें तो बस सहगल का गाना पसंद है...'बालम आय बसो मेरे मन में...' जैसे डूबनेवाले के मुँह में पानी कभी अंदर जाता है, कभी बाहर आता है...तौबा! मिट्टी पलीद की है इन्होंने राग की...उस्ताद हैं, उनको कोई पूछता ही नहीं...तुम ख़ामोश बैठी रहो, मुझे सुन लेने दो, ख़ाँ साहब का गाना।

लेकिन झगड़ा निबटने से पहले ख़ाँ साहब का गायन ख़त्म हो जाता है, और रेडियो पर बाज़ार भाव आने लगता है। सुई हटाकर बंबई स्टेशन लगाया जाता है, जिस पर मराठी तक़रीर समाप्त हो चुकी है, मंटो का नाटक 'रेडियो' चल रहा है, जिसमें रेडियो की तकनीकी जानकारी की आड़ में बीवी का मज़ाक़ उड़ाया जा रहा है जो सजग-सुपठित लाजवंती के लिए नाक़ाबिले-बर्दाश्त है। वह यह कहते हुए रेडियो बंद कर देती है :

> बेहूदा, वाहियात, नामाकूल...कोई शर्म-हया नहीं रही इन मरदुओं को...बीवियों को तो बस खिलौना समझ लिया गया है...फ़िल्मों में उनके साथ मज़ाक़, नॉविलों में बेचारियों के साथ छेड़छाड़, नज़्मों में उनकी मिट्टी पलीद...अब यह रेडियो बाक़ी रह गया था,

सो इस पर भी उनको बुरा-भला कहना शुरू कर दिया...मेरे बस में हो तो ऐसे तमाम मर्दों की एक गर्दन बनाकर फाँसी के फंदे में दे दूँ।

(मेनरा व दत्त, मंटो : दस्तावेज़-3)

किशोर को नाटक में लुत्फ़ आ रहा है, वह और सुनना चाहता है, इस बात पर लाजवंती ग़ुस्सा होकर रूठ जाती है। वह मनाने के लिए सुई घुमाता है तो के.सी. डे का फ़िल्मी गाना आता है : 'बाबा मन की आँखें खोल...'। किशोर रेडियो बंद कर देता है। लाजवंती पेपरवेट से रेडियो को तोड़ डालने की धमकी देती है...उसे पानी पी-पीकर कोसती है कि उसके चलते घर की शांति भंग हो गई कि तभी नारायण आकर बताता है कि बाहर रेडियो का इंस्पेक्टर खड़ा है, लाइसेंस की जाँच करने आया है। डरी हुई लाजवंती अपने महीने के ख़र्चे का आख़िरी दस रुपया नारायण को 'घूस देने' के लिए दे देती है (जिससे दोनों दोस्त फ़िल्म देखने चले जाते हैं), लेकिन नारायण से यह कहना नहीं भूलती कि इंस्पेक्टर को जाकर कहे कि अख़्तरी बाई फ़ैज़ाबादी रेडियो पर रोज़ गाया करे!

लब्बेलुआब यह कि लाजवंती मंटो की औरत है, और वह किसी किशोर की उच्च-भ्रू धौंस में नहीं आनेवाली। दूसरी ख़ास बात यह कि इस नाटक में मंटो ने रेडियो के बारे में, इसके मुख़्तलिफ़ स्टेशनों के बारे में, नानाविध भाषायी कार्यक्रमों के बारे में, कार्यक्रमों की अग्रिम सूचना देनेवाले बुलेटिन 'इंडियन लिस्नर' के बारे में, और लाइसेंस-प्रणाली के बारे में तमामतर ज़रूरी जानकारियाँ मुहैया करा दी हैं, वह भी शौहर-बीवी के मनोरंजक झगड़े में लाग-लपेटकर। यक़ीन मानिए, कोई और लेखक ऐसी इश्तिहारबाज़ी करता तो पूरा नाटक सरकारी विज्ञापन बनकर रह जाता।

आइए, अब मंटो की विभाजन-संबंधी कुछेक कहानियों को फिर पढ़ें। जैसा कि मैंने ऊपर अर्ज़ किया, मंटो तक़सीम-ए-हिंद से उपजे हालात को बयान करने वाला दर्दमंद अफ़सानानिगार है। गुज़िश्ता सदी की आख़िरी दहाई में जब इतिहास से पारंपरिक तौर पर बहिष्कृत एहसासात (आशीष नंदी) की फिर बहाली हुई, और 'ग़ैरियत का गद्य' (ज्ञान पांडे) तलाशा जाने लगा तो मंटो की कहानियों को जैसे नया जीवन मिला। 'खोल दो' जैसे अफ़सानों को यह समझने के लिए पढ़ा गया कि वह ऐसा दौर था जब ज़बान के साथ जो इनसान का कुदरती रिश्ता था, वही दरक गया था—वीणा दास के अल्फ़ाज़ में, 'गूँगापन उस दौर की मनोदशा का ख़ास दस्तख़त है।' ज़ुल्म की ऐसी आँधी आई थी, इनसान द्वारा इनसान पर अत्याचार की कहानियों का ऐसा सैलाब उमड़ा चला आता था कि मंटो ने भी अपने ज़ेहन की खिड़कियाँ बंद कर ली थीं। जब झाँकने-भर के लिए दरवाज़ा खोला तो 'सियाह हाशिए' नमूदार हुए—काले लिबास में सभ्यता के अधोपतन पर डरावना अट्टहास करते हुए। हम यह भी जानते हैं कि जिस दौर को बुद्धिवादियों ने दौरे-वहशियाना और 'पागलपन' का पर्याय मानकर उससे पल्ला झाड़ लिया था, उसे मंटो ने मिशेल फ़ूको से बहुत पहले टोबा टेक सिंह की ज़िंदादिल दानिशमंदी, और ऐन नोमैंसलैंड में उसकी 'राष्ट्र' विरोधी ज़िद्दी मौत का आईना दिखा दिया था।

चूँकि मंटो बहिष्कृत व पतित जगहों, और स्थितियों का लेखक है, इसलिए बंबई शहर की एक *मूतरी* की दीवारों पर लिखी इबारतों से जो कहानी उसने रची, उसे देखें। अगर आपने मंटो का 'दीवारों पर लिखना' शीर्षक लेख पढ़ा है, तो आप समझ सकते हैं कि संवादधर्मी

नस्ल के नुमाइंदे होने के नाते लोग हर दीवार पर कुछ-न-कुछ लिखते चलते हैं, ग्राफ़िती बनाते चलते हैं, जिसकी सुलभ सुविधा सार्वजनिक मूत्रालय की दीवार मुहैया कराती है। तो पहली बार जब हमारा नैरेटर मूतरी में फ़ारिग़ होने हेतु दाख़िल हुआ तो उसे तेज़ बदबू और ग़लाज़त के साथ-साथ खल्ली से लिखी यह इबारत मिली : 'मुसलमानों की बहन का पाकिस्तान मारा!' दूसरी बार जाने पर इस नारे का ज़बर्दस्त रद्दे-अमल मिला : 'हिंदुओं की माँ का अखंड हिंदुस्तान मारा!' फिर उसका जाना काफ़ी वक़्फ़े के बाद होता है। इस बीच महात्मा गांधी जेल से छूट जाते हैं, जिन्ना साहब पंजाब में शिकस्त खाते हैं, लेकिन कांग्रेस भवन और जिन्ना हाउस पर पार्टियों का क़ब्ज़ा बरक़रार रहता है, और मूतरी पर बदस्तूर बदबू का। लेकिन नैरेटर मूतरी के अपने तीसरे चक्कर में उस असमाप्त संवाद की तीसरी कड़ी देखता है : 'दोनों की माँ का हिंदुस्तान मारा!' इस बार, 'जब वह आहिस्ता-आहिस्ता बाहर निकला तो उसे यों लगा कि बदबुओं के उस घर में एक बेनाम-सी महक आई थी, सिर्फ़ एक लम्हे के लिए।' कितनी सादा, कितनी छोटी, कितनी मारक है यह कहानी, यह हमें बताती है कि वह कौन-सी संस्कृति थी, जिसने उस तरह की सामूहिक हिंसा को जन्म दिया। मूतरी में मर्द अपने सपनों, अपनी फंतासियों को पुरुष व मादा नामों व कामांगों के उत्कीर्णन के ज़रिये चित्रित व अभिलिखित करते हैं। यह सपना दुश्मन की औरत के बलात्कृत शरीर से मिले प्रतिशोधाकांक्षी विजय-सुख के माध्यम से पूरा होते हुए भी अंततः एक कॉमन गाली की शक्ल में झन्नाटेदार वापसी का अहसास कराते हुए एक दुःस्वप्न, या कहें, वृहत्तर सत्य का अहसास बन जाता है।

बँटवारे के पहले के एक सार्वजनिक शौचालय का जायज़ा लेने के बाद, आइए, देखें, बँटवारे के बाद एक पूरे शहर का क्या होता है! 'कल सवेरे जो (मंटो की) आँख खुली' तो उसने क्या देखा?

> पाकिस्तान तो पहले का देखा-भाला था, लेकिन जब से ज़िंदाबाद हुआ, कल देखा। बिजली के खंभे पर देखा,
> परनाले पर देखा, छज्जे पर देखा; जहाँ न देखा, वहाँ देखने की हसरत लिये घर लौटा।
> पाकिस्तान ज़िंदाबाद! यह लकड़ियों का टाल है—
> पाकिस्तान ज़िंदाबाद! फटाफट मुहाजिर हेयर कटिंग सैलून—
> पाकिस्तान जिंदाबाद! यहाँ ताले मरम्मत करवाए जाते हैं—
> पाकिस्तान ज़िंदाबाद! गर्मागरम चाय—पाकिस्तान ज़िंदाबाद!
> बीमार कपड़ों का हस्पताल—पाकिस्तान ज़िंदाबाद!
> (देवेंद्र इस्सर, *मंटो की राजनीतिक कहानियाँ*)

मूतरी की ही तरह, ये भी राष्ट्र की इबारतें हैं। नवसृजित राष्ट्र शहर के हर मकान, हर दफ़्तर, नुक्कड़-चौक-चौराहे पर ख़ुद का हस्ताक्षर कर इतिहास में अमर हो जाना चाहता है। वह उत्कंठित है, कृतज्ञ है, चिंतित है, भविष्याकुल है, इसीलिए पाकिस्तान, या क़ायदे-आज़म, या जिन्ना साहब के नामों से दुकानों को पुनर्नामित किया जा रहा है। इस राष्ट्रवादी उत्साहातिरेक पर मंटो की हालत 'देख कबीरा रोया' वाली हो जाती है—जगहें और तख़्तियाँ तो आख़िर देखी-भाली हैं, नाम अलबत्ता अभिनव—और विडंबनातिरेक में 'पाकिस्तान जिंदाबाद'! 'पाकिस्तान ज़िंदाबाद'! कह उठता है।

नाम महज़ नाम नहीं होते, मिल्कियत की सांस्कृतिक निशानियाँ होते हैं, और न ही नामकरण, नाम मिटाने या पुनर्नामित करने की प्रक्रिया इतनी मासूम होती है। किसी चीज़ को नाम देना उसकी निशानदेही से ज़्यादा उस पर अपना दावा ठोंकने जैसा है। अगर ऐसा नहीं होता तो एक ही ज़बान के इतने नाम नहीं होते, और उन नामों को लेकर इतना वितंडा खड़ा नहीं होता, और न ही दो मुल्क बनते जो ज़बान के नाम पर आख़िरी गिनती पर तीन हो जाएँ। नाम देना, गिनना, कल के बुधुआ-मंगरवा के गले में एक पहचान-पत्र लटका देना, हर इनसान को एक संख्या से पुकारना, ये आधुनिकता के सार्वभौम लक्षण हैं। यह आधुनिकता राष्ट्रवाद से संपृक्त होकर अच्छी-ख़ासी क्रूर हो जाती है, जिसमें भक्ति, निष्ठा, त्याग, वफ़ादारी, ग़द्दारी जैसे अल्फ़ाज़ नए मानी ग्रहण करके संपूज्य, अप्रश्नांकित मूल्य बन जाते हैं। तभी तो टेटवाल का वह सड़कछाप, आवारा, शरणार्थी-टाइप कुत्ता विभाजित कश्मीर के दोनों तरफ़ लगे हिंदुस्तानी-पाकिस्तानी जवानों के कैंप में बारी-बारी जाकर नया-नया नाम पाता है। यों तो दोनों ओर के फ़ौजी भी इनसान ही हैं, सुबह उठकर चाय बनाते हैं, वर्जिश करते हैं, सीमा पर ज़्यादा हलचल नहीं है, इसलिए ऊबे रहते हैं, और दिन तो जैसे-तैसे कट जाता है, लेकिन रात को बीवी या माशूक़ा की याद में तड़पते हुए 'हीर' गाते हैं। फ़ौजी हैं, इसलिए बोरियत का इलाज हवाई फ़ायरिंग में ढूँढ़ते हैं। इनसान ही हैं, इसलिए हिंदुस्तानी कैंप का बंता सिंह जब कुत्ते को अपनी ओर आते देखता है, और सबको बताता है, तो कुतूहलवश सबके सब उससे खेलने लग जाते हैं, उसे दूध-बिस्किट खिलाते हैं। लेकिन फ़ौजी कुतूहल सजग कुतूहल है, उसको एक नाम–चपड़झुनझुन–दिया जाता है, और गले में तख़्ती डालकर जमादार हरनाम सिंह के मशवरे पर नीचे यह भी लिख दिया जाता है–'यह एक हिंदुस्तानी कुत्ता है'! (एक और जवान बआवाज़ेबुलंद सोचता है : अब कुत्तों को भी हिंदुस्तानी या पाकिस्तानी होना पड़ेगा!) बहरहाल, कुत्ता तो कुत्ता ठहरा, शाम को टहलता हुआ सीमा पार करके पाकिस्तानी शिविर में जा पहुँचता है, जहाँ बशीरी अपनी ऊब मिटाने के लिए कोई पंजाबी गीत गाता है कि उस कुत्ते के पहचान-पत्र को देखकर चौंक उठता है। फ़ौरन 'वॉररूम मीटिंग' की जाती है, गुरमुखी में लिखे संवाद पर नाक-भौं सिकोड़ते हुए माथापच्ची की जाती है कि इन सिखड़ों को कैसे सबक़ सिखाया जाए। नतीजे में हिम्मत ख़ान के कहने पर उस कुत्ते की तख़्ती बदलकर उसका 'नया' नाम गुरमुखी में ही लिख दिया जाता है, ताकि संदेश रसीद होने में कोई ग़लतफ़हमी न हो–'सपड़सुनसुन; यह एक पाकिस्तानी कुत्ता है।' फिर कुत्ते को बहला-फुसलाकर समझाया जाता है कि उसे वफ़ादारी निभानी होगी, उसने नमक खाया है, अगर ग़द्दारी की तो अंजाम बुरा होगा, वग़ैरह-वग़ैरह! मुतमईन होने के बाद उसे हिंदुस्तानी ख़ेमे की ओर जाने को प्रेरित किया जाता है। हिम्मत ख़ान गोया दुश्मनों को ललकारते हुए एक हवाई फ़ायर भी करता है। हरनाम सिंह आवाज़ सुनकर बाहर निकलता है, तो कुत्ते के गले में कुछ लटका तो देखता है, पर उसे दुश्मनों के ख़ेमे से आता देखकर आगबबूला हो जाता है, और जवाबी फ़ायर कुत्ते की ओर करता है। सिलसिला चल निकलता है, और इस क़दर क्रॉस-फ़ायरिंग में फँसा हुआ भयाक्रांत कुत्ता 'न ययौ न तस्थौ' की दशा में कभी इधर जाता है, कभी उधर, कि हरनाम की एक गोली उसका काम तमाम कर देती है। टोबा टेक सिंह की याद दिलाते हुए, एक बार फिर नो-मैन्स लैंड में। दोनों तरफ़ैन के युयुत्सु जवानों ने यों मर्सिया पढ़कर उसको श्रद्धांजलि दी :

सूबेदार हिम्मत खाँ ने बड़े अफ़सोस के साथ कहा : 'च्च-च्च...शहीद हो गया बेचारा!'

जमादार हरनाम सिंह ने बंदूक की गरम-गरम नाली अपने हाथों में मसली और कहा : 'उसी मौत मरा जो कुत्ते की होती है!' (मंटो : *दस्तावेज़*-2) (इस कहानी के विस्तृत पाठ के लिए देखें : रविकांत और तरुण सेंट (सं.), 'ट्रांसलेटिंग पार्टीशन', *कथा*, 2001)

तल्ख़ी और तुर्शी, व्यंग्य और विडंबना मंटो के लेखकीय बक्से के अनिवार्य हथियार थे। कुत्ते के रूपकार्थ में शरणार्थी का यह हश्र यह इशारा करता है कि अब जबकि राष्ट्र की हदें तय हो गई हैं, नया निज़ाम क़ायम हो गया है, तो बग़ैर पहचान-पत्र, बग़ैर पासपोर्ट आदि के काम नहीं चलने का। तय करो–किस ओर हो तुम, अगर दुचित्तापन के शिकार हो, तो बुरा होगा। अब यह नहीं होगा कि हिंदुस्तान में भी रहो, पाकिस्तान में भी, या खाओ यहाँ का, भजो वहाँ को। इतना ही नहीं, वफ़ादारी सिर्फ़ वर्दियों पर टाँकने की चीज़ नहीं है, उसकी घोषणा अपने-आपमें ज़रूरी, पर काफ़ी नहीं; तुम्हें अपनी दृढ़ वफ़ादारी का खरा सबूत भी पेश करना होगा...वरना...।

अब इसे मंटो की दूरंदेशी ही कहना चाहिए कि उस ज़माने में जब राष्ट्रभक्ति बड़ी शै थी, राष्ट्रवाद का डंका बज रहा था, जब लोग ग़ुलामी से उबरकर 'हम लाए हैं तूफ़ान से कश्ती निकाल के, इस देश को रखना मेरे बच्चो सँभाल के' गा रहे थे, उसकी हाहाकारी ताक़त का अंदाज़ा भी लोगों को नहीं था, तब उसने इनसान को तुच्छ और नाचीज़ बनाने की इसकी क्षमता का क्या ख़ाक़ा खींचा था!

उसी तरह दो-एक निहायत परिचित कहानियों के निम्नांकित उद्धरणों से साफ़ हो जाएगा कि मंटो न सिर्फ़ तवायफ़ों को विशिष्ट नहीं अपितु आम क़िस्म का मज़दूर मानने का क़ायल था (जिसे आज की दुनिया 'सेक्स वर्कर' कहती है), बल्कि सरकार या रज़ाकार के हाथों अपने देश की आबरू को अपने यहाँ लौटा लाने के लिए, अगवा महिलाओं की रिकवरी को तेज़ करने के लिए जानकी-हरण के जो प्रसंग संसद में सुनाए जा रहे थे, उसके बारे में वह क्या सोचता था :

> जो इस्मतें लुट चुकी थीं, उनको मज़ीद लूट-खसोट से बचाना चाहता था–किसलिए? इसलिए कि उसका दामन मज़ीद धब्बों और दाग़ों से आलूदा न हो, इसलिए कि वह जल्दी-जल्दी अपनी ख़ून से लिथड़ी उँगलियाँ चाट ले, इसलिए कि वह इनसानियत का सुई-धागा लेकर इस्मतों के चाक-दामन रफ़ू कर दे–कुछ समझ में नहीं आता था, लेकिन उन रज़ाकारों की ज़द्दोजहद फिर भी क़ाबिले-क़द्र मालूम होती थी।
>
> मैं उन बरामद की हुई लड़कियों और औरतों के मुताल्लिक़ सोचता तो मेरे ज़ेहन में सिर्फ़ फूले पेट उभरते–इन पेटों का क्या होगा; इनमें जो कुछ भरा है, उसका मालिक कौन है, पाकिस्तान या हिंदुस्तान? ('ख़ुदा की क़सम', *दस्तावेज़-2*)

हमने अमृता प्रीतम के उपन्यास और उस पर उसी नाम से बनी चंद्रप्रकाश द्विवेदी द्वारा निर्देशित फ़िल्म *पिंजर* देखी है, जिसमें अगवा होने के बाद, बलात्कृत होने के बाद भी पूरो की ज़िंदगी ख़त्म नहीं हो जाती, बल्कि अपने क़ातिल के साथ ही नए सिरे से शुरू होती है काफ़ी ज़द्दोजहद के बाद, तन और मन को बहुत हद तक मारकर, लेकिन शुरू तो होती है, और एक असाधारण दास्तान बन जाती है, जिसमें एक विक्षिप्त गर्भवती महिला के साथ हमदर्दी का रिश्ता, और अपनी भाभी को बचाने के लिए अपने पति, राशिद की मदद से

अंजाम दी गई बड़ी-बड़ी बहादुरियाँ शुमार हैं। आख़िर में जब उसे चुनना होता है कि वह किसे चुनेगी, हिंदुस्तान को या पाकिस्तान में बस चुकी अपनी नई ज़िंदगी को, तो वह बाद वाला विकल्प ही चुनती है। उर्वशी बूटालिया की कृतियों में ऐसी और कितनी कहानियाँ हैं, जहाँ स्त्री-देह का उल्लंघन उस स्त्री की ज़िंदगी का ऐसा कलंक नहीं बन जाता जिसे वक़्त न धो सके या बेहतर परिस्थितियों में, हमदर्द इनसान के सान्निध्य में, या ख़ुद हिम्मत-हौसला जुटाकर जिससे उबरा न जा सके। जानकी-हरण का मुख्यधारा का वह रामायणी रूपक मंटो को भी इतना पाखंडी लगा हो तो कोई आश्चर्य नहीं, क्योंकि 'खोल दो' को याद करें तो सकीना के शरीर पर अत्याचार करने वाले लोग कोई और नहीं, बल्कि ख़ुद धर्म-धुरंधर स्वयंसेवी रज़ाकार ही हैं।

दुआ कीजिए कि मंटो की बातें चलती रहें, कम-से-कम तब तक, जब तक यह नाक़ाबिले-बर्दाश्त दुनिया सहने योग्य न हो जाए।

इस्मत चुग़ताई

ज़ुबैर रज़्बी

उर्दू के कथा साहित्य में दास्तान बन जानेवाली इस्मत चुग़ताई का पूरा नाम इस्मत ख़ानम चुग़ताई था। वह 21 अगस्त, 1915 को बदायूँ में पैदा हुईं। उनके ख़ानदान का सिलसिला लूटपाट करने वाले और तलवार के बल पर दुनिया और उसकी इनसानी आबादियों पर हमला करके उन्हें अपना मातहत और ग़ुलाम बनानेवाले चंगेज़ ख़ाँ तक पहुँचता है। चंगेज़ के दो बेटे थे। एक का नाम चुग़ताई ख़ान था और दूसरे का हलाकू ख़ान। चुग़ताई ख़ान लूटपाट के बजाय इल्म और अदब का आशिक़ था। यह इल्म दोस्ती अपने क्रमिक विकास में इस्मत के दादा मिर्ज़ा करीम बेग चुग़ताई तक भी पहुँची।

इस्मत के पिता मिर्ज़ा क़य्यम बेग चुग़ताई अंग्रेज़ी हुकूमत में डिप्टी कलक्टर के ओहदे पर कभी यू.पी. तो कभी राजस्थान में रहे। उन्हें अच्छी कारगुज़ारी के सिलसिले में 'ख़ान बहादुर' का ख़िताब भी मिल चुका था। इस ख़िताब को पानेवाले आमतौर पर अंग्रेज़ सरकार को ख़ुश करने के लिए वही सब कुछ करते रहते थे जो उस वक़्त की हुकूमत के हित में होता था। मगर कुछ हिंदुस्तानी ऐसे भी थे जो बीच का रास्ता अपनाते हुए अपने फ़र्ज़ को अंजाम दे रहे थे। मिर्ज़ा क़य्यम बेग चुग़ताई के दिल में हमवतन लोगों का दर्द था। वह हिंदू-मुस्लिम भाईचारा और मेल-मिलाप को बहाल रखने की ज़िम्मेदारी महसूस करते थे। उन्होंने अपनी नौकरी को ख़तरे में डालकर कानपुर में मुहर्रम के ताज़ियों को निकाले जाने के मौक़े पर अपने अच्छे इंतज़ाम से फ़साद बरपा होने नहीं दिया। वह सस्पेंड कर दिये गए, फिर अंग्रेज़ हाकिमों ने उन्हें बहाल भी कर दिया। उनका तबादला लखनऊ कर दिया गया। इस्मत के पालन-पोषण का शुरुआती दौर बेहद दिलचस्प है, जिसे इस्मत ने अपनी आपबीती *काग़ज़ी पैरहन* में बहुत विस्तार से लिखा है। इस्मत तीन बड़ी बहनों और पाँच भाइयों के बाद पैदा हुईं। छठा भाई उनके बाद पैदा हुआ था। इस्मत दस बहन-भाई थे। इन भाई-बहनों को माँ का दूध रास न आया। इसलिए दाइयाँ उन्हें दूध पिलाया करतीं। इस्मत को माँ का लाड़-प्यार न मिला। इसकी वजह बयान करते हुए इस्मत लिखती हैं, 'इतने सारे बच्चे थे कि हमारी अम्मा को हमारी सूरत से क़ै आती थी। एक के बाद एक हम उनकी कोख को रौंदते-कुचलते चले आए थे। उलटियाँ और प्रसव पीड़ा सह-सहकर वह हमें एक सज़ा से ज़्यादा अहमियत नहीं देती थी।'

उनकी परवरिश के यही वे कड़वे और कसैले शुरुआती बरस थे जिन्होंने इस्मत के होंठों पर रिश्तों का कड़वा-कसैला ज़ायका छोड़ा। बहनों के मुक़ाबले उनके रात-दिन भाइयों के

साथ खेलते-कूदते और उनसे लड़ाई-झगड़ा करते और लड़कों के खेल गिल्ली डंडा, पतंगबाज़ी, धमाचौकड़ी करते गुज़रे। बहनें घरेलू कामकाज में दिलचस्पी लेतीं लेकिन इस्मत मेहनत से परहेज़ करने वाली लड़की के तौर पर घरवालों की डाँट-डपट सहतीं। मगर यह सब कुछ बेअसर होता। ज़िद और अकड़ इस्मत का मिज़ाज बन गए थे। वे भाइयों को दरख़्तों पर चढ़ता देखतीं तो ख़ुद भी पेड़ों पर चढ़ जातीं, साइकिल चलातीं और ज़िद करके घोड़े की सवारी करतीं। इस्मत अपनी शुरुआती परवरिश के बारे में लिखती हैं :

> सच पूछिए तो असल मुजरिम मेरे भाई ही थे जिनकी सोहबत ने मुझे उनकी ही तरह आज़ादी से सोचने पर मजबूर किया। वह शर्मो-हया जो आमतौर पर मध्य वर्ग की लड़कियों में एक ज़रूरी ख़ूबी समझी जाती है, पनप न सकी। छोटी-सी उम्र से दोपट्टा ओढ़ना, झुककर सलाम करना, शादी-बियाह के ज़िक्र पर शरमाने की आदत भाइयों ने छेड़-छाड़कर पड़ने ही न दी। सिवाय अज़ीम भाई वे सभी घर में चाक-चौबंद थे। पूरा ख़ानदान बेहद मज़ाकिया और बातूनी था। आपस में चीख़ते-चिल्लाते ये-ये जुमले तराशकर एक-दूसरे पर उछाले जाते। एक-दूसरे की धज्जियाँ उड़ाई जातीं। बच्चे-बच्चे की ज़बान पर सान (धार) रखी जाती।

यह ज़िद्दीपन, बाग़ीपन और अड़ियलपन इस्मत को अपने ही घर और माहौल से मिला था। इस्मत में अपनी राह में रुकावट बननेवाली हर चीज़ को ठोकर मारकर आगे बढ़ने का हौसला था। उसका मुज़ाहिरा उस वक़्त हुआ जब उन्होंने भाइयों और माँ-बाप की मुख़ालिफ़त के बावजूद अलीगढ़ जाकर मैट्रिक और आगे की तालीम हॉस्टल में रहकर हासिल करने की ज़िद की और अपने इस फ़ैसले पर अपने वालिद को राज़ी होने पर मजबूर कर दिया। वह ख़ुद अलीगढ़ पहुचीं और नौवीं क्लास में दाख़िला लेने से इनकार कर दिया। स्कूलवालों ने इस भरोसे पर उन्हें दसवीं में दाख़िला दे दिया कि वे मेहनत करके बेहतर नम्बरों से कामयाब होकर दिखाएँगी। उन्होंने अलीगढ़ से बी.ए. बी.टी. किया और ज़िंदगी के मैदाने-जंग में अपनी कामयाबियों और जीत का एक लंबा सिलसिला शुरू करने के लिए कूद पड़ीं। उन्होंने दोस्तियाँ भी कीं और इश्क़ भी किए। अपनी सोच और अपनी चाहतों को छुपाना इस्मत का मिज़ाज न था। वे अपनी आदतों, बातों और ख़्वाहिशों के इज़हार में यक़ीन रखती थीं। उनकी हर प्रतिक्रिया उनकी फ़ितरत के मुताबिक़ होती। यही असर कुछ उनकी कहानियों और नॉवलों में भी देखने को मिलता है। एक बार दिल्ली में उनकी एक क़रीबी की मदद से उन्हें ऑल इंडिया रेडियो की उर्दू सर्विस के लिए इंटरव्यू करने का मौक़ा मिला, तो मैंने ख़ास चुभते हुए सवालात उनसे पूछे। वे किसी सोच-विचार के बग़ैर खुले और चटपटे लहज़े में जवाब देती रही थीं। जब उनकी आत्मकथा आई तो उसमें भी वही बेबाकपन और साहित्यिक निर्भीकता और ईमानदारी थी जिसका इज़हार वे अपने रेडियो वाले इंटरव्यू में कर चुकी थीं।

उनकी ख़ूबियों, कमज़ोरियों और सोच में एक सिलसिला होता था। अदबी और तहज़ीबी मसलों पर वे किसी लीपा-पोती या लाग-लपेट के बग़ैर साफ़ लहज़े में अपनी बात को स्पष्ट कर दिया करती थीं। जबान पर आई हुई किसी बात को किसी अच्छाई या किसी दबाव में रोक लेना उनकी तबीयत के ख़िलाफ़ था।

हमने जब अदबी महफ़िल में क़दम रखा तो उस वक़्त उर्दू अफ़साने की दुनिया में कृश्न चंदर,

राजेंदर सिंह बेदी, सआदत हसन मंटो और इस्मत चुग़ताई के अफ़सानों की बड़ी धूम थी। 1942 में इस्मत का अफ़साना 'लिहाफ़' लाहौर की पत्रिका *अदबे लतीफ़* में प्रकाशित हुआ। उस पर हुकूमत की तरफ़ से अश्लीलता का जो मुक़दमा चला था उसकी गूँज अभी अदबी हलक़ों में सुनाई दे रही थी। 1944 में फिर एक बार यही अफ़साना दिल्ली के साक़ी बुक डिपो ने इस्मत के अफ़सानों के साथ शामिल करके प्रकाशित कर दिया था। इस्मत के उस वक़्त के इस बदनाम अफ़साने के साथ ही सआदत हसन मंटो के अफ़साने 'धुआँ' पर भी लाहौर की उसी अदालत में अश्लीलता के इलज़ाम में मुक़दमा दर्ज था। 'लिहाफ़' और 'धुआँ' के सिलसिले में मंटो ने बड़ा अहम रोल अदा किया था। चुग़ताई बहुत हद तक मंटो के, एक-दो अफ़सानों पर मुक़दमेबाज़ी के तजुर्बे के बारे में जानती थीं, इसलिए अदालती कार्रवाई के सिलसिले में उन्होंने मंटो की हिदायतों को मान लिया था। इस्मत और मंटो दोनों अदालत से बाइज़्ज़त बरी हो गए। इस मुक़दमे का पूरा लेखा-जोखा इस्मत अपने क़लम से लिख चुकी हैं।

'लिहाफ़' स्त्री समलैंगिकता पर उर्दू का पहला अफ़साना, दूसरा अफ़साना मुमताज़ शैदीं ने 'अंगड़ाई' के शीर्षक से लिखा था। 'लिहाफ़' पर इल्ज़ाम यह भी था कि वह कामुकता को पाठक के भीतर भड़काता ही नहीं, उसमें और ज़ोर पैदा कर देता है। 'लिहाफ़' पर चले मुक़दमे के बाद इस्मत की अफ़सानानिगारी को कामभावना का समर्थक कहा जाने लगा। लेकिन इस्मत ने अपने अफ़साने के पाठकों को लिखकर यह यक़ीन दिला दिया था कि उनका विषय परदे के पीछे और दीवारों के पीछे बसर की जानेवाली ज़िंदगी के विरोधों, दिमाग़ी उलझनों और दबी हुई ख़्वाहिशों को पूरा करने की ख़ातिर मयस्सर माहौल में उन राहतों को पाना है जिनसे वह महरूम रही हैं। और कामुकता से कहीं ज़्यादा घरों की चारदीवारी में घुटी-घुटी कामभावनाओं की काली-सफ़ेद ख़्वाहिशों की निकासी के लिए बेक़रारी को रोशनी में लाना भी था। 'लिहाफ़' अफ़साने में शौहर भी है और बीवी भी, लेकिन मर्द बाहर मर्दाने में कम उम्र लड़कों के बीच ऐश करता है। वह शादी करके बीवी को घर के स्टोर रूम में एक आइटम की सूरत में रखकर उसके इस्तेमाल और देखरेख के तक़ाज़ों से बेफ़िक्र हो जाता है। घर में नौकरानियाँ हैं, वह बेगम जान की आवाज़ पर कान लगाए रखती हैं। एक नौकरानी रब्बो जो देखने में काली है मगर उसका बदन सुलगता हुआ अंगारा है। वह हर वक़्त बेगम के जिस्म के अलग-अलग हिस्सों को दबाती रहती है। धीरे-धीरे बेगम जान और वह एक-दूसरे की जिस्मानी प्यास से वाक़िफ़ हो जाती हैं। ज़ाहिर है, इस तरह नौकरानी रब्बो को ख़ास किरदार अदा करना पड़ता है। जाड़े के मौसम में बेगम रब्बो के सोने के कमरे में लिहाफ़ के अंदर की हरकत एक नौउम्र लड़की की आँखों में हाथी की छवि बनाती है, वही दरअसल कमउम्र लड़की के ज़ेहन को हैरान कर देती है। वह एक रात लिहाफ़ के अंदर होनेवाली हरकत को कुरेदने के लिए डरते-डरते पलंग के दूसरी तरफ़ पैर नीचे उतारती है और बिजली का बटन दबाती है, तभी उसे लगता है, हाथी ने लिहाफ़ में कलाबाज़ी लगाई है और जो लिहाफ़ का फिट भर उठा हुआ कोना था, वह पिचक गया है।

इस्मत के ज़्यादातर अफ़साने परदादार मुस्लिम घरानों की देन हैं जो मध्य वर्ग के दिन-रात की कहानियाँ सुनाते हैं। उनमें बच्चे हैं, नौजवान लड़कियाँ, ग़रीब नौकरानियाँ, अधेड़ विधवाएँ, तरोताज़ा जिस्मों वाली नौकरानियाँ, बूढ़ी नानियाँ, हर साल बच्चे पैदा करने वाली माँएँ और

भाभियाँ हैं। वे औरतें हैं जो कभी हसीन और ख़ूबसूरत थीं और अब गूदे निकले फलों की तरह ख़ुद को हरा रखने के लिए जतन कर रही हैं। घरों की अलग-अलग कोठरियों में बेकार ज़िंदगी जीनेवाली बड़ी-बूढ़ियाँ हैं, शादी के ख़ुशगवार रिश्तों में भी नौकरानी होने का एहसास करने वाली सुहागिनें। रस्मो-रिवाज़, शक, बदचलनी, शर्मो-हया के मुज़ाहिरे, घरों के कोनों में जवान जिस्मों में पड़नेवाली सिलवटें। इस्मत लिखती हैं, 'मेरी शुरुआती कहानियाँ घर की चारदीवारी में बैठकर लिखी गई हैं—सेक्स का विषय घुटे हुए माहौल और परदे में रहनेवाली बीवियों के लिए बहुत अहम है। वे उस पर बहुत बातचीत किया करती हैं। मेरी अफ़सानानिगारी उस घुटे माहौल का चित्रण है, फ़ोटोग्राफ़ी है।'

वारिस अल्वी के अनुसार, 'दरअसल इस्मत और मंटो का बुनियादी किरदार औरत की कामुकता को बयान करने के बजाय उसको इनसानी व्यक्तित्व प्रदान करना है। इस मक़सद के लिए ज़रूरी था कि मर्द के क़ायम किए हुए समाज में औरत के संबंध में मर्द के बनाए हुए सभी कामवासना संबंधी रवैयों पर चारों तरफ़ से हमला किया जाए। और हक़ीक़त भी यही है कि जानवरों की तरह बायलॉजिकल सतह पर भी नस्ल की बढ़ोतरी की ख़ातिर हमारी कामप्रवृत्ति पहले से तय है, उनमें क़ुदरती और पैदाइशी दिलकशी कम है।'

लड़कियों का एक लंबे अरसे पर फैला दीवार के पीछे का कुँवारापन जो कल भी समाज और माँ-बाप के लिए फ़िक्र की बात थी, वह पहले की तरह आज भी शरीफ़ और शक्ल-सूरत का ध्यान देनेवाले घरानों में फ़िक्र करने की वजह है। मुस्लिम घरों में क़रीबी रिश्तेदारों के दरमियान शादी करने और रिश्ते क़ायम करने की इजाज़त मौजूद है, मगर किसी अच्छे और लायक़ रिश्ते के मिलने के इंतज़ार में लड़कियाँ आज भी दुल्हन का सुर्ख़ जोड़ा पहनकर किसी की बीवी बनने के इंतज़ार में बूढ़ी हो जाती हैं। इस्मत का अफ़साना 'चौथी का जोड़ा' इस मौज़ू पर लिखा हुआ बेहद असरदार अफ़साना है। इस अफ़साने के अलावा इस्मत के नुमाइंदा अफ़सानों में 'दो हाथ', 'अमर बेल', 'गेंदा', 'जड़ें', 'नन्ही की नानी', 'घर वाली', 'भूल-भुलैया' हैं जो कई कहानी संग्रहों में बार-बार जगह पाते रहे हैं। इस्मत के अफ़सानों में सबसे बड़ी ख़ूबी ज़बान है जो वर्णन को इस क़दर चमकदार बना देती है कि घटना और परिस्थितियों के छोटे-से छोटे दृश्य को भी पाठक पकड़ पाता है। इस्मत के अफ़सानों में ज़बान न सिर्फ़ पात्र और उसके चरित्र को पढ़नेवाले की आँखों के सामने साकार कर देती है, वह ऐसी फ़िज़ा भी रचती है कि वर्णन दिल में घर कर जाता है। वे अल्फ़ाज़ और जुमलों को ऐसी ख़ूबसूरती से मुहावरों और रूपकों के ज़रिये सजाने की कोशिश करती हैं कि उनके अफ़साने और नॉवेलों के पृष्ठ मालामाल हो उठते हैं। उत्तर प्रदेश और इर्दगिर्द के दोआबी इलाक़ों के रहनेवाले मर्दों और औरतों की बोलचाल और उनकी आपसी बातचीत की बेशुमार कैफ़ियतों, मरहलों और हालात में किरदार जिस तरह भी आगे-पीछे आते हैं, वे ख़ासे ठोस लहजे में अपनी बात को प्रभावी बनाते हुए दिखते हैं। यहाँ यह दोहराने की ज़रूरत नहीं कि ज़बान और लिखा हुआ लफ़्ज़ साहित्य का माध्यम है। साहित्य की घटना और उसका टेक्स्ट कितना ही दिलचस्प क्यों न हो, अगर वह पाठकों तक संप्रेषित न हो तो पढ़नेवाले का ध्यान उससे हट भी सकता है। इस्मत को इसका एहसास है इसीलिए वे कहानी की ज़बान के जादू में यक़ीन रखती हैं। उनके अफ़साने अपने विषय से कहीं ज़्यादा ज़बान की ताक़त के बल पर पढ़नेवाले को देर तक अपने असर में रखते हैं। वह ज़बान और तकनीक को न तो उबाऊ होने देती हैं

और न ही उसे कमतर होने देती हैं। इसमें कोई शक नहीं कि इस्मत की ज़बान उनकी अपनी ईजाद की हुई है जिसका अनुसरण और अनुकरण दोनों मुश्किल हैं। यह तकनीक 'ईजादे बंदा' की तरह इस्मत की क़लम की उपज है।

इस्मत ने जिस बेबाक और नेचुरल ढंग से अपनी ज़िंदगी के संघर्ष का अपनी आत्मकथा में ज़िक्र किया है, वह ख़ुद अपनी जगह किसी आत्मकथात्मक उपन्यास से कम नहीं। इस्मत ने इस बात को स्वीकार किया है कि चाहे उनके अफ़साने हों या नॉवेल, वे सब या तो उनके इर्द-गिर्द की घटनाओं की देन हैं या फिर उनकी अपनी ज़िंदगी की धूप-छाँव और उसके सर्द और गरम की कोख से साँवली सलोनी रंगत लेकर पैदा हुए हैं। इस्मत जैसे ही विचार रखनेवाली औरतों में कमला दास हैं या फिर अमृता प्रीतम। इन दोनों ने अपनी स्त्रियोचित भावनाओं पर गिरे हुए परदे उठाकर अपनी सारी ख़्वाबगाहों को और रूमानी शख़्सियत को देखने के क़ाबिल बनाया है। इन तीनों में एक ऐसी स्त्रियोचित होशमंदी और हुस्न है जिसको अपने सरापों का हुस्न बनाने के लिए आज की हर लड़की बेक़रार नज़र आती है।

यह बात दिलचस्प है कि तीन अलग-अलग ज़बानों में लिखनेवाली औरतों ने जब अपनी आत्मकथा लिखी तो तीनों ने बड़े बेबाक लहज़े में वह सारा सच पढ़नेवालों के हवाले कर दिया जिसको लिखने का हौसला और हिम्मत मर्द साहित्यकार भी न बटोर पाए थे। कमला सुरय्या (कमला दास) की *माई स्टोरी,* अमृता प्रीतम की *रसीदी टिकट* और इस्मत चुग़ताई की आत्मकथा *काग़ज़ी पैरहन* आदमी का हाल बयान करने में चौंका देने की हद तक बेबाक और बेजवाब हैं। अमृता ने कलाकार इंदरजीत को 'इमरोज़' नाम देकर अपनी ज़िंदगी भर का दोस्त बना दिया था। इस्मत जब इश्क़ की कई सीढ़ियाँ चढ़कर और उतरकर शाहिद लतीफ़ के इज़हारे-इश्क़ से दो-चार हुईं, उन्होंने सीधे अंदाज़ में शाहिद लतीफ़ को जता दिया कि वे शादी की रिचुअल में यक़ीन नहीं रखतीं, इसलिए बेहतर यह होगा कि 'शादी' की ईंट तअल्लुक़ और दोस्ती की दीवार के बीच में न लगाई जाए। इस्मत आख़िर वक़्त तक शाहिद लतीफ़ से कहती रही थीं कि उनसे एक बीवी के रस्मी किरदार और उसके तक़ाज़ों को पूरा करने की उम्मीद न रखी जाए क्योंकि वे पर कतरकर किसी बाड़े में बंद होकर गुटरगूँ करने की क़ाबिलियत नहीं रखतीं। शाहिद लतीफ़ के साथ इस्मत ने आख़िरकार निबाह दी। वे कहानियाँ और नॉवेल लिखती थीं और शाहिद उन पर फ़िल्में बनाते थे। *ज़िद्दी आरज़ू* और *बुज़दिल* ने कामयाब होकर ख़ूब धन-दौलत बरसाया। लेकिन बाद की फ़िल्मों ने मार्केट न बनाई। कमलादास ने प्रौढ़ावस्था में पहुँचकर इस्लाम क़ुबूल करने का ऐलान करके सबको हैरत में डाल दिया और माथे की बिंदिया रगड़ दी और परदे के लिए चादर सर पे लपेटकर कमला सुरय्या जलाने के बजाय दफ़नाई गईं। उधर इस्मत चुग़ताई ने अपनी दोनों बेटियों को जता दिया और वसीयत कर दी कि उन्हें क़ब्र के अँधेरे से बेहद डर लगता है, इसलिए उन्हें मरने के बाद जला दिया जाए और उनकी राख समुंदर में बहा दी जाए। इस्मत ने आख़िरी साँस ली तो बेटियों ने भी वसीयत को याद रखा। इस्मत पर गिनती के जान छिड़कनेवाले उस मौक़े पर मौजूद रहे। मगर इस्मत के समकालीन तरक़्क़ीपसंदों में एक भी जाना-पहचाना चेहरा इस्मत के उस धमाके से उठनेवाले शोलों को देखने की हिम्मत न कर सका। धार्मिक विश्वास ज़ंजीर बनकर उन सबके पाँव को पत्थर बना गया।

इस्मत ने ख़ूब लिखा, अफ़साने, नॉवेल, और फ़िल्मों की कहानियाँ और स्क्रिप्ट। मंटो के साथ इस्मत की गाढ़ी छनती थी। साहित्यिक समाज इन्हें हमेशा दरवाज़े के बाहर खड़ा रखता। लेकिन मंटो और इस्मत ही ऐसे उर्दू कहानीकार थे जो एक सिलसिले के साथ अपनी ज़बान उर्दू से बाहर की ज़बानों में अपनी रचनाओं के माध्यम से आते-जाते रहे, दाख़िला पाते रहे। ये दोनों ग़ैर-उर्दू दुनिया के पाठकों के पसंदीदा लेखक बन गए।

[अनुवाद : **मो. ज़फ़र इक़बाल**]

कृश्न चंदर

शमीम फ़ैज़ी

समकालीन कथाकारों में कृश्न चंदर सबसे विशिष्ट हैं और उन्हें सबसे ज़्यादा पढ़ा भी गया है। सिर्फ़ उर्दू में ही नहीं जिसमें उन्होंने मूल रूप से लिखा है, बल्कि सभी भारतीय भाषाओं में भी। उनके काम को सोलह भारतीय भाषाओं में अनूदित किया गया। उनकी सफलता का कारण है सहजता। वे अपने लेखन में बौद्धिकता के आग्रह और सहजता का अच्छा मिश्रण करते हैं जो साधारण लोगों की समझ में आसानी से आ जाता है।

कृश्न चंदर एक प्रतिबद्ध लेखक थे–प्रगतिशील आंदोलन के लिए समर्पित और संघर्षरत लोगों के पक्षधर। यहाँ तक पहुँचने के लिए उन्होंने लंबा रास्ता तय किया है। उनका शुरुआती जीवन कश्मीर में गुज़रा, जहाँ उनके पिता राज्य सरकार में डॉक्टर के रूप में कार्यरत थे। प्रकृति की सुंदरता का कृश्न चंदर पर गहरा प्रभाव पड़ा, जिससे उन्होंने भाषायी सुंदरता ग्रहण की। उनका गद्य काव्यात्मक है। पहले कहानी संग्रह *तस्लीमे ख़याल* से ही उनकी यह काव्यात्मक भाषा उनके लेखन की पहचान बन गई थी। यही उनके लिए प्रकृति का उपहार था।

जब वे कॉलेज के छात्र थे, तभी से उनका झुकाव उग्रवादी आंदोलन की तरफ़ हो गया था। भगत सिंह से कई बार मिलने के बाद उग्रवादी गतिविधि में उनका विश्वास और सुदृढ़ होता चला गया। इन बातों ने उन्हें इसके लिए प्रेरित किया कि वे घर से भागकर कलकत्ता चले गए, जहाँ वे कई महीने रहे और उन्होंने उग्रवादी गतिविधि की ट्रेनिंग ली। भगतसिंह और उनके साथियों की गिरफ़्तारी के बाद कृश्न चंदर को भी गिरफ़्तार कर लिया गया। क़ैदी के तौर पर लाहौर जेल में एक महीने तक रहे। तब उन्होंने उग्रवादी आंदोलन से अपने जुड़ाव पर पुनर्विचार करना शुरू किया। जल्द ही इससे उनका मोहभंग हो गया। परंतु राजनीतिक गतिविधियों में वे सक्रिय रहे, ख़ासकर स्लम एरिया में। उन्होंने साफ़-सफ़ाई करने वालों का एक संगठन बनाया जिसके वे अध्यक्ष बने। निचले तबक़े के लोगों के साथ उनके इस जुड़ाव ने उन्हें एक नई दृष्टि दी। इन संघर्षशील लोगों के अभाव और कष्ट को कृश्न चंदर की लेखनी के माध्यम से अभिव्यक्ति मिली। 'यरक़ान', 'अंगूर' और 'दो फ़र्लांग लंबी सड़क' इन्हीं दिनों लिखी गईं। परंतु सबसे महत्त्वपूर्ण कहानी जो तब लिखी गई, वह है 'कालू भंगी'। यह एक व्यंग्य है जाति-व्यवस्था और छुआछूत पर जिसकी कल्पना भी नहीं की जा सकती।

यह बहुत नाज़ुक कहानी है जिसे पूरी संवेदनशीलता के साथ बयान किया गया है।

अनंत करुणा और अनंत दयनीयता से भरी हुई कालू भंगी की तस्वीर लेखक की कल्पना में कुछ धुँधली-सी दिखाई पड़ने लगती है, जहाँ वह गंदा-सा झाड़ू लिये खड़ा है, घुटने खुले हुए हैं, पेट ख़ाली है, आँखें धँसी हुई हैं, गाल पिचके हुए हैं, चेहरा घृणित, टाँगें सूखी हुईं और काले बाल रूखे-सूखे। कभी-कभार एक गाय या भैंस कालू के सिर को चाटती है और वह शांत होकर पंजाब की उमसभरी दोपहरी में सो जाता है। एक आदमी जिसे किसी से द्वेष नहीं, किसी से मनमुटाव नहीं, मन में किसी के लिए मैल नहीं, दिल में किसी के लिए नाराज़गी नहीं।

यह था कालू भंगी जो अचानक एक दिन उसी अस्पताल में मर जाता है जिसे वह दो दशकों तक साफ़ करता रहा। पूरे कलात्मक सौष्ठव के साथ जिसके लिए वे जो जाने जाते हैं, कृश्न चंदर कालू की मृत्यु के दृश्य का वर्णन करते हैं :

> वह उसी अस्पताल में और उसी वार्ड में भर्ती होता है जिसने उसका बचपन, उसकी किशोरावस्था और उसकी पूरी जवानी छीन ली। अस्पताल का कंपाउंडर उसे दवा देते वक़्त जितनी दूरी बनाए रख सकता था, रखता था। अर्दली उसके खाने अंदर करके जैसे-तैसे रखकर भिनभिनाता हुआ चला आता। कालू भंगी अपने खाने के सामान को स्वयं धोता, चारपाई के नीचे की सफ़ाई स्वयं करता। बिस्तर और शौचालय की सफ़ाई भी स्वयं करता। चूँकि उसका कोई वारिस नहीं था इसीलिए पुलिस उसकी लाश को अज्ञात और लावारिस मानकर उसका अंतिम संस्कार कर देती है। वह हमारे साथ बीस साल तक रहा, पर वह हमारा संबंधी नहीं था। जिस दिन वह मरा, उस दिन कुछ नहीं बदला। हर चीज़ पहले जैसी थी। हर कोई अपना-अपना काम कर रहा था। अस्पताल हमेशा की तरह अपने समय पर खुला और बंद हुआ। मेडिकल ऑफ़िसर ने हमेशा की तरह नुस्ख़ा लिखा और हर दिन की तरह हमने रेडियो पर गाना सुना और सो गए। परंतु डॉक्टर की गाय और कंपाउंडर की बकरी ने दो दिनों तक कुछ नहीं खाया। दोनों अस्पताल वार्ड के बाहर आसमान की तरफ़ मुँह उठाकर मिमियाते रहे।

निचले तबक़े के लोगों के साथ काम करने के बाद कृश्न चंदर ने केवल उनके अभावों के बारे में नहीं जाना जिससे वे पीड़ित थे, बल्कि उन्होंने उन कारणों को समझने की भी कोशिश की जिससे उसका वर्ग पीड़ित था। इससे उनका मार्क्सवाद की ओर झुकाव हो गया। कृश्न चंदर ने स्वयं माना है : 'तीसरा और सबसे महत्त्वपूर्ण मोड़ मेरी ज़िंदगी में तब आया जब मैंने मार्क्सवाद को जाना। रूस की क्रांति के बाद जो विचार दुनिया-भर में फैला, उससे मेरा मस्तिष्क भी प्रभावित हुआ। कॉलेज के पहले साल में ही मैंने मार्क्स और लेनिन को पढ़ना शुरू कर दिया था। कुछ विचार हमारे सिद्धांत का एक सूत्र बनते हैं, पर मार्क्सवाद ने मुझे इस हद तक प्रभावित किया कि वह मेरे पूरे विश्वास का केंद्रबिंदु बन गया।'

इसने कृश्न चंदर के लिए नए द्वार खोल दिये। वे समाजवाद, लोकतंत्र, सामाजिक न्याय के लिए जनसंघर्ष के प्रबल समर्थक बन गए। वे प्रगतिशील लेखक आंदोलन के एक बड़े नेता के रूप में उभरे। आज़ादी के बाद जब सज्जाद ज़हीर पाकिस्तान चले गए तब कृश्न चंदर ने प्रगतिशील लेखक संघ के महासचिव का पदभार सँभाला। कृश्न चंदर ने बार-बार ज़ोर दिया :

> जब तक लाभ का नियम है, उत्पादन के साधन निजी हाथों में हैं, साहित्य पूँजीवाद का समर्थक है, प्रेस पैसे वालों के हाथों में है और मशीन तथा श्रम के उत्पादों का बँटवारा

जब तक लोकतांत्रिक ढंग से न हो, तब तक इस दुनिया में शांति नहीं हो सकती है। तब तक सच्ची आज़ादी नहीं मिल सकती। स्वतंत्र और स्थायी रचना निर्मित नहीं की जा सकती। इसलिए युद्ध के विनाश और परमाणु ऊर्जा के विध्वंस से बचने का सिर्फ़ एक ही तरीक़ा है—साम्यवाद को आगे बढ़ाना, उसको फैलाना। इसके बिना मानवता का भविष्य ख़तरे में है।

स्वाभाविक रूप से वे भारतीय कम्युनिस्ट पार्टी से सहानुभूति रखते थे। भारतीय कम्युनिस्ट पार्टी के पचास साल पूरे होने पर उन्होंने अपने संदेश में लिखा :

भारतीय कम्युनिस्ट पार्टी पूरी मानवता की प्रगतिशील ताक़तों के लिए प्रेरणा का स्रोत रही है। इसका प्रभाव पूरे भारत में और सामाजिक, राजनीतिक, सांस्कृतिक, आर्थिक और ऐतिहासिक सभी क्षेत्रों में महसूस किया गया। पार्टी हमेशा ग़रीबी के ख़ात्मे और भारत में सांस्कृतिक समृद्धि के पक्ष में रही है। हममें से जो लोग लिख रहे हैं और जनमत की अभिरुचि पर आधारित समाजवाद, धर्मनिरपेक्षता और लोकतंत्र जैसे प्रगतिशील विचार रखते हैं, पार्टी उनका भी समर्थन करती रही है। हमने अपनी मार्क्सवादी पृष्ठभूमि को बहुरंगी साहित्य के विश्लेषण की प्रक्रिया के क्रम में पाया है और हम बहुत हद तक सर्वहारा आंदोलन से प्रभावित और प्रेरित रहे हैं और उस युगबोध के साथ ही साथ उसकी परिपक्वता और विवेक से भी।

कृश्न चंदर अंतिम समय तक आम जन के संघर्ष के प्रति समर्पित रहे। संघर्षरत लोगों के प्रति उनके समर्पण को उनकी रचनाओं के माध्यम से भी देखा जा सकता है। वे सिर्फ़ उनके साथ सहानुभूति ही नहीं रखते बल्कि उनके लिए लड़ना भी चाहते थे। 'कहानी की कहानी' में वे लिखते हैं :

अब मैं लड़ना चाहता हूँ। मैं मुस्कान के लिए लड़ना चाहता हूँ। मैंने सुना है कि चीन में एक किसान है, उसका नाम ली है। वह उसी मुस्कान के लिए लड़ रहा है और मैंने सुना है, इंडोनेशिया में एक नूरुद्दीन है जो खान में काम करता है, वह भी इसी के लिए लड़ रहा है। और मैंने सुना है, ग्रीस में एक लोहार है, मार्कोस, वह भी इसी के लिए लड़ रहा है। और मैंने सुना है कि बर्मा, मलाया और इंडोनेशिया के घने जंगलों में रहनेवाले बच्चे भी इसी के लिए लड़ रहे हैं। मैं भी इसी मुस्कान के लिए लड़ूँगा। मैं एक अच्छा डांसर नहीं बनना चाहता। मैं सिर्फ़ एक जोकर भी नहीं बनना चाहता। मैं एक क्लर्क भी नहीं बनना चाहता जो हलका-सा विरोध दर्ज कराता है। मैं चाहता हूँ कि मैं एक छोटी-सी गोली बन जाऊँ और मुझे वहाँ भेज दो जहाँ आदमी आदमी द्वारा किए जा रहे अत्याचार के ख़िलाफ़ लड़ रहा है।

कृश्न चंदर संघर्षरत लोगों के लिए क़लम के ज़रिये लड़ते हैं। एंगेल्स का कहना है कि किसी दी गई परिस्थिति में प्रतिनिधि चरित्र को प्रस्तुत करना यथार्थवाद का आधार है। हम इस समाजवादी यथार्थवाद को कृश्न चंदर के लेखन में पाते हैं। *जब खेत जाग उठे* इसका जीता-जागता उदाहरण है। यह 1952 में प्रकाशित हुआ। यह उपन्यास तेलंगाना सशस्त्र विद्रोह की पृष्ठभूमि में लिखा गया है।

यह बँधुआ मज़दूर रघू की साधारण-सी कहानी है। तेलंगाना सशस्त्र विद्रोह में उसकी कथित भूमिका के लिए पुलिस उसे पकड़ लेती है और नई सरकार उसके लिए फाँसी की सज़ा सुनाती है। अगली सुबह उसे फाँसी दे दी जाती है। फाँसी के तख़्ते पर चढ़ने से पहले

वह अपने बीते हुए दिनों को याद करता है। वह यह समझने की कोशिश करता है कि क्या वह सही में क़ातिल है?

एक बँधुआ मज़दूर के यहाँ जन्म लेने के बाद वह भी एक बँधुआ मज़दूर बन जाता है; परंतु वह बचपन से ही अपने आसपास की चीज़ों को लेकर काफ़ी उत्सुक रहा। जब वह कुलीन ज़मींदारों के बच्चों को अच्छे कपड़े पहने हुए देखता तो वह अपने पिता से पूछता कि उसके पास ये सब क्यों नहीं हैं? जब वह ज़मीदार के लिए काम करने लगा तब भी वह उन कारणों की तलाश में रहता कि आख़िर क्यों उसकी और उसके साथियों की ऐसी हालत है। वह हर किसी से पूछताछ करता पर उसे संतोषजनक उत्तर नहीं मिलता। हर कोई उसे ईश्वरीय फ़ैसले के रूप में देखता। तब वह वहाँ से भाग गया। पहले ज़िला मुख्यालय में घरेलू नौकर के तौर पर काम किया। वहाँ उसे एक नई तरह का शोषण दिखाई पड़ा। नया बँधुआ मज़दूर! वह हैदराबाद गया। उसने रिक्शा चलाना शुरू किया। इस बीच वह मक़बूल से मिला जो कम्युनिस्ट था। उसने उसे समझाया कि लोगों के इस अभाव और संघर्ष की वजह क्या है।

मक़बूल मिल मज़दूर बनने में रघू की मदद करता है। पूँजीवादी शोषण का सामना करने के बाद उसे एक नई क़िस्म के अत्याचार का पता चलता है। जब मज़दूर हड़ताल करते हैं तो वह उनका साथ देता है, जिसकी वजह से वह गिरफ़्तार भी होता है। जेल में वह नागेश्वर से मिलता है, जो उसी के गाँव का एक भूमिहीन है। नागेश्वर को ग्रामीण ग़रीबों को ज़मींदार के ख़िलाफ़ उकसाने के आरोप में गिरफ़्तार किया गया था। यह ख़बर सुनकर रघू को ख़ुशी हुई। अंततः उसके दोस्तों ने अत्याचार के ख़िलाफ़ आवाज़ उठाई।

जेल से छूटने पर मक़बूल के सुझाव पर वह अपने गाँव जाकर ज़मीन के लिए संघर्ष में शामिल हो जाता है। वापस आने पर बहुत-से साहसी कम्युनिस्टों से मिलता है जो सशस्त्र विद्रोह का नेतृत्व कर रहे थे।

जब वह अपने गाँव पहुँचता है तो लोगों को संघर्ष करने के लिए एकजुट करता है और अंततः भूमि पर ग्रामीणों का अधिकार हो जाता है। ज़मींदार गाँव छोड़कर भाग जाता है। उसके बँगले पर जनता क़ब्ज़ा कर लेती है। वहाँ एक स्कूल खोला जाता है। रघू बच्चों को पढ़ाना शुरू करता है।

इसी बीच पुलिस कार्रवाई की ख़बर मिलती है। जनता इसका स्वागत करती है। अब अपने लोग हम पर शासन करेंगे। अब ज़मीन उसकी होगी जो उसे जोतेगा। पर उनकी उम्मीदों पर पानी फिर जाता है। नई सरकार बँधुआ मज़दूरों को आदेश देती है कि ज़मीदारों को उनकी ज़मीन लौटा दी जाए जिससे लोगों को काफ़ी निराशा हुई। उन्होंने प्रतिरोध करने का फ़ैसला किया। लेकिन ज़मींदार पुलिस को साथ लेकर आया। बहुत-से लोग मारे गए, बहुत-से गिरफ़्तार किए गए जिनमें रघू भी शामिल था।

यहाँ कृश्न चंदर अपनी बात कहते हैं जब रघू सोचता है :

> रघू अपने दिल को टटोलता है। क्या वह सचमुच एक हत्यारा है? हत्या की स्थिति, प्रायः एक या दो या कई चेहरे होते हैं जिनको हत्यारा याद रखता है। वह उनसे नफ़रत करता है। वह बदला लेना चाहता है या उन्हें मार डालना चाहता है, जब वह पूरी तरह से नफ़रत या प्यार के आवेश में होता है। पर यहाँ कोई चेहरा नहीं था। कोई आवेश भी नहीं...अगर

> अत्याचार का प्रतिरोध करना हिंसा है, अगर अपनी जान बचाना हिंसा है, अगर माँओं की इज़्ज़त को बचाना, मक्के की सुनहरे बालों को बचाना हिंसा है, जब जीवन अपने-आपमें हिंसा है, साँस लेना हिंसा है, दिलों को धड़काना भी हिंसा है।

इसलिए रघू अपने को अपराधी नहीं मानता। वह ख़ुशी-ख़ुशी फाँसी के तख़्ते पर चढ़ने को तैयार हो जाता है। वह हत्यारा नहीं है। लोगों के हितों के लिए लड़नेवाला योद्धा है।

लेकिन कृश्न चंदर यहीं नहीं रुकते। वे लोगों की भावनाओं का वर्णन करते हैं। रघू के लिए सिल्क की लाल शर्ट बनाने का प्रयास उनकी एकता का प्रतीक बन जाता है। रघू की तरह कृश्न चंदर को यह विश्वास है कि एक दिन जनता एकजुट होगी और सामंतवाद के जुए को उतार फेंकेगी। इनसान के द्वारा इनसानों के ऊपर किए गए सभी प्रकार के शोषण भी ख़त्म होने हैं।

कृश्न चंदर की पचास से अधिक रचनाएँ प्रकाशित हुईं। कहानी लिखने के साथ-साथ व्यंग्य लिखने में भी उन्हें महारत हासिल है। जो भी कहानी उन्होंने लिखी, उसमें सामाजिक सरोकार दिखाई पड़ता है। 'अन्नदाता' इसका एक उदाहरण है। बंगाल के अकाल पर इससे ज़्यादा गहराई से महसूस किया गया और प्रामाणिकता के साथ अभिव्यक्त किया गया आख्यान कोई दूसरा नहीं है। यह मानव के विद्वेष के बरक्स विवेक के लिए अपील है। विकृत यथार्थ को भी कलात्मक रूप से सामाजिक बनाया गया है :

> इन लाशों से गुज़रते हुए जब आदर्श समाज की तलाश कर रहा था, हाथों से रेत फिसल रही थी, सूखे पत्ते चारों तरफ़ बिखरे पड़े थे। लाशों के बीच खड़े अकेले मुस्लिम लड़के को गले लगाकर अतीत के पुराने सड़े हुए संसार को जला दिया। मैं चलता गया, चलता गया जब तक सब कुछ पीछे नहीं छूट गया। अब कोई मुझे नुक़सान नहीं पहुँचा सकता। अब मैं इस बर्बरता से चौंकूँगा नहीं। अब मैं किसी पाप में भागीदार नहीं बनूँगा। अब से मैं सर कटा हुआ एक आदमी हूँ जो हरे और बड़े पत्ते की तलाश में है।

कृश्न चंदर को यह विश्वास है कि मनुष्य को सिर्फ़ जीवित नहीं रहना, उसे सफलता से जीना है। इसलिए, व्यंग्य उनके हाथ में सामाजिक, आर्थिक और राजनीतिक बदलाव के लिए एक हथियार है। कालू भंगी जिसे पहले उद्धृत किया गया है, इसका एक जीवंत उदाहरण है। *एक गधे की सरगुज़िश्त* का उनके लेखन में एक महत्त्वपूर्ण स्थान है। इसके माध्यम से वर्गीय समाज में फैली हुई बुराई पर हमला किया गया है, जो अंततः पूरी शासन व्यवस्था की कठोर आलोचना है। उनका गधा आदमी की भीतर की अच्छाई का प्रतीक है जो बुराई का सामना कर रहा है—सामाजिक, सांस्कृतिक, आर्थिक और राजनीतिक—आत्मसम्मान की भावना के साथ। कृश्न चंदर इस व्यंग्य को लिखते समय वर्गीय चेतना से संपन्न लेखक दिखाई पड़ते हैं। उनके गधे का चरित्र शोषक समाज के सामने स्पष्ट हो जाता है, पर वह एक 'लोकतंत्रवादी' की तरह काम कर रहा है। गधा सीरीज़ की दो कहानियाँ इसी क्रम में आती हैं : 'एक गधे की वापसी' और 'एक गधा नेफ़ा में'।

आम संघर्षरत लोगों के प्रति समर्पण कई चीज़ों से ज़्यादा महत्त्वपूर्ण है। 'फ़िक्शन' के लिए उन्होंने व्यक्तिपरकता कभी नहीं छोड़ी। 'दादर के पुल के बच्चे', 'सड़क वापस जाती है'—दोनों कहानियाँ उसकी मिसाल हैं। यहाँ कोई पारंपरिक हीरो नहीं है, परंतु ये कहानियाँ पाठकों के दिलों को छूती हैं। पुल और रोड जीते-जागते चरित्र बन जाते हैं और

कृश्न चंदर जिस सामाजिक तथ्य को प्रस्तुत करना चाहते हैं, वह स्पष्ट रूप से उभरकर सामने आता है।

अपने पूरे लेखन में कृश्न चंदर सिर्फ़ वर्ग आधारित समाज की बुराइयों को दिखाते हैं जिससे लाखों-करोड़ों लोग ग़रीबी और अभाव का जीवन जीने को मजबूर हैं। साथ ही साथ वे लोगों को उनके अभाव और शोषण के कारणों को समझाने का भी प्रयास करते हैं। वे पूँजीवादी व्यवस्था के शोषण को उसके नंगे रूप में दिखलाते हैं। इस बात पर वे कभी समझौता नहीं करते। वे ऐसे लेखक नहीं कि जो अपने लेखन को पारंपरिक फ़ार्म में फ़िट करना चाहते हों। कई दूसरे बड़े लेखकों की तरह कृश्न चंदर के लिए भी अंतर्वस्तु अधिक महत्त्वपूर्ण है, उसके बाद फ़ार्म। यहाँ तक कि कृश्न चंदर नए-नए विषयों से टकराते हुए नये फ़ार्म ईजाद करते हैं। यह ख़ासतौर से छोटी कहानियों पर लागू होता है।

कृश्न चंदर के साहित्यिक जीवन के साथ-साथ भारत में कहानियों का आर्ट-फ़ार्म के रूप में विकास होता है। यहाँ तक कि आज कहानी कई कला रूपों में जो अपना महत्त्वपूर्ण स्थान बना पाई है, उसमें कृश्न चंदर की एक कहानीकार के रूप में महत्त्वपूर्ण भूमिका रही है। अगर और स्पष्ट रूप से कहें तो कह सकते हैं कि कहानी भारतीय भाषाओं में, ख़ासतौर पर उर्दू में, उनकी बालसखा रही है। यह उनके साथ जन्मी, साथ बड़ी हुई, जवान हुई और साहित्यिक अभिव्यक्ति के सशक्त माध्यम के रूप में उसने स्वयं को स्थापित किया।

कृश्न चंदर की कहानियाँ अपने रूपविधान या फ़ार्म की वजह से आगामी पीढ़ी के लिए ज़िंदा नहीं रहेंगी। यह उनकी विषयवस्तु है जिसकी वजह से उन्हें हमेशा याद किया जाएगा। उन्होंने संघर्षरत लोगों के लिए लिखा। उन्होंने लोगों को एकजुट करने के लिए कहानियाँ लिखीं।

लेनिन ने कहा था हर महान कलाकार क्रांति के एक या दूसरे पहलू का प्रवक्ता होता है। कृश्न चंदर इसी तरह से संघर्षरत लोगों के लोकतांत्रिक अधिकार के प्रवक्ता थे। वे महान कलाकार थे।

राजेंदर सिंह बेदी

केवल गोस्वामी

राजेंदर सिंह बेदी ने साहित्य और सिनेमा के क्षेत्र में अभूतपूर्व सफलता प्राप्त की है। इनाम-इकराम किसी भी कलाकार की गुणवत्ता का प्रमाण नहीं होते फिर भी उन्हें अपने लघु उपन्यास *एक चादर मैली-सी* के लिए 1965 में साहित्य अकादमी और उर्दू नाटक के लिए 1978 में ग़ालिब पुरस्कार से नवाज़ा गया। 1959 में बिमल राय की फ़िल्म *मधुमती* के सर्वश्रेष्ठ संवादों के लिए और 1971 में *सत्यकाम* के सर्वश्रेष्ठ संवादों के लिए उन्हें फ़िल्मफ़ेयर पुरस्कार प्राप्त हुए। बेदी ने लगभग 35 फ़िल्मों के लिए संवाद पटकथाएँ लिखीं, जिन्हें दर्शकों ने न केवल सराहा अपितु उन्हें प्रसिद्धि के आकाश पर एक चमकता सितारा बना दिया। उनके द्वारा निर्देशित फ़िल्मों *आँखन देखी* (1978), *नवाब साहब* (1978), *फागुन* (1973) और *दस्तक* (1970) को भी अपार सफलता मिली। वे एकमात्र लेखक हैं जिनके एकमात्र उपन्यास *एक चादर मैली-सी* पर सरहद के दोनों ओर महत्त्वपूर्ण फ़िल्में बनीं। पचास वर्ष के साहित्यिक जीवन में उन्होंने उर्दू कथा-साहित्य को अपनी बहुमुखी कला से ओतप्रोत 72 अद्भुत और यादगार कहानियाँ दीं, एक अविस्मरणीय एवं क्लासिकी दर्जे का लघु उपन्यास *एक चादर मैली-सी* और *सात खेल* शीर्षक से उर्दू नाटकों का अद्भुत संग्रह भी दिया।

एक निबंध में अपने जन्म की चर्चा उन्होंने बड़े मनोरंजक ढंग से की है : ‘ रवींद्रनाथ कहते हैं कि संसार में प्रतिदिन जो इतने मनुष्य पैदा हो जाते हैं, इस बात का प्रमाण है कि ईश्वर भी मनुष्यों की रचना करने से नहीं डरा। ईश्वर का यह कितना क्रूर मज़ाक़ है कि चूँकि वह थक नहीं सकता इसलिए मनुष्य बनाता जाता है :

> बेकार न बैठ कुछ किया कर,
> पाजामा उधेड़कर सिया कर।

‘तो ख़ुद के पाजामों का आख़िरी टाँका अर्थात् मैं पहली सितंबर, सन् 1915 की सुबह लाहौर में 3 बजकर 47 मिनट पर केवल महाकवि रवींद्रनाथ को प्रमाण प्रस्तुत करने के लिए पैदा हो गया।’

बेदी की माँ सेवादेवी ब्राह्मण वंश से थीं और पिता बाबा हीरासिंह खत्री सिख थे। शब्द बेदी या वेदी वेद से आया है। जो खत्री वेद को अपना ग्रंथ मानते हैं, वेदी कहलाते हैं। जैसा कि ध्वनित होता है, यह पूँजीवादी रूढ़िवादी परिवार था और आर्थिक रूप से पिछड़ा हुआ था। यही कारण है कि यह अपनी संतान को उच्च शिक्षा देने में समर्थ नहीं था, किंतु बेदी की लेखकीय प्रतिभा ने वर्गगत और औपचारिक शिक्षा के अभाव को पूरा कर दिया। बेदी

के पिता पोस्ट ऑफ़िस में काम करते थे। दोनों के परिवारों की सहमति के बिना सेवादेवी और हीरासिंह ने लाहौर के एक आर्यसमाज मंदिर में शादी कर ली। माँ उर्दू, हिंदी और थोड़ी-बहुत अंग्रेज़ी जानती थीं। घर में *गीता* और *जप जी साहब* दोनों का पाठ होता था, किसी धर्म या विश्वास के प्रति अरुचि नहीं थी, इसी धार्मिक अवस्था में बेदी के मन में धर्मनिरपेक्षता का बीजारोपण हुआ। उस अवस्था में माता-पिता द्वारा बोध रचनाओं और तत्कालीन प्रसिद्ध लेखकों की रचनाएँ पढ़कर सुनाई गईं। उन रचनाओं के कारण उनके भीतर का लेखक पल्लवित-पुष्पित होता रहा, प्रत्येक के दुख-दर्द को तीव्रता से महसूस करना, अपने पात्रों में स्वयं को समा देना और हास्य-व्यंग्य की चाशनी यह सब उन्हें माता-पिता से उत्तराधिकार में मिला था।

एक चादर मैली-सी उपन्यास की भूमिका में बेदी लिखते हैं : 'न जाने किस मिट्टी से बने हैं। जमती हुई बर्फ़ों और तपती हुई रेतों में बस सकते हैं, जहाँ अन्य लोग दूसरों की ही नुक़्ताचीनी में लगे रहते हैं, वहाँ पंजाबी ही है जो अपने-आप पर हँस सकता है। वह अच्छा मित्र है और बुरा शत्रु, जहाँ भी लोग तुम्हें ऊँची आवाज़ में हँसते हुए सुनाई दें, वहाँ अवश्य ही कोई पंजाबी होगा, क्योंकि वह दुनिया का मातम करने नहीं आया और न ही रूखी दार्शनिकता उसके जीवन का उद्देश्य है। वह जो भीतर से है, वही बाहर से है। उसके जीवन का रहस्य यही है कि उसका कोई रहस्य नहीं।'

विभाजन के पश्चात् जो पंजाबी भारत आए थे, वे ख़ून का दरिया फलाँगकर आए थे। घनघोर अनिश्चित परिस्थितियों में, पर उनकी तीव्र जिजीविषा ने उन्हें डिगने नहीं दिया, तिनका-तिनका चुनकर उन्होंने फिर से घोंसला बनाया और जीवन की गाड़ी को पटरी पर ले आए। बेदी भी उन्हीं में से एक थे। लाहौर के मॉडल टाउन में उनका मकान लुट चुका था, भारत में कोई और ठिकाना न था। यहाँ-वहाँ और जाने कहाँ-कहाँ भटकने के बाद अंततः बंबई पहुँचे। कहानियाँ लिखते रहे और फ़िल्में बनाते रहे। यहाँ उन्हें सम्मान भी मिला और पैसा भी, पर मानसिक भटकन से छुटकारा न मिला। अश्क के नाम एक पत्र में लिखते हैं :

> अब तुम्हारी तबीयत कैसी है? मैं भी इतना अधिक ऊब चुका हूँ कि दस-पंद्रह दिन के लिए किसी स्वास्थ्यवर्द्धक स्थान पर भाग जाना चाहता हूँ। यूँ मैं इधर-उधर कई स्थान पर गया हूँ पर तुम हैरान होगे कि जब से मैंने ज़िंदगी शुरू की है (सन् 1935 में पोस्ट आफ़िस में नौकर हुआ था), उस समय से अब तक ऐसा नहीं हुआ कि मैं काम-काज भूलकर पंद्रह दिन के लिए कहीं विश्राम करने के लिए निकल गया होऊँ। यदि कहीं गया हूँ तो किसी काम के संबंध में दिमाग़ पर बोझ लेकर। अब तो अंदर की खिंचावट पूरी तरह से ढीली हो चुकी है।

अठारह वर्ष की आयु में टी.बी. के कारण माँ का देहांत हो गया। माँ के मरने के पश्चात् पाँच साल के भीतर-भीतर पिता भी चल बसे, फिर बेरोज़गारी और फ़ाक़े। डाकख़ाने की नौकरी ने थोड़ा सहारा दिया, पर जानलेवा मेहनत और मेहनताना नाम-भर का, तिस पर हर घड़ी अपमान, इसी काल में बेदी ने गंभीर कहानियाँ भी लिखीं। 1936 में इनका पहला कहानी संग्रह *दाना-ओ-दाम* और 1941 में दूसरा संग्रह *ग्रहण* प्रकाशित हुआ। अब तक उन्होंने अपनी आरंभिक रोमांटिक कहानियों से पूरी तरह से मुक्ति पा ली थी। लाहौर की एक महत्त्वपूर्ण साहित्यिक पत्रिका *अदबे लतीफ़* के वे अवैतनिक संपादक बना दिये गए, अब तक उनका

शुमार उर्दू के उत्कृष्ट कहानीकारों में होने लगा था। बेदी, मंटो, कृश्न चंदर—इन तीनों ने उर्दू कहानी को बुलंदियों तक पहुँचाया।

उनका पारिवारिक जीवन भी कम उथल-पुथल भरा न था, पत्नी के साथ उठा-पटक लगी ही रहती थी। उनकी मृत्यु के पश्चात् उन्हें सुकून मिल जाना चाहिए था; पर वे अपने मित्र और फ़िल्मकार ख़्वाजा अहमद अब्बास से कहते हैं : 'अब्बास, मैं अपने ही दुख से चकित हूँ। घर मुझे काटने को दौड़ता है, अब कुछ भी नहीं रहा जो मुझे लिखने के लिए प्रेरित करेगा। अब मुझे लगता है, उसकी झिख-झिख मेरे लिए निरंतर प्रेरणा का स्रोत थी।' फिर अपने जवान बेटे नरेंद्र की असामयिक मृत्यु ने उन्हें बुरी तरह से तोड़ दिया। उन्होंने कहा, 'मृत्यु पगला गई है, आई और ग़लत आदमी को ले गई।'

वे सही मायनों में मानवतावादी प्रगतिशील और धर्मनिरपेक्ष व्यक्ति थे। सरदार होने के नाते उन्होंने लंबे केश रखे, पगड़ी बाँधी, पर सिख धर्म में निषिद्ध शराब और सिगरेट पीना नहीं छोड़ा। बेदी फ़िल्में बनाते रहे, कहानियाँ लिखते रहे, महफ़िलों में लतीफ़े सुनाते रहे, पर दैनिक जीवन की चिंताओं में दबे हुए इस व्यक्ति को कम लोग देख पाते थे।

अपनी आरंभिक कहानियों में वे आर्थिक विषमताओं और जीवन संघर्षों से घिरे सामान्य ग्रामीणों का चित्रण करते हैं। 'दस मिनट बारिश में', 'गरम कोट', 'मन की मन में' और 'ग्रहण' जैसी कहानियों में निम्न और निम्न-मध्य वर्ग के जीवन का अद्भुत और प्रामाणिक चित्रण मिलता है, क्योंकि यह बेदी के निजी अनुभवों का दायरा है। इसलिए शोषण के विरुद्ध ये कहानियाँ एक रचनात्मक प्रतिरोध प्रस्तुत करने का प्रयत्न करती हैं, ये सहानुभूति और निरंतर परिवर्तनशील दृष्टिकोण के साथ मानवीय गरिमा को बढ़ा देती हैं। अपनी अंतर्दृष्टि द्वारा बेदी उन वर्गों के मानसिक संतोष को बहुकोणीय बना देते हैं। पात्र और परिस्थिति व परस्पर संघर्ष द्वारा यह दर्शाने की चेष्टा करते हैं कि उनके मनोवैज्ञानिक दबावों, सामाजिक तनावों का जन्म वातावरण में स्थित आर्थिक अभावों के कारण होता है।

जोगिंदर पाल के अनुसार, 'बेदी सोच-सोचकर लिखने का आदी है। सोचों के घेरों में आकर उसे रुक-रुककर पढ़ता है, मानो कहानी को स्वयं अपने जीवन से संबंधित समझकर आगे बढ़ रहा हो! पाठक की तलाश की उस गुंजाइश को ध्यान में रखकर बेदी ने अध्ययन को मानो संघर्षशीलता की सीमाओं से जोड़ दिया है। यही कारण है कि बेदी को तेज़-तेज़ पढ़ने से उनके लिखे हुए का एक सिरा उँगलियों से फिसल जाता है, उस सिरे को पकड़ में लाना अभीष्ट हो तो उलझे हुए बारीक़ तारों को सँभाल-सँभालकर सीधा करना होगा। जल्दी से झटक देने से हम उसे बीच में ही कहीं तोड़ बैठेंगे।'

उपर्युक्त कथन न केवल बेदी की विशिष्ट कहानी रचना की ओर संकेत करता है अपितु किन्हीं अर्थों में उन्हें अपने समकालीनों से अलगाता भी है। वे पुरानी और नई उर्दू कहानी के बीच की कड़ी हैं। वे रूढ़िगत रचनात्मक पद्धति और उपदेशात्मक शैली से अलग एक नई पद्धति का आविष्कार करते हैं जो उनकी रचना को विशिष्ट बनाती है। गोगोल, चेख़व और लोर्का का अद्भुत सम्मिश्रण उनकी रचना को आकर्षक एवं पठनीय बनाता है। तनावग्रस्त आम आदमी की मुक्ति उनके लेखन का आधारभूत बिंदु है। अपने पात्रों के दुख-दर्द को संप्रेषित करने से पहले वे उसे इस तरह से आत्मसात् करते हैं जिससे उनकी रचना को सौंदर्यात्मक संतोष प्राप्त होता है।

बेदी लिखते हैं : ' 'मिथकीय' तत्त्वों का प्रयोग मैं भारतीय सभ्यता और आस्थाओं को प्रस्तुत करने के लिए करता हूँ। उनके देवी-देवता; उनके मंदिर-मस्जिद, यह सब दिखाने की कोशिश करता हूँ। मैं अपने-आपमें न केवल भारतीय हूँ बल्कि भारत हूँ।'

ससुराल में प्रताड़ना के पश्चात् घर से भागी 'होली' (ग्रहण) पर सराय में बलात्कारी का आक्रमण और उससे मुक्ति के लिए उसका संघर्ष, सूर्यग्रहण से संबंधित पारंपरिक कथात्मक संवाद–कहानी और पात्र, दोनों को अधिक सार्थक एवं सुंदर बना देते हैं। पार्थिव चंद्रमा यानी स्त्री की पीड़ा राहु-केतु के उपयुक्त संदर्भों से अधिक घनीभूत हो जाती है। पात्रों के साथ संदर्भगत मिथकों और आख्यानों को गूँथकर वे उन्हें अधिक सार्थक बना देते हैं। बेदी ने स्त्री पात्रों को विशेषतया महत्त्वपूर्ण बना दिया है। उनके स्त्री पात्र अपने स्त्रीत्व से आलोड़ित हाड़-मांस के प्राकृत इनसान हैं जिनमें देवी कहलाने की इच्छा कभी जाग्रत नहीं हुई, उनकी अनेक कहानियों में भारतीय नारी के विविध रूप हैं। स्त्री आर्थिक रूप से पुरुष पर निर्भर होकर उनके क़ानून का शिकार होती है, पर उसके प्रति विद्रोह नहीं करती। यौन के प्रति भी बेदी का नज़रिया अपने समकालीनों से भिन्न है। मन-बहलाव की सीमाओं से परे भी वे स्त्री-पुरुष संबंधों की व्याख्या करते हैं। वे मानते हैं, स्त्री-पुरुष परस्पर मिलकर संतान उत्पत्ति करें और उसकी ज़िम्मेदारी सँभालें। इस प्रक्रिया से सेक्स एक समस्या नहीं रहेगा। अपनी एक कहानी 'एक सिगरेट' में बेदी संत राम के विचारों को इस प्रकार प्रस्तुत करते हैं :

> आजकल हमारे जीवन में हर नई चीज़ आ गई है, जिसे 'गुड टाइम' कहते हैं। लेकिन पुरुष और नारी में जो मौलिक अंतर है, उसे तुम मत भूलना। पुरुष पर कोई ज़िम्मेदारी नहीं, जब तक वह अपने सदाचार, अपनी सभ्यता के तहत इसे स्वीकार न करे, लेकिन नारी पर बहुत है; क्योंकि बच्चा उसे उठाना पड़ता है, इसलिए संसार-भर में नारियाँ न केवल पराधीन हैं बल्कि उनसे अनुरोध किया जाता है कि परंपरा का पालन करें और यह ठीक है। उन्हें स्वयं को ऐसे पुरुष को समर्पित नहीं कर देना चाहिए जो उसकी और उसके बच्चों की ज़िम्मेदारी न सँभाले।

बेदी के पास जीवन को विभिन्न कोणों से देखने की कला है, इसी कारण उनकी कहानियों में विविधता है। शैली में कहीं दोहराव नहीं, शब्दों का अपव्यय नहीं। उन्हें समुद्र को कूज़े में बंद करना आता है। इसमें लाक्षणिक प्रयोग और प्रतीक उनकी सहायता करते हैं। उनका एकमात्र लघु उपन्यास *एक चादर मैली-सी* इस शब्द-शैली का सर्वोत्तम उदाहरण है। लोक-जीवन की रुचियाँ, ख़ामियाँ, विश्वास-अंधविश्वास, रूढ़िवादी टोने-टोटके और यहाँ-वहाँ सूफ़ी संतों की वाणी के सटीक उदाहरण पात्रों को अधिक मुखर और कथानक को बलशाली बना देते हैं। ऐसा जो कुछ बेदी के यहाँ है, उनके समकालीनों में उसका आभास नहीं होता : यद्यपि मंटो, कृश्न चंदर का संबंध भी पंजाब और पंजाबियत से उतना ही है जितना बेदी का है। इसलिए पाठक बेदी की ओर अधिक आकर्षित होता है।

कुछ आलोचकों का ऐसा मानना है कि बेदी की आख़िरी दौर की कहानियाँ उनकी पहले दौर की कहानियों के मुक़ाबले दुर्बोध हैं। पहले दौर की कहानियों में जहाँ सेक्स परदे में है, उन कहानियों में वह कुछ अधिक स्पष्ट रूप से सामने आया है। 'कल्याणी', 'मैथुन' 'सोफ़िया' तथा 'बारी का बुख़ार' इसी कोटि की कहानियाँ हैं। इन कहानियों की सही अर्थवत्ता

तक पहुँचने के लिए जो मानसिक तैयारी और धैर्य चाहिए, उसे अर्जित करने का प्रयास इन आलोचकों में दिखाई नहीं देता। इसीलिए वे उन कहानियों को बेदी की प्रतिनिधि कहानियाँ न मानकर पल्ला झाड़ लेते हैं।

बेदी के नाटकों की ओर उतना ध्यान आलोचकों का नहीं गया जितना उनकी कहानियों की ओर गया है। यह शिकायत ख़ुद बेदी की भी रही है। एक इंटरव्यू में वे कहते हैं :

> मैंने सात नाटक लिखे हैं। कोई पढ़े तो, मेरे यहाँ आकर लोग मेरी कहानियों के बारे में बात करते हैं, ड्रामों की कोई बात नहीं करता। हालाँकि *ख़्वाजा सरा* मेरा इतना उम्दा ड्रामा है कि उसे बलवंत गार्गी अमरीका में करने वाले थे, मगर कुछ वजह से नहीं हो सका।

इंटरव्यू लेनेवाला कहता है : 'बेदी साहब, आपका कहना बिलकुल ठीक है, हमारे यहाँ (उर्दू में) ड्रामों की जो समझ होनी चाहिए थी, उसको जिस ढंग से पढ़ा जाना चाहिए था, समझा जाना चाहिए था, आलोचकों ने शायद उस पर उतना ध्यान नहीं दिया। लेकिन क्योंकि स्टेज पर वेशभूषा की आवश्यकता होती है, ख़र्च होता है, अभिनेता को बुक करना होता है, इसलिए हमारे यहाँ प्रोफ़ेशनल कौशल पैदा नहीं हो सका, फिर यह कि फ़िल्म बड़ा मीडिया है, इसलिए लोगों का ध्यान फ़िल्म की ओर अधिक चला जाता है जबकि फ़िल्म और रंगमंच एक-दूसरे के बहुत निकट हैं लेकिन फ़िल्म का चूँकि आर्थिक पहलू है, इसलिए उसकी ओर अधिक लोग आकर्षित होते हैं, स्वयं आपने भी क्लासिकी कोटि की फ़िल्में बनाई हैं।'

बेदी के कृतित्व और व्यक्तित्व पर उनके शताब्दी वर्ष में गंभीर और विस्तृत काम होना चाहिए और होगा भी, ऐसा विश्वास तो बनता है, बनना चाहिए भी।

कैफ़ी आज़मी

गौहर रज़ा

अजय भवन का एक छोटा-सा कमरा, एक पलंग, दो कुर्सियाँ, ऐसा कुछ साफ़ नहीं तो गंदा भी नहीं, बिस्तर पर कैफ़ी साहब आधे बैठे, आधे लेटे हुए और गोपाल। गोपाल जो उनकी ज़िंदगी का एक हिस्सा बन चुका था। मैं और शबनम जब कमरा नंबर पूछते-पाछते अंदर दाख़िल हुए तो कैफ़ी साहब की भारी गूँजदार आवाज़ ने आवभगत की, 'आओ-आओ, बहुत अच्छा किया, तुम दोनों आ गए। बैठो। भाई, मैं यहाँ तुम्हें चाय नहीं पिला सकता।'

बराबर में रखी फ़ोल्डेड व्हील चेयर पर नज़र पड़ी, तो मेरे ज़हन में ग़ालिब का शेर गूँजा, 'कोई वीरानी-सी वीरानी है, दश्त को देख के घर याद आया।' इस वीरानी में भी कितनी गर्मजोशी है इस आवाज़ में! न दुनिया की शिकायत, न तकलीफ़ों का दुखड़ा, न अपने फ़ालिज़ की बातें, न ही बीमारी के क़िस्से, न अपनी बड़ाई का ज़िक्र। कैफ़ी साहब दिल्ली उर्दू अकादेमी की किसी मीटिंग में आए थे। अनीस आज़मी भी कुछ ही देर बाद वहाँ पहुँच गए। बात उसी मीटिंग से शुरू हुई और फिर बल खाती हुई देश की, फिर दुनिया की राजनीति तक पहुँची। वक़्त कैसे फिसल गया, पता ही नहीं चला।

कमरे में गर्मी तो थी ही, मगर उससे भी ज़्यादा परेशानी थी टेलीफ़ोन न होने की और बाथरूम जाना भी काफ़ी दिक़्क़ततलब था। कमरे में इंटरनल फ़ोन भी नहीं था। रिसेप्शन पर मौजूद कॉमरेड ने हमें यह बताया था कि कैफ़ी साहब बाहर नहीं गए हैं तो कमरे में ही होंगे, यानी न कोई कैफ़ी साहब से बात कर सकता था, न वे किसी से संपर्क कर सकते थे। हम गए तो कम ही देर के लिए थे मगर उनका अकेलापन देखकर कुछ ज़्यादा देर बैठ गए। चलते-चलते मैंने कैफ़ी साहब से कहा, 'कैफ़ी साहब, हमारा घर इस क़ाबिल तो नहीं, पर वहाँ फ़ोन है और आपका ख़याल रखने के लिए हम होंगे। आप हमारे घर चलें तो हमें बेहद ख़ुशी होगी।' डर इस बात का था कि वे फ़ौरन मना कर देंगे। मैं यह क़िस्सा सुन चुका था कि दिल्ली की बहुत-सी बड़ी-बड़ी हस्तियाँ उन्हें अपने घर ले जाने की कोशिश कर चुकी हैं, मगर वे जब दिल्ली आते हैं तो सिर्फ़ अजय भवन में ही रुकते हैं।

मैंने तो सिर्फ़ बात को इस तरह रखा था कि वे चाहें तो मना कर दें, शबनम ने ज़ोर देकर कहा, 'कैफ़ी साहब, कल हम आपको लेने आ रहे हैं। बहुत-से लोग हैं, जो आपसे मिलना चाहते हैं, बात करना चाहते हैं, हमारे पास टेलीफ़ोन आते हैं और हमें भी आपका प्रोग्राम पता नहीं होता। आप जब तक हैं, हमारे घर रहें। आपको कहीं जाना होगा तो हमारी

एक टूटी-फूटी मारुति कार है, उसमें गौहर आपको ले जाएँगे।' ताज्जुब इस बात पर था कि वे तैयार हो गए।

सी.एस.आई.आर. का दिया हुआ सातवीं मंज़िल पर तीन कमरों वाला हमारा फ़्लैट बिलकुल आरामदेह नहीं था। फिर भी कुछ शबनम की कोशिशें और कुछ टेलीफ़ोन पर लोगों से राब्ते हो जाने की वजह से घर पर महफ़िलें जमने लगीं। उसके बाद जब भी कैफ़ी साहब दिल्ली आए, हमारे घर ही ठहरे। तब तक जब तक शबाना, उनकी बेटी, मेंबर ऑफ़ पार्लियामेंट नहीं हो गईं और उन्हें अशोक रोड पर कोठी नहीं मिल गई। शबाना आज़मी को घर तो अलॉट हो चुका था मगर शायद उसमें काम चल रहा था, हैंडओवर नहीं हुआ था। फ़ोन आया, 'मैं कल सुबह आ रहा हूँ, दो घंटे तुम्हारे घर रुकूँगा, फिर आगरा जाऊँगा। मुशायरा है, तीन मुशायरे हैं।' मैंने आधे दिन की छुट्टी ले ली, कैफ़ी साहब सुबह चार बजे घर से चले होंगे, घर पर कुछ आराम कर लेंगे। उन्होंने बाथरूम इस्तेमाल किया, नाश्ता किया, चाय ली, इसमें कुल मिलाकर कोई दो घंटे लगे होंगे। गोपाल से कहा, 'चलो।' मैंने कहा, 'कैफ़ी साहब, आगरा कोई दूर नहीं, आप आराम से पहुँच जाएँगे। कुछ आराम कर लें, चार बजे भी निकलेंगे तो आठ बजे पहुँच जाएँगे, और मुशायरा कौन-सा वक़्त से शुरू होता है।' बोले, 'गोपाल, इनकी न सुनो, इन्हें दफ़्तर जाना है। चलो।' मैं कहता रह गया, 'दफ़्तर कौन-सा मेरे भरोसे चल रहा है,' और वे अपनी व्हील चेयर पर यह कहकर चल दिये कि 'कल सुबह लौटूँगा, पता नहीं कब।' मैंने सोचा था कि तीन मुशायरे आगरा में ही कहीं आसपास होंगे, मगर यह मेरी भूल थी।

अगले दिन सुबह आठ बजे के क़रीब, कैफ़ी साहब फिर दिल्ली पहुँच गए। बोले, 'मुशायरा देर से ख़त्म हुआ, उसके बाद मुझे वहाँ रुककर क्या करना था, और फिर अभी मुझे अमृतसर भी तो जाना है।' सुबह फिर वही कल वाला चक्र चला और कैफ़ी साहब दो घंटे में हशाश-बशाश अमृतसर जाने को तैयार। तीसरा मुशायरा कहीं पंजाब या हरियाणा में था और चौथी नशिस्त दिल्ली में तय हुई थी। वैसे तो उस दौर के सब कम्युनिस्ट किसी और ही धातु के बने थे, मगर कैफ़ी साहब की हिम्मत की तो कोई सीमा ही नहीं। आधा जिस्म फ़ालिजज़दा, दस-दस घंटे टैक्सी में सफ़र, सुबह चार-पाँच बजे तक मुशायरे में स्टेज पर बैठे रहना, मुशायरा ख़त्म होने से पहले कुछ न खाना न पीना, इन सब आदतों का मैं गवाह हूँ, गवाह हूँ कि वे अपनी शायरी और मुशायरों को प्रगतिशील विचार फैलाने का ज़रिया समझते थे।

आँधी की तरह के इस सफ़र के आख़िरी दिन शाम को उनसे बात करने का कुछ वक़्त मिल गया। मैंने इमोशनल अंदाज़ में कहा, 'अब तो शबाना को दिल्ली में घर मिल गया है, आप हमारे घर नहीं ठहरेंगे।' कैफ़ी साहब के चेहरे पर एक रंग आकर गुज़र गया। मुझे लगा, यह बात नहीं कहनी चाहिए थी। बोले 'तुम मुझे ऐसा समझते हो? तुम जब बुलाओगे, मैं तुम्हारे घर आऊँगा। जब भी दिल्ली आऊँगा, तुम्हें ज़रूर टेली़फोन करूँगा।' फिर काफ़ी देर के लिए ख़ामोशी छा गई। मैं या शबनम ने फिर कभी कैफ़ी को घर नहीं बुलाया, डर यह था कि वे सारी मुसीबतें उठाकर भी आ जाएँगे। शबाना की कोठी में उनके कमरे से कार तक जाना बेहद आसान था। मगर जब भी वे दिल्ली आए, उन्होंने टेलीफ़ोन करके मुझे ज़रूर बुलवाया।

पहली बार कैफ़ी साहब को मैंने बचपन में अलीगढ़ मुस्लिम यूनिवर्सिटी के मुशायरे में दूर से देखा और सुना था। उस मुशायरे में हिंदुस्तान के सारे बड़े शायर स्टेज पर मौजूद

थे। जो कुछ मुझे याद है, उसके हिसाब से फ़िराक़ गोरखपुरी ने अपने कुछ दोहे और रुबाइयाँ सुनाई थीं, अली सरदार जाफ़री ने शायद अपनी नज़्म 'दुश्मन कौन' सुनाई थी। साहिर लुधियानवी ने 'ताजमहल' और 'परछाइयाँ' सुनाई और कैफ़ी आज़मी ने पहले 'मुद्दतों मैं एक अंधे कुएँ में असीर' और फिर 'औरत' सुनाई। साहिर की लंबी नज़्म 'परछाइयाँ' और कैफ़ी आज़मी की 'मुद्दतों मैं एक अंधे कुएँ में असीर' मुझे वहीं याद हो गईं और कमोबेश आज भी याद हैं। यही प्रोग्रेसिव शायर तो थे जो मुशायरे लूटा करते थे। उस मुशायरे के बाद कैफ़ी साहब को देखने और सुनने का मौक़ा एक लंबे अरसे तक नहीं मिला।

'सहमत' के शुरुआती दौर में कई प्रोग्राम और मुशायरे ऐसे हुए जिनमें कैफ़ी साहब से मुलाक़ात हुई, मगर रस्मी गुफ़्तगू, ठहरने का इंतज़ाम, प्रोग्राम में स्टेज तक लेने ले जाने से ज़्यादा आगे बात कभी बढ़ी नहीं। उनसे मेरी पहली लंबी मुलाक़ात अजय भवन में ही हुई थी जिसका ज़िक्र ज़रूरी था, क्योंकि यहीं से मैंने उन्हें एक कॉमरेड और वह भी ज़बर्दस्त हिम्मत रखनेवाले इनसानदोस्त कॉमरेड की तरह क़रीब से जाना। एक ऐसा इनसान जिसे बिस्तर पर करवट बदलना भी मुश्किल हो, जिसे अपना एक हाथ हिलाने के लिए दूसरे हाथ का इस्तेमाल करना पड़े, जिसे छड़ी और व्हील चेयर का सहारा चाहिए हो, वह किसी से एक रत्ती एहसान न लेना चाहता और वह हिंदुस्तान के हर कोने में जाने के लिए हमेशा तैयार भी रहे, यह उस शख़्स की अथाह हिम्मत का तो सुबूत था। मगर इस हिम्मत की वजह क्या थी? लोग तो ज़रा-ज़रा सी तकलीफ़ों में टूट जाते हैं। फिर यह शख़्स क्यों लगातार संघर्ष में लगा हुआ था? क्या यह सिर्फ़ ज़िंदा रहने की ख़्वाहिश थी? नहीं, क्योंकि वे अपने जुहू (बॉम्बे) के आलीशान घर में रहकर भी आराम की ज़िंदगी गुज़ार सकते थे। सबसे अपनी ख़िदमत करवा सकते थे। उनकी अथाह हिम्मत के पीछे था एक सोशलिस्ट समाज का ख़्वाब। बराबरी की क़द्रों में अटूट विश्वास। यह कि अगर ज़िंदगी है तो फिर एक सोशलिस्ट समाज बनाने के लिए ही वक़्फ़ होनी चाहिए। यह यक़ीन कैफ़ी साहेब जैसे कितने ही कलाकारों को अपनी निजी परेशानियाँ झेलने और भूलने की हिम्मत देता रहा।

कैफ़ी साहब की बेगम शौकत कैफ़ी ने अपनी किताब *याद की रहगुज़र* में एक मज़ेदार क़िस्सा लिखा है :

> एक बार का वाक़या है कि मेरी नई-नई शादी हुई थी। कैफ़ी साहब एक मुशायरे में शायद मुझे मर्ग़ूब करने के लिए ऑडिएंस पर छा जानेवाले अंदाज़ और बेहद अच्छे मूड में नज़्म 'हक़ीक़तें' सुना रहे थे। जब वे इस बंद पर पहुँचे, 'वो रफ़ीक़ा (साथी, बीवी), वो मेरी मूनिस-इ-इख़लास पनाह (ग़रीबी के घर की साथी) / जिस की मद्क़ूक़ (टी.बी. ज़दा) जवानी है मसायब (मुसीबतें) की गवाह...' फिर तो लोग मुड़-मुड़कर मेरी तरफ़ देखने लगे। शायद सोचते होंगे, यह तो अच्छी-भली ख़ूबसूरत कपड़े पहने बैठी है तो फिर कैफ़ी की वह मद्क़ूक़ जवानी और मसायब की गवाह बेगम कहाँ हैं! मुझे बड़ी शर्म आ रही थी। बन्ने भाई (सज्जाद ज़हीर) ने दूसरे दिन मुझसे कहा कि 'भाई मोती (शौकत आपा को पार्टी कम्यून में रहनेवाले प्यार से मोती कहते थे), तुम्हारे शौहर ने तो कल मुशायरा लूट लिया।' आहिस्ता-आहिस्ता मुझे एहसास होने लगा कि यह हैदराबाद (शादी से पहले वे हैदराबाद में रहती थीं) की दुनिया से बिलकुल मुख़्तलिफ़ हैं। इन लोगों का रिश्ता चंद इनसानों से ही नहीं बल्कि सारी इनसानियत से बँधा हुआ है। वे अपने

घर, अपनी बीवी-बच्चों के बारे में इतना नहीं सोचते जितना मज़दूर, किसान और मेहनतकश इनसानों के बारे में सोचते हैं' (शौकत कैफ़ी, *याद की रहगुज़र*, स्टार पब्लिशर्स, 2006, पृ. 74-75)।

कैफ़ी साहब की ज़िंदगी की हालत जो मुझे मालूम है, वह कुछ इस तरह है कि वे आज़मगढ़ के मिजवाँ गाँव में एक बेहद मज़हबी शिया मुसलमान ज़मींदार घराने में 19 जनवरी, 1919 के दिन पैदा हुए। कैफ़ी साहब का नाम अतहर हुसैन रिज़वी था। उनके अब्बा शायर थे, बड़े भाई भी शायरी करते थे। घर में हर दिन मुशायरे होते थे। उर्दू अदब घुट्टी में मिल रहा था। एक बार घर पर शाम की महफ़िल सजने वाली थी; उनके बड़े भाई कॉपी-क़लम लिये परेशां बैठे थे। 11 साल के अतहर पान की थाली लिये बड़े भाई के बराबर से गुज़रे तो पूछा, 'क्यों परेशां बैठे हैं?' जवाब मिला, 'मुशायरे का वक़्त हो गया है और ग़ज़ल पूरी नहीं हुई।' अतहर ने कहा, 'मैं कुछ मदद करूँ?' बड़े भाई हँस पड़े, मगर क़लम-काग़ज़ दे दिया, अतहर कुछ ही देर में तरहिया मिसरे, 'इतना हँसो के आँख से आँसू निकल पड़े', पर चंद शेर लिख लाए। पहला शेर था :

इतना तो ज़िंदगी में किसी की ख़लल पड़े
हँसने से हो सुकून न रोने से कल पड़े

रिवायती शायरी में डूबी ज़बान, वज़न और बहर के हिसाब से ग़ज़ल का हर मिसरा दुरुस्त था, शब्बीर भैया ने ताज्जुब से कहा, 'यह ग़ज़ल तुमने लिखी है?' यह तय हुआ कि शब्बीर भैया अब्बा से सिफ़ारिश करेंगे कि अतहर को ग़ज़ल पढ़ने की इजाज़त दी जाए। अतहर ने ग़ज़ल पढ़ी और वाहवाही भी हुई, मगर इस तरह कि जैसे उन्होंने किसी और की लिखी ग़ज़ल पढ़ी हो! अतहर को यह एहसास हो गया कि लोग इस बात को, कि ग़ज़ल उन्हीं ने लिखी है, झूठ समझ रहे हैं। आँगन में जहाँ मुशायरा हो रहा था वहाँ से घर के अंदर आए और बिलख-बिलखकर रोना शुरू कर दिया। दिल में यह फ़ैसला कर लिया कि इन लोगों को एक दिन बड़ा शायर होकर दिखाऊँगा। यह क़िस्सा एक शाम, देर से, बैठने के दौरान कैफ़ी साहब ने मुझे सुनाया। उन्होंने यह भी कहा कि इस ग़ज़ल को बेगम अख़्तर ने गाया है, बेहद मशहूर हुई और उन्हें बहुत पसंद भी है। कैफ़ी साहब की ज़िंदगी पर इस वाक़ए ने गहरा असर डाला था, शायद इसीलिए उन्होंने मुझे सुनाया, शौकत कैफ़ी की किताब में भी इस क़िस्से की तफ़सील मौजूद है और इंटरनेट पर भी यह जगह-जगह मिल जाता है।

बहरहाल, कैफ़ी साहब ने उर्दू और फ़ारसी की तालीम लखनऊ जाकर हासिल करना शुरू की, मगर उनके साथ भी वही हुआ जो उस वक़्त ज़्यादातर हस्सास नौजवानों के साथ हो रहा था। कैफ़ी साहब भी आज़ादी की जंग की लपेट में आने लगे, पहले कांग्रेस के जलसों में दूर से शामिल हुए फिर क़रीब से, इसी बीच उनकी मुलाक़ात अली सरदार जाफ़री से हुई जो उनसे 6 साल बड़े थे। दूसरे प्रगतिशील लेखकों और शायरों के दायरे में आने के साथ उन्होंने मार्क्सिज़्म के पहले सबक़ भी यहीं पढ़े। उस ज़माने के मज़दूर आंदोलनों और कम्युनिस्ट पार्टी में इतनी ज़्यादा कशिश थी कि कोई फ़नकार, कोई क्रिएटिव दिमाग़ इस आंदोलन के असर से बचा नहीं रह पाया। दुनिया को बदलने का, इनसान पर इनसान के दमन को ख़त्म करने का, एक ऐसा समाज बनाने का जिसमें सब बराबर हों, जहाँ सब हाथों को काम मिले, जहाँ हर सर पर छत हो और हर पेट में रोटी हो, ऐसे समाज का तसव्वुर

और उसे बनाने का पूरा नक़्शा सिर्फ़ और सिर्फ़ कम्युनिस्ट ही पेश कर रहे थे। बाक़ी सारे फ़लसफ़ों में झोल था। आज भी है, किसी में कम, किसी में ज़्यादा। कहीं आर्थिक ऊँच-नीच का फ़लसफ़ा हाथ मिला रहा था तो कहीं जातीय बँटवारा उसका आधार था तो कहीं मर्द औरत को बराबरी देने को तैयार नहीं था। कोई जंगों को सही ठहरा रहा था तो कोई इनसानियत को बाँट रहा था। 'दुनिया के मज़दूरो, एक हो' जैसा नारा किसी और फ़लसफ़े के पास नहीं था। इस नारे की गूँज पार्टी वर्कर्स उभरते हुए मज़दूर वर्ग तक ले जा रहे थे। यह नारा एक सलीब था जिसे हज़ारों नौजवान उठाए फिरते थे। इन्हें सूली पर चढ़ जाने का कोई डर नहीं था।

कैफ़ी साहब भी अपने हिस्से की सलीब उठाए पार्टी में शामिल होने के बाद पढ़ाई छोड़-छाड़कर कानपुर चल दिये मज़दूरों के बीच काम करने। यहाँ से फ़ैसला हुआ कि बंबई जाओ और कम्यून में रहो तो बंबई पहुँच गए। वहीं उन्होंने शौकत आज़मी से शादी की, कहना तो यों चाहिए कि शौकत आपा ने उनसे शादी की। उनके इश्क़ और शादी का दिलचस्प क़िस्सा शौकत आपा ने अपनी किताब में बड़ी ख़ूबसूरती से लिखा है। पी.डब्ल्यू.ए. और इप्टा की बुनियाद पड़ चुकी थी। कम्यून और उसमें रहनेवालों की ज़िंदगी, इप्टा, पी.डब्ल्यू.ए. में काम करने वालों की कुर्बानियों पर यों तो बहुत दास्तानें लिखी गई हैं, लेकिन अगर फ़ैज़ की इस लाइन को समझना है कि 'तुझको मालूम है क्यों उम्र गँवा दी हमने', तो शौकत आपा की किताब और हाल ही में प्रकाशित कल्पना साहनी की किताब जिसमें पी.सी. जोशी का एक लेख है, पढ़ना ज़रूरी है।

हालात बदले तो वे कलाकार, जिनको इप्टा या पी.डब्ल्यू.ए. से दूर होना पड़ा, कभी उस ख़्वाब से दूर नहीं हुए जिसे हम मार्क्सवादी सोच कहते हैं। यह भी सही है कि मूवमेंट ने इन्हें बड़ा और मक़बूल कलाकार बनने की सलाहियत दी और यह भी सही है कि मूवमेंट कमज़ोर पड़ा तो भी ये लोग अवाम में मक़बूल रहे। अपने-अपने फ़न की ऊँचाई छूकर नाम पैदा करते रहे; फ़िल्म इंडस्ट्री को, ऑल इंडिया रेडियो को, शायरी को, अदब को ज़िंदगी देते रहे। जब इंक़लाब क़रीब था तो इन लोगों ने अपना सब कुछ दाँव पर लगा दिया और जब उम्मीद की लौ मद्धिम हुई तो अपनी शायरी, अपनी अदाकारी और लेखन से मार्क्सिस्ट सोच को नई नस्ल तक पहुँचाने में जुट गए। हमारी नस्ल जो आज़ादी के बाद पैदा हुई, उस पर कैफ़ी साहब, इप्टा और पी.डब्ल्यू.ए. के बड़े एहसान हैं, जो कोशिश के बावजूद चुकाए नहीं जा सकते।

कैफ़ी साहब को अपने गाँव से बेहद मुहब्बत थी और वे अपनी मार्क्सवादी समझ से इस नतीजे पर पहुँचे थे कि जब तक औरतों को न पढ़ाया जाएगा तब तक गाँव की तरक़्क़ी नहीं हो सकती। मिजवाँ में लड़कियों के सरकारी स्कूल को, जो कैफ़ी साहब की कोशिशें से ही खुला था, अलग से ग्रांट दिलवाना आसान नहीं था। उस वक़्त का सियासी माहौल ही इस तरह का था, भाजपा की रहनुमाई में एन.डी.ए. सरकार केंद्र में थी जिसका मुसलमानों की तरफ़ रवैया बहुत अच्छा नहीं था। मगर कैफ़ी साहब हार माननेवाले नहीं थे। जब मौलाना आज़ाद फ़ाउंडेशन ने आनाकानी की तो उन्होंने अटल बिहारी, यानी प्रधानमंत्री को फ़ोन घुमा दिया। अटल बिहारी ने कहा, 'कैफ़ी साहब, आपसे मिलने आ रहा हूँ, आप पता बताएँ।' कैफ़ी साहब ने फ़ोन मुझे देते हुए कहा, 'अपने घर का पता बता दो,' फ़ोन पर अटल बिहारी

ख़ुद थे, मैंने पता तो बता दिया, मगर फ़ोन रखते ही कहा, 'कैफ़ी साब, अटल बिहारी मेरे घर नहीं आ सकते, आप अगर उनसे मिलना चाहते हैं तो गाड़ी का इंतज़ाम कर दूँगा।' (यानी मैं अपनी गाड़ी में भी आपको नहीं ले जाऊँगा) कैफ़ी साहब ने फिर टेलीफ़ोन किया और कहा, 'मैं आ जाऊँगा।' अटल बिहारी उनसे मिलने का मौक़ा नहीं छोड़ना चाहते थे। उन्होंने कहा, 'मैं कार भेज रहा हूँ।' कार आई और कैफ़ी साहब को जाना ही पड़ा। वे मिजवाँ के स्कूल के लिए अटल बिहारी से भी मिलने को तैयार थे। कोई और होता तो मेरे इस तरह दो-टूक बात करने पर बेहद ख़फ़ा होता और सारे ताल्लुक़ात ख़त्म कर देता, शायद कोई और होता तो यह एहसान भी धरता कि मेरी वजह से देश का प्रधानमंत्री तुम्हारे घर आ रहा है। पर कैफ़ी साहब के माथे पर शिकन तक नहीं आई। वे उसी तरह मुझे 'मेरा गौहर' कहते रहे, जैसे पहले कहते थे।

इस वाक़या को तीन साल गुज़र चुके थे, शबाना आज़मी को कोठी मिल चुकी थी, कैफ़ी साहब दिल्ली में होते तो 'सहमत' टेलीफ़ोन करके मुझे ज़रूर ख़बर करवाते और मैं उनसे मिलने जाता। गुजरात का नरसंहार हो चुका था। एक दिन शबनम का टेलीफ़ोन आया, 'कैफ़ी साहब देहली में हैं, उनका टेलीफ़ोन आया था, मगर यह भी पता चला है कि वे आज शाम अटल बिहारी वाजपेयी की इफ़्तार पार्टी में जा रहे हैं। तुम और सुहेल जाओ, उन्हें रोको, उन पर बहुत दबाव है, उन्हें नहीं मालूम कि जामिया और जे.एन.यू. के सारे प्रोफ़ेसर इसका बहिष्कार कर रहे हैं, सिर्फ़ तुम ही उन्हें रोक सकते हो, वे तुम्हारी सुन लेंगे।'

मैं अपने ऑफ़िस में था, जल्दी-जल्दी 'सहमत' के दफ़्तर पहुँचा, सुहेल वहीं आ गए थे और हम भागमभाग अशोक रोड वाले एम.पी. बँगले में दाख़िल हुए। कैफ़ी साहब अपने बड़े-से कमरे में बिस्तर पर बैठे हुए थे। घर के माहौल से पता चल रहा था, शाम की पार्टी में जाने की तैयारी पूरी हो गई है। कुछ और लोग भी कमरे में मौजूद थे। वक़्त इतना कम था कि सबके सामने ही बात करनी थी, बिना किसी तम्हीद के मैंने बैठते ही कहा, 'कैफ़ी साहेब, एक काम से आया हूँ। मैंने सुना है, आप आज शाम को अटल बिहारी की इफ़्तार पार्टी में जा रहे हैं?' कैफ़ी साहब ने कोई जवाब नहीं दिया, जवाब किसी और ने दिया, 'जी हाँ।' मैंने कैफ़ी साहब से कहा, 'कैफ़ी साहब, गुजरात के क़त्लेआम की वजह से जामिया और जे.एन.यू. के सब प्रोफ़ेसरों ने फ़ैसला किया है कि वे इस इफ़्तारी पार्टी में नहीं जाएँगे। यह पार्टी हमेशा से सियासी हैसियत ही रखती है मगर इस साल पार्टी की अलग ही नौय्यत है। आप जाएँगे तो आपकी फ़ोटो कल अख़बारों में होगी—एक शायर या कम्युनिस्ट की हैसियत से नहीं, बल्कि एक मुसलमान की हैसियत से, यह साबित करने के लिए कि मुसलमानों ने प्रधानमंत्री की इफ़्तार पार्टी का बहिष्कार नहीं किया है। सी.पी.एम. और सी.पी.आई. ने फ़ैसला लिया है कि सबसे निवेदन करें कि वे इफ़्तार में न जाएँ।'

जो लोग उन्हें इफ़्तार पार्टी में ले जाने के लिए कमरे में मौजूद थे, उनके चेहरे पर ग़ुस्सा साफ़ देखा जा सकता था। कई तरह की बातें की गईं, 'यानी अटल बिहारी का गुजरात के नरसंहार से क्या लेना-देना, उन्होंने तो मोदी की मज़म्मत की है, वे तो बहुत अच्छे आदमी हैं, कैफ़ी साहब की बड़ी इज़्ज़त करते हैं, कैफ़ी साहब को ख़ास दरवाज़े से पी.एम. हाउस में ले जाया जाता है, उनका सिक्यूरिटी चेक भी नहीं होता, वग़ैरह वग़ैरह...।' जब बाक़ी सब कुछ कह चुके तो सुहेल ने कहा, 'जब कोई पी.एम. हो जाता है तो अच्छा आदमी

अपने-आप हो जाता है, चाहे उसे सालोंसाल आर.एस.एस. में नफ़रत की ट्रेनिंग ही क्यों न दी गई हो।' मैंने कहा, 'कैफ़ी साहब, हम चाहते हैं कि आप वहाँ न जाएँ, फ़ैसला आपके हाथ है, कल हम मंडी हाउस पर एक मुज़ाहिरा कर रहे हैं, आप वहाँ ज़रूर आएँ।' और हम लोग जाने के लिए खड़े हो गए। कैफ़ी साहब बिलकुल ख़ामोश रहे। हम दोनों ने आदाब किया और बाहर निकल आए। कैफ़ी साहब ने यह भी नहीं कहा, बैठो, चाय पीकर जाना।

बाहर निकलकर सुहेल ने कहा, 'कितना मुश्किल काम था, जाएँगे या नहीं?' मैंने कहा, 'नहीं जाएँगे, जाते तो ख़ामोश न रहते।' मगर दिल में डर तो था। वे नहाकर, कपड़े बदलकर (जो उनके लिए बहुत मुश्किल काम होता था) तैयार बैठे थे, आख़िरी वक़्त में फ़ैसला बदलना मुश्किल होता है। फिर मैंने कहा, 'हमने अपना काम कर दिया, अब सिर्फ़ सिक्का उछाल सकते हैं, हेड या टेल?' फिर हम उन लोगों के बारे में बात करते रहे जो बीच में बोल रहे थे। कैफ़ी साहब इफ़्तार पार्टी में नहीं गए और अगले दिन सारी मुसीबतें झेलकर, अपनी व्हील चेयर पर सफ़दर हाशमी मार्ग पर प्रदर्शन में आए, अपनी गूँजती आवाज़ में बोले भी और अपनी नज़्म 'बनबास' भी सुनाई।

जिस दौर में कैफ़ी साहब ने हमारे घर ठहरना शुरू किया, वह ज़माना था अजीब राजनीतिक उथल-पुथल का, और मैं ऑफ़िस से छुट्टी लेकर *कसौटी* सीरियल बना रहा था। वक़्त कम ही मिलता। कैफ़ी साहब जब भी घर में होते, आनेवालों का सिलसिला रहता, मगर शाम होते ही वे टेलीफ़ोन करवाते, 'गौहर से कहो, सूरज डूब गया है, लौट आएँ।' बेहद कम बोलते थे इसलिए मुझे या शबनम को ही बोलना पड़ता था। रात देर से सोने की आदत, कभी-कभार एक-आध जुमला कहना, जब तक सवाल न पूछा जाए बात को बीच में न रोकना, इस तरह शाम शुरू होती थी। मुझे जल्द ही पता चल गया कि कैफ़ी साहब की राय जाननी है, तो सीधा सवाल पूछना होगा। रात ज्यों-ज्यों जवान होती जाती, वैसे-वैसे कैफ़ी साहब के जवाब लंबे होते जाते।

जब भी वे अली सरदार जाफ़री या फ़ैज़ अहमद फ़ैज़ के बारे में बात करते तो उनकी आँखों में अजीब-सी चमक होती। जाफ़री साहब से उन्हें मुहब्बत थी अक़ीदत की हद तक और फ़ैज़ की भी बेहद इज़्ज़त करते थे। एक दिन मैं जोश मलीहाबादी के बारे में पूछ बैठा, वे क्यों चले गए पाकिस्तान, तो बोले, 'भाई, उनकी बात न करो, वे अपनी महबूबा के लिए वतन छोड़कर चले गए और वहाँ ज़िंदगी-भर परेशां रहे।' हमारी यह बात शुरू ही हुई थी कि शबनम आ गईं और बोलीं, 'कैफ़ी साहब, गौहर भी लिखते हैं, पर छपवाने को तैयार नहीं।' कैफ़ी साहब ने अपने नपे-तुले अंदाज़ में कहा, 'नज़्म सुनाओ।' मैंने डरते-डरते 'नया लिबास' सुनाई, देर तक चुप रहे, फिर बोले, 'तुम्हारी शायरी क्या कालाधन है जो छुपाकर रखी है? किताब छपवाओ।' मैंने कहा, 'कैफ़ी साहब, उर्दू शायरी में उस्ताद सब कुछ कह चुके, और इतनी ख़ूबसूरती से कह चुके कि मुझे अपना कहा टाट का पैबंद लगता है।' कुछ देर फिर ख़ामोश रहे और बोले, 'आपकी शायरी किसी काम की है या नहीं, वह अच्छी या बुरी, इसका फ़ैसला पढ़नेवालों पर छोड़ दें। शबनम, तुम छपवाओ।'

शबनम को शह मिल गई। वे मेरी नज़्में इकट्ठा करने में लग गईं। राजकमल ने देवनागरी में छापने का फ़ैसला कर लिया, उर्दू के पब्लिशरों ने किताब छापने के पैसे माँगे। मेरा फ़ैसला था कि मैं पैसे देकर अपनी किताब नहीं छपावाऊँगा। किताब देवनागरी में छपी, उर्दू

रस्म-उल-ख़त में आज तक नहीं छपी। किताब के इजरा (विमोचन) का सवाल हुआ तो मैंने कैफ़ी साहब को मुंबई टेलीफ़ोन किया, कैफ़ी साहब फ़ौरन तैयार हो गए। तारीख़ तय हुई, हॉल बुक हो गया और ख़बर यह आई कि कैफ़ी साहब की तबीयत ख़राब है। जितनी बार मुंबई फ़ोन किया, घर से कोई उम्मीदअफ़ज़ा जवाब नहीं मिला।

नामवर सिंह जी और दूसरे दोस्तों से बात हो चुकी थी, इंतज़ाम पूरे हो चुके, इजरा की तारीख़ क़रीब आ रही थी और शबनम की घबराहट बढ़ती जा रही थी। मुंबई से कोई जवाब नहीं, न जाने कैफ़ी कैसे हैं! उन पर ज़ोर डालना अच्छा नहीं। आख़िरकार क़िस्मत अच्छी थी कि अली सरदार जाफ़री साहब देहली आ गए और इंडिया इंटरनेशनल सेंटर में ठहरे थे। शबनम ने उनको टेलीफ़ोन किया। वे विमोचन करने के लिए तैयार हो गए, तो कुछ जान में जान आई। परेशानी यह थी कि उर्दू में हाथ से लिखा किताब का नुस्ख़ा तो कैफ़ी साहब को भेज दिया था, उसकी एक बेहद ख़राब फ़ोटोकॉपी मेरे पास थी और जाफ़री साहब के लिए दो दिन में फिर से साफ़-साफ़ लिखना मुश्किल था और जाफ़री साहब देवनागरी पढ़ नहीं सकते थे। जाफ़री साहब को वही बुरी-सी कॉपी भेज दी। बेचारे से कुछ पढ़ा गया, कुछ नहीं, उन्होंने विमोचन करते हुए शिकायत भी की और शायद जो कविता उनसे पढ़ी गई थी, 'जब धूप का सोना पिघल चुके' सुनाने का हुक्म भी दिया।

बहरहाल, इजरा का प्रोग्राम चल रहा था, मैं रीडिंग कर चुका था, नामवर सिंह जी बोल चुके थे, अचानक क्या देखता हूँ, कैफ़ी साहब अपनी व्हील चेयर पर बैठे गोपाल और दूसरे लोग उनकी चेयर को चलाते हुए हॉल में दाख़िल हो रहे हैं। मैं स्टेज से अपनी कुर्सी छोड़कर उनकी तरफ़ बढ़ा, बिलकुल हिंदी फ़िल्म के आख़िरी सीन की तरह था। और मैं कार्रवाई को फ़िल्म की तरह ही देख रहा था। कैफ़ी साहब अपनी गूँजती आवाज़ में कह रहे थे, 'एक दिन शाम को शबनम ने बताया, गौहर भी लिखते हैं, मगर छपवाने को राज़ी नहीं होते, मैंने कहा, भाई, तुम्हारी शायरी क्या कालाधन है जो लोगों से छुपाकर रखा है, क्या इसे ग़ैरक़ानूनी तरीक़े से हासिल किया है...'

कैफ़ी साहब दो लोगों का हवाई जहाज़ का टिकट लेकर सिर्फ़ मेरे लिए आए। अपना भी और गोपाल का भी। टिकट के पैसे लेने से इनकार कर दिया। मुझसे कहा, 'मेरे गौहर (अक्सर वे नाम के आगे 'मेरा' लगा दिया करते थे) की किताब का इजरा था, बिस्तरे-मर्ग पर भी होता तो आता। उर्दू में तरक़्क़ीपसंद शायरी करने वाले बचे ही कितने हैं...!'

मेरी या शबनम की उनसे कोई रिश्तेदारी नहीं थी, कोई ख़ानदानी दोस्ती भी नहीं। वे उम्र में भी हमसे बहुत बड़े थे। वे हमें 1990 से पहले जानते तक नहीं थे, न मैंने उनका कोई ज़ाती काम किया, न उन्हें मुझसे कोई ऐसी उम्मीद थी। एक साहिबा हैं, देहली में बड़ी होटल की मालिक, कैफ़ी साहब की अक़ीदत और मुहब्बत में दीवानी, जब उन्हें पता चलता कि कैफ़ी साहब देहली में हैं तो बहुत सारा, बेहद लज़ीज़ खाना लेकर पहुँच जातीं और आकर उनके सर की मालिश करने का भी इसरार करतीं, हर बार इसरार करतीं कि वे उनके घर चलकर रहें। कैफ़ी साहब उनके आने की ख़बर सुनकर हमेशा यह कहते, 'भाई शबनम, मुझे इनसे बचा लो।' कौन-सा रिश्ता था जिसकी वजह से कैफ़ी साहब हमारे घर का मामूली खाना मज़े ले-लेकर खाते थे? (शौकत आपा इतना लज़ीज़ खाना पकाती हैं कि आदमी उँगलियाँ चाटता रह जाए।) कौन-सा रिश्ता था जो इतना बड़ा शायर मेरी

मामूली शायरी की किताब की तकरीब में इतनी परेशानी उठाकर अपने हज़ारों रुपये ख़र्च करके देहली तक चला आया?

अगर कोई रिश्ता था तो 1984 में सिखों के क़त्लेआम, 1992 में बाबरी मस्जिद गिराए जाने और 2002 के गुजरात नरसंहार के ख़िलाफ़ आवाज़ उठाने का रिश्ता, कोई रिश्ता था तो तरक़्क़ीपसंदी का था, कोई रिश्ता था तो मार्क्सिज़्म में यक़ीन का था, कोई रिश्ता था तो अवाम और मज़दूरों के दर्द का रिश्ता था और अगर कोई रिश्ता था तो एक बेहतर समाज के ख़्वाब का रिश्ता था। मार्क्सिज़्म में यक़ीन का रिश्ता अक्सर अटूट ही होता है। उनके कैंसर ने उनको 20 मई, 2002 में दग़ा दी वरना कैफ़ी साहब इस रिश्ते को कभी न तोड़ते।

नानक सिंह

बलवंत कौर

नानक सिंह पंजाबी साहित्य के उन रचनाकारों में से एक हैं जिनके लेखन ने पंजाबी साहित्य, ख़ास कर पंजाबी उपन्यास की रूपरेखा तय करने में बहुत बड़ी भूमिका अदा की है। दरअसल नानक सिंह एक ऐसे युग की पैदाइश थे जहाँ एक तरफ़ धर्मसुधार आंदोलन चल रहे थे, दूसरी तरफ़ स्वाधीनता के लिए संघर्ष अपनी चरम सीमा पर था और तीसरी तरफ़ समाज व साहित्य में आधुनिकता की अनुगूँजें सुनाई दे रही थीं। नानक सिंह अपने जीवन और साहित्य में न सिर्फ़ इन सब आवाज़ों से टकराते हैं बल्कि अपने साहित्य के ज़रिये एक नए समाज के निर्माण में अपना योगदान भी देते हैं।

नानक सिंह की पैदाइश से लगभग 25-30 साल पहले पंजाब में स्वतंत्रता प्राप्ति और सदाचार निर्माण के लिए बाबा राम सिंह की अगुवाई में चली 'कुका' लहर अंग्रेज़ शासन के दमन का शिकार होकर रह गई। बाबा राम सिंह को देश-निकाला देकर रंगून में नज़रबंद कर दिया गया। यह एक ऐसी लहर थी जो धार्मिक उत्थान से जुड़ी होने के बावजूद ब्रिटिश हुकूमत को सीधे चुनौती देनेवाली प्रारंभिक लहरों में से एक थी जिसकी अनुगूँज नानक सिंह की पैदाइश के बाद तक सुनी जा सकती थी। इसके बाद पंजाब के धार्मिक और सामाजिक सुधार आंदोलनों में 'सिंह सभा आंदोलन' आता है। इसका मुख्य लक्ष्य भी पंजाब में ईसाई धर्म के प्रचार व प्रभाव को रोकना और धार्मिक पुनरुत्थान ही था। पर धीरे-धीरे यह आंदोलन सामाजिक सुधार से भी जुड़ गया। छुआछूत, जातिप्रथा का खंडन करते हुए इस आंदोलन ने सामाजिक समता की स्थापना के लिए भी महत्त्वपूर्ण प्रयत्न किए। पंजाबी भाषा और शिक्षा के प्रचार-प्रसार में इस आंदोलन ने अहम भूमिका निभाई। इस आंदोलन की महत्त्वपूर्ण उपलब्धि थी 1892 में अमृतसर में पहले खालसा कॉलेज की स्थापना। शुरुआत में सिंह सभा आंदोलन राजनीतिक धरातल पर ब्रिटिश हुकूमत के ख़िलाफ़ नहीं था, जिसके कारण इसकी आलोचना भी हुई, पर इसने अपने धार्मिक, सामाजिक और शैक्षिक सुधारों द्वारा वह भूमिका बनाई जिसके फलस्वरूप पंजाब में राजनीतिक जनजागृति का विकास हुआ। बाद में अंग्रेज़ी हुकूमत के विरुद्ध उठी 'अकाली लहर' इसी आंदोलन से ही प्रकट हुई। भाई वीर सिंह और नानक सिंह जैसे आधुनिक विचारों वाले लेखक भी अपने-अपने समय में इन आंदोलनों से जुड़े रहे। देखा जाए तो पंजाबी भाषा और साहित्य के आधुनिकीकरण की प्रक्रिया इसी पृष्ठभूमि में शुरू होती है। मध्यकाल के धार्मिक दृष्टिकोण के बरक्स वैज्ञानिक चेतना का विकास इन आंदोलनों की पृष्ठभूमि में हुआ और इसी पृष्ठभूमि में नानक सिंह जैसे रचनाकार व्यक्तित्व का उदय

भी हुआ जिसने आगे चलकर पंजाबी साहित्य को मध्यकालीन बोध और अलौकिक घटनाओं के सम्मोहन से निकालकर उसे प्रगतिशील विचारों का जामा पहनाया।

नानक सिंह का जन्म 4 जुलाई, 1897 को एक मध्यवर्गीय पंजाबी हिंदू परिवार (गाँव चक्क हमीद, ज़िला झेलम, पाकिस्तान) में 'हंसराज' के रूप में हुआ। पिता की मृत्यु, पारिवारिक ज़िम्मेवारियों तथा आर्थिक स्थितियों के कारण हंसराज पाँचवीं जमात तक ही शिक्षा प्राप्त कर सके। पर लेखन की शुरुआत 12 वर्ष की आयु में ही हो गई। संगीत और बैतबाज़ी के शौक़ के चलते 13 साल की उम्र में ही उनका पहला काव्य-संग्रह *सीहरफी हंसराज* छपा। दरअसल यह वह दौर था जब पंजाबी में बैतबाज़ी[1] करने को ही कविता मान लिया जाता था। संगीत और कविता की यही लगन नानक सिंह की पहली प्रेमिका 'सावित्री' की मृत्यु के उपरांत 'हंसराज' के जीने का सहारा भी बनी। सावित्री की मृत्यु के बाद नानक सिंह को ऐसा लगने लगा, जैसे हर रौशन और दिखाई देनेवाली चीज़ को सावित्री की रूह अपने साथ ले गई है। वे लिखते हैं : 'मैं बिलकुल ख़ाली था, चलता-फिरता एक खोल। न मेरे भीतर कोई इच्छा ही शेष थी और न किसी चीज़ में कोई रुचि। और इस पर विडंबना यह थी कि अपने दिल की वेदना मैं किसी से नहीं कह सकता था।...पर एक चीज़ मेरे पास ऐसी थी जिसके सहारे मैं पल-दो पल अपना ग़म ग़लत कर सकता था, और यह चीज़ थी कविता और संगीत की लगन, जो शायद सावित्री ही अपनी यादगार के तौर पर मुझे दे गई थी।' सावित्री की मृत्यु और अपनी वेदना किसी से साझा न कर सकने की स्थिति में हंसराज सिगरेट, शराब और चोरी जैसी बुरी आदतों का भी शिकार हो गया। पर ज्ञानी बाग़ सिंह, जो स्थानीय गुरुद्वारे के ग्रंथी थे, उनकी प्रेरणा और रहनुमाई से 'हंसराज' न सिर्फ़ 'नानक सिंह' बना, बल्कि धार्मिक कट्टरता के उस परिवेश में एक बेहतर इनसान की परिभाषा से भी परिचित हुआ।

अपने ग़मों और अकेलेपन की दुनिया से ज्ञानी बाग़ सिंह की प्रेरणा से बाहर आने और 'शोहरत और प्रसिद्धि' की कामना ने सावित्री की मौत के बाद नानक सिंह को पुनः संगीत और कविता की दुनिया में लौटा दिया। इसी समय धार्मिक गीतों की उनकी एक किताब *सतगुरु महिमा* प्रकाशित हुई। इसके बाद नानक सिंह के *गुरु कीरत, संगीत पुष्प* आदि काव्य संग्रह भी प्रकाशित हुए, पर सर्वाधिक लोकप्रियता *सतगुरु महिमा* को ही मिली।

यह वही समय था जब पंजाब में भगत सिंह के चाचा अजीत सिंह की अगुवाई में विशाल किसान लहर उठ खड़ी हुई और चारों तरफ़ बाँके दयाल की कविता 'पगड़ी सँभाल जट्टा पगड़ी सँभाल वे, पगड़ी सँभाल तेरा लुट गया माल वे' की अनुगूँज सुनाई दे रही थी। सभी लोगों में बेचैनी बढ़ रही थी। लोग रोज़ी-रोटी की तलाश में और आज़ाद फ़िज़ा में साँस लेने के लिए अमरीका और कनाडा की तरफ़ पलायन कर रहे थे जहाँ पहुँचकर उनमें अपनी ग़ुलामी का एहसास और अधिक प्रबल हो उठा। ऐसे ही बहुत-से लोगों ने वतन लौटकर 'ग़दर पार्टी' की नींव रखी। नानक सिंह ने देखा, स्वतंत्रता के लिए संघर्ष कर रहे बहुत-से नवयुवकों को या तो मार दिया गया या फिर 'काला पानी' भेज दिया गया जिसका व्यापक चित्रण नानक सिंह ने अपने उपन्यास *एक म्यान दो तलवारें* (1959) में किया है। इसी बीच 'कामागाता मारू' जहाज़ की घटना तथा 1919 में 'जलियाँवाला बाग़' की घटना के कारण पंजाब में अंग्रेज़ों के विरुद्ध जज़्बे ने अकाली लहर का रूप धारण कर लिया जिससे नानक सिंह भी जुड़े रहे।

जलियाँवाला बाग़ की घटना में नानक सिंह के दोस्तों की शहादत उनकी लंबी कविता 'ख़ूनी बैसाखी' का सबब बन गई। इस कविता के असर के चलते जल्द ही अंग्रेज़ों द्वारा इसे प्रतिबंधित कर दिया गया। बाद में 1922 में 'गुरू के बाग़ मोरचे' में शामिल हो नानक सिंह जेल भी गए। 1923 में उन्होंने 'ज़ख़्मी दिल' कविता की रचना की जिसे दो हफ़्ते के भीतर ही अंग्रेज़ों ने प्रतिबंधित कर दिया।

राष्ट्रीय स्वतंत्रता आंदोलन में अपनी कविताओं द्वारा लगातार योगदान देनेवाले नानक सिंह को अकाली लहर के दौरान गिरफ़्तार करके बोर्स्टल जेल भेज दिया गया जहाँ पहले से ही 1000 अकाली क़ैदी मौजूद थे। इन्हीं दिनों एक कांग्रेसी नेता पं. जगत नाथ भी जेल में ही थे। तपेदिक का रोग होने के कारण उनका जेल में ही इलाज चल रहा था। संपन्न और प्रभावशाली घराने के होने कारण जेल में उन्हें कुछ विशेष सुविधाएँ प्राप्त थीं। राजनीतिक साहित्य तो जेल में मँगवाना संभव नहीं था मगर अन्य सभी प्रकार की पुस्तकें जगत नाथ के लिए उपलब्ध थीं। नानक सिंह का दोस्ताना पं. जगत नाथ से हुआ और पंजाबी के सर्वाधिक प्रसिद्ध उपन्यासकार नानक सिंह की बुनियाद पड़ी। पं. जगत नाथ ने नानक सिंह को मुंशी प्रेमचंद का साहित्य पढ़ने के लिए दिया। नानक सिंह के लिए यह बिलकुल नया अनुभव था जिसने उनके जीवन और साहित्य की दिशा ही बदल दी। वे लिखते हैं : 'प्रेमचंद की रचनाओं को भले ही मैंने स्वाद लेने के लिए पढ़ना आरंभ किया था, पर स्वाद से भी बड़ी चीज़ जो मुझे मिली, वह थी जीवन के एक नए मार्ग, एक नए लक्ष्य की तरफ़ चलने की प्रेरणा। इस प्रेरणा ने मुझे कुछ इस तरह का विश्वास दिलवा दिया कि अब तक मैं जो कुछ कर रहा था, वह अँधेरे में चलने या हवा में लाठी भाँजनेवाली ही क्रिया थी। मेरी आत्म-दर्शी बनने की इच्छा, शोहरत प्राप्त करने की तमन्ना और मेरा एक आदर्श इनसान बनने का सपना, यह सब कुछ व्यर्थ है, जब तक मैं सामाजिक नहीं बन जाता। और सामाजिक बनने के लिए मुझे प्रेमचंद के आदर्शों पर चलना चाहिए।...प्रेमचंद की तरह उपन्यासकार बन के अपने समाज के लिए कुछ करना चाहिए। सच बात तो यह है, मेरा भजन-कीर्तन, मेरी पूजा-अर्चना किसी काम की नहीं अगर मेरे समाज की वही हालत है जो प्रेमचंद ने अपने उपन्यासों में चित्रित की है और जो मैं देखता चला आ रहा हूँ।' इस तरह से नानक सिंह ने प्रेमचंद की रचनात्मकता से वह ऊर्जा प्राप्त की जिसने न केवल नानक सिंह बल्कि पंजाबी साहित्य विशेष रूप से पंजाबी उपन्यास की दिशा और दशा ही बदल दी। और इस तरह एक धार्मिक कवि या गीतकार एक यथार्थवादी उपन्यासकार में बदल गया।

नानक सिंह पंजाबी के संभवतः पहले ऐसे उपन्यासकार थे जिन्होंने अपने उपन्यासों को व्यापक सामाजिक सुधार का माध्यम बनाया। वह पंजाब के शहरी मध्य वर्ग के जीवन, उनकी सामाजिक-आर्थिक समस्याओं को अपने उपन्यासों का हिस्सा बनाते हैं। उपन्यास लेखन के इस पहले दौर में नानक सिंह सांप्रदायिकता, छुआछूत, विधवा विवाह, अशिक्षा जैसी समस्याओं से जूझते नज़र आते हैं। इस समय का उनका महत्त्वपूर्ण उपन्यास *चिट्टा-लहू* (सफ़ेद ख़ून) है। हालाँकि इससे पहले उनके *मतरेई माँ* (सौतेली माँ), *कालचक्कर* (काल-चक्र), *प्रेम-संगीत तथा मिट्ठा मोहरा* (मीठा ज़हर) जैसे चार उपन्यास प्रकाशित हो चुके थे। पर नानक सिंह अपनी रचना-यात्रा की वास्तविक शुरुआत 1929 में लिखे *चिट्टा-लहू* से ही मानते है, और बाक़ी चार उपन्यास तो उनकी अपनी दृष्टि में '*मशक की पट्टी*' हैं। अपने

लेखन के विकासक्रम में नानक सिंह अपनी समकालीन लहरों, जैसे—कांग्रेसी लहर और समाजवादी लहर आदि से भी ऊर्जा ग्रहण करते हैं और उनके प्रभावस्वरूप *प्यार दी दुनिया, ग़रीब दी दुनिया, टूटी वीणा* तथा *अध खिड़िया फूल* (अधखिला फूल) आदि उपन्यासों की रचना भी करते हैं। हालाँकि ये उपन्यास भी नानक सिंह के पूर्ववर्ती उपन्यासों की भाँति सुधारवादी ढाँचे में ही रचे गए हैं, पर सुधारवाद का यह ढाँचा नानक सिंह के अंतिम दौर तक आते-आते टूट जाता है जब वे *गगन दमामा बाजिओ* तथा *नासूर* उपन्यासों में सामाजिक परिवर्तन के लिए क्रांति की वकालत करते हैं। *नासूर* उपन्यास का मास्टर बेली राम कहता है : 'वेश्या बनानेवाली फ़िज़ा को ख़त्म करने के लिए पूँजीपतियों का क़त्लेआम ज़रूरी नहीं, बल्कि इनको पैदा करने वाले वायुमंडल को ही बदल देना चाहिए और इस वायुमंडल को बदलने का तरीक़ा एक ही है कि जहाँ ज़्यादा पानी जमा होकर भड़ास छोड़ रहा हो, वहाँ बाँध को तोड़कर पानी को खुला छोड़ देना चाहिए ताकि उस पानी की मदद से ज़मीन का वह सूखा झुलसा हुआ हिस्सा हरा हो सके, जिसको सदियों से पानी की बूँद भी नहीं मिली। अर्थात् सरमायेदारों से ज़्यादा सरमाया लेकर करोड़ों ज़रूरतमंदों में बाँट दिया जाए जो सदियों से पेट की चिंता में पीसे जा रहे हैं।'

इस रूप में देखें तो नानक सिंह के उपन्यास अपने पूर्ववर्ती उपन्यासकारों से बिलकुल भिन्न प्रकार के ढाँचे में रचे गए उपन्यास हैं। भाई वीर सिंह जहाँ अपने उपन्यासों में धार्मिक प्रचारक की भूमिका से आगे नहीं बढ़ पाए, वहीं मोहन सिंह वैद मर्यादावादी ढाँचे का अतिक्रमण नहीं कर पाए, जबकि नानक सिंह बीसवीं शताब्दी के तीसरे दशक में पंजाबी कथा साहित्य में गुरुमत परंपरा और क़िस्सा काव्यों की परंपरा के बरक्स 1929 में प्रकाशित *चिट्टा लहू* (सफ़ेद ख़ून) उपन्यास के माध्यम से आधुनिक यथार्थवादी चेतना का आगाज़ करते हैं और अंतिम दौर तक आते-आते बदलाव के लिए सत्ता परिवर्तन की बात करने लगते हैं और पंजाबी साहित्य में प्रगतिशीलता की वह भूमिका तैयार कर देते हैं जिस पर आगे चलकर सुरिन्दर सिंह नरूला, जसवंत सिंह कवल, संत सिंह सेखों और कर्तार सिंह दुग्गल जैसे लेखकों का आगमन होता है।

यह कहना ग़लत न होगा कि पंजाबी साहित्य विशेषकर उपन्यासों को मध्यकालीन बोध से मुक्त कर उसे ऐतिहासिक सामाजिक चेतना से संपन्न करने में नानक सिंह का महत्त्वपूर्ण योगदान है। नानक सिंह से पहले भाई वीर सिंह और मोहन सिंह वैद के उपन्यास प्रकाशित हो चुके थे। निस्संदेह इन दोनों ने आधुनिक पंजाबी साहित्य की नींव रखी। पर अलौकिक घटनाओं और मध्यकालीन बोध से मुक्ति नानक सिंह के उपन्यासों के द्वारा ही संभव हो सकी। नानक सिंह के माध्यम से ही पहली बार पंजाबी उपन्यास को धर्मनिरपेक्ष दृष्टि प्राप्त हुई। पर यह धर्मनिरपेक्ष दृष्टि धर्मविरोधी नहीं, सांप्रदायिकता विरोधी है। यह दृष्टि नानक सिंह के इस विश्वास से निकली है कि 'धार्मिक इनसान कभी भी फ़िरक़ापरस्त नहीं हो सकता या यह कह लीजिए जो फ़िरक़ापरस्त है, वह धार्मिक कभी भी नहीं हो सकता।' नानक सिंह भी ऐसे ही धार्मिक थे जो 'मानस की जात सबै एकै पहचानबो' में विश्वास रखते थे और इस अर्थ में नानक सिंह भारतीय साहित्य के एक ऐसे रचनाकार हैं जो धार्मिकता और प्रगतिशीलता को एक-दूसरे के विरोधी के रूप में नहीं बल्कि एक-दूसरे के सहयोगी के रूप में देखते हैं, क्योंकि नानक सिंह के अनुसार दोनों का ध्येय मानवता है। यह भी ध्यान रखा

जाना चाहिए कि *सतगुरु महिमा* जैसी घर-घर प्रचलित धार्मिक पुस्तक रचनेवाले नानक सिंह विशुद्ध धार्मिक रचनाएँ लिखना छोड़कर यथार्थवादी रचनाओं की तरफ़ प्रवृत्त हुए। पर ज्ञानी बाग़ सिंह के आधार पर रचे गए आदर्श धार्मिक पात्र किसी-न-किसी रूप में उनके ज़्यादातर उपन्यासों में देखे जा सकते हैं। ज्ञानी बाग़ सिंह के विषय में स्वयं नानक सिंह लिखते हैं : 'उनका ज़िक्र केवल *अधखिला फूल* में ही नहीं है बल्कि हर एक उपन्यास में वे कोई न कोई रूप धारण करके आए हैं–*सफ़ेद ख़ून* (चिट्टा लहू) में बाबा रोड़ू, *कालचक्र* (कालचक्कर) में संत सोम प्रकाश, *काग़ज़ की कश्ती* में सुंदर दास, *लवमैरिज* में एक साधु, *दूर-किनारा* में पियारू, और *गंगा-जल* (गंगा-जली) में एक अख़बार के संपादक के रूप में... ।' इसी तरह उनकी माँ और सावित्री भी किसी-न-किसी रूप में उनके कई उपन्यासों में मौजूद हैं।

नानक सिंह का सारा साहित्य भी दरअसल 'मनुष्यता' की तलाश का ही साहित्य है। 'मनुष्यता' पर चोट करने वाले हर विचार का नानक सिंह अपने उपन्यासों में विरोध करते हैं। दरअसल वे मानते हैं कि 'मैं और मेरा समाज, मैं और मेरी मनुष्यता, हम एक-दूसरे के साथ इसी तरह से अभेद हैं कि कभी भी मैं इनसे अलग होकर कुछ सोच नहीं सकता। मेरे समाज और मेरी मनुष्यता के शरीर पर यदि कोई खरोंच भी आती है तो उसका दर्द होना स्वाभाविक है।' अपने इस दर्द को नानक सिंह ने *पुजारी* उपन्यास में बख़ूबी बयान किया है। *पुजारी* उपन्यास पंजाब के हिंदू-सिख दंगों की पृष्ठभूमि पर लिखा गया उपन्यास है जिसमें नानक सिंह न केवल 'मनुष्यता' की तलाश करते नज़र आते हैं बल्कि पंजाब के सामाजिक-सांस्कृतिक परिवेश में दंगों के कारणों की पड़ताल भी करते हैं। वे मानते हैं कि पंजाब के सामाजिक-सांस्कृतिक परिवेश में 'सिख और हिंदू एक ही पेड़ की दो शाख़ाएँ समझे जाते थे।' पर इन्हें दो क़ौमों की 'थ्योरी' में बाँट दिया गया और चंद सालों के भीतर ये लोग एक-दूसरे के जानी दुश्मन बन गए। नानक सिंह का मानना है इस सबमें जितना दोष अंग्रेज़ों की 'फूट डालो राज करो' की नीति का रहा है, उससे बड़ा हाथ उस समय की दो नवजन्मी लहरों–यानी 'आर्य समाज' और 'सिंह सभा' आंदोलन का भी है जिन्होंने अपने-अपने धर्मसुधार के नाम पर दूसरे धर्मों पर कीचड़ उछालने से भी परहेज़ नहीं किया। समाज में इन आंदोलनों के योगदान को स्वीकार करते हुए भी नानक सिंह यह कहने से नहीं हिचकिचाते कि इनकी ग़लतियों की वजह से 'हिंदू और सिख दो क़ौमें बन गईं।' उनके बीच के पारिवारिक-सामाजिक संबंध टूट गए। इसके बाद 1947 के विभाजन ने तो नानक सिंह को बिलकुल हिलाकर रख दिया। उनकी मानसिक स्थिति स्थिर न रह सकी। देश और समाज की इस स्थिति को रेखांकित करते हुए नानक सिंह ने 1947 से 1950 के बीच *ख़ून के सोहिले* (ख़ून के शोले), *अग दी खेढ़* (आग का खेल), *मझधार* तथा *चित्रकार* जैसे चार उपन्यासों की रचना की। इस तरह नानक सिंह ने समाज के बीभत्स व घिनौने चेहरे का चित्रण अपने उपन्यासों में किया, पर इस चित्रण के लिए नानक सिंह ने किसी 'वाद विशेष को अपना माध्यम नहीं बनाया' बल्कि वे तो यह मानते हैं कि समाज का बीभत्स चेहरा उजागर करने के लिए उन्हें 'किसी 'वाद' की, या किसी विशेष पार्टी का झंडा कंधे पर रखकर अपना काम' करने की कोई ज़रूरत ही नहीं...क्योंकि रचनाकार की लेखनी में ही इतनी ताक़त होती है कि वह अपनी रचना द्वारा समाज को दिशाहीन होने से और आनेवाले ख़तरों से सावधान कर सकता है। रचना के द्वारा संपूर्ण समाज का कायाकल्प भले ही न किया जा सके, पर समाज के साधारण मनुष्यों

को क़लम के ज़रिये असाधारण पात्र बनाकर समाज के लिए आदर्श तो प्रस्तुत किया ही जा सकता है। नानक सिंह की क़लम की इसी शक्ति को बलराज साहनी भी स्वीकार करते हैं। अपने एक पत्र में वे लिखते हैं : 'आपकी क़लम में कोई बड़ा ख़तरनाक-सा जादू है। मैंने किताबों में पढ़ा है कि महान रचनाकारों की क़लम में अजीब-सी कशिश होती है पर इसका प्रत्यक्ष प्रमाण अब मिला है।...आप व्यक्ति को बुरी तरह अपना असीर बना लेते हो। शुक्र है, मैं स्त्री ज़ात नहीं, वरना मेरा 'स्त्रीव्रत धर्म' ज़रूर ख़तरे में पड़ जाता।'

कहना ग़लत न होगा कि नानक सिंह के उपन्यास बीसवीं सदी के पंजाब के इतिहास के वे पन्ने हैं जिनके माध्यम से समूचे पंजाब के जीवन को जाना व देखा जा सकता है। पंजाबी साहित्य विशेषकर उपन्यासों को नानक सिंह के माध्यम से ही पहली बार धर्मनिरपेक्ष दृष्टि प्राप्त हुई और साधारण मनुष्य का साधारण जीवन उपन्यासों का विषय बना।

1. 'बैंतबाज़ी' परंपरागत कविता का एक रूप है, जो क़िस्सा काव्य (आख्यान) के रूप में पंजाबी में आधुनिक काल से पहले प्रचलित थी।

रामकिंकर बैज

वर्षा दास

हमारे देश में मूर्तिकला यों तो अति प्राचीन कला रही है, गुफाओं और मंदिरों में इसके पर्याप्त प्रमाण मिलते हैं। इतना ही नहीं, ये मूर्तियाँ सौंदर्यबोध के मानदंड पर भी उत्कृष्ट कला ही मानी जाएँगी। लेकिन भारतीय समकालीन कला को देखें तो चित्रकारों की तुलना में मूर्तिकार कम पाए जाते हैं। पत्थर और धातु से मूर्तियाँ बनानेवाले कहते हैं कि सामग्री महँगी है, प्रक्रिया में शारीरिक परिश्रम बहुत अधिक है। चित्रों की अपेक्षा मूर्तियों के ख़रीदार कम पाए जाते हैं। प्रदर्शनी के लिए चित्रों को एक जगह से दूसरी जगह ले जाना आसान है लेकिन मूर्तियों को ले जाना बहुत मुश्किल है। एक तो उनका वज़न और दूसरा तोड़फोड़ का डर।

बीसवीं शताब्दी के एक बेजोड़ मूर्तिकार रामकिंकर बैज (1906-80) के जीवन और कार्य को देखें। उनका जन्म 25 मई, 1906 के दिन पश्चिम बंगाल के बाँकुड़ा में हुआ था। परिवार की सामाजिक और आर्थिक स्थिति कमज़ोर थी। बाँकुड़ा के हस्तशिल्प और लोककला रूप काफ़ी समृद्ध थे। बाँकुड़ा का मिट्टी का घोड़ा काफ़ी विख्यात हो गया है। कॉटेज इंडस्ट्रीज़ एम्पोरियम का 'लोगो' यही घोड़ा है। रामकिंकर बचपन से ही गाँव के कलाकारों और हस्तशिल्पियों से उनका हुनर सीखने लगे थे। वे छोटी-छोटी मूर्तियाँ और चित्र बनाने लगे थे। उन दिनों *मॉडर्न रिव्यू* और *प्रवासी* नाम की पत्रिकाएँ निकलती थीं जिनके संपादक थे रामानंद चटर्जी। उन्होंने रामकिंकर के भीतर के कलाकार की प्रतिभा को पहचाना और उनके पिताजी की आज्ञा लेकर रामकिंकर को शांतिनिकेतन भेजा। यह सन् 1925 की बात है। वहाँ उन्हें आचार्य नंदलाल बोस का मार्गदर्शन मिला। उनकी विकास-यात्रा शुरू हुई।

रामकिंकर के प्रारंभिक चित्रों में अबनींद्रनाथ ठाकुर, अब्दुर रहमान चुग़ताई की शैली का प्रभाव बहुत स्पष्ट दिखाई देता है। ये चित्र काग़ज़ पर जलरंगों से किए गए थे। हालाँकि उनके उस समय के रेखाचित्रों में भी शैलियों और विषयों का वैविध्य पाया जाता है।

रामकिंकर के जीवन का लंबा समय शांतिनिकेतन में बीता। यहाँ का परिवेश उनकी प्रकृति के अनुकूल था। परंपरा, लोक और आधुनिक कलाओं एवं कलाकार की अपनी आंतरिक सूझ, उनकी भावाकुलता और मस्ती—इन सबका अद्भुत सम्मिश्रण उनकी कृतियों में पाया जाता है। इसी सम्मिश्रण से उनकी अपनी विशिष्ट शैली बनी—ऐसी शैली, जो शिल्प कौशल और ज़मीन से जुड़ी संकल्पना की उपज थी, जो आम आदमी के आम जीवन से जुड़ी हुई

थी। इस शैली के कारण यथार्थ एक नए स्वरूप में प्रस्तुत होता था। यह शैली उनका हस्ताक्षर या पहचान बन गई थी। इस सिद्धहस्त कलाकार ने अपनी कृतियों से बहुतों को उनके प्रति आकृष्ट किया था।

शांतिनिकेतन के उत्तरायण संकुल में सीमेंट-कंक्रीट से बना एक बड़ा शिल्प है-- 'संथाल परिवार'। खुले आकाश के नीचे धरती पर खड़ी इस मूर्ति को 1938 में बनाया गया था। इस मूर्ति में संथाल पति-पत्नी हैं। पत्नी ने एक हाथ से सिर के ऊपर रखी टोकरी को पकड़ा है और दूसरे हाथ में अपने शिशु को लिया है। उसके पति के कंधे पर काँवड़ है, जिसके एक पलड़े में बालक बैठा है और दूसरे में घरेलू वस्तुएँ रखी गई हैं। इनके पैरों के पास उनका कुत्ता चल रहा है। संथाल की लाक्षणिकताओं को इन मूर्तियों में हूबहू उभारा गया है। लंबी गर्दन, गाल की उभरी हुई हड्डियाँ, ऊँचा माथा, कृश सौम्य शरीर, सुडौल स्तन।

इस मूर्ति की एक बहुत बड़ी तस्वीर राष्ट्रीय आधुनिक कला संग्रहालय द्वारा आयोजित किंकरदा (शांतिनिकेतन में वे इसी नाम से जाने जाते थे) की कलाकृतियों की अतीतदर्शी प्रदर्शनी में लगाई गई थी। तस्वीर में भी उस मूर्ति की जीवंतता और भव्यता दिखाई देती थी। यह भारतीय आधुनिक कला की अमूल्य धरोहर है। खुले में होने के कारण उसका क्षरण तो होगा ही। पर इस धरोहर को बचाए रखने के लिए सरकार ने इसकी दो कांस्य प्रतिकृतियाँ बनवाई हैं। एक कलकत्ता में रखी गई है और दूसरी शांतिनिकेतन में। धन के अभाव में किंकरदा ने ऐसी कई अपूर्व मूर्तियाँ सीमेंट-कंक्रीट से बनाई थीं।

किंकरदा के चित्रों में प्रचुर वैविध्य था। दृश्यचित्र, व्यक्तिचित्र, प्राणियों के चित्र, बंगाल के दुर्भिक्ष के चित्र, कई मूर्तियों के प्रारूप के, या उसकी प्रक्रिया के चित्र आदि। रिज़र्व बैंक की बाहर की दीवार से सटी यक्ष-यक्षिणी की मूर्तियों को दिल्ली के संसद मार्ग से गुज़रनेवाले लाखों लोगों ने अवश्य देखा होगा। इन दोनों का अंतिम स्वरूप तय करने से पहले उन्होंने कई स्केच बनाए थे, छोटे आकार के नमूने–मैकेट–बनाए थे। उनके रूपाकार में तरह-तरह के परिवर्तन करके देखा था। यह भारत सरकार द्वारा दिया गया 'कमीशंड' काम था। उसकी लंबी और जटिल प्रक्रिया के कारण, सरकारी कार्रवाइयों के कारण और सबसे अधिक तो उन्हीं के एक छात्र की लापरवाही के कारण वे बहुत दुखी हुए थे। किंकरदा के एक छात्र ने इस घटना का बयान करते समय कहा कि इससे पहले किंकरदा दिन में कभी शराब नहीं पीते थे। हाँ, रात को अपने निजी समय में ज़रूर पीते थे, लेकिन इस दुखद घटना के बाद वे दिन में भी शराब पीने लगे। उनके जीवन का वह समय काफ़ी पीड़ाजनक था।

किंकरदा ने स्केच, जलरंगी एवं तैलरंगी चित्र बहुत सारे बनाए थे। प्रिंट की टेकनीक भी सीख ली थी। जलरंगी में एक चित्र 'प्यासे कुत्ते' का है। कुत्ते का शरीर दिखाते हुए बहुत कम कत्थई तूलिकाघात हैं, लेकिन वे इतने जीवंत हैं कि कुत्ते की लाक्षणिकताएँ उभरकर आ जाती हैं। किंकरदा के चित्र आयासहीन एवं सहज लगते हैं।

किंकरदा के कई छात्रों में से एक थे ए. रामचंद्रन। ए. रामचंद्रन ने केरल में 'संथाल परिवार' मूर्ति की केवल फ़ोटो देखी थी। उसी से वे इतने अधिक आकृष्ट हुए थे कि उन्होंने शांतिनिकेतन जाकर रामकिंकर का छात्र बनना तय कर लिया था। स्केच की दो पुस्तकें लेकर

वे शांतिनिकेतन पहुँचे। वहाँ स्वयं वह मूर्ति दिखी जिसने रामचंद्रन को रोमांचित कर दिया था। रामकिंकर के पास शांतिनिकेतन आना रामचंद्रन के लिए तीर्थयात्रा से कम नहीं था। वहाँ सब रामकिंकर को 'किंकरदा' कहकर पुकारते थे। पहले ही दिन शाम को अपनी दोनों स्केचबुक लेकर वे किंकरदा के पास पहुँचे। किंकरदा बाँस से बने एक स्टूल पर बैठे थे, उन्होंने रंगीन लुंगी पहन रखी थी, हाथ में ताड़ के पत्तों से बना एक पंखा था। उन्हें प्रणाम करके रामचंद्रन ने दोनों स्केचबुक उनके हाथ में थमा दिये। शाम की मंद रोशनी में किंकरदा ने बहुत ही ध्यान से दोनों स्केचबुक देखीं और सामने की नीची दीवार के बाहर फेंक दीं। फेंकते समय बांग्ला में बोले, 'ना, ना, ना। एटा एखाने चोलबे ना।' नहीं-नहीं, यह यहाँ नहीं चलेगा। तुम्हें शुरू से फिर से सीखना पड़ेगा।

सुदूर केरल से वे जिस गुरु के पास आए थे, उन्होंने उनके काम को इतने तल्ख़ ढंग से अस्वीकार कर दिया। रामचंद्रन को बहुत बड़ा आघात लगा। उनका अहम् चूर-चूर हो गया। पूरा साल गुज़र गया। किंकरदा ने उनको अपना छात्र नहीं बनाया, किंतु रामचंद्रन बहुत अच्छा गाते थे, अभिनय भी अच्छा कर लेते थे। ये बातें किंकरदा को पसंद थीं। उनका सान्निध्य बना रहा।

उन दिनों कोई भी छात्र अपने ख़ाली समय में मूर्ति के खंड में जा सकता था। रामचंद्रन कहते हैं, 'मैंने इस मौक़े का फ़ायदा उठाया। मैं बिना चाक के, बिना ढाँचे के, कुंडली की प्रक्रिया से मिट्टी की मूर्ति बनाने लगा। मैंने नीचे से कुंडली को बैठाना शुरू किया। मिट्टी को दबाकर नमूने की मूर्ति की बाह्य रेखा बना रहा था। गीली मिट्टी की पतली दीवार ज़्यादा वज़न नहीं उठा पाती थी, इसलिए मैं बहुत ही ध्यान से धीरे-धीरे काम कर रहा था। लगभग एक महीने तक हर रोज़ रात को काम करके मैं चार इंच के छोटे नमूने आधार पर चार फ़ीट बड़ी मूर्ति बना पाया था। शीर्षक था–'माँ और शिशु'। इतने में किंकरदा आए और चिल्लाए, 'ढाँचा कहाँ है?'

स्वाभाविक है, उनको मेरी बनाई मूर्ति में कोई बहुत बड़ी भूल नज़र आई थी। मैं कुछ समझ पाऊँ, उससे पहले उन्होंने लकड़ी का बड़ा-सा टुकड़ा उठाया और मेरे काम के ऊपर दे मारा। मेरा एक महीने का परिश्रम ढह गया और गीला कीचड़ स्टूडियो में चारों ओर फैल गया।

'उठाओ मिट्टी, उसे तैयार करो और फिर से बनाना शुरू करो,' उन्होंने आदेश दिया।

मैंने चुपचाप, आज्ञाकारी भाव से सारी मिट्टी उठा ली, क्योंकि उन्होंने आख़िर मुझे छात्र के रूप में स्वीकार कर लिया है, यह देखकर मैं बेहद ख़ुश हुआ।

किंकरदा घनवाद से प्रभावित हुए थे। सन् 1957 में उन्होंने एक तैलचित्र बनाया था जिसका शीर्षक था : 'फ़सल की कटाई करने वाला और ज़मींदार'। इस चित्र में मुख्य रंग केवल तीन हैं–काला, सफ़ेद और हलका पीला। सिर पर छाता लिये एक व्यक्ति खड़ा है, पैरों में जूते हैं, शरीर पर पूरे वस्त्र हैं। वही ज़मींदार होगा। बाक़ी के तीन व्यक्ति कटाई कर रहे हैं। एक छोटा बच्चा माँ के पास खड़ा है। उससे भी छोटा ज़मीन पर लेटा है। कैनवास के बाएँ हिस्से में ऊपर की ओर दो बैल खड़े हैं। दाहिनी ओर एक बड़ा और पक्का मकान है। पूरे चित्र में काली रेखाएँ एक-दूसरे को काटती हुई रिक्त स्थान भरती हैं, रूपाकारों को स्पष्ट करती हैं। बहुत ही आकर्षक चित्र है।

कटाई करती हुई महिला की एक बहुत बड़ी मूर्ति भी उन्होंने बनाई थी। इसे सन् 1943 में सीमेंट-कंक्रीट से बनाया था। एक महिला दोनों हाथों में धान का पुलिंदा लेकर पीछे की ओर मुड़ी हुई है। उसका शरीर मानो एक तिकोन से बना है। मस्तक पीछे की ओर झुक गया है। धान का पुलिंदा उसके दोनों पैरों के बीच से आगे की ओर निकल आया है। अत्यन्त प्रभावी कृति है। इसकी भी काँसे की प्रतिकृतियाँ बनाई गई हैं।

शांतिनिकेतन में चीन भवन की स्थापना गुरुदेव रवींद्रनाथ ठाकुर के चीनी मित्र वान युन-शान ने की थी। उनकी पुत्री थी वान युआल, जिसे गुरुदेव ने नाम दिया था—चमेली। उन्होंने भी कलाभवन में कला की शिक्षा पाई थी। किंकरदा की कुछ बातें बताते हुए उन्होंने कहा, 'शांतिनिकेतन की छात्राएँ किंकरदा से डरती थीं। वैसे भी मुझे मूर्तिकला में विशेष रुचि नहीं थी, किंतु वह एक आवश्यक विषय होने के कारण हमें सीखना पड़ा था। किंकरदा का एक अच्छा शिष्य हमें मूर्तिकला सिखाता था।

'एक दिन, जब मैं शायद दस साल की थी, अपनी एक सहेली के साथ कलाभवन में गई थी। किंकरदा उस समय जलरंगी चित्र बना रहे थे। मुझे देखते ही बोले, 'बोशो-बोशो', —बैठो, बैठो,। दो ही मिनट में, जलरंगों के थोड़े-से तूलिकाघातों से उन्होंने मेरा पोर्ट्रेट बना दिया। दो पोर्ट्रेट बनाए थे। एक में मेरे होंठों पर हँसी थी, दूसरे में हँसी नहीं थी। जिसमें हँसी थी, उस पर उन्होंने अपने हस्ताक्षर किए और दूसरा चित्र शायद उनको अच्छा नहीं लगा था, इसलिए उस पर हस्ताक्षर नहीं किए। पर दोनों चित्र उन्होंने मुझे दे दिये।

'उस समय तो मैं उस चित्र की खूबियाँ समझ नहीं पाई थी। पोर्ट्रेट भी मुझे ख़ास अच्छे नहीं लगे थे। लेकिन वे वास्तव में बहुत ही बढ़िया चित्र थे। इतने वर्षों के बाद भी उस चेहरे में ताज़गी है, प्रफुल्लता है।

'एक बार मैंने एक नृत्यांगना का चित्र बनाया था। उसके ऊपर बहुत ध्यान से, स्वच्छता से बादल बनाए थे। मैंने वह चित्र किंकरदा को दिखाया। उन्होंने कहा, 'बादल ऐसे नहीं होते हैं।' कहकर उन्होंने उसके ऊपर मोटे तूलिकाघात लगा दिये। मुझे वैसी रेखाएँ बिलकुल अच्छी नहीं लगीं। मेरा साफ़-सुथरा चित्र उन्होंने बिगाड़ डाला था। वास्तव में वे एक महान चित्रकार द्वारा किए गए तूलिकाघात थे जिसने चित्र में जान डाली थी। यह मैं बहुत देर से समझी।'

के.जी. सुब्रमण्यन् किंकरदा के विख्यात छात्रों में से एक हैं। आज उनकी उम्र 88 वर्ष के क़रीब है। उन्होंने कई महत्त्वपूर्ण कलाकारों को पढ़ाया है। किंकरदा के बारे में वे कहते हैं :

'किंकरदा को काम करते हुए देखना हम युवकों के लिए बहुत बड़ी शिक्षा थी। हम कई बार उनके साथ दोपहर की धूप में स्केचिंग करने जाते थे। मेरे जैसा नौसिखिया जिसने अपना बचपन केरल में बिताया था, शांतिनिकेतन की धरती मुझे बहुत ही ख़ाली और उजड़ी हुई दिखती थी। मैं सोचता था कि ऐसे दृश्य में चित्र बनाने जैसा तो कुछ है ही नहीं। पर मैंने देखा कि जब रामकिंकर अपना स्केचपैड लेकर बैठ जाते थे तो पूरा दृश्य बदल जाता था। छोटी-से-छोटी चीज़ में भी वे जान फूँक देते थे। साधारण-सा वृक्ष सशक्त होकर झूम उठता था। पत्तों में नई चमक और जान आ जाती थी। आकाश उजड़ी हुई धरती के साथ लुका-छिपी खेलता था। कभी नीले रंग का टुकड़ा सामने आता था तो कभी

धूसर रंग के परदे के पीछे छिप जाता था। उनके संग हमने प्रकृति को नए प्रकाश में देखा, उनकी बातों ने हमारे अनुभव को समृद्ध किया, उनके चित्रात्मक निरीक्षण ने हमारी आँखें खोल दीं। उन्होंने हमें जीवन का नया दर्शन समझाया जो वैयक्तिक था और चेतना को उन्नत करने वाला था।'

किंकरदा जीवन के अंतिम दिनों में काफ़ी अकेले पड़ गए थे। 2 अगस्त, 1980 के दिन, 74 वर्ष की उम्र में उनका देहांत हो गया।

बिनय राय

रेखा जैन

जैसे ही फ़ोन पर किसी ने बताया कि बिनय राय नहीं रहे, उनकी मॉस्को में किसी बस से कुचलकर मृत्यु हो गई तो हठात् ऐसा लगा, मानो अनगिनत कर्कश घंटियाँ मेरे चारों ओर बज उठीं, जिनकी बड़ी ही निर्मम, क्रूर ध्वनियों ने मुझे बेचैन कर दिया। समझ में नहीं आ रहा था, ऐसी बेरहम अन्यायपूर्ण मौत का बदला कैसे लिया जाए। बिनय राय जैसे ओजस्वी जीवंत कलाकार से हम अब नहीं मिल सकेंगे, मन इस स्थिति को मानने के लिए तैयार नहीं हो रहा था। पर मृत्यु के इस क्रूर विधान के आगे झुकने के सिवाय कोई चारा भी नहीं रहता। वह चाहे जितना अप्रिय लगे, उसे चुपचाप सहना ही आदमी की नियति है।

बिनय दा का हँसता हुआ चेहरा मेरी आँखों के आगे घूमने लगा। याद आ रहा था, अभी कुछ दिन पहले की ही तो बात थी, तब प्रसिद्ध कवि भारत भूषण अग्रवाल की अकस्मात् मृत्यु से हम सबका मन क्षत-विक्षत-सा हो रहा था। कवि होने के साथ वे मेरी सगी बहिन बिंदु के पति भी थे। उनकी तस्वीरें अख़बार में देने के लिए ढूँढ़ी जा रही थीं। मेरे सामने अनगिनत मित्रों और सहयोगियों के चित्र बिखरे पड़े थे। पास में ही प्रसिद्ध हिंदी आलोचक नामवर सिंह भी उन चित्रों को देख रहे थे। तभी एक तस्वीर पर उनकी नज़र पड़ी और बोले, 'अरे, यह तो बिनय राय हैं। बड़ी अच्छी तस्वीर है उनकी।' उन्होंने यह भी पूछा, 'आप बिनय राय को जानती थीं क्या?' मैंने तुरंत कहा, 'हाँ, बहुत अच्छी तरह। नामवर जी, आपको नहीं मालूम, मैं 1943 में कलकत्ते में उनके साथ गायन मंडली में गाना गाती थी, और फिर 1944 से 1947 तक तीन वर्ष बंबई के सेंट्रल ट्रुप (इप्टा की केंद्रीय नृत्य मंडली) में एक साथ हम काम करते थे यानी तीन वर्षों तक हम एक साथ, एक ही जगह अँधेरी में रहते थे।' तब बात आई-गई हो गई। उस वक़्त कहाँ मालूम था कि इस व्यक्ति से भी कुछ समय बाद केवल तस्वीर से ही नाता रह जाएगा! इनकी बातें, इनके साथ काम करने की यादें, शीघ्र ही वर्तमान से हटकर इतिहास बन जाएँगी।

बिनय राय को मैंने सबसे पहले 1943 में कलकत्ते की एक विशाल सभा के मंच पर गाते सुना था। उस समय कहाँ थे लाउडस्पीकर। बिनय राय की बुलंद आवाज़ ही आज के लाउडस्पीकरों से अधिक प्रभावशाली ढंग से लगभग चार-पाँच हज़ार के जनसमुदाय के बीच गूँज रही थी। गीत की एक-एक पंक्ति के साथ श्रोताओं के रोंगटे खड़े होते जा रहे थे। मैं उस समय बांग्ला भाषा नहीं समझती थी, पर मुझ पर भी उनके जोश-भरे देशभक्ति और अकाल से पीड़ित इनसानों के दुख-भरे गीतों का अद्भुत असर हुआ था। सभा के अंत

में जाकर मैंने उनसे गाना सिखाने का अनुरोध किया। उन्होंने सहर्ष स्वीकृति दी और तभी से वे मेरे लिए बिनय दा हो गए।

बिनय राय कम्युनिस्ट पार्टी के कार्यकर्ता थे जो अपने उन गीतों के द्वारा लोगों में देश को आज़ाद कराने के संघर्ष में आगे बढ़ने के संदेश को पहुँचाने का काम करते थे। उनका यह उद्देश्य ही था कि देश के अधिक से अधिक लोगों को देशभक्ति के गीत सिखाकर जल्दी से जल्दी अंग्रेज़ी साम्राज्य के विरुद्ध स्वतंत्रता की चेतना जगाई जाए। 1943 के ये वे दिन थे जब बंगाल में भयंकर अकाल पड़ा था। उस समय सबसे बड़ी देश-सेवा थी बंगाल के अकाल में फँसी जनता को बचाना, उनकी सहायता करना, उनके मनोबल की रक्षा करना। बिनय दा जी-जान से इस काम में लगे थे। उनकी प्रेरणा से मैं भी उनके साथ सौंग स्क्वॉड (गायन मंडली) में दाख़िल हो गई। एफ़.एस.यू. (फ़्रेंड्स ऑफ़ सोवियत यूनियन) के दफ़्तर में रोज़ शाम को हम लोग गीतों का अभ्यास करते और सुबह पाँच बजे प्रभात फेरी में निकल जाते। हम कई गीत गाते थे पर सबसे पहले और सबसे अधिक अकाल की दुर्दशा का वर्णन करते हुए 'जागो-जागो नगर वासी और समय नाहीं, जागो रे' गीत को गाते हुए जगह-जगह जाकर अकाल पीड़ितों के लिए झोली पसारकर चंदा माँगते थे। बिनय दा की आवाज़ में केवल ज़ोर और जोश ही नहीं, ऐसा भाव भी होता था, जो सबके मन को अपूर्व उत्साह से भर देता था। हम गिनती में पाँच-छह ही लोग होते थे, पर हमारी आवाज़ों में उत्साह और प्रतिबद्धता में ही शायद ऐसा आकर्षण रहता था कि जगह-जगह लोग रोक-रोकर हमें पैसा देते थे। ऊँचे-ऊँचे मकानों की खिड़कियों से कई गर्दनें हमारी आवाज़ सुनकर बाहर निकल आती थीं और इधर-उधर से पुकार-पुकारकर लोग हमारी झोली में पैसा फेंकते थे। बहुत बार कई-कई मंज़िलें चढ़कर चंदा लेने जाना पड़ता था, पर उन सीढ़ियों को चढ़ने की थकान के बजाय कौन इस काम को जल्दी पूरा करके अपने को भाग्यशाली समझे, इसकी होड़ लग जाती थी।

इस गायन मंडली की अत्यधिक सफलता और लोकप्रियता को देखकर पार्टी ने यह तय किया कि बंगाल के अकाल पर गीत, नृत्य और नाटक का एक पूरा कार्यक्रम तैयार करके बंबई ले जाया जाए और इसके वहाँ प्रदर्शनों द्वारा दुर्भिक्ष पीड़ितों के लिए चंदा इकट्ठा किया जाए।

इस कार्यक्रम के लिए ऐसे लोगों को चुना गया जो यथासंभव हिंदी जानते हों। मैं और नेमि हिंदीभाषी थे, इसलिए हमें लिया गया। इस प्रकार बंबई जानेवाली मंडली में नृत्य, नाटक एवं गानों के लिए बिनय राय, शंभु मित्र के अलावा उषा दत्त, पानूपाल, भूपति नंदी, नेमिचंद्र जैन, रेखा जैन एवं कुछ और साथी थे। बंबई पहुँचने के बाद शुरू में गानों के लिए ईस्ट बंगाल से रेबा राय, बिहार से दशरथ लाल और पंजाब से प्रेम धवन आदि भी इस मंडली में शामिल हुए। मंडली के कार्यक्रम में बिजन भट्टाचार्य के बांग्ला नाटक *जबानबंदी* को हिंदी में 'अंतिम अभिलाषा' नाम से खेला जाता था जिसका बांग्ला से हिंदी में अनुवाद किया था नेमिचंद्र जैन ने। इसके निर्देशक थे शंभु मित्र और कलकत्ते से जानेवाले प्रायः हम सभी उसमें अभिनय करते थे।

अंतिम अभिलाषा नाटक में एक समृद्ध परिवार के टूटने और धीरे-धीरे एक-एक दाने के लिए तरस-तरसकर मरने की करुण कथा दिखाई गई थी। अकाल पर एक छोटी-सी

नृत्य-नाटिका थी, जिसको उषा दत्त और पानूपाल करते थे और बाक़ी के समूह एवं एकल गाने थे जिनके निर्देशक, संचालक और प्रमुख गायक थे बिनय राय। 'भूखा बंगाल' कार्यक्रम 'सुनो हिंद के रहनेवालो, सुनो, सुनो,' गीत से प्रारंभ होता था। इस गीत में भूख से मरनेवालों की कथा का वर्णन था। इसे बिनय दा ने ही लिखा और स्वरबद्ध किया था। इस गीत को बिनय राय की बहिन रेबा राय जिस दर्द-भरी आवाज से गाती थीं, उसका दर्शकों पर ऐसा जादू का-सा असर होता था कि गीत की एक-एक पंक्ति के साथ उनके आँसू बहने लगते थे। इस पूरे कार्यक्रम को देखकर बंबई के दर्शक ऐसे विह्वल हो उठे कि लोग अकाल पीड़ितों के लिए अपनी सामर्थ्य से भी अधिक चंदा देकर गए। ऐसा तक हुआ कि लोगों ने अपने बस में जाने के पैसे तक दे दिये और जिनके पास रुपया-पैसा नहीं था, कोई अपने ओढ़ने की चादर या स्त्रियाँ हाथ की चूड़ी, कड़े, अँगूठी, छल्ले तक दे गईं। ग़रीब से ग़रीब लोगों से इस प्रकार बंगाल के अकाल के लिए दान मिलेगा, यह हमारी कल्पना से बाहर की चीज़ थी। बंगाल स्क्वॉड की इस सफलता और सराहना से हम सबका बहुत उत्साह बढ़ गया। इस प्रोग्राम के बंबई और फिर गुजरात के कई शहरों में अनेक प्रदर्शन करके बंगाल अकाल के लिए बहुत धन इकट्ठा करके भेजा गया।

हमारे इस कार्यक्रम को सफल बनाने में बंबई के सभी स्थानों पर बड़े-बड़े लेखकों, कलाकारों एवं दूसरे लोगों ने भी बड़ी सहायता की। इसकी सबसे बड़ी उपलब्धि यह भी हुई कि बहुत-से लोग इप्टा से जुड़ गए और पार्टी के हमदर्द या सदस्य बन गए।

बिनय दा के गाने एवं बंगाल स्क्वॉड (मंडली) के सभी कार्यक्रम की सफलता और उसमें लोगों को प्रभावित करने की ऐसी क्षमता को देखकर कम्युनिस्ट पार्टी ने, विशेषकर उसके महासचिव श्री पी.सी. जोशी ने, नृत्य संगीत की एक स्थायी मंडली बनाने की योजना बनाई। इसमें प्रसिद्ध नर्तक उदय शंकर के सेंटर के नृत्य गुरु शांति वर्धन, विख्यात सितारवादक पंडित रवि शंकर, शचिन शंकर, नरेंद्र शर्मा, अवनिदास गुप्ता एवं भारत के कई प्रांतों के युवक-युवतियों को सम्मिलित करके केंद्रीय दल नाम से संस्था की शुरुआत की। यही संस्था सेंट्रल ट्रुप या सेंट्रल स्क्वॉड नाम से विख्यात हुई। इस 'सेंट्रल ट्रप' में देश की मौजूदा हालत और अंग्रेज़ी शासन के विरुद्ध आज़ादी के संघर्ष को दिखानेवाले कलात्मक नृत्य-नाट्य (बैले) तथा गीत आदि तैयार किए जाते थे। बिनय राय को इस मंडली का लीडर बनाया गया।

केंद्रीय मंडली का लीडर बनना कोई आसान बात नहीं थी, पर बिनय दा की लेखन और गायन की प्रतिभा के साथ-साथ उनमें संवेदनशील संगठनकर्ता की अपूर्व योग्यता के कारण ही उन्हें सेंट्रल ट्रप के लीडर की ज़िम्मेदारी सौंपी गई। बंगाल स्क्वॉड के साथ कलकत्ता वापस लौटने के बजाय इस मंडली के कुछ लोग बंबई रह गए थे, जिनमें बिनय दा तो थे ही, नर्तकी उषा दत्त थीं, और अपने पति नेमिचंद्र जैन के साथ मैं भी रुक गई थी। इस प्रकार 1944 से 1947 के तीन वर्ष के जीवन में बिनय दा को बहुत नज़दीक से जानने का मौक़ा मुझे मिला।

बिनय राय का गाना इतना जोशीला और प्रभावशाली होता था कि साधारण से साधारण सुननेवाले में आगे बढ़कर कुछ करने का उत्साह जाग जाता था, पर स्वभाव से वे अपने नाम के समान ही विनयशील थे। यह उनकी बहुत बड़ी विशेषता थी। सेंट्रल ट्रप में अलग-अलग प्रदेशों के युवक-युवतियाँ इकट्ठे हुए थे जिन्हें रात-दिन एक साथ रहकर काम करना था।

सबकी अपनी-अपनी, अलग-अलग समस्याएँ रोज़ उठती रहती थीं जिन्हें सुलझाने के लिए एक ऐसे व्यक्ति की ज़रूरत थी जिसे सबकी आत्मीयता और विश्वास प्राप्त हो। बिनय दा में यह गुण था। वे सभी की छोटी या बड़ी, हर कठिनाई को ध्यान से सुनते थे और उसे दूर करने का भरसक प्रयत्न करते थे। उदाहरण के तौर पर, उत्तर प्रदेश से केवल मैं ही एक लड़की थी। बंगाल और गुजरात से कई-कई लड़कियाँ थीं। अक्सर उन लोगों के अपने-अपने गुट बन जाते थे। ये दोनों प्रदेश सांस्कृतिक और सामाजिक दृष्टियों से उत्तर प्रदेश की अपेक्षा काफ़ी विकसित थे। लिहाज़ा मेरे अलावा ये लड़कियाँ अधिक पढ़ी-लिखी और विचारों तथा रहन-सहन में अधिक स्वतंत्र और बेझिझक थीं। मैं उत्तर प्रदेश के एकदम रूढ़िवादी परिवार की लड़की और बहू थी। ऐसे वातावरण में पली जहाँ किसी लड़के के सामने निकलना तक वर्जित था। हर समय परदे में रहना पड़ता था। स्वाभाविक ही था कि अक्सर मुझे उन लड़कियों के व्यवहार से अपने पिछड़ेपन का अहसास होता था और प्रायः मैं एकदम अकेली पड़ जाती थी। बिनय दा ने मेरे भावुक मन की व्यथा को पहचाना और तरह-तरह से मेरे मन में आत्मविश्वास जगाने की कोशिश की। उन्हें शायद मेरे व्यवहार से पता चल गया था कि मुझमें अन्य लड़कियों की तरह बेझिझकपन चाहे नहीं है, पर हार्दिकता है और मैं हर किसी की मदद करने के लिए उत्सुक रहती हूँ। यह ठीक है कि मैंने बहुत पढ़ना नहीं सीखा था, पर जन्म से ही यह तो सीखा ही था कि घर के सारे काम लड़कियों को ही करने चाहिए, कपड़ों को ठीक रखना, वक़्त पर लोगों को खाना, चाय-नाश्ता देना, खाना स्वादिष्ट बनाना आदि। लड़के अपने हिस्से के चावल बीनें या अपनी कमीज़ में बटन लगाएँ, यह मुझसे बिलकुल बर्दाश्त नहीं होता था। बिनय दा ने मेरी इस प्रवृत्ति की खिल्ली न उड़ाकर मेरे व्यवहार को सबके सामने ऐसे रूप में रखा जिससे सचमुच ही मुझे वहाँ के सदस्यों में परिवर्तन नज़र आया। मैंने महसूस किया कि अब सब लोग हीनदृष्टि से न देखकर मुझसे भी सम्मान के साथ व्यवहार करने लगे हैं।

इस प्रकार बिनय दा के प्रयास के कारण मुझमें फिर आत्मविश्वास पैदा हुआ। यह बिलकुल सच है कि यदि बिनय दा ने मेरे इस रूढ़िगत संस्कारों की समस्या को पहचानकर मुझे उत्साहित न किया होता और वहाँ के साथियों का व्यवहार न बदला होता तो शायद मैं सेंट्रल ट्रुप छोड़कर वापस आ जाती। पर जब एक बार मन में आत्मविश्वास जागा तो सबसे संबंध भी अच्छे बने और फिर मैंने अपने सारे रूढ़िगत बंधनों को निकालकर अपना एक ही लक्ष्य बनाकर मन ही मन प्रण किया कि अब मैं अपने काम को सच्चे मन से अधिक से अधिक अच्छा करके ही देश की सेवा करूँगी। इसी बीच रूबी दत्त से मेरी घनिष्ठ मित्रता हो गई थी। उसका स्वभाव भी बहुत-कुछ मेरी तरह था। हम दोनों बहुत सवेरे उठकर नृत्य का ख़ूब अभ्यास करते और सभी के काम में मदद करने को तैयार रहते। फिर तो कुछ ही दिनों में ऐसा हो गया कि हम दोनों पूरे कल्चरल स्क्वॉड के अत्यधिक प्रिय सदस्य बन गए थे।

बिनय दा के व्यक्तित्व में गंभीरता के साथ विनोदशीलता भी ख़ूब मात्रा में थी। सेंट्रल ट्रुप के पूरे वातावरण को बहुत ही सहज, आत्मीय तो बनाए रखते ही थे, बीच-बीच में ऐसे चुटकुले भी सुना देते जिससे सब ठहाका मारकर हँस पड़ते। हममें से कई लोगों को वे अलग-अलग नाम से पुकारते, जैसे प्रेम धवन को लस्सी पॉट कहते तो गंगाधरन को कथकलि बाई, मुझे चाट-पकौड़ी। इससे भी आपस में बड़ी आत्मीयता बनी रहती। मैं हिंदी बोलती

थी पर सेंट्रल ट्रुप में बंगाली सदस्य ज़्यादा थे। फिर मुझे बांग्ला भाषा अच्छी लगती थी, और धीरे-धीरे मैंने बांग्ला बोलना शुरू किया तो मैं बहुत ही ग़लत-सलत बांग्ला शब्द और वाक्य बोल जाती थी, जिस पर सब हँस पड़ते थे। एक दिन बिनय दा ने मुझसे कहा कि तुम मेरी हिंदी ठीक कर दिया करो। बातचीत के दौरान मैं उनको ग़लत हिंदी के लिए टोकती रहती। इससे कभी-कभी बड़ी मज़ेदार स्थितियाँ पैदा होतीं। एक बार हमें सड़क पर चलते-चलते कई जगह सिपाही खड़े दिखे तो बिनय दा ने कहा, 'पता नहीं, आज इतना पुलिस क्यों खड़ा है।' मैंने कहा, 'बिनय दा, पुलिस 'खड़ा' नहीं, 'खड़ी है' होगा।' इसी तरह किसी मुल्ला की दाढ़ी देखकर वह बोले, 'वाह, इसका दाढ़ी तो बहुत लंबा है।' मैंने टोका, 'बिनय दा, हिंदी फिर ग़लत हो गई। दाढ़ी लंबा नहीं, लंबी होगी।' तब बिनय दा एकदम बिमड़ गए। बोले, 'भई रेखा, तुम्हारी हिंदी में बड़ा गड़बड़ घोटाला है। पहले इसे ठीक करो, तब हम पढ़ें।' मैंने पूछा, 'क्यों?' बोले, 'यह भी कोई भाषा हुई कि पुलिस के जवान, ताक़तवर आदमी, बंदूक़-लाठी लिये खड़े रहनेवाले, स्त्रीलिंग कैसे हो सकते हैं? इसी तरह दाढ़ी से सरासर आदमी टपक रहा है। ज़ाहिर है, किसी औरत के दाढ़ी नहीं उग सकती। फिर यह दाढ़ी कैसे स्त्रीलिंग हो गई?' इसी तरह जितनी कोमल, सुंदर चीज़ें होती थीं, उन्हें वे स्त्रीलिंग बोल जाते थे, पर हमेशा देखते थे, हमारी हँसी में वे भी शामिल हैं।

हमारी इस मंडली में प्रेम धवन पंजाब से आया था। उसे लस्सी पीने और गोश्त, रोटी खाने की आदत थी। मगर उन दिनों राशन का ज़माना था और पार्टी हैडक्वार्टर के कम्यून में सभी को खाने के साथ मोटे चावल और हफ़्ते में एक दिन केवल खिचड़ी खानी पड़ती थी। प्रेम बेचारा ठीक से रोटी न मिलने से बड़ा दुखी था। पर कम्यून में रसोई की इंचार्ज माई से कहने की किसी की हिम्मत न पड़ती थी। उसकी परेशानी देखकर बिनय दा ने उसे उकसाया, 'भई लस्सीपॉट, तुम्हें गोश्त और रोटी चाहिए तो एक गाना लिखो बढ़िया-सा। शायद तुम्हारी सुनवाई हो जाए।' प्रेम ने सचमुच ही एक गाना लिखा और सब लोगों के सामने सुनाया जिसमें पार्टी के नेताओं के साथ माई भी थी। गाने में शुरू का बंद था : 'गोश्त-चपाती खानेवाला खिचड़ी कैसे खाए, की मैं झुट्ठ बोलियाँ, कोई ना, की मैं कुफ़्र घोलियाँ, कोई ना।' मुख्य पंक्ति प्रेम गाता, हम सब एक साथ 'कोई ना, भाई कोई ना' कहते। प्रेम का यह गाना बहुत जमा और सबको तो ख़ूब मज़ा आया ही, सबसे आश्चर्यजनक बात यह हुई कि माई, जिनके कठोर अनुशासन के सामने किसी की दाल नहीं गलती, उनका मन पिघल ही गया और प्रेम के लिए विशेष रूप से रोटी की व्यवस्था होने लगी।

रोज़ ही हम बिनय दा के निर्देशन में गानों का अभ्यास करते थे जिनमें देशभक्ति के कुछ पुराने प्रसिद्ध गाने होते थे और कुछ नए लिखे हुए। इनमें 'हिंदी हम चालीस करोड़', 'सारे जहाँ से अच्छा', 'भूखा है बंगाल रे साथी', 'अब नभ में पताका नाचत है', 'यह जंग है जंगे-आज़ादी', 'दिन ख़ून के हमारे प्यारे भूल न जाना', रवींद्रनाथ टैगोर के 'हिंसा उन्मत पृथ्वी', 'आमार नूतन जोवनेर दूत', 'बाँध भेंगे दाओ', 'नमो जंत्र' आदि थे। बिनय दा का लिखा हुआ, 'होई होई होई, जापान होई' हम सब 'एक्शन सौंग' की तरह गाते थे। उनके शब्द और स्वर ऐसे थे कि दुश्मन को भगाने के दृढ़ संकल्प से हम सबके मन एक अद्भुत ओज से भर उठते थे। लगता है, हमारे मन का यही दृढ़ संकल्प श्रोताओं को बहुत प्रभावित करता था। प्रभाव की दृष्टि से एक गाना बहुत ही प्रचलित हुआ। वह था, 'फिराइया दे दे

दे मादेर कायूर बंधु देरे' जिसे बिनय दा ने दक्षिण भारत में कयूर नामक स्थान के चार क्रांतिकारी युवकों पर लिखा था। देश को स्वतंत्र कराने के प्रयास के अपराध में ब्रिटिश सरकार ने उन्हें फाँसी पर लटका दिया था। देशप्रेम की तड़प उस गाने में फूट-फूटकर उभरती थी, क्योंकि वैसी ही दृढ़ता और जोशीली आवाज़ में जब वे गाते थे, 'चार क्यूरेर बदले औ भाई, आमार हज़ार-हज़ार कायूर चाई, हज़ार-हज़ार कायूर चाई, हज़ार-हज़ार कायूर चाई' तो हम सब दुहराते थे। तब सचमुच ही ऐसा लगता था वे चार युवक हज़ारों की संख्या में उमड़े आ रहे हैं। हर डगर, हर दिशा से उनके असंख्य सिर स्वतंत्रता संग्राम के लिए ऊँचे उठते ही जा रहे हैं।

सेंट्रल ट्रूप की शुरुआत बंगाल स्क्वॉड के कार्यक्रम के बाद 1944 के अप्रैल महीने में हुई थी और मार्च, 1947 में वह टूट गया। हम सब अपनी-अपनी सुविधा और ज़रूरतों के अनुसार बंबई से अलग-अलग जगहों पर चले गए। उसके बाद आपस में मिलना बहुत कम हो गया, पर वह हार्दिकता तो मन में बनी ही रही। ट्रूप छोड़ने के बाद बिनय दा से पहली मुलाकात सन् 1948 के शुरू में अहमदाबाद में जन-नाट्य संघ की कॉन्फ्रेंस में हुई। उनका व्यवहार, हँसी-मज़ाक़ करने की आदत, गाने का उत्साह पहले जैसा ही ज्यों का त्यों था। एक बार फिर हम लोगों ने मिलकर गीत गाए। जुलूस बनाकर गाते हुए अहमदाबाद की सड़कों पर निकले। इसके बाद सन् 1949 में इलाहाबाद में जन-नाट्य संघ की कॉन्फ्रेंस में बिनय दा की बड़ी प्रतीक्षा रही। बंबई छोड़ने के बाद हम लोग इलाहाबाद जाकर रहने लगे थे। एक तरह से हमारे कारण ही यह कॉन्फ्रेंस वहाँ हो रही थी और इसके आयोजन का कार्यभार नेमिचंद्र जैन को सौंपा गया था। लिहाज़ा मुख्य हलचल का केंद्र हमारा घर ही बन गया था। फिर से पुराने मित्र मिलेंगे, इसका हम लोगों के मन में बड़ा उत्साह था।

कॉन्फ्रेंस 4-9 फ़रवरी, 1949 तक कम्युनिस्ट पार्टी की संकीर्णतावादी उग्रपंथी नीति के अंतर्गत रेलवे हड़ताल की छाया में हो रही थी। फिर भी उस समय उसमें भाग लेनेवालों का बड़ा उत्साह था। सभी जगह से बड़े-बड़े कलाकार आए थे जिनमें बलराज साहनी, हबीब तनवीर, दीना पाठक, सलिल चौधरी, हेमांग बिस्वास, भूपति नंदी, शीला भाटिया, अचला सचदेव, खेम सिंह नागर, राजेंद्र रघुवंशी, उद्धव कुमार आदि सब इप्टा के और बाद में पूरे सांस्कृतिक जगत् में प्रसिद्ध होनेवाले कलाकार थे। पर जिस व्यक्ति के आने की सबसे अधिक प्रतीक्षा थी, वही बिनय दा नहीं आए। तभी पता चला कि वे भारतवर्ष छोड़कर रूस चले गए हैं। मैं और नेमि बहुत उदास हो गए, क्योंकि उनके होने से तुरंत ही पारिवारिक हँसी-मज़ाक़ का जो माहौल बन जाता था, वह उस इप्टा कॉन्फ्रेंस में नहीं बन पाया और हम सभी उनकी कमी बहुत महसूस करते रहे।

इसके कुछ वर्ष बाद फिर एक और इप्टा कॉन्फ्रेंस बड़े ज़ोर-शोर से दिल्ली में हुई, पर बिनय दा उसमें भी सम्मिलित नहीं हो सके। कई वर्ष गुज़र गए, अचानक एक दिन पता चला, बिनय दा रूस से वापस आ गए हैं और वे दिल्ली में ही हैं, जवाहरलाल नेहरू यूनिवर्सिटी में रूसी भाषा पढ़ाते हैं। बड़ी मुश्किल से कई दिन बाद हम लोग मिले। जिस हार्दिकता से मिले, लगा, हम लोगों के बीच अभी भी वैसा ही प्यार है। बातों में यह भी देखा कि बिनय दा की हँसी-मज़ाक़ करने की आदत अभी तक गई नहीं है। फिर उनसे थोड़े-बहुत दिनों बाद मुलाक़ात हो ही जाती और जब मिलते, अक्सर हम लोग मिलकर फिर से गीतों की मंडली

बनाने की बात करते। मुझे याद है, आख़िरी बार 1975 की सर्दियों में मृत्यु से कुछ ही महीनों पहले जब हम शायद डॉ. सतीशचंद्र के घर पर मिले तो वहाँ कई नए और अपरिचित लोगों की औपचारिकता वाला वह ख़ामोश वातावरण बिनय दा की उन्मुक्त हँसी और आत्मीय बातचीत से मधुर और सहज हो गया था। मैंने और नेमि ने तभी कहीं मिलकर जल्दी ही इप्टा के सब गानों पर कुछ काम करने का निश्चय किया था। पर अब बिनय दा के निधन की ख़बर ने सब कुछ उलट-पलट कर दिया। अब गानों का कोई निश्चय पूरा नहीं हो सकेगा। मेरे सामने उनका वही विनोदशील, ओजस्वी चेहरा बार-बार चक्कर लगा रहा था। सोचती रही, साधारण-से दिखनेवाले कैसे अद्‌भुत थे बिनय दा! उनके व्यक्तित्व में दृढ़ता, मधुरता, मानवीय संवेदना की परख और संयम का ऐसा अनोखा सम्मिश्रण था, ऐसी ऊर्जा थी जो जनसमुदाय को आगे बढ़कर काम करने की प्रेरणा देती थी। प्राध्यापन में भी वे कुशल थे। अभिनय भी करते थे, पर मूलतः वे ऐसे गायक, कवि, कलाकार थे जिन्होंने हज़ारों-लाखों के हृदय को जीता था। उनमें देशप्रेम की आग जगाई थी और जन-जन के प्रिय थे। कठिन परिस्थितियों के सामने हार न माननेवाले दृढ़प्रतिज्ञ इनसान थे वे—बहुत बड़े इनसान।

[*कथादेश* से साभार]

शांति वर्धन

रामप्रकाश त्रिपाठी

रचनात्मक नृत्यों की संरचना करने वाले देश में गिने-चुने ही नर्तक हैं, उनमें शांति वर्धन बेहद प्रतिभा-संपन्न थे। ऐसा लगता है, जैसे प्रतिभा उनका प्राकृतिक गुण था। उन्होंने विपरीत परिस्थितियों से संघर्ष करते हुए सफलताएँ अर्जित कीं। बहुत कम लोग होते हैं जो असहमतियों और असंतोष के मूल को पकड़ पाते हैं और ऐसे लोगों में वे लोग और भी कम होते हैं जो उनका कलात्मक रूपांतरण कर पाते हैं। शांति ऐसे ही थे।

> शांति वर्धन की चमत्कारी प्रस्तुतियाँ, *इंडिया इम्मोर्टल* और *स्पिरिट ऑफ इंडिया* में जहाँ नृत्य-नाट्य की अभिव्यक्ति के भी दर्शन होते हैं, वहीं संस्कृति के लोकतत्त्वों का साम्राज्यवाद विरोधी विचारों के संग रचनात्मक समाहार भी देखने को मिलता है।
>
> **—मुल्कराज आनंद**

लोक-परंपरा, शांति वर्धन (जिन्हें प्यार से सभी शांतिदा कहते थे) के लिए लोक के प्रति प्यार का प्रतिरूप थी और शास्त्रीयता लोकसंस्कृति का पूर्ण परिपाक। उनकी कला का विकास स्वतंत्रता-समर के दौरान हुआ था, इसलिए उनमें अजब-सी बेचैनी थी जो भारतीय कलाओं की उपेक्षा या उसके विद्रूपीकरण से उपजी थी। इसलिए शांतिदा ने नृत्य को अपना मूल कर्म ज़रूर बनाया लेकिन व्यवसाय नहीं। उन्होंने परंपरा से विच्छिन्न पीढ़ी को परंपरा से जोड़ने का काम ज़रूर किया, लेकिन रूढ़ियों से समझौता कभी नहीं किया।

इम्मोर्टल इंडिया यानी *अतुल्य भारत* ! इस प्रस्तुति ने भारतीय पहचान को पुनःपरिभाषित ही नहीं किया, नृत्य-नाट्य के लिए नई भूमिका का सृजन भी किया। ऐसी भूमिका जिसमें परंपरा की सुवास हो, पुनराविष्कार की क्षमता हो, जो विचारधारा से भी लैस हो और प्रथमतः और अंततः जनपक्षधर हो। जन पक्षधरता की उनकी पृष्ठभूमि भी कम दिलचस्प नहीं है। शांति वर्धन 1927 में कोमिल्ला से कलकत्ता आए और अपने बड़े भाई धनदा के साथ रहने लगे। तब वे दस वर्ष के शैतान बच्चे थे। जैसा समय था और इस किशोर की संवेदनशीलता का जो स्तर था, उसकी वजह से वह सहज ही क्रांतिकारियों के संपर्क में आ गया और उनकी गतिविधियों में हिस्सेदार बन गया। ज़ाहिर है कि स्कूली पढ़ाई से उसका ध्यान हटता गया। आठ-दस महीने तक क्रांतिकारियों के लिए काम करने के बाद शांति गिरफ़्तार कर लिया गया। उस पर चोरी-छिपे क्रांतिकारी दलों को मदद पहुँचाने का संगीन आरोप लगाया गया। किशोर उम्र के होने के बावजूद उसे चार महीने सलाख़ों के पीछे काटने पड़े। पुलिस उससे क्रांतिकारियों के पते-ठिकाने, अड्डे तथा उनके नेतृत्वकारी साथियों के पते उगलवाना

चाहती थी। लेकिन सभी संभव यातनाएँ देकर भी उसका मुँह नहीं खुलवाया जा सका। अलबत्ता इस सबका उसके स्वास्थ्य पर बहुत बुरा प्रभाव पड़ा। धनदा ने उसे वापस कोमिल्ला भेज दिया।

जेल की छाप लग जाने के कारण क्रांतिकारियों से संपर्क संभव नहीं रह गया था। वे पुलिस की निगाह में चढ़ चुके थे। लिहाजा उन्होंने छुटपन के पसंदीदा नृत्य के शौक में मन लगाया। वे कोमिल्ला से मणिपुर गए। वहाँ उन्होंने गुरु अंबुनी सिंह से बारह साल तक टिपेरा लोकनृत्य सीखा। अंबुनी इस विधा के संभवतः अंतिम गुरु थे। प्रशिक्षण के बाद शांति वर्धन छह महीने तक इसलिए एकांतवास में रहे क्योंकि वे विधा को अपनी तरह से आत्मसात् करना चाहते थे। उनके दिमाग़ में पूर्वी बंगाल (अब बांग्लादेश) की लोकधुनें, मणिपुरी की लयकारी, लोकचित्रों, लोक-कलाकारों की भंगिमाओं-मुद्राओं और प्रदर्शन क्षमताओं को कैसे अपनी विधा में समाहित करें—यह सब घुमड़ रहा था। वे बुनियादी तौर पर लोक-संवेदी कलाकार थे—यह अक्सर गुल वर्धन और प्रभात गांगुली ने बताया। अंतर्राष्ट्रीय विज्ञान कांग्रेस में (कलकत्ता, 1938) में जब उन्होंने एकल नृत्य प्रस्तुत किया तो सारा नृत्य-जगत् उनके कौशल, प्रतिभा और प्रयोगधर्मिता से चमत्कृत हुआ। हिरेन घोष ने उनके टिपेरा नृत्य की अद्‌भुत प्रस्तुतियाँ देश-भर में करवाईं। इस तरह उन्हें देशव्यापी पहचान मिली।

जैसा कि सब जानते हैं कि शांति वर्धन उदयशंकर के कनिष्ठ और घनिष्ठ साथी थे। सन् 1940 में वे उदयशंकर के अल्मोड़ा स्थित कल्चरल सेंटर से जुड़ गए। यहाँ उनका संपर्क कथकली के गुरु शंकरन नंबूदिरि, भरतनाट्यम के कर्दम पिल्लई से हुआ। अंबुनी सिंह (मणिपुरी) से तो वे पहले ही प्रशिक्षण प्राप्त कर चुके थे। उदयशंकर का साथ और मार्गदर्शन उनके लिए नई हवा के समान था। यहाँ शुद्धतावाद की जगह विविध शैलियों के समाहार की संभावना भी थी। दरअसल, उदयशंकर ने 1930 में जो नई शैली की खोज शुरू की थी, शांतिदा ने उसे प्रेरक परंपराओं में गूँथकर आगे बढ़ाया। कपिला वात्स्यायन ने बताया कि उन्होंने आधुनिक भारतीय नृत्य के इतिहास में अपनी परिकल्पना की अनुपमता, नृत्य-रचनाओं के प्रयोगों, देह-गतियों और मंच की भाषा में नवोन्मेष के द्वारा ऐसे आयाम जोड़े जिन्होंने सार्थक प्रयोगधर्मिता के द्वार खोले।

शांतिदा अगर आधुनिक समय की अति कल्पनाशील नृत्यनाटिकाओं में अग्रणी रहे तो उसके पीछे उनकी नृत्य-कल्पनाओं के अलावा जिस चीज़ का बड़ा हाथ रहा, वह थी मार्क्सीय दृष्टि। यह आकस्मिक नहीं था कि वे न सिर्फ़ भारतीय जन नाट्य संघ (इप्टा) से बल्कि कम्युनिस्ट पार्टी द्वारा संचालित नृत्य शाखा, सेंट्रल स्क्वॉड से भी संबद्ध रहे। परंपरा के पुनरुत्थानवादी रुझानों, सामंती रूढ़ियों को दरकिनार करते हुए, लोकआस्था को ठेस पहुँचाए बिना मिथक का जनमुखापेक्षी और रचनात्मक इस्तेमाल कैसे किया जा सकता है, यह उन्होंने बताया। चूँकि जिसे पारिभाषिक शब्दावली में इतिहास कहा जाता है, उसकी परंपरा भारत में चीनी यात्रियों के आगमन से पहले नहीं थी, इसलिए शांतिदा ने भारतीय संस्कृति की द्वंद्वात्मक व्याख्या करते हुए अपनी समझ बनाई और नया रास्ता खोजा।

यह जानना कम दिलचस्प नहीं है कि उदयशंकर से अलग होने के बाद जब वे नई राहों के अनुसंधान में जुटे थे तब कविवर सुमित्रनंदन पंत ने उन्हें और अवनी दासगुप्ता को बंबई ले जाकर भारतीय कम्युनिस्ट पार्टी के महासचिव कॉमरेड पी.सी. जोशी से मिलवाया। कम

लोग जानते हैं कि पंत जी और जोशी जी में आत्मीय संबंध थे। इसी के बाद वे इप्टा से और सेंट्रल स्क्वॉड से जुड़े। लगभग यही समय था (1943) जब बंगाल भीषण अकाल की चपेट में आया। इससे निपटने के लिए जितनी सहायता की अपेक्षा थी, उसका पासंग भी ब्रिटिश हुकूमत पूरा नहीं कर रही थी। आसपास से मिलनेवाले जनसहयोग से भी काम नहीं चल रहा था। भारतीय कम्युनिस्ट पार्टी ने इसके लिए राष्ट्रव्यापी चेतना जगाने और सहायता जुटाने की योजना बनाई। वक़्त के साथ काल का ग्रास बढ़ता जा रहा था। ज़िंदगी की डोरें टूटती जा रही थीं। बहुत कम समय था। ऐसे में पार्टी की प्रेरणा से संगीतमय नाट्य-रचना की चुनौती शांतिदा ने स्वीकार की। बहुत कम समय में उन्होंने 'भूखा है बंगाल' की दिलों को हिला देनेवाली संरचना की। बंगाल पर शेष भारत की तटस्थता को तोड़ने में इस नृत्य-नाट्य ने ऐतिहासिक भूमिका निभाई। भूख की त्रासदी को, मृत्यु की हृदय-विदारक छवियों से उन्होंने प्रायः निःशब्द नृत्य-नाटिका को मर्मांतक संगीत के साथ गूँथा। पहली बार मंच पर कंकाल नृत्य देखकर बंबई से पंजाब तक के हज़ारों दर्शक स्तब्ध हुए और बंगाल अकाल से निपटने के लिए अवाम ने मुक्तहस्त से दान दिया।

बेशक कला-विशेषज्ञों और कला-समीक्षकों के अनुसार यह प्रस्तुति शांतिदा की रचनात्मकता का उत्कृष्ट नमूना नहीं थी। लेकिन इसे ख़ास मक़सद के लिए, सीमित सृजन क्षमता के साथ भावोद्रेकी ढंग से बनाया गया था। जिस उद्देश्य के लिए 'भूखा है बंगाल' नाटिका तैयार की गई थी, उसमें अलबत्ता वह अपेक्षा से अधिक सफल रही। कला का बड़ा प्रतिमान भले ही न गढ़ा जा सका हो लेकिन उसने शांतिदा की संवेदनशीलता का परिचय सारे देश से करवाया और साधारण लोगों में से सैकड़ों उत्साही युवाओं को प्रेरक संदेश दिलवाया। इसी का प्रभाव था कि उन्हें नृत्य, गान, सितार, तालवाद्य जैसे रचनात्मक कामों के लिए युवजनों की बड़ी टोली मिली। बेशक ये युवा प्रशिक्षित और निष्णात कलाकार नहीं थे। शांतिदा ने मेहनत से इन्हें तैयार किया। उनके अनन्य साथी संगीतकार-कोरियोग्राफ़र अपुनिकर्ता ने एक जगह लिखा है कि टाँगों पर खड़ी कोई भी चीज़ उन्हें दे दीजिए, वे उसे नृत्य में बदल देंगे। अपुनि ख़ुद वाम पक्षधर थे। उन्होंने लिखा है कि चालीस के दशक में उन्होंने बंबई के रेड फ़्लैग हॉल में उनकी कोरियोग्राफ़ी और नृत्य निर्देशन का कमाल देखा था। साथी नृत्यांगनाएँ थीं–लीला सुंदरैया, (का. सुंदरैया की पत्नी), दिनशा चारी (एडवोकेट ए.एस. चारी की पत्नी), दीना संघवी (जो बाद में दीना पाठक हुईं), शांता गांधी आदि। ये महिलाएँ प्रायः घरेलू या पार्टी एक्टिविस्ट ही ज़्यादा थीं। इनको ललित नृत्य के मार्फ़त भाव-संवाद करते हुए देखना सुखद आश्चर्य था। जंगे-आज़ादी के दौरान राष्ट्रीयता के ज्वार में नृत्य विधाओं का उत्कर्ष तो हो रहा था लेकिन था वह पुरानी बोतल में पुरानी शराब की मानिंद ही। शांति वर्धन ने उसका सही अर्थों में पुनराविष्कार किया। *इंडिया इम्मोर्टल* में जहाँ कलाओं के भारतीय स्वर्णयुगीन गौरव के साम्राज्यवाद के हाथों दुर्दांत पतन को विषय बनाया गया था, वहीं नई नृत्यनाटिका *द स्पिरिट ऑफ़ इंडिया* को ज़मींदारी और सामंती शोषण के साथ औपनिवेशिक अत्याचारों पर केंद्रित किया गया था। इसमें सांस्कृतिक, समाजार्थिक और आत्मनिर्भर भारत की तस्वीर उकेरी गई थी। इसका संगीत शांति वर्धन और अपुनिकर्ता ने तैयार किया था।

आज़ादी से दो साल पहले 45 मिनट की यह साहसिक प्रस्तुति झिंझोड़कर रख देनेवाली थी। यह 'भूखा है बंगाल' से बहुत आगे का क़दम ही नहीं था, भारतीय बैले के विकासक्रम

का अहम पड़ाव भी था। द्वंद्वात्मकता की दृष्टि ने शांतिदा को समझा दिया था कि ऐतिहासिकता, सांस्कृतिक गौरव और सौंदर्य चिंतन के बिना बात बनेगी नहीं। यह दृष्टि *द स्पिरिट ऑफ़ इंडिया* में परिलक्षित होती है।

बंबई के अंधेरी इलाक़े में एक खुशरू लॉज हुआ करती थी। वहाँ सौ साल पुराना एक वटवृक्ष था। बड़ा-सा उजाड़ बग़ीचा था, मगर आम और चीकू जैसे पेड़ों से भरपूर। कहते हैं, वटवृक्ष के नीचे कुछ पैदा नहीं होता। शांति वर्धन ने मगर भारतीय संस्कृति के वटवृक्ष का विदोहन करके अंधेरी के इस वटवृक्ष के नीचे भारतीय बैले के ऐसे रूपाकार गढ़े जो इतिहास-कला संस्कृति में मानक की तरह आँके गए। खुशरू लॉज में शांतिदा का कला-मंडल निवास नहीं करता था। वहाँ कला-कम्यून हुआ करता था। महाश्वेता देवी ने वहाँ के माहौल का वर्णन करते हुए कहा है कि यह कम्युनिस्ट पार्टी की कम्यून पद्धति पर संचालित हो रहा था--एक परिवार की तरह। लविंग केयर और कठोर अनुशासन के साथ। खाना बनाने, साफ़-सफ़ाई, विचार-विमर्श सहित सभी चीज़ों में सब साझीदार थे। गुल वर्धन ने बताया कि हम सब साथ हँसे, लड़े, झगड़े और आगे बढ़े। किसी को लक्ष्य और विचारधारा के बारे में कोई भ्रम नहीं था। सबके अंदर आग थी, कुछ कर दिखाने की। एक आदर्श के लिए काम करने की। यही वह ग्रुप था जो इप्टा के अंतर्गत रहकर भी सीधे पार्टी के सेंट्रल स्क्वॉड के लिए काम करता रहा। *स्पिरिट ऑफ़ इंडिया* की स्पिरिट का सीधा संबंध पार्टी के साथियों की स्परिट और प्रोत्साहन से था।

मुख़्तसर यह कि सेंट्रल स्क्वॉड जननाट्य संघ का केंद्रीय ग्रुप बन गया। हालाँकि इसका काम नृत्य और नृत्य नाटिकाओं तक सीमित था। शांति वर्धन इसके नृत्य-निर्देशक थे। रवि शंकर को भी संगीत-निर्देशन का काम सौंपा गया था। काम करने के लिए प्रशिक्षित कलाकारों के बजाय नए और प्रायः नृत्य-निरक्षर, लेकिन उत्साही लोगों की टोली जुटी। दिन-रात की मेहनत से शांतिदा ने अपनी रणनीति बनाकर नृत्य का जो स्वरूप तैयार किया, उसमें लोक था, शास्त्रीयता थी, लोकचित्रों वाली चित्रोपमता थी, मिनिएचर पेंटिंग्स से उपजे दृश्यबंध थे। इसके लिए उन्होंने तमाम पुस्तकालयों की ख़ाक छानी। उन्होंने ऐसी घटनाएँ और ऐसे प्रसंगों को चुना जो मुख्य विषय की ज़रूरत को पूरा करते थे। वे संदेश देना चाहते थे कि ऐतिहासिक, सामाजिक और आर्थिक ताक़तों ने स्वतंत्रता की चाह को सिरजा है। सामाजिक न्याय उसकी सबसे बड़ी ज़रूरत थी। इसकी तैयारी में आद्य इतिहास, प्राचीन इतिहास, मध्यकालीन और आधुनिक इतिहास के सूत्रों का कलापक्ष से दस्तावेज़ीकरण किया गया। नृत्य की नव्य शैली में शास्त्रीयता और लोकतत्त्वों के साथ आधुनिकता का भी सम्मिश्रण था। ऐतिहासिक काल प्रवाह वहाँ था। कंपोज़ीशन, विज़न, स्टाइल, फ़ार्म सब में नयापन था। इन्हीं चीजों से तैयार हुए : *स्पिरिट ऑफ़ इंडिया* और *इम्मोर्टल इंडिया*। प्रख्यात नृत्यविद् कमला देवी चट्टोपाध्याय ने कहा है कि भारत आज़ादी की दहलीज़ पर था और शांति वर्धन का काम गर्व और स्वतंत्रता की चेतना के विस्तार को नए रूपाकार दे रहा था।

बाल रंगमंच के लिए उल्लेखनीय अवदान देनेवाली रेखा जैन अपने पति नेमिचंद जैन के साथ कलकत्ता से बंबई आई थीं। कलकत्ता की पार्टी इस सांस्कृतिक इकाई को मदद पहुँचाना चाहती थी। बंगाल जापान की बमबारी झेल चुका था। अकाल झेल रहा था। ज़रूरत जनता की सहायता की थी। उनके ट्रुप ने गुजरात, महाराष्ट्र, पंजाब से काफ़ी धन जमा किया।

वे कहती हैं कि उन्हें शांतिदा की शिष्या होने पर गर्व है। उनकी शिक्षा के कारण ही वे बाल रंगमंच का संचालन कर पाईं। रेखा जी ने भोपाल में शांतिदा पर हुए सेमिनार में बताया कि 1943 में इप्टा का गठन हो चुका था। उदय शंकर ग्रुप बिखर चुका था। भारतीय कम्युनिस्ट पार्टी के महासचिव, कॉमरेड पी.सी. जोशी सेंट्रल बैले ट्रुप के लिए सहमत हो गए थे। इसके लिए वे कलकत्ते से चुनी गई थीं। शांतिदा ने किस तरह नृत्य दल को गढ़ा, इस पर उन्होंने विस्तार से बात की थी। शांतिदा में बेहतर को बेहतरीन बनाने का जुनून था। उनके प्रशिक्षण में कोई शैथिल्य नहीं था। शारीरिक व्यायाम की क्लास, नृत्य-मुद्राओं की क्लास, पद-संचालन की क्लास, यहाँ तक कि नृत्य के विषय और राजनीतिक-सामाजिक-आर्थिक मुद्दों पर विचार-विमर्श की क्लास। शांतिदा कोई कोना ख़ाली नहीं छोड़ते थे। विश्राम उनके लिए जैसे था ही नहीं। 'आराम हराम है' के नारे को वे सही तरह से जीते और चरितार्थ करते थे। संगीत, वाद्य संगीत की क्लास पहले बिनय राय लेते थे, शुरू में अवनि दासगुप्ता ने प्रशिक्षण दिया, बाद में रविशंकर संगीत-निर्देशक हो गए। इन कलाकारों को रानु दा, उस्ताद अलाउद्दीन ख़ाँ, सचिन शंकर और लोक-संगीत, लोकनृत्य के शीर्षस्थ गुरुओं से बहुत-कुछ सीखने को मिला। सब कुछ इतना वैविध्यपूर्ण कि आरंभ में किसी दिशा का बोध नहीं होता था। उन्हें पता नहीं था कि वे किस शैली में काम कर रहे हैं। दरअसल नृत्य की किसी घिसी-पिटी लीक पर वे चल भी नहीं रहे थे। उनकी नृत्य संरचनाओं और नृत्य नाटिकाओं पर किसी स्कूल विशेष की छाप नहीं थी।

जीवन पाणि उन्हें यों ही दृश्य-कवि नहीं कहते थे। यह टिप्पणी उनके आकार-प्रकार या व्यक्तित्व पर नहीं थी। उनका छोटा-सा क़द था, गहरा साँवला रंग, घने-घुँघराले बाल! प्रथम दृष्टि में वे महान कलावंत लगते भी नहीं थे। ऊपर से अतिशय विनम्र और बहुत ही कम बोलनेवाले। ख़ामोशी में भी दृश्य-बिंबों की रचना होती रहती थी। शास्त्रीय परंपरा में नाटक को दृश्यकाव्य कहा जाता है। शांति वर्धन तो अनुपम दृश्य-बंधों के स्रष्टा थे। उन्हें इसीलिए जीवन पाणि विजुअल पॉइंट कहते थे। वे मानते हैं कि जहाँ तक कल्पनाशील नृत्य संरचनाओं का संबंध है, शांतिदा ने उदयशंकर को पीछे छोड़ा है। शांति वर्धन ऐसे स्वप्नदर्शी थे जिन्हें सपनों को सच बनाना आता था। वे मंच पर केवल चाक्षुष इंद्रजाल ही नहीं रचते थे, उसमें वैचारिक बेचैनी भी भरते थे। उनका मानना था कि मिथकीय चरित्रों को इतिहास में सीमित नहीं करना चाहिए। मिथ को इतिहास मात्र के चश्मे से देखना ग़लत है। इतिहास केवल अतीत में जीता है। मिथक भूत-वर्तमान-भविष्य में संचरण करता है। शांतिदा पर चर्चा के दौरान कवि राजेश जोशी ने उत्तेजित होकर यह टिप्पणी की थी।

इम्मोर्टल इंडिया और *स्पिरिट ऑफ़ इंडिया* के बाद उनकी अगली महत्त्वपूर्ण रचना थी–*डिस्कवरी ऑफ़ इंडिया* यानी *भारत की खोज*। यह जवाहरलाल नेहरू की इसी नाम की प्रसिद्ध ऐतिहासिक कृति का नाट्य-प्रस्तुतीकरण थी। इसे शांतिदा ने इंडियन नेशनल थिएटर की ओर से नई दिल्ली में आयोजित एशियाई रिलेशंस कांफ्रेस (1947) में प्रस्तुत किया था। इसे अपार प्रशंसा मिली। स्वयं नेहरू ने लिखा कि 'नृत्य-नाटिका, *डिस्कवरी ऑफ़ इंडिया* की प्रस्तुति का समग्र प्रभाव मेरी पुस्तक की तुलना में कहीं ज़्यादा और गहरा है।'

चतुर्दिक् प्रशंसा के बीच भी शांतिदा प्रस्तुति से पूर्णतः संतुष्ट नहीं थे। उन्होंने इंडियन रिनेसाँ आर्टिस्ट द्वारा आयोजित देशव्यापी दौरे से पहले अपनी प्रस्तुति में कई सुधार किए

और तुलनात्मक रूप से उसका अधिक प्रभावक्षम संस्करण तैयार किया। इसे देशभर में प्रदर्शन के दौरान अभूतपूर्व सफलता मिली। *इंडिया इम्मोर्टल* के बाद *डिस्कवरी* ने कलाक्षेत्र में सबसे ज़्यादा हलचल पैदा की। दरअसल, यह दो स्वप्न स्रष्टाओं का कलापूर्ण सम्मिलन था। इसमें शांतिदा ख़ुद ब्रिटिश आर्मी के क्रूर सिपाही और ड्रमर की भूमिका में थे। छोटी भूमिकाओं में भी वे भारी प्रभाव छोड़ते थे। सितार वादक के रूप में बाद में कीर्तिलब्ध हुए रविशंकर इस नृत्य नाटिका में हेड मैकेनिक की भूमिका निभा रहे थे। प्रभात गांगुली ने इसकी प्रकाश-परिकल्पना, व्यवस्था और संचालन तो किया ही था, एक बर्तानवी शोषक और महात्मा बुद्ध की भूमिका भी निभाई थी। कई किरदारों को गुल वर्धन ने भी मूर्त किया था। किसी नए शायर का एक शेर याद आ रहा है :

वे तो सोते हैं सिर्फ़ ख़्वाब में जाने के लिए
मैं तो जागता रहा हूँ ख़्वाब सजाने के लिए

कबीर की तरह शांतिदा भी अपने सपनों को मूर्त करने के लिए रातों जागे और रोए हैं। इस अनथक शारीरिक और मानसिक श्रम ने उन्हें बीमार कर दिया। वे उस समय असाध्य कहे जानेवाले रोग टी.बी. के शिकार हुए। उनकी रचनात्मकता को जैसे नज़र लग गई थी। 1949 में जब वे कलकत्ता गए तो उनकी बीमारी विकराल हो चुकी थी। उन्हें किसी तरह घेर-घारकर शिमला हिल्स सेनीटोरियम, कसौली में भर्ती कराया गया, जहाँ वे लंबे समय रहे। टी.बी. का इलाज भी तब क्रूर था। प्रभावित पसलियों को काटकर अलग कर दिया जाता था। शांतिदा की कई पसलियाँ काट डाली गईं। लंबी बीमारी के चलते वे बहुत अशक्त लेकिन भीमकाय रूप में बेडौल हो गए। इस परिस्थिति में वे गहरे अवसाद में चले गए। इस बीच ग्रुप बिखर चुका था। कलाकार इधर-उधर हो गए थे। सेंट्रल स्क्वॉड समेट लिया गया था। सचिन शंकर, अपुनिकर्ता, प्रेम धवन, बिनय राय, दशरथ लाल, अबनी दासगुप्ता, शांता गांधी, गुल, पं. रविशंकर, नरेंद्र शर्मा, रूबी, दीना संघबी (पाठक), रेखा जैन, रेवा (विद्यार्थी), बलराज साहनी आदि का तीन साल चला कम्यून छिन्न हो गया था। शांतिदा ने ख़ुद को बिस्तर की सिलवटों में क़ैद कर लिया था। वे मुश्किल से खड़े हो पाते। नृत्य करने का तो सवाल ही नहीं था। कुछ नया रचने की हूक उठती तो अपनी असमर्थता का ख़याल कर और निराश हो जाते। भयानक आर्थिक तंगी थी। सिने अभिनेता बलराज साहनी ने *स्क्रीन* पत्रिका में 3 सितंबर, 1954 को एक लेख लिखा था : 'ब्रेव फ़ाइटर फ़ॉर आर्ट—शांतिवर्धन नीड्स फ्रेंड्स सपोर्ट'। इसका प्रभाव यह हुआ कि मित्र मदद के लिए आगे आए। उनमें देवानंद, चेतन, किशोर कुमार, उषा किरन, भारत भूषण, शेख़ अब्बास, उमा भट्ट, बिमल राय, प्रेम धवन, मीना कुमारी, अभि भट्टाचार्जी, निरूपा राय, मोहन सहगल, अमर कुमार, राजेंदर सिंह बेदी, उषा खन्ना, मजरूह सुल्तानपुरी आदि शामिल थे। *स्क्रीन* ने सहायता की एक अपील दिलीप कुमार, नासिर ख़ान, राजकपूर, नरगिस, अशोक कुमार, दुर्गा खोटे आदि के नाम से जारी की। *स्क्रीन* के फ़िल्मी पाठक शांतिदा की रचनात्मक ऊँचाइयों से वाक़िफ़ नहीं थे। उन्हें *राही* और *बादवान* फ़िल्मों के होली और मछेरों के नृत्यों की याद दिलाई गई, जिनका निर्देशन शांतिदा ने किया था।

महत्त्वपूर्ण यह नहीं है कि कितनी मदद मिली, महत्त्वपूर्ण यह है कि एक जन-कलाकार के साथ बंबई का कला-जगत् जुड़ा और सामने आया। इस सबसे पहले *स्पिरिट ऑफ़ इंडिया*

के सर्जक की नई स्पिरिट बनकर आगे आईं उनकी पुरानी साथी गुल। पार्टी की नृत्य शाखा के और साथी भी थे। गुल, लेकिन रोज़ जातीं। उनमें उत्साह भरतीं। अधूरे सपनों की याद दिलातीं। *इंडिया इम्मोर्टल* के ज़माने से जो ख़्वाब उन्होंने *रामायण* को लेकर देखा था, उसकी याद ताज़ा करातीं। उन्होंने अंततः शांतिदा को नई रचना के लिए राज़ी कर लिया। शांतिदा में, बांग्ला मुहावरे में कहें तो भीषण सहनशक्ति थी, नृत्य के प्रति संपूर्ण समर्पण का भाव था, वैचारिक पुख़्तगी थी, गहरी मानवीय दृष्टि थी और थी सृजन की विलक्षण क्षमता।

आरंभ में बंगाली लोकनृत्य *गजान, चतुरंग, भज लीला, रूमाल, शिवशंकर* आदि छोटी-छोटी रचनाओं से नई शुरुआत हुई। 20 जनवरी, 1952 को शांतिदा, अपुनिकर्ता, दशरथ लाल, गुल, दो-एक लोग और साथ ही दो पालतू कुत्ते और 187 रुपये नक़द। इस सरमाए के साथ नई संस्था 'लिटिल बैले ट्रुप' का जन्म हुआ। अंबु भाई शेठ ने धोबी तालाब के पास श्रीराम मंदिर परिसर में एक जगह उपलब्ध कराई। पहली प्रस्तुति 26 जनवरी, 1953 को दामू झावेरी के सौजन्य से हुई। प्रभावी प्रस्तुति के बाद सहायता की अपील पर धन संग्रह तो बहुत हुआ, लेकिन नए काम के लिए वह पर्याप्त नहीं था। गुल चूँकि गुजरात के खाते-पीते घराने से थीं, सो वे किसी तरह इंतज़ाम करतीं। साथ ही काम का आग्रह और दबाव बनाए रखतीं।

शांतिदा के मन में *रामायण* के मिथक के इस्तेमाल का विचार था। इस पर बहुत बार बात हुई। *रामायण* बैले की परिकल्पना को 'थके व्यक्ति का पुनरुत्थानवादी विचार' तक मित्रों ने जोश में कह दिया। लेकिन शांतिदा ख़ामोशी से मुस्कराते रहे। बड़ा प्रोजेक्ट था। बड़ा संभावित ख़र्च था। साधन लगभग शून्य। शांतिदा मगर क़िस्म-क़िस्म की रामकथाओं, रामलीलाओं, रामकथा पर आधारित लोकनृत्यों को स्मृति में सँजोते रहे और रामकथा विषयक ग्रंथों से जूझते रहे।

प्रगतिशील मित्रों को उन्होंने समझाने की कोशिश की कि यह युगों-युगों से लोक को प्रेरणा देनेवाला आख्यान है। केवल घटनाप्रधान ढंग से इसे प्रस्तुत नहीं किया जाएगा। इस कथा को नए युगबोध से जोड़ा जाएगा। उनके स्वास्थ्य के मद्‌देनज़र लोग असहमत होकर भी सहमति जताते और मदद करते। यहाँ बड़ी चुनौती यह थी कि कलाकार छोटे थे और कथा बड़ी। कार्य संवहन कैसे हो? शक्ल-सूरतें भी ऐसी नहीं कलाकारों की कि उन्हें राजसी संदर्भ में प्रस्तुत किया जा सके। तभी उनके मन में कठपुतली शैली का विचार कौंधा। उन्हें लगा कि यह शैली तो बच्चों से बुजुर्गों तक सबको पसंद आएगी। इस पर महीनों काम चला। बलराज साहनी इससे ख़ासे ख़फ़ा थे। वे कहते थे कि कठपुतलियों के जर्की मूवमेंट्स से बैले की गति प्रभावित होगी और मुखौटों के प्रयोग से भाव संप्रेषण संभव नहीं होगा। शांतिदा मगर पाषाण में अहल्या-प्रभाव पैदा करना चाहते थे।

दिलचस्प यह है कि इसका संगीत राम के वनगमन के साथ-साथ देश-प्रदेश के हिसाब से बदलता चलता है। उत्तर-दक्षिण, पूरब-पश्चिम सब जगह के लोक और शास्त्रीय संगीत का प्रयोग अबनि दासगुप्ता और बहादुर ख़ाँ ने शांतिदा के परामर्श से किया। शांतिदा शास्त्रीय और लोककलाओं की पद्धतियों के जानकार थे। एक दिन उन्होंने एक पंजाबी रसोइए से पंजाबी गीत सुना। इसके साथ ही रामायण में हीर को शामिल करने का विचार बना। अयोध्या के दृश्यबंध बुनते वक़्त उत्तर भारतीय संगीत और पंपापुर तथा दक्षिण में बदलकर स्थानीय लोक और कर्नाटकी संगीत। रामायण बैले एक तरह के भारतीय संगीत की समुच्चयवादी

प्रस्तुति भी बनी। असम, मणिपुर, ओडिशा को अलग से वेश-विन्यास से पहचाना जा सकता है।

वेश-विन्यास की बात आई तो यह ग़ौर करने लायक़ है कि जिस बैले को दुनिया का सबसे रंगीन या रंगारंग बैले माना जाता है, उस रामायण बैले के अधिकांश परिधान दान से मिले टाट को रँगकर, उन पर क़शीदेकारी की शैली से रेखांकन कर बनाए गए, जो मंच पर हर हाल में राजसी से भी ज़्यादा राजसी नज़र आते थे। मुखौटों में सबसे बडी दिक़्क़त थी। एक दिन प्रभा शाह ने शांतिदा को जैन मिनिएचर पेंटिंग्स की एक पुरानी किताब दिखाई जिसमें चौकोर और आयताकार मुखौटे थे। फिर क्या था! सोवियत पत्रिकाओं के मोटे कवर्स पर मलमल चिपकाकर आवश्यकतानुसार राजपूताना, चमोली, पहाड़ी क़लम के ढंग से राम-सीता-हनुमान सहित तमाम चरित्रों के रूपाकार उकेरे गए जो आज भी सबको चकित करते हैं। बैले के गीतों की रचना दशरथ लाल ने की। दशरथ विधिवत् कवि नहीं थे। ट्राम के ड्राइवर, ट्रेड यूनियनिस्ट और कम्युनिस्ट थे। सरल-संप्रेष्य भाषा में गीत रचना करके उन्होंने बैले को नया अंदाज़ दिया। तुलसी की चौपाइयों तथा संस्कृत के छंदों का इसमें भरपूर इस्तेमाल है। गांधी के प्रिय भजन 'रघुपति राघव राजाराम' को भी इसमें शामिल किया गया है। सीमित और काष्ठीय गतियाँ। एक ही भाव और रंग में प्रस्तुत मुखौटे यानी ऐसा नाट्यशास्त्र के शास्त्रीय सिद्धांत के अनुसार कुछ नहीं जो मिथ का साधारणीकरण कर सके। लेकिन शांतिदा ने *रामायण* में काष्ठ की कला को अहल्या से अधिक वाचाल और कारुणिक बनाकर दिखा दिया। आरंभ एक मेले के दृश्य से है। इसमें देश के सभी प्रांतों के लोग शामिल हैं। आनंदोत्सव चल रहे हैं। वहीं कठपुतली का खेल चल रहा है। दृश्य कुछ ऐसा चमत्कारी है कि मेले के दर्शक कठपुतली *रामायण* के पात्रों में ख़ुद को देखने लगते हैं और *रामायण* बैले आंध्रप्रदेश की पट परिवर्तनीय पद्धति से चल पड़ता है।

रामायण बैले अपनी निष्पत्ति में भारत की एकता, अखंडता, सार्वभौमिकता, प्रभुसत्ता और सांस्कृतिक-भावनात्मक ऐक्य के प्रभाव छोड़ता है। इसकी प्रथम प्रस्तुति देखकर बलराज साहनी दौडक़र शांतिदा के पास गए और बोले, 'मैं अपना सारा विरोध, सारे शब्द वापस लेता हूँ और आपसे क्षमा याचना के साथ कहता हूँ कि अपने जीवन में इतना कलात्मक, सामयिक और मिथकीय चरित्रों के ज़रिये समकाल को अभिव्यक्ति देनेवाला बैले मैंने नहीं देखा।'

सरोजिनी नायडू ने लिखा है कि 'मैं *स्पिरिट ऑफ़ इंडिया* और *रामायण* बैले देखकर चमत्कृत हुई। वहाँ रंगों का ऐंद्रजालिक कौतुक था। संगीत की वैविध्यपूर्ण कल्पनाशील तरंगें थीं। पुरातन कथ्य को नए परिवेश में प्रस्तुत करने की संकल्पना के साथ-साथ जनसामान्य को, सांस्कृतिक रूप से समृद्ध करने और इतिहास-परंपरा का भान कराने का महत्त्वपूर्ण उपक्रम था। मुझे लगता है कि उसकी असंदिग्ध सफलता हर भावक के समर्थन की अधिकारिणी है।

यह कम महत्त्वपूर्ण नहीं है कि शांतिदा का यह बैले 1964 में 'बैले ऑफ़ सेंचुरी' के ख़िताब से नवाज़ा गया। पूँजीवादी मीडिया में कम्युनिस्टों की आलोचना उन्हें परंपरा विरोधी, संस्कृति विरोधी आदि-आदि कहकर सतही ढंग से होती रहती है, लेकिन जिन्होंने शांतिदा के बैले या नृत्य प्रस्तुतियाँ देखी हैं, वे कह सकते हैं कि विचारधारा कलाओं के परिष्कार

में कितनी मददगार होती है। कला के कौशल के साथ दृष्टि जुड़ती है तो उसका प्रभाव पीढ़ियों पर पड़ता है और उनमें नई चेतना भरती है। विचारधारा किस तरह कथ्य और रूप को परिपक्व, अर्थवान, सामाजिक और सर्वसमावेशी बनाती है। इप्टा और 'सेंट्रल स्क्वॉड' की भूमिका निस्संदेह प्रेरणादायी रही है। विविध कलाओं के उन्नयन और उन्हें नया आयाम देने में इस आंदोलन की भूमिका को भला कौन नकार सकता है!

पंचतंत्र शांतिदा की अंतिम संरचना थी। इसे अचानक झपट्टा मारकर ले गई मौत ने पूरा नहीं होने दिया। मेडिकल साइंस को जिस तरह माइकल एंजिलो की पेंटिंग्स ने मदद पहुँचाई है, शांतिदा के *पंचतंत्र* ने उसी अंदाज़ में मनुष्य को, ख़ासतौर पर नर्तकों-नृत्यांगनाओं को परिंदों, जीव-जंतुओं, जानवरों की गतियाँ और जीवंत भंगिमाएँ सौंपी हैं। चिड़ियों की उड़ान, उनका आकाश से नीचे उतरना, उनका प्रसन्न होना, दुखी होना, आह्लादक व्यवहार, दीगर परिंदों से संवाद-सरोकार, हिरण कूद, मेढक कूद, कछुआ चाल, मगर गति, खरगोश छलाँग, चूहों का चौकन्नापन, आदि इतने प्रामाणिक ढंग से *पंचतंत्र* के किरदारों के अभिनय में अवतरित होते हैं कि विश्वास ही नहीं होता कि यह *रामायण* के रचयिता की रचना है। *रामायण* में जहाँ चौकोण और अग्रगामी कोरियोग्राफ़ी थी, वहीं *पंचतंत्र* में पुष्प की तरह मुकुलित होती ऊर्ध्वमुखी नृत्य संरचनाएँ—आनंद और कौतुक से भरी हुईं। रंगों का प्रयोग भी ऐसा कि प्रकृति से एकाकार लगे। इस बैले के तीन-चौथाई भाग पर शांतिदा काम कर गए थे। एक-चौथाई छूट गया था। उनकी लीक पर चलकर अपुनिकर्ता ने उसे पूर्ण किया। यह बैले भी पुराने *पंचतंत्र* को नए अर्थ देने और भारत की पुनर्खोज करने की कोशिश करता है।

हालाँकि *रामायण* और *पंचतंत्र* ने शांतिदा के चिरप्रस्थान के बाद चीन, यूरोप, आस्ट्रेलिया, दक्षिण अमेरिकी देशों में अपनी गहरी छाप छोड़ी। ईसप की लोककथाओं को जाननेवालों ने *पंचतंत्र* को भी जाना और सराहा। सुशील दासगुप्ता और कला समीक्षक सुनील कोठारी का मानना है कि शांतिदा को देश और विश्वस्तर पर प्रसंशा तो ख़ूब मिली लेकिन उतनी नहीं, जितनी के वे हक़दार थे।

बृजेंद्र चंद्र वर्धन के घर 8 जून, 1916 को जन्मे उनकी दूसरी पत्नी हीरा प्रभा के छोटे पुत्र शांति वर्धन की 2 सितंबर, 1969 को दैहिक यात्रा समाप्त हो गई। नृत्य-आलोचक और कलाविद् मोहन खोखर ने कहा कि वे दुनिया में अकेले ऐसे कोरियोग्राफ़र थे, जिनकी प्रस्तुतियाँ मृत्यु के बाद आज तक जारी हैं। *रामायण* की पहली प्रस्तुति का यह साठवाँ साल है, यह आश्चर्यजनक है। जितने साल से यह बैले चल रहा है उतनी उम्र तो दुनिया में किसी बैले ग्रुप की भी नहीं है।

शांतिदा की मृत्यु के तत्काल बाद गुल ने श्रद्धांजलि सभा में अचानक सार्वजनिक रूप से घोषित किया कि वे आज से शांति वर्धन की पत्नी की तरह जानी जाएँगी। दरअसल गुल ने शांतिदा से मृत्यु के ठीक पहले कोर्ट में शादी कर ली थी। यह प्रेम-विवाह से ज्यादा एक ज़िद विवाह था। उस समय लोगों ने भावुक होकर कहना शुरू किया था कि गुल ने शांति के रक्त से अपनी माँग भरी है। ज़ाहिर है—गुल, गुल से गुल वर्धन हो गईं और उनकी संस्था आज भी जीवित है।

शांति वर्धन के बाद कोरियोग्राफ़ी का भार उनके अल्मोड़ाकालीन सहयोगी प्रभात गांगुली ने लिटिल बैले ट्रुप के लिए ता-उम्र वहन किया। ग्वालियर में 'लिटिल बैले ट्रुप' के एक पुराने

मित्र अज्ञेय ने कहा कि आपकी बैले रचनाओं के मयार के हिसाब से इसके नाम में रंगश्री जुड़ना चाहिए। तब से यह संस्था 'रंगश्री लिटिल बैले ट्रुप' के नाम से जानी जा रही है।

शांतिदा की परंपरा में कालिदास कृत *मेघदूत* पर अपुनिकर्ता, *वासक रास* पर बाबू सिंह ने, *क्षुधित पाषाण*, *भैरवी*, *मधुशाला*, *पशुतंत्र*, *स्वरबिंब*, *सुभाष चंद्र बोस*, *चक्रव्यूह* पर प्रभात गांगुली ने, रवींद्रनाथ ठाकुर कृत *मुक्तधारा* पर नरेंद्र शर्मा ने, *आकारों की यात्रा* पर बंसी कौल ने तथा *महाभारत* पर गुल वर्धन ने बैले तैयार किए। संस्था के लिए राघवन वारियर, कृष्णचंद्र नायक, गिरीश मोहंता, चंद्र माधव बारिक ने भी बैले तैयार किए।

भोपाल में आज शांति वर्धन के नाम पर रखे गए शांति मार्ग की दो एकड़ भूमि पर 'रंगश्री लिटिल बैले ट्रुप' की रंगभूमि है। दिलचस्प है कि महाश्वेता देवी ने अपना चौथा बांग्ला उपन्यास शांति वर्धन और गुल वर्धन के कला प्रयत्नों, प्रेम संबंधों और विचारधारा पर केंद्रित कर लिखा है, उसका नाम है *मधुरै मधुर*।

काश, यह कलात्मक माधुर्य देश को शांतिदा और कुछ बरस दे पाते!

अण्णाभाऊ साठे

हीरा जनार्दन

कहा जाता है कि प्रतिभा जन्मजात होती है, प्रतिभाओं को गढ़ा नहीं जा सकता है, पर अण्णाभाऊ साठे इस उक्ति के पूरी तरह विरुद्ध जान पड़ते हैं। उनकी प्रतिभा व कला का जन्म, विकास व उत्कर्ष तत्कालीन सामाजिक व राजनीतिक परिस्थिति से ही संभव हुआ।

अण्णाभाऊ साठे महाराष्ट्र के मातंग समाज से थे। जैसा कि विदित है, मातंग समुदाय के लोग पारंपरिक रूप से मृत जानवरों के चमड़े को निकालकर उससे जूते व अन्य प्रकार की वस्तुएँ बनाते हैं। अण्णाभाऊ साठे का जन्म इस उपेक्षित व निम्न समझे जानेवाले समुदाय में हुआ।

अण्णाभाऊ साठे स्कूल जाने लगे। वहाँ दलित व अन्य पिछड़ी जातियों के बच्चों के लिए अलग कक्षा की व्यवस्था थी। शिक्षक भी सवर्ण जातियों से हुआ करते थे। भेदभाव के कारण कभी-कभार ही वे ऐसी कक्षाओं में जाया करते थे। ऐसी भेदभावपूर्ण शिक्षा-व्यवस्था को देखकर बचपन में ही अण्णाभाऊ साठे के मन में विद्रोह के अंकुर फूटने लगे। उन्होंने पाठशाला जाना भी बंद कर दिया, लेकिन शिक्षक अण्णाभाऊ साठे को पास करते रहे। इस तरह उन्होंने तत्कालीन मिडिल स्कूल (सातवीं) तक पढ़ाई की।

अण्णाभाऊ साठे बचपन से ही अपने पिता के साथ तरह-तरह के काम करने लगे। ग्यारह वर्ष की उम्र में ही उन्हें अमर शेख़ की तरह जीवन के कटु अनुभवों से दो-चार होना पड़ा। दूसरों के घरों में झाड़ू-पोंछा-बर्तन आदि के काम से लेकर कोयला कुली, बिजली के तार खींचना, ज़मीन में पाइप बिछाना, सिनेमा के पोस्टर चिपकाना आदि काम किया करते थे। इन कामों से उनके जीवन में विविध अनुभव व राग-रंग का समावेश हुआ। अण्णाभाऊ साठे के मन में बचपन से ही लोककला के प्रति गहरा आकर्षण था। अपने रिश्तेदार ममेरे भाई बापू साठे की नाट्य-मंडली के साथ वे मेले आदि में जाया करते थे। ऐसे ही एक मेले के दौरान अण्णाभाऊ ने क्रांतिसिंह नाना पाटिल का क्रांतिकारी भाषण सुना और उससे काफ़ी प्रभावित हुए।

बंबई में आने के बाद उन्होंने कपड़ा मिलों में काम करना शुरू किया। जैसा कि कहा जाता है, कपड़ा मिलें ट्रेड यूनियन की नर्सरी हुआ करती हैं। 1936 में अण्णाभाऊ साठे धारावी के लेबर कैंप में रहा करते थे, धारावी के एस्ट्रेला कंपनी के पड़ोस की झोंपड़पट्टी में। उन दिनों बंबई में कम्युनिस्टों का बोलबाला था। अण्णाभाऊ साठे को कम्युनिस्ट पार्टी में लाने का काम धारावी के कॉमरेड शंकर पगारे ने किया। कॉमरेड शंकर नारायण पगारे अक्सर

कहा करते, 'साम्यवादी आंदोलन को यदि जनसामान्य तक पहुँचाना है तो हाथ में ढोल-मजीरा लेना ज़रूरी है।' इन परिस्थितियों में अण्णाभाऊ साठे के मन में परिवर्तन की लालसा स्वाभाविक थी। इस परिवर्तन के लिए उन्हें कम्युनिस्ट पार्टी के वैचारिक व दार्शनिक आधार के साथ-साथ सक्रिय व ईमानदार साथी भी मिले।

उनमें वर्गीय बोध व तदनुरूप व्यवहार व विश्लेषण का ज़बर्दस्त विकास हुआ। उस समय जो कम्युनिस्ट पार्टी की समूह गीत मंडली थी, उसमें वे उत्साह से शामिल होते। इस तरह से उन्होंने मज़दूरों के सांस्कृतिक नज़रिए को विकसित करने का काम शुरू किया। सांस्कृतिक बोध का होना वे मज़दूरों के लिए आवश्यक मानते थे। उन्होंने इस बोध को विकसित करने के लिए महाराष्ट्र की पारंपरिक गीत गायन शैली को अपनाया। वे लावणी, पोवाड़ा तथा तमाशा शैली में मज़दूरों में जीवन संबंधी सपनों को लेकर आते थे। इस तरह से उन्होंने समूह मंडली से मज़दूरों की राजनीतिक चेतना को जाग्रत करने का काम किया। जैसा कि विदित है, उस समय महाराष्ट्र में तमाशा शैली की बहुत ही अश्लील प्रस्तुति होती थी, अतः सरकार ने तमाशा शैली पर प्रतिबंध लगा दिया। तमाशा शैली बहुत ही लोकप्रिय विधा थी। उसकी जगह किसी दूसरी शैली की स्वीकृति लगभग असंभव-सी थी, पर अण्णाभाऊ साठे और उनके साथियों ने उसकी जगह पर लोक-नाट्य और वग नाटकशैली को विकसित किया। देखते ही देखते वग समूचे महाराष्ट्र में लोकप्रिय हो गया। कॉमरेड शंकर नारायण पगारे उन्हें लेखन करने के लिए प्रोत्साहित किया करते थे जिसके लिए उन्होंने तरह-तरह के प्रलोभन भी दिये। वे अण्णाभाऊ साठे से कहा करते, 'यदि तुम एक वग लिखोगे तो मैं तुम्हें एक पैंट-शर्ट दूँगा। यदि गण लिखोगे तो पाँच रुपये इनाम दूँगा।' इस तरह कॉमरेड पगारे उन्हें लेखन के प्रति प्रेरित किया करते थे। कॉमरेड पगारे ने उनकी रचनात्मकता को पहचाना और उन्हें प्रोत्साहन भी दिया। इस प्रोत्साहन का परिणाम यह हुआ कि उन्होंने पहला गण 'मातृभूमि के चरणों में' तथा पहला वग (एक तरह का लोक-नाट्य) 'अक़्ल की कहानी' (अकलेची गोष्ट) लिखा। आगे चलकर उन्होंने अनेक लावणियाँ व पोवाड़े भी लिखे। 'स्टालिनग्राड का पोवाड़ा' पूरे महाराष्ट्र में लोकप्रिय हुआ।

1944 में जब ठाणे के टिटवाला में 'लाल बावटा कला पथक' का गठन किया गया, तो अण्णाभाऊ साठे सबसे आगे थे। उस समय लाल बावटा कला पथक की लोकप्रियता व स्वीकार्यता का अंदाज़ा आप इससे लगा सकते हैं कि एक ही क्षेत्र, एक ही मुहल्ले में यदि पारंपरिक तमाशा व अण्णाभाऊ साठे का तमाशा होता तो लोगों का झुंड अण्णाभाऊ साठे के तमाशे में उमड़ पड़ता। व्यावसायिक तमाशे पूरी तरह असफल सिद्ध होते। इस प्रकार अण्णाभाऊ साठे की लोकप्रियता का अंदाज़ा लगाया जा सकता है।

अण्णाभाऊ साठे ने चुनावी धाँधली पर एक व्यंग्यात्मक वग लिखा था : 'शेठजीचे इलेक्शन' (सेठजी का चुनाव)। पूँजीवादी समाज में लोकतंत्र कितना खोखला होता है, इसे आज हम प्रत्यक्ष देख रहे हैं। अण्णाभाऊ साठे ने उस समय, धनबल किस तरह से चुनावी लोकतंत्र को प्रभावित कर रहा था, इस यथार्थ को अपने वग में दिखाया है।

संयुक्त महाराष्ट्र आंदोलन, आज़ादी के बाद महाराष्ट्र राज्य के पुनर्गठन के प्रस्ताव के विरुद्ध एक जनांदोलन था। केंद्र सरकार की योजना थी कि बंबई को महाराष्ट्र से अलग किया जाए। इस योजना को गुजराती, राजस्थानी व्यापारियों का समर्थन था। कांग्रेसियों की

इस जनविरोधी नीति का विरोध करने के लिए अण्णाभाऊ साठे ने 'माझी बंबई' (मेरी बंबई) नामक तमाशा लिखा। इस तमाशे पर सरकार ने प्रतिबंध लगा दिया। पुलिस ने उन्हें प्रतिबंध का सरकारी आदेश दिखाया तो अण्णाभाऊ साठे कहने लगे, 'मैं तमाशा नहीं, बल्कि लोक-नाट्य कर रहा हूँ।' उन्होंने 'कथा बंबईची' (बंबई की कहानी), लावणी भी लिखी जो राज्यभर में काफ़ी लोकप्रिय हुई।

अण्णाभाऊ साठे का पोवाड़ा बेहद सधा हुआ होता। उनके पोवाड़ों में राजनीतिक-सामाजिक अन्याय का तीव्र प्रतिकार होता था। उन्होंने 'अमलनेर के शहीद' नामक एक मार्मिक पोवाड़ा लिखा, जो राज्यभर में प्रस्तुत किया गया। वे लोगों में जोश व शौर्य का भाव भरते, उनके पोवाड़ों में आह्वान होता, ललकार होती, जो लोगों को कुछ करने के लिए बाध्य करती। अमलनेर के पोवाड़े के बाद लेनिनग्राड व स्टालिनग्राड पर आधारित पोवाड़ा लिखा। दूसरे विश्वयुद्ध के पश्चात् नाज़ीवाद की शर्मनाक पराजय के बाद सोवियत यूनियन की महान जीत पर उन्होंने एक शानदार पोवाड़ा लिखा जिसमें उन्होंने सोवियत रूस की सेनाओं और जनता के पराक्रम और कुर्बानी की यशगाथा लिखी और गा-गाकर लोगों को इस जनयुद्ध के महत्त्व से परिचित कराया। अण्णाभाऊ साठे ने देश की आज़ादी, संयुक्त महाराष्ट्र आंदोलन, द्वितीय विश्वयुद्ध, साम्राज्यवादियों के षड्यंत्र, जनसामान्य के सुख-दुख आदि पर आधारित 35 उपन्यास, 13 कहानी संग्रह, नाटक, पोवाड़े, लावणियाँ आदि की रचना की। उनके सात उपन्यासों पर मराठी फ़िल्में भी बनीं।

अण्णाभाऊ साठे वामपंथी विचारधारा से गहरे रूप से जुड़े थे। वे एक सच्चे कम्युनिस्ट थे। कम्युनिस्टों का दृष्टिकोण पारंपरिक व सामंती नहीं होता। उनमें वैज्ञानिक दृष्टि की विश्लेषणात्मक शक्ति होती है। अतः उनका इतिहास-बोध व सांस्कृतिक-बोध अलग व उन्नत होता है। वह परंपरा को पूरी तरह नकारता नहीं अपितु परंपरा को अपने विचारों व जीवनदृष्टि के अनुरूप बदलता है। अण्णाभाऊ साठे ने भी अपनी लावणी, लोक-नाट्य आदि के फ़ॉर्म में आवश्यक परिवर्तन किया। उसमें सच्चे प्रेम व उच्च दर्शन के भावबोध संप्रेषित किए। उनके साहित्य में उन्नत दार्शनिकता व मानव प्रेम का सच्चा रूप देखने को मिलता है। उनके इस अभिनव प्रयोग ने उन्हें एक महान कलाकार के रूप में प्रतिष्ठित किया।

अण्णाभाऊ साठे न सिर्फ़ एक प्रतिबद्ध कार्यकर्ता, लोकगायक और प्रगतिशील रचनाकार थे, बल्कि वे अपने समय की सभी साहित्यिक-सांस्कृतिक गतिविधियों में भाग लिया करते थे। इप्टा (भारतीय जन-नाट्य संघ) से उनका गहरा जुड़ाव था। इप्टा की स्थापना 1940 में हुई, 1941 में बंगलोर और 1943 में बंबई में राष्ट्रीय स्तर पर इप्टा का गठन किया गया। स्वतंत्रता आंदोलन, देश की मेहनतकश जनता, किसान-मज़दूरों की समस्याएँ, साम्राज्यवाद आदि विषयों पर इप्टा की तरफ़ से नाटक खेले जाते थे और लोग बड़ी संख्या में इप्टा के रंगकर्म से प्रभावित होते थे।

1943 में बंगाल में भयावह अकाल पड़ा। अण्णाभाऊ साठे ने तुरंत बंगाल के अकाल पर आधारित पोवाड़ा लिखा और इप्टा के मंच से उसकी प्रस्तुति की। 1949 में इलाहाबाद में संपन्न इप्टा के सम्मेलन की अध्यक्षता अण्णाभाऊ साठे ने की। उसी सम्मेलन में लोकगायक द.ना. गव्हाणकर का चुनाव संयुक्त सचिव के रूप में हुआ। प्रगतिशील लेखक संघ का आयोजन हो या दलित साहित्य सम्मेलन हो, अण्णाभाऊ साठे तमाम कार्यक्रमों से जुड़ते।

अण्णाभाऊ साठे, अमर शेख़ आदि लोकगायकों व रचनाकारों पर अक्सर यह आरोप लगाया जाता है कि उनके साहित्य में कला का अभाव है, ऐसा साहित्य प्रचार साहित्य कहलाता है। आलोचकों के इन आरोपों का उत्तर देते हुए प्रसिद्ध मज़दूर नेता कॉमरेड एस.ए. डाँगे कहते हैं, 'हमारे कलाकार लोगों के बीच रहते, लोगों के सुख-दुख में शामिल होते, उनके जीवन-संघर्षों में हिस्सेदारी करते हैं। इसलिए उनकी कला की आत्मा जनसंघर्षों से निष्ठा व स्फूर्ति प्राप्त करती है। सामान्य लोगों के लिए और उनके बारे में ऐसे लेखक और कवि अपनी रचनाएँ करते हैं।' अण्णाभाऊ साठे जैसे जनसाहित्यकारों की भूमिका को रेखांकित करते हुए कॉमरेड डाँगे ने बड़ी प्रेरक टिप्पणी की है। यह टिप्पणी आज के साहित्यिक समाज को आईना भी दिखाती है।

[मराठी से अनुवाद : **शैलेश सिंह**]

लोकगायक अमर शेख़

रामसागर पांडे

लोकगायक अमर शेख़ की पहाड़ी आवाज़ चलते मुसाफ़िर का मन मोह लेती थी। जब आवाज़ हवा में गूँजती, तो लोग अनायास ही उनकी ओर खिंचे चले आते। डफली की सुरीली तान और पहाड़ी आवाज़ की धमक मिलकर ऐसा समाँ बाँधते कि लोग मंत्रमुग्ध हो जाते। मिल के दरवाज़े पर, मज़दूर बस्तियों में, झुग्गी-झोंपड़ी के आसपास बड़े मैदानों में या दूर-दराज़ के किसी गाँव में अमर शेख़ के जनगीत सुनने हज़ारों का मजमा जुटता। लोकगायक अमर शेख़, अन्नाभाऊ साठे, द.मा. गवाँणकर आदि मिलकर जनगीतों की सामूहिक प्रस्तुति करके रोज़मर्रा की ज़िंदगी के सुख-दुख, मिल-मालिकों के शोषण, समाज की आर्थिक-राजनीतिक परिस्थिति, रूस में मज़दूरों का राज, समाजवाद आदि के बारे में जनगीतों के माध्यम से जनता में जागृति पैदा करते। राजनीतिक चेतना से लैस उनके गीत महाराष्ट्र की पारंपरिक लोकशैली (पोवाड़ा, लावणी, तमाशा) में अनायास ही लोगों के जीवन-संघर्षों और सपनों का हिस्सा बन जाते।

सुप्रसिद्ध लोकगायक अमर शेख़ का जन्म सोलापुर ज़िले के बारशी तालुका से लगभग 8 मील दूर कुंभ मेल गाँव में हुआ। उनके माता-पिता का नाम क्रमश : मुनेर बी और हुसैन पटेल था। अमर शेख़ का मूल नाम महबूत पटेल था। उनकी शिक्षा बारशी स्कूल नंबर 1, 2 में हुई। अमर शेख़ ने सातवीं तक पढ़ाई की। कम उम्र में ही जीवन के विविध अनुभव मिलने लगे। सोलापुर की राजमिल में कपड़े की गाँठें उठाने से कम उम्र में ही मज़दूर जीवन से परिचित हो गए। कुछ दिनों के बाद बारशी में अमर शेख़ ने क्लीनर का काम किया। ये सारे कार्य उन्होंने किशोरावस्था से ही आरंभ कर दिये थे। अमर शेख़ का इस तरह से श्रम और श्रमिकों के साथ नाता जीवन के प्रारंभिक काल से ही घनिष्ठ रूप से जुड़ गया था। उनकी चेतना को निर्मित करने में ये अनुभव बहुत सहायक सिद्ध हुए। इसी समय अमर शेख़ सोलापुर के प्रसिद्ध कम्युनिस्ट नेता कॉमरेड कराडकर के संपर्क में आए। इस तरह से उनका कम्युनिस्ट आंदोलन से गहरा संबंध जुड़ गया। 1939 में अमर शेख ने बारशी में एक मोर्चे का नेतृत्व किया। उन्हें उसी समय गिरफ़्तार कर लिया गया। अमर शेख़ और अन्य साथियों को तीन साल तक जेल में रहना पड़ा। बारशी की जेल से छूटने के बाद अमर शेख़ बंबई चले आए और यहाँ पर सिनेमा के निर्देशक मास्टर विट्ठल के साथ सहायक निर्देशक के रूप में कुछ दिनों तक काम किया। सिनेमा की चकाचौंध से उनका शीघ्र ही मोहभंग हो गया और वे 'लाल बावटा कलापथक' से जुड़ गए तथा लोकगायक के रूप में आख़िरी क्षण

तक तक कार्य करते रहे। अमर शेख़ की मृत्यु 26 अगस्त, 1969 को एक दुर्घटना में हुई। मृत्यु के समय उनकी उम्र मात्र 53 वर्ष थी।

अमर शेख़ ने अपना जीवन एक सच्चे क्रांतिकारी के रूप में बिताया। जीवन में लगातार भागदौड़ बनी रही। इस अविराम आंदोलनात्मक जीवन में भी अमर शेख़ के तीन काव्य संग्रह और एक नाटक प्रकाशित हुए। *कलश* नामक उनका संग्रह बेहद लोकप्रिय हुआ है।

अमर शेख़ मूल रूप से लोकगायक थे। उन्होंने जनता की समस्याओं को अपने गीतों में पिरोया और उन्हीं लोगों के बीच प्रस्तुत किया। पोवाड़ा, लावणी और अन्य लोकगीतों के माध्यम से अमर शेख़ ने महाराष्ट्र की जनता का न सिर्फ़ प्रबोधन किया, बल्कि वे एक योद्धा की भाँति लड़ते रहे। वे कवि-गायक से बढ़कर एक क्रांतिकारी थे। कम्युनिस्ट पार्टी के सक्रिय सदस्य थे। अपने जनगीतों के माध्यम से समाज को बदलना चाहते थे। इतिहास में ऐसे कई कवि-गायक हुए हैं, जिनकी रचनाओं पर आसानी से प्रचार-साहित्य होने का लेबल लगा दिया जाता है और उन्हें लेखकों-कवियों की बिरादरी से बाहर कर दिया जाता हे। लेकिन चारदीवारी में बैठकर लिखनेवाले तथाकथित समकालीनों से लोकगायक अमर शेख़ जैसे लोग कहीं अच्छे हैं। ऐसे लोग न सिर्फ़ जनता से जुड़े हैं, बल्कि जनता से जुड़ी समस्याओं पर आधारित साहित्य लिखा करते हैं। लिखे हुए साहित्य को प्रत्यक्ष में लाने की ज़द्दोजहद में जीवन-भर संघर्ष करते रहते हैं। उनका जीवन और सृजन एक जैसा है। लोकगायक अमर शेख़ की कुछ रचनाएँ इस प्रकार हैं :

किसानो, आओ रे, लो हाथ में एकता की मशाल,
मज़दूरो, उड़ाओ आकाश में, लाल गुलाल...।
...
रात है दुश्मन की,
जागो-जागो नौजवान...।
...
लड़ते-लड़ते मंगल तारा, लाल आकाश में फैलेगा,
जनक्रांति का सूरज नभ में, सज-धजकर छा जाएगा...।
...
जय महाराष्ट्र, संयुक्त महाराष्ट्र का गान,
गाएँ सर उठाकर, बुलंद आवाज़ में मिलाएँ तान...।

अमर शेख़ के मन में समाजवाद के प्रति ग़ज़ब की ललक थी। समाज-परिवर्तन ही उनके लेखन का मुख्य उद्देश्य रहा। वे एक प्रतिबद्ध लोकगायक थे। शोषण मिल मज़दूरों का हो या आम आदमी का, अमर शेख़ समाज से हर प्रकार का शोषण ख़त्म करना चाहते थे। उनके जनगीत, पोवाड़े आदि इस बात के परिचायक हैं कि शब्दों को हथियार बनाकर वे लड़ना जानते थे। उनका शब्दों का चयन भी जनसामान्य से जुड़ा था। आम आदमी की बोली-भाषा ही उनकी शब्दसंपदा थी। सामान्य मनुष्य रोज़मर्रा की ज़िंदगी में जिन शब्दों का उपयोग करता है, अमर शेख़ उन शब्दों को अपनी रचनाओं में ढालकर समाज-परिवर्तन की लड़ाई लड़ते थे। अपनी एक रचना में वे कहते हैं :

खोल नेत्र तू तीसरा भयंकर,
लाल-लाल अंगार,
दूसरों की मेहनत पर पलते,
उनका कर संहार,
ले रुद्र अवतार...।

इस प्रकार लोकगायक अमर शेख़ की रचनाएँ उनके जनगीत, पोवाड़े आदि उन मानव-मूल्यों पर आधारित थे, जिनके ज़रिये सुंदर समाज का निर्माण किया जा सकता है।

प्रसिद्ध मराठी साहित्यकार और व्यंग्यलेखक आचार्य अत्रे ने लोकगायक अमर शेख़ के बारे में बड़े ही मार्मिक उद्गार व्यक्त किए हैं। अमर शेख़ के काव्यसंग्रह *कलश* की भूमिका लिखते समय आचार्य अत्रे की प्रथम अनुभूति अविस्मरणीय है : 'तक़रीबन दस वर्ष पहले की बात है। एक बार मैं एक कार्यक्रम से लौट रहा था। रात का समय था, अतः मैं तेज़ी से क़दम बढ़ाए घर की ओर अग्रसर था। सहसा एक गर्जना ने मेरे क़दमों को जड़वत् बना दिया। मुझे ऐसा लगा, जैसे किसी ने मेरे कानों पर एक ज़बर्दस्त नाद किया हो! मेरा सारा शरीर उस धारदार आवाज़ से रोमांचित हो उठा। उस आवाज़ में एक ललकार थी, आह्वान था और इन सबसे ऊपर माधुर्य और मृदुलता का सुखद स्पर्श था।'

1944 में ठाणे ज़िले के टिटवाला में किसानों का एक सम्मेलन आयोजित हुआ। सम्मेलन के दौरान ही 'लाल बावटा कलापथक' का गठन किया गया। सांस्कृतिक संगठन 'लाल बावटा कलापथक' के गठन में प्रसिद्ध मज़दूर नेता कॉमरेड बीटी रणदिवे की महत्त्वपूर्ण भूमिका रही। दो दशकों तक महाराष्ट्र में चारों तरफ़ उस सांस्कृतिक संगठन की धूम रही। महाराष्ट्र के अनेक ज़िलों में संगठन ने सांस्कृतिक कार्यक्रमों की प्रस्तुति की। लोकगायक अमर शेख़, अन्नाभाऊ साठे, गवाणकर आदि संगठन के संस्थापक सदस्यों में थे।

उन दिनों बंबई में मज़दूरों का बोलबाला था। 80 मिलों में 3 लाख मज़दूर काम करते थे। दीपावली, दशहरा, ईद, होली आदि की धूम होती। तीज-त्योहार हर्षोल्लास से मनाए जाते थे। लेज़ीम की धुन पर थिरकती नौजवानों की टोलियाँ अक्सर दिख जातीं। लोकगायक अमर शेख़ महालक्ष्मी के सात रस्ते के पास जिस गली में रहा करते थे, उसके आसपास मिलें ही मिलें थीं। जैसा कि विदित है, उन दिनों पूरे देश में मज़दूर आंदोलन उत्कर्ष पर था। मज़दूरों के इन आंदोलनों में बंबई के मिल मज़दूरों की बड़ी महती भूमिका थी। देश के अन्य क्षेत्रों के मज़दूर यहाँ के मज़दूर आंदोलन से प्रेरणा लेकर अपने संघर्ष को धार दे रहे थे।

संयुक्त महाराष्ट्र आंदोलन में यहाँ के मज़दूर नेताओं ने न केवल हिस्सा लिया, बल्कि उस आंदोलन को दिशा भी दी। उस समय का स्वतंत्रता आंदोलन चाहे 'भारत छोड़ो' आंदोलन हो या नौसेना विद्रोह हो, बंबई के मज़दूरों ने न केवल तन-मन-धन से समर्थन किया, अपितु भारी क़ुर्बानी भी दी। इनकी आंदोलनात्मक शक्ति ने ब्रिटिश सरकार की चूलें हिला दीं। मज़दूरों की राजनीतिक और सांगठनिक शक्ति में यहाँ के तत्कालीन वाम नेताओं और सांस्कृतिक कार्यकर्ताओं की बड़ी भूमिका थी। उस दौर में बंबई पर कम्युनिस्टों का वर्चस्व था। आज़ादी के बाद कम्युनिस्ट नेता एस.एस. मिराजकर बंबई के पहले कम्युनिस्ट मेयर चुने गए थे।

उस समय मज़दूरों में समाजवादी समाज की स्थापना के प्रति गहरी विकलता दिखाई देती थीं। चारों ओर रूस की समाजवादी क्रांति की चर्चा होती और अपने देश में भी समाजवादी

क्रांति के प्रति गहरी ललक दिखाई देती थी। उन दिनों बंबई के अधिकांश मज़दूर कम्युनिस्टों के साथ थे। मज़दूर नेता कॉमरेड एस.ए. डाँगे की एक आवाज़ पर मिलों के सायरन ख़ामोश हो जाते। 'लाल बावटा कलापथक' के साथी मिल परिसर में घूम-घूमकर मज़दूरों को देश-दुनिया की परिस्थितियों से अवगत कराते।

उन दिनों दूरदर्शन, इंटरनेट आदि आधुनिक संचार माध्यमों का चलन न था। पाश्चात्य संस्कृति के प्रति लोगों में इतना आकर्षण न दिखाई देता। ऐसे में संतों के अभंग, भजन, कीर्तन आदि में लोग बड़ी संख्या में उपस्थित होते। शाहिरी जलसा, पोवाड़ा, लावणी, तमाशा आदि मज़दूरों के मनोरंजन के साधन हुआ करते। लालबाग़ के हनुमान थिएटर में जो सांस्कृतिक कार्यक्रम हुआ करते, उन्हें मज़दूर बड़े चाव से देखते। कामगार मैदान, महाराष्ट्र हाईस्कूल आदि जगहों पर कम्युनिस्टों की जो जनसभाएँ हुआ करतीं, उन जनसभाओं में पहले लोकगायक अमर शेख़ के जनगीतों का कार्यक्रम होता।

संयुक्त महाराष्ट्र आंदोलन को गति देने में अमर शेख़, अन्नाभाऊ साठे और गवाँणकर आदि शीर्ष कलाकारों ने 'लाल बावटा कलापथक', जो कि भारतीय कम्युनिस्ट पार्टी का एक सांस्कृतिक संगठन था, के माध्यम से पूरे महाराष्ट्र में चेतना फैलाने का काम किया। इस सांस्कृतिक संगठन ने महाराष्ट्र की तहसीलों और गाँवों में जाकर पारंपरिक लोकशैली में राजनीतिक जनगीतों और नाटकों की प्रभावशाली प्रस्तुति की। इन प्रस्तुतियों को देखकर बंबई से बाहर के हज़ारों लोग इस आंदोलन से सक्रिय रूप से जुड़े। इस आंदोलन ने जो जनप्रबोधन का काम किया, उससे घबराकर तत्कालीन कांग्रेसी हुकूमत ने इन लोककलाकारों को नासिक जेल में बंद कर दिया, लेकिन वे ऐसे निष्ठावान और राजनीतिक चेतना से संपृक्त कलाकार थे कि जेल से छूटते ही क्रांति की मशाल जलाने लग गए। इन बड़े कलाकारों के अथक प्रयासों का ही परिणाम रहा कि बंबई का महाराष्ट्र से न केवल विभाजन रुका, बल्कि महाराष्ट्र के एकीकरण का रास्ता भी साफ़ हुआ।

हम इन कलाकारों की तुलना मध्यकाल के चारणों से नहीं कर सकते। जहाँ तक चारणों की बात है, वे धन-ऐश्वर्य के लिए राजाओं को ख़ुश करते, उनकी झूठी तारीफ़ करते और युद्ध के समय उन्हें और उनके सैनिकों को बलिदान के लिए प्रेरित करते, जबकि लाल बावटा के कलाकार निःस्वार्थ भाव से सामाजिक परिवर्तन की प्रक्रिया में अपनी भूमिका को तय कर अपने को उत्सर्ग कर रहे थे। कला पथक के सदस्य समाज में वैज्ञानिक और वर्गीय सोच के अंकुरण को प्रस्फुटित कर रहे थे। ये कलाकार सांस्कृतिक गतिविधियों के ज़रिये प्रबोधन का काम करते, बल्कि उस जनांदोलन का हिस्सा भी बनते।

लोकगायक अमर शेख़ अपने साथियों के साथ घूमा करते। घूम-घूमकर संपूर्ण महाराष्ट्र में जनजागृति कर रहे थे। 'लाल बावटा कलापथक' के गठन के पश्चात् उनकी ख्याति कम्युनिस्ट लोकगायक के रूप में संपूर्ण महाराष्ट्र में हो गई। ऐसे में राजनीतिक ईर्ष्या के कारण कुछ लोग उनकी जान के दुश्मन बन गए थे। गोवा की एक सभा में उन पर हमले की भनक मिली, तो आयोजकों ने उनके जाने का मार्ग बदल दिया। म्हापसे से होकर अमर शेख़ को ले जाया गया। रेलवे यात्रा के दौरान उन पर अनेक जानलेवा हमले हुए। यवतमाल में कार्यक्रम के दौरान उन पर हमले की योजना थी। स्वतंत्र विदर्भवादी एक प्रमुख नेता अपने साथियों के साथ उन पर हमले के उद्‌देश्य से कार्यक्रम स्थल पर पहुँचा था। लेकिन 'माँ' नामक उनका

गीत सुनकर उसका मन द्रवित हो उठा। उसे भारी पश्चात्ताप हुआ और उसने अमर शेख़ से क्षमा माँगी। इन कारणों से अपनी सुरक्षा हेतु अमर शेख़ हमेशा कंधे पर कुल्हाड़ी रखकर चलते थे। एक बार पूर्व मुख्यमंत्री वसंतराव नाईक ने अमर शेख़ की लोकप्रियता से प्रभावित होकर उन्हें मिलने के लिए बुलाया। अमर शेख़ कुल्हाड़ी कंधे पर रखे मंत्रालय पहुँच गए। पुलिस ने सुरक्षा कारणों से रोक लिया। लेकिन मुख्यमंत्री के कहने पर उन्हें कुल्हाड़ी के साथ मिलने दिया गया।

लोकगायक अमर शेख़, अन्नाभाऊ साठे, गवाँणकर आदि कवियों-साहित्यकारों के महत्त्व को रेखांकित करते हुए प्रसिद्ध कम्युनिस्ट नेता और विचारक एस.ए. डाँगे कहते हैं : 'हमारे कलाकारों-कवियों के लेखन में वर्गीय दृष्टिकोण होता है और वर्गीय दृष्टिकोण होना भी चाहिए। इसी वर्ग के लोग सामाजिक जीवन के आधारस्तंभ हैं। अपने श्रम से वे समाज का निर्माण करते हैं। मज़दूर, किसान और मध्यमवर्ग मिलकर समाज के निर्माण में महत्त्वपूर्ण भूमिका निभाते हैं।'

बिमल राय

बलराज साहनी

मैंने बिमल राय को सन् 1946 में पहली बार देखा, जब मैं 'इप्टा' की बंबई शाखा का जनरल सेक्रेटरी था। उन दिनों कुल हिंद इप्टा की बंगाल यूनिट द्वारा निर्मित फ़िल्म *धरती के लाल* बन रही थी। इस फ़िल्म के निर्देशक ख़्वाजा अहमद अब्बास थे। शंभू मित्र, तृप्ति मित्र, रवि शंकर, शांति वर्द्धन, दमयंती साहनी एवं अनेक दूसरे कलाकार उसमें भाग ले रहे थे।

उस समय 'इप्टा' की बहुत इज़्ज़त थी। उस समय पूरे भारत में शायद ही कोई उच्चकोटि का कलाकार होगा जिसका संबंध उससे न हो। यह आज़ादी के पहले का समय था। देशभक्ति के वलवले अभी ठंडे नहीं हुए थे। उन दिनों उच्च आदर्शों की जगह अभी पार्टीबाज़ी और स्वार्थ ने नहीं ली थी।

मेरा जहाँ तक अनुमान है, बिमल राय उस ज़माने में 'इप्टा' के बहुत ज़्यादा हमदर्द थे। इसलिए 'इप्टा' की विचारधारा (सामाजिक सचाइयों का यथार्थ चित्रण निर्भय होकर करना) उन्होंने अपनी तत्कालीन सुविख्यात फ़िल्म *हमराही* में पेश की। यह फ़िल्म 'न्यू थिएटर्स' में उनकी अंतिम फ़िल्म थी। जब वह फ़िल्म बंबई में प्रदर्शित हुई तो वे स्वयं बंबई पधारे थे। उस समय *धरती के लाल* की शूटिंग 'श्री साउंड स्टूडियो' में चल रही थी। वहाँ आकर उन्होंने उसे प्रोत्साहन दिया था।

हम सब पर उनकी सुंदरता, नम्र स्वभाव, लंबा क़द, मीठी वाणी और विवेकशीलता बड़ा प्रभाव डाल गई। वे उस समय पैंतीस-छत्तीस साल के व्यक्ति थे। उन्होंने फ़ाख़्ताई रंग का सूट पहन रखा था और उसी रंग का हैट लगा रखा था। वे बड़े ही स्मार्ट नज़र आ रहे थे।

दूसरी बार उनके दर्शन मुझे सन् 1956 में रणजीत स्टूडियो में *हम लोग* के सेट पर हुए। श्यामा के साथ उस समय एक प्रेम-दृश्य चल रहा था। दो-तीन रिहर्सल में उन्हें शायद यह अनुमान हो गया कि उनकी मौजूदगी में मैं नर्वस हो रहा हूँ। इसलिए वे निर्देशक ज़िया सरहदी से बातें करने चले गए। बाद में किसी ने मुझे बतलाया कि वे मुझे ही देखने आए थे और अपनी किसी फ़िल्म में मुझे लेना चाहते थे। यह सुनकर मुझे यक़ीन नहीं आया कि मैं इतने महान निर्देशक के साथ काम करूँगा। पी.सी. बरुआ के बाद दूसरे नंबर पर मैं इन्हीं को मानता था। कई रातें तो मैंने सोच-सोचकर ही बिता दीं।

फिर, कुछ समय बाद उन्होंने मुझे अपनी फ़िल्म *दो बीघा ज़मीन* के लिए बुलाया तो मेरी प्रसन्नता का पारावार न रहा। मेरे पैर ज़मीन पर नहीं टिक रहे थे।

बिमल राय का बंबई आना ही हिंदी फ़िल्मों पर उपकार था। यह बात तो *दो बीघा ज़मीन, परिणीता, देवदास, काबुलीवाला, सुजाता, बंदिनी* आदि से ही स्पष्ट हो जाती है। इन फ़िल्मों ने हमारे देश के फ़िल्मी संसार पर बड़ा गहरा असर डाला है।

आज तक मैं लगभग साठ फ़िल्मों में काम कर चुका हूँ, पर अभी भी जनता *दो बीघा ज़मीन* के साथ मेरा नाम जोड़ती है। 'सबको इक दिन है जाना'—बिमल राय जैसे महान व्यक्ति भी इस दुनिया से जा सकते हैं। किसी-न-किसी दिन मेरी भी बारी आ सकती है। किंतु मुझे विश्वास है कि मरते हुए मुझे इस बात का संतोष होगा कि मैंने *दो बीघा ज़मीन* में अपना काम सफलतापूर्वक निभाया था।

मुझे याद आ रहा है पहले दिन की शूटिंग का पहला शॉट। कितना अनोखा अनुभव था वह! ज़मींदार की बैठक का दृश्य लगा हुआ था। ज़मींदार (मुराद) को मुझे अपनी ज़मीन बेचने को कहना था। मैं सेट पर आने के पहले बहुत ही डर रहा था। मुझे शक था कि बिमल राय को मेरी विषम और कठिन किसान की भूमिका करने में विश्वास नहीं था, क्योंकि मैं विलायत से लौटकर आया था, सुशिक्षित परिवार का लड़का था और मुझे ग्राम्य जीवन का अनुभव नहीं था, ग्राम्य जीवन निकट से देखने का कभी संयोग नहीं मिला था। मेरा अनुमान था कि वह भूमिका मुझे 'इप्टा' का सदस्य होने के कारण दी गई थी। और अगर कोई एक हौसला था तो यह कि अभिनय के प्रति उनके और मेरे विचारों में मेल होगा।

मैं सेट पर कोरा ही नहीं आया था। मैंने पूरी कहानी के उतार-चढ़ाव रट रखे थे। अपनी वेशभूषा और अपना मेकअप भी पूरी तरह से संतुलित कर लिया था। फिर भी इस बात से इनकार नहीं कर सकता कि कैमरे के सामने अभिनय करने की विशेष आवश्यकता की मुझमें कमी थी। मुझे रंगमंच का ही थोड़ा-बहुत अनुभव था, इसलिए थोड़े ही समय में जान गया कि स्टेज और सेट की तकनीक में ज़मीन-आसमान का अंतर है। अतः उस समय मेरी डूबती नैया को बचानेवाली एक वस्तु थी—बिमल राय का प्रेरणात्मक एवं उत्साहवर्धक व्यवहार। शूटिंग के पहले दो दिन मैंने बिमल राय का चेहरा एक पहेली के रूप में देखा था। और आज भी वह चेहरा पहेली ही बना हुआ है।

रिहर्सल का समय आया। बैठक के बाहर बने हुए बरामदे में भीड़ थी। उसी समय बिमलदा ने मुझे देखा और उन्होंने केवल इतना ही कहा, 'बैठक वाले दरवाज़े में पैर साफ़ करके जाना।' यह छोटी-सी बात थी, किंतु कितनी मार्गदर्शक थी! पहली ही रिहर्सल में मुझे पता लग गया कि मैं ज़मींदार के सामने तुच्छ जीव हूँ।

बिमलदा के उस सेट पर कितना शांत वातावरण था। फ़िल्म स्टूडियो में मैंने इतना शांत वातावरण पहले कभी नहीं देखा था। हमेशा बिना मतलब की उच्छृंखलता और शोर देखा था। किंतु यहाँ हर आदमी अपनी-अपनी जगह काम में इस तरह लीन था मानो सिपाही अपनी ड्यूटी पर हो! अतः जब शॉट लेने का समय आया था, मुझे ऐसा लगा कि पूरी-की-पूरी सेना लड़ाई के मैदान में अपने जनरल के इशारे की राह देख रही हो!

पूरा दृश्य एक ही शॉट में लेना था, जिसके अंतिम भाग में ज़मींदार को अपना पाँव छुड़ाकर बैठक के बाहर निकल जाना था। कैमरा ट्रोली के ऊपर था और उसकी हलचल भी काफ़ी पेचीदा थी, जो बड़ी मेहनत के बाद तैयार हुई थी। अतः मुझे भी ऐसा लग रहा था कि मैं भी फ़ौज का एक अंग हूँ, जिसे इशारा मिलते ही सिर-पैर की बाज़ी लगानी थी।

इस अनुभव ने मेरे शरीर के ख़ून को गरम कर दिया। फिर बिमलदा ने अपनी साधारण आवाज़ में कहा, 'स्टार्ट साउंड' और शॉट चालू हो गया। मुझे कुछ याद नहीं कि क्या हुआ। इतना याद है कि जब ज़मींदार उठा, तो मैंने उसके पाँव पकड़कर गिड़गिड़ाना शुरू कर दिया था। उसने उसी क्षण मुझे झटका देकर पैर छुड़ा लिये। मुझे इतना अपमान महसूस हुआ कि मैं धाड़ मारकर रोने लगा। शॉट ख़त्म होने के बाद भी मैं फ़र्श पर पड़ा रोता रहा।

बिमलदा ने तारीफ़ का एक भी शब्द अपने मुँह से नहीं निकाला। उन्होंने अपनी हमेशा की-सी शांत मुद्रा से पीछे जाकर कैमरामैन कमल बसु से 'क्लोज़अप' लेने को कहा। मैं फ़र्श पर पड़ा-पड़ा उनके चेहरे को ग़ौर से देखने लगा। उनकी गंभीरता में कोई अंतर नहीं पड़ा। चेहरे पर प्रसन्नता की आभा अवश्य दिखाई दी। वह बतला रही थी कि उन्हें मनपसंद कलाकार मिल गया है।

दो बीघा ज़मीन की कहानी वास्तव में कवींद्र रवींद्र की एक उत्तम कविता पर आधारित थी।

बिमलदा की जिस दूसरी फ़िल्म में मैंने काम किया था, वह भी रवींद्र की 'काबुलीवाला' पर आधारित थी। पाठक जानते ही होंगे कि गुरुदेव और शांतिनिकेतन से मेरा कितना प्रेम है। गुरुदेव की रचना पर फ़िल्म बने और तिस पर बिमलदा का निर्देशन हो! उस समय मेरी आत्मा कितनी प्रसन्न थी, उसका अनुमान आप नहीं लगा सकते। इसका वर्णन शब्दों में करना असंभव है। जिस प्रकार कवींद्र रवींद्र को उनकी रचनाओं से अलग नहीं किया जा सकता, उसी प्रकार बिमलदा को उनकी फ़िल्मों से अलग नहीं किया जा सकता। मुझे याद है, एक बार कलकत्ता में पत्रकारों की सभा में बिमलदा और मैं शामिल हुए थे। बिमलदा को कुछ बोलने के लिए कहा गया था। तब वे केवल इतना ही कहकर बैठ गए थे, 'जो भी मुझे कहना होता है, वह मैं फ़िल्मों के माध्यम से कह देता हूँ।'

अपने कार्यों से उन्हें कितना प्रेम था, यह उनकी एक-एक फ़िल्म के एक-एक दृश्य से प्रकट हो जाता है। *दो बीघा ज़मीन* के बाह्य चित्रांकन के समय वे सारा दिन काम करने के बाद रातभर हृषिकेश मुखर्जी एवं अपने साथियों के साथ गलियों-बाज़ारों में घूमा करते थे। इस प्रकार वे अपने अगले दिन की शूटिंग के लिए स्थल चुनते थे। कालचलाऊ शॉट लेना बिमलदा के नियमों के विरुद्ध था। वे कभी भी कोई काम जल्दी में नहीं करते थे। सुबह पहले स्टूडियो पहुँच जाना, रात को सबके बाद लौटना उनका प्रतिदिन का नियम था। और इस नियम को निभाने के लिए उनके साथी थे–चाय और सिगरेट। इतनी छोटी उम्र में कैंसर से मृत्यु का शिकार बनाने में चाय और सिगरेट का बहुत हाथ रहा है।

बिमलदा के दूसरे नंबर के साथी थे–स्टूडियो के कर्मचारी, टेकनीशियन आदि।

'बिमल राय प्रोडक्शन' का ऑफ़िस मोहन स्टूडियो अंधेरी में था। कलकत्ता से बंबई आकर अपने काम के लिए जब बिमलदा ने यह स्टूडियो लिया, तो उस समय यह बहुत बुरी दशा में था। इसके मालिक इसे बंद करने की सोच रहे थे। वहाँ के कर्मचारियों ने अपनी रोटी-रोज़ी चालू रखने के लिए एक सहकारी संस्था बनाकर संचालन अपने हाथ में ले लिया था, जो बहुत ही असाध्य सिद्ध हो रहा था। किंतु बिमलदा के चरण पड़ते ही *दो बीघा ज़मीन, विराज बहू* जैसी फ़िल्में बनीं और इस तरह स्टूडियो का नाम शीघ्र ही जगमगाने लगा। और आज वह बंबई के प्रतिष्ठित एवं मुख्य स्टूडियो में से एक है। चाहे उसका लाभ मालिक

ने अधिक उठाया हो, किंतु बिमलदा के प्रेम ने सब कार्यकर्ताओं पर इतना अच्छा प्रभाव डाला कि वर्णन नहीं किया जा सकता।

बिमलदा को फ़िल्मों से कितना लगाव था, यह उनकी मृत्यु के बाद की उनकी अंतिम यात्रा से ही ज्ञात हो जाता है। उस समय सब कलाकार, दिग्दर्शक, निर्माता, कर्मचारी आदि यात्रा में सम्मिलित थे। सब एक ही बात कह रहे थे, 'बिमलदा एक असाधारण और अद्वितीय व्यक्ति थे।'

'ही वाज़ ए वंडरफुल कॉमरेड,' श्री बी.आर. चोपड़ा बार-बार कह रहे थे। मैं स्वयं उस दिन काफ़ी लंबी बीमारी के बाद ठीक हुआ था। मुझे फ़्लू के दो-तीन हमलों ने बिलकुल बेकार-सा कर दिया था। श्मशान भूमि तीन-चार मील दूर थी। कुछ दूर तक तो मैं पैदल चला, किंतु दूसरे कर्मचारी साथियों ने मुझे मोटर में बैठा लिया। मोटर में बैठना मुझे अपराधजनक लग रहा था। क्या मैं अपने सदा के लिए बिछुड़े हुए साथी को आदर और सम्मान के साथ विदा नहीं कर सकता? मैं उसी समय फिर उतर गया और पैदल ही चलने लगा, चाहे घर लौटने पर मेरी हालत फिर ख़राब हो गई थी।

मैं अपने-आपको फ़िल्मों में उतना समर्पित न कर पाया जितना कि बिमलदा समर्पित थे। इसके अनेक कारणों में से एक कारण ही बतलाना चाहता हूँ। कलाकार का आनंद अपने काम से सबको संतुष्ट करने में है। इसके उलट, बहुत-से निर्माता-निर्देशक दूसरों पर निर्भर रहते हैं। प्रायः तो वे बहुतों को अपने ऊपर निर्भर करने वाले जीव हैं। उन्हें कलाकार की भाँति रहना नसीब नहीं है। अतः कला का सुख भी उन्हें अपने इस परिवार से ही प्राप्त होता है।

बिमलदा अपने फ़िल्मी परिवार को घर-जैसा ही प्रेम देते थे, यह भी बिमल दा के चरित्र की एक बड़ी विशेषता है। इस परिवार के कुछ प्रसिद्ध व्यक्ति हैं—हृषिकेश मुखर्जी, कमल बसु, सुधेंद्र राय, सलिल चौधरी, मणि भट्टाचार्य, असित सेन आदि। बिमल राय ने कितने ही प्रतिभाशाली कलाकार दिये हैं। चाहे दूर से, चाहे पास से, सबके साथ बिमलदा का प्रेम सदा क़ायम रहा।

दो बीघा ज़मीन की सफलता के बाद मैंने प्रतिज्ञा की थी कि मैं केवल यथार्थवादी और आदर्शवादी फ़िल्मों में ही काम करूँगा। लेकिन फिर मैंने एक बहुत ही घटिया क़िस्म की फ़िल्म में काम करना स्वीकार किया। संयोग से उस दिन बिमलदा भी सेट पर उपस्थित थे। उन्होंने बहुत ही आश्चर्य प्रकट किया। उस दिन मुझे बड़ा ही दुख हुआ। मुझे बिमलदा की प्रसिद्धि से बहुत ईर्ष्या हुई। वे अपनी मर्ज़ी से कहानी चुन सकते थे, अपने ढंग की पटकथा लिखवा सकते थे। क्या मेरी इतनी परवशता को व्यंग्यभरी दृष्टि से देखना उन्हें शोभा देता था?

उस दिन से मेरा फ़िल्मों का रहा-सहा आदर्शवाद भी समाप्त हो गया। मैं उसे केवल रोटी-पानी के दृष्टिकोण से देखने लगा। यह मेरा सौभाग्य रहा है कि कभी-कभार मुझे अपनी मनचाही फ़िल्में मिल ही जाती थीं। भला और कौन मेरा समकालीन है, जिसे *सीमा, गरम कोट, हीरा-मोती, टकसाल, भाभी, हक़ीक़त, वक़्त* जैसी विभिन्न भूमिकाओं वाली फ़िल्में मिली हों। मैंने अपनी मनपसंद फ़िल्मों की न तो राह देखी और न उस पर निर्भर ही रहा। मैं बस घटिया फ़िल्मों में काम करना इसलिए स्वीकार कर लेता हूँ कि अच्छी फ़िल्म नसीब होने के दिन का निश्चिंतता से इंतज़ार कर सकूँ।

बिमलदा काफ़ी समय तक मेरे इस व्यावहारिक दृष्टिकोण को न समझ पाए, क्योंकि उनके अनुसार मेरे प्रगतिवादी आदर्श का इससे कोई मेल नहीं था।

पर दुख है कि निष्ठुर सत्य ने समय पाकर बिमलदा को भी अपने आदर्शों से समझौता करने के लिए विवश कर दिया। वे यथार्थवादी से अधिक आध्यात्मिक थे। इस कारण वे कभी भी ठीक-ठीक समझ न सके कि फ़िल्म-व्यवसाय में कला को सच्ची स्वतंत्रता मिलना और सत्य, शिव, सुंदर की कल्पना करना असंभव है। वहाँ तो केवल असत्य, असुंदर, अशिव ही चलता है।

इसलिए वे पिछले कई वर्षों की सीढ़ियों पर पैर रखकर आगे बढ़ने का प्रयास करते रहे। अतः धीरे-धीरे वे अपना स्वास्थ्य, सुख, चैन सब कुछ खो बैठे। वे सदा इसी चिंता में पड़े रहते थे। किसी भी दो-टूक फ़ैसले पर अड़ना उनके लिए दिनोंदिन कठिन होता जा रहा था। इस कारण उनके कई साथी उन्हें छोड़कर चले गए। बिमलदा की परेशानियों का बोझ दिनोंदिन बढ़ता गया और अंततः उसे सँभालना कठिन हो गया।

किंतु बिमलदा की महानता इसमें है कि अंतिम घड़ी तक उन्होंने अपने इष्टदेव की आराधना नहीं छोड़ी। सारी विवशताओं के बावजूद वे अपनी कला को सदा सच्ची, सुंदर एवं कल्याणमयी बनाने में लगे रहे। अपने अल्प जीवन की अंतिम रात भी, जबकि उन्हें भली-भाँति मालूम हो चुका था कि उनके बचने की सारी आशाएँ छोड़ी जा चुकी हैं, वे सुबह तक अपनी अगली फ़िल्म के कथानक पर लेखकों से विचार-विमर्श करते रहे। और जब मृत्यु का पंजा सिर पर आता हुआ दिखाई दिया, तो हँसकर उन्होंने अपनी पत्नी से अंतिम बार सिगरेट पीने की अनुमति माँगी थी।

ख़्वाजा अहमद अब्बास

केवल धीर

ख़्वाजा अहमद अब्बास (जन्म सन् 1914, देहांत सन् 1987) पत्रकार, कहानीकार, उपन्यासकार, सिनेलेखक, फ़िल्म निर्माता एवं निर्देशक तथा प्रगतिशील लेखक संघ के सरगर्म प्रतिनिधि एक साथ बहुत-कुछ थे तथा प्रायः सभी क्षेत्रों में उनके सक्रिय योगदान के कारण उन्हें लोकप्रियता भी प्राप्त हुई।

अब्बास साहब की ज़िंदगी के हर पहलू पर अलग-अलग कई लेख लिखे जा सकते हैं और यदि एक ही लेख में उनके संपूर्ण व्यक्तित्व का समावेश करना हो तो यह दरिया को कूज़े में बंद करने वाली बात होगी। सब कुछ होने के साथ-साथ अब्बास मेरे बुज़ुर्ग दोस्त भी थे तथा उनकी अनेक यादें मेरे मन-मस्तिष्क में सजीव हैं। उनके बिना भी उनके बारे में की जानेवाली बातें अधूरी रह जाएँगी। मैं प्रयत्न करूँगा कि अब्बास साहब के संपूर्ण व्यक्तित्व के नक़्श कुछ यों सँवारे जाएँ कि बात अधूरी सी न लगे।

अब्बास साहब का जन्म संयुक्त पंजाब के ऐतिहासिक नगर पानीपत में 7 जून, 1914 को हुआ तथा बंबई (अब मुंबई) शहर में 1 जून, 1987 को उनका देहांत हो गया। पिता का नाम ख़्वाजा ग़ुलाम अलसब्बतीन अंसारी था। सुप्रसिद्ध शिक्षाविद् ख़्वाजा ग़ुलाम इल सैयदीन उनके क़रीबी संबंधी थे। दरअसल उनके परिवार का संबंध 'हाली' के ख़ानदान से था। प्रारंभिक शिक्षा पानीपत में हुई। बाद में अलीगढ़ चले गए जहाँ उन्होंने मिडल से लेकर बी.ए. और एल.एल.बी. तक की शिक्षा प्राप्त की। शिक्षा काल में ही पत्रकारिता से जुड़ गए तथा सर्वप्रथम *अलीगढ़ ओपीनियन* नाम से अख़बार निकाला। सन् 1935 में बाक़ायदा *बंबई क्रॉनिकल* में काम करने लगे। पहले वे सिने आलोचक रहे और फिर इसके संडे एडिशन का संपादन किया। इसमें उन्होंने अपना एक कॉलम लिखना शुरू किया और जब सन् 1947 में *उर्दू ब्लिट्ज़* प्रकाशित होने लगा तो अपना यह कॉलम उन्होंने इसमें लिखना आरंभ कर दिया। *ब्लिट्ज़* का प्रकाशन जब हिंदी भाषा में भी आरंभ हुआ तो 'आज़ाद' शीर्षक से यही कॉलम उसमें भी प्रकाशित होने लगा। निरंतर पचास वर्षों तक अब्बास यह कॉलम लिखते रहे।

अब्बास उस समय चौबीस या पच्चीस वर्ष के थे जब उन्होंने समुद्री जहाज़ से सत्रह देशों की सैर की और *मुसाफ़िर की डायरी* नामक पुस्तक में अपनी इस यात्रा की पूरी कहानी लिखी। उर्दू में इस पुस्तक का प्रकाशन सन् 1940 में हाली पब्लिशिंग हाउस, किताब घर ने किया। सन् 1936 में जब प्रगतिशील लेखक संघ की स्थापना हुई तो इसी साल से उन्होंने कहानी लिखना आरंभ किया तथा इस आंदोलन के सक्रिय सदस्य बन गए। उनकी सर्वप्रथम

कहानी का नाम 'अबाबील' था जिसे साहित्यिक क्षेत्रों में काफ़ी पसंद किया गया। अब्बास साहब अपनी सारी ज़िंदगी सक्रिय रूप से प्रगतिशील आंदोलन से जुड़े रहे। अब्बास साहब ने अपने जीवन में कुल मिलाकर बहत्तर पुस्तकें लिखीं जिनमें अफ़साना (कहानी), उपन्यास, डायरी, आत्मकथा, रिपोर्ताज, आलोचना आदि सभी विषय सम्मिलित हैं। वे बतौर लेखक ही नहीं, अंतर्राष्ट्रीय स्तर के जाने-माने फ़िल्म निर्देशक एवं निर्माता भी थे।

अब्बास साहब की क़लम के सफ़र पर नज़र डालें तो कुछ इस तरह की जानकारी प्राप्त होती है :

कहानी संग्रह : *एक लड़की, पाँव और फूल, जाफ़रानी फूल, मैं कौन हूँ, कहते हैं जिसको इश्क़, दीया जले सारी रात, पेरिस की एक शाम, बीसवीं सदी के लैला-मजनू, नई धरती नए गीत, नीली साड़ी, सोने-चाँदी के बुत।*

उपन्यास : *चार दिल चार राहें, बंबई रात की बाँहों में, सात हिंदुस्तानी, मेरा नाम जोकर, दो बूँद पानी, तीन पहिए, एक पुराना टब और दुनिया-भर का कचरा, फ़ासला, इंक़लाब* (यह उपन्यास उर्दू, हिंदी के अतिरिक्त रूसी और जर्मन भाषाओं में भी प्रकाशित हुआ)।

नाटक : *ज़ुबेदा, यह उजरत है, मैं कौन हूँ, अनानास और एटम बम, लाल गुलाब की वापसी।*

आत्मकथा : *आई एम नॉट एन आईलैंड।*

यात्रा राजनीति : *मुसाफ़िर की डायरी, ख़ुश्चोव क्या चाहता है?, मुसोलिनी, मोहम्मद अली।*

अब्बास साहब की इनमें से अनेक रचनाओं का प्रकाशन हिंदी भाषा में भी हुआ है।

अपने फ़िल्मी कैरियर में अब्बास साहब ने अनेक फ़िल्मों का निर्देशन एवं निर्माण भी किया। *धरती के लाल, चार दिल चार राहें, आवारा, परदेशी, अनहोनी, मेरा नाम जोकर, शहर और सपना, नक्सलाइट, दो बूँद* जैसी अनेक फ़िल्में उन्होंने बनाईं या लिखीं। अब्बास फ़िल्मी दुनिया में अपने मृदुल व्यवहार के लिए भी जाने जाते थे। फ़िल्मों में काम करने आए और संघर्ष कर रहे युवक-युवतियों को कोई और नहीं मिलता तो वे अब्बास साहब का द्वार खटखटाते। अनेक लोग ऐसे भी थे जो अब्बास साहब की फ़िल्म यूनिट से जुड़े हुए थे। फ़िल्म सेट पर हों न हों, उनकी रोज़ी-रोटी चलती रहती थी। जिन लोगों को उन्होंने फ़िल्मों में काम दिया या दिलवाया, उनमें देव आनंद, अमिताभ बच्चन और कमाल अमरोही जैसे लोग भी थे जिन्होंने आगे चलकर बहुत सफलता एवं प्रसिद्धि प्राप्त की। देव आनंद को उन्होंने पहली बार अपने ड्रामे 'ज़ुबेदा' में रोल दिया था, जिसे उन्होंने 'इप्टा' के लिए लिखा था। इस ड्रामे की मुख्य भूमिका में बलराज साहनी थे जो बी.बी.सी. लंदन को छोड़कर बंबई में नए-नए आए थे।

अब्बास साहब की शिक्षा-दीक्षा मुस्लिम विश्वविद्यालय अलीगढ़ में हुई। उनके अंग्रेज़ी उपन्यास *The Whole World is My Village* की पृष्ठभूमि में अलीगढ़ के हवाले से देशभक्त विद्यार्थियों का चित्रण जगह-जगह मिलता है। वहाँ की नज़ाक़तें, नफ़ासतें, मोहब्बतें और सरशारियाँ शब्दों में जागती-गाती नज़र आती हैं। यही हाल उनकी रचना *इंक़लाब* की भी है जिसमें भावनाओं के आक्रोश एवं उग्रता के साथ-साथ जवान दिलों के अरमानों की दुनिया का हुजूम भी है।

सन् 1960 के शुरू की बात है जब पहली बार मुझे अब्बास साहब से मिलने का सौभाग्य प्राप्त हुआ। उस समय मेरी आयु बाईस के आसपास थी और अब्बास साहब मुझसे लगभग इतने ही बड़े थे। मैं और अफ़सानानिगार राम लाल साथ-साथ बंबई गए थे, अपने एक और बुज़ुर्ग दोस्त सिने गीतकार राजा मेहँदी अली ख़ाँ के साथ हम ठहरे थे। राजा साहब हमें सुप्रसिद्ध कथाकार कृश्न चंदर से मिलवाने उनके घर ले गए जहाँ पहले से ही महफ़िल जमी हुई थी। अली सरदार जाफ़री थे, साहिर लुधियानवी थे, महिंद्र नाथ और सलमा जी थीं–कुछ लोग और भी थे। वहाँ अब्बास साहब भी मौजूद थे। उन्हीं दिनों उर्दू पत्रिका *बीसवीं सदी* के विशेषांक अफ़साना नंबर में कृश्न चंदर और अब्बास साहब की कहानियों के साथ ही मेरी एक कहानी भी छपी थी जिसे कृश्न चंदर पढ़ चुके थे और यह कहानी उन्हें इतनी पसंद आई थी कि वहाँ महफ़िल में उन्होंने मुझे यही कहानी सुनाने को कह दिया। उन्होंने अंदर से पत्रिका का अंक मँगवाकर मेरे सामने रख दिया। कहानी मैंने पढ़कर सुनाई और परिणाम यह हुआ कि *ब्लिट्ज़* के अपने कॉलम में अब्बास साहब ने पूरा पृष्ठ ही मेरी कहानी पर लिख दिया। इससे मेरी अदबी परवाज़ को बल मिला, पहचान मिली और मार्गदर्शन भी। उनसे निरंतर दोस्ती का उपहार भी मिला। पुरानी यादों को कुरेदते हुए, चलो, अब्बास साहब की बातें करते हैं।

मासिक पत्रिका *शमा* (उर्दू) तथा *सुषमा* (हिंदी) में मेरी कहानियाँ निरंतर छपती थीं। इदरीस देहलवी इन पत्रिकाओं का फ़िल्म प्रभाग देखते थे। संभवतः सन् 1986-87 की बात है कि उन्होंने उन फ़िल्मी हस्तियों पर साक्षात्कार अथवा लेख अपनी पत्रिकाओं में प्रकाशित करना आरंभ किया जो फ़िल्म जगत् को पचास वर्षों से निरंतर योगदान दे रहे थे। मुझे दो व्यक्तियों पर लिखने को कहा गया : एक अब्बास साहब थे और दूसरे राजेंद्र सिंह बेदी।

उन दिनों अब्बास साहब से मेरी एक और मुलाक़ात हुई तथा टुकड़े-टुकड़े करके कई दिनों तक कई विषयों पर ऐसी बातचीत जो न तो इंटरव्यू थी और न ही लेख लिखे जानेवाली सामग्री। वे यादें थीं–नई और पुरानी! बातें थीं–अपनी और अपने जैसे कई दूसरे लोगों की। कुछ कटु थीं, कुछ मधुर थीं और कुछ सिर्फ़ दिलचस्प।

अब्बास साहब वी. शांताराम के प्रशंसक थे और यह भी संयोग ही था कि अपनी फ़िल्म पत्रकारिता के दौर में शुभारंभ ही उन्होंने वी. शांताराम की फ़िल्म *दुनिया न माने* से किया और अब्बास के शब्दों में, 'इसने मेरी ज़िंदगी का रुख़ ही बदलकर रख दिया।' हुआ यों कि सन् 1937 में एक फ़िल्म पूना से दो भाषाओं में बनकर आई। मराठी में इसका नाम *कन्को* था और हिंदी में *दुनिया ना माने*। उस समय की प्रसिद्ध सिने पत्रिका *बंबई क्रॉनिकल* में फ़िल्म आलोचक कन्हैयालाल वकील थे। उस समय प्रथा थी कि फ़िल्म रिलीज़ के दिन पत्रकारों एवं अतिविशिष्ट व्यक्तियों के लिए स्पेशल शो होता था। निमंत्रण पत्र जाते थे। वकील साहब को निमंत्रण मिला किंतु किसी अन्य व्यस्तता के कारण उन्होंने निमंत्रण पत्र अब्बास साहब को दे दिया, यह आग्रह किया कि फ़िल्म देख आएँ तथा इस पर रिव्यू भी लिख दें। अब्बास साहब ने आलोचक की दृष्टि से फ़िल्म देखी तथा इस पर विस्तृत रिव्यू लिख दिया। अब्बास साहब के शब्दों में, 'इस फ़िल्म ने मुझे वी. शांताराम के सृजनात्मक व्यक्तित्व से परिचित कराया तथा इस फ़िल्म पर अपनी सिने पत्रकारिता का सर्वप्रथम रिव्यू लिखा जो मेरे संपादक की पैनी दृष्टि से बच नहीं सका तथा आंशिक रूप से फ़िल्मों पर रिव्यू करने का उत्तरदायित्व मुझ पर डाल दिया गया। एक वर्ष बाद वी. शांताराम की फ़िल्म

आदमी आई जिससे अब्बास इतना प्रभावित हुए कि उन्होंने अपने पृष्ठ के सातों कॉलमों में सिर्फ़ इसी एक फ़िल्म पर रिव्यू लिखा। संभवतः यह फ़िल्म आलोचना के इतिहास का एक रिकॉर्ड है। अब्बास कहते हैं कि *दुनिया ना माने* उन्होंने अठारह बार और *आदमी* चौबीस बार देखी तथा *प्रेज़िडेंट, धरती माता, लाइफ़ ऑफ़ लूई पाश्चर* तथा कई दूसरी फ़िल्मों के स्क्रीन प्ले उन्होंने उन फ़िल्मों को देखने के बाद लिखे। उनका यह भी मानना था कि फ़िल्मों को समझने तथा इनके बारे में जानकारी प्राप्त करने का यह उनका प्रारंभिक प्रयास था। भविष्य में उन्हें अपनी फ़िल्में लिखने एवं इनके निर्देशन में वी. शांताराम की फ़िल्मों ने ही प्रेरणा प्रदान की।

राष्ट्रीय एकता के विषय पर वी. शांताराम द्वारा बनाई गई पहली फ़िल्म *पड़ोसी* (1941) थी। *डॉक्टर कोटनिस की अमर कहानी* का स्क्रीन प्ले भी अब्बास साहब ने लिखा था तथा उन्होंने इस नौजवान डॉक्टर कोटनिस के साहस, वीरता और शहादत की सच्ची कहानी को फिर से जीवित कर दिया था जो नेहरूजी के कहने पर जंग से तबाह हुए चीन में भेजे गए एक मेडिकल मिशन में शामिल थे।

अब्बास कहते हैं कि फ़िल्म देखने का मज़ा अपनी जगह लेकिन फ़िल्म बनाने में इससे कहीं ज़्यादा मज़ा है। यह एक ऐसा नशा है जो सिर चढ़कर बोलता है। उन्होंने फ़िल्म बनाने की तकनीक तथा इसके हर पक्ष के बारे में दर्जनों किताबें पढ़ीं, सिनारियो पढ़े और तब अकाल (भुखमरी) के विषय पर *धरती के लाल* बनाई। इप्टा के माध्यम से उन्होंने इन कलाकारों को लेकर यह फ़िल्म बनाई जो पेशेवर नहीं थे। यह अपने ज़माने की पहली प्रयोगात्मक फ़िल्म थी।

अब्बास *धरती के लाल* फ़िल्म के निर्माण संबंधी बातें बता रहे थे कि इसके मुख्य कलाकार बलराज साहनी थे। वे बी.बी.सी. लंदन से यहाँ नए-नए आए थे। कैमरे के सामने अपने अर्धनग्न शरीर को एक फ़ाक़ाकश व्यक्ति का रूप देने के उद्देश्य से वे महीनों तक दिन में एक बार खाना खाते और शूटिंग के दिन कैमरे के सामने जाने से पहले अपनी धोती और पूरे शरीर को यहाँ तक कि चेहरे पर भी कीचड़ मल लेते थे ताकि भुखमरी का शिकार एक अत्यन्त निर्धन एवं कमज़ोर इनसान नज़र आ सके। ऐसे कलाकार थे उस समय।

बातों ही बातों में मैंने कहा कि लोग आज सिर्फ़ आपकी फ़िल्म *धरती के लाल* का उल्लेख हवाले के रूप में करते हैं। लेकिन उस समय दर्शकों की प्रतिक्रिया क्या थी? कहने लगे कि प्रतिक्रिया नकारात्मक थी, इसलिए कि वास्तव में लोग देखना ही नहीं चाहते थे कि हिंदुस्तान की वास्तविकता क्या है। वे भ्रम का शिकार ही बने रहना चाहते थे। यह समय ऐसा था कि लोग कल्पना और रोमांस से भरी फ़िल्में देखना ही पसंद करते थे, जैसे–*खिड़की, शनशनाकी बोब्बलाब्बू, सुल्ताना डाकू, तूफ़ान मेल* इत्यादि। फ़िल्में बनती भी इसी तरह की थीं लेकिन मेरा दृष्टिकोण हमेशा अलग रहा। मैं देश की कहानियाँ लिखता था, देश के आम, ग़रीब और दासता के हालात का शिकार भूखे-नंगे लोगों की कथा। देशभक्ति और अन्याय के विरुद्ध एक शक्तिशाली आवाज़। ऐसी फ़िल्में बनाना मेरी सोच और मन की बात थी।

राजकपूर और उनकी फ़िल्मों के संदर्भ में मैंने कहा कि आपने राजकपूर के लिए *चार सौ बीस, आवारा, बॉबी* जैसी सुपरहिट फ़िल्में लिखीं जो बहुत सफल रहीं। इसके विपरीत *शहर और सपना, दो बूँद पानी, नक्सलाइट* जैसी कई फ़िल्में आपने लिखीं और स्वयं बनाईं

भी लेकिन ये सब वैसी सफल नहीं हुईं। इसका कारण क्या था? अब्बास ने मुस्कराते हुए कहा था कि 'राजकपूर और मुझमें हर तरह से सोच और व्यापारिक सूझबूझ का बहुत बड़ा अंतर है। उसकी तबीयत में जौलानी है, एक विचित्र-सी मस्ती और जोश है। वह अपनी फ़िल्मों के प्रति भी दूरंदेश है तथा इन्हें हज़ार ज़ावियों से सजाता-सँवारता है। उसे संगीत, फ़ोटोग्राफ़ी, एडिटिंग आदि की भी बहुत समझ है। उसे यह भी पता होता है कि फ़िल्म में कहाँ किस चीज़ की ज़रूरत है। दरअसल राजकपूर एक शक्तिशाली इंजन है। यदि इस इंजन को सही गाड़ी के साथ जोड़ा जाए तो मेरी बात बहुत दूर तक पहुँच सकती है। यही कारण है कि मैं उसकी फ़िल्मों के लिए लिखता हूँ। यह जानते हुए भी कि वह समझौता कराता है और मैं कर लेता हूँ। वह कुछ भी करे लेकिन मेरी बात, मेरे विचार दूर तक पहुँचा सकता है। *आवारा* में उसने कहानी से कम समझौता किया था, *श्री चार सौ बीस* में कुछ और अधिक किया। *बॉबी* के संदर्भ में तो मुझे कहना पड़ा कि यह मेरी फ़िल्म नहीं। मैंने अमीर लड़के का ग़रीब लड़की से प्यार दिखाया था। मेरी कहानी में जो औरत थी, उसे राजकपूर ने गवर्नेस बना दिया और घर में फ्रिज रख दिया, फ्रिज में शराब की बोतलें भी रख दीं। मैंने लड़की के बाप को ग़रीब दिखाया था। उसने बाप की अलमारी में नोट रख दिये। मछेरे को अमीर दिखा दिया लेकिन इस सबके बावजूद वह ताक़तवर इंजन है। मेरे विचार दूर-दूर तक पहुँचा सकता है। इसलिए मैं उसके कहने पर मछेरे की तिजोरी नोटों से भर देता हूँ।

अब्बास साहब से मैंने कहा कि आप प्रगतिवादी हैं। आपका दृष्टिकोण वास्तविकता और सचाई पर होता है फिर भी आप इन फ़िल्मों के लिए लिखते हैं, समझौते के साथ! तो वे कहने लगे, 'सबसे बड़ा सत्य समझौता है लेकिन सीमा में रहकर! यदि मैं अपनी बनाई हुई फ़िल्मों की सचाई में झाँकता हूँ तो तुमने सही कहा कि मेरा दृष्टिकोण 'वास्तविक' लेकिन बाहरी (Outward) होता है। इसके अतिरिक्त मेरी फ़िल्मों में एक उद्देश्य या संदेश होता है। मत भूलो कि मैं डगर से हटकर, प्रगतिशील विचारधारा रखनेवाला क़लमकार हूँ और उसके बाद फ़िल्म का आदमी। बहुत-सी कमियाँ भी हैं। सबसे बड़ी बात यह है कि मैं संगीत-प्रेमी नहीं हूँ, न ही एक्सपर्ट। मेरी फ़िल्मों में लोगों को संगीत की कमी खलती है और इसी कारण ये फ़िल्में इतनी लोकप्रिय नहीं हो पातीं।'

मैंने अब्बास साहब की फ़िल्म *शहर और सपना* की बात छेड़ दी जिसे फ़िल्मफ़ेयर एवार्ड मिला था, कहा, 'आपकी यह फ़िल्म विशुद्ध आर्ट फ़िल्म थी और ऐसी फ़िल्में आम डगर से हटकर होती हैं। इसे बनाना बहुत कठिन हुआ होगा—इसलिए कि आप मालदार भी नहीं हैं।' अब्बास साहब ने हँसते हुए कहा था, 'प्रयोगात्मक फ़िल्मों पर लोग कहाँ राज़ी होते हैं पैसा लगाने के लिए। किसी तरह फ़िल्म बन भी जाए तो डिस्ट्रीब्यूटर नहीं मिलते। तुम हैरान होगे कि *शहर और सपना* मैंने सैंतीस डिस्ट्रीब्यूटरों को दिखाई थी और बड़ी मुश्किल से कोई मिला।' मैंने याद दिलाया कि 'आपकी इसी फ़िल्म को जब एवार्ड मिला था तो सत्यजित रे की बिलकुल इसी थीम की एक फ़िल्म *महानगर* भी मुक़ाबले में थी। इस बारे में आपकी क्या प्रतिक्रिया है,' तो अब्बास साहब हँस दिये, 'कहने लगे कि मैं सत्यजित रे का प्रशंसक हूँ। उनकी आर्ट की बहुत क़द्र करता हूँ लेकिन जहाँ तक उनकी फ़िल्म का संबंध है, उसमें सब कुछ था, सिर्फ़ महानगर ही नहीं था। उनकी फ़िल्म में कलकत्ता की सोसायटी का चित्रण किया गया था कि वहाँ किस प्रकार निचले और मध्यम श्रेणी के लोगों का जीवन नरक है।

मेरी फ़िल्म *शहर और सपना* में शहर भी था और 'सपना' भी। लोग अपने सपनों को साकार करने के लिए बंबई आते हैं तथा यहाँ आकर अपने सपनों के माध्यम से अधूरी इच्छाओं एवं आरज़ुओं को पूरा करना चाहते हैं और कि ये पूरी होती भी हैं अथवा नहीं—मेरी फ़िल्म की यह थीम थी जिसे मैंने ईमानदारी और हक़ीक़तपसंदी के साथ पेश किया और पूरी तरह निभाया भी था।'

वे लम्हे बहुत चंचल और ख़ूबसूरत थे। उम्र का लिहाज़ कुछ झिझक—लेकिन साहस जुटाकर मैंने पूछ ही लिया था, 'स्त्री और पुरुष के रिश्ते और ख़ासतौर से इश्क़ के बारे में आप क्या कहते हैं?' अब्बास साहब ने मेरी तरफ़ ज़रा अजीब-सी निगाहों से और ज़रा संजीदगी से और फिर तनिक चंचलता से देखा और अपने स्वाभाविक अंदाज़ में, बहुत स्पष्टता के साथ कहने लगे, 'मेरा किसी भी औरत के साथ वालहाना रिश्ता नहीं रहा हालाँकि मुझे कई फ़िल्मी हीरोइनें पसंद थीं, इनमें जुबेदा, सविता देवी, मीना कुमारी, नरगिस, निम्मी, सुरेखा आदि—और इन सबसे मेरे घनिष्ठ संबंध भी रहे।' दिल-ही-दिल में कह रहा था, इस सादगी पे कौन न मर जाए या ख़ुदा! दूसरे ही क्षण उन्होंने कहा था, 'यह एक प्राकृतिक सत्य है कि पुरुष की स्त्री में दिलचस्पी न सिर्फ़ हमेशा रहती है बल्कि कभी समाप्त ही नहीं होती—केवल इसके रूप बदलते रहते हैं—बहन का रिश्ता, बीवी या महबूबा का रिश्ता—किसी-न-किसी सूरत में यह रिश्ता क़ायम रहता है। वास्तव में स्त्री के साथ इनसान का रिश्ता कभी ख़त्म नहीं होनेवाला रिश्ता है और जिसे तोड़ा नहीं जा सकता।'

मुझे याद है—उस मुलाक़ात के सबसे आख़िर में मैंने अदब यानी साहित्य के विषय पर अब्बास साहब से बहुत-सी बातें की थीं—मंटो की बातें, कृश्न चंदर, राजिंद सिंह बेदी, इस्मत चुग़ताई—और कई क़लमकारों की बातें जो कहानीकार थे। मैं स्वयः भी तो कहानीकार हूँ इसलिए कहानी पर बात होना स्वाभाविक ही था। मैंने कहा था, 'आप कहानीकार हैं, पत्रकार और लेखक हैं, फ़िल्म निर्माता एवं निर्देशक हैं—लेकिन अपनी नज़रों में सबसे पहले आप क्या हैं?' क्षण-भर में ही उन्होंने कह दिया था, 'सच बात तो यह है कि मुझे 'बुक राइटिंग' और फ़िल्म मेकिंग बहुत पसंद है। किताबें लिखने का एक अलग लुत्फ़ है। फ़िल्म मेंकिंग का भी अपना एक अलग स्वाद है, एक अलग नशा है। जिसे इसका चस्का पड़ जाए, वह छूटता नहीं।'

अब्बास साहब ने कहना जारी रखा था, 'दरअसल लिखना-पढ़ना हमारे ख़ून में शामिल है। मौलाना हाली से लेकर ग़ुलाम-अल-सय्यद्दीन, सय्यद आबिद हुसैन और सालहा आबिद हुसैन तक—इन सभी का ओढ़ना-बिछौना अदब ही रहा है। 'अबाबील' मेरी पहली कहानी थी जो *जामया* में प्रकाशित हुई थी और फिर मुड़कर पीछे नहीं देखा। अब तक दर्जनों किताबें लिख दीं जो अंग्रेज़ी, उर्दू, हिंदी के साथ-साथ मराठी, बांग्ला और मलयालम भाषाओं में भी छपीं। रूसी, चेक और चीनी भाषाओं में अनुवाद भी हुए।'

गांधी-नेहरू परिवार से अब्बास साहब के घनिष्ठ संबंधों का उल्लेख हुआ तो कहने लगे, 'यह लोगों को भ्रम है कि मैं इस परिवार का 'प्रचारक' हूँ। मैं उनका प्रशंसक और मित्र अवश्य हूँ। इंदिरा गांधी की जीवनी मैंने लिखी, उनकी सराहना भी की लेकिन मेरी एक दूसरी किताब *(That Woman)* भी है जिसमें मैंने उनके काम की तीव्र आलोचना भी की है। दुश्मन तो कलेजे में घाव कर देते हैं जबकि दोस्त सचेत करते हैं और बतौर दोस्त यही मैंने किया भी।'

अपने परिवार के बारे में उन्होंने सिर्फ़ इतना ही कहा कि 'मैं परदापोशी को पहल देता हूँ। जहाँ तक मेरी व्यक्तिगत ज़िंदगी का सामाजिक पक्ष है, मेरी पत्नी बहुत पढ़ी-लिखी स्त्री थी। रोम्याँ रोलाँ की सभी पुस्तकें उनके पास थीं। रोलाँ की बहुत बड़ी किताब *(Soul Enchanted)* वे प्रायः पढ़ती रहती थीं। देहांत के एक दिन पूर्व उन्होंने मुझसे कहा था कि ''स्टार-सिस्टम' में मत पड़ना।' दरअसल उन दिनों कमाल अमरोही और अली रज़ा ने मुक़दमे किए हुए थे और मुझे बीमार पत्नी को छोड़कर कोर्ट जाना पड़ता था।'

अब्बास साहब की साहित्यिक उपलब्धियों का उल्लेख यहाँ से हो सकता है कि सन् 1936 में प्रगतिशील लेखक संघ की स्थापना के साथ उनकी साहित्यिक यात्रा आरंभ हुई। बुनियादी तौर पर उन्होंने शुरुआत पत्रकारिता से की थी। कहा गया कि वे भावुक प्रकार के प्रगतिवादी थे। शायद इसीलिए वे अपनी हर कहानी को उद्देश्यपूर्ण एवं प्रभावी बनाने का प्रयास करते हैं। इस प्रकार कहानी की कला उनकी पकड़ से निकल जाती है और फिर जो कुछ शेष रह जाता है, वह पत्रकारिता एवं प्रचार से ज़्यादा भिन्न नहीं होता। अपनी इस कमज़ोरी का उन्हें भी आभास था। 'कहानी की कहानी' में स्वयं उन्होंने इसी बात को स्वीकार किया था। वे लिखते हैं :

> प्रायः सभी बड़े-बड़े आलोचक इस बात पर सहमत हैं कि मैं अदीब नहीं, पत्रकार हूँ और मेरी कहानियों में पत्रकारिता झलकती है। यह भी आपने अवश्य सुना होगा कि मैं श्रेष्ठ साहित्य रचना के बजाय अख़बारों में पढ़ी-पढ़ाई ख़बरों को कहानी का रंग देकर कहानी के नाम पर प्रकाशित करा देता हूँ। इसलिए आपको कोई आश्चर्य नहीं होगा कि कहानी मेरे भीतर से पैदा नहीं होती बल्कि यह किसी व्यक्तिगत अनुभव, कोई चीज़ देखने की प्रतिक्रियास्वरूप या किसी सुने हुए अथवा अख़बार में पढ़ी हुई किसी घटना पर आधारित होती है।

अब्बास साहब ने यद्यपि गोर्की, चेख़व, मोपासाँ, ओ' हैनरी और हेमिंग्वे की कहानियों का गंभीर अध्ययन किया किंतु इनमें से किसी का भी अधिक प्रभाव स्वीकार नहीं किया। पत्रकार होने के नाते वे लिखने के आदी थे। किसी भी बात या विचार का छोर मिलते ही वे इसे कहानी का रूप दे देते थे लेकिन यह भी हक़ीक़त है कि उनकी कहानियों में विषयों की भरमार है। इनमें उस समय के सामाजिक तथा राजनीतिक जीवन का चित्रण मिलता है। वे सामाजिक तथा राजनीतिक अन्याय के विरुद्ध आवाज़ उठाते थे तथा उनके मस्तिष्क में अनुभव हावी थे और शायद इसीलिए अपनी कहानियों में उन्होंने कई तरह के प्रयोग किए। 'रुपये-आने-पाई' और 'मोनताज़' उनकी ऐसी ही प्रयोगात्मक कहानियाँ हैं। उनकी कहानी 'एक प्याली चावल' बंगाल के अकाल की समस्याओं एवं पीड़ाओं-वेदनाओं की शानदार अभिव्यक्ति है। 'सरदार जी' देश-विभाजन और उसके बाद हुए सांप्रदायिक फ़सादात की पृष्ठभूमि में लिखी गई लाजवाब कहानी है। अब्बास साहब की अन्य कुछ उल्लेखनीय कहानियाँ हैं–'अबाबील', 'अजंता', 'मेमार', 'राधा', 'ज़िंदगी', 'तीन औरतें', 'उतार-चढ़ाव' आदि।

साहिर लुधियानवी

अर्जुमंद आरा

प्रगतिशील आंदोलन ने कम-से-कम चार शायर ऐसे दिये हैं जिनका निजी जीवन और कविकर्म, दोनों ही लोगों की रुचि का केंद्र बने और जिसके कारण उनकी शायरी पर उनके जीवन वृत्तांत का अक्स और जीवन के घटनाक्रम में उनकी शायरी की झलकियाँ तलाशना स्वयं में एक दिलचस्प मशग़ला बन गया। ये चारों बड़े लोकप्रिय शायर थे लेकिन उनके जीवन की कुछ घटनाओं ने उनकी लोकप्रियता में इज़ाफ़ा किया, और उनमें से फ़ैज़ और मख़्दूम को इंक़लाबी और रूमानी हीरो, तो मजाज़ और साहिर को ट्रेजिक हीरो जैसी छवि दी। फ़ैज़ का रावलपिंडी साज़िश केस में मौत की सज़ा से बाल-बाल बचना, चार-पाँच साल तक मौत और ज़िंदगी के बीच लटकते जेल में गुज़ारना, कालकोठरी में महीनों तक रहना, जीवन का एक हिस्सा विदेश में गुज़ारने पर मजबूर होना; और ये सब कठिनाइयाँ निजी कारणों से नहीं बल्कि उन आदर्शों के लिए झेलना जो उस समय प्रगतिशील आंदोलन से जुड़े बहुत-से लेखकों और कवियों के आदर्श थे। लेकिन फ़ैज़ के लिए ये आदर्श फ़ैशन नहीं बल्कि जीवन-मूल्य का दर्जा रखते थे। इसी तरह मख़्दूम मुहिउद्दीन की ग़रीबी की कठिन ज़िंदगी ने उन्हें जीवन के यथार्थ के रूबरू होने का सीधा मौक़ा दिया तो सियासी आदर्श ने उस तजुर्बे को सार्वजनिक तजुर्बे के रूप में समझने में मदद दी। उन्होंने ग़रीब, भूमिहीन किसानों की कठिनाइयों को महसूस किया और तेलंगाना तहरीक का हिस्सा बनकर उनके हक़ के लिए जागीरदारों और निज़ाम के विरुद्ध हथियार उठा लिये। रूपोश होकर छापामारी करते वे कई बार जेल गए। उनकी इंक़लाबी नज़्में हैदराबाद और पूरे तेलंगाना क्षेत्र में गली-कूचों में गाई जाने लगीं। जब-जब जेल से बाहर आते, हज़ारों की संख्या में अवाम उन्हीं की नज़्मों से उनका स्वागत करते। शायरी को इंक़लाब का हथियार बनाने की इस परंपरा ने फ़ैज़ और मख़्दूम, दोनों की लोकप्रियता को बढ़ाया, लेकिन केवल सियासी और इंक़लाबी शायर के तौर पर नहीं बल्कि उससे अधिक वे अपनी मानवीय संवेदनाओं और इश्क़िया शायरी के लिए जाने गए। फ़ैज़ और मख़्दूम के नज़दीक इश्क़ और इंक़लाब जीवन के दो अलग-अलग पहलू नहीं, बल्कि ऐसे यथार्थ हैं जिनमें कोई परस्पर विरोध नहीं।

मजाज़ और साहिर ने भी इश्क़ और इंक़लाब, दोनों के गीत गाए। लेकिन उन्होंने राजनीतिक कर्मभूमि में अमली तौर पर क़दम नहीं रखा, बल्कि सैद्धांतिक स्तर पर वामपंथ और स्वतंत्रता संग्राम के साथ रहे। इन दोनों का संबंध ज़मींदार और जागीरदार घरानों से था, लेकिन आर्थिक स्तर पर दोनों ने कठिनाइयों का सामना किया; प्रेम में नाकाम रहे और

इस नाकामी के दर्द को कविता में ढालते रहे। इश्क़ की नाकामियों में भी, मजाज़ ने शायरी में आमतौर से मायूसी को हावी नहीं होने दिया, अपनी महबूबा के विरुद्ध कोई द्वेष नहीं रखा और उच्चतम मानव-मूल्यों पर उसके एतमाद को मज़बूत रखा। यह मजाज़ के चरित्र की शक्ति थी कि उन्होंने निजी जीवन की विफलताओं को इस सीमा तक झेलने के बावजूद कि उन पर तीन बार मानसिक आघात के कारण जुनून के दौरे पड़े, वे अपनी शायरी में उम्मीद और जीवन के नग़्मे गाते रहे।

इश्क़ में साहिर की नाकामियों ने उनकी शायरी को अलग ही रंग दिया। इन नाकामियों का उन्होंने जश्न मनाया, उनसे शक्ति लेकर काव्य-रचना की। ऐसे भी मौक़े आए जब लगा कि उनका इश्क़ कामयाबी की मंज़िल पर पहुँचनेवाला था, तो साहिर के क़दम पीछे हट गए। शायद नाकामी ही उनके लिए प्रेरणा थी, इसलिए सीने पर इश्क़ का दाग़ लिये वे उसका जश्न मनाते रहे, विद्रोही आशिक़ के लिए नज़्में लिखते रहे, फ़िल्मी गीतों के माध्यम से अपनी प्रेरणा लोगों में बाँटते रहे और जनमानस पर इस तरह छा गए कि उनके सामने सबके चिराग़ गुल हो गए।

ये चार शायर ही क्या, बीसवीं सदी के तीसरे-चौथे दशक में एक पूरा क़ाफ़िला था जो प्रगतिशील चिंतन के साथ स्वतंत्रता संग्राम में, अमन की स्थापना में और परिवर्तन के लिए संघर्षरत था। साहिर ने स्कूल के ज़माने में ही शायरी शुरू कर दी थी और कॉलेज तक पहुँचते-पहुँचते शहर में अच्छी-ख़ासी शोहरत भी हासिल कर ली। नए लेखक और छात्र उन दिनों सियासी जलसों-जुलूसों में शरीक होते और मुशायरों में सियासी नज़्में पढ़ते थे। साहिर ने भी इसी पुरजोश माहौल में आँखें खोलीं। दिल्ली, लाहौर, लखनऊ और इलाहाबाद जैसे बड़े शहरों की बात तो जाने दें, छोटे-छोटे देहात, क़स्बे और बस्तियाँ भी बर्तानवी राज के विरुद्ध संघर्ष की कर्मभूमि बन रही थीं। 8 मार्च, 1921 को जन्मे अब्दुल हई, यानी साहिर यों तो एक जागीरदार बाप के इकलौते बेटे थे लेकिन पति के साथ निर्वाह न होने के कारण साहिर की माँ अपने भाइयों के पास आ गई थीं। इस तरह साहिर ने ननिहाल में परवरिश पाई। मालवा खालसा हाई स्कूल से प्राथमिक शिक्षा और गवर्नमेंट कॉलेज, लुधियाना तथा इस्लामिया कॉलेज, लाहौर से उच्चतर शिक्षा पाई। लेकिन डिग्री मिलने से पहले ही कॉलेज छोड़ दिया। लाहौर में उन दिनों चोटी के शायर और अदीब जमा थे। आबिद अली आबिद, सूफ़ी तबस्सुम, हफ़ीज़ जालंधरी, अहसान दानिश, एम.डी. तासीर, पितरस बुख़ारी, कृश्न चंदर, देवेंद्र सत्यार्थी, फ़िक्र तौंसवी, गोपाल मित्तल, हरीशचंद्र अख़्तर, अब्दुल हमीद अदम, अहमद नदीम क़ासमी, अमृता प्रीतम जैसे लिखनेवालों की कहकशाँ से लाहौर का आसमाने-अदब झिलमिला रहा था। जगह-जगह अदबी जलसे, साप्ताहिक गोष्ठियाँ होतीं, शायरी, अफ़साने और आलोचनात्मक लेख पढ़े जाते। ऐसी ही महफ़िलें होस्टलों में भी होतीं जहाँ छात्रों के अलावा बाहर से भी श्रोता, प्रकाशक और लेखक आकर जमा होते। *अदबे-लतीफ़* के मालिक चौधरी नज़ीर अहमद भी आते थे। वे साहिर से प्रभावित हुए और उन्होंने साहिर को *अदबे-लतीफ़* का एडिटर बना दिया। इससे साहिर का प्रभाव क्षेत्र बढ़ गया, क्योंकि *अदबे-लतीफ़* का शुमार सबसे अच्छी पत्रिकाओं में होता था।

लाहौर आने से पहले लुधियाना में साहिर की सरगर्मियों और निजी जीवन की ख़ूबसूरत झलकियाँ उनके दोस्त हाफ़िज़ लुधियानवी ने अपने लेख 'साहिर : कुछ यादें भूली-बिसरी सी'

में प्रस्तुत की हैं। साहिर की मामूज़ाद बहनों, सरवर शफ़ी और अनवर सुलताना ने उनके मिज़ाज, घर से ज़ज़्बाती लगाव और ज़िम्मेदारी के अहसास का बयान इस तरह किया है कि साहिर के बचपन के और व्यक्तित्व के विभिन्न पहलू सामने आ जाते हैं। मिसाल के तौर पर यह कि वे बचपन में ज़िद्दी थे और अपनी बात मनवाकर ही छोड़ते। दूध पीते वक़्त एक बार ज़िद कर बैठे कि पानी मिलाओ तब दूध पीऊँगा। ऐसे मौक़ों पर उनकी माँ परेशान हो जातीं और रो पड़तीं। तब मामू उन्हें मनाने की कोई तरकीब ढूँढ़ निकालते। सिगरेट और माचिस की डिबियों से छोटी-सी दीवार खड़ी करते, उस पर सफ़ेद रूमाल तान देते और टॉर्च की रोशनी उस पर नचाते और दोस्तों से कहते कि देखो, मंडवा (सिनेमा घर) बनाया है। इससे अंदाज़ा होता है कि फ़िल्मों से उन्हें बचपन से ही लगाव था, कला और साहित्य के प्रेम ने उन्हें शायरी की तरफ़ माइल कर दिया। कॉलेज में वे छात्रों की यूनियन के सदर थे और *बज़्मे-अदब* के जलसों में भी बढ़-चढ़कर शरीक होते थे। कॉलेज ही में उनके दो इश्क़ों का विस्तृत वर्णन उनके दोस्त हाफ़िज़ लुधियानवी ने किया है जो दोनों ही नाकाम रहे। प्रेम चौधरी का बीमारी के कारण देहांत हो गया और दूसरी प्रेमिका ईश्वर का कॉलेज से नाम काट दिया गया। साहिर को भी कॉलेज से निकाल दिया गया। इश्क़ की ये नाकामियाँ साहिर की शायरी की प्रेरणा और शक्ति बन गईं। उनकी कई अच्छी नज़्में इसी दौर की यादगार हैं। लाहौर के क़याम के दौरान उन्होंने अमृता प्रीतम से इश्क़ किया; बल्कि अमृता ने साहिर से इश्क़ किया, जिसकी तफ़सील ख़ुद अमृता प्रीतम ने साहिर पर लिखे अपने लेख में लिखी है। अमृता ही के लिए साहिर ने अपनी व्यंग्यात्मक नज़्म 'मादाम' लिखी जब वे अपने दोस्तों को लेकर अमृता की किसी बात पर नाराज़ हो गए :

आप बेवजह परेशान-सी क्यों हैं मादाम
लोग कहते हैं तो फिर ठीक ही कहते होंगे
मेरे अहबाब ने तहज़ीब न सीखी होगी
मेरे माहौल में इनसान न रहते होंगे।

दोस्ती निभाना और रिश्तों को गहरे मन से महसूस करना साहिर की फ़ितरत में दाख़िल था। उनके एक दोस्त अहमद राही ने एक बेतकल्लुफ़ और प्यार-भरे झगड़े का ज़िक्र किया है जिसे पढ़कर बेसाख़्ता हँसी आ जाती है। आज़ादी के बाद सितंबर, 1947 से जून, 1948 तक अहमद राही और साहिर लाहौर में एक ही कमरे में रहते थे, रात-दिन का साथ था। सोने से पहले हर रात दोनों में झगड़ा होता क्योंकि चारपाई एक ही थी। साहिर कहते, अपने लिए चारपाई ख़रीद लो, लेकिन अहमद राही के पास पैसे नहीं थे। उनके झगड़ों पर इब्ने इंशा ख़ूब ही हँसते जो अलग चारपाई पर उसी कमरे में सोते थे। एक और झगड़ा ओवरकोट को लेकर होता था जो बँटवारे के बाद अमृतसर से लाहौर आने पर अलॉट होनेवाले मकान में अहमद राही को मिला था। लाहौर की कड़कड़ाती सर्दी में अहमद राही उसे सुबह-शाम पहनते, दिन-भर एक पुराना स्वेटर लटकाए घूमते। साहिर ने उस पर क़ब्ज़ा कर लिया और एक शाम को ओवरकोट लटकाए अपनी किसी फ़िफ़्टी परसेंट वाली महबूबा की गली के चक्कर लगाने लगे। राही साथ-साथ दाँत पीसते और ठिठुरते हुए चल रहे थे। वापसी में गढ़ी शाह के क़ब्रिस्तान से गुज़रते वक़्त राही ने साहिर को एक टूटी क़ब्र के पास पकड़ लिया और कहा, 'अगर तुम्हें इश्क़ करना है तो ओवरकोट मुझे दे दो। तुम्हारे अंदर तो इश्क़

की गर्मी है। मैं इस सर्दी में निमोनिया से नहीं मरना चाहता। ओवरकोट दे दो, वरना मैं तुम्हें इस क़ब्र के अंदर लिटा दूँगा।' साहिर ने वादा कर लिया लेकिन लौटाया नहीं; बल्कि हिंदुस्तान आते हुए जून की चिलचिलाती धूप में वही ओवरकोट पहने, सर पर हैट और आँखों पर चश्मा चढ़ाए लाहौर से रुख़्सत हुए। अपने ख़याल में सी.आई.डी. से छुपने के लिए उन्होंने हुलिया बदला था।

लाहौर छोड़कर भारत आने का कारण बेरोज़गारी और आर्थिक तंगी से ज़्यादा शायद वहाँ की कम्युनिस्ट पार्टी का रवैया रहा। अहमद राही लिखते हैं कि पार्टी ने उम्मीद दिलाई थी कि *इमरोज़* जारी होते ही उन्हें एडिटोरियल स्टाफ़ में रख लिया जाएगा। लेकिन ऐसा नहीं हुआ। *इमरोज़* के एडिटर मौलाना चराग़ हसन हसरत साहिर से नाराज़ थे, क्योंकि साहिर की एक ग़ज़ल उन्हें पसंद नहीं आई थी। अहमद राही ने लिखा है कि 'आओ हुस्ने यार की बातें करें' वह ग़ज़ल थी जो बाद में *तल्ख़ियाँ* में छपी। मेरे सामने अदबसाज़ में प्रकाशित *तल्ख़ियाँ* में यह ग़ज़ल शामिल नहीं, लेकिन *आओ कि कोई ख़्वाब बुनें* में एक ग़ज़ल ज़रूर है जो किसी भी आस्तिक की भावनाओं को ठेस पहुँचा सकती है। इस ग़ज़ल के कुछ शेर यों हैं :

सज़ा का हाल सुनाएँ, जज़ा की बात करें
ख़ुदा मिला हो जिन्हें, वो ख़ुदा की बात करें
हमारे अहद की तहज़ीब में क़बा ही नहीं
अगर क़बा हो तो बंदे-क़बा की बात करें
हरेक दौर का मज़हब नया ख़ुदा लाया
करें तो हम भी मगर किस ख़ुदा की बात करें।

साहिर को कम्युनिस्टों के अख़बार में काम नहीं मिला। 'इस तरक़्क़ीपसंद अख़बार ने रजअतपरस्त (रूढ़िवादी) अदीबों के लिए तो दरवाज़े खोल रखे थे मगर तरक़्क़ीपसंद साहिर को अंदर नहीं घुसने दिया। साहिर इस रवैए से मायूस हो गया।' इस बात को साहिर के हिंदुस्तान चले जाने का कारण बताते हुए अहमद राही आगे लिखते हैं कि इस तरह 'भारत की वह दौलत जो मुल्क की तक़सीम में पाकिस्तान के हाथ लगी थी, जून, 1948 में फिर भारत की तिजोरी में चली गई।'

लेकिन साहिर एक मशहूर शायर थे। 'ताजमहल' और 'ये किसका लहू है, कौन मरा' जैसी नज़्मों ने मुल्क-भर में साहिर का नाम पहुँचा दिया था। चुनांचे बक़ौल इब्राहीम जलीस, साहिर अपने नाम और अपनी शोहरत के पीछे-पीछे बंबई पहुँच गया। बंबई में कृश्न चंदर, इस्मत चुग़ताई, मुल्कराज आनंद, ख़्वाजा अहमद अब्बास, सज्जाद ज़हीर और सिब्ते-हसन ने 'इल्म' के लिए और फ़िल्मसाज़ कुलवंत राय ने 'फ़िल्म' के लिए साहिर लुधियानवी को रोक लिया। बंबई में साहिर ने शुरुआती दौर काफ़ी तंगी और परेशानियों में गुज़ारा लेकिन उन्हें एक ही धुन थी, वे फ़िल्मों में तुकबंदी और घटिया शायरी के ख़िलाफ़ 'जिहाद' करना चाहते थे और यह कि उसकी जगह अदबी शायरी की दुनिया को कामयाब करना चाहते थे। उनका ख़्वाब सच हुआ। सचिन देव बर्मन की फ़िल्म *बाज़ी* में साहिर ने गीत लिखे जो हिट हुए और फिर साहिर ने पलटकर नहीं देखा। कामयाबी उनके क़दम चूमती रही। न पैसे की कमी रही, न शोहरत की और न उस संतोष की जो उन्होंने फ़िल्मी गीतों में अपने

आदर्शों को ढालकर प्राप्त किया। अब लोग म्यूज़िक डायरेक्टर की वजह से नहीं, बल्कि गीतकार के नाम से फ़िल्म की कामयाबी का अंदाज़ा करने लगे। साहिर, मजरूह और शकील बदायूँनी ने फ़िल्मों पर गीतकारों का वर्चस्व स्थापित कर दिया। साहिर की इस बड़ी कामयाबी से प्रभावित होकर गुरुदत्त ने साहिर की ज़िंदगी पर एक कामयाब फ़िल्म *प्यासा* बनाई जिसमें शामिल साहिर के गीत आज भी उतने ही लोकप्रिय हैं जितने अपने समय में थे।

साहिर के घर दोस्तों का जमावड़ा रहता, फ़िल्म और साहित्य की दुनिया के सारे सितारे उनके घर जगमगाते। रात गए तक महफ़िलें जमतीं। ऐसी कई महफ़िलों की रूदाद वाजेदा तबस्सुम, अनवर सुल्ताना, इब्राहीम जलीस आदि ने लिखी हैं। इतनी मसरूफ़ियत और प्रसिद्धि के दिनों में उन्होंने अपनी ज़िम्मेदारियों की तरफ़ से ग़फ़लत नहीं बरती। बड़ी मुमानी (मामी) और उनकी बेटी सरवर शफ़ी इलाहाबाद में रहती थीं जिनकी छोटी बेटी अनवर सुल्ताना साहिर और उनकी माँ सरदार बेगम के साथ बंबई में थीं। साहिर पाबंदी से इलाहाबाद जाते—तक़रीबन हर महीने; और उनकी ज़रूरतों का हर तरह ख़याल रखते। कभी मकान बनवाने के लिए अच्छी ज़मीन तलाश रहे हैं; कभी कहते हैं, इलाहाबाद छोड़ दो और सब लोग बंबई आ जाओ, आख़िर तुम्हीं लोगों के लिए तो कमा रहा हूँ। सरवर शफ़ी ने मुलाज़मत कर ली तो साहिर को बिलकुल अच्छा नहीं लगा। वे चाहते थे कि अपनी बहनों और मुमानी को हर तरह का आराम ख़ुद मुहय्या करें। फ़िल्म के सेट पर अक्सर अपनी माँ और अनवर सुल्ताना को ले जाते जो उनकी कामयाबियाँ और धाक देखकर बहुत ख़ुश होतीं। एक कामयाब ज़िंदगी हासिल करने के बाद साहिर कोई साठ बरस की उम्र में 25 अक्टूबर, 1980 को दिल के मर्ज़ में इस दुनिया से रुख़्सत हुए। अहमद राही ने लिखा कि 'उसकी मौत उस दिल के डूबने से हुई जो आज से चालीस साल पहले गवर्नमेंट कॉलेज लुधियाना में पहली बार डूबा था और उसकी मौत तक मुसलसल डूबता चला गया।' चालीस साल पहले इश्क़ की नाकामी ने साहिर का साथ कभी नहीं छोड़ा। एक इंटरव्यू में जब नरेश कुमार शाद ने उनसे पूछा कि 'साहिर साहब! आपने शादी क्यों नहीं की,' तो उन्होंने हँसकर जवाब दिया था, 'क्योंकि कुछ लड़कियाँ मुझ तक देर से पहुँचीं और कुछ लड़कियों तक मैं देर से पहुँचा।' यह जवाब सच भी हो सकता है; या फिर साहिर की नर्गिसियत (स्वयं से प्रेम) ने उनके किसी इश्क़ को कामयाब नहीं होने दिया, कौन जाने!

साहिर की शायरी के तीन संकलन *तल्ख़ियाँ* (1944), लंबी नज़्म *परछाइयाँ* (1955) और *आओ कि कोई ख़्वाब बुनें* (1971) प्रकाशित हुए। शोहरत *तल्ख़ियाँ* के बाद ही मिल गई थी। फ़िल्मी गीतों का संकलन *गाता जाए बंजारा* के शीर्षक से प्रकाशित हुआ। साहिर को आमतौर पर नौउम्र लड़के-लड़कियों का शायर कहा जाता है, क्योंकि उनकी शायरी नौजवानों के जज़्बात की बेहतरीन तर्जुमानी करती है। लेकिन उनकी ज़्यादा लोकप्रिय फ़िक्रअंगेज़ और प्रभावित करने वाली वे नज़्में हैं जो उन्होंने अमन व आज़ादी के हक़ में, जंग और जब्र के ख़िलाफ़ लिखीं। उन्होंने शायरी के ज़रिए भी और बातचीत में भी खुले तौर पर अपने नज़रिए का ऐलान किया। एक इंटरव्यू में नरेश कुमार शाद को बताते हैं कि 'मैं कभी किसी सियासी पार्टी का मेंबर नहीं रहा। ग़ुलाम हिंदुस्तान में आज़ादी के सकारात्मक पहलू ढूँढ़ना और उनका प्रचार करना मेरा आदर्श ज़रूर रहा है। और अब ज़ेहनी तौर पर इक़्तसादी (आर्थिक) आज़ादी का हामी हूँ जिसकी वाज़ेह शक्ल मेरे नज़दीक सोशलिज़्म है।'

अमन के बग़ैर आज़ादी का तसव्वुर बेमायने है। 'ऐ शरीफ़ इनसानो', 'आवाज़े-आदम', 'ये किसका लहू है', 'ख़ून फिर ख़ून है' जैसी साहित्यिक नज़्में उन सार्वभौमिक मूल्यों और जनतांत्रिक आदर्शों की हिमायत करती हैं जिनसे इनसान की इनसानियत क़ायम है। अपनी लंबी नज़्म 'परछाइयाँ' में दो मुहब्बत करने वालों की कुछ तस्वीरें दिखाने के बाद एक नया मंज़र पेश करते हैं जिसमें ज़िंदगी जंग, अकाल, भुखमरी, ग़रीबी की ऐसी बाढ़ में डूब जाती है जिसमें सब कुछ, सारे दिलकश नज़ारे ख़त्म हो जाते हैं। इस आपाधापी में औरतें जिस्म बेचने पर मजबूर हो जाती हैं। दोनों मुहब्बत करने वाले अपने-अपने हालात से बेबस चंद सिक्कों के लिए अपनी कला और शरीर बेचते हैं। न प्यार बचता है, न भावनाएँ। दुनिया की यह भयावह तस्वीर आख़िर क्यों बनी? इसका जवाब वे हुक्मरानों की पॉलिसियों में देखते हैं :

बहुत दिनों से है ये मशग़ला सियासत का
कि जब जवान हों बच्चे तो क़त्ल हो जाएँ
बहुत दिनों से है ये ख़ब्त हुक्मरानों की
कि दूर-दूर के मुल्कों में क़हत बो जाएँ

इस सियासत को समझने और इसके ख़िलाफ़ एकजुट होने में ही साहिर इनसान की बक़ा और जीवन मानते हैं :

चलो कि आज सभी पायमाल रूहों से
कहें कि अपने हर इक ज़ख़्म को ज़बाँ कर लें
हमारा राज़ हमारा नहीं, सभी का है
चलो कि सारे ज़माने को राज़दाँ कर लें
...
कहो कि अब कोई क़ातिल अगर इधर आया
तो हर क़दम पे ज़मीं तंग होती जाएगी
हर एक मौजे-हवा रुख़ बदल के झपटेगी
हर एक शाख़ रगे-संग होती जाएगी
...
कहो कि आज भी हम सब अगर ख़मोश रहे
तो इस दमकते हुए ख़ाकदाँ की ख़ैर नहीं
जुनूँ की ढाली हुई एटमी बलाओं से
ज़मीं की ख़ैर नहीं, आसमाँ की ख़ैर नहीं

वाज़ेह तौर पर साम्राज्यवादी और पूँजीवादी व्यवस्था के कारण पैदा होनेवाली समस्याओं, संकट और जंगों के ख़िलाफ़ संघर्ष और इसके फलस्वरूप अमन की स्थापना ही इस नज़्म का विषय है और इस चेतावनी पर साहिर नज़्म को ख़त्म करते हैं कि अगर यह सब नहीं रोका गया, अगर ज़मीनें और फ़सलें और रोज़गार उनको नहीं मिला जिनका इन पर हक़ है, तो फिर आनेवाली जंग में इनसान तो इनसान उसकी परछाइयाँ भी जल जाएँगी। जंग की तबाहकारी के विरुद्ध चेतावनी साहिर ने कई नज़्मों में दी है जो आज भी अपना गहरा प्रभाव हमारे ज़ेहनों पर डालती है।

साहिर ने सामाजिक, राजनीतिक विडंबनाओं और विषमताओं पर भी गहरे व्यंग्य किए हैं। सांप्रदायिकता, जंग, अन्याय और दंगों पर गहरा व्यंग्य 'जश्ने ग़ालिब', 'बड़ी ताक़तें' और 'गांधी हो या ग़ालिब हो' जैसी नज़्मों में महसूस किया जा सकता है।

आज़ाद हिंदुस्तान में उर्दू के साथ जो सौतेला सुलूक हुआ, उसको सांप्रदायिकता का शिकार बनाया गया, उसका उन्हें दुख था। 'जश्ने ग़ालिब' में उन्होंने इसी विडंबना को उजागर किया है कि उर्दू को ख़त्म करके उर्दू के शायर का जश्न क्या मायने रखता है! लेकिन इससे भी ज़्यादा स्पष्ट तौर पर अपने विचार इस सवाल के जवाब में रखे कि भारत में उर्दू का क्या भविष्य है। साहिर का जवाब था :

> उर्दू ज़बान के मुस्तक़बिल को हिंदुस्तान के मुस्तक़बिल से अलग नहीं किया जा सकता। हिंदुस्तान में उर्दू का वही मुस्तक़बिल है जो ख़ुद हिंदुस्तान का है यानी जिस रफ़्तार से तअस्सुब और तंगनज़री में कमी पैदा होगी, उसी रफ़्तार से मुल्क और उर्दू दोनों आगे बढ़ेंगे।

साहिर की ख़ूबी यह है कि पाठक को जज़्बाती तौर पर अपनी गिरफ़्त में ले लेते हैं। लेकिन उनकी वही नज़्में सबसे अधिक प्रभावित करती हैं जिनमें विचार और भावना का एक संतुलित मिश्रण है। सिर्फ़ भावना से अच्छी शायरी नहीं हो सकती और न केवल विचार कविता बन सकता है। इनके कलापूर्ण इज़्हार की अच्छी मिसालें साहिर की शायरी से दी जा सकती हैं। इस प्रभावोत्पादकता के लिए साहिर लफ़्ज़ों से चलती-फिरती तस्वीरें बनाते हैं। उनके द्वारा रचे गए काव्य-बिम्ब उनके फ़न को चित्रकला और संगतराशी के क़रीब कर देते हैं। प्रो. मुहम्मद हसन उनकी शायरी की इस ख़ूबी को फ़िल्मों में उनकी कामयाबी का एक कारण मानते थे। जैसे :

हसीं शबनम आलूद पगडंडियों से
लिपटने लगे सब्ज़ पेड़ों के साए

...

तुम्हारा जिस्म हर इक लहर के झकोले से
मेरी खुली हुई बाँहों में झूल जाता है

.....

मुस्कुरा ऐ ज़मीने तीरा-ओ-तार!
सर उठा ऐ दबी हुई मख़लूक़!

अपनी रवाँ-दवाँ बहती हुई भाषा, जज़्बात के प्रवाह और विचारों की गहनता से मानव-मूल्यों, आज़ादी और न्याय के आदर्शों में यक़ीन के कारण साहिर ने साहित्य की दुनिया में अपना एक स्थान बनाया। फ़िल्मों के लिए गीत लिखने के कारण उनके क़द को कम करके दिखानेवाले भी बहुत हैं। लेकिन वे भी साहिर की लोकप्रियता और प्रभाव क्षेत्र से इनकार नहीं कर सकते। साहिर के ज़हन और कला का एतराफ़ करते हुए उनकी मृत्यु पर हबीब जालिब ने जो नज़्म कही थी, वह साहिर की इन ख़ूबियों को उजागर करती है :

यूँ वो जुल्मत से रहा दस्तो गिरेबाँ यारो
उससे ख़ाइफ़ थे बहुत शब के निगहबाँ यारो
उम्र भर उसने किया इश्क़ ग़मे दुनिया से

उस सा होगा न कोई आशिक़े-इनसाँ यारो
उसकी हर नज़्म में दुख-दर्द है इनसानों का
उसका हर शेर है इनसान पे अहसाँ यारो
उसने हरगाम हमें हौसला-ए-ताज़ा दिया
वो न एक पल भी रहा हमसे गुरेज़ाँ यारो
उसको हर हाल में जीने की अदा आती थी
वो न हालात से होता था परेशां यारो
उसको थी कशमकशे दैरो-हरम से नफ़रत
उस सा हिंदू न कोई उस सा मुसलमाँ यारो
अपने अशआर की शमओं से उजाला करके
कर गया शब का सफ़र कितना वो आसाँ यारो
उसने बातिल से न ता ज़ीस्त किया समझौता
दहर में उस सा कहाँ साहिबे-ईमाँ यारो
उसके गीतों से ज़माने को सँवारे आओ!
रूहे-साहिर को अगर करना है शादाँ यारो।

[ताजमहल की मौत पर]

प्रेमधवन

नासिर अहमद सिकंदर

हिंदी सिनेमा में गीत-लेखन की शुरुआत 1931 में बनी पहली सवाक् फ़िल्म 'आलम आरा' से हुई। इसी के आसपास प्रगतिशील आंदोलन की शुरुआत भी हुई। 1936 में प्रगतिशील लेखक संघ की स्थापना हुई, तो सन् 1943 में इसी चेतना की सांस्कृतिक इकाई 'इप्टा' का गठन भी हुआ। बोलती फ़िल्मों की शुरुआत के साथ ही जहाँ कथा-पटकथा लेखन, गीत-संगीत, संवादों की भावपूर्ण अदायगी, नृत्य और निर्देशन आदि की ज़रूरत महसूस हुई, वहीं जन-चेतना के प्रचार-प्रसार का सबसे सशक्त माध्यम सिनेमा बन गया। यही कारण है कि इस दौर में प्रगतिशील धारा के कई लेखक, निर्देशक, गीतकार, संगीतकार हिंदी सिनेमा से जुड़े। इनमें बलराज साहनी, अमर शेख़, रविशंकर, ख्वाज़ा अहमद अब्बास, ऋत्विक घटक, सलिल चौधरी, शैलेन्द्र, साहिर, प्रेमधवन, मजरूह आदि प्रमुख हैं। इस दौरान 'धरती के लाल' और 'नीचा नगर' जैसी फ़िल्मों का निर्माण भी इप्टा के सहयोग से हुआ। अतः प्रगतिशील आंदोलन का प्रभाव सिर्फ़ साहित्य में नहीं, हिंदी सिनेमा पर भी पड़ा।

जिस तरह कविता की प्रगतिशील धारा हिंदी-उर्दू के कवियों—फ़ैज़, मजाज़, अली सरदार जाफ़री, केदार, नागार्जुन, त्रिलोचन, शमशेर आदि—से मिलकर बनती है; उसी तरह सिने-गीतकारों की फ़ेहरिस्त भी हिन्दी-उर्दू कवियों के मेल से बनती है। यहाँ भी तरक़्क़ीपसंद मुसन्निफ़ीन से जुड़े उर्दू शायर साहिर लुधियानवी, मजरूह सुल्तानपुरी, कैफ़ी आज़मी, जाँनिसार अख़्तर आदि हैं, तो हिंदी कवियों में नरेंद्र शर्मा, शैलेंद्र, प्रेमधवन आदि। जिस तरह प्रगतिशील काव्यधारा सामाजिक चेतना से ताल्लुक़ रखती है, उसी तरह इस धारा से जुड़े सिने-गीतकार भी इसी चेतना को अपने फ़िल्मी गीतों में स्वर देते हैं। हालाँकि 'काव्य प्रयोजन' तथा 'फ़िल्म गीत प्रयोजन' में अंतर होता है। फ़िल्म गीत प्रयोजन में कथाक्रम को आगे बढ़ाना, कथानक को जोड़ना, नायक-नायिका की मनःस्थिति को दर्शाना आदि शामिल हैं। यहाँ एक ही गीत में नायक-नायिका दोनों के मनोभावों को तथा एक साथ कई पात्रों के बोल एक ही गीत में संभव करना भी शामिल है। साहिर लुधियानवी के शब्दों में, 'एक फ़िल्मी नग़मानिगार को यह आज़ादी हासिल नहीं होती जो एक अदबी शायर को होती है। नग़मानिगार को हर हाल में ड्रामा की हद में रहना पड़ता है और किरदारों की ज़ेहनी सतह के मुताबिक़ अलफ़ाज़ और ख़यालात का इंतिख़ाब करना होता है।'

यहाँ यह भी ग़ौरतलब है कि काव्य का संबंध जहाँ 'विषय' से है, वहीं फ़िल्मी गीतों का संबंध 'सिचुएशन' से है तथा जिस तरह अच्छे विषय पर, कमज़ोर कविता अथवा कमज़ोर

विषय पर अच्छी कविता हो सकती है, उसी तरह फ़िल्म में अच्छी 'सिचुएशन' पर कमज़ोर गीत तथा कमज़ोर 'सिचुएशन' पर महान गीत की भी रचना हो सकती है। यह भी कहा जा सकता है, जो महान गीतकार होता है, वह कल्पना और शब्द-संरचना से ऐसा गीत रच देता है कि वह गीत फ़िल्मी 'सिचुएशन' से अलग होकर भी अपनी स्वतंत्र सत्ता बना लेता है यानी हम फ़िल्म न भी देख रहे हों या परदे पर, नायक-नायिका न भी हों, तो भी गीत अपना प्रभाव बनाता है, और लोकप्रिय हो जाता है।

यहाँ मैंने काव्य-लेखन और फ़िल्मी गीत-लेखन में प्रगतिशील आंदोलन को लेकर इतनी लंबी भूमिका इसलिए भी लिखी कि आगे प्रेमधवन पर लिखते हुए इसे आधार वक्तव्य की तरह इस्तेमाल कर सकूँ, क्योंकि प्रेमधवन प्रगतिशील आंदोलन से भी जुड़े थे और फ़िल्म गीत-लेखन से भी। फ़िल्मी लेखन की बंदिशों, उसके प्रयोजन, सिचुएशन आदि के कारण उनके फ़िल्मी गीतों में फ़िल्म की हर सिचुएशन के गीत मौजूद हैं—वे चाहे नायक-नायिकाओं के मनोभावों या किरदारों को लेकर लिखे गए गीत हों, अथवा किसी भी अन्य फ़िल्मी सिचुएशन पर लिखे गीत हों। वैसे उनके गीतों का मूल स्वर राष्ट्रीय चेतना से जुड़ा है।

हिन्दी कविता में प्रगतिवाद के समानांतर राष्ट्रीय काव्यधारा का स्वर जिस वक़्त चरम पर था, उसी काल में प्रेमधवन ने अपने फ़िल्मी गीतों के सफ़र की शुरुआत की। उन्होंने पहली बार 1948 में बनी फ़िल्म *ज़िद्दी* में गीत लिखे। *ज़िद्दी* फ़िल्म से अपने गीत-लेखन की शुरुआत करने वाले प्रेमधवन के पहले संगीतकार खेमचंद प्रकाश थे। हालाँकि इस फ़िल्म में उनका लिखा रोमानी गीत 'चंदा रे जा रे जा, पिया से संदेशा मोरा कहियो जाय' चर्चित हुआ तथा इस फ़िल्म में राष्ट्रीय चेतना से संबंधित कोई गीत न था। उसके बाद उन्होंने *तराना* (1951), *हमदर्द* (1953), *ताँगेवाली* (1955), *एक साल* (1957) आदि फ़िल्मों में भी इसी तरह के गीत लिखे। लेकिन जब 1961 में बिमल राय ने रवींद्रनाथ ठाकुर की कहानी 'काबुलीवाला' पर केंद्रित फ़िल्म बनाई तो प्रेमधवन ने अपने राष्ट्रीय चेतना के स्वर को 'ऐ मेरे बिछड़े चमन' गीत के माध्यम से व्यक्त किया। हालाँकि इसी दौर में चेतन आनंद की फ़िल्म *हक़ीक़त* (1964) में उनके साथी कैफ़ी आज़मी ने भी 'कर चले हम फ़िदा जानो-तन साथियो' जैसा देशभक्ति से जुड़ा गीत लिखा था। ये दोनों गीत आज भी देशभक्तिपूर्ण गीतों की श्रेणी के श्रेष्ठ गीत हैं। प्रेमधवन के गीत में मुखड़े के बाद के बंद में जब 'तू ही मेरी आरज़ू तू ही मेरी आबरू, तुझ पे दिल क़ुर्बान...' पंक्तियाँ आती हैं तथा कैफ़ी आज़मी के गीत में 'जिंदा रहने के मौसम बहुत हैं मगर, सर कटाने की रुत रोज़ आती नहीं...' जैसी पंक्तियाँ आती हैं, तो लगता है, राष्ट्र की स्वतंत्रता से जुड़ा राष्ट्रवाद का सच्चा और पुख़्ता स्वर, फ़ासीवादी राष्ट्रवाद से कितना भिन्न है। यह स्वर फ़ासीवाद के समान राष्ट्रप्रेम के भीतर राष्ट्र में मौजूद किसी धर्म-जाति विशेष को उच्चतर या कमतर नहीं करता, बल्कि समूचे देशवासियों को एक सूत्र में पिरोता है। प्रेमधवन ने अपनी इसी राष्ट्रीय भावना को फ़िल्म *शहीद* (1965) में चरम पर पहुँचा दिया। इस फ़िल्म में उन्होंने गीत भी लिखे और संगीत भी दिया। इस फ़िल्म में उन्होंने जहाँ रामप्रसाद बिस्मिल के 'सरफ़रोशी की तमन्ना अब हमारे दिल में है...' गीत को संगीतबद्ध किया, वहीं 'ऐ वतन, ऐ वतन तुझको मेरी क़सम...' जैसा देशभक्तिपूर्ण गीत भी लिखा। उन्होंने इस फ़िल्म में 'मेरा रंग दे बसंती चोला...' तथा 'पगड़ी सँभाल जट्टा...' जैसे गीत भी फ़िल्म की सिचुएशन और पृष्ठभूमि के कारण पंजाबी बोली,

लहज़े और लोकधुनों पर रखे। हालाँकि इसके पूर्व 1956 में फ़िल्म *जागते रहो* में इसी बोली, लहज़े पर, वे 'ते की मैं झूठ बोल्याँ' गीत भी लिख चुके थे। यह गीत देश में बढ़ रही कालाबाज़ारी और भ्रष्टाचार के भावों पर केंद्रित होकर जनगीत का स्वर भी बनता था।

एक दूजे दा हक्क मार के बनदे लोग अमीर
मैं एनूँ कहँदा चोरी, दुनिया कहँदी तक़दीर
ते की मैं झूठ बोल्याँ।
सच्चे फाँसी चढ़ते वेक्खे झूठा मौज उड़ाए
लोकी कहँदे रबदी माया मैं कहँदा अन्याए
ते की मैं झूठ बोल्याँ।

मैंने ऊपर फ़िल्मी गीत-लेखन का संबंध सिचुएशन से जोड़ा था। भगतसिंह पर आधारित *शहीद* फ़िल्म में सिचुएशन के कारण ही 'जोगी हम तो लुट गए तेरे प्यार में / जाने तुझको ख़बर कब होगी' जैसा रोमानी गीत भी प्रेमधवन ने लिखा। वैसे भी हिन्दी फ़िल्म में प्रेम की दशाओं—शृंगार, विरह आदि पर केंद्रित गीत बहुतायत में मिलते हैं। एक तरह से यह हिंदी फ़िल्म गीतों का केंद्रीय भाव भी है तथा यह केंद्रीय भाव हिंदी कविता की छायावादी काव्यधारा से मेल खाता है। इसका कारण यही है कि हिंदी सिनेमा में यह सिचुएशन ज़्यादा मिलती है। इसलिए हिंदी कविता में 35-36 के आसपास छायावादी काव्य प्रवृत्ति को भले समाप्त मान लिया गया हो, पर फ़िल्मी गीतों में यह प्रवृत्ति आगे (70-75) तक बनी रहती है। यहाँ छायावाद की तरह संस्कृतनिष्ठ भाषा तो नहीं मिलती पर कथ्य तथा रस, छंद, अलंकार, आदि कलारूप मिलते हैं। प्रेमधवन ने प्रेम की इस दशा पर भी कई अमर गीत लिखे :

वफ़ा जिनसे की बेवफ़ा हो गए
वो वादे मोहब्बत के क्या हो गए।
(फ़िल्म—*प्यार का सागर*)
तेरी दुनिया से दूर, चले होके मजबूर
हमें याद रखना
(फ़िल्म—*ज़बक*)

हिंदी फ़िल्मों में नायक-नायिकाओं की नोक-झोंक, प्यार-इक़रार-इनकार की सिचुएशन भी आम रही। इस स्थिति पर भी प्रेमधवन ने—'आ लग जा गले दिलरुबा...' (फ़िल्म—*दस लाख*), ये परदा हटा दो / ज़रा मुखड़ा दिखा दो...'(*एक फूल दो माली*) जैसे कई गीत रचे।'

प्रेमधवन के फ़िल्मी गीतों की विशेषता यह भी है कि ये गीत सिचुएशन से अलग अपनी सत्ता स्थापित करते हैं। उनके गीतों की भाषा भी हिंदी-उर्दू के सरल शब्दों के मेल से बनती है। वे लोक-शब्दों का इस्तेमाल भी बख़ूबी करते हैं। वे पंजाब के लोकगीतों से भी अपने गीतों का ताना-बाना बुनते हैं। जैसे—'भीगा-भीगा ये समाँ...' (*सावन*) गीत में 'हीरए, बलिए' जैसे शब्दों का प्रयोग तथा 'एक दूजे दा हक़ मार के....' (*जागते रहो*) गीत में 'ते की मैं झूठ बोल्याँ' जैसा लोक मुहावरा आदि। उनके गीतों में नायक-नायिका के बीच की नोक-झोंक और अल्हड़पन या मस्ती आदि के तराने भी लोक की शिष्टता से ताल्लुक़ रखते हैं। हालाँकि इस दौर के सभी गीतकारों—शैलेंद्र, साहिर, शकील आदि में भी यह विशेषता दिखलाई पड़ती है। यही वजह है कि इस दौर के गीतों को आज भी याद किया जाता है तथा सदाबहार

गीत कहा जाता है। फिर भी प्रेमधवन अन्य गीतकारों से इन अर्थों में भिन्न थे कि उनका संबंध गीत और संगीत दोनों से था। उन्होंने *शहीद* के अलावा, *पवित्र पापी* तथा *भगवान और किसान* फ़िल्म में गीत लिखे और संगीत भी दिया। फ़िल्मी दुनिया में गीतकार और संगीतकार के इस नाते को उनके बाद रविन्द्र जैन ने कुछ हद तक निभाया।

अंत में एक आत्म-स्वीकारोक्ति। मैंने जब हिंदी सिने गीतकार प्रेमधवन जी पर लेख लिखने की स्वीकृति दी, तो उस वक़्त तक मुझे इतना पता था कि वे इप्टा से जुड़े थे तथा उनका प्रसिद्ध गीत 'छोड़ो कल की बातें कल की बात पुरानी....' मेरे ज़ेहन में था तथा यह भी जानता था कि उन्होंने *शहीद* फ़िल्म में गीत भी लिखे और संगीत भी दिया। पर उन पर लेख लिखते हुए जब उनके गीतों की फ़ेहरिस्त तैयार की तो ऐसे कई गीत भी मिले, जिन्हें जीवन-भर गुनगुनाता रहा हूँ, मसलन—मैं आज भी 'मतले' के रूप 'मुझे प्यार की ज़िंदगी देनेवाले / कभी ग़म न देना खुशी देनेवाले' शेर को (फ़िल्म—*प्यार का सागर* का मुखड़ा) सबसे सहज शेर मानता हूँ। या मैं जब भी अपने दर्द-भरे नग़मों की सूची बनाता तो फ़िल्म 'पवित्र पापी' का उनका गीत 'तेरी दुनिया से होके मजबूर चला...' तथा *ज़बक* फ़िल्म का उनका गीत 'तेरी दुनिया से दूर...' ज़रूर रखता। 'चंदा मामा दूर के...' (*वचन*) तथा 'ग़रीबों की सुनो, वो तुम्हारी सुनेगा...' (*दस लाख*) गीत तो मैं बचपन से सुनता रहा हूँ। इसके अलावा 'तुझे सूरज कहूँ या चंदा...' (*एक फूल दो माली*), 'सब कुछ लुटा के होश में...' (*एक साल*), 'वफ़ा जिनसे की बेवफ़ा हो गए...' (*प्यार का सागर*) जैसे कई गीत पहली बार जाना कि इन गीतों को 1923 में जन्मे गीतकार प्रेमधवन ने लिखा, जिन्हें 1970 में पद्मश्री मिला और 2001 में जिनका निधन हुआ। ऐसा क्यों? जबकि मैं अपने-आपको फ़िल्मी गीत-संगीत के सामान्य ज्ञान में ठीक-ठाक मानता हूँ। इसका सबसे बड़ा कारण शायद यह है कि सिने-गीतकारों की किसी-न-किसी संगीतकार के साथ जोड़ी रही, या कोई न कोई बड़े निर्माता-निर्देशक के वे पसंदीदा गीतकार भी रहे हैं, जैसे—भरत व्यास (गीतकार) और वसंत देसाई (संगीतकार) तथा वी. शांताराम (निर्माता-निर्देशक), शैलेंद्र या हसरत जयपुरी (गीतकार) और शंकर-जयकिशन (संगीतकार) तथा राजकपूर (निर्माता निर्देशक), साहिर (गीतकार) और रवि (संगीतकार), और बी.आर. चोपड़ा (निर्माता-निर्देशक) या गुरुदत्त (निर्माता-निर्देशक), शकील (गीतकार) और नौशाद (संगीतकार), आनंद बख़्शी (गीतकार) और लक्ष्मीकांत-प्यारेलाल (संगीतकार), गुलज़ार (गीतकार) और आर.डी. बर्मन (संगीतकार)। गीतकार प्रेमधवन के साथ ऐसा जोड़ीदार कोई संगीतकार या निर्माता-निर्देशक न था। हालाँकि उन्होंने खेमचंद प्रकाश, अनिल विस्वास, हंसराज बहल, सलिल चौधरी, रवि, चित्रगुप्त, उषा खन्ना आदि संगीतकारों के साथ काम किया। फ़िल्मों की संख्या को देखते हुए उनकी जोड़ी कुछ हद तक संगीतकार के रूप में सलिल चौधरी, रवि और चित्रगुप्त के साथ तथा निर्माता-निर्देशक के रूप में बिमल राय और ख़्वाजा अहमद अब्बास के साथ बनाई जा सकती है। बिमल राय के लिए जहाँ उन्होंने *बिराज बहू* (1954) और *काबुलीवाला* (1956) फ़िल्मों में गीत लिखे, वहीं ख़्वाजा अहमद अब्बास के लिए उनकी पहली निर्देशित फ़िल्म *धरती के लाल* (1946) में उन्होंने गीत लिखे तथा अंतिम फ़िल्म *नक्सलाइट* (1979) में संगीत दिया।

प्रेमधवन के साथ बनी जोड़ियों का यह स्वरूप यह भी स्पष्ट करता है कि वे अपने फ़िल्मी कैरियर में व्यावसायिक सिनेमा से परे वैचारिक प्रतिबद्धता को भी तरजीह देते रहे।

यही वजह है कि उन्होंने जहाँ ग़ालिब, अली सरदार जाफ़री जैसे मशहूर शायरों के गीतों को संगीतबद्ध किया, वहीं कश्मीर के प्रसिद्ध वामपंथी शायर पर केंद्रित फ़िल्म *शायर-ए-कश्मीर महजूर* (1972) में भी संगीत दिया तथा *दो बीघा ज़मीन, नया दौर, गूँज उठी शहनाई, धूल का फूल* जैसी सामाजिक फ़िल्मों में नृत्य-निर्देशन का कार्य भी किया।

प्रेमधवन के बाबत यह भी कहा जाता है कि वे जीवन-भर जनता के बीच तथा जन-चेतना के पक्षधर बनकर दो मोर्चे पर रहे : एक, इप्टा के माध्यम से सांस्कृतिक मोर्चे पर; दूसरे, हिंदी सिनेमा में अपने गीतों के साथ। वैसे प्रेमधवन के फ़िल्मी गीतों का सफ़र बहुत कम रहा। उन्होंने *तराना, हमदर्द, ताँगेवाली, सावन, मिस बॉम्बे, गेस्ट हाउस, वचन, जागते रहो, काबुलीवाला, दस लाख, प्यार का सागर, एक साल* आदि फ़िल्मों में गीत लिखे तथा जब तक हिंदी सिनेमा में ऐतिहासिक, सामाजिक और पारिवारिक फ़िल्मों का दौर रहा, उनके फ़िल्मी गीतों का सफ़र जारी रहा। या पुनः हिंदी काव्य प्रवृत्ति से जोड़कर कहूँ, तो आज़ादी के बाद नेहरू के राष्ट्र-निर्माण और विकास की अवधारणा तथा राष्ट्रवादी जज़्बे को लेकर वे गीत लिखते रहे :

आज पुरानी ज़ंजीरों को तोड़ चुके हैं
क्या देखें उस मंज़िल को जो छोड़ चुके हैं
चाँद के दर पे जा पहुँचा है आज ज़माना
नए जगत् से हम भी नाता जोड़ चुके हैं
नया ख़ून है, नई उमंगें, अब है नई जवानी
हम हिंदुस्तानी।

यदि नेहरू से मोहभंग की स्थिति हिंदी कविता के साठोत्तरी बरसों में आई तो उसी मोहभंग से प्रेमधवन के फ़िल्मी गीतों के सफ़र की समाप्ति भी हुई।

शंकर शैलेंद्र

'दिल अपना और प्रीत परायी'

बसंत त्रिपाठी

क्या फ़िल्मी गीतों का कोई ऐसा पाठ भी हो सकता है, जिसमें संगीत, सिचुएशन और पिक्चराइज़ेशन से परे जाकर कविता की तरह उस पर विचार किया जा सके? गीतों की लोकप्रियता, जनमानस में उनकी स्मृति तथा विशेष भाव-संदर्भ के मन को छू लेने जैसे तमाम पक्षों से साग्रह-मुक्त रहकर ही ऐसे पाठ को तलाशा जा सकता है। यह मानी और जानी हुई बात है कि फ़िल्मी गीतकार कहानी की सिचुएशन और कलाकार के अंदाज़ को भी गीत रचते हुए ध्यान में रखते हैं। थोड़ा-बहुत दबाव, अच्छे या बुरे रूप में, संगीतकारों और निर्माता-निर्देशकों का भी काम करता होगा। ऐसे में इन तमाम आग्रहों से मुक्त होकर सिनेमाई गीतों के पाठ से गुज़रना कितना तार्किक और जायज़ है, यह कहना तो मुश्किल है, लेकिन ऐसा करना किसी भी गीतकार को समझने के लिए क़तई ज़रूरी है, ख़ासकर ऐसे गीतकार को समझने के लिए, जिसने अपनी समस्त रचनाशीलता फ़िल्मों के लिए समर्पित कर दी हो। यह आलेख शंकर शैलेंद्र के ऐसे ही पाठ पर केंद्रित है। प्रसंगवश सिचुएशन और पिक्चराइज़ेशन का ज़िक्र हो तो हो, लेकिन ज़ोर मुख्यतः गीतों के पाठ पर ही है।

कुल 18 साल के फ़िल्मी कैरियर में शैलेंद्र ने लगभग 170 हिंदी फ़िल्मों तथा चुनिंदा भोजपुरी फ़िल्मों के लिए 800 से अधिक गीत लिखे। 'ये मेरा दीवानापन...' (*यहूदी*–1958), 'सब कुछ सीखा हमने...' (*अनाड़ी*–1959) तथा 'मैं गाऊँ तुम सो जाओ...' (*ब्रह्मचारी*–1968) के लिए उन्हें तीन बार फ़िल्म फ़ेयर अवार्ड मिला। लगभग सभी महत्त्वपूर्ण संगीतकारों ने उनके गीतों को संगीतबद्ध किया। शंकर-जयकिशन ने तो उनके 400 से अधिक गीतों को धुनों से सजाया। मुकेश, लता मंगेशकर, आशा भोंसले, मोहम्मद रफ़ी, मन्ना डे, किशोर कुमार जैसे गायकों ने उनके गीतों को अपनी आवाज़ दी। किसी भी गीतकार के लिए ये बातें किसी स्वप्न से कम न होंगी। शैलेंद्र जैसे गीतकार के लिए भी यह स्वप्न ही रहा होगा क्योंकि आरंभ में ही उन्होंने राजकपूर के ऑफ़र को यह कहकर ठुकरा दिया था कि 'मैं अपने गीत बेचना नहीं चाहता।'

30 अगस्त, 1923 को रावलपिंडी (पाकिस्तान) में एक दलित परिवार में जन्मे शैलेंद्र का पूरा नाम शंकरदास केसरीलाल शैलेंद्र था। पिता श्री केसरीलाल का संबंध बिहार से था। शैलेंद्र की शिक्षा-दीक्षा उत्तर प्रदेश में हुई। उन दिनों स्वतंत्रता आंदोलन अपने चरम पर था। शैलेंद्र का झुकाव भी क्रांतिकारी विचारधारा की ओर होने लगा। इलेक्ट्रिकल इंजीनियरिंग

में डिप्लोमा करने के बाद उन्होंने आजीविका के लिए रेलवे की नौकरी कर ली और 1947 में स्थानांतरित होकर बंबई आए। इसी दौरान उनके रचनात्मक जीवन की वास्तविक शुरुआत हुई। क्रांतिकारियों की एक सभा में जब वे 'जलता है पंजाब' शीर्षक से गीत सुना रहे थे, तब राजकपूर ने, जो उस सभा में मौजूद थे, उन्हें फ़िल्मों के लिए गीत लिखने का ऑफ़र दिया, जिसे शैलेंद्र ने ठुकरा दिया। बाद में अपने पहले बच्चे के जन्म के बाद आर्थिक तंगी से परेशान होकर उन्होंने राजकपूर का ऑफ़र स्वीकार कर लिया और राजकूपर द्वारा निर्मित पहली फ़िल्म *आग* के लिए 1948 में गीत लिखे। इसके बाद तो यह सिलसिला चल निकला, जो उनकी मौत तक सतत चलता रहा।

शैलेंद्र के गीतों की दुनिया बहुत ही विविध, विस्तृत और बहुस्तरीय है। इसका मुख्य कारण तो उनका फ़िल्मी गीतकार होना ही है। बतौर फ़िल्मी गीतकार उन्हें कहानी की सिचुएशन के अनुरूप गीत तो लिखने ही थे, लेकिन जिस सिचुएशन में उनका रचनाकार विशेष रूप से संबद्ध, रचनात्मक और ज़िम्मेदार हो उठता है, वह तत्कालीन निर्माणाधीन भारत की प्रगति और उसके अंतर्विरोधों से संबंधित सिचुएशन है। यह वैचारिकी उनके भीतर फ़िल्मी गीतकार होने से पहले भी थी। इसलिए यह देखना होगा कि फ़िल्मों के लिए गीत लिखने से पहले उनकी रचनात्मकता का स्वर क्या था?

1947 में शैलेंद्र ने 'इतिहास' शीर्षक से एक लंबी कविता लिखी। इस कविता में उन्होंने श्रमिक जीवन की त्रासदी, पूँजीपतियों का शोषण, वैश्विक पूँजी की दिशा, युद्धों की भयावहता और उसके फलस्वरूप जनता की तबाही का विराट चित्र खींचा है। 1947 देश की आज़ादी का वर्ष है। सारा देश जब आज़ादी के जश्न में डूबा हुआ था, तब शैलेंद्र ने लिखा :

> निर्धन के लाल लहू से
> लिखा कठोर घटनाक्रम
> यों ही आए जाएगा
> जब तक पीड़ित धरती से
> पूँजीवादी शासन का
> नत निर्बल के शोषण का
> यह दाग़ न धुल जाएगा
> तब तक ऐसा घटनाक्रम
> यों ही आए जाएगा
> यों ही आए जाएगा।

इस कविता की विचारधारा ठीक प्रगतिवादी कविता की विचारधारा की तरह है। शैलेंद्र ने श्रमिकजन के संकट को वैश्विक परिप्रेक्ष्य में देखा। ज़ाहिरा तौर पर आज़ादी के बाद भारत जिस दिशा की ओर जाने का संकेत दे रहा था, शैलेंद्र भविष्यद्रष्टा की तरह उसके अंतर्विरोधों को देख पा रहे थे। 'भगतसिंह से' (1948) कविता में भी लिखा :

> भगतसिंह! इस बार न लेना काया भारतवासी की
> देशभक्ति के लिए आज भी सज़ा मिलेगी फाँसी की
> मत समझो पूजे जाओगे क्योंकि लड़े थे दुश्मन से,
> रुत ऐसी है आँख लड़ी है अब दिल्ली की लंदन से,

कॉमनवेल्थ कुटुंब देश को खींच रहा है मंतर से,
प्रेम विभोर हुए नेतागण, नीरा बरसी अंबर से,
भोगी हुए वियोगी, दुनिया बदल गई वनवासी की!

साम्राज्यवाद और तत्कालीन नेतृत्व के प्रति शैलेंद्र कितने जागरूक और तल्ख़ थे, इसे उनकी कविताओं में देखा जा सकता है। विशेषकर 'स्वराज्य' को लेकर उनकी कविताएँ बिलकुल उस रचनाशीलता के क़रीब हैं, जो प्रेमचंद (*गबन* में देवीदीन), यशपाल (*झूठा सच*), केदारनाथ अग्रवाल की 'हाय न आई' और नागार्जुन की '15 अगस्त, 26 जनवरी' में देखने को मिलती है। पंडित नेहरू पर व्यंग्य करती कविता 'मुझको भी इंग्लैंड ले चलो'(1953) इस मायने में दिलचस्प है कि सारी दुनिया में जब पंचशील और कॉमनवेल्थ का डंका बज रहा था, तब शैलेंद्र ने लिखा :

मुझको भी इंग्लैंड ले चलो पंडित जी महाराज
देखें रानी के सिर कैसे धरा जाएगा ताज!
तुम जिनके जाते हो उनका बहुत सुना है नाम
सुनता हूँ, उस एक छत्र में कभी न होती शाम
काले, पीले, गोरे, भूरे उनके अनगिन दास
साथ किसी के साझेदारी औ' कोई बेदाम
खुश होकर वे लोगों को दे देती हैं सौराज!

'सौराज' या स्वराज्य को लेकर उनकी यह चेतना उन्हें यथार्थवादी बनाती है जो बाद में भी हम देखते हैं। इसीलिए उनके गीत संघर्ष के आह्वान गीत के रूप में गाए जाते रहे और आज भी गाए जाते हैं।

फ़िल्मी गीतकार और कवि इस मायने में अलग हैं कि दोनों की रचनात्मकता का प्रारब्ध बिलकुल अलग होता है। कवि समय की आलोचना का दायित्व किसी के इशारे पर नहीं निभाता। इस तरह विषय, भाषा और शिल्प की बानगी को लेकर वह अधिक चिंतनशील होता है। इसलिए कविता में भी प्रयोगशीलता की गुंजाइशें असफल होने की हद तक बची रहती हैं। फ़िल्मों के लिए गीत लिखनेवालों को इतनी सुविधा या स्वायत्तता नहीं मिलती। प्रसंगानुकूलता और सफलता उसके लिए सबसे बड़े प्रतिमान होते हैं। उसे इन्हीं दो ध्रुवों के बीच रहते हुए अपनी रचनात्मकता को साबित करना पड़ता है। ऐसे में वे गीतकार, जो प्रगतिशील मूल्यों और सामाजिक ज़िम्मेदारी से अपना संबंध नहीं तोड़ते, सिचुएशन के अनुरूप गीत लिखते हुए भी अपनी वैचारिकी को इतनी कुशलता से साधते हैं कि आश्चर्य होता है। शैलेंद्र इसी मायने में हिंदी फ़िल्मों के बेजोड़ गीतकार हैं।

शैलेंद्र ने फ़िल्मी गीतकार का सफ़र आज़ादी के ठीक एक वर्ष बाद यानी 1948 से शुरू किया। यह वह दौर था, जब एक ओर आज़ादी के आंदोलन के दौरान सशक्त हुआ मध्य वर्ग शासनतंत्र पर अपना वर्चस्व मज़बूत कर रहा था, तो दूसरी ओर वह श्रमिक मेहनतकश जनता थी जिसे लोकतांत्रिक अधिकार तो मिल चुके थे लेकिन उन अधिकारों को पाने के अवसरों पर नए शासकों ने अपना नियंत्रण बनाए रखा था। कुल मिलाकर, आज़ादी अपने वास्तविक अर्थ से भटकने लगी थी। आज़ाद भारत के इस संकट को तत्कालीन साहित्य ने बहुत शिद्दत के साथ उठाया है, इसे साहित्य का सामान्य पाठक भी जानता

है। जश्न या उत्सव की चकाचौंध में न बहते हुए राष्ट्र-निर्माण के अंतर्विरोधों को जिन लोगों ने अपनी वाणी दी, उनमें शैलेंद्र भी हैं। अंतर लेकिन यह है कि साहित्य में जहाँ रचनाकार और पाठक के बीच सृजित शब्द थे, वहीं शैलेंद्र और उनके श्रोताओं के बीच शब्द के अलावा पिक्चराइज़ेशन, संगीत और नायक-नायिकाओं का अभिनय और अदाएँ भी थीं। फिर भी शैलेंद्र ने इन माध्यमों का मुक़ाबला करते हुए गीत लिखे। इसलिए उनके गीतों की हताशा में आज़ाद भारत के उस जागरूक तबक़े की हताशा भी लक्षित की जा सकती है जो तत्कालीन भारत के विकास की दिशा को लेकर क़तई प्रसन्न नहीं था। *नौकरी* (1955) में शैलेंद्र का एक गीत है :

छोटी-सी नौकरी का तलबगार हूँ मैं
तुमसे कुछ और जो माँगूँ तो गुनहगार हूँ मैं
एक सौ आठवीं अरज़ी मेरे अरमानों की
कर लो मंज़ूर कि बेकारी से बेज़ार हूँ मैं

यह गीत शैलेंद्र ने बी. ए. पास व्यक्ति की बेरोज़गारी को लक्ष्य करते हुए लिखा। इसमें प्रत्यक्ष तरीक़े से शासन की आलोचना है। पूँजीवादी मॉडल के जो अंतर्विरोध थे, उन्हें शैलेंद्र के गीतों में देखा जा सकता है, ठीक मुक्तिबोध और परसाई की रचनाओं की ही तरह। इस गीत में जो बेचैनी और छटपटाहट है, वह लयकारी, किशोर कुमार की गायकी और अभिनय के कारण थोड़ा कम हो जाती है, बल्कि कहना चाहिए कि एक कारुणिक हास्य पैदा करती है। लेकिन अन्य माध्यमों को दरकिनार करते हुए जब गीत के पाठ से गुज़रते हैं, तब शैलेंद्र की शक्ति का पता चलता है। लोकप्रियता के शीर्ष पर पहुँचने के बावजूद शैलेंद्र ने लिखा, 'बेकारी से बेज़ार हूँ मैं', इसे ही कहते हैं–'दिल अपना और प्रीत परायी'। पराये दर्द को अपना दर्द बनाने की अद्भुत क़ाबिलियत शैलेंद्र के पास थी। और उन्हें यक़ीन भी था कि दिल के हाल को कोई दिलवाला ज़रूर सुनेगा!

शैलेंद्र के गीतों में आशंकाओं की जो निर्मितियाँ हैं, उनका व्यापक सामाजिक फ़लक है। व्यक्तिगत दुख कैसे परिवेशगत आशंकाओं में तब्दील हो जाता है, इसे उनके गीतों में देखा जा सकता है। प्रगतिशील साहित्य की वैचारिकी भी यही थी। *दिल अपना और प्रीत परायी* के लोकप्रिय गीत 'अजीब दास्ताँ है ये' की इन पंक्तियों को देखें :

ये रोशनी के साथ क्यों धुआँ उठा चिराग़ से
ये ख़्वाब देखती हूँ मैं या जग पड़ी हूँ ख़्वाब से

रोशनी के साथ चिराग़ से धुआँ भी उठ रहा था! यह वह धुआँ था जिसे एक अर्थ में हम निर्माणवादी स्वप्न के पीछे का क्रूरतम यथार्थ कह सकते हैं। इस यथार्थ को शैलेंद्र ने कई-कई तरीक़े से पकड़ा है। कहना होगा कि शैलेंद्र मनुष्य के पराभव को ज़िद की तरह अपने गीतों में उकेरते हैं, ताकि समाज ख़ुद अपनी पराजय को देख सके, महसूस कर सके। इसलिए उनके गीतों में नायक अथवा नायिका का दुख निजी दुख नहीं लगता। साहित्यशास्त्र में इसे ही साधारणीकरण कहा गया है।

प्रेम, शरारत, बचपन, ऋतुएँ, त्योहार, उत्सव, निराशा, अवसाद, विरह, प्रण, पलायन– इन तमाम सिचुएशंस पर शैलेंद्र ने गीत लिखे। गो जीवन के हर पक्ष और हर रंग पर उनके गीत मिल जाएँगे। लेकिन उदासी और अकेलेपन पर जो गीत लिखे हैं, उनमें समय सबसे

ज्यादा मौजूँ है। शैलेंद्र के ऐसे गीत संख्या में बहुत अधिक हैं इसलिए केवल उदाहरण के लिए कुछ गीत देखें :

मिट्टी से खेलते हो बार-बार किसलिए
टूटे हुए खिलौनों से प्यार किसलिए
बना के ज़िंदगनियाँ बिगाड़ने से क्या मिला
मेरी उम्मीद का जहाँ उजाड़ने से क्या मिला
ज़मीन ग़ैर हो गई ये आसमाँ बदल गए
हवा के रुख़ बदल गए हरेक फूल जल गया
बजते हैं अब ये साज़ों के तार किसलिए

या फिर :

दो चमकती आँखों में कल ख़्वाब सुनहरा था जितना
हाय ज़िंदगी तेरी राह में आज अँधेरा है उतना

ऐसे गीतों की जो ख़ास बात है, वह यह कि शैलेंद्र ने कहानी की माँग के मुताबिक़ गीतों के मुखड़े लिखे और भीतर अपनी वैचारिकी को प्रमुखता दी। उनके गीतों की जो सबसे बड़ी ख़ासियत मुझे लगती है, वह है जीवन की पेचीदगियों को सहज शब्दों में व्यक्त कर देने की उनकी इच्छा। प्रगतिवादी कविता में जो सहजता थी, वही शैलेंद्र के गीतों में भी है। इसके पीछे उनका बिना मिर्च-मसाला लगाए सीधी बात कहने का ही प्रण था। *श्री 420* के इस गीत को भले मुकेश ने गाया हो और राजकपूर ने अपनी अदायगी से सजाया हो, लेकिन विचार शैलेंद्र के ही भीतर जन्मे थे। यह विचार की ही ताक़त है जो उनसे लिखवाती है :

ग़म से अभी आज़ाद नहीं हूँ
ख़ुश हूँ मगर आबाद नहीं हूँ
मंज़िल मेरे पास खड़ी है
पाँव में लेकिन बेड़ी पड़ी है
टाँग अड़ाता है दौलतवाला

सफलता के शीर्ष पर पहुँचने के बावजूद शैलेंद्र अकेलेपन की त्रासदी और ख़ारिज कर दिये जाने के भाव को बार-बार अपने गीतों में व्यक्त करते हैं। जब वे लिखते हैं कि 'इन बहारों से क्या फ़ायदा, जिसमें दिल की कली जल गई' या फिर 'अंधे जहाँ के अंधे रास्ते, जाएँ तो जाएँ कहाँ' तो जैसे सारी दुनिया पर सवालिया निशान लगाते हैं। शैलेंद्र के गीतों में व्यक्त अकेलापन केवल कहानी की माँग नहीं है बल्कि उसका एक बड़ा सामाजिक-राजनीतिक परिप्रेक्ष्य है। फ़िल्मों से अलग एक तरफ़ वे ऐसे संघर्ष के गीत लिखते हैं जिन्हें वाम संगठन के मज़दूर गाते हैं, 'हर ज़ोर ज़ुल्म की टक्कर में...', या 'तू ज़िंदा है तो ज़िंदगी की जीत पर यक़ीन कर...' ऐसे ही गीत हैं। दूसरी तरफ़ वे यह भी लिखते हैं कि 'हैं सबसे मधुर वो गीत जिन्हें हम दर्द के सुर में गाते हैं।' तो क्या वे फ़िल्मों के गीत दर्द के सुर में लिख रहे थे? एकबारगी इससे इनकार भी नहीं किया जा सकता। सुख और दुख, जश्न और अकेलापन, ज़िंदगी और मौत का जो द्वैत उनके गीतों में है, वह केवल दार्शनिकता या सस्ती भावुकता-भर नहीं है। इसके पीछे कहीं न कहीं दलित जीवन की वे त्रासदियाँ भी रही होंगी जो आज़ाद भारत में भी मौजूद थीं। सपनों का बेनूर होना, जीवन सफ़र का अंधा होना, सितारों से टकराकर आवाज़ों

का लौट आना, दिन का ढल जाना और रात का न जाना, हरेक फूल का जल जाना, कोमल पंखों के साथ सागर पार जाने की इच्छा—ये केवल शैलेंद्र के गीतों के मुहावरे नहीं हैं। उनका निजी दुख ही मानो इनमें उतर आया है। इसीलिए वे लिख सके :

जीने की चाहत नहीं, मर के भी राहत नहीं
इस पार आँसू, उस पार आहें, दिल मेरा बेज़ुबाँ
हमको न कोई बुलाए, न कोई पलकें बिछाए
ऐ ग़म के मारो, मंज़िल वहीं है, दम ये टूटे जहाँ

तो क्या शैलेंद्र केवल निराशा और दुख के माध्यम से ही अपने युग का भाष्य रचनेवाले गीतकार हैं? शैलेंद्र के गीतों की विविधता को देखते हुए यह कहना एक तरह से ज़्यादती होगी। ऊपर इसका ज़िक्र भी हुआ है कि उन्होंने जीवन के हरेक रंग को अपने गीतों में उकेरा। उन सबका ज़िक्र यहाँ मुमकिन नहीं है। लेकिन एक ओर जहाँ वे त्रासदी रचते हैं, वहीं दूसरी ओर अजेय-अदोलित प्रण भी उनके गीतों में उभरता है। समय की आलोचना के समानांतर वे एक ऐसे जीवन और समाज का आदर्श भी रखते हैं जहाँ झूठ, अवसाद, लाचारी, बेबसी, ग़रीबी और असमानता न हो। ऐसा जीवन और समाज होशियारी और दुनियादारी से नहीं बनता। *अनाड़ी* (1949) के लिए जब उन्होंने लिखा :

सब कुछ सीखा हमने, न सीखी होशियारी
टेढ़ी-टेढ़ी हमसे फिरे सारी दुनिया
प्यार का सौदा करे सारी दुनिया

मुँह में राम बग़ल में छुरी है
बात ये देखो कितनी बुरी है
क्यों हमसे छल करे सारी दुनिया

लेकिन *तीसरी क़सम* में तो जीवन के प्रति अपनी पक्षधरता को जैसे उन्होंने पूरा का पूरा रख दिया। यहाँ जीवन श्रमिक वर्ग के छोटे-मोटे विचलनों के साथ-साथ उसके उस अजेय जीवट को दर्शाता है जिस पर संभ्रांत वर्ग ने केवल अपना अधिकार घोषित कर रखा था। शैलेंद्र, जो मार्क्स के हवाले से मजूर, किसान, अवाम, देश और जहान की जय को तय मानते थे, उसे ही रुपहले परदे पर दिखाया। वे यह भी जानते थे कि इसके लिए तो अपने ही दुखों को ताक़त की तरह इस्तेमाल करना पड़ता है :

दिल मेरा तुझसे बोले, आँसू बना ले शोले
उम्मीद की किरणों से ये दिल का दाग़ धो ले

शैलेंद्र के जीवन का आदर्श उनके ही गीतों में बार-बार झलकता है। आँसू और शोले, अँधेरा, अवसाद, हताशा, उम्मीद, रोमान, ज़िंदादिली और सब खो देने की हद तक सहजता के बीच उनकी ये पंक्तियाँ जैसे अपने लिए ही लिखी गई थीं :

किसी की मुस्कराहटों पे हो निसार
किसी का दर्द मिल सके तो ले उधार
किसी के वास्ते हो तेरे दिल में प्यार
जीना इसी का नाम है।

ज़ोहरा सहगल

ज़ुबैर रज़बी / शम्सुल इस्लाम

27 अप्रैल, 2012 के दिन ज़ोहरा सहगल 100 वर्ष की हो गई थीं। उनसे ज़ुबैर रज़बी ने बहुत पहले एक इंटरव्यू लिया था जो 'ज़ेहने जदीद' में प्रकाशित हुआ था। दूसरा इंटरव्यू शम्सुल इस्लाम ने लिया था जो 20 वर्ष पहले प्रकाशित हुआ था। ये दोनों इंटरव्यू उनकी शख़्सियत के जुदा-जुदा पड़ावों के स्मृतिचित्र प्रस्तुत करते हैं। **–सं.**

साक्षात्कार-1

ज़ुबैर रज़बी

सवाल : थिएटर और नृत्य से आपके शौक़ की जिस तरह शुरुआत हुई, उसका कुछ हाल बताएँ।

जवाब : मैं 27 अप्रैल, 1912 को सहारनपुर (यू.पी.) में पैदा हुई। मेरे वालिद डिप्टी कलक्टर थे। उनका नाम मोहम्म्द मुम्ताज़ुल हसन ख़ाँ था। हम सात भाई-बहन थे--पाँच बहनें और दो भाई। सबसे बड़े मेरे भाई थे और उसके बाद मेरी बड़ी बहनें हाजरा बेगम (कम्युनिस्ट लीडर डॉक्टर ज़ेड.ए. अहमद की जीवनसाथी)। और फिर तीसरा नंबर मेरा था। मेरे बाद उज़रा हैं जो मेरे साथ उदयशंकर ग्रुप में थीं। फिर पृथ्वी थिएटर से जुड़ गई तो हम दोनों बहनों का शौक़ थिएटर और नृत्य का था। आमना और साबरा ने दूसरे क्षेत्रों में दिलचस्पी ली। साबरा ने फ़िज़िकल कल्चर में विदेश से डिग्री ली थी और वह लाहौर में हैं और ये दोनों फ़िज़िकल कॉलेज़ों की प्रिंसिपल थीं। अब रिटायर हो गई हैं। हम सब बहनों ने किसी-न-किसी मैदान में नाम हासिल किया है।

सवाल : जिस ज़माने का आप ज़िक्र कर रही हैं, उस ज़माने के मुस्लिम माहौल में थिएटर या नृत्य की तालीम लड़कियों के लिए शायद ख़ासी दुश्वार थी। आपको किन चीज़ों का सामना करना पड़ा?

जवाब : हाँ, वह ज़माना तो बहुत सख़्ती का था मगर हमारा घराना रईसाना रखरखाव का हिमायती था। कहा जाता है कि हमारे पूर्वजों में अब्दुर्रशीद क़ैंस एक नामी बुज़ुर्ग थे जिन्होंने हज़रत मुहम्मद साहब की मोहब्बत की वजह से इस्लाम कुबूल कर लिया और अफ़ग़ानिस्तान आ गए। इन्हीं का ख़ानदान 1671 में हिंदुस्तान की सरहदों में दाख़िल हुआ जिसका उस दौर के मुग़ल बादशाह ने स्वागत किया और जायदाद से नवाज़ा। तो हम रोहिल्ले पठान हैं। रामपुर

हमारा पहला पड़ाव था। नजीबाबाद से भी हमारे बुज़ुर्गों का तअल्लुक़ रहा है। रामपुर के घरानों की सूरतेहाल यह थी कि वहाँ कम उम्र लड़कियों की शादी तय हो जाती थी और बालिग़ होते ही दालान में डोली आकर खड़ी हो जाती थी। हमारी वालदा, जिनका नाम नातक़ा बेगम था, पढ़ी-लिखी और अच्छे ख़यालों की थीं। वे अपने ज़माने की पत्रिकाओं में भी लिखा करती थीं। उनमें अपनी लड़कियों को तालीम दिलाने की ज़बर्दस्त ख़्वाहिश थी। आप अंदाज़ कीजिए कि उन्होंने मुझे और हाजरा आपा को उस ज़माने में लाहौर के क्वीन मेरी में पढ़ने के लिए भेजा था और उस ज़माने में रामपुर से लाहौर जाना काले कोसों जाने के बराबर था। वहाँ सारा स्टाफ़ अंग्रेज़ था। यह 1918 का ज़माना था। चूँकि हमारे ख़ानदान के रिश्ते मलेर कोटला, लोहारू के नवाबी ख़ानदानों से थे, इसलिए गुमान यह है कि हमारी वालदा ने क्वीन मेरी की मिसाली पढ़ाई का हाल अपने क़रीबी लोगों से सुना हो जिनकी लड़कियाँ वहाँ पढ़ रही होंगी। लाहौर के उस स्कूल में ज़्यादातर मुस्लिम रईस घरानों की परदानशीं लड़कियाँ पढ़ती थीं। हम हॉस्टल में दाख़िल हुए तो उस ज़माने में हम कुर्ता-पाजामा (तंग मोरी का) पहना करते थे, जबकि पंजाबी लड़कियाँ शलवार और क़मीज़ पहना करती थीं और हमारे पाजामे हाथ में लेकर मज़ाक़ में एक-दूसरे से कहती थीं, 'अवी देख दो नाली बंदूक़'। मैं उस ज़माने में ख़ासी मज़हबी थी और नमाज़-रोज़े की पाबंद थी। स्कूल के माहौल में अंग्रेज़ उस्तानियों की सरपरस्ती मिली और उन्हीं ने एक्टिंग और नृत्य के लिए मेरी हौसला-अफ़ज़ाई की। उसी ज़माने में मैंने अपनी एक टीचर से सुना कि यह लड़की लंदन में होती तो थिएटर करके हफ़्ते में 4 पाउंड तो कमा सकती थी। उस वक़्त मुझे अंदाज़ा ही नहीं था कि यह कितनी रक़म होती है। मगर उस वक़्त से लंदन जाने की ख़्वाहिश मेरे दिल में घर करके बैठ गई। नमाज़ों के इस तूफ़ानी दौर में अल्लाह से बस यही दुआ माँगती थी कि या अल्लाह, तू मुझे विलायत भेज दे। मैं हाईस्कूल पास कर चुकी तो मैंने अपने अब्बाजान को लिखा कि मैं शादी नहीं करूँगी, मैं तो पायलट बनूँगी लेकिन यह इरादा मैंने छोड़ दिया और फिर मेरे दिल में एक्ट्रेस बनने की ख़्वाहिश जागी और इसकी हिम्मत-अफ़ज़ाई की मेरे मामू ने जिन्होंने अपनी निकाह की अँगूठी बेचकर विलायत का टिकट ख़रीदा था और एडिनबरा में सर्जन बन गए थे। मेरे मामू की तरह मेरे नाना के भाई जनरल अज़ीमुद्दीन ख़ाँ रियासत में आर्मी चीफ़ थे जिन्होंने नवाब हामिद ख़ाँ का नेतृत्व किया, जिन्हें फिर उन्हीं के इशारे पर साज़िश करने वालों के हाथों गोली मार दी गई थी। वह उस वक़्त 37 बरस के एक जवान योद्धा थे। मैं जब रामपुर वापस आई तो मैंने अपनी ख़्वाहिश का फिर इज़्हार किया और तब मेरे मामू ने मेरी ज़बर्दस्त हिमायत की। उनका नाम साहबज़ादा सईदुज़्ज़फ़र था। वह भी विलायत जानेवाले थे मगर वह ज़मीनी रास्ते जा रहे थे। मैंने अपने अब्बाजान से कहा कि मैं मामू के साथ विलायत जाऊँगी और मामू के यक़ीन दिलाने पर मैं उनके साथ कर दी गई और यूँ हम लाहौर से अफ़ग़ानिस्तान, ईरान, इराक़ होते हुए मिस्र चार माह में पहुँचे। बड़ी अजीब सूरतों से हमारा सामना हुआ था। मुझे याद है कि यह अक्टूबर, 1930 का ज़माना था। हम विलायत के सफ़र पर जून में निकले थे और अक्टूबर में हम क़िलात के इलाक़े में पहुँचे जहाँ मुझे अगवा करने की कोशिश भी की गई। क़िलात उस वक़्त ब्रिटिश इंडिया का इलाक़ा था और वहाँ एक नौजवान, जो क़बीले के सरदार का बेटा था, सरहद तक हमारा पीछा करता रहा और मामूजान मुझे हिम्मत करके ब्रिटिश इंडिया की सरहदी सीमा से बाहर ले आए थे।

जब हम मिस्र में थे तो हमारे मामू के साहबज़ादे महमूद और उनकी एक अंग्रेज़ दोस्त भी हमसे मिलने वहाँ आ गए थे और वहीं महमूद ने मुझे मशवरा दिया था कि मैं एक्ट्रेस के बजाय नृत्यांगना बन जाऊँ तो अच्छा है, क्योंकि मुझे लयकारी की अच्छी समझ थी। उस ज़माने में इज़ाडोरा डंकन का बहुत नाम था। उसने जो नई नृत्यशैली ईजाद की थी और क़दमों की जिस चलत-फिरत का रिवाज़ चलाया था, उससे मैं ख़ासी प्रभावित हुई थी और यूँ मैंने तीसरी बार अपने कैरियर में तब्दीली की। मामूजान मिस्र में रह गए और मैं महमूद और उनकी अंग्रेज़ दोस्त के साथ लंदन आ गई। मगर यहाँ नृत्य के लिए कोई अच्छा स्कूल न था। इसलिए मैंने जर्मनी को अपनी मंज़िल बनाया और साढ़े तीन साल मैंने नृत्य के अलग तरीक़े यहीं सीखे और बच्चों को नृत्य सिखलाने का डिप्लोमा भी हासिल किया। वैसे यह बात भी दिलचस्प है कि हमने जिस तरह के रईसाना माहौल में परदे की पाबंदियों के साथ ज़िन्दगी के शुरुआती दिन गुज़ारे थे, उसमें नृत्य सीखने की कोई गुंजाइश नहीं थी। सिवाय इसके कि वह जो शादी-विवाह में मुजरे वग़ैरह होते थे या लड़कियाँ ऐसे मौक़ों पर थिरक लिया करती थीं, बस, वही मेरी स्मृतियों का हिस्सा था। तो जर्मनी में वह सब धुँधले-धुँधले भारतीय लोक नृत्य की स्मृति काम आई। यह सन् 1931 का ज़माना था और उदयशंकर उसी ज़माने में जर्मनी आए थे। उनके शो में बुलावे के बावजूद नहीं जाने का मूड बना, क्योंकि अपनी ख़ानदानी पृष्ठभूमि के एतबार से मुझमें ग़ुरूर और घमंड भी था। लेकिन फिर कुछ साथी जर्मन औरतों के कहने पर मैं उदयशंकर का नृत्य देखने गई और वह मुझे कुछ ज़्यादा अच्छे नहीं लगे—न मर्द, न औरत। बस, उनकी फ़्रांसीसी शिष्या अच्छी लगी थी। नीली आँखों वाली ख़ूबसूरत-सी। उदयशंकर का स्नेक चार्म वाला नृत्य पसंद आया था, क्योंकि वह अपने कास्ट्यूम के हिसाब से भी यू.पी. वाला था। शो के बाद हम उदयशंकर से मिले तो उन्होंने ख़ुद ही नृत्य में मेरी दिलचस्पी को सराहते हुए कहा कि वह मेरी जैसी पढ़ी-लिखी और अच्छे घराने की लड़कियों की तलाश में हैं। अगर मैं चाहूँ तो उनके ग्रुप से जुड़ सकती हूँ। इस तरह हिंदुस्तान आकर लाहौर के क्वीन मेरी में पढ़ाया और उनका ग्रुप ज्वाइन किया। 4 अगस्त, 1935 को कलकत्ता के न्यू एम्पायर थिएटर में पहला पेशेवराना नृत्य उदयशंकर के साथ पेश किया।

सवाल : उदयशंकर ग्रुप से अपने जुड़ाव का कोई दिलचस्प पहलू?

जवाब : उदयशंकर ग्रुप से जुड़ाव का वाक़या बड़ा अजीब था। हम लोग रामपुर में थे जब उनका तार मिला कि क्या तुम 12 दिन के अंदर ग्रुप ज्वाइन कर सकती हो? मैंने डरते-डरते यह बात अब्बाजान को बताई। उन्होंने आया हुआ तार मोड़कर जेब में रख लिया और सोचते हुए अपने कमरे में चले गए। हम सब बहनें सहमी और डरी हुई थीं कि देखें, अब्बाजान क्या फ़ैसला करते हैं! पंद्रह मिनट के बाद अब्बाजान कमरे से बाहर निकले तो उनके हाथ में रेलवे टाइम टेबल था और वे बोले, ज़ोहरा, तुम यहाँ से बस लेकर लैंसडाउन जाओ और वहाँ से तुम हावड़ा के लिए ट्रेन पकड़ सकती हो। आप अंदाज़ा कीजिए कि एक बाप ने इन पंद्रह मिनटों में क्या सोचा होगा! भावनाओं के कैसे उतार-चढ़ाव आए होंगे! मगर उन्होंने वक़्त और हालात की नज़ाकत और वक़्त की तंगी का एहसास करते हुए एक बेहद अमली बाप के रूप में उस एहसास को झटक दिया कि उनके ख़ानदान की बेटी एक हिन्दू नृत्यकर्मी के ग्रुप में जगह-जगह नाचेगी। उन्हें यह भी मालूम था कि मैं बेहद ज़िद्दी हूँ और वह मेरे

लंदन जाने की पिछली कोशिशों से वाक़िफ़ थे। इसलिए उन्होंने अपने सारे जज़्बात पर क़ाबू पाते हुए बड़े शौक़ से मुझे उस रास्ते पर जाने की इजाज़त दे दी, जो मेरी मंज़िल की तरफ़ जाता था। मेरे शौक़ को पूरा करने की ख़ातिर यह उनकी अपनी रवायत से कितनी बड़ी बग़ावत थी। अब उधर मैं कलकत्ता पहुँची तो मुझे मालूम हुआ कि मुझे ग्यारह दिनों में बारह नृत्य सीखने हैं। यह मंज़िल भी मैंने उदयशंकर की फ़्रांसीसी शिष्या की मदद से तय कर ली थी। यूरोप के दौरे में उदयशंकर के साथ उस्ताद अलाउद्दीन ख़ाँ भी थे और छोटे भाई रविशंकर भी जो बाद में संगीत की तरफ़ चले गए थे। यूरोप के अलावा मैंने एशिया और हिंदुस्तान के मुख़्तलिफ़ इलाक़ों, शहरों में उनके साथ नृत्य के प्रदर्शन किए। 1938 में उन्होंने अपना एक स्कूल बनाने का इरादा किया क्योंकि वह चाहते थे कि उन्होंने नृत्य की जो शैलियाँ ईजाद की हैं, उनका सिलसिला आगे बढ़े, तो उन्होंने अल्मोड़ा जाकर वह स्कूल खोला। मैं इस सिलसिले में उनका दायाँ हाथ थी। मैंने उनका कोर्स चार साल का बनाया, क्योंकि मैं जर्मनी में इस तरह की ट्रेनिंग हासिल कर चुकी थी। उदयशंकर अपने सृजनशील नृत्यों की ट्रेनिंग ख़ुद ही देते थे। एक उनका प्रोग्राम था इंप्रोवाइजेशन (Improvisation) का जो सुबह ही होता था और हाथी की खाल से बने एक नगाड़े के साथ होता था। वह उस पर चोट मारकर ताल देते थे और सब लोग उनकी निगरानी में नृत्य करते रहते थे। यह मश्क था जो वह ख़ुद कराते थे या फिर वह मेरे सुपुर्द कर दिया करते थे। एक बार मैं क्लास लेने में मग्न थी। अब जब क्लास ख़त्म हुई तो मैंने देखा कि कहीं दूर अँधेरे में उदयशंकर भी बैठे थे। मैं हैरान रह गई। आप और मेरी क्लास में बैठे थे। बोले–ज़ोहरा, मैंने तुमसे काफ़ी कुछ सीखा है। यह उनका बड़प्पन था। दरअसल, उनकी बतौर उस्ताद कोई ट्रेनिंग न थी जबकि मैं तालीम में जर्मनी से डिम्लोमा हासिल किए हुई थी। बाद में उन्होंने राजनीतिक विषयों पर जो बैले बनाए, उनमें भी वह मेरी सलाह को अहमियत देते थे। उनके ग्रुप में रहकर मैंने कई नृत्य कम्पोज़ किए और सोलो भी किए।

सवाल : नृत्य की कोई एक कम्पोज़ीशन जो यादों में दर्ज हो गई हो?

जवाब : एक बार ऐसा हुआ कि उदयशंकर की दिसम्बर में सालगिरह होनेवाली थी। मेरी बहनें हाजरा, उज़रा और आमना मेरे पास थीं अल्मोड़ा में। हमने देखा कि कुछ औरतें घास के गट्ठे सरों पर रखे नीचे उतर रही थीं। उनके पीछे कमर पर सभी का पल्लू कसा हुआ था और दराँती उनमें फँसी थी। उनकी चाल और कूल्हों में ग़ज़ब की लय थी। मैंने उनको एक साथ चलते हुए देखा तो मुझे ख़याल आया कि इस पर तो बड़ा जानदार नृत्य बन सकता है। तो इस तरह 'ग्रास कटर' नामक एक डांस मैंने उदयशंकर की सालगिरह के मौक़े पर पेश करने के लिए कम्पोज़ किया था। उसमें आपा हाजरा ने ढोलक बजाई थी। और हम तीनों बहनों ने साथ मिलकर नृत्य किया था। यह नृत्य बहुत पसंद किया गया था। बरसों बाद मैंने कुमाऊँ के मोहन उप्रेती के ग्रुप को मामूली हेरफेर से वही नृत्य करते हुए देखा था।

सवाल : ज़ोहरा मुमताज़ से ज़ोहरा सहगल बनने की कहानी क्या है?

जवाब : मैं उस ज़माने में ज़ोहरा मुमताज़ के नाम से जानी जाती थी। उसी ज़माने में एक बेहद ख़ूबसूरत चित्रकार से उदयशंकर स्कूल में सामना हुआ और मुझे उसकी एक पेंटिंग

बेहद पसंद आई थी। मैं बहुत ख़ूबसूरत तो न थी, मगर बदसूरत भी न थी। मेरी आँखें छोटी हैं। लगता है, जैसे मैं च्यॉंग काई शेक के ख़ानदान से हूँ। तो मुझे उस नौजवान से उसकी पेंटिंग की वजह से मोहब्बत हो गई। उसका नाम सहगल था। हमारा रोमांस दो साल चलता रहा। फिर सहगल कहने लगा कि हम शादी कर लें, तो मैंने कहा कि यह कैसे हो सकता है? तुम उम्र में मुझसे छोटे हो और फिर हिंदू-मुस्लिम का मामला भी बीच में आ जाएगा। लेकिन फिर कुछ अर्से बाद यह बेल मुँडेर चढ़ गई और हमारी शादी हो गई। फिर हमने उदयशंकर से इजाज़त लेकर लाहौर में अपना स्कूल खोल लिया और उसका नाम Zuresh रखा। दरअसल यह मेरे नाम ज़ोहरा और मेरे शौहर कामेश्वर सहगल के नामों से मिलकर बना था। कुछ लोगों ने इस बात को सराहा, मगर फिर पाकिस्तान वजूद में आने लगा था। उस ज़माने में मेरी बहन उज़रा पृथ्वी थिएटर से जुड़ी हुई थीं। उन्होंने मुझे लिखा कि हम बंबई आ जाएँ, और वहाँ फ़िल्मों में क़िस्मत आजमाएँ। तो हम बंबई आ गए। मगर मुझे जो नृत्य के दृश्य दिखाई पड़े, वे बड़े सतही और फ़िज़ूल से थे। मेरा जी नहीं लगा। फिर पृथ्वी थिएटर जाना हुआ तो वहाँ सेट वग़ैरह मुझे अच्छे नहीं लगे। मगर शकुंतला में उज़रा का रोल मुझे अच्छा लगा था। उसके बाद 'दीवार' नाम के ड्रामे में जो हिंदू-मुस्लिम के दरमियान अंग्रेज़ों के फूट डालो के रोल पर था, उसमें मुझे वैम्प का रोल मिला। मगर यह रोल मुझे काफ़ी ज़द्दोजहद के बाद मिला क्योंकि पृथ्वीराज को मुझे रोल देने में सोचना पड़ा। उन्होंने पहले अक्टूबर, 1945 में मुझे डांस डाइरेक्टर रखा था। मैं चौदह बरस तक पृथ्वी थिएटर में रही और दमयंती साहनी के पृथ्वी थिएटर को छोड़ने के बाद मेन रोल मैं ही करने लगी थी।

यहाँ मुझे अपनी सास की बात याद आ गई। वह पढ़ी-लिखी न थीं और बेहद हिंदुस्तानी मिज़ाज रखती थीं। मुसलमानों के बारे में उनकी राय अच्छी न थी। जब मेरे ससुर ने उन्हें बताया कि उनका बेटा एक मुस्लिम लड़की से और वह भी जो डांसर है, शादी कर रहा है तो उन्होंने थोड़े-से विरोध के बाद अपने बेटे की ख़ुशी को अपनी ख़ुशी कहते हुए मुझे अपनाने की हामी भर ली थी। और जब मैं पहली बार उनसे मिली तो उन्होंने ख़ुद मेरे लिए ताज़ा खाना थाली में परोसा था।

एक और वाक़या याद आया कि उन्होंने स्टेज पर मेरा वैम्प वाला रोल देखा जिसमें मैं सिगरेट भी पीती हूँ, अंग्रेज़ी लिबास पहनती हूँ और दोनों भाइयों से फ़्लर्ट करती हूँ। ड्रामे के बाद जब मैंने घर पहुँचकर उनसे अपने किरदार के बारे में पूछा तो बोलीं, बहू, तू हज़ार की महफ़िल में नंगी ही क्यों न हो, मैं तेरी नज़र पहचानती हूँ। ज़रा अंदाज़ तो कीजिए कि यह जुमला मैंने एक ऐसी हिंदू औरत की ज़बान से सुना जो बिलकुल अनपढ़ थी।

सवाल : आपके दोबारा लंदन जाने की वजह क्या थी?

जवाब : जब मेरे शौहर का इंतक़ाल हो गया तो मैं दिल्ली चली आई और यहाँ कमला देवी चट्टोपाध्याय ने मुझे अकादमी में रख लिया। लेकिन मेरे बहनोई ज़ेड.ए. अहमद ने ज़ोर दिया कि मैं विलायत चली जाऊँ ताकि वहाँ की मसरूफ़ियत मेरे ग़म को हलका कर सके। तो मैंने एक छोटा-सा कोर्स किया और मुझे स्टार सर्टिफ़िकेट मिला जो अल्काज़ी और शायद हबीब तनवीर ही को मिला है। विलायत में कुछ महीनों के लिए गई थी पर वहाँ पर 25 बरस रह गई। इस अर्से में बच्चे बड़े हो गए। मेरी लड़की किरन सहगल और लड़का पवन सहगल

है। मैं हिन्दुस्तान इस ख़याल से आ गई कि अपने वतन की फ़िज़ाओं में आख़िरी साँस ले सकूँ। एक और वजह यह भी थी कि जब मैं कुछ दिनों के लिए लंदन से हिन्दुस्तान आई थी तो सब लोग यही कहते थे—अरे ज़ोहरा, हमेशा के लिए आ जाओ, बहुत काम है। मगर जब आई तो यहाँ मेरे लिए काम-धाम कुछ भी न था, जबकि लंदन में सब लोग मेरे नाम और काम से बड़ी अच्छी तरह वाक़िफ़ हो चुके थे और वहाँ सड़कों पर रोककर लोग मुझे मेरे स्टेज ड्रामों की याद दिलाते थे। मगर मैं अपने वतन में अजनबी थी। फिर एक दिन अल्काज़ी ने मुझसे संपर्क किया और बताया कि वह चौदह साल बाद एन.एस.डी. के लिए तीन ड्रामे कर रहे हैं और मुझे लोर्का के ड्रामे 'द हाउस ऑफ़ ब्रांडा अल्वा' के उर्दू रूप 'दिन के अँधेरे में' में मेन रोल देना चाहते हैं। मैंने ख़ुशी से मंज़ूर कर लिया। मुझे स्क्रिप्ट देर से मिली और मैं पूरी तरह उस पर हावी न हो सकी थी। इसलिए पहले दिन मैं ख़ासी नर्वस थी। इस तरह पहले दिन की एक्टिंग से मैं मायूस भी हुई, मगर फिर आहिस्ता-आहिस्ता मैंने स्क्रिप्ट पर काबू पा लिया। फ़िल्मों से मेरा जुड़ाव 'नीचा नगर' से शुरू हुआ था। उसमें कामिनी कौशल ने रफ़ीक़ अनवर के साथ काम किया था। मेरा भी उसमें रोल था। ज़्यादातर फ़िल्मों में मैंने डांस डाइरेक्शन दिया, जैसे—*नौ दो ग्यारह, बाज़ी, सी.आई.डी.* याद आ रही है। अभी पिछले दिनों जब मैं एक टी.वी. सीरियल कर रही थी तो वहीदा रहमान का एक प्यारा-सा ख़त मिला था जिसमें उसने *सी.आई.डी.* में मेरे डांस की याद दिलाई थी।

सवाल : हिंदुस्तानी थिएटर की मौजूदा सूरतेहाल के बारे में आपका क्या आकलन है?
जवाब : मैं समझती हूँ कि सूरतेहाल मायूस करने वाली है। सिवा दो-तीन रेपेटरी के थिएटर फुल टाइम काम नहीं है, जबकि हर कला, हर आर्ट चाहे वह थिएटर हो या शायरी, पेंटिंग हो या संगीत, आपसे पूरी साधना माँगती है। उसमें पूरी तरह डूबे बग़ैर कलात्मक परिपक्वता हासिल नहीं होती। अब यह क्या फ़िज़ा और माहौल हुआ कि सुबह आपकी मसरूफ़ियत कुछ और है और दोपहर में कुछ और, शाम को आप थिएटर करने आ गए। आर्टिस्ट को पूरी तरह से और कुलवक़्ती अंदाज़ में थिएटर से जुड़ने के मौक़े नहीं मिलते तो यह अफ़सोसनाक बात है। दूसरी सूरतेहाल हमारे अपने स्क्रिप्ट की कमी है। माना कि बाहर के ड्रामों से हम काफ़ी कुछ सीख सकते हैं, मगर जब तक हम कच्ची रोटी नहीं पकाएँगे पृथ्वी थिएटर की तरह, तब तक हमें अच्छे और ज़ायक़ेदार खाना बनाने का हुनर और फ़न कैसे आएगा?

अनुवाद : **मो. ज़फ़र इक़बाल**

साक्षात्कार-2

शम्सुल इस्लाम

ज़ोहरा प्रगतिशील नाट्य आंदोलन की स्तंभ रही हैं। स्वतंत्रता से पूर्व के 'इप्टा' की वह उपाध्यक्ष रह चुकी हैं। वह नृत्य और नाट्यकर्म में सारी दुनिया घूमी हैं। भारत का कोई कोना ऐसा नहीं है, जहाँ उन्होंने प्रस्तुतियाँ न की हों। अल्काज़ी के निर्देशन में लोर्का के नाटक 'दिन के अँधेरे में' में मुख्य भूमिका निभा रही थीं, उन दिनों शम्सुल इस्लाम के साथ उनकी लंबी बातचीत हुई थी। —**सं.**

सवाल : राष्ट्रीय नाट्य विद्यालय रंगमडल के साथ आपका जुड़ना कैसे संभव हुआ? आपको रंगमंडल कैसा लगता है?

जवाब : इस रंगमंडल के साथ जुड़ने की मेरी बहुत पुरानी ख़्वाहिश रही है। सातवें दशक में जब इब्राहिम अल्काज़ी रा.ना.वि. के निदेशक थे, तब उन्होंने मुझे रंगमंडल की मुख्य अभिनेत्री के तौर पर भर्ती करने की कोशिश की थी लेकिन उस समय संभव नहीं हुआ था। अभी भी अल्काज़ी के ज़ोर देने पर आई हूँ। अपनी इस पुरानी ख़्वाहिश को सर चढ़ते देखने के लिए।

मुझे रंगमंडल में बहुत अच्छा लग रहा है। रंगमंडल सचमुच में रंगकर्मियों की एक पेशेवराना जमात है। मैंने अभी कुछ लड़कियों का ही काम देखा है। उनके अभिनय का जवाब नहीं है। उनमें से कई बहुत तरक़्क़ी करेंगी।

सवाल : हमारे देश में हिंदी / उर्दू नाट्यकर्म की स्थिति आपको कैसी लगती है?

जवाब : उत्तर भारत जो हिंदी-उर्दू नाटक का घर है, वहाँ स्थिति काफ़ी तकलीफ़देह है। रा.ना.वि. या एकाध और जगह को छोड़कर इस पूरे इलाक़े में पेशेवराना, संजीदा और नियमित नाटक नहीं होता है। हिंदी-उर्दू वाले अपनी ज़ुबानों से प्यार के दावे करते रहते हैं लेकिन नाटक की क्या, साहित्य में भी हालत पतली है। दूसरी तरफ़ बांग्ला, कन्नड़, मराठी और गुजराती भाषाओं में रंगकर्म की स्थितियाँ बहुत अच्छी हैं। वहाँ पेशेवर नाट्यकर्म की एक लंबी परंपरा है, वहाँ के लोग अपनी ज़ुबानों को बहुत प्यार करते हैं। सभागार भरे रहते हैं। और टिकट खिड़की पर लंबी क़तारें रहती हैं। मैं सचमुच हिंदी-उर्दू थिएटर की दुनिया से मायूस हूँ।

सवाल : आख़िर वह क्या चीज है जो आपको रंगकर्म में इतना सक्रिय रखती है?

जवाब : भई, मेरी तो यही ज़िंदगी है। अभिनय मेरी ज़िंदगी का स्रोत है, बुनियाद है। रूस के मशहूर बैले निर्देशक नेमरुच देनचिनकॉफ जिन्होंने रूसी बैले को सारे यूरोप में मक़बूल कराया, उनका कहना था कि सबसे ख़ुशनसीब वे लोग हैं, जो अपनी पसंद के क्षेत्र में ही काम करने का मौक़ा हासिल कर पाते हैं। मेरे लिए इससे ज़्यादा ख़ुशक़िस्मती की बात क्या हो सकती है कि मुझे अदाकारी से इश्क़ है और मैं वह कर पा रही हूँ! मैं अदाकारी की बीमार हूँ और हमेशा इसकी शिकार रहना चाहती हूँ।

सवाल : आपकी मादरी ज़बान क्या है?

जवाब : मेरी मादरी ज़बान उर्दू है। हालाँकि मैं हिंदी, पंजाबी भी बोल सकती हूँ। उर्दू मेरी मादरी ज़बान तो है लेकिन मैं इसमें बहुत कमज़ोर थी। इंदौर के जिस परिवार में मेरी शादी हुई, वहाँ मेरे ससुर मुझे बहुत ख़ूबसूरत उर्दू में ख़त लिखते थे और बेशर्मी देखिए कि मैं उन्हें अंग्रेज़ी में खत लिखा करती थी। मैं जब पृथ्वी थिएटर में आई तो मेरी उर्दू सुनकर पापाजी (पृथ्वीराज कपूर) ने कहा कि तुम्हें शर्म आनी चाहिए कि तुम उर्दू के घर रामपुर की रहनेवाली हो और ज़बान के बारे में इतनी लापरवाह हो। उन्होंने मुझे अपनी ज़बान से प्यार करना सिखाया। बदक़िस्मती से आज उर्दू सियासत की शिकार हो गई है।

सवाल : एक औरत अदाकारा के तौर पर आपको नाट्यकर्म की दुनिया कैसी लगती है?
जवाब : मैं इंग्लैंड और भारत दोनों के ही बारे में बताना चाहूँगी। औरतों के मसलों पर तो नाटक हैं नहीं। अन्य नाटकों में भी औरतों के पात्र बहुत कमज़ोर और कम हैं। नाट्यकर्म की दुनिया में पुरुष अभिनेताओं का वर्चस्व है। यह हालत तभी बदलेगी, जब ख़ुद औरतें अपनी ज़िंदगी पर और चारों तरफ़ फैली ज़िंदगी पर नाटक लिखेंगी।

सवाल : आप आज़ादी से पहले इप्टा से जुड़ी रही हैं। इप्टा ने देश में सांस्कृतिक पुनर्जागरण का काम किया था। इप्टा क्यों बिखरा?
जवाब : इसकी कई वजहें हैं। इप्टा के मक़बूल होने की सबसे बड़ी वजह उसके कार्यों का साम्राज्यवाद विरोधी स्वरूप था। लोग साम्राज्यवाद से परेशान थे और इप्टा उनकी उम्मीदों को स्वर देता था। लेकिन 1947 में अंग्रेज़ों के चले जाने पर उस दुश्मन का वजूद ही नहीं रहा और अब इप्टा के पास लड़ाई का कोई और मुद्दा ही नहीं था। ऐसा लगा, जैसे इप्टा शायद यतीम हो गया हो। हमें अपना कोई निशाना ढूँढ़ना चाहिए था। इप्टा की दूसरी कमज़ोरी यह थी कि वह सियायत और सांस्कृतिक कामों के बीच एक सही रिश्ता नहीं विकसित कर पाया। इसके लिए भारत की कम्युनिस्ट पार्टी भी ज़िम्मेदार थी। जब भी सियासत और संस्कृति को मिलाते हैं, सियासत हावी हो जाती है। इसका नतीजा यह होता है कि कला अथवा संस्कृति की ख़ूबसूरती प्रभावित होती है। ऐसी स्थिति में यह भी होता है कि बहस-मुबाहिसा, संयम सब ख़त्म हो जाता है। कलात्मक मापदंडों के साथ सियासत भी आ जाए तो कोई मुज़ायका नहीं। इन हालात ने भी अच्छे कलाकारों को इप्टा से काट दिया। इप्टा की एक और दिक़्क़त यह थी कि इसका नेतृत्व कलाकारों के अहंकार को भी बस में नहीं कर पाया। वह नाम और पैसे के लालच का शिकार हुए।

सवाल : आज हमारे देश में साम्प्रदायिकता और धार्मिक कठमुल्लावाद उभार पर है, इस ख़तरे के बारे में आप क्या सोचती हैं?
जवाब : हालात बहुत ख़तरनाक हैं। ये सब इसलिए हो रहा है कि सियासत, मुल्ला-पुजारी, सियासतदाँ और निहित स्वार्थों की मिलीभगत है। हमें यह नहीं भूलना चाहिए कि इस पागलपन का असली शिकार औरतें ही होंगी। माँ, बेटी, बहन, बहू को ही क़ीमत चुकानी पड़ेगी। बदक़िस्मती से साम्प्रदायिकता उन लोगों के ज़रिये फैलाई जा रही है, जो पढ़े-लिखे हैं और ज्ञानी कहलाते हैं। इससे लड़ने की बुनियादी ज़िम्मेदारी माँ के रूप में औरत की ही है। उसे अपने बच्चों को यह तालीम देनी चाहिए कि सब इनसान बराबर हैं।

सवाल : आप किस मज़हब में यक़ीन रखती हैं?
जवाब : मैं किसी भी मज़हब के रिवाज़ों और पूजापाठ में यक़ीन नहीं रखती। लोगों ने मज़हब को एक खूँटा बना दिया है, जिस पर लटके रहिए। ख़ुद इनसान और प्रकृति से ज़्यादा महान मुझे कुछ भी नहीं दिखता। मैं इनसानियत की शागिर्द रहना चाहती हूँ।

सवाल : सफ़दर हाशमी के क़ातिल खुले घूम रहे हैं। हाल ही में पंजाब में नौजवान जनवादी

रंगकर्मी सुखदेव और उनकी पत्नी को फ़ासीवादी तत्त्वों ने फाँसी दी है। बनारस में प्रसिद्ध उर्दू कवि नज़ीर बनारसी, जिनकी धर्मनिरपेक्षता की क़सम खाई जा सकती है, के परिवार पर साम्प्रदायिक पुलिस ने भयानक अत्याचार ढाए हैं। प्रतिक्रिया?

जवाब : ये सब शर्मनाक हरकतें जारी हैं, यह जानकर कलेजा मुँह को आने लगता है। अगर इसे नहीं रोका गया तो देश में कुछ नहीं बचेगा। कलाकारों को, साहित्यकारों को अपने चित्र, नाटक, गीत-कविता, किताबें लेकर सड़क पर निकल आना चाहिए। मैं इस ज़िम्मेदारी के लिए हर वक़्त तैयार हूँ।

सवाल : लोर्का के नाटक 'हाउस ऑफ़ बर्नाडा अल्वा', जिसमें आप बर्नाडा की भूमिका निभा रही हैं, उसका एक बेहतरीन उर्दू अनुवाद स्व.. रघुवीर सहाय ने 'बिरजीस कदर का कुनबा' नाम से किया था, उसे न करके एक नए अनुवाद को प्रस्तुत किया जा रहा है, इसका कोई विशेष कारण?

जवाब : मैं बताती हूँ, इसको क्यों बदला गया है। तर्जुमा बहुत ख़ूबसूरत था। ज़ुबान बहुत शायराना थी और नाटक से उभारा गया था, लेकिन इस अनुवाद में कुछ इस क़िस्म की चीजें थीं, जो सच से मेल नहीं खाती थीं, उसमें कई बुनियादी ग़लतियाँ थीं। मैं एक-एक पन्ना पढ़कर कहती कि ऐसा कैसे हो सकता है? वह अनुवाद प्रस्तुति के लिए व्यावहारिक नहीं था। इसलिए नया अनुवाद अल्काज़ी के कहने पर जे.एन. कौशल ने किया।

सवाल : जो नौजवान रंगकर्म की दुनिया में प्रवेश कर रहे हैं, उनके लिए आपका क्या पैग़ाम है?

जवाब : मैं तो कहती हूँ, बच्चो, जियो-बढ़ो। अथर्ववेद में एक जगह आया है, माँ कमान की लकड़ी होती है, बाप इसकी डोर होता है और बच्चा इस कमान का तीर होता है। बच्चे तीर हैं, ये छूटेंगे और अपने निशाने पर पहुँचेंगे। यह मेरा पक्का यक़ीन है।

हबीब तनवीर

जावेद मलिक / नीरज मलिक

यह कहना ग़लत नहीं होगा कि हबीब तनवीर भारतीय रंगमंच के इतिहास के युगपुरुष थे। उन्होंने बीसवीं सदी के उत्तरार्द्ध में भारतीय रंगमंच को एक ऐसा नया और जानदार रुझान दिया जो कई पीढ़ियों तक याद रखा जाएगा। उनकी अनूठी रंग कला का एक अहम पहलू यह था कि उसमें उनकी वामपंथी सियासी और सामाजिक चिंतनधारा थी। उनकी ऐतिहासिक जागरूकता को भारतीय लोकशैली, परंपराओं और ऊर्जा के साथ कुछ इस तरह से गूँथा गया था कि उनके नाटक दर्शकों का जहाँ एक ओर मनोरंजन करते थे, उसके साथ ही उन्हें उल्लसित भी करते थे। इसके अलावा उन्हें अहम मुद्दों पर सोचने के लिए प्रेरित भी करते थे। यही कारण था कि हबीब तनवीर का थिएटर देश के कोने-कोने में मशहूर हो पाया और विभिन्न वर्गों के दर्शकों को (चाहे वे शहरी हों या गाँव के, पढ़े-लिखे हों या अनपढ़) लुभाता रहा।

हबीब तनवीर की इस शोहरत और कामयाबी के पीछे एक लंबे और अनथक संघर्ष का इतिहास है। उनकी कला-यात्रा 1940 के दशक में बंबई में इंडियन पीपुल्स थिएटर एसोसिएशन (इप्टा) और प्रोग्रेसिव राइटर्स एसोसिएशन (पी.डब्ल्यू.ए.) के साथ शुरू हुई। इन वामपंथी संस्थाओं में उन्होंने भीष्म साहनी, एम.एस. सथ्यू, सुलोचना चटर्जी, दीना पाठक, ख़्वाजा अहमद अब्बास, अली सरदार जाफ़री, सज्जाद ज़हीर, कैफ़ी आज़मी जैसी हस्तियों के साथ काम किया। थिएटर, संगीत और काव्य-लेखन में ख़ासतौर से उनकी दिलचस्पी रही। इस तजुर्बे ने न सिर्फ़ उनकी वामपंथी राजनीतिक सोच को और ज़्यादा पैना और दृढ़ किया बल्कि उन्हें जनवादी राजनीति में जन कला और लोक कला की अहमियत के प्रति भी जागरूक बनाया।

1954 में हबीब तनवीर दिल्ली आए और उन्होंने अपने पहले अहम नाटक *आगरा बाज़ार* की रचना की। जामिया मिल्लिया के प्रगतिशील लेखक संघ की शाखा के अंतर्गत इस नाटक ने दर्शकों को एक बिलकुल नया रंग अनुभव दिया। 18वीं सदी के उर्दू शायर नज़ीर अकबराबादी की रचनाओं और समय पर आधारित यह नाटक अपने रूप-विधान, शैली और विषय-वस्तु में अन्य नाटकों से बिलकुल अलग था। इसमें न तो कोई कहानी या प्लॉट था, और न कोई नायक या खलनायक। प्रत्यक्ष रूप से नाटक नज़ीर अकबरावादी के बारे में होते हुए भी, ख़ुद नज़ीर को एक बार भी मंच पर नहीं लाया गया।

इस बात को लेकर नाट्य-जगत् में काफ़ी विवाद खड़ा हुआ। अरस्तू के नाट्य सिद्धांतों को सर्वोपरि माननेवाले उस समय के कुछ आलोचकों ने तनवीर की इस प्रस्तुति को नाटक

माननें से ही इनकार कर दिया। उन्होंने इस बात को नज़रअंदाज़ किया कि नाटक के केंद्रबिंदु असल में आम आदमी और जनवादी काव्य था जिसका प्रतिनिधित्व नज़ीर की रचनाओं में भरपूर मिलता है। नाटक को किसी निजी आवास की चारदीवारी के बजाय एक पूरा बाज़ार, उसके तमाम शोर-शराबे, लड़ाई-झगड़े और धक्का-मुक्की के साथ पेश किया गया। इसके अलावा अभिनय के लिए तनवीर ने मध्यवर्गीय अभिनेताओं के साथ-साथ ओखला गाँव के अनपढ़ लोगों को भी नाटक में शामिल किया। यह अपने-आपमें नया और क्रांतिकारी क़दम था।

नाटक में मंच को दो सामाजिक और सांस्कृतिक ध्रुवों में बाँटा गया है—एक कोने पर पतंग वाले की दुकान है, जहाँ साधारण और ज़्यादातर मेहनतकश लोगों का जमाव होता है और इन्हीं के जीवन और संघर्षों से जुड़ी नज़ीर की कविताएँ पढ़ी और सराही जाती हैं। इसके बिलकुल विपरीत, दूसरे कोने पर एक कुतुबफ़रोश है जिसकी दुकान पर जमा सफ़ेदपोश लेखक सांस्कृतिक रूढ़िवादिता और अभिजातवादी शालीनता का गुणगान करते हैं। इन लोगों को नज़ीर के जनवादी रुझान से सख़्त एतराज़ है। रिवायती अंदाज़ के नाटकीय द्वंद्व के बजाय, यह सामाजिक और सांस्कृतिक ध्रुवीकरण ही *आगरा बाज़ार* को नाटकीय रूप से रोचक बनाता है।

आगरा बाज़ार के कुछ समय बाद हबीब तनवीर ब्रिटिश काउंसिल की स्कॉलरशिप पर रायल अकेडमी ऑफ़ ड्रामेटिक आर्ट्स (RADA) में थिएटर का प्रशिक्षण पाने इंग्लैंड गए। वहाँ उनका मन नहीं लगा और उन्हें महसूस हुआ कि जो प्रशिक्षण उन्हें मिल रहा है, उसका उनके लिए भारत में काम करने के लिए कोई उपयोग नहीं है। इस दौरान उन्होंने इंग्लैंड और यूरोप के विभिन्न देशों में घूम-घूमकर नाटक देखे। इन यात्राओं में 1956 की उनकी बर्लिन यात्रा सबसे अहम थी, जहाँ उन्होंने बर्लिनर एनसाम्बल के तहत ब्रेख़्त के नाटकों के कई प्रदर्शन देखे। इस अनुभव ने उन पर गहरा असर डाला और उनकी इस समझ को और ज़्यादा मज़बूत किया कि व्यक्ति को अपनी सांस्कृतिक जड़ों के प्रति लगाव रखकर काम करना चाहिए। उनके अपने शब्दों में, 'मुझे लगा कि जब तक आप अपनी जड़ों से न जुड़ें और अपनी परंपराओं की पुनर्व्याख्या न करें, आप एक सफल और पुरमानी थिएटर नहीं कर सकते। साथ ही यह भी ज़रूरी है कि रिवायतों का इस्तेमाल आधुनिक और समकालीन सरोकारों को व्यक्त करने के लिए किया जाए, यानी रिवायतों में रचनात्मक दखलंदाज़ी ज़रूरी है।'

भारत लौटकर हबीब तनवीर एक ऐसी रंग-शैली और मुहावरे की तलाश में जुट गए जो विशिष्ट रूप से देसी हो, पर साथ ही साथ आधुनिक और समकालीन चेतना से प्रेरित हो। कई बरस तक उन्होंने देश में घूम-घूमकर विभिन्न लोक-नाट्य परंपराओं का अध्ययन किया। पर उनका विशेष आकर्षण उनका अपना क्षेत्र छत्तीसगढ़ रहा, जहाँ वे गाँव-गाँव घूमे, उन्होंने रात-रात भर बैठकर पारंपरिक 'नाचा' प्रदर्शन देखे और उन ग्रामीण कलाकारों के साथ कार्यशालाएँ कीं।

इस दौरान उनकी भेंट राजनाँदगाँव की एक सभा में नाचा कलाकार लालूराम से हुई। लालूराम के आग्रह पर हबीब साहब उनके घर गए, जहाँ वे अन्य लोक कलाकारों से भी मिले। सारी रात बैठकर उनके साथ चरस पी, उनके गाने सुने और उनके परंपरागत प्रहसन देखे। इसके बाद उन्होंने उन्हें दिल्ली आने की दावत दी।

1959 में हिंदुस्तानी थिएटर के लिए तनवीर ने शूद्रक के नाटक *मिट्टी की गाड़ी* का मंचन किया जिसमें उन्होंने इन कलाकारों का इस्तेमाल किया। नाटक के गाने छत्तीसगढ़ी लोकधुनों को आधार बनाकर बाबा नियाज़ हैदर से लिखवाए और कुछ ख़ुद लिखे।

नाटक निहायत ही रोचक था और दर्शकों ने इसे बहुत पसंद किया। लेकिन एक बार फिर यह प्रस्तुति कुछ आलोचकों के गले नहीं उतरी। उनकी नज़र में तनवीर की प्रस्तुति एक महान, क्लासिक संस्कृत नाटक का अपमान थी।

हिंदुस्तानी थिएटर की संस्थापक और संरक्षक बेगम कुदसिया ज़ैदी को भी 'काले कलूटे, बदसूरत और गँवार' लोक कलाकारों को मंच पर प्रस्तुत किया जाना बिलकुल नागवार गुज़रा। इसके पीछे उस समय के मध्यवर्गीय थिएटर की यह आम धारणा थी कि रंगमंच पर दिखाई देनेवाला हर अदाकार गोरा-चिट्टा, साफ़-सुथरा और कुलीन हो। बेगम ज़ैदी के तमाम विरोध के बावजूद हबीब अपनी बात पर अड़े रहे और उन्होंने हिंदुस्तानी थिएटर से अलग हो जाने का फ़ैसला किया। कुछ समय बाद उन्होंने अपनी पत्नी मोनिका मिश्रा के साथ मिलकर एक नए ग्रुप की स्थापना की जिसका नाम उन्होंने 'नया थिएटर' रखा।

अगले 12-13 बरस तक हबीब तनवीर का प्रयोगात्मक दौर जारी रहा। इसके दौरान वे देसी और पुरमानी थिएटर की तलाश में एकाग्रता से जुटे रहे। 1971 में उन्होंने रायपुर में एक कार्यशाला की जिसमें छत्तीसगढ़ के दूर-दराज़ हिस्सों से क़रीब 100 नाचा मंडलियाँ शामिल हुईं। हबीब साहब के निमंत्रण पर देश के कुछ प्रख्यात समाजशास्त्रियों, संगीतशास्त्रियों वग़ैरह ने भी इसमें शिरकत की। महीने भर तक चली इस कार्यशाला में नाचा मंडलियों ने अपनी-अपनी कला का प्रदर्शन किया। इनमें से हबीब साहब ने तीन प्रहसन चुने जो एक-दूसरे से बिलकुल भिन्न थे। इनको एक-दूसरे में पिरोकर एक नाटक तैयार किया गया जिसका नाम रखा : *गाँव का नाँव ससुराल, मोर नाँव दामाद*। एक प्रकार से यह नाटक छत्तीसगढ़ के ढेर सारे लोकगीतों, लोकधुनों और लोकरीतियों का एक अद्‌भुत ख़ज़ाना है। इसके साथ ही इसमें नाचा रंगमंच के पारंपरिक मज़ाक़िया और व्यंग्यात्मक पहलुओं का पूरा-पूरा इस्तेमाल किया गया है। इन्हीं वजहों से यह नाटक जब भी और जहाँ भी खेला गया, हमेशा बेहद लोकप्रिय हुआ।

अब तक 'नया थिएटर' प्रमुख रूप से लोक-कलाकारों पर आधारित ग्रुप बन चुका था। इस प्रयोगात्मक काल में हबीब साहब को जो एक बात लगातार परेशान करती रही, वह यह थी कि उनके लोक-कलाकार जो अपने क्षेत्र के ग्रामीण मंच पर इतनी शक्ति और ऊर्जा के साथ सामने आते थे, किसी कारणवश 'नया थिएटर' के स्टेज पर बिलकुल फ़ीके और बेजान हो जाते थे। बहुत आत्ममंथन के बाद हबीब इस नतीजे पर पहुँचे कि इसका कारण वे कलाकार नहीं, बल्कि निर्देशक, यानी वे ख़ुद हैं। उन्हें अपनी दो ग़लतियों का अहसास हुआ। एक यह कि वे मध्यवर्गीय निर्देशकों की तरह नाटक की पूरी रूपरेखा और सीन की योजना पहले से ही काग़ज़ पर तैयार कर लेते थे जिसमें अभिनेता की हर गति और भूमिका विस्तार से तय कर दी जाती थी और उससे अपेक्षा की जाती थी कि वह रिहर्सल के दौरान इस पूर्व-नियोजित भूमिका को आत्मसात् कर उन पर अमल करेगा। उन्होंने महसूस किया कि उनका यह तरीक़ा ग़लत था, क्योंकि गाँव के सीधे-सादे अनपढ़ कलाकारों के लिए इतनी सूक्ष्मता से हर गतिशील भंगिमा को याद रखना कठिन होता था। दूसरी ग़लती थी, ग्रामीण

कलाकारों से मानक हिंदी में संवाद कहलवाना। तनवीर ने इस अहसास के साथ अपनी ग़लतियाँ सुधारीं और उनके अपने शब्दों में 'कलाकारों को उनकी स्वायत्तता वापस दे दी।' वे अपने नाटक अब क्रम-क्रम से बन रही सहज भूमिका और कार्यशाला के आधार पर तैयार करने लगे और उन्होंने तय किया कि नाटक के संवाद कलाकारों की अपनी बोली छत्तीसगढ़ी में ही होंगे। नतीजतन, कलाकारों के अभिनय में उनकी मौलिक सहजता, ऊर्जा और हुनरमंदी दोबारा नज़र आने लगी।

हालाँकि अपने कुछ नाटकों में हबीब साहब ने कुछ शहरी कलाकारों को भी इस्तेमाल किया, बावजूद इसके 'नया थिएटर' की प्रस्तुतियाँ ज़्यादातर केवल छत्तीसगढ़ के अदाकारों द्वारा ही अभिनीत की गईं। इस समय का सबसे ज़्यादा मशहूर और सदाबहार नाटक है—*चरनदास चोर*।

अब उनके नाटकों की भाषा प्रमुख रूप से छत्तीसगढ़ी थी, गानों के बोल और लयात्मकता छत्तीसगढ़ की लोक-परंपराओं पर आधारित थी। उनके कलाकार और उनके अभिनय की शैली लोकधर्मी थी। इन सबके बावजूद हबीब साहब ने अपने थिएटर को कभी लोक थिएटर नहीं माना और हमेशा ऐसे किसी भी लेबल का विरोध किया। वे कहा करते थे, 'मैं कभी लोक-रूपों के पीछे नहीं बल्कि लोक-कलाकारों के पीछे भागता रहा हूँ।' उन्होंने छत्तीसगढ़ का चप्पा-चप्पा खंगाला और वहाँ से एक से बढ़कर एक कलाकार को (ठाकुर राम, लालूराम, मदनलाल, फ़िदा बाई, माला बाई, गोविंद राम, दीपक तिवारी आदि) अपने नाटकों में जगह दी। ये कलाकार जिनकी तरबीयत नाचा परंपरा में हुई थी, छत्तीसगढ़ी लोक-संगीत, लोक-नृत्य और पारंपरिक शारीरिक भाषा अपने साथ लेकर आए थे।

हबीब तनवीर ने लोक-परंपरा को कभी रूमानी चश्मे से नहीं देखा। उनकी अपनी सोच वामपंथी विचारधारा और आंदोलनों से प्रभावित थी। वे लोक की विचारात्मक और ऐतिहासिक सीमाओं से पूरी तरह वाक़िफ़ थे और उन्होंने अपनी आधुनिक चेतना और राजनीतिक समझ को अपने लोक-कलाकारों के अद्भुत हुनर और रंग कला से जोड़ा। इन दोनों के गहरे तालमेल से एक ऐसा थिएटर पैदा हुआ जिसमें मिट्टी की खुशबू थी और समकालीनता का तेवर भी।

हबीब तनवीर ने हमेशा यह ध्यान रखा कि रचनात्मक स्तर पर उनके और उनके कलाकारों के बीच कोई पदानुक्रम न बने। वे हमेशा बराबर का रिश्ता बनाकर चलते थे। उनके बीच का आदान-प्रदान एक-दूसरे को समृद्ध करे, यानी हर नाटक एक साझा प्रयास हो। इस शोषणहीन रिश्ते का सबसे अच्छा उदाहरण उनके नाटकों के गीत हैं। उन्होंने अपनी कविता को परंपरागत लोक-संगीत में कुछ इस तरह से गूँथा कि संगीत की दर्शकों को रोमांचित करने वाली अद्भुत शक्ति भी बनी रहे और उनकी कविताओं की कल्पनाशीलता और समकालीन आधुनिक चेतना भी पूरी तरह से व्यक्त हो सके।

इसी बात का दूसरा उदाहरण इस बात में मिलता है कि उन्होंने हमेशा अपने कलाकारों को और उनके कौशल को सामने रखा और लंबी-चौड़ी मंचसज्जा और जटिल प्रकाश व्यवस्था की ललक से परहेज़ करते रहे, जिससे अक्सर अदाकार की प्रतिभा और हैसियत दब जाती है।

ज़ाहिर है कि हबीब तनवीर का लोक-संस्कृति की तरफ़ झुकाव कई दूसरे फ़ैशनेबल प्रयासों के विपरीत, किसी पुरातनवादी या पुनरुत्थानवादी जज़्बे से प्रेरित नहीं था बल्कि एक

सोचा-समझा विचारधारात्मक चुनाव था। इसके पीछे कहीं न कहीं इप्टा का वह मशहूर नारा 'जननाट्य संघ का रंगमंच जन-जन का मंच' है।

2009 में जब उनका निधन हुआ, 'नया थिएटर' ने पचास साल पूरे किए। किसी थिएटर का न सिर्फ़ आधी सदी तक जीवित रहना बल्कि पूरी सक्रियता और जीवंतता के साथ काम करते रहना, दुनिया में कहीं भी एक दुर्लभ ऐतिहासिक तथ्य है। हबीब तनवीर शारीरिक कमज़ोरियों के बावजूद आख़िरी दम तक पूरी साधना और लगन से अपने लक्ष्य में जुटे रहे। इस तरह जो थिएटर उन्होंने खड़ा किया, वह न सिर्फ़ समकालीन और पारंपरिक था बल्कि बेहद मनोरंजक और दिमाग़ी तौर पर तीखा और धारदार था। सही मानों में यह एक आधुनिक भारतीय थिएटर था जिसका सीधा सरोकार हमारे दौर के यथार्थ और हमारे समकालीन सामाजिक और सांस्कृतिक जीवन में हर क़दम पर उठनेवाले प्रश्नों से है। हबीब तनवीर का थिएटर एक ऐसा थिएटर था जिसकी मिसाल पूरे भारत में नहीं मिलती।

भीष्म साहनी

जयदेव तनेजा

स्वाभाविक-यथार्थपूर्ण चरित्रों की जीवंत सृष्टि, मार्मिक क्षणों की सूक्ष्म पकड़, सहज नाटकीय प्रसंगों की अद्भुत समझ, गहन विडंबनापूर्ण स्थितियों की अचूक पहचान, रोचक एवं कुतूहलपूर्ण घटनाक्रम की कुशल योजना और तनावपूर्ण मनःस्थितियों के मनोवैज्ञानिक विश्लेषण करने की तार्किक शक्ति जैसी नाट्य-लेखन के लिए सभी प्रमुख विशेषताएँ भीष्म साहनी के कथा साहित्य में आरंभ से ही विद्यमान थीं। फिर भी, आश्चर्य होता है यह देखकर कि सोलह साल की उम्र में *नीली आँखें* जैसी *हंस* में प्रकाशित हो सकने लायक़ कहानी लिखने के बावजूद भीष्म साहनी ने अपना पहला नाटक *हानूश* लिखने के लिए बासठ साल की उम्र तक इंतज़ार क्यों किया?

नाटक और रंगमंच के प्रति लगाव और आकर्षण भी उनमें बचपन से ही था, जो विभिन्न परिस्थितियों एवं रूपों में आजीवन बना रहा। अपने बड़े भाई बलराज साहनी के साथ बालपन में ही अभिनय करने का उल्लेख उन्होंने अपनी आत्मकथा में बड़े उत्साह से किया है। चौथी कक्षा में उन्होंने स्कूली नाटक *श्रवण कुमार* में नायक श्रवण की भूमिका निभाकर अपने नाट्य एवं अभिनय-प्रेम की विधिवत् शुरुआत भी कर दी थी। लाहौर में एम.ए. करते हुए अपने कॉलेज के नाट्य दल के सक्रिय सदस्य के रूप में इन्होंने दो नाटकों में बूढ़ी स्त्रियों के किरदार भी सफलतापूर्वक निभाए थे। बंगाल अकाल के दिनों में रावलपिंडी में हुए 'इप्टा' के नाट्य-प्रदर्शन से इतने प्रभावित हुए कि ज़िंदगी भर किसी-न-किसी रूप में 'इप्टा' से जुड़े रहे। भारत-विभाजन से पूर्व भीष्म अपने भाई बजराज से मिलने बंबई गए तो उन्होंने 'इप्टा' के ख़्वाजा अहमद अब्बास लिखित और बलराज साहनी निर्देशित नाटक *ज़ुबैदा* में न केवल एक छोटी-सी भूमिका निभाई बल्कि रावलपिंडी लौटकर यह नाटक प्रस्तुत भी किया।

आर्नाल्ड रिडले के नाटक *द घोस्ट ट्रेन* का *भूतगाड़ी* के नाम से भीष्म साहनी ने हिंदुस्तानी अनुवाद करके रावलपिंडी के डी.ए.वी. कॉलेज के छात्रों के साथ उसका सराहनीय निर्देशन भी किया। भीष्म साहनी ने ख़्वाजा अहमद अब्बास के सहयोग से इसी नाटक का भारतीय रूपांतर भी किया, जो 1947 की सर्दियों में बंबई 'इप्टा' द्वारा अहमदाबाद में अखिल भारतीय इप्टा सम्मेलन में प्रदर्शित किया गया। इसमें बलराज साहनी, ख़्वाजा अहमद अब्बास, प्रेमधवन और शौकत आज़मी जैसे चर्चित तथा कुशल कलाकारों के साथ भीष्म साहनी ने भी अभिनय किया था। उन्हीं दिनों जयंत देसाई के (फ़िल्म) स्टूडियो में एक बांग्ला फ़िल्म की हिंदी डबिंग में इन्होंने हीरो के संवादों की डबिंग भी की थी।

कालांतर में अंबाला के गांधी मेमोरियल नेशनल कॉलेज (छावनी) में अध्यापन करते हुए इन्होंने 'इप्टा' की शाखा की स्थापना की और किसी विदेशी नाटक के हिंदुस्तानी रूपांतर *सड़क के किनारे* का प्रस्तुतीकरण भी किया—यही नाटक उन दिनों बंबई में 'इप्टा' द्वारा सफलतापूर्वक खेला जा रहा था। अंबाला में दुर्घटनावश जब एक बार भीष्म साहनी के बाएँ बाजू की कोहनी टूट गई और वे इलाज कराने शिमला गए, तो कुछ साथियों के साथ मिलकर उन्हीं दिनों उन्होंने 'इप्टा' का बहुचर्चित नाटक *जादू की कुर्सी* वहीं तैयार किया जिसके तीन प्रदर्शन भी शिमला में किए गए।

दिल्ली में रहते हुए भीष्म साहनी 'जननाट्य मंच' के नुक्कड़ नाटकों और बाद में 'सहमत' के साथ सक्रिय रूप से जुड़े रहे। वे कुछ वर्षों तक राष्ट्रीय नाट्य विद्यालय के वाइस चेयरमैन के रूप में उसकी रंग-गतिविधियों में अर्थपूर्ण रचनात्मक भूमिका का निर्वाह भी करते रहे।

इस प्रकार स्पष्ट है कि रंगकर्म के साथ भीष्म साहनी का संबंध अभिनेता, अनुवादक एवं नाटककार के अतिरिक्त और भी कई रूपों में जीवन-भर बना रहा। यही नहीं, उन्होंने टी.वी. नाटकों-सीरियलों के साथ-साथ कुछेक श्रेष्ठ कला फ़िल्मों में भी अभिनय किया। साहित्य अकादमी पुरस्कार से सम्मानित उनके उपन्यास *तमस* पर आधारित गोविंद निहलानी के सुप्रसिद्ध सीरियल के अलावा गिरीश करनाड के निर्देशन में प्रस्तुत एक ऐतिहासिक धारावाहिक में बहादुर शाह ज़फ़र की भूमिका भी आत्मविश्वास के साथ निभाई। *लिटिल बुद्धा* के अतिरिक्त सईद मिर्ज़ा की *मोहन जोशी हाज़िर हों* में प्रमुख भूमिका भी निभाई। अपर्णा सेन की *मिस्टर एंड मिसेज़ अय्यर* के संवेदनशील और प्रभावशाली स्वाभाविक अभिनय के कारण, गौण चरित्र होने के बावजूद, उन्हें दर्शकों-समीक्षकों की भरपूर प्रशंसा मिली। प्रबुद्ध फ़िल्मकार-निर्देशक अपर्णा सेन के अनुसार, 'फ़िल्म (*मिस्टर एंड मिसेज़ अय्यर*) के उस दृश्य में जहाँ पूछा जाता है कि यहाँ मुसलमान कौन है और भीष्मजी उस व्यक्ति की ओर मुड़ते हैं, तो फ़िल्म में उस वक़्त उनके चेहरे के भावों को देखकर आज भी मेरे रोंगटे खड़े हो जाते हैं।' इसी प्रकार फ़िल्म-निर्देशक सईद मिर्ज़ा का कथन है कि *मोहन जोशी हाज़िर हों* में मोहन जोशी के किरदार के लिए भीष्म साहनी जी को छोड़कर दूसरा नाम मेरे दिमाग़ में ही नहीं आया।'

इस लंबी पृष्ठभूमि को प्रस्तुत करने का उद्देश्य केवल इतना ही है कि नाटककार बनने से पहले के एक रंगचेता रचनाकार-कलाकार के रूप में हम भीष्म जी से साक्षात्कार कर सकें। भीष्म साहनी कथाकार से नाटककार की भूमिका में संयोगवश या अचानक नहीं आ गए थे। नाटक और रंगमंच से उनका संपर्क संबंध काफ़ी लंबा था और उसके सैद्धांतिक-व्यावहारिक रंगशिल्प का अध्ययन और अनुभव काफ़ी गहरा था। नाट्य-लेखन की दहलीज़ तक पहुँचने के लिए उन्होंने एक लंबी रंग-यात्रा तय की थी। उनकी यह मान्यता बिलकुल उचित ही है कि 'इसमें संदेह नहीं कि मंचन-कला की जानकारी नाटक-लेखन में निश्चय ही सहायक होती है, पर तभी, जब वह उसकी सर्जनात्मक कल्पना को नई स्फूर्ति दे, न कि उसके मस्तिष्क का बोझ बन जाए।'

समीक्षात्मक दृष्टि से देखें तो *हानूश* (1977), *कबिरा खड़ा बजार में* (1981), *माधवी* (1984) और *मुआवज़े* (1993) जैसे नाटकों में भीष्म जी की रंगकला की जानकारी तथा समझ उनके लिए स्फूर्तिदायक और सहायक सिद्ध हुई है। इसके विपरीत, औरंगज़ेब के चरित्र पर आधारित *आलमगीर* और जलियाँवाला बाग़ के हत्याकांड पर केंद्रित *रंग दे बसंती चोला* में

ऐतिहासिक तथ्यों की भरमार ने सर्जनात्मक कल्पना के लिए ज़रा भी स्थान नहीं छोड़ा। यहाँ तथ्यों के भारी बोझ ने रचनात्मकता को सिर उठाने का भी मौक़ा नहीं दिया। नाटककार के ही शब्दों में, 'इतिहास मेरे मस्तिष्क पर ऐसा हावी हो चुका था कि मेरी कल्पना को ही जैसे लकवा मार गया था।' इसका दुष्परिणाम यह हुआ कि ये दोनों रचनाएँ वास्तव में रंग-नाटक न बनकर किसी रंग-अनुभव से रहित नौसिखिए लेखक की संवादबद्ध-कथाएँ मात्र बनकर रह गईं।

स्पष्ट है कि रंगकर्म के मायावी आकर्षण से बिंधे भीष्म साहनी एक अभिनेता, निर्देशक, व्यवस्थापक, अनुवादक, रूपांतरकार, दर्शक और थिएटर एक्टिविस्ट के नाते रंगमंच से कमोबेश हमेशा ही जुड़े रहे। इसके बावजूद यह भी सच है कि 1976 में अपना पहला मौलिक नाटक *हानूश* लिखने से पहले तक उनके रचनात्मक लेखन का केंद्र कहानी-उपन्यास ही रहा और उस क्षेत्र में उन्होंने ख़ूब ख्याति, प्रतिष्ठा और लोकप्रियता भी अर्जित की। परंतु जब नाट्य-लेखन के क्षेत्र में सक्रिय हुए तो *हानूश* को लेकर बड़े भाई और प्रबुद्ध रंगकर्मी बलराज साहनी की निराशाजनक प्रतिक्रिया और सुप्रसिद्ध नाट्य-निर्देशक इब्राहिम अल्काज़ी की उपेक्षा भी उन्हें हतोत्साहित नहीं कर सकी। यही नहीं, राजिंदर नाथ के निर्देशन में 18-19 फ़रवरी, 1977 को दिल्ली के श्रीराम सेंटर में प्रदर्शित *हानूश* की सफल प्रस्तुति ने उन्हें इतना उत्साहित और प्रेरित किया कि अपने शेष जीवन में वे कथा-साहित्य के साथ-साथ लगातार नाटक भी लिखते रहे। इसी बीच उन्होंने कारेल चैपक के चेक नाटक *आर यू आर* तथा *चिंगेज* आइतमातोव एवं *कलताई मोहम्मेजानोव* के रूसी नाटक *फूजीयामा* के हिंदी अनुवाद के अतिरिक्त अपनी कुछ कहानियों के रेडियो और टी.वी. रूपांतर भी किए और इनमें से कुछेक में उल्लेखनीय भूमिकाएँ भी निभाईं।

व्यक्ति के तौर पर भीष्म साहनी बेशक शांत, विनम्र, कोमल, सरल और लगभग दब्बू स्वभाव के मितभाषी एवं मृदुभाषी इनसान थे। परंतु सैद्धांतिक और वैचारिक स्तर पर वे पूरी तरह अपनी आस्था तथा विश्वासों के प्रति सुदृढ़, ईमानदार, अटूट और संघर्षधर्मी ऊर्जा से स्पंदित प्रतिबद्ध व्यक्ति थे। उनकी मार्क्सवाद और प्रगतिवाद या व्यापक दृष्टि से कहें तो मानवतावाद में गहरी आस्था थी। न्याय, भाईचारे, समानता और सामान्य जन की सामूहिक संघर्ष शक्ति में उनका विश्वास था। दलित, दमित, शोषित और स्त्री के प्रति उन्हें हार्दिक सहानुभूति थी और कारीगर, खिलाड़ी, कलाकार, याकि हुनरमंद व्यक्ति के लिए उनके मन में बेहद इज़्ज़त और प्रशंसा के भाव रहते थे। भीष्म जी के ही शब्दों में, 'हुनरमंद लोगों में मुझे एक ख़ास तरह का बाँकपन नज़र आता, जिस पर मैं रीझ-रीझ जाता था। उनकी अपनी अदा होती, अपनी मस्ती होती, एक ख़ास तरह की नफ़ासत होती।' भीष्म साहनी में अद्भुत पर्यवेक्षण और ग्रहण शक्ति थी। वे धर्म, जाति, भाषा और ग़रीब-अमीर के भेदभाव से ऊपर उठकर सच्ची प्रतिभा को पहचाननेवाली आँख और उसे सम्मान देनेवाली गरिमा के साथ-साथ उससे प्रभावित होनेवाली समझ एवं संवेदना भी रखते थे।

1960 में मास्को से प्राग की यात्रा के दौरान निर्मल वर्मा से *हानूश* की मध्ययुगीन घड़ी का क़िस्सा सुनकर कथाकार भीष्म साहनी को 'अचानक लगा कि शायद नाटक के रूप में इसकी कहानी अधिक प्रभावशाली ढंग से बनाई जा सकती है।' और तब उन्होंने फिर से रंगकर्म की दुनिया से जुड़ने का निश्चय किया। उन्हीं के शब्दों में, 'पहले मुझे निर्देशन का शौक था, खेलने का शौक़ था, पर अब यह संभव नहीं था। मुझे लगा कि वक़्त अब निकल

गया है।' इसलिए 1976 में लिखा गया अपना पहला पूर्णकालिक नाटक *हानूश* भीष्म जी ने राजिंदर नाथ को खेलने के लिए दिया, जिसे 1977 में श्रीराम सेंटर द्वारा आयोजित एक 'राष्ट्रीय नाट्योत्सव' में 'अभियान' की ओर से प्रस्तुत किया गया। इसमें विदेशी कथा, चरित्र और परिवेश के बावजूद एक सच्चे अन्वेषक, कलाकार / कारीगर के व्यक्तिगत, पारिवारिक और सामाजिक स्तर पर लक्ष्य प्राप्ति के लिए किए जानेवाले बहुमुखी संघर्ष और धार्मिक शक्तियों, व्यापारियों तथा सत्ताधारियों द्वारा उसकी उपलब्धि को अपने स्वार्थों के लिए इस्तेमाल करने की साज़िशों को बड़ी प्रभावशीलता के साथ अभिव्यक्ति मिली।

अपनी कला के बल पर सत्ता को चुनौती देते एक मामूली कुफ़्लसाज़ *हानूश* का आत्मसम्मान, आत्मविश्वास, निर्भीक योद्धा और भविष्यवेत्ता जैसा तेवर सचमुच अविस्मरणीय है। अपने शिष्य जेकब को भगाने और ख़ुद बादशाह सलामत की ख़िलाफ़वर्ज़ी करने के जुर्म में स्वयं को आश्वस्त भाव से समर्पित करते हुए हानूश कहता है :

> महाराज का हुक्म सिर-आँखों पर। मैं हाज़िर हूँ। घड़ी बन सकती है, घड़ी बंद भी हो सकती है। घड़ी बनाने वाला अंधा भी हो सकता है, मर भी सकता है। लेकिन यह बहुत बड़ी बात नहीं है। जेकब चला गया ताकि घड़ी का भेद ज़िंदा रह सके, और यही सबसे बड़ी बात है।

इस बिंदु पर आकर यह नाटक ब्रेख्त के सुप्रसिद्ध नाटक *गैलीलियो* के नायक की याद दिलाने लगता है जहाँ किसी सत्यान्वेषी का सत्य और कलाकार की कला स्वयं अपने रचनाकार से भी बड़ी और महत्त्वपूर्ण हो जाती है।

सत्य, आस्था, समाज और मानवीयता के लिए सत्ता से हर क़ीमत पर टकरा जाने का यही अनोखा अंदाज़ नाटककार को कबीर में भी दिखाई देता है। मध्ययुगीन भारतीय भक्ति आंदोलन वाले युग और उसमें अक्खड़ और फक्कड़ संत कवि कबीर के व्यक्तित्व एवं कृतित्व की महत्त्वपूर्ण भूमिका से प्रभावित होकर लिखा गया भीष्मजी का दूसरा नाटक *कबिरा खड़ा बजार में* 1981 में अभिमंचित और प्रकाशित हुआ। एम.के. रैना के निर्देशन में 'प्रयोग' द्वारा प्रस्तुत इस नाटक में कबीर के समय की धर्मांधता, अनाचार और तानाशाही के सामाजिक-धार्मिक एवं राजनीतिक संदर्भ में उनके निडर, प्रखर, अटूट सत्यान्वेषी और प्रगतिशील व्यक्तित्व को जीवंतता से उभारा गया है। पुरुषप्रधान समाज में नारी की त्रासद स्थिति और नियति को रेखांकित करने के उद्देश्य से *महाभारत* की कथा पर आधारित *माधवी* 1984 में प्रकाशित हुआ। सांप्रदायिक दंगों के परिप्रेक्ष्य में समाज के अलग-अलग वर्गों की बेईमानी, धोखाधड़ी, तिजारती और तुच्छ स्वार्थों भरी मानसिकता, राजनीति, ग़ुंडागर्दी और व्यापारी की मिलीभगत, ग़रीब और बेरोज़गार व्यक्ति की बेबस विडंबना, मूल्यहंता परिस्थितियों की अमानवीयता तथा इनसानी रिश्तों की कोमलता एवं संवेदनहीनता को हास्य-व्यंग्य के ज़रिये पेश करने वाला भीष्मजी का नाटक *मुआवज़े* मूलतः पंजाबी में लिखा गया था। परंतु 1992 में राष्ट्रीय नाट्य विद्यालय रंगमंडल ने एम.के. रैना के निर्देशन में इसका पहला प्रस्तुतीकरण हिंदी में ही किया और 1993 में इसका प्रकाशन भी हिंदी में ही हुआ। घोषित अपराधी जग्गू के राजनीतिक नेता चौधरी जगन्नाथ बन जाने के बाद उसे पकड़ने के बजाय पुलिस का उसकी सुरक्षा में तैनात होना हास्यास्पद है। सरकारी मुआवज़े के संदर्भ में आज मंगलू और दीनू जैसे ग़रीब व्यक्तियों का दंगे में मारा जाना—उनके परिवार के भविष्य की दृष्टि से बच

जाने से बेहतर और लाभदायक है—नाटक का यह निष्कर्षात्मक तीखा व्यंग्य हमारी सामाजिक-राजनीतिक व्यवस्था की क्रूर विडंबना पर एक तिलमिला देनेवाली उत्तेजक टिप्पणी है। यह अलग बात है कि *हानूश, कबिरा खड़ा बजार में* और *माधवी* जैसे अतीतोन्मुखी सराहनीय नाटकों के मुक़ाबले भीष्म साहनी का समकालीन विडंबनाओं पर आधारित यह (हास्य) व्यंग्य नाटक *मुआवज़े* भी उनका बहुचर्चित एवं बहुमंचित नाटक है।

भीष्म साहनी केवल क़लम के सिपाही ही नहीं थे, सामाजिक-राजनीतिक एक्टिविस्ट थी थे। उनकी प्रतिक्रियाएँ संयत, किंतु तीखी होती थीं। वक़्त आने पर विरोध प्रदर्शन के लिए वे 'सहमत' (सफ़दर हाशमी मेमोरियल ट्रस्ट) के साथ सड़कों पर भी उतरे। अतः यह आकस्मिक नहीं है कि उनके चारों महत्त्वपूर्ण नाटकों के केंद्रीय चरित्र, चाबी, मिस्त्री, हानूश, जुलाहा कबीर, मुआवज़े के लालच में दंगे में मरने के लिए तैयार दीनू और उससे अपनी बेटियाँ ब्याहने को तत्पर तीन बाप तथा *माधवी* में पिता, प्रेमी, पति इत्यादि सभी पुरुषों द्वारा इस्तेमाल की चीज़ बनाकर छोड़ दी गई स्त्री शोषित, वंचित और उपेक्षित वर्ग के ही व्यक्ति हैं, जो अपने-अपने स्तर पर मनुष्य की तरह जीने के लिए संघर्ष कर रहे हैं।

भीष्म साहनी के कृतित्व की सबसे बड़ी उपलब्धि यह है कि उन्होंने अपनी विचारधारा को रचनाशीलता पर हावी नहीं होने दिया। स्वयं नाटककार स्वीकार करता है कि 'अगर मेरे विचार मेरे सृजनात्मक व्यक्तित्व में खपकर आते हैं, और उनमें कोई ज़ोर-ज़बर्दस्ती नहीं, तो अनुभव, विचार और जो देखा है, ये सब घुल-मिलकर नाटककार को दिशा दिखाएँगे।...अगर विचारधारा (रचना में) खपकर आए, उसका अंग बनकर आए, उसी में से उभरकर आए, तो वह सार्थक होती है। मैं नाटक लिख रहा हूँ, कोई पैम्फ़लेट नहीं लिख रहा। नाटक लिखते हुए मैं नाटक की अपनी माँगों और कला से जुड़ा रहा हूँ। मैं क़लम के माध्यम से अपनी बात कह रहा हूँ। उसकी मैं उपेक्षा नहीं कर सकता।' संभवतः यही कारण है कि नाटककार की अपनी बात सबकी बात बनकर उभरती है और अपनी जीवंतता एवं स्वाभाविकता भी बनाए रखती है। भीष्मजी के व्यक्तित्व और कृतित्व ने मार्क्सवाद को इस प्रकार आत्मसात् कर लिया कि विचार और रचनाशीलता मिलकर बिलकुल दूध-पानी हो गए। इनके नाटकों की संरचना मोटे तौर से यथार्थवादी ढाँचे के आसपास ही रहती है—यद्यपि कथ्य की माँग पर उन्होंने अन्य रंगशैलियों की कुछेक सार्थक नाट्य-रूढ़ियों का प्रयोग भी किया है। उनके कथा-विन्यास में सरलता और चरित्रांकन में सहजता है। कथानक और चरित्रों का विकास परिस्थितियों एवं मनःस्थितियों के तनाव और संघर्ष से स्वयं होता चलता है। संयोग, आकस्मिकता, वैचित्र्य और अतिरिक्त-नाटकीयता पैदा करने की कोशिश उन्होंने नहीं की। परिवेश और वातावरण की प्रामाणिकता के प्रति हमेशा सजग रहे। भाषा और संवाद उनके अपने व्यक्तित्व की तरह ही हमेशा आडंबरहीन रहे। लेकिन मूलतः कथाकार होने के कारण भीष्म जी अपने नाटकों में शब्द-बहुलता एवं विस्तार से नहीं बच सके। भाषा की दृश्यात्मकता, नाटकीय काव्यात्मकता और पात्रानुकूल संवाद-लय की सृष्टि के प्रति लापरवाही, संरचना एवं स्थापत्यगत शिथिलता तथा निर्मम संपादन-कला की कमी कुछ ऐसी दुर्बलताएँ हैं, जो उनके सशक्त कथ्य वाले इन नाटकों की सीमाएँ बन गई हैं।

समकालीन परिवेश, चरित्र और समस्याओं पर आधारित उनका हास्य-व्यंग्य नाटक *मुआवज़े* भी छोटे-छोटे दृश्य-परिवर्तनों तथा पैंतीस पात्रों के अलावा अनाथ बच्चों, बस्ती वालों

और अन्य नागरिकों की भीड़ के कारण शौक़िया नाट्य-दलों के लिए असुविधाजनक बन जाता है। यह देखकर सचमुच आश्चर्य होता है कि अपने समय के रंगकर्म के जीवंत संपर्क में सतत बने रहने के बावजूद भीष्म जी अपने किसी भी नाटक में रंगद्वारी प्रेक्षागृह और पर्दों के प्रयोग से कभी मुक्त क्यों नहीं हो सके? यह अलग बात है कि अपने नाट्यालेखों की व्याख्या, चरित्रांकन, प्रस्तुति-परिकल्पना, संपादन और परिवर्तन इत्यादि की दृष्टि से वे अपने निर्देशकों के प्रति सदैव उदार रहे और उनकी रचनात्मक स्वतंत्रता का हमेशा सम्मान करते रहे। हानूश की तरह वे भी पूरी ईमानदारी से यह मानकर चलते थे कि 'एक बार जो चीज़ बन गई, वह मेरी कहाँ रही, वह (तो) सबकी हो गई।'

नाटककार-निर्देशक के परस्पर संबंधों को लेकर उनकी दृष्टि बहुत साफ़ और सम्यक् थी। उन्होंने निःसंकोच स्वीकार किया है कि 'यह विधा निर्देशक की है। वह मुझसे इस बारे में ज़्यादा जानता है कि किस ढंग से नाटक प्रभावशाली बनाकर पेश कर सकता है।' भीष्म जी अपने नाटक के पूर्वाभ्यास में बैठकर नाटककार द्वारा निर्देशक को निर्देश या परामर्श दिये जाने को फ़िज़ूल ही नहीं बल्कि बदतमीज़ी भी मानते थे। *कबिरा खड़ा बजार में* के दृश्य-संयोजन, कबीर के अन्य कई पदों के समावेश तथा भाषा को लेकर निर्देशक एम.के. रैना ने आलेख में भारी परिवर्तन किए थे तो 'इप्टा' (पटना) तथा 'अनामिका' (कलकत्ता) के निर्देशकों के अनुरोध पर स्वयं भीष्म जी ने *माधवी* के कुछ प्रसंगों-दृश्यों को दुबारा भी लिखा था। निःसंदेह भीष्म साहनी का रचनाकार व्यक्तित्व उनके लेखकीय अहंकार से बहुत बड़ा था।

स्पष्ट है कि भीष्म साहनी आधुनिक हिंदी रंग-परिदृश्य के एक प्रतिनिधि नाटककार और सक्रिय कार्यकर्ता थे। वे व्यक्ति, समाज, धर्म, संस्कृति, राजनीति और इतिहास के रिश्तों तथा अंतर्विरोधों के लगभग वैज्ञानिक विश्लेषक थे। जीवन में मार्क्सवादी भीष्मजी की वैचारिक प्रतिबद्धता साहित्य को छूते ही तरल होकर मानवतावादी बन जाती थी। दलित और शोषित वर्ग के प्रति उनके मन में अथाह करुणा और सहानुभूति थी। उनके नाटकों के लगभग सभी प्रमुख पात्र इसके गवाह हैं। उनकी रंग-दृष्टि आधुनिक थी, किंतु बदलते फ़ैशनों के साथ वे कभी नहीं बदले। प्रयोग के लिए प्रयोग के सिद्धांत में उनकी कोई आस्था नहीं थी। सनातन और समकालीन समस्याओं एवं विसंगतियों पर उनकी गहरी पकड़ थी। विषय, समस्या, उद्देश्य और प्रभाव की दृष्टि से उनके नाटकों में रोचक वैविध्य है। आधुनिक हिंदी नाट्य-लेखन और रंगकर्म के क्षेत्र में उन्होंने निश्चय ही अपनी अलग जगह और पहचान बनाई है। नाटककार के रूप में उनका योगदान महत्त्वपूर्ण है, परंतु उनके नाटक मूलतः एक सशक्त कथाकार के नाटक ही हैं।

भारत की साझा संस्कृति के प्रतीक भीष्म साहनी एक बड़े लेखक और शायद उससे भी बड़े मनुष्य थे।

सफ़दर हाशमी

सुहेल हाशमी

यह लेख सफ़दर की हत्या के चंद सप्ताह के अंदर ए.आई.एल.यू. की पत्रिका *पाप्युलर ज्यूरिस्ट* के लिए अंग्रेज़ी में लिखा गया था और इसका अनुवाद करने का विचार इसलिए आया कि प्रगतिशील सांस्कृतिक आंदोलन की विरासत और उसकी प्रासंगिकता पर केंद्रित *नया पथ* के इस स्पेशल नंबर में सामराज विरोध की उस वामपंथी विरासत का ज़िक्र करना सही लगा जिसने सफ़दर को जन्म दिया और वह इसलिए कि सफ़दर बीसवीं सदी के उत्तरार्द्ध के भारत में विकसित होनेवाले प्रगतिशील आंदोलन के रचनाकारों में एक अहम स्थान रखता है और आज इस आंदोलन का प्रज्वलित प्रतीक भी है। प्रस्तुत लेख निरा अनुवाद नहीं है, यह मूल से कुछ हद तक बदला हुआ है क्योंकि वे चीज़ें जो सफ़दर की मौत के फ़ौरन बाद के माहौल में बहुत निकट होने के कारण कुछ धुँधली-सी प्रतीत होती थीं, अब कुछ ज़्यादा साफ़ होकर दिखने लगी हैं। मूल लेख का हिंदी अनुवाद इसलिए भी ज़रूरी लगा कि इसमें बहुत-कुछ ऐसा है जो इस उपमहाद्वीप के अतीत और वर्तमान से जुड़ा है और जिस परिप्रेक्ष्य को समझना हमारे वर्तमान के सांस्कृतिक परिदृश्य को समझने में शायद मददगार हो सके। अनुवाद करने में मेरी बड़ी बेटी सानिया हाशमी ने मेरी बहुत मदद की है बल्कि दो-तिहाई अनुवाद का पहला ड्राफ़्ट उसी का किया हुआ है, सो उसका शुक्रिया अदा करते हुए यह लेख आपकी ख़िदमत में हाज़िर है।**—सुहेल**

हमारे अब्बू, हनीफ़ हाशमी, ने एक बार हमें बताया था कि जब अंग्रेज़ों ने 1857 की बग़ावत को कुचल दिया, तब उन्होंने दिल्ली में चुन-चुनकर बदले लेने शुरू किए और उनके निशाने पर मुसलमान थे। अंग्रेज़ इस समझ की बुनियाद पर काम कर रहे थे कि क्योंकि बहादुर शाह ज़फ़र मुसलमान था, इसलिए उसके साथ खड़े होनेवाले भी मुसलमान ही रहे होंगे और इसलिए उन्हें सबक़ सिखाना ज़रूरी है। ग़ालिब ने भी, जो 1857 के दस-बारह बरस बाद तक ज़िंदा थे, अपने एक ख़त में इस बात का ज़िक्र किया है।

जिन लोगों पर यह ज़ोर-ज़बर्दस्ती की गई, उनमें से कुछ ने यह फ़ैसला लिया कि वे फ़िरंगी की सरकार की नौकरी नहीं करेंगे। अब्बू ने हमें बताया था कि इस फ़ैसले का असर यह हुआ कि मध्यवर्गीय मुसलमान ख़ासतौर पर दिल्ली और उसके आसपास के इलाक़ों में रहनेवाले मुसलमानों का बड़ा हिस्सा आधुनिक शिक्षा और उसके साथ आनेवाली नई विचारधाराओं से कट गया।

हमारे अब्बू का ख़ानदान ऐसे ही ख़ानदानों में से एक था। हमारे परदादा एक मौलवी

थे और अहमद शाह बादशाह की बेग़म कुदसिया की बनवाई हुई सुनहरी मस्जिद में बच्चों को क़ुरान, अरबी और फ़ारसी की तालीम देते थे। हमारे ख़ानदान में सरकारी नौकरी करने वाले पहले शख़्स शायद मेरे दादा इदरीस हाशमी थे जिन्होंने बीसवीं सदी की दूसरी दहाई के शुरू में एक सरकारी स्कूल में आर्ट टीचर की तरह काम करना शुरू किया। उससे पहले वे लाहौर कॉलेज ऑफ़ आर्ट में पढ़ने भी गए। अंग्रेज़ों की नौकरी से ख़ुश नहीं थे और जल्द ही इस्तीफ़ा दे दिया और कश्मीरी दरवाज़े के बाज़ार में फर्नीचर बनाने का काम शुरू किया।

हमारे दादा के बड़े भाई मौलाना अहमद सईद, ने इस्लामी तालीम देने की ख़ानदानी परंपरा को जारी रखा। वे उन आलिमों में से एक थे जिन्होंने जमीअत उलमा-ए-हिंद की बुनियाद रखी। वे जमीअत के संस्थापक जनरल सेक्रेटरी थे और बाद में कई बरस तक उसके प्रेसीडेंट भी रहे। हिंदुस्तान के मुसलमानों को आज़ादी की तहरीक, जिसकी अगुवाई कांग्रेस पार्टी कर रही थी, के साथ जोड़ने में जमीअत ने केंद्रीय भूमिका निबाही। उस वक़्त जमीअत के केंद्रीय नेताओं में मुफ़्ती किफ़ायत उल्लाह, सैयद अता उल्लाह शाह बुख़ारी, मौलाना अहमद सईद, मौलाना हिफ़्ज़ुर्रहमान, हुसैन मदनी वग़ैरह थे।

शायद साम्राज्यवाद के विरोध की इस जंगजू परंपरा ने ही हमारे अब्बू को भी कॉलेज की पढ़ाई के दिनों में ही आज़ादी की लड़ाई में शामिल होने की प्रेरणा दी और वे ऑल इंडिया स्टुडेंट्स फ़ेडरेशन के सदस्य बन गए। क़ुछ ही दिनों में बड़े भाई अनीस और छोटे भाई हम्मद भी ए.आई.एस.एफ़. के मेंबर बन गए। बाद में तीनों ही कमुनिस्ट पार्टी के सदस्य बने और हमारी दादी एन.एफ़.आई.डब्ल्यू की दिल्ली कमेटी की प्रेसीडेंट बनीं और अक्सर बुर्क़ा पहने हुए दिल्ली के परदा बाग़ में औरतों की मीटिंगों में तक़रीर करती हुई नज़र आती थीं।

1942 के 'भारत छोड़ो आंदोलन' के दौरान हमारे अब्बू को चार बरस की सज़ा हुई जिसमें छह महीने उन्हें क़ैदे-तनहाई में रखा गया। किसी से बात करने की भी इजाज़त नहीं थी। यह सज़ा इसलिए दी गई कि उन्होंने जेल में एक हड़ताल करवाई थी। देश के बँटवारे के साथ हमारा ख़ानदान भी बँट गया। दिल्ली में हालात बहुत बुरे थे और इस बारे में विचार हो रहा था कि क्या पाकिस्तान जाना ठीक होगा। यह ख़याल भी था कि अगर मौलाना अहमद सईद के छोटे भाई का ख़ानदान पाकिस्तान चला गया तो लोग क्या कहेंगे। इसी दौरान कम्युनिस्ट पार्टी की दिल्ली कमेटी के सेक्रेटरी ने कहा कि पाकिस्तान में पार्टी बहुत कमज़ोर है और आप सब वहाँ चले जाएँ तो पार्टी की बहुत मदद हो सकती है। आख़िरकार अब्बू के अलावा सब पाकिस्तान चले गए। अब्बू ने पाकिस्तान जाने से इनकार कर दिया था।

हमारे अब्बू और हमारी अम्मा, क़मर आज़ाद की मुलाक़ात इसी तबाही के माहौल में अजीब तरीक़े से हुई थी, बँटवारे के बाद दिल्ली में भी जगह-जगह दंगे होने लगे थे। हमारी अम्मा के ख़ानदान को बँटवारे के बाद तीमारपुर से भागना पड़ा था। उस इलाक़े में तनाव बढ़ने लगा था और पड़ोसियों ने मेरे मामू से कहा था कि अब हम आपकी हिफ़ाज़त नहीं कर पाएँगे। जिस ताँगे में वे लोग पुराने क़िले के रिफ़्यूजी कैंप के लिए जा रहे थे, वह उन्हें कश्मीरी गेट पर ही उतारकर वापस चला गया, क्योंकि कर्फ़्यू का ऐलान हो गया था। मेरे चाचा ने इन लोगों को सड़क पर सारे सामान के साथ खड़ा देखा तो वे उन्हें अपने घर ले आए। वे मेरे मामू को पहले से जानते थे, इस तरह हमारी अम्मा का पूरा ख़ानदान कुछ वक़्त हमारे दादा-दादी के घर में रहा और वहीं हमारे अम्मा-अब्बू ने शादी करने का फ़ैसला किया।

जब इदरीस हाशमी का ख़ानदान घर छोड़कर पुराने क़िले के रिफ़्यूजी कैंप में गया तो हमारी अम्मा का ख़ानदान भी वहीं चला गया और वहाँ से सब लोग पाकिस्तान चले गए। हमारे चचा हमीद के ज़रिये पाकिस्तान में हमारी अम्मा भी कम्युनिस्ट पार्टी के संपर्क में आईं और जब सैयद सज्जाद ज़हीर को पता चला कि क़मर और हनीफ़ एक-दूसरे से शादी करना चाहते हैं, तो उन्होंने हमारी अम्मा को तैयार किया कि वे हिंदुस्तान जाएँ और हनीफ़ को पाकिस्तान ले आएँ। हमारी अम्मा दिल्ली आईं। हमारे अब्बू दिल्ली छोड़कर जाने को तैयार नहीं थे। तब हमारी दादी और ताई लाहौर से आईं और उन्होंने इन दोनों की शादी करवा दी, यह 1948 की बात है

बँटवारे के बाद के दिन बड़ी मुश्किलों के दिन थे। उस तनाव और शक-भरे माहौल में मुसलमानों से लेन-देन और कारोबार के रिश्ते रखनेवाले कम ही थे, कई लोगों की नज़रें हमारे कश्मीरी गेट के घर पर थीं। हालाँकि हमारे अब्बू वहाँ रहते थे पर उसे पाकिस्तानियों की संपत्ति बताकर सरकार ने अपने क़ब्ज़े में कर लिया। कई महीने की भाग-दौड़ के बाद घर दुबारा वापस मिला। तब तक हमारे अब्बू यहाँ-वहाँ रहते रहे। हमारे माँ-बाप की शादी के बाद भी परेशानी और तंगदस्ती के ये हालात बरक़रार रहे। कारोबार बंद हो गया। क़र्ज़दारों से बचने के लिए अब्बू छुपते फिरते थे और फिर 1952 में डॉक्टर ज़ाकिर हुसैन के बुलावे पर अब्बू अलीगढ़ चले गए, ताकि वहाँ नए सिरे से ज़िंदगी शुरू की जा सके। हालात लगभग वैसे ही रहे और फिर 1955 में अम्मा और हम चार भाई-बहन सबीहा, मैं, शेहला और दस महीने का सफ़दर सब अलीगढ़ चले गए। शबनम अलीगढ़ में 1956 में पैदा हुई।

जब शबनम पैदा हुई, तब हम सब एक कमरे के एक मकान में रहते थे। अक्सर एक वक़्त का भरपेट खाना नसीब होता। हम सबके पास स्कूल की यूनिफ़ॉर्म का एक एक जोड़ा ही था जो हर दिन स्कूल से लौटकर धुलता और अगले दिन पहना जाता। मैं और सफ़दर एक ही स्कूल में पढ़ते थे। दोनों के पास एक ही जियोमेट्री बॉक्स था और जिस दिन दोनों की जियोमेट्री क्लास एक ही वक़्त होती तो मैं स्कूल से भाग जाता था, क्योंकि क्लास से बाहर निकाल दिये जाने की बेइज़्ज़ती मुझसे बर्दाश्त नहीं होती थी।

मेरी बड़ी बहन सबीहा 1945 में पैदा हुई, मैं 1950 में, शेहला 1952 में पैदा हुई और शबनम 1957 में। इसी दौरान (1952-60) अम्मा ने पहले मांटीसरी और फिर बी.ए. की पढ़ाई पूरी की, सफ़दर मांटीसरी के बाद और बी.ए. से पहले 1954 में पैदा हुआ। हम इतने सारे बच्चों को पालने और घर के सारे काम करने के साथ-साथ अम्मा ने यह सब कैसे किया होगा, यह मेरी समझ से बाहर है, मगर उन्होंने किया।

मस्त और भरपूर बचपन

इन सब कमियों के बावजूद हम सबने जी भरकर ज़िंदगी का मज़ा लिया। हम ख़ुद अपने खेल ईजाद करते और मस्त रहते। मोहल्ले के बच्चों के साथ मिलकर हमारी एक बहुत बड़ी टोली थी। हम चाँदनी रातों में देर रात तक खेला करते। पड़ोस के मोहल्ले के बच्चों की टोली से हम सब मिलकर मारपीट भी करते, और आसपास के अमरूद और आम के बाग़ों से दिन में और रातों में भी फल चुराकर लाने के मुक़ाबले करते।

बचपन के कई वाक़ये मुझे अच्छी तरह याद हैं और मुझे यक़ीन है कि वे सफ़दर की यादों का भी हिस्सा थे।

जब हम फल नहीं चुरा रहे होते थे या लड़ नहीं रहे होते थे, तब हम नाटक तैयार करते और सारे पड़ोस को इकट्ठा करके उसे बेंचों के मंच पर पेश करते। आलू के छापे बनाकर एक-एक या दो-दो आने के टिकट छापे जाते जो दर्शको को ख़रीदने पड़ते। नज़ीर अकबराबादी के मशहूर नाटक *आगरा बाज़ार* के एक सीन का मंचन हमने किया। मिट्टी की ककड़ियाँ बनाई गईं, सुखाई गईं और फिर रँगी गईं, काग़ज़ की छोटी-छोटी पतंगें बनीं। एक बच्चा भालू बना, एक भालू वाला और आगरा बाज़ार सजाया गया, सफ़दर तब शायद चार साल का था और उसने भी एक रोल किया था।

हम सबको ग़ालिब, फ़ैज़, मजाज़, मजरूह, जज़्बी वग़ैरह के सैकड़ों शेर मुँहज़बानी याद थे, और इसलिए कि अब्बू हर वक़्त शेर गुनगुनाया करते थे, उन्हें सुनते-सुनते और उनकी नक़ल करते-करते अनगिनत शेर हमें याद हो गए और यह उस वक़्त जब हमें अपना नाम भी ढंग से लिखना नहीं आता था। हमारा घर हमेशा किताबों से भरा रहता था। हमने कोह काफ़ की परियों के क़िस्सों से लेकर शायरी, अफ़साने और नॉवेल सब ही पढ़ लिये थे। बहुत-से समझ भी नहीं आए पर फिर भी पढ़ लिये। प्राइमरी स्कूल ख़त्म करते-करते हमने गोर्की की *माँ* पढ़ ली थी। चटगाँव के इन्क़लाबियों, मसलन—मास्टर दा, कल्पना दत्त, गणेश घोष, प्रीती लता वाददार और टैगोर की कहानियाँ हमने इतनी बार पढ़ी थीं कि हमें वे पूरी तरह याद हो गई थीं। इसी दौरान हमने कृश्न चंदर की *हम वहशी हैं,* इस्मत चुग़ताई की *ज़िद्दी* और *टेढ़ी लकीर*, प्रेमचंद की बहुत-सी कहानियाँ और रतन नाथ सरशार की *फ़साना-ए-आज़ाद* भी पढ़ ली थी।

अब्बू के दोस्तों में प्यारा सिंह सहराई थे। अम्मा ने उन्हें राखी बाँधी थी और वे ही हमारे मामू थे, क्योंकि असली मामू तो पाकिस्तान और इंग्लैंड में थे, तो सहराई जी ही हमारे मामू थे। वे हर जाड़े में दिल्ली से अलीगढ़ आते और दस-पंद्रह दिन हमारे साथ रहते। सहराई जी बचपन में ही फ़ालिज़ का शिकार हो गए थे और चलना-फिरना उनके लिए आसान नहीं था, मगर हर जाड़े के मौसम में वे ढेर सारे चिलगोज़े और कहानियों की किताबें लेकर आ जाते और हम घंटों उन्हें घेरे बैठे रहते। सहराई जी सिर्फ़ पंजाबी में बात करते थे। उनकी आधी बातें हमारी समझ में नहीं आती थीं, पर वे हम सबसे बहुत प्यार करते थे और हमें वे बहुत अच्छे लगते थे। वे कितने पढ़े-लिखे थे और कितना काम उन्होंने पंजाब में कम्युनिस्ट पार्टी के लिए किया था, इसका अंदाज़ा तो बहुत बाद में लोगों को हुआ, जब यह पता चला कि *Das Capital* का पंजाबी अनुवाद सहराई जी ने किया था।

अब्बू के दूसरे दोस्त आदिल साहेब थे। वे भी एक-दो बार हम लोगों से मिलने अलीगढ़ आए। वे जेल में अब्बू के साथ थे। दोनों ने भूख हड़ताल भी साथ की थी और आदिल साहेब को जब ज़बर्दस्ती नाक के रास्ते ट्यूब से खिलाया गया तो उनकी नाक की नसें हमेशा के लिए घायल हो गईं और किसी भी वक़्त उनमें से खून बहने लगता था। आदिल साहेब हमेशा ढेरों रुई अपने साथ लेकर चला करते थे। वे बाड़ा हिंदूराव के पास शफ़ीक मेमोरियल स्कूल के प्रिंसिपल थे।

जो किताबें हमने पढ़ीं, जिन लोगों से हम मिले, जो क़िस्से हमने सुने और जिस ईमानदारी

से हमारे माँ-बाप जिए, उस सबने हम पर एक गहरी छाप छोड़ी, ज़िंदगी तमाम तरह की मुसीबतों से घिरी थी मगर हमने उसे ज़िंदादिली से जीने का गुर अपने माँ-बाप से सीखा।

हमारे स्कूल में मज़हबी तालीम मुसलमान बच्चों के लिए लाज़मी थी। हम पाँचों इस मामले में बहुत जाहिल थे और हमारे टीचर हमें काफ़िरों की औलादें कहा करते थे। हमारे टीचर इन बातों से परेशान होते थे, मगर हमें कोई ख़ास तकलीफ़ उनकी इस परेशानी से नहीं होती थी।

एक बार एक मूँगफली बेचनेवाला हमारे मोहल्ले में आया, मैं भागा हुआ अम्मा जी के पास गया और उनसे चार आने माँगे। अम्मा भागकर ग़ुसलख़ाने में चली गईं और एक तौलिए में मुँह छुपाकर रोने लगीं। मैंने शायद पहली बार अम्मा को रोते हुए देखा था। मैं उस वक़्त शायद छह-सात साल का था और सफ़दर दो-तीन साल का। इस वाक़ये के बाद बहुत दिन तक हमने अम्मा से किसी चीज़ की फ़र्माइश नहीं की।

सांप्रदायिक दंगा

अक्टूबर, 1961 में अलीगढ़ में बहुत बड़ा सांप्रदायिक दंगा हुआ, बहुत-से लोग मारे गए, जिनमें से बहुत बड़ी तादाद मुसलमानों की थी। दस-पंद्रह लोग एक-एक क़ब्र में दफ़नाए गए। हमारा स्कूल तीन हफ़्ते तक बंद रहा। सारे शहर में कर्फ़्यू लगा था। रात-भर चीख़ने, लोगों के भागने-दौड़ने और गोलियाँ चलने की आवाज़ें आती रहती थीं और इस सबके बीच हमारे अब्बू थे जो मोहल्ले के उग्र लोगों को भड़कने और भड़काने से रोकते, रात को मोहल्ले में पहरा लगवाते और हर दिन कर्फ़्यू खुलते ही अपनी साइकिल पर यूनिवर्सिटी जाते—उन इलाक़ों से गुज़रते हुए, जहाँ सबसे ज़्यादा लूट-मार और आगज़नी की वारदातें हुई थीं।

जिस दिन दंगे भड़के थे उस दिन हम बहुत देर तक स्कूल में ही फँसे रहे। फिर अब्बू के एक दोस्त की जीप में घर जाने के लिए निकले। रास्ते में रेलवे लाइन पार करने के लिए एक पुल था जो कठपुले के नाम से मशहूर था। पुल के एक तरफ़ हिंदू बस्ती थी और दूसरी तरफ़ मुसलमानों की बस्ती। पुल के नीचे दंगाइयों ने एक रेलगाड़ी को घेर रखा था और दाढ़ी वाले खींच-खींचकर उतारे जा रहे थे और वहीं उनका काम तमाम किया जा रहा था। कुछ दंगाइयों ने जीप को पहचान लिया और मिट्टी के तेल के कनस्तर लेकर जीप की तरफ़ दौड़े। जीप के ड्राइवर की फुर्ती ने हमें बचा लिया, वरना हम सब गए थे उस दिन। उसी दिन हमने पुलिस की निरपेक्षता का नज़ारा भी किया। यह वह वक़्त है जब मेरी बड़ी बहन सबीहा अभी तेरह वर्ष की भी नहीं हुई थी और हम सब तो और भी छोटे थे।

तो यह सब था हमारे चारों तरफ़। ये थीं वे चीज़ें जिन्होंने हमारी सोच, हमारे रवैए और हमारी ज़िंदगी की डगर तय की। हम बेहतरीन किताबों से घिरे रहते थे, एक भरपूर ज़िंदगी जीते थे, इसके बावजूद कि हमारे पास न तो अच्छे कपड़े थे, न वे खिलौने, जो हमारे सारे दोस्तों के पास थे और न हमारे पास हमेशा पेटभर या हमारी मर्ज़ी का खाना होता था। हमने देखा कि मज़हब की कट्टरता किस तरह छोटे-छोटे बच्चों की समझ पर हावी होती जा रही है। हमने यह भी देखा कि वह बड़ों से क्या करवा सकती है, और इस सबके बीच हमने सीखा कि दूसरे रास्ते भी हैं, ऐसे समाज भी हैं जहाँ इनसान अपने तमाम धार्मिक मतभेदों के बावजूद भूख और ग़रीबी से आज़ाद एक-दूसरे के साथ खुशी से जी सकते हैं।

एक जैसे ही माहौल में बड़े होने के बावजूद हम सब मुख़्तलिफ़ सिम्तों में बढ़े, सफ़दर मोहल्ले में सबका चहेता था। वह दो-तीन साल की उम्र से ही हर सुबह मोहल्ले का चक्कर लगाने निकल जाता और डेढ़-दो घंटे बाद वापस आता। जहाँ जाता, वहाँ से उसे कुछ खिला-पिलाकर भेजा जाता। तीन साल का होते वह बहुत अच्छी तस्वीरें बनाने लगा था। जब उसने स्कूल जाना शुरू किया तो उसे सिखाया गया कि पहाड़ तिकोने होते हैं और उन्हें फुटे की मदद से बनाया जाता है और वह तस्वीरें बनाना लगभग भूल ही गया। दिल्ली वापस आने के कई साल बाद जब वह शायद आठवीं या नौवीं क्लास में था तब उसने दुबारा तस्वीरें बनाना शुरू किया।

ख़याल की परवाज़

लगभग चार साल की उम्र से ही सफ़दर ने ख़यालों की एक पूरी दुनिया तैयार करनी शुरू कर दी थी और वह हर एक को उस दुनिया में ले जाने के लिए तैयार रहता था। उसने एक बार हमें बताया कि उसकी दोस्ती एक भूत के साथ हो गई है। यह भूत कठपुले के पास रहता था और रात में सफ़दर से मिलने आता था। कुछ दिनों बाद उसने अब्बू से बिस्कुट का एक पैकेट लाने को कहा। अब्बू शाम को दफ़्तर से लौटते हुए बिस्कुट लाना भूल गए। सफ़दर के पूछने पर अब्बू ने कहा, 'बेटे, मैं लेकर तो आ रहा था पर वहीं बिस्कुट की दुकान के बाहर मुझे एक भूत मिला और उसने मुझसे बिस्कुट छीन लिये। मैंने उससे कहा कि यह मैं अपने बेटे सफ़दर के लिए लेकर जा रहा हूँ तो वह यह बोला, मैं सफ़दर का दोस्त हूँ, उससे कहना, मैंने ले लिये।' सफ़दर कुछ नहीं बोला और चुपचाप सोने चला गया। अगले दिन उसने ऐलान किया कि कल रात को उसके भूत को बहुत ज़ोर का बुख़ार हो गया था और वह उस बुख़ार की वजह से मर गया है।

जब 1964 में हम लोग देहली आए तो हम सबका दाख़िला अलग-अलग स्कूलों में हुआ। सफ़दर का दाख़िला एन.डी.एम.सी. के स्कूल में हुआ और पाँचवीं पास करके वह बेयर्ड रोड के डी.ए.वी. स्कूल में भर्ती हुआ। यहाँ आर्यसमाज की धार्मिक शिक्षा लेना सबके लिए लाज़मी था। सफ़दर स्कूल में अकेला मुसलमान लड़का था और उसे आर्यसमाज के बारे में कुछ पता नहीं था। पंडित जी उससे बिलकुल खुश नहीं थे। सफ़दर ने फ़ैसला किया कि वह उन्हें दिखा देगा कि वह किसी से कम नहीं और उस बरस उसने धार्मिक ज्ञान के पेपर में सारे स्कूल में सबसे ज़्यादा नम्बर हासिल किए। देहली कन्नडा स्कूल से ग्यारहवीं का इम्तेहान पास करके सफ़दर ने सेंट स्टीफेंस कॉलेज में दाख़िला लिया। वह अपनी क्लास में सी.बी.एस.सी. का अकेला छात्र था, बाक़ी सब पब्लिक स्कूल के पढ़े हुए थे। सफ़दर के टीचर और बाद में कॉलेज के प्रिंसिपल डब्ल्यू.एस. राजपाल हमेशा पब्लिक स्कूलों की बड़ाई करते और कहते कि सी.बी.एस.सी.बोर्ड में तो फ़र्स्ट डिवीज़न पता नहीं कैसे-कैसे लोगों को मिल जाती है! यह ाँ फिर सफ़दर को दिखाना था कि वह ऐसा-वैसा नहीं है और उसका लिखा हुआ निबंध सबसे बेहतर पाया गया।

जल्द ही सफ़दर का मन कॉलेज की झूठी शेख़ी मारने की आदत से उचाट हो गया। तीन साल वह कॉलेज में रहा ज़रूर, मगर उसके दोस्त वहाँ एक-दो ही थे। वह कॉलेज सिर्फ़ क्लासें अटैंड करने जाता, बाक़ी वक़्त वह या तो एस.एफ़.आई. का काम करता या

एस.एफ़.आई. की नाटक मंडली में। बाद में सफ़दर ने सुभाष त्यागी, राकेश सक्सेना, अरुण शर्मा, उदय चटर्जी वग़ैरह के साथ इप्टा में काम करना शुरू किया। हमारी बहन शेहला भी इस वक़्त तक नाटकों में शिरकत करने लगी थी। सफ़दर और मोलोयश्री की मुलाक़ात भी पहले-पहल यहीं हुई। माला उस समय कॉलेज में पढ़ रही थी और अपनी माँ से मिलने आती थी। माला की माँ कॉमरेड अपर्णा रॉय, जिन्हें सब अपर्णा दी कहते थे, बहुत लंबे समय से इप्टा में सक्रिय थीं। माला का परिवार भी एक कम्युनिस्ट परिवार था और माला के पिता कॉमरेड जे.सी. रॉय रिज़र्व बैंक की यूनियन के मशहूर नेता थे। इप्टा ने नौजवानों के इस ग्रुप पर दबाव डालना शुरू किया कि कांग्रेस पार्टी के मंच पर भी जाना चाहिए और तब ये सारे नौजवान इप्टा से अलग हो गए और 1973 में इन्होंने मिलकर 'जनम' यानी जन-नाट्य मंच की बुनियाद डाली।

गढ़वाल यूनिवर्सिटी

एम.ए. ख़त्म करने के बाद सफ़दर ने तीन महीने देहली कॉलेज में लीव वैकेंसी पर काम किया। हिंदी के मशहूर लेखक भीष्म साहनी, जो सफ़दर के टीचर भी रहे थे, उस वक़्त अंग्रेज़ी विभाग के अध्यक्ष थे। शायद इसी दौरान सफ़दर और भीष्म जी की दोस्ती हुई जो सांप्रदायिकता विरोधी अभियान और दिल्ली के असंगठित मज़दूरों के लिए न्यूनतम वेतन के संघर्ष में इतनी गहरी हुई कि सफ़दर की हत्या के बाद भीष्म जी 'सहमत' से लगातार जुड़े रहे और अपने आख़िरी वक़्त तक 'सहमत' अध्यक्ष की सारी ज़िम्मेदारियाँ निबाहते रहे।

बहरहाल, सफ़दर की ज़िंदगी की घटनाओं का ज़िक्र हो रहा था। वह दिल्ली कॉलेज से निकलकर बस स्टैंड पहुँचा। वहाँ एक बुज़ुर्ग से मुलाक़ात हुई। बात-बात में पता चला कि वे शहर के इस इलाक़े से नावाक़िफ़ हैं और वैसे भी बाहर से आए हैं। सफ़दर उनके साथ उनकी बस में गया और जहाँ उन्हें जाना था, वहाँ तक उनके साथ गया। रास्ते में बातचीत होती रही और उस बुज़ुर्ग को पता चला कि सफ़दर अंग्रेज़ी में एम.ए. करके लीव वैकेंसी पर काम कर रहा है और वह भी ख़त्म होनेवाली है। बुज़ुर्ग ने कहा, गढ़वाल में श्रीनगर में एक नई यूनिवर्सिटी खुली है। मैं उसका वाइस चांसलर हूँ। हमें अंग्रेज़ी के अच्छे उस्तादों की ज़रूरत है। तुम अप्लाई करो। सफ़दर ने दरख़्वास्त भेजी, उसे बुलाया गया और उसकी नियुक्ति भी हो गई।

गढ़वाल यूनिवर्सिटी एक लंबी लड़ाई के बाद खुली थी। लड़ाई की शुरुआत एक मंदिर ने की थी और अब वे चाहते थे कि यूनिवर्सिटी के प्रशासनिक फ़ैसले भी बिना उनकी सहमति के न लिये जाएँ। वे सफ़दर की नियुक्ति से नाराज़ थे और पहले ही दिन कुछ लड़कों को पढ़ा-लिखाकर क्लास में गड़बड़ करने भेज दिया। एक पहलवान जैसे लड़के ने कहा, 'सर जी, हिंदी में पढ़ाओ जी।' सफ़दर जानता था कि अगर वह दब गया तो वह गढ़वाल में टिक नहीं पाएगा। वह यह भी जानता था कि वह इस पहलवान से झगड़ा भी मोल नहीं ले सकता। उसने समझाने के अंदाज़ में कहा, 'देखो भाई, अंग्रेज़ी तो अंग्रेज़ी में ही पढ़ाई जा सकती है, हिंदी में नहीं।' पहलवान ने फिर, इस बार ज़रा धमकी के लहजे में कहा, 'देख लो गुरुजी, पढ़ानी तो हिंदी में ही पड़ेगी।' सफ़दर ने क्लास का एक जायज़ा लिया, एक भारी-से जिस्म के लड़के से कहा, 'इसे उठाकर बाहर फेंक दो।' दूसरा लड़का खड़ा ही हुआ था कि पहला

बैठ गया। क्लास शुरू हो गई। सफ़दर ने आराम की साँस ली। कुछ देर में उसकी दिल की धड़कनें भी क़ाबू में आ गईं। शाम को क्लास ख़त्म करके वह शहर में अपने कमरे पर पहुँचा तो देखा कि वह पहलवाननुमा लड़का पीठ पीछे हाथ किए खड़ा है और उसका इंतज़ार कर रहा है। सफ़दर पिटने की तैयारी करने लगा। मगर उस लड़के ने कहा, 'गुरु जी, माफ कर दो जी,' और पीठ पीछे से दो बड़ी-बड़ी मछलियाँ निकालते हुए बोला, 'यह आपके लिए लाया हूँ, गुरु जी। अभी-अभी अलकनंदा से पकड़ी हैं।'

सफ़दर ने लगभग दो बरस गढ़वाल में पढ़ाया, मगर उसे उस दिन के बाद कभी कोई परेशानी नहीं हुई। उसके पढ़ाए हुए कुछ बच्चों ने गढ़वाल में एस.एफ़.आई बनवाने में बहुत मदद की।

काम शुरू करने के एक-दो हफ़्ते बाद डिपार्टमेंट के प्रमुख ने सफ़दर को बुलाया और उससे कहा, 'आप कल से शूज़ पहनकर आया कीजिए। यूनिवर्सिटी डिपार्टमेंट के लेक्चरर को चप्पल पहनकर घूमना शोभा नहीं देता।' सफ़दर के पास पैसे नहीं थे और उसने एच.ओ.डी. से यह बात कही। उन्होंने कहा, 'मैं नहीं जानता; भीख माँगो, चोरी करो, उधार लो, मगर कल से जूते पहनकर आओ।'

सफ़दर स्टाफ़ रूम में गया, उसने दूसरे टीचरों को सारी बात बताई और उनसे चंदे की अपील की, साथ में यह भी कहा कि चंदा राशि दस पैसे से अधिक न हो। उसने अपने छात्रों से भी मदद की अपील की और उनके सामने भी दस पैसे की शर्त रख दी। शाम को श्रीनगर गढ़वाल के बड़े बाज़ार में यूनिवर्सिटी के इंग्लिश डिपार्टमेंट के छात्रों ने एक-एक दुकान पर जाकर चंदा किया। वे सबको बता भी रहे थे कि चंदा उनके गुरु जी के लिए जूते ख़रीदने के लिए किया जा रहा है क्योंकि विभागाध्यक्ष ने कहा है कि चप्पल पहनकर यूनिवर्सिटी नहीं आ सकते। बाज़ार बंद होते-होते 2 पैसे, 4 पैसे और 20 पैसे के सिक्कों का ढेर जमा हो गया। कुल 60 रुपये से अधिक थे। 40 रुपये के कैनवस के जूते ख़रीदे गए, 20 रुपये से स्टाफ़ को जूते ख़रीदने की खुशी में चाय पिलाई गई। हेड साहेब को अगले दिन सुबह जूते दिखाए गए। चंदे की दास्ताँ उन तक पहुँच चुकी थी, वे बहुत शर्मिंदा थे और हाशमी गुरु जी श्रीनगर शहर के चहेते बन गए थे।

चाहे वह कितना भी कमा रहा हो, सफ़दर के पास कभी पैसा नहीं रहता था। जब वह गढ़वाल में था, तब 300 रुपये रखकर बाक़ी सारा पैसा अम्मा के पास भेज दिया करता था। उन 300 रुपयों से वह कमरे का किराया देता था। तीन लेक्चरर एक कमरे में रहते थे। कमरे के किराए के अलावा खाना, सिगरेट, चाय, अख़बार, दिल्ली आने का बस का किराया और अब्बू के लिए गढ़वाल की मशहूर बाल मिठाई के एक पैकेट का सारा ख़र्चा भी उन्हीं तीन सौ रुपयों से पूरा करता था। अब्बू सफ़दर के पास कुछ दिन रहकर आए थे। वहीं उन्होंने बाल मिठाई पहली बार खाई थी। उन्हें बहुत अच्छी लगी थी और वे उसकी फ़र्माइश करते थे।

अपने जीवन के आख़िरी दिनों में सफ़दर ने पहले से कहीं ज़्यादा कमाया, पर उसका बड़ा हिस्सा उसने अम्मा के घर की क़िस्तें चुकाने में ख़र्च कर दिया। सफ़दर की मौत के कुछ वक़्त बाद अम्मा के पास एक ख़त आया। यह ख़त गढ़वाल से उसके एक दोस्त ने लिखा था। उसने लिखा कि जब वह बीमार था तो सफ़दर ने उसे छह सौ रुपये दिये थे

जो वह उसकी ज़िंदगी में वापस नहीं कर पाया और उसने लिखा कि वह किस्तों में उन्हें वापस करेगा।

सफ़दर श्रीनगर गढ़वाल से श्रीनगर कश्मीर चला गया। इसी दौरान अब्बू की मौत कैंसर से हो गई और सफ़दर कई दिनों तक बहुत गुमसुम रहा। हाँ, उसने इस दौरान अम्मा को ख़त बहुत मुस्तैदी से लिखे। कश्मीर में उसने मंच नाटक शुरू किए और यूनिवर्सिटी के लड़के-लड़कियों को साथ लेकर जो नाटक उसने करवाए, उनकी बहुत दिन तक चर्चा रही।

जब सफ़दर कश्मीर में था, उसी दौरान माला से दुबारा संपर्क बना। माला कश्मीर में स्कूली शिक्षा पर एक प्रोजेक्ट में काम कर रही थी। इन्ही दिनों सफ़दर और माला ने शादी करने का फ़ैसला किया। सफ़दर एक-दो साल बाद दिल्ली वापस आ गया। माला का काम भी कश्मीर में ख़त्म हो गया था और दिल्ली वापस आने के कुछ समय बाद दोनों ने शादी कर ली।

सफ़दर को किताबों से प्यार था और यह होना लाज़मी भी था। उसे वे लोग पसंद नहीं थे जो किताबें लेकर वापस नहीं करते थे। एक बार उसने मेरी एक किताब अपने किसी जानकार के पास देखी। सफ़दर ने उससे कहा, 'यह किताब सुहेल की है। मुझे दे दो, यह मैं उस तक पहुँचा दूँगा।' उसने कहा, 'मैंने यह किताब सहेल से नहीं ली है और मैं उसे नहीं दूँगा।' सफ़दर ने बड़ी कोशिश की, पर उसे राज़ी करने में कामयाब नहीं हुआ और मुझसे इस बात का ज़िक्र करते वक़्त तक वह काफ़ी नाराज़ था।

सबका चहेता

सफ़दर बहुत आसानी से दोस्त बना लेता था और दोस्ती निबाहने का क़ायल था। वह सब दोस्तों के हालचाल की ख़बर रखता। उनके काम और कैरियर के बारे में भी उसे फ़िक्र रहती और जहाँ तक हो सकता, वह उनकी मदद करता और सबसे बड़ी बात यह थी कि उसके पास सबके लिए वक़्त था। उसके दोस्तों का दायरा बहुत बड़ा था। उसमें अलग-अलग रुचियाँ रखनेवाले लोग थे। दोस्तों में सैकड़ों पत्रकार थे, नए सिनेमा से जुड़े लोग थे, बहुत-से कलाकार, नाटककार और बहुत-से प्राध्यापक थे, गढ़वाल में, कश्मीर में और दिल्ली में। उसके दोस्तों का दायरा शायद इसलिए इतना बड़ा था कि लोगों की तरफ़ उसका रवैया आम लोगों के रवैयों से काफ़ी अलग था। अब मिसाल के तौर पर अगर मेरी और सफ़दर की बात ऐसे लोगों के बारे में हो रही होती जिन्हें हम दोनों जानते थे, तो बातचीत कुछ इस तरह की होती : मैं शायद कहता कि फलाँ शख़्स बड़ा कंजूस है या वह दूसरा अपनी ही तारीफ़ें करता रहता है। और सफ़दर शायद यह कहता, हो सकता है, मगर उसकी आवाज़ बहुत अच्छी है, वह बहुत अच्छा टीचर, बहुत अच्छा एक्टर या बहुत अच्छा कुछ और है। उसमें हर इनसान में कुछ-न-कुछ अच्छा ढूँढ़ लेने और फिर उसी गुण के हवाले से उस इनसान से रिश्ता जोड़ने की अपार क्षमता थी।

मेरा ख़याल है कि सफ़दर की इसी ख़ासियत की वजह से उसके इतने बहुत-से दोस्त थे और क्योंकि उसके रिश्ते लोगों से विचारों के स्तर पर बनते थे, इसलिए उसके दोस्तों में से बहुतों ने उसे इतना खुलकर अपना प्यार दिया और देते रहेंगे, अब सफ़दर की जगह

उस ख़याल को जिसकी नुमाइंदगी अब सफ़दर करता है—इज़्हार की आज़ादी का हक़ और वे यह इस बात के बावजूद करेंगे कि उनमें से बहुत-से उसकी राजनीति से सहमत नहीं थे और न उसके नाट्यकर्म से।

सफ़दर जो कुछ काम शुरू करता था, वह उसके हर एक पहलू को समझने और परखने की पूरी कोशिश करता था। जब उसने तस्वीर खींचना शुरू किया तो वह सिर्फ़ कैमरा लेकर बटन दबाने पर नहीं रुका बल्कि उसने डार्क रूम में फ़िल्म धोना, प्रिंट बनाना और एनलार्ज करना भी सीखा।

जब उसने प्रेस इंस्टीट्यूट ऑफ़ इंडिया की मैगज़ीन को एडिट करना शुरू किया तो उसने टाइप और फ़ांट समझे, कम्पोज़िंग और डिज़ाइन करना सीखा, प्लेट मेकिंग सीखी यानी प्रूफ़ देखने से पेज मेकिंग तक सब कुछ सीखा। वह इस बात से इतना प्रभावित था कि सत्यजित राय ने अपनी एक मैगज़ीन के लिए एक नया फांट बनाया था, जो आज 'राय रोमन' के नाम से मशहूर है।

उसने सैकड़ों पोस्टर डिज़ाइन किए, ऑफ़सेट मशीन चलानेवालों से दोस्ती की और अलग-अलग तरह के काग़ज़ों को इस्तेमाल करने के फ़ायदे और नुक़सान समझे। वह जिस सहजता से नाटक के लिए गीत और डॉयलाग लिखता था, उसी सहजता से वह प्रेस विज्ञप्तियाँ भी लिख लेता था।

वह ख़ुद कुछ शुरू कर देता और फिर दूसरों से हाथ बँटाने के लिए कहता। और शायद इसीलिए, जिनमें जोश की कुछ कमी होती या सिर्फ़ सुस्त होते, वह उनको भी शामिल करने में कामयाब हो जाता। जाड़े की रातों में पोस्टर लगाते वक़्त ठंडी लेई में पहले वह हाथ डालता और फिर किसी और से कहता, सड़क पार बैनर बाँधते वक़्त पहले सीढ़ी या दीवार पर वह चढ़ता और फिर किसी और से दूसरा सिरा उठाने को कहता।

सफ़दर 1970 में जनवादी आंदोलन से जुड़ा, 17 बरस उसी रास्ते पर चला। इन 17 बरसों में से तेरह बरस वह भारत की कम्युनिस्ट पार्टी (मार्क्सवादी) का सदस्य रहा, अपनी आख़िरी साँस तक। उसने जनवादी आंदोलन और पार्टी के लिए अपनी छोटी-सी ज़िंदगी में जितना कर लिया, वह उससे दुगुनी उम्र वाले बहुतों के लिए मुश्किल होता है।

नुक्कड़ नाटक की विधा में विचार और व्यवहार के मैदान में उसका जो हिस्सा है, उसे तो सब मानते और जानते हैं, मगर कुछ दूसरी, निस्बतन कम आम गतिविधियों में भी उसका योगदान कम नहीं है।

उसे बेहतरीन से कम बिलकुल पसंद नहीं था और जो कुछ करता था, उसे बेहतरीन करने की कोशिश करता था। जब नाटक में उसकी रुचि हुई तो उसने यूनानी त्रासदियों से लेकर बेर्टोल्ट ब्रेख़्त तक और *अभिज्ञान शाकुंतलम्* से *मृच्छकटिकम्* और *घासीराम* तक, सब कुछ पढ़ और देख डाला।

नुक्कड़ नाटक की विधा पर काम शुरू किया तो जो कुछ इस विधा के बारे में उपलब्ध था और सफ़दर उस तक पहुँच सकता था, उसे पढ़ने-समझने की कोशिश की। मायकोव्स्की से आइजेन्स्टीन तक, जात्रा से तमाशा तक, लातिन अमरीकी नुक्कड़ नाटक से अफ़्रीकी नाट्य शैली तक, ब्लैक अमरीकी थिएटर से बादल सरकार तक, सब कुछ। वीडियो का ज़माना आया तो शूटिंग, एडिटिंग और डबिंग, सब कुछ सीखा। जब नुक्कड़ नाटक में नृत्य इस्तेमाल

करने का ख़याल आया तो मयूरभंज और छाऊ सीखना शुरू किया। वह साबित करना चाहता था कि नुक्कड़ नाटक पोस्टर नाटक नहीं, बल्कि एक समृद्ध विधा है और जनम के नाटकों ने यह दिखा दिया कि नुक्कड़ नाटक वास्तव में बहुत उच्च कोटि का नाटक हो सकता है। वह नाटक जिसने यह साबित किया, सफ़दर के लिए जानलेवा साबित हुआ। नुक्कड़ नाटक कितना प्रभावशाली हो सकता है, उसका इससे बड़ा सुबूत और क्या होगा कि जिनकी करतूतों को नाटक उजागर करता है, वे इतने भयभीत हो जाएँ कि नाटक करने वालों पर ही हमला करने लगें?

सफ़दर में बला की क्षमता और सृजनात्मक शक्ति थी। जब आप उन सब नाटकों और लेखों का ब्यौरा तैयार कर लेते हैं जो उसने लिखे, और उस सबको गिन लेते हैं जो उसने किया, जैसे—वे सारे गीत जो उसने लिखे और गाए, वे सारे पोस्टर जो उसने डिज़ाइन किए, वे सारी तस्वीरें जो उसने खींचीं, वे सारे कार्टून जो उसने बनाए, वे सारे मंच जो उसने सजाए, वे सारे झंडे जो उसने लगाए, वे सारी फ़िल्में जो उसने बनाईं, बच्चों के लिए जो उसने लिखा वग़ैरह-वग़ैरह, तब आप पाते हैं; फिर भी उसके पास और कुछ करने की क्षमता और समय रहता था और उसमें वह कुछ और कर गया था जो आपको पता ही नहीं था।

अपने समस्त ज्ञान, तजरबे और साधनों को अपने मक़सद के लिए इस्तेमाल करने की क्षमता सफ़दर में थी। जन-नाट्य मंच द्वारा नुक्कड़ नाटक की विधा के विकास में यह साफ़ नज़र आता है और इसमें सफ़दर का प्राथमिक योगदान है। जिन हालात में नुक्कड़ नाटकों का इस्तेमाल शुरू हुआ, जिनका ज़िक्र आगे आएगा, उस समय जनम के सामने कोई जीवंत मिसाल नहीं थी। यूनानी एरीना थिएटर, जात्रा, इप्टा के पोस्टर थिएटर, सोवियत क्रांति के बाद पीपुल्स थिएटर में हुए प्रयोगों और दक्षिणी अमरीका, क्यूबा आदि के आंदोलनों में जिस जनमुखी संस्कृति का विकास हुआ था, उस सबसे सीखते हुए नुक्कड़ नाटक उभरा। आज नुक्कड़ नाटक एक ऐसी विधा बन चुका है जिसमें एक जनवादी सांस्कृतिक आंदोलन की धुरी बनने की संभावनाएँ निहित हैं, कम-से-कम उत्तर भारत में तो ऐसा हो सकता है यदि जनम के काम को जारी रखा जाए और आगे बढ़ाया जाए।

अक्टूबर, 1978 में इंडस्ट्रियल रिलेशंस बिल के ख़िलाफ़ ऑल इंडिया कन्वेंशन ऑफ़ ट्रेड यूनियंस के लिए जनम ने अपना पहला नुक्कड़ नाटक *मशीन* लिखा और प्रदर्शित किया। नाटक का मूल विचार साहिबाबाद के कुख्यात हैरिग इंडिया केस से लिया गया था जहाँ कुछ मज़दूरों को फैक्टरी में इसलिए गोलियों से भून दिया गया क्योंकि वे एक कैंटीन की माँग लेकर हड़ताल कर रहे थे। यह वाक़या इमरजेंसी हटने के फ़ौरन बाद 1978 के शुरुआती दिनों का है। यह वह वक़्त है जब दो बरस तक दबाए जाने के बाद मज़दूर आंदोलन उबाल पर थे और मज़दूरों और उनके संगठन सीटू की तरफ़ से मज़दूरों की रोज़मर्रा की समस्याओं पर आधारित नाटकों की भारी माँग थी।

1973 से लेकर इमरजेंसी तक के समय में जनम ने सिर्फ़ मंच नाटक किए थे। इन सब नाटकों के मंचन से पहले बहुत-सा वक़्त अच्छे नाटकों की लंबी तलाश, लंबे समय तक चलनेवाली रिहर्सलों और ऐसी संस्थाओं की तलाश में बीतता था जो नाटक करवाने का ख़र्चा उठा सकें। इसके बावजूद जनम के नाटक करवाना काफ़ी महँगा पड़ता था। फिर भी इनके नाटकों की माँग हमेशा बनी रहती थी। यह बात भी सच है कि नाटकों का शो करवाना

इतना महँगा था कि जितने शो होते थे, उससे कहीं ज़्यादा इसलिए नहीं हो पाते थे क्योंकि बहुत-सी यूनियनें इतना ख़र्चा नहीं उठा सकती थीं। यह समस्या इमरजेंसी हटने के बाद और भी गंभीर हो गई, क्योंकि लगभग दो साल तक मजबूरन निष्क्रिय रहने के बाद यूनियनों के पास साधनों की बहुत कमी थी।

साधनों की कमी ही वह अकेला कारण नहीं था जिसकी वजह से नुक्कड़ नाटकों का विकास हुआ। हर दिन तेज़ी से बदलते हुए राजनीतिक हालात शायद इस विधा के विकसित होने का बड़ा कारण थे। हर दिन बदलते हुए हालात की यह माँग थी कि संस्कृतिकर्मी अपनी प्रतिक्रिया के साथ फ़ौरन मज़दूरों में पहुँचे। मंच नाटक की तैयारी में बहुत वक़्त लगता था और ज़रूरत फ़ौरी प्रतिक्रिया देनेवाली एक विधा की थी।

इन सारे कारणों ने मिलकर मंच नाटकों से हटकर कुछ नया करने की ज़रूरत पैदा की। सफ़दर की नज़र में इस बात की सख़्त ज़रूरत थी कि बजाय इसके कि नाटककार सभाघर में बैठकर दर्शकों का इंतज़ार करें, उन्हें चाहिए कि ख़ुद उठकर दर्शकों के पास जाएँ, ख़ासतौर पर ऐसे नाटककारों को तो यह करना ही चाहिए जो अपने-आपको जनोन्मुखी कलाकर्म से जोड़ते हैं।

मगर इस सबका मतलब यह हरगिज़ नहीं था कि सफ़दर या जनम का यह मानना हो कि नुक्कड़ नाटक अकेली सही विधा है, न तो सफ़दर ने और न जनम ने कभी भी मंच नाटक को कमतर करके पेश करने की कोशिश की, और वे ऐसा कर भी नहीं सकते थे क्योंकि उनका मानना था कि उन विशेष हालात में जिनमें जनम को इमरजेंसी के फ़ौरन बाद के समय में काम करना था, उनके लिए नुक्कड़ नाटक की विधा ज़्यादा कारगर थी और दूसरे हालात में और दूसरे परिप्रेक्ष्य में मंच नाटकों की तरफ़ लौटा जा सकता है और उसने *मोटे राम का सत्याग्रह* जैसे नाटकों के साथ ऐसा किया भी।

यथास्थिति बनाम प्रगति

सफ़दर की नज़र में मंच नाटक बनाम नुक्कड़ नाटक की बहस दरअसल ग़लत बहस थी। दरअसल, तमाम तरह के नाटक या यों कह लें कि समस्त कलाकर्म आख़िरकार दो भागों में ही विभाजित हो सकता है। वह या तो प्रगतिशील शक्तियों के साथ है और प्रगतिशील परिवर्तन का पक्षधर है या वह यथास्थिति की रक्षा करने वाला कलाकर्म है। पहली तरह का कलाकर्म जनता का पक्षधर है और दूसरा जनविरोधी।

सफ़दर का मानना था कि मंच नाटकों का बड़ा हिस्सा, ख़ासतौर पर उत्तर भारत में मंचित होनेवाले नाटकों का बड़ा हिस्सा, प्रतिगामी और पलायनवादी है। लोककला और परंपरा से जुड़े होने का दावा करने वाले ये नाटक या तो जान-बूझकर ह्रासोन्मुखी संस्कृति को मिथक बनाकर प्रस्तुत कर रहे हैं या पारंपरिक विधाओं के पुनरुत्थान के नाम पर उस सबकी रक्षा करने की कोशिश कर रहे हैं जो हमारे समाज में सड़ा-गला है। इसके विपरीत नुक्कड़ नाटक मुख्य रूप से जनता का पक्षधर था, जनता के आज के सवालों को उजागर कर रहा था और मुख्य रूप से प्रगतिशील शक्तियों के साथ खड़ा था।

पहली तरह के नाटकों का बहिष्कार करके जनवादी और सेक्युलर मूल्यों की रक्षा करने वाले नाटकों, जनता के पक्षधर नाटकों को अपनाकर, सफ़दर और जनम बहुत-से दूसरे

कलाकर्मियों के साथ एक नई तरह के नाटक की रचना कर रहे थे, एक ऐसा नाटक जिसकी संभावनाओं को हमने आज समझना शुरू किया है।

इन नाटकों को सड़क पर ले जाकर नाटक की विधा को सफ़दर और जनम ने बहुत सख़्त इम्तिहान से गुज़ारा। इम्तिहान में सड़क पर गुज़रनेवाले दर्शक को अपनी तरफ़ खींच लेने की कितनी क्षमता नाटक में है, यह उसका इम्तिहान था। सड़क का दर्शक सभाघर के दर्शक की तरह नाटक देखने की तैयारी करके घर से नहीं निकला होता, न उसने नाटक देखने के लिए टिकट ख़रीदने या पास हासिल करने की जद्दोजहद की होती है और इसलिए वह मानसिक रूप से भी मनोरंजित होने के लिए तैयार नहीं होता।

दर्शक पर नाटक की पकड़ ज़रा-सी भी ढीली हुई तो दर्शक आगे बढ़ जाता है। सभाघर में तो सब तरफ़ अँधेरा होता है, केवल मंच पर रोशनी होती है। मंच के अलावा हर तरफ़ ख़ामोशी होती है। कलाकार अपनी वेशभूषा और साज-सज्जा से भी दर्शक का ध्यान खींचते हैं। मगर यहाँ सड़क पर न सिर्फ़ यह कि यह सब नहीं होता, साथ ही सड़क का शोर-शराबा होता है और ध्यान बाँटने के लिए दूसरे सौ बहाने होते हैं। इतना ही नहीं, दर्शक चारों तरफ़ होते हैं। वे हरकत करते रहते हैं, कलाकार को अच्छी तरह देखने के लिए एक-दूसरे को धकेल रहे होते हैं, पात्रों को इस सबके साथ-साथ इलाक़े के लफ़ंगों, शराबियों और पुलिसवालों से भी निपटना होता है। नाटक के बीच गाय, भैंस या कुत्ता किसी भी वक़्त घुस सकता है और घुसता रहा है। इन इम्तिहानों को पास करने के लिए अपनी कला से बेतहाशा प्रेम होना तो लाज़मी है ही, साथ में राजनीतिक प्रतिबद्धता भी इतनी ही ज़रूरी है, और इसलिए ज़रूरी है कि नाटक अच्छा हो, गीत अच्छे हों और कलाकार अच्छे हों। यह नहीं होगा तो दर्शक नहीं रुकेगा, 'चलता है' की गुंजाइश सफ़दर के काम में नहीं थी और 'चलता है' की बिना पर अच्छा नाटक कभी नहीं चला है, ख़ासतौर पर राजनीतिक नाटक तो नहीं।

दस बरस में 3500 मंचन

अक्टूबर, 1978 में तालकटोरा स्टेडियम में *मशीन* के पहले मंचन और 1-1-1989 में साहिबाबाद में *हल्ला बोल* के उस अधूरे मंचन तक, जिसे दो दिन बाद जनम ने वहीं जाकर पूरा किया, के दरमियान कुल 10 बरस और दो महीने या 3710 दिनों का फ़र्क़ है। इस दौरान जन-नाट्य मंच ने 3500 से अधिक बार जनता के बीच अपने किसी-न-किसी नाटक का मंचन किया और सड़क की भीड़ और शोर-शराबे में दर्शकों को अपनी तरफ़ आकर्षित करने के इस इम्तिहान में कामयाबी हासिल की। 1-1-1989 के बाद के सालों में भी यह सिलसिला जारी रहा है। अब तक लगभग 8500 बार जनम के कलाकार अपने 85 से अधिक नुक्कड़ नाटकों और 25 से अधिक मंच नाटकों का मंचन कर चुके हैं। इस सबके बल पर ही नुक्कड़ नाटक ने एक विधिवत् नाट्य-शैली की पहचान हासिल की है—उनकी नज़रों में भी, जो उसे राजनीतिक ड्रामेबाज़ी या पोस्टर नाटक से ज़्यादा कुछ मानने को तैयार ही नहीं थे।

जनम के नाटकों की सफलता का राज़ सिर्फ़ उनके सटीक मंचन में ही छिपा नहीं है। इन नाटकों की शैली, स्थान विशेष में रचे-बसे मुहावरे और धुनों के प्रयोग के लिए तो जानी ही जाती है, मगर इसके साथ-साथ जिस कारण ये नाटक दर्शकों के साथ सीधा संवाद स्थापित करने में सफल होते हैं, उसकी वजह इन नाटकों की राजनीति, बिना लाग-लपेट के जनता

के हितों की बात करना और उनकी रोज़मर्रा की समस्याओं को देश की राजनीति के व्यापक परिवेश से जोड़कर जनता के सामने रखने की ख़ासियत ही दरअसल इन नाटकों की असली शक्ति है।

जनम के नाटकों ने न तो मनोरंजन के पक्ष को कम होने दिया और न अपने नाटकों की राजनीति के साथ कोई समझौता किया। दरअसल इन दोनों को एक साथ रखना कितना ज़रूरी है, यह बात बहुत पहले अपने कॉलेज के दिनों में बर्तोल्त ब्रेख़्त के नाटकों की शैली पर बात करते वक़्त ही साफ़ हो गई थी। अगर नाटक मनोरंजन नहीं करता तो वह नाटक नहीं है और इस तरह की कोरी बयानबाज़ी करने वालों को नाटक नहीं करने चाहिए। इससे बेहतर है कि वह एक आम सभा करके अपने भाषण लोगों को सुना दे, साथ ही यह बात भी तब ही से समझ में आ गई थी कि कोरा मनोरंजन, जो दर्शक को कुछ सोचने पर मजबूर नहीं करता, दरअसल पलायनवादिता का शिकार है और यथास्थिति का पोषक है। ज़ाहिर है, इस तरह की अभिव्यक्ति से बचना ज़रूरी था।

भाषा के कुशल प्रयोग और गीतों के माध्यम से कथ्य को आगे बढ़ाना, सूत्रधार द्वारा टिप्पणी, विस्तृत स्रोतों से प्रेरणा लेकर अनेक नाटकीय तकनीकों के प्रयोग से प्रस्तुति को न सिर्फ़ दिलचस्प बनाना बल्कि उनकी गति को सुस्त न होने देना, इन नाटकों की पहचान बने। जब हर डायलॉग तीखा हो, और पात्रों द्वारा उठाए गए हर क़दम और हर हरकत का एक मक़सद हो, सामाजिक बुराइयों और नाइंसाफ़ी की आलोचना, प्रखर और साफ़ शब्दों में की जाए और बदलाव की ज़रूरत का एहसास साफ़ शब्दों में करवाया जाए तो नाटक का संदेश साफ़ तौर पर दर्शक तक पहुँचता है, और यही इन नाटकों की सफलता का राज़ था।

जन-नाट्य मंच के नाटकों में पुलिसवाले को अक्सर ज़ालिम और काफ़ी हद तक मूर्ख व्यक्ति की तरह दर्शाया जाता है। पर मैंने देखा है कि सचमुच के पुलिसवाले अपने इस तिरस्कृत चित्रण को बड़े ध्यान से देखते हैं और मैंने यह भी देखा है कि जब नाटक का पुलिसवाला अवाम की संगठित ताक़त के सामने भाग खड़ा होता है तो सचमुच के पुलिसवाले कुछ खिसियाए हुए, कुछ झेंपे हुए अपनी हँसी छुपाने की नाकाम कोशिश करते हुए नज़र आते हैं।

औरत की प्रमुख पात्र को जब नाटक में पीटा जाता है तो मैंने दर्शकों में से कई औरतों को रोते देखा है और नाटकों के बाद उन्हीं औरतों में से कुछ औरतों को जनम के साथियों के पास जाकर यह कहते भी सुना है कि वे यूनियन की मेंबर बनना चाहती हैं क्योंकि उन्हें सही मज़दूरी नहीं मिलती या इसलिए कि उनका आदमी उन्हें मारता है। जनम के नाटक आम लोगों से सीधा संवाद स्थापित करते, उनकी समस्या को मामूली समस्या की तरह नहीं देखते या दिखाते बल्कि उसे एक व्यापक समस्या के हिस्से की तरह पेश करते और तब दर्शक को यह बात आसानी से समझ आ जाती कि इसका हल भी सामूहिक संगठित संघर्ष से ही निकल सकता है।

सांप्रदायिक दंगों की पृष्ठभूमि में लिखा गया नाटक *हत्यारे*, महँगाई के बारे में लिखा गया *समरथ को नहिं दोषु गुसाईं*, शिक्षित बेरोजगारों की समस्या पर लिखा गया नाटक *राजा का बाजा*, विभाजक तत्त्वों के ख़िलाफ़ लिखा गया नाटक *अपहरण भाईचारे का*, पंजाब के हालात पर तैयार किया गया *वीरजाग ज़रा*, न्यूनतम वेतन के सवाल पर *चक्का जाम* और दिल्ली, गाज़ियाबाद और फरीदाबाद के मज़दूरों की सात दिन की तारीख़ी हड़ताल पर लिखा

गया नाटक *हल्ला बोल*—ये सभी आम जनता के संघर्षों से जुड़े हुए नाटक हैं और बाक़ी तमाम बातों के साथ ये सभी नाटक सफ़दर और जनम के इस विश्वास को रेखांकित करते हैं कि अंतिम जीत जनता की ही होती है और यही वह विश्वास था जिसने इन नाटकों को और इन्हें करने वालों को हरदिल अज़ीज़ बना दिया था।

अख़बारों में इन नाट्य-प्रस्तुतियों पर लेख नहीं छपा करते थे। कम-से-कम शुरुआत के कई बरस ऐसा हुआ नहीं, और फिर जितना सफ़दर की हत्या के बाद हुआ है इतना तो कभी इससे पहले नहीं हुआ, लेकिन दूसरे मुआवज़े मिला करते थे। ऐसी पहचान, सम्मान और स्वीकृति जो हर समीक्षा और आलोचना से मिलनेवाली खुशी और आनंद पर भारी पड़ती थी। मिसाल के तौर पर, आम लोगों की तारीफ़ जो बिना किसी लाग-लपेट के मिलती थी। 1985 में आप किसी काम से भिलाई गए हैं और सड़क पर एक मज़दूर आपको रोककर कहता है : 'कॉमरेड, बोट क्लब पर आपका नाटक देखा था, आपने बहुत अच्छा काम किया था।' आप पूछते हैं, 'कौन-सा नाटक, कॉमरेड?' और वह कहता है, 'मशीन।' सात साल पहले का आपका किया हुआ नाटक 240 किलोमीटर दूर रहनेवाले एक कॉमरेड को याद है और वह आपको पहचान लेता है या जामा मस्जिद के इलाक़े में एक रिक्शा चलानेवाला आपको रोककर कहता है, 'भाई, मदारी का रोल तो ऐसे करते हो जैसे पुश्तैनी काम हो—' इतना काफ़ी था बहुत दिनों के लिए आपकी चाल में एक नया जोश पैदा करने के लिए और दोस्तों के बीच बैठकर बार-बार याद करने के लिए।

नुक्कड़ नाटक का आंदोलन आज एक बड़ा आंदोलन बन चुका है। जनम के नाटक हिंदी के अलावा बांग्ला, उड़िया, तमिल, मलयालम और कई दूसरी भारतीय भाषाओं में अनूदित होकर खेले जा चुके हैं। जनम के कई नाटक बांग्लादेश, नेपाल, श्रीलंका और पाकिस्तान में खेले जा चुके हैं। *औरत* के कई हज़ार शो हो चुके हैं।

सफ़दर की मौत से सारे मुल्क में ग़म और ग़ुस्से की एक लहर फैल गई थी, ख़ासतौर पर नाट्यकर्मियों में, कलाकारों में और उनमें जो जनता के अधिकारों के संघर्षों से जुड़े थे। फिर धीरे-धीरे ग़ुस्से की जगह एक ख़ामोशी और दृढ़ संकल्प ने जन्म लिया। जनम के पुरुष कलाकार काले कुर्तों और नीली पतलूनों और महिला कलाकार काली कमीज़ और नीली शलवार में नाटक करते थे। देश-भर में न जाने कितने नुक्कड़ नाटक समूहों ने इसी रंग की वेशभूषा को अपना लिया, न जाने कितने सारे जन-नाट्य मंच और सफ़दर नाट्य मंच उठ खड़े हुए। वे गीत और नाटक जो सफ़दर ने, जनम में लिखे थे, असंख्य बार खेले गए। किसानों, मज़दूरों, छात्रों, बेरोज़गारों मध्यमवर्ग के लोगों और बुद्धिजीवियों ने वे नाटक किए और देखे और वह लहर जिसे दबाने के लिए मुकेश शर्मा और उसके गुट ने उस पहली जनवरी को साहिबाबाद में हमला किया था, अब उन सबसे बहुत बड़ी हो गई थी।

सफ़दर मर गया है। मैं अपने भाई का चेहरा अब दुबारा नहीं देख पाऊँगा, वह अब कभी 'चाय पिलाओ, चाय पिलाओ' का शोर मचाता हुआ घर में नहीं घुसेगा। वह अब कभी किसी ऐसी फ़िल्म या नाटक के टिकट लिये नहीं आएगा जिसे हर हाल में देखा जाना ज़रूरी है। वह अपने भतीजे के लिए अब कभी गीत नहीं लिखेगा। मेरी बेटी सफ़दर चाचा के कंधे पर अब कभी नहीं चढ़ेगी। अम्मा अब कभी उसके लिए कोरमा नहीं पकाएँगी। मैं उसकी आवाज़ अब सिर्फ़ कैसेट पर सुनूँगा। उसकी शक्ल सिर्फ़ तस्वीरों में देखूँगा। मगर जनम

ज़िंदा रहेगा, जनम के उसके साथियों ने यह साबित कर दिया है। अपने मक़सद के लिए थके बग़ैर काम करने की उसकी क्षमता ने सबको एक नई शक्ति दी है, सिर्फ़ माला और जनम को ही नहीं बल्कि सभी सृजनात्मक लोगों को और उन्हें एहसास दिलाया है कि अवाम के साथ खड़ा रहना कितना ज़रूरी है। कितना ज़रूरी है कि एक साथ संघर्ष किया जाए, संघर्ष ताकि सबको इज़्ज़त की ज़िंदगी मिले–संघर्ष जिस तरह सफ़दर ने किया, अपनी आख़िरी साँस तक। उसके ख़ून में डूबी हुई ज़मीन को हज़ारों ने देखा–उन सब अदाकारों, चित्रकारों कलाकारों, लेखकों, पत्रकारों, बुद्धिजीवियों, छात्रों, मज़दूरों, नौजवानों और औरतों ने, जो वहाँ गए थे सफ़दर का सोग मनाने नहीं, बल्कि जनम के साथ, सफ़दर की ज़िंदगी के साथ कंधे मिलाकर खड़े होने के लिए। वे इसलिए गए थे कि सफ़दर के क़ातिल यह देख लें कि उसकी आवाज़ दबेगी नहीं, कि सफ़दर को मारा नहीं जा सकता, क्योंकि अब सफ़दर एक प्रतीक है। सफ़दर के विचार, उसकी राजनीति, उसकी कला, उसका संघर्ष अब अकेले उसके साथियों का ही संघर्ष नहीं है, वह उनका है और उनके साथ उन सबका भी है जो हर रोज़ इस संघर्ष को अपना संघर्ष बना रहे हैं। जब तक ये सब सफ़दर को ज़िंदा रखने के संघर्ष में शामिल हैं और हर दिन उनकी तादाद बढ़ती जाती है, उसे कोई नहीं मार सकता। कोई शक्ति, कोई हथियार, कोई आतंक सफ़दर को नहीं मार सकता। मेरा भाई मर चुका है, सफ़दर ज़िंदा है।

डी.डी. कोसंबी

डी.एन. झा

1

दामोदर धर्मानंद कोसंबी का जन्म गोवा के कोसबेन में 31 जुलाई, 1907 को हुआ। उनके पिता धर्मानंद कोसंबी एक प्रसिद्ध बौद्ध विद्वान थे और हारवर्ड में कई वर्षों तक प्रशिक्षणरत रहे। अपने मित्रों के बीच बाबा नाम से जाने जानेवाले दामोदर कोसंबी ने उनसे ही सीखने की तीव्र इच्छा, कुशाग्र बुद्धि और सर्वोपरि, उनकी मानवता विरासत में पाई। पुणे में थोड़ी स्कूली शिक्षा समाप्त करने के बाद वे अपने पिता के साथ अमेरिका चले गए और सन् 1925 तक वहीं के कैंब्रिज लैटिन स्कूल में अध्ययनरत रहे। सन् 1929 में उन्होंने हारवर्ड यूनिवर्सिटी से शानदार परिणामों के साथ स्नातक की उपाधि हासिल की। यहाँ पर उन्होंने गणित, इतिहास और कई भाषाओं, ख़ासकर यूनानी, लैटिन, जर्मन और फ्रांसीसी में विशेष रुचि तथा योग्यता का प्रदर्शन किया। हारवर्ड में अपने निवास के दौरान जॉर्ज बिरखॉफ़ और नॉरबर्ट वीनर जैसे लब्धप्रतिष्ठ गणितज्ञों से उनके साक्षात्कार हुए।

सन् 1929 में भारत लौटकर कोसंबी ने बनारस हिंदू यूनिवर्सिटी के गणित विभाग में सेवारंभ किया। जल्दी ही उन्होंने एक विलक्षण प्रतिभावाले गणितज्ञ का स्थान पा लिया। इसके परिणामस्वरूप अलीगढ़ मुस्लिम यूनिवर्सिटी से उनको आमंत्रण मिला और वहाँ पर उन्होंने एक वर्ष तक पढ़ाया। सन् 1932 में उन्होंने पुणे के फ़र्ग्यूसन कॉलेज में व्याख्याता बनकर पुणे में ही बस जाने का फ़ैसला किया। हारवर्ड जाने से पहले उनके पिता ने इसी कॉलेज में पालि का अध्यापन किया था। फ़र्ग्यूसन कॉलेज़ में अपने चौदह वर्षों के दौरान कोसंबी ज्ञान के विभिन्न क्षेत्रों में निरंतर दक्षता हासिल करने में जुटे रहे और उन्होंने आधुनिक भारत के एक महान विद्वान और चिंतक के रूप में स्वयं को स्थापित किया। सन् 1946 में उनको टाटा इंस्टीच्यूट ऑफ़ फ़ंडामेंटल रिसर्च, बॉम्बे में गणित विभाग की पीठ का प्रस्ताव मिला जिसे स्वीकार कर वे उस पद पर सन् 1962 तक बने रहे। वहाँ पर उन्हें अपने समस्तरीय विश्व भर के अनेक विद्वानों से विचारों का आदान-प्रदान करने का अवसर प्राप्त हुआ।

2

डी.डी. कोसंबी ने गणित का विशेष अध्ययन किया और अपने अध्यापन काल का अधिकतर भाग उन्होंने गणित के अध्यापन में ही बिताया। बड़े-बड़े विशेषज्ञों ने इस क्षेत्र में उनके योगदान की सराहना की, जिनमें प्रसिद्ध ब्रिटिश वैज्ञानिक जे.डी. बरनाल भी थे। उन्होंने न केवल

उनके वैज्ञानिक कार्यों की, बल्कि विश्व शांति आंदोलन में उनकी भूमिका की भूरि-भूरि प्रशंसा की। इस लेख का लेखक विज्ञान के क्षेत्र में उनके शोध कार्यों के महत्त्व का आकलन करने की क्षमता तो नहीं रखता परंतु इसमें कोई संदेह नहीं कि उन्होंने अलग-अलग विभागों के बीच की परंपरागत दीवारों को तोड़ा और आनुवंशिकी, सांख्यिकी तथा ज्ञान की अन्य शाखाओं में अत्यन्त मूल्यवान, स्थायी और सामाजिक रूप से काफ़ी प्रासंगिक योगदान किया। आनुवंशिकी के क्षेत्र में क्रोमोज़ोम मापन (1944) पर उनके कार्य को, प्रचलित क्रोमोज़ोम सिद्धांत को देखते हुए, उच्च कोटि का माना गया। सांख्यिकी के क्षेत्र में कारूनेन (1945) और लोएव (1948) से पहले ही सन् 1943 में उन्होंने प्रोपर ऑर्थोगोनल डिकंपोज़िशन (पी.ओ.डी.) नामक तकनीक का विकास कर लिया था। यह एक ऐसी तकनीक थी जिसका छवि संसाधन (इमेज प्रोसेसिंग), संकेत संसाधन (सिग्नल प्रोसेसिंग), दत्त संपीड़न (डाटा कॉम्प्रेशन), समुद्र विज्ञान (ओशनोग्राफ़ी), रासायनिक अभियांत्रिकी (केमिकल इंजीनियरिंग) और तरल यांत्रिकी (फ्लूइड मैकेनिक्स) जैसे विविध क्षेत्रों में प्रयोग किया गया।

एकेडेमिया सिनिका के निमंत्रण पर वे बीजिंग आए। यहाँ पर कुओ-मो-जो और चाऊ एन-लाइ के साथ परिचर्चा के दौरान उन्होंने चीनी खाद्यान्न फ़सलों की भविष्यवाणी और उद्योग में गुणवत्ता नियंत्रण के लिए सांख्यिकीय विधियों का सुझाव दिया। अपने देश में बाँधों के मनमाने ढंग से स्थान निर्धारण और निर्माण के विरुद्ध तीव्र प्रतिवाद किया। इस उद्देश्य के लिए उन्होंने सांख्यिकीय विधियों को अपनाने का सुझाव दिया। इसी प्रकार, मौसम के कारण मृत्यु-दर पर उनके अध्ययन से यह साबित हुआ कि मानसून के आने से लगभग तीन सप्ताह पहले ही, आंत्रज्वर या टायफ़ायड की रोकथाम द्वारा केवल बंबई शहर में ही प्रति वर्ष कम-से-कम 500 लोगों की जान बचाई जा सकती है। उन्होंने बंबई सरकार को यह भी सुझाव दिया कि नानेघाट इलाक़े के लिए प्रस्तावित महँगे रज्जु सेतु (रोप वे) से कहीं ज़्यादा किफ़ायती सदाबहार सड़क ही होगी जिस पर गाड़ियाँ दौड़ें। कोसंबी ज़मीन से कटकर अपनी ही दुनिया में अलग-थलग पड़े रहनेवाले विद्वान नहीं थे। उनकी बौद्धिक गतिविधियाँ उनके आसपास रहनेवाले लोगों की ज़रूरतों द्वारा गंभीर रूप से प्रेरित और गहराई से जुड़ी हुई थीं। इसलिए इसमें कोई हैरत की बात नहीं कि राष्ट्रीय और अंतर्राष्ट्रीय महत्त्व के विषयों पर वे बिलकुल बेबाक होकर अपने विचार प्रकट करते थे। उदाहरण के लिए, जब आधी से ज़्यादा सदी पहले भारत सरकार ने अमेरिका के साथ नाभिकीय संधि पर हस्ताक्षर करके अपनी संप्रभुता को रेहन रख दिया, तब उन्होंने बलपूर्वक कहा कि 'भारत जैसे अत्यन्त ग़रीब देश को नाभिकीय ऊर्जा जैसी महँगी सनक पर सिर्फ़ इसलिए पैसे बर्बाद नहीं करने चाहिए क्योंकि ये आधुनिक दिखते हैं।' एक वैकल्पिक ऊर्जा के स्रोत के रूप में सौर किरणों के पक्ष में वे ज़ोर-शोर से वकालत करते थे।

3

अक्सर सही अर्थों में 'बहुमुखी रेनेसाँ पुरुष' के रूप में पहचाने जानेवाले डी.डी. कोसंबी ने सामाजिक विज्ञान की विभिन्न शाखाओं के अध्ययन पर अपनी अमूर्त गणितीय विधियों को लागू किया। इस प्रकार उन्होंने पंच किए हुए सिक्कों के अध्ययन के लिए सांख्यिकीय विधि का सहारा लिया और तक़रीबन 12,000 सिक्कों (7,000 आधुनिक सिक्कों समेत) का वज़न

मापकर भारत में वैज्ञानिक मुद्राशास्त्र की नींव रखी। उन्होंने एक तरफ़ पाली बौद्ध कृतियों में राजाओं की सूचियों और दूसरी तरफ़ पंच किए हुए सिक्कों पर अंकित चिह्नों के बीच संपर्क स्थापित किया और इन सिक्कों का संबंध मगध और कोसल के शासकों से जोड़ा। सिक्कों के तिथि-निर्धारण की उनकी विधि, सिक्कों के पुरातात्त्विक स्तर-विन्यास के संदर्भ के प्रति उनके उपेक्षाभाव से गंभीर रूप से अवरोधित था, परंतु अगर इस अवधारणा को मानकर चलें कि हरेक सिक्का अपने समकालीन समाज की पहचान लिये रहता है, तो उन्होंने पंच किए हुए सिक्कों का कालानुक्रम निर्धारित करने का प्रयत्न किया और तक्षशिला के साथ-साथ मगध के आर्थिक इतिहास में दो प्रसिद्ध तक्षशिला मुद्रापुंज (जिसमें मगध द्वारा जारी सिक्कों का ही बाहुल्य था) की प्रासंगिकता को स्थापित किया।

उनके पहले और उनके बाद लिखनेवाले मुद्राशास्त्रियों से अलग, कोसंबी ने मुद्राशास्त्र को न केवल मुद्रा संग्राहकों की विशुद्ध पुरातनिक रुचि से बचाया, बल्कि भारत के सामाजिक और आर्थिक इतिहास के पुनर्निर्माण में इसके महत्त्व पर भी बल दिया। तदनुसार पहली बार उन्होंने ही सिक्कों के अभाव और व्यापार के पतन के साथ इसके संबंध तथा गुप्तकाल के बाद आत्मनिर्भर ग्रामीण अर्थव्यवस्था के प्रादुर्भाव की ओर संकेत किया। प्राचीनतम भारतीय सिक्कों पर उनके द्वारा प्रयुक्त परिमाणात्मक विधि से लोग सहमत तो नहीं हुए, परंतु कमोबेश उसी दौरान वैज्ञानिक मुद्राशास्त्र पर प्रकाशित उनके आलेख की कुछ सीमाओं पर रामशरण शर्मा ने प्रकाश डाला और आरंभिक भारतीय मुद्रा-इतिहास के अध्ययन की आवश्यकता पर काफ़ी बल दिया। उन्होंने स्वयं सिक्कों के अभाव, व्यापार और शहरी केंद्रों के पतन और आत्मनिर्भर ग्रामीण अर्थव्यवस्था के विकास जैसे विषयों का गहन अध्ययन किया जो आगे चलकर उनके द्वारा प्रतिपादित 'भारतीय सामंतवाद' की रूपरेखा का प्रमुख आधार बना और अब हम इसे ही भारतीय इतिहास के आरंभिक मध्यकाल की विशेष पहचान के रूप में जानते हैं।

4

प्राचीन सिक्कों के समूहों का अध्ययन करते समय कोसंबी के सामने सबसे पहला सवाल यही था कि इन्हें किसने जारी किया था। लिखित स्रोतों (मसलन—पुराण, बौद्ध और जैन दस्तावेज़) में 'एक ही राजा के लिए अलग-अलग नाम प्रयुक्त' होने से किंकर्तव्यविमूढ़ होकर उन्होंने स्वयं मूल ग्रंथों का अध्ययन करने का निर्णय लिया, जिसके लिए संस्कृत पर अधिकार होना अनिवार्य था। यद्यपि उन्होंने अपने सहज विनम्र शब्दों में यही कहा कि उन्होंने 'संस्कृत का कोई नियमित अध्ययन न करके महज़ सरसरी निगाह से ही उसको यथासाध्य आत्मसात् किया है' परंतु यथार्थ में यही लगता है कि विरासत में मिले संस्कृत के प्रति अपने नैसर्गिक रुझान को वे रोक नहीं पाए और अपने पिता के साथ कार्यरत होकर तथा श्री वी.एस. सुक्थांकर के संसर्ग में रहकर उन्होंने संस्कृत, पालि और प्राकृत में पूरी दक्षता हासिल कर ली। संस्कृत पर उनकी पकड़ सचमुच विलक्षण थी। इस पकड़ का दायरा पांडुलिपियों की खोज में उनकी दिलचस्पी से लेकर उनके संपादन और प्रकाशन तक फैला था। भर्तृहरि की *शतकत्रय* (1942), दशबल की *चिंतामणिशरणिका* (1949), विद्याकर की *सुभाषितरत्नकोष* (1947) पर उनके आलोचनात्मक संपादन के साथ-ही-साथ महाभारत के *पर्वसंग्रह* (1946) तथा *अर्थशास्त्र* (1958) के ग्रंथ पर उनके लेख, संस्कृत पर उनके आधिपत्य के साथ ही, ग्रंथ साहित्य आलोचना

के क्षेत्र में उनकी सिद्धहस्तता को पूर्ण रूप से स्थापित कर देता है। भास के नाटक *अविमरक* का उनके द्वारा (जे.एल. मैसन के साथ संयुक्त रूप से) किया गया अनुवाद भी संस्कृत की उनकी भाषागत समझ का सबूत है। अपने जीवन के बाद के वर्षों में वे कौटिल्य कृत *अर्थशास्त्र* के मानक अनुवाद में जुट गए थे, किंतु 29 जून, 1966 को अचानक उनकी मृत्यु हो जाने के कारण यह परियोजना अधूरी रह गई।

डी.डी. कोसंबी द्वारा संपादित और विश्लेषित कृतियों में सबसे ज़्यादा चर्चित भर्तृहरि की *शतकत्रय* और विद्याकर की *सुभाषितरत्नकोष* हैं। ग्रंथ समीक्षा में *शतकत्रय* का उनका आलोचनात्मक संपादन भी एक युगांतरकारी कार्य है। संतुलित आकलन के हिसाब से अब तक बची कुल 3,000 पांडुलिपियों में से उन्होंने 377 पांडुलिपियों का तुलनात्मक अध्ययन किया जो 'भारतीय साहित्यिक आलोचना के इतिहास में केवल एक ग्रंथ के लिए प्रयुक्त संख्या से निस्संदेह अधिक था'। अपने इस अध्ययन के आधार पर उन्होंने 200 ऐसे पद्य खोज निकाले जो ज़्यादातर पांडुलिपियों में मौजूद साक्ष्य के आधार पर भर्तृहरि के पद कहे जा सकते थे। आश्चर्य नहीं कि उनकी कृति को 'उनके समकालीनों द्वारा अर्जित किसी भी उपलब्धि से निश्चित तौर पर अग्रवर्ती' और 'आनेवाले बहुत सारे दशकों तक के लिए निर्णायक' माना गया है। *शतकत्रय* की पुनर्रचना बहुत सारी पांडुलिपियों के आधार पर की गई है, जबकि इसके विपरीत पाल युग के एक बौद्ध मठ में लगभग 1100 ई. के आसपास विद्याकर द्वारा तैयार संकलन *सुभाषितरत्नकोष* ग्रंथ का पुनरुद्धार केवल तीन आंशिक पांडुलिपियों के आधार पर करना पड़ा। हालाँकि इसके बहुत सारे पद्य अन्य पांडुलिपियों और बाद के संकलनों से लिये गए हैं। इसमें सम्मिलित पद्यों के रचनाकारों की सूची में 223 नाम आते हैं। कोसंबी का दावा है कि उन्होंने उनमें से 'तक़रीबन पचास ऐसे कवियों को उजागर किया है जिनको संस्कृत प्रेमियों ने बिलकुल विस्मृत कर दिया था'। हालाँकि इस संकलन के अनुवादक डैनियल इंगाल्स ने बाद में इस पुनर्रचित ग्रंथ में 200 से ज़्यादा परिवर्तन की सलाह दी, परंतु शेल्डन पोलॉक के मुताबिक कोसंबी का *सुभाषितरत्नकोष* 'संस्कृत भाषाशास्त्र के इतिहास में सर्वाधिक मूल्यवान कृतियों में से एक है।'

कोसंबी के संस्कृत साहित्य का विश्लेषण और समझदारी, मार्क्सवाद में रचे-बसे उनके सामाजिक और राजनीतिक आदर्श के प्रति उनकी प्रतिबद्धता से प्रेरित थी। उनकी दृष्टि में, साहित्य को विज्ञान की तरह ही उस युग की एक क्रिया के रूप में समझना चाहिए जिसमें वह पैदा होता है। वे कहते हैं, 'वर्गीय समाज के महान कवि को न केवल एक महत्त्वपूर्ण वर्ग की अवस्था और आकांक्षाओं को अभिव्यक्त करना चाहिए, बल्कि वर्गीय सीमाओं से बाहर निकलना चाहिए, चाहे स्पष्ट रूप से या अस्पष्ट रूप से।' और इतना तो निश्चित है कि संस्कृत भाषा और साहित्य पर उनके ज़्यादातर उत्तेजक वक्तव्य उसके वर्ग चरित्र पर होते थे। ये वक्तव्य उन्होंने भर्तृहरि और विद्याकर दोनों की कृतियों के संदर्भ में दिये थे। भर्तृहरि के बारे में लिखते हुए उन्होंने बलपूर्वक कहा कि भर्तृहरि का 'साहित्यिक आकृतिविज्ञान' एक ऐसे 'विपदाग्रस्त भूखे ब्राह्मण' के ऊपर आधारित है, जिसकी कुंठाओं का भागीदार 'दयनीय ब्राह्मणों का संपूर्ण वर्ग' है।

> वह अपने वर्ग का एक विशिष्ट कवि है। परंतु वह जनकवि नहीं है। जिन भारतीय कवियों ने लोगों के दिलों में अपने लिए एक वास्तविक और चिरंतन स्थान बनाया, वे स्वयं जनता

के बीच से आए थे, न कि जन्म, प्रशिक्षण, अध्यवसाय या इसके अभाव, भाषा और संस्कृति में जनता से कटे हुए इस संकीर्ण अधःस्तर से। वे कवि जनता की भाषा बोलते थे, वे जनता को संबोधित करते थे न कि दरबार को। बच्चा-बच्चा उनके नाम जानता है और हरेक किसान उनके गीत गाता है—कबीर, तुकाराम, तुलसीदास—देश के किस हिस्से के पास अपना एक ऐसा कवि नहीं था?

सुभाषितरत्नकोष के परिचय में संस्कृत साहित्य के वर्ग चरित्र पर कोसंबी द्वारा दिया गया बल बहुत साफ़ है :

> आमतौर पर संस्कृत कवि अभिजात वर्ग पर लिखता था; यहाँ पर हमें वर्ग साहित्य को समझना है। ऐसी किसी भी कृति के आधार पर प्राचीन भारत में जीवन के बारे में निष्कर्ष निकालते समय यह हमेशा याद रहना चाहिए कि उस कवि के समय के, या किसी भी समय के ज़्यादातर भारतीयों का जीवन वैसा नहीं था; सच पूछा जाए तो यहाँ तक कि स्वयं कवि का भी नहीं। संस्कृत के पद्यों में बुद्धि और स्मरणशक्ति का प्रयोग है जिसको किसी और प्रयोजन में लगाया नहीं गया, आराम से जीते हुए इनके दोहरे और तिहरे अर्थ लगाना, मिथकीय संकेत, जटिल वाक्य रचना—इनके अतिरिक्त संस्कृत में छोटी-से-छोटी अभिव्यक्ति के लिए आवश्यक लंबे प्रशिक्षण की बात तो अलग है ही। आम लोगों में ख़ुद को श्रेष्ठ समझते हुए कर्मकांड और भाषा दोनों को जीवित रखने के लिए ब्राह्मण वर्ग मुख्य रूप से ज़िम्मेदार था।

हालाँकि यह स्वीकार करना भी कठिन लग सकता है कि संस्कृत साहित्य पूरी तरह से ब्राह्मणों का ही सृजन था या सिर्फ़ उनके ही अधिकार में रहा। महान कवि भर्तृहरि का सबसे पहली बार उल्लेख सोमदेवसूरी ने अपने *यशस्तिलकचंपु* (सन् 959 ई.) में किया। स्वयं कोसंबी बताते हैं कि भर्तृहरि की किसी विशिष्ट कृति का प्राचीनतम संदर्भ, प्रसिद्ध जैन आचार्य मेरुतुंग के *प्रबंधचिंतामणि* (सन् 1306 ई.) में मिलता है। भर्तृहरि के *शतकत्रय* पर प्रथम भाष्य की रचना धनसर नामक एक जैन आचार्य द्वारा जयपुर में लगभग 1478 ई. में की गई थी और कोसांबी ने उसका उत्कृष्ट संपादन किया है। इसी प्रकार कोसंबी ने *सुभाषितरत्नकोष* के लेखक विद्याकर के ग्रंथ की पुनर्कल्पना की थी। विद्याकर पाल युग में जगद्दल के बौद्ध मठ के मठाधीश थे। यहाँ तक कि ज्योतिष ग्रंथ *चिंतामणिशरणिका* के लेखक दशबल भी एक बौद्ध ही थे। इन सबसे यही प्रकट होता है कि संस्कृत पर केवल ब्राह्मणों का ही एकाधिकार नहीं था बल्कि बौद्ध और जैनों के लिए भी यह अभिव्यक्ति का एक माध्यम था। परंतु यह संस्कृत साहित्य के वर्ग चरित्र के बारे में कोसंबी के मौलिक दावे का खंडन नहीं करता, क्योंकि संस्कृत में लिखनेवाले जैन और बौद्ध लेखक न तो दरिद्र थे और न ही संरक्षण से पूर्ण रूप से वंचित। इस दृष्टि से जैन अचार्य हेमचंद्र (ग्यारहवीं-बारहवीं शताब्दी) के उदाहरण पर ग़ौर किया जा सकता है। इस प्रकार इस दृष्टिकोण में काफ़ी सचाई है कि क्लासिकी संस्कृत साहित्य उच्च वर्ग का साहित्य था, हालाँकि इसमें ग़रीबी और दीनहीनता के वर्णन काफ़ी मिलते हैं। विद्याकर का पद्य सं. 1318 कहता है : 'मैं नग्न हूँ और मेरे नग्न शरीर की त्वचा को ही आवरण बनना है—बालों से भरपूर ऐसा आवरण, जो ठंडी हवा से रोमांचित होता है।'

अमरकोश में कोसंबी द्वारा किए गए मज़दूर वर्ग के अध्ययन में भी वर्गीय परिप्रेक्ष्य से साहित्य के अध्ययन और विश्लेषण में ऐतिहासिक भौतिकवाद का प्रयोग दिखाई देता

है। इसके लेखक अमरसिंह अन्य कोशकारों से 'स्मृति-विषयक दृष्टि से श्रेष्ठतर' थे क्योंकि 'उन्होंने आदर्श अवस्थाओं के बनिस्बत वस्तुगत यथार्थ पर अधिक ध्यान दिया' और इसलिए यह सामाजिक विभाजनों के बारे में अच्छी समझ देता है। इसलिए कोसंबी इस ग्रंथ में आए ऐसे शब्दों का गहन विश्लेषण करते हैं जो मज़दूर वर्ग से जुड़े हैं। इसी अध्ययन के आधार पर वे कहते हैं कि *'अमरकोश* सामंती युग में लिखा गया', हालाँकि इस बात से भी वे सचेत हैं कि इसके 'साक्ष्य कमज़ोर हैं।' बदलते सामाजिक संदर्भ में साहित्य की कोसंबी द्वारा की गई व्याख्या का एक दूसरा उदाहरण उर्वशी-पुरुरवा की कथा पर उनका लेख है। यह कथा *ऋग्वेद* और *शतपथ ब्राह्मण* में सबसे पहले नज़र आती है और आगे चलकर कालिदास कृत पाँच अंकों वाले *विक्रमोर्वशीयम्* का मुख्य विषय बन जाती है। इस प्रकार यह समय की एक लंबी अवधि तय करती है। कोसंबी इस मिथक के मौलिक वृत्तांत का विश्लेषण करने के साथ-साथ पूरे समय काल के दौरान विभिन्न साहित्यिक ग्रंथों में पाए गए इसके रूपांतरों का विश्लेषण करते हुए तर्क प्रस्तुत करते हैं कि किस प्रकार कालिदास द्वारा इस कथा को पुनर्प्रस्तुत करना 'वैदिक समाज और गुप्तकाल के बीच के अंतर को प्रतिबिंबित करता है, जो दरअसल कर्मकांड का नाटक में संक्रमण है।' *भगवद्गीता* के प्रति भी कोसंबी का ऐसा ही दृष्टिकोण है। वे कहते हैं, 'ब्राह्मणों द्वारा गाया जानेवाला दिव्य गान उच्च वर्ग के लिए है, और केवल उनके माध्यम से ही दूसरों को उपलब्ध होता है।' वे 'गीता' में प्रतिपादित भक्ति के सिद्धांत को भी सामंतवाद के उत्थान से जोड़ते हैं और यह दावा करते हुए कहते हैं कि सामंतवादी समाज और राज्य को एक साथ बनाए रखने के लिए 'वही धर्म सर्वश्रेष्ठ है जो भक्ति और निजी विश्वास की भूमिका पर बल देता है, चाहे श्रद्धा के पात्र में स्पष्ट रूप से कमियाँ ही क्यों न नज़र आती हों।' कोसंबी द्वारा किए गए ऐसे अध्ययनों के बहुत सारे उदाहरण दिये जा सकते हैं। उनके इन वृत्तांतों पर अगर लोग उनसे मतभेद भी रखें तो समाज की भौतिक परिस्थितियों तथा विशिष्ट साहित्यिक और सौंदर्यबोधात्मक स्वरूपों के ऐतिहासिक प्रचलन के बीच अंतर्निहित संबंधों पर उनकी अवधारणा को अस्वीकार करना कठिन है।

5

एक तरफ़ जहाँ डी.डी. कोसंबी ने वैज्ञानिक मुद्राशास्त्रीय अध्ययन और साहित्य के वर्ग विश्लेषण के महत्त्व को रेखांकित किया, वहीं भारतीय अतीत के पुनर्निर्माण के लिए पुरातत्त्व की उपयोगिता से भी वे उतने ही वाक़िफ़ थे और उन्होंने स्वयं काफ़ी मूल्यवान पुरातात्त्विक कार्य भी किए।

उन्होंने पूना ज़िले में महापाषाणों (megaliths) की खोज की, बड़ी मात्रा में सूक्ष्मपाषाणों (microliths) का संग्रह किया और अपनी खोजों के आधार पर प्राचीन लोगों की गतिविधियों की व्याख्या तथा दक्कन और केंद्रीय भारत के बीच प्रागैतिहासिक संपर्क स्थापित करने की कोशिश की। उनके क्षेत्र-अध्ययन से प्राचीन व्यापार मार्ग, कुंडा की बौद्ध गुफाओं और कुछ प्राचीन शिलालेखों का पता चला जिनको उन्होंने अपनी टिप्पणियों के साथ प्रकाशित किया। कोसांबी ने आधी से ज़्यादा शताब्दी पहले पुरातात्त्विक अनुसंधान का बीड़ा उठाया और आश्चर्य नहीं कि उनके कुछ निष्कर्ष अब पुराने, त्रुटिपूर्ण और अस्वीकार्य लगते हैं, पर एक

जानी-मानी भारतीय पुरातत्त्वविद् शिरीन रत्नागर द्वारा इस आधार पर उनके पुरातत्त्व को रद्‌दी बताना कि उन्होंने अपनी खोजों को आर्कियोलॉजिकल सर्वे ऑफ़ इंडिया की पत्रिकाओं (मसलन–*इंडियन आर्कियोलॉजीः ए रिव्यू एंड एंशिएंट इंडिया*) और अपने समकक्ष द्वारा समीक्षित किसी भी पत्र-पत्रिका में प्रकाशित नहीं किया, हास्यास्पद रूप से शैक्षणिक ओछापन दिखाता है। रॉयल एंथ्रोपोलॉजिकल इंस्टीट्यूट ऑफ़ इंग्लैंड एंड आयरलैंड द्वारा प्रकाशित *मैन* में उनके लेख प्रकाशित हुए, परंतु उक्त विदुषी की दृष्टि में इसका कोई महत्त्व नहीं। उन्होंने यह भी बताया है कि 1960 के दशक तक डेक्कन कॉलेज, पूना (जिसके निर्देशक एच.डी. सांकलिया शिरीन रत्नागर के परामर्शदाता थे) के संकाय ने राजस्थान से लेकर उत्तरी कर्नाटक तक कई स्थलों पर उत्खनन किया, परंतु कोसंबी ने उनसे प्राप्त आँकड़ों को जान-बूझकर नज़रअंदाज़ किया।

अब ग़लती चाहे सांकलिया की हो या कोसंबी की, पर इन दोनों के बीच निजी संबंध में आई खटास के कारण किसी भी प्रकार के सार्थक शैक्षणिक आदान-प्रदान का अभाव रहा। परंतु, इस तथ्य से कोई इनकार नहीं कर सकता कि भारतीय पुरातत्त्वविद (सांकलिया) अपने-अपने चौखटों से बाहर आकर विद्वत् समुदाय के साथ मिल-जुलकर अपने आँकड़े प्रस्तुत करने से कतराते रहे हैं और प्राचीनता के पीछे पागल होकर, जैसा कि वे रहे हैं, आमतौर पर सामाजिक और सांस्कृतिक रूपांतरण जैसे वृहत्तर मुद्‌दों पर चिंतन से बचते रहे हैं। न ही इस बात को अनदेखा किया जा सकता है कि डेक्कन कॉलेज द्वारा उत्खनित स्थलों की कई रिपोर्टें कोसंबी के देहांत के मात्र कुछ महीने पहले ही प्रकाशित हुईं, शायद इसीलिए वे उन्हें देख ही नहीं पाए। उनमें से एक तो उनके देहांत के पूरे तीन साल बाद ही लोगों को देखने को मिली। इसलिए यह आरोप लगाना निरर्थक ही है कि कोसंबी ने अपने समय में उपलब्ध आँकड़ों की अवहेलना की। उन्होंने सांकलिया की *प्रीहिस्ट्री एंड प्रोटोहिस्ट्री इन इंडिया एंड पाकिस्तान* (बॉम्बे, 1962-63) की जो समीक्षा की है, उसमें उन्होंने सांकलिया और उनके सहकर्मियों द्वारा उत्खनित सभी स्थलों से प्राप्त आँकड़ों को सम्मिलित किया है। हालाँकि इसमें उनका रवैया रूखा और कठोर है, पर उस समय के हिसाब से जो भी नवीनतम उत्खनित पदार्थ रहा होगा, उस पर उन्होंने अवश्य ग़ौर किया।

यह भी अवश्य ध्यान में रखना चाहिए कि कोसंबी न तो भारतीय पुरातत्त्वविदों की तरह पुरातनवाद से अभिभूत थे और न ही उनकी तरह एम. ह्वीलर की इस अवधारणा से सम्मोहित थे कि पुरातत्त्व का एकमात्र उद्‌देश्य है, स्तर विन्यासों की पहचान करना–इससे संस्कृति के क्रमों का आनुक्रमिक माप तो तैयार किया जा सकता था, पर वृहत्तर ऐतिहासिक मुद्‌दों और सामाजिक, आर्थिक तथा सांस्कृतिक परिवर्तन के कारकों के प्रति कोसंबी का जो सरोकार था, उसके लिए यह किसी काम का नहीं था। इस सरोकार के लिए तथाकथित 'प्रशिक्षित' पुरातत्त्वविदों की कार्यसूची में कोई स्थान नहीं था और आज भी इसके प्रति उनका ध्यान बहुत ही सीमित है। कोसंबी की दृष्टि में, भारतीय पुरातत्त्व ने 'ऐतिहासिक मूल्य से संबंधित कुछ भी हासिल नहीं किया है'। महत्त्वपूर्ण प्रश्नों को सुलझाने की बात तो दूर, इनमें से कई प्रश्न तो पूछने के लिए पर्याप्त रूप से विकसित भी नहीं हो पाए हैं। कोसंबी का दावा था कि पुरातात्त्विक वस्तुओं का सार्थक प्रयोग तभी संभव है, जब इनका न केवल पारंपरिक लिखित दस्तावेज़ों, बल्कि उन नृजातीय आँकड़ों के साथ तुलनात्मक अध्ययन किया जाए

जो इस प्रक्रिया का विस्तृत विश्लेषण प्रस्तुत करते हैं। इनकी तुलना मोटे तौर पर उन तथ्यों से की जा सकती है जिनका पुनर्निर्माण इतिहासकार बहुत कम साक्ष्यों के आधार पर करते रहे हैं। यह तभी संभव हो सकता था जब विस्तृत रूप से क्षेत्र-अध्ययन लोकसाहित्य, मौखिक परंपरा तथा मिथकों समेत नृवैज्ञानिक आँकड़ों के संग्रह का सम्मिलित अध्ययन किया जाए। ऐसे मिथक मानव जीवन के उन पहलुओं के सुराग़ देते हैं जिनको समय के साथ-साथ भुला दिया गया है। उन्होंने स्वयं भी 'पूर्वग्रह से मुक्त होकर और आलोचनात्मक अंतर्दृष्टि' के साथ क्षेत्र-अध्ययन का बीड़ा उठाया। अपने पुरातात्त्विक आँकड़ों के समर्थन और क़बीलाई तथा जाति आधारित कृषक समाजों के बीच आपसी संस्कृति-संक्रमण की ऐतिहासिक प्रक्रिया और साथ ही बहुत सारे हिंदू देवी-देवताओं, धार्मिक विश्वासों और रिवाजों के क़बीलाई मूल का पता करने के लिए उन्होंने यथेष्ट साक्ष्य इकट्ठा किए ताकि भारतीय इतिहास और दर्शन के बारे में एक स्पष्ट धारणा बन सके।

कोसंबी की पुरातात्त्विक विधि में नृजातीय वस्तुओं का भरपूर प्रयोग होता था। उनका कहना था कि इनकी अवहेलना करने से 'भारतीय इतिहास में हास्यास्पद विकृतियाँ आती हैं और भारतीय संस्कृति की भ्रामक समझदारी पैदा होती है, जिसकी भरपाई सूक्ष्म धर्मविज्ञान या स्थूल पदार्थवाद से ऊपर उठने की शेख़ी बघारने से नहीं हो सकती'। उनका पुरातत्त्व अपनी सीमाओं के बावजूद, संभवतः उस चीज़ का अग्रदूत था जिसे आजकल नृजाति-पुरातत्त्व कहने का फ़ैशन है। ठीक उसी तरह जिस तरह उनके ऐतिहासिक कार्यों ने भारतीय इतिहास-लेखन में एक अंतरानुशासनिक दृष्टिकोण प्रदान किया जिस पर आजकल अक्सर अमल करने से ज़्यादा चर्चाएँ ही होती हैं।

6

ऐतिहासिक भौतिकवाद की अपनी समझदारी के साथ अंतरानुशासनिक विधि को मिलाकर डी.डी. कोसंबी ने भारतीय इतिहास और संस्कृति के विभिन्न पहलुओं पर विस्तृत अनुसंधान करने का बीड़ा उठाया जो सन् 1940 के दशक के आरंभ से शुरू होकर लगातार सौ से भी ज़्यादा लेखों के रूप में नज़र आने लगा। उन्होंने बाद में अपनी प्रमुख खोजों को तीन पुस्तकों में पिरोया : *इंट्रोडक्शन टु द स्टडी ऑफ़ इंडियन हिस्ट्री'* (1956), *मिथ एंड रिएलिटी* (1962) और *कल्चर एंड सिविलाइजेशन ऑफ़ एंशिएंट इंडिया एन हिस्टोरिकल आउटलाइन* (1965)। अत्यन्त प्रभावशाली ढंग से लिखे गए उनके इन लेखों में कभी-कभी तिक्तता नज़र आती थी, परंतु उनके कार्य भारतीय अतीत के राष्ट्रवादी महिमामंडन और औपनिवेशिक धर्माडंबर का ज़बर्दस्त प्रतिकार करते थे; और इस प्रकार उन्होंने समकालीन भारतीय इतिहास-लेखन की शब्दाडंबरपूर्ण और ठहरी हुई धारा में हलचल पैदा कर दी।

कोसंबी ने भारतीय इतिहास पर अपने अनुसंधानों में मार्क्सवाद का प्रयोग किया, यह अक्सर उद्धृत किए जानेवाले उनके एक वक्तव्य से स्पष्ट होता है : 'इतिहास उत्पादन के साधन और संबंधों में आए उत्तरोत्तर परिवर्तनों का तिथिक्रम में प्रस्तुतीकरण है।' हालाँकि उन्होंने 'विशेष रूप से भारत के मामले में यांत्रिक नियतिवाद' की प्रासंगिकता को अस्वीकार किया था। उन्होंने कहा कि 'मार्क्सवाद के विरोधी अक्सर इसे आर्थिक नियतिवाद से जोड़ते हैं जबकि यह उससे कोसों दूर है।' इसे 'गणित की तरह सख़्त रूपवाद में बाँधा नहीं जा

सकता' और 'किसी ख़राद मशीन जैसी मानक तकनीक की तरह इसके साथ सलूक नहीं किया जा सकता'। उनके लिए यह एक विधि थी, 'विश्लेषण का एक साधन', न कि 'चिंतन का कोई विकल्प'। इसी मान्यता के कारण कोसंबी ने मार्क्स और एंगेल्स के कुछ ऐसे प्रतिपादनों को भी बेझिझक अस्वीकार कर दिया जो तथ्यों के अनुरूप नहीं बैठते थे। उनकी दृष्टि में, भारत के इतिहास के काल-विभाजन को दासता-सामंतवाद-पूँजीवाद पद्धति वाला सीधा जामा नहीं पहनाया जा सकता। इसमें आश्चर्य नहीं कि वे बलपूर्वक कहते हैं कि यूनानी और रोमन समाज के विपरीत प्राचीन भारतीय समाज में दासता पर आधारित उत्पादन प्रणाली नहीं थी। हालाँकि कुछ लोग आरंभिक काल से लेकर वर्तमान शताब्दी तक स्वतंत्र नहीं थे, लेकिन उनका मत है कि प्राचीन भारत में आर्थिक उत्पादन के लिए श्रम की आपूर्ति के रूप में उत्पादन के संबंधों में दास संपत्ति का महत्त्व नगण्य था। जिस दास के अधिशेष को हस्तगत किया जा सकता था, उसका स्थान यहाँ पर शूद्रों की निम्नतम जाति ने ले लिया। उन्हें ही कोसंबी ने स्पार्टा के गु लामों (हेलॉट्स) के समकक्ष माना।

कोसंबी का कथन वैदिक काल के लिए सही है, जब दासों की संख्या कम थी और वे अपने समकक्ष होमेरिकों की तरह उत्पादक कार्यों में संलग्न नहीं हो पाए होंगे। वैदिक उद्धरणों में पुरोहितों को निरपवाद रूप से दासियों को उपहारस्वरूप दिये जाने का संदर्भ मिलता है, जो शायद घरेलू दासियों के रूप में काम करती थीं। वैदिक काल के एक प्रमुख हिस्से में कृषि आधारित अर्थव्यवस्था का बिलकुल शुरुआती दौर होने के कारण संभवतः आर्थिक उत्पादन में इन दासियों की भागीदारी की आवश्यकता नहीं पड़ी। लेकिन सन् 400-100 ई.पू. के दौरान आरंभिक पालि ग्रंथों और कौटिल्य के *अर्थशास्त्र* में दासों के अनेक संदर्भ मिलते हैं। *अर्थशास्त्र* में तो उनके लिए विस्तृत रूप से नियम भी बनाए गए हैं; अर्थात् इस दौरान दासता, उत्पादन के एक प्रमुख कारक के रूप में उभरकर आई। कोई भी पालि कृति 400 ई.पू. से पहले की नहीं हो सकती। इन पालि कृतियों से सूचना मिलती है कि उत्तर-पूर्वी भारत में दास और कर्मकार (मज़दूर) खेती में, ख़ासकर 500 से 1000 ज़रीब वाले बड़े आकार के खेतों में लगाए गए थे।

कौटिल्य इस तथ्य की पुष्टि करता है। वह राजकीय खेतों पर दासों और कर्मकारों को बहाल करने के लिए कृषि अधीक्षक को आदेश देता है। इसलिए इसमें संदेह नहीं कि उत्तर-वैदिक और मौर्यकाल के दौरान सामुदायिक उत्पादन कार्यों में दासों ने हिस्सा लिया। अगर कोई राज्य और समाज के कुछ व्यक्ति दास रखते भी थे, जो कृषि क्षेत्र में लगाए जाते थे, तब भी संख्यात्मक दृष्टि से उनके बारे में किसी परिमाणात्मक आँकड़े के अभाव में भारतीय समाज को दास समाज के रूप में चित्रांकित करना कठिन है। कुछ अन्य देशों (मसलन–क्लासिकी एथेंस, रोमन इटली, वेस्ट इंडियन आइलैंड्स और यू.एस.ए. के दक्षिणी राज्य) के दासों की संख्या के बारे में पता चला है, पर भारत के संदर्भ में ऐसा नहीं हुआ है। इसलिए कोसंबी जब भारत के संदर्भ में दास-प्रथा आधारित उत्पादन प्रणाली की अवधारणा को अस्वीकार करते हैं तो उनके विचार तर्कसंगत लगते हैं।

कोसंबी एशियाई उत्पादन पद्धति (एशियाटिक मोड ऑफ़ प्रोडक्शन) की मार्क्सवादी अवधारणा की भी आलोचना करते हैं। मार्क्स ने कभी इसे स्पष्ट रूप से परिभाषित नहीं किया और पश्चिमी विद्वानों (जैसे कि कार्ल विटफ़ोगेल) ने इसका काफ़ी पक्षपातपूर्ण इस्तेमाल

किया। उत्पादन की एशियाई प्रणाली की उनकी अवधारणा भूमि पर क़बीलाई सामुदायिक स्वामित्व और 'छोटे समुदाय के अंतर्गत निर्माण और कृषि के योग' के आधार पर आत्म-निर्भर अर्थव्यवस्था की पहचानवाले एक समाज की अवधारणा पर आधारित है। पूर्वी देशों के समाज की धीमी गति वाले चरित्र के बारे में मार्क्स और एंगेल्स—दोनों के विचार इससे जुड़े हुए हैं। यह इसके 'स्थावर और वनस्पति निर्भर जीवन' पर मार्क्स के प्रमुख संदर्भ तथा इसके 'स्थिर बने रहने की अदम्य क्षमता' पर एंगेल्स की टिप्पणी से प्रकट होता है।

कोसंबी ने 'एशियाई समाजों की अपरिवर्तनशीलता' के रूढ़िवादी मार्क्सवादी विचारों से स्वयं को अलग कर लिया। आख़िरकार भूमि के निर्धारित खंड पर प्रयुक्त हल द्वारा ग्रामीण अर्थव्यवस्था का निर्माण उत्पादन के साधन में अत्यधिक प्रगति का सूचक है। मार्क्सवाद के संस्थापकों के अनुसार, आत्मनिर्भरता जो एशियाई समाजों की पहचान है, अपने सही अर्थों में संभव ही नहीं थी, क्योंकि, जैसा कि कोसंबी ने बिलकुल ठीक बताया है, ज़्यादातर भारतीय गाँव न तो नमक और न ही धातुओं का उत्पादन करते हैं। ये दोनों आवश्यक वस्तुएँ विनिमय द्वारा ही प्राप्त हो सकती थीं। उनकी मृत्यु से पहले और बाद के वर्षों में अन्य इतिहासकारों (उल्लेखनीय रूप से राम शरण शर्मा) ने भारतीय समाज की संभावित स्थिर प्रकृति पर भी सवाल खड़े किए और उत्तर-वैदिक काल से लेकर गुप्त शासकों के समय तक कृषि के विस्तार, तकनीकी विस्तार, शहरीकरण और व्यापार के विकास के चरणों तथा राज्य के निर्माण की ओर ध्यान आकर्षित किया। इसके बावजूद, कोसंबी के अनुसार, इस बात से इनकार नहीं किया जा सकता कि मुख्यतः व्यापार और शहरी केंद्रों के पतन के कारण गुप्तकाल से भारतीय गाँवों में लगभग आत्मनिर्भर होने की प्रवृत्ति दिखने लगी थी। इसके फलस्वरूप व्यापारियों और दस्तकारों के शिल्पसंघ टूटने लगे। वे गाँवों में जाकर बसने लगे और वहाँ के लोगों की ज़रूरतों को पूरा करके अपना गुज़ारा करने लगे। इससे ग्रामीण सामाजिक संरचना में, ख़ासकर नई जातियों के निर्माण के ज़रिये परिवर्तन आया। इस तथ्य के मद्देनज़र, कि कोसंबी ने आरंभिक भारत में प्रमुख सामाजिक रूपांतरण की कुछ विशिष्टताओं की ओर संकेत किया था, ऐसा नहीं लगता कि उन्होंने एशियाई उत्पादन पद्धति की अवधारणा को पूर्णतः स्वीकार कर लिया है।

7

हालाँकि कोसंबी दास और एशियाई उत्पादन पद्धति की अवधारणा को स्वीकार नहीं करते, पर औपनिवेशिक भारत से पूर्व के संदर्भ में सामंतवाद की अवधारणा का प्रयोग अवश्य करते हैं। हालाँकि यहाँ पर भी वे मार्क्सवादी दृष्टिकोण से अलग इस प्रकार हैं कि वे भारत में सामंतवाद के विकास में दो अवस्थाओं की प्रस्थापना देते हैं—ऊपर से सामंतवाद और नीचे से सामंतवाद। प्रथम अवस्था में एक ऐसा 'राज्य होता है जिसका सम्राट या शक्तिशाली राजा अपने अधीनस्थों से कर वसूल करता है। जब तक वे अधीनस्थ अपने सर्वोच्च शासक को कर अदा करते रहते हैं, उन्हें अपने-अपने क्षेत्रों में अपना शासन क़ायम रखने और मनमानी करने की आज़ादी होती है।' ये अधीनस्थ शासक क़बीलाई मुखिया भी हो सकते थे और आमतौर पर ऐसा लगता है कि वे वस्तुतः भूमि पर अधिकार रखनेवाले वर्ग की मध्यस्थता के बिना भूमि पर सीधे ही अपना शासन चलाते थे। नीचे से सामंतवाद का अर्थ है, अगला

चरण। इसमें राज्य और कृषक वर्ग के बीच, गाँव में भूस्वामियों का एक वर्ग विकसित होता है जो धीरे-धीरे स्थानीय लोगों के ऊपर अपनी सशस्त्र शक्ति स्थापित कर लेता है।

मार्क्स और एंगेल्स के लेखन में कहीं भी ऐसे दो स्तरीय सामंतवाद की परिकल्पना नहीं की गई है और कई विद्वानों ने इस पर प्रश्न-चिह्न भी लगाए हैं। उदाहरण के लिए, आर.एस. शर्मा ने भारतीय सामंतवाद पर अपने विस्तृत कार्य में प्रभूत मात्रा में आनुभाविक आँकड़े प्रस्तुत किए हैं जो कोसंबी की अवधारणा का खंडन करते हैं। शर्मा के कार्य पर पूरे जोश के साथ विद्वत्तापूर्ण विवाद आरंभ हो गया, पर कोसंबी के सामंतवाद के दो चरणों वाले सिद्धांत को वह स्थान नहीं मिला जिसका वह हक़दार था। अस्तु, कोसंबी और शर्मा द्वारा चित्रित भारतीय सामंतवाद की अवधारणाओं की एक प्रमुख कमी यह थी कि ये सामंतवादी विकास की व्याख्या व्यापार के पतन की कसौटी पर करते थे, जो बाह्य कारकों पर निर्भर करता था। यह व्याख्या मूल रूप से हेनरी पिरें के सिद्धांतों से प्रभावित थी। इसका मूल तात्पर्य यही था कि आरंभिक भारतीय समाज में परिवर्तन की कोई स्वजनित संभावना नहीं थी—यही तर्क एशियाई उत्पादन पद्धति सिद्धांत में अंतर्निहित है। लेकिन यह कोसंबी के जाति को एक वर्ग के रूप में देखने के अपने नज़रिए से मेल नहीं खाता, हालाँकि उनका यह नज़रिया सिर्फ़ 'उत्पादन के आरंभिक स्तर' के लिए ही था, क्योंकि एक वर्गीय समाज के अंदर अंतर्द्वंद्व अवश्यंभावी था, जिससे एक नए उत्पादन के साधन की उत्पत्ति होगी और तत्कालीन स्थिति में यही सामंतवाद का स्रोत था।

भारत विद्या (इंडोलॉजी) में, ख़ासकर सामंतवाद संबंधी भारतीय व्याख्या में कोसंबी के योगदान का आकलन करते हुए रोमिला थापर ने इस बात को बलपूर्वक कहा कि वे न तो इतिहास-लेखन के क्षेत्र में अनाल स्कूल के संस्थापक और प्रमुख प्रतिपादक, क्रमशः मार्क ब्लॉक और फ़र्नेंड ब्रॉडल, के लेखनों से परिचित थे और न ही कार्ल पोल्यानी के लेखनों से। उनके कहने का तात्पर्य यह था कि अगर वे इन विद्वानों के लेखन से वाक़िफ़ होते, तो या तो सामंतवाद की प्रक्रिया को देखने का उनका नज़रिया ही कुछ और होता या फिर इसके अस्तित्व को ही पूरी तरह से अस्वीकार कर देते। परंतु उनकी आलोचना निराधार है। मार्क ब्लॉक की 'फ़्यूडल सोसाइटी' पहली बार सन् 1939 में फ्रेंच में प्रकाशित हुई और इसका अंग्रेज़ी संस्करण काफ़ी बाद यानी सन् 1961 में प्रकाशित हुआ, जबकि इसके पाँच साल पहले ही कोसंबी की *इंट्रोडक्शन टु द स्टडी ऑफ़ इंडियन हिस्ट्री* छप चुकी थी। भूमध्यसागरीय दुनिया पर ब्रॉडेल का प्रसिद्ध कार्य सन् 1949 में फ़्रांसीसी में छपा और उसका अंग्रेज़ी संस्करण सन् 1972 में छपा, जबकि इससे डेढ़ दशक पहले ही कोसंबी की *इंट्रोडक्शन* छप चुकी थी। इसी प्रकार पोल्यानी की दो कृतियों में से एक था *ट्रेड एंड मार्केट्स इन अर्ली एंपायर्स* जो शायद कोसंबी के आरंभिक मध्यकालीन समाज के अध्ययन से थोड़ा-बहुत ताल्लुक़ रख सकता था। यह भी कोसंबी की कृति के प्रकाशित होने के एक साल बाद यानी सन् 1957 में पहली बार प्रकाशित हुई। इस प्रकार तिथिक्रम थापर के विरुद्ध जाता है। फ़्रांसीसी कृतियों के अंग्रेज़ी संस्करण सन् 1956 में कोसंबी की कृति के प्रकाशित होने के बाद ही प्रकाशित हुए और उनमें से एक ब्रॉडेल का कार्य था जो कोसंबी के देहांत के आधे दशक से भी अधिक समय बाद प्रकाशित हुआ।

थापर की तरह कोई भी यह सवाल खड़ा कर सकता है कि कोसांबी ने उन कृतियों को उनके मूल रूप में ही क्यों नहीं पढ़ लिया, क्योंकि यह सभी जानते हैं कि फ़्रांसीसी भाषा

समेत कई यूरोपीय भाषाओं पर उनकी काफ़ी अच्छी पकड़ थी। पर हम यह कैसे कह सकते हैं कि उन्होंने नहीं पढ़ा? हो सकता है, उन्होंने उन सबको पढ़ा हो, पर किसी ने उन्हें प्रभावित ही नहीं किया हो! थापर कोसंबी पर यह भी आरोप लगा सकती हैं कि उन्होंने फ्रैंकफ़र्ट स्कूल के लेखनों और उसके द्वारा प्रतिपादित अवधारणाओं के प्रति उपेक्षा का भाव रखा। यह स्कूल अनाल स्कूल के ही समय में अपनी साख़ जमा रहा था। और इसी प्रकार से वे उनका यह कहकर भी उपहास कर सकती हैं कि वे इटैलियन कम्युनिस्ट अंतोनियो ग्राम्शी (मृत्यु 1937) के लेखनों से भी अवगत नहीं थे जिन्होंने क्लासिकी मार्क्सवाद पर कई महत्त्वपूर्ण प्रश्न खड़े किए! बहरहाल, ऐसी आलोचनाओं की तो झड़ी लगाई जा सकती है, पर डी.डी. कोसंबी पर एक न्यायपूर्ण विवेचन, उनको प्रभावित करने वाले चिंतनों के आधार पर होना चाहिए न कि ऐसे चिंतनों के आधार पर जिनका उन पर कोई प्रभाव ही नहीं पड़ा। आज के प्रखरतम भारतीय इतिहासकार उत्तर-आधुनिकतावाद की अवधारणा से अप्रभावित रहे हैं, परंतु क्या इस वजह से उनका महत्त्व कुछ कम हो जाता है?

8

मार्क्स और एंगेल्स के कुछ चिर-परिचित चिंतनों को अस्वीकार करते हुए भी कोसंबी एक मार्क्सवादी बने रहे और बिना निश्चित साँचे में सिद्धांतों को जबरन अँटाने की कोशिश किए उनके ऐतिहासिक भौतिकवाद की पद्धति का प्रयोग करते रहे। वे उनकी भर्त्सना करने से भी नहीं चूकते थे जो हर समय मार्क्स और एंगेल्स के निष्कर्षों को आँख मूँदकर दोहराते रहते थे। एस.ए. डाँगे की *इंडिया फ्रॉम प्रिमिटिव कम्युनिज़्म टु स्लेवरी* (1949) पर उनके छिद्रान्वेषी मत को इसके उदाहरण के रूप में देखा जा सकता है।

कोसंबी का इतिहास-लेखन 'यूनानी कलादेवी क्लिओ के संरक्षण में' नहीं फला-फूला जो अपने हाथों में तिथिक्रम निर्धारित करने के लिये गिनतारा लिये 'राजाओं और सेनापतियों का उनकी जीत पर बिगुल बजाकर अभिनंदन किया करती थी। उन्होंने जनता के इतिहास पर प्रकाश डाला और इतिहास को 'निजी', 'आख्यानमूलक' और राजाओं की विजयगाथा के रूप में प्रस्तुत करने वाले ऐसे इतिहासकारों से बचाकर उसका उद्धार किया, जो चाहते थे कि इन्हें महज़ 'रोमानी उपन्यास' या 'भारतीय रेलवे समय-सारणी' के रूप में पढ़कर लोग आनंद लें। उनके अनुसार, ज़्यादा महत्त्वपूर्ण प्रश्न यह नहीं है कि राजा कौन था या किसी क्षेत्र विशेष में राजा था या नहीं, बल्कि यह है कि उस समय लोग किस तरह के हल का प्रयोग करते थे, हलका या भारी। इस प्रकार उन्होंने तकनीक और आर्थिक उत्पादन की महत्त्वपूर्ण भूमिका तथा उन उत्पादन शक्तियों पर बल दिया जिन्होंने प्रमुख सामाजिक और राजनीतिक परिवर्तन लाने में उत्प्रेरक का काम किया। उन्होंने उत्तर-वैदिककाल में गंगा घाटी के संदर्भ में लोहे की परिवर्तनकारी भूमिका पर लोगों का ध्यान आकर्षित किया जिसके परिणामस्वरूप कृषि का विस्तार, आर्थिक अधिशेष की उपलब्धता, शहरी केंद्रों का विकास और उस क्षेत्र में राज्यों का निर्माण हुआ। अपने हाल के लेखनों में से एक में रोमिला थापर ने यह स्वीकार किया है कि 'कोसंबी के तर्क में उठाए गए महत्त्वपूर्ण प्रश्न अब भी प्रासंगिक हैं', पर तकनीक की भूमिका को वे यह कहकर कम महत्त्व देती हैं कि प्रायद्वीपीय भारत के महापाषाणी स्थलों में लोहे की पुरातात्त्विक उपस्थिति के साथ उत्तरी भारत जैसा विकास

देखने को नहीं मिलता। इसलिए तकनीक की भूमिका, ख़ासकर आरंभिक उत्तर भारत में लोहे की भूमिका, से इनकार करने वाले लोगों के दावों को उचित ठहराती हैं। यह सच है कि तकनीकी और आर्थिक विकास के प्रिज़्म के ज़रिये सामाजिक परिवर्तन का अध्ययन करना कठिन है और कई समस्याएँ खड़ी करता है।

उदाहरण के लिए, कोसंबी का यह दृष्टिकोण है कि वृहत् स्तर पर बौद्ध मठों की स्थापना से जब अर्थव्यवस्था कमज़ोर पड़ने लगी, तब व्यापार के पतन और अवरुद्ध ग्रामीण आर्थिक इकाइयों के उद्भव के साथ ही भारत में बौद्ध धर्म का पतन हुआ। उनका यह तर्क कुछ ज़्यादा ही सरल होने के कारण युक्तिसंगत नहीं लगता, ख़ासकर अगर हिंदू मंदिरों के संदर्भ में देखा जाए तो। इन मंदिरों ने आरंभिक मध्यकाल में खुलकर दिये गए उपहारों और अनुदानों के ज़रिये भारी मात्रा में धन एकत्र कर लिया था जिसे कृषि के विस्तार और कृषि उत्पादन के विकास में लगा दिया गया। लेकिन समय के साथ-साथ ये अनुत्पादक संपत्ति के अथाह भंडार बन गए जो अर्थव्यवस्था पर बोझ बन गया। अगर हम बौद्ध धर्म के पतन के लिए कोसंबी की युक्ति को उचित मानें, तो सभी प्रसिद्ध हिंदू मंदिरों का, सिर्फ़ अवहेलना के कारण ही पतन और क्षय हो जाना चाहिए था। बहरहाल, स्वयं कोसंबी भौतिकवादी दृष्टिकोण की सीमाओं और उसकी जटिलताओं के प्रति सचेत होने के कारण सभी ऐतिहासिक गतिविधियों के लिए आर्थिक व्याख्या प्रस्तुत नहीं करते। इसलिए वे इस बात पर बल देते हैं कि महज़ 'आर्थिक नियतिवाद ही काफ़ी नहीं है' और 'एक बार जब कोई विचार (अंधविश्वास समेत) लोगों पर हावी हो जाता है, तो वह शक्ति बन जाता है'।

भारत के बारे में इस औपनिवेशिक दृष्टि का, कि यह जड़वत है और इसका कोई इतिहास नहीं, डी.डी. कोसंबी ने खुलकर और ज़बर्दस्त विरोध किया। प्रचलित धार्मिक सिद्धांतों और रूढ़िवादों के बारे में भी उनके वक्तव्य उतने ही कटु और तीक्ष्ण थे जिनसे लगता है कि पुनर्जागरणवाद और पुराणपंथ से उनका सख़्त विरोध था। वे कहते हैं कि 'एक आधुनिक रूढ़िवादी हिंदू गोमांस भक्षण को नरभक्षण के बराबर समझता है, जबकि वैदिक ब्राह्मण बलि के गोमांस का नियमित भक्षण करके मोटे होते रहे।' कहा जाता है कि महान विसंगतियों वाली उत्कृष्ट संस्कृत पुस्तक *गीता*, पाठक को किसी भी कार्य के परिणामों की चिंता से मुक्त होकर उस कार्य को न्यायसंगत ठहराने की अनुमति देती है। बहुआयामी देवता (कृष्ण) भी अपने विचारों में परस्पर विरोधी दिखते हैं जिसका मनचाहा अर्थ लगाया जा सकता है। वे *गीता* के बारे में यह भी कहते हैं कि 'यह दैव परंतु व्याख्यात्मक संस्कृत पर अपना नियंत्रण बनाए रखते हुए संदेशों का ऐसा जटिल भंडार है, जो असंगत होते हुए भी सामंजस्य बनाने की कोशिश तथा तीक्ष्ण अंतर्विरोधों को पूरी तरह पचा लेने की अपनी क्षमता में विशिष्ट रूप से भारतीय है'। यही बात वे गुप्त काल को 'स्वर्ण युग' का पर्याय समझनेवाली अवधारणा के बारे में भी कहना चाहते हैं जिसको रूढ़िवादी इतिहासकार 'राष्ट्रवाद के पुनर्जन्म' का श्रेय देते हैं। 'गुप्तों द्वारा राष्ट्रवाद का पुनर्जन्म तो दूर, राष्ट्रवाद ने गुप्तों को पुनर्जन्म दिया।' ऐसे कथन रूढ़िवादी इतिहासकारों के गले नहीं उतरते जिनका समय लोगों का सच्चा इतिहास-लेखन करने बजाय महिमामंडन में गुज़रता है। ऐसा लगता है कि उनके पूरे शोध-कार्य का उद्देश्य, अतीत की पारंपरिक बुर्जुआ अवधारणा को जड़ से उखाड़ना था, जैसा कि निम्नलिखित उद्धरण से प्रकट होता है :

अब तक लिखे गए इतिहास का प्रमुख उद्देश्य महान घटनाओं को आनुक्रमिक ढंग से प्रस्तुत करना रहा है। परंतु घटनाओं का प्रासंगिक महत्त्व किसी अन्य काल, स्थान, सभ्यता, वर्गीय रुझान के लोगों के लिए शायद ही समान प्रतीत होता है; इसलिए महज़ इतिवृत्त लेखन ही काफ़ी नहीं है। किसी भी ऐसे लेखन कार्य को गंभीर इतिहास का सम्मान देने से पहले सामाजिक विकास की गति, उन आंतरिक कारणों को जो अंततः किसी असाधारण घटना के रूप में अभिव्यक्त होते हैं, उन प्रेरक बलों को, जो महान आंदोलनों के अंदर निहित होते हैं, इत्यादि को स्पष्ट करने की ज़रूरत होती है। परंतु फिर भी इस प्रकार का विश्लेषण कुछ इतिहास लेखकों को रुचिकर नहीं लगता। वे या वैसे लोग जो वास्तव में इतिहास की व्याख्या अपने अनुकूल कर लेते हैं, इस प्रक्रिया के अवश्यंभावी परिणामों का सामना करने से बचते हैं; क्योंकि उनका तात्पर्य निश्चित रूप से यही होता है कि सभी प्रकार के इतिहासों और सामयिक घटनाओं का ऐसा विश्लेषण किया जा सकता है। परंतु घटनाओं के प्रवाह को जान-बूझकर किए गए कार्यों द्वारा प्रभावित किया जा सकता है, और इतिहास को सिर्फ़ उस काल में ही जी रहे लोग सचेतन रूप से बनाते हैं। महज़ पेशेवर इतिहासकारों द्वारा एक सुनिर्धारित समय सीमा के बीत जाने पर इतिहास को मनमर्ज़ी से बैठकर नहीं लिखा जा सकता है। सत्ताधारी वर्ग के लिए यह ख़तरनाक भी होता है जो परिवर्तन की आँच में नष्ट होते रहते हैं। इसलिए ऐसे नवीन इतिहास को कुछ लोग विध्वंसकारी मानते हैं। पुराना इतिहास-लेखन पलायन का एक साधन बनकर रह गया है, वह एक रोमानी मनोरंजन, एक पेशा या दब्बूपन उत्पन्न करने की एक विधि बनकर सिमट गया है। यह वैज्ञानिक अनुसंधान कभी नहीं बन सकता।

कोसंबी का लेखन पारंपरिक इतिहास-लेखन और उसकी हिमायत करने वाले भारतीय बुर्जुआ वर्ग, दोनों के लिए विनाशकारी था। कोसंबी उस पारंपरिक लेखन की शैली को न केवल उखाड़ फेंकने में सफल हुए, बल्कि उनके देहांत के कई दशक बाद भी ऐतिहासिक गतिविधियाँ उन्हीं के विचारों के इर्द-गिर्द घूमती हैं। यद्यपि भारतीय बुर्जुआ वर्ग अधिक सशक्त हुआ है और वह आज जितना समृद्ध है उतना पहले कभी नहीं था, फिर भी इतिहास-लेखन के प्रतिमान में परिवर्तन, राजनीति में शक्ति परिवर्तन के साथ नहीं हुआ। बहरहाल यह मुद्दा अलग है।

[अंग्रेज़ी से हिंदी रूपांतर : **रश्मि चौधरी**]

के. दामोदरन

उन्नी कृष्णन पी.

भारतीय कम्युनिस्ट पार्टी के इतिहास में के. दामोदरन की भूमिका काफी विशिष्ट और अनूठी है। 26 फरवरी, 1912 में एक अर्द्ध-सामंती परिवार में जन्मे दामोदरन अपने विचारों और कर्मों के लिए स्वयं शिक्षित हुए थे। जन-जीवन में उनकी आरंभिक रुचि ब्रिटिश राज के ख़िलाफ़ चल रहे भारतीय स्वाधीनता संग्राम से प्रेरित होकर हुई और महात्मा गांधी उनके आदर्श थे। जब दामोदरन केरल के एक प्रतिष्ठित कॉलेज में प्रवेश लेनेवाले थे, तभी चौरी-चौरा की घटना से समस्त भारत आंदोलित था। प्रायः इसी समय केरल के कोझिकोड में अब्दुर्रहमान साहिब, पी. कृष्णा पिल्लै, ई.एम.एस. नंबूदिरिपाद और केलप्पन नमक-सत्याग्रह में अपनी सक्रिय भूमिका निभाते हुए पुलिस की बर्बरता के शिकार हुए थे। यहाँ यह याद करना विस्मयकारी है कि दामोदरन ने, जो अपनी पारंपरिक पृष्ठभूमि के विपरीत छात्र-राजनीति में काफ़ी सक्रिय थे, जवाहरलाल नेहरू पर सामग्री एकत्र करके एक किताब प्रकाशित कराई। 1931 में कॉलेज से गर्मियों की छुट्टियों में जब वे तिरूर में अपने घर वापस आए, तब उन्होंने गांधी के नमक-सत्याग्रह के बारे में सोचना शुरू किया। 27 मार्च, 1931 को दामोदरन अपने एक मित्र के साथ इस सत्याग्रह में भाग लेकर कानून तोड़ने के जुर्म में गिरफ़्तार हुए। यहीं से दामोदरन के जनजीवन में प्रवेश और उनकी विश्वदृष्टि का इतिहास शुरू होता है।

अपने राजनीतिक कैरियर की ऐन शुरुआत से ही दामोदरन जातिवाद और नीची कही जानेवाली जातियों को हाशिए पर रखे जाने की स्थिति से घृणा करते थे। उनकी दृष्टि में जातिवाद केरल के समाज को संचालित करने वाला मूलभूत दोष था। कांग्रेस की 3-5 मई, 1931 को हुई वडकरा मीटिंग से गुरुवयूर सत्याग्रह की प्रेरणा मिली, जो कि केरल में सभी तरह के जातिभेद के ख़िलाफ़ एक मील का पत्थर है। इस मीटिंग में यह तय किया गया कि मंदिर के दरवाज़े सभी हिंदुओं के लिए, चाहे वे किसी भी जात के हों, खोला जाएगा। के. केलप्पन गुरुवयूर सत्याग्रह के नेता थे जिन्हें गांधीजी का पूरा समर्थन प्राप्त था। हालाँकि इस सत्याग्रह में दामोदरन की भूमिका का स्पष्ट ब्यौरा नहीं मिलता, लेकिन निस्संदेह उनका भी इस सत्याग्रह में निश्चित स्थान रहा था। इस आंदोलन के दूसरे महत्त्वपूर्ण नेताओं में ए.के.जी. आदि शामिल थे। धीरे-धीरे दामोदरन ने अपने रूढ़िवादी पारिवारिक माहौल में पशुबलि जैसी प्रथाओं की आलोचना शुरू की। ऐसा उल्लेख मिलता है कि एक दिन दामोदरन अपने कुछ रेडिकल दोस्तों के साथ उस जगह पहुँचे जहाँ मुर्ग़ियों को बलि के लिए बाँधकर रखा गया था। उन लोगों ने मुर्ग़ियों को रस्सियों से छुड़ाकर मुक्त करा दिया। इन कारनामों के कारण

दामोदरन को परिवार के रूढ़िपालक वृद्धों का कोपभाजन बनना पड़ा। लेकिन यह कार्य ही युगों पुरानी प्रथाओं में जकड़े मलयाली समाज से इस युवा क्रांतिकारी का वास्तविक मूलगामी प्रस्थान था।

काशी विद्यापीठ में दामोदरन की शिक्षा की शुरुआत अनेक संकटों में हुई। यह सर्वविदित है कि काशी विद्यापीठ जाने के लिए उन्हें कई प्रकार के लोगों से धन इकट्ठा करना पड़ा था। काशी विद्यापीठ के पुस्तकालय में ही दामोदरन ने राजनीति विज्ञान, अर्थशास्त्र, उर्दू, नीति-शास्त्र, तर्क-शास्त्र और विज्ञान की अन्यान्य शाखाओं जैसे विविध विषयों की जानकारी हासिल की। इस अवधि में बैरिस्टर ए.के. पिल्लै से उनके संपर्क का ज़िक्र यहाँ ज़रूरी है। ए.के. पिल्लै ने ही दामोदरन का समाजवाद के विचारों से परिचय कराया। उन्होंने दामोदरन को मार्क्स, एंगेल्स, लेनिन, ट्रॉटस्की, बुखारिन की कृतियाँ पढ़ने को दीं। वे समाजवाद और साम्यवाद के विषयों पर आपस में निरंतर चर्चाएँ करते थे। भारतीय समाजवादी आंदोलन के शुरुआती हिमायतियों में से एक आचार्य नरेंद्रदेव काशी विद्यापीठ में दामोदरन के शिक्षक थे। दामोदरन ने काशी विद्यापीठ सन् 1936 में छोड़ दिया और उनके मित्रों तथा समर्थकों में इस बात पर अभी तक विवाद है कि उन्हें वहाँ से डिग्री मिली या नहीं। विद्यापीठ में अध्ययन के दौरान ही दामोदरन साम्यवादी विचारों की ओर आकृष्ट हुए तथा भारत के अलावा विश्व के दूसरे भागों की जानकारी का विकास भी उनमें यहीं से होना शुरू हुआ। कहा जाता है कि आचार्य नरेंद्रदेव द्वारा ट्रॉटस्की और बुखारिन के लेखन पर शिक्षण के बावजूद काशी विद्यापीठ में पढ़ते हुए दामोदरन का आकर्षण स्टालिनवाद की ओर अधिक था। दामोदरन के एक आरंभिक जीवनीकार एम. रशीद का यह मत है, जबकि पी. गोविंद पिल्लै जैसे परवर्ती जीवनीकार इस मत को अपनी पुस्तक *के. दामोदरन : पोरुम पोरुलम (के. दामोदरनः संघर्ष और अंतर्वस्तु)* में यह कहकर ख़ारिज कर देते हैं कि इस बात का कोई आधार नहीं है कि दामोदरन केवल स्टालिन के लेखन और विचारों से प्रभावित थे। हम जीवनीकारों के इस विवाद पर कोई निश्चित राय क़ायम नहीं कर सकते, लेकिन यह स्पष्ट है कि पार्टी में अपने आख़िरी दौर में दामोदरन स्टालिनवाद के प्रबल समर्थक थे। रशीद ने बताया है कि दामोदरन से उनकी पढ़ने की आदतों के बारे में हुई बातचीत के आधार पर ही उन्होंने यह मत बनाया था।

जून, 1937 में कोझिकोड, केरल में गुप्त रूप से पहली कम्युनिस्ट पार्टी की स्थापना हुई। कांग्रेस के कुछ सदस्य और कांग्रेस समाजवादी पार्टी के सदस्य जैसे पी. कृष्णा पिल्लै, ई.एम.एस., एन.सी. शेखर और के. दामोदरन इसके संस्थापक सदस्य थे। आंध्र प्रदेश से के. सुंदरय्या और बंबई से एस.वी. घाटे ने इस पार्टी की स्थापना में अहम भूमिका निभाई थी। पी. कृष्णा पिल्लै पार्टी के सचिव थे। उस दौरान जेलों में बंद कई अन्य नेता, जो यह समझ रहे थे कि सत्याग्रहों के बाद भी भारत की और ख़ासकर केरल की राजनीति में अनेक अनसुलझे मुद्दे बाक़ी पड़े हैं, बाद में पार्टी के आंदोलन की ओर आकृष्ट हुए और पार्टी के सदस्य बने। ताशकंद और कानपुर में चल रहे समानांतर आंदोलनों ने केरल के कम्युनिस्ट आंदोलन को तीव्रता प्रदान की। इस समय मज़दूर-किसान पार्टी का विकास भी भारतीय राजनीतिक इतिहास में काफ़ी महत्त्वपूर्ण है, क्योंकि इस पार्टी ने उस समय मुख्यधारा की कांग्रेस पार्टी से विचलन ज़ाहिर किया था। 1935 में पी.सी. जोशी भारतीय कम्युनिस्ट पार्टी के पहले महासचिव बने। बहरहाल, बाद में केरल के इन चार लोगों के समूह ने, जिसमें दामोदरन

भी शामिल थे, साम्यवादी इतिहास में एक ऐतिहासिक छलाँग लगाते हुए चुनाव के ज़रिये बनी पहली कम्युनिस्ट सरकार बनाकर मंत्रालय का गठन किया। यह कम्युनिस्ट पार्टी के इतिहास के निर्माण और सारे भारत में मार्क्सवाद और लेनिनवाद के प्रसार का निर्विवाद प्रमाण था। केरल ने कई राज्यों के सामने कार्य-संस्कृति और जनता के बीच काम करने की लगन का उदाहरण प्रस्तुत किया।

दामोदरन का शुरुआती काम मज़दूरों की ट्रेड यूनियन के बीच केंद्रित था। हालाँकि कहा नहीं जा सकता कि केरल में पहली ट्रेड यूनियन ठीक-ठीक कब गठित हुई थी, लेकिन पी. गोविंद पिल्लै इसका समय 1931 से 1933 के बीच निर्धारित करते हैं। कोच्चि में इसकी स्थापना में पी. गंगाधरन, ए.जी. वेलायुधन और जॉर्ज चत्यामूरी की अहम भूमिका थी। चूँकि केरल में कार्य-संस्कृति अत्यन्त विविधतापूर्ण है, इसीलिए विविध क्षेत्रों में मज़दूर संगठनों के विकास की आवश्यकता अनिवार्य थी। ऐसे कुछ क्षेत्र बीड़ी-मज़दूरों, ताड़ी-उत्पादकों, जहाज़ी पोत के मज़दूरों आदि के थे। मंजुनाथ राव और पी. कृष्णा पिल्लै ने कोझिकोड में कई संगठन बनाए थे जहाँ दामोदरन ने अपना सक्रिय राजनीतिक जीवन आरंभ किया। दामोदरन चेरुवन्नूर-फारोख इलाक़े के मज़दूरों की शिक्षा में अधिक सक्रिय हुए। कुट्टिचिरा में छाते की छड़ी बनानेवाले मज़दूरों के संघर्ष के पीछे इनकी केंद्रीय भूमिका थी। उन्होंने कोझिकोड के वेश्यालयों का मुन्नम्पोक्कु नामक जगह पर, जो रेलवे स्टेशन के क़रीब थी और जहाँ सामान्यतः कम्युनिस्ट कार्यकर्ता कार्य करने नहीं जाते थे, व्यापक अध्ययन भी किया। केरल के कम्युनिस्ट पार्टी आंदोलन के आरंभिक दौर में अधिकांश नेता फर्श पर अख़बार बिछाकर सोते थे और कई बार सिर्फ़ काली चाय और बीड़ियों पर दिन बसर करते थे। आंदोलन के जुझारू कार्यकर्ताओं ने व्यक्तिगत और सार्वजनिक तौर पर कई संघर्षों का सामना करते हुए पार्टी का निर्माण किया। दामोदरन का जीवन भी इनसे अलग नहीं था।

1940 में दामोदरन पार्टी गतिविधियों के लिए गिरफ़्तार हुए और जेल भेजे गए। अक्टूबर, 1945 में जेल से बाहर आकर उन्होंने फिर से पार्टी का काम करना शुरू कर दिया। उनके जेल-प्रवास के दौरान कई वामपंथी कांग्रेस सदस्य और कम्युनिस्ट पार्टी के अन्य सदस्य भी सार्वजनिक विरोध और धरने-प्रदर्शनों में भाग लेने के कारण गिरफ़्तार किए गए थे। इस जेल-प्रवास से इन सबको कई मायनों में लाभ पहुँचा, क्योंकि इन्हीं जेलों में उन्हें अन्य क़ैदियों का जीवन व देश की समस्याएँ देखने को मिलीं।

केरल में कम्युनिस्ट पार्टी के शुरुआती आंदोलन के दौरान मनोरंजन और प्रतिरोध का मुख्य माध्यम नाटक था। ज़्यादातर नाटककारों के पास समाज का एक उदारवादी नज़रिया था। वी.टी. भट्टतिरिपाद एक ऐसे ही प्रमुख रचनाकार थे जिन्होंने अपने नाटक *अद्दुक्कलायिल निन्नम अरंगतेक्कु* (*रसोई से रंगमंच तक*)—जो मलयाली नाटकों के इतिहास में स्त्रीवाद का जनक माना जाता है—के ज़रिये केरल के समाज पर निर्णायक प्रभाव डाला। के. दामोदरन का *पाटाबाकी* भी इसी समय लिखा गया जिसमें ज़मींदारों और काश्तकारों की स्थिति को उजागर किया गया था और इसका केरल के समाज पर काफ़ी प्रभाव पड़ा। यह नाटक समूचे केरल में मंचित हुआ। ख़ासतौर पर उन गाँवों में जहाँ सामंती ज़मींदारों के ख़िलाफ़ संघर्ष अपनी शैशवावस्था में ही था, दामोदरन के इस नाटक ने किसानों को अपने अधिकारों के लिए संघर्ष करने के लिए बड़े पैमाने पर आंदोलित किया। यह नाटक बाद में केरल की प्रतिष्ठित

पत्रिका *मातृभूमि* में धारावाहिक प्रकाशित हुआ। 1937 में 'जीवन साहित्य संघम्' की स्थापना हुई और दामोदरन ने इसमें अपना वैचारिक योगदान देना शुरू कर दिया। दामोदरन मलयालम साहित्य की परंपरागत और रूढ़िवादी शैली और कुट्टी कृष्णमरार जैसे आलोचकों के विरोधी थे। दामोदरन पश्चिम के वाल्टर पेटर और ऑस्कर वाइल्ड जैसे लेखकों द्वारा प्रतिपादित 'कला कला के लिए' जैसे विचार के भी ख़िलाफ़ थे। दामोदरन साहित्य के सामाजिक दायित्व के समर्थक थे और साहित्यकार को समाज की संरचना का अनिवार्य अंग और ऐतिहासिक-सामाजिक परिवर्तनों का समुच्चय समझते थे। बाद में तोप्पिल भासी के नाटकों के साथ दामोदरन के विचार केरल के मज़दूर वर्ग और आलोचना के बौद्धिक वातावरण दोनों में जड़ जमाने लगे। यह एक सार्वजनिक तथ्य है कि दामोदरन साहित्य में बाख़्तीनियन विचारों के कारण केरल के प्रख्यात साहित्यकार संजयन के ख़िलाफ़ उठ खड़े हुए थे। उनके इस संजयन विरोधी अभियान के कारण केरल के कुछ हिस्सों में संजयन की पत्रिका *संजयन* की प्रतियाँ भी जलाई गई थीं।

दामोदरन चुनाव में अपने ही क्षेत्र तिरूर से खड़े हुए जो कि मुख्य रूप से एक मुस्लिम-बहुल इलाक़ा था और वे चुनाव हार गए। उनके जीवनीकार रशीद के अनुसार, यह चुनाव उनके लिए इसलिए निर्णायक साबित हुआ कि इससे वे अपने क्षेत्र के मुस्लिम समुदाय के विचारों को समझने में कामयाब हुए। चुनावों के बाद तिरुवनंतपुरम, कोच्चि और मलाबार की पार्टी समितियों ने मिलकर पार्टी का साप्ताहिक *नवयुगम्* निकाला। इसी बरस केरल के लेखकों और कामगारों ने, जो 'जीवन साहित्य संघम्' से असंतुष्ट थे, उत्तर प्रदेश में प्रेमचंद के प्रगतिशील लेखक संघ से प्रेरणा लेते हुए 'पुरोगमन साहित्य संघम्' की स्थापना की, जो केरल में साहित्य की व्याख्या और विश्लेषण के लिए अभी तक अत्यन्त प्रभावशाली वामपंथी संगठन है। पी. केशवदेव और सी. अच्युतकुरुप इसके संस्थापक थे। लेखन के रूप में दामोदरन का पहला अध्ययन *मनुष्यन* है जिसमें मानव जाति का ऐतिहासिक और समाजशास्त्रीय अध्ययन किया गया है। इस पुस्तक में दामोदरन ने मनुष्य के विकास को वैज्ञानिक दृष्टि से देखते हुए आधुनिक काल में हुए नैतिक परिवर्तनों की चर्चा की है।

पी. कृष्णा पिल्लै की 19 अगस्त, 1946 को हुई असामयिक मृत्यु के बाद दामोदरन को मलाबार पार्टी का सचिव नियुक्त किया गया। 1953 में सोवियत संघ में ख्रुश्चेव द्वारा अ-स्टालिनीकरण के क्रिया-कलाप शुरू किए जाने के बाद उसकी स्थिति के विषय में दामोदरन अपने कुछ पार्टी सदस्यों से विवाद में मुब्तिला हुए। पर, ऐसा जान पड़ता है कि दामोदरन स्वयं स्टालिनवादी होने के कारण ख्रुश्चेव का समर्थन करते हुए इस विवाद में ज़्यादा नहीं पड़ सकते थे। दामोदरन को अपने मत के कारण *नवयुगम्* पत्र में प्रकाशित कई हमलों का सामना करना पड़ा। बाद में, जब वे रूस गए तब ख्रुश्चेव से उनकी मित्रता हुई और उन्होंने स्टालिन-युग का विस्तृत अध्ययन किया। मगर इस संबंध में दामोदरन के निजी मत को लेकर ठीक-ठीक कुछ कहा नहीं जा सकता। केरल वापस आने के बाद दामोदरन क्या चाहते थे, इस बारे में उनके जीवनीकार कोई निश्चित राय नहीं देते। कलकत्ता थीसिस को उनका समर्थन और बाद में तारिक अली से हुआ उनका विवाद, जो एक अत्यन्त महत्त्वपूर्ण दस्तावेज़ है, इसका उदाहरण है। ख्रुश्चेव के शासन की माओ के नेतृत्व वाले चीन ने काफ़ी आलोचना की थी। संभवतः इस बात को न समझते हुए कि ख़ुद चीन सांस्कृतिक क्रांति के द्वारा क्या

कर रहा था, अपने चीन दौरे में दामोदरन चाऊ एन लाई से मिले थे लेकिन दुर्भाग्यवश उनके बीच भारत-चीन सीमा के बारे में चल रहे विवाद पर कोई बातचीत नहीं हुई। बाद में दामोदरन हो ची मिन्ह से भी मिले थे और पी. गोविंद पिल्लै का कहना है कि हो ची मिन्ह का दामोदरन पर राजनीतिक और कतिपय दार्शनिक मामलों में गहरा प्रभाव पड़ा।

1964 में भारतीय कम्युनिस्ट पार्टी का विभाजन होने के पूर्व दामोदरन राज्यसभा के लिए चुने गए। दिल्ली में रहते हुए उन्होंने अपना ज़्यादातर वक़्त पढ़ने और लेखन में लगाया। उनका प्रसिद्ध ग्रन्थ *भारतीय चिंतन परंपरा* इसी दौरान लिखा गया। *भारतीय चिंतन परंपरा* की ख़ासियत यह है कि यह वैदिक युग से लेकर आधुनिक भारत तक की चिंतन-परंपरा को ऐतिहासिक भौतिकवाद की रोशनी में समझने-समझाने का प्रयास करती है। अभी तक के व्याख्याकारों के बारे में दामोदरन की राय है कि 'वे प्राचीन प्रणालियों और सिद्धांतों की चर्चा उनके सामाजिक तथा आर्थिक आधार से पृथक् करके करते हैं। प्रत्येक दर्शन की व्याख्या ऐतिहासिक ढंग से नहीं, वरन् इस ढंग से की जाती है मानो वह परिपूर्ण हो। इस प्रकार ईसवी सन् की प्रारंभिक शताब्दियों के ईश्वर कृष्ण और सोलहवीं शताब्दी के विज्ञान भिक्षु, दोनों सांख्य प्रणाली के अंतर्गत साथ-साथ रख दिये जाते हैं। बुद्ध और धर्मकीर्ति के बीच के समय का जो व्यवधान है, उसे अक्सर भुला दिया जाता है। बहुत कम लोग ही इस बात का अनुभव करते हैं कि दार्शनिक प्रणालियों और सिद्धांतों को तभी ठीक तरह से समझा जा सकता है जब उनका अध्ययन उनकी आर्थिक एवं सामाजिक पृष्ठभूमि में किया जाए। इस पृष्ठभूमि को ध्यान में रखना क्यों ज़रूरी है? क्योंकि 'मानव-चिंतन अथवा विचारधारा की अन्य किसी अभिव्यक्ति की भाँति दार्शनिक प्रणाली भी, अंतिम विश्लेषण में, जनता के जीवन की सामाजिक तथा आर्थिक परिस्थितियों को प्रतिबिंबित करती है।' भूमिका में इन बातों को स्पष्ट करते हुए दामोदरन यह सावधानी भी बरतते हैं कि 'निकृष्ट और आदिम अर्थशास्त्रवाद' के साथ इसे संबद्ध होने से बचाया जाए। और यह सावधानी वे सिर्फ़ 'भूमिका' में नहीं दिखाते, आगे का पूरा विवेचन इस सावधानी का एक उम्दा नमूना बनकर आता है। किताब के 44 अध्यायों में जितने आयासहीन और विदग्ध तरीक़े से वे संपूर्ण भारतीय चिंतन को समेटते और व्याख्यायित करते हैं, वह उसे एक आधुनिक क्लासिक का दर्जा दिलाने के लिए पर्याप्त है।

प्राग वसंत का भारत और ख़ासकर केरल में बड़ा असर हुआ। 20 अगस्त, 1968 को सोवियत सेनाओं ने चेकोस्लोवाकिया पर धावा बोला और दुब्चेक के शासन को ख़त्म कर दिया और बाद में सत्ता हुझेक को सौंप दी गई। भारत में सोवियत संघ के इस क़दम की कुछ पार्टी सदस्यों ने काफी भर्त्सना की जबकि बाक़ी इसके समर्थन में रहे। सी.पी.आई. को दामोदरन के पक्ष का समर्थन करने में काफ़ी दिक़्क़तें थीं, लेकिन अंततः एक पब्लिक वोटिंग में उन्हें दामोदरन का समर्थन करना पड़ा। सी.पी.आई. की केंद्रीय समिति को काफ़ी दिक़्क़तें आईं। अंततः *तास* को दामोदरन से चेकोस्लोवाकिया पर सोवियत आक्रमण के मुद्दे पर बात करने के लिए एक रूसी प्रतिनिधि भेजना पड़ा और दामोदरन ने इस आक्रमण की कठोर आलोचना की। बाद में रूसी प्रेस द्वारा दामोदरन की *भारतीय चिंतन परंपरा* के अनुवाद को बंद कर दिया गया और विडंबनापूर्ण यह है कि बाद में चेकोस्लोवाकिया पर सोवियत आक्रमण पर अपने व्यक्तिगत रुख़ के कारण पार्टी के जिन मुख्य पदों पर वे थे, उन सब पर से उन्हें हटा दिया गया। इस घटना के बाद दामोदरन पी.सी. जोशी की सहायता से जवाहरलाल नेहरू विश्वविद्यालय

में गए। जोशी और दामोदरन ने समकालीन भारत पर एक अभिलेखागार निर्मित करने की योजना बनाई थी जो, दुर्भाग्यवश, दामोदरन के जीवनकाल में पूरी नहीं हो सकी। 1 जुलाई, 1976 को दामोदरन चल बसे।

आज जब हम दामोदरन के व्यक्तित्व को देखते हैं तो हमें उनके कई विचार सामान्य पार्टी लाइन से अलग नज़र आते हैं जिस वजह से उनके आख़िरी दिनों में मित्रों और साथी पार्टी सदस्यों के साथ मतभेद काफ़ी गंभीर हो गए थे। लेकिन दामोदरन जिस बात पर यक़ीन करते थे, उस पर अडिग रहे। तारिक अली के साथ उनकी महत्त्वपूर्ण बहस उनके आख़िरी दिनों की इस स्थिति का दस्तावेज़ है। इस बातचीत में वे कम्युनिज़्म में किसी की मूर्तिपूजा न करने के अपने विश्वास पर बल देते हैं। वे स्तालिनवाद के प्रति अपनी अरुचि भी प्रदर्शित करते हैं। पी. गोविंद पिल्लै का दावा है कि अंतोनियो ग्राम्शी को पढ़कर बाद में ई.एम.एस. नंबूदिरिपाद का भाव भी ऐसा ही था। यह एक दूरारूढ़ वक्तव्य है और स्तालिन द्वारा सोवियत रूस में किए गए कार्यों से इसका कोई संबंध नहीं है। दामोदरन सदा सी.पी.आई. और सी.पी.एम. के विभाजन के ख़िलाफ़ रहे, यह उन्होंने तारिक अली से बातचीत में स्पष्ट किया है। लेकिन वही दामोदरन, जैसा कि पी. गोविंद पिल्लै कहते हैं, जे.एन.यू. में रहते हुए भारत में लगाए गए आपातकाल की कोई आलोचना करते नहीं दिखते। पार्टी सदस्यों के साथ इन मतभेदों और भ्रमों के बावजूद भारत में कम्युनिस्ट आंदोलन और मज़दूरवर्ग की संस्कृति में दामोदरन का योगदान असंदिग्ध है और उसे कभी धूमिल नहीं किया जा सकेगा।

[अनुवाद : **विभास वर्मा**]

देवीप्रसाद चट्टोपाध्याय

ई.एम.एस. नंबूदिरिपाद

देवीप्रसाद चट्टोपाध्याय को भारतीय दर्शन में मार्क्सवादी सिद्धांत का पथप्रदर्शक माना जाता है। 1959 में *लोकायत* से शुरू होनेवाली उनकी पुस्तकों में पहली बार किसी भारतीय दार्शनिक ने यह दर्शाया है कि दूसरे देशों की तरह भारत में भी भौतिकवादी और आदर्शवादी दर्शनों का एक-दूसरे के साथ टकराव रहा है। इसीलिए दूसरे देशों की तरह ही भौतिकवाद भारतीय दार्शनिक चिंतन का हिस्सा है।

लेकिन चट्टोपाध्याय का काम केवल मार्क्सवादी लेखन नहीं था, वह दार्शनिक काम था जिसने देश की धर्मनिरपेक्ष सामाजिक-राजनीतिक ताक़तों की, रूढ़िवादी ताक़तों के ख़िलाफ़ लड़ने में मदद की। उन्होंने दिखाया कि आदर्शवादी दार्शनिकों के हाथों भौतिकवादी की हार, जिसकी परिणति शंकर के काम के रूप में हुई, प्रगतिशील सामाजिक सांस्कृतिक ताक़तों की हार थी। भौतिकवाद और भाववाद के बीच संघर्ष दो सामाजिक वर्गीय ताक़तों के भीतर भीषण संघर्ष था : एक ओर शूद्र जो भारतीय अवाम में श्रमिक लोगों वाली बहुसंख्या थे और दूसरी ओर द्विज (क्षत्रिय, ब्राह्मण और वैश्य) जो अत्यन्त अल्पसंख्या में थे। इसलिए आदर्शवाद के हाथों भौतिकवाद की हार शोषक अल्पसंख्यकों के हाथों श्रमिक लोगों की हार है।

चट्टोपाध्याय ने अपने पथ-प्रदर्शक काम *लोकायत* में यह दिखाया है कि भारत में भौतिकवादी दर्शन उतना ही पुराना है जितना कि सिंधु घाटी समाज। अतः ऐतिहासिक रूप से भौतिकवाद वैदिक समाज के आने से पहले भी मौजूद था। लोकायतिकों के कामों को शायद वैदिक लोगों ने नष्ट कर दिया, इसीलिए लोकायतिक दार्शनिकों के कार्य आज हमारे लिए उपलब्ध नहीं हैं। लेकिन वे पूर्वपक्ष (विरोधी के दृष्टिकोण) के रूप में उपलब्ध हैं जिन्हें भाववादी दार्शनिकों ने अपने सिद्धांत पक्ष को सिद्ध करने के लिए उद्धृत किया है। इस रूप में भी वे वेद-पूर्व भौतिकवादी दार्शनिकों के तर्कों की ओजस्विता और बल को दर्शाते हैं।

अन्य मार्क्सवादी सिद्धांतकारों की तरह चट्टोपाध्याय वेद-पूर्व लोगों के भौतिकवादी चिंतन की समाजशास्त्रीय जड़ों तक गए। वे इस निष्कर्ष पर पहुँचे कि लोकायत दर्शन के उदय के समय समाज जनजातीय था। सामूहिक श्रम, सामूहिक जीवन, सामूहिक चिंतन, सामूहिक कलाएँ और साहित्य—ये उस समाज की विशेषताएँ थीं। शारीरिक और मानसिक श्रम में अभी तक विभेद नहीं हुआ था। प्रत्येक आदमी शारीरिक और मानसिक श्रम करता था। कर्म और

चिंतन, प्रकृति की ताक़तों के बीच भौतिक श्रम और मानसिक या बौद्धिक श्रम के बीच एकता समाज के सभी सदस्यों की विशेषता थी।

प्रकृति के साथ इस एकता ने प्रारंभिक रूप में ही सही, भौतिकवादी चिंतन को जन्म दिया। वास्तव में चट्टोपाध्याय ने इसे 'आदि-भौतिकवाद' का नाम दिया है। वेद-पूर्व भारत में वैज्ञानिक चिंतन का यह पहला रूप था।

प्रारंभिक वेदों में इसे त्यागा नहीं गया बल्कि जारी रखा गया। प्रारंभिक वेदों की रचना करने वाले लोगों का वैसा ही समाज था जैसा कि लोकायत दर्शन के सर्जकों का था, लेकिन चट्टोपाध्याय ने प्रचुर साहित्यिक सामग्री के बल पर बताया है कि वेद-पूर्व लोकायत दार्शनिकों और प्रारंभिक वेदों के लेखकों की सामाजिक व्यवस्था में काफ़ी अंतर था। पहला समाज मुख्य रूप से कृषि पर आधारित और मातृसत्तात्मक था जबकि बाद वाला समाज पशुचारी और पितृसत्तात्मक था। दोनों व्यवस्थाओं में जनजातीय समाज का सामूहिक जीवन एक जैसा था। शारीरिक और मानसिक श्रम की एकता प्रारंभिक वेदों में जारी रही। इसीलिए दार्शनिक विषय वही आदि भौतिकवादी थे।

प्रारंभिक वेदों का बाद के वेदों द्वारा स्थान लिये जाने में कई सदियाँ लग गईं। समय के साथ शारीरिक और मानसिक श्रम में विभाजन प्रकट होने लगा। प्रारंभिक वेदों के काल के बाद उत्पादन विधि उन्नत होने लगी थी। श्रम में लगे लोग मानसिक श्रम करने वाले लोगों से अलगाए जाने लगे थे। इससे द्विजों के छोटे समूह की शुरुआत हुई जो दूसरों के शारीरिक श्रम के फल पर जीते थे और श्रम में लगे लोग बहुसंख्यक शूद्र थे। द्विजों को चट्टोपाध्याय ने 'राजसी सत्ता' या क्षत्रिय, 'पवित्र सत्ता' या ब्राह्मण और व्यापार तथा कृषि सत्ता वैश्य कहा है जो मिलकर शोषक अल्पसंख्या का रूप लेते हैं और शोषित बहुसंख्या के श्रम पर जीवित रहते हैं। शोषक अल्पसंख्यकों को एक ऐसी सैद्धांतिक व्यवस्था की आवश्यकता थी जो शोषित बहुसंख्या को यह समझा सके कि शोषण ईश्वर का क़ानून है। यहीं से भाववादी दर्शन की तेज़ी से वृद्धि शुरू हुई।

लेकिन भाववाद को निर्विरोध क्षेत्र नहीं मिला। 'राजसी' और 'पवित्र' सत्ता ने मिलकर लोकायतिकों के मूल लेखन को नष्ट ज़रूर कर दिया था लेकिन वह लोगों की चेतना में बना रहा। इसे चार्वाकवादियों, बौद्धों, जैनों आदि ने नया रूप दिया। अपनी दो बड़ी कृतियों *लोकायत* और उसके बाद *भारतीय दर्शन में क्या जीवित है और क्या मृत है* में चट्टोपाध्याय ने दिखाया है कि किस प्रकार वेदों के प्राधिकार को चुनौती देनेवाले विभिन्न नास्तिक संप्रदायों ने आस्तिकों के संप्रदाय के साथ सीधे संघर्ष किया। नास्तिक और आस्तिक (दार्शनिकों) की प्रत्येक विचारधारा की विभेदक विशेषताओं को उनके इन दोनों कामों में स्पष्ट किया गया है।

इस प्रक्रिया में उन्होंने दिखाया कि प्राचीन भारत ने न केवल भौतिकवादी दर्शन, बल्कि द्वंद्वात्मक विश्व दृष्टिकोण पैदा किया। बुद्ध के लेखन और कणाद जैसे दार्शनिकों को विस्तार से उद्धृत करते हुए उन्होंने दिखाया कि किस प्रकार निरंतर परिवर्तन, समाज और चिंतन की प्रवृत्तियों में हर तत्त्व के आने-जाने के द्वंद्वात्मक सिद्धांत ने अंकुरित होना शुरू कर दिया था। इसीलिए भारत अपने भौतिकवाद और अपने द्वंद्ववाद को विकसित कर लेने का दावा कर सकता था जिसे यदि मुक्त रूप से विकसित होने दिया जाता तो

वह द्वंद्वात्मक और ऐतिहासिक भौतिकवाद का रूप ले लेता जो कि 19वीं सदी के यूरोप की विशेषता है।

इसीलिए भारत के लोगों का दुर्भाग्य है कि अच्छे प्राचीन भौतिकवाद और द्वंद्ववाद को मुक्त रूप से विकसित नहीं होने दिया गया। 'राजसी और पवित्र' सत्ता के गठजोड़, जिसने लोकायतिकों और अन्य भौतिकवादी दार्शनिकों को शक्तिशाली आघात पहुँचाया, द्वंद्वात्मक विधि की प्रारंभिक शुरुआतों को भी पराभूत कर दिया जिसकी अभिव्यक्ति कणाद और बुद्ध में हुई है। भौतिकवाद और द्वंद्ववाद के इन दो सिद्धांतों पर ही सबसे बड़े दार्शनिक शंकर ने प्रबल आघात किया। इस प्रकार भौतिकवाद और द्वंद्ववाद के विकास को प्रभावी रूप से अवरुद्ध कर दिया गया।

चट्टोपाध्याय ने दिखाया है कि इसी वजह से शंकरोत्तर सदियों में भारतीय समाज में सामाजिक, दार्शनिक और वैज्ञानिक प्रौद्योगिकीय जड़ता आई। लेकिन उस समय तक यूरोप शुरुआती यूनानी भौतिकवाद से आगे बढ़ चुका था। यूनानी समाज के प्रारंभिक द्वंद्ववादी आधुनिक यूरोपीय हेगेल के रूप में विकसित हो गए और यूनानी भौतिकवादी दर्शन को फायरबाख़ ने विकसित किया। लेकिन हेगेल का द्वंद्ववाद भाववादी विश्व दृष्टिकोण पर आधारित था जबकि फायरबाख़ का भौतिकवाद द्वंद्वात्मक के बजाय आध्यात्मिक था। मार्क्स और एंगेल्स ने हेगेल के भाववाद को भौतिकवादी तरीक़े से विकसित किया जबकि फायरबाख़ के भौतिकवाद को द्वंद्वात्मक रूप में पल्लवित किया।

यह यूरोप की दो सहस्राब्दियों तक फैले बौद्धिक विकास का परिणाम था। दूसरी ओर भारत में वेद-पूर्व लोकायत दर्शन के आदि भौतिकवाद को प्रारंभिक वेदों के दर्शन ने विचारधारात्मक लड़ाई में पराभूत कर दिया। इसी तरह से चिंतन और चर्चा की द्वंद्वात्मक पद्धति भी पराजित हो गई। (पूर्व पक्ष को सिद्धांत पक्ष ने परास्त कर दिया और विश्व की बुद्धिवादी द्वंद्वात्मकता का निरंतर क्षय होता रहा।) पहली सहस्राब्दी ई. के बाद के दशकों में भारतीय समाज में चौतरफ़ा बौद्धिक ठहराव आ गया और इसी समय शंकर ने भारतीय भौतिकवाद और द्वंद्वात्मकता पर अंतिम प्रहार किया।

अपनी बड़ी कृति *प्राचीन भारत में विज्ञान और प्रौद्योगिकी* में चट्टोपाध्याय ने 20वीं सदी के रसायनशास्त्र के वैज्ञानिक पी.सी. रे को उद्धृत करते हुए दर्शाया है कि विज्ञान और प्रौद्योगिकी के ठहराव के बीज शंकर के दर्शन में मिलते हैं। एक अन्य महान मार्क्सवादी बुद्धिजीवी डी.डी. कोसंबी ने भी यही निष्कर्ष निकाला है जिनके काम से चट्टोपाध्याय ने बहुत-से उद्धरण दिये हैं।

इसलिए यह काम भारत को वेदों और उपनिषदों और शंकर जैसे आदर्शवादी दार्शनिकों के काम की ओर वापस ले जाने की योजना बनानेवाली हिंदुत्व और अन्य अनर्थकारी ताक़तों के ख़िलाफ़ संघर्ष में धर्मनिरपेक्ष और विज्ञानोन्मुख बुद्धिजीवियों और सामाजिक कार्यकर्ताओं के हाथों में शक्तिशाली हथियार है। वे न केवल लोकायत में समाविष्ट प्रारंभिक भौतिकवादियों बल्कि चार्वाकवादी, बुद्धवादी, सांख्यवादी आदि बाद के भौतिकवादी चिंतन को भी नष्ट करना चाहते हैं। वे औपनिवेशिक ब्रिटिश शासकों द्वारा अन्वेषित भूल को दोहराना चाहते हैं कि भारत उत्कृष्ट भाववाद और आध्यात्मिकता की भूमि रहा है।

इस चिंतन के आधार पर ही उन्होंने सामाजिक-राजनीतिक सिद्धांत और प्रथाएँ

विकसित की हैं जिन्हें हिंदुत्व के नाम से जाना जाता है। इसके इस्लामिक, ईसाई, सिख और अन्य पुनरुत्थानवादी और रूढ़िवादी प्रतिरूप उभरकर सामने आए हैं। चट्टोपाध्याय का काम इन पुनरुत्थानवादी और रूढ़िवादी सिद्धांतों और प्रयासों के ख़िलाफ़ निरंतर संघर्ष का तीक्ष्ण अस्त्र है।

[अंग्रेज़ी से हिंदी रूपांतर : **राम किशन गुप्ता**]

आंदोलन की निरंतरता

प्रगतिशील आंदोलन : विचारधारात्मक संघर्ष का ताप

चंचल चौहान

वर्गों में विभाजित समाज में विचार वर्गीय होते हैं, इसलिए उनमें टकराव भी होता है। यह टकराव तो सदियों से रहा है, हर समाज, हर देश-काल में। मगर इसे पहचानने की नज़र हिंदी साहित्य को पहली बार प्रगतिशील आंदोलन के संगठित होने के बाद ही हासिल हुई। आज जब उस आंदोलन के संगठित होने के बाद 75 बरस से अधिक हो चुके हैं, देश-विदेश में इस आंदोलन को लेकर जो विचारधारात्मक विमर्श हुए, विचारों के जो टकराव और विवाद हुए उन पर सभी जगह बातचीत हो रही है जिससे इस आंदोलन में दिलचस्पी रखनेवाले रचनाकार आगे आनेवाले सामाजिक-सांस्कृतिक दायित्व का निर्वाह बेहतर तरीक़े से कर सकें।

संगठित होने की प्रक्रिया की पृष्ठभूमि जानना ज़रूरी है। उन्नीसवीं सदी में भारतीय समाज में दो नए वर्ग वजूद में आए, भारतीय पूँजीपति वर्ग और उसी से जुड़ा नया सर्वहारा वर्ग। भारत पर ब्रिटिश साम्राज्यवाद का शासन था, जो भारत के बाज़ार पर और यहाँ के कच्चे माल पर अपना क़ब्ज़ा जमाए था। इसलिए उभरते पूँजीपति वर्ग ने 'राष्ट्र' की अवधारणा को जन्म दिया, 'भारत-दुर्दशा' को वाणी दी और कांग्रेस के जन्म के साथ राजनीतिक रूप में संगठित होना शुरू किया। रजनी पामदत्त की पुस्तक *इंडिया टुडे* में उस दौर में विभिन्न वर्गों के संगठनों के उदय का अच्छा ख़ासा विवरण मिलता है जिनका हवाला मैंने भी 1979 में प्रकाशित अपनी आलोचना की किताब *जनवादी समीक्षा* में दिया था। पूँजीपति वर्ग के साथ ही जन्मे सर्वहारा वर्ग के विचार भी समाज में विकसित होने लगे थे। 1925 तक सर्वहारा वर्ग भी संगठित हो गया था। कहने का मक़सद यह है कि संगठित होना या बिखर जाना एक सामाजिक प्रक्रिया के रूप में घटित होता है, न कि कुछ सिरफिरे इनसानों के करतब या कारनामे के रूप में। समाज में घटित वाक़यात को वैज्ञानिक तरीक़े से देखने का यह नया नज़रिया विश्व को सर्वहारा वर्ग ने दिया, जिसके फ़लसफ़े को द्वंद्वात्मक भौतिकवाद और ऐतिहासिक भौतिकवाद के नाम से या आम लोगों की ज़बान पर मार्क्सवाद-लेनिनवाद के रूप में जाना जाता है।

जब चौथे दशक में विश्व के संगठित सर्वहारा वर्ग के सामने साम्राज्यवाद की सबसे घिनौनी और अमानवीय विचारधारा, फ़ासिज़्म, का ख़तरा मुख्य शत्रु के रूप में आ गया तो उसने दुनिया-भर के लेखकों के सामने यह सवाल रख दिया कि 'तय करो किस ओर हो तुम'। लेखक, जो हर युग में शोषक शासक वर्गों के अत्याचार और उत्पीड़न के ख़िलाफ़ अपनी आवाज़ उठाता रहा है, विश्व सर्वहारा वर्ग के इस आह्वान पर हर देश में संगठित होने

लगा। भारत में प्रगतिशील आंदोलन के संगठित रूप, प्र.ले.सं के 1936 में वजूद में आने का यही सामाजिक आधार था। रांगेय राघव का यह मानना पुरानी व्यक्तिकेंद्रित समझ का ही परिणाम था कि 'हिंदी में इस भावना का विकास विलायत से लौटे हुए उन मध्यवर्गीय या उच्च-मध्यवर्गीय युवकों ने किया जो मार्क्सवाद से प्रभावित थे...।' यह उसी तरह की पिछड़ी समझ थी जैसी रामचंद्र शुक्ल ने छायावाद के उदय के बारे में पेश की थी। इस तरह की समझ तो हमें सदियों से घुट्टी की तरह पिलाई गई है कि परिवर्तन व्यक्ति करता है। आज भी यह समझ हर क्षेत्र में हर जगह दिखाई देती है। हर अच्छे-बुरे घटनाक्रम के लिए कोई न कोई व्यक्ति या दो चार व्यक्ति ही ज़िम्मेदार मान लिये जाते हैं, उसे समाज में घटित हो रही वर्गीय प्रक्रिया के रूप में देखने का नज़रिया विकसित ही कहाँ हो पाया है? रांगेय राघव ही नहीं, ख़ुद रामविलास शर्मा तक में वही व्यक्तिकेंद्रित नज़रिया काम कर रहा था जो संगठन के महासचिव रहे थे। कई अन्य जाने-माने प्रगतिशीलों और स्वयं को 'वामपंथी' माननेवालों का भी यही हाल था, और आज भी है। रेखा अवस्थी की पुस्तक, *प्रगतिवाद और समानांतर साहित्य,* में उस दौर के दोनों तरह के लेखकों यानी प्रगतिशीलों और दूसरी तरफ़ अज्ञेय, धर्मवीर भारती जैसे प्रगतिवाद विरोधियों के व्यक्तिकेंद्रित नज़रिए के हवाले देखे जा सकते हैं। रेखा अवस्थी ने रांगेय राघव की 'विलायत से लौटे युवकों' से निर्मित आंदोलन के तर्क पर सही ही टिप्पणी की है, 'हिंदी में प्रगतिशीलता की भावना का विकास कुछ विलायती नौजवानों की कोशिशों से हुआ—यह एक विचित्र ऐतिहासिक समझ है।' यह टिप्पणी दर्शाती है कि सत्तरोत्तरी बरसों तक आते-आते मार्क्सवादी आलोचना का नज़रिया किस तरह एक विकसित नज़रिया हो चुका था। उससे पहले के प्रगतिवादी दौर का यह आश्चर्यजनक पहलू था कि ज़्यादातर सभी रंगत के लेखकों में साहित्य और समाज में होनेवाले परिवर्तनों को देखने का वर्गीय नज़रिया नदारद था, चाहे वे शिवदानसिंह चौहान रहे हों या रामविलास शर्मा या प्रकाश चंद्र गुप्त। वे लेखकों की 'बायोक्रिटिसिज़्म' को मार्क्सवादी आलोचना समझ बैठे थे। ऐसे माहौल में भी विकसित सर्वहारा चेतना का अक्स मुक्तिबोध में दिखाई देता है, क्योंकि उन्होंने अपने युगानुसार सही वर्गीय चेतना को अपने अध्ययन और अमल से अर्जित किया था। मानव इतिहास में हर युग के प्रगतिशील क्रांतिकारी वर्ग की विचारधारा की आँच महान रचनाकारों, चिंतकों, दार्शनिकों आदि में प्रतिबिंबित होती है। भारतीय साहित्य में भी हर युग में ऐसा हुआ है।

आज के युग में समाज को विकास की अगली मंज़िल तक ले जाने का दायित्व सर्वहारा वर्ग पर है, जिस तरह 1789 की फ्रांस की क्रांति के वक़्त पूँजीपति वर्ग पर था। भारत की आज़ादी के दौर में प्रगतिशील आंदोलन को संगठित करने की ज़िम्मेदारी सर्वहारा वर्ग ने ही ली थी, मगर उस समय वह एक साझा मोर्चा था जिसमें पूँजीपति वर्ग भी शामिल था। ब्रिटिश साम्राज्यवाद के ख़िलाफ़ और साम्राज्यवाद की सबसे घिनौनी मानव विरोधी विचारधारा यानी फ़ासिज़्म के ख़िलाफ़ लेखक एक ही नाव पर सवार थे। इसीलिए उस आंदोलन में व्यापक स्तर पर बहुत बड़े लेखक समुदाय की शिरकत थी। यहाँ उनके नाम गिनाने की ज़रूरत नहीं, यह जाना-माना तथ्य है।

आज़ादी मिलने के बाद देश में नई वर्गीय क़तारबंदी हो गई। सत्ता इज़ारेदार पूँजीपति वर्ग के हाथ आ गई जिसने बड़े भूस्वामी वर्ग के साथ गठबंधन कर लिया और साम्राज्यवाद

से भी, अपने हित सुरक्षित रखते हुए, समझौता किया और आज भी नित नए समझौते हमारी आँखों के सामने होते रहते हैं। ऐसे में आज़ादी से पहले का साझा मोर्चा बिखरना ही था। प्र.ले.सं. के 1953 तक आते-आते बिखरने का यही सामाजिक आधारभूत कारण था। पुरानी व्यक्तिकेंद्रित समझ के कारण कुछ लोगों ने संगठन के बिखरने के लिए भी व्यक्ति विशेष को ज़िम्मेदार ठहराया। ख़ुद रामविलास शर्मा ने एक लेख में इस तरह का संकेत दिया कि प्र.ले.सं. उनकी वजह से ही चला। जब वे महासचिव नहीं रहे तो बिखर गया। यह समझ भी अपने सारतत्त्व में वही थी जो गठन को लेकर रांगेय राघव समेत बहुत-से लेखकों ने पेश की थी।

1953 के बाद के दौर में नए समाज की रचना का जो आश्वासन भारत के शासक वर्गों ने अवाम को दिया, उसका असर रचनाकारों पर भी पड़ा। आधुनिक पूँजीवादी समाज की रचना के नारे के तहत रचनाकार भी नया आधुनिक साहित्य रचने लगे जिसे उन्होंने भी 'नया' विशेषण जोड़कर पेश किया। सर्वहारा वर्ग उस समय आज़ादी के बाद के समाज का सही वर्गीय आकलन करने की कोशिश कर रहा था, मध्य वर्ग के सामने भी 'पथ कौन-सा है' (भारतभूषण अग्रवाल) की विभ्रम की स्थिति थी। ऐसे में पश्चगामी आधुनिकतावादी चेतना के फलने-फूलने के लिए ज़मीन तैयार थी, जिसकी वजह से मनुष्य के अकेलेपन, आत्मनिर्वासन आदि का फ़लसफ़ा रचनाओं में आने लगा जिसे हम उस दौर की कविताओं और कहानियों में देखते हैं। प्रगतिवादी धारा नए रचनाकारों को उस तरह से आकर्षित नहीं कर पा रही थी जिस तरह आज़ादी के दौर में उसकी बसंती हवा बह रही थी। इस दौर में प्रगतिवाद के आंदोलन पर और सर्वहारा वर्ग की राजनीति पर भी वहशी हमले हो रहे थे। संगठन बिखर चुका था, फिर भी उसकी आँच ने जो आलोचनात्मक विवेक और समझदारी पैदा की थी, उसे बुझाने में हमले कारगर नहीं हो पाए। वह आँच रचनाकर्म और वैचारिक लेखन में भी अपनी निरंतरता बनाए रही। इस स्थिति का विस्तार से जायज़ा रेखा अवस्थी ने अपनी पुस्तक में लिया है जिसे यहाँ दोहराने की ज़रूरत नहीं।

देश के नए शोषक-शासक वर्गों का अब सीधे संगठित सर्वहारा वर्ग से टकराव था जो पहली संसद में भी, और केरल में पहली कम्युनिस्ट राज्य सरकार के गठन में प्रतिबिंबित हो रहा था। मध्य वर्ग के ऐसे हिस्से जो वर्गचेतस थे, देश के शोषित अवाम के साथ थे, लेखकों का एक हिस्सा जो सर्वहारा वर्ग के ऐतिहासिक क्रांतिकारी कार्यभार से वाक़िफ़ था, उस वक़्त हिंदी साहित्य में और सभी भाषाओं के साहित्य में प्रतिक्रियावादी विचारों से टकरा रहा था। मुक्तिबोध का सारा रचनाकर्म और विचारधारात्मक विमर्श इसी सचाई का गवाह है।

साठोत्तरी बरसों में देश के शासक वर्गों से अवाम का मोहभंग होने लगा। यह मोहभंग साहित्य में अराजकतावादी और सर्वनिषेधवादी विचारधाराओं की अभिव्यक्ति के रूप में सामने आने लगा, जिसे हिंदी में 'अकविता' आदि के साहित्य आंदोलनों में देखा जा सकता है। इस दौर में सर्वहारा वर्ग की राजनीति अपने अंदरूनी संघर्ष में मुब्तिला थी। संघर्ष का मुख्य मुद्दा आज़ादी के बाद के भारतीय समाज पर काबिज़ वर्गों यानी सत्ताधारी वर्गों की पहचान को लेकर था। एक हिस्सा, जिसे हम आज सी.पी.आई. के रूप में जानते हैं, देश के नए शासक वर्गों को 'राष्ट्रीय पूँजीपति वर्ग' के रूप में विश्लेषित कर रहा था जिसे सामंतवाद

विरोधी और साम्राज्यवाद विरोधी क़रार देकर उसके साथ वर्ग सहयोग करने की नीति अपनाने का आह्वान कर रहा था; दूसरा हिस्सा जिसे हम आज सी.पी.आई.एम. के नाम से जानते हैं, नए शासक वर्गों को इज़ारेदार पूँजीपति और बड़े भूस्वामियों के एक गठजोड़ के रूप में व्याख्यायित कर रहा था, इस गठजोड़ का नेतृत्व इज़ारेदार पूँजीपति के हाथ में है और यह गठजोड़ साम्राज्यवाद से समझौता करता रहता है। यही वह दौर है जब इन दो तरह की व्याख्याओं के आधार पर पार्टी के अंदर विकट विचारधारात्मक संघर्ष के नतीजे के तौर पर दो पार्टी प्रोग्राम बने जिनके आधार पर पार्टी में विभाजन हो गया और दोनों ने भारतीय समाज के विकास की अगली मंज़िल की रणनीति और कार्यनीति अपने इन्हीं आधारभूत दस्तावेज़ों में अंकित की। पार्टी के विभाजन का यही वैज्ञानिक आधार था जिसे अज्ञानवश बहुत-से बुद्धिजीवियों ने भी 'रूस समर्थक' और 'चीन समर्थक' के सरलीकरण के रूप में ख़ूब प्रचारित किया, और इसी झूठे प्रचार के असर के तहत बहुत-से लेखक आज भी यही 'गढ़ा हुआ यथार्थ' या कहें, सड़ा हुआ यथार्थ पाठकों को पिलाते रहते हैं। भारत-चीन संघर्ष के दौरान सी.पी.आई.एम. के नेतृत्व को 'चीन के दलाल' कहकर जेलों में डाल दिया गया। सचाई यह है कि आज़ादी के बाद के समय में सोवियत संघ की कम्युनिस्ट पार्टी और चीन की कम्युनिस्ट पार्टी यानी दुनिया की दोनों ही बड़ी पार्टियाँ भारत के नए शासक वर्गों का वही विश्लेषण कर रही थीं जो सी.पी.आई. के डाँगेवादी कर रहे थे। जब विभाजन हो गया तो सी.पी.आई. ने अपने प्रोग्राम के आधार पर वर्ग सहयोग की राह पकड़ी और सी.पी.आई.एम. ने अपने पार्टी प्रोग्राम के अनुसार भारतीय राजनीति में सर्वहारा वर्ग के पक्ष को मज़बूत करते हुए वर्ग संघर्ष की वैज्ञानिक समझदारी विकसित की। यथार्थ के विश्लेषण के ये दो रूप उनके पार्टी प्रोग्रामों में दर्ज हैं। बाद में जब नक्सलबाड़ी का आंदोलन हुआ तो उस गुट ने भी भारतीय शासक वर्गों के वर्ग चरित्र को नए सिरे से विश्लेषित करते हुए यह घोषित किया कि भारत की सत्ता 'कंप्राडोर' पूँजीपति वर्ग के हाथों में है, जिसका अर्थ है कि वह सिर्फ़ साम्राज्यवाद का 'दलाल' है, उसका अपना कोई उत्पादन तंत्र नहीं। उस गुट ने 'माओ को अपना चेयरमैन' घोषित किया और भारतीय जनतंत्र को 'बंदरिया का तमाशा' कहकर उसमें शामिल न होने का फ़ैसला लिया तथा एक-एक वर्ग दुश्मन की हत्या करके 'क्रांति' करने के सिद्धांत पर अमल करना शुरू कर दिया जो आज तक 'माओवाद' के नाम पर जारी है। इस तरह के उग्रवादी वामपंथ की कटु आलोचना लेनिन ने अपने समय में उसे 'बचकाना मर्ज़' कहकर की थी और माओ ने भी अपने समय में चीन में उभरे इस तरह के गुटों को क्रांति के दुश्मन की तरह ही लिया था। भारत में सर्वहारा वर्ग की ताक़त का यह बिखराव ऐसे समय में हुआ था जब भारत का पूँजीवाद एक भयानक संकट के दौर से गुज़र रहा था।

यही वजह थी कि साठोत्तरी बरसों में कांग्रेस से अवाम का मोहभंग हुआ। उसका प्रतिबिंबन संविद सरकारों के गठन के रूप में सामने आया। उस समय देश में वामपंथ एक शक्तिशाली राजनीतिक घटक के रूप में उभर रहा था। साहित्य में भी इसका असर दिखाई देने लगा। इससे पहले 'पोयम ऑन द पेज' या 'रचना की पूर्ण स्वायत्तता' को ही अंतिम सत्य माना और प्रचारित किया जा रहा था। कहा जा रहा था कि साहित्य का समाज, राजनीति या किसी भी अन्य क्षेत्र से कोई रिश्ता नहीं होता। इस समझ पर सवालिया निशान 1967 के आसपास बहुत-से साहित्यकारों ने लगाने शुरू कर दिये और एक स्पष्ट वामपंथी रुझान रचनाओं में

दिखाई देने लगा। 'नई कविता', 'अकविता', 'ताज़ी कविता' आदि के रूपवादी नुस्ख़े नाकाम होने लगे और एक बार फिर नई रचनाशीलता और आलोचना में समाज के बड़े सरोकार प्रतिबिंबित होने शुरू हुए।

और तभी नए वामपंथी उभार के संगठित होने की प्रक्रियाएँ भी एक बार फिर शुरू होने लगीं क्योंकि सत्ताधारी वर्गों की नुमाइंदगी करने वाली कांग्रेस पार्टी एकदलीय तानाशाही की ओर बढ़ रही थी। पूँजीवाद भयंकर संकट का सामना कर रहा था। सभी जगह शोषण की मार के ख़िलाफ़ लोग लामबंद हो रहे थे। बहुत बड़े प्रदर्शनों और प्रतिरोधी कार्रवाइयों की बाढ़ आई हुई थी। 1974 की ऐतिहासिक रेल हड़ताल ने मध्य वर्ग समेत व्यापक अवाम को क्रांतिकारी परिवर्तन के लिए प्रेरित कर दिया था, इसलिए साहित्य की 'कुआनो नदी' भी 'लाल और उद्दाम' हो रही थी और उस समय की रचनाओं में 'कहाँ हो क्रांति के सूत्रधार' (सर्वेश्वरदयाल सक्सेना) जैसी पुकार सुनाई पड़ रही थी। लेखकों ने अपने सामाजिक दायित्व को संगठित रूप में निभाने के लिए बाँदा सम्मेलन में एकजुट होने की कोशिश की। एक साझा मंच, 'जनवादी लेखक मंच' के नाम से बना भी, मगर वह बिखर गया और वर्ग सहयोग का रास्ता अख़्तियार करने वाले कुछ वामपंथी लेखकों के नेतृत्व ने गया में राष्ट्रीय सम्मेलन आयोजित करके एक अन्य लेखक संगठन बना लिया, जिसे नया नाम दिया—'नेशनल फ़ेडरेशन ऑफ़ प्रोग्रेसिव राइटर्स'। वर्ग सहयोग की राजनीति का विरोध करने वाले लेखकों को उसमें बुलाया ही नहीं गया। उन दिनों वर्ग सहयोग की राजनीति करने वाले 'वामपंथी' कई क्षेत्रों में इसी तरह के 'नेशनल फ़ेडरेशन' बना रहे थे, जिनमें एकदलीय तानाशाही के रास्ते पर चल रही कांग्रेस के समर्थक ही शामिल किए जा रहे थे जब कि जन आक्रोश पूरे देश में कांग्रेस पार्टी के ख़िलाफ़ उमड़ रहा था, जिसे ख़ुद शासक वर्गों के एक धड़े ने 'संपूर्ण क्रांति' के नारे के तहत लामबंद कर लिया था, क्योंकि शासक वर्गों के आपसी अंतर्विरोध भी भयंकर आर्थिक संकट के उस दौर में बहुत तेज़ हो रहे थे। इन्हीं अंतर्विरोधों की परिणति इमर्जेंसी में हुई। जनता के जनवादी अधिकार छीन लिये गए। लेखकों और पत्रकारों का भी दमन होने लगा। मज़दूरों का बोनस पूँजीपतियों को दे दिया गया। लेखकों का लिखने और आलोचना का अधिकार, संगठित होने का अधिकार रद्दी की टोकरी में डाल दिया गया यानी भारतीय संविधान में प्रदत्त नागरिक आज़ादियाँ छीन ली गईं। तानाशाही राज क़ायम हो गया। बदक़िस्मती से ख़ुद को वामपंथी माननेवाले नवोदित लेखक संगठन 'नेशनल फ़ेडरेशन ऑफ़ प्रोग्रेसिव राइटर्स' ने इमर्जेंसी जैसे तानाशाही क़दम का समर्थन कर दिया और इस तरह अपने संगठन पर कलंक का टीका लगवा लिया जिसकी वजह से आज तक कोई भी वामपंथ विरोधी या फ़ासिस्ट विचारों का लेखक 'सारे वामपंथी संगठनों' पर अपनी तलवार भाँजने में पीछे नहीं रहता।

लेखकों का एक बड़ा हिस्सा उक्त लेखक संगठन से भयंकर रूप से नाराज़ हो गया और इमर्जेंसी के हटते ही नए संगठन के रूप में ख़ुद को संगठित करने की तीव्र इच्छा ज़ाहिर करने लगा। दिल्ली के 'जनवादी विचार मंच' के तत्त्वावधान में ऐसे लेखकों का एक शिविर 1979 में आयोजित हुआ जिसमें 'जनवादी लेखन के दस वर्ष' का लेखा-जोखा लिया गया, जिसमें पढ़े गए लेखों और उन पर हुई बहस में संगठित होने की इच्छा का अक्स साफ़ दिखाई दे रहा था। यह इच्छा तब और ज़ोर पकड़ने लगी जब लेखकों के जनवादी अधिकार छीननेवाली

तानाशाह पार्टी कांग्रेस की 1980 में वापसी हो गई और जिसने फिर से 'बिहार प्रेस बिल' या 'हॉस्पिटल एंड अदर इंस्टीट्यूशंस बिल' और अन्य कई जनविरोधी विधेयक पारित कराने की कोशिश की जिनसे अवाम की नागरिक आज़ादियों पर कुठाराघात होता था। यही समय 'कविता की वापसी' के नारे का भी था जो शासक वर्गों की ओर लेखकों को आकर्षित करने के लिए दिया गया था। उन्हीं दिनों 1980 में मुंशी प्रेमचंद की जन्मशती भी जगह-जगह मनाई गई। ऐसा कैसे हो सकता था कि मुंशी प्रेमचंद को याद करें और उनकी उस दिली ख़्वाहिश को भूल जाएँ जिसने उन्हें लेखकों को संगठित करने के लिए बार-बार प्रेरित किया? रेखा अवस्थी ने अपनी पुस्तक में 1936 से पहले की प्रेमचंद की इस ख़्वाहिश का प्रमाण-सहित विवरण दिया है।

1980 में जे.एन.यू. के तत्त्वावधान में दिल्ली में आई.सी.एच.आर. के परिसर के एक हॉल में, जिसे अब ढहा दिया गया है, मुंशी प्रेमचंद जन्मशती का एक भव्य आयोजन हुआ था। वहीं देश-भर से लेखक बुलाए गए थे। वहीं से कुछ लेखक भोजनावकाश में उठकर वहाँ से कुछ ही दूर, 4 अशोक रोड के बरामदे में इकट्ठा हुए, और नए संगठन के गठन की पहलक़दमी का आपसी बातचीत द्वारा फ़ैसला लिया। उस पर अमल करते हुए देश-भर में लेखकों से संपर्क और बहस के लिए एक दस्तावेज़ जारी किया गया। हिंदी-उर्दू लेखकों ने भारी तादाद में हर जगह संगठन बनाने की प्रक्रिया में जोश के साथ शिरकत की और इस तरह फ़रवरी, 1982 में नई दिल्ली में पूरे देश से भारी तादाद में आए लेखकों के सम्मेलन ने जनवादी लेखक संघ के रूप में नए संगठन की नींव रखी। एक घोषणा-पत्र और संविधान पारित किया। काम-काज के लिए एक केंद्रीय परिषद और केंद्रीय कार्यकारिणी व उसके पदाधिकारी चुने। इस तरह पूरे जनतांत्रिक तौर-तरीक़े से नए संगठन का गठन किया।

अपने अनुभव और इतिहास-बोध से लेखकों ने एक नया परिप्रेक्ष्य अर्जित किया था। उन्होंने यह जान लिया था कि आज़ादी के बाद की राजसत्ता ने बार-बार जनवाद पर प्रहार किए, चुनी गई सरकारें गिरा दीं, नागरिक आज़ादियाँ छीनने के अनेक विधेयक पास किए। बिना मुक़दमा चलाए किसी को भी जेल में डाल देना आम बात थी। इमर्जेंसी में जनवाद पर प्रहार का सबसे घिनौना चेहरा उभरकर सामने आ चुका था। इसलिए इसमें संदेह नहीं रह गया था कि इस व्यवस्था की ओर से जनवाद को ख़तरा है। लेखक की लिखने की आज़ादी का इमर्जेंसी में छीन लिया जाना इसी ख़तरे का मूर्त रूप था। इसका मुक़ाबला अवाम द्वारा संगठित होकर ही किया जा सकता था। उस समय जो तथाकथित 'प्रगतिशील' नेशनल फ़ेडरेशन था, उसके नेतृत्व ने इमर्जेंसी का खुला समर्थन करके जनवाद पर हमला बोलनेवाले शासक वर्गों के हाथ ही मज़बूत किए। इसमें उनकी वैचारिक चेतना की दरिद्रता ही झलकती थी जिसकी वजह से उन्हें सामाजिक यथार्थ की सही पहचान नहीं हो पा रही थी।

जनवादी लेखक संघ ने लेखकों के सामने 'जनवाद की रक्षा और विकास' का ऐतिहासिक दायित्व प्रस्तुत किया। यही उसका केंद्रीय नारा बना, और सभी मुद्दों पर अपनी राय बनाने का पर्सपेक्टिव भी। मसलन, उर्दू की रक्षा के सवाल पर 'प्रगतिशील' नेतृत्व में 1986 में प्र.ले.सं. की स्वर्ण जयंती के अवसर पर भयंकर झगड़ा दिखाई दिया। उर्दू के प्रति हिकारत दिखाते हुए उनके संगठन के सबसे बड़े पदाधिकारी यानी अध्यक्षमंडल के अध्यक्ष ने *हंस* पत्रिका में लेख लिखकर उसे 'बासी भात में ख़ुदा का साझा' बताकर लांछित किया। जनवादी लेखक

संघ ने अपने घोषणा-पत्र में दिये केंद्रीय नारे के तहत उर्दू की रक्षा और विकास के बारे में प्रस्ताव पारित किया कि 'उर्दू की रक्षा और विकास का सवाल भारत में जनवाद की रक्षा और विकास का सवाल है'। इस समझ को पूरे देश में जम्हूरियतपसंद और धर्मनिरपेक्ष लेखकों और अवाम ने सही माना। उर्दू के अख़बारों ने इसे सही ठहराते हुए संपादकीय लिखे, क्योंकि यह समझ फ़िरकावाराना तत्त्वों से अलग समझ थी, वैज्ञानिक सोच का हिस्सा थी। जनवादी लेखक संघ के तमाम सदस्यों ने इस समझ का स्वागत किया जबकि 'प्रगतिशील' फ़ेडरेशन के अंदर यह परिप्रेक्ष्य नदारद था जिसकी वजह से ही लखनऊ में प्र.ले.सं. की स्वर्ण जयंती के आयोजन में ही उर्दू के सवाल पर भयंकर झगड़ा हुआ था।

यहाँ यह रेखांकित करना ज़रूरी है कि जिस दौर में जनवादी लेखक संघ बना था, उस दौर में सर्वहारा वर्ग की चेतना से अर्जित इसी पर्सपेक्टिव के तहत और भी कई संगठन मध्यवर्गीय अवाम के हिस्सों में बने—वकीलों का संगठन, डॉक्टरों, वैज्ञानिकों का संगठन, पी.यू.सी.एल. आदि भी। ये सभी संगठन ऐतिहासिक प्रक्रिया का ही हिस्सा थे, चंद सिरफिरे नौजवानों का कारनामा नहीं थे। बाद के बरसों में मध्य वर्ग की हालत में पूँजीवादी व्यवस्था ने कुछ सुधार तो किया ही, उसे कोआप्ट कर लिया ताकि वह पूँजीवादी उत्पादन का उपभोक्ता बन सके। सत्तर के दशक में उसकी हालत और सर्वहारा की हालत में ज़मीन-आसमान का फ़र्क़ नहीं था। आवश्यक वस्तुओं का अभाव सभी के लिए था और उत्पादन की पिछड़ी प्रणाली से बने उत्पादों को लेकर मध्य वर्ग में भी भयंकर असंतोष था। एक अच्छा ब्लेड तक बाज़ार में नहीं मिलता था। सर्वहारा वर्ग में भी उसी तरह का असंतोष था, इसलिए इन वर्गों में क्रांति की चाह एक साथ उभर रही थी। लेखक इसी मध्यवर्गीय चाह को वाणी दे रहा था। आज इस चाह के वे हालात ही नहीं हैं, इसलिए संगठित बने रहने की वह इच्छा भी उस तरह की नहीं रह गई है। सर्वहारा वर्ग की मूल्य-व्यवस्था व गहरी प्रतिबद्धता को अर्जित किए हुए लेखक ही अब तो मुक्तिबोध की उस पंक्ति को याद करते हुए संगठन की अहमियत पहचानते हैं : 'संक्रमणकाल है धैर्य धरो, ईमान न जाने दो'।

आज का विश्व पूँजीवाद जो अंतर्राष्ट्रीय वित्तीय पूँजी के अधीन पूरी दुनिया को भयंकर आर्थिक बदहाली की तरफ़ धकेल रहा है, अब हर देश के मध्य वर्ग पर भी 'आर्थिक सुधारों' के नाम पर हमला बोलेगा। यह हमला जनवाद पर हमले में भी तब्दील होगा। अभी भी बहुराष्ट्रीय निगम अपने मातहतों को संगठित होने का हक़ देने को तैयार नहीं, जबकि भारत में एक संविधान भी है, पर वे इससे कोई सरोकार नहीं रखते। इस तरह संगठित शक्ति पर हमले तेज़ हो रहे हैं। खाते-पीते मध्य वर्ग के बहुत-से संपादक, लेखक और अपने को 'वामपंथी' कहनेवाले बहुत-से लेखक भी हमलों की इस मुहिम में और लेखकों के विशाल समुदाय को संगठनों से दूर रहने की सलाह देने में लग गए हैं। जलेस पर तो हमले उसके गठन की पूर्वसंध्या से लेकर सन् 2012 तक जारी हैं ही। पता नहीं, जलेस ने इन हमलावरों का क्या बिगाड़ा है कि उसके बारे में झूठ के अंबार लगाते हुए और कोई ठोस प्रमाण न देते हुए और मनमाना 'यथार्थ गढ़ते हुए' एक के बाद एक हमला किसी पूँजीवादी अख़बार का संपादक बक़लम ख़ुद करता है, आर.एस.एस. के किसी कार्यकर्ता या अपने चमचों से करवाता है। (देखें *जनसत्ता* के 29 अप्रैल, 2012 में ओम थानवी की और उसके बाद के दो रविवासरीय अंकों तक अन्य टिप्पणियाँ।) हैरानी तब और होती है जब इस आक्रामक मुहिम का हिस्सा, आज के दौर

में, ऐसे लेखक भी बन रहे हैं जो 'लघु-पत्रिकाओं' के माध्यम से या ब्लाग-लेखन द्वारा अपने को सर्वशुद्ध वामपंथी और अपनी क़मीज़ को सबसे ज़्यादा सफ़ेद प्रचारित करने में लगे हुए हैं। इनमें ऐसे भी कुछ महानुभाव हैं जो सर्वहारा वर्ग की संगठित शक्ति के प्रयासों से ही विश्वविद्यालयों के उच्च वेतनभोगी पदों पर नियुक्त हुए और बकौल नागार्जुन, अब 'बापू को ही बना रहे हैं तीनों बंदर बापू के'।

ऐसे कठिन दौर में, प्रगतिशील आंदोलन के 75 बरसों का विचारधारात्मक आकलन इसीलिए ज़रूरी है जिससे मध्यवर्गीय लेखकों को अपनी ऐतिहासिक ज़िम्मेदारी का अहसास हो सके, उभरते हुए लेखकों को सच्चा मानवतावादी परिप्रेक्ष्य अर्जित करने में मदद मिल सके। प्रगतिशीलता के प्रारंभिक दौर से लेकर आज तक जो भी बेहतरीन रचनाकर्म साहित्य और अन्य कलाओं में उभरकर आया, वह सामाजिक यथार्थ को चित्रित करने वाला और बेहतर समाज का स्वप्न लिये हुए रचनाकर्म ही है। प्रगतिशील आंदोलन की यही महान पूँजी है। दूसरी ओर, जो आत्मबद्ध महामानव बनने का सपना लेकर आए, संकीर्णता के कुएँ में टर्र-टर्र करके चले गए। आगे भी ऐसा ही होगा। मुक्तिबोध के शब्दों में : 'यह भवितव्य अटल है इसको अँधियारे में झोंक न सकते'।

जब विश्व पूँजीवाद की ओर से आ रहे आर्थिक संकट का भारी पत्थर कुछ दिनों बाद विकासशील देशों के मध्य वर्ग की छाती पर भी आ धमकेगा, तब सर्वहारा वर्ग की संगठित शक्ति का हिस्सा बने बग़ैर उस पत्थर से मुक्ति नहीं मिलेगी, जिसका रूपक मुक्तिबोध ने 'चंबल की घाटी में' कविता में बाँधा था। इस मुक्ति के प्रयास में व्यक्ति-व्यक्ति का भी योगदान हो सकता है, और संगठित होकर भी। इसलिए जो लेखक, व्यक्ति बनाम संगठन के भेद को तूल दे रहे हैं, वे दोनों का अहित ही कर रहे हैं। बक़ौल मुक्तिबोध : 'शोषणपाप के परंपराक्रम से मुक्ति' के प्रयास में हम कम-से-कम एकजुटता का नज़रिया तो अपना ही सकते हैं, और फिर क्या इस ऐतिहासिक सत्य को झुठलाया जा सकता है कि जब भी सामाजिक मुक्ति हुई है, संगठित शक्ति से ही हुई है? इसलिए आज सबसे बड़ी ज़रूरत लेखकों की व्यापक एकता की है। इसमें संकीर्णता के रुझान काफ़ी ख़तरनाक अवरोध उत्पन्न करते हैं। इन रुझानों का मूल तो वैचारिक होता है, मगर वे व्यक्तिगत ईर्ष्या-द्वेष का रूप ले लेते हैं। सर्वहारा वर्ग की सच्ची पक्षधरता की तो यही ज़रूरत है कि ऐसी संकीर्णताओं और निषेधात्मक प्रवृत्तियों से ऊपर उठकर सारे रचनाकार और संस्कृतिकर्मी व्यापक स्तर पर एकताबद्ध हों जिससे हमारे समाज को विकास की अगली मंज़िल में ले जाने के लिए सारी रचनात्मक ऊर्जा एक वैचारिक व रचनात्मक मार्ग प्रशस्त करने के महान लक्ष्य में संलग्न हो। ऐसा महान लक्ष्य ही महान रचनाकार निर्मित करता है, जैसे स्वाधीनता आंदोलन के महान लक्ष्य ने और प्रगतिशील आंदोलन के महान लक्ष्य ने महान रचनाकार-कलाकार निर्मित किए थे। अपने कुएँ के मेढक बनकर जो अपनी डफली और अपना राग अलाप रहे थे, उनका आज कोई नामलेवा भी नहीं।

जन-नाट्य मंच के अनुभव

अशोक तिवारी / ब्रजेश शर्मा

1973 में दिल्ली इप्टा में काम कर रहे कुछ लोगों ने जन-नाट्य मंच (जनम) की स्थापना की। स्थिति कुछ ऐसी थी कि उनके लिए किन्हीं कारणों से दिल्ली इप्टा में काम करना संभव नहीं रह गया था। 'जनम' ने जनता के बीच नाटक खेलना शुरू किया। इप्टा के निर्माण से पूर्व 1939 में लिखे 'भारत की जन-नाट्यशाला' नाम के अपने लेख में शिवदान सिंह चौहान इस बात पर बल देते हैं कि हमारी कलाओं का भारत के मज़दूरों, किसानों और निम्न-मध्य वर्ग से 'प्राण संबंध' होता है। शिवदान सिंह चौहान यह भी कहते हैं कि 'कला के निर्माण में व्यावसायिक लाभ तथा उपजीवी वर्ग के कुत्सित मनोरंजन के स्थान पर शोषित जनता की आध्यात्मिक क्षुधा को स्वास्थ्यकर मानसिक भोजन प्रदान करने तथा जनता को अपने मौजूदा तथा भावी कार्य के प्रति सजग और सचेत बनाने का तत्त्व चाहिए।' ('भारत की जन-नाट्यशाला', *साहित्य की समस्याएँ*, पृ. 136-37) 1945 में अपने उद्देश्य को लेकर इप्टा ने घोषित किया कि कलाओं को हमारे दौर के सामाजिक यथार्थ की खाँटी अभिव्यक्ति होना चाहिए। उसे जनता की अमन, जनवाद और सांस्कृतिक प्रगति की कोशिशों को उत्साहित करना चाहिए। जनता को शिक्षित करने वाला स्वस्थ मनोरंजन प्रदान करना चाहिए (*इप्टा का संविधान*, 1945)। 1954 में ऋत्विक घटक ने इप्टा की अपनी अवधारणा रखी। इसमें वे कहते हैं कि हमारा मक़सद है, जनता को जागरूक करना, उसे शिक्षित करना एवं उसके ऊपर इतर (एलिअन) संस्कृति का जो दुष्प्रभाव होता है, उसके ख़िलाफ़ संघर्ष करना ताकि जनता को जन-संगठनों के पीछे लामबंद किया जा सके। अगर हम जन-नाट्य मंच के मक़सद पर नज़र डालें तो सफ़दर कहते हैं कि जन-नाट्य मंच का मुख्य मक़सद है—जनता के व्यापक हिस्से तक एक वैकल्पिक संस्कृति पहुँचाना जिसके लिए 'जनम' ने जनता के बीच नाटक करने का रास्ता अपनाया। आगे वे कहते हैं कि जन-नाट्य मंच के नुक्कड़ नाटक महज़ वैकल्पिक, सांस्कृतिक मनोरंजन मात्र नहीं बल्कि जनता को जानकारी देते हैं, शिक्षित करते हैं और जनवाद और जन-आंदोलनों के पीछे लामबंद भी करते हैं (*राइट टू परफ़ॉर्म*, पृ.16)।

इप्टा का जो उद्देश्य था, वही जन-नाट्य मंच का उद्देश्य रहा है। शिवदान सिंह चौहान ने इप्टा के निर्माण से पूर्व जो अवधारणा पेश की थी, उसमें उन्होंने जन-नाट्य कर्म को दो तरह से देखा था। एक, किसानों, मज़दूरों के लिए नाटक जिसमें ग्रामीण और ख़ासतौर से लोकरूपों के इस्तेमाल पर ज़ोर दिया गया था। इसमें मौजूदा ग्राम्य-नाट्यशालाओं में से नौटंकी का विकास करके उसे राष्ट्रीय नाट्यशाला का रूप देने की बात कही गई थी। और दूसरा,

शहरी निम्न-मध्य वर्ग के लिए नाटक, जिसके बारे में बात करते हुए उन्होंने इग्लैंड के 'यूनिटी थिएटर' की बात की। 'यूनिटी थिएटर' 1930 के दशक में अस्तित्व में आया, जिसकी बहुत-सी शाखाएँ थीं। उसमें फ़ॉर्म्स के स्तर पर बहुत सारा काम हुआ। अख़बार की ख़बरों को लेकर उसका एक ग़ज़ब का प्रोडक्शन था, 'लिविंग न्यूज़ पेपर'। 'यूनिटी थिएटर' कामगारों, मज़दूरों और जनता के अंदर जाकर नाटक करने की बात कहता था। शिवदान सिंह चौहान की जन-नाट्यशाला की परिकल्पना में 'यूनिटी थिएटर' का प्रारूप था। उन्होंने कहा कि इसमें निम्न-मध्य वर्ग और मध्य वर्ग के विद्यार्थी, वकील, डॉक्टर व व्यवसायी वग़ैरह शामिल होंगे। उन नाटकों की शैली के बारे में बात करते हुए उन्होंने कहा कि हमें क्लासिकीय शैली को छोड़ नहीं देना चाहिए और उसको विकसित करते हुए खेलना चाहिए।

इप्टा के बारे में ऋत्विक घटक ने अपनी अवधारणा में कहा है कि इसमें अलग-अलग क्रिएटिव यूनिट्स (इकाइयाँ) होंगी। वे क्रिएटिव यूनिट्स स्वेच्छा से फ़ेडरेशन के साथ जुड़ेंगी। उन क्रिएटिव यूनिट्स का नाटक बनाने का तरीक़ा ग्रुप थिएटर का तरीक़ा होगा। जन-नाट्य मंच इप्टा तो नहीं है लेकिन हम इसे एक क्रिएटिव यूनिट की तरह ज़रूर देखते हैं। और यह यूनिट उन्हीं आग्रहों के साथ काम कर रही है जिन आग्रहों के साथ इप्टा काम कर रहा था। इप्टा के भीतर बहसें थीं। रूप और कथ्य का सवाल, पेशेवर कलाकारों के साथ संबंध, परंपरा और पारंपरिक विधाओं का सवाल, सांगठनिक सवाल, रचना-प्रक्रिया—ख़ासतौर से साँझी रचना-प्रक्रिया—के सवाल। इप्टा के उस दौर में जो क्रिएटिव डिबेट थी, आज वह डिबेट उस रूप में मौजूद नहीं है। जब हम जन-नाट्य मंच की बात करते हैं तो उसकी रचना-प्रक्रिया को देखते हुए वह किन-किन चीज़ों से दो-चार हुआ है, इस संदर्भ में बात कर सकते हैं।

जन-नाट्य मंच ने अपने शुरुआती दौर में मंच नाटक किए। ये नाटक थे—*मृत्यूर अतीत, भारत भाग्य विधाता, बकरी, फिरंगी लौट आए* और *अब राजा की बारी है*। उस दौर में जनम के साथ कई जनवादी, प्रगतिशील कलाकर्मी जुड़े। इन नाटकों के साथ जन-नाट्य मंच के नाटकों का सिलसिला चला था। जन-नाट्य मंच अपने निश्चय के मुताबिक़ नाटक को प्रेक्षागृहों तक सीमित न रखकर उसे जनता के बीच लेकर गया। मंच बनाकर बड़े-बड़े नाटक जनता के बीच में खेले गए। 'जनम' के ही लोग उसमें नाटक के सभी पहलुओं को अंज़ाम देते थे। चाहे संगीत हो या निर्देशन, वेशभूषा या सेट डिज़ाइनिंग—वे सब 'जनम' के लोग ही करते थे। यह दौर 1973 से लेकर 1975 तक चला, इमरजेंसी के दौर तक। इमरजेंसी के दौरान नाटक करानेवाले साथी संगठनों पर ऐसा कुठाराघात हुआ कि उनके लिए यह संभव नहीं था कि वे पहले की तरह इलाक़ों में बड़े-बड़े मंच लगाकर 'जनम' के नाटक करवा पाएँ। *अब राजा की बारी है* 1977 में खेला गया था। नाटक अच्छा निकलकर आया, लेकिन उसके चंद प्रदर्शन सिर्फ़ सभागारों में ही हो पाए। 'जनम' ने परिस्थिति का विश्लेषण किया और यह फ़ैसला लिया कि अगर बड़े नाटक नहीं तो जनता के बीच छोटे नाटक लेकर जाएँ। फलस्वरूप उभरा 1978 में जन-नाट्य मंच का पहला नुककड़ नाटक—*मशीन*। एक तरह से नए फ़ॉर्म की रचना हुई, जो शायद उस समय की माँग थी। हालाँकि उसके कुछ चिह्न पहले मिल चुके थे, 'स्किट', 'पोस्टर प्ले' इत्यादि के रूप में। अगर 'जनम' के योगदान पर दृष्टि डालें तो हम देखते हैं कि नुक्कड़ नाटक का एक विधा के रूप में विकास 'जनम' का सबसे बड़ा योगदान है। नुक्कड़ नाटक कैसे उभरा? सफ़दर कहते हैं

कि नुक्कड़ नाटक जैसा आज है, वह अपने-आपको किसी प्राचीन परंपरा से नहीं जोड़ता। हद से हद वह 1917 में रूसी क्रांति के बाद सोवियत रूस में होनेवाले चंद 'एजिट प्रॉप' नाटकों से ख़ुद को जोड़ता है जो गलियों, बाज़ारों, फैक्टरी गेटों इत्यादि में होते थे। कई देशों में वह निर्णायक दौर में उभरा, जैसे–चीन में लौंग मार्च के दौरान, स्पेनी गृहयुद्ध के दौरान, क्यूबा में क्रांति के बाद, वियतनाम में युद्ध के दौरान, दूसरे विश्वयुद्ध में खाइयों में, जंगलों में, युद्ध के मैदानों में इत्यादि। इंग्लैंड और अमरीका में फैक्टरी गेटों, मज़दूर इलाक़ों में भी वह हुआ। सफ़दर यह भी कहते हैं कि 'भारत में नुक्कड़ नाटक इप्टा के साम्राज्यवाद विरोधी संघर्ष में जनता को लामबंद करने के अभियान के फलस्वरूप ही उभरा। आज़ादी के बाद उसने ख़ुद को उन जनवादी ताक़तों के साथ जोड़ा जो जनता के आर्थिक व सामाजिक शोषण के ख़िलाफ़ लड़ रहे थे।' (*राइट टू परफ़ॉर्म*, पृ. 6) आज़ादी के बाद समय-समय पर नुक्कड़ नाटक, प्रहसन, पोस्टर प्ले इत्यादि खेले जाते रहे, लेकिन उनको मुख्यतः किसी एक्शन, प्रतिरोधात्मक गतिविधि, चुनावों आदि के लिए लामबंद करने के उपायस्वरूप इस्तेमाल किया जाता रहा। एक विधा के रूप में इस पर काम करने की ज़्यादा कोशिश न तो हुई और न ही महसूस की गई। 'सफ़दर का ख़्वाब' नामक एक लेख में नुक्कड़ नाटक की तकनीक पर हबीब तनवीर कहते हैं, 'विधा अमूमन अपने वक़्त की ईजाद होती है। नुक्कड़ नाटक की विधा शायद चालीस के दशक में विकसित नहीं हो पाती क्योंकि वक़्त की माँग थी कि किसी और ढंग से राजनीतिक प्रचार किया जाए। हमारी ज़रूरत थी कि इंप्रोवाइज़्ड मंच पर हज़ारों मज़दूरों को एक साथ राजनीतिक भाषण, गीतों और स्किट के साथ संबोधित करें।' (*नुक्कड़ जनम संवाद*, अंक 41-42, पृ. 84) ऋत्विक घटक भी इस बात का ज़िक्र करते हैं कि सिर्फ़ प्रोसिनियम नाटक ही नाटक नहीं होता। वे नाटक के तरह-तरह के और भी रूपों की बात करते हैं–'पोस्टर प्ले', 'एक्शन प्ले' वग़ैरह। *मशीन* नाटक बहुत सफल रहा। वे संगठन जो 'जनम' के नाटक कराया करते थे, उनकी माँग थी कि ऐसे और नाटक हों। अगले दस साल तक 'जनम' एक निरंतरता के साथ नुक्कड़ नाटक करता रहा, और उसने नुक्कड़ नाटक के रूप और विधान के पहलुओं पर काम किया। यह एक नई पहल थी। सफ़दर उन कारणों की तरफ़ इशारा करते हैं जिनकी वजह से यह सब हुआ। वे कहते हैं : 'अगर हमारा शहरी थिएटर एक बड़ी सांस्कृतिक ताक़त होता, एक ज़िंदा और लोकप्रिय कलारूप होता जो जनता के संघर्षों, आशाओं और आकांक्षाओं को दर्शाता तो शायद हमारा नुक्कड़ नाटक भी एक प्रचारात्मक औज़ार की तरह ही रहता और ज्वलंत मुद्दों पर ध्यान केंद्रित करने का काम करता। लेकिन चूँकि मुख्यधारा का थिएटर व्यापक जनता के साथ तारतम्य में नहीं है, एक पूरी तरह से विकसित जन-नाट्य कर्म की ज़रूरत है जो जनता को उपलब्ध हो। दूसरा कारण है कि इस विधा के साथ निरंतर काम करते हुए उसकी असीम संभावनाओं को भी नुक्कड़ नाटककर्मियों ने पहचाना।' (*राइट टू परफ़ॉर्म*, पृ. 12) लिहाज़ा नुक्कड़ नाटक के फ़ॉर्म पर भी निरंतर काम हुआ। नुक्कड़ नाटक एक तरह से शहरी फ़ॉर्म है। आज के दौर में लोगों के पास फ़ुर्सत नहीं है कि वे घंटा-डेढ़ घंटा बैठकर नाटक देखें। उनको आपको उनकी काम की जगह पर, रास्ते में चलते हुए नाटक दिखाना है। और उसमें भी आपकी कोशिश होती है कि आप आधे घंटे में अपनी बात कह दें। मतलब, जो बात आप 13 मिनट में कह

सकते हैं, उसे 15 मिनट में न कहें, और कोशिश हो कि बारह मिनट में ही कह दें। कम-से-कम समय में ज़्यादा से ज़्यादा बात–संक्षिप्तता–नुक्कड़ नाटक के लिए बहुत ज़रूरी है।

'जनम' के नाटक बनने की प्रक्रिया देखें तो वह ऋत्विक घटक के 'ग्रुप थिएटर' की प्रक्रिया के साथ काफ़ी कुछ साम्य रखती है (ऋत्विक घटक की प्रक्रिया के लिए देखें : 'Communist Artist and Art', in *On the Cultural Front*, published by Ritwik Memorial Trust)। 'जनम' अपने नाटक ख़ुद लिखता है। ग्रुप में नाटक लिखने की ज़िम्मेदारी कुछ कलाकारों को दे दी जाती है। ग्रुप में मुद्दे पर बातचीत होती है, एक बहस होती है। कई बार मुद्दे के एक्सपर्ट को बोलने के लिए बुलाया जाता है। तब नाटक लिखा जाता है। फिर ग्रुप का ही कोई सदस्य उसका निर्देशन करता है और बाक़ी सदस्य उसमें वेशभूषा, प्रॉपर्टी डिज़ाइनिंग या एक्टिंग करते हैं। और यही नहीं, कई बार जब नाटक दर्शकों को दिखलाया जाता है तो दर्शकों के जो विचार आते हैं, वे भी नाटक में परिवर्तन लाते हैं। घटक ने कहा था कि निर्देशक बदलते रहेंगे। 'जनम' में भी वैसी ही प्रक्रिया है। हमारी कोशिश यही रहती है कि नए-नए लोग नाटक को निर्देशित करते रहें। 'जनम' में एक पूरी सामूहिक प्रक्रिया होती है नाटक बनाने की।

अब हम देखें कि पेशेवर रंगकर्मियों के साथ हमारा क्या संबंध है? 'जनम' में पेशेवर रंगकर्मी नहीं हैं, लेकिन हम अपने काम को पेशेवर रंगकर्म की तरह देखते हैं। जनम की हमेशा कोशिश रही है कि पेशेवर कलाकारों के साथ संबंध रहें। ये संबंध न केवल बातचीत के स्तर पर हों बल्कि काम के स्तर पर भी हों। हमने ऐसे बहुत सारे लोगों के साथ काम किया है, वर्कशॉप किए हैं। इनमें हबीब तनवीर, एम.के. रैना, जी.पी. देशपांडे, विद्या राव, कन्हाई लाल, सावित्री, अनुराधा कपूर, त्रिपुरारी शर्मा, किरण सहगल, भरत शर्मा, रति बार्थोलेम्यो, जॉनसन, लू फ़र्मन, नॉथन स्कॉट, वैंडी वग़ैरह रहे हैं। यह काम महज़ नाटक बनाने का ही नहीं था बल्कि नाटक निर्माण से जुड़े कौशल के विभिन्न पहलुओं को सीखने का भी था। इसके तहत स्क्रिप्ट रचना, नृत्य, संगीत, मास्क बनाना आदि कौशलों के साथ-साथ भरत के नाट्यशास्त्र और ब्रेख़्त के 'एपिक थिएटर' की अवधारणा आदि विषयों पर चर्चाएँ भी शामिल हैं।

जब हमने इन सभी लोगों के साथ काम किया तो बहुत-कुछ सीखा। हबीब साहब ऐसे उदाहरण हैं जिनके साथ हमने न केवल वर्कशॉप किया बल्कि *मोटेराम का सत्याग्रह* और *हिपेशिया* नाटक भी खेला। *हिपेशिया* नाटक 'जनम' के लिए ही लिखा गया था। यह नाटक 'जनम' के साथ 'इंटरैक्शन' से लिखा गया था। इस पूरी प्रक्रिया के अंदर जन-नाट्य मंच ने बहुत-कुछ सीखा। हमने सीखा कि किस निर्ममता से हबीब साहब अपना लिखा हुआ काटते हैं। नाटक बनाने की उनकी क्या रचना-प्रक्रिया है? उनके नाटकों में कहाँ-कहाँ से 'इनपुट्स' आते हैं? कुछ इसी तरह का 'इंटरैक्शन' जी.पी. देशपांडे के साथ तब हुआ जब 'जनम' ने *सत्यशोधक* नाटक किया। *सत्यशोधक* भी 'जनम' के लिए लिखा गया नाटक था। उसे लिखे जाने की प्रक्रिया हमने बहुत नज़दीक से देखी थी। *सत्यशोधक* को बनाने व लेखन से सीखने की प्रक्रिया, नाटक के निर्देशन से सीखने की प्रक्रिया 'जनम' के दूसरे नाटकों में भी नज़र आती है, चाहे वह *शंबूक वध* हो या फिर *आज़ादी ने जब दस्तक दी* हो।

फ़ॉर्म के स्तर पर जन-नाट्य मंच ने नुक्कड़ नाटक में तमाम तरह के प्रयोग किए हैं। नुक्कड़ नाटक को बनाने में एक फ़ॉर्म का निर्माण और फिर उसे तोड़कर उससे भी आगे

ले जाने में—दोनों ही जगह पर—'जनम' ने तमाम प्रयोग किए हैं। पहले दस साल में नुक्कड़ नाटक की विधा जब बनी, उसके लिए तरह-तरह की कहानी, गद्य-कविता, संगीत, एपीसोडिक विरचना आदि का इस्तेमाल किया गया। लोकरूपों का भी इस्तेमाल किया। ख़ासतौर से हमने गानों के अंदर लोकरूपों का इस्तेमाल ज़्यादा किया है—आल्हा, बारहमासा इत्यादि। लेकिन कहानी कहने के ढंग में लोकरूपों का उतना इस्तेमाल नहीं किया गया है, क्योंकि हमारे नाटक ज़्यादातर शहरी हैं। जिन फ़ॉर्म्स से हम परिचित रहे हैं, जो हमारे अंदर रचे-बसे हैं, उन्हीं का इस्तेमाल हम करते हैं। सफ़दर एक जगह कहते हैं कि 'आल्हा मेरे अंदर रचा-बसा है, इसलिए जब मैं गीत लिखने के लिए बैठता हूँ तो वही धुन दिमाग़ में उभरती है।' जब एक फ़ॉर्म बन जाता है तो उसमें नई-नई चीज़ें डालने की कोशिश होती है क्योंकि वह जड़ न हो जाए। एक विज़ुअल एलीमेंट लाने की कोशिश होती है। जन-नाट्य मंच के *मशीन* नाटक में अभिनेताओं का अभिनय मशीन की संरचना, बॉडी थिएटर नहीं, बल्कि एक विचार को दर्शाता है। एक मशीन के अलग-अलग पुर्ज़ों को दर्शाता है जो एक पूँजीवादी समाज की मशीन है और मशीन उसके उत्पादन संबंधों को उजागर करती है।

'जनम' के नाटकों में हम विभिन्न फ़ॉरमेशन एक्टर्स से बनाते हैं। तरह-तरह की और प्रॉपर्टीज़ आदि से इसका निर्माण होता है। यह नाटक बहुत महँगा नहीं है, लेकिन समृद्ध है। इस विधा में और नए एलीमेंट डालने की ज़रूरत है ताकि जो जनता उसे देख रही है, उसे कमतर न आँके, कि मुझे कुछ कम दिखलाया जा रहा है और मंच नाटक कोई अलग चीज़ है और नुक्कड़ नाटक कोई अलग चीज़। इसलिए इसे और समृद्ध करते रहने की ज़रूरत है। यह सादा है पर सिंपलिस्टिक नहीं है, इसके अंदर परतें हैं। यह नाटक अपने-आपमें जटिल है। नाटक का मक़सद सिर्फ़ यह नहीं है कि वह एक चीज़ कह जाए। उसका मक़सद एक तरह से रस पैदा कर दर्शक को उसकी अनुभूति कराना है। यह नहीं है कि इस तरह के नाटक में रस नहीं होगा। जब उत्पल दत्त नाटक में जादुई चीज़ की बात करते हैं तो 'जनम' के नाटकों में वह जादू कई बार छोटे-छोटे कबूतरों के रूप में *मई दिवस* में क्रिएट होता है, पीस-पीस, अमन-अमन, शांति कहते हुए; या *मई दिवस* के अंदर झंडों से क्रिएट हो जाता है। 'चौक-चौक पर गली-गली में सुर्ख़ फरेरे लहराते।' रूस की क्रांति का ज़िक्र होता है उसमें। एक जादुई दृश्य बनता है उसमें। वह जादू *अँधेरा आफ़ताब माँगेगा* नाटक में भी देखा जा सकता है। उसमें आपके सामने जो खिड़की बनती है, वे एकदम से जादुई पल हैं। या *संघर्ष करेंगे जीतेंगे* नाटक में बच्चे का जब जन्म होता है, तो वह जादुई पल होता है। लेकिन ये जादुई पल नाटक के अंदर एक विचार के साथ पैदा होते हैं। वह विचार संघर्ष का हो या निर्माण का। इसी तरह से मास्क और पपेट्स का इस्तेमाल केवल एक विज़ुअल एलीमेंट डालने के लिए ही नहीं, बल्कि उसका एक मक़सद होता है। जैसे *गधा पुराण* नाटक में राजा की तस्वीर का उलटा-पुलटा होना, राजा के ताज का राजा के सर से बड़ा होना और उसकी तस्वीर या मुखौटे का उलटा-सीधा हो जाना, नाटक के प्लॉट का और विचार का अभिन्न हिस्सा है। इसी तरह मुखौटों और पपेट्स का इस्तेमाल क्रमशः *आर्तनाद* और *चार रंग* नाटकों में किया गया है।

नाटक के निर्माण में 'जनम' ने कहानी का भी इस्तेमाल किया है। मिसाल के तौर पर प्रेमचंद की क्लासिक कृति *सत्याग्रह* या *हिंसा परमो धर्मः* को लेकर भी जन-नाट्य मंच ने

रचनाएँ की हैं। नागार्जुन के उपन्यास *वरुण के बेटे* को लेकर रचना की है। चटगाँव के सशस्त्र विद्रोह जैसे ऐतिहासिक विषय पर नाटक बनाया है। अपने पुराने मिथकों की पुनर्व्याख्या करते हुए *शंबूक वध* जैसी कृति की रचना की है। एक चीज़ जो हमने गोविंद पुरुषोत्तम देशपांडे से सीखी, वह है संभावित इतिहास की बात। उन्होंने *सत्यशोधक* नाटक के दौरान हमारे सामने एक बात रखी थी संभावित इतिहास की; कि ये जो बातें हो रही हैं रानाडे और फुले के बीच, वह इतिहास न हो लेकिन संभावित इतिहास तो हो सकता है। जो एक ही समय में, एक ही शहर में रह रहे हैं, एक-दूसरे को जानते हैं, तो रानाडे जब बाल-विवाह करते हैं तो निश्चित ही फुले उनके पास जाएँगे और कहेंगे कि यह तुम क्या कर रहे हो? तुम तो आंदोलन के नेता हो! तुम ख़ुद ऐसी बात करोगे तो समाज पर क्या असर पड़ेगा? यह एक तरह से लिखित इतिहास नहीं है लेकिन संभावित इतिहास तो हो सकता है। और कुछ ऐसी ही संभावित बातों को लेकर *शंबूक वध* सामने आता है। यह शंबूक के साथ ही क्यों होता है आख़िरकार? यह कहीं लिखा नहीं है किसी पुराण में। लेकिन इस नाटक में हम एक संभावित मिथक को ही आगे बढ़ाते हैं, उसकी ही परिकल्पना करते हैं कि ऐसा क्यों होता है। इस बात के भी कोई निशान नहीं हैं कि सत्यकाम, जाबाला और शंबूक आपस में कभी मिले भी हों। लेकिन यह कहानी आगे गढ़ी जाती है। हो सकता है, ये अलग-अलग दौर में हुए हों या हुए ही न हों। लेकिन कहानियों को संभावित बनाने की सोच हमने सीखी है और उसे किया भी है।

जन-नाट्य मंच ने संगीत के स्तर पर भी बहुत सारी चीज़ें की हैं। गानों के स्तर पर देखा जाए तो ब्रेख़्तियन फ़ॉर्म का इस्तेमाल हमने अपने नाटकों में किया है। *अँधेरा आफ़ताब माँगेगा* में जब बादल को मार पड़ती है तो एक गायक समूह फ़ौरन आकर गाना गाता है– 'यही होता है मेरी ज़िंदगी में, यही सच है इसे मानो न मानो।' यह कमेंट है और यह कमेंट का फ़ॉर्म और तरीक़ा हमने ब्रेख़्त से सीखा है। जगह-जगह पर हम नाटक के अंदर इसका इस्तेमाल करते हैं। और यही नहीं, नाटक के फ़ॉर्म को लेकर बहसें चलती रहती हैं। जनता के अंदर हम जब नाटक करने जा रहे हैं तो यह सवाल उठता है कि नाटक की भाषा क्या हो? हमारे नाटक का फ़ॉर्म क्या हो? फ़ॉर्म के स्तर पर हमने यह बात ज़रूर कही है कि हमारा नाटक सिंपल हो लेकिन सिंपलिस्टिक न हो। मतलब उसके अंदर प्रक्रिया की जटिलताएँ तो हों, लेकिन जनता तक उसे पहुँचाने में हम बाधाएँ उत्पन्न न करें। हमारी कहानी कहने के तरीक़े और बात करने के तरीक़े से वह बात लोगों तक पहुँचे। इसमें जब बाधा आती है तो कई बार हम नाटक को ड्रॉप भी कर देते हैं। और यही नहीं, जब काम करते हुए हमें लगता है कि हमारा नाटक इस समय, स्थान व काल के लिए तथा उस मुद्दे के लिए उपयुक्त नहीं है तो चर्चा के बाद बने-बनाए नाटक को भी ड्रॉप करने में हमें कोई हिचकिचाहट नहीं होती।

1992 में जन-नाट्य मंच ने बाबरी मस्जिद के ढहाए जाने के फ़ौरन बाद एक नाटक बनाया जिसे ग्रुप में देखने के बाद यह फ़ैसला किया गया कि इसे जनता के बीच अभी नहीं खेलना चाहिए। उसे छोड़कर फिर 'जनम' ने पलटूदास के जीवन पर आधारित *सबमें साहिब भरपूर है जी* नाटक बनाया। सांप्रदायिक सद्भाव पर यह एक बेहद कामयाब नाटक रहा। इसी तरह फ़ॉर्म की बात जब करते हैं तो ऋत्विक घटक कहते हैं कि हमें अपनी विधाओं से ही नहीं बल्कि दुनिया-भर की विधाओं से ख़ुद को जोड़ना है। आज 'जनम' में ऐसे लोग हैं जिन्होंने रंगमंच के अनेक पहलुओं के बारे में पढ़ा और जाना है। हम कथा-चित्रों पर भी

काम कर रहे हैं और आगे भी करेंगे। यही नहीं, कभी-कभी ऐसा भी होता है कि जिस रूप में हम अपने नाटक की कल्पना करते हैं और जब इतिहास को देखते हैं तो पाते हैं, वैसी परिकल्पनाएँ हूबहू न सही लेकिन पहले भी हुई हैं। हबीब साहब अपने लेख में एक नाटक का ज़िक्र करते हैं जिसमें एक कलाकार फैक्टरी गेट पर नाटक का पोस्टर लगाता है, दूसरा कलाकार (पुलिसवाला) उसे रोकता है, बहस होती है, नाटक शुरू हो जाता है। कुछ ऐसी ही शुरुआत *हल्ला बोल* नाटक की है। पहले हमने 'यूनिटी थिएटर' के लिविंग न्यूज़पेपर का ज़िक्र किया था जिसमें पूँजीवादी अख़बारों और असली ख़बरों के बीच के अंतर को डॉक्यू-ड्रामाई अंदाज़ में दर्शाया गया था। जनम के नाटक *ये दिल माँगे मोर गुरुजी* में गुजरात नरसंहार के बाद अख़बारों की सुर्ख़ियों और तस्वीरों को इस्तेमाल करते हुए कविताओं और संघ परिवार पर एक व्यंग्य के ज़रिये परिस्थितियों पर टिप्पणी की गई। आशय यह है कि तरह-तरह की विधाओं के साथ 'जनम' ने प्रयोग किए हैं। अनेक रूपों में नुक्कड़ नाटकों और मंच नाटकों को बाँधा है। मक़सद यह रहा कि जन-नाट्य कर्म को निरंतर समृद्ध किया जाए ताकि हम जनता की सांस्कृतिक ज़रूरतों को पूरा कर पाएँ।

आज जन-नाट्य मंच में जो कलाकार काम कर रहे हैं, उनमें अधिकांश शौकिया रंगकर्मी हैं। कुछ एक सेमी-प्रोफ़ेशनल हैं जो कि प्रोफ़ेशनल सेंसिबिलिटी के साथ काम कर रहे हैं। हाँ, हम एक क्रिएटिव यूनिट की तरह हैं जिसका कि ऋत्विक घटक ज़िक्र करते हैं। लेकिन हमारा रोल क्रिएटिव यूनिट से थोड़ा बढ़कर है। हमारी कोशिश रहती है कि हिंदुस्तान की नुक्कड़ नाटक की मंडलियों व दूसरी मंडलियों के बीच में संवाद स्थापित हो पाए। इसके लिए समय-समय पर मीटिंग्स का आयोजन भी करते रहते हैं। हमारी कोशिश यही रहती है कि व्यावसायिक रंगमंच के दूसरे निर्देशकों और मंडलियों के साथ एक संवाद स्थापित कर पाएँ। यह कोशिश उनसे सीखने की—ख़ासतौर से कौशल सीखने की—तथा उनको अपने काम से प्रभावित कर पाने की भी होती है।

हम अपने नुक्कड़ नाटकों में से कई नाटकों को एक रेपटरी की तरह ज़िंदा रख पाए हैं। लेकिन मंच नाटकों के साथ हम यह नहीं कर पाए हैं। अब हमने एक छोटी-सी जगह बनाई है—स्टूडियो सफ़दर, जो हमारे लिए एक निरंतरता के साथ प्रदर्शन करने की जगह हो सकती है। इस जगह के इर्द-गिर्द और भी गतिविधियाँ करने का हमारा प्रयास है, जिनमें फ़िल्म शो, नाटकों के प्रदर्शन, संगीत, बातचीत, कविता पाठ, लेखकों-बुद्धिजीवियों से बातचीत, प्रदर्शनी आदि हो सकती हैं। जिस इलाक़े में यह स्टूडियो है, वहाँ की स्थानीय जनता को और उस आबादी में मौजूद स्थानीय कलाकारों को भी अपने साथ जोड़ पाने का हमारा एक प्रयत्न है। जन-नाट्य मंच का यह काम सफ़दर के उस सपने का एक हिस्सा है जिसमें वे एक जनपक्षीय वामपंथी थिएटर के निर्माण के लिए एक संस्थान की बात करते हैं। निश्चय ही जन-नाट्य मंच ने न केवल इप्टा के मक़सद से प्रेरणा ली है बल्कि इप्टा के अंदर चली रचना-प्रक्रिया और उसकी रचनात्मक बहसों से भी बहुत-कुछ सीखा है।

‘हमने इस इश्क़ में क्या सीखा है क्या पाया है’

असग़र वजाहत

भक्ति आंदोलन के बाद प्रगतिशील साहित्यिक-सांस्कृतिक आंदोलन दूसरा सबसे बड़ा और अखिल भारतीय स्तर पर चला आंदोलन माना जाता है। यह आंदोलन 1936 के आसपास से न केवल जारी है बल्कि लेखन के अतिरिक्त कला की अन्य विधाओं में अपनी जड़ें जमा चुका है। अनेक कारणों से आंदोलन की एकाधिक शाखाएँ दिखाई पड़ती हैं, पर प्रगतिशील आंदोलन चूँकि राजनीतिक नहीं बल्कि वैचारिक आंदोलन था और है, इसलिए इसकी शाखाएँ एक पेड़ की शाखाएँ हैं जिन पर एक ही फल आता है। चूँकि जड़ें वही हैं, तना वही है, शाखाएँ फैल गई हैं लेकिन वृक्ष की मूल प्रकृति नहीं बदली है।

प्रगतिशील आंदोलन शुरू होने से पहले भारतीय समाज और रचनाधर्मिता में वे मुद्दे मौजूद थे जिनकी ओर प्रगतिशील लेखक संघ ने ध्यान आकर्षित कराया था, लेकिन मुद्दों की जानकारी और उनकी कलात्मक प्रस्तुति भोथरी थी। ‘जोश’ मलीहाबादी को शायरे इंकिलाब कहा जाता है। असरारुल हक़ मजाज़ क्रांति और रोमांस के कवि माने जाते हैं। लेकिन इनकी क्रांति दरअसल अस्पष्ट विद्रोह और यहाँ तक कि अराजकता की सीमा को छूनेवाली क्रांति है। सर मुहम्मद ‘इक़बाल’ भी गेहूँ के उस खेत को जला देने की बात करते हैं जिस खेत से किसान को रोटी नहीं मिलती। जोश की कविता में भी दिशाहीन क्रांति या विद्रोह है। ‘मजाज़’ भी आगे बढ़कर उस ‘इन्दर सभा’ का तख़्तो-ताज फूँकना चाहते हैं। तख़्ते शाही और सम्राट के ताज पर दमकता पत्थर तोड़ना चाहते हैं।

राष्ट्रीय आंदोलन का लावा जब पक गया था और बहने की दिशा खोज रहा था, तब प्रगतिशील लेखक संघ का उदय होता है जिसने विद्रोह, असंतोष और अराजकता को एक नई दिशा दी थी।

इसमें कोई संदेह नहीं है कि बीसवीं शताब्दी का भारतीय साहित्य प्रगतिशील आंदोलन की देन है। हमारे बड़े लेखक, चाहे वे प्रगतिशील लेखक संघ के समर्थक हों या विरोधी हों, निश्चित रूप से अपने साहित्य में उन ‘मूल्यों’ और ‘आदर्शों’ का प्रतिपादन कर रहे थे जो प्रगतिशील आंदोलन की देन थे। बीसवीं शताब्दी के श्रेष्ठ हिंदी लेखक शोषण, सामाजिक असमानता, अन्याय, अत्याचार, धर्मांधता के विरुद्ध खड़े दिखाई देते हैं। यह दृष्टि निश्चय ही प्रगतिशील आंदोलन की देन है।

विचारधारा कला नहीं है। विचारधारा के आलोक में अपने समाज के प्रति दृष्टिकोण

विकसित करने के बाद उसकी कलात्मक प्रस्तुति कला कही जाती है। यह आश्चर्य की बात है कि अपने-आपको घोषित रूप से प्रगतिशील आंदोलन का विरोधी माननेवाले लेखकों का लेखन प्रगतिशील है। इस संदर्भ में पाकिस्तान के प्रसिद्ध कहानीकार इंतिज़ार हुसैन का उल्लेख किया जा सकता है। एक बार बातचीत में उन्होंने कहा था कि वे प्रगतिशील आंदोलन के विरोधी हैं। इसके जवाब में मैंने हैरत से कहा कि लेकिन आपका पूरा लेखन प्रगतिशील है। ऐसे और कई उदाहरण मिल जाएँगे। यहाँ ज़रूरी है कि प्रगतिशील आंदोलन तथा उसकी वैचारिकी को एक-दूसरे का पर्याय न माना जाए। दर्शन आंदोलन से बड़ा होता है।

मैंने 1963-64 के आसपास लिखना शुरू किया तो मुझे प्रगतिशील लेखक संघ के बारे में कोई ख़ास जानकारी न थी। सोवियत संघ के बारे में, मज़दूरों-किसानों की सरकार के बारे में कुछ सुनी-सुनाई जानकारियाँ थीं। उर्दू की पृष्ठभूमि के कारण मज़दूर कवि एहसान-बिन-दानिश की कुछ रचनाएँ पढ़ी थीं। फिर धीरे-धीरे उस ज़माने के लेखकों कृश्न चंदर, सआदत हसन मंटो, ख़्वाजा अहमद अब्बास, इस्मत चुग़ताई को पढ़ना शुरू किया। लेकिन फ़ैज़ अहमद 'फ़ैज़' ने जो असर डाला, उसका बयान नामुमकिन है। लगता था, जैसे रगों में लावा दौड़ रहा है। मैं और मेरे मित्र—मुज़फ़्फ़र अली (*उमरावजान* फ़ेम), शक़ील अहमद अय्यूबी (कोई पता नहीं, कहाँ हैं) फ़ैज़ के दीवाने हो गए। फ़ैज़ के माध्यम से प्रगतिशीलता को जानने और समझने का प्रयास शुरू हुआ।

पिछले तीस-चालीस सालों में अनेक उतार-चढ़ाव आए लेकिन प्रगतिशील चेतना का निरंतर विकास होता रहा। आंदोलन के शिथिल पड़ जाने के बाद भी प्रगतिशील विचारों की ताक़त तथा उसकी आवश्यकता ने लेखकों को अपनी ओर आकर्षित किया है। संगठन की शिथिलता का एक लाभ भी हुआ है कि आज प्रगतिशील / जनवादी लेखक संगठन अधिक उदार हैं तथा कट्टरपंथ की कोई भूमिका नहीं रह गई है।

प्रगतिशील लेखक आंदोलन ने आधी शताब्दी से भी ज़्यादा समय तक बहुत महत्त्वपूर्ण मुद्दों पर लगातार बहस चलाई है जिसके फलस्वरूप बहुत-से बुनियादी मुद्दे स्पष्ट हुए हैं। लेखक की प्रतिबद्धता को लेकर जो व्यापक और गहरी बहस चलाई गई थी, उसने बड़ी हद तक लेखकों को अपना नज़रिया साफ़ करने में मदद दी है। आज हिंदी के प्रायः सभी लेखक यह स्वीकार करते हैं कि प्रतिबद्धता के बिना लेखन असंभव है। प्रतिबद्धता के आयाम हो सकते हैं लेकिन बिना प्रतिबद्ध हुए लेखन नहीं किया जा सकता। इसी प्रकार से प्राचीन साहित्य के प्रति भी प्रगतिशील आंदोलन ने एक बड़ी बहस चलाई थी। इस बहस का मुख्य मुद्दा यह था कि क्लासिकी साहित्य के प्रति हमारा दृष्टिकोण क्या होना चाहिए? क्या हम क्लासिकी साहित्य से कुछ सीख सकते हैं या वह हमारे लिए त्याज्य है? इस महत्त्वपूर्ण सवाल के प्रति प्रगतिशील आलोचकों ने जो सम्मति बनाई थी, वह आज मान्य है। हम प्राचीन या क्लासिकी साहित्य का सम्मान करते हैं और उससे बहुत-कुछ सीख सकते हैं, लेकिन लिखना हमें अपने ही तरीक़े से चाहिए।

दरअसल प्रगतिशील / जनवादी साहित्यिक चेतना ने हिंदी-उर्दू साहित्यकारों को इतना दिया है कि उसकी सीमाएँ नहीं तय की जा सकतीं। हिंदी-उर्दू के आपसी रिश्ते और उसकी वैज्ञानिक तथा तार्किक व्याख्या भी इसी चेतना का हिस्सा रही है। इस दौरान इन दोनों

भाषाओं और इनके साहित्य में जितना आदान-प्रदान हुआ, वह संभवतः इससे पहले कभी नहीं हुआ।

साहित्य में प्रगतिशील / जनवादी चेतना आज, मेरे ख़याल से, किसी दबाव के न होने के कारण स्वतः आगे बढ़ रही है। उसका विस्तार हो रहा है। वह नए लेखकों के लिए सीखने और समझने के एक औज़ार के रूप में अपनी भूमिका निभा रही है।

प्रगतिशील साहित्य आंदोलन और मैं

विष्णु नागर

मेरे जैसे लोग जब क़लम पकड़ना सीख रहे थे, तब मुक्तिबोध सशरीर तो नहीं थे, लेकिन फिर भी चारों ओर वही और वही थे—वे थे, उनकी कविता थी, उनकी आलोचना थी, उनकी कहानियाँ थीं। मगर सबसे ज़्यादा उनकी कविता थी और वे ख़ुद यानी उनका जीवन था। अज्ञेय तब तक किनारे लग चुके थे। आज के अज्ञेय के सबसे बड़े प्रशंसक अशोक वाजपेयी तक उनकी कविता को लेकर कहने लगे थे कि ये गिद्ध अब बूढ़ा हो चुका है, इससे पंख फैलाए नहीं जा रहे, क्यों व्यर्थ में उड़ने की कोशिश कर रहा है! अपने एक पुराने प्रशंसक की इस निंदा से अज्ञेय इतने आहत हुए थे कि बरसों तक उन्होंने वाजेपयी जी को घास नहीं डाली थी, अंतिम समय में ही जाकर वह थोड़ा पिघले थे। उस ज़माने में शायद रामविलास शर्मा को छोड़कर मुक्तिबोध को गरियाने का साहस-दुस्साहस, जहाँ तक मुझे याद है, किसी और बड़े आलोचक में नहीं था। और तब रामविलास जी ने मुक्तिबोध का जो मूल्यांकन किया था, उसे कौन मानता था और सच कहें तो आज भी कौन मानता है! तब श्रीकांत वर्मा जैसे ग़ैर-मार्क्सवादी तो उन लोगों में से थे जिन्होंने अपने प्रभाव का इस्तेमाल करके भारतीय ज्ञानपीठ से मुक्तिबोध की रचनाएँ छपवाई थीं।

कुल मिलाकर, मुक्तिबोध का नाम लिये बग़ैर तब किसी का काम नहीं चलता था। कुछ तो इतने डरे हुए थे कि अनचाहे उनकी रामनामी लिये घूमते थे और नहीं घूमते तो उनका बेड़ा पार नहीं होता। अब तोड़ने ही होंगे मठ और गढ़ सब और अभिव्यक्ति के सारे ख़तरे उठाने की बात हवा में इतनी ज़्यादा गूँजती थी कि लगता था, मेरे जैसों को अब कुछ होकर ही रहेगा। ख़ैर, नहीं हुआ, यह अलग बात है और इसके लिए मुक्तिबोध और उनकी कविता दोषी नहीं। उस दौरान नक्सलवाद अपने उभार पर था, इसलिए वामपंथ के प्रभाव में ऐसा लगना किसी के लिए ग़ैर-लाज़िमी भी नहीं था। मैं कहना चाहता हूँ कि हमें शुरुआत में ही ऐसा वातावरण मिला।

प्रगतिशीलता की विरासत हमें सीधी बहुत कम, मुक्तिबोध की कविता-आलोचना के ज़रिये ज़्यादा मिली। वह विरासत एक स्तर पर 'इंप्योर' थी—जैसा कि रामविलास जी आदि मानते थे—लेकिन हमारी पीढ़ी शायद इसकी ताईद करेगी कि वह हमें अपने सबसे रचनात्मक रूप में मिली। उसमें प्रगतिशीलता और मार्क्सवाद की जड़ समझ नहीं थी, उसका रचनात्मक प्रयोग और कार्यान्वयन था। उसके पीछे एक ऐसे कवि का जीवन-व्यवहार था, जिसने

अत्यन्त कठिन जीवन संघर्ष झेला था, मगर इसके बावजूद रचनात्मकता के प्रति गहरे समर्पण से कोई विचलन नहीं था, बिना उसके नतीजों की परवाह किए।

उसी समय दो बातें थोड़ी-थोड़ी समझ में आने लगी थीं कि साहित्य में जतन से अपना खेल जमाने का महत्त्व नहीं, क्योंकि कहीं से कोई एक मुक्तिबोध आ सकता है (जो कहीं से भी आपका प्रतियोगी न था, न होना चाहता था) और वह सारा पुराना जमा-जमाया खेल बिगाड़ सकता है। जो वह जीते-जी कभी सोच नहीं पाया था, वह मरकर कर सकता है। और कल तक जो आपके अपने थे, जिन्हें आपने बढ़ाने का गौरव हासिल करने की भरपूर कोशिश की थी, वे भी आप से मुँह मोड़ सकते हैं (ज़रा पढ़ें *तार सप्तक* के संशोधित-परिवर्द्धित संस्करण में नेमिचंद जैन आदि के वक्तव्य)। तो खेल आदि जमाने की कोशिश करना व्यर्थ है। अंततः इससे निराशा ही मिलती है। अपने काम को करते जाने का ही महत्त्व है, फिर चाहे आपको जीते-जी या मरने के बाद भी कोई न पूछे। पूछने न पूछने का फ़ैसला आनेवालों पर छोड़ देने से बड़ी व्यावहारिकता कुछ नहीं। अपना काम करके उससे मुक्त हो जाना चाहिए। दूसरी एक बात और समझ में आई कि कठिनता या जटिलता अपने-आपमें कोई निंदनीय बात भी नहीं है और हर बात जो तथाकथित रूप से जनता को समझ में आती है, वही श्रेष्ठ होती है, वही निकष होती है, यह समझ भी ग़लत और ग़ैर-रचनात्मक है।

बेहद शुरुआत की यानी जब बकरी आदि पर कविता लिखने की उम्र निकल चुकी थी, तब की मेरी कविताओं पर मुक्तिबोध का ख़राब रूप में असर पड़ा और यह अच्छा हुआ कि वे डायरियाँ अब खो चुकी हैं। लेकिन मुक्तिबोध के लिखे का परोक्ष असर गहरा हुआ। 'अँधेरे में' कविता ने–जो तब क्या समझ में आती–विशेष रूप से प्रभावित किया। अपने आसपास के अँधेरे को पहचानने का कम-से-कम वह मेरे लिए पहला गंभीर पाठ था। लगभग उसी दौर में अकविता की बात भी होने लगी थी और मैं अपने छोटे-से क़स्बे में कल्पना किया करता था कि जगदीश चतुर्वेदी एक बड़े-से हॉल में बैठकर निरंतर दारू पिया करते होंगे, पता नहीं ऐसा क्यों लगता था। उसी दौर में क़रीब-क़रीब रघुवीर सहाय का *आत्महत्या के विरुद्ध* और श्रीकांत वर्मा का *मायादर्पण* कविता संग्रह आए थे। अपने एक अध्यापक की कृपा से ये और आधुनिक कवियों के अन्य कविता संकलन भी पढ़े थे। झूठ क्यों कहूँ, उस समय रघुवीर जी से ज़्यादा अच्छी श्रीकांत जी की कविता लगी थी, उसकी ग़ैर-संभ्रांत तोड़फोड़ बेहद अच्छी लगी थी। बाद में नागार्जुन, शमशेर और त्रिलोचन की तरफ़ भी ध्यान ज़्यादा महत्त्वपूर्ण ढंग से गया, लेकिन ये कुछ बाद की बातें हैं, दिल्ली आने के बाद की, हालाँकि नागार्जुन की कविता से परिचय पुराना था और उन्हें अपने क़स्बे में दो बार देखने-सुनने-मिलने का सौभाग्य प्राप्त हुआ था।

तो मूल बात यह है कि 1936 में जो प्रगतिशील आंदोलन शुरू हुआ था, वह 1968-71 के बीच मुझ तक मुख्य रूप से वाया मुक्तिबोध पहुँचना शुरू हुआ था। प्रेमचंद को तो बचपन में सबकी तरह पढ़ा था और वे बहुत अच्छे भी लगते थे शुरू से, मगर उन्हें एक प्रगतिशील की तरह नहीं, बल्कि एक लेखक की तरह पढ़ा था और सराहा था। दिलचस्प बात यह थी कि मुक्तिबोध हों या नागार्जुन हों या शमशेर हों या त्रिलोचन हों, ये अपनी कविता के कारण तो बड़े लगते ही थे, अपने जीवन-संघर्षों के कारण भी बड़े लगते थे और यह समझ कभी ग़लत साबित नहीं हुई। इसलिए समाजवाद और मार्क्सवाद के बीच झूलते मुझ जैसे आदमी

को जनवादी लेखक संघ बनने पर जब सुधीश पचौरी ने खींचा तो मैं थोड़ी झिझक के बाद खिंच गया। इस आंदोलन ने जो मूल्य वाया मुक्तिबोध मुझे दिये, वे किसी-न-किसी रूप में मेरे साथ हैं, भले ही उनका अपनी रचना और व्यक्तित्व में रूपांतरण करने में मैं असफल रहा हूँ। इतना ज़रूर हुआ है कि उस प्रभाव का ही असर है कि रचनात्मकता के प्रति एक खुलापन आया, जिसमें एक बड़ा असर दिल्ली आकर रघुवीर सहाय के संपर्क में आने का भी था। एक लेखक को अपने रचनात्मक विकास के लिए हरदम चौकन्ना रहना चाहिए, कुछ भी करते समय लेखक की यह समझ काम करनी चाहिए, यह सीख मिली। असर तो मुझ पर और भी बहुत-से होंगे और होने चाहिए। ब्रेख़्त का असर सिर चढ़कर बोलता रहा, अब भी बोलता है। तोल्सतोय का *पुनरुत्थान* पढ़कर तो जैसे मैं हिल ही गया, लगा कि ऐसे असंभव शिखर छुए जा चुके हैं कि विष्णु नागर, तुम तो मरकर भी कुछ न कर पाओगे। दोस्तोयवस्की के यथार्थवाद ने, यथार्थ की गहन निराशाओं और अँधेरों ने इतना विकल खिन्न किया कि इस लेखक के पास तो जाने से भी अब डर लगता है और न जाने की कमज़ोरी पर रंज होता है। रोज़ेविच और शिंबोर्स्का को जो छू न सके, वह कविकर्म ही व्यर्थ लगता है।

भवानीप्रसाद मिश्र भले ही गांधीवादी रहे हों, मगर उनके आरंभिक काव्य की सरलता-सहजता-फक्कड़पन बहुत ही काम का लगता रहा है। नागार्जुन के जनवादी होने पर तो ख़ैर कोई बहस ही नहीं है, मगर मुझे माफ़ किया जाए कि प्रयोगवादी कविता–जिससे नागार्जुन का कभी कोई संबंध नहीं रहा–के सबसे बड़े कवि नागार्जुन लगते हैं। उनके प्रयोगवाद की जड़ें हमारी परंपरा में हैं भी और नहीं भी हैं। इसलिए अज्ञेय का जो हल्ला इस समय मच रहा है, वह मुझे प्रायोजित और प्रगतिशील परंपरा के लोगों को पीट देने की हिंसक कोशिश ज़्यादा लगता है, उनका मूल्यांकन करने की कोशिश कम। शायद मुक्तिबोध के समय का बदला अब लिया जा रहा है और उसमें वे भी शामिल हैं जो तब मुक्तिबोध के सबसे बड़े प्रशंसक थे। चलो, इन्हें भी अपना खेल खेल लेने दो। कोई मुक्तिबोध क़िस्म का कवि यह सारा खेल बिगाड़ देगा और जिसका जितना दाय है, उसे उतना ही स्वीकार किया जाएगा।

2164, डेम्पीयर नगर

मनमोहन

अलग से न अपनी 'रचना-प्रक्रिया' के बारे में बताना आसान है, न प्रगतिशील आंदोलन के साथ चार दशक में फैले अपने रिश्ते को बयान करना। न जाने क्यों ऐसे काम के ख़याल से ही मन बोझिल होने और थकने लगता है। कोशिश करें भी तो लगता है, पूरी की पूरी ज़िंदगी ही अपनी जड़ों समेत उखड़कर साथ चले आने को कहने लगी है। बहरहाल, मुरली जी की सात्त्विक डाँट-डपट के आगे हमेशा ऐसी मनोबाधाओं की सिट्टी-पिट्टी गुम हो रहती है। लिहाज़ा जितनी अभी ताब है उतना इस 'भारी पत्थर' को उठाने की कोशिश करता हूँ।

प्रोग्रेसिव तहरीक का सिलसिला कई तरह के पेचीदा घुमावों और उतार-चढ़ाव से गुज़रा है। आज नवउपनिवेशवादी विध्वंसक आक्रमण के बीच बीहड़ ख़तरों और अभूतपूर्व संभावनाओं से भरे एकदम नए परिदृश्य को देखकर लगता है कि प्रतिरोध की इस शानदार परंपरा के गुम होते हुए सूत्रों की पहचान करने और इसका पुनराविष्कार करने का यही वक़्त है, हालाँकि यह एक बेहद कठिन चुनौती है। 'हिंदी जाति' की अग्रणी प्रतिभाएँ नए अनुसंधान और आविष्कार के आलोचनात्मक श्रम से मुँह मोड़कर जिस तरह इन दिनों आत्मप्रदर्शन के आयोजनों और महोत्सवों में आत्ममुग्ध होकर डूबी हुई हैं, उससे ज़रूर बड़ी मायूसी होती है।

पिछले 70-80 सालों में लेखकों और संस्कृतिकर्मियों की कम-से-कम चार या पाँच पीढ़ियों ने अलग-अलग मुक़ामों से प्रगतिशील साहित्यिक-सांस्कृतिक आंदोलन और व्यापक जनवादी आंदोलन या उसकी विरासत के साथ कोई न कोई रिश्ता बनाया है और किसी-न-किसी तरह का तजुर्बा हासिल किया है। सबकी अपनी-अपनी कहानियाँ होंगी। इन्हें मिलाकर शायद इस तहरीक का ज़्यादा सटीक और सजीव नक़्शा हम देख पाएँगे।

मेरा जन्म मथुरा शहर में हुआ। ज़्यादातर लोग बाहर से एक प्राचीन शहर की छवि में घिसी-पिटी औसत मिथक-कल्पनाओं से बने इसके इकहरे मृत खोल को ही देखते हैं। दरअसल इसमें रहकर ही आप यह जान पाते हैं कि इसके अंदर एक दूसरा ही ठोस और जीवित शहर है, जिसकी कई-कई परतें हैं, जिन पर अलग-अलग वक़्तों के गहरे और हलके आड़े-तिरछे कई निशान हैं। यों भी आपका शहर तो वही होता है जिसे आप अपनी आँख से देखते हैं और अपने अनुभव से पहचानते हैं या जैसा अपना अक्स वह आपके अंदर डाल देता है।

तमाम अवरुद्ध विकास, भयानक आत्मविस्मृति, आक्रामक फ़ासिस्ट सक्रियता, विनाश, विकृतीकरण और विस्थापन के बावजूद मुझे लगता है कि उत्तर भारतीय क़स्बों के बुनियादी

गठन में कोई बात है, जीवित और धड़कती हिंदुस्तानियत, जिसे आख़िरी तौर पर नष्ट करना बेहद कठिन है। कम-से-कम अभी तक ऐसा लगता रहा है। आज़ादी के बाद के वर्षों में भी लंबे समय तक तमाम बदनसीबियों, विद्रूपताओं और विडंबनाओं के बावजूद इन क़स्बों के सामाजिक-सांस्कृतिक जीवन में, लोगों में और स्थापत्य में एक तरह की जैविकता, बहुलता और प्राणमयता बची हुई थी। बहुत सारी छूटी हुई खुली हुई जगहें दिखाई दे जाती थीं। हर शहर का एक अलग ठोस चेहरा दिखाई देता था। प्रगतिशील और हस्तक्षेपकारी शक्तियों ने इस लंबे अरसे में कभी अपने रणनीतिक महत्त्व के कार्यक्षेत्र के रूप में इन्हें चिह्नित नहीं किया। इसके विपरीत दक्षिणपंथियों ने हमेशा इन्हें अपने कार्यक्षेत्र की तरह चिह्नित किया। लिहाज़ा यहाँ फ़ासीवाद के कीड़े पलते-पनपते रहे। पिछले बीस-तीस साल से 'मास कल्चर' या 'मोनो कल्चर' के लुम्पेन बुलडोज़र के नीचे इनका समतलीकरण चल रहा है। इसी समतलीकरण में इनका तमाम नया-पुराना भद्दापन, पिछड़ापन और नृशंसताएँ—सब कुछ अंतर्भुक्त हो गया है।

मथुरा शहर यमुना नदी के पश्चिमी तट पर दिल्ली और आगरा के बीच बसा है। कहना चाहिए कि इसी के बाएँ-दाएँ दिल्ली और आगरा क़ायम हुए। सुना था, कनिष्क के ज़माने में (पहली शताब्दी में) यह उसकी दूसरी राजधानी थी (पहली राजधानी शायद कंधार थी)। उस समय मथुरा में बौद्ध धर्म का बोलबाला था। कनिष्क की प्रख्यात भग्न मूर्ति (सिर्फ़ धड़ और हाथ में तलवार) अभी तक मथुरा म्यूज़ियम (जहाँ कभी वासुदेवशरण अग्रवाल क्यूरेटर रहे थे) में है। यहीं उत्खनन से प्राप्त हुई पहली शताब्दी की गांधार शैली की अनेक विलक्षण मूर्तियाँ भी हैं, जिनमें करवट लिये हथेली के बल सीधे लेटे हुए बुद्ध की नौ फीट की प्रतिमा भी है। बौद्ध धर्म के अलावा जैन मत की भी अत्यन्त प्राचीन साइट्स यहाँ चिह्नित की गई हैं। शाक्त मत, तांत्रिकों, शैवों, नाथ पंथियों और सूफ़ियों के भी अत्यन्त प्राचीन केंद्र यहाँ दिखाई देते हैं। वैष्णव संप्रदाय का तो यह गढ़ ही है। वल्लभाचार्य के रंग में पूरा ब्रज क्षेत्र लंबे समय तक रँगा हुआ रहा है। इनके ज़्यादातर पीठ इसी क्षेत्र में हैं। हाँ, अब अष्टछाप के कवि छीत स्वामी के वंशज यमुना के किनारे चना ज़ोरगरम की दुकान खोलकर बैठे रहते हैं। कुम्भनदास भी कुछ ही मील दूर गोवर्धन में रहते थे, जो अपनी भीषण निर्धनता के लिए ख्यात थे और जिन्होंने कभी लिखा था, 'संतन कौं कहा सीकरी सौं काम'। पास ही वृंदावन में चैतन्य की स्मृति अब तक जीवित है, जिसके सूत्र बंगाल और उत्तर-पूर्वी भारत तक जाते हैं।

नवजागरण काल में भी यहाँ कई शख़्सियतें हुईं। भारतेंदु मंडल के सदस्य और *परीक्षा गुरु* के लेखक लाला श्रीनिवास दास यहीं से दिल्ली गए थे। लाला श्रीनिदास दास के पिता यहाँ सेठ लखमी चंद के यहाँ मुनीम थे, बाद में उनके 'वंश वृक्ष' का हिस्सा हो गए। असकुंडा घाट के किनारे ही सेठ लखमी चंद की हवेली थी। कहते हैं, द्वारिकाधीश का विशाल मंदिर उन्हीं का बनाया हुआ है। उनका बड़ा कारोबार था और शायद वे उत्तर भारत के अच्छे ख़ासे बैंकरों में थे। (उनके बारे में पिछले दिनों किसी चैनल पर यह ख़बर दी जा रही थी कि उन्होंने एक बार ईस्ट इंडिया कंपनी के अफ़सरों से मिलकर ताजमहल को ख़रीदने का सौदा कर लिया था और टेंडर भर दिया था। पता नहीं, ऐतिहासिक तथ्य क्या है!) भारतेंदु मंडल के एक और सदस्य राधाचरण गोस्वामी भी मथुरा से पाँच-छह मील दूर वृंदावन के किसी महंत परिवार के थे और कहा जाता है, किसी दिन भागकर भारतेंदु मंडल में शामिल हो गए थे। मथुरा में

ध्रुपद गायन की प्राचीन परंपरा देर तक बनी रही। तानसेन के गुरु हरिदास से लेकर चंदन जी तक यह चली आती थी। ध्रुपद गायन का चलन मथुरा के कई मंदिरों में आज़ादी के बाद तक बना रहा।

बचपन में मथुरा में बारहों महीने तीज-त्योहार-पर्व का हड़बोंग मचा रहता। सावन में पूरे महीने बड़ी संख्या में छत्तीसगढ़, झारखंड, बुंदेलखंड, रुहेलखंड, बाड़मेर, जैसलमेर, काठियाबाड़–उत्तर और पश्चिम भारत के दूर-दराज़ इलाक़ों से ग़रीब मर्द-औरत बच्चों के जत्थे सब अपनी पोटलियाँ सँभाले धर्मशालाओं में, घरों में फैले होते। कई बार छतों पर या गलियों में ईंटों के चूल्हों पर खाना बनाते दिख जाते। कई बार मोरपंख, कौड़ियाँ और घुँघरू बाँधकर नृत्य कर रहे होते। क़रीब-क़रीब सभी इलाक़ों के अलग-अलग पंडे थे, जो दक्षिणा-दस्तूरी वसूलते थे। देने के लिए कुछ न होता तो यमुना में संकल्प छुड़वाकर छोड़ देते और साल में कभी उनके इलाक़ों में जाकर सीधी वसूली करते। स्टेशन पर उतरते ही पंडों की भीड़ घेर लेती। पहला सवाल यही होता 'कौन ज़िला?' लावारिस यात्री की (यानी जिसका कोई निर्धारित पंडा या कुल पुरोहित नहीं) स्टेशन पर ही सांकेतिक भाषा में बोली लगाकर नीलामी हो जाती। ग़रीब इलाक़ों के पंडे भी अपेक्षाकृत ग़रीब होते थे। मारवाड़ी, गुजराती सेठों, भूस्वामियों और मिल मालिकों के पंडे ज़्यादातर अमीर थे। इनमें से कई अपने होटल भी चलाते और बसें भी।

हमारे परिवार में कोई यजमानी नहीं थी। अपने को 'राजसी' और 'ख़ानदानी' समझते और ख़ुद को 'अजाची' (अयाची) कहते थे, शहर में पारुआ कहलाते थे। कोई डेढ़ सौ वर्ष पहले यमुना पार हाथरस से मथुरा आकर बसे थे। हाथरस के राजा की बख़्शी हुई ज़मीदारियाँ और राजस्व वसूली के अधिकार शायद उनके पास थे। शायद हाथरस की रियासत के राजपुरोहित रहे होंगे। मथुरा आकर उन्होंने एक विशाल हवेली बना ली थी और कई ज़ायदादें ख़रीद लीं। धीरे-धीरे कुछ बुज़ुर्गों की ऐयाशियों और फ़िज़ूलख़र्चियों के चलते क़र्ज़े में डूबते गए और हवेली को छोड़ सारी ज़ायदादें हाथ से निकल गईं। लेकिन अकड़ अभी तक बाक़ी थी। रस्सी जल गई थी लेकिन बल नहीं जले थे। फाक़ाकशी में भी ख़ूब शेख़ियाँ बघारते। ठलुए बैठना पसंद था। नौकरीपेशा लोगों को हिकारत से देखते। लालटेनें और कुप्पियाँ जलाकर चौपड़ और ताश खेलते रहते।

मेरे पिता का जीवन कुनबे की इस हवेली से क़तई जुदा था। उनकी माँ उन्हें दो-ढाई साल का छोड़कर चल बसी थीं। उनके पिता फ़क़ीराना तबीयत और दार्शनिक मिज़ाज के व्यक्ति थे। 14 साल की उम्र में पिताजी को सौतेले बड़े भाई ने हवेली से निकाल दिया। बेवा मौसियों ने उन्हें पाला। छुटपन से ही संगीत से रिश्ता बन गया और कुछ दिन बाद लश्कर (ग्वालियर) में रहकर संगीत की तमाम औपचारिक शिक्षा उन्होंने गंधर्व महाविद्यालय मंडल के माधव संगीत विद्यालय से हासिल की। इसी बीच मौसियों ने शादी कर दी। उनके पिता कोटा में रहते थे। गुज़ारे के लिए दस रुपये प्रतिमाह उन्हें भेजते थे। ग्वालियर में दो रुपये महीने किराए पर एक कोठरी लेकर वे रहते थे। उन तमाम कुनबों में शायद वे अकेले पढ़े-लिखे थे। संगीत से उनका गहरा आत्मिक संबंध था। बहुत अच्छा गाते थे। आजीवन संगीत शिक्षक रहे लेकिन उन्हें आज़ादी से अपनी रचनाशीलता सामने लाने का कोई मौक़ा नहीं मिले। आर्थिक रूप से अधिकतर उन्होंने भीषण कष्टपूर्ण और अरक्षित जीवन बिताया।

1817 में अंग्रेज़ों ने सासनी से हाथरस के क़िले पर तोपों से हमला किया (सुंदरलाल की *भारत में अंग्रेज़ी राज* में इसका हवाला है)। मथुरा में रहे अंग्रेज़ कलेक्टर ग्राउज़ की किताब *मथुरा मेमोयर्स* से मुझे पता चला कि इस हमले की पृष्ठभूमि इस तरह बनी कि हाथरस के राजा ने किन्हीं छह लोगों को, जिन्हें कंपनी राज ने अपराधी और बाग़ी घोषित कर दिया था, अंग्रेज़ हुक्मरानों को सौंपने से इनकार कर दिया। तोपों के इस हमले में हाथरस रियासत के बारूदख़ाने में आग लग गई और राजा दयाराम क़िला अपने पुरोहित के सुपुर्द करके भाग गया। 19वीं सदी में वह क़िला मोटे तौर पर अंग्रेज़ों के क़ब्ज़े में रहा लेकिन 20वीं सदी में फिर से किसी विधि से उन्हीं को वापस मिल गया। आज भी छह साल के चक्र में एक-एक साल परंपरागत रूप से छह चचेरे भाइयों के वंशधर क़िले को सँभालते हैं। क़िले में बलभद्र और रेवती की मूर्तियाँ हैं और दाऊजी का प्रसिद्ध मेला लगता है और नुमाइश आयोजित होती है। क़रीब 15-20 दिन तक हर रोज़ वहाँ सर्कस, दंगल, नाटक, क़व्वाली, मुशायरा, बैतबाज़ी वग़ैरह कुछ-न-कुछ चलता है, ख़ूब रोशनियाँ होती हैं और तरह-तरह के कैंप वग़ैरह लगते हैं। इस क़िले में मैं 1960-61 और 1967-68 में कुछ महीने रहा हूँ। एकाध बार पूरा मेला देखा है (तब मेरी उम्र छह-सात साल रही होगी)। हबीब पेंटर की क़व्वालियाँ (गोद में हारमोनियम रखकर, उनका उछल-उछलकर गाना 'ये ख़ाक का पुतला है लेकिन, भगवान भी इसमें मिलते हैं, शैतान भी इसमें मिलते हैं'), चंग पर बैतबाज़ी, दंगल, मुशायरा, सर्कस, कवि सम्मेलन सब कुछ मुझे याद है। कवि सम्मेलन में नीरज ने अपना प्रख्यात गीत 'कारवाँ गुज़र गया' सुनाया था। अशोक चक्रधर के पिता राधेश्याम प्रगल्भ एक अच्छे कवि थे और शायद हाथरस की बिजली मिल में काम करते थे। उनकी कविता भी तभी मैंने सुनी। अशोक ने भी (जो तब तक चक्रधर नहीं हुए थे और नेकर पहने एक किशोर थे), कोई छोटी-सी तुक़बंदी, अपनी कच्ची आवाज़ में पेश की थी। निर्भय हाथरसी भी थे जो एक प्रतिभाशाली कवि के अलावा हाथरस के नटवरलाल की तरह मशहूर थे। कई बार जेल जा चुके थे, और ठग विद्या के अपने क़िस्सों के लिए दूर-दूर तक जाने जाते थे। करुण रस के कवि शिशुपाल सिंह 'निर्धन' थे जो अक्सर एक ही कविता 'हम हैं रहवैया भइया गाँव के' सुनाते थे। एक भारत भूषण भी थे जो उदास कविताएँ पढ़ते थे। ज्ञानवती सक्सेना और युवा सोम ठाकुर मधुर कंठ में चाशनी घोलकर गीत पेश करते और बालकवि बैरागी मंच को थिएट्रिकल बना देते, चीन और पाकिस्तान के ख़िलाफ़ ग़ुस्से में गिरेबाँ खींच-खींचकर चिल्लाते, ललकारते हुए कविताएँ पेश करते। हुल्लड़-कुल्लड़ सभी की चुटकुलेबाज़ी साथ में चलती। हाथरस की बिजली मिल के एक कवि सम्मेलन में मैंने हरिवंश राय बच्चन को भी सुना, 'एक था ईर, एक था वीर' वग़ैरह।

शहर से बाहर निर्जन में खड़ा यह चितकबरा किला, शहर में दूर से ही दिखाई देता, चलती रेलगाड़ी से भी। शहर से बाहर खाई पर बनी एक लंबी पुलिया पार करके भूरे टीलों के बीच वह काफ़ी ऊँचाई पर बना था। पानी की बड़ी टंकी और तहसीलदार-नायब तहसीलदार के आवास के अलावा वह जगह बिलकुल निर्जन थी। हाँ, पीछे की ओर एक छोटी-सी बग़ीची ज़रूर थी, जहाँ हर दिन कुछ लोग आते थे। क़िले के गुंबद में तोप के हमले ने एक बहुत बड़ा-सा छेद कर दिया था और क़िले की छत पर जाकर उसमें झाँकने पर दिखाई देता कि ढेर सारे कबूतर गुटरगूँ कर रहे हैं। कबूतरों की ढेरों बीट से वह गंधाता रहता और चमगादड़

छतों से लटके हुए होते। क़िले के एक ओर लगभग एक किलोमीटर जंगल में चलने पर कोई दो हज़ार गज़ में फैला एक शिव मंदिर का परिसर था। शिव के विग्रह के चारों ओर संगमरमर की पट्टी पर संस्कृत में जो वाक्य ख़ुदा था, उसका आशय था, 'सन् 1806 (?) में राजा दयाराम ने अपने गुरु केशव देव जी की याद में बनवाया'। यही केशव देव सात या आठ पीढ़ी पहले के हमारे पुरखे थे।

अभी कोई एक या डेढ़ साल पहले 40-45 साल बाद मैं एक दिन अलीगढ़ से हाथरस चला गया। मेरे बड़े भाई उस साल वहीं थे। देखा, सब कुछ बदल गया है। खाई, पुलिया, बुर्जियाँ, जंगल सब ग़ायब हैं। शहर और क़िले की दूरी ठूसमठूस भर चुकी है। क़िले की शक्ल पहचानी नहीं जाती। चारों ओर बस्ती ठुकी हुई है। क़िले का गुंबद अब एक रँगे-चुने मंदिर का गुंबद नज़र आता है। अंग्रेज़ों की गोलाबारी से बनी खोह की जगह एक सुदर्शन दरवाज़ा बना दिया गया है और इसके अंदर मारबल चिप्स का फ़र्श कर दिया गया है। यह सब डिपार्टमेंट ऑफ़ आर्कियोलॉजी की देखरेख में हुआ है।

लगा कि बीच के दो सौ साल किसी और ही तोप से मिस्मार किए जा चुके हैं।

1817 के तोप के हमले का एक भारी गोला बचपन में मैंने कभी मथुरा में, घर में किसी बड़े संदूक को दबाने के लिए रखा देखा था। एक समय पता चलने पर मैंने कहा, इसे आर्काइव को दे दीजिए। अभी तक वह हाथरस के क़िले के मंदिर में रखा है।

ख़ैर, मेरा बचपन किसी और ही देश-काल में गुज़रा है, जिसके बारे में कभी मौक़ा हुआ तो अलग से तफ़सील से बताऊँगा।

1967-68 के दिनों में कभी यों ही कुछ-कुछ लिखना शुरू हो गया। कोई शौक़ पैदा न हुआ था, मजबूरी थी। कहा जा सकता है उस समय इसकी मुझे सख़्त ज़रूरत थी। अभी तक मार्क्सवाद से परिचय नहीं हुआ था। घर पर मृत्यु की छाया टिकी हुई थी। साँस रुकी हुई, जैसे सब कुछ तय हो और आगे उसी के गुज़रने की प्रतीक्षा हो। घर के रोग-शोक-घोर आर्थिक कष्ट और दैनंदिन क्लेशों के दुश्चक्र में घिरकर चित्त में गहरी उदासी, खिन्नता और वैराग्य भावना भर गई थी। मन कुचला रहता। कहीं भी भाग जाने का ख़याल बार-बार सर उठाता। लेकिन अच्छी बात यह थी कि सिर्फ़ झेलता नहीं था, देखता-समझता भी था और यह ख़ूब समझता था कि मैं अकेला ही इसे नहीं झेल रहा। घर कई बार किसी विस्मृत लावारिस उद्ध्वस्त खँडहर जैसा जान पड़ता। लेकिन मेरे मन में उसके लिए गहरी संबंध भावना और आदर की भावना थी।

कई बरस बाद, दिल्ली आने के बाद जब सत्यजित रे की *पाथेर पाँचाली* देखी तो जैसे अपने 'आद्यबिंब' से सामना हो गया। लगा, अरे, यही तो मैं हूँ और मेरी अपनी दुनिया और मेरी अपनी कहानी! तफ़सीलें ज़रूर कुछ अलग हो गई थीं लेकिन नक़्शा एकदम वही था। शायद किसी भी रचना को मैंने अपने इतने क़रीब नहीं पाया जितना इस अद्भुत फ़िल्म को। प्रेमचंद की 'ईदगाह' और 'पूस की रात' इसमें और जोड़ दें तो अंतःकरण का बुनियादी चित्र काफ़ी हद तक पूरा हो जाता है।

तमाम कम्बख़्तियों, अकेलेपन और यंत्रणा के बीच भी मथुरा के शुरू के वर्ष काफ़ी भरपूर और उर्वर थे। बाहर की बहुरंगी वैविध्यमयता बार-बार मुझे खींच लेती और मेरे अपरिपक्व चित्त को अच्छी तरह अपने साथ मिला लेती। सारे सोते जैसे खुल गए थे। कुछ-कुछ वही

बात थी 'बाहर मैं कर दिया गया हूँ, अंदर से भर दिया गया हूँ'। मथुरा का विलक्षण स्थापत्य और भूदृश्य और खुला आकाश ही मुझे लुभाने के लिए काफ़ी था। हवेली की ऊँची छत से सारा शहर दिखाई देता। यमुना नदी और उसके पार के जंगल भी, जिधर सूर्योदय होता था। हवेली के पिछवाड़े काली काई से ढँके प्राचीन दिगंबर जैन मंदिर के पीछे सूर्य अस्त होता। रात को छत पर लेटे हुए एक ऊँची मुँडेर पर ध्रुव तारा टिका होता। उसके चारों ओर घूमते सप्तर्षि मंडल को पहचानना हर दिन का एक खेल था। तारों में एक 'सात सहेली का झुमका' भी था। शुक्र तारा तो था ही। बारिशों में जब बादलों का भरपूर क़ाफ़िला सामने से तेज़ी से कूच करता हुआ आता तो हवेली के सबसे ऊँचे कक्ष की खिड़की अचानक खुलती और उसमें एक शख़्स ज़ोरों से हाँक लगाता, 'चले आओ, चले आओ महाराज, ज़ोर से बरसो।'

यमुना नदी मेरे बचपन तक एक बहती हुई गहरी और निर्मल नदी लगती थी। कभी-कभी कँपकँपाते जाड़ों की सुबह 4 बजे भी माँ के साथ जाने का जब मौक़ा मिला तो अंदर हाथ डालकर देखने पर गुनगुनी और गरम लगती।

शायद वह अकेले जगह का कमाल नहीं होता। शायद कुछ उस दौर का, कुछ अपने हाल का और काफ़ी कुछ उस उम्र का कमाल भी हुआ करता है। एक समय होता है जब हर चीज़ छूकर गुज़रती है, आपको बुलाकर ले जाती है। एक समय होता है जब मैदान ज़्यादा विशाल लगते हैं, टीले ज़्यादा ऊँचे और गलियाँ जादुई, बारिशों और बादलों का गर्जन-तर्जन ज़्यादा उमंग से भरा, आसमान ज़्यादा खुला-खुला, ज़्यादा चमकीला, तारों से ज़्यादा भरा हुआ।

मथुरा में मैंने ख़ूब आवारगी की। मुझे लगता है, एक आवारा मज़दूर बालक या किशोर के बचपन में भी किसी-न-किसी तरह का ठाठ ज़रूर होता है। यह ज़रूर है कि अगर लड़की होता तो हरगिज़ यों बख़्शा न जाता। ऐसी आवारगी नसीब न हुई होती। अस्तित्व-रक्षा के किसी अपमानपूर्ण युद्ध में घिरकर आसानी से कुचला गया होता। कई बार घर के कामों में कई-कई दिन लगा रहता। कई बार सारा दिन घर से ग़ायब रहता और रात को 11-12 बजे हाथ डालकर पौली की साँकल खोलकर अंदर दाख़िल हो जाता। सारी शाम पार्कों में या बाज़ारों में अकेला घूमता रहता। शहर के सारे तमाशे देखकर आता। मथुरा के तमाम मेले-ठेले, नौटंकी भी मैं दिलचस्पी से देखता। कई बार राह चलते-चलते ठिठक जाता और दूर खड़े बूढ़े लोगों की टोलियों या नौजवान गप्पियों की मंडलियों की बातें देर तक ग़ौर से सुनता।

1963 में मैं चुपचाप जवाहरलाल नेहरू को सुनने अकेला पैदल वृंदावन चला गया और सीधा उनके मंच के नीचे तक जा पहुँचा। वे रामकृष्ण मिशन के एक अस्पताल का उद्घाटन करने आए थे। बाद में वे रैली की जगह आए। उनके भाषण का सिर्फ़ एक वाक्यांश अब मुझे याद है 'इत्ता बड़ा हमारा देश है'। लौटकर माँ को बताया, जो कई बार कह चुकी थी कि उसने छत्ता बाज़ार में खड़े होकर एक बार महात्मा गांधी और एक बार सुभाषचंद्र बोस की सवारी गुज़रती देखी थी।

मथुरा में ही मैंने डॉ. लोहिया को दो बार सुना। दोनों ही बार चौक की विशाल मस्जिद के नीचे वाली सब्ज़ीमंडी में उन्होंने भाषण दिया था। मैंने कृपलानी को भी सुना और एस.एम. जोशी को भी। मंडल कमीशन वाले बी.पी. मंडल, कर्पूरी ठाकुर, मधु लिमये, जॉर्ज फ़र्नांडिस जैसे समाजवादी और दादा धर्माधिकारी, काका कालेलकर आदि की सभाओं में भी उनके भाषण सुने। एक बार रामराज्य परिषद् की चुनाव सभा को पूरा सुना। उसमें करपात्री जी ने भीषण

कम्युनिस्ट विरोधी भाषण दिया। चाँदी के सिंहासन पर पालथी मारकर विराजमान चँवरछत्र धारी द्वारिका पीठ के शंकराचार्य अंत में दो वाक्य बोले, 'मुझे कुछ नहीं कहना। बस, इतना कहना है कि आपका मुसलमान राष्ट्रपति पेशाबघर में गिरकर मर गया है। समझ लीजिए, यह देश के लिए अनिष्ट का संकेत है। अब हमें भजन करने जाना है। रामराज्य परिषद् के उम्मीदवार को भगवान राम का अवतार समझिए।' एक बार भरतपुर के राजा बच्चू सिंह भी मथुरा से लोकसभा के चुनाव के लिए प्रत्याशी थे। वे भी सज-धजकर पाग कलगी लगाकर हीरे की अँगूठियाँ पहने चाँदी के सिंहासन पर बैठकर बोले। उनके परिचय में कहा गया कि, 'ये वे शूरवीर हैं जिन्होंने सैकड़ों मेवों को मौत के घाट उतारा।'

नदी से लौटते हुए बजरिया पार करने पर गलियों के एक झुरमुट का सिरा था। कोई सौ-डेढ़ सौ गलियाँ थीं—सँकरी, चौड़ी; सभी ख़ूब ऊँची-नीची-सीधी ढलानों के साथ एक-दूसरे में निकलती हुईं। आपस में अच्छी तरह गुँथी हुईं। कुल मिलाकर एक ऊँचे टीले पर किलो-दो किलो मीटर भूभाग पर फैला यह जाल था। इन्हीं जादुई गलियों में कहीं मेरा घर था। इसके एक ऊँचे हॉलनुमा पुराने कमरे को कचहरी कहते थे। शुरू में इससे लगता, एक कुआँ था जिसे बाद में पाट दिया गया। एक अँधेरी सीलन-भरी सीढ़ीदार सुरंगनुमा पोली थी, जिसके एक कोने से पूरी हवेली की गंदगी की निकासी होती थी। अक्सर यह रुक जाती और पूरे घर में बदबू भरी होती। पिताजी के साथ हम कई बार लंबा बाँस डालकर उसे खोलते तो कीचड़ का रेला निकलता।

मथुरा शहर की चौबिया पाड़े की इस विचित्र बस्ती का इस ज़िले के अंतर्वर्ती ग्रामीण अंचलों से कोई ऑरगैनिक रिश्ता नहीं जान पड़ता था। गलियों में गूजर घाटी, ककोरों की घाटी, गली पीरपंच, महोली की पौर जैसे पुराने नामों से पता चलता, जैसे कोई और ही आबादी यहाँ रही होगी। लगता है, तीन-चार सौ साल पहले कहीं बाहर से एक और ही आबादी को पूरा उठाकर लाकर यहाँ रख दिया गया है। यहाँ की ब्रजभाषा भी ग्रामीण ब्रज से काफ़ी अलग जान पड़ती थी और 'चौरासी वैष्णवन की वार्ता' वाली ब्रज भाषा के क़रीब लगती थी। हालाँकि बोलचाल में उर्दू के शब्दों की अच्छी-ख़ासी उपस्थिति थी। मसलन मेरी माँ के लिए शफ़ाख़ाना, मदरसा, जाज़रू, गुसलघर, तैख़ाना, बुख़ारी जैसे कितने ही शब्द इस्तेमाल के शब्द थे। ज़िले में ख़ूब मिली-जुली आबादी थी। लेकिन शहर में मुख्यतः बनिए-बामन की ही दृश्यमानता थी और उन्हीं का सांस्कृतिक वर्चस्व था। दलित बस्ती शहर के सीमांत पर एक उच्छिन्न बस्ती थी और उसे अंतापाड़ा कहा जाता था। इसी बस्ती से स्त्रियाँ-मर्द आकर पुराने शहर की तंग गलियों की बदबूदार खुली नालियों और गंदगी को हर दिन साफ करते थे। इसी तरह मुसलमानों के भी कुछ उच्छिन्न 'घेटोस' थे। देहात में बामन, ठाकुर, जाट आबादी की दबंगई थी। सबके अपने ग़ुंडा गिरोह शहर के कॉलेजों में थे। शहर और देहात के बामनों के बीच में परस्पर युद्ध रहता।

ऊँचे-ऊँचे मकानों वाली चौबिया पाड़े की इन तंग गलियों में थोड़ी-थोड़ी दूर पर थड़ियों, चौखंडियों, अथाइयों और लकड़ी के तखतों पर मलंग क़िस्म के मर्द बैठे होते। अक्सर नंगे-अधनंगे बदन, गमछा-अँगोछा लपेटे या लँगोट में। भाँति-भाँति के तिलक-छापे लगाए, मोटी-मोटी चोटियाँ लटकाए। इनकी टोलियाँ रोज़ शाम कहीं न कहीं सिलबट्टे खड़कातीं और हाँक लगाती दिख जातीं। भाँग के ठेके मथुरा में उसी तरह थे, जैसे दूसरे क़स्बों में शराब के ठेके हुआ करते।

विश्राम घाट इनकी क्रियाशीलता का केंद्रीय स्थल था। यमुना से लगे बाज़ारों की बंद दुकानों के तखतों पर भी यही भाँग पीये बैठे मिलते। कई बार एक-दूसरे के खून के प्यासे, पहलवानों के गिरोह, लाठी, बल्लम, फरसा, जैली लिये 50-60 के जत्थों में गलियों में परेड करते। इनके द्वंद्वयुद्धों में कई क़त्ल हो चुके थे। सुना था कि अपने शुरुआती दिनों में दयानंद सरस्वती गुजरात से मथुरा आ गए थे और वहीं छह साल तक उन्होंने अपने गुरु 'प्रज्ञा चक्षु' दंडी स्वामी विरजानंद सरस्वती के पास व्याकरण और वैदिक साहित्य का अध्ययन किया था। तब वे उसी विश्राम घाट पर एक कोठरी लेकर रहते थे। अपना पानी ख़ुद भरकर लाते थे। कहते हैं, उन दिनों मथुरा के पंडे-पुरोहितों के अवमाननापूर्ण व्यवहार को चुपचाप झेलते हुए ही उनके मन में पुरोहितवाद के लिए तीव्र घृणा पैदा हो गई।

मेरे बचपन तक चौबिया पाड़े में शायद एक भी ग्रेजुएट महिला नहीं थी। चार-पाँच हज़ार घरों के इस झुरमुट में एक भी नौकरीपेशा औरत दिखाई न देती। मर्द गलियों में बैठे होते, औरतें कहीं-कहीं झरोखों से झाँकती दिख जातीं। ईरानी ढंग की लेस या कंगूरे लगी चादरें लपेटे चलते हुए वे पेंग्विनों की तरह नज़र आतीं। किसी निकट संबंधी की मृत्यु के बाद साल-भर उन्हें स्यापे या 'शोक' में रहना होता। उन दिनों मैले कपड़े पहनने होते। तब पूरा चेहरा चादर में लिपटा होता और पतली-सी झिर्री से उनकी सिर्फ़ आँखें या नाक दिखाई देती। अलग-अलग उम्र की विधवाएँ अक्सर दिखाई देतीं। कई विधवाएँ तमाम उम्र केश उतरवाकर रहतीं और अपनी सज़ा काटतीं। तब तक विधवा-विवाह का एक भी उदाहरण नहीं था। गताश्रम टीले पर एक रामानुज संप्रदाय का मंदिर था जिसके बाहर एक बहुत बड़ा आँगननुमा चबूतरा था, उस पर बाँस की खपच्चियों से बना एक बड़ा-सा दड़बा था, जिसमें हर दिन विधवाओं के कीर्तन की झाँय-झाँय चलती। उन्हें हर दिन कीर्तन के पच्चीस या पचास पैसे मिलते थे। गताश्रम के चबूतरे पर जब कभी खेलने जाते तो कभी-कभी उसी दड़बे से हमारी कांति बुआ (जिनका सर मुँडा हुआ था) निकलकर आतीं और सर पर हाथ फेरकर पाँच पैसे मुझे थमाकर वापस अंदर चली जातीं।

मेरा स्कूल भी अद्‌भुत था। बजरिया से लगा हुआ काज़ीपाड़ा मोहल्ला था। यहीं नगरपालिका का स्कूल था : 'श्री गोपाल प्राइमरी पाठशाला', जहाँ मैं पाँच साल पढ़ा। ग़रीबों की बस्ती, ज़्यादातर मुसलमान। कारीगर-रफ़ूगर, रँगरेज़, पतंगसाज़, दर्ज़ी, रुई धुननेवाले। इन्हीं परिवारों के और कुछ पास के मोहल्लों के ग़रीब बच्चों का स्कूल था, सिर्फ़ लड़कों का। (पूरे शहर में लड़कियों के सिर्फ़ एक या दो स्कूल थे।) गिरने के लिए हरदम तैयार एक बड़ी-सी इमारत थी जिससे हमेशा मलबा खिरता रहता था। दीवारें फूली हुईं जिनसे कभी-कभी चूहे भी निकल आते थे, छतें धसकी हुईं, मकड़ी के जाले, कई-कई चमगादड़ लटके हुए। ईंटों के ऊबड़-खाबड़ खरंजों पर नंगी ज़मीन पर या कभी टाट-पट्टियों पर बैठना होता था। बाहर कच्चे घेर में लगनेवाली कक्षा में मुर्ग़ियाँ और बकरियाँ घूमती रहती थीं। सभी बच्चे नंग-धड़ंग, नंगे पैर, कुछ सुथन्ना लटकाए। लेकिन ख़ूब कोहराम मचा रहता। पूरा मोहल्ला बच्चों की चखचख और चीख़-पुकार से गुंजायमान रहता। अक्सर अध्यापक कोई नहीं। वे कभी-कभी अचानक कहीं से आकर हल्ला बोलते और कुछ बच्चों को पीट-पाटकर, मुर्ग़ा बनाकर कहीं अदृश्य हो जाते। कुछ सिखाने का चलन न था। श्यामपट ख़ाली ही रहता। हाँ, बच्चों की तख़्तियाँ अगर ख़ाली पाई जातीं तो बेंतों से पिटाई होती। कुछ दिन, कुछ कक्षाएँ काज़ीपाड़े

के ही एक जीर्ण-शीर्ण परित्यक्त गिरजाघर की छत पर भी लगीं। ऊपर जाने का रास्ता एक तंग अँधेरी सुरंग से होकर था, जिसमें चार-छह गायें और एक-आध साँड़ बैठे रहते और उनके गोबर की तीखी गंध भरी रहती। दोनों ओर दुकानें थीं जिनकी छत से लटके हुए बहुत ही धीमे बल्बों की रोशनी में कुछ रफ़ूगर और सिंगार-पटार का काम करने वाले सर झुकाए सुइयाँ चलाते रहते।

यह स्कूल मुझे ख़ूब अच्छा लगता। शिक्षा की कमी क्या अखरती क्योंकि अंतःकरण और संज्ञान को पूरी खुराक मिलती थी! वैसे भी घरों से दूर रहने का एक अच्छा बहाना था। कभी-कभी पुराने पुल से होकर यमुना पार चले जाते, जहाँ आम और अमरूद के बाग़ थे।

चौथी कक्षा में ही जाकर पढ़ने-लिखने में मेरी दिलचस्पी जागी जब ख़ुशक़िस्मती से वृंदावन के सोनीराम गोस्वामी शिक्षक हुए जिन्होंने असल में बड़ी आत्मीयता से मुझे अक्षर ज्ञान कराया और मेरे हस्तलेख को सुधारा। वे अपनी जेब में तह करके एक छोटा-सा चाकू रखते थे और बाँस या सरकंडे के नेज़े को फटाफट छीलकर सुंदर-सी क़लम पकड़ा देते थे।

शहर में ज़िला पुस्तकालय समेत तीन या चार पब्लिक लाइब्रेरियाँ थीं, जिनमें एकाध बहुत ही पुरानी थी। धीरे-धीरे उनमें बारी-बारी से जब तब जाने लगा। *चंदा मामा, पराग, धर्मयुग* और *साप्ताहिक हिंदुस्तान* पढ़ने को मिल जाते। यहीं मैंने कुशवाहा कांत से लेकर प्रेमचंद, शरतचंद्र और रेणु की किताबें पढ़ीं। बड़े भाई फ़िल्मों और साहित्य के ख़ूब शौकीन थे। बाग़ी थे। बड़े-बूढ़े उन्हें कभी-कभी अकारण 'कम्युनिस्ट' कहा करते और उन्हें अच्छा लगता। उर्दू की शेरो-शायरी और मतिराम, घनानंद के सवैयों से उनकी डायरियाँ भरी रहतीं। फ़िल्मी गाने भी ख़ूब गाते और हीरो-हीरोइनों की तस्वीरें भी काटकर रखते। उनकी एक मित्र-मंडली थी (जिनमें महेंद्र नेह, विजेंद्र माथुर, श्याम और विष्णु विराट मुख्य थे)। महेंद्र नेह और विष्णु विराट ब्रजभाषा और खड़ीबोली दोनों में कविताएँ लिखते थे और एक अच्छे कवि के रूप में प्रतिष्ठित थे। इनका सव्यसाची से संपर्क था। ये लोग आपस में मोहल्ले की ठड़ी पर किसी उपन्यास या फ़िल्म पर घंटों बातें करते और मैं चुपचाप सुनता रहता। मुझे याद है एक बार *जर्जर हथौड़े* नामक उपन्यास पर उन्होंने कई दिन बहस की थी। एक दिन विजेंद्र माथुर ने इलाहाबाद से लौटकर सुमित्रानंदन पंत के साथ अपनी मुलाक़ात का विस्तृत क़िस्सा सुनाया था।

इन दिनों मैं घर में शास्त्रीय संगीत, दर्शन यहाँ तक कि आयुर्वेद और प्राकृतिक चिकित्सा से जुड़ी अनेक किताबें जो उपलब्ध थीं, पढ़ने लगा। संगीत की किताबें पिताजी की थीं, बाक़ी तमाम किताबें बाबा (दादाजी) के संग्रह की थीं। पिताजी मज़दूर तबीयत के थे। श्रमशीलता और सादगी के साथ उनमें एक नैतिक क़िस्म की कठोरता थी। क्रोधी बहुत थे। चरखा कातते और खादी पहनते थे। कता हुआ सूत लेकर मैं भी कई बार उनके साथ खादी आश्रम जाता और बदले में सरसों का तेल वग़ैरह लेकर आता। वैसे पुष्टिमार्गीय वैष्णव थे। लेकिन धार्मिक कर्मकांडों और आडंबरों से चिढ़ते थे।

पिताजी जब स्वस्थ थे तब बड़े सवेरे संगीत का रियाज़ शुरू करते। सुबह-सुबह मुझे वह संगीत सुनना बहुत अच्छा लगता। संगीत से उन्होंने मुझे बलपूर्वक अलग रखा था। जब वे गा रहे होते या किसी को सिखा रहे होते और मैं आसपास होता तो वे कड़ी आवाज़ में कहते 'बाहर खेलो'। किसी ने कहा कि इसे भी सिखाइए, तो कहते, संगीत सीखा तो भूखों

मरेगा। फिर भी मैंने चोरी से छठी क्लास में तीन साल के लिए वाणिज्य के विकल्प में संगीत ले लिया। महाराष्ट्र के यशवंत गणेश केलकर हमें सिखाते थे। तीन साल बाद ही पिताजी पर यह बात ज़ाहिर हो सकी।

पिताजी ने संगीत की पूरी तालीम माधव संगीत विद्यालय ग्वालियर से हासिल की थी। मैहर घराने के वासुदेव जी जो मथुरा में ही रहते थे और जो अल्लाउद्दीन ख़ाँ साहब के शिष्य थे, असल में संगीत की बुनियादी तालीम उन्हीं से पिताजी को मिली थी। वासुदेव जी के बारे में अल्लाउद्दीन ख़ाँ साहब ने शायद कहीं लिखा भी है। उनका अविस्मरणीय गायन मैंने बचपन में सुना था। वह एक रोमांचक अनुभव था। राग मेघ मल्हार गा रहे थे। यह विशुद्ध संयोग ही कहा जाएगा कि बादल घिरने लगे और घमासान बारिश होने लगी। लेकिन तब मैंने सोचा कि इन्हीं के गाने से बारिश हुई है। मैं शुरू में पिताजी और बड़े भाई के साथ, बाद में अकेले, बहुत सारी संगीत सभाओं में जाता था। ख़ासकर हर वर्ष मथुरा और वृंदावन में होनेवाले हरिदास संगीत सम्मेलन में। अनेक बार लौटते हुए सुबह हो जाती। शास्त्रीय संगीत का मुझे कुछ ज्ञान न था। लेकिन सुनना हमेशा ख़ूब अच्छा लगता था। वृंदावन में निधिवन के निर्जन परिसर में स्वामी हरिदास की समाधि थी। एक छोटी-सी कुटिया थी। हरिदास तानसेन के गुरु थे। यहीं रात-भर संगीत सम्मेलन चलता था। अब कोई तीन-चार साल पहले मैंने देखा तो दिल बैठ गया कि उसके चारों ओर रंग-बिरंगे मंदिर खड़े कर दिये गए हैं, झाँय-झाँय हो रही है और धर्म का भद्दा कारोबार बड़े पैमाने पर चल रहा है। हरिदास की कुटिया कहीं खो गई है और यह शांत जगह बर्बाद हो चुकी है।

सातवीं-आठवीं कक्षा में अंग्रेज़ी और इतिहास विषयों के शिक्षक कृष्ण कुमार खंडेलवाल मौलिक अंदाज़ के विचारशील शिक्षक थे। (बहुत बाद के वर्षों में वे वैचारिक रूप से भी हमारे सहयोगी और साथी बन गए।) कक्षा से बाहर भी वे मुझसे ख़ूब बातें करते थे। वे शहर से बाहर निर्जन में बने शिव ताल के पास एक कोठरी में अपने पिता के साथ रहते थे। उन्होंने एक दिन मुझसे अपने विगत जीवन के बारे में अंग्रेज़ी निबंध लिखने को कहा। यह ख़ुद के लिए लिखने का मेरा पहला अनुभव था। 1968 में रवींद्रनाथ टैगोर की कविताएँ मैंने पढ़ीं। शायद *गीतांजलि* के रहस्य गान थे। इन कविताओं ने मुझे लपेट लिया। इनकी आत्मपीड़ा और अतिक्रमण की रोमैंटिक व्याकुलता, अपनी तीव्रता और सचाई के साथ मेरे मर्म को छू गई। मैंने खंडेलवाल साहब से बात की। उन्होंने कहा, 'तुम्हें भी कविताएँ लिखनी चाहिए, तुम्हारी बात तो तुम्हीं कह सकते हो।' मुझे उनकी बात सच लगी और मैंने कविताएँ लिखना शुरू कर दिया। उन शुरुआती कविताओं में रहस्यवाद या आत्मनिवेदन तो नहीं था लेकिन एक तरह की आंतरिक बेकली ज़रूर थी।

1969 में गांधी-लेनिन जन्मशताब्दी वर्ष था। मथुरा के डेम्पीयर पार्क में 'इंडो-सोवियत कल्चरल सोसायटी' की प्रदर्शनी लगी, वहीं मेरी हरिवंश के साथ सव्यसाची से मुलाक़ात हुई। वे किसी अन्य से बात करते हुए बड़े ओजस्वी अंदाज़ में *मनुस्मृति* की बखिया उधेड़ रहे थे। हरिवंश ने कहा—एस.एल. वशिष्ठ हैं, कम्युनिस्ट हैं। मैंने कहा—सव्यसाची हैं, कवि हैं। क्योंकि एक बार राह चलते मेरे भाई ने उनसे मुझे मिलाते हुए कहा था कि ये भी कविताएँ लिखते हैं। हरिवंश की उनसे कुछ उलटी-सीधी बहस भी हुई। उन्होंने हमें अपने घर आमंत्रित किया। इस तरह मेरा उनके यहाँ आना-जाना शुरू हुआ।

उक्त प्रदर्शनी में ही दूसरे दिन एक खुली सभा में राजा महेंद्र प्रताप और पं. सुंदर लाल के व्याख्यान हुए। महेंद्र प्रताप वे शख़्स थे जिन्होंने सुभाषचंद्र बोस से भी पहले अफ़ग़ानिस्तान जाकर एक आज़ाद हिंद फ़ौज का गठन कर डाला था और एक परछाईं सरकार (Shadow Government) बनाकर आज़ाद भारत का विलक्षण संविधान प्रस्तावित कर दिया था, जिसमें आज़ाद हिंदुस्तान का धर्म 'प्रेम धर्म' घोषित किया गया था। पं. सुंदर लाल स्वाधीनता सेनानी थे और *भारत में अंग्रेज़ी राज* के प्रख्यात लेखक थे। सुंदर लाल की पुस्तक को ब्रिटिश हुकूमत ने ज़ब्त कर लिया था और गांधी ने इसका विरोध किया था। महेंद्र प्रताप शायद किसी दिक्क़त की वजह से मंच पर पीछे की ओर अकेले एक कुर्सी पर बैठे थे, जबकि सुंदर लाल उनके आगे नीचे मसनद लगाकर बैठे थे। दोनों अस्सी-अस्सी साल के बूढ़े थे। महेंद्र प्रताप की बिलकुल दूध की तरह सफ़ेद लंबी लहराती दाढ़ी थी और वे शायद कोई चमकीला स्कॉर्फ़ गले में डाले हुए थे। उस सभा का वह दृश्य मैं कभी भूल नहीं पाया। जब सुंदर लाल ने 1918 में लेनिन के साथ अपनी और महेंद्र प्रताप की मुलाक़ात का ज़िक्र सुनाया और बताया कि लेनिन को जब पता चला कि हिंदुस्तान से, जहाँ आज़ादी की जंग चल रही है, दो नौजवान उनसे मिलने आए हैं तो उन्होंने बेहद प्यार से उनका स्वागत किया और अपने दोनों हाथों में सामने से दो कुर्सियाँ उठाकर लाए और उन्हें अपने पास बिठाया। सुंदर लाल सुबक रहे थे और पीछे मुड़-मड़कर कहते जाते थे, 'याद है महेंद्र प्रताप!' कभी वे गांधी तो कभी माओत्सेतुंग का ज़िक्र करके ज़ोर-ज़ोर से रोने लगते। इन सभी से उनकी अच्छी मुलाक़ात थी। माओ के व्यक्तिगत निमंत्रण पर अनेक बार वे चीन गए। वे भूमि-सुधारों के प्रबल पक्षधर थे और भारत, सोवियत संघ और चीन की मज़बूत मित्रता चाहते थे।

जब तक मथुरा में था, सव्यसाची से लगभग हर दिन मुलाक़ात होती। वह कोठरीनुमा कमरा, 2164, डेम्पीयर नगर, जिसमें बमुश्किल एक खाट और चार-पाँच छोटी कुर्सियाँ फँसी हुई थीं, एक लगातार चलती-फिरती 'वर्कशॉप' की तरह था। हमेशा नई-नई बहसों से गरम रहता या कभी कोई वहाँ प्रूफ़ पढ़ रहा होता या किताबों के बंडल बाँध रहा होता। मेरा अनुमान है, सव्यसाची लगभग 70-80 पोस्टकार्ड रोज़ लिखते होंगे। उनके पोस्टकार्ड संपूर्ण हिंदी प्रदेश में विख्यात हो गए थे। कुछ अंतर्देशीय भी लिखते। काग़ज़ का इतनी कंजूसी से इस्तेमाल करते कि उन पर ग़ुस्सा आता। पोस्टकार्ड में अक्षरों के साँस लेने की जगह भी न होती। कई बार अपने लिए आए किसी पत्र को क्रॉस करके, उसी काग़ज़ की ख़ाली पीठ पर किसी और को पत्र लिखकर भेज देते। तमाम हिंदी-उर्दूभाषी राज्यों से उनका सतत और अटूट जनसंपर्क बना रहता। लगभग हर उत्तर भारतीय क़स्बे में उन्हें जाननेवाले, उनसे संपर्क में बँधे कम-से-कम दस-बीस लोग ज़रूर थे। उनमें लेखक, कर्मचारी, अध्यापक, छात्र, मिल मज़दूर, दिहाड़ी पर काम करने वाले, असंख्य जन-संगठनों के कार्यकर्ता, घरेलू स्त्रियाँ—सभी शामिल थे। किसी ने उनकी कोई चीज़ पढ़ी थी, किसी ने उन्हें सुना था, किसी ने उनसे बातचीत की थी, कोई उनका भेजा साहित्य वितरित करता था और उन्हें मनीऑर्डर भेजता था। किसी ने कभी उनका स्टडी सर्किल अटैंड किया था या किसी कॉन्फ्रेंस या सेमिनार में मिला था।

सव्यसाची से मुलाक़ात निर्णायक सिद्ध हुई। दिल-दिमाग़ और जीवन सब कुछ बदल गया। शुरू में दो-एक बार कुछ तीखी बहसें भी हुईं लेकिन समझने में ज़्यादा समय नहीं लगा कि यही एक रास्ता है और यही मेरा पक्ष है। अपने ही जीवनानुभव और पर्सेप्शंस को एक

परिप्रेक्ष्य मिल गया, चारों ओर फैली सृष्टि और ठोस समाज-रचना को देखने का एक फ्रेमवर्क मिल गया। कुछ करने की इच्छा पैदा हुई और अत्यन्त विस्तृत कार्यक्षेत्र दिखाई दिया। ढेरों नए साथी मिले, प्यारे लोग और ज़रूरी किताबें। हम जैसे अपने देश-काल में आ गए, अपने इतिहास-भूगोल के बीच खड़े हो गए।

सव्यसाची की आत्मा में एक विकलता थी और एक हठ था। दिल-दिमाग़ हर क्षण सक्रिय, हस्तक्षेप की इच्छा से संचालित उनकी ऊर्जा कभी कम न होती, क्योंकि वे ऊर्जा के नए-नए स्रोत खोलते रहते।

सव्यसाची एक जबर्दस्त कम्यूनिकेटर थे। उनका लेखन भी बोलचाल का ही नमूना है। ख़ूब बरतने से तैयार हुई, आड़े-तिरछे सधे हुए तीर चलाती, खुर्जा की ख़ालिस हिंदुस्तानी बोली उनकी मातृभाषा थी। यह भाषा पढ़ी न जाती थी, सुनाई देती थी। यह शून्य ज्ञान की मातृभाषा नहीं, अनुभव की जीवित भाषा थी। एक तरह की प्रत्यक्षता, सामीप्य और स्पर्श जगाती थी। याद नहीं, कभी सव्यसाची ने महावीरप्रसाद द्विवेदी की हिंदी में कुछ लिखा हो, जिसे हिंदी को विद्वत्ता के आडंबर में लिपटे अकादमिक ठसपने ने सीमेंट जैसा बना दिया है। सव्यसाची के बुनियादी व्यक्तित्व के तमाम सूत्र मामूली ज़िंदगी और मामूली लोगों के साथ ही लिपटे हुए थे। वे इसी पानी की मछली थे, इससे बाहर वे न कभी आए, न ऐसी कभी उनकी अभिलाषा हुई। वे जब जिरह करते तो सामनेवाला बुरी तरह घिर जाता। उसके तमाम दुराग्रह ढीले पड़ जाते, मन-मस्तिष्क की क़िलेबंदियाँ बेकार हो जातीं और चेतना के छद्म अलग-थलग दिखाई देने लगते और धीरे-धीरे वह एक बदली हुई जगह आकर खड़ा हो जाता। उनकी छोटी-छोटी पुस्तिकाओं के दस-दस, बीस-बीस हज़ार के अनेक संस्करण छपे और बिके। यह हिंदी की दुनिया में अपने-आपमें एक मिसाल है।

70 के दशक के सव्यसाची हमें नवजागरणकालीन शख़्सियतों की याद दिलाते थे, जबकि इस दौर में ऐसे लोगों को ढूँढना कठिन था। उनमें वही प्रामाणिकता, सादगी, सचाई, सरोकारों का खरापन, वैचारिक दुर्धर्षता और पक्ष निर्माण की बेचैनी थी, जो स्वतंत्रता संघर्ष और नवजागरण के दौर के व्यक्तित्वों में ही मिल पाती है। दरअसल सव्यसाची ने अपने काम से इस दौर के नवजागरण की ज़रूरत और संभावनाओं की ओर ही इशारा किया है। पिछले 40 वर्षों की श्रेष्ठ रचनात्मक उपलब्धियों और जनवादी सांस्कृतिक आन्दोलन के अर्थपूर्ण तजर्बों के पीछे सव्यसाची के श्रम का निश्चित हाथ है।

सव्यसाची कोरे लेखक न थे। छात्रों, नौजवानों, किसानों को संगठित करने के कामों में व्यस्त रहने के अलावा वे रिक्शा-ताँगा यूनियन, डोरी-निवाड़ फैक्टरी और प्रिंटिग प्रेस के मज़दूरों-कंपोज़ीटरों आदि के संघर्षों में व्यस्त रहते। रेलकर्मियों, बीमा और बैंक कर्मचारियों में भी काम करते। 1974 की ऑल इंडिया रेलवे स्ट्राइक में वे जेल में बंद कर दिये गए थे। एक अरसे तक उन्होंने एक साप्ताहिक पत्र *क्रांति किरण* भी निकाला, जो पूरे ज़िले में मक़बूल था।

होली गेट से बंगालीघाट के बीच आर्यसमाज रोड के भीड़-भरे गँवई बाज़ार में एक बड़ा-सा कच्चा घेर था, जिसमें दो छोटे कमरे थे। शायद रिक्शा-ताँगा यूनियन इसका किराया देती थी। एकाध खुला ताँगा और तीन-चार रिक्शे और एकाध ठेलियाँ यहाँ हमेशा सुस्ताती रहतीं। ताँगा चालक नौबत चाचा और छात्र नेता ब्रजमोहन बेनीवाल इसे सँभालते। यही तमाम कामों का केंद्रीय कार्यालय था। शाम होते-होते यहाँ नौजवान छात्र और कामगार लोगों की भीड़

नज़र आने लगती। यह कम्युनिस्ट पार्टी का पुराना दफ़्तर था। भारत-चीन संघर्ष के दौरान आर.एस.एस. की उन्मत्त भीड़ ने इस पर हमला कर दिया था।

दक्षिणपंथ की उपस्थिति मथुरा शहर में हमेशा प्रबल रही। विभाजन के बाद और फिर 60 के बाद के वर्षों में भारत-चीन युद्ध की पृष्ठभूमि में और फिर 67 में 'गौ हत्या' के छद्म मुद्दे पर खड़े किए उन्मादपूर्ण प्रतिगामी अभियानों ने आर.एस.एस. की ताक़त को कई गुना कर दिया। पॉपुलर कल्चर और धार्मिक उद्योग के सूत्र भी ज़्यादातर इन्हीं के हाथ रहे। सव्यसाची और उनका काम ऐसी ताक़तों को सीधे भड़काता था। आर.एस.एस. के 'बौद्धिकों' में कम्युनिज़्म को लेकर एक पूरा सत्र चलाया जाता। दत्तोपंत थेंगड़ी उनके कम्युनिज़्म विशेषज्ञ थे, जो बताते कि भारतीय संस्कृति में सिर्फ़ रोज़ी-रोटी को महत्त्व नहीं दिया गया बल्कि पुरुषार्थ चतुष्टय को माना गया है जिसमें धर्म, अर्थ, काम, मोक्ष में 'अर्थ' सिर्फ़ एक भाग है। हमारे यहाँ कौटिल्य का *अर्थशास्त्र* तो है ही, साथ ही अथर्व वेद भी है जो 'अर्थ' पर ही विचार करता है। 'साम वेद' भी है। वे यह भी कहते कि मार्क्स हिंदुस्तान आकर कपिलमुनि की *सांख्यकारिका* चुरा ले गया और उसने *कैपिटल* की रचना कर दी।

आर.एस.एस. ने कई बार सव्यसाची को निशाना बनाया। एक बार उनके किसी पर्चे को लेकर उन्माद जगाया गया। वे जिस कॉलेज में अध्यापक थे, उसका मैनेजमेंट लगभग आर.एस.एस. के ही नियंत्रण में था। शिक्षकों में भी कई उनके प्रचारक थे, लेकिन सव्यसाची कई बार उन्हें सीधी चुनौती देते। एक बार अँधेरे में नक़ल करने वाले गुंडों ने उन पर हमला किया, उस समय कवि वेणु गोपाल उनके साथ थे। उन्हें भी कुछ चोट आई। गुंडा गिरोहों को छोड़कर छात्रों का बहुमत अक्सर मुखर रूप से उनके साथ रहा और अध्यापकों का एक बड़ा हिस्सा भी। उनकी अंतिम यात्रा के समय पूरा शहर ही जैसे उमड़ पड़ा था और जब उनके शव को लेकर उनके कॉलेज के सामने गुज़रे तो छात्रों और अध्यापकों ने श्रद्धांजलि देने के लिए देर तक इस हुज़ूम को रोके रखा।

मथुरा में छात्रों के बीच भी लगातार काम हो रहा था। स्टूडेंट फेडरेशन ऑफ़ इंडिया का गठन उन्हीं दिनों हुआ था। पहली नेशनल कॉन्फ्रेंस के लिए यू.पी. का डेलिगेशन मथुरा जंक्शन से ही ट्रेन में सवार हुआ। मैं और मेरे अनेक दोस्त उन्हें छोड़ने स्टेशन गए। बाद के दिनों में मैं अपने कॉलेज की यूनिट का सचिव था। ब्रजमोहन बेनीवाल हमारे नेता होने के साथ-साथ पूरे शहर के छात्र नेता थे। अनिल चौधरी भी थे जो अच्छी कविताएँ लिखते थे और छात्रों में ख़ूब काम करते थे। *अपना मोर्चा* (काशीनाथ सिंह का उपन्यास) उन्हें विशेष प्रिय था। अशोक चक्रधर (तब अशोक शर्मा) उनके दोस्त थे। अशोक के पिता मथुरा ही आकर रहने लगे थे। उनका एक प्रिंटिंग प्रेस था और सव्यसाची का उनके यहाँ काफ़ी आना-जाना था। वे एक अच्छी नौटंकी कंपनी भी चलाते थे। उनके द्वारा पेश की गई प्रसिद्ध नौटंकी *अमर सिंह राठौर* मैंने बचपन में देखी थी। अनिल लखनऊ से आए थे। अपनी नानी के साथ अकेले डेम्पीयर के एक बड़े-से घर में रहते थे। नानी कोई 80 साल की उम्र में मोटी खद्दर की साड़ी पहने चश्मा लगाए बेहद प्रबुद्ध महिला थीं। आज़ादी के संघर्ष की छाप उनकी शख़्सियत पर साफ़ दिखाई देती थी। युवाओं की आंदोलनात्मक गतिविधियों से जैसे उनमें जान भर जाती। पोस्टर चिपकाने के लिए लेई नानी ही तैयार करतीं। 1973 की रेलवे स्ट्राइक और उसके बाद भारत बंद की वॉल राइटिंग का अड्डा अनिल का घर ही था।

हम कुछ मित्रों ने एक दिन एक पुस्तकालय बनाने की योजना बनाई। सोचा गया कि शहर के अलग-अलग तीन या चार इलाक़ों में इसकी इकाइयाँ हों। शहर के तीन या चार साथियों के घरों में अलग-अलग इलाक़ों में प्रगति पुस्तकालय के नाम से एक-एक अलमारी में चुनी हुई किताबें रखी गईं। तय किया गया कि इसके सदस्यों से उनके द्वारा पढ़ी गई हर किताब पर बातचीत भी किया करेंगे। पुस्तकालय के लिए धन भी एकत्र होने लगा। कुछ दिनों बाद, विचार-विमर्श के बाद यह फ़ैसला हुआ कि सिर्फ़ पुस्तकालय से काम नहीं चलेगा, हमें एक सांस्कृतिक मंच का गठन करना चाहिए। सव्यसाची इससे सहमत हुए और जनवादी सांस्कृतिक मंच का गठन मथुरा में हो गया। मंच कुछ दिनों आर्यसमाज रोड के दफ़्तर से ही चला। उसके बाद दिनेश अग्रवाल ने, जो मंच के निर्माण में शुरू से हमारे साथ सक्रिय थे, अपने घरवालों से कहकर ज़मीन का एक टुकड़ा डेम्पीयर नगर में हमें दिला दिया, जहाँ पर्याप्त न्यूनतम व्यवस्थाएँ थीं।

सांस्कृतिक मंच कई सालों तक सक्रिय रहा और इसने बहुत सारा काम किया। लाइब्रेरियाँ इसी का हिस्सा बन गईं। साप्ताहिक रूप से (शायद हर बुधवार या शनिवार) 40-50 युवा (ज़्यादातर लड़के और कुछ लड़कियाँ), शहर के कुछ बुज़ुर्ग और जन संगठनों के कार्यकर्ता इकट्ठे होते और किसी ज्वलंत विषय पर चर्चा करते। बड़े सेमिनार भी हुए। हमी लोगों में से कई लोग पढ़ने के लिए पर्चे तैयार करते। संस्कृति के प्रश्न पर, बुद्धिजीवियों की भूमिका पर, अमानवीयकरण के बारे में उन दिनों लिखे कुछ पर्चे मुझे अभी तक याद हैं। कुछ-कुछ दिन के अंतराल पर फ़िल्म शो भी आयोजित किए जाते। राजकमल टॉकीज़ बुक करके पुरानी अच्छी फ़िल्में छाँटकर लाते। मॉर्निंग शो के लिए पूरे शहर में घूम-घूमकर टिकटें बेची जातीं, हॉल हमेशा भर जाता। फ़िल्म के बीच में घोषणा की जाती कि इस फ़िल्म पर चर्चा अगले रविवार फ़लाँ जगह फ़लाँ समय होगी, जो आ सकें, ज़रूर आएँ। इस चर्चा के लिए भी हममें से कोई पर्चा लिखता। *तीसरी क़सम* पर बातचीत के लिए पर्चा लिखना मुझे याद है। उन दिनों शायद कुछ डॉक्यूमेंट्रीज़ भी दिखाई गईं। एक नाटक ग्रुप भी बना जिसने कई नाटक खेले। वीरेंद्र सक्सेना जो बाद में दिल्ली रंगमंच से *तमस* सीरियल से और अंततः बंबई की फ़िल्म इंडस्ट्री से जुड़ गए, इन्हीं शुरुआती नाटकों में हिस्सा लेते। इनके बड़े भाई लक्ष्मण दादा मंच के सक्रिय कार्यकर्ताओं में से थे। इन्हीं दिनों मंच में लड़कियों का एक अलग विंग बनाया गया जिससे मंच में उनके मुद्दे केंद्रीयता पा सकें और उनकी भागीदारी बढ़ सके।

मेरे दिल्ली चले आने के बाद भी लंबे समय तक मंच की गतिविधियाँ चलती रहीं। हालाँकि सभी शुरुआती नेतृत्वकारी साथी इधर-उधर चले गए थे। हरिवंश चतुर्वेदी आगरा चले गए। वहाँ भी उन्होंने ऐसा ही कुछ काम आगे चलाए रखा। दिनेश अग्रवाल और अशोक अग्रवाल व्यवसायों में संलग्न हो गए। भारत भूषण न्यायिक सेवाओं में चले गए। मैं दिल्ली आ गया और मेरा संबंध लगभग टूट गया। फिर भी मथुरा में अशोक बंसल, सुनील आचार्य, रत्नेश, बामनजी, उपेंद्र आदि लोग थे, मुरारी लाल थे और डॉ. राजकुमार थे जिन्होंने मंच की कमान सँभाल ली। 1990 के आसपास जब उत्तर भारत में सांप्रदायिक फ़ासिस्ट शक्तियों के ज़हरीले अभियान तेज़ थे तब मथुरा में मंच ने एक बड़े पैमाने का कवि सम्मेलन आयोजित किया। सव्यसाची और हरिवंश चतुर्वेदी ने इसमें अशोक चक्रधर का सहयोग लिया। इसमें मंच के

अनेक पेशेवर कवि भी थे, और मेरा अनुमान है, वे बिना किसी पारिश्रमिक के इसमें कविताएँ पढ़ने आए थे।

सव्यसाची ने मथुरा के साहित्यिक माहौल को भी काफ़ी कुछ बदला। कवि सम्मेलन होते, जिनमें फूहड़ चुटकुलों और अंधराष्ट्रवादी लफ़्फ़ाज़ी का आलम रहता। ब्रजभाषा में अभी तक रीतिकाल चल रहा था। ब्रजभाषा के कवि अलग से गोष्ठियाँ करते। कभी-कभी कुछ अच्छे मुशायरे ज़रूर हुआ करते। सव्यसाची के प्रयत्नों से ब्रजभाषा के अनेक प्रतिभाशाली कवियों का स्वर बदल गया। हिंदी कवियों के भी कई समूह थे जिनकी कविता में आधुनिकता और समकालीनता के तत्त्व मुखर हुए। एक मित्र जो संस्कृत में कविता लिखा करते, उन्होंने उन दिनों *लेनिन स्तोत्र* भी लिखा।

सदर में लेखकों का एक समूह था। इसी तरह शहर में भी। दोनों ही जगह लगातार गोष्ठियाँ चलतीं। इसके अलावा अन्य कई लोग थे जो मज़दूरी करते थे और अच्छा लिखते थे। शमीम साब साइकिल की छोटी-मोटी मरम्मत और पंक्चर जोड़ने का काम करते थे और अच्छी शायरी करते थे। वे अक्सर रिक्शा-ताँगा यूनियन के दफ़्तर में आते थे और कभी-कभी सबके लिए घर से पूए बनवा के लाते थे। रघुनाथ जो एक राज मिस्त्री था, अक्सर एक अच्छी सी धुन में यह गीत गाता, 'कहना न कभी भूल के ज़रदार भले हैं, पी-पी के तेरा ख़ून, ये अगयार पले हैं'। गांधी पार्क के एक मुशायरे में एक बार एक शख़्स ने ग़ालिब की ग़ज़ल, 'दिल ही तो है न संगो ख़िश्त' तरन्नुम के साथ सुनाई थी, वह धुन मेरे मन में अभी भी ज्यों की त्यों बसी हुई है। सुनानेवाला शख़्स अक्सर चौक की मस्जिद के नीचे लगनेवाली सब्ज़ीमंडी में सब्ज़ियाँ बेचता हुआ दिखाई देता।

मथुरा की नियमित साहित्यिक गोष्ठियों के अलावा सव्यसाची बाहर से भी अनेक साहित्यकारों को बुलाते रहते थे। विजेंद्र और उनकी भरतपुर मंडली, श्रीहर्ष, वेणु गोपाल मथुरा कई बार आए। कांतिमोहन, राजीव सक्सेना, कुँवर पाल सिंह और सुधीश पचौरी भी आए। एक बार त्रिलोचन भी आए और नागार्जुन भी आए।

मथुरा में उन दिनों मार्क्सवाद की शिक्षा का काम ज़ोरों पर था। स्टडी सर्किल्स का ताँता लगा रहता। शिव वर्मा अक्सर आया करते। राष्ट्रीय स्वाधीनता संघर्ष पर दो दिन तक एक अविस्मरणीय क्लास उन्होंने ली थी। मुझे याद है, एक बार इरफ़ान हबीब साहब ने एंगेल्स और उनकी *एंटी ड्यूहरिंग* पर विस्तार से हमारी कक्षा ली थी। राजनीतिक अर्थशास्त्र पर भी अलग से कक्षाएँ होती थीं। सव्यसाची के शिष्यों और मेरे मित्रों की संख्या तेज़ी से बढ़ रही थी। हम लोग ढेरों किताबें पढ़ रहे थे। गोर्की, तॉल्सतोय, लूशुन, चेख़व, ब्रेख़्त, नाज़िम हिकमत, ऑस्त्रोवस्की और रॉल्फ़ फ़ॉक्स के अलावा एमिल बर्न्स, मोरिस कार्नफ़ोर्थ, यशपाल, राहुल और शिव वर्मा को भी ख़ूब पढ़ते। शिव वर्मा की *संस्मृतियाँ* हमारे बीच बेहद लोकप्रिय पुस्तक थी। इसके अलावा मथुरा में मुक्तिबोध की *एक साहित्यिक की डायरी* मेरी सर्वाधिक प्रिय पुस्तक थी।

रामविलास शर्मा ने भारत में कम्युनिस्ट आंदोलन के संस्थापकों में सत्यभक्त को प्रमुख रूप से रेखांकित किया है। उन्होंने 1925 में साम्यवादियों की एक कॉन्फ्रेंस कानपुर में बुलाई थी। ये सत्यभक्त बाद में मथुरा आकर ही रहने लगे। कॉमरेड मुज़फ़्फ़र अहमद ने अपनी पुस्तक *माइसेल्फ़ एंड द कम्युनिस्ट पार्टी* में इस कॉन्फ्रेंस का हवाला दिया है। कहीं यह भी

कहा है कि 'सुना है कि सत्यभक्त इन दिनों वृंदावन में भजन करता है।' यह सब पढ़ने के बाद सव्यसाची ने सत्यभक्त को खोज निकाला। पता चला कि वे मथुरा-वृंदावन के बीच गायत्री तपोभूमि में रहते थे और यहाँ की आध्यात्मिक पत्रिका के प्रूफ़ वगैरह पढ़ते थे। सव्यसाची उनसे मिलने गए। लौटकर हमें बताया कि सत्यभक्त कह रहे थे, प्रूफ़-व्रूफ़ पढ़ के यहाँ मेरा गुज़ारा हो जाता है। यह भी कहा कि 1925 में हमारा मक़सद कम्युनिस्टों को संगठित करना या पार्टी बनाना हरगिज़ नहीं था बल्कि कम्युनिस्ट विचारों का प्रचार करना था, जो उन दिनों लोकप्रिय हो रहे थे।

सव्यसाची साठ के दशक के एक जाने-माने और प्रतिष्ठित कवि थे। ये लघुपत्रिका आंदोलन के नए विस्फोटक उभार के दिन थे। शुरू में *युयुत्सा, कल्पना, लहर, बिंदु* और *कथा* निकलती थी। *ज्ञानोदय* भी निकलता था। कलकत्ता से 'श्मशानी पीढ़ी' की पत्रिका *विभक्ति* निकलती थी। भैरव प्रसाद गुप्त ने उन्हीं दिनों *प्रारंभ* का प्रकाशन शुरू किया था। उसके बाद *ओर, सिर्फ़, क्यों, विचार, वातायन, वाम, युगपरिबोध, सामयिक, फिलहाल, युवा, कंक, वाममित्र, संबोधन* जैसी कितनी ही अल्पकालिक, दीर्घकालिक (अनियतकालीन) पत्रिकाएँ इस बीच निकलीं। ये सब सव्यसाची के पास नियमित रूप से आती थीं और इनमें से अनेक में उनके लेख या कविता होती थी। उस दौर का शायद ही कोई लेखक हो जिससे उनका संवाद न चलता हो। राजकमल चौधरी उस दशक के हीरो थे। मुझे याद है, उन्होंने अपने आख़िरी दिनों में अस्पताल से अपनी लंबी कविता 'मुक्ति प्रसंग' पुस्तकाकार में (कोई पाँच सौ प्रतियाँ) छपवाकर वितरित कीं। एक प्रति सव्यसाची को भेजी जो मैंने पढ़ी थी।

साहित्यिक परिदृश्य में रूपांतरण के साफ़ संकेत दिखाई दे रहे थे। अकविता का जादू टूट रहा था, लेकिन कविता की भाषा पर उसका गहरा असर अभी भी दिखा रहा था। साठ के बाद का दशक केंद्रीय सत्ता के विखंडन का दशक है। पूँजीवादी विश्व के आम आर्थिक-सामाजिक संकट की चपेट में नेहरू युग की एककेंद्रीयता का अंत हो गया। बुर्जुआ लिबरलिज़्म का चेहरा गिर गया था। एक बार ढक्कन खुलने के बाद तरह-तरह की क्षेत्रीय और स्थानीय शक्तियों के असंतोष का विस्फोटक उन्मोचन हुआ। सारतः यह सत्ता में भागीदारी की आकांक्षा का एक जनतांत्रिक उभार था। लेकिन यह तरह-तरह के उपयोग के लिए खुला था। बंगाल में इसकी अभिव्यक्ति भूमिहीनों के मिलिटेंट संघर्षों और वामपंथ के रेडिकलाइज़ेशन और सुदृढ़ीकरण में हुई, तो बाक़ी देश में क्षेत्रीयतावादी शक्तियों और मध्य जातियों के गठबंधन उभरे। उत्तर भारत में दक्षिण पंथ भी ख़ासा मज़बूत हुआ (गाय और भाषा जैसे मुद्दों पर उन्माद जगाकर प्रतिक्रियावादी शक्तियों ने अपनी स्थिति मज़बूत कर ली थी)।

इस दौर में 'युवा असंतोष' एक विश्वव्यापी लोकप्रिय नारा था। हिंदी साहित्य में इसकी एक विचित्र क़िस्म की लंपट अभिव्यक्ति हुई। 'अकविता', 'अकहानी' और 'किसिम-किसिम की' कविता और कहानी के ये अभियान बुनियादी रूप से शहरी और ग्रामीण लंपट तबक़ों के प्रबल उभार को दर्शाते थे। मर्दवादी लंपटता के इस अतिनाटकीय समारोह में मनुष्य का तिरस्कार, स्त्री द्वेष, अंधराष्ट्रवादी अहंकार और नागरिक मूल्यों का उपहास सभी कुछ मिला हुआ था। हर तरह का अवरुद्ध अवशिष्ट और अनुदार सार तत्त्व यहाँ मौजूद था। यह अराजक और आक्रामक सर्वनिषेधवाद और पिछड़ापन 'व्यवस्था विरोध' की तरह प्रतिष्ठित किया जा रहा था। इन लोगों ने 'नई कविता' और अज्ञेय के 'कुलीनतावाद' का परदाफ़ाश ज़रूर किया

लेकिन ग़ौर करने पर इन अभियानों में पचास के दशक के आधुनिकतावाद की मूल प्रतिज्ञाओं का ही 'रीइनफ़ोर्समेंट' था। वही असामाजिकता, दिशाहीनता, उग्र व्यक्तिवाद, 'निस्सहाय नकारात्मकता' फिर से सामने थी, ज़्यादा उग्र रूप में शायद अपना दूसरा चक्र पूरा कर रही थी। यह न भूलना चाहिए कि फ़ासीवाद कई बार 'कुलीनतावाद विरोध' की रेडिकल शक्ल में भी प्रकट होता है।

1967-68 के आसपास अकविता, अकहानी को लेकर बहस शुरू हो गई थी। इन दिनों प्रकाशित *कथा* के अंकों में यह बहस मौजूद है। तत्कालीन अन्य पत्रिकाओं में भी इस हिकारत भरे लंपट अंधसंशयवाद की आलोचना तेज़ हो गई थी। सव्यसाची ने भी इसमें बढ़-चढ़ भाग लिया। धीरे-धीरे माहौल बदलने लगा। अकविता के पास अपना कोई 'डिफेंस' नहीं था, न ही कभी इसने इसकी कोई परवाह की। कवियों, कहानीकारों का एक बड़ा हिस्सा जो साठोत्तरी सर्वनिषेधवाद के गहरे असर में था, उससे तेज़ी से बाहर आने लगा। दूधनाथ सिंह, काशीनाथ सिंह, धूमिल, जगूड़ी आदि इसके अनेक उदाहरण हैं।

मैंने जब लिखना शुरू किया तब तक अकवितावादी मुहावरे का गहरा असर था। किसी अमूर्त व्यवस्था के विरोध की मुद्राओं और तल्ख़ और चुस्त फिक़रेबाजी और लफ़्फ़ाज़ी से भरा अमूर्त रेहटरिक हावी था। कविता अभी तक 'भीड़ में घिरे हुए, बौखलाए हुए आदमी का एकालाप' ही थी। यह एक तरह की 'शैडो बॉक्सिंग' थी। मैं सव्यसाची से ढेर सारी पत्रिकाएँ, उनके अगले-पिछले तमाम अंक ले जाता और एकाध ही दिन में चाट डालता। जल्द ही मुझे इस तरह के स्वतः संपूर्ण वागाडंबर से वितृष्णा और चिढ़ होने लगी और इस तरह के रेहटरिक का बंजरपन साफ़ दिखाई देने लगा। याद आता है, मैंने उन्हीं दिनों *वातायन* के किसी अंक में, किसी अकवितावादी पत्रिका की सामग्री की (शायद अक्षय उपाध्याय और सकलदीप सिंह की) कठोर समीक्षा करके अपनी इस चिढ़ को व्यक्त किया था। उन दिनों *कथा, वाम, उत्तरार्द्ध* और *सामयिक* ही सबसे परिपक्व और सूझ-बूझवाली पत्रिकाएँ दिखाई देती थीं। बिहार, बंगाल, राजस्थान और उत्तर प्रदेश के छोटे-छोटे क़स्बों से निकलनेवाली असंख्य लघुपत्रिकाएँ एक तरह के जनतांत्रिक उभार को ही दिखा रही थीं। इनमें लिखनेवाले सैकड़ों लेखकों की बेचैनी यही बताती कि नई जनतांत्रिकता का अंकुरण हो रहा है और इसे रास्ता चाहिए। बाद में इन पत्रिकाओं में सामाजिक रूपांतरण के प्रश्नों की केंद्रीयता होने लगी। शुरू में साहित्य की सामाजिक भूमिका, साहित्य और विचारधारा, साहित्य और राजनीति का संबंध, बुद्धिजीवियों की भूमिका, प्रतिबद्धता और पक्षधरता के प्रश्न, प्रचारात्मकता और कलात्मकता या रूप और वस्तु के अंतःसंबंध जैसे प्राथमिक महत्त्व के मुद्दों पर अनेक लेख और टिप्पणियाँ रहतीं, जिन्होंने बहुत बुनियादी काम किया। लगता था, जैसे लेखकों की साक्षरता या आत्मशिक्षा का कोई कार्यक्रम चल रहा हो। इसी के साथ युवा आलोचकों की एक उदीयमान पीढ़ी ने नई कविता युग के शीतयुद्धीय प्रचार को फिर से विवाद का विषय बनाया और अज्ञेयपंथियों के कलावाद की तीखी आलोचनाएँ प्रस्तुत कीं। यह पोलेमिक्स नए रूपांतरण को सुगम बनाने के लिए ज़रूरी थी। इन्हीं विचारधारात्मक संघर्षों में मुक्तिबोध के लेखन को केंद्रीयता मिली और तमाम युवा रचनाकारों का आकर्षण उसकी ओर तेज़ी से बढ़ा।

1971 में त्रिलोचन मथुरा आए। त्रिलोचन ने निराला का गीत 'स्नेह निर्झर बह गया है' बड़े ही सधे अंदाज़ में सुनाया। एकाध सॉनेट और अपनी कविता 'चंपा काले-काले अक्षर

नहीं चीन्हती' भी सुनाई। मैंने उन्हीं दिनों लिखी एक-दो कविताएँ बेदिली से सुनाईं जो मुझे ख़ुद क़तई अच्छी नहीं लग रही थीं। लग रहा था, जैसे ये किसी और की कविताएँ हैं, मेरी नहीं। 1972 में *वाम* के दूसरे अंक में मेरी दो कविताएँ छपीं। उनमें कोई ख़ास बात न थी, बस, वे रेहटरिक के प्रचलित मुहावरे से बाहर आने की कोशिश के कारण थोड़ी अलग दिखाई देती थीं। केदारनाथ अग्रवाल और शेखर जोशी ने इन्हें काफ़ी पसंद किया। 1973 में जब बाँदा सम्मेलन हुआ तो केदारनाथ अग्रवाल का सव्यसाची के पास पत्र आया, 'जिसकी कविताएँ *वाम* में छपी हैं, उस लड़के को सम्मेलन में ज़रूर लाना।'

1972 में मैं दिल्ली विश्वविद्यालय के साहित्यिक मंच 'प्रगति' की गोष्ठी में गया। वहाँ शमशेर जी को आना था मगर वे आ नहीं सके। दिल्ली के अनेक कवियों ने अपनी कविताएँ पढ़ीं। मुझे थोड़ा ताज्जुब हुआ, मेरी कविताएँ काफ़ी पसंद की गईं। लोगों ने मुझे घेर लिया। मुझे आज भी याद है, ज़हूर सिद्दीक़ी साब ज़ोर से सबको सुनाकर कह रहे थे, 'तुम इस लड़के का ज़रूर दिमाग़ ख़राब कर दोगे, इसे छोड़ दो।' मुझसे कहा गया कि बी.ए. करके तुम्हें यहीं दिल्ली विश्वविद्यालय में दाख़िला लेना है।

1972 में ही शायद इंडियन स्कूल ऑफ़ सोशल साइंसेज़ क़ायम हुआ था। *सोशल साइंटिस्ट* दिल्ली से निकलने लगा था। इसके शुरू के अंकों में 'बुद्धिजीवी' की अवधारणा पर एक अच्छी बहस छपी थी। इन्हीं का एक सेमिनार 'नेशनलिज़्म वर्सिज़ इंटरनेशनलिज़्म' विषय पर चल रहा था, जिसमें ई.एम.एस. नंबूदिरिपाद का व्याख्यान मैंने सुना। यहीं डॉ. ओ.पी. ग्रेवाल से पहली बार मेरी मुलाक़ात आनंद प्रकाश ने कराई। कुछ ही दिन पहले वे शायद अमरीका से रिसर्च करके लौटे थे। ओवरकोट पहने हुए थे और शायद सिगरेट पी रहे थे। एक दिन अचानक ग्रेवाल साहब मेरी कविताएँ सुनने वहाँ आ गए, जहाँ मैं रुका हुआ था। उन्होंने 15-20 कविताएँ ग़ौर से सुनीं और मुझसे लंबी बातचीत की।

1973 में नागार्जुन, विमल वर्मा, सुधीश, कर्ण सिंह चौहान और आनंद प्रकाश का जत्था मथुरा आया। सभी बंगाल के अर्द्धफ़ासीवादी आतंक का चेहरा देखकर कलकत्ते से लौट रहे थे। बंगाल में सिद्धार्थशंकर रे की रिगिंग और कॉम्बिंग ऑपरेशन और दासमुंशी के गुंडा गिरोहों ने आतंकराज क़ायम करके ज़्यादातर कॉमरेड्स को उनके घरों और इलाक़ों से बाहर खदेड़ दिया था। 1100 कॉमरेड्स क़त्ल कर दिये गए थे। विमल वर्मा ने उन्हीं दिनों *सामयिक* का तीसरा या चौथा अंक छापा था, जिसे वे साथ लाए थे। इसमें नागार्जुन की प्रसिद्ध कविता 'अब तो बंद करो हे देवी, यह चुनाव का प्रहसन!' छपी थी। मथुरा की अग्रवाल धर्मशाला में एक बड़ी गोष्ठी हुई। नागार्जुन ने ढेर सारी कविताएँ सुनाईं। बंगाल के हालात पर भाषण भी हुए। एक छोटी-सी कविता मैंने भी सुनाई—'गाँव का स्कूल'। नागार्जुन अध्यक्षता कर रहे थे, बोले, दुबारा ज़ोर से पढ़ो, मैंने पढ़ी तो बोले, एक बार फिर पढ़ो। मेरे कविता पढ़ते-पढ़ते वे पुलकित होकर उछल पड़े और मुझे सीने से भींचकर माइक पर बोले, 'अब ये लड़का जिस तरह लेनिन को समझेगा, हम थोड़े ही समझ सकते हैं।' मैं अवाक् रह गया। इसके बाद उनसे पक्की दोस्ती हो गई।

अब तक प्रगतिशील आंदोलन की जड़ें फिर से हरी होनी शुरू हो गई थीं। 70 के बाद के दिनों में पुराने प्रगतिशील कवि-कथाकार, आलोचक, केदारनाथ अग्रवाल, नागार्जुन, त्रिलोचन, भैरवप्रसाद गुप्त, चंद्रबली सिंह, मार्कंडेय, शेखर जोशी, अमरकांत, भीष्म साहनी—सबकी सक्रियता

अचानक फिर से बढ़ गई। साठ के दशक के प्रतिष्ठित लेखक भी इसमें जुड़ गए। बिलकुल नई पीढ़ी तो इधर देखने ही लगी थी। कुल मिलाकर एक नए केंद्रीय विमर्श के इर्द-गिर्द एक वृहत्तर नई साहित्यिक बिरादरी बनने लगी थी। लघु-पत्रिकाओं ने एक ठीक-ठाक पाठक समूह भी बना लिया था। राष्ट्रीय परिदृश्य पर जनांदोलन तेज़ हो रहे थे। बांग्लादेश का मुक्ति-संघर्ष और उसके बाद वियतनाम के मुक्ति संघर्ष और लैटिन अमेरिकन या अफ़्रीकी देशों के घटना विकास, पूरे परिदृश्य में एक नया हौसला पैदा कर रहे थे। इसी पृष्ठभूमि में पुराने प्रगतिशील आंदोलन की विरासत फिर से सजीव हो उठी। प्रगतिशील लेखक संघ जो पचास के दशक में कभी विसर्जित हो गया था, फिर से उसे जीवित करने की बातें चलने लगीं।

1973 में बाँदा में प्रगतिशील साहित्यकारों का विशाल सम्मेलन हुआ। मैं सव्यसाची और विश्वंभरनाथ उपाध्याय (जो सम्मेलन में जाने के लिए मथुरा ही आ गए थे) के साथ बाँदा गया। बड़ा महत्त्वाकांक्षी आयोजन था। सज्जाद ज़हीर और रमेश सिन्हा भी इसमें मौजूद थे। प्रगतिशील लेखक संघ की पुनर्प्राण प्रतिष्ठा का एजेंडा था। भदंत आनंद कौसल्यायन, अमृत राय, मन्मथ नाथ गुप्त, भगवत शरण उपाध्याय, शिवदान सिंह चौहान, नागार्जुन, त्रिलोचन, अमरकांत, असग़र वजाहत, धूमिल, वेणु गोपाल, चंद्रभूषण तिवारी, राम गोपाल सिंह चौहान, सनत कुमार, श्याम सुंदर घोष, वाचस्पति, अवधेश प्रधान, बृजेंद्र कौशिक, अजित पुष्कल...पता नहीं, कितने लोग इसमें थे! दो सौ-ढाई सौ लेखक ज़रूर थे। दिल्ली से सुधीश, कर्ण सिंह चौहान, अशोक चक्रधर, रमेश उपाध्याय, रमेश रंजक, आनंद प्रकाश आदि पहुँचे थे। अंतिम सत्र में कुछ देर के लिए राजेश जोशी की झलक भी दिखाई दी। उन्होंने अंदर झाँका और पूछा, 'वेणु है?' और चले गए। मैं उनसे पहली बार मिला था। कुछ ही दिनों पहले उनकी एक छोटी-सी अच्छी सी कविता *उत्तरार्द्ध* में छपी थी। केदारनाथ अग्रवाल तो मुख्य आयोजन-कर्ता ही थे (हालाँकि उनके अभिन्न मित्र रामविलास शर्मा नहीं पहुँचे)। सम्मेलन की शुरुआत में केदारनाथ अग्रवाल ने यक़ीन दिलाया कि खुली बहस होगी। सम्मेलन की अध्यक्षता सुमित्रानंदन पंत को करनी थी, लेकिन वे शायद अस्वस्थतावश आ नहीं सके। उन्होंने अपना संदेश भेज दिया, जिसे पढ़कर सुनाया गया। रमेश कुंतल मेघ का पत्र भी। सम्मेलन का उद्घाटन महादेवी वर्मा और अध्यक्षता भगवत शरण उपाध्याय ने की। दोनों का व्याख्यान अद्भुत था। महादेवी की आवाज़ पानी भरी भारी बदली की आवाज़ थी। वैसी ही जटिल और धारावाहिक वाक्यावलियाँ थीं, जैसी उनके लिखने में हैं। एक बौद्धिक प्रखरता के साथ उन्होंने अपनी बात रखी। भगवत शरण उपाध्याय ने अपने अध्यक्षीय वक्तव्य में संस्कृति संबंधी अपनी धारणाओं को बड़े ही वाग्मितापूर्ण लहज़े में और तर्कपूर्ण ढंग से प्रस्तुत किया। पीछे बैठे नागार्जुन दोनों की नक़ल उतार रहे थे और मज़ाक़ कर रहे थे। उन्होंने मुझसे कहा, 'तुम बोर नहीं हो रहे, चलो, बाहर चलते हैं।' मैं उनके साथ पंडाल से बाहर तक आया, लेकिन मेरे कान उधर ही लगे थे, थोड़ी देर में फिर से वहीं आकर बैठ गया।

अगले दिन सुबह नाश्ते के बाद असग़र वजाहत के साथ ऊपर पहाड़ियों पर गया, जहाँ हम दोनों ने छोटे-छोटे रंग-बिरंगे पत्थर इकट्ठे किए। पास ही केन नदी बहती थी। ज़्यादा गहरी न थी, घुटनों से नीचे-नीचे तक ही पानी था। गोल-मटोल पत्थर और शिलाएँ तली में गड़े हुए साफ़ दिखाई देते। लेखकों को खुजराहो भी ले जाया गया। त्रिलोचन शास्त्री बनारस के वाचस्पति और अवधेश प्रधान को अगल-बग़ल दबाए, खजुराहो की कला के बारे में, कभी

चिड़ियों और पेड़-पौधों के बारे में, तो कभी शास्त्रों के बारे में कहानियाँ सुना रहे थे। मैं उनके पीछे-पीछे चुपचाप सुनता चलता रहा। लगा, ये गल्प शैली में घंटों बतिया सकते हैं। बाँदा में धूमिल और खगेंद्र ठाकुर दोनों अपना जोगिया कुर्ता और धोती लहराते साथ-साथ दिखाई देते। दोनों किसी एक ही अखाड़े के पहुँचे हुए पहलवान लगते थे। धूमिल मुझसे मिलकर बहुत खुश हुए। उन्हें मेरी कविताएँ ख़ूब अच्छी लगीं। उन्होंने चंद्रभूषण तिवारी से कहा, 'इसकी कविताएँ छापकर आपने बहुत ठीक काम किया है, बहुत वाजिब कविताएँ हैं; अच्छा तो मैं किसी कविता को नहीं कहता, अच्छा तो दाल-भात होता है।' *वाम* में ही प्रकाशित आलोक धन्वा की कविता 'जनता का आदमी' की उन्होंने बड़ी विध्वंसक चीर-फाड़ की। मुझे काफ़ी खला क्योंकि मैं उस कविता के गहरे असर में था। हिंदी आलोचकों के लिए भी वे बेहद 'सिनिकल' थे। सुधीश पचौरी उनसे कोई बहस करना चाहते थे, लेकिन वे बार-बार मखौल उड़ाकर हँस पड़ते थे। वे बोले, 'मैं तुमसे बात ही नहीं करता।' रमेश रंजक और मेरी तरफ़ इशारा करके कहा, 'मैं इन लोगों का यक़ीन कर सकता हूँ, तुम्हारा (यानी किसी आलोचक का) नहीं।' उन्होंने यह भी कहा, 'जो तैरकर नदी पार नहीं कर सकता, चलती ट्रेन से कूद नहीं सकता, वह क्रांति क्या ख़ाक करेगा!'

दिन-भर साहित्यिक परिदृश्य की चर्चा हुई, कविता, कहानी, आलोचना आदि की समकालीन स्थिति की। रात को कवि सम्मेलन हुआ। धूमिल ने संचालन किया। नागार्जुन, त्रिलोचन, केदारनाथ अग्रवाल और शील जी ने अध्यक्षता की। पूरा बाँदा शहर ही जैसे उमड़ पड़ा था। रमेश रंजक, बृजेंद्र कौशिक के गीत ख़ूब जमे। वेणु गोपाल की कविताएँ भी। नागार्जुन ने घूम-घूम के और झूम-झूम के 'पाँच पूत भारतमाता के' कविता सुनाई, लोगों ने ख़ूब तालियाँ बजाईं, ख़ासकर सामने बैठे ढेरों बच्चे बेहद प्रमुदित हो रहे थे। नागार्जुन भी खुश हो गए, बोले, 'आप कहें तो हम कपड़े उतारकर, नितम्ब खोलकर नाचने लगें,' शायद और भी ठेठ शब्दों में उन्होंने यह बात कही थी। डॉ. रणजीत, जो मुख्य आयोजकों में थे, काफ़ी ग़ुस्से में कह रहे थे, 'इन्हें तमीज़ नहीं है, इन्हें पता नहीं बाँदा शहर में केदारनाथ अग्रवाल की क्या इज़्ज़त है।' मुझे भी ज़बर्दस्ती मंच पर बुला लिया गया। मैं जमावड़े को देखकर क़तई अनिच्छुक था। यों भी मुझे अपनी कोई कविता याद नहीं रहती, जबकि जो लोग सुना रहे थे, उन सभी को अपनी कविताएँ कंठस्थ थीं। कोई पढ़ न रहा था। मेरी स्थिति विचित्र हो गई। मैंने *उत्तरार्द्ध* के किसी अंक से कोई कविता सुनानी शुरू की। शुरू करते ही भीड़ बेक़ाबू हो गई, ख़ूब हूटिंग शुरू हो गई। मेरी आवाज़ पहले ही बहुत धीमी थी, अब बंद हो गई। कुछ देर मैं ख़ामोश खड़ा रहा, अचानक धूमिल ने मुझे हटाकर माइक सँभाल लिया और कड़क आवाज़ में जम के बाँदा शहर को ख़ूब खरी-खोटी सुनाई। कहा, 'आप ही के लिए लिखते हैं, दूर से आए हैं, हमें कोई शौक़ नहीं है आपको सुनाने का, आप कोई एहसान नहीं कर रहे हैं हम पर।' लोग उनकी डाँट खाकर एकदम ख़ामोश हो गए। फिर लगे हाथ चुस्त अंदाज़ में उन्होंने अपनी कविता भी सुना डाली, 'सर धड़ से अलग होता है, जैसे नट बोल्ट से, तुम कहते हो हत्या हो रही है, मैं कहता हूँ मैकेनिज़्म टूट रहा है।' लोग खुश हो गए। तब धूमिल ने मुझसे कहा, 'अब अपनी कविता फिर से शुरू करो।' मैं तब तक बिलकुल ही उखड़ चुका था। फिर भी मैंने जल्दी-जल्दी कविता पढ़ डाली, जैसे कोई अपने कपड़े समेटकर भाग रहा हो। मुझे पता नहीं था, मैं क्या पढ़ रहा था। लेकिन भीड़ ने मुझे चुपचाप बर्दाश्त कर लिया।

सुबह केन नदी की ओर जाते हुए सब पिछली रात के मेरे हाल पर हँस रहे थे। सव्यसाची और नागार्जुन कह रहे थे, 'अरे, इसे पकड़ो, कहीं केन नदी में डूब न जाए।'

आख़िरी दिन संगठनात्मक सत्र था। मन्मथ नाथ गुप्त इसकी अध्यक्षता कर रहे थे। लोकप्रिय लेखक थे। काकोरी कांड में उन्हें दस बरस की क़ैद हुई थी। धर्म के मसले पर बिना लाग-लपेट साफ़ और कड़ी अनीश्वरवादी पोज़ीशन लेते थे। इस हंगामी सत्र में सज्जाद ज़हीर आख़िर तक बैठे रहे। शिवदान सिंह चौहान कह रहे थे, 'प्रगतिशीलों ने रेणु जैसे प्रतिभाशाली लेखकों की उपेक्षा करके ठीक नहीं किया।'

कानपुर के ललित मोहन अवस्थी ने जब मुख्य प्रस्ताव रखा तो लोग भड़क उठे। उस प्रस्ताव में कांग्रेस को राष्ट्रीय पूँजीपति वर्ग की 'भूस्वामी विरोधी' पार्टी बताते हुए उसके साथ सहयोग करने की बात की गई थी। राज्य के वर्ग-चरित्र पर बहस शुरू हो गई। वक्ताओं को बोलने का समय न दिया जा रहा था। दरअसल आयोजक चाहते थे कि प्रगतिशील लेखकों का संगठन झटपट फिर से बनकर खड़ा हो जाए, जिसमें हर रंगत के लोग शामिल हों लेकिन इसी समझ के इर्द-गिर्द काम करें। सुधीश ने जब कुछ और समय माँगा तो अध्यक्ष ने बड़े ही आक्रामक तरीक़े से माइक छीन लिया। कोहराम मच गया। चंद्रभूषण तिवारी ने बाँहें चढ़ाकर तेज़ आवाज़ में कहा, 'आपने हमें क्यों बुलाया है?' सनत कुमार ने ग़ुस्से में अपनी कमीज़ ही उतार डाली। ख़ूब हंगामा हुआ। ग़नीमत है, हाथापाई नहीं हुई। ज़्यादातर लोग वॉकआउट कर गए। मैं बन्ने भाई (सज्जाद ज़हीर) को लगातार ग़ौर से देख रहा था। वे अकेले अविचलित बैठे रहे। धूप का चश्मा लगाए। नेहरू से उनकी शक्ल कुछ-कुछ मिलती थी। वे ठंडे लहज़े में बार-बार कह रहे थे, 'अरे भाई, इन सी.पी.एम. वालों को भी कुछ बोलने दो।'

बाँदा में एक दिन वहाँ के नवाब ने अपनी कोठी पर लेखकों को बुलाया। शानदार रात्रि भोज दिया। बाद में मुझे पता चला कि इन्हीं नवाब के यहाँ कलकत्ते से लौटते हुए बीमार होने पर मिर्ज़ा ग़ालिब क़रीब छह महीने मेहमान रहे थे।

बाँदा सम्मेलन के बाद सव्यसाची ने लगभग हर हिंदीभाषी राज्य में लेखकों के शिविर लगाए। लखनऊ, जयपुर, कोटा, रतलाम, भोपाल, ग्वालियर आदि कई स्थानों पर दो-दो, तीन-तीन दिन के अनेक शिविर लगे। लगभग इन सभी में मैं उनके साथ गया। ये सम्मेलन नए प्रगतिशील उभार को दिशाबद्ध करने में एक महत्त्वपूर्ण भूमिका अदा कर रहे थे। हर जगह 100-150 लेखक, वरिष्ठ और युवा दोनों पीढ़ियों के, जमा हो जाते। इनमें साहित्य के इतिहास, कविता की भाषा से लेकर अनेक सौंदर्यशास्त्रीय प्रश्नों पर गंभीर विचार-विमर्श चलता। जनवादी लेखक संगठन का निर्माण अभी दूर था। लेकिन एक नए संगठन की पृष्ठभूमि तैयार हो रही थी।

बी.ए. करने के बाद प्रश्न था, मुझे आगे क्या करना चाहिए। दिल्ली विश्वविद्यालय के साथी कह रहे थे, यहाँ आ जाओ। मेरे मन में गहरा संकोच था। दिल्ली में रहने के लिए पैसे एकदम न थे। मथुरा में माँ अकेली मेरे साथ थी। उनकी अपनी कोई आय न थी। लेकिन सव्यसाची बोले, 'चले जाओ, कोई न कोई रास्ता बन जाएगा।' उन्होंने अलमारी में लगी किताबों के नीचे बिछे अख़बार की तहों से 15 रुपये निकालकर मुझे दिये, बोले, 'किराया रख लो।' दिल्ली तक ट्रेन का किराया सिर्फ़ पौने चार रुपये था, यानी आसानी से लौटा भी जा सकता था। लेकिन मैं लौटा नहीं।

इस बात को अब लगभग 40 वर्ष हो गए। दिल्ली में क्या हुआ, मौक़ा हुआ तो कभी यह बाद में बताऊँगा। इसके बाद बहुत-कुछ हुआ। कुछ दिन दिल्ली विश्वविद्यालय के साथियों के साथ रहा, जहाँ नागार्जुन भी महीनों रुके रहते थे। इसके बाद जे.एन.यू. गया। यह भी एक पूरा युग था। इसी बीच आपातकाल भी लगा, हटा भी। उसकी कथा भी ख़ासी लंबी है। 1978 में रोहतक आ गया। मैं आना तो नहीं चाहता था, लेकिन डॉ. नामवर सिंह मुझे जे.एन.यू. के बाहर कहीं भी भेज देने पर आमादा थे। शायद रोहतक में डॉ. ग्रेवाल की उपस्थिति के कारण मैंने मन बना लिया। यहाँ शुभा मेरे साथ थीं। पिछले 34 सालों में हम लोगों ने यहाँ बहुतेरे काम किए। बहुत दिल लगाकर जी-जान से। कई चीज़ें बनाईं। बहुत-से प्रयोग किए। नया 'जर्मिनेशन' देखा और उससे बहुत सारी ऊर्जा और नई अंतर्दृष्टियाँ मिलीं। इस दौर के एजेंडे को ज़्यादा स्पष्टता से और समावेशी ढंग से समझने का मौक़ा मिला। चीज़ें कैसे बनती हैं या कैसे टूटती हैं, इसके अनेक मूल्यवान सबक़ हरियाणा के इस काम में छिपे हुए हैं। लेकिन इसके बारे में अभी कुछ कहने का समय नहीं है।

1983 में माँ नहीं रहीं। बाद के वर्षों में मथुरा जाना सालों में कभी-कभी हो पाता था। जाता तो सबसे पहले सव्यसाची के घर जाता था या अपनी बड़ी बहन के पास। ये दोनों भी धीरे-धीरे रुख़्सत हो गए। अब मथुरा जाने पर एक गहरा दुख साथ चलता रहता है। इस शहर की पुरानी गलियाँ, जिनमें मेरी दिलचस्पी थी, मलबे में बदल चुकी हैं। लगातार एक वीरान जर्जरता और अजनबियत का अहसास होता है। शहर का नक़्शा बिलकुल बदल चुका है।

मृत्यु से कुछ वर्ष पहले सव्यसाची को एक दिन मैंने मथुरा में देखा। उन्होंने शादी कर ली थी और एक छोटा-सा नया घर बना लिया था। दो छोटे बच्चे थे। वे बिलकुल लुटे-पिटे-हताश दिखाई दे रहे थे। बाद के दिनों में उनके स्टडी सर्किल्स भी बंद हो गए थे। वे बिलकुल ख़ामोश रहे। चुपचाप आसमान की ओर देखते रहे, जैसे सब कुछ खो चुके हों। उन्होंने मुझे खिचड़ी खिलाई। मैं उनके साथ कुछ देर बैठा और चला आया।

समझ और संवेदना का विस्तार

मदन कश्यप

इन दो बातों के होते हुए भी कि अच्छा साहित्य स्वभावतः प्रगतिशील होता है और हिंदी तो वैसे भी प्रतिरोध और संघर्ष की भाषा रही है, पिछली सदी में कम-से-कम हिंदी में जो कुछ भी अच्छा लिखा गया, उस पर प्रगतिशील आंदोलन का कुछ-न-कुछ प्रभाव ज़रूर था। मनुष्य, समाज और राष्ट्र की मुक्ति की अवधारणा तो हिंदी में सीधे-सीधे सोवियत संघ की क्रांति से मिली प्रेरणा के रूप में आ चुकी थी। निराला की कविता के केंद्र में मुक्ति थी और प्रेमचंद भी अपना श्रेष्ठ लेखन 1936 में प्रगतिशील लेखक संघ के बनने के पहले कर चुके थे। फिर भी इस आंदोलन का योगदान इस मायने में ऐतिहासिक था कि इसने नए मानवीय मूल्यों को सूत्रबद्ध करने और साहित्य को व्यापक समाज से जोड़ने की नई अवधारणा का मार्ग प्रशस्त किया। लेखक पहले जिन चीज़ों को केवल जानते थे, उन्हें पहचानने की दृष्टि दी। रचनाओं की इतिहासदृष्टि, विश्वदृष्टि और वर्गदृष्टि के निर्माण में सहायता पहुँचाई और समझ और सरोकारों का ही नहीं, कल्पना और संवेदना का भी विस्तार किया।

जहाँ तक मेरी पीढ़ी की बात है, तो आपातकाल के आसपास जब हम लोग आए, तब तक प्रगतिशील आंदोलन की गंगा में काफ़ी पानी बह चुका था; बल्कि सत्ता की पतनशील संस्कृति के कुछ मलबों के आ जाने के चलते गंगा मैली भी हो चुकी थी। आज़ादी के बाद, सत्ता के सांस्कृतिक उपक्रमों पर विश्वास करते हुए जिस प्रगतिशील लेखक संघ को विघटित कर दिया गया था, उसका पुनर्गठन किया जा रहा था या किया जा चुका था। लेकिन यह सब तब हो रहा था जब भारतीय कम्युनिस्ट पार्टी सीधे-सीधे सत्ताधारी दल के साथ गठबंधन बना चुकी थी, आपातकाल का समर्थन कर रही थी और कहीं-कहीं जनतांत्रिक मूल्य के हनन में सत्ताधारी दल से भी ज़्यादा आक्रामक दिख रही थी। ज़ाहिर है, इस पुनर्गठन का हिंदी साहित्य पर वह प्रभाव नहीं पड़ा जो 1936 का पड़ा था।

नक्सलवाड़ी आंदोलन हो चुका था और बंगाल में उसे बड़े पैमाने पर दबाया भी जा चुका था। सिद्धार्थ शंकर राय के नेतृत्व में जो दमन वहाँ चल रहा था और बड़ी संख्या में बंगाली युवकों को मारा जा रहा था, उस घृणित कार्रवाई का भा.क.पा. समर्थन कर रही थी। मा.क.पा., जो एक दशक पहले बन चुकी थी और 1967 की संविद सरकार में भागीदारी भी कर चुकी थी, नक्सलवादियों को भटके हुए उग्रपंथी मानकर उनके ख़िलाफ़ वैचारिक संघर्ष तो चला रही थी और कहीं-कहीं ख़ूनी संघर्ष में भी उलझी थी, लेकिन उन

पर दमन-चक्र चलाने की पक्षधर नहीं थी। कांग्रेसी सत्ता और पुलिसिया दमन के साथ उनके गहरे मतभेद थे।

ज़ाहिर है कि वामपंथी दलों के इस विखराव ने सांस्कृतिक आंदोलन में भी बिखराव पैदा कर दिया था। दमनकारी आपातकाल के ख़त्म होते ही 1978 में दिल्ली के सत्यवती कॉलेज में पिछले दस वर्षों के साहित्य पर एक सेमिनार हुआ जिसमें जनवादी लेखक संघ के निर्माण की नींव पड़ी। सन् 1980 में पटना में नवजनवादी सांस्कृतिक मोर्चा बना, जो आगे चलकर जनसंस्कृति मंच के रूप में विकसित हुआ।

उस समय जो पीढ़ी साहित्य में आई, उसे विचार के बजाय दशक के आधार पर बाँटकर देखने की एक विचार विरोधी कोशिश हुई और सत्ता के समर्थन के चलते वह सवर्ण वर्चस्व वाली कविता में तो सफल भी हो गई। हम कहानी में आठवें दशक के कथाकार, नौवें दशक के कथाकार नहीं कहते, मगर कविता में उस पीढ़ी के कवियों को इसी रूप में पहचाना जाता है। यह विचारधारा विरोधी बँटवारा इतना व्यापक और असरकारी है कि मैंने जब ख़ुद को आठवें-नौवें दशक का कवि कहलाने से इनकार कर दिया, उसमें तो लोगों ने मुझे कवि मानने से ही इनकार कर दिया।

जो नई पीढ़ी आई थी, उसमें केवल इन तीन वामधाराओं के कवि-लेखक ही नहीं थे। कुछ समाजवादी भी थे जो बिहार आंदोलन के दौरान चमके और 1977 में केंद्र में सत्ता परिवर्तन के बाद कुछ मज़बूत भी हुए। आगे चलकर सामाजिक न्याय का साहित्य रचने में इनकी उल्लेखनीय भूमिका बनी। इनके अलावा, थोड़े-से छद्म हिंदूवादी भी थे। खुले हिंदूवादी तो कवि-सम्मेलन के मंचों पर सुशोभित होते थे, लिखने-पढ़ने की दुनिया से उनका कुछ लेना-देना नहीं था। लेकिन आश्चर्यजनक रूप से कोई भी लेखक कांग्रेसी नहीं था, मेरा मतलब घोषित रूप से नहीं था, जबकि सत्ता कांग्रेस की थी और संस्कृति की बागडोर भी उसी के ताक़तवर हाथों में थी। दरअसल लगभग सभी गंभीर कांग्रेसी लेखक प्र.ले.स में शामिल हो गए थे। किसी हद तक संगठन को नियंत्रित भी कर रहे थे। आज भी, कम-से-कम मध्य प्रदेश, राजस्थान और छत्तीसगढ़ में बड़ी संख्या में कांग्रेसी लेखक प्र.ले.स में शामिल हैं। इनकी और अन्य कई धाराओं की भी, एकता का एक आधार है—सांप्रदायिकता विरोध। चलिए, यह तो एक सकारात्मक आधार है मगर 1970 के दशक में इन सभी ताक़तों की एकता का आधार था नक्सल विरोध, जो बहुत ही नकारात्मक था।

ऐसे ही कठिन समय में मैं साहित्य में आया। फिर भी निस्संकोच कह सकता हूँ कि मेरी पीढ़ी पर या कम-से-कम मुझ पर सबसे ज़्यादा प्रभाव प्रगतिशील आंदोलन का ही पड़ा था। हमने तब चल रहे जनांदोलन से सीखा, पुराने प्रगतिशील आंदोलन के रचनाकारों से सीखा और विचारधारा केंद्रित बहसों से सीखा। एक कवि के रूप में निराला के अलावा जिन पाँच कवियों ने मुझे सबसे ज़्यादा प्रभावित किया, वे हैं—शमशेर, नागार्जुन, केदार, मुक्तिबोध और त्रिलोचन। मैंने प्रगतिशील आंदोलन से जो कुछ लिया है, इन कवियों के माध्यम से ही लिया है। इन पाँचों का और इनमें भी विशेष रूप से नागार्जुन और शमशेर का मेरी कविता पर गहरा प्रभाव है। उस प्रभाव का विश्लेषण करना फ़िलहाल इसलिए संभव नहीं है, क्योंकि तब मुझे अपनी ही कविताओं को उद्धृत करना होगा, जो उचित नहीं है।

समय, समाज और जीवन को समझने की दृष्टि मुझे किसी भी अन्य वैचारिक बहसों

की तुलना में इन कवियों की रचनाओं से ज़्यादा मिली। प्रगतिशील आलोचना में ज़रूर जानने-समझने-सीखने के लिए बहुत कम चीज़ें थीं, मगर रचना में तो इतनी अधिक हैं कि हम आज भी उसे पार नहीं कर पाए हैं। मैं सपने में भी कभी सी.पी.आई. का अनुगामी नहीं रहा या बना, मगर रचना में हमेशा नागार्जुन के पीछे-पीछे चला। यह एक सचाई है और इसमें कोई विडंबना नहीं है।

प्रगतिशील विरासत के बारे में चंद बातें

योगेंद्र आहूजा

ऐसा नहीं कि कोई ऐसा दिन-रात या शाम या दोपहर रही हो जब प्रगतिशील आंदोलन या तरक़्क़ीपसंद तहरीक के उसूलों पर एक सचेत तरीक़े से, आत्मस्थ होकर, विचार करके तय पाया हो कि मेरी जगह इसी तहरीक में है। शायद ऐसा कभी नहीं होता, किसी के भी साथ नहीं। वह एक अदृश्य, जटिल, बहुआयामी प्रक्रिया होती है, जिसके अंतर्गत कोई एक तरह के जीवन और ख़यालों का समर्थक बनता है और दूसरी तरह के जीवन और विचारों का आलोचक, और इसे पूरी तरह जान पाना आसान नहीं। पता भी नहीं चलता कि कब वह ख़ून ख़ामोशी से नसों में दाख़िल हो गया। सत्तर के दशक में जो गहमागहमी, संवाद और बहसें और क्रियाकलाप थे, जो आज के उन्मत्त समय में अकल्पनीय जान पड़ते हैं...उनका एक निर्णयकारी असर ज़रूर रहा होगा, लेकिन यह सोच पाना मेरे लिए नामुमकिन है कि किसी और वक़्त में आँखें खोली होतीं तो किन्हीं और विचारों का समर्थक होता। मैं हमेशा से वहीं था, इसी तहरीक के भीतर, जिसका कोई संबंध किसी ख़ास लेखक संघ की सदस्यता के फ़ॉर्म पर हस्ताक्षर करने से नहीं है। ऐसा कोई फ़ॉर्म कभी सामने नहीं आया, न कभी उसकी कोशिश की। लेकिन अपने लेखकीय और बौद्धिक जीवन को इस तहरीक से अलगाना मेरे लिए असंभव है। यह अटूट रिश्ता है यद्यपि अनालोचनात्मक नहीं। अलग-अलग वक़्तों के बेचैन और अग्रगामी मस्तिष्क जो या तो इस तहरीक का हिस्सा रहे या इसके साए में रहे...उनसे बहस और संवाद और अंतर्क्रिया के मौक़े न आते तो भीतर की उद्विग्नता शायद अबूझ ही रहती, और ढेरों सवाल सिर्फ़ सवाल।

सवाल, मसलन—क्या होते हैं? लिखने के मानी, लेखनकर्म का प्रयोजन और लेखक के कार्यभार? क्या वह कोई अज्ञात, जादुई, रहस्यमय अंतःप्रेरणा होती है, कुछ इल्हाम सरीखा, किसी दूसरी दुनिया के संदेश...या उसका इस दुनिया और समाज से कुछ रिश्ता होता है? जीवन और साहित्य का आपसी रिश्ता, हर लेखक अपने लिखने की शुरुआत में ऐसे सवालों से दो-चार होता है। हवा में से ऐसे प्रश्नों के बहुत-से भरमाने और भटकानेवाले जवाब मौजूद हैं। इन और ऐसे सवालों पर सोचने और जवाब पाने की कोशिश में पूर्ववर्तियों से अंतःक्रिया हुई। उसी ने संभवतः स्नायुओं को दृढ़ रखा, मुझे इहलोक का वासी बनाया और ऐसे विचारों से बचाया कि इस धरती पर मनुष्य एक बुराई है। इसी कोशिश में जानना हुआ कि वे कोई नए सवाल नहीं थे। इसी कोशिश में जानना हुआ अप्रैल, 36 में लखनऊ में हुई उस सभा के बारे में जिसमें उस वक़्त के सबसे बेचैन, विराट, मेधावी मस्तिष्क जुटे थे। प्रेमचंद ताँगे

में आए थे—टीन का एक बड़ा बक्सा लिये। हसरत मोहानी अपनी हर वक़्त की अस्त-व्यस्त वेशभूषा में। कौन नहीं था वहाँ....रशीदजहाँ, इस्मत चुग़ताई, फ़ैज़, जैनेंद्र। सज्जाद ज़हीर तो थे ही। वहाँ से एक नई शुरुआत होनी थी, एक नए सपने के सफ़र का आग़ाज़। प्रगतिशील आंदोलन किसी और संसार से यकायक उल्कापात की तरह प्रकट नहीं हुआ था। आज कल्पना करना मुश्किल है कि 1936 में वह कैसा कसमसाता वक़्त रहा होगा जब यूरोप पर फ़ासीवाद की भयानक परछाईं पड़ रही थी और साम्राज्यवाद के बोझ तले इस उपमहाद्वीप की साँस घुट रही थी। सिर्फ़ अंदाज़ा लगाया जा सकता है कि दिल-दिमाग़ किस क़दर परेशान रहा होगा। स्वाभाविक था कि लेखक जुटें और बुनियादी सवालों पर दुबारा विचार करें और नए सवालों से दो-चार हों। यह जानने की कोशिश करें कि उस समय साम्राज्यवाद और राष्ट्रवाद के टकराव से जो नई चेतना जन्म ले रही थी, उसके क्या मानी थे, उसका प्रतिनिधित्व कौन करता था, और साहित्य में उसकी अभिव्यक्ति किस प्रकार होनी थी और अन्य सवाल भी...कि लेखक अपने वक़्त को किस प्रकार अभिव्यक्त करें? कृति के मायनों का रूप से क्या रिश्ता है और रचना और आलोचना का क्या संबंध है। क्या साहित्य को महज़ मार्क्सवाद का अक्स होना चाहिए? क्या इतनी इन्क़लाबी भावना काफ़ी है कि समाज को आनन-फानन बदल दिया जाए? ये और इसी तरह के अन्य तमाम सवाल। उसके बाद साहित्य के बड़े नाम वही रहे जो कभी न कभी इस तहरीक के साए में रहे। जैसे एक जादू छू गया, और उसके बाद साहित्य की दुनिया वह न रही जो पहले थी।

वह जादू हमेशा मेरे साथ रहा है। इस रूप में नहीं कि मैं सायास और एक यांत्रिक तरीक़े से अपनी कहानियों को 'प्रगतिशील' बनाने की कोशिश करूँ। उस सायास प्रगतिशीलता में मेरा विश्वास नहीं जिसमें रचनाओं का एक तयशुदा अंत तक जाना ज़रूरी है, चाहे वे बेजान और बंजर होकर वहाँ पहुँचें। लेकिन संशय, शंकाओं और दुविधाओं के अक्सर आनेवाले क्षणों में काम वही लेखक आए हैं, जो विभाजक रेखा के इस तरफ़ रहे। उनसे मेरा एक निरंतर संवाद रहा है। उनमें से जो अब हमारे बीच नहीं उनसे भी...वे मृत्यूपरांत भी मेरे कानों में कभी-कभी कुछ कह जाते हैं। कहानी या कोई भी रचना सर्वदा अपने वक़्त का कथन होती है। और उसके संदर्भ हमेशा समकालीन और शिल्प भी कोई स्थिर चीज़ नहीं। इस बारे में पुराने लेखक मदद नहीं करते। लेकिन उनसे संवाद न होता तो संभवतः दृश्यों की अराजकता के बीच कोई मानी, अर्थों का एक सुसंगत पैटर्न देख पाना मेरे लिए मुश्किल होता। तब सामने के मंज़र को मुर्दा आँखों से देखना होता। कहानियों में अराजक दृश्य होते और नामालूम मौतें, अनिश्चित अंजाम। सबसे बढ़कर स्वप्नहीनता और बेउम्मीदी। शायद तब कहानियों के तत्त्व होते रोमानीपन, नॉस्टेल्जिया या विषाद और एक समयहीन वीरान। वहाँ न परंपरा की गाँठें होतीं, न इतिहास की उलझनें। रचनाएँ चिंता और विचार से मुक्त होतीं और किसी भी तरह की बौद्धिक मीमांसा से ख़ाली। वे केवल भाषिक करतब होतीं, लफ़्ज़ों का खेल। अपने अनेक समकालीनों की तरह मैंने भी मान लिया होता कि मनुष्यता पराजित हो चुकी है और विचारधारा का अंत हो चुका है। हमारे वक़्त में ऐसी दुःस्वप्न सरीखी कहानियाँ सामने आने लगी हैं जिनमें यथास्थिति का उत्सव है और विचारधारा के परास्त होने का एक प्रच्छन्न उन्माद। उनके अपने चिंतक और बौद्धिक हैं। वे हमारे चारों ओर अपने विचारों और व्याख्याओं का घना जाल बुनते रहते हैं जिसे काटने के लिए संभवतः सिर्फ़

एक जड़ प्रगतिशीलता काफ़ी नहीं। हमारे वक़्त में प्रगतिशीलता के कोई जड़, निस्पंद माने नहीं हो सकते। विस्मरण के हामी इस वक़्त में स्मृतियों को जिलाए रखना आज पिछले किसी भी समय से ज़्यादा ज़रूरी है। अलग-अलग वक़्तों के उन विराट, मेधावी मस्तिष्कों की स्मृति जिन्होंने सिखाया संदेह करना और सवाल करना, लेकिन संदेहवाद को कोई मूल्य न बनाना, संदेह पर भी संदेह करना। वे अग्रज लेखक जिन्होंने ख़ुद के उदाहरण से बताया कि जीवन में सृजन और कर्म का रिश्ता क्या होता है, रचनाकार के दायित्व और लिखित शब्द की गरिमा के क्या मानी होते हैं। उनमें से तमाम ऐसे हैं जिन्हें जीवन-भर रोशनियाँ नसीब नहीं हुईं। हमारी भाषा के सबसे बड़े आधुनिक कवि मुक्तिबोध के जीवनकाल में उनकी कोई किताब प्रकाशित नहीं हुई और यह उनकी आख़िर तक अधूरी तमन्ना रही कि उनके नाम का कोई बैंक खाता हो। इन स्मृतियों को नष्ट किए जाने की सिलसिलेवार, सत्तापोषित कोशिशें जारी हैं। इसलिए इन्हें ज़िद की तरह याद रखना और भी ज़रूरी है। प्रगतिशीलता का एक मायना, हमारे वक़्त में, यह भी है।

इस समय ग्लोबल कल्चर के नाम पर साम्राज्यवादी कल्चर का और पारंपरिक, क्लासिकी कल्चर के नाम पर सांप्रदायिकता का हमला ज़ोरों पर है। जिन जीवन-मूल्यों को नवजागरण और स्वतंत्रता आंदोलन के एक लंबे दौर में हासिल किया गया, हम जैसे उनकी प्रति-अभिव्यक्ति देख रहे हैं। विवेक के लुंज होने के तमाम संकेत हैं। प्रगतिशील धार्मिक बन रहे हैं। यह प्रतिक्रियावाद के प्रसार का, उत्पीड़कों और मतांधों का स्पेस बढ़ते जाने का एक ख़तरनाक समय है। ऐसे में मुझे लगता है, वे सारे सवाल जिन पर विचार करने के लिए अब से 76 साल पहले लेखक लखनऊ में जुटे थे, फिर ज़िंदा हो गए हैं—लेखनकर्म की प्रकृति, सृजन और कर्म का संबंध, लेखक के कार्यभार। शब्द की सत्ता पर ख़तरे बढ़ते जा रहे हैं, बाहरी और भीतरी दोनों तरह के। भीतरी ख़तरा है साहित्य की दुनिया में उत्सवधर्मिता, तात्कालिक उत्तेजना और एक धोखादेह क़िस्म के रोमांच का अधिकाधिक बढ़ते जाना। अब प्रश्न ज़्यादा होते हैं, गंभीर विचार-विमर्श कम। और बाहरी ख़तरा हमारे समय की अतिशय तेज रफ़्तार। जितनी देर हम वक़्त को समझने की कोशिश करते हैं, उतनी देर में वक़्त बदल जाता है। हमारे राष्ट्रीय और सामाजिक जीवन में लगातार नई सत्ताएँ उभर रही हैं और नए गठजोड़ बन रहे हैं। वे लगातार व्याख्या, निगरानी और संधान की माँग करते हैं। इस तेज़ रफ़्तार में लेखक थोड़ी देर को असावधान हुआ और समाज के स्पंदनों, उसके अतीत और आगत की मीमांसा की उसकी सामर्थ्य चुकी। तब लेखक तैयारशुदा विवेचनाओं, बने-बनाए आकर्षक विचारों की चपेट में आ सकता है जिनकी हमारे वक़्त में कोई कमी नहीं। इतिहास का अंत, विचार का अंत, परिवार, चेतना, स्मृति, आकांक्षाओं और मानवीय संबंधों सबका अंत—और लेखक की मृत्यु और सभ्यताओं का संघर्ष। हमारे चारों तरफ़ ऐसे विचारों और व्याख्याओं का एक घना जाल है जिसे पेशेवर बौद्धिकों और चालाक चिंतकों ने बुना है। वे प्रखर और प्रतिभाशाली हैं, इसमें क्या शक। वे कहते हैं कि पिछले दो-तीन दशकों में कुछ ऐसे अप्रत्याशित, सर्वव्यापी और मूलगामी परिवर्तन हुए हैं जिन्होंने सब कुछ बदल डाला है। वे कहते हैं कि इन परिवर्तनों को समझने के लिए पहले के संदर्भ, उपकरण और प्रत्यय अनुपयोगी हैं। अब एक उत्तर-आधुनिक, उत्तर-औद्योगिक, उत्तर-समाजवादी तकनीकी समाज सामने है। जो नई विश्वव्यवस्था बन रही है, वह निर्विकल्प है, वही मुक़द्दर है। वे विकसित टेक्नोलॉजी के

सामने मनुष्य की दयनीयता का, उसकी निरुपायता का हलफ़नामा लिखते हैं और उसे एक महान सत्य की तरह पेश करते हैं। वे बताते हैं कि इस वक़्त जो समाज बन रहा है, उसके केंद्र में मनुष्य नहीं होगा, न उसका जीवन। अब केंद्र में केवल सत्ता होगी और मनुष्य केवल पर्यावरण का हिस्सा होगा। लेकिन क्या मनुष्यता के इतिहास में सच कभी इतना निर्वैयक्तिक, इतना निःशंक, इतना निरपेक्ष, इतना आसान रहा है? नियंत्रणकारी ताक़तें जो एक छद्म चेतना को गढ़ने के प्रयासों में हैं, अब हमारे चारों तरफ़ हैं। आकर्षक और सम्मानित नामों से सांप्रदायिकता लोगों के स्नायुतंत्र के साथ इतिहास और सत्ता पर क़ब्ज़ा करने के लिए सन्नद्ध है। ऐसे वक़्त में लेखक का काम, उसका धर्म दायित्व...ज़ाहिर है, वह किसी भी समय से ज़्यादा मुश्किल है। यह कहना क़तई काफ़ी नहीं कि लेखक की सच से एक अटूट प्रतिबद्धता होनी चाहिए—यह तो बुनियादी बात है ही। हमारे वक़्त में जब सच-झूठ और सही-ग़लत की पहचान भी साफ़ नहीं, लेखक की ज़िम्मेदारी ज़्यादा बड़ी, ज़्यादा मुश्किल है। इस पहचान को साफ़ करने के लिए उसे सत्ता समर्थित व्याख्याओं में महीन, घने जाल को काटने की कोशिश भी करनी है। उसे हर सवाल पर एक साफ़ पोजीशन लेनी है, हवाई क़िस्म की उस गोलमोल, बेमानी मानवीयता से बचते हुए जो आततायियों के पक्ष में जाती है। समाज में पैदा होनेवाली नई उम्मीदों और नए जीवन-मूल्यों की पहचान और रेखांकन, यह भी उसका एक ज़रूरी काम है। और हाँ, उसे विस्मरण के प्रतिवाद की कोशिशों में भी शामिल रहना है।

हमारे वक़्त में स्मृतियाँ मिटाने के तमाम उपक्रम जारी हैं जिनके बीच कुछ याद करना और रखना एक कठोर आत्मसंघर्ष के बाद मुमकिन हो पाता है। साहित्य के एक हलके में अतीत से पीछा छुड़ाने की कोशिशें हैं, जैसे वह कोई बोझ हो! वे भुला देना चाहते हैं अपनी भाषा के सरोकारों, तनावों, नैतिकता और प्रतिवादों को, और चाहते हैं कि साहित्य महज़ लफ़्ज़ों का खेल रह जाए। सारी बहसें थम गई हैं, उनकी जगह गासिप्स ने ले ली है। इसी का नतीजा है कि सच-झूठ और सही-ग़लत की पहचान अब उतनी साफ़ नहीं। रचनाओं की परख और मूल्यांकन के मानदंड धुँधले पड़े हैं। अब छद्म को वास्तविक से और निरर्थक को मूल्यवान से अलगाना बहुत मुश्किल है। शायद यह मान लिया गया है कि रचनाकर्म की प्रकृति, लेखक के दायित्व, समय समकालीनता, नैतिकता स्वप्न, यथार्थ, स्मृति, परंपरा, व्यक्ति की निजता और सामूहिकता, हमारे जातीय अनुभाव...वे सारे प्रश्न जो दो दशक पूर्व तक लेखकों को उद्वेलित करते थे, या तो अप्रासंगिक हैं या अंतिम रूप से तय हो चुके हैं। ऐसे में भूलने के विरुद्ध होना, याद दिलाते रहना यह हमारे वक़्त में प्रगतिशीलता का एक अतिरिक्त कार्यभार है—और उन सभी बौद्धिक, वैचारिक, अवधारणापरक बहसों को पुनर्जीवित कर पाना जिनकी हिंदी में बहुत मज़बूत रवायत रही है।

नए लेखकों के लिए याद रखना, उन्हें याद दिलाना आज बेहद ज़रूरी है कि हम अपनी भाषा और पड़ोस की भाषा उर्दू की उस रवायत से आए हैं जिसे असाधारण और विराट व्यक्तित्वों ने अपने प्राणों और ख़ून से बनाया : प्रेमचंद, सज्जाद ज़हीर, मंटो, बेदी, इस्मत चुग़ताई, मुक्तिबोध, निराला, नागार्जुन, शमशेर और अन्य तमाम, वक़्तों के सर्वाधिक जाग्रत, तेजस्वी और अग्रगामी व्यक्तित्व। यह एक महान विरासत है, उसके शीर्ष नेताओं से भी विशाल। तेज़-तेज़ क़दमों से पुस्तक मेले जाते हमारे शीर्ष आलोचक, तरुण विजय की किताब का

लोकार्पण करने के लिए, इस दृश्य का कोई संबंध मैं नहीं जोड़ पाता पूर्ववर्ती लेखकों की चिंताओं से, उनके कठोर आत्मसंघर्ष से, सज्जाद ज़हीर सरीखों की स्मृति से। इसे इस तरह कहना तक़लीफ़देह है, लेकिन कहा ही जाना चाहिए कि यह उस स्मृति का भयानक अपमान है। सौभाग्यवश विचारों का अपना वजूद होता है, अपनी गति। वे अपने नक़ली पैरोकारों पर निर्भर नहीं होते और इतनी ताक़त रखते हैं कि उन्हें झटककर आगे का रास्ता ख़ुद तलाश सकें।

यह विरासत

कैलाश बनवासी

हम आज जिस माहैल में साँस ले रहे हैं, उसमें आंदोलन शब्द ही कहीं हाशिए में चला गया है, उसकी जगह इस रिक्तता को पाटने बाज़ारू चमक-दमक से भरी कुछ हलचल है जिसे आंदोलन कहा जा रहा है। दूसरी तरफ़ सचाई यह भी है कि आज कोई भी आंदोलन, जिससे बड़े बदलाव की कोई उम्मीद बने, बहुत दूर की चीज़ नज़र आती है, क्योंकि यह आंदोलन के नाम पर लोगों को तरह-तरह से भरमाने का युग है। बात हँसी की लग सकती है लेकिन सच है कि देश में आज सबसे ज़्यादा प्रभाव, देश के प्रभावशाली मध्यवर्गीय तबक़े पर, उन आंदोलनों का है जो भाँति-भाँति के बाबागण चला रहे हैं! बावजूद इन स्थितियों के वह जेनुइन स्पिरिट सचमुच काफ़ी कुछ बदल देने की तीव्र चाह समाज की किन्हीं जगहों में बची हुई है, बल्कि आज ज़्यादा विपरीत हालात के बावजूद वे संघर्षरत हैं, और अपने-आपमें यह एक बड़ी बात है।

साहित्य-संस्कृति क्षेत्र का प्रगतिशील आंदोलन, जो किसी समय देश का सबसे बड़ा सांस्कृतिक आंदोलन था, जिसने अपने लिए कुछ निश्चित लक्ष्य तय किए थे, उसकी उपलब्धियाँ कम नहीं हैं। जब इसकी शुरुआत हुई थी, तब इसके इतने व्यापक हो जाने का अनुमान इसके संस्थापकों को भी शायद ही रहा हो। लेकिन तब वह जैसे हमारे समय की सबसे बड़ी ज़रूरत थी, अपनी आज़ादी और आज़ादी के बाद इस देश की खुशहाली का सपना! इस खुशहाली में समतामूलक समाज का सपना! यह सिर्फ़ हवा में देखा जा रहा स्वप्न मात्र नहीं था, इसके लिए ज़मीनी स्तर पर कड़े संघर्ष किए जा रहे थे, प्रगतिशील जीवन-मूल्यों को तब के नेतृत्व ने अपनी चेतना में शामिल किया था, और इनकी रक्षा की ख़ातिर बड़े से बड़ा त्याग करने को तत्पर थे। यशपाल, रामविलास शर्मा, नागार्जुन, केदारनाथ अग्रवाल, परसाई, मुक्तिबोध, कैफ़ी आज़मी, फ़ैज़, भीष्म साहनी, मजाज़, अली सरदार जाफ़री, साहिर लुधियानवी जैसे कुछ नामों की रोशनी में इन्हें बख़ूबी जाना जा सकता है।

प्रगतिशील आंदोलन की बड़ी भूमिका तब के जनमानस को एक दिशा देने की रही है, जो कमोबेश आज भी अपनी परंपरा में चली आती है, बेशक जहाँ इसका कई स्तरों पर फैलाव हुआ है तो वहीं बिखराव भी। देखने की बात यह है कि वह क्या चीज़ थी जो उन्हें इसके लिए प्रेरित करती थी? वह जोश और जुनून उन्हें कहाँ से हासिल होता था? कहाँ से आता था उनमें बहुत गहरा एकनिष्ठ लगाव? और अपनी सीधी-सादी ज़िंदगी में आफ़तों, कुचक्रों से लड़ सकने का हौसला? वे भी इसी मिट्टी से उपजे थे, यह विश्वास करना आज कठिन

हो चला है। निश्चय ही उनकी सोच एकदम साफ़ थी। वे अपने लक्ष्य को भलीभाँति जानते थे और उसे पाने की गहरी ज़िद और लगन थी। उनके भीतर वैसा उलझाव नहीं था जो आज हमारे भीतर है। वे लोगों के ज़ेहन के दो दूनी चार वाले दिन थे जबकि आज तीन-पाँच और तीन-तेरह के, कई नावों में एक साथ सवारी के। आज व्यक्तिगत महत्त्वाकांक्षाओं ने उन लक्ष्यों को पीछे धकेल दिया है, बल्कि धुँधला कर दिया है। आज जिस फ़ौरी क़िस्म की प्रतिबद्धता को हम देखते हैं, वह अपनी छोटी-छोटी महत्त्वाकांक्षाओं के पूरी होते ही ग़ायब हो जाती है, और उसकी जगह लाभ के सौदे होने लगते हैं। प्रेमचंद ने अपनी एक कहानी 'सज्जनता का दंड' में लिखा है : 'निर्बलों की आत्मा में सचाई की चमक जुगनू के समान होती है। अल्पकालिक।' बहरहाल आज आंदोलन की स्थिति पर यह चर्चा नहीं है। इस आंदोलन ने हमें क्या दिया या हमें क्या सिखाया, बात इस पर है।

प्रगतिशील आंदोलन कला-साहित्य-संस्कृति का वाम विचारधारा से प्रेरित आंदोलन है, एक साफ़ वैज्ञानिक दृष्टि यानी मार्क्सवादी नज़रिए से लैस। और इसको किसी विशेष वाम राजनीतिक दल की सीमाओं के साथ न देखें, कृपया। अब तक के अपने पढ़ने-लिखने के सफ़र में ज़्यादातर लोगों की ज़रूरत की इससे बेहतर कोई दूसरी विचारधारा नहीं मिली। यह अलग बात है कि आज वाम राजनीति की भी इतनी अधिक शाखाएँ हो गई हैं, सबके अपने-अपने मार्क्स, लेनिन, माओ या स्टालिन हो गए हैं। किंतु यह एक वैज्ञानिक विचारधारा है, न कि किसी मठ या संत पर आश्रित कोई अंधी आस्था, इसलिए इसके हमेशा आगे बढ़ने पर भरोसा रहा है। ज़रूरी नहीं है कि आपके विचार आपके सामने फलीभूत होते नज़र आएँ ही। यह दरअसल आस्था के साथ विवेक और विज्ञान का विचार है। मैं अपना दाना-पानी इन्हीं विचारों से पाता हूँ। यही वह विचारधारा है जो मुझे आत्मगत संकीर्णताओं से मुक्त करके व्यापक मसलों से जोड़ती है, मुझे इन घटनाओं का एक दर्शक मात्र नहीं, वरन् इसके आगे के क़दम के लिए प्रेरित करती है। कह सकते हैं कि यह एक बुनियादी बात है जो प्रायः हर लेखक अपने लिए कहीं न कहीं महसूस करता है।

इसीलिए, जब ऐसी प्रगतिशील ताक़तों को धक्का लगता है, वह चाहे सांप्रदायिकता के ख़तरनाक उभार के रूप में हो या बाज़ारवाद, निजीकरण, या विकास के नाम पर देश के संसाधनों को कॉरपोरेट ताक़तों के लिए खुला छोड़ देना, यह सब अत्यन्त विचलित करता है और अपने लेखन में इन्हें जितना संभव हो लाने की कोशिश करता हूँ। वहीं दूसरी तरफ़, प्रत्येक कला का अपना एक अनुशासन होता है और उसकी सीमाएँ भी। रचना एक रचना की तरह मार तभी कर सकती है जब रचना की कला उस लायक़ हो। वर्तमान समय में इतना ज़्यादा लिखा जा रहा है कि उन्हें पढ़ा नहीं जा रहा का भय और भ्रम होता है।

मुझे लगता है, प्रगतिशील धारा निरंतर हमारी सोच और ज़रूरतों को लेकर साथ चलनेवाली वैज्ञानिक और जीवंत विचार प्रक्रिया है, मात्र कोई मृत परंपरा नहीं, जिसे सरकारी संग्रहालयों में सजाकर रख दिया जाए और आप सिर्फ़ देख-देख के ख़ुश होते रहें। ऐसा किया जाना विचार प्रक्रिया का जड़ीभूतीकरण है। लेकिन इतना ज़रूर कहना होगा कि हमारे इन प्रखर और जीवन होम देनेवाले रचनाकारों की रचनाओं की आग हम तक तभी पहुँच सकती है जब हम उनके सरोकारों को वैसे ही महसूस करें, जैसे उन्होंने महसूस किया था। वरना आज तो इन महान साहित्यकारों को सरकारी पाठ्यक्रमों से बाहर खदेड़ा जा रहा है, बात-बेबात

इनकी किताबें जलाकर अपनी क्षुद्र भड़ास निकाली जा रही है। जैसे अभी पश्चिम बंगाल में ममता बनर्जी सरकार ने स्कूली पाठ्क्रमों से मार्क्स-लेनिन की जीवनियाँ हटवा दी हैं। या कुछ साल पहले प्रेमचंद की किताब कोर्स से हटा दी गई थी। ये सब वैसी ही कार्रवाइयाँ हैं, जैसे सोवियत विखंडन के दौर में लेनिन या स्टालिन की मूर्तियाँ गिरवा देना। पाठ्यक्रमों से अपने विरोधी लोगों की चीज़ें हटाना राजनीतिज्ञों का बड़ा पुराना शग़ल रहा है और इससे उन विभूतियों का कुछ नहीं बिगड़ता, अलबत्ता इनकी ही मानसिक कमज़ोरियाँ ज़्यादा उजागर होती हैं। भगतसिंह ने फाँसी से पहले अपने साथी सुखदेव से यों ही नहीं कहा था कि मरा हुआ भगतसिंह अंग्रेज़ सरकार के लिए जीवित भगतसिंह से ज़्यादा ख़तरनाक सिद्ध होगा। यह बात कितनी सच साबित हुई, आज हम सब जानते हैं।

इस विरासत के मद्देनज़र अपनी रचना-प्रक्रिया या अपनी कहानियों के बारे में कुछ कह सकना आसान काम नहीं है। लेकिन एक बात तो तय है, अपने भीतर जो सृजन-प्रक्रिया चलती है, वह इस विरासत के साए में ही चलती है। मुझे इससे रोशनी और ताक़त मिलती है। कह सकते हैं, आत्मा का सूरज यही है। यह ठीक-ठीक कह पाना मुश्किल है कि कब किस विचार ने किसी कहानी को लिखने के लिए प्रेरित किया। सहसा किसी चौंका देनेवाले विचार से मेरा कहानी लेखन नहीं होता। यह फल की तरह धीरे-धीरे पकनेवाली प्रक्रिया है जिसे ऊष्मा इन्हीं विचारों से मिलती है, यह अचानक हवा में पैदा नहीं होता। दूसरों की रचना-प्रक्रिया ज़रूर मुझसे भिन्न हो सकती है। मैं रचना को लेखक की सामाजिक प्रतिक्रिया ही मानता हूँ जिसे वह औरों से शेयर करना चाहता है। इस प्रतिक्रिया का ग्राफ़ उसके मानसिक तनाव और आवेग के मुताबिक़ घट-बढ़ हो सकता है। हमारे भीतर सदैव एक-सा ताप, खोज या बेचैनी नहीं होती। फिर भी लगता यह है, जिन रचनाओं में लेखक अपनी थीम के साथ जिस पैमाने पर संलग्न होता है, उसी अनुपात में वे बेहतर होती हैं। जिस सामाजिक संरचना में हम हैं, वहाँ न्याय आज भी एक बहुत कठिन स्वप्न है। अन्याय, अत्याचार, शोषण, भूख, ग़रीबी, बेकारी—ये सब एक नागरिक के बतौर मैंने जितना देखा या भोगा है, वह स्पष्टतः रचनाओं में आया है। अन्याय या शोषण के प्रतिरोध को बहुत बार प्रगतिशील होने का चालू तरीक़ा या एक फ़ॉर्मूला भी मान लिया जाता है। मुझे ध्यान आता है, अशोक वाजपेयी के संपादन के समय के *पूर्वग्रह* के एक अंक में ध्रुव शुक्ल ने इसी को लक्ष्य करते व्यंग्य में अपने एक लेख का शीर्षक दिया था—'एकांत श्रीवास्तव की कविता को वोट दो'! ज़ाहिर है, ऐसे लोगों के लिए कला के मूल्य वही नहीं हो सकते जो मेरे लिए हैं। उनके आरोप में बेशक सचाई हो सकती है, जहाँ कला की स्तरीयता वह न हो जो वे अपेक्षा करते हैं। लेकिन मुझ जैसे रचनाकार तो कभी रघुवीर सहाय की इन पंक्तियों को भूल नहीं सकते : 'क्या कला बदल सकती है समाज? जहाँ बहुत ज़्यादा कला होगी, परिवर्तन नहीं होगा।' मुझ जैसे सैकड़ों हैं जिनका लेखन समाज को बदलने से संबंधित है।

अगर सांप्रदायिकता के मसले को लें तो चौरासी के सिक्ख विरोधी दंगों की पृष्ठभूमि पर मैंने एक कहानी लिखी थी, 'ठहरी हुई धूप,' या बाबरी मस्जिद ध्वंस और दंगों के बाद कहानी 'सुराख' लिखी थी। सांप्रदायिक माहौल में अपनी मनोदशा को लेकर कहानी 'तीर्थयात्रा' लिखी थी। पूँजीवादी-सामंती अन्याय और शोषण के विरोध में तो मेरी जैसे सारी रचनाएँ हैं। सन् बानवे में लागू नई आर्थिक नीतियों के बाद देश सहसा एक नई स्थिति में जा पहुँचा

जिसमें हमारे शत्रु हमसे दूर रहकर हम पर समूचे नियंत्रण की स्थिति में पहुँच गए, और देश की राजनीति सर्वथा ग़ुलामी के नए दौर में शर्मनाक 'गर्व' के साथ प्रवेश कर गई। गैट समझौतों, अंतर्राष्ट्रीय मुद्रा कोष और विश्वबैंक के इशारों पर संचालित अर्थनीति ने देश की अब तक चली आती तस्वीर और परिभाषा ही बदल डाली। एल.पी.जी. अर्थात् लिबरलाइजेशन, प्राइवेटाइजेशन और ग्लोबलाइजेशन की आड़ में देश की संप्रभुता ही ख़तरे में पड़ गई। अब हमारा सामना नए तरह के शत्रु से है जो अपने चेहरे और मुस्कान से हमारा हितैषी होने का भ्रम पैदा करता है। यह ज़्यादा चालाक और ज़्यादा शक्तिशाली है जो क्रूरता में भी अपनी सारी हदें लाँघ सकता है। उसके साथ पूँजी, मीडिया और सत्ता की ताकत है। उसके शक्तिशाली गठजोड़ ने उन प्रगतिशील ताक़तों को कमज़ोर किया है और कहीं-कहीं तो अपने पक्ष में इस्तेमाल किया है। और इसी दौर में लेखकों, कवियों में भी गहरी हताशा घर करती नज़र आती है। वे पहले के किसी भी वक़्त से ज़्यादा नाउम्मीद हैं। सही है, जब आपके सारे क़िले एक के बाद एक ध्वस्त हो रहे हों तो बेकार की ख़ुशफ़हमी पाले रखना भी अव्वल दर्जे की मूर्खता होगी। इस संक्रमण काल में अपने को अपनी जगह टिकाकर रख पाना भी एक मुश्किल काम हो गया। इसलिए स्वाभाविक था कि ऐसी निराशाएँ, पराजयबोध और अवसाद हमारी रचनाओं में भी दिखे। मुझे लगता है, यह निराशा भी हमारे लिए बहुत बार नक़ली जीत के उत्साह की तुलना में ज़्यादा ज़रूरी है। यह एक प्रकार से अपने लिए सही रास्ते की तलाश का भी वक़्त है और ख़ुद अपनी छानबीन करने और ख़ामियाँ खोजने का भी। और निश्चय ही यह एक अत्यन्त जटिल और संश्लिष्ट प्रक्रिया है। सरलीकरण अब हमारे ज़्यादा काम का नहीं रहा। इसलिए इस दौर की रचनाओं में भी हमें वही जटिलता-संश्लिष्टता दिखाई देती है। एकांगी और मूर्खतापूर्ण भोली आस्था का दौर चला गया। हमें इस समय की ज़रूरतों के हिसाब से अभी के उपयुक्त औज़ारों से लैस होना पड़ेगा, जबकि दूसरी तरफ़ सूचनाओं के अंतर्जाल, ग्लैमर की चकाचौंध और गहराते उपभोक्तावाद ने इस स्थिति को और विकट बनाया है। मित्र के भेस में शत्रुओं की फ़ौज खड़ी है और हम अभी भी भ्रम के शिकार हैं।

हमारा लेखन भी वस्तुतः इस प्रक्रिया से गुज़रने और इसे ठीक-ठीक समझ पाने का लेखन है। मैं अपनी एक कहानी 'एक गाँव फूलझर' की चर्चा थोड़ी-सी करना चाहूँगा, जो सन् 2000 के आसपास लिखी गई। इस कहानी की तरफ़ पाठकों का ध्यान वैसे नहीं जा पाया। (इसे अपनी व्यक्तिगत कुंठा क़रार दिये जाने का ख़तरा उठाकर भी मैं कहना चाहूँगा कि यह हमारे साहित्य-संसार में विकट रूप से प्रायोजित चर्चा-समीक्षाओं का भी दौर है जिसमें चुन-चुनकर उन्हीं साहित्यकारों की रचनाओं की चर्चा अधिक की जाती है जो किसी-न-किसी रूप में बड़े अधिकारी हैं या विशिष्ट पदों पर हैं या जिनका जनसंपर्क और नेटवर्क तगड़ा है! और ऐसा करने के लिए ज़बर्दस्त तर्क भी गढ़े गए! ख़ैर, यह ऐसा मुद्दा है कि 'बात निकलेगी तो दूर तलक जाएगी' वाला मामला हो जाएगा और इस चक्कर में 'जाना था जापान पहुँच गए चीन' वाली बात हो जाएगी! उस कहानी में मैंने एक गाँव की कथा के माध्यम से देश की कथा कहने की कोशिश की थी कि कैसे एक जिसका नाम फूलझर है, क्योंकि वहाँ हमेशा फूल झरते रहते थे। उसे शहरी पूँजीपति स्थानीय सहयोग से एक सूखे और बंजर मैदान में बदल डालता है, जहाँ खेतों पर रासायनिक स्लैग की ज़हरीली सफ़ेद परत चढ़ गई है। इस कहानी में निजीकरण के चलते मशीनों के कारण श्रमशील हाथों के बेकार होते चले जाने

की बहस भी केंद्र में रखने की कोशिश मैंने की है। मैं पेशे से एक शिक्षक हूँ और सरकारी स्कूल में ही शिक्षित हुआ हूँ। सरकार द्वारा शिक्षा के निजीकरण को बढ़ावा देनेवाले फ़ैसलों के कारण आमजन के शिक्षा से वंचित होते चले जाने की पीड़ा को लेकर मैंने आग्रही होकर लगातार इस पर केंद्रित कहानियाँ—'पीले काग़ज़ की उजली इबारत', 'स्पीड', 'आख़िर इस दर्द की दवा क्या है', 'उनकी दुनिया' लिखी हैं।

मुझे लगता है, ये कुछ मोटे उदाहरण हैं मेरी रचनाओं में अपने समय की ज़रूरतों के अनुसार शामिल होने के। फिर कहना चाहूँगा कि इसके लिए ऊष्मा मुझे उसी उन्नत और अग्रगामी धारा से मिलती रही है। ऐसे साहित्यिक आंदोलनों को, विचारों को आज बहुत-से रचनाकार अपने निजी स्पेस में विचार का अवैध हस्तक्षेप मानते हैं और उसकी स्वायत्तता का भंग होना मानते हैं, तो वे मानें। मैं अपनी पतंग किसी अनंत में नहीं, वरन् इस ज़मीन के आसपास के ही आकाश में उड़ाना चाहता हूँ जिससे वह मुझे ही नहीं, दूसरों को भी उड़ती हुई दिखलाई पड़ती रहे।

❑❑❑